# Handbuch
# für
# Gewerbegerichte

Unter Benutzung des Archivs
des Verbandes deutscher Gewerbegerichte

herausgegeben von

**Dr. Georg Baum**
Rechtsanwalt am Kammergericht
und Archivar des Verbandes deutscher Gewerbegerichte

**Mit einem Vorwort des Verbandes deutscher Gewerbegerichte**

Berlin
Druck und Verlag von Georg Reimer
1904.

# Inhaltsübersicht.

# Vorwort des Verbandes deutscher Gewerbegerichte.

Die nachfolgende Schrift des Herrn Rechtsanwalt Dr. Baum ist insofern eine Privatarbeit, als sie von ihm selbständig und im wesentlichen nach eigenem Plan verfaßt wurde; sie steht indes in engsten Beziehungen zu dem Verband Deutscher Gewerbegerichte. Das verarbeitete Material ist mit Zustimmung des Verbandes dem Archiv entnommen, das der Verband zum Zwecke der Sammlung des gewerbegerichtlichen Materials und im Interesse der von ihm herausgegebenen Zeitschrift „Das Gewerbegericht" angelegt hat. Wir glauben, daß alle Interessenten Herrn Dr. Baum dankbar sein werden, daß er dieses Material nunmehr den Gewerbegerichten und allen denjenigen, die sonst die Entwicklung des Arbeitsvertrages verfolgen, zugänglich macht. Wir glauben aber auch, daß das Werk jetzt eben zur richtigen Zeit erscheint. Zur richtigen Zeit, nicht etwa um deswillen, weil das Gewerbegerichtsgesetz und der unmittelbar nach Erlaß desselben begründete Verband der deutschen Gewerbegerichte nunmehr das erste Dezennium vollendet haben; sondern weil die Entwicklung des Arbeitsvertrages zurzeit in einem bedeutungsvollen Wendepunkt steht. Erst unter dem Einfluß der sozialen Bewegung der neuesten Zeit und wesentlich angeregt durch die Tätigkeit der Gewerbegerichte, hat die Rechtswissenschaft diesem wichtigsten aller Verträge ihr Augenmerk zugewandt; und die Baumsche Schrift bietet ein Bild davon, wie umfangreich das Gebiet ist, welches allein die von den Gewerbegerichten behandelte Art des Arbeitsvertrages, der gewerbliche Arbeitsvertrag, beherrscht, wie vielfältig die entstehenden Streitfragen und wie unendlich mannigfaltig die zu beurteilenden Tatbestände sind, namentlich da nicht nur, wie in der neuerlich erschienenen Publikation des

Berliner Gewerbegerichts das gewerbliche Leben in einer einzelnen Stadt, sondern das gewerbliche Leben in ganz Deutschland das Feld ist, auf dem die Umschau gehalten wird. Aber neben dem sog. freien Arbeitsvertrag entwickelt sich in den letzten Jahren ein mehr oder weniger im voraus gebundener Vertrag. Einseitige Festsetzungen des Arbeitgebers (Arbeitsordnungen), generelle Abmachungen zwischen Gruppen von Arbeitnehmern und Arbeitgebern über den Inhalt der abzuschließenden Arbeitsverträge (Tarifverträge), Beschlüsse großer Verbände, der Unternehmer oder der Arbeiter (Kartelle, Syndikate 2c.), bestimmen den Inhalt des gewerblichen Arbeitsvertrages weit mehr als Verhandlungen zwischen dem einzelnen Arbeitgeber und dem einzelnen Arbeiter. Jetzt sind es freilich nur die größeren Städte, die Reichshauptstadt voran, vor deren Gewerbegerichten sich bereits eine Art Praxis der einigungsamtlichen Tätigkeit der Gewerbegerichte bilden konnte. Gerade in der Zeit aber, in welcher diese wichtigen, juristisch noch fast unerforschten Rechtsgebilde bereits in den Gesichtskreis aller Beteiligten getreten sind, mag es doppelt geboten sein, den Rechtsstoff zu sammeln, der unter dem Einfluß der bisher allein vorhandenen Rechtsformen seine Gestalt erlangt hat. Wir glauben daher, daß der Verband der Gewerbegerichte zur ernsten und warmen Empfehlung des Werkes Veranlassung hat, und daß alle, die an der Entwicklung des Arbeitsvertrages Interesse nehmen, Ursache haben, dem Verfasser für seine Mühewaltung zu danken.

Mainz, / Frankfurt a. M., Oktober 1903.

**Für den Verband deutscher Gewerbegerichte.**

| Der Vorsitzende. | Der Geschäftsführer. |
|---|---|
| Oberbürgermeister Dr. **Gaßner.** | Stadtrat Dr. **Flesch.** |

# Vorwort des Herausgebers.

Das vorliegende „Handbuch für Gewerbegerichte“ verdankt seine Entstehung dem vielfach hervorgetretenen Wunsche, zum zehnjährigen Bestehen des Verbandes deutscher Gewerbegerichte eine systematische Übersicht dessen zu geben, was die deutschen Gewerbegerichte auf dem Gebiete der Rechtspflege geleistet haben. Ohne den Verband und das Verbandsarchiv wäre die Herausgabe des Buches nicht möglich gewesen. Der Herausgeber spricht daher hier an erster Stelle dem Verband und seinem Vorstande seinen Dank dafür aus, daß ihm für das vorliegende Buch die Benutzung des Verbandsarchivs in so bereitwilliger Weise gestattet wurde.

Das Buch ist in erster Linie für den praktischen Gebrauch im Gewerbegerichtsverfahren bestimmt. Es will dem Gewerberichter, der insbesondere bei mittleren und kleineren Gewerbegerichten nur selten über eine größere Handbibliothek verfügt, auf möglichst gedrängtem Raum und in übersichtlicher Form die Materialien für die Tätigkeit in der Sitzung bieten. Auch den ordentlichen Gerichten, den Rechtsanwälten, und allen denjenigen, welche sich als Behörden oder im gewerblichen Leben mit dem Rechte des Arbeitsvertrages zu befassen haben, dürfte es willkommen sein, die Judikatur zum Recht des Arbeitsvertrages in systematischer Ordnung zur Hand zu haben, die bisher in einer sich auf ganz Deutschland erstreckenden Sammlung noch nicht vorlag.

Dieser Judikatur ist der Hauptteil (der zweite Teil) des Buches gewidmet. Er bringt nach der Legalordnung des Gewerbegerichtsgesetzes, der Gewerbeordnung und des Bürgerlichen Gesetzbuchs geordnet, unter 439 Nummern etwa 600 Entscheidungen von Gewerbegerichten und ordentlichen Gerichten aus allen Teilen Deutschlands. Das Material hierzu lieferten hauptsächlich die ungedruckten Bestände des Verbandsarchivs und die Verbandszeitschrift „Das Gewerbegericht“. Andere Entscheidungssammlungen und Zeitschriften, insbesondere „Soziale Praxis“, „Blätter für Rechtspflege im Bezirk des Kammergerichts“, „Juristische Wochenschrift“ &c., sowie die „Entscheidungen des Reichsgerichts“ (in Zivil- und in Strafsachen) und „Seufferts Archiv“ sind deshalb nicht vernachlässigt. Eine größere Anzahl Entscheidungen sind auch dem altbekannten Werk von Unger, „Entscheidungen des Gewerbegerichts Berlin", entnommen, auf das auch wiederholt in Anmerkungen verwiesen ist. Dagegen konnte das Werk von v. Schulz & Schalhorn, „Das Gewerbegericht Berlin", nur noch an einzelnen Stellen zitiert werden, da bei seinem Erscheinen der größte Teil des vorliegenden Buches bereits im Druck fertiggestellt war. Dabei ist die Auswahl nicht auf die Judikatur nach dem Inkrafttreten des Bürgerlichen Gesetzbuchs und der Gewerbegerichtsnovelle beschränkt worden, sondern es sind auch ältere Entscheidungen verwendet, soweit die betreffenden Materien von dem Wechsel der Gesetzgebung nicht berührt sind. Hierbei mußte freilich der Übelstand mit in Kauf genommen werden, daß sich bei einer Anzahl Entscheidungen, welche sich aus der Zeit vor 1898 in der Zeitschrift „Das Gewerbegericht" und im Verbandsarchiv vorfanden, das Datum nicht mehr ermitteln ließ.

Da das Buch eine möglichst unparteiische Übersicht der Judikatur geben soll, so ist ohne Rücksicht auf die persönliche Ansicht des Herausgebers darauf Wert gelegt, bei streitigen Fragen die verschiedenen Ansichten einander gegenüberzustellen, damit der Leser, ohne durch Kommentierung voreingenommen zu werden, sich aus dem „Für" und „Wider" eine selbständige Meinung bilden kann. Kritische Anmerkungen sind fast ganz unterlassen.

Die Gesetzestexte im ersten Teil bieten das Gewerbegerichtsgesetz, die Gebührenordnung für Zeugen und Sachverständige und das Lohnbeschlagnahmegesetz vollständig, aus dem Bürgerlichen Gesetzbuch, der Gewerbeordnung und den Reichsversicherungsgesetzen einen Auszug der für das Gewerbegericht besonders in Betracht kommenden Bestimmungen. Unter jedem Gesetzesparagraphen ist zugleich auf die einschlägigen Entscheidungen verwiesen und damit ein systematisches Register geschaffen, das zugleich für die Praxis des Gewerbegerichts einen Kommentar zu den Gesetzesbestimmungen darstellt.

Der dritte Teil endlich gibt eine Formularsammlung für das Gewerbegerichtsverfahren. Während ähnliche Sammlungen für die ordentlichen Gerichte vorhanden und stark im Gebrauch sind, ist bisher, soweit ersichtlich, die Ausarbeitung einer solchen für die Gewerbegerichte noch nicht versucht worden. Dieser Abschnitt des Buches wird daher insbesondere denjenigen willkommen sein, welche aus einem andern Verwaltungszweige heraus zu Gewerbegerichtsvorsitzenden berufen werden. Auch dem Nichtjuristen werden die Formulare die Möglichkeit geben, rasch einen Überblick über die Formen des Gewerbegerichtsverfahrens zu gewinnen.

Am Schlusse endlich ist noch ein alphabetisches Verzeichnis der Gewerbegerichte nach den neuesten Ermittlungen des Verbandes Deutscher Gewerbegerichte und ein ausführliches alphabetisches Sachregister beigefügt.

Für die Durchsicht der Formulare bin ich den Herren Assessor Dr. Sontag zu Berlin und Dr. Luppe, stellvertretendem Vorsitzenden des Gewerbegerichts Frankfurt a. M., zu besonderem Dank verpflichtet.

Berlin, den 10. November 1903.

Dr. **Baum**.

## Verzeichnis der Abkürzungen.

a. a. O. = am angegebenen Orte.
Abs. = Absatz.
Anm. = Anmerkung.
BGB. = Bürgerliches Gesetzbuch.
Entsch. = Entscheidung.
Ges. = Gesetz.
GG. = Gewerbegericht.
GGG. = Gewerbegerichtsgesetz.
GO. = Gewerbeordnung für das Deutsche Reich.
HGB. = Handelsgesetzbuch.
KVG. = Krankenversicherungsgesetz.
S. = Seite.
vgl. = vergleiche.
ZPO. = Zivilprozeßordnung.

# Erster Teil.

# Gesetze.

# 1. Gewerbegerichtsgesetz.

## Erster Abschnitt.

### Errichtung und Zusammensetzung der Gewerbegerichte.

**§ 1.** Für die Entscheidung von gewerblichen Streitigkeiten zwischen Arbeitern einerseits und ihren Arbeitgebern andrerseits sowie zwischen Arbeitern desselben Arbeitgebers können GG. errichtet werden.

Die Errichtung erfolgt für den Bezirk einer Gemeinde durch Ortsstatut nach Maßgabe des § 142 der GO. Die Entscheidung der höheren Verwaltungsbehörde über die Genehmigung des Statuts ist binnen sechs Monaten zu erteilen. Die Entscheidung, durch welche die Genehmigung versagt wird, muß mit Gründen versehen sein.

Mehrere Gemeinden können sich durch übereinstimmende Ortsstatuten zur Errichtung eines gemeinsamen GG. für ihre Bezirke vereinigen. Für die Genehmigung der übereinstimmenden Ortsstatute ist die höhere Verwaltungsbehörde zuständig, in deren Bezirke das GG. seinen Sitz haben soll.

Imgleichen kann ein GG. für den Bezirk eines weiteren Kommunalverbandes errichtet werden. Die Errichtung erfolgt in diesem Falle nach Maßgabe der Vorschriften, nach welchen Angelegenheiten des Verbandes statutarisch geregelt werden. Die Zuständigkeit eines solchen Gerichts ist ausgeschlossen, soweit die Zuständigkeit eines für eine oder mehrere Gemeinden des Bezirkes bestehenden oder später errichteten GG. begründet ist.

Die Errichtung kann auf Antrag beteiligter Arbeitgeber oder Arbeiter durch Anordnung der Landes-Zentralbehörde erfolgen, wenn ungeachtet einer von ihr an die beteiligten Gemeinden oder den weiteren Kommunalverband ergangenen Aufforderung innerhalb der gesetzten Frist die Errichtung auf dem im Abs. 2 bis 4 vorgesehenen Wege nicht erfolgt ist. Alle Bestimmungen, welche dieses Gesetz dem Statute vorbehält, erfolgen in diesem Falle durch die Anordnung der Landes-Zentralbehörde.

Vor der Errichtung sind sowohl Arbeitgeber als Arbeiter der hauptsächlichen Gewerbezweige und Fabrikbetriebe in entsprechender Anzahl zu hören.

Ist das GG. für die Klage der Erben des Arbeiters zuständig? S. 1—5. Kann der Gläubiger eines Arbeiters dessen gepfändete Lohnforderung vor dem GG. einklagen? S. 5—6. Kann der Zessionar eines Arbeiters die Lohnforderung vor dem GG. einklagen? S. 6. Wird die Zuständigkeit des GG. durch die Auflösung des Arbeitsverhältnisses berührt? S. 61.

Ist das GG. zuständig für Klagen aus Lehrverträgen, bei denen der Vater oder Vormund des Lehrlings als Kläger auftritt? S. 6. Ist das GG. zuständig für die Klage des Vaters auf nochmalige Zahlung des Lohnes, welcher entgegen einem Ortsstatut direkt an den Sohn gezahlt ist? S. 7. Ist für die Klage des Lehrherrn gegen den Vater, Mutter oder Vormund des Lehrlings das GG. zuständig? S. 8.

Ist das GG. zuständig für die Klage gegen den Konkursverwalter des Arbeitgebers? S. 9.

Ist das GG. zuständig für die Klage eines Bauarbeiters gegen den Bauherrn, der in eigener Regie baut? S. 11. Ist das GG. zuständig für die Klage eines Bauarbeiters gegen den Baugeldgeber? S. 148. Ist das GG. zuständig für Ansprüche des Ziegeleiarbeiters gegen den Ziegelmeister? S. 12. Ist das GG. zuständig für Ansprüche gegen die Fabrikpensionskasse? S. 13.

§ 2. Für Gemeinden, welche nach der jeweilig letzten Volkszählung mehr als zwanzigtausend Einwohner haben, muß ein GG. errichtet werden. Die Landes-Zentralbehörde hat erforderlichen Falles die Errichtung nach Maßgabe der Vorschriften des § 1 Abs. 5 anzuordnen, ohne daß es eines Antrags beteiligter Arbeitgeber oder Arbeiter bedarf.

§ 3. Als Arbeiter im Sinne dieses Gesetzes gelten diejenigen Gesellen, Gehilfen, Fabrikarbeiter und Lehrlinge, auf welche der siebente Titel der GO. Anwendung findet.

Imgleichen gelten als Arbeiter im Sinne dieses Gesetzes Betriebsbeamte, Werkmeister und mit höheren technischen Dienstleistungen betraute Angestellte, deren Jahresarbeitsverdienst an Lohn oder Gehalt zweitausend Mark nicht übersteigt.

Bahnangestellte. Ist das GG. zuständig für Wagenführer einer elektrischen Straßenbahn? S. 13, preußische Pferdebahnschaffner? S. 14, bayrische Straßenbahnschaffner? S. 106, Omnibusschaffner? S. 106, bei dem Gütertransport einer Eisenbahn beschäftigte Arbeiter? S. 15, Betriebswächter einer Kleinbahn? (Berliner Hochbahn) S. 16, Streckenarbeiter einer Dampfstraßenbahn? S. 15, in einer Haupteisenbahn-Reparaturwerkstatt bezw. Wagenbauanstalt beschäftigte Arbeiter (Stellmacher)? S. 17.

Gärtner. Ist das GG. zuständig für Gehilfen in Kunst- und Handelsgärtnereien? S. 17, Freiland-Gemüsegärtnereien? S. 18, Kunst- und Landschaftsgärtnereien? S. 19, Angestellte einer Gartenbauausstellung? S. 21, Gartenarbeiter der städtischen Friedhofsverwaltung? S. 22.

Ist das GG. zuständig für landwirtschaftliche Nebenbetriebe? S. 22.

Ist das GG. zuständig für Klagen des Binnenschiffers (Schiffsführers)? S. 23.

Fährbetrieb. Ist das GG. zuständig für die Klage eines Kontrolleurs der Hamburger Alster-Dampfschiffahrt? S. 24.

Ist das GG. für Gehilfen eines Fischers zuständig? S. 25.

Ist für Fahrradlehrer das GG. zuständig? S. 25. Ist das GG. zuständig für Gehilfen eines Rechtsanwalts? S. 26. Sind die GG. für Streitigkeiten zwischen einem Zahntechniker und dem Zahnarzt, bei dem er arbeitet, zuständig? S. 26. Ist für die Angestellten einer Hagelversicherungsgesellschaft auf Gegenseitigkeit das GG. zuständig? S. 27.

Artisten. Ist das GG. zuständig für Tierbändiger? S. 28, Schauspieler und Sänger in Variétés? S. 29, „Humoristen" aus einem Rauchtheater? S. 32, Clowns mit dressierten Hunden? S. 32, Musiker und Künstler aus sog. Spezialitäten-Vorstellungen? S. 33, Drahtseiltänzerinnen? S. 36, Charakterkomiker, Bauchredner, Zauber- und Fesselkünstlerinnen? S. 37.

Technisches Theaterpersonal. Ist das GG. zuständig für Theatermeister? S. 38, Theater-Maschinisten? S. 38, Theaterkassierer? S. 39.

Gesinde oder gewerbliche Arbeiter? Ist das GG. zuständig für Angestellte in Fabrikkantinen? S. 39, Hausdiener? S. 39, Küchenmädchen eines Restaurants? S. 40, Büffetmamsells? S. 40.

Ist das GG. zuständig für Klagen von Arbeitern gegen die Verwaltung städtischer, zur Befriedigung öffentlicher Aufgaben dienender Betriebe? S. 22, 44.

Arbeiter oder Unternehmer? Wird die Arbeiterqualität dadurch beseitigt, daß der Arbeitnehmer gegen Entschädigung das Werkzeug stellt? S. 42. Ist das

GG. zuständig für den Garderobier eines Schankwirts? S. 44. Ist das GG. für Streitigkeiten zwischen dem Inhaber eines Dienstmannsinstituts und den einzelnen Dienstmännern zuständig? S. 47. Ist ein Schachtmeister Arbeiter, Werkmeister oder selbständiger Unternehmer? S. 47. Ist ein Schlosseranschläger Arbeiter oder selbständiger Unternehmer? S. 48. Ist ein in einem Restaurant in sog. Tonnenpacht stehender Büfettier Gewerbegehilfe? S. 49. Ist ein Lohndiener, der an einem bestimmten Tage für einen Gastwirt den Bierverschleiß als Büfettier übernimmt, gewerblicher Arbeiter? S. 50 Ist der Ziegelmeister Arbeiter oder selbständiger Unternehmer? S. 52.

Handlungsgehilfen oder gewerbliche Arbeiter? Ist das GG. zuständig für kaufmännische Gehilfen in gewerblichen Betrieben? S. 92, Handlanger in kaufmännischen Geschäften? S. 92, Stenographinnen und Maschinenschreiberinnen in kaufmännischen Geschäften? S. 94, Zeitungsberichterstatter? S. 94, Zeitungskorrektoren? S. 94, Kolporteure? S. 95, Schaufensterdekorateure? S. 96, Verkäuferinnen in Bäckereien? S. 97 Jungbierkutscher? S. 97, Milchkutscher? S. 98, Verkäufer in Trinkhallen? S. 101, Hotelsekretäre? S. 101, Kellner? S. 102, 320, Geschäftsführer in Schankwirtschaften? S. 102, Platzanweiser auf dem Stätteplatz? S. 107, Angestellte in Detektivbureaus? S. 107.

Begriff des Betriebsbeamten, Werkmeisters usw. S. 306 ff.

Sind bei Berechnung der Zuständigkeitssumme für höhere Angestellte auch der Höhe nach wechselnde Nebenbezüge (Ortszulagen) mitzurechnen? S. 51. Sind die Trinkgelder mitzurechnen? S. 320.

§ 4. Die GG. sind ohne Rücksicht auf den Wert des Streitgegenstandes zuständig für Streitigkeiten:

1. über den Antritt, die Fortsetzung oder die Auflösung des Arbeitsverhältnisses, sowie über die Aushändigung oder den Inhalt des Arbeitsbuchs, Zeugnisses, Lohnbuchs, Arbeitszettels oder Lohnzahlungsbuchs,
2. über die Leistungen aus dem Arbeitsverhältnisse,
3. über die Rückgabe von Zeugnissen, Büchern, Legitimationspapieren, Urkunden, Gerätschaften, Kleidungsstücken, Kautionen und dergleichen, welche aus Anlaß des Arbeitsverhältnisses übergeben worden sind,
4. über Ansprüche auf Schadensersatz oder auf Zahlung einer Vertragsstrafe wegen Nichterfüllung oder nicht gehöriger Erfüllung der Verpflichtungen, welche die unter Nr. 1 bis 3 bezeichneten Gegenstände betreffen, sowie wegen gesetzwidriger oder unrichtiger Eintragungen in Arbeitsbücher, Zeugnisse, Lohnbücher, Arbeitszettel, Lohnzahlungsbücher, Krankenkassenbücher oder Quittungskarten der Invalidenversicherung,
5. über die Berechnung und Anrechnung der von den Arbeitern zu leistenden Krankenversicherungsbeiträge und Eintrittsgelder (§§ 53a, 65, 72, 73 des Krankenversicherungsgesetzes),
6. über die Ansprüche, welche auf Grund der Übernahme einer gemeinsamen Arbeit von Arbeitern desselben Arbeitgebers gegeneinander erhoben werden.

Streitigkeiten über eine Konventionalstrafe, welche für den Fall bedungen ist, daß der Arbeiter nach Beendigung des Arbeitsverhältnisses ein solches bei anderen Arbeitgebern eingeht oder ein eigenes Geschäft errichtet, gehören nicht zur Zuständigkeit der GG.

Ist das GG. zuständig für den Anspruch eines Lehrlings auf Entschädigung wegen Unterlassung von Sicherheitsvorrichtungen? S. 53. Ist das GG. zuständig für den Schadensanspruch des Arbeiters gegen den Arbeitgeber wegen unrichtiger Meldung bei der Krankenkasse? S. 55. Ist das GG. zuständig für Ansprüche wegen Nichtabschlusses eines Arbeitsvertrages? S. 56. Begriff des Arbeitsverhältnisses. Ist das GG. zuständig für Ansprüche der nur zum Löschen eines bestimmten Schiffes angenommenen Schauerleute? S. 57. Ist das GG. zuständig für Ansprüche eines Arbeiters aus dem Versprechen des Gewerbetreibenden, daß er zeitlebens in der Fabrik sein Brot haben werde? S. 57. Ist das GG. zuständig für eine Klage des Arbeitgebers auf Rückzahlung irrtümlich zuviel gezahlten Lohnes? S. 58. Ist das GG. zuständig für die Klage des Vaters auf nochmalige Zahlung des Lohnes, welcher entgegen einem Ortsstatut direkt an den Sohn gezahlt ist? S. 7. Ist das GG. zuständig für Klagen auf Herausgabe von Sparbüchern und Spargeldern? S. 59. Ist das GG. zuständig für die Frage, ob Trinkgelder dem Lehrlinge oder dem Meister zustehen? Wird die Zuständigkeit durch Auflösung des Arbeitsverhältnisses berührt? S. 60. Ist das GG. zuständig für Streitigkeiten über abhanden gekommene, dem Arbeitgeber aber vorher nicht übergebene Kleidungsstücke? S. 61.

Ist das GG. für Klagen aus einem vertragsmäßigen Konkurrenzverbot zuständig, die nicht auf Konventionalstrafe gerichtet sind? S. 62. Kann vor dem GG. die Aufrechnung von Forderungen geltend gemacht werden, für die das GG. unzuständig ist? S. 64. Können Ansprüche, welche vor die GG. gehören, mit solchen, für welche die ordentlichen Gerichte zuständig sind, verbunden werden? S. 65.

**§ 5.** Zur Zuständigkeit der GG. gehören ferner Streitigkeiten der im § 4 Abs. 1 Nr. 1 bis 5 bezeichneten Art zwischen Personen, welche für bestimmte Gewerbetreibende außerhalb der Arbeitsstätte der letzteren mit Anfertigung gewerblicher Erzeugnisse beschäftigt sind (Heimarbeiter, Hausgewerbetreibende), und ihren Arbeitgebern, sofern die Beschäftigung auf die Bearbeitung oder Verarbeitung der den ersteren von den Arbeitgebern gelieferten Rohstoffe oder Halbfabrikate beschränkt ist. Das Gleiche gilt von Streitigkeiten der im § 4 Abs. 1 Nr. 6 bezeichneten Art zwischen solchen Hausgewerbetreibenden untereinander.

Streitigkeiten derjenigen Hausgewerbetreibenden, welche die Rohstoffe oder Halbfabrikate selbst beschaffen, unterliegen der Zuständigkeit der GG., soweit dies durch das Statut bestimmt ist.

Begriff des Heimarbeiters und des Hausgewerbetreibenden. S. 65. Unter welchen Umständen ist das GG. für Hausschneider zuständig? S. 67. Ist das GG. zuständig für Hausgewerbetreibende, die für eine große Zahl von Geschäften arbeiten? S. 68. Ist das GG. zuständig für Klagen wegen Vergebung einzelner Bestandteile in der Fahrradindustrie? S. 68. Selbständiger Gewerbetreibender oder Heimarbeiter bezw. Hausindustrieller? Wird die Zuständigkeit des GG. dadurch begründet, daß Kläger nur auf Bestellung arbeitet? S. 69.

Statutarische Zuständigkeit des GG. für Hausgewerbetreibende, welche sich Rohstoffe und Halbfabrikate selbst beschaffen. Wird die Zuständigkeit ausgeschlossen, wenn der Heimarbeiter für mehrere Arbeitgeber arbeitet? S. 70.

**§ 6.** Durch die Zuständigkeit eines GG. wird die Zuständigkeit der ordentlichen Gerichte ausgeschlossen.

Schiedsverträge, durch welche die Zuständigkeit der GG. für künftige Streitigkeiten ausgeschlossen wird, sind nur dann rechtswirksam, wenn nach dem Schiedsvertrage bei der Entscheidung von Streitigkeiten Arbeitgeber und Arbeiter in gleicher Zahl unter einem Vorsitzenden mitzuwirken haben, welcher weder Arbeitgeber oder Angestellter eines beteiligten Arbeitgebers, noch Arbeiter ist.

Muß das ordentliche Gericht von Amtswegen prüfen, ob ein zuständiges GG. vorhanden ist? S. 70.

Ist der Einwand, daß ein Rechtsstreit vor die GG. gehöre, noch in zweiter Instanz zulässig? S. 70.

Können Ansprüche, welche vor die GG. gehören, mit solchen, für welche die ordentlichen Gerichte zuständig sind, verbunden werden? S. 65. Kann in Gewerbegerichtssachen auf das ordentliche Gericht prorogiert werden? S. 3. Wird durch die Abrede, daß das Arbeitsverhältnis nach Handelsrecht beurteilt werden soll, die Zuständigkeit des GG. beseitigt? S. 71.

Tarif- und Schiedsvertrag. Kann vereinbart werden, daß an Stelle des GG. die Achtzehnerkommission des Verbandes der Berliner Baugeschäfte entscheiden soll? S. 72.

**§ 7.** Die sachliche Zuständigkeit der GG. kann auf bestimmte Arten von Gewerbe- oder Fabrikbetrieben, die örtliche auf bestimmte Teile des Gemeindebezirkes beschränkt werden.

Die Landes-Zentralbehörde kann die örtliche Zuständigkeit eines von ihr errichteten GG. ausdehnen. Die beteiligten Ortsbehörden sind zuvor zu hören.

**§ 8.** Die Grenze der Zuständigkeit (§ 7) sowie die Zusammensetzung des Gerichts nach Maßgabe der Bestimmungen dieses Gesetzes ist durch das Statut zu regeln.

**§ 9.** Die Kosten der Einrichtung und der Unterhaltung des Gerichts sind, soweit sie in dessen Einnahmen ihre Deckung nicht finden, von der Gemeinde oder von dem weiteren Kommunalverbande zu tragen. Soll das Gericht nicht ausschließlich für eine Gemeinde oder einen weiteren Kommunalverband zuständig sein, so ist bei Festsetzung der Zuständigkeit zugleich zu bestimmen, zu welchen Anteilen die einzelnen Bezirke an der Deckung der Kosten teilnehmen.

Gebühren, Kosten und Strafen, welche in Gemäßheit dieses Gesetzes zur Hebung gelangen, bilden Einnahmen des Gerichts.

**§ 10.** Für jedes GG. sind ein Vorsitzender und mindestens ein Stellvertreter desselben sowie die erforderliche Zahl von Beisitzern zu berufen; die Zahl der letzteren soll mindestens vier betragen.

Bei GG., welche aus mehreren Abteilungen (Kammern) bestehen, können mehrere Vorsitzende bestellt werden.

**§ 11.** Zum Mitgliede eines GG. soll nur berufen werden, wer das dreißigste Lebensjahr vollendet und in dem der Wahl vorangegangenen Jahre für sich oder seine Familie Armenunterstützung aus öffentlichen Mitteln nicht empfangen oder die empfangene Armenunterstützung erstattet hat. Als Beisitzer soll nur berufen werden, wer in dem Bezirke des Gerichts seit mindestens zwei Jahren wohnt oder beschäftigt ist.

Personen, welche zum Amt eines Schöffen unfähig sind (Gerichtsverfassungsgesetz §§ 31, 32), können nicht berufen werden.

**§ 12.** Der Vorsitzende sowie dessen Stellvertreter dürfen weder Arbeitgeber noch Arbeiter sein.

Sie werden durch den Magistrat und, wo ein solcher nicht vorhanden ist oder das Statut dies bestimmt, durch die Gemeindevertretung, in weiteren Kommunalverbänden durch die Vertretung des Verbandes auf mindestens ein Jahr gewählt.

**§ 13.** Die Beisitzer müssen zur Hälfte aus den Arbeitgebern, zur Hälfte aus den Arbeitern entnommen werden.

Die ersteren werden mittels Wahl der Arbeitgeber, die letzteren mittels Wahl der Arbeiter bestellt. Die Wahl ist unmittelbar und geheim.

Die Wahl erfolgt auf mindestens ein Jahr und auf höchstens sechs Jahre. Eine Wiederwahl ist zulässig.

**§ 14.** Zur Teilnahme an den Wahlen (§ 13) ist nur berechtigt, wer das fünfundzwanzigste Lebensjahr vollendet und in dem Bezirke des GG. Wohnung oder Beschäftigung hat. Die im § 11 Abs. 2 bezeichneten Personen sind nicht wahlberechtigt.

Ist die Zuständigkeit des GG. auf bestimmte Arten von Gewerbe- oder Fabrikbetrieben beschränkt (§ 7 Abs. 1), so sind nur die Arbeitgeber und Arbeiter dieser Betriebe wählbar und wahlberechtigt.

Mitglieder einer Innung, für welche ein Schiedsgericht in Gemäßheit des § 81 b Nr. 4 und der §§ 91 bis 91 b der GO. errichtet ist, sowie deren Arbeiter sind weder wählbar noch wahlberechtigt.

**§ 15.** Die näheren Bestimmungen über die Wahl und das Verfahren bei derselben werden durch das Statut getroffen. Es kann insbesondere festgesetzt werden, daß bestimmte gewerbliche Gruppen je einen oder mehrere Beisitzer zu wählen haben. Auch ist eine Regelung nach den Grundsätzen der Verhältniswahl zulässig; dabei kann die Stimmabgabe auf Vorschlagslisten beschränkt werden, die bis zu einem im Statute festgesetzten Zeitpunkte vor der Wahl einzureichen sind.

Ist in dem Statute bestimmt, daß die Gemeindebehörde Wahllisten aufzustellen hat, so sind die Polizeibehörden sowie Krankenkassen, welche im Bezirke des GG. bestehen oder eine örtliche Verwaltungsstelle haben, verpflichtet, der Gemeindebehörde auf Verlangen die für die Fertigung der Wählerliste für Arbeitgeber und Arbeitnehmer erforderlichen Auskünfte zu geben, insbesondere Einsicht der Mitgliederverzeichnisse beziehungsweise der Gewerbeanzeigen zu gewähren.

**§ 16.** Als Arbeitgeber im Sinne der §§ 12 bis 14 gelten diejenigen selbständigen Gewerbetreibenden, welche mindestens einen Arbeiter (§ 3) regelmäßig das Jahr hindurch oder zu gewissen Zeiten des Jahres beschäftigen. Den Arbeitgebern stehen im Sinne der bezeichneten Vorschriften die mit der Leitung eines Gewerbebetriebes oder eines bestimmten Zweiges desselben betrauten Stellvertreter der selbständigen Gewerbetreibenden gleich, sofern sie nicht nach § 3 Abs. 2 als Arbeiter gelten.

Inwieweit die nach § 5 der Zuständigkeit der GG. unterstellten Hausgewerbetreibenden als Arbeitgeber oder Arbeiter wahlberechtigt und wählbar sind, wird durch das Statut bestimmt.

**§ 17.** Beschwerden gegen die Rechtsgültigkeit der Wahlen sind nur binnen eines Monats nach der Wahl zulässig. Sie werden durch die höhere Verwaltungsbehörde entschieden. Dieselbe hat auf erhobene Beschwerde Wahlen, welche gegen das Gesetz oder die auf Grund des Gesetzes erlassenen Wahlvorschriften verstoßen, für ungültig zu erklären.

Die Wahl der Vorsitzenden und der Stellvertreter bedarf der Bestätigung der höheren Verwaltungsbehörde, in deren Bezirke das GG. seinen Sitz hat. Diese Bestimmung findet auf Staats- oder Gemeindebeamte, welche ihr Amt kraft staatlicher Ernennung oder Bestätigung verwalten, keine Anwendung, so lange sie dieses Amt bekleiden.

**§ 18.** Sind Wahlen nicht zustande gekommen oder wiederholt für ungültig erklärt, so ist die höhere Verwaltungsbehörde befugt,

a) die Wahlen, soweit sie durch Arbeitgeber oder Arbeiter vorzunehmen waren, durch den Magistrat und, wo ein solcher nicht vorhanden ist oder wo das Statut dies bestimmt, durch die Gemeindevertretung, in weiteren Kommunalverbänden durch die Vertretung der Verbandes vornehmen zu lassen;

b) soweit die Wahlen vom Magistrat oder der Gemeindevertretung oder der Vertretung eines weiteren Kommunalverbandes vorzunehmen waren, die Mitglieder selbst zu ernennen.

**§ 19.** Namen und Wohnort der Mitglieder des GG. werden nach näherer Bestimmung des Statuts öffentlich bekannt gemacht.

**§ 20.** Das Amt der Beisitzer ist ein Ehrenamt. Die Übernahme kann nur aus den Gründen verweigert werden, welche zur Ablehnung eines unbesoldeten Gemeindeamts berechtigen. Wo landesgesetzliche Bestimmungen über die zur Ablehnung von Gemeindeämtern berechtigenden Gründe nicht bestehen, darf die Übernahme nur aus denselben Gründen verweigert werden, aus welchen das Amt eines Vormundes abgelehnt werden kann. Wer das Amt eines Beisitzers sechs Jahre lang versehen hat, kann während der nächsten sechs Jahre die Übernahme des Amtes ablehnen. Ablehnungsgründe gewählter Beisitzer sind nur zu berücksichtigen, wenn dieselben, nachdem der beteiligte Beisitzer von seiner Wahl in Kenntnis gesetzt ist, schriftlich geltend gemacht werden. Über den Ablehnungsantrag entscheidet die im § 12 Abs. 2 bezeichnete Stelle.

Die Beisitzer erhalten für jede Sitzung, der sie beigewohnt haben, Vergütung etwaiger Reisekosten und eine Entschädigung für Zeitversäumnis. Die Höhe der letzteren ist durch das Statut festzusetzen; eine Zurückweisung derselben ist unstatthaft.

**§ 21.** Ein Mitglied des GG., hinsichtlich dessen Umstände eintreten oder bekannt werden, welche die Wählbarkeit zu dem von ihm bekleideten Amte nach Maßgabe dieses Gesetzes ausschließen, ist des Amtes zu entheben. Die Enthebung erfolgt durch die höhere Verwaltungsbehörde nach Anhörung des Beteiligten.

Aus den Arbeitgebern entnommene Beisitzer, die erst nach ihrer Wahl Mitglied einer im § 14 Abs. 3 bezeichneten Innung werden, sowie aus den Arbeitern entnommene Beisitzer, die erst nach ihrer Wahl bei einem Mitglied einer solchen Innung in Arbeit treten, bleiben bis zur nächsten Wahl im Amte.

Ein Mitglied des GG., welches sich einer groben Verletzung seiner Amtspflicht schuldig macht, kann seines Amtes entsetzt werden. Die Entsetzung erfolgt durch das Landgericht, in dessen Bezirke das GG. seinen Sitz hat. Hinsichtlich des Verfahrens und der Rechtsmittel finden die Vorschriften entsprechende Anwendung, welche für die zur Zuständigkeit der Landgerichte gehörigen Strafsachen gelten. Die Klage wird von der Staatsanwaltschaft auf Antrag der höheren Verwaltungsbehörde erhoben.

**§ 22.** Der Vorsitzende des GG. und dessen Stellvertreter sind vor ihrem Amtsantritte durch den von der höheren Verwaltungsbehörde beauftragten Beamten, die Beisitzer vor der ersten Dienstleistung durch den Vorsitzenden auf die Erfüllung der Obliegenheiten des ihnen übertragenen Amtes eidlich zu verpflichten.

**§ 23.** Beisitzer, welche ohne genügende Entschuldigung zu den Sitzungen nicht rechtzeitig sich einfinden oder ihren Obliegenheiten in anderer Weise sich entziehen, sind zu einer Ordnungsstrafe bis zu dreihundert Mark sowie in die verursachten Kosten zu verurteilen. Die Verurteilung wird durch den Vorsitzenden ausgesprochen. Erfolgt nachträglich genügende Entschuldigung, so kann die Verurteilung ganz oder teilweise zurückgenommen werden.

Gegen die Entscheidungen findet Beschwerde an das Landgericht statt, in dessen Bezirke das GG. seinen Sitz hat. Das Verfahren richtet sich nach den Vorschriften der Strafprozeßordnung.

Kann ein Beisitzer auch wegen unentschuldigten Ausbleibens aus Plenar- und Ausschußsitzungen in Strafe genommen werden? S. 72.

§ 24. Das GG. verhandelt und entscheidet, soweit nicht in diesem Gesetz ein anderes bestimmt ist, in der Besetzung von drei Mitgliedern mit Einschluß des Vorsitzenden.

Durch das Ortsstatut kann bestimmt werden, daß allgemein oder für gewisse Streitigkeiten eine größere Zahl von Beisitzern zuzuziehen ist.

In gleicher Weise ist zu bestimmen, nach welchen Grundsätzen der Vorsitzende die einzelnen Beisitzer zuzuziehen hat.

Arbeitgeber und Arbeiter müssen stets in gleicher Zahl zugezogen werden.

§ 25. Bei jedem GG. wird eine Gerichtsschreiberei eingerichtet.

Für die Bewirkung der Zustellungen in dem Verfahren vor den GG. können an Stelle der Gerichtsvollzieher Gemeindebeamte verwendet werden.

## Zweiter Abschnitt.

### Verfahren.

§ 26. Auf das Verfahren vor den GG. finden, soweit im nachstehenden nicht besondere Bestimmungen getroffen sind, die für das amtsgerichtliche Verfahren geltenden Vorschriften der Zivilprozeßordnung entsprechende Anwendung.

Kann für den minderjährigen Sohn von dem Vater eine wirksame Prozeßvollmacht erteilt werden? S. 73.

§ 27. Zuständig ist dasjenige GG., in dessen Bezirke die streitige Verpflichtung zu erfüllen ist oder sich die gewerbliche Niederlassung des Arbeitgebers befindet oder beide Parteien ihren Wohnsitz haben.

Unter mehreren zuständigen GG. hat der Kläger die Wahl.

Ist der Gerichtsstand der Niederlassung gegenüber einem Karrusselbesitzer begründet, der sich am Sitze des GG. nur während der Dauer der Messe aufhält? S. 73.

Ist für Heizer im Elektrizitätswerk einer Eisenbahngesellschaft das GG. des Ortes zuständig, an dem sich die Gesellschaftsdirektion, aber nicht das Elektrizitätswerk befindet? S. 74.

Erfüllungsort für den Schadensanspruch wegen Nichtherausgabe der Quittungskarte. S. 110.

Wird auch das GG. des Erfüllungsortes durch die Zuständigkeit eines Innungsschiedsgerichts ausgeschlossen? S. 110.

§ 28. Die Vorschrift im § 11 der Zivilprozeßordnung über die bindende Wirkung der rechtskräftigen Entscheidung durch welche ein Gericht sich für sachlich unzuständig erklärt hat, findet in dem Verhältnisse der GG. und der ordentlichen Gerichte Anwendung. Eine solche Entscheidung des ordentlichen Gerichts ist auch insoweit, als sie auf der Annahme der örtlichen Zuständigkeit eines bestimmten GG. beruht, für das letztere bindend.

Erfolgt die Bestimmung des zuständigen Gerichts durch das Oberlandesgericht, wenn sich GG. und Amtsgericht für unzuständig erklärt haben? S. 75.

§ 29. Über Gesuche wegen Ablehnung von Gerichtspersonen entscheidet das GG.

§ 30. Nichtprozeßfähigen Parteien, welche ohne gesetzlichen Vertreter sind, kann auf Antrag bis zum Eintritte des gesetzlichen Vertreters von dem Vorsitzenden ein besonderer Vertreter bestellt werden.

Das Gleiche gilt im Falle erheblicher Entfernung des Aufenthaltsorts des gesetzlichen Vertreters.

Die nicht prozeßfähige Partei ist auf ihr Verlangen selbst zu hören.

§ 31. Rechtsanwälte und Personen, welche das Verhandeln vor Gericht geschäftsmäßig betreiben, werden als Prozeßbevollmächtigte oder Beistände vor dem GG. nicht zugelassen.

Ist ein Gewerkschaftsbeamter als geschäftsmäßiger Vertreter vor Gericht anzusehen, der das Verhandeln vor Gericht häufig, wenn auch ohne Entschädigung betreibt? S. 75. Ist gegen die Zurückweisung eines Prozeßbevollmächtigten Beschwerde zulässig? Beschwerde gegen die Zurückweisung einer von einem solchen unterzeichneten Einspruchsschrift. S. 75.

§ 32. Die Zustellungen in dem Verfahren vor den GG. erfolgen von Amts wegen.

Urteile und Beschlüsse, gegen welche ein Rechtsmittel stattfindet, sind den Parteien zuzustellen, soweit diese nicht auf die Zustellung verzichten. Sonstige Urteile und Beschlüsse sind einer Partei nur zuzustellen, wenn sie nicht in Anwesenheit derselben verkündet sind. Auf Verlangen einer Partei ist derselben auch Ausfertigung eines in ihrer Anwesenheit verkündeten Urteils oder Beschlusses zu erteilen.

Anträge und Erklärungen einer Partei, welche zugestellt werden sollen, sind bei dem Gericht einzureichen oder mündlich zum Protokolle des Gerichtsschreibers anzubringen.

Sofern durch die Zustellung eine Frist gewahrt oder die Verjährung unterbrochen werden soll, tritt diese Wirkung, wenn die Zustellung demnächst erfolgt, bereits mit der Einreichung oder Anbringung des Antrags oder der Erklärung ein.

Sind im Verfahren vor dem GG. Parteizustellungen zulässig? S. 77.

§ 33. Der Gerichtsschreiber hat für die Bewirkung der Zustellung Sorge zu tragen und die bei derselben zu übergebenden Abschriften zu beglaubigen.

Er hat das zu übergebende Schriftstück in einem verschlossenen, mit der Adresse der Person, an welche zugestellt werden soll, sowie mit einer Geschäftsnummer versehenen Briefumschlage dem Zustellungsbeamten und im Falle der Zustellung durch die Post dieser zur Zustellung zu übergeben. Auf den Briefumschlag ist der Vermerk zu setzen: Vereinfachte Zustellung.

Die auf dem Briefumschlag angegebene Geschäftsnummer ist in den Akten zu vermerken.

**§ 34.** Die von dem Zustellungsbeamten oder dem Postboten aufzunehmende Zustellungsurkunde muß die Art und Weise, in welcher der seiner Adresse und seiner Geschäftsnummer nach bezeichnete Briefumschlag übergeben ist, insbesondere den Ort und die Zeit der Übergabe, sowie die Person, welcher zugestellt ist, bezeichnen und, wenn die Zustellung nicht an den Adressaten persönlich erfolgt ist, den Grund hiervon angeben. Die Urkunde ist von dem die Zustellung vollziehenden Beamten zu unterschreiben.

Bei der Zustellung wird eine Abschrift der Zustellungsurkunde nicht übergeben. Der Tag der Zustellung ist von dem zustellenden Beamten auf dem Briefumschlage zu vermerken.

**§ 35.** Die zur Erledigung des Rechtsstreits erforderlichen Verhandlungstermine werden von dem Vorsitzenden von Amtswegen angesetzt. Nach Ansetzung des Termins ist die Ladung der Parteien durch den Gerichtsschreiber zu veranlassen. Ladungen durch die Parteien finden nicht statt.

Die Zustellung der Ladung muß spätestens am Tage vor dem Termin erfolgen.

Die Zustellung der Ladung an eine Partei ist nicht erforderlich, wenn der Termin in Anwesenheit derselben verkündet oder ihr bei Einreichung oder Anbringung der Klage oder des Antrags, auf Grund dessen die Terminsbestimmung stattfindet, mitgeteilt worden ist. Die erfolgte Mitteilung ist zu den Akten zu vermerken.

**§ 36.** Nachdem die Klage eingereicht oder zum Protokolle des Gerichtsschreibers angebracht ist, hat der Vorsitzende einen möglichst nahen Termin zur Verhandlung anzusetzen.

Die Klage gilt, unbeschadet der Bestimmung im § 32 Abs. 4, erst mit der Zustellung an den Beklagten als erhoben.

**§ 37.** An ordentlichen Gerichtstagen können die Parteien zur Verhandlung des Rechtsstreits ohne Terminsbestimmung und Ladung vor dem Gericht erscheinen.

Die Erhebung der Klage erfolgt in diesem Falle durch den mündlichen Vortrag derselben. Die Klage ist zu Protokoll zu nehmen, falls die Sache streitig bleibt.

**§ 38.** Die Verhandlung vor dem erkennenden Gericht einschließlich der Verkündung der Urteile und Beschlüsse desselben erfolgt öffentlich.

Durch das Gericht kann die Öffentlichkeit für die Verhandlung oder für einen Teil derselben nach Maßgabe der Vorschriften in den §§ 173 bis 175 des Gerichtsverfassungsgesetzes ausgeschlossen werden.

Die Vorschriften der §§ 176 bis 193 des Gerichtsverfassungsgesetzes über die Aufrechterhaltung der Ordnung in den Sitzungen und über die Gerichtssprache finden Anwendung.

**§ 39.** Erscheint der Kläger im Verhandlungstermine nicht, so ist auf Antrag des Beklagten das Versäumnisurteil dahin zu erlassen, daß der Kläger mit der Klage abzuweisen sei.

Erscheint der Beklagte nicht und beantragt der Kläger das Versäumnisurteil, so werden die in der Klage behaupteten Tatsachen als zugestanden angenommen. Soweit dieselben den Klageantrag rechtfertigen, ist nach dem Antrage zu erkennen; soweit dies nicht der Fall, ist die Klage abzuweisen.

Bleiben beide Parteien aus, so ruht das Verfahren, bis die Ansetzung eines neuen Verhandlungstermins beantragt wird.

**§ 40.** Die Partei, gegen welche ein Versäumnisurteil erlassen ist, kann binnen der Notfrist von drei Tagen seit der an sie bewirkten Zustellung des Urteils die Erklärung abgeben, daß sie Einspruch einlege. Die Einlegung gilt mit der Einreichung der Erklärung oder mit der Abgabe derselben zum Protokolle des Gerichtsschreibers als bewirkt.

In dem Versäumnisurteil ist der Partei zu eröffnen, in welcher Form und Frist ihr der Einspruch zusteht.

Nach Einlegung des Einspruchs hat der Vorsitzende einen neuen Verhandlungstermin anzusetzen.

Erscheint die Partei, welche den Einspruch eingelegt hat, auch in dem neuen Termine nicht, so gilt der Einspruch als zurückgenommen. Anderenfalls wird, sofern der Einspruch zulässig ist, der Prozeß in die Lage zurückversetzt, in welcher er sich vor Eintritt der Versäumnis befand.

Ist der Einspruch wirksam, wenn die Einspruchsschrift nicht unterschrieben ist? S. 77.

**§ 41.** Erscheinen die Parteien in dem Termine, so hat das GG. tunlichst auf eine gütliche Erledigung des Rechtsstreits hinzuwirken. Es kann den Sühneversuch in jeder Lage des Verfahrens erneuern und hat denselben bei Anwesenheit der Parteien am Schlusse der Verhandlung zu wiederholen.

Der Inhalt eines vor dem Gericht abgeschlossenen Vergleichs ist durch Aufnahme in das Protokoll festzustellen. Die Feststellung ist den Parteien vorzulesen. In dem Protokoll ist zu bemerken, daß die Vorlesung stattgefunden hat und daß die Genehmigung erfolgt ist, oder welche Einwendungen erhoben sind.

Verstößt der Richter gegen das GGG., wenn er einer Partei den Rat erteilt, sich nicht zu vergleichen? S. 78.

**§ 42.** Kommt ein Vergleich nicht zustande, so ist über den Rechtsstreit zu verhandeln. Die Leitung der Verhandlung liegt dem Vorsitzenden ob. Derselbe hat dahin zu wirken, daß die Parteien über alle erheblichen Tatsachen sich vollständig erklären, die Beweismittel für ihre Behauptungen bezeichnen und die sachdienlichen Anträge stellen. Derselbe kann jederzeit das persönliche Erscheinen der Parteien anordnen und für den Fall des Nichterscheinens eine Geldstrafe bis zu 100 Mk. androhen. Gegen die Festsetzung der Strafe findet Beschwerde nach den Bestimmungen der Zivilprozeßordnung statt.

Wird die Fortsetzung der Verhandlung in einem weiteren Termine notwendig, insbesondere weil eine erforderliche Beweisaufnahme nicht sofort bewirkt werden kann, so ist der weitere Termin alsbald zu verkünden. Der zur Beweisaufnahme vor dem Gericht anberaumte Termin ist zugleich zur Fortsetzung der Verhandlung bestimmt.

Erscheinen in dem zur Fortsetzung der Verhandlung bestimmten Termine die Parteien oder eine derselben nicht, so finden die Vorschriften der §§ 39, 40 Anwendung, auch wenn eine Beweisaufnahme vorausgegangen war.

Ist die Festsetzung einer Strafe gegen die trotz Anordnung persönlichen Erscheinens nicht erschienene Partei zulässig, wenn auf Grund des Nichterscheinens die Versäumnisfolgen angenommen sind? S. 78.

§ 43. Die Beweisaufnahme erfolgt in der Regel vor dem GG. Sie kann nur in den Fällen der §§ 372, 375, 382, 434, 479 der Zivilprozeßordnung dem Vorsitzenden des Gerichts oder mittelst Ersuchens einem Amtsgericht übertragen werden.

Die Beweisaufnahme ist auch dann zu bewirken, wenn die Parteien oder eine derselben in dem für die Beweisaufnahme bestimmten Termine nicht erscheinen.

§ 44. Beschließt das Gericht die Vernehmung von Zeugen oder Sachverständigen, so sind dieselben, falls sie nicht von den Parteien zur Stelle gebracht sind, zu laden. Von der Ladung der Sachverständigen kann abgesehen werden, wenn schriftliche Begutachtung angeordnet wird.

Die Beeidigung der Zeugen und Sachverständigen erfolgt nur, wenn das Gericht die Beeidigung zur Herbeiführung einer wahrheitsgemäßen Aussage für notwendig erachtet oder wenn eine Partei dieselbe beantragt. Die Bestimmungen, nach welchen die Beeidigung in gewissen Fällen unzulässig ist (Zivilprozeßordnung § 393), bleiben unberührt.

§ 45. Ob die Leistung eines zugeschobenen oder zurückgeschobenen Eides durch bedingtes Urteil oder durch Beweisbeschluß anzuordnen sei, bestimmt das Gericht nach freiem Ermessen.

§ 46. Erscheint der Schwurpflichtige in dem zur Leistung eines Eides bestimmten Termine nicht, so ist der Eid ohne weiteres als verweigert anzusehen. Dem Verfahren ist Fortgang zu geben.

Der Schwurpflichtige kann binnen einer Notfrist von drei Tagen nach dem Termine sich zur nachträglichen Leistung des Eides erbieten. Auf ein inzwischen ergangenes Urteil finden die Bestimmungen des § 707 der Zivilprozeßordnung entsprechende Anwendung. Ein solches Urteil ist, wenn der Eid nachträglich geleistet wird, insoweit aufzuheben, als es auf der Annahme der Eidesverweigerung beruht.

Erscheint der Schwurpflichtige auch in dem zur nachträglichen Eidesleistung bestimmten Termine nicht, so findet ein nochmaliges Erbieten zur Eidesleistung nicht statt.

§ 47. Über die Verhandlungen vor dem GG. ist ein Protokoll aufzunehmen. Dasselbe ist von dem Vorsitzenden und dem Gerichtsschreiber zu unterzeichnen.

§ 48. Das Urteil ist in dem Termin, in welchem die Verhandlung geschlossen wird, zu verkünden. Ist dies nicht ausführbar, so erfolgt die Verkündung in einem sofort anzuberaumenden Termine, welcher nicht über drei Tage hinaus anberaumt werden soll.

Die Wirksamkeit der Verkündung des Urteils ist von der Anwesenheit der Parteien und der Beisitzer nicht abhängig.

§ 49. Aus dem Urteil müssen ersichtlich sein:

1. die Mitglieder des Gerichts, welche bei der Entscheidung mitgewirkt haben,
2. die Parteien,
3. das Sach- und Streitverhältnis in gedrängter Darstellung nebst den wesentlichen Entscheidungsgründen,
4. der Spruch des Gerichts in der Hauptsache und in betreff der Kosten. Der Betrag der letzteren mit Einschluß einer der ob-

siegenden Partei etwa zu gewährenden Entschädigung für Zeitversäumnis soll, soweit sie sofort zu ermitteln sind, im Urteile festgestellt werden.

Das Urteil ist von dem Vorsitzenden zu unterzeichnen.

**§ 50.** Ein über den Grund des Anspruchs vorab entscheidendes Zwischenurteil ist in betreff der Rechtsmittel nicht als Endurteil anzusehen.

**§ 51.** Erfolgt die Verurteilung auf Vornahme einer Handlung, so ist der Beklagte zugleich auf Antrag des Klägers für den Fall, daß die Handlung nicht binnen einer zu bestimmenden Frist vorgenommen ist, zur Zahlung einer nach dem Ermessen des Gerichts festzusetzenden Entschädigung zu verurteilen.

In diesem Falle ist die Zwangsvollstreckung in Gemäßheit der §§ 887, 888 der Zivilprozeßordnung ausgeschlossen.

**§ 52.** Die Verpflichtung der unterliegenden Partei, die Kosten des Rechtsstreits zu tragen, erstreckt sich auf die Erstattung der dem Gegner durch die Zuziehung eines Prozeßbevollmächtigten oder Beistandes entstandenen Auslagen nur unter der Voraussetzung, daß die Zuziehung durch besondere Umstände gerechtfertigt war, und nur in Ansehung des Betrags, welchen das Gericht für angemessen erachtet.

Kann dem obsiegenden Arbeiter die Entschädigung für die Zeitversäumnis vor Gericht zugesprochen werden, obwohl ihm jetzt nach BGB. § 616 der Lohn nicht gekürzt werden darf? S. 79, auch dann, wenn er unter Kündigungsausschluß im Akkord arbeitet? S. 390.

**§ 53.** Die nicht auf Grund einer mündlichen Verhandlung ergehenden Beschlüsse und Verfügungen werden, soweit nicht ein Anderes bestimmt ist, von dem Vorsitzenden allein erlassen.

Im übrigen sind für die Befugnisse des Vorsitzenden und der Beisitzer die Vorschriften über das landgerichtliche Verfahren maßgebend.

In bezug auf die Beratung und Abstimmung finden die Vorschriften der §§ 194 bis 200 des Gerichtsverfassungsgesetzes entsprechende Anwendung.

**§ 54.** In dem ersten, auf die Klage angesetzten Termine kann die Zuziehnng der Beisitzer unterbleiben.

Erscheint in dem Termine nur eine der Parteien, so erläßt auf Antrag derselben der Vorsitzende das Versäumnisurteil.

Erscheinen beide Parteien, so hat der Vorsitzende einen Sühneversuch vorzunehmen. Kommt ein Vergleich zustande, so ist derselbe in Gemäßheit des § 41 Abs. 2 im Protokolle festzustellen. Das gleiche gilt, wenn die Klage zurückgenommen oder wenn auf den Klageanspruch verzichtet oder wenn derselbe anerkannt wird; in diesen Fällen hat, sofern beantragt wird, die Rechtsfolgen durch Urteil auszusprechen, der Vorsitzende das Urteil zu erlassen.

Bleibt die Sache in dem Termine streitig, so hat der Vorsitzende die Entscheidung zu erlassen, wenn dieselbe sofort erfolgen kann und beide Parteien sie beantragen. Anderenfalls ist ein neuer Verhandlungstermin, zu welchem die Beisitzer zuzuziehen sind, anzusetzen und sofort zu verkünden. Zeugen und Sachverständige, deren Vernehmung der Vorsitzende für erforderlich erachtet, sind zu diesem Termine zu laden.

**§ 55.** In den vor die GG. gehörigen Rechtsstreitigkeiten finden die Rechtsmittel statt, welche in den zur Zuständigkeit der Amtsgerichte gehörigen bürgerlichen Rechtsstreitigkeiten zulässig sind. Die Berufung ist jedoch nur zulässig, wenn der Wert des Streitgegenstandes den Betrag von 100 Mk. übersteigt. Entscheidungen über die Festsetzung der Kosten einschließlich der gemäß § 52 ergangenen sind nicht anfechtbar.

Als Berufungs- und Beschwerdegericht ist das Landgericht, in dessen Bezirke das GG. seinen Sitz hat, zuständig.

Ist für das Rechtsmittel gegen eine Entscheidung des GG. eine Notfrist bestimmt, so beginnt diese für jede Partei mit der an sie bewirkten Zustellung und, sofern auf die Zustellung verzichtet war (§ 32 Abs. 2), mit der Verkündung der Entscheidung. Im übrigen richtet sich die Einlegung des Rechtsmittels und das Verfahren in der Rechtsmittelinstanz nach den Vorschriften der Zivilprozeßordnung. Die Bestimmung im § 569 Abs. 2 der Zivilprozeßordnung über die Einlegung der Beschwerde in den bei einem Amtsgericht anhängigen oder anhängig gewesenen Sachen findet entsprechende Anwendung.

Ist gegen die durch das GG. erfolgte Festsetzung des Wertes des Streitgegenstandes Beschwerde zulässig? S. 85. Wert des Streitgegenstandes bei Streitigkeiten über Arbeitszeugnisse. S. 85.

Ist Berufung zulässig, wenn der Streitwert von mehr als 100 Mk. durch Verbindung mehrerer Prozesse hergestellt war? S. 80. Ist die Berufung zulässig, wenn bei unechter Streitgenossenschaft, bei Zusammenrechnung der Einzelansprüche sich ein Gesamtobjekt von über 100 Mk. ergibt, Berufung aber nur seitens einzelner Streitgenossen und nur wegen eines Objektes von unter 100 Mk. eingelegt ist? S. 79.

Hat das Berufungsgericht die Wertfestsetzung des GG. nachzuprüfen. S. 84.

Ist der Einwand der Unzuständigkeit des GG. bezw. des ordentlichen Gerichts noch in 2. Instanz zulässig? S. 70.

Ist die Beschwerde gegen ein Kostenurteil zulässig, wenn ein in der Hauptsache ergehendes Urteil unanfechtbar sein würde. S. 89. Ist gegen die Zurückweisung eines Prozeßbevollbemächtigten Beschwerde zulässig? S. 76.

Wird die Berufungsfrist durch die im Parteibetrieb geschehene Zustellung des Urteils in Lauf gesetzt? S. 77 S. 87. In welchem Zeitpunkt muß der Verzicht auf Zustellung des Urteils ausgesprochen werden, um wirksam zu sein? S. 87.

**§ 56.** Die Anfechtung einer Entscheidung des GG. kann auf Mängel des Verfahrens bei der Wahl der Beisitzer oder auf Umstände, welche die Wählbarkeit eines Beisitzers zu dem von ihm bekleideten Amte nach Maßgabe dieses Gesetzes ausschließen, nicht gestützt werden. Diese Vorschrift findet keine Anwendung, wenn die Anfechtung darauf gestützt wird, daß ein Beisitzer zu den im § 11 Abs. 2 bezeichneten Personen gehöre.

**§ 57.** Aus den Endurteilen der GG., welche rechtskräftig oder für vorläufig vollstreckbar erklärt sind, sowie aus den Vergleichen, welche nach Erhebung der Klage vor dem GG. geschlossen sind, findet die Zwangsvollstreckung statt.

Die der Berufung oder dem Einspruch unterliegenden Urteile sind von Amtswegen für vorläufig vollstreckbar zu erklären, wenn sie die in Nr. 1 des § 4 bezeichneten Streitigkeiten betreffen oder der Gegenstand der Verurteilung an Geld oder Geldeswert die Summe von 300 Mk. nicht übersteigt.

Die vorläufige Vollstreckbarkeit ist nicht auszusprechen, wenn glaubhaft gemacht wird, daß die Vollstreckung dem Schuldner einen nicht zu ersetzenden Nachteil bringen würde; auch kann sie von einer vorgängigen Sicherheitsleistung abhängig gemacht werden.

Im übrigen finden auf die Zwangsvollstreckung sowie auf den Arrest und die einstweiligen Verfügungen die Vorschriften im achten Buche der Zivilprozeßordnung Anwendung. Die für den Beginn der Zwangsvollstreckung erforderlichen Zustellungen (§§ 750, 751, 798 der Zivilprozeßordnung) sind, soweit sie nicht bereits vorher erfolgt sind, auf Antrag des Gläubigers durch das GG. zu bewirken.

Kann das Amtsgericht in dringenden Fällen eine einstweilige Verfügung erlassen, wenn für die Hauptsache das GG. zuständig ist? S. 88. Sind GG.-Urteile auch für vollstreckbar zu erklären, wenn sie nur auf „Feststellung" lauten? S. 89.

**§ 58.** Für die Verhandlung des Rechtsstreits vor den GG. wird eine einmalige Gebühr nach dem Werte des Streitgegenstandes erhoben.

Dieselbe beträgt bei einem Gegenstand im Werte bis

| | |
|---|---|
| 20 Mk. einschließlich . . . . . . . . . . . . | 1,00 Mk., |
| von mehr als 20 Mk. bis 50 Mk. einschließlich . . | 1,50 „ |
| von mehr als 50 Mk. bis 100 Mk. einschließlich . . | 3,00 „ |

Die ferneren Wertsklassen steigen um je 100 Mk., die Gebühren um je 3 Mk. Die höchste Gebühr beträgt 30 Mk.

Wird der Rechtsstreit durch Versäumnisurteil oder durch eine auf Grund eines Anerkenntnisses oder einer Zurücknahme der Klage erlassene Entscheidung erledigt, ohne daß eine kontradiktorische Verhandlung vorhergegangen war, so wird eine Gebühr in Höhe der Hälfte der oben bezeichneten Sätzen erhoben.

Wird ein zur Beilegung des Rechtsstreits abgeschlossener Vergleich aufgenommen, so wird eine Gebühr nicht erhoben, auch wenn eine kontradiktorische Verhandlung vorausgegangen war.

Schreibgebühren kommen nicht in Ansatz. Für Zustellungen werden bare Auslagen nicht erhoben. Im übrigen findet die Erhebung der Auslagen nach Maßgabe des § 79 des Gerichtskostengesetzes statt. Der § 2 desselben findet Anwendung.

Durch das Statut (§ 1 Abs. 2 bis 4) kann vorgeschrieben werden, daß Gebühren und Auslagen in geringerem Betrage oder gar nicht erhoben werden.

Sind die in gewerbegerichtlichen Streitigkeiten dem ersuchten Gericht entstandenen Schreibgebühren zu erstatten? S. 90.

**§ 59.** Schuldner der entstandenen Gebühren und Auslagen ist derjenige, welchem durch die gerichtliche Entscheidung die Kosten auferlegt sind, oder welcher dieselben durch eine vor dem GG. abgegebene oder diesem mitgeteilte Erklärung übernommen hat, und in Ermangelung einer solchen Entscheidung oder Übernahme derjenige, welcher das Verfahren beantragt hat.

Die Einziehung der Gerichtskosten erfolgt nach den für die Einziehung der Gemeindeabgaben geltenden Vorschriften.

**§ 60.** Die Kosten der Rechtsmittel und der Zwangsvollstreckung bestimmen sich nach den für die ordentlichen Gerichte maßgebenden Vorschriften. Das Gesuch um Festsetzung der Kosten zweiter Instanz ist bei dem Landgericht anzubringen.

Die Gebührenordnung für Zeugen und Sachverständige findet in dem Verfahren vor den GG. Anwendung.

**§ 61.** Die ordentlichen Gerichte haben den GG. nach Maßgabe der Bestimmungen des Gerichtsverfassungsgesetzes Rechtshilfe zu leisten.

**Sind die ordentlichen Gerichte im Bezirk des GG. selbst zur Rechtshilfe verpflichtet? S. 90. Sind die in GG.-Sachen dem ersuchten Gericht entstandenen Schreibgebühren zu erstatten? S. 90.**

## Dritter Abschnitt.

### Tätigkeit des GG. als Einigungsamt.

**§ 62.** Das GG. kann bei Streitigkeiten zwischen Arbeitgebern und Arbeitern über die Bedingungen der Fortsetzung oder Wiederaufnahme des Arbeitsverhältnisses als Einigungsamt angerufen werden.

**§ 63.** Der Anrufung ist Folge zu geben, wenn sie von beiden Teilen erfolgt und die beteiligten Arbeiter und Arbeitgeber — letztere sofern ihre Zahl mehr als drei beträgt — Vertreter bestellen, welche mit der Verhandlung vor dem Einigungsamte beauftragt werden.

Als Vertreter können nur Beteiligte bestellt werden, welche das fünfundzwanzigste Lebensjahr vollendet haben, sich im Besitze der bürgerlichen Ehrenrechte befinden und nicht durch gerichtliche Anordnung in der Verfügung über ihr Vermögen beschränkt sind.

Soweit Arbeiter in diesem Alter nicht, oder nicht in genügender Anzahl vorhanden sind, können jüngere Vertreter zugelassen werden.

Die Zahl der Vertreter jedes Teiles soll in der Regel nicht mehr als drei betragen. Das Einigungsamt kann eine größere Zahl von Vertretern zulassen.

Ob die Vertreter für genügend legitimiert zu erachten sind, entscheidet das Einigungsamt nach freiem Ermessen.

**§ 64.** Erfolgt die Anrufung nur von einer Seite, so soll der Vorsitzende dem anderen Teile oder dessen Stellvertretern oder Beauftragten Kenntnis geben und zugleich nach Möglichkeit dahin wirken, daß auch dieser Teil sich zur Anrufung des Einigungsamts bereit findet.

**§ 65.** Auch in anderen Fällen soll der Vorsitzende bei Streitigkeiten der im § 62 bezeichneten Art auf die Anrufung des Einigungsamts hinzuwirken suchen und dieselbe den Beteiligten bei geeigneter Veranlassung nahe legen.

**§ 66.** Der Vorsitzende ist befugt, zur Einleitung der Verhandlung und in deren Verlauf an den Streitigkeiten beteiligte Personen vorzuladen und zu vernehmen. Er kann hierbei, wenn das Einigungsamt gemäß § 63 oder § 64 angerufen worden ist, für den Fall des Nichterscheinens eine Geldstrafe bis zu 100 Mk. androhen. Gegen die Festsetzung der Strafe findet Beschwerde nach den Bestimmungen der Zivilprozeßordnung statt.

Eine Vertretung beteiligter Personen durch deren allgemeine Stellvertreter (§ 45 der GO.), Prokuristen oder Betriebsleiter ist zulässig.

**§ 67.** Das GG., welches als Einigungsamt tätig wird, besteht neben dem Vorsitzenden aus Vertrauensmännern der Arbeitgeber und der Arbeiter in gleicher Zahl.

Die Vertrauensmänner sind von den Beteiligten zu bezeichnen. Erfolgt die Bezeichnung nicht, so werden die Vertrauensmänner durch den Vorsitzenden ernannt.

Einigen sich die Beteiligten über die Zahl der zuzuziehenden Vertrauensmänner nicht, so ist die Zahl derselben von dem Vorsitzenden auf mindestens zwei für jeden Teil zu bestimmen.

Die Vertrauensmänner dürfen nicht zu den Beteiligten gehören.

Der Vorsitzende ist befugt, eine oder zwei unbeteiligte Personen als Beisitzer mit beratender Stimme zuzuziehen; vor der Zuziehung sind die beiden Teile zu hören.

**§ 68.** Das Einigungsamt hat durch Vernehmung der Vertreter beider Teile die Streitpunkte und die für die Beurteilung derselben in Betracht kommenden Verhältnisse festzustellen.

Das Einigungsamt oder, im Falle des § 64, der Vorsitzende des GG. ist befugt, zur Aufklärung der in Betracht kommenden Verhältnisse Auskunftspersonen vorzuladen und zu vernehmen.

Jedem Beisitzer und Vertrauensmanne steht das Recht zu, durch den Vorsitzenden Fragen an die Vertreter und Auskunftspersonen zu richten.

**§ 69.** Nach erfolgter Klarstellung der Verhältnisse ist in gemeinsamer Verhandlung jedem Teile Gelegenheit zu geben, sich über das Vorbringen des anderen Teiles sowie über die vorliegenden Aussagen der Auskunftspersonen zu äußern. Demnächst findet ein Einigungsversuch zwischen den streitenden Teilen statt.

**§ 70.** Kommt eine Vereinbarung zustande, so ist der Inhalt derselben durch eine von sämtlichen Mitgliedern des Einigungsamts und von den Vertretern beider Teile zu unterzeichnende Bekanntmachung zu veröffentlichen.

Bedeutung eines vor dem Einigungsamt geschlossenen Vergleichs. Kann der einzelne Arbeiter daraus Rechte herleiten, obwohl der Arbeitgeber mit ihm abweichende Bedingungen nachträglich vereinbart hat? S. 91.

**§ 71.** Kommt eine Vereinbarung nicht zustande, so hat das Einigungsamt einen Schiedsspruch abzugeben, welcher sich auf alle zwischen den Parteien streitigen Fragen zu erstrecken hat.

Die Beschlußfassung über den Schiedsspruch erfolgt mit einfacher Stimmenmehrheit. Stehen bei der Beschlußfassung über den Schiedsspruch die Stimmen sämtlicher für die Arbeitgeber zugezogenen Vertrauensmänner denjenigen sämtlicher für die Arbeiter zugezogenen gegenüber, so kann der Vorsitzende sich seiner Stimme enthalten und feststellen, daß ein Schiedsspruch nicht zustande gekommen ist.

**§ 72.** Ist ein Schiedsspruch zustande gekommen, so ist derselbe den Vertretern beider Teile mit der Aufforderung zu eröffnen, sich binnen einer zu bestimmenden Frist darüber zu erklären, ob sie sich dem Schiedsspruch unterwerfen. Die Nichtabgabe der Erklärung binnen der bestimmten Frist gilt als Ablehnung der Unterwerfung.

Nach Ablauf der Frist hat das Einigungsamt eine von sämtlichen Mitgliedern desselben unterzeichnete öffentliche Bekanntmachung zu erlassen, welche den abgegebenen Schiedsspruch und die darauf abgegebenen Erklärungen der Parteien enthält.

**§ 73.** Ist weder eine Vereinbarung (§ 70) noch ein Schiedsspruch zustande gekommen, so ist dies von dem Vorsitzenden des Einigungsamts öffentlich bekannt zu machen.

**§ 74.** Das GG. als Einigungsamt ist nicht zuständig, wenn bei der Streitigkeit ausschließlich Innungsmitglieder und deren Arbeiter beteiligt sind, und für die Innung zur Erfüllung der im § 81a Nr. 2 der GO. bezeichneten Aufgabe ein besonderes Einigungsamt besteht, dessen Zusammensetzung und Tätigkeit durch das Statut entsprechend den Bestimmungen der §§ 63 bis 73 dieses Gesetzes geregelt sind. Rufen beide Teile das GG. als Einigungsamt an, so ist dieses auch bei solchen Streitigkeiten zuständig.

## Vierter Abschnitt.

### Gutachten und Anträge der GG.

**§ 75.** Das GG. ist verpflichtet, auf Ansuchen von Staatsbehörden oder des Vorstandes des Kommunalverbandes, für welchen es errichtet ist, Gutachten über gewerbliche Fragen abzugeben.

Das GG. ist berechtigt, in gewerblichen Fragen Anträge an Behörden, an Vertretungen von Kommunalverbänden und an die gesetzgebenden Körperschaften der Bundesstaaten oder des Reichs zu richten.

Zur Vorbereitung oder Abgabe von Gutachten sowie zur Vorbereitung von Anträgen können Ausschüsse aus der Mitte des GG. gebildet werden.

Diese Ausschüsse müssen, sofern es sich um Fragen handelt, welche die Interessen beider Teile berühren, zu gleichen Teilen aus Arbeitgebern und Arbeitern zusammengesetzt sein.

Das Nähere bestimmt das Statut.

## Fünfter Abschnitt.

### Verfahren vor dem Gemeindevorsteher.

**§ 76.** Ist ein zuständiges GG. nicht vorhanden, so kann bei Streitigkeiten der im § 4 Abs. 1 Nr. 1 und 5 bezeichneten Art jede Partei die vorläufige Entscheidung durch den Vorsteher der Gemeinde (Bürgermeister, Schultheiß, Ortsvorsteher usw.) nachsuchen. Zuständig ist der Vorsteher der Gemeinde, in deren Bezirke die streitige Verpflichtung aus dem Arbeitsverhältnisse zu erfüllen ist oder sich die gewerbliche Niederlassung des Arbeitgebers befindet, oder beide Parteien ihren Wohnsitz haben.

Den Parteien ist Gelegenheit zu geben, ihre Ausführungen und Beweismittel in einem Termine vorzubringen. Eine Beweisaufnahme durch Ersuchen anderer Behörden findet nicht statt; Vereidigungen sind nicht zulässig.

Kommt ein Vergleich zustande, so ist ein Protokoll darüber aufzunehmen und von den Parteien und dem Gemeindevorsteher zu unterschreiben.

**§ 77.** Die Entscheidung des Gemeindevorstehers ist schriftlich abzufassen; sie geht in Rechtskraft über, wenn nicht binnen einer Notfrist von zehn Tagen von einer der Parteien Klage bei dem ordentlichen Gericht erhoben wird. Die Frist beginnt mit der Verkündung, gegen eine bei der Verkündung nicht anwesende Partei mit der Behändigung der Entscheidung.

Die Entscheidungen des Gemeindevorstehers sind von Amts wegen für vorläufig vollstreckbar zu erklären.

Die vorläufige Vollstreckbarkeit ist nicht auszusprechen, wenn glaubhaft gemacht wird, daß die Vollstreckung dem Schuldner einen nicht zu ersetzenden Nachteil bringen würde; auch kann sie von einer vorgängigen Sicherheitsleistung abhängig gemacht werden.

Ist rechtzeitig Klage erhoben, so findet der § 707 der Zivilprozeßordnung entsprechende Anwendung.

**§ 78.** Die vor dem Gemeindevorsteher geschlossenen Vergleiche sowie die rechtskräftigen oder vollstreckbaren Entscheidungen desselben sind, sofern die Partei es beantragt, auf Ersuchen des Gemeindevorstehers durch die Ortspolizeibehörde nach den Vorschriften über das Verwaltungszwangsverfahren zu vollstrecken. Ein unmittelbarer Zwang zur Vornahme einer Handlung ist nur im Falle des § 127d der GO. zulässig; die Leistung von Diensten aus einem Dienstvertrage kann durch Geldstrafen nicht erzwungen werden. Wo ein Verwaltungszwangsverfahren nicht besteht, finden die Bestimmungen über die Zwangsvollstreckung in bürgerlichen Rechtsstreitigkeiten Anwendung.

**§ 79.** Der Gemeindevorsteher kann die Wahrnehmung der ihm nach den §§ 76 bis 78 obliegenden Geschäfte mit Genehmigung der höheren Verwaltungsbehörde einem Stellvertreter übertragen. Derselbe muß aus der Mitte der Gemeindeverwaltung oder Gemeindevertretung auf mindestens ein Jahr berufen werden. Die Berufung ist öffentlich bekannt zu machen.

**§ 80.** Durch Anordnung der Landes-Zentralbehörde kann an Stelle des Gemeindevorstehers ein zur Vornahme von Sühneverhandlungen über streitige Rechtsangelegenheiten staatlich bestelltes Organ mit Wahrnehmung der in den §§ 76 bis 78 aufgeführten Geschäfte beauftragt werden. Die Anordnung ist öffentlich bekannt zu machen.

## Sechster Abschnitt.

### Schlußbestimmungen.

**§ 81.** Die Bestimmungen dieses Gesetzes finden keine Anwendung auf Gehilfen und Lehrlinge in Apotheken und Handelsgeschäften sowie auf Arbeiter, welche in den unter der Militär- oder Marineverwaltung stehenden Betriebsanlagen beschäftigt sind.

Wird durch die Abrede, daß das Arbeitsverhältnis nach Handelsrecht beurteilt werden soll, die Zuständigkeit des GG. beseitigt? S. 71.

Ist das GG. für kaufmännische Gehilfen in gewerblichen Betrieben zuständig? S. 92. Ist auch derjenige Handlungsgehilfe, der in einem kaufmännischen Geschäft lediglich Handlangerdienste leistet? S. 93.

**Ist das GGG. anwendbar auf Stenographen und Maschinenschreiber im kaufmännischen Betriebe? S. 94, Berichterstatter? S. 94, Korrektoren einer Tageszeitung? S. 94, Kolporteure? S. 95, Schaufensterdekorateure? S. 96, Verkäuferinnen in Bäckereien? S. 97, Jungbierkutscher? S. 97, Milchkutscher? S. 98, Verkäufer in einer Trinkhalle? S. 101, Hotelsekretäre? S. 101, Kellner? S. 102, Oberkellner? S. 319, Geschäftsführer eines Schankwirtes (Aschingers Bierquelle?) S. 102, Bayrische Straßenbahnschaffner? S. 106, Omnibusschaffner? S. 106, Platzanweiser? S. 107, Angestellte von Detektivbureaus? S. 107.**

§ 82. Auf Streitigkeiten der in Bergwerken, Salinen, Aufbereitungsanstalten und unterirdisch betriebenen Brüchen und Gruben beschäftigten Arbeiter mit ihren Arbeitgebern finden die Bestimmungen dieses Gesetzes mit der Maßgabe Anwendung, daß die Errichtung von GG., deren Zuständigkeit auf die vorbezeichneten Betriebe beschränkt wird, unabhängig von den Voraussetzungen des § 1 Abs. 5 durch Anordnung der Landes-Zentralbehörde erfolgen kann.

Für die auf Grund der letzteren Bestimmung errichteten GG. gelten nachstehende besondere Vorschriften:

1. Die Bestimmung des letzten Satzes im Abs. 2 des § 7 findet keine Anwendung.
2. Durch die Zuständigkeit eines solchen Gerichts wird die Zuständigkeit anderer innerhalb seines Bezirkes bestehender oder später errichteter GG. ausgeschlossen.
3. Die Kosten der GG. werden, soweit sie in deren Einnahmen nicht Deckung finden, vom Staate getragen.
4. Der Vorsitzende und dessen Stellvertreter werden von der Landes-Zentralbehörde ernannt. Zur Bewirkung der Zustellungen können an Stelle der Gerichtsvollzieher oder Gemeindebeamten (§ 25 Abs. 2) andere Beamte verwendet werden.
5. Inwieweit den Arbeitgebern im Sinne der §§ 12 bis 14 die mit der Leitung eines Betriebes oder eines bestimmten Zweiges desselben betrauten Stellvertreter der selbständigen Gewerbetreibenden gleichstehen, wird durch Anordnung der Landes-Zentralbehörde bestimmt.
6. Die Bestimmung des § 67 Abs. 4 findet, soweit sie sich auf Beisitzer bezieht, keine Anwendung.

§ 83. Soweit nach den Vorschriften des Krankenversicherungsgesetzes die Entscheidung von Streitigkeiten über die Berechnung und Anrechnung von Versicherungsbeiträgen und Eintrittsgeldern in Gemäßheit dieses Gesetzes zu erfolgen hat, finden die Vorschriften der §§ 76 bis 80 auch dann Anwendung, wenn es sich um Versicherungsbeiträge anderer als der im § 3 bezeichneten Arbeiter handelt. Die Zuständigkeit des Gemeindevorstehers wird in diesem Falle nicht dadurch ausgeschlossen, daß ein GG. für die Gemeinde errichtet ist.

§ 84. Die Zuständigkeit der Innungen zur Entscheidung von Streitigkeiten zwischen Arbeitgebern und ihren Lehrlingen (GO. § 81a Nr. 4, § 81b Nr. 4) sowie die Zuständigkeit der Innungsschiedsgerichte (GO. §§ 91 bis 91b) erleiden durch dieses Gesetz keine Einschränkung.

Durch die Zuständigkeit einer Innung oder eines Innungsschiedsgerichts wird die Zuständigkeit eines für den Bezirk der Innung bestehenden oder später errichteten GG. ausgeschlossen.

Hat das GG. zu prüfen, ob ein Innungsschiedsgericht zu Recht besteht? S. 110. Wird durch die Zuständigkeit eines Innungsschiedsgerichts auch der Rechtsweg im Gerichtsstand des Erfüllungsortes vor einem außerhalb des Innungsbezirks zuständigen GG. ausgeschlossen? S. 110.

Kann eine offene Handelsgesellschaft als solche Innungsmitglied sein? Ist das Innungsschiedsgericht zuständig, wenn nicht sämtliche Gesellschafter Mitglied der Innung sind? S. 111. Ist bei einer Zwangsinnung das Innungsschiedsgericht ohne weiteres zuständig oder bedarf es eines besonderen Beitritts des Arbeitgebers zur Innung? S. 111. Ist das Innungsschiedsgericht zuständig, wenn ein Fabrikant der Zwangsinnung freiwillig beigetreten ist? S. 112.

Wird die Zuständigkeit des GG. begründet, wenn der Vorsitzende des Innungsschiedsgerichts innerhalb der achttägigen Frist einen Sühnetermin abhält, aber die Einberufung des Gerichts ablehnt? S. 113.

Sind die Innungsschiedsgerichte zuständig für Streitigkeiten zwischen dem Innungsmeister und dem Rechtsnachfolger des Gehilfen? S. 113.

Wird das GG. in dem Rechtsstreite eines Lehrlings gegen seinen Lehrherrn wegen Auflösung des Lehrverhältnisses zuständig, wenn die an sich zuständige Innung die Sache an das GG. verweist? S. 114. Wird bei Lehrlingsstreitigkeiten das GG. zuständig, wenn das Lehrverhältnis zur Zeit der Klageerhebung bereits beendet ist? S. 305.

**§ 85.** Die nach § 14 Nr. 4 des Gerichtsverfassungsgesetzes zugelassenen, auf Grund der Landesgesetze zur Entscheidung gewerblicher Streitigkeiten berufenen GG. werden mit dem 1. April 1892 aufgehoben, sofern nicht bis zu diesem Zeitpunkt ihre Zusammensetzung den Bestimmungen des § 13 Abs. 1 und 2 entspricht. Auf die Vertretung der Parteien vor den bezeichneten Gerichten finden die Bestimmungen des § 31 Anwendung.

Sofern diese Gerichte den vorbezeichneten Erfordernissen entsprechen, erleidet ihre Zuständigkeit durch dieses Gesetz keine Einschränkung.

**§ 86.** In dem Verhältnisse der Innungen, der Innungsschiedsgerichte und der im § 85 bezeichneten GG. zu den ordentlichen Gerichten und zu den gemäß § 1 errichteten GG. finden die Vorschriften des § 28 entsprechende Anwendung.

**§ 87.** Streitigkeiten, welche, bevor ein für dieselben zuständiges GG. bestand, anhängig geworden sind, werden von den bis dahin zuständig gewesenen Behörden erledigt.

**§ 88.** Die Zentralbehörden der Bundesstaaten bestimmen, welche Verbände als weitere Kommunalverbände im Sinne dieses Gesetzes anzusehen, von welchen Organen der Gemeinden und weiteren Kommunalverbände die Statuten über Errichtung von GG. zu beschließen, und von welchen Staats- oder Gemeindeorganen die übrigen in diesem Gesetze den Staats- oder Gemeindebehörden sowie den Vertretungen der Gemeinden und weiteren Kommunalverbände zugewiesenen Verrichtungen wahrzunehmen sind.

Mit den von der höheren Verwaltungsbehörde wahrzunehmenden Geschäften können jedoch nur diejenigen höheren Verwaltungsbehörden betraut werden, welche nach Landesrecht die Aufsicht oder Oberaufsicht in Gemeindeangelegenheiten wahrzunehmen haben; auf die in Gemäßheit des § 82 errichteten GG. findet diese Bestimmung keine Anwendung.

# 2. Auszug aus der Gewerbeordnung.

## Titel I.

### Allgemeine Bestimmungen.

**§ 6.** Das gegenwärtige Gesetz findet keine Anwendung auf die Fischerei, die Errichtung und Verlegung von Apotheken, die Erziehung von Kindern gegen Entgelt, das Unterrichtswesen, die advokatorische und Notariats-Praxis, den Gewerbebetrieb der Answanderungsunternehmer und Auswanderungsagenten, der Versicherungsunternehmer und der Eisenbahnunternehmungen, die Befugnis zum Halten öffentlicher Fähren und die Rechtsverhältnisse der Schiffsmannschaften auf den Seeschiffen. — Auf das Bergwesen, die Ausübung der Heilkunde, den Verkauf von Arzneimitteln, den Vertrieb von Lotterielosen und die Viehzucht findet das gegenwärtige Gesetz nur insoweit Anwendung, als dasselbe ausdrückliche Bestimmungen darüber enthält.

## Titel VI.

### Innungen, Innungsausschüsse, Handwerkskammern, Innungsverbände.

### I. Innungen.

a) Allgemeine Vorschriften.

**§ 81.** Diejenigen, welche ein Gewerbe selbständig betreiben, können zur Förderung der gemeinsamen gewerblichen Interessen zu einer Innung zusammentreten.

**§ 81a.** Aufgabe der Innungen ist:

1—3 pp.

4. die Entscheidung von Streitigkeiten der im § 3 des GGG.[1]) vom 29. Juli 1890 (Reichs-Gesetzbl. S. 141) und im § 53a des Krankenversicherungsgesetzes (Reichs-Gesetzbl. 1892 S. 379) bezeichneten Art zwischen den Innungsmitgliedern und ihren Lehrlingen.

**§ 81b.** Die Innungen sind befugt, ihre Wirksamkeit auf andere, den Innungsmitgliedern gemeinsame gewerbliche Interessen als die im § 81a bezeichneten auszudehnen. Insbesondere steht ihnen zu:

1—3 pp.

4. Schiedsgerichte zu errichten, welche berufen sind, Streitigkeiten der im § 3 des GGG. und im § 53a des Krankenversicherungsgesetzes bezeichneten Art zwischen den Innungsmitgliedern und ihren Gesellen (Gehilfen) und Arbeitern an Stelle der sonst zuständigen Behörden zu entscheiden.

---

[1]) Jetzt § 4 GGG.

**§ 91.** Die auf Grund des § 81b Ziff. 4 errichteten Innungsschiedsgerichte müssen mindestens aus einem Vorsitzenden und zwei Beisitzern bestehen.

Die Beisitzer und deren Stellvertreter sind zur Hälfte aus den Innungsmitgliedern, zur Hälfte aus den bei ihnen beschäftigten Gesellen (Gehilfen) und Arbeitern zu entnehmen. Die ersteren sind von der Innungsversammlung, die letzteren von den Gesellen (Gehilfen) und Arbeitern zu wählen. Auf das Wahlrecht finden die Vorschriften der §§ 10, 13 Abs. 1, § 14 Abs. 1 des GGG.[1]) Anwendung.

Der Vorsitzende wird von der Aufsichtsbehörde bestimmt; er braucht der Innung nicht anzugehören.

Die Beisitzer erhalten für jede Sitzung, welcher sie beigewohnt haben, Vergütung der baren Auslagen und eine Entschädigung für Zeitversäumnis; die Höhe der letzteren und der Betrag der dem Vorsitzenden zu gewährenden Vergütung sind im Nebenstatute festzusetzen.

Sind Wahlen nicht zustande gekommen, oder verweigern die Gewählten die Dienstleistung, so hat die Aufsichtsbehörde die Beisitzer aus der Zahl der wählbaren Innungsmitglieder, Gesellen (Gehilfen) und Arbeiter zu ernennen.

Die Anberaumung des ersten Termins soll innerhalb acht Tagen nach Eingang der Klage erfolgen und die Entscheidung nach Möglichkeit beschleunigt werden. Wird die achttägige Frist nicht innegehalten, so kann der Kläger verlangen, daß statt des Innungsschiedsgerichts an den Orten, wo GG. bestehen, diese und, wo solche nicht bestehen, die ordentlichen Gerichte entscheiden. Dies Verlangen ist dem danach zuständigen GG. oder dem ordentlichen Gericht und dem Innungsschiedsgerichte schriftlich mitzuteilen.

**§ 91a.** Erfolgt durch das Innungsschiedsgericht eine Verurteilung auf Vornahme einer Handlung, so ist der Beklagte sogleich auf Antrag des Klägers für den Fall, daß die Handlung nicht binnen einer zu bestimmenden Frist vorgenommen wird, zur Zahlung einer nach dem Ermessen des Gerichts festzusetzenden Entschädigung zu verurteilen. In diesem Falle ist die Zwangsvollstreckung gemäß §§ 887 und 888 der ZPO. ausgeschlossen.

**§ 91b.** Die Entscheidungen der Innung (§ 81a Ziff. 4) und der Innungsschiedsgerichte (§ 81b Ziff. 4) sind schriftlich abzufassen; sie gehen in Rechtskraft über, wenn nicht binnen einer Notfrist von einem Monat eine Partei Klage bei dem ordentlichen Gericht erhebt. Die Frist beginnt gegen eine bei der Verkündigung nicht anwesende Partei mit der Behändigung der Entscheidung.

Aus Vergleichen, welche nach Erhebung der Klage vor der Innung oder dem Innungsschiedsgerichte geschlossen sind, findet die Zwangsvollstreckung statt.

Die Entscheidungen können von Amts wegen für vorläufig vollstreckbar erklärt werden, wenn sie die in § 3 Ziff. 1 des GGG.[2]) be-

[1]) Jetzt § 11, 14 Abs. 1, § 16 Abs. 1.
[2]) Jetzt § 4 Ziff. 1.

zeichneten Streitigkeiten betreffen, oder der Gegenstand der Verurteilung an Geld oder Geldeswert die Summe von 100 Mk. nicht übersteigt.

Die vorläufige Vollstreckbarkeit ist nicht auszusprechen, wenn glaubhaft gemacht wird, daß die Vollstreckung dem Schuldner einen nicht zu ersetzenden Nachteil bringen würde; auch kann sie von einer vorläufigen Sicherheitsleistung abhängig gemacht werden.

Die Vollstreckung erfolgt, sofern die Partei dies beantragt, auf Ersuchen der Innung oder des Innungsschiedsgerichts durch die Polizeibehörde nach Maßgabe der Vorschriften über das Verwaltungszwangsverfahren; wo ein solches Verfahren nicht besteht, finden die Bestimmungen über die Zwangsvollstreckung in bürgerlichen Rechtsstreitigkeiten Anwendung. Ein unmittelbarer Zwang zur Vornahme einer Handlung ist nur im Falle des § 127d zulässig.

Ist rechtzeitig Klage erhoben, so findet der § 707 der ZPO. entsprechende Anwendung.

## Titel VII.

## Gewerbliche Arbeiter (Gesellen, Gehilfen, Lehrlinge, Betriebsbeamte, Werkmeister, Techniker, Fabrikarbeiter).

### I. Allgemeine Verhältnisse.

**§ 105.** Die Festsetzung der Verhältnisse zwischen den selbständigen Gewerbetreibenden und den gewerblichen Arbeitern ist, vorbehaltlich der durch Reichsgesetz begründeten Beschränkungen, Gegenstand freier Übereinkunft.

1. Begriff des gewerblichen Arbeiters.

Bahnangestellte S. 13ff. S. 106. Gärtner S. 17ff. Angestellte in landwirtschaftlichen Nebenbetrieben S. 22, 312. Binnenschiffer S. 23. Angestellte im Fährbetrieb S. 24. Fischer S. 25. Fahrradlehrer S. 25. Rechtsanwaltsgehilfen S. 26. Zahntechniker S. 26. Versicherungsangestellte S. 27. Artisten S. 28ff. Technisches Theaterpersonal S. 38ff. Angestellte in Fabrikkantinen S. 39. Hausdiener S. 39. Restaurationsküchenpersonal S. 40. Büfettmamsells S. 40. Städtische Arbeiter S. 40, S. 42. Garderobier im Restaurant S. 44. Büfettier bei Tonnenpacht S. 50. Ziegelmeister S. 52. Abgrenzung zwischen Handlungsgehilfen und Gewerbegehilfen. Kaufmännische Gehilfen in gewerblichen Betrieben S. 92. Handlanger in kaufmännischen Geschäften S. 92. Stenographinnen S. 94. Maschinenschreiberinnen S. 94. Zeitungsberichterstatter S. 94. Zeitungskorrektoren S. 94. Kolporteure S. 95. Schaufensterdekorateure S. 96. Verkäuferinnen in Bäckereien S. 97. Jungbierkutscher S. 97. Milchkutscher S. 98. Verkäufer in Trinkhallen S. 101. Hotelsekretäre S. 101. Kellner S. 102. Geschäftsführer in Schankwirtschaften S. 107. Angestellte in Detektivbureaus S. 107.

2. Akkordarbeit.

Ist der Akkordvertrag Werkvertrag oder Dienstvertrag? S. 115. Enthält die Abrede, daß bei Innehaltung einer gewissen Maximalarbeitszeit ein Lohnzuschlag gezahlt wird, einen Akkordvertrag? S. 116. Kann ein Akkordvertrag durch stillschweigende Einwilligung des bisher in Stundenlohn beschäftigten Arbeiters zu stande kommen? S. 116. Ist ein an der Arbeitsstelle ausgehängter Akkordtarif ohne weitere Vereinbarung wirksam? S. 139. Ist der Akkordlohn „fester Bezug“ im Sinne des § 133a GO. S. 307.

Muß der Akkordarbeiter die Arbeit persönlich ausführen? S. 117. Muß er pünktlich zur Arbeit erscheinen? S. 119. Darf der Arbeitgeber einseitig den Akkordsatz herabsetzen? S. 119. Ist die einseitige Herabsetzung zulässig, wenn der

Arbeiter infolge veränderter Betriebsweise durch die Herabsetzung keinen Schaden erleidet? S. 120.

Muß der Akkordlohn auch für mangelhafte Arbeit gezahlt werden? S. 122. Ist der Akkordarbeiter verpflichtet, Mehrarbeit erfordernde Änderungen an der ihm übergebenen Arbeit ohne Entschädigung vorzunehmen? S. 123.

Hat der Akkordarbeiter Anspruch auf Entschädigung für die Zeit, während der er wegen Materialmangels nicht arbeiten kann? S. 124 S. 269. Tritt das Recht der Akkordarbeiter, bei Beschäftigungslosigkeit die Arbeit einzustellen, bei vorübergehender oder erst bei dauernder Stockung ein? Muß der Arbeiter die Beschäftigungslosigkeit einem Vertreter des Arbeitgebers melden oder genügt Meldung beim Werkführer? S. 267. Kann der Akkordarbeiter austreten, wenn ihm mangelhaftes Arbeitsmaterial geliefert wird? S. 268.

Kann der Akkordarbeiter, dem nachträglich zur Vollendung der Akkordarbeit ein andrer Arbeiter mit seinem Einverständnis beigegeben wird, trotzdem Zahlung des vollen Akkordlohnes fordern? S. 126. Kann der Akkordarbeiter austreten, wenn der Arbeitgeber wider seinen Willen noch neue Arbeiter in den Akkord einstellt? S. 126.

Ist die Klausel gültig, daß der Akkordarbeiter, welcher den Akkord (freiwillig oder gezwungen) nicht fertigstellt, nur Stundenlohn erhalten soll? S. 127. Kann beim Akkordlohn neben Kündigungsausschluß vereinbart werden, daß der Arbeiter den Akkordüberschuß verliert, wenn er vor Vollendung ausscheidet? S. 128. Kann bei Entlassung vor Vollendung einer Akkordarbeit der Arbeiter vollen Lohn für die vor Ablauf der Kündigungsfrist noch nicht beendete Arbeit verlangen? S. 130. Kann bei täglicher Kündigung der Arbeiter vor Fertigstellung des Akkords entlassen werden? S. 130.

Hat der im Gruppenakkord beschäftigte Arbeiter, der bisher eine tägliche Abschlagszahlung erhielt, Anspruch auf Weitergewährung, wenn bei der Schlußabrechnung sich zeigt, daß nicht mehr genug Akkordgeld vorhanden ist? S. 131.

Hat der Akkordarbeiter Anspruch auf Zeugengebühr und Versäumnisentschädigung? S. 390, 391.

### 3. Lohn im allgemeinen.

Liegt ein Arbeitsvertrag vor, wenn der Arbeiter keinen festen Lohn, sondern nur einen Anteil am Gewinn bekommt (Tonnenpacht)? S. 49.

Ist der Dienstvertrag nichtig, wenn ein auffallend niedriger Lohn vereinbart ist? S. 360.

Kann für gesetzliche Feiertage ein Lohnabzug gemacht werden? S. 131. Kann dem Werkmeister für gesetzliche Feiertage ein Lohnabzug gemacht werden? S. 321. Kann der unrechtmäßig entlassene Arbeiter Lohn für Feiertage verlangen, die in die Kündigungsfrist fallen? S. 388. Darf ein jüdischer Arbeitgeber, der an den großen jüdischen Feiertagen die Arbeit ruhen läßt, dafür einen Lohnabzug machen? S. 134.

Hat der Arbeiter Anspruch auf Bezahlung von Überstunden? S. 135.

Können Weihnachtsgeschenke auf den Lohn angerechnet werden? S. 136. Können Weihnachtsgeschenke zurückgefordert werden? S. 137.

Trinkgeld. Kann der Friseurgehilfe den Betrag behalten, den der Kunde ohne nähere Angabe über den geforderten Preis hinaus zahlt? S. 242. Muß der Arbeiter dem Arbeitgeber die gegen dessen Anweisung einkassierten Trinkgelder herausgeben? S. 138. Sind die Trinkgelder als Teil des Lohnes zu betrachten? S. 138. Sind die Trinkgelder bei Berechnung des Jahresarbeitsverdienstes (§ 3 GGG.) mitzurechnen? S. 320.

Ist ein an der Arbeitsstelle ausgehängter Akkordtarif ohne weitere Vereinbarung wirksam? S. 139.

Bedeutung der Lohnabrede nach der „Leistungsfähigkeit". S. 140. Ist bei Bemessung der Vergütung für die Probedienstzeit mangels besonderer Abrede der gleichzeitig für das spätere feste Arbeitsverhältnis vereinbarte Lohn zugrunde zu legen? S. 140. Ist die Abrede gültig, daß ein Teil des Lohnes erst gezahlt wird, wenn der Arbeiter ein Jahr im Dienst bleibt? S. 141. Zahlung des Lohnes durch Hingabe verschlossener Düten. Wer hat zu beweisen, ob die Düte vollzählig war? S. 142.

Kann der Arbeiter, der nach Beendigung der Arbeitszeit einige Stunden auf die Auszahlung seines Lohnes gewartet hat, für die Zeit Weiterzahlung seines

Lohnes beanspruchen? S. 143. Kann ein wegen Arbeitsversäumnis entlassener Arbeiter den Lohn für den Tag nach der Entlassung fordern, wenn er bis 11 Uhr auf Lohnzahlung warten mußte? S. 401.

Lohnvorschuß und Darlehn S. 374, 376.

### 4. Urunternehmer und Zwischenunternehmer.

Ist der Ziegeleibesitzer Arbeitgeber der vom Ziegelmeister angenommenen Arbeiter? S. 12, 50, 144. Kann der vom Setzschiffer angenommene Bootsmann von dem Schiffseigner Lohn verlangen? S. 146.

Können die Bauarbeiter den Lohn gegen den eigentlichen Bauherrn einklagen, wenn sie von einem Strohmann angenommen sind? S. 147. Haftet derjenige, der sich als Bauherr geriert, für den Lohn der Bauarbeiter? S. 149. Wird der Bauunternehmer durch den vom Kolonnenführer geschlossenen Vertrag unmittelbar verpflichtet? S. 149.

Kann bei Gruppenakkord der Arbeiter von dem Arbeitgeber seinen Lohnanteil fordern, wenn dieser den vollen Akkordlohn bereits an den Kolonnenführer ausgezahlt hat? S. 160.

### 5. Tarifvertrag (Kollektivvertrag).

Bedeutung des vor dem Einigungsamte geschlossenen Vergleichs. Kann der einzelne Arbeiter daraus Rechte herleiten? S. 91.

Ist ein Tarifvertrag auch für denjenigen bindend, welcher bei seinem Abschluß nicht beteiligt war? S. 158. Bindet er auch den später zugezogenen Arbeiter? S. 161. Sind die Bestimmungen des Kollektivarbeitsvertrages verbindlich, wenn der Arbeiter bei seiner Annahme nicht auf ihn hingewiesen worden ist und der Kollektivvertrag auch nicht auf der Arbeitsstelle ausgehangen hat? S. 162. Ist der Deutsche Buchdruckertarif bindend, wenn er nicht ausdrücklich ausgeschlossen ist? S. 162. Ist mangels abweichender Vereinbarung der tarifmäßige oder der angemessene Lohn zu zahlen? S. 163.

Kann Ausschluß der Kündigungsfrist durch Kollektivvertrag vereinbart werden? S. 159. Gilt die Kündigungsfrist des Kollektivvertrages, wenn im Einzelarbeitsvertrage nichts Abweichendes festgesetzt ist? S. 160. Bindet der Kündigungsausschluß im Kollektivvertrag auch den erst später zugezogenen Arbeiter? S. 161.

### 6. Arbeitsvermittlung.

Fällt dem Arbeitsnachweis nur die Aufgabe zu, Arbeit nachzuweisen, oder hat er auch den Abschluß des Vertrages zu vermitteln? S. 163. Müssen die Parteien die vom Vermittler vereinbarte Kündigungsfrist gelten lassen? S. 163. Ist der Inhalt des vom Arbeitsnachweise ausgestellten und vom Arbeiter dem Arbeitgeber ausgehändigten Stellenscheines für die Parteien bindend? S. 163.

**§ 105a.** Zum Arbeiten an Sonn- und Festtagen können die Gewerbetreibenden die Arbeiter nicht verpflichten. Arbeiten, welche nach den Bestimmungen dieses Gesetzes auch an Sonn- und Festtagen vorgenommen werden dürfen, fallen unter die vorstehende Bestimmung nicht.

Welche Tage als Festtage gelten, bestimmen unter Berücksichtigung der örtlichen und konfessionellen Verhältnisse die Landesregierungen.

Kann ein Photographengehilfe nachträglich Bezahlung verbotener Sonntagsarbeit verlangen? S. 164. Kann ein Photograph sofort entlassen werden, wenn er sich weigert am Sonntag Bilder aufzuziehen? S. 252.

**§ 105b.** Im Betriebe von Bergwerken, Salinen, Aufbereitungsanstalten, Brüchen und Gruben, von Hüttenwerken, Fabriken und Werkstätten, von Zimmerplätzen und anderen Bauhöfen, von Werften und Ziegeleien sowie bei Bauten aller Art dürfen Arbeiter an Sonn- und Festtagen nicht beschäftigt werden. Die den Arbeitern zu gewährende Ruhe hat mindestens für jeden Sonn- und Festtag vierundzwanzig, für zwei aufeinander folgende Sonn- und Festtage sechsunddreißig, für das Weihnachts-, Oster- und Pfingstfest achtundvierzig Stunden zu dauern.

Die Ruhezeit ist von zwölf Uhr nachts zu rechnen und muß bei zwei aufeinander folgenden Sonn- und Festtagen bis sechs Uhr abends des zweiten Tages dauern. In Betrieben mit regelmäßiger Tag- und Nachtschicht kann die Ruhezeit frühestens um sechs Uhr abends des vorhergehenden Werktags, spätestens um sechs Uhr morgens des Sonn- oder Festtags beginnen, wenn für die auf den Beginn der Ruhezeit folgenden vierundzwanzig Stunden der Betrieb ruht.

Im Handelsgewerbe dürfen Gehilfen, Lehrlinge und Arbeiter am ersten Weihnachts-, Oster- und Pfingsttag überhaupt nicht, im übrigen an Sonn- und Festtagen nicht länger als fünf Stunden beschäftigt werden. Durch statutarische Bestimmung einer Gemeinde oder eines weiteren Kommunalverbandes (§ 142) kann diese Beschäftigung für alle oder einzelne Zweige des Handelsgewerbes auf kürzere Zeit eingeschränkt oder ganz untersagt werden. Für die letzten vier Wochen vor Weihnachten sowie für einzelne Sonn- und Festtage, an welchen örtliche Verhältnisse einen erweiterten Geschäftsverkehr erforderlich machen, kann die Polizeibehörde eine Vermehrung der Stunden, während welcher die Beschäftigung stattfinden darf, werden unter Berücksichtigung der für den öffentlichen Gottesdienst bestimmten Zeit, sofern die Beschäftigungszeit durch statutarische Bestimmungen eingeschränkt worden ist, durch letztere, im übrigen von der Polizeibehörde festgestellt. Die Feststellung kann für verschiedene Zweige des Handelsgewerbes verschieden erfolgen.

Die Bestimmungen des Abs. 2 finden auf die Beschäftigung von Gehilfen, Lehrlingen und Arbeitern im Geschäftsbetriebe von Konsum- und anderen Vereinen entsprechende Anwendung.

**§ 105 c.** Die Bestimmungen des § 105 b finden keine Anwendung:

1. auf Arbeiten, welche in Notfällen oder im öffentlichen Interesse unverzüglich vorgenommen werden müssen;
2. für einen Sonntag auf Arbeiten zur Durchführung einer gesetzlich vorgeschriebenen Inventur;
3. auf die Bewachung der Betriebsanlagen, auf Arbeiten zur Reinigung und Instandhaltung, durch welche der regelmäßige Fortgang des eigenen oder eines fremden Betriebs bedingt ist, sowie auf Arbeiten, von welchen die Wiederaufnahme des vollen werktägigen Betriebs abhängig ist, sofern nicht diese Arbeiten an Werktagen vorgenommen werden können;
4. auf Arbeiten, welche zur Verhütung des Verderbens von Rohstoffen oder des Mißlingens von Arbeitserzeugnissen erforderlich sind, sofern nicht diese Arbeiten an Werktagen vorgenommen werden können;
5. auf die Beaufsichtigung des Betriebs, soweit er nach Ziffer 1 bis 4 an Sonn- und Festtagen stattfindet.

Gewerbetreibende, welche Arbeiter an Sonn- und Festtagen mit Arbeiten der unter Ziffer 1 bis 5 erwähnten Art beschäftigen, sind verpflichtet, ein Verzeichnis anzulegen, in welches für jeden einzelnen Sonn- und Festtag die Zahl der beschäftigten Arbeiter, die Dauer ihrer Beschäftigung sowie die Art der vorgenommenen Arbeiten einzutragen sind. Das Verzeichnis ist auf Erfordern der Ortspolizeibehörde sowie dem im § 139 b bezeichneten Beamten jederzeit zur Einsicht vorzulegen.

Bei den unter Ziffer 3 und 4 bezeichneten Arbeiten, sofern dieselben länger als drei Stunden dauern, oder die Arbeiter am Besuche des Gottesdienstes hindern, sind die Gewerbetreibenden verpflichtet, jeden Arbeiter entweder an jedem dritten Sonntage volle sechsunddreißig Stunden, oder an jedem zweiten Sonntage mindestens in der Zeit von sechs Uhr morgens bis sechs Uhr abends von der Arbeit frei zu lassen.

Ausnahmen von den Vorschriften des vorstehenden Absatzes darf die untere Verwaltungsbehörde gestatten, wenn die Arbeiter am Besuche des sonntäglichen Gottesdienstes nicht gehindert werden und ihnen an Stelle des Sonntags eine vierundzwanzigstündige Ruhezeit an einem Wochentage gewährt wird.

**§ 105 d.** Für bestimmte Gewerbe, insbesondere für Betriebe, in denen Arbeiten vorkommen, welche ihrer Natur nach eine Unterbrechung oder einen Aufschub nicht gestatten, sowie für Betriebe, welche ihrer Natur nach auf bestimmte Jahreszeiten beschränkt sind, oder welche in gewissen Zeiten des Jahres zu einer außergewöhnlich verstärkten Tätigkeit genötigt sind, können durch Beschluß des Bundesrats Ausnahmen von der Bestimmung des § 105 b Abs. 1 zugelassen werden.

Die Regelung der an Sonn- und Festtagen in diesen Betrieben gestatteten Arbeiten und der Bedingungen, unter welchen sie gestattet sind, erfolgt für alle Betriebe derselben Art gleichmäßig und unter Berücksichtigung der Bestimmung des § 105 c Abs. 3.

Die vom Bundesrate getroffenen Bestimmungen sind durch das Reichs-Gesetzblatt zu veröffentlichen und dem Reichstage bei seinem nächsten Zusammentritte zur Kenntnisnahme vorzulegen.

**§ 105 e.** Für Gewerbe, deren vollständige oder teilweise Ausübung an Sonn- und Festtagen zur Befriedigung täglicher oder an diesen Tagen besonders hervortretender Bedürfnisse der Bevölkerung erforderlich ist, sowie für Betriebe, welche ausschließlich oder vorwiegend mit durch Wind oder unregelmäßige Wasserkraft bewegten Triebwerken arbeiten, können durch Verfügung der höheren Verwaltungsbehörde Ausnahmen von den im § 105 b getroffenen Bestimmungen zugelassen werden. Die Regelung dieser Ausnahmen hat unter Berücksichtigung der Bestimmungen des § 105 c Abs. 3 zu erfolgen.

Der Bundesrat trifft über die Voraussetzungen und Bedingungen der Zulassung von Ausnahmen nähere Bestimmungen; dieselben sind dem Reichstage bei seinem nächsten Zusammentritte zur Kenntnisnahme mitzuteilen.

Das Verfahren auf Anträge wegen Zulassung von Ausnahmen für Betriebe, welche ausschließlich oder vorwiegend mit durch Wind oder unregelmäßige Wasserkraft bewegten Triebwerken arbeiten, unterliegt den Vorschriften der §§ 20 und 21.

**§ 105 f.** Wenn zur Verhütung eines unverhältnismäßigen Schadens ein nicht vorherzusehendes Bedürfnis der Beschäftigung von Arbeitern an Sonn- und Festtagen eintritt, so können durch die untere Verwaltungsbehörde Ausnahmen von der Bestimmung des § 105 b Abs. 1 für bestimmte Zeit zugelassen werden.

Die Verfügung der unteren Verwaltungsbehörde ist schriftlich zu erlassen und muß von dem Unternehmer auf Erfordern dem für die

Revision zuständigen Beamten an der Betriebsstelle zur Einsicht vorgelegt werden. Eine Abschrift der Verfügung ist innerhalb der Betriebsstätte an einer den Arbeitern leicht zugänglichen Stelle auszuhängen.

Die untere Verwaltungsbehörde hat über die von ihr gestatteten Ausnahmen ein Verzeichnis zu führen, in welchem die Betriebsstätte, die gestatteten Arbeiten, die Zahl der in dem Betriebe beschäftigten und der an den betreffenden Sonn- und Festtagen tätig gewesenen Arbeiter, die Dauer ihrer Beschäftigung sowie die Dauer und die Gründe der Erlaubnis einzutragen sind.

**§ 105g.** Das Verbot der Beschäftigung von Arbeitern an Sonn- und Festtagen kann durch Kaiserliche Verordnung mit Zustimmung des Bundesrats auf andere Gewerbe ausgedehnt werden. Diese Verordnungen sind dem Reichstage bei seinem nächsten Zusammentritte zur Kenntnisnahme vorzulegen. Auf die von dem Verbote zuzulassenden Ausnahmen finden die Bestimmungen der §§ 105c bis 105f entsprechende Anwendung.

**§ 105h.** Die Bestimmungen der §§ 105a bis 105g stehen weitergehenden landesgesetzlichen Beschränkungen der Arbeit an Sonn- und Festtagen nicht entgegen.

Den Landes-Zentralbehörden bleibt vorbehalten, für einzelne Festtage, welche nicht auf einen Sonntag fallen, Abweichungen von der Vorschrift des § 105b Abs. 1 zu gestatten. Auf das Weihnachts-, Neujahrs-, Oster-, Himmelfahrts- und Pfingstfest findet diese Bestimmung keine Anwendung.

**§ 105i.** Der § 105a Abs. 1 und die §§ 105b bis 105g finden auf Gast- und Schankwirtschaftsgewerbe, Musikaufführungen, Schaustellungen, theatralische Vorstellungen oder sonstige Lustbarkeiten sowie auf Verkehrsgewerbe keine Anwendung.

Die Gewerbetreibenden können die Arbeiter in diesen Gewerben nur zu solchen Arbeiten an Sonn- und Festtagen verpflichten, welche nach der Natur des Gewerbebetriebs einen Aufschub oder eine Unterbrechung nicht gestatten.

**§ 106.** Gewerbetreibende, welchen die bürgerlichen Ehrenrechte aberkannt sind, dürfen, solange ihnen diese Rechte entzogen bleiben, mit der Anleitung von Arbeitern unter achtzehn Jahren sich nicht befassen.

Die Entlassung der dem vorstehenden Verbote zuwider beschäftigten Arbeiter kann polizeilich erzwungen werden.

**§ 107.** Minderjährige Personen dürfen, soweit reichsgesetzlich nicht ein anderes zugelassen ist, als Arbeiter nur beschäftigt werden, wenn sie mit einem Arbeitsbuche versehen sind. Bei der Annahme solcher Arbeiter hat der Arbeitgeber das Arbeitsbuch einzufordern. Er ist verpflichtet, dasselbe zu verwahren, auf amtliches Verlangen vorzulegen und nach rechtmäßiger Lösung des Arbeitsverhältnisses wieder auszuhändigen. Die Aushändigung erfolgt an den gesetzlichen Vertreter, sofern dieser es verlangt, oder der Arbeiter das sechszehnte Lebensjahr noch nicht vollendet hat, andernfalls an den Arbeiter selbst. Mit Genehmigung der Gemeindebehörde des im § 108 bezeichneten Ortes kann die Aushändigung des Arbeitsbuchs auch an die zur gesetzlichen Vertretung nicht berechtigte

Mutter oder einen sonstigen Angehörigen oder unmittelbar an den Arbeiter erfolgen.

**Auf Kinder, welche zum Besuche der Volksschule verpflichtet sind, finden vorstehende Bestimmungen keine Anwendung.**

Ist der Lehrvertrag gültig, wenn der Lehrling kein Arbeitsbuch hat? S. 165. Kann der minderjährige Arbeiter sofort entlassen werden, wenn er kein Arbeitsbuch beibringt? S. 165. Kann der Lehrling die Aushändigung des Arbeitsbuches verlangen, auch wenn keine „rechtsmäßige Lösung des Arbeitsverhältnisses" vorliegt? S. 165. Darf der Lehrherr das Arbeitsbuch des Lehrlings, welcher die Lehre unbefugt verlassen hat, zurückhalten, sofern ein schriftlicher Lehrvertrag nicht geschlossen war? S. 167. Kann das Arbeitsbuch noch zurückbehalten werden, wenn der kontraktbrüchige Arbeiter sich bereit erklärt, die für den Fall des Kontraktbruches festgesetzte Strafe zu bezahlen? S. 168. Darf der Lehrherr das Arbeitsbuch noch zurückhalten, wenn alle Mittel, den Lehrling zur Rückkehr anzuhalten, erfolglos erschöpft sind? S. 304. Muß der Arbeiter nach Beendigung der Arbeit das Arbeitsbuch abholen oder kann er die Zusendung verlangen? S. 169.

**§ 108.** Das Arbeitsbuch wird dem Arbeiter durch die Polizeibehörde desjenigen Ortes, an welchem er zuletzt seinen dauernden Aufenthalt gehabt hat, wenn aber ein solcher im Gebiete des Deutschen Reichs nicht stattgefunden hat, von der Polizeibehörde des von ihm zuerst erwählten deutschen Arbeitsorts kosten- und stempelfrei ausgestellt. Die Ausstellung erfolgt auf Antrag oder mit Zustimmung des gesetzlichen Vertreters. Ist die Erklärung des gesetzlichen Vertreters nicht zu beschaffen oder verweigert dieser die Zustimmung ohne genügenden Grund und zum Nachteile des Arbeiters, so kann die Gemeindebehörde die Zustimmung ergänzen. Vor der Ausstellung ist nachzuweisen, daß der Arbeiter zum Besuche der Volksschule nicht mehr verpflichtet ist, und glaubhaft zu machen, daß bisher ein Arbeitsbuch für ihn noch nicht ausgestellt war.

**§ 109.** Wenn das Arbeitsbuch vollständig ausgefüllt oder nicht mehr brauchbar, oder wenn es verloren gegangen oder vernichtet ist, so wird an Stelle desselben ein neues Arbeitsbuch ausgestellt. Die Ausstellung erfolgt durch die Polizeibehörde desjenigen Ortes, an welchem der Inhaber des Arbeitsbuchs zuletzt seinen dauernden Aufenthalt gehabt hat. Das ausgefüllte oder nicht mehr brauchbare Arbeitsbuch ist durch einen amtlichen Vermerk zu schließen.

Wird das neue Arbeitsbuch an Stelle eines nicht mehr brauchbaren, eines verloren gegangenen oder vernichteten Arbeitsbuchs ausgestellt, so ist dies darin zu vermerken. Für die Ausstellung kann in diesem Falle eine Gebühr bis zu 50 Pfg. erhoben werden.

**§ 110.** Das Arbeitsbuch (§ 108) muß den Namen des Arbeiters, Ort, Jahr und Tag seiner Geburt, Namen und letzten Wohnort seines gesetzlichen Vertreters und die Unterschrift des Arbeiters enthalten. Die Ausstellung erfolgt unter dem Siegel und der Unterschrift der Behörde. Letztere hat über die von ihr ausgestellten Arbeitsbücher ein Verzeichnis zu führen.

Die Einrichtung der Arbeitsbücher wird durch den Reichskanzler bestimmt.

**§ 111.** Bei dem Eintritt des Arbeiters in das Arbeitsverhältnis hat der Arbeitgeber an der dafür bestimmten Stelle des Arbeitsbuchs die Zeit des Eintritts und die Art der Beschäftigung, am Ende des Arbeitsverhältnisses die Zeit des Austritts und, wenn die Beschäftigung Änderungen erfahren hat, die Art der letzten Beschäftigung des Arbeiters einzutragen.

Die Eintragungen sind mit Tinte zu bewirken und von dem Arbeitgeber oder dem dazu bevollmächtigten Betriebsleiter zu unterzeichnen.

Die Eintragungen dürfen nicht mit einem Merkmale versehen sein, welches den Inhaber des Arbeitsbuchs günstig oder nachteilig zu kennzeichnen bezweckt.

Die Eintragung eines Urteils über die Führung oder die Leistungen des Arbeiters und sonstige durch dieses Gesetz nicht vorgesehene Eintragungen oder Vermerke in oder an dem Arbeitsbuche sind unzulässig.

**§ 112.** Ist das Arbeitsbuch bei dem Arbeitgeber unbrauchbar geworden, verloren gegangen oder vernichtet, oder sind von dem Arbeitgeber unzulässige Merkmale, Eintragungen oder Vermerke in oder an dem Arbeitsbuche gemacht, oder wird von dem Arbeitgeber ohne rechtmäßigen Grund die Aushändigung des Arbeitsbuchs verweigert, so kann die Ausstellung eines neuen Arbeitsbuchs auf Kosten des Arbeitgebers beansprucht werden.

Ein Arbeitgeber, welcher das Arbeitsbuch seiner gesetzlichen Verpflichtung zuwider nicht rechtzeitig ausgehändigt oder die vorschriftsmäßigen Eintragungen zu machen unterlassen oder unzulässige Merkmale, Eintragungen oder Vermerke gemacht hat, ist dem Arbeiter entschädigungspflichtig. Der Anspruch auf Entschädigung erlischt, wenn er nicht innerhalb vier Wochen nach seiner Entstehung im Wege der Klage oder Einrede geltend gemacht ist.

**§ 113.** Beim Abgange können die Arbeiter ein Zeugnis über die Art und Dauer ihrer Beschäftigung fordern.

Dieses Zeugnis ist auf Verlangen der Arbeiter auch auf ihre Führung und ihre Leistungen auszudehnen.

Den Arbeitgebern ist untersagt, die Zeugnisse mit Merkmalen zu versehen, welche den Zweck haben, den Arbeiter in einer aus dem Wortlaut des Zeugnisses nicht ersichtlichen Weise zu kennzeichnen.

Ist der Arbeiter minderjährig, so kann das Zeugnis von dem gesetzlichen Vertreter gefordert werden. Dieser kann verlangen, daß das Zeugnis an ihn, nicht an den Minderjährigen ausgehändigt werde. Mit Genehmigung der Gemeindebehörde des im § 108 bezeichneten Ortes kann auch gegen den Willen des gesetzlichen Vertreters die Aushändigung unmittelbar an den Arbeiter erfolgen.

Wert des Streitgegenstandes bei Streitigkeiten über Arbeitszeugnisse. S. 91 ff.

Kann der rechtswidrig ausgetretene Arbeiter ein Zeugnis verlangen? S. 169. Muß der Arbeitgeber auch einem vorzeitig ausgeschiedenen Lehrling ein Arbeitszeugnis ausstellen? S. 170.

Muß der Arbeiter, der nur ein Zeugnis über seine Führung verlangt hat, ein Zeugnis annehmen, daß sich auch über die Leistungen ausspricht? S. 171. Kann der Arbeiter, dessen Zeugnis auf sein Verlangen auf Führung und Leistungen ausgedehnt ist, die Streichung des Zusatzes beanspruchen, auch wenn er die Unrichtigkeit nicht behauptet? S. 172.

Ist es unzulässig, wenn der Arbeitgeber in dem Zeugnis die Bemerkung „auf Wunsch ausgestellt" hinzufügt? S. 172. Darf der Arbeitgeber im Zeugnis bemerken, daß er zur Ausstellung desselben verurteilt worden ist? Darf er die gute Führung lediglich „auf Grund der Zeugenaussagen im Prozesse" bescheinigen? S. 173.

Hat das GG. Arbeitszeugnisse auf ihren materiellen Inhalt zu prüfen? S. 174. Kann der Arbeiter, dem ein ungünstiges Zeugnis über Führung und Leistung ausgestellt ist, Änderung verlangen, weil der Sachverhalt weniger ungünstig war? S. 177.

Begriff der „Führung". Darf der Kündigungsgrund in das Zeugnis aufgenommen werden? S. 175.

Kann ein Schlächtergeselle Eintragung eines Zeugnisses in das Innungs-Verbandsbuch beanspruchen? S. 179. Kann der Arbeiter Ausstellung des Zeugnisses nach einem bestimmten im Gewerbe üblichen Formular fordern? S. 180.

Geheime Merkmale in Arbeiterzeugnissen. Kann nach gütlicher Beendigung von Aussperrungen und Streiks der Arbeitgeber genötigt werden, ein einheitliches Zeugnis auszustellen, aus dem die Unterbrechung nicht ersichtlich ist? S. 181. Kann auch in Merkmalen negativer Art eine unzulässige Kennzeichnung liegen? S. 184. Ist die Weglassung eines empfehlenden Zusatzes zum Zwecke der Kennzeichnung des Arbeiters ein verbotenes „Merkmal"? S. 185.

**§ 114.** Auf Antrag des Arbeiters hat die Ortspolizeibehörde die Eintragung in das Arbeitsbuch und das dem Arbeiter etwa ausgestellte Zeugnis kosten- und stempelfrei zu beglaubigen.

**§ 114a.** Für bestimmte Gewerbe kann der Bundesrat Lohnbücher oder Arbeitszettel vorschreiben. In diese sind von dem Arbeitgeber oder dem dazu Bevollmächtigten einzutragen:

1. Art und Umfang der übertragenen Arbeit, bei Akkordarbeit die Stückzahl;
2. die Lohnsätze;
3. die Bedingungen für die Lieferung von Werkzeugen und Stoffen zu den übertragenen Arbeiten.

Der Bundesrat kann bestimmen, daß in die Lohnbücher oder Arbeitszettel auch die Bedingungen für die Gewährung von Kost und Wohnung einzutragen sind, sofern Kost oder Wohnung als Lohn oder Teil des Lohnes gewährt werden sollen.

Auf die Eintragungen finden die Vorschriften des § 111 Abs. 2 bis 4 entsprechende Anwendung.

Das Lohnbuch oder der Arbeitszettel ist von dem Arbeitgeber auf seine Kosten zu beschaffen und dem Arbeiter nach Vollziehung der vorgeschriebenen Eintragungen vor oder bei der Übergabe der Arbeit kostenfrei auszuhändigen.

Die Lohnbücher sind mit einem Abdrucke der Bestimmungen der §§ 115 bis 119a Abs. 1 und des § 119b zu versehen. Im übrigen wird die Einrichtung der Lohnbücher durch den Reichskanzler bestimmt.

Auf die von dem Bundesrate getroffenen Anordnungen findet die Bestimmung im § 120e Abs. 4 Anwendung.

**§ 115.** Die Gewerbetreibenden sind verpflichtet, die Löhne ihrer Arbeiter in Reichswährung zu berechnen und bar auszuzahlen.

Sie dürfen den Arbeitern keine Waren kreditieren. Doch ist es gestattet, den Arbeitern Lebensmittel für den Betrag der Anschaffungskosten, Wohnung und Landnutzung gegen die ortsüblichen Miet- und Pachtpreise, Feuerung, Beleuchtung, regelmäßige Beköstigung, Arzneien und ärztliche Hilfe sowie Werkzeuge und Stoffe zu den ihnen übertragenen Arbeiten für den Betrag der durchschnittlichen Selbstkosten unter Anrechnung bei der Lohnzahlung zu verabfolgen. Zu einem höheren Preise ist die Verabfolgung von Werkzeugen und Stoffen für Akkordarbeiten zulässig, wenn derselbe den ortsüblichen nicht übersteigt und im Voraus vereinbart ist.

Bezieht sich § 115 GO. auch auf die Gagenforderung des Schauspielers? S. 189. Dürfen den Droschkenkutschern für die Livree Lohnabzüge gemacht werden? S. 188. Begriff des Lebensmittels. Darf den Arbeitern Branntwein kreditiert werden? S. 188.

Kann verdienter Lohn als Sicherung gegen Schädigung durch schlechte Geschäftsführung einbehalten werden? S. 194.

**§ 115a.** Lohn- und Abschlagszahlungen dürfen in Gast- und Schankwirtschaften oder Verkaufsstellen nicht ohne Genehmigung der unteren Verwaltungsbehörde erfolgen; sie dürfen an Dritte nicht erfolgen auf Grund von Rechtsgeschäften oder Urkunden über Rechtsgeschäfte, welche nach § 2 des Gesetzes, betreffend die Beschlagnahme des Arbeits- oder Dienstlohns, vom 21. Juni 1869 (Bundes-Gesetzbl. S. 242) rechtlich unwirksam sind.

Ist eine „Vollmacht" zur Erhebung des Lohnes rechtswirksam, die der Arbeiter einem Konsumverein ausstellt, bei dem er Waren auf Kredit entnommen hat? Darf auf Grund derselben Lohn an den Verein ausgezahlt werden? S. 189. Kann der Arbeiter den Teil seines Lohnes, der mit seiner Genehmigung direkt an einen Schankwirt für entnommene Waren abgeführt ist, nochmals in bar verlangen? S. 190.

**§ 116.** Arbeiter, deren Forderungen in einer dem § 115 zuwiderlaufenden Weise berichtigt worden sind, können zu jeder Zeit Zahlung nach Maßgabe des § 115 verlangen, ohne daß ihnen eine Einrede aus dem an Zahlungsstatt Gegebenen entgegengesetzt werden kann. Letzteres fällt, soweit es noch bei dem Empfänger vorhanden oder dieser daraus bereichert ist, derjenigen Hilfskasse zu, welcher der Arbeiter angehört, in Ermangelung einer solchen einer anderen zum Besten der Arbeiter an dem Orte bestehenden, von der Gemeindebehörde zu bestimmenden Kasse und in deren Ermangelung der Ortsarmenkasse.

**§ 117.** Verträge, welche dem § 115 zuwiderlaufen, sind nichtig.

Dasselbe gilt von Verabredungen zwischen den Gewerbetreibenden und den von ihnen beschäftigten Arbeitern über die Entnahme der Bedürfnisse der letzteren aus gewissen Verkaufsstellen sowie überhaupt über die Verwendung des Verdienstes derselben zu einem anderen Zwecke als zur Beteiligung an Einrichtungen zur Verbesserung der Lage der Arbeiter oder ihrer Familien.

Dürfen Beiträge zu einer Zwangspensionskasse vom Lohn abgezogen werden? S. 190. Lohneinhaltung zur Deckung eines dem Arbeiter zum Selbstkostenpreis überlassenen Fahrrads. Ist die Überlassung eine „Einrichtung zur Verbesserung der Lage des Arbeiters?" S. 191.

**§ 118.** Forderungen für Waren, welche dem § 115 zuwider kreditiert worden sind, können von dem Gläubiger weder eingeklagt, noch durch Anrechnung oder sonst geltend gemacht werden, ohne Unterschied, ob sie zwischen den Beteiligten unmittelbar entstanden oder mittelbar erworben sind. Dagegen fallen dergleichen Forderungen der im § 116 bezeichneten Kasse zu.

Ist die Bestimmung von Amts wegen zu berücksichtigen, ohne daß es einer Geltendmachung seitens der Parteien bedarf? S. 192.

**§ 119.** Den Gewerbetreibenden im Sinne der §§ 115 bis 118 sind gleich zu achten deren Familienglieder, Gehilfen, Beauftragte, Geschäftsführer, Aufseher und Faktoren sowie andere Gewerbetreibende, bei deren Geschäft eine der hier erwähnten Personen unmittelbar oder mittelbar beteiligt ist.

**§ 119a.** Lohneinbehaltungen, welche von Gewerbeunternehmern zur Sicherung des Ersatzes eines ihnen aus der widerrechtlichen Auflösung des Arbeitsverhältnisses erwachsenden Schadens oder einer für diesen Fall verabredeten Strafe ausbedungen werden, dürfen bei den einzelnen Lohnzahlungen ein Viertel des fälligen Lohnes, im Gesamtbetrage den Betrag eines durchschnittlichen Wochenlohns nicht übersteigen.

Durch statutarische Bestimmung einer Gemeinde oder eines weiteren Kommunalverbandes (§ 142) kann für alle Gewerbebetriebe oder gewisse Arten derselben festgesetzt werden:

1. daß Lohn- und Abschlagszahlungen in festen Fristen erfolgen müssen, welche nicht länger als einen Monat und nicht kürzer als eine Woche sein dürfen;
2. daß der von minderjährigen Arbeitern verdiente Lohn an die Eltern oder Vormünder und nur mit deren schriftlicher Zustimmung oder nach deren Bescheinigung über den Empfang der letzten Lohnzahlung unmittelbar an die Minderjährigen gezahlt wird;
3. daß die Gewerbetreibenden den Eltern oder Vormündern innerhalb gewisser Fristen Mitteilung von den an minderjährige Arbeiter gezahlten Lohnbeträgen zu machen haben.

„Prämien" für erhöhte Arbeitsleistung neben dem festen Lohn. Ist eine Bestimmung der Arbeitsordnung, wonach solche Prämien nur zur Auszahlung kommen, wenn der Arbeiter bis zu einem gewissen Zeitpunkt in dem Arbeitsverhältnis verbleibt, rechtsgültig? S. 193. Ist die Abrede gültig, daß ein Teil des Lohnes erst gezahlt wird, wenn der Arbeiter ein Jahr im Dienst bleibt? S. 141.

Ist auch bei der Lohnverwirkung die Einbehaltung auf $1/4$ des fälligen Lohns beschränkt? S. 342. Ist trotz des Aufrechnungsverbots im BGB. noch die Aufrechnung gegen die einbehaltene Kaution zulässig? Kann verdienter Lohn als Sicherheit des Arbeitgebers für Schädigungen durch schlechte Geschäftsführung seitens des Arbeiters zurückbehalten werden? S. 194.

Ist das GG. zuständig für die Klage des Vaters des Lehrlings auf nochmalige Zahlung des Lohnes, der entgegen dem Ortsstatut an den Lehrling direkt gezahlt ist? S. 7.

**§ 119b.** Unter den in §§ 114a bis 119a bezeichneten Arbeitern werden auch diejenigen Personen verstanden, welche für bestimmte Gewerbetreibende außerhalb der Arbeitsstätten der letzteren mit der Anfertigung gewerblicher Erzeugnisse beschäftigt sind, und zwar auch dann, wenn sie die Roh- und Hilfsstoffe selbst beschaffen.

Begriff des Heimarbeiters und des Hausgewerbetreibenden S. 69. — Zuständigkeit des GG. für Heimarbeiter S. 69ff. Kündigung der Heimarbeiter S. 208ff. Kann der Heimarbeiter Entschädigung fordern, wenn der Arbeitgeber nicht für genügende Beschäftigung sorgt? S. 270. Gilt die Arbeitsordnung auch für Heimarbeiter? S. 355. Unterliegt die Forderung des Heimarbeiters der Pfändung und Aufrechnung? S. 377.

**§ 120.** Die Gewerbeunternehmer sind verpflichtet, ihren Arbeitern unter achtzehn Jahren, welche eine von der Gemeindebehörde oder vom Staate als Fortbildungsschule anerkannte Unterrichtsanstalt besuchen, hierzu die erforderlichen Falles von der zuständigen Behörde festzusetzende Zeit zu gewähren. Am Sonntage darf der Unterricht nur stattfinden, wenn die Unterrichtsstunden so gelegt werden, daß die Schüler nicht gehindert werden, den Hauptgottesdienst oder einen mit Genehmigung der kirchlichen Behörden für sie eingerichteten besonderen Gottesdienst ihrer Konfession zu besuchen. Ausnahmen von dieser Bestimmung kann die Zentralbehörde für bestehende Fortbildungsschulen, zu deren Besuche keine Verpflichtung besteht, bis zum 1. Oktober 1894 gestatten.

Als Fortbildungsschulen im Sinne dieser Bestimmung gelten auch Anstalten, in welchen Unterricht in weiblichen Hand- und Hausarbeiten erteilt wird.

Durch statutarische Bestimmung einer Gemeinde oder eines weiteren Kommunalverbandes (§ 142) kann für männliche Arbeiter unter achtzehn Jahren sowie für weibliche Handlungsgehilfen und -Lehrlinge unter achtzehn Jahren die Verpflichtung zum Besuche einer Fortbildungsschule, soweit diese Verpflichtung nicht landesgesetzlich besteht, begründet werden. Auf demselben Wege können die zur Durchführung dieser Verpflichtung erforderlichen Bestimmungen getroffen werden. Insbesondere können durch statutarische Bestimmung die zur Sicherung eines regelmäßigen Schulbesuchs den Schulpflichtigen sowie deren Eltern, Vormündern und Arbeitgebern obliegenden Verpflichtungen bestimmt und diejenigen Vorschriften erlassen werden, durch welche die Ordnung in der Fortbildungsschule und ein gebührliches Verhalten der Schüler gesichert wird. Von der durch statutarische Bestimmung begründeten Verpflichtung zum Besuch einer Fortbildungsschule sind diejenigen befreit, welche eine Innungs- oder andere Fortbildungsschule oder Fachschule besuchen, sofern der Unterricht dieser Schule von der höheren Verwaltungsbehörde als ein ausreichender Ersatz des allgemeinen Fortbildungsschulunterrichts anerkannt wird.

**§ 120a.** Die Gewerbeunternehmer sind verpflichtet, die Arbeitsräume, Betriebsvorrichtungen, Maschinen und Gerätschaften so einzurichten und zu unterhalten und den Betrieb so zu regeln, daß die Arbeiter gegen Gefahren für Leben und Gesundheit soweit geschützt sind, wie es die Natur des Betriebs gestattet.

Insbesondere ist für genügendes Licht, ausreichenden Luftraum und Luftwechsel, Beseitigung des bei dem Betrieb entstehenden Staubes, der dabei entwickelten Dünste und Gase, sowie der dabei entstehenden Abfälle Sorge zu tragen.

Ebenso sind diejenigen Vorrichtungen herzustellen, welche zum Schutze der Arbeiter gegen gefährliche Berührungen mit Maschinen oder Maschinenteilen oder gegen andre in der Natur der Betriebsstätte oder des Betriebs liegende Gefahren, namentlich auch gegen die Gefahren, welche aus Fabrikbränden erwachsen können, erforderlich sind.

Endlich sind diejenigen Vorschriften über die Ordnung des Betriebs und das Verhalten der Arbeiter zu erlassen, welche zur Sicherung eines gefahrlosen Betriebs erforderlich sind.

Ist für die Klage auf Schadensersatz wegen unterlassener Sicherheitsvorrichtungen das GG. zuständig? S. 53.

**§ 120b.** Die Gewerbeunternehmer sind verpflichtet, diejenigen Einrichtungen zu treffen und zu unterhalten und diejenigen Vorschriften über das Verhalten der Arbeiter im Betriebe zu erlassen, welche erforderlich sind, um die Aufrechterhaltung der guten Sitten und des Anstandes zu sichern.

Insbesondere muß, soweit es die Natur des Betriebs zuläßt, bei der Arbeit die Trennung der Geschlechter durchgeführt werden, sofern nicht die Aufrechterhaltung der guten Sitten und des Anstandes durch die Einrichtung des Betriebs ohnehin gesichert ist.

In Anlagen, deren Betrieb es mit sich bringt, daß die Arbeiter sich umkleiden und nach der Arbeit sich reinigen, müssen ausreichende, nach Geschlechtern getrennte Ankleide- und Waschräume vorhanden sein.

Die Bedürfnisanstalten müssen so eingerichtet sein, daß sie für die Zahl der Arbeiter ausreichen, daß den Anforderungen der Gesundheitspflege entsprochen wird und daß ihre Benutzung ohne Verletzung von Sitte und Anstand erfolgen kann.

**§ 120c.** Gewerbeunternehmer, welche Arbeiter unter achtzehn Jahren beschäftigen, sind verpflichtet, bei der Einrichtung der Betriebsstätte und bei der Regelung des Betriebs diejenigen besonderen Rücksichten auf Gesundheit und Sittlichkeit zu nehmen, welche durch das Alter dieser Arbeiter geboten sind.

**§ 120d.** Die zuständigen Polizeibehörden sind befugt, im Wege der Verfügung für einzelne Anlagen die Ausführung derjenigen Maßnahmen anzuordnen, welche zur Durchführung der in §§ 120a bis 120c enthaltenen Grundsätze erforderlich und nach der Beschaffenheit der Anlage ausführbar erscheinen. Sie können anordnen, daß den Arbeitern zur Einnahme von Mahlzeiten außerhalb der Arbeitsräume angemessene, in der kalten Jahreszeit geheizte Räume unentgeltlich zur Verfügung gestellt werden.

Soweit die angeordneten Maßregeln nicht die Beseitigung einer dringenden, das Leben oder die Gesundheit bedrohenden Gefahr bezwecken, muß für die Ausführung eine angemessene Frist gelassen werden.

Den bei Erlaß dieses Gesetzes bereits bestehenden Anlagen gegenüber können, solange nicht eine Erweiterung oder ein Umbau eintritt, nur Anforderungen gestellt werden, welche zur Beseitigung erheblicher, das Leben, die Gesundheit oder die Sittlichkeit der Arbeiter gefährdende Mißstände erforderlich oder ohne unverhältnismäßige Aufwendungen ausführbar erscheinen.

Gegen die Verfügung der Polizeibehörde steht dem Gewerbeunternehmer binnen zwei Wochen die Beschwerde an die höhere Verwaltungsbehörde zu. Gegen die Entscheidung der höheren Verwaltungsbehörde ist binnen vier Wochen die Beschwerde an die Zentralbehörde zulässig; diese entscheidet endgültig. Widerspricht die Verfügung den von der zuständigen Berufsgenossenschaft erlassenen Vorschriften zur Verhütung von Unfällen, so ist zur Einlegung der vorstehend bezeichneten Rechtsmittel binnen der dem Gewerbeunternehmer zustehenden Frist auch der Vorstand der Berufsgenossenschaft befugt.

**§ 120e.** Durch Beschluß des Bundesrats können Vorschriften darüber erlassen werden, welchen Anforderungen in bestimmten Arten von Anlagen zur Durchführung der in den §§ 120a bis 120c enthaltenen Grundsätze zu genügen ist.

Soweit solche Vorschriften durch Beschluß des Bundesrats nicht erlassen sind, können dieselben durch Anordnung der Landes-Zentralbehörden oder durch Polizeiverordnungen der zum Erlasse solcher berechtigten Behörden erlassen werden. Vor dem Erlasse solcher Anordnungen und Polizeiverordnungen ist den Vorständen der beteiligten Berufsgenossenschaften oder Berufsgenossenschafts-Sektionen Gelegenheit zu einer gutachtlichen Äußerung zu geben. Auf diese finden die Bestimmungen des

§ 113 Abs. 2, 4 und des § 115 Abs. 4 Satz 1 des Gewerbe-Unfallversicherungsgesetzes (Reichs-Gesetzbl. 1900 S. 573, 585) Anwendung.

Durch Beschluß des Bundesrats können für solche Gewerbe, in welchen durch übermäßige Dauer der täglichen Arbeitszeit die Gesundheit der Arbeiter gefährdet wird, Dauer, Beginn und Ende der zulässigen täglichen Arbeitszeit und der zu gewährenden Pausen vorgeschrieben und die zur Durchführung dieser Vorschriften erforderlichen Anordnungen erlassen werden.

Die durch Beschluß des Bundesrats erlassenen Vorschriften sind durch das Reichs-Gesetzblatt zu veröffentlichen und dem Reichstage bei seinem nächsten Zusammentritte zur Kenntnisnahme vorzulegen.

Unter welchen Umständen ist der Bäckergeselle zur Verweigerung der Arbeit unter Berufung auf die Verordnung des Bundesrats, betr. den Betrieb von Bäckereien berechtigt? S. 194.

Verläßt der Kellner unbefugt den Dienst, wenn er sich die ihm auf Grund der Bundesratsverordnung vom 23. Januar 1902 zustehende Ruhezeit eigenmächtig nimmt? Wie ist die Ruhezeit zu berechnen? S. 195.

## II. Verhältnisse der Gesellen und Gehilfen.

**§ 121.** Gesellen und Gehilfen sind verpflichtet, den Anordnungen der Arbeitgeber in Beziehung auf die ihnen übertragenen Arbeiten und auf die häuslichen Einrichtungen Folge zu leisten; zu häuslichen Arbeiten sind sie nicht verbunden.

Lässiges Arbeiten. S. 248. Pünktlichkeit. S. 119, 248, 249. Singen und Pfeifen bei der Arbeit. S. 259. Häusliche Einrichtungen. S. 250. Verweigerung von Überstunden. S. 251. Verweigerung von Sonntagsarbeit. S. 252. Verweigerung von Streikarbeit. S. 256. Verweigerung von Auskunftserteilung. S. 257, 258. Privatarbeiten in der Arbeitszeit. S. 254. Arbeiten für fremde Arbeitgeber. S. 240.

Verpflichtung sich vom Arzt des Arbeitgebers untersuchen zu lassen? S. 259. Verpflichtung zu Kontrollmeldungen, während die Beschäftigung verweigert wird? S. 261.

**§ 122.** Das Arbeitsverhältnis zwischen den Gesellen oder Gehilfen und ihren Arbeitgebern kann, wenn nicht ein Anderes verabredet ist, durch eine jedem Teile freistehende, vierzehn Tage vorher erklärte Aufkündigung gelöst werden. Werden andere Aufkündigungsfristen vereinbart, so müssen sie für beide Teile gleich sein. Vereinbarungen, welche dieser Bestimmung zuwiderlaufen, sind nichtig.

### Form der Kündigung.

Muß bei der Kündigung der Grund angegeben werden? S. 198. Ist Kündigung vor Beginn der Kündigungsfrist wirksam? S. 199. Ist trotz Vereinbarung schriftlicher Kündigung eine mündliche Kündigung gültig, wenn der Arbeiter sie annimmt? S. 199. Gilt eine achttägige Kündigung als genehmigt, wenn der Arbeiter sie ohne Widerspruch annimmt und nach acht Tagen die Arbeit aufgibt? S. 202. Wird das Arbeitsverhältnis durch eine längere Abwesenheit des Arbeiters (Erkrankung 2c.) von selbst gelöst? S. 202. Wird durch Verhaftung des Arbeiters das Arbeitsverhältnis aufgelöst oder nur unterbrochen? S. 203. Wird bei Kündigungsausschluß das Arbeitsverhältnis gelöst, wenn der Arbeiter ohne weitere Erklärung fortbleibt? S. 203.

### Kündigung beim Probe- und Aushilfsengagement.

Besteht der Anspruch auf vierzehntägige Kündigung auch bei probeweisem Engagement? S. 205. Ist bei Einstellung auf Probe der Arbeitgeber im Zweifel berechtigt, den Arbeiter zu entlassen, falls ihm dessen Leistungen nicht genügend erscheinen? S. 208. Kann sich ein Probeengagement stillschweigend in ein festes Arbeitsverhältnis umwandeln? S. 207. Kann ein Aushilfs-Kellner jederzeit entlassen werden? S. 206. Hat ein in der Umzugszeit aushilfsweise angenommener Möbeltransport-Arbeiter Anspruch auf zweiwöchentliche Kündigungsfrist? S. 207.

### Kündigung der Heimarbeiter.

Hat ein Heimarbeiter Anspruch auf Kündigung? S. 208. Hat ein Heimarbeiter, der dem Arbeitgeber nur einen Teil seiner Arbeitszeit widmet, Anspruch auf Kündigung? S. 213.

### Kündigungsabrede insbes. Kündigungsausschluß.

Wer hat die Beweislast bezüglich der Kündigungsabrede? S. 215.

Kann Kündigungsausschluß durch Kollektivvertrag vereinbart werden? S. 159. Bindet die Abrede auch den erst später zugezogenen Arbeiter? S. 161. Gilt der ortsübliche Kündigungsausschluß als stillschweigend vereinbart, wenn nicht anderes vereinbart ist? S. 216. Gilt Kündigungsausschluß als stillschweigend vereinbart, wenn er in der Branche üblich ist und zwischen den Parteien bereits bei zwei früheren Arbeitsverträgen in demselben Jahr vereinbart war? - S. 217. Gilt Kündigungsausschluß als vereinbart, wenn in dem betr. Handwerksbetrieb eine dahin gehende „Werkstattordnung" angeschlagen war, dem Arbeiter aber ihre Kenntnis nicht nachgewiesen werden kann? S. 218. Ist Kündigungsausschluß vereinbart, wenn ihn der Arbeitgeber durch Anschlag und mündliche Äußerung festsetzt und die Arbeiter dazu schweigen? S. 218. Ist stillschweigende Vereinbarung des Kündigungsausschlusses möglich? S. 219. Kann Kündigungsausschluß durch den Arbeitsnachweis vereinbart werden? S. 163, 164, 220. Ist der Arbeitgeber haftbar, wenn er einen Vertreter bevollmächtigt hat, Arbeiter mit Beschränkung der gesetzlichen Kündigungsfrist anzunehmen, der Bevollmächtigte aber ohne solche Beschränkung engagiert hat? S. 221. Kann der Arbeitgeber die Vereinbarung des Kündigungsausschlusses durch Wegnahme des betr. Plakats einseitig aufheben? S. 221. Ist die vereinbarte Kündigungsfrist mangels anderweiter Abrede auch für den Rechtsnachfolger des Arbeitgebers bindend? S. 222. Ist eine Vereinbarung, wonach auch für zukünftig abzuschließende Arbeitsverträge Kündigung ausgeschlossen sein soll, rechtlich wirksam? S. 222. Gelten bei Wiedereinstellung eines Arbeiters die alten Kündigungs-Bedingungen als stillschweigend vereinbart? S. 223. Kann stündliche Lösung des Arbeitsverhältnisses vereinbart werden? S. 225. Kann bei Kündigungsausschluß der Arbeiter innerhalb des Arbeitstages jederzeit entlassen werden? S. 225. Ist bei Annahme eines Arbeiters auf Stundenlohn Ausschluß der Kündigungsfrist als vereinbart anzusehen? S. 227. Kann bei täglicher Kündigung der Akkordarbeiter jederzeit innerhalb des Arbeitstages entlassen werden? S. 129.

Vereinbarung zwischen den Unternehmer und seinen Arbeitern über die Beschränkung der Arbeitszeit zum Zweck der Vermeidung von Arbeiterentlassungen. Können trotzdem Arbeiter entlassen werden? S. 228. Hat der Arbeiter, dem der Arbeitgeber beim Engagement erklärt hat, es werde mit der Arbeit nicht lange dauern, Anspruch auf 14 tägige Kündigung? S. 228. Kann aus Redewendungen allgemeiner Art, wie: „Bei mir haben Sie Arbeit für den ganzen Winter", ein Schluß auf die vereinbarte Dauer des Arbeitsverhältnisses gezogen werden? S. 229. Inwieweit ist eine Abrede bindend, in der sich beide Teile versprechen, daß das Arbeitsverhältnis dauernd sein solle? S. 229.

### Gleichheit der Kündigungsfrist.

Welche Folge tritt ein, wenn ungleiche Fristen bedungen sind? S. 230. Ist die Vereinbarung gültig, daß bei Kündigungsausschluß der Akkordarbeiter zur Fertigstellung der Arbeit zwar verpflichtet, aber nicht berechtigt sein soll? S. 231. Kann vereinbart werden, daß der Akkordarbeiter den Akkordüberschuß verliert, wenn er vor Fertigstellung des Akkords ausscheidet? S. 128. Ist ein Arbeitsvertrag gültig, der zwar auf eine bestimmte Zeit geschlossen, in dem aber der Arbeitgeber sich allein eine 14 tägige Kündigungsfrist vorbehalten hat? S. 232. Ist eine Abrede gültig, wonach die Kündigungsfrist ausgeschlossen, der Arbeiter aber zu einer

„vorherigen Mitteilung" verpflichtet wird? S. 233. Ist eine Zusage gültig, daß der Arbeiter nach beendeter Lehrzeit noch eine bestimmte Zeit beim Lehrmeister bleibe? S. 233.

**§ 123.** Vor Ablauf der vertragsmäßigen Zeit und ohne Aufkündigung können Gesellen und Gehilfen entlassen werden:

1. wenn sie bei Abschluß des Arbeitsvertrags den Arbeitgeber durch Vorzeigung falscher oder verfälschter Arbeitsbücher oder Zeugnisse hintergangen oder ihn über das Bestehen eines anderen, sie gleichzeitig verpflichtenden Arbeitsverhältnisses in einen Irrtum versetzt haben;
2. wenn sie eines Diebstahls, einer Entwendung, einer Unterschlagung, eines Betrugs oder eines liederlichen Lebenswandels sich schuldig machen;
3. wenn sie die Arbeit unbefugt verlassen haben oder sonst den nach dem Arbeitsvertrag ihnen obliegenden Verpflichtungen nachzukommen beharrlich verweigern;
4. wenn sie der Verwarnung ungeachtet mit Feuer und Licht unvorsichtig umgehen;
5. wenn sie sich Tätlichkeiten oder grobe Beleidigungen gegen den Arbeitgeber oder seine Vertreter oder gegen die Familienangehörigen des Arbeitgebers oder seiner Vertreter zuschulden kommen lassen;
6. wenn sie einer vorsätzlichen und rechtswidrigen Sachbeschädigung zum Nachteile des Arbeitgebers oder eines Mitarbeiters sich schuldig machen;
7. wenn sie Familienangehörige des Arbeitgebers oder seiner Vertreter oder Mitarbeiter zu Handlungen verleiten oder zu verleiten versuchen oder mit Familienangehörigen des Arbeitgebers oder seiner Vertreter Handlungen begehen, welche wider die Gesetze oder die guten Sitten verstoßen;
8. wenn sie zur Fortsetzung der Arbeit unfähig oder mit einer abschreckenden Krankheit behaftet sind.

In den unter Ziffer 1—7 gedachten Fällen ist die Entlassung nicht mehr zulässig, wenn die zugrunde liegenden Tatsachen dem Arbeitgeber länger als eine Woche bekannt sind.

Inwiefern in den unter Nr. 8 gedachten Fällen dem Entlassenen ein Anspruch auf Entschädigung zustehe, ist nach dem Inhalte des Vertrags und nach den allgemeinen gesetzlichen Vorschriften zu beurteilen.

Nr. 1. Gilt ein Zeugnis, das der frühere Dienstherr wissentlich unrichtig ausgestellt hat, als falsch oder verfälscht? S. 237.

Kann ein Arbeiter sofort entlassen werden, weil er sich fälschlich für leistungsfähig und tüchtig ausgegeben hat? S. 238.

Nr. 2. Kann ein Arbeiter, der irrtümlich die Einwilligung des Arbeitgebers in die Zueignung einer Sache annimmt, wegen Diebstahls sofort entlassen werden? S. 238. Ist ein Diebstahl bei einem früheren Arbeitgeber Entlassungsgrund? S. 239. Ist versuchter Diebstahl Entlassungsgrund? S. 240. Berechtigt Forstdiebstahl zur sofortigen Entlassung? S. 240.

Ist der Arbeitgeber berechtigt, den Arbeiter ohne Kündigung zu entlassen, weil er Muster, welche Geheimnis einer Fabrik sind, zu seinem Privatgebrauch abzeichnet und verwendet hat? S. 241.

„Unterschlagung" als Entlassungsgrund. Kann der Friseurgehilfe den Betrag als Trinkgeld behalten, den der Kunde ohne nähere Angabe über den geforderten Preis hinaus zahlt? S. 242. Ist zur Unterschlagung das Bewußtsein der Rechtswidrigkeit erforderlich? S. 259. Ist der Arbeitgeber berechtigt, den Arbeiter wegen einer gegen seinen Vorgänger begangenen Unterschlagung sofort zu entlassen? S. 241.

Kann der Arbeiter wegen „Betruges“ entlassen werden, wenn er heimlich für fremde Arbeitgeber arbeitet? S. 240.

Liederlicher Lebenswandel. Kann ein Hotelportier entlassen werden, wenn er Hotelgästen unsittliche Zumutungen macht? S. 244. Begründet Trunkenheit an zwei aufeinanderfolgenden Tagen die Entlassung? S. 243. Ist der Hang zum Trunk Entlassungsgrund? S. 244.

Nr. 3. Ist einmaliges Verlassen der Arbeit Entlassungsgrund? S. 244. Liegt unbefugtes Verlassen des Dienstes vor, wenn der Arbeiter sich über seine Berechtigung in gutem Glauben befindet? S. 245. Verläßt der Kellner unbefugt den Dienst, wenn er sich die ihm auf Grund der Bundesratsverordnung zustehende Ruhezeit eigenmächtig nimmt? S. 195. Ist die Entlassung des Arbeiters gerechtfertigt, der wegen einer zu verbüßenden Freiheitsstrafe einige Tage von der Arbeit fortbleibt? S. 246. Ist es als „Verlassen der Arbeit“ oder als „beharrliche Verweigerung“ anzusehen, wenn der gekündigte Arbeiter zwecks Aufsuchung anderer Arbeitsgelegenheit von der Arbeit geht? S. 246.

Ist einmaliges Verweigern der Arbeit Grund zur sofortigen Entlassung? S. 46. 247. Ist lässiges Arbeiten Entlassungsgrund? S. 248. Gibt öfteres Zuspätkommen trotz vorhergegangener wiederholter Verwarnung ein Recht zur Entlassung? S. 248. Ist der Arbeitgeber berechtigt, den Arbeiter nicht einzustellen, weil derselbe nicht zu der festgesetzten Stunde zur Arbeit erscheint? S. 249. Muß der Akkordarbeiter pünktlich zur Arbeit erscheinen? S. 119. Kann der Arbeiter entlassen werden, weil er den Anordnungen des Arbeitgebers in bezug auf die häuslichen Einrichtungen nicht nachgekommen ist? S. 250. Ist die Entlassung von Arbeitern gerechtfertigt, wenn sie Überstunden verweigern? S. 251. Kann ein Photograph sofort entlassen werden, wenn er sich weigert, am Sonntag Bilder aufzuziehen? S. 252. Unter welchen Umständen darf ein Bäckergeselle auf Grund der Bäckereiverordnung die Arbeit verweigern? S. 194. Sind Fabrikarbeiter verpflichtet, Abbruchsarbeiten auszuführen, die infolge eines Fabrikbrandes nötig werden? S. 256. Kann der Arbeiter sofort entlassen werden, wenn er trotz Verbotes Privatarbeiten für sich fertigt? S. 254. Kann der Arbeiter, der wegen der Maifeier die Arbeit versäumt, sofort entlassen werden? S. 255. Ist der Arbeiter auf Verlangen des Arbeitgebers verpflichtet, für eine andere Fabrik, über die die Sperre verhängt ist, Arbeiten auszuführen, die der Arbeitgeber sonst in seiner Fabrik nicht ausführen läßt? S. 256. Ist beharrliche Verweigerung einer von einem Arbeiter verlangten Auskunft Grund zur Entlassung? S. 257. Kann der Arbeiter entlassen werden, wenn er sich weigert, dem Arbeitgeber auf Befragen zu sagen, unter welchem Werkmeister er arbeitet? S. 258. Ist Singen und Pfeifen in der Werkstatt trotz mehrmaligen Verbotes Grund zur sofortigen Entlassung? S. 259. Ist eine weibliche Angestellte verpflichtet, sich vom Arzte des Arbeitgebers untersuchen zu lassen, wenn sie wegen Krankheit fortbleiben will? S. 259. Ist der Arbeiter, dem für die Zeit von der Kündigung bis zur Entlassung die Fortarbeit verweigert wird, auf Verlangen verpflichtet, sich zu bloßen Kontrollmeldungen zu stellen? S. 261.

Nr. 4. Unvorsichtiges Umgehen mit Feuer als Entlassungsgrund. Ist der Abdruck der Bestimmung auf dem Arbeitszettel als ausreichende Verwarnung anzusehen? S. 262.

Nr. 5. Ist ein Werkmeister „Vertreter“ des Arbeitgebers? S. 269. Ist der Kellermeister „Vertreter“ des Arbeitgebers? S. 263. Ist es eine „grobe Beleidigung“, wenn ein Arbeiter einen Vertreter des Arbeitgebers als „Streikbrecher“ bezeichnet? S. 264.

Nr. 6. Gehört zur Sachbeschädigung Bewußtsein der Rechtswidrigkeit? S. 264.

Nr. 7. Kann ein Arbeiter sofort entlassen werden, der seinen Mitarbeiter zu verleiten sucht, nicht eifrig und intensiv zu arbeiten? S. 265.

Nr. 8. Löst Arbeitsunfähigkeit das Arbeitsverhältnis ohne besondere Willenserklärung? S. 202, 265. Kann der Arbeiter, der wegen Krankheit von der Arbeit fortgeblieben ist, entlassen werden, wenn er sich zur Fortsetzung der Arbeit meldet? S. 266.

Wann beginnt die Frist für die Geltendmachung der Entlassungsgründe? S. 237. Muß der Arbeitgeber beweisen, daß ihm der Entlassungsgrund nicht früher als eine Woche vor der Entlassung bekannt geworden ist? S. 236.

Vermeintliche Entlassungsgründe. Kann ein Gewerbegehilfe auch aus anderen als den im § 123 der GO. angegebenen Gründen vorzeitig entlassen werden? S. 234. Kann ein gewöhnlicher, zur Aushilfe angenommener Arbeiter, nachdem er schon längere Zeit beschäftigt worden, noch wegen Unfähigkeit plötzlich entlassen werden? S. 234. Kann ein Arbeiter sofort entlassen werden, wenn er seine Mitarbeiter „tribuliert“? S. 235. Kann der Arbeiter wegen Mißhandlung eines Arbeitsgenossen sofort entlassen werden? S. 235. Ist eine Entlassung gerechtfertigt, weil der Arbeiter dem revidierenden Polizeibeamten unrichtige Angaben über den Betrieb gemacht hat? S. 236.

**124.** Vor Ablauf der vertragsmäßigen Zeit und ohne Aufkündigung können Gesellen und Gehilfen die Arbeit verlassen:

1. wenn sie zur Fortsetzung der Arbeit unfähig werden;
2. wenn der Arbeitgeber oder seine Vertreter sich Tätlichkeiten oder grobe Beleidigungen gegen die Arbeiter oder gegen ihre Familienangehörigen zuschulden kommen lassen;
3. wenn der Arbeitgeber oder seine Vertreter oder Familienangehörige derselben die Arbeiter oder deren Familienangehörige zu Handlungen verleiten oder zu verleiten versuchen oder mit den Familienangehörigen der Arbeiter Handlungen begehen, welche wider die Gesetze oder die guten Sitten laufen;
4. wenn der Arbeitgeber den Arbeitern den schuldigen Lohn nicht in der bedungenen Weise auszahlt, bei Stücklohn nicht für ihre ausreichende Beschäftigung sorgt, oder wenn er sich widerrechtlicher Übervorteilungen gegen sie schuldig macht;
5. wenn bei Fortsetzung der Arbeit das Leben oder die Gesundheit der Arbeiter einer erweislichen Gefahr ausgesetzt sein würde, welche bei Eingehung des Arbeitsvertrages nicht zu erkennen war.

In den unter Ziffer 2 gedachten Fällen ist der Austritt aus der Arbeit nicht mehr zulässig, wenn die zugrunde liegenden Tatsachen dem Arbeiter länger als eine Woche bekannt sind.

Darf ein Mädchen den Dienst verlassen, wenn in das ihr angewiesene Schlafzimmer zu einem anderen Mädchen ein Mann eingelassen wird? S. 266.

Tritt das Recht der Akkordarbeiter, die Arbeit bei Beschäftigungslosigkeit einzustellen, bei vorübergehender oder erst bei dauernder bezw. wiederholter Stockung ein? Muß der Arbeiter eine Beschäftigungslosigkeit einem Vertreter des Arbeitgebers melden, oder genügt die Meldung beim Werkführer? S. 267. Kann der Akkordarbeiter austreten, wenn ihm mangelhaftes Arbeitsmaterial geliefert wird? S. 268. Können Akkordarbeiter Entschädigung wegen Nichtbeschäftigung verlangen, ohne daß sie vorher das Arbeitsverhältnis gelöst haben? S. 124. 269. Darf der Arbeiter auf die bloße Ankündigung des Arbeitgebers, daß er künftighin weniger Wochenlohn zahle, sofort die Arbeit niederlegen? S. 269. Kann ein Heimarbeiter Entschädigung verlangen, wenn der Arbeitgeber nicht für genügende Beschäftigung sorgt? S. 270.

Kann der Arbeiter nach Vermehrung der Arbeit sofort austreten, weil sonst seine Gesundheit gefährdet wäre? S. 270. Kann ein Malerlehrling wegen Lungenspitzenkatarrh das Lehrverhältnis auflösen? Ist die Vertragsauflösung zulässig, wenn eine Gesundheitsschädigung durch die Arbeit noch nicht eingetreten ist, sondern nur in Aussicht steht? S. 271.

Muß der Arbeiter, der gemäß § 124 GO. die Arbeit niederlegt, sie wieder aufnehmen, wenn ihn der Arbeitgeber innerhalb der Kündigungsfrist dazu auffordert? S. 385.

**§ 124a.** Außer den in §§ 123 und 124 bezeichneten Fällen kann jeder der beiden Teile aus wichtigen Gründen vor Ablauf der vertragsmäßigen Zeit und ohne Innehaltung einer Kündigungsfrist die Aufhebung des

Arbeitsverhältnisses verlangen, wenn dasselbe mindestens auf vier Wochen oder wenn eine längere als 14tägige Kündigungsfrist vereinbart ist.

Ist es ein „wichtiger Grund“ zum Verlassen der Arbeit, wenn dem Arbeiter vorübergehend eine übermäßige schwierige Arbeit zugemutet wird? S. 272. Ist die unerlaubte Anfertigung von Zeichnungskopien ein „wichtiger Grund“ zur Aufhebung des Arbeitsverhältnisses? Kann auch ein Verhalten, das in der Fabrikordnung nicht ausdrücklich als Grund zur sofortigen Entlassung bezeichnet ist, als wichtiger Grund angesehen werden? S. 274. Über wichtige Gründe siehe ferner S. 323ff.

**§ 124b.** Hat ein Geselle oder Gehilfe rechtswidrig die Arbeit verlassen, so kann der Arbeitgeber als Entschädigung für den Tag des Vertragsbruchs und jeden folgenden Tag der vertragsmäßigen oder gesetzlichen Arbeitszeit, höchstens aber für eine Woche, den Betrag des ortsüblichen Tagelohns (§ 8 des Krankenversicherungsgesetzes vom 15. Juni 1883, Reichs-Gesetzbl. S. 73) fordern. Diese Forderung ist an den Nachweis eines Schadens nicht gebunden. Durch ihre Geltendmachung wird der Anspruch auf Erfüllung des Vertrags und auf weiteren Schadensersatz ausgeschlossen. Dasselbe Recht steht dem Gesellen oder Gehilfen gegen den Arbeitgeber zu, wenn er von diesem vor rechtmäßiger Beendigung des Arbeitsverhältnisses entlassen worden ist.

Ist der Pauschalschadensanspruch des § 124b GO. durch das BGB. aufgehoben? S. 275. Wird der Anspruch durch den Nachweis beseitigt, daß ein Schaden nicht entstanden ist? S. 277. Kann vertraglich eine höhere Konventionalstrafe für Vertragsbruch ausbedungen werden als ein Wochenlohn? S. 278. Wird die Klage auf Buße durch Abweisung der Schadensklage ausgeschlossen? S. 278. Beseitigt die den Arbeitern durch § 152 GO. gewährte Koalitionsfreiheit den Entschädigungsanspruch wegen Vertragsbruchs? S. 279.

Ist „rechtswidriges Verlassen“ der Arbeit schon vor dem Beginn der Arbeit möglich? S. 281. Kann der Pauschalschadensanspruch auch bei bloßer Unterbrechung der Arbeit geltend gemacht werden? S. 282. Gilt die Aufforderung: „auszusetzen“, wenn hierbei das Krankenkassenbuch 2c. ausgehändigt wird, als Entlassung? S. 279. Ist die Abmeldnng des Arbeiters bei der Krankenkasse seitens des Arbeitgebers als Einwilligung in die Lösung des Arbeitsverhältnisses anzusehen? S. 280. Steht die Erklärung, der Geselle möge noch 14 Tage im Geschäft bleiben, aber zu arbeiten bekomme er nicht mehr, der Entlassung gleich? S. 261, 280. Liegt in einer Kündigung mit dem Hinzufügen: „Sie können aber auch gleich gehen!“ eine sofortige Entlassung? S. 281. Ist der Gastwirt zur Entschädigung aus § 124 GO. verpflichtet, wenn er dem Kellner seine Haupttätigkeit und damit die Trinkgelder entzieht? S. 284. Ist Arbeitgeber zur Entschädigung des Arbeiters verpflichtet, der wegen Beleidigung die Arbeit verlassen hat? S. 285.

Kann das Verhalten nach der Entlassung gegenüber der Entschädigungsklage in Betracht gezogen werden? S. 286. Verliert der rechtswidrig entlassene Arbeiter den Entschädigungsanspruch, wenn er das Angebot des Arbeitgebers zur Weiterbeschäftigung ablehnt? S. 383.

**§ 125.** Ein Arbeitgeber, welcher einen Gesellen oder Gehilfen verleitet, vor rechtmäßiger Beendigung des Arbeitsverhältnisses die Arbeit zu verlassen, ist dem früheren Arbeitgeber für den entstandenen Schaden oder den nach § 124b an die Stelle des Schadensersatzes tretenden Betrag als Selbstschuldner mitverhaftet. In gleicher Weise haftet ein Arbeitgeber, welcher einen Gesellen oder Gehilfen annimmt, von dem er weiß, daß derselbe einem anderen Arbeitgeber zur Arbeit noch verpflichtet ist.

In dem im vorstehenden Absatze bezeichneten Umfang ist auch derjenige Arbeitgeber mitverhaftet, welcher einen Gesellen oder Gehilfen, von dem er weiß, daß derselbe einem anderen Arbeitgeber zur Arbeit noch verpflichtet ist, während der Dauer dieser Verpflichtung in der Beschäftigung behält, sofern nicht seit der unrechtmäßigen Lösung des Arbeitsverhältnisses bereits vierzehn Tage verflossen sind.

Den Gesellen und Gehilfen stehen im Sinne der vorstehenden Bestimmungen die im § 119b bezeichneten Personen gleich.

Erwirbt der bisherige Arbeitgeber schon durch die bloße unbeglaubigte Mitteilung an den neuen Arbeitgeber, daß der Arbeiter kontraktbrüchig sei, den Schadensanspruch? S. 288.

## III. Lehrlingsverhältnisse.

### A. Allgemeine Bestimmungen.

**§ 126.** Die Befugnis zum Halten oder zur Anleitung von Lehrlingen steht Personen, welche sich nicht im Besitze der bürgerlichen Ehrenrechte befinden, nicht zu.

Begriff des Lehrherrn: Kann auch ein Angestellter Lehrlinge halten? S. 289. Ist die Lehrlingseigenschaft auf ein bestimmtes Lebensalter beschränkt? S. 290.

**§ 126a.** Die Befugnis zum Halten und zur Anleitung von Lehrlingen kann solchen Personen ganz oder auf Zeit entzogen werden, welche sich wiederholt grober Pflichtverletzungen gegen die ihnen anvertrauten Lehrlinge schuldig gemacht haben, oder gegen welche Tatsachen vorliegen, die sie in sittlicher Beziehung zum Halten oder zur Anleitung von Lehrlingen ungeeignet erscheinen lassen.

Die Befugnis zur Anleitung von Lehrlingen kann ferner solchen Personen entzogen werden, welche wegen geistiger oder körperlicher Gebrechen zur sachgemäßen Anleitung eines Lehrlings nicht geeignet sind.

Die Entziehung erfolgt durch Verfügung der unteren Verwaltungsbehörde; gegen die Verfügung findet der Rekurs statt. Wegen des Verfahrens und der Behörden gelten die Vorschriften des §§ 20 und 21, soweit nicht landesgesetzlich das Verfahren in streitigen Verwaltungssachen Platz greift.

Durch die höhere Verwaltungsbehörde kann die entzogene Befugnis nach Ablauf eines Jahres wieder eingeräumt werden.

**§ 126b.** Der Lehrvertrag ist binnen vier Wochen nach Beginn der Lehre schriftlich abzuschließen. Derselbe muß enthalten:

1. die Bezeichnung des Gewerbes oder des Zweiges der gewerblichen Tätigkeit, in welchem die Ausbildung erfolgen soll;
2. die Angabe der Dauer der Lehrzeit;
3. die Angabe der gegenseitigen Leistungen;
4. die gesetzlichen und sonstigen Voraussetzungen, unter welchen die einseitige Auflösung des Vertrags zulässig ist.

Der Lehrvertrag ist von dem Gewerbetreibenden oder seinem Stellvertreter, dem Lehrling und dem gesetzlichen Vertreter des Lehrlinges zu unterschreiben und in einem Exemplare dem gesetzlichen Vertreter des Lehrlings auszuhändigen. Der Lehrherr ist verpflichtet, der Ortspolizeibehörde auf Erfordern den Lehrvertrag einzureichen.

Auf Lehrlinge in staatlich anerkannten Lehrwerkstätten finden diese Bestimmungen keine Anwendung.

Der Lehrvertrag ist kosten- und stempelfrei.

Was ist ein „schriftlicher Lehrvertrag" im Sinne der GO.? S. 300. Wird ein Lehrvertrag durch unordentliche Ausfüllung des Vertragsformulars ungültig? S. 301. Ist ein Lehrvertrag „schriftlich", wenn er vom Lehrherrn nur unterstempelt ist? S. 301. Liegt ein schriftlicher Lehrvertrag vor, wenn die Unterschrift des Lehrlings fehlt? S. 305.

Ist der Lehrvertrag gültig, wenn der Lehrling kein Arbeitsbuch hat? S. 165.

**§ 127.** Der Lehrherr ist verpflichtet, den Lehrling in den bei seinem Betriebe vorkommenden Arbeiten des Gewerbes dem Zwecke der Ausbildung entsprechend zu unterweisen, ihn zum Besuche der Fortbildungs- oder Fachschule anzuhalten und den Schulbesuch zu überwachen. Er muß entweder selbst oder durch einen geeigneten, ausdrücklich dazu bestimmten Vertreter die Ausbildung des Lehrlinges leiten, den Lehrling zur Arbeitsamkeit und zu guten Sitten anhalten und vor Ausschweifungen bewahren, er hat ihn gegen Mißhandlungen seitens der Arbeits- und Hausgenossen zu schützen und dafür Sorge zu tragen, daß dem Lehrlinge nicht Arbeitsverrichtungen zugewiesen werden, welche seinen körperlichen Kräften nicht angemessen sind.

Er darf dem Lehrlinge die zu seiner Ausbildung und zum Besuche des Gottesdienstes an Sonn- und Festtagen erforderliche Zeit und Gelegenheit nicht zu entziehen. Zu häuslichen Dienstleistungen dürfen Lehrlinge, welche im Hause des Lehrherrn weder Kost noch Wohnung erhalten, nicht herangezogen werden.

Ist der Lehrmeister verpflichtet, bei Abschluß des Lehrvertrages Mitteilung zu machen, wenn bei ihm einzelne Zweige des zu erlernenden Handwerks nicht betrieben werden? S. 290.

Ausdrücklich bestimmter Vertreter des Meisters. Genügt Überweisung an eineu Gesellen für alle vorkommenden Arbeiten? S. 291.

Haftet der Meister, der den Lehrling zu vertragswidriger Arbeit verwendet, für den letzterem hierbei entstandenen Schaden? S. 291.

Pflicht, den Lehrling zum Besuch der Fortbildungsschule anzuhalten. Muß der Meister sich persönlich davon überzeugen, daß der Lehrling rechtzeitig aufsteht? Darf er ohne Nachprüfung der Angabe des Lehrlings glauben, daß dieser nicht mehr fortbildungsschulpflichtig sei? S. 293. Darf er den Lehrling wegen eiliger Arbeiten von der Schule zurückhalten? S. 294. Muß der Lehrherr den Vater des Lehrlings benachrichtigen, wenn sich dessen Betragen verschlechtert? S. 294.

**§ 127a.** Der Lehrling ist der väterlichen Zucht des Lehrherrn unterworfen und dem Lehrherrn sowie demjenigen, welcher an Stelle des Lehrherrn die Ausbildung zu leiten hat, zur Folgsamkeit und Treue, zu Fleiß und anständigem Betragen verpflichtet.

Übermäßige und unanständige Züchtigungen, sowie jede die Gesundheit des Lehrlings gefährdende Behandlung sind verboten.

Sind Ohrfeigen Mißbrauch des Züchtigungsrechts? S. 295. Wann verjähren Schadensansprüche wegen Mißbrauchs des Züchtigungsrechts? S. 325.

**§ 127b.** Das Lehrverhältnis kann, wenn eine längere Frist nicht vereinbart ist, während der ersten vier Wochen nach Beginn der Lehrzeit durch einseitigen Rücktritt aufgelöst werden. Eine Vereinbarung wonach diese Probezeit mehr als drei Monate betragen soll, ist nichtig.

Nach Ablauf der Probezeit kann der Lehrling vor Beendigung der verabredeten Lehrzeit entlassen werden, wenn einer der im § 123 vorgesehenen Fälle auf ihn Anwendung findet oder wenn er die ihm im

§ 127a auferlegten Pflichten wiederholt verletzt oder den Besuch der Fortbildungs- oder Fachschule vernachlässigt.

Von seiten des Lehrlinges kann das Lehrverhältnis nach Ablauf der Probezeit aufgelöst werden, wenn:

1. einer der im § 124 unter Ziffer 1, 3 bis 5 vorgesehenen Fälle vorliegt;
2. der Lehrherr seine gesetzlichen Verpflichtungen gegen den Lehrling in einer die Gesundheit, die Sittlichkeit oder die Ausbildung des Lehrlinges gefährdenden Weise vernachlässigt, oder das Recht der väterlichen Zucht mißbraucht, oder zur Erfüllung der ihm vertragsmäßig obliegenden Verpflichtungen unfähig wird.

Der Lehrvertrag wird durch den Tod des Lehrlings aufgehoben. Durch den Tod des Lehrherrn gilt der Lehrvertrag als aufgehoben, sofern die Aufhebung binnen vier Wochen geltend gemacht wird.

Kann der Lehrherr einen Schadensanspruch geltend machen, wenn er es unterlassen hat, den Vater des Lehrlings von einer Verschlechterung im Betragen in Kenntnis zu setzen? S. 294. Darf ein Lehrling wegen Unfähigkeit entlassen werden? S. 299. Gibt mangelhafter Fleiß und mangelndes Interesse des Lehrlings dem Meister das Recht zur sofortigen Auflösung des Lehrverhältnisses? S. 300.

Kann ein Portefeuillearbeiter einen Lehrling, den er mitgebracht hat, beim Ausscheiden wieder mitnehmen? S. 289.

Klage auf Auflösung des Lehrvertrages wegen nicht gehöriger Erfüllung der Pflichten des Lehrherrn. Muß der Lehrling die Nichterfüllung oder der Lehrherr die Erfüllung beweisen? S. 296.

Darf ein Barbierlehrling die Lehre verlassen, weil er zur Bedienung von Prostituierten verwendet wird? S. 297. Kann ein Buchdruckerlehrling, der zum Setzen und Drucken unzüchtiger Schriften von dem Lehrherrn verwendet wird, sofortige Aufhebung des Lehrverhältnisses verlangen? S. 298. Kann Auflösung des Lehrvertrages verlangt werden, wenn der Lehrling zu verbotenen Sonntagsarbeiten und häuslichen Arbeiten herangezogen wird, aber nicht protestiert? Verhinderung am Besuch der Gewerbeschule. S. 299. Ist die Abrede gültig, nach der der Lehrling sich verpflichtet, nach Beendigung der Lehrzeit noch eine gewisse Zeit weiter zu arbeiten, während der Meister keine entsprechende Gegenverpflichtung übernimmt? S. 233.

Über Auflösungsgründe siehe auch S. 227 ff.

Ist das GG. zuständig für die Klage des Vaters oder Vormundes des Lehrlings auf Aufhebung des Lehrvertrages? S. 6.

**§ 127c.** Bei Beendigung des Lehrverhältnisses hat der Lehrherr dem Lehrling unter Angabe des Gewerbes, in welchem der Lehrling unterwiesen worden ist, über die Dauer der Lehrzeit und die während derselben erworbenen Kenntnisse und Fertigkeiten, sowie über sein Betragen ein Zeugnis auszustellen, welches von der Gemeindebehörde kosten- und stempelfrei zu beglaubigen ist.

An Stelle dieser Zeugnisse treten, wo Innungen oder andere Vertretungen der Gewerbetreibenden bestehen, die von diesen ausgestellten Lehrbriefe.

Kann auch ein vorzeitig ausgeschiedener Lehrling ein Zeugnis beanspruchen? S. 170.

**§ 127d.** Verläßt der Lehrling in einem durch dies Gesetz nicht vorgesehenen Falle ohne Zustimmung des Lehrherrn die Lehre, so kann letzterer den Anspruch auf Rückkehr des Lehrlings nur geltend machen, wenn der Lehrvertrag schriftlich geschlossen ist. Die Polizeibehörde kann in diesem Falle auf Antrag des Lehrherrn den Lehrling anhalten, solange in der Lehre zu verbleiben, als durch gerichtliches Urteil das

Lehrverhältnis nicht für aufgelöst erklärt ist, oder dem Lehrlinge durch einstweilige Verfügung eines Gerichts gestattet ist, der Lehre fern zu bleiben. Der Antrag ist nur zulässig, wenn er binnen einer Woche nach dem Austritte des Lehrlinges gestellt ist. Im Falle unbegründeter Weigerung der Rückkehr hat die Polizeibehörde den Lehrling zwangsweise zurückführen zu lassen oder durch Androhung von Geldstrafe bis zu 50 M. oder Haft bis zu fünf Tagen zur Rückkehr anzuhalten.

Was ist ein „schriftlicher" Lehrvertrag? S. 300. Wird der Lehrvertrag durch unordentliche Ausfüllung des Formulars ungültig? S. 301. Ist er schriftlich, wenn er vom Lehrherrn nur unterstempelt ist? S. 301. Liegt ein schriftlicher Lehrvertrag vor, wenn die Unterschrift des Lehrlings fehlt? S. 305.

Kann der Lehrling die Aushändigung des Arbeitsbuchs verlangen, wenn keine rechtmäßige Lösung des Arbeitsverhältnisses vorliegt? S. 165. Darf der Lehrherr das Arbeitsbuch zurückhalten, wenn die gesetzlichen Mittel, um den Lehrling zur Rückkehr in die Lehre zu zwingen, erfolglos erschöpft sind? S. 304. Darf der Lehrherr das Arbeitsbuch zurückhalten, wenn der Lehrvertrag nur mündlich geschlossen ist? S. 168.

**§ 127e.** Wird von dem gesetzlichen Vertreter für den Lehrling oder, sofern der letztere volljährig ist, von ihm selbst dem Lehrherrn die schriftliche Erklärung abgegeben, daß der Lehrling zu einem anderen Gewerbe oder anderen Beruf übergehen werde, so gilt das Lehrverhältnis, wenn der Lehrling nicht früher entlassen wird, nach Ablauf von vier Wochen als aufgelöst. Den Grund der Auflösung hat der Lehrherr in dem Arbeitsbuche zu vermerken.

Binnen neun Monaten nach der Auflösung darf der Lehrling in demselben Gewerbe von einem anderen Arbeitgeber ohne Zustimmung des früheren Lehrherrn nicht beschäftigt werden.

**§ 127f.** Erreicht das Lehrverhältnis vor Ablauf der verabredeten Lehrzeit sein Ende, so kann von dem Lehrherrn oder von dem Lehrling ein Anspruch auf Entschädigung nur geltend gemacht werden, wenn der Lehrvertrag schriftlich geschlossen ist. In den Fällen des § 127b Abs. 1, 4 kann der Anspruch nur geltend gemacht werden, wenn dieses in dem Lehrvertrag unter Festsetzung der Art und Höhe der Entschädigung vereinbart ist.

Der Anspruch der Entschädigung erlischt, wenn er nicht innerhalb vier Wochen nach Auflösung des Lehrverhältnisses im Wege der Klage oder Einrede geltend gemacht ist.

Was ist ein „schriftlicher Lehrvertrag"? S. 300. Wird der Lehrvertrag durch unordentliche Ausfüllung des Formulars ungültig? S. 301. Genügt Unterstemplung durch den Lehrherrn? S. 304. Ist die Schriftform gewahrt, wenn der Lehrling nicht unterschrieben hat? S. 305.

Kann der Lehrherr auf Entschädigung klagen, wenn die Unterschrift des Lehrlings unter dem Vertrage fehlt? S. 301. 302. 305.

Wann beginnt die vierwöchige Frist zur Geltendmachung der Schadensansprüche? S. 305.

Kann auf Aufhebung des Lehrverhältnisses geklagt werden, wenn kein gesetzmäßiger Lehrvertrag geschlossen ist? S. 303.

**§ 127g.** Ist von dem Lehrherrn das Lehrverhältnis aufgelöst worden, weil der Lehrling die Lehre unbefugt verlassen hat, so ist die von dem Lehrherrn beanspruchte Entschädigung, wenn in dem Lehrvertrage nicht ein geringerer Betrag ausbedungen ist, auf einen Betrag festzusetzen, welcher für jeden auf den Tag des Vertragsbruchs folgenden Tag der

Lehrzeit, höchstens aber für sechs Monate, bis auf die Hälfte des in dem Gewerbe des Lehrherrn den Gesellen der Gehilfen ortsüblich gezahlten Lohnes sich belaufen darf.

Für die Zahlung der Entschädigung sind als Selbstschuldner mitverhaftet der Vater des Lehrlinges, sofern er die Sorge für die Person des Lehrlinges hat, sowie derjenige Arbeitgeber, welcher den Lehrling zum Verlassen der Lehre verleitet oder welcher ihn in Arbeit genommen hat, obwohl er wußte, daß der Lehrling zur Fortsetzung eines Lehrverhältnisses noch verpflichtet war. Hat der Entschädigungsberechtigte erst nach Auflösung des Lehrverhältnisses von der Person des Arbeitgebers, welcher den Lehrling verleitet oder in Arbeit genommen hat, Kenntnis erhalten, so erlischt gegen diese der Entschädigungsanspruch erst, wenn derselbe nicht innerhalb vier Wochen nach erhaltener Kenntnis geltend gemacht ist.

Kann der Lehrherr einen Anspruch auf Entschädigung gegen den Vater des Lehrlings geltend machen, wenn der Lehrling den Lehrvertrag nicht mitunterschrieben hat? S. 302. Ist das GG. zuständig für die Klage gegen Vater, Mutter oder Vormund des Lehrlings? S. 9.

**§ 128.** Wenn der Lehrherr eine im Mißverhältnisse zu dem Umfang an der Art seines Gewerbebetriebes stehende Zahl von Lehrlingen hält und dadurch die Ausbildung der Lehrlinge gefährdet erscheint, so kann dem Lehrherrn von der unteren Verwaltungsbehörde die Entlassung eines entsprechenden Teiles der Lehrlinge auferlegt und die Annahme von Lehrlingen über eine bestimmte Zahl hinaus untersagt werden. Die Bestimmungen des § 126a Abs. 3 finden hierbei entsprechende Anwendung.

Unbeschadet der vorstehenden Bestimmung können durch Beschluß des Bundesrats für einzelne Gewerbszweige Vorschriften über die höchste Zahl der Lehrlinge erlassen werden, welche in Betrieben dieser Gewerbszweige gehalten werden darf. Soweit solche Vorschriften nicht erlassen sind, können sie durch Anordnung der Landes-Zentralbehörde erlassen werden.

## B. Besondere Bestimmungen für Handwerker.

**§ 129.** In Handwerksbetrieben steht die Befugnis zur Anleitung von Lehrlingen nur denjenigen Personen zu, welche das vierundzwanzigste Lebensjahr vollendet haben und in dem Gewerbe oder in dem Zweige des Gewerbes, in welchem die Anleitung der Lehrlinge erfolgen soll,

entweder die von der Handwerkskammer vorgeschriebene Lehrzeit, oder so lange die Handwerkskammer eine Vorschrift über die Dauer der Lehrzeit nicht erlassen hat, mindestens eine dreijährige Lehrzeit zurückgelegt und die Gesellenprüfung bestanden haben,

oder fünf Jahre hindurch persönlich das Handwerk selbständig ausgeübt haben oder als Werkmeister oder ihn ähnlicher Stellung tätig gewesen sind.

Die höhere Verwaltungsbehörde kann Personen, welche diesen Anforderungen nicht entsprechen, die Befugnis zur Anleitung von Lehrlingen verleihen. Gehört die Person einer Innung an oder besteht an ihrem Wohnorte für den Gewerbszweig, welchem sie angehört, eine Innung, so ist die letztere vor der Entscheidung von der höheren Verwaltungsbehörde zu hören.

Die Unterweisung des Lehrlings in einzelnen technischen Handgriffen und Fertigkeiten durch einen Gesellen fällt nicht unter die im Abs. 1 vorgesehenen Bestimmungen.

Die Zurücklegung der Lehrzeit kann auch in einem dem Gewerbe angehörenden Großbetrieb erfolgen und durch den Besuch einer Lehrwerkstätte oder sonstigen gewerblichen Unterrichtsanstalt ersetzt werden. Die Landes-Zentralbehörden können den Prüfungszeugnissen von Lehrwerkstätten, gewerblichen Unterrichtsanstalten oder von Prüfungsbehörden, welche vom Staate für einzelne Gewerbe oder zum Nachweise der Befähigung zur Anstellung in staatlichen Betrieben eingesetzt sind, die Wirkung der Verleihung der im Abs. 1 bezeichneten Befugnis für bestimmte Gewerbszweige beilegen.

Der Bundesrat ist befugt, für einzelne Gewerbe Ausnahmen von den Bestimmungen im Abs. 1 zuzulassen.

**§ 129 a.** Der Unternehmer eines Betriebes, in welchem mehrere Gewerbe vereinigt sind, ist befugt, in allen zu dem Betriebe vereinigten Gewerben Lehrlinge anzuleiten, wenn er für eines dieser Gewerbe den Voraussetzungen des § 129 entspricht.

Wer für einen gesondert betriebenen Zweig eines Gewerbes den Voraussetzungen des § 129 entspricht, ist berechtigt, auch in den übrigen Zweigen dieses Gewerbes Lehrlinge anzuleiten.

Wer für ein Gewerbe den Voraussetzungen des § 129 entspricht, ist berechtigt, auch in den diesem verwandten Gewerben Lehrlinge anzuleiten. Welche Gewerbe als verwandte Gewerbe im Sinne dieser Bestimmung anzusehen sind, bestimmt die Handwerkskammer.

Das gemäß § 131 c Abs. 2 dem Prüfungsausschusse vorzulegende Lehrzeugnis darf nur für dasjenige Gewerbe ausgestellt werden, für welches der Lehrherr oder sein Vertreter (§ 127 Abs. 1) zur Anleitung von Lehrlingen befugt ist.

**§ 129 b.** Gehört der Lehrherr einer Innung an, so ist er verpflichtet, eine Abschrift des Lehrvertrags binnen vierzehn Tagen nach Abschluß desselben der Innung einzureichen; er kann hierzu durch die Ortspolizeibehörde angehalten werden.

Die Innungen können bestimmen, daß der Abschluß der Lehrvertrags vor der Innung erfolgen soll. In diesem Falle ist dem Lehrherrn und dem Vater oder Vormunde des Lehrlinges eine Abschrift des Lehrvertrags auszuhändigen.

**§ 130.** Soweit durch den Bundesrat oder die Landes-Zentralbehörde auf Grund des § 128 Abs. 2 Vorschriften über die zulässige Zahl von Lehrlingen nicht erlassen sind, ist die Handwerkskammer und die Innung zum Erlasse solcher Vorschriften befugt.

**§ 130 a.** Die Lehrzeit soll in der Regel drei Jahre dauern, sie darf den Zeitraum von vier Jahren nicht übersteigen.

Von der Handwerkskammer kann mit Genehmigung der höheren Verwaltungsbehörde die Dauer der Lehrzeit für die einzelnen Gewerbe oder Gewerbszweige nach Anhörung der beteiligten Innungen und der im § 103 a Abs. 3 Ziffer 2 bezeichneten Vereinigungen festgesetzt werden.

Die Handwerkskammer ist befugt, Lehrlinge in Einzelfällen von der Innehaltung der festgesetzten Lehrzeit zu entbinden.

**§ 131.** Den Lehrlingen ist Gelegenheit zu geben, sich nach Ablauf der Lehrzeit der Gesellenprüfung (§ 129 Abs. 1) zu unterziehen.

Die Abnahme der Prüfung erfolgt durch Prüfungsausschüsse. Bei jeder Zwangsinnung wird ein Prüfungsausschuß gebildet, bei anderen Innungen nur dann, wenn ihnen die Ermächtigung zur Abnahme der Prüfungen von der Handwerkskammer erteilt ist. Soweit für die Abnahme der Prüfungen für die einzelnen Gewerbe nicht durch Prüfungsausschüsse der Innungen und die im § 129 Abs. 4 bezeichneten Lehrwerkstätten, gewerblichen Unterrichtsanstalten und Prüfungsbehörden gesorgt ist, hat die Handwerkskammer die erforderlichen Prüfungsausschüsse zu errichten.

**§ 131a.** Die Prüfungsausschüsse bestehen aus einem Vorsitzenden und mindestens zwei Beisitzern.

Der Vorsitzende des Prüfungsausschusses wird von der Handwerkskammer bestellt. Von den Beisitzern wird bei dem Prüfungsausschuß einer Innung die Hälfte durch diese, die andere Hälfte aus der Zahl der Gesellen, welche eine Gesellenprüfung bestanden haben, durch den Gesellenausschuß bestellt. Bei den von der Handwerkskammer errichteten Prüfungsausschüssen werden auch die Beisitzer von der Handwerkskammer bestellt; die Hälfte der Beisitzer muß aus Gesellen bestehen.

Die Bestellung der Mitglieder der Prüfungsausschüsse erfolgt in der Regel auf drei Jahre.

Während der ersten sechs Jahre nach dem Inkrafttreten dieser Bestimmungen können auch Gesellen (Gehülfen), welche die Gesellenprüfung nicht abgelegt haben, gewählt werden, wenn sie eine Lehrzeit von mindestens zwei Jahren zurückgelegt haben.

**§ 131b.** Die Prüfung hat den Nachweis zu erbringen, daß der Lehrling die in seinem Gewerbe gebräuchlichen Handgriffe und Fertigkeiten mit genügender Sicherheit ausübt und sowohl über den Wert, die Beschaffung, Aufbewahrung und Behandlung der zu verarbeitenden Rohmaterialien, als auch über die Kennzeichen ihrer guten und schlechten Beschaffenheit unterrichtet ist.

Im übrigen werden das Verfahren vor dem Prüfungsausschusse, der Gang der Prüfung und die Höhe der Prüfungsgebühren durch eine Prüfungsordnung geregelt, welche von der höheren Verwaltungsbehörde im Einvernehmen mit der Handwerkskammer erlassen wird. Kommt ein Einvernehmen nicht zustande, so entscheidet die Landes-Zentralbehörde.

Durch die Prüfungsordnung kann bestimmt werden, daß die Prüfung auch in der Buch- und Rechnungsführung zu erfolgen hat. In diesem Falle ist der Prüfungsausschuß befugt, einen besonderen Sachverständigen zuzuziehen, welcher an der Prüfung mit vollem Stimmrechte teilnimmt. Bei Stimmengleichheit gibt die Stimme des Vorsitzenden den Ausschlag.

Die Kosten der Prüfung werden, sofern diese von dem Prüfungsausschuß einer Innung abgehalten wird, von letzterer im übrigen von der Handwerkskammer getragen. Diesen fließen die Prüfungsgebühren zu.

**§ 131c.** Die Innung und der Lehrherr sollen den Lehrling anhalten, sich nach Ablauf der Lehrzeit der Gesellenprüfung (§ 129 Abs. 1) zu unterziehen.

Das Gesuch um Zulassung zur Prüfung hat der Lehrling an den Prüfungsausschuß zu richten. Dem Gesuche sind das Lehrzeugnis

(§ 127c) und, sofern der Prüfling während der Lehrzeit zum Besuch einer Fortbildungs- oder Fachschule verpflichtet war, die Zeugnisse über den Schulbesuch beizufügen.

Der Prüfungsausschuß hat das Ergebnis der Prüfung auf dem Lehrzeugnis oder Lehrbriefe zu beurkunden. Wird die Prüfung nicht bestanden, so hat der Prüfungsausschuß den Zeitraum zu bestimmen, vor dessen Ablauf die Prüfung nicht wiederholt werden darf.

Die Prüfungszeugnisse sind kosten- und stempelfrei.

**§ 132.** Der Vorsitzende ist berechtigt, Beschlüsse des Prüfungsausschusses mit aufschiebender Wirkung zu beanstanden. Über die Beanstandung entscheidet die Handwerkskammer (§ 103e Ziff. 6).

**§ 132a.** Die Landes-Zentralbehörden sind befugt, die Bestellung der Prüfungsausschüsse, das Verfahren bei der Prüfung, die Gegenstände der Prüfung sowie die Prüfungsgebühren abweichend von den Vorschriften der §§ 131 und 132 zu regeln, dabei darf jedoch hinsichtlich der bei der Prüfung zu stellenden Anforderungen nicht unter das im § 131b Abs. 1 bestimmte Maß herabgegangen werden.

## IIIa. Meistertitel.

**§ 133.** Den Meistertitel in Verbindung mit der Bezeichnung eines Handwerkers dürfen nur Handwerker führen, wenn sie in ihrem Gewerbe die Befugnis zur Anleitung von Lehrlingen erworben (§ 129) und die Meisterprüfung bestanden haben. Zu letzterer sind sie in der Regel nur zuzulassen, wenn sie mindestens drei Jahre als Geselle (Gehilfe) in ihrem Gewerbe tätig gewesen sind. Die Abnahme der Prüfung erfolgt durch Prüfungskommissionen, welche aus einem Vorsitzenden und vier Beisitzern bestehen.

Die Errichtung der Prüfungskommissionen erfolgt nach Anhörung der Handwerkskammer durch Verfügung der höheren Verwaltungsbehörde, welche auch die Mitglieder ernennt; die Ernennung erfolgt auf drei Jahre.

Die Prüfung hat den Nachweis der Befähigung zur selbständigen Ausführung und Kostenberechnung der gewöhnlichen Arbeiten des Gewerbes sowie der zu dem selbständigen Betriebe desselben sonst notwendigen Kenntnisse, insbesondere auch der Buch- und Rechnungsführung, zu erbringen.

Das Verfahren vor der Prüfungskommission, der Gang der Prüfung und die Höhe der Prüfungsgebühren werden durch eine von der Handwerkskammer mit Genehmigung der Landes-Zentralbehörde zu erlassende Prüfungsordnung geregelt.

Die Kosten der Prüfungskommissionen fallen der Handwerkskammer zur Last, welcher die Prüfungsgebühren zufließen.

Die Prüfungszeugnisse sind kosten- und stempelfrei.

Der Meisterprüfung im Sinne der vorstehenden Bestimmungen können von der Landes-Zentralbehörde die von ihr angeordneten Prüfungen bei Anstalten und Einrichtungen der im § 129 Abs. 4 bezeichneten Art gleichgestellt werden, sofern bei denselben mindestens die gleichen Anforderungen gestellt werden wie bei den im Abs. 1 vorgesehenen Prüfungen.

## IIIb. Verhältnisse der Betriebsbeamten, Werkmeister, Techniker.

**§ 133a.** Das Dienstverhältnis der von Gewerbeunternehmern gegen feste Bezüge beschäftigten Personen, welche nicht lediglich vorübergehend mit der Leitung oder Beaufsichtigung des Betriebs oder einer Abteilung desselben beauftragt (Betriebsbeamte, Werkmeister und ähnliche Angestellte) oder mit höheren technischen Dienstleistungen betraut sind (Maschinentechniker, Bautechniker, Chemiker, Zeichner und dergleichen), kann, wenn nicht etwas anderes verabredet ist, von jedem Teile mit Ablauf jedes Kalendervierteljahres nach sechs Wochen vorher erklärter Aufkündigung aufgehoben werden.

Ist Wochenlohn ein „fester Bezug"? S. 306. Ist Akkordlohn „fester Bezug"? S. 307. Ist Tantième „ein fester Bezug"? S. 307.

Gilt die Arbeitsordnung auch für Werkmeister? S. 201.

Ist der Zuschneider Werkmeister resp. Betriebsbeamter? S. 308, 326. Ist der Faktor einer Druckerei Werkmeister? S. 310. Ist der Küchenchef Betriebsbeamter resp. Werkmeister? S. 311. Ist der Brennmeister auf einem Rittergut Betriebsbeamter S. 312. Ist der Zahlkellner Betriebsbeamter? S. 319. Ist der Oberkellner Betriebsbeamter? S. 319. Ist der Theatermeister Betriebsbeamter? S. 38. Ist der Theaterkassierer Betriebsbeamter? S. 38. Ist der Stuhlmeister einer mechanischen Weberei Werkmeister? S. 317. Ist der Laborant einer Schokoladenfabrik Werkmeister? S. 322.

Ist den Betriebsbeamten im Falle ihrer Erkrankung ihr Gehalt weiter zu zahlen? S. 306, 331.

Kann der Werkmeister für einen gesetzlichen Feiertag Lohn beanspruchen? S. 321.

Kann die Kündigung schon vor Antritt des Arbeitsverhältnisses erfolgen? S. 321.

**§ 133aa.** Wird durch Vertrag eine kürzere oder längere Kündigungsfrist bedungen, so muß sie für beide Teile gleich sein; sie darf nicht weniger als einen Monat betragen.

Die Kündigung kann nur für den Schluß eines Kalendermonats zugelassen werden.

Die Vorschriften des Abs. 1 finden auch in dem Falle Anwendung, wenn das Dienstverhältnis für bestimmte Zeit mit der Vereinbarung eingegangen wird, daß es in Ermangelung einer vor dem Ablaufe der Vertragszeit erfolgten Kündigung als verlängert gelten soll.

Eine Vereinbarung, die diesen Vorschriften zuwiderläuft, ist nichtig.

Ist eine Anstellung „zur Probe" auf unbestimmte Zeit mit täglicher Kündigung rechtsgültig? S. 322.

**§ 133ab.** Die Vorschriften des § 133aa finden keine Anwendung, wenn der Angestellte ein Gehalt von mindestens 5000 Mk. für das Jahr bezieht.

Sie bleiben ferner außer Anwendung, wenn der Angestellte für eine außereuropäische Niederlassung angenommen ist und nach dem Vertrage der Arbeitgeber für den Fall, daß er das Dienstverhältnis kündigt, die die Kosten der Rückreise des Angestellten zu tragen hat.

**§ 133ac.** Wird ein Angestellter nur zur vorübergehenden Aushilfe genommen, so finden die Vorschriften des § 133aa keine Anwendung, es sei denn, daß das Dienstverhältnis über die Zeit von drei Monaten hinaus fortgesetzt wird. Die Kündigungsfrist muß jedoch auch in einem solchen Falle für beide Teile gleich sein.

Ist eine Anstellung „zur Probe" auf unbestimmte Zeit mit täglicher Kündigung rechtsgültig? S. 322.

**§ 133b.** Jeder der beiden Teile kann vor Ablauf der vertragsmäßigen Zeit und ohne Innehaltung einer Kündigungsfrist die Aufhebung des Dienstverhältnisses verlangen, wenn ein wichtiger, nach den Umständen des Falles die Aufhebung rechtfertigender Grund vorliegt.

Kann vereinbart werden, daß das Recht zur sofortigen Entlassung nur im Falle des Verschuldens geltend gemacht werden darf? S. 323. Geht das Entlassungsrecht verloren, wenn der Arbeitgeber den Entlassungsgrund längere Zeit kennt, ohne ihn geltend zu machen? S. 324.

Liegt ein „wichtiger Grund" zur Entlassung vor, wenn der Angestellte sich als unfähig erweist? S. 325, wenn der Zahlkellner Gäste beleidigt? S. 319, wenn der Zuschneider einzelne Kleidungsstücke verschneidet? S. 326, wenn der Werkmeister einen früheren Arbeitgeber bestohlen hat und wiederum in Diebstahlsverdacht gerät? S. 327.

Über den Begriff „wichtiger Grund" vgl. auch S. 277 ff.

**§ 133c.** Gegenüber den im § 133a bezeichneten Personen kann die Aufhebung des Dienstverhältnisses insbesondere verlangt werden:

1. wenn sie beim Abschlusse des Dienstvertrags den Arbeitgeber durch Vorbringung falscher oder gefälschter Zeugnisse hintergangen oder ihn über das Bestehen eines anderen, sie gleichzeitig verpflichtenden Dienstverhältnisses in einen Irrtum versetzt haben;
2. wenn sie im Dienste untreu sind oder das Vertrauen mißbrauchen;
3. wenn sie ihren Dienst unbefugt verlassen oder den nach dem Dienstvertrag ihnen obliegenden Verpflichtungen nachzukommen, beharrlich verweigern;
4. wenn sie durch anhaltende Krankheit oder durch eine längere Freiheitsstrafe oder Abwesenheit an der Verrichtung ihrer Dienste verhindert werden;
5. wenn sie sich Tätlichkeiten oder Ehrverletzungen gegen den Arbeitgeber oder seinen Vertreter zuschulden kommen lassen;
6. wenn sie sich einem unsittlichen Lebenswandel ergeben.

In dem Falle zu 4 bleibt der Anspruch auf die vertragsmäßigen Leistungen des Arbeitgebers für die Dauer von sechs Wochen in Kraft, wenn die Verrichtung der Dienste durch unverschuldetes Unglück verhindert worden ist. Jedoch mindern sich die Ansprüche in diesem Falle um denjenigen Betrag, welcher dem Berechtigten aus einer auf Grund gesetzlicher Verpflichtung bestehenden Krankenversicherung oder Unfallversicherung zukommt.

Vgl. auch die Entscheidungen zu § 123 GO.

Darf das Gericht nachprüfen, ob die Entlassungsgründe des § 133c im konkreten Fall einen „wichtigen Grund" darstellen? S. 328.

Kann ein Techniker entlassen werden, wenn er verhindert, daß der Arbeitgeber einen Auftrag erhält? S. 329. Kann der Werkmeister entlassen werden, wenn er sich weigert, zweckwidrige Anordnungen auszuführen? S. 330. Kann der Spinnmeister einer Lohnspinnerei entlassen werden, wenn er ohne Erlaubnis die Arbeit verläßt? S. 330.

Auf wielange hat der unverschuldet an der Arbeitsleistung verhinderte Werkmeister den Anspruch auf Fortzahlung des Gehalts. S. 306, 331.

**§ 133d.** Die im § 133a bezeichneten Personen können die Auflösung des Dienstverhältnisses insbesondere verlangen:

1. wenn der Arbeitgeber oder seine Vertreter sich Tätlichkeiten oder Ehrverletzungen gegen sie zuschulden kommen lassen;
2. wenn der Arbeitgeber die vertragsmäßigen Leistungen nicht gewährt;
3. wenn bei Fortsetzung des Dienstverhältnisses ihr Leben oder ihre Gesundheit einer erweislichen Gefahr ausgesetzt sein würde, welche bei Eingehung des Dienstverhältnisses nicht zu erkennen war.

Kann der Werkmeister Aufhebung des Vertrags fordern, wenn der Arbeitgeber den fälligen Lohn wegen drohenden Vertragsbruchs zurückhält? S. 332.

**§ 133 e.** Auf die im § 133 a bezeichneten Personen finden die Bestimmungen der §§ 124 b und 125 Anwendung, dagegen nicht die Bestimmungen des § 119 a.

**§ 133 f.** Eine Vereinbarung zwischen dem Gewerbeunternehmer und einem der im § 133 a bezeichneten Angestellten, durch die der Angestellte für die Zeit nach der Beendigung des Dienstverhältnisses in seiner gewerblichen Tätigkeit beschränkt wird, ist für den Angestellten nur insoweit verbindlich, als die Beschränkung nach Zeit, Ort und Gegenstand nicht die Grenzen überschreitet, durch welche eine unbillige Erschwerung seines Fortkommens ausgeschlossen wird.

Die Vereinbarung ist nichtig, wenn der Angestellte zurzeit des Abschlusses minderjährig ist.

Hat § 133 f rückwirkende Kraft auf ein vor dem 1. Januar 1900 vereinbartes und auch vorher verletztes Konkurrenzverbot? S. 332.

Ist die Höhe der Konventionalstrafe bei Prüfung des Rechtsbestandes des Konkurrenzverbotes in Rechnung zu ziehen? S. 332.

## IV. Verhältnisse der Fabrikarbeiter.

**§ 134.** Auf Fabrikarbeiter finden die Bestimmungen der §§ 121 bis 125 oder, wenn die Fabrikarbeiter als Lehrlinge anzusehen sind, die Bestimmungen der §§ 126 bis 128 Anwendung.

Den Unternehmern von Fabriken, in welchen in der Regel mindestens zwanzig Arbeiter beschäftigt werden, ist untersagt, für den Fall der rechtswidrigen Auflösung des Arbeitsverhältnisses durch den Arbeiter die Verwirkung des rückständigen Lohnes über den Betrag des durchschnittlichen Wochenlohns hinaus auszubedingen. Auf die Arbeitgeber und Arbeiter in solchen Fabriken finden die Bestimmungen des § 124 b keine Anwendung.

In Fabriken, für welche besondere Bestimmungen auf Grund des § 114 a Abs. 1 nicht erlassen sind, ist auf Kosten des Arbeitgebers für jeden minderjährigen Arbeiter ein Lohnzahlungsbuch einzurichten. In das Lohnzahlungsbuch ist bei jeder Lohnzahlung der Betrag des verdienten Lohnes einzutragen; es ist bei der Lohnzahlung dem Minderjährigen oder seinem gesetzlichen Vertreter auszuhändigen und von dem Empfänger vor der nächsten Lohnzahlung zurückzureichen. Auf das Lohnzahlungsbuch finden die Bestimmungen des § 110 Satz 1 und des § 111 Abs. 2 bis 4 Anwendung.

Begriff der Fabrik. S. 333, 339. Ist ein Damenkonfektionsgeschäft, in dem nur nach Maß gearbeitet wird, als Fabrik anzusehen? S. 334. Ist eine Konfektionswerkstatt von großem Umfange Fabrik? S. 338. Ist eine Dämpfsägerei Fabrik, obwohl sie nicht neue Sachen durch Verarbeitung herstellt? S. 339. Ist eine Genossenschaftsmolkerei Fabrik? S. 340.

Ist der in einer Konservenfabrik angestellte Erbsenpflücker Fabrikarbeiter? S. 340. Ist die Materialverteilerin Fabrikarbeiterin? S. 341.

Hat der Arbeiter nach Beendigung des Arbeitsverhältnisses Anspruch auf Herausgabe des Lohnzahlungsbuchs? S. 342.

Ist auch bei der Lohnverwirkung nur die Einbehaltung von 1/4 des fälligen Wochenlohns zulässig? S. 342.

**§ 134a.** Für jede Fabrik, in welcher in der Regel mindestens zwanzig Arbeiter beschäftigt werden, ist innerhalb vier Wochen nach Inkrafttreten dieses Gesetzes oder nach der Eröffnung des Betriebs eine Arbeitsordnung zu erlassen. Für die einzelnen Abteilungen des Betriebs oder für die einzelnen Gruppen der Arbeiter können besondere Arbeitsordnungen erlassen werden. Der Erlaß erfolgt durch Aushang (§ 134e Abs. 2).

Die Arbeitsordnung muß den Zeitpunkt, mit welchem sie in Wirksamkeit treten soll, angeben, und von demjenigen, welcher sie erläßt, unter Angabe des Datums unterzeichnet sein.

Abänderungen ihres Inhalts können nur durch den Erlaß von Nachträgen oder in der Weise erfolgen, daß an Stelle der bestehenden eine neue Arbeitsordnung erlassen wird.

Die Arbeitsordnungen und Nachträge zu denselben treten frühestens zwei Wochen nach ihrem Erlaß in Geltung.

Gilt die Arbeitsordnung auch für Werkmeister? S. 201; auch für Heimarbeiter? S. 355.

Ist die Gültigkeit der Arbeitsordnung vor der Aushändigung an die Arbeiter oder von der Kenntnisnahme abhängig oder genügt der Aushang? S. 343. Wird die Arbeitsordnung mit dem Eintritt des Arbeiters oder erst mit der Bekanntgabe wirksam? S. 348.

Kann die Arbeitsordnung durch einseitige mündliche Erklärung des Arbeitgebers abgeändert werden? S. 349. Kann Abänderung durch schriftliche Vereinbarung mit sämtlichen Arbeitern zulässig werden? S. 350. Können mit einzelnen Arbeitern abweichende Vereinbarungen getroffen werden? S. 351.

**§ 134b.** Die Arbeitsordnung muß Bestimmungen enthalten:

1. über Anfang und Ende der regelmäßigen täglichen Arbeitszeit sowie der für die erwachsenen Arbeiter vorgesehenen Pausen;
2. über Zeit und Art der Abrechnung und Lohnzahlung mit der Maßgabe, daß die regelmäßige Lohnzahlung nicht am Sonntage stattfinden darf. Ausnahmen können von der unteren Verwaltungsbehörde zugelassen werden;
3. sofern es nicht bei den gesetzlichen Bestimmungen bewenden soll, über die Frist der zulässigen Aufkündigung sowie über die Gründe, aus welchen die Entlassung und der Austritt aus der Arbeit ohne Aufkündigung erfolgen darf;
4. sofern Strafen vorgesehen werden, über die Art und Höhe derselben, über die Art ihrer Festsetzung und, wenn sie in Geld bestehen, über deren Einziehung und über den Zweck, für welchen sie verwendet werden sollen;
5. sofern die Verwirkung von Lohnbeträgen nach Maßgabe der Bestimmung des § 134 Abs. 2 durch Arbeitsordnung oder Arbeitsvertrag ausbedungen wird, über die Verwendung der verwirkten Beträge.

Strafbestimmungen, welche das Ehrgefühl oder die guten Sitten verletzen, dürfen in die Arbeitsordnung nicht aufgenommen werden. Geldstrafen dürfen die Hälfte des durchschnittlichen Tagesarbeitsverdienstes nicht übersteigen; jedoch können Tätlichkeiten gegen Mitarbeiter, erhebliche Verstöße gegen die guten Sitten sowie gegen die zur Aufrechthaltung der Ordnung des Betriebs, zur Sicherung eines gefahrlosen Betriebs oder zur Durchführung der Bestimmungen der GO. erlassenen Vorschriften mit Geldstrafen bis zum vollen Betrage des durchschnittlichen Tagesarbeitsverdienstes belegt werden. Alle Strafgelder müssen zum besten der Arbeiter der Fabrik verwendet werden. Das Recht des Arbeitsgebers, Schadensersatz zu fordern, wird durch diese Bestimmung nicht berührt.

Dem Besitzer der Fabrik bleibt überlassen, neben den im Abs. 1 unter 1 bis 5 bezeichneten, noch weiter die Ordnung des Betriebs und das Verhalten der Arbeiter im Betriebe betreffende Bestimmungen in die Arbeitsordnung aufzunehmen. Mit Zustimmung eines ständigen Arbeiterausschusses können in die Arbeitsordnung Vorschriften über das Verhalten der Arbeiter bei Benutzung der zu ihrem Besten getroffenen mit der Fabrik verbundenen Einrichtungen, sowie Vorschriften über das Verhalten der minderjährigen Arbeiter außerhalb des Betriebs aufgenommen werden.

Können mit einzelnen Arbeitern von der Arbeitsordnung abweichende Kündigungsfristen vereinbart werden? S. 351.

Kann nach BGB. in die Arbeitsordnung noch „Lohnverwirkung" normiert werden? S. 352, 371. Können Geldstrafen als „Lohnverwirkung" vom Lohn abgezogen werden, wenn dies in der Arbeitsordnung nicht vorgesehen ist? S. 352. Ist eine Bestimmung gültig, wonach Strafen vom Lohn abgezogen werden? S. 370.

Ist Zuspätkommen Entlassungsgrund, wenn in der Arbeitsordnung nur Geldstrafe vorgesehen ist? S. 353.

Ist eine für „Verlassen der Arbeit" angedrohte Strafe auch anwendbar, wenn aus dem Verhalten des Arbeiters hervorgeht, daß er darauf ausgeht, seine Entlassung herbeizuführen? S. 354.

**§ 134c.** Der Inhalt der Arbeitsordnung ist, soweit er den Gesetzen nicht zuwiderläuft, für die Arbeitgeber und Arbeiter rechtsverbindlich.

Andere als die in der Arbeitsordnung oder in den §§ 123 und 124 vorgesehenen Gründe der Entlassung und des Austritts aus der Arbeit dürfen im Arbeitsvertrage nicht vereinbart werden. Andere als die in der Arbeitsordnung vorgesehenen Strafen dürfen über den Arbeiter nicht verhängt werden. Die Strafen müssen ohne Verzug festgesetzt und dem Arbeiter zur Kenntnis gebracht werden.

Die verhängten Geldstrafen sind in ein Verzeichnis einzutragen, welches den Namen des Bestraften, den Tag der Bestrafung sowie den Grund und die Höhe der Strafe ergeben und auf Erfordern dem im § 139b bezeichneten Beamten jederzeit zur Einsicht vorgelegt werden muß.

Ist die Gültigkeit der Arbeitsordnung von der Aushändigung an den Arbeiter oder von seiner Kenntnisnahme abhängig, oder genügt der Aushang? S. 343. Wird gegenüber dem neu eintretenden Arbeiter die Arbeitsordnung mit dem Eintritt oder erst mit der Bekanntgabe wirksam? S. 348.

Gilt die Arbeitsordnung auch für den Werkmeister? S. 201, auch für Heimarbeiter? S. 350., auch für Lesensunkundige? S. 355.

Kann in der Arbeitsordnung bestimmt werden, daß mit Annahme der Lohnzahlung in geschlossener Büchse auf Reklamation verzichtet wird? S. 142, 355. Kann bestimmt werden, daß der Arbeiter die durch sein Verschulden erwirkten Geldstrafen wegen Verletzung der Sonntagsruhe zu tragen hat? S. 356. Kann bestimmt werden, daß der Arbeiter den Akkordüberschuß verliert, wenn er vor Vollendung des Akkords ausscheidet? S. 128. Kann bestimmt werden, daß ein Teil des Lohnes erst gezahlt wird, wenn der Arbeiter eine bestimmte Zeit im Dienst bleibt (Ausdauerprämie)? S. 193.

**§ 134d.** Vor dem Erlasse der Arbeitsordnung oder eines Nachtrags zu derselben ist den in der Fabrik oder in den betreffenden Abteilungen des Betriebs beschäftigten großjährigen Arbeitern Gelegenheit zu geben, sich über den Inhalt derselben zu äußern.

Für Fabriken, für welche ein ständiger Arbeiterausschuß besteht, wird dieser Vorschrift durch Anhörung des Ausschusses über den Inhalt der Arbeitsordnung genügt.

**§ 134e.** Die Arbeitsordnung sowie jeder Nachtrag zu derselben ist unter Mitteilung der seitens der Arbeiter geäußerten Bedenken, soweit die Äußerungen schriftlich oder zu Protokoll erfolgt sind, binnen drei Tagen nach dem Erlaß in zwei Ausfertigungen unter Beifügung der Erklärung, daß und in welcher Weise der Vorschrift des § 134d genügt ist, der unteren Verwaltungsbehörde einzureichen.

Die Arbeitsordnung ist an geeigneter, allen beteiligten Arbeitern zugänglicher Stelle auszuhängen. Der Aushang muß stets in lesbarem Zustande erhalten werden. Die Arbeitsordnung ist jedem Arbeiter bei seinem Eintritt in die Beschäftigung zu behändigen.

Wird die Arbeitsordnung wirksam, wenn sie nur aushängt, aber nicht behändigt ist? S. 343 ff. Welche Arbeitsordnung gilt, wenn das vom Arbeiter unterschriebene Exemplar einen andern Wortlaut hat, als das ihm ausgehändigte? S. 359. Ist die Arbeitsordnung ausgehändigt, wenn sie dem Arbeiter nur zum Durchlesen übergeben und dann zurückverlangt wird? 358.

**§ 134f.** Arbeitsordnungen und Nachträge zu denselben, welche nicht vorschriftsmäßig erlassen sind, oder deren Inhalt den gesetzlichen Bestimmungen zuwiderläuft, sind auf Anordnung der unteren Verwaltungsbehörde durch gesetzmäßige Arbeitsordnungen zu ersetzen oder den gesetzlichen Vorschriften entsprechend abzuändern.

Gegen diese Anordnung findet binnen zwei Wochen die Beschwerde an die höhere Verwaltungsbehörde statt.

**§ 134g.** Arbeitsordnungen, welche vor dem Inkrafttreten dieses Gesetzes erlassen worden sind, unterliegen den Bestimmungen der §§ 134a bis 134c, 134e Abs. 2 und des § 134f und sind binnen vier Wochen der unteren Verwaltungsbehörde in zwei Ausfertigungen einzureichen. Auf spätere Abänderungen dieser Arbeitsordnungen und auf die seit dem 1. Januar 1891 erstmalig erlassenen Arbeitsordnungen finden die §§ 134d und 134e Abs. 1 Anwendung.

**§ 134h.** Als ständige Arbeiterausschüsse im Sinne des § 134b Abs. 3 und des § 134d gelten nur:

1. diejenigen Vorstände der Betriebs- (Fabrik-)Krankenkassen oder anderer für die Arbeiter der Fabrik bestehender Kasseneinrichtungen, deren Mitglieder in ihrer Mehrheit von den Arbeitern aus ihrer Mitte zu wählen sind, sofern sie als ständige Arbeiterausschüsse bestellt werden;

2. die Knappschaftsältesten von Knappschaftsvereinen, welche die nicht den Bestimmungen der Berggesetze unterstehenden Betriebe eines Unternehmers umfassen, sofern sie als ständige Arbeiterausschüsse bestellt werden;
3. die bereits vor dem 1. Januar 1891 errichteten ständigen Arbeiterausschüsse, deren Mitglieder in ihrer Mehrzahl von den Arbeitern aus ihrer Mitte gewählt werden;
4. solche Vertretungen, deren Mitglieder in ihrer Mehrzahl von den volljährigen Arbeitern der Fabrik oder der betreffenden Betriebsabteilung aus ihrer Mitte in unmittelbarer und geheimer Wahl gewählt werden. Die Wahl der Vertreter kann auch nach Arbeiterklassen oder nach besonderen Abteilungen des Betriebs erfolgen.

**§ 135.** Kinder unter dreizehn Jahren dürfen in Fabriken nicht beschäftigt werden. Kinder über dreizehn Jahre dürfen in Fabriken nur beschäftigt werden, wenn sie nicht mehr zum Besuche der Volksschule verpflichtet sind.

Die Beschäftigung von Kindern unter vierzehn Jahren darf die Dauer von sechs Stunden täglich nicht überschreiten.

Junge Leute zwischen vierzehn und sechzehn Jahren dürfen in Fabriken nicht länger als zehn Stunden täglich beschäftigt werden.

**§ 136.** Die Arbeitsstunden der jugendlichen Arbeiter (§ 135) dürfen nicht vor fünfeinhalb Uhr morgens beginnen und nicht über achteinhalb Uhr abends dauern. Zwischen den Arbeitsstunden müssen an jedem Arbeitstage regelmäßige Pausen gewährt werden. Für jugendliche Arbeiter, welche nur sechs Stunden täglich beschäftigt werden, muß die Pause mindestens eine halbe Stunde betragen. Den übrigen jugendlichen Arbeitern muß mindestens mittags eine einstündige sowie vormittags und nachmittags je eine halbstündige Pause gewährt werden. Eine Vor- und Nachmittagspause braucht nicht gewährt zu werden, sofern die jugendlichen Arbeiter täglich nicht länger als acht Stunden beschäftigt werden, und die Dauer ihrer durch eine Pause nicht unterbrochenen Arbeitszeit am Vor- und Nachmittage je vier Stunden nicht übersteigt.

Während der Pausen darf den jugendlichen Arbeitern eine Beschäftigung in dem Fabrikbetrieb überhaupt nicht und der Aufenthalt in den Arbeitsräumen nur dann gestattet werden, wenn in denselben diejenigen Teile des Betriebs, in welchen jugendliche Arbeiter beschäftigt sind, für die Zeit der Pausen völlig eingestellt werden oder wenn der Aufenthalt im Freien nicht tunlich und andere geeignete Aufenthaltsräume ohne unverhältnismäßige Schwierigkeiten nicht beschafft werden können.

An Sonn- und Festtagen sowie während der von dem ordentlichen Seelsorger für den Katechumenen- und Konfirmanden-, Beicht- und Kommunionunterricht bestimmten Stunden dürfen jugendliche Arbeiter nicht beschäftigt werden.

**§ 137.** Arbeiterinnen dürfen in Fabriken nicht in der Nachtzeit von achteinhalb Uhr abends bis fünfeinhalb Uhr morgens und am Sonnabend sowie an Vorabenden der Festtage nicht nach fünfeinhalb Uhr nachmittags beschäftigt werden.

Die Beschäftigung von Arbeiterinnen über sechzehn Jahre darf die Dauer von elf Stunden täglich, an den Vorabenden der Sonn- und Festtage von zehn Stunden, nicht überschreiten.

Zwischen den Arbeitsstunden muß den Arbeiterinnen eine mindestens einstündige Mittagspause gewährt werden.

Arbeiterinnen über sechzehn Jahre, welche ein Hauswesen zu besorgen haben, sind auf ihren Antrag eine halbe Stunde vor der Mittagspause zu entlassen, sofern diese nicht mindestens ein und eine halbe Stunde beträgt.

Wöchnerinnen dürfen während vier Wochen nach ihrer Niederkunft überhaupt nicht und während der folgenden zwei Wochen nur beschäftigt werden, wenn das Zeugnis eines approbierten Arztes dies für zulässig erklärt.

**§ 138.** Sollen Arbeiterinnen oder jugendliche Arbeiter in Fabriken beschäftigt werden, so hat der Arbeitgeber vor dem Beginn der Beschäftigung der Ortspolizeibehörde eine schriftliche Anzeige zu machen.

In der Anzeige sind die Fabrik, die Wochentage, an welchen die Beschäftigung stattfinden soll, Beginn und Ende der Arbeitszeit und der Pausen, sowie die Art der Beschäftigung anzugeben. Eine Änderung hierin darf, abgesehen von Verschiebungen, welche durch Ersetzung behinderter Arbeiter für einzelne Arbeitsschichten notwendig werden, nicht erfolgen, bevor eine entsprechende weitere Anzeige der Behörde gemacht ist. In jeder Fabrik hat der Arbeitgeber dafür zu sorgen, daß in den Fabrikräumen, in welchen jugendliche Arbeiter beschäftigt werden, an einer in die Augen fallenden Stelle ein Verzeichnis der jugendlichen Arbeiter unter Angabe ihrer Arbeitstage, sowie des Beginns und Endes ihrer Arbeitszeit und der Pausen ausgehängt ist. Ebenso hat er dafür zu sorgen, daß in den betreffenden Räumen eine Tafel ausgehängt ist, welche in der von der Zentralbehörde zu bestimmenden Fassung und in deutlicher Schrift einen Auszug aus den Bestimmungen über die Beschäftigung von Arbeiterinnen und jugendlichen Arbeitern enthält.

**§ 138a.** Wegen außergewöhnlicher Häufung der Arbeit kann auf Antrag des Arbeitgebers die untere Verwaltungsbehörde auf die Dauer von zwei Wochen die Beschäftigung von Arbeiterinnen über sechzehn Jahre bis 10 Uhr abends an den Wochentagen außer Sonnabend unter der Voraussetzung gestatten, daß die tägliche Arbeitszeit dreizehn Stunden nicht überschreitet. Innerhalb eines Kalenderjahres darf die Erlaubnis einem Arbeitgeber für seinen Betrieb oder für eine Abteilung seines Betriebs auf mehr als vierzig Tage nicht erteilt werden.

Für eine zwei Wochen überschreitende Dauer kann die gleiche Erlaubnis nur von der höheren Verwaltungsbehörde und auch von dieser für mehr als vierzig Tage im Jahre nur dann erteilt werden, wenn die Arbeitszeit für den Betrieb oder die betreffende Abteilung des Betriebs so geregelt wird, daß ihre tägliche Dauer im Durchschnitt der Betriebstage des Jahres die regelmäßige gesetzliche Arbeitszeit nicht überschreitet.

Der Antrag ist schriftlich zu stellen und muß den Grund, aus welchem die Erlaubnis beantragt wird, die Zahl der in Betracht kommenden Arbeiterinnen, das Maß der längeren Beschäftigung sowie den Zeitraum angeben, für welchen dieselbe stattfinden soll. Der Bescheid der unteren Verwaltungsbehörde auf den Antrag ist binnen drei Tagen schriftlich zu erteilen. Gegen die Versagung der Erlaubnis steht die Beschwerde an die vorgesetzte Behörde zu.

Die untere Verwaltungsbehörde hat über die Fälle, in welchen die Erlaubnis erteilt worden ist, ein Verzeichnis zu führen, in welches der Name des Arbeitgebers und die für den schriftlichen Antrag vorgeschriebenen Angaben einzutragen sind.

Die untere Verwaltungsbehörde kann die Beschäftigung von Arbeiterinnen über sechzehn Jahre, welche kein Hauswesen zu besorgen haben und eine Fortbildungsschule nicht besuchen, bei den im § 105c Abs. 1 unter Ziff. 3 und 4 bezeichneten Arbeiten an Sonnabenden und Vorabenden von Festtagen nachmittags nach fünfeinhalb Uhr, jedoch nicht über achteinhalb Uhr abends hinaus gestatten. Die Erlaubnis ist schriftlich zu erteilen. Eine Abschrift derselben ist in den Fabrikräumen, in welchen die Arbeiterinnen beschäftigt werden, an einer in die Augen fallenden Stelle auszuhängen.

**§ 139.** Wenn Naturereignisse oder Unglücksfälle den regelmäßigen Betrieb einer Fabrik unterbrochen haben, so können Ausnahmen von den im § 135 Abs. 2, 3, in §§ 136, 137 Abs. 1 bis 3 vorgesehenen Beschränkungen auf die Dauer von vier Wochen durch die höhere Verwaltungsbehörde auf längere Zeit durch den Reichskanzler zugelassen werden. In dringenden Fällen solcher Art sowie zur Verhütung von Unglücksfällen kann die untere Verwaltungsbehörde, jedoch höchstens auf die Dauer von vierzehn Tagen, solche Ausnahmen gestatten.

Wenn die Natur des Betriebs oder Rücksichten auf die Arbeiter in einzelnen Betrieben es erwünscht erscheinen lassen, daß die Arbeitszeit der Arbeiterinnen oder jugendlichen Arbeiter in einer anderen als der durch §§ 136 und 137 Abs. 1, 3 vorgesehenen Weise geregelt wird, so kann auf besonderen Antrag eine anderweite Regelung hinsichtlich der Pausen durch die höhere Verwaltungsbehörde, im übrigen durch den Reichskanzler gestattet werden. Jedoch dürfen in solchen Fällen die jugendlichen Arbeiter nicht länger als sechs Stunden beschäftigt werden, wenn zwischen den Arbeitsstunden nicht Pausen von zusammen mindestens einstündiger Dauer gewährt werden.

Die auf Grund vorstehender Bestimmungen zu treffenden Verfügungen müssen schriftlich erlassen werden.

**139a.** Der Bundesrat ist ermächtigt:

1. die Verwendung von Arbeiterinnen sowie von jugendlichen Arbeitern für gewisse Fabrikationszweige, welche mit besonderen Gefahren für Gesundheit oder Sittlichkeit verbunden sind, gänzlich zu untersagen oder von besonderen Bedingungen abhängig zu machen;
2. für Fabriken, welche mit ununterbrochenem Feuer betrieben werden, oder welche sonst durch die Art des Betriebs auf eine regelmäßige Tag- und Nachtarbeit angewiesen sind, sowie für solche Fabriken, deren Betrieb eine Einteilung in regelmäßige Arbeitsschichten von gleicher Dauer nicht gestattet oder seiner Natur nach auf bestimmte Jahreszeiten beschränkt ist, Ausnahmen von den im § 135 Abs. 2, 3, in §§ 136, 137 Abs. 1 bis 3 vorgesehenen Bestimmungen nachzulassen;

3. für gewisse Fabrikationszweige, soweit die Natur des Betriebs oder die Rücksicht auf die Arbeiter es erwünscht erscheinen lassen, die Abkürzung oder den Wegfall der für jugendliche Arbeiter vorgeschriebenen Pausen zu gestatten;
4. für Fabrikationszweige, in denen regelmäßig zu gewissen Zeiten des Jahres ein vermehrtes Arbeitsbedürfnis eintritt, Ausnahmen von den Bestimmungen des § 137 Abs. 1, 2 mit der Maßgabe zuzulassen, daß die tägliche Arbeitszeit dreizehn Stunden, an Sonnabenden 10 Stunden nicht überschreitet.

In den Fällen zu 2 darf die Dauer der wöchentlichen Arbeitszeit für Kinder sechsunddreißig Stunden, für junge Leute sechzig, für Arbeiterinnen fünfundsechzig, in Ziegeleien für junge Leute und Arbeiterinnen siebzig Stunden nicht überschreiten. Die Nachtarbeit darf in vierundzwanzig Stunden die Dauer von zehn Stunden nicht überschreiten und muß in jeder Schicht durch eine oder mehrere Pausen in der Gesamtdauer von mindestens einer Stunde unterbrochen sein. Die Tagschichten und Nachtschichten müssen wöchentlich wechseln.

In den Fällen zu 3 dürfen die jugendlichen Arbeiter nicht länger als sechs Stunden beschäftigt werden, wenn zwischen den Arbeitsstunden nicht eine oder mehrere Pausen von zusammen mindestens einstündiger Dauer gewährt werden.

In den Fällen zu 4 darf die Erlaubnis zur Überarbeit für mehr als vierzig Tage im Jahre nur dann erteilt werden, wenn die Arbeitszeit so geregelt wird, daß ihre tägliche Dauer im Durchschnitte der Betriebstage des Jahres die regelmäßige gesetzliche Arbeitszeit nicht überschreitet.

Die durch Beschluß des Bundesrats getroffenen Bestimmungen sind zeitlich zu begrenzen und können auch für bestimmte Bezirke erlassen werden. Sie sind durch das Reichsgesetzblatt zu veröffentlichen und dem Reichstage bei seinem nächsten Zusammentritte zur Kenntnisnahme vorzulegen.

## V. Aufsicht.

**§ 139b.** Die Aufsicht über die Ausführung der Bestimmungen der §§ 105a, 105b Abs. 1, der §§ 105c bis 105h, 120a bis 120e, 134 bis 139a ist ausschließlich oder neben den ordentlichen Polizeibehörden besonderen von den Landesregierungen zu ernennenden Beamten zu übertragen. Denselben stehen bei Ausübung dieser Aufsicht alle amtlichen Befugnisse der Ortspolizeibehörden, insbesondere das Recht zur jederzeitigen Revision der Anlagen zu. Sie sind, vorbehaltlich der Anzeige von Gesetzwidrigkeiten, zur Geheimhaltung der amtlich zu ihrer Kenntnis gelangenden Geschäfts- und Betriebsverhältnisse der ihrer Revision unterliegenden Anlagen zu verpflichten.

Die Ordnung der Zuständigkeitsverhältnisse zwischen diesen Beamten und den ordentlichen Polizeibehörden bleibt der verfassungsmäßigen Regelung in den einzelnen Bundesstaaten vorbehalten.

Die erwähnten Beamten haben Jahresberichte über ihre amtliche Tätigkeit zu erstatten. Diese Jahresberichte oder Auszüge aus denselben sind dem Bundesrat und dem Reichstage vorzulegen.

Die auf Grund der Bestimmungen der §§ 105a bis 105h, 120a bis 120e, 134 bis 139a auszuführenden amtlichen Revisionen müssen die Arbeitgeber zu jeder Zeit, namentlich auch in der Nacht, während des Betriebs gestatten.

Die Arbeitgeber sind ferner verpflichtet, den genannten Beamten oder der Polizeibehörde diejenigen statistischen Mitteilungen über die Verhältnisse ihrer Arbeiter zu machen, welche vom Bundesrat oder von der Landes-Zentralbehörde unter Festsetzung der dabei zu beobachtenden Fristen und Formen vorgeschrieben werden.

## IV. Gehilfen, Lehrlinge und Arbeiter in offenen Verkaufsstellen.

**§ 139c.** In offenen Verkaufsstellen und den dazu gehörenden Schreibstuben (Kontore) und Lagerräumen ist den Gehilfen, Lehrlingen und Arbeitern nach Beendigung der täglichen Arbeitszeit eine ununterbrochene Ruhezeit von mindestens zehn Stunden zu gewähren.

In Gemeinden, welche nach der jeweilig letzten Volkszählung mehr als zwanzigtausend Einwohner haben, muß die Ruhezeit in offenen Verkaufsstellen, in denen zwei oder mehr Gehilfen und Lehrlinge beschäftigt werden, für diese mindestens elf Stunden betragen; für kleinere Ortschaften kann diese Ruhezeit durch Ortsstatut vorgeschrieben werden.

Innerhalb der Arbeitszeit muß den Gehilfen, Lehrlingen und Arbeitern eine angemessene Mittagspause gewährt werden. Für Gehilfen, Lehrlinge und Arbeiter, die ihre Hauptmahlzeit außerhalb des die Verkaufsstelle enthaltenden Gebäudes einnehmen, muß diese Pause mindestens ein und eine halbe Stunde betragen.

**§ 139d.** Die Bestimmungen des § 139c finden keine Anwendung

1. auf Arbeiten, die zur Verhütung des Verderbens von Waren unverzüglich vorgenommen werden müssen,
2. für die Aufnahme der gesetzlich vorgeschriebenen Inventur sowie bei Neueinrichtungen und Umzügen,
3. außerdem an jährlich höchstens dreißig von der Ortspolizeibehörde allgemein oder für einzelne Geschäftszweige zu bestimmenden Tagen.

**§ 139e.** Von neun Uhr abends bis fünf Uhr morgens müssen offene Verkaufsstellen für den geschäftlichen Verkehr geschlossen sein. Die beim Ladenschluß im Laden schon anwesenden Kunden dürfen noch bedient werden.

Über neun Uhr abends dürfen Verkaufsstellen für den geschäftlichen Verkehr geöffnet sein

1. für unvorhergesehene Notfälle,
2. an höchstens vierzig von der Ortspolizeibehörde zu bestimmenden Tagen, jedoch bis spätestens 10 Uhr abends,
3. nach näherer Bestimmung der höheren Verwaltungsbehörde in Städten, welche nach der jeweilig letzten Volkszählung weniger als zweitausend Einwohner haben, sowie in ländlichen Gemeinden, sofern in denselben der Geschäftsverkehr sich vornehmlich auf einzelne Tage der Woche oder auf einzelne Stunden des Tages beschränkt.

Die Bestimmungen der §§ 139c und 139d werden durch die vorstehenden Bestimmungen nicht berührt.

Während der Zeit, wo die Verkaufsstellen geschlossen sein müssen, ist das Feilbieten von Waren auf öffentlichen Wegen, Straßen, Plätzen oder an anderen öffentlichen Orten oder ohne vorherige Bestellung von Haus zu Haus im stehenden Gewerbebetriebe (§ 42b Abs. 1 Ziffer 1) sowie im Gewerbebetrieb im Umherziehen (§ 55 Abs. 1 Ziffer 1) verboten. Ausnahmen können von der Ortspolizeibehörde zugelassen werden. Die Bestimmung des § 55a Abs. 2 Satz 2 findet Anwendung.

**§ 139f.** Auf Antrag von mindestens zwei Dritteln der beteiligten Geschäftsinhaber kann für eine Gemeinde oder mehrere örtlich unmittelbar zusammenhängende Gemeinden durch Anordnung der höheren Verwaltungsbehörde nach Anhörung der Gemeindebehörden für alle oder einzelne Geschäftszweige angeordnet werden, daß die offenen Verkaufsstellen während bestimmter Zeiträume oder während des ganzen Jahres auch in der Zeit zwischen acht und neun Uhr abends und zwischen fünf und sieben Uhr morgens für den geschäftlichen Verkehr geschlossen sein müssen. Die Bestimmungen der §§ 139c und 139d werden hierdurch nicht berührt.

Auf Antrag von mindestens einem Drittel der beteiligten Geschäftsinhaber hat die höhere Verwaltungsbehörde die beteiligten Geschäftsinhaber durch ortsübliche Bekanntmachung oder besondere Mitteilung zu einer Äußerung für oder gegen die Einführung des Ladenschlusses im Sinne des vorstehenden Absatzes aufzufordern. Erklären sich zwei Drittel der Abstimmenden für die Einführung, so kann die höhere Verwaltungsbehörde die entsprechende Anordnung treffen.

Der Bundesrat ist befugt, Bestimmungen darüber zu erlassen, in welchem Verfahren die erforderliche Zahl von Geschäftsinhabern festzustellen ist.

Während der Zeit, wo Verkaufsstellen auf Grund des Abs. 1 geschlossen sein müssen, ist der Verkauf von Waren der in diesen Verkaufsstellen geführten Art sowie das Feilbieten von solchen Waren auf öffentlichen Wegen, Straßen, Plätzen oder an anderen öffentlichen Orten oder ohne vorherige Bestellung von Haus zu Haus im stehenden Gewerbebetriebe (§ 42b Abs. 1 Ziffer 1) sowie im Gewerbebetrieb im Umherziehen (§ 55 Abs. 1 Ziffer 1) verboten. Ausnahmen können von der Ortspolizeibehörde zugelassen werden. Die Bestimmung des § 55a Abs. 2 Satz 2 findet Anwendung.

**§ 139g.** Die Polizeibehörden sind befugt, im Wege der Verfügung für einzelne offene Verkaufsstellen diejenigen Maßnahmen anzuordnen, welche zur Durchführung der im § 62 Abs. 1 des Handelsgesetzbuchs enthaltenen Grundsätze in Ansehung der Einrichtung und Unterhaltung der Geschäftsräume und der für den Geschäftsbetrieb bestimmten Vorrichtungen und Gerätschaften sowie in Ansehung der Regelung des Geschäftsbetriebs erforderlich und nach der Beschaffenheit der Anlage ausführbar erscheinen.

Die Bestimmungen im § 120d Abs. 2 bis 4 finden entsprechende Anwendung.

**§ 139h.** Durch Beschluß des Bundesrats können Vorschriften darüber erlassen werden, welchen Anforderungen die Laden-, Arbeits- und Lagerräume und deren Einrichtung sowie die Maschinen und Gerätschaften zum Zwecke der Durchführung der im § 62 Abs. 1 des HGB. enthaltenen Grundsätze zu genügen haben. Die Bestimmung im § 120e Abs. 4 findet Anwendung.

Soweit solche Vorschriften durch Beschluß des Bundesrats nicht erlassen sind, können sie durch Anordnung der im § 120e Abs. 2 bezeichneten Behörden erlassen werden.

**§ 139i.** Die durch § 76 Abs. 4 des HGB. sowie durch § 120 Abs. 1 begründete Verpflichtung des Geschäftsinhabers findet an Orten, wo eine vom Staate oder der Gemeindebehörde anerkannte Fachschule besteht, hinsichtlich des Besuchs dieser Schule entsprechende Anwendung.

Der Geschäftsinhaber hat die Gehilfen und Lehrlinge unter achtzehn Jahren zum Besuche der Fortbildungs- und Fachschule anzuhalten und zu überwachen.

**§ 139k.** Für jede offene Verkaufsstelle, in welcher in der Regel mindestens zwanzig Gehilfen und Lehrlinge beschäftigt werden, ist innerhalb vier Wochen nach Inkrafttreten dieses Gesetzes oder nach der Eröffnung des Betriebs eine Arbeitsordnung zu erlassen.

Auf die Arbeitsordnung finden die Vorschriften der §§ 134a, 134b Abs. 1 Ziffer 1 bis 4, Abs. 2, Abs. 3 Satz 1, des § 134c Abs. 1, Abs. 2 Satz 2 und 3, des § 134d Abs. 1 und der §§ 134e, 134f entsprechende Anwendung.

Andere als die in der Arbeitsordnung oder in den §§ 71 und 72 des HGB. vorgesehenen Gründe der Entlassung und des Austritts aus der Arbeit dürfen im Arbeitsvertrage nicht vereinbart werden.

Die verhängten Geldstrafen sind in ein Verzeichnis einzutragen, welches den Namen des Bestraften, den Tag der Bestrafung sowie den Grund und die Höhe der Strafe ergeben und auf Erfordern der Ortspolizeibehörde jederzeit zur Einsicht vorgelegt werden muß.

Auf Arbeitsordnungen, welche vor dem Inkrafttreten dieses Gesetzes erlassen worden sind, finden die Bestimmungen der §§ 134a, 134b Abs. 1 Ziffer 1 bis 4, Abs. 2, Abs. 3 Satz 1, des § 134c Abs. 1, Abs. 2 Satz 2 und 3, des § 134e Abs. 2 und des § 134f entsprechende Anwendung. Dieselben sind binnen vier Wochen der unteren Verwaltungsbehörde in zwei Ausfertigungen einzureichen. Auf spätere Abänderungen dieser Arbeitsordnungen und auf die seit dem 1. Oktober 1899 erstmalig erlassenen Arbeitsordnungen finden der § 134d Abs. 1 und der § 134e Abs. 1 entsprechende Anwendung.

**§ 139l.** Auf das Halten von Lehrlingen in offenen Verkaufsstellen sowie in anderen Betrieben des Handelsgewerbes findet die Bestimmung des § 128 Anwendung.

**139m.** Die Bestimmungen der § 139c bis 139i finden auf den Geschäftsbetrieb der Konsum- und anderer Vereine entsprechende Anwendung.

## Titel IX.

### Statutarische Bestimmungen.

**§ 142.** Statutarische Bestimmungen einer Gemeinde oder eines weiteren Kommunalverbandes können die ihnen durch das Gesetz überwiesenen gewerblichen Gegenstände mit verbindlicher Kraft ordnen. Dieselben werden nach Anhörung beteiligter Gewerbetreibender und Arbeiter abgefaßt, bedürfen der Genehmigung der höheren Verwaltungsbehörde und sind in der für Bekanntmachungen der Gemeinde oder des weiteren Kommunalverbandes vorgeschriebenen oder üblichen Form zu veröffentlichen.

Die Zentralbehörde ist befugt, statutarische Bestimmungen, welche mit den Gesetzen oder den statutarischen Bestimmungen des weiteren Kommunalverbandes in Widerspruch stehen, außer Kraft zu setzen.

## Titel X.

### Strafbestimmungen.

**§ 152.** Alle Verbote und Strafbestimmungen gegen Gewerbetreibende, gewerbliche Gehilfen, Gesellen oder Fabrikarbeiter wegen Verabredungen und Vereinigungen zum Behufe der Erlangung günstiger Lohn- und Arbeitsbedingungen, insbesondere mittelst Einstellung der Arbeit oder Entlassung der Arbeiter werden aufgehoben.

Jedem Teilnehmer steht der Rücktritt von solchen Vereinigungen und Verabredungen frei, und es findet aus letzteren weder Klage noch Einrede statt.

Beseitigt die Koalitionsfreiheit den Schadensanspruch wegen Vertragsbruchs? S. 279.

Verpflichtet das Streikpostenstehen zum Schadensersatz? S. 408. Schwarze Listen. S. 410.

**§ 153.** Wer andere durch Anwendung körperlichen Zwanges, durch Drohungen, durch Ehrverletzung oder durch Verrufserklärung bestimmt oder zu bestimmen versucht, an solchen Verabredungen (§ 152) teilzunehmen, oder ihnen Folge zu leisten, oder andere durch gleiche Mittel hindert, oder zu hindern versucht, von solchen Verabredungen zurückzutreten, wird mit Gefängnis bis zu drei Monaten bestraft, sofern nach dem allgemeinen Strafgesetze keine härtere Strafe eintritt.

### Schlußbestimmungen.

**§ 154.** Die Bestimmungen der §§ 105 bis 133e, 139c bis 139m finden auf Gehilfen und Lehrlinge in Apotheken, die Bestimmungen der §§ 105, 106 bis 119b sowie, vorbehaltlich des § 139g Abs. 1 und der §§ 139h, 139l, 139m, die Bestimmungen der §§ 120a bis 133e auf Gehülfen und Lehrlinge in Handelsgeschäften keine Anwendung.

Die Bestimmungen der §§ 134 bis 139b finden auf Arbeitgeber und Arbeiter in Hüttenwerken, in Zimmerplätzen und anderen Bauhöfen, in Werften sowie in solchen Ziegeleien, übertage betriebenen Brüchen und Gruben, welche nicht bloß vorübergehend oder in geringem Umfange betrieben werden, entsprechende Anwendung. Darüber, ob die Anlage vorübergehend oder in geringem Umfange betrieben wird, entscheidet die höhere Verwaltungsbehörde endgültig.

Die Bestimmungen der §§ 135 bis 139b finden auf Arbeitgeber und Arbeiter in Werkstätten, in welchen durch elementare Kraft (Dampf, Wind, Wasser, Gas, Luft, Elektrizität usw.) bewegte Triebwerke nicht bloß vorübergehend zur Anwendung kommen, mit der Maßgabe entsprechende Anwendung, daß der Bundesrat für gewisse Arten von Betrieben Ausnahmen von den im § 135 Abs. 2, 3, §§ 136, 137 Abs. 1 bis 3 und § 138 vorgesehenen Bestimmungen nachlassen kann.

Auf andere Werkstätten sowie auf Bauten können durch Kaiserliche Verordnung mit Zustimmung des Bundesrats die Bestimmungen der §§ 135 bis 139b ganz oder teilweise ausgedehnt werden. Werkstätten, in welchen der Arbeitgeber ausschließlich zu seiner Familie gehörige Personen beschäftigt, fallen unter diese Bestimmungen nicht.

Die Kaiserlichen Verordnungen sowie die Ausnahmebestimmungen des Bundesrats können auch für bestimmte Bezirke erlassen werden. Sie sind durch das Reichs-Gesetzblatt zn veröffentlichen und dem Reichstage bei seinem nächsten Zusammentritte zur Kenntnisnahme vorzulegen.

**§ 154a.** Die Bestimmungen der §§ 115 bis 119a, 135 bis 139b, 152 und 153 finden auf die Besitzer und Arbeiter von Bergwerken, Salinen, Aufbereitungsanstalten und unterirdisch betriebenen Brüchen oder Gruben entsprechende Anwendung.

Arbeiterinnen dürfen in Anlagen der vorbezeichneten Art nicht untertage beschäftigt werden. Zuwiderhandlungen unterliegen der Strafbestimmung des § 146.

**§ 155.** Wo in diesem Gesetze auf die Landesgesetze verwiesen ist, sind unter den letzteren auch die verfassungs- oder gesetzmäßig erlassenen Verordnungen verstanden.

Welche Behörden in jedem Bundesstaat unter der Bezeichnung: höhere Verwaltungsbehörde, untere Verwaltungsbehörde, Gemeindebehörde, Ortsbehörde, Unterbehörde, Polizeibehörde, Ortspolizeibehörde und welche Verbände unter der Bezeichnung weitere Kommunalverbände zu verstehen sind, wird von der Zentralbehörde des Bundesstaats bekannt gemacht.

Für die unter Reichs- und Staatsverwaltung stehenden Betriebe können die den Polizeibehörden, unteren und höheren Verwaltungsbehörden durch § 105b Abs. 2, § 105c Abs. 2, §§ 105e, 105f, 115a, 120d, 134e bis 134g, 138 Abs. 1, §§ 138a, 139, 139b übertragenen Befugnisse und Obliegenheiten auf die der Verwaltung dieser Betriebe vorgesetzten Dienstbehörden übertragen werden.

---

## 3. Auszug aus dem Bürgerlichen Gesetzbuch.

**§ 138.** Ein Rechtsgeschäft, das gegen die guten Sitten verstößt, ist nichtig.

Nichtig ist insbesondere ein Rechtsgeschäft, durch das jemand unter Ausbeutung der Notlage, des Leichtsinns oder der Unerfahrenheit eines anderen sich oder einem Dritten für eine Leistung Vermögensvorteile versprechen oder gewähren läßt, welche den Wert der Leistung dergestalt übersteigen, daß den Umständen nach die Vermögensvorteile in auffälligem Mißverhältnisse zu der Leistung stehen.

Ist der Dienstvertrag, durch den auffällig niedriger Lohn gewährt wird, nichtig? S. 360.

**§ 273.** Hat der Schuldner aus demselben rechtlichen Verhältnis, auf dem seine Verpflichtung beruht, einen fälligen Anspruch gegen den Gläubiger, so kann er, sofern nicht aus dem Schuldverhältnisse sich ein Anderes ergibt, die geschuldete Leistung verweigern, bis die ihm gebührende Leistung bewirkt wird (Zurückbehaltungsrecht).

Wer zur Herausgabe eines Gegenstandes verpflichtet ist, hat das gleiche Recht, wenn ihm ein fälliger Anspruch wegen Verwendungen auf den Gegenstand oder wegen eines von ihm durch diesen verursachten Schadens zusteht, es sei denn, das er den Gegenstand durch eine vorsätzlich begangene unerlaubte Handlung erlangt hat.

Der Gläubiger kann die Ausübung des Zurückbehaltungsrechts durch Sicherheitsleistung abwenden. Die Sicherheitsleistung durch Bürgen ist ausgeschlossen.

**§ 274.** Gegenüber der Klage des Gläubigers hat die Geltendmachung des Zurückbehaltungsrechts nur die Wirkung, daß der Schuldner zur Leistung gegen Empfang der ihm gebührenden Leistung (Erfüllung Zug um Zug) zu verurteilen ist.

Auf Grund einer solchen Verurteilung kann der Gläubiger seinen Anspruch ohne Bewirkung der ihm obliegenden Leistung im Wege der Zwangsvollstreckung verfolgen, wenn der Schuldner im Verzuge der Annahme ist.

**§ 320.** Wer aus einem gegenseitigen Vertrage verpflichtet ist, kann die ihm obliegende Leistung bis zur Bewirkung der Gegenleistung verweigern, es sei denn, daß er vorzuleisten verpflichtet ist. Hat die Leistung an Mehrere zu erfolgeu, so kann dem einzelnen der ihm gebührende Teil bis zur Bewirkung der ganzen Gegenleistung verweigert werden. Die Vorschrift des § 273 Abs. 3 findet keine Anwendung.

Ist von der einen Seite teilweise geleistet worden, so kann die Gegenleistung insoweit nicht verweigert werden, als die Verweigerung nach den Umständen, insbesondere wegen vehältnismäßiger Geringfügigkeit des rückständigen Teiles, gegen Treu und Glauben verstoßen würde.

**§ 394.** Soweit eine Forderung der Pfändung nicht unterworfen ist, findet die Aufrechnung gegen die Forderung nicht statt. Gegen die aus Kranken-, Hilfs- oder Sterbekassen, insbesondere aus Knappschaftskassen und Kassen der Knappschaftsvereine zu beziehenden Hebungen können jedoch geschuldete Beiträge aufgerechnet werden.

Aufrechnung und Zurückbehaltungsrecht S. 361. Wird durch das Aufrechnungsverbot auch der Einwand der mangelnden Vorleistung ausgeschlossen? S. 366. Kann der Arbeiter Lohn beanspruchen, wenn er durch Fahrlässigkeit die Arbeit verdorben hat? S. 366. Bezieht sich das Aufrechnungsverbot auch auf Schadensforderungen aus unerlaubten Handlungen? S. 367.

Kann durch die Arbeitsordnung dem Arbeitsgeber das Recht gegeben werden, Schadensforderungen gegen den Lohn aufzurechnen? S. 369. Kann die Arbeitsordnung bestimmen, daß Strafen vom Lohn abgezogen werden sollen? S. 370. Kann die Arbeitsordnung noch Lohnverwirkung normieren? S. 371. Ist Aufrechnung gegen eine vom Arbeiter gestellte Kaution zulässig? S. 374.

Kann ein Vorschuß an der Lohnzahlung gekürzt werden? S. 374. Wird der Vorschuß zum Darlehen, wenn er nicht rechtzeitig auf den Lohn angerechnet wird? S. 376. Können Weihnachtsgeschenke auf den Lohn angerechnet werden. S. 136.
Pfändbarkeit der Lohnforderung. Ist die Forderung des Heimarbeiters pfändbar? S. 377. Nimmt bei einem Aushilfsarbeiter das Dienstverhältnis die Tätigkeit hauptsächlich in Anspruch? S. 376.

## Titel VI.

### Dienstvertrag.

**§ 611.** Durch den Dienstvertrag wird derjenige, welcher Dienste zusagt, zur Leistung der versprochenen Dienste, der andere Teil zur Gewährung der vereinbarten Vergütung verpflichtet.

Gegenstand des Dienstvertrags können Dienste jeder Art sein.

Akkordarbeit. S. 115ff. Tarifvertrag. S. 91, 158ff. Urunternehmer und Zwischenunternehmer. S. 12, 50, 144ff.
Verpflichtungen des Arbeiters. Lässiges Arbeiten. S. 248. Pünktlichkeit. S. 119, 248, 249. Streikarbeit. S. 256. Sonntagsarbeit. S. 252. Überstunden. S. 252. Arbeiten für fremde Arbeitgeber und Privatarbeiten in der Arbeitszeit. S. 240, 254.

**§ 612.** Eine Vergütung gilt als stillschweigend vereinbart, wenn die Dienstleistung den Umständen nach nur gegen eine Vergütung zu erwarten ist.

Ist die Höhe der Vergütung nicht bestimmt, so ist bei dem Bestehen einer Taxe die taxmäßige Vergütung, in Ermangelung einer Taxe die übliche Vergütung als vereinbart anzusehen.

Lohn im allgemeinen, Trinkgelder, Tarifvertrag. Siehe zu GO. § 105.

**§ 613.** Der zur Dienstleistung Verpflichtete hat die Dienste im Zweifel in Person zu leisten. Der Anspruch auf die Dienste ist im Zweifel nicht übertragbar.

Muß der Akkordarbeiter die Arbeit persönlich ausführen? S. 117.

**§ 614.** Die Vergütung ist nach der Leistung der Dienste zu entrichten. Ist die Vergütung nach Zeitabschnitten bemessen, so ist sie nach dem Ablaufe der einzelnen Zeitabschnitte zu entrichten.

Muß der Akkordlohn auch für mangelhafte Arbeit gezahlt werden? S. 122. Wird der Lohnanspruch gemindert, wenn der Arbeiter durch Fahrlässigkeit die Arbeit verdirbt? S. 366.

**§ 615.** Kommt der Dienstberechtigte mit der Annahme der Dienste in Verzug, so kann der Verpflichtete für die infolge des Verzugs nicht geleisteten Dienste die vereinbarte Vergütung verlangen, ohne zur Nachleistung verpflichtet zu sein. Er muß sich jedoch den Wert desjenigen anrechnen lassen, was er infolge des Unterbleibens der Dienstleistung erspart oder durch anderweitige Verwendung seiner Dienste erwirbt oder zu erwerben böswillig unterläßt.

Befreit Aussetzen wegen Materialmangels von der Lohnzahlung? S. 377. Ist der Stundenlohn auch für die Zeit zu zahlen, während deren keine Arbeit vorliegt? S. 378. Muß der Arbeitgeber Lohn für die Zeit zahlen, während welcher er wegen Geldmangels die Arbeit ruhen läßt, ohne die Arbeiter zu entlassen? S. 377. Kann der Arbeiter Lohn für die Tage verlangen, an denen er wegen der Inventur nicht arbeiten kann? S. 378. Muß der Arbeitgeber den Arbeitern Lohn für die

Zeit zahlen, während deren sie durch Schuld anderer Arbeiter nicht arbeiten können? S. 379. Muß der Arbeitgeber, der auf Wunsch der Majorität seiner Arbeiter die Arbeit an einem bestimmten Tage ausfallen läßt, der arbeitsbereiten Minorität Lohn zahlen? S. 379.

Hat der Arbeiter, der zu einem bestimmten Zeitpunkt zur Arbeit auf einem Schiff angenommen war, Anspruch auf Lohnzahlung (ohne Nachleistungsverpflichtung), wenn sich das Schiff infolge Nebels verspätet? S. 381.

Kommt durch Verlegung des Gewerbebetriebes nach einen anderen Ort der Arbeitgeber in Annahmeverzug gegenüber den Arbeitern? Behalten diese die Lohnansprüche, ohne zur Weiterarbeit an dem neuen Orte verpflichtet zu sein? S. 382.

Muß der entlassene Arbeiter beweisen, daß er während der Kündigungsfrist keine Arbeit gefunden hat, oder ist der Arbeitgeber für das Gegenteil beweispflichtig? S. 387. Kann der entlassene Arbeiter Entschädigung wegen kündigungsloser Entlassung fordern, wenn der Arbeitgeber sich zur Weiterbeschäftigung erbietet? S. 383. Muß der Arbeiter, der aus einem der Gründe des § 124 GO. die Arbeit niederlegt, einer innerhalb der Kündigungsfrist von seiten des Arbeitgebers an ihn ergangenen Aufforderung, die Arbeit wieder aufzunehmen, nachkommen? S. 385. Muß der unrechtmäßig entlassene Arbeiter sich die als Mitglied des Reichsversicherungsamtes bezogene Vergütung auf die Lohnentschädigung anrechnen lassen? S. 386. Kann er auch dann für 14 Tage Entschädigung verlangen, wenn er nach der Entlassung arbeitsunfähig wird? S. 387. Kann er Lohn für Feiertage verlangen, die in die Kündigungsfrist fallen? S. 388.

Ist der Pauschalschadensanspruch aus § 124 b GO. durch das BGB. aufgehoben? S. 275.

**§ 616.** Der zur Dienstleistung Verpflichtete wird des Anspruchs auf die Vergütung nicht dadurch verlustig, daß er für eine verhältnismäßig nicht erhebliche Zeit durch einen in seiner Person liegenden Grund ohne sein Verschulden an der Dienstleistung verhindert wird. Er muß sich jedoch den Betrag anrechnen lassen, welcher ihm für die Zeit der Verhinderung aus einer auf Grund gesetzlicher Verpflichtung bestehenden Kranken- oder Unfallversicherung zukommt.

Hat der Arbeiter Anspruch auf Lohn für die Urlaubszeit? S. 389. Hat der Arbeiter Anspruch auf Vergütung für die zum Aufsuchen eines andern Dienstes gewährte Zeit? S. 404. Auch dann, wenn nach der Arbeitsordnung für versäumte Zeit ein Lohnabzug stattfindet? S. 406.

Kann der Arbeiter trotz § 616 BGB. Zeugengebühren und gerichtliche Versäumnisentschädigung beanspruchen? S. 79, 389. Hat der Akkordarbeiter Anspruch auf Zeugengebühren? S. 391. Hat der Arbeiter Anspruch auf Lohn für die Zeit, während der er einen Termin als Angeklagter wahrnehmen muß? S. 392.

Unter welchen Umständen kann der Arbeiter Fortzahlung des Lohnes während militärischer Übungen verlangen? S. 392 ff. Muß er sich Sold und Naturalverpflegung anrechnen lassen? S. 392. Muß der Arbeitgeber den Lohn auch weiterzahlen, wenn ihn der Arbeiter erst einen Tag vor Beginn der Übung benachrichtigt? S. 398.

Ist § 616 BGB. auch bei Stundenlohn und täglicher Kündigung anwendbar? S. 398.

**§ 617.** Ist bei einem dauernden Dienstverhältnisse, welches die Erwerbstätigkeit des Verpflichteten vollständig oder hauptsächlich in Anspruch nimmt, der Verpflichtete in die häusliche Gemeinschaft aufgenommen, so hat der Dienstberechtigte ihm im Falle der Erkrankung die erforderliche Verpflegung und ärztliche Behandlung bis zur Dauer von sechs Wochen, jedoch nicht über die Beendigung des Dienstverhältnisses hinaus, zu gewähren, sofern nicht die Erkrankung von dem Verpflichteten vorsätzlich oder durch grobe Fahrlässigkeit herbeigeführt worden ist. Die Verpflegung und ärztliche Behandlung kann durch Aufnahme des Verpflichteten in eine Krankenanstalt gewährt werden. Die Kosten können auf die für die Zeit der Erkrankung geschuldete Vergütung angerechnet werden. Wird das Dienstverhältnis wegen der Erkrankung von dem Dienstberechtigten nach § 626 gekündigt, so bleibt die dadurch herbeigeführte Beendigung des Dienstverhältnisses außer Betracht.

Die Verpflichtung des Dienstberechtigten tritt nicht ein, wenn für die Verpflegung und ärztliche Behandlung durch eine Versicherung oder durch eine Einrichtung der öffentlichen Krankenpflege Vorsorge getroffen ist.

**§ 618.** Der Dienstberechtigte hat Räume, Vorrichtungen oder Gerätschaften, die er zur Verrichtung der Dienste zu beschaffen hat, so einzurichten und zu unterhalten und Dienstleistungen, die unter seiner Anordnung oder seiner Leitung vorzunehmen sind, so zu regeln, daß der Verpflichtete gegen Gefahr für Leben und Gesundheit so weit geschützt ist, als die Natur der Dienstleistung es gestattet.

Ist der Verpflichtete in die häusliche Gemeinschaft aufgenommen, so hat der Dienstberechtigte in Ansehung des Wohn- und Schlafraums, der Verpflegung sowie der Arbeits- und Erholungszeit diejenigen Einrichtungen und Anordnungen zu treffen, welche mit Rücksicht auf die Gesundheit, die Sittlichkeit und die Religion des Verpflichteten erforderlich sind.

Erfüllt der Dienstberechtigte die ihm in Ansehung des Lebens und der Gesundheit des Verpflichteten obliegenden Verpflichtungen nicht, so finden auf seine Verpflichtung zum Schadensersatze die für unerlaubte Handlungen geltenden Vorschriften der §§ 842 bis 846 entsprechende Anwendung.

**§ 619.** Die dem Dienstberechtigten nach den §§ 617, 618 obliegenden Verpflichtungen können nicht im voraus durch Vertrag aufgehoben oder beschränkt werden.

**§ 620.** Das Dienstverhältnis endigt mit dem Ablaufe der Zeit, für die es eingegangen ist.

Ist die Dauer des Dienstverhältnisses weder bestimmt noch aus der Beschaffenheit oder dem Zwecke der Dienste zu entnehmen, so kann jeder Teil das Dienstverhältnis nach Maßgabe der §§ 621 bis 623 kündigen.

**§ 621.** Ist die Vergütung nach Tagen bemessen, so ist die Kündigung an jedem Tage für den folgenden Tag zulässig.

Ist die Vergütung nach Wochen bemessen, so ist die Kündigung nur für den Schluß einer Kalenderwoche zulässig; sie hat spätestens am ersten Werktage der Woche zu erfolgen.

Ist die Vergütung nach Monaten bemessen, so ist die Kündigung nur für den Schluß eines Kalendermonats zulässig; sie hat spätestens am Fünfzehnten des Monats zu erfolgen.

Ist die Vergütung nach Vierteljahren oder längeren Zeitabschnitten bemessen, so ist die Kündigung nur für den Schluß eines Kalendervierteljahrs und nur unter Einhaltung einer Kündigungsfrist von sechs Wochen zulässig.

Ist eine Kündigung vor Beginn der Kündigungsfrist wirksam? S. 199.

Kündigungsausschluß bei Stundenlohn. Kann der Arbeiter innerhalb eines Arbeitstages zu jeder Zeit die Arbeit verlassen? S. 225. Kann stündliche Lösung des Arbeitsverhältnisses vereinbart werden? S. 225. Kann bei täglicher Kündigung der Arbeiter jederzeit innerhalb des Arbeitstages entlassen werden? S. 129.

**§ 622.** Das Dienstverhältnis der mit festen Bezügen zur Leistung von Diensten höherer Art Angestellten, deren Erwerbstätigkeit durch das Dienstverhältnis vollständig oder hauptsächlich in Anspruch genommen wird, insbesondere der Lehrer, Erzieher, Privatbeamten, Gesellschafterinnen, kann nur für den Schluß eines Kalendervierteljahrs und nur unter Einhaltung einer Kündigungsfrist von sechs Wochen gekündigt werden, auch wenn die Vergütung nach kürzeren Zeitabschnitten als Vierteljahren bemessen ist.

**§ 623.** Ist die Vergütung nicht nach Zeitabschnitten bemessen, so kann das Dienstverhältnis jederzeit gekündigt werden; bei einem die Erwerbstätigkeit des Verpflichteten vollständig oder hauptsächlich in Anspruch nehmenden Dienstverhältnis ist jedoch eine Kündigungsfrist von zwei Wochen einzuhalten.

**§ 624.** Ist das Dienstverhältnis für die Lebenszeit einer Person oder für längere Zeit als fünf Jahre eingegangen, so kann es von dem Verpflichteten nach dem Ablaufe von fünf Jahren gekündigt werden. Die Kündigungsfrist beträgt sechs Monate.

**§ 625.** Wird das Dienstverhältnis nach dem Ablaufe der Dienstzeit von dem Verpflichteten mit Wissen des anderen Teiles fortgesetzt, so gilt es als auf unbestimmte Zeit verlängert, sofern nicht der andere Teil unverzüglich widerspricht.

**§ 626.** Das Dienstverhältnis kann von jedem Teile ohne Einhaltung einer Kündigungsfrist gekündigt werden, wenn ein wichtiger Grund vorliegt.

**§ 627.** Hat der zur Dienstleistung Verpflichtete, ohne in einem dauernden Dienstverhältnisse mit festen Bezügen zu stehen, Dienste höherer Art zu leisten, die auf Grund besonderen Vertrauens übertragen zu werden pflegen, so ist die Kündigung auch ohne die im § 626 bezeichnete Voraussetzung zulässig.

Der Verpflichtete darf nur in der Art kündigen, daß sich der Dienstberechtigte die Dienste anderweit beschaffen kann, es sei denn, daß ein wichtiger Grund für die unzeitige Kündigung vorliegt. Kündigt er ohne solchen Grund zur Unzeit, so hat er dem Dienstberechtigten den daraus entstehenden Schaden zu ersetzen.

**§ 628.** Wird nach dem Beginne der Dienstleistung das Dienstverhältnis auf Grund des § 626 oder des § 627 gekündigt, so kann der Verpflichtete einen seinen bisherigen Leistungen entsprechenden Teil der Vergütung verlangen. Kündigt er, ohne durch vertragswidriges Verhalten des anderen Teiles dazu veranlaßt zu sein, oder veranlaßt er durch sein vertragswidriges Verhalten die Kündigung des anderen Teiles, so steht ihm ein Anspruch auf die Vergütung insoweit nicht zu, als seine bisherigen Leistungen infolge der Kündigung für den anderen Teil kein Interesse haben. Ist die Vergütung für eine spätere Zeit im voraus entrichtet, so hat der Verpflichtete sie nach Maßgabe des § 347 oder, wenn die Kündigung wegen eines Umstandes erfolgt, den er nicht zu vertreten hat, nach den Vorschriften über die Herausgabe einer ungerechtfertigten Bereicherung zurückzuerstatten.

Wird die Kündigung durch vertragswidriges Verhalten des anderen Teiles veranlaßt, so ist dieser zum Ersatze des durch die Aufhebung des Dienstverhältnisses entstehenden Schadens verpflichtet.

Kann ein wegen Arbeitsversäumnis am 1. Mai entlassener Arbeiter den Lohn für den 2. Mai fordern, wenn er an diesem Tage bis 11 Uhr vormittags auf Ablohnung warten mußte? S. 401. Ist der Arbeitgeber zur Entschädigung des Arbeiters verpflichtet, der wegen Beleidigung die Arbeit verlassen hat? S. 284.

**§ 629.** Nach der Kündigung eines dauernden Dienstverhältnisses hat der Dienstberechtigte dem Verpflichteten auf Verlangen angemessene Zeit zum Aufsuchen eines anderen Dienstverhältnisses zu gewähren.

Darf der Arbeiter gegen das Verbot des Arbeitgebers die Arbeit zum Aufsuchen einer neuen Stellung verlassen? S. 246, 402. Muß dem Arbeiter gerade die Zeit freigegeben werden, die er wünscht? S. 402. Hat der Arbeiter Anspruch auf Vergütung für die gewährte Zeit? S. 404. Auch dann, wenn nach der Arbeitsordnung für versäumte Zeit ein Lohnabzug stattfindet? S. 406.
Begriff des „dauernden Dienstverhältnisses". Ist die tatsächliche Dauer oder die Kündigungsfrist entscheidend? S. 403.

**§ 630.** Bei der Beendigung eines dauernden Dienstverhältnisses kann der Verpflichtete von dem anderen Teile ein schriftliches Zeugnis über das Dienstverhältnis und dessen Dauer fordern. Das Zeugnis ist auf Verlangen auf die Leistungen und die Führung im Dienste zu erstrecken.

## Titel VII.

### Werkvertrag.

**§ 631.** Durch den Werkvertrag wird der Unternehmer zur Herstellung des versprochenen Werkes, der Besteller zur Entrichtung der vereinbarten Vergütung verpflichtet.

Gegenstand des Werkvertrags kann sowohl die Herstellung oder Veränderung einer Sache als ein anderer durch Arbeit oder Dienstleistung herbeizuführender Erfolg sein.

**§ 632.** Eine Vergütung gilt als stillschweigend vereinbart, wenn die Herstellung des Werkes den Umständen nach nur gegen eine Vergütung zu erwarten ist.

Ist die Höhe der Vergütung nicht bestimmt, so ist bei dem Bestehen einer Taxe die taxmäßige Vergütung, in Ermangelung einer Taxe die übliche Vergütung als vereinbart anzusehen.

**§ 633.** Der Unternehmer ist verpflichtet, das Werk so herzustellen, daß es die zugesicherten Eigenschaften hat und nicht mit Fehlern behaftet ist, die den Wert oder die Tauglichkeit zu dem gewöhnlichen oder dem nach dem Vertrage vorausgesetzten Gebrauch aufheben oder mindern.

Ist das Werk nicht von dieser Beschaffenheit, so kann der Besteller die Beseitigung des Mangels verlangen. Der Unternehmer ist berechtigt, die Beseitigung zu verweigern, wenn sie einen unverhältnismäßigen Aufwand erfordert.

Ist der Unternehmer mit der Beseitigung des Mangels im Verzuge, so kann der Besteller den Mangel selbst beseitigen und Ersatz der erforderlichen Aufwendungen verlangen.

**§ 634.** Zur Beseitigung eines Mangels der im § 633 bezeichneten Art kann der Besteller dem Unternehmer eine angemessene Frist mit der Erklärung bestimmen, daß er die Beseitigung des Mangels nach dem Ablaufe der Frist ablehne. Zeigt sich schon vor der Ablieferung des Werkes ein Mangel, so kann der Besteller die Frist sofort bestimmen; die Frist muß so bemessen werden, daß sie nicht vor der für die Ablieferung bestimmten Frist abläuft. Nach dem Ablaufe der Frist kann der Besteller Rückgängigmachung des Vertrags (Wandelung) oder Herabsetzung der Vergütung (Minderung) verlangen, wenn nicht der Mangel rechtzeitig beseitigt worden ist; der Anspruch auf Beseitigung des Mangels ist ausgeschlossen.

Der Bestimmung einer Frist bedarf es nicht, wenn die Beseitigung des Mangels unmöglich ist oder von dem Unternehmer verweigert wird oder wenn die sofortige Geltendmachung des Anspruchs auf Wandelung oder auf Minderung durch ein besonderes Interesse des Bestellers gerechtfertigt wird.

Die Wandelung ist ausgeschlossen, wenn der Mangel den Wert oder die Tauglichkeit des Werkes nur unerheblich mindert.

Auf die Wandelung und die Minderung finden die für den Kauf geltenden Vorschriften der §§ 465 bis 467, 469 bis 475 entsprechende Anwendung.

**§ 635.** Beruht der Mangel des Werkes auf einem Umstande, den der Unternehmer zu vertreten hat, so kann der Besteller statt der Wandelung oder der Minderung Schadensersatz wegen Nichterfüllung verlangen.

**§ 636.** Wird das Werk ganz oder zum Teil nicht rechtzeitig hergestellt, so finden die für die Wandelung geltenden Vorschriften des § 634 Abs. 1 bis 3 entsprechende Anwendung; an die Stelle des Anspruchs auf Wandelung tritt das Recht des Bestellers, nach § 327 von dem Vertrage zurückzutreten. Die im Falle des Verzugs des Unternehmers dem Besteller zustehenden Rechte bleiben unberührt.

Bestreitet der Unternehmer die Zulässigkeit des erklärten Rücktritts, weil er das Werk rechtzeitig hergestellt habe, so trifft ihn die Beweislast.

**§ 637.** Eine Vereinbarung, durch welche die Verpflichtung des Unternehmers, einen Mangel des Werkes zu vertreten, erlassen oder beschränkt wird, ist nichtig, wenn der Unternehmer den Mangel arglistig verschweigt.

**§ 638.** Der Anspruch des Bestellers auf Beseitigung eines Mangels des Werkes sowie die wegen des Mangels dem Besteller zustehenden Ansprüche auf Wandelung, Minderung oder Schadensersatz verjähren, sofern nicht der Unternehmer den Mangel arglistig verschwiegen hat, in sechs Monaten, bei Arbeiten an einem Grundstücke in einem Jahre, bei Bauwerken in fünf Jahren. Die Verjährung beginnt mit der Abnahme des Werkes.

Die Verjährungsfrist kann durch Vertrag verlängert werden.

**§ 639.** Auf die Verjährung der im § 638 bezeichneten Ansprüche des Bestellers finden die für die Verjährung der Ansprüche des Käufers geltenden Vorschriften des § 477 Abs. 2, 3 und der §§ 478, 479 entsprechende Anwendung.

Unterzieht sich der Unternehmer im Einverständnisse mit dem Besteller der Prüfung des Vorhandenseins des Mangels oder der Beseitigung des Mangels, so ist die Verjährung so lange gehemmt, bis der Unternehmer das Ergebnis der Prüfung dem Besteller mitteilt oder ihm gegenüber den Mangel für beseitigt erklärt oder die Fortsetzung der Beseitigung verweigert.

**§ 640.** Der Besteller ist verpflichtet, das vertragsmäßig hergestellte Werk abzunehmen, sofern nicht nach der Beschaffenheit des Werkes die Abnahme ausgeschlossen ist.

Nimmt der Besteller ein mangelhaftes Werk ab, obschon er den Mangel kennt, so stehen ihm die in den §§ 633, 634 bestimmten Ansprüche nur zu, wenn er sich seine Rechte wegen des Mangels bei der Abnahme vorbehält.

**§ 641.** Die Vergütung ist bei der Abnahme des Werkes zu entrichten. Ist das Werk in Teilen abzunehmen und die Vergütung für die einzelnen Teile bestimmt, so ist die Vergütung für jeden Teil bei dessen Abnahme zu entrichten.

Eine in Geld festgesetzte Vergütung hat der Besteller von der Abnahme des Werkes an zu verzinsen, sofern nicht die Vergütung gestundet ist.

**§ 642.** Ist bei der Herstellung des Werkes eine Handlung des Bestellers erforderlich, so kann der Unternehmer, wenn der Besteller durch das Unterlassen der Handlung in Verzug der Annahme kommt, eine angemessene Entschädigung verlangen.

Die Höhe der Entschädigung bestimmt sich einerseits nach der Dauer des Verzugs und der Höhe der vereinbarten Vergütung, andrerseits nach demjenigen, was der Unternehmer infolge des Verzugs an Aufwendungen erspart oder durch anderweitige Verwendung seiner Arbeitskraft erwerben kann.

**§ 643.** Der Unternehmer ist im Falle des § 642 berechtigt, dem Besteller zur Nachholung der Handlung eine angemessene Frist mit der Erklärung zu bestimmen, daß er den Vertrag kündige, wenn die Handlung nicht bis zum Ablaufe der Frist vorgenommen werde. Der Vertrag gilt als aufgehoben, wenn nicht die Nachholung bis zum Ablaufe der Frist erfolgt.

**§ 644.** Der Unternehmer trägt die Gefahr bis zur Abnahme des Werkes. Kommt der Besteller in Verzug der Annahme, so geht die Gefahr auf ihn über. Für den zufälligen Untergang und eine zufällige Verschlechterung des von dem Besteller gelieferten Stoffes ist der Unternehmer nicht verantwortlich.

Versendet der Unternehmer das Werk auf Verlangen des Bestellers nach einem anderen Orte als dem Erfüllungsorte, so finden die für den Kauf geltenden Vorschriften des § 447 entsprechende Anwendung.

**§ 645.** Ist das Werk vor der Abnahme infolge eines Mangels des von dem Besteller gelieferten Stoffes oder infolge einer von dem Besteller für die Ausführung erteilten Anweisung untergegangen, verschlechtert oder unausführbar geworden, ohne daß ein Umstand mitgewirkt hat, den der Unternehmer zu vertreten hat, so kann der Unternehmer einen der geleisteten Arbeit entsprechenden Teil der Vergütung und Ersatz der in der Vergütung nicht inbegriffenen Auslagen verlangen. Das gleiche gilt, wenn der Vertrag in Gemäßheit des § 643 aufgehoben wird.

Eine weitergehende Haftung des Bestellers wegen Verschuldens bleibt unberührt.

**§ 646.** Ist nach der Beschaffenheit des Werkes die Abnahme ausgeschlossen, so tritt in den Fällen der §§ 638, 641, 644, 645 an die Stelle der Abnahme die Vollendung des Werkes.

**§ 647.** Der Unternehmer hat für seine Forderungen aus dem Vertrag ein Pfandrecht an den von ihm hergestellten oder ausgebesserten beweglichen Sachen des Bestellers, wenn sie bei der Herstellung oder zum Zwecke der Ausbesserung in seinen Besitz gelangt sind.

**§ 648.** Der Unternehmer eines Bauwerkes oder eines einzelnen Teiles eines Bauwerkes kann für seine Forderungen aus dem Vertrage die Einräumung einer Sicherungshypothek an dem Baugrundstücke des Bestellers verlangen. Ist das Werk noch nicht vollendet, so kann er die Einräumung der Sicherungshypothek für einen der geleisteten Arbeit entsprechenden Teil der Vergütung und für die in der Vergütung nicht inbegriffenen Auslagen verlangen.

**§ 649.** Der Besteller kann bis zur Vollendung des Werkes jederzeit den Vertrag kündigen. Kündigt der Besteller, so ist der Unternehmer berechtigt, die vereinbarte Vergütung zu verlangen; er muß sich jedoch dasjenige anrechnen lassen, was er infolge der Aufhebung des Vertrags an Anwendungen erspart oder durch anderweitige Verwendung seiner Arbeitskraft erwirbt oder zu erwerben böswillig unterläßt.

**§ 650.** Ist in dem Vertrag ein Kostenanschlag zugrunde gelegt worden, ohne daß der Unternehmer die Gewähr für die Richtigkeit des Anschlags übernommen hat, und ergibt sich, daß das Werk nicht ohne eine wesentliche Überschreitung des Anschlags ausführbar ist, so steht dem Unternehmer, wenn der Besteller den Vertrag aus diesem Grunde kündigt, nur der im § 645 Abs. 1 bestimmte Anspruch zu.

Ist eine solche Überschreitung des Anschlags zu erwarten, so hat der Unternehmer dem Besteller unverzüglich Anzeige zu machen.

**§ 651.** Verpflichtet sich der Unternehmer, das Werk aus einem von ihm zu beschaffenden Stoffe herzustellen, so hat er dem Besteller die hergestellte Sache zu übergeben und das Eigentum an der Sache zu verschaffen. Auf einen solchen Vertrag finden die Vorschriften über den Kauf Anwendung; ist eine nicht vertretbare Sache herzustellen, so treten an die Stelle des § 433, des § 446 Abs. 1 Satz 1 und der §§ 447, 459, 460, 462 bis 464, 477 bis 479 die Vorschriften über den Werkvertrag mit Ausnahme der §§ 647, 648.

Verpflichtet sich der Unternehmer nur zur Beschaffung von Zutaten oder sonstigen Nebensachen, so finden ausschließlich die Vorschriften über den Werkvertrag Anwendung.

# Titel X.

## Auftrag.

**§ 662.** Durch die Annahme eines Auftrags verpflichtet sich der Beauftragte, ein ihm von dem Auftraggeber übertragenes Geschäft für diesen unentgeltlich zu besorgen.

**§ 663.** Wer zur Besorgung gewisser Geschäfte öffentlich bestellt ist oder sich öffentlich erboten hat, ist, wenn er einen auf solche Geschäfte gerichteten Auftrag nicht annimmt, verpflichtet, die Ablehnung dem Auftraggeber unverzüglich anzuzeigen. Das gleiche gilt, wenn sich jemand dem Auftraggeber gegenüber zur Besorgung gewisser Geschäfte erboten hat.

**§ 665.** Der Beauftragte ist berechtigt, von den Weisungen des Auftraggebers abzuweichen, wenn er den Umständen nach annehmen darf, daß der Auftraggeber bei Kenntnis der Sachlage die Abweichung billigen würde. Der Beauftragte hat vor der Abweichung dem Auftraggeber Anzeige zu machen und dessen Entschließung abzuwarten, wenn nicht mit dem Aufschube Gefahr verbunden ist.

**§ 666.** Der Beauftragte ist verpflichtet, dem Auftraggeber die erforderlichen Nachrichten zu geben, auf Verlangen über den Stand des Geschäfts Auskunft zu erteilen und nach der Ausführung des Auftrags Rechenschaft abzulegen.

**§ 667.** Der Beauftragte ist verpflichtet, dem Auftraggeber alles, was er zur Ausführung des Auftrags erhält und was er aus der Geschäftsbesorgung erlangt, herauszugeben.

**§ 668.** Verwendet der Beauftragte Geld für sich, das er dem Auftraggeber herauszugeben oder für ihn zu verwenden hat, so ist er verpflichtet, es von der Zeit der Verwendung an zu verzinsen.

**§ 669.** Für die zur Ausführung des Auftrags erforderlichen Aufwendungen hat der Auftraggeber dem Beauftragten auf Verlangen Vorschuß zu leisten.

**§ 670.** Macht der Beauftragte zum Zwecke der Ausführung des Auftrags Aufwendungen, die er den Umständen nach für erforderlich halten darf, so ist der Auftraggeber zum Ersatze verpflichtet.

**§ 671.** Der Auftrag kann von dem Auftraggeber jederzeit widerrufen, von dem Beauftragten jederzeit gekündigt werden.

Der Beauftragte darf nur in der Art kündigen, daß der Auftraggeber für die Besorgung des Geschäfts anderweit Fürsorge treffen kann, es sei denn, daß ein wichtiger Grund für die unzeitige Kündigung vorliegt. Kündigt er ohne solchen Grund zur Unzeit, so hat er dem Auftraggeber den daraus entstehenden Schaden zu ersetzen.

Liegt ein wichtiger Grund vor, so ist der Beauftragte zur Kündigung auch dann berechtigt, wenn er auf das Kündigungsrecht verzichtet hat.

**§ 672.** Der Auftrag erlischt im Zweifel nicht durch den Tod oder den Eintritt der Geschäftsunfähigkeit des Auftraggebers. Erlischt der Auftrag, so hat der Beauftragte, wenn mit dem Aufschube Gefahr verbunden ist, die Besorgung des übertragenen Geschäfts fortzusetzen, bis der Erbe oder der gesetzliche Vertreter des Auftraggebers anderweit Fürsorge treffen kann; der Auftrag gilt insoweit als fortbestehend.

**§ 673.** Der Auftrag erlischt im Zweifel durch den Tod des Beauftragten. Erlischt der Auftrag, so hat der Erbe des Beauftragten den Tod dem Auftraggeber unverzüglich anzuzeigen und, wenn mit dem Aufschube Gefahr verbunden ist, die Besorgung des übertragenen Geschäfts fortzusetzen, bis der Auftraggeber anderweit Fürsorge treffen kann; der Auftrag gilt insoweit als fortbestehend.

**§ 674.** Erlischt der Auftrag in anderer Weise als durch Widerruf, so gilt er zugunsten des Beauftragten gleichwohl als fortbestehend, bis der Beauftragte von dem Erlöschen Kenntnis erlangt oder das Erlöschen kennen muß.

**§ 675.** Auf einen Dienstvertrag oder einen Werkvertrag, der eine Geschäftsbesorgung zum Gegenstande hat, finden die Vorschriften der §§ 663, 695 bis 670, 672 bis 674 und, wenn dem Verpflichteten das Recht zusteht, ohne Einhaltung einer Kündigungsfrist zu kündigen, auch die Vorschriften des § 671 Abs. 2 entsprechende Anwendung.

Ist der Milchausträger zur Rechnungslegung und zur namentlichen Angabe der Kunden verpflichtet? S. 406.

## Titel XXV.

### Unerlaubte Handlungen.

**§ 823.** Wer vorsätzlich oder fahrlässig das Leben, den Körper, die Gesundheit, die Freiheit, das Eigentum oder ein sonstiges Recht eines anderen widerrechtlich verletzt, ist dem anderen zum Ersatze des daraus entstehenden Schadens verpflichtet.

Die gleiche Verpflichtung trifft denjenigen, welcher gegen ein den Schutz eines Anderen bezweckendes Gesetz verstößt. Ist nach dem Inhalte des Gesetzes ein Verstoß gegen dieses auch ohne Verschulden möglich, so tritt die Ersatzpflicht nur im Falle des Verschuldens ein.

Verpflichtet das Aufstellen von Streikposten zum Schadensersatz? S. 408. Ist der Arbeitgeber, welcher auf der Invalidenkarte einen unzulässigen Vermerk macht, für den Schaden haftbar? Liegt eigenes Verschulden des Arbeitnehmers vor, wenn er nicht Beseitigung des Vermerks verlangt, sondern die Beschlagnahme der Karte durch die Polizeibehörde veranlaßt? S. 409.

**§ 824.** Wer der Wahrheit zuwider eine Tatsache behauptet oder verbreitet, die geeignet ist, den Kredit eines anderen zu gefährden oder sonstige Nachteile für dessen Erwerb oder Fortkommen herbeizuführen, hat dem anderen den daraus entstehenden Schaden auch dann zu ersetzen, wenn er die Unwahrheit zwar nicht kennt, aber kennen muß.

Durch eine Mitteilung, deren Unwahrheit dem Mitteilenden unbekannt ist, wird dieser nicht zum Schadensersatze verpflichtet, wenn er oder der Empfänger der Mitteilung an ihr ein berechtigtes Interesse hat.

Ist der Arbeitgeber schadensersatzpflichtig, wenn er einen entlassenen Arbeiter grundlos auf eine schwarze Liste bringt? S. 420.

**§ 826.** Wer in einer gegen die guten Sitten verstoßenden Weise einem anderen vorsätzlich Schaden zufügt, ist dem anderen zum Ersatze des Schadens verpflichtet.

Schwarze Liste. Gibt die Verabredung der Arbeitgeber, bestimmte mißliebige Arbeiter nicht zu beschäftigen, Anspruch auf Schadensersatz? S. 410. Ist der Arbeitgeber schadensersatzpflichtig, der durch Rundschreiben auffordert, bestimmte ausständige Arbeiter nicht einzustellen? S. 412. Ist der Arbeitgeber schadensersatzpflichtig, wenn er einen entlassenen Arbeiter grundlos auf die schwarze Liste bringt? S. 420.

---

# 4. Gesetz betreffend die Beschlagnahme des Arbeits- oder Dienstlohnes.

**§ 1.** Die Vergütung (Lohn, Gehalt, Honorar usw.) für Arbeiten oder Dienste, welche auf Grund eines Arbeits- oder Dienstverhältnisses geleistet werden, darf, sofern dieses Verhältnis die Erwerbstätigkeit des Vergütungsberechtigten vollständig oder hauptsächlich in Anspruch nimmt, zum Zwecke der Sicherstellung oder Befriedigung eines Gläubigers erst dann mit Beschlag belegt werden, nachdem die Leistung der Arbeiten oder Dienste erfolgt und nachdem der Tag, an welchem die Vergütung gesetzlich vertragsmäßig oder gewohnheitsmäßig zu entrichten war, abgelaufen ist, ohne daß der Vergütungsberechtigte dieselbe eingefordert hat.

**§ 2.** Die Bestimmungen des § 1 können nicht mit rechtlicher Wirkung durch Vertrag ausgeschlossen oder beschränkt werden.

Soweit nach diesen Bestimmungen die Beschlagnahme unzulässig ist, ist auch jede Verfügung durch Zession, Anweisung, Verpfändung oder durch ein anderes Rechtsgeschäft ohne rechtliche Wirkung.

**§ 3.** Als Vergütung ist jeder dem Berechtigten gebührende Vermögensvorteil anzusehen. Auch macht es keinen Unterschied, ob dieselbe nach Zeit oder Stück berechnet wird.

Ist die Vergütung mit dem Preise oder Wert für Material oder mit dem Ersatz anderer Auslagen in ungetrennter Summe bedungen, so gilt als Vergütung im Sinne dieses Gesetzes der Betrag, welcher nach Abzug des Preises oder des Wertes der Materialien und nach Abzug der Auslagen übrig bleibt.

**§ 4.** Das gegenwärtige Gesetz findet keine Anwendung:

1. auf das Gehalt und die Dienstbezüge der öffentlichen Beamten;
2. auf die Beitreibung der direkten persönlichen Staatssteuern und Kommunalabgaben (die derartigen Abgaben an Kreis-, Kirchen-, Schul- und sonstige Kommunalverbände mit eingeschlossen), sofern diese Steuern und Abgaben nicht seit länger als drei Monaten fällig sind;
3. auf die Beitreibung der den Verwandten, dem Ehegatten und dem früheren Ehegatten für die Zeit nach Erhebung der Klage und

für das diesem Zeitpunkte vorausgehende letzte Vierteljahr kraft Gesetzes zu entrichtenden Unterhaltsbeiträge;

4. auf das Gehalt und die Dienstbezüge der im Privatdienste dauernd angestellten Personen, soweit der Gesamtbetrag der Vergütung (§§ 1, 3) die Summe von fünfzehnhundert Mark für das Jahr übersteigt.

Als dauernd in diesem Sinne gilt das Dienstverhältnis, wenn dasselbe gesetzlich, vertrags- oder gewohnheitsmäßig mindestens auf ein Jahr bestimmt oder bei unbestimmter Dauer für die Auflösung eine Kündigungsfrist von mindestens drei Monaten einzuhalten ist.

**§ 4a.** Auf die Beitreibung der zugunsten eines unehelichen Kindes von dem Vater für den im § 4 Nr. 3 bezeichneten Zeitraum kraft Gesetzes zu entrichtenden Unterhaltungsbeiträge findet dieses Gesetz nur insoweit Anwendung, als der Schuldner zur Bestreitung seines notdürftigen Unterhalts und zur Erfüllung der ihm seinen Verwandten, seiner Ehefrau oder seiner früheren Ehefrau gegenüber gesetzlich obliegenden Unterhaltspflicht der Vergütung (§§ 1, 3) bedarf. Hierbei werden ausschließlich die Leistungen berücksichtigt, welche vermöge einer solchen Unterhaltspflicht für den nämlichen Zeitraum oder, falls die Klage zugunsten des unehelichen Kindes nach der Klage eines Unterhaltsberechtigten erhoben ist, für die Zeit von dem Beginne des der Klage dieses Berechtigten vorausgehenden letzten Vierteljahres ab zu entrichten sind.

---

## 5. Auszug aus den Reichsversicherungsgesetzen.

### a) Invalidenversicherungsgesetz.

**§ 131 Abs. 2.** Der Versicherte ist verpflichtet, die Quittungskarte sich ausstellen zu lassen und sie behufs Einkleben der Marken oder zum Entwerten der Marken an den hierfür vorgeschriebenen Zeiten vorzulegen (§§ 141, 149, 150). Er kann hierzu von der Ortspolizeibehörde oder der von dem Vorsitzenden der Rentenstelle, soweit dieser die Kontrolle über die Beitragsentrichtung (§ 161 ff.) übertragen ist, durch Geldstrafen bis zu zehn Mark angehalten werden. Ist der Versicherte mit einer Quittungskarte nicht versehen, oder lehnt er deren Vorlegung ab, so ist der Arbeitgeber berechtigt, für Rechnung des Versicherten eine solche anzuschaffen und den verauslagten Betrag bei der nächsten Lohnzahlung einzubehalten.

**§ 139.** Die Eintragung eines Urteils über die Führung oder die Leistungen des Inhabers oder sonstige durch dieses Gesetz nicht vorgesehene Eintragungen oder Vermerke in oder an der Quittungskarte sind unzulässig. Quittungskarten, in welchen derartige Eintragungen oder Vermerke sich vorfinden, sind von jeder Behörde, welcher sie zugehen, einzubehalten. Die Behörde hat die Ersetzung derselben durch neue Karten, in welche der zulässige Inhalt der ersteren nach Maßgabe der Bestimmung des § 136 zu übernehmen ist, zu veranlassen.

Dem Arbeitgeber sowie Dritten ist untersagt, die Quittungskarte nach Einklebung der Marken wider den Willen des Inhabers zurückzubehalten. Auf die Zurückbehaltung der Karten seitens der zuständigen Behörden und Organe zu Zwecken des Umtausches, der Kontrolle, Berichtigung, Aufrechnung, Übertragung oder der Durchführung des Einzugsverfahrens (§§ 148 ff.) findet diese Bestimmung keine Anwendung.

Quittungskarten, welche im Widerspruch mit dieser Vorschrift zurückbehalten werden, sind durch die Ortspolizeibehörde dem Zuwiderhandelnden abzunehmen und dem Berechtigten auszuhändigen. Der erstere bleibt dem letzteren für alle Nachteile, welche diesem aus der Zuwiderhandlung erwachsen, verantwortlich.

**§ 142.** Die Versicherten sind verpflichtet, bei den Lohnzahlungen die Hälfte der Beiträge, in den Fällen des § 34 Abs. 4 aber, sofern nicht die Versicherung in einer höheren Lohnklasse auf einer Vereinbarung zwischen dem Arbeitgeber und dem Versicherten beruht, den auf sie entfallenden höheren Betrag sich einbehalten zu lassen. Die Arbeitgeber dürfen nur auf diesem Wege den auf die Versicherten entfallenden Betrag wieder einziehen.

Die Abzüge für Beiträge sind auf die Lohnzahlungsperioden, auf welche sie entfallen, gleichmäßig zu verteilen. Die Teilbeträge dürfen, ohne daß dadurch Mehrbelastungen der Versicherten herbeigeführt werden, auf volle zehn Pfennig abgerundet werden.

Sind Abzüge bei einer Lohnzahlungsperiode unterblieben, so dürfen sie für die betreffende Lohnzahlungsperiode nur noch bei der nächstfolgenden Lohnzahlung nachgeholt werden. Diese Bestimmung findet keine Anwendung, wenn wegen verspäteter Feststellung einer bisher streitigen Versicherungspflicht oder aus anderen Gründen Beiträge nachträglich zu verwenden sind, ohne daß den Arbeitgeber hierbei ein Verschulden trifft.

## b) Krankenversicherungsgesetz.

**§ 53 Abs. 1.** Die Versicherten sind verpflichtet, die Eintrittsgelder und Beiträge, letztere nach Abzug des auf den Arbeitgeber entfallenen Drittels (§ 51) bei den Lohnzahlungen sich einbehalten zu lassen. Die Arbeitgeber dürfen nur auf diesem Wege den auf die Versicherten entfallenden Betrag wieder einziehen. Die Abzüge für Beiträge sind auf die Lohnzahlungsperioden, auf welche sie entfallen, gleichmäßig zu verteilen. Diese Teilbeträge dürfen, ohne daß dadurch Mehrbelastungen der Versicherten herbeigeführt werden, auf volle zehn Pfennig abgerundet werden. Sind Abzüge für eine Lohnzahlungsperiode unterblieben, so dürfen sie nur noch bei der Lohnzahlung für die nächstfolgende Lohnzahlungsperiode nachgeholt werden.

**§ 80.** Den Arbeitgebern ist untersagt, die Anwendung der Bestimmungen dieses Gesetzes zum Nachteile der Versicherten durch Verträge (mittels Reglements oder besonderer Übereinkunft) auszuschließen oder zu beschränken. Vertragsbestimmungen, welche diesem Verbote zuwiderlaufen, haben keine rechtliche Wirkung.

§ 82. Arbeitgeber, welche den von ihnen beschäftigten, dem Krankenversicherungszwange unterliegenden Personen bei der Lohnzahlung vorsätzlich höhere als die nach §§ 53, 65 zulässigen Beträge in Anrechnung bringen, oder der Bestimmung des § 53 Abs. 3, oder dem Verbote des § 80 entgegenhandeln, werden, sofern nicht nach anderen gesetzlichen Bestimmungen eine härtere Strafe eintritt, mit Geldstrafe bis zu 300 Mk. oder mit Haft bestraft.

---

## 6. Gebührenordnung für Zeugen und Sachverständige.

§ 1. In den vor die ordentlichen Gerichte gehörigen Rechtssachen, auf welche die Zivilprozeßordnung, die Strafprozeßordnung oder die Konkursordnung Anwendung findet, erhalten die Zeugen und Sachverständigen Gebühren nach Maßgabe der folgenden Bestimmungen.

§ 2. Der Zeuge erhält eine Entschädigung für die erforderliche Zeitversäumnis im Betrage von 10 Pfennig bis zu einer Mark auf jede angefangene Stunde.

Die Entschädigung ist unter Berücksichtigung des von dem Zeugen versäumten Erwerbes zu bemessen und für jeden Tag auf nicht mehr als zehn Stunden zu gewähren.

Personen, welche durch gemeine Handarbeit, Handwerksarbeit oder geringeren Gewerbebetrieb ihren Unterhalt suchen, oder sich in gleichen Verhältnissen mit solchen Personen befinden, erhalten die nach dem geringsten Satze zu bemessende Entschädigung auch dann, wenn die Versäumnis eines Erwerbes nicht stattgefunden hat.

§ 3. Der Sachverständige erhält für seine Leistungen eine Vergütung nach Maßgabe der erforderlichen Zeitversäumnis im Betrage bis zu zwei Mark auf jede angefangene Stunde.

Die Vergütung ist unter Berücksichtigung der Erwerbsverhältnisse des Sachverständigen zu bemessen und für jeden Tag auf nicht mehr als zehn Stunden zu gewähren.

Außerdem sind dem Sachverständigen die auf die Vorbereitung des Gutachtens verwendeten Kosten, sowie die für eine Untersuchung verbrauchten Stoffe und Werkzeuge zu vergüten.

§ 4. Bei schwierigen Untersuchungen und Sachprüfungen ist dem Sachverständigen auf Verlangen für die aufgetragene Leistung eine Vergütung nach dem üblichen Preise derselben und für die außerdem stattfindende Teilnahme an Terminen die im § 3 bestimmte Vergütung zu gewähren.

§ 5. Als versäumt gilt für den Zeugen oder Sachverständigen auch die Zeit, während welcher er seine gewöhnliche Beschäftigung nicht wieder aufnehmen kann.

**§ 6.** Mußte der Zeuge oder Sachverständige außerhalb seines Aufenthaltsortes einen Weg bis zur Entfernung von mehr als zwei Kilometer zurücklegen, so ist ihm außer den nach §§ 2 bis 5 zu bestimmenden Beträgen eine Entschädigung für die Reise und für den durch die Abwesenheit von dem Aufenthaltsorte verursachten Aufwand nach Maßgabe der folgenden Bestimmungen zu gewähren.

**§ 7.** Soweit nach den persönlichen Verhältnissen des Zeugen oder Sachverständigen oder nach äußeren Umständen die Benutzung von Transportmitteln für angemessen zu erachten ist, sind als Reiseentschädigung die nach billigem Ermessen in dem einzelnen Falle erforderlichen Kosten zu gewähren. In anderen Fällen beträgt die Reiseentschädigung für jedes angefangene Kilometer des Hinweges und des Rückweges fünf Pfennig.

**§ 8.** Die Entschädigung für den durch Abwesenheit von dem Aufenthaltsorte verursachten Aufwand ist nach den persönlichen Verhältnissen des Zeugen oder Sachverständigen zu bemessen, soll jedoch den Betrag von fünf Mark für jeden Tag, an welchem der Zeuge oder Sachverständige abwesend ist, und von drei Mark für jedes außerhalb genommene Nachtquartier nicht überschreiten.

**§ 9.** Mußte der Zeuge oder Sachverständige innerhalb seines Aufenthaltsortes einen Weg bis zu einer Entfernung von mehr als zwei Kilometer zurücklegen, so ist ihm für den ganzen zurückgelegten Weg eine Reiseentschädigung nach den Vorschriften des § 7 zu gewähren.

**§ 10.** Konnte der Zeuge oder Sachverständige den erforderlichen Weg ohne Benutzung von Transportmitteln nicht zurücklegen, so sind die nach billigem Ermessen erforderlichen Kosten auch außer den in den §§ 6, 9 bestimmten Fällen zu gewähren.

**§ 11.** Abgaben für die erforderliche Benutzung eines Weges sind in jedem Falle zu erstatten.

**§ 12.** Bedarf der Zeuge wegen jugendlichen Alters oder wegen Gebrechen eines Begleiters, so sind die bestimmten Entschädigungen für Beide zu gewähren.

**§ 13.** Soweit für gewisse Arten von Sachverständigen besondere Taxvorschriften bestehen, welche an dem Orte des Gerichts, vor welches die Ladung erfolgt, und an dem Aufenthaltsorte des Sachverständigen gelten, kommen lediglich diese Vorschriften in Anwendung. Gelten solche Taxvorschriften nur an einem dieser Orte, oder gelten an demselben verschiedene Taxvorschriften, so kann der Sachverständige die Anwendung der ihm günstigeren Bestimmungen verlangen.

Dolmetscher erhalten Entschädigung als Sachverständige nach den Vorschriften dieses Gesetzes, sofern nicht ihre Leistungen zu den Pflichten eines von ihnen versehenen Amtes gehören.

**§ 14.** Öffentliche Beamte erhalten Tagegelder und Erstattung von Reisekosten nach Maßgabe der für Dienstreisen geltenden Vorschriften, falls sie zugezogen werden:

1. als Zeugen über Umstände, von denen sie in Ausübung ihres Amtes Kenntnis erhalten haben;
2. als Sachverständige, wenn sie aus Veranlassung ihres Amtes zugezogen werden und die Ausübung der Wissenschaft, der Kunst

oder des Gewerbes, deren Kenntnis Voraussetzung der Begutachtung ist, zu den Pflichten des von ihnen versehenen Amtes gehört.

Werden nach den Vorschriften dieses Paragraphen Tagegelder und Reisekosten gewährt, so findet eine weitere Vergütung an den Zeugen oder Sachverständigen nicht statt.

Die vorstehenden Bestimmungen finden auf Personen des Soldatenstandes entsprechende Anwendung.

**§ 15.** Ist ein Sachverständiger für die Erstattung von Gutachten im allgemeinen beeidigt, so können die Gebühren für die bei bestimmten Gerichten vorkommenden Geschäfte durch Übereinkommen bestimmt werden.

**§ 16.** Die Gebühren der Zeugen und Sachverständigen werden nur auf Verlangen derselben gewährt. Der Anspruch erlischt, wenn das Verlangen binnen drei Monaten nach Beendigung der Zuziehung oder Abgabe des Gutachtens bei dem zuständigen Gerichte nicht angebracht wird.

**§ 17.** Die einem Zeugen oder Sachverständigen zu gewährenden Beträge werden durch das Gericht oder den Richter, vor welchem die Verhandlung stattfindet, festgesetzt.

Sofern die Beträge aus der Staatskasse gezahlt und dieser nicht erstattet sind, kann die Festsetzung von dem Gericht oder dem Richter, durch welche sie erfolgt ist, sowie von dem Gerichte der höheren Instanz von Amts wegen berichtigt werden.

Gegen die Festsetzung findet Beschwerde nach Maßgabe des § 567 Abs. 2 und der §§ 568 bis 575, der Zivilprozeßordnung und des § 4 Abs. 3 des Gerichtskostengesetzes in Strafsachen nach Maßgabe der §§ 346 bis 352 der Strafprozeßordnung statt.

# Zweiter Teil.

# Entscheidungen.

# Zum Gewerbegerichtsgesetz.

## 1. Ist das GG. für die Klage der Erben des Arbeiters zuständig?

**a)** Urteil des Kgl. Oberlandesgerichts Dresden vom 8. November 1901.

Das GG. ist für zuständig erklärt worden.

Aus den Gründen: Die sachliche Zuständigkeit des GG. für die Lohnforderung war begründet, und es fragt sich nur noch, ob sie wieder erloschen ist, weil der Kläger vor der Erhebung der Klage (durch seine Erbin) gestorben ist. Für diese Annahme scheint der Wortlaut von § 1 Abs. 1 GGG. zu sprechen. Denn er redet nur von gewerblichen Streitigkeiten zwischen Arbeitern einerseits und ihren Arbeitgebern andrerseits, aber nicht zwischen ihren — allgemeinen oder anderen — Rechtsnachfolgern und insbesondere zwischen ihren Erben auf einer von beiden oder auf beiden Seiten. Noch schärfer sprachen die Vorläufer des Gesetzes über die GG., nämlich die Preußische Allgemeine GO. vom 17. Januar 1845 in § 137 und die GO. vom 21. Juni 1869 für den Norddeutschen Bund und (seit dem Gesetze vom 16. April 1871) für das Deutsche Reich in § 108 von „Streitigkeiten der selbständigen Gewerbetreibenden mit ihren Gesellen, Gehilfen oder Lehrlingen ..." und die RGO. in ihren Fassungen seit dem Gesetze vom 17. Juli 1878 in § 120a von „Streitigkeiten u. s. w. mit ihren Arbeitern". Die Fassung: „zwischen Arbeitern (Gesellen, Gehilfen, Fabrikarbeitern oder Lehrlingen) einerseits und ihren Arbeitgebern andrerseits" stammt aus § 1 des ersten Entwurfs eines Gesetzes über die GG., welcher dem Reichstage im Jahre 1878 vorgelegt wurde (Stenogr. Berichte des Reichstags v. J. 1878 Bd. 3 S. 513). Unter dem Eindrucke des Wortlautes der Gesetze ist jene Annahme von Schriftstellern und in der Rechtsprechung der GG. nicht selten vertreten worden. Zuerst hat Otto in seiner Schrift über die Streitigkeiten der selbständigen Gewerbetreibenden mit ihren Arbeitern auf Grund von § 120a der RGO. (3. Auflage v. J. 1891) verneint, daß der Zessionar eines Arbeiters dessen Ansprüche aus dem Arbeitsvertrage im Gewerbestreit ausführen könne (S. 31). Ihm folgt Schier in Anm. 2 zu § 1 des Reichsgesetzes, und Haas sagt in Anm. 2 zu § 3: „Wenn die aus dem Arbeitsverhältnisse entsprungenen Forderungen oder Schulden auf andere Personen, sei es im Wege der Gesamt-, sei es der Sondernachfolge übergehen, so ist das ordentliche Gericht zuständig. Der Erbe eines Arbeiters, derjenige, dem ein Arbeiter seine Lohnforderung zediert hat oder dem dieselbe im Wege der Zwangsvollstreckung überwiesen ist, müssen die Lohnforderung ihres Rechtsvorgängers beim ordentlichen Gericht einklagen." Das GG. zu Berlin hat (bei Dr. Unger Nr. 191) ausgeführt, die Entscheidung müsse an die ordentlichen Gerichte verwiesen werden, wo es sich zwar um den Austrag einer gewerblichen Streitigkeit, d. h. einer Streitigkeit, die aus einem gewerblichen Arbeitsverhältnis hervorgegangen ist, handelt, auf der anderen Seite aber aus irgend einem Grunde nicht ein Arbeiter oder Arbeitgeber, sondern eine andere Person steht, z. B. wenn Erben oder Zessionare als Partei auftreten, und es hat (bei Dr. Unger unter Nr. 192) die Klage eines Zessionars auf den Lohn eines Arbeiters wegen Unzuständigkeit abgewiesen. Das GG. Dresden hat sogar (in einem Urteil vom 5. September 1893 zu VIIIb Pr. Reg. Nr. 629/13) eine Klage abgewiesen, weil der beklagte Arbeitgeber während des Rechtsstreits gestorben war.

Stimmen gegen die erwähnte Annahme sind dem Berufungsgerichte nicht bekannt geworden. Gleichwohl kann ihr, wenigstens in ihrer allein zur Entscheidung stehenden Anwendung auf die Erben eines Arbeiters als Gläubiger, nicht beigetreten werden. Sie würde nämlich die sachliche Zuständigkeit der Gerichte mit einem Wechsel in der Person des Gläubigers durch Zufall (Tod) oder Willkür (Abtretung) wechseln lassen. Eine solche Abhängigkeit ist ohne Beispiel und unvereinbar mit der Rücksicht auf den Schuldner, welche bei der Bestimmung der sachlichen Zuständigkeit ebenfalls mitspricht. Sie erinnert an die im gemeinen Rechte verbotene cessio in potentiorem (Windscheid, Pandekten § 335 unter 2). Sie dürfte also auch in § Abs. 1 des Gesetzes über die GG. nur aus zwingenden Gründen gefunden werden, und solche sind nicht vorhanden.

Der Wortlaut dieser Gesetzesstelle erhält seine richtige Deutung in der Begründung des Entwurfes (a. a. O. S. 38), welche sagt:

„§ 120a der RGO. läßt zu, daß statt dessen (nämlich der Gemeindebehörde) durch Ortsstatut Schiedsgerichte, welche durch die Gemeindebehörde unter gleichmäßiger Zuziehung von Arbeitgebern und Arbeitern zu bilden sind, mit der Entscheidung betraut werden. Die letztere Bestimmung hat ihren Zweck, für die Streitigkeiten, welche im gewerblichen Verkehr aus dem Verhältnis zwischen Arbeitgebern und Arbeitern entstehen, eine im besonderen Maße des Vertrauens der Beteiligten versicherte und besonders schleunige Rechtspflege zu schaffen, nur in unvollkommener Weise erreicht."

Diesem Zwecke soll in Zukunft das Gesetz über die GG. dienen. Er und mit ihm die sachliche Zuständigkeit der GG. ist also im Sinne der Begründung des Gesetzes gegeben, sobald eine Streitigkeit aus dem Verhältnis zwischen Arbeitgebern und Arbeitern entstanden ist, und die Begründung deutet nirgends an, daß sie wegfallen, wenn jenes Verhältnis aufhört oder wenn an die Stelle der Personen, zwischen denen es bestand, deren Rechtsnachfolger treten. Ebenso allgemein sagten schon die Motive zu dem in § 1 Abs. 1 fast gleichlautenden Entwurfe eines GGG. v. J. 1878 (a. a. O. S. 515):

„Der vorliegende Entwurf bezweckt, für die Streitigkeiten, welche im gewerblichen Verkehr aus dem Verhältnis zwischen Arbeitgebern und Arbeitern zu entspringen pflegen, eine in besonderem Maße des Vertrauens der beteiligten Kreise versicherte und besonders schleunige Rechtshilfe zu schaffen."

Auch aus anderen Gründen darf der Wortlaut des Gesetzes hier nicht zu streng genommen werden. Von gewerblichen Streitigkeiten „zwischen Arbeitern einerseits und ihren Arbeitgebern andrerseits" kann, streng genommen, nur die Rede sein, solange das Arbeitsverhältnis besteht. Aber daß die sachliche Zuständigkeit der GG. sich nicht auf die Dauer des Arbeitsverhältnisses beschränkt, ergibt sich klar aus § 3 Ziff. 1 des Gesetzes, wonach sie auch für Streitigkeiten über die Auflösung des Arbeitsverhältnisses zuständig sind (Haas Anm. 1 zu § 3). Ebensowenig endete die Zuständigkeit der in § 108 der Deutschen und in § 137 der Preußischen GO. erwähnten besonderen Behörden mit dem Arbeitsverhältnisse, obgleich dort sogar von Streitigkeiten über die gegenseitigen Leistungen während der Dauer desselben die Rede war. Auch dort genügte es, daß der streitige Anspruch während der Dauer des Arbeitsverhältnisses entstanden war, und die soeben erwähnte Fassung des Gesetzes wurde in der Novelle zur RGO. v. J. 1878 nur deshalb geändert, weil sie allerdings zu mißverständlichen Auslegungen Anlaß gegeben hatte (Berichterstatter: Rickert in der Sitzung des Reichstages vom 21. Mai 1878 laut der stenograph. Berichte Bd. 2 S. 1492; RG. in Seufferts Archiv Bd. 40 Nr. 232). — Der in der Begründung angegebene Zweck des Gesetzes aber, nämlich eine im besonderen Maße des Vertrauens der Beteiligten versicherte und besonders schleunige Rechtspflege für jene Streitigkeiten, erledigt sich mit dem Tode des Arbeiters und Gläubigers nicht. Seine Erben vertrauen der Rechtspflege der GG. im Zweifel ebenso, wie er selbst, obgleich sie nicht als solche an der Wahl von Beisitzern teilnehmen, wie ihr Erblasser (§ 12), und ihr Bedürfnis nach einer besonders schleunigen Rechtspflege ist erst recht lebhaft, weil sie durch den Tod ihres Erblassers meist ihren Ernährer verlieren. Die angeführten Schriftsteller und Entscheidungen gehen meist von dem richtigen Satze aus, daß Streitigkeiten, welche aus dem Arbeitsverhältnisse unmittelbar nicht zwischen Arbeitern und ihren Arbeitgebern, sondern mit Dritten entstehen, nicht zur Zuständigkeit der GG. gehören, z. B. Streitigkeiten des Lehrherrn eines Lehrlings, der die Lehre unbefugt verlassen hat, mit dem Vater oder einem neuen Arbeitgeber des Lehrlings über deren Mitverhaftung für die Zahlung der Entschädigung aus § 133 RGO. Aber der Umstand, daß die Zuständigkeit der GG. für Streitigkeiten mit Dritten, welche aus dem Arbeitsverhältnisse unmittelbar entspringen, von vornherein nicht begründet ist, rechtfertigt nicht den Schluß jener Schriftsteller und Entscheidungen, daß auch die einmal begründete Zuständigkeit der GG. für Streitigkeiten zwischen Arbeitern und ihren Arbeitgebern mit einer Rechtsnachfolge wegfällt. — Auch ist jene Annahme nicht streng, nämlich nicht gegen den Konkursverwalter des Arbeitgebers und Schuldners durchgeführt worden, dessen Einrede der Unzuständigkeit des GG. in den von Dr. Unger a. a. O. unter Nr. 193 mitgeteilten Entscheidungen des GG. und des Landgerichts I zu Berlin und des Landgerichts I zu München verworfen worden ist.

Allerdings überläßt die hier vertretene Ansicht den GG. und unter Umständen auch dem Gemeindevorsteher (§ 71), den Innungen und Innungs-Schiedsgerichten (§ 79) die Prüfung der Rechtsnachfolge, und es mag sein, daß diese Aufgabe ihnen nicht geläufig ist. Aber sie erwächst ihnen auch zuweilen bei der hier bekämpften Annahme, z. B. wenn das Verfahren vor dem GG. durch den Tod einer Partei während des Rechtsstreits unterbrochen wird (§ 239 ZPO.), oder wenn vor dem GG. eine Klage aus § 767 ZPO. gegen die Erben des Gläubigers erhoben wird. Diese Möglichkeiten werden auch von Vertretern der bekämpften Annahme ausdrücklich anerkannt (Haas Anm. 3. 5 zu § 3). Überdies wird das GG. auch dann über die Rechtsnachfolge zu entscheiden haben, wenn Forderungen zur Aufrechnung gestellt werden, die nicht in der Person des Beklagten entstanden sind, und § 115 GO. der Aufrechnung nicht im Wege steht. Die erwähnte Entscheidung des GG. Dresden, die eine Klage nach dem Tode des beklagten Arbeitgebers abwies, steht allein und verstößt gegen §§ 217. 235 Abs. 2 ä. F., jetzt §§ 239 ff., 263 Ziff. 2 ZPO., welche auf das Verfahren vor den GG. entsprechende Anwendung finden (§ 24 des Gesetzes über die GG. und § 456 ä. F., jetzt § 495 ZPO. Haas Anm. 2 Abs. 3 zu § 24). Auch die ähnlich zusammengesetzten Schiedsgerichte für Arbeiterversicherung (§§ 103 ff. des IVG. in der Fassung vom 19. Juli 1899, § 3 des Gesetzes über die Abänderung der UVG. vom 30. Juni 1900 und die kaiserliche Verordnung über das Verfahren vor den Schiedsgerichten für Arbeiterversicherung vom 22. November 1900) bleiben im Falle einer Rechtsnachfolge zuständig und prüfen sie.

Durch die Bestimmung in § 5 GGG. (= § 3 Abs. 2 seines Entwurfes) wird auch die Prorogation auf das ordentliche Gericht (§ 38 ZPO.) ausgeschlossen, wie die Begründung zu § 22 des Entwurfes ausdrücklich ausspricht und Petersen-Anger in Anm. 26 zu § 40 ZPO., Haas in Anm. 3, Schier in Anm. 1 Abs. 3 zu § 5, Dungs in Busch's Zeitschrift für Zivilprozeß Bd. 15 S. 454 und Levy bei Gruchot Bd. 35 S. 173 gegen Bachem zu § 5 des Gesetzes hervorhebt. Sie ist nur zwischen mehreren GG. zulässig. Also ist auch keine stillschweigende Vereinbarung der Zuständigkeit des ordentlichen

Gerichts eingetreten (§ 40 ZPO.), obgleich der Beklagte vor diesem zur Hauptsache mündlich verhandelt hat, ohne dessen Unzuständigkeit geltend zu machen (§ 39 ZPO.). Denn er konnte auf diese prozeßhindernde Einrede nicht wirksam verzichten (§ 247 a. F., jetzt § 274 Abs. 2 ZPO.). („Gewerbegericht" Jg. 7, Sp. 127.)

**b) Urteil des Reichsgerichts, 3. Zivilsenat, vom 15. April 1902.**

Das Oberlandesgericht Dresden hatte den ordentlichen Rechtsweg für unzulässig erklärt. Auf die Berufung ist das Urteil aufgehoben.

Aus den Gründen: Dem gewöhnlichen Wortverstande gemäß ist in § 1 Abs. 1 GGG. ausgesprochen, daß zur Entscheidung gewerblicher Streitigkeiten das GG. nur unter der Voraussetzung zuständig ist, daß die Streitteile zueinander in dem Rechtsverhältnisse eines Arbeiters zu seinem Arbeitgeber stehen. Dementsprechend ist denn auch seit Erlaß des GGG. vom 29. Juli 1890 bis in die Gegenwart in Theorie und Praxis, soweit ermittelt, einstimmig die Ansicht vertreten worden, daß die Zuständigkeit des GG. entfällt, wenn die Forderung, welche ein Arbeiter gegen seinen Arbeitgeber, oder dieser gegen jenen hat, sei es durch Abtretung, oder durch zwangsweise Überweisung, oder durch Erbgang, auf eine dritte Person übergeht.[1]) Zugegeben ist, daß der Wortlaut des Gesetzes nicht so unzweideutiger Art ist, daß er in dem Sinne, welchen das Berufungsgericht ihm beilegt, überhaupt nicht verstanden werden kann, daß er daher in diesem Sinne verstanden werden muß, falls überwiegende Gründe dafür sprechen, daß die gesetzgebenden Faktoren denselben mit dem gewählten Ausdrucke in der Tat verbunden haben. Allein solche Voraussetzung ist nicht gegeben; weder aus dem übrigen Inhalte des Gesetzes, noch aus dessen Materialien oder dem Zwecke desselben läßt sich folgern, daß die Zuständigkeit der GG. lediglich von dem sachlichen Inhalte des Rechtsverhältnisses ohne Rücksicht auf die Person der prozessierenden Parteien abhängig gestellt worden ist.

Richtig ist, daß das Gesetz in seinem weiteren Inhalte durch die im § 4 Ziff. 1 der Fassung vom 29. September 1901 gegebene Vorschrift außer Frage stellt, die Zuständigkeit entfalle nicht dadurch, daß das Arbeitsverhältnis vor Beginn des Rechtsstreites sein Ende gefunden hat. Allein dies bietet keinerlei Anlaß zu der Folgerung, daß die Zuständigkeit auch da gewollt ist, wo die Prozeßparteien zueinander in dem Arbeitsverhältnisse, aus dem geklagt wird, überhaupt nicht gestanden haben. Kommt die Person der Prozeßparteien für die Gerichtskompetenz einmal in Betracht, so fehlt es offensichtlich auch nicht an Gründen, die eine Unterscheidung in vorerwähnter Richtung nicht rechtfertigen.

Auch in der Begründung zum Entwurfe des GGG., in der gesagt wird: „Die letztere Bestimmung" — d. i. die im § 120a RGO. in der Fassung vom 17. Juli 1878 enthaltene, die Bildung der Schiedsgerichte zulassende Bestimmung — „hat ihren Zweck, für die Streitigkeiten, welche im gewerblichen Verkehr aus dem Verhältnis zwischen Arbeitgebern und Arbeitern entstehen, eine im besonderen Maße des Vertrauens der Beteiligten versicherte und besonders schleunige Rechtspflege zu schaffen, nur in unvollkommener Weise erreicht", ist eine Stütze für die im angefochtenen Urteile vertretene Auslegung nicht zu finden. Dasselbe führt aus, in diesen Worten erhalte der Wortlaut der Gesetzesstelle seine richtige Deutung, und nach dieser Deutung sei die sachliche Zuständigkeit der GG. gegeben, sobald eine Streitigkeit aus dem Verhältnisse zwischen Arbeitgebern und Arbeitern entstanden sei. Aber in den genannten Worten wird nicht schlechthin der Streitigkeiten, die aus solchem Verhältnisse entstehen, sondern derjenigen, welche aus demselben im gewerblichen Verkehr entstehen, als Gegenstand besonders zu gestaltender Rechtspflege erwähnt, denselben somit ein Kriterium beigefügt, welches nicht geeignet erscheint, dem Wortlaute der gesetzlichen Bestimmung eine andere Deutung zu geben, als ihm nach den Sprachgesetzen zukommt. Daran ändert auch der Umstand nichts, daß die in vorerwähnter GO. befindliche Fassung „Streitigkeiten mit" in dem GGG. ersetzt ist durch die Fassung „Streitigkeiten zwischen"; der Rückschluß, daß diese Abweichung durch jene Begründung veranlaßt ist, und daß deshalb mit der abweichenden Fassung der Sinn, welchen das Berufungsgericht annimmt, verbunden ist, läßt sich nicht ziehen.

Nicht zu verkennen ist, daß die Abhängigkeit von dem Wechsel in der Person des Gläubigers wie des Schuldners, in welche die Zuständigkeit der GG. durch das Erfordernis des zwischen den Prozeßparteien begründeten Arbeitsverhältnisses gebracht wird, dem der bestehenden Organisation der Rechtspflege zugrunde liegende Prinzip, nach welchem das Kompetenzkriterium in dem Inhalte des streitigen Rechtsverhältnisses liegt, nicht entspricht. Dies kann jedoch zur Ablehnung jenes Erfordernisses, welches selbstredend nicht zur Folge hat, daß durch einen im Laufe des Verfahrens eintretenden Wechsel die Zuständigkeit des GG. beeinflußt wird, umsoweniger führen, als es sich um die Kompetenz eines Sondergerichtes, im Gegensatze zum ordentlichen Gerichte, handelt, die Beschränkung der Jurisdiktion auf einen bestimmten Personenkreis daher nicht befremden kann. Hinzu kommt, daß das Verfahren vor den GG. in wesentlichen Beziehungen abweichend vom ordentlichen Gerichtsverfahren gestaltet ist, und daß diese Abweichungen, wie sie namentlich aus den in den §§ 31. 42. 45 getroffenen Bestimmungen sich ergeben, ihre rechtfertigende Grundlage nur unter der Voraussetzung, daß es sich um schleunige Erledigung eines zwischen Arbeitgeber und Arbeiter geführten Streites handelt, finden. (Reichsgerichtsentscheidungen Bd. 51 S. 193, „Juristische Wochenschrift" 1902 S. 317 Nr. 30.)

## 2. Kann der Gläubiger eines Arbeiters dessen von ihm gepfändete Lohnforderung vor dem GG. einklagen?

**a) Urteil des GG. Berlin, Kammer 5, vom 12. September 1901.**

Auf Grund eines vollstreckbaren Alimentenurteils ist für die Klägerin eine dem Schlosser N. gegen die Beklagte zustehende Lohnforderung gepfändet und zur Einziehung überwiesen worden.

Die Klage auf Zahlung des gepfändeten Betrages ist wegen sachlicher Unzuständigkeit des GG. abgewiesen.

Aus den Gründen: Nach §§ 1—3 des GGG. ist eine der Voraussetzungen für die Zuständigkeit der GG., daß der Rechtsstreit zwischen Arbeitern und ihren Arbeitgebern oder zwischen Arbeitern desselben Arbeitgebers ausgefochten wird. Diese Voraussetzung fehlt hier, da die Klägerin nicht in einem Arbeitsverhältnisse zu der Beklagten steht.

Selbst wenn davon auszugehen wäre, daß die Klägerin Singularnachfolgerin (Zessionarin) in den Anspruch des Arbeiters der Beklagten geworden sei, würde diese Parteivoraussetzung fehlen. Denn nur durch Universalnachfolge (Erbschaft) kann es dahin kommen, daß an Stelle des Arbeiters ein anderer, der Erbe, vor dem GG. Recht nimmt, eine bloße Zession der Forderung eines Arbeiters ist hierzu nicht ausreichend, da sich hier die Person des Gläubigers ändert, während sie bei der Erbschaft sozusagen dieselbe bleibt. („Soziale Praxis".)

**b) Urteil des Amtsgerichts Barmen vom 21. Februar 1902.**

Das Amtsgericht hat die Klage wegen Unzuständigkeit abgewiesen und das GG. für zuständig erachtet.

Aus den Gründen: Durch die Überweisung einer gepfändeten Forderung zur Einziehung — §§ 835, 836 ZPO. — wird die Forderung nicht aus dem Vermögen des Schuldners ausgeschieden; der pfändende Gläubiger wird vielmehr nur ermächtigt, die Forderung namens des Schuldners einzuziehen und einzuklagen, und sich so Befriedigung zu verschaffen. Bis zur Einziehung ist der Schuldner der Forderungsberechtigte, der Gläubiger nur Vertreter des Schuldners kraft Gesetzes (procurator in rem suam). Vergl. insbesondere Entscheidung des Reichsgerichts, Bd. 18 S. 399. Schon daraus ergibt sich, daß der Pfändungsgläubiger dort Recht nehmen muß, wo für den Schuldner der Rechtsweg vorgeschrieben ist. Noch mehr gilt dies, wenn man der nach der Ansicht des Amtsgerichts richtigen Rechtsanschauung folgt, daß das GG. für Lohnstreitigkeiten auch dann zuständig ist, wenn als Kläger nicht der Arbeiter, sondern sein Zessionar oder Erbe auftritt. Vergl. Entscheidung des Oberlandesgerichts Dresden vom 8. Nov. 1901 in „Das Gewerbegericht", Jg. 7, S. 127.[1])

### 3. Kann der Zessionar eines Arbeiters die zedierte Lohnforderung vor dem GG. einklagen?

Urteil des GG. Berlin vom 30. Oktober 1895.

Kläger (Bautechniker) klagt als Zessionar eines gewissen Z. eine Lohnforderung des Z. gegen den Beklagten ein. Beklagter wendet Unzuständigkeit des Gerichts ein.

Das GG. hat sich für unzuständig erklärt.

Aus den Gründen: Nach § 1 GGG. sind die GG. nur zuständig zur Entscheidung gewerblicher Streitigkeiten zwischen Arbeitnehmern und ihren Arbeitgebern, oder zwischen Arbeitern ein und desselben Arbeitgebers. Dagegen ist die Zuständigkeit der GG. ausgeschlossen für solche Streitigkeiten, die, wenn sie auch ihren Ursprung in einem gewerblichen Arbeitsverhältnisse haben, nicht zwischen den genannten Personen zum Austrag gebracht werden.

Unstreitig ist die vorliegend geltend gemachte Forderung zwar aus einem gewerblichen Arbeitsverhältnisse hervorgegangen, jedoch nicht aus einem Arbeitsverhältnisse, welches zwischen den hier auftretenden Parteien bestanden hatte. Mögen daher auch die objektiven Voraussetzungen vorhanden sein, welche die Kompetenz des GG. begründen würden, so ermangelt es doch der maßgebenden Parteiqualitäten. Aus diesem Grunde mußte sich das GG. für unzuständig erklären. (Unger Nr. 192).

### 4. Ist das GG. zuständig für Klagen aus Lehrverträgen, bei denen der Vater oder Vormund des Lehrlings als Kläger auftritt?

a) Urteil des GG. zu Berlin (Nr. 1186/97 K. 1).

Der Lehrling K. war auf Grund eines schriftlichen, zwischen seinem Vormunde K. und dem Beklagten geschlossenen Lehrvertrages zu dem Verklagten am 1. April 1895 als Schneiderlehrling in die Lehre gekommen. Der Vormund verlangt nun wegen angeblicher Mißhandlung des Lehrlings, schlechten Schlafraums und Verweigerung des Besuchs der Fortbildungsschule Aufhebung des Lehrverhältnisses.

Das GG. erklärte sich für unzuständig.

Aus den Gründen: Das GG. ist gemäß § 1 des Gesetzes, betreffend die GG., vom 29. Juli 1891, ausschließlich zuständig für Entscheidung von Rechtsstreitigkeiten zwischen Arbeitgebern und Arbeitnehmern. Ein solcher Rechtsstreit liegt aber hier nicht vor, denn die Grundlage der Klage bildet ein schriftlicher Vertrag zwischen dem Vormund des Arbeitnehmers — Lehrling — und dem Arbeitgeber.

Der Vertrag betrifft zwar den Lehrling, am Abschluß des Vertrages ist er aber, wie unbestritten ist, nicht beteiligt gewesen, obwohl er hierzu nach dem Gesetze, betreffend die Geschäftsfähigkeit Minderjähriger, wohl imstande gewesen wäre. Bei der engbegrenzten Zuständigkeit und besonderen Stellung der GG.

[1]) Siehe Nr. 1.

muß in diesem Falle die Zuständigkeit verneint werden. Kläger, der aus eigenem Recht Aufhebung des Lehrvertrages, der lediglich zwischen ihm und dem Beklagten geschlossen worden ist, verlangt, mag sich an das Amtsgericht wenden. („Gewerbegericht" Jg. 4, Sp. 61.)[1]

**b)** Urteil des Kgl. Landgerichts Frankfurt a. M. vom 28. Oktober 1901.

Das Berufungsgericht hält das GG. für unzuständig.

Aus den Gründen: Der hier fragliche Lehrvertrag, inhalts dessen die Kläger und die Beklagte übereingekommen sind, daß die minderjährige Tochter der Kläger bei der Beklagten behufs Ausbildung im Atelier auf ein Jahr als Lehrmädchen eintreten solle und zwar für ein Lehrgeld von 120 Mk., ist keineswegs von den Klägern, wie das Gericht erster Instanz annimmt, als gesetzlichen Vertretern ihres Kindes und für dasselbe abgeschlossen. Kläger haben vielmehr den Vertrag zwar im Interesse ihrer Tochter, aber nicht als deren gesetzliche Vertreter — wie denn die minderjährige M.'sche Tochter gesetzlich nur von ihrem Vater und nicht auch zugleich von ihrer Mutter vertreten wird — sondern im eigenen Namen abgeschlossen. Dies geht aus dem Inhalte des Vertrages, insbesondere auch aus den Eingangsworten hervor, wonach lediglich die Kläger sich verpflichten. An keiner Stelle läßt der Vertrag ersehen, daß der Vertrag in Vertretung der Tochter der Kläger habe geschlossen werden sollen, umsoweniger, als, wie oben gesagt, der mitklagenden Ehefrau M., die den Vertrag mit unterschrieben hat, überhaupt nicht die gesetzliche Vertretung ihrer Tochter zusteht. Der Vertrag behandelt daher lediglich die Rechtsverhältnisse der Parteien untereinander, also der Eheleute M. und der Beklagten; und der Streit unter den Parteien, ob die Beklagte den ihr auf Grund jenes mit den Klägern abgeschlossenen Vertrages über die Ausbildung der Anna M. obliegenden Verpflichtung genügend nachgekommen, oder aber dieser Verpflichtung nicht nachgekommen und zur Rückzahlung des Lehrgeldes verpflichtet sei, gehört daher nicht zu den gewerblichen Streitigkeiten zwischen Arbeitern und ihren Arbeitgebern.

### 5. Ist das GG. zuständig für die Klage des Vaters auf nochmalige Zahlung des Lohnes, welcher entgegen einem Ortsstatut direkt an den Sohn gezahlt ist?

Urteil des Kgl. GG. zu Krefeld vom 2. Oktober 1902.

Das GG. hat sich für unzuständig erklärt.

Aus den Gründen: Der Kl. hat zu der Bekl. in keinem Arbeitsverhältnisse gestanden. Die von ihm mit der Klage geltend gemachte Forderung ist keine Lohnforderung, die aus dem Arbeitsverhältnisse zwischen ihm und der Bekl. entsprungen ist. vielmehr macht er nur die nochmalige Zahlung eines von seinem minderjährigen Sohne bei der Bekl. verdienten Lohnes geltend, weil die Bekl. entgegen den Bestimmungen des Ortsstatuts für die Stadt Krefeld vom 1. Juli 1894 ohne seine schriftliche Zustimmung den Lohn an seinen minderjährigen Sohn gezahlt hat; diese Forderung des Kl. ist aber nicht eine aus einem gewerblichen Arbeitsverhältnisse zwischen ihm und der Bekl. herrührende Leistung im Sinne des § 4 Nr. 2 des GGG., sondern eine Schadensersatzforderung, die ihren Rechtsgrund nicht in dem speziellen, das Arbeitsverhältnis regelnden Arbeitsvertrag hat, sondern die auf eine von der Bekl. angeblich begangene unerlaubte Handlung gestützt wird. Für die Entscheidung über derartige Schadenersatzforderungen ist aber nicht das GG., sondern das ordentliche Gericht zuständig.

---

[1]) Ebenso Unger Nr. 191.

## 6. Ist für die Klage des Lehrherrn gegen den Vater, Mutter oder Vormund des Lehrlings das GG. zuständig?

### a) Urteil des GG. Stettin.

Der Sohn des Beklagten ist dem klagenden Meister durch Vertrag vom 17. April 1900 auf mehrere Jahre in die Lehre gegeben. § 11 des Kontraktes lautet: „Wird das Lehrverhältnis durch Schuld des Lehrlings vor Ablauf der verabredeten Lehrzeit aufgehoben, so ist an den Lehrherrn eine Entschädigung von 50 Mk. zu zahlen." Der Lehrling ist angeblich im August 1900 aus der Lehre gegangen.

Der klagende Meister ist nach seiner Angabe zunächst die Innung angegangen. Sodann hat er bei dem hiesigen Königlichen Amtsgericht Klage gegen den Vater des Lehrlings erhoben, diese aber zurückgenommen. Nunmehr hat er bei dem GG. geklagt und beantragt, den Vater des Lehrlings zur Zahlung von 50 Mk. nebst 4 % Zinsen seit dem 1. September 1900 zu verurteilen.

Das GG. hat sich für unzuständig erklärt.

Aus den Gründen: Der klagende Meister konnte bei dem Vorliegen eines schriftlichen Vertrages, wenn, wie anzunehmen, § 11 so gemeint war, daß sowohl Vater als auch Lehrling haften sollten, sowohl gegen den Vater als auch gegen den Lehrling auf Entschädigung klagen.

Gegen den Lehrling war die Klage gemäß § 81a Ziff. 4 GO. anzubringen bei dem Vorsitzenden des Ausschusses der Innung für das Lehrlingswesen und die Entscheidung dieses Ausschusses kann binnen einer Notfrist von einem Monat durch Klage bei dem ordentlichen Gerichte angefochten werden.

Will dagegen der Meister gegen den Vater als Zweitschuldner klagen, so ist diese Klage weder bei dem Innungsausschuß noch bei dem GG., sondern bei dem ordentlichen Gerichte zu erheben. Das ist überwiegende Ansicht in der Literatur und Judikatur; denn hier liegt kein Streit zwischen Lehrling und Meister vor. Vgl. Landmann-Rohmer, Kommentar zur GO. zu § 127g; Unger, Entscheidungen des GG. Berlin S. 220f.; Wilhelmi und Fürst, Kommentar zum GGG. S. 28; Otto, Die Streitigkeiten der selbständigen Gewerbetreibenden S. 37f., „Blätter für Soziale Praxis" 1894 S. 59 u. s. w. („Gewerbegericht" Jg. 6, Sp. 353.)

### b) Urteil des GG. Berlin, Kammer 2, vom 16. Mai 1898.

In dem zwischen dem Kläger und der Beklagten als Mutter und Vormünderin hinsichtlich ihres Sohnes abgeschlossenen Lehrvertrage verpflichtete sich Letztere zu 300 Mk. Konventionalstrafe für den Fall, daß ihr Sohn aus der Lehre entlaufe. Kläger, der dies behauptet, fordert mit seiner Klage die 300 M. von der Beklagten.

Das GG. hat sich für unzuständig erklärt.

Aus den Gründen: Nach § 1 des GGG. sind die GG. bestimmt für die Entscheidung von gewerblichen Streitigkeiten zwischen Arbeitern und ihren Arbeitgebern; es muß also die eine Partei ein Arbeiter (nach § 2 das. auch ein Lehrling), die andere ein Arbeitgeber sein. Wo es sich also zwar um eine gewerbliche Streitigkeit handelt, auf der einen Seite aber nicht ein Arbeiter oder Arbeitgeber, sondern eine andre Person steht, ist nicht das GG., sondern das ordentliche Gericht zuständig. Im vorliegenden Falle aber klagt ein Arbeitgeber nicht gegen seinen Arbeiter oder Lehrling, sondern gegen die ihm auf Grund des Lehrvertrages zu einer Leistung verpflichtete Mutter des Lehrlings. Es liegt mithin eine nicht zur Zuständigkeit der GG. gehörige Streitigkeit vor.

### c) Urteil des Kgl. Landgerichts Bielefeld vom 21. Februar 1901.

Das Amtsgericht Bielefeld hatte die gegen den Vater des Lehrlings erhobene Klage auf Zahlung des Lehrgeldes wegen Zuständigkeit des GG. abgewiesen. — Das Landgericht hat auf die Berufung des Lehrherrn das Urteil aufgehoben und die Sache an das Amtsgericht zurückverwiesen.

Aus den Gründen: Wenn auf Grund eines Lehrverhältnisses Lehrgeld eingeklagt wird, so ist dies als ein Anspruch auf Leistung aus dem Arbeitsverhältnis im Sinne des § 3 des Gesetzes vom 29. Juli 1890 stets dann zu betrachten, wenn der Vertrag über das Lehrgeld ein untrennbarer Bestandteil des Arbeitsverhältnisses, d. h. von dem Lehrherrn und Lehrling abgeschlossen ist. Dieser Fall liegt jedoch nicht vor. Von keiner Partei ist behauptet worden, daß der Vertrag über das Lehrgeld und über das Arbeitsverhältnis — beides fällt hier zusammen — nur zwischen der Tochter des Beklagten und der Klägerin zustande gekommen ist. Fraglich und von entscheidender Bedeutung für die Frage der Zuständigkeit konnte nur sein, ob der Beklagte nicht etwa als gesetzlicher Vertreter seiner Tochter gehandelt hat.

Es hat sich jedoch in der Verhandlung nicht ergeben, was eine diesbezügliche Annahme rechtfertigen könnte, und es ist auch überhaupt nicht anzunehmen, denn es ist eine gesetzliche (vgl. ALR. II 2 § 108 und BGB. § 1610) und im wirtschaftlichen Erwerbsleben begründete Pflicht der Eltern, ihren Kindern eine Erziehung zu geben und sie — etwas lernen zu lassen, damit sie selbständig erwerben können. Deshalb wird das Kind zu einem Lehrherrn in die Lehre gegeben. Es wird daher auch stets der Vater der eigentliche Kontrahent dem Lehrherrn gegenüber sein, falls nicht klar erkennbar ist, daß der Lehrling selbst bezw. der Vater ausdrücklich als gesetzlicher Vertreter den Vertrag abgeschlossen hat. Ist demnach anzunehmen, daß der Beklagte im eigenen Namen den Vertrag mit der Klägerin geschlossen hat, so ist die Klage gegen ihn auf Zahlung des Lehrgeldes keine zur Zuständigkeit des GG. gehörige Klage, denn es liegt kein Anspruch auf eine Leistung oder Entschädigung aus dem Arbeitsverhältnisse vor, sondern es handelt sich um ein von dem Arbeitsverhältnisse als solchen unabhängiges Abkommen über das Lehrgeld. Diesen Standpunkt haben die höheren Gerichte in vielen Entscheidungen vertreten.

### 7. Ist das GG. zuständig für die Klage gegen den Konkursverwalter des Arbeitgebers?

**a)** Urteil des Landgerichts I Berlin, Zivilkammer 8, vom 28. Dezember 1894.

Die Frage ist bejaht.

Aus den Gründen: Für die von Amtswegen vorzunehmende Prüfung der Zuständigkeitsfrage war zwar zunächst in Betracht zu ziehen, daß die GG. nach § 1 des zit. Gesetzes nur für gewerbliche Streitigkeiten zwischen Arbeitern einerseits und Arbeitgebern andererseits zuständig sind. Es liegt indessen im vorliegenden Falle auch tatsächlich eine unter den zit. Paragraphen fallende Streitigkeit vor. Wenn auch die reichsgerichtliche Judikatur sich mit Entschiedenheit gegen die in der Theorie vielfach vertretene Ansicht gewendet hat, daß der Konkursverwalter schlechthin als Vertreter des Gemeinschuldners anzusehen wäre, und ihn namentlich in Anfechtungsprozessen eher als Vertreter der Gläubiger betrachtet wissen will (vgl. Entscheidungen des Reichsgerichts Band 29 Seite 29, Band 31 Seite 43), so verkennt sie doch nicht, daß der Verwalter als das für die Durchführung des Konkurses, insbesondere für die Verwertung der Konkursmasse bestellte Organ, das hierbei gleichmäßig die Interessen der Gläubigerschaft und des Schuldners wahrzunehmen hat, insofern als Vertreter des Schuldners anzusehen ist, als die von ihm, dem Verwalter, vorgenommenen Rechtshandlungen auch für den Gemeinschuldner bindende Kraft besitzen. (Vgl. Entscheidungen des Reichsgerichts 29, Seite 30 unten.) In diesem Sinne erschien es auch als unbedenklich, im vorliegenden Falle, in welchem der Verwalter den aus mehreren vom Schuldner eingegangenen Arbeitsverträgen erhobenen Ansprüchen der Arbeitnehmer entgegentritt, eine Vertretung des Schuldners — als des Arbeitgebers — durch den Konkursverwalter als vorhanden anzunehmen, so daß es sich in Wirklichkeit um einen Rechtsstreit zwischen Arbeitgeber und Arbeitnehmern (gemäß § 1 zit. Gesetzes) handeln, also die Zuständigkeit des GG. an sich begründet sein würde. Dazu kommt, daß Kläger mit ihren ermäßigten Klageansprüchen nach dem Inhalte des erstinstanzlichen Urteils außer Lohnrückständen auch Entschädigungsforderungen aus § 122 der GO. wegen der am Tage der Konkurseröffnung erfolgten Entlassung ohne vorherige Aufkündigung geltend machen, also einen Anspruch aus dem von ihnen mit dem Gemeinschuldner eingegangenen Arbeitsvertrage für die Zeit nach erfolgter Konkurseröffnung erheben. Dieser Anspruch würde, wenn die Kläger auch nur Befriedigung in gleicher Linie mit den Konkursgläubigern der ersten Klasse verlangen, in Wirklichkeit sich als eine Masseschuld darstellen, da die Erfüllung des Vertrages „für die Zeit" der nach der Eröffnung des Verfahrens laufenden Kündigungsfrist in Frage steht. Diese Erfüllung müßte also durch den Konkursverwalter erfolgen, so daß derselbe sogar als der eigentliche Arbeitgeber für den bezeichneten Zeitraum in Betracht gekommen sein würde. Handelt es sich aber um eine Masseschuld, so würden die Bestimmungen des § 134 (jetzt § 146) Konkurs-Ordnung, welche nur von der Feststellung angemeldeter Konkursforderungen handeln (vgl. Entscheidungen des Reichsgerichts Band 16 Seite 361), wegen der Lohnentschädigungen überhaupt nicht zur Anwendung gelangen können, so daß die Berufung des beklagten Verwalters auf diese Bestimmungen jedenfalls insoweit als verfehlt erscheint. Das GG. würde überdies auch auf Grund der Vorschriften des § 134 (jetzt 146) Konkurs-Ordnung, insoweit es sich um Lohnrückstände, also um bloße Konkursforderungen handelt, als zuständig erscheinen. Die Bestimmung des Absatzes 2 zit. Paragraphen über die im ordentlichen Verfahren zu erfolgende Klageerhebung vor dem Amtsgericht, bei welchem das Konkursverfahren anhängig ist, bzw. vor dem ebendaselbst näher bestimmten Landgericht kann, wie die Bestimmung des Absatzes 5 zit. Paragraphen bestätigt, nur dann Platz greifen, wenn überhaupt „Klagerechte vor dem ordentlichen Gerichte" begründet sind (vergl. die analog zutreffenden Gründe des reichsgerichtlichen Urteils Entscheidungen Bd. 32 S. 349, ferner auch v. Wilmowski, Konkurs-Ordnung, Anm. 3 und 7 zu § 134 Konkurs-Ordnung), ohne daß es hierbei auf den vom Beklagten ausgeführten, im Gesetze aber nicht begründeten Unterschied ankommen könnte, ob der Rechtsstreit bereits zur Zeit der Konkurseröffnung anhängig war oder nicht. Auch im letzteren Falle wird die Zuständigkeit des reichsgesetzlich bestellten oder zugelassenen besonderen Gerichts (§§ 13, 14 Gerichts-Verfassungs-Gesetzes) nicht alteriert. Das Fortbestehen dieser Zuständigkeit ist vielmehr nach dem zit. Absatz 5 des § 134 Konkurs-Ordnung ausdrücklich vorgesehen." („Blätter für Rechtspflege" Jg. 1895 S. 15.)

**b)** Urteil des GG. zu **Berlin**, Kammer 4, vom 27. September 1901.

Die Kläger haben als Tischler bei dem Tischlermeister N. bis zur Eröffnung des Konkurses über dessen Vermögen in Akkord gearbeitet und beanspruchen seiner Konkursmasse gegenüber, vertreten durch den Konkursverwalter, da dieser im Prüfungstermin ihre Forderungen bestritten hat, Feststellung, daß ihnen bevorrechtigte Forderungen zustehen.

Die vom Konkursverwalter erhobene prozeßhindernde Einrede der sachlichen Unzuständigkeit des GG. ist verworfen.

Aus den Gründen: Gemäß § 146 (134) der Konkurs-Ordnung bleibt es im Konkursverfahren den Gläubigern streitig gebliebener Forderungen überlassen, die Feststellung ihrer Ansprüche gegen die Bestreitenden zu betreiben. Auf die Feststellung ist im ordentlichen Verfahren bei dem Amts- bezw. Landgericht, zu welchem das Konkursgericht gehört, Klage zu erheben (Abs 2).

Sofern es sich aber um Forderungen handelt (Abs. 5), für deren Feststellung ein besonderes Gericht, eine Verwaltungsbehörde oder ein Verwaltungsgericht zuständig ist, finden die zitierten Bestimmungen entsprechende Anwendung, d. h. es verbleibt bei der Zuständigkeit dieser besonderen Gerichte rc. und es tritt nicht etwa die in Abs. 2 für das ordentliche Verfahren angeordnete Zuständigkeit des bezeichneten Amts- bezw. Landgerichts ein. Abs. 2 regelt überhaupt nur die örtliche Zuständigkeit des im ordentlichen Verfahren anzugehenden Gerichts. Ist dies der Fall, so bleibt nur noch die Prüfung, ob das GG. in seiner jetzigen Verfassung ein „besonderes" Gericht ist. Die GG. sind nach dem Gerichtsverfassungsgesetz als besondere Gerichte zugelassen (§ 13 das.). Wortlaut und Sinn dieser Bestimmungen stellen es außer Frage, daß ihr Geltungsbereich nicht etwa auf die zur Zeit der Emanation der Konkursordnung oder des Gerichtsverfassungsgesetzes bestehenden „besonderen" Gerichte zu beschränken ist, sondern die erst später durch Reichsgesetz geschaffenen GG. umfaßt. Ebensowenig ist die Zuständigkeit des GG. deshalb zu bezweifeln, weil nicht mehr der Arbeitgeber, sondern der die Masse vertretende Verwalter Partei ist, und die GG. ausschließlich zur Entscheidung von Streitigkeiten zwischen Arbeitgebern und Arbeitnehmern berufen sind. Der Konkursverwalter ist eben Vertreter des Arbeitgebers, und die Streitigkeit bleibt, mag auch der Konkurs auf die Form der Geltendmachung und Vollstreckung aus dem Urteil einwirken, eine gewerbliche, die der Gesetzgeber durch die besonderen, sachkundig besetzten GG. entschieden wissen will. („Soziale Praxis".)[1]

## 8. Ist das GG. zuständig für die Klage eines Bauarbeiters gegen den Bauherrn, der in eigener Regie baut?

Urteil des GG. Offenbach.

Beklagter ist unbestrittenermaßen Holz- und Fouragehändler; daß er gewerbsmäßig Häuser zum Zwecke des Weiterverkaufs baut, ist in keiner Weise erwiesen. Im vorliegenden Klagefall handelt es sich um ein Haus nebst Scheuer, das er sich angeblich für sein Geschäft erbaut. Daß dasselbe zu anderen Zwecken, insbesondere daß es lediglich zum Zwecke des Weiterverkaufs gebaut werde, dafür liegen keinerlei Anhaltspunkte vor.

Die Erbauung geschieht in folgender Weise: Die Pläne hat er sich durch einen Bauunternehmer fertigen lassen. Die Maurerarbeiten hat er zu bestimmten Einheitspreisen dem Kläger übertragen, der seinerseits sich weitere Arbeiter annimmt oder zugesellt. Die Bezahlung erfolgt durch Beklagten per Einheitspreis der geleisteten Kubikmeterzahl oder nach Taglohnsätzen. Die Anmeldung der Arbeiter zur Inval.- und Altersversicherung besorgt Beklagter. — In ähnlicher Weise sind auch die anderen Arbeiten vergeben (Zimmerarbeiten rc.).

Die Einrede der Unzuständigkeit des GG. schien gerechtfertigt.

Aus den Gründen: Nach § 1 GGG. sind die GG. errichtet „für die Entscheidungen von gewerblichen Streitigkeiten zwischen Arbeitern einerseits und ihren Arbeitgebern andererseits rc.". Nach § 2 (jetzt 3) sind als „Arbeiter" im Sinne des GGG. diejenigen Gesellen, Gehülfen rc. anzusehen, auf welche der Tit. 7 der GO. Anwendung findet. Dieser findet aber nur Anwendung auf Verhältnisse zwischen den selbständigen Gewerbetreibenden und den gewerblichen Arbeitern (vgl. § 105 GO.). Der Beklagte betreibt unstreitig das Gewerbe als Holz- und Fouragehändler, nicht als Bauunternehmer. Der Bau des Hauses ist keineswegs im Betrieb des Gewerbes als Holz- und Fouragehändler erfolgt, er ist keine gewerbsmäßige Handlung dieses Betriebes, selbst wenn das Haus und die Scheuer zum Betrieb dienen sollen. — Nach der Anleitung des RVA. ist ein „gewerbsmäßiger Betrieb" ein solcher, welcher „durch eine gewisse Kon-

---

[1]) Ebenso Landgericht München vom 3. November 1892. „Blätter für soziale Praxis" 1894. Nr. 71.

tinuität des Betriebes die Absicht erkennen läßt", daß er für einige Dauer „zu Zwecken des Erwerbes" bezw. „als selbständige" unmittelbare Einnahmequelle fortgesetzt werden soll, sei es, daß aus dem Betriebe „ein selbständiges Gewerbe gemacht wird", oder sei es, daß derselbe ein „Hauptbestandteil" oder doch „einen hervorstechenden Bestandteil des Gesamtunternehmens bildet" (vgl. Komm. z. GGG. v. Wilhelmi u. Fürst, Anm. 2 zu § 1, S. 8). In diesem Sinn ist die vorliegende Handlung nicht als eine gewerbsmäßige, Kläger und Beklagter nicht als „gewerblicher Arbeiter" und „selbständiger Gewerbtreibender" anzusehen und das GG. nicht zuständig.

In gleicher Weise hat das GG. Berlin am 6. November 1895 entschieden in der Klagesache von Maurern, welche für einen Brauereibesitzer auf seinem Brauereigrundstück einen Neubau aufführten; — ferner am 16. Juni 1894 aus Anlaß der Klage eines Zimmermanns gegen einen Druckereibesitzer, für den derselbe Fußböden aufgerissen, Deckenverschalung gemacht hatte ꝛc., schließlich am 9. Juni 1896 bei der Klage eines Zimmergesellen gegen einen Restaurateur (vgl. Unger Nr. 186 S. 213 ff.). („Gewerbegericht" Jg. 4, Sp. 163.)

## 9. Ist das GG. zuständig für Ansprüche des Ziegeleiarbeiters gegen den Ziegelmeister?

Urteile des Amtsgerichts Plettenberg vom 27. Juni 1901 und des Landgerichts Hagen vom 20. Dezember 1901.

Der Kläger stand in der Zeit vom 21. April bis 27. Juli 1900 als Ziegeleiarbeiter im Dienste des Beklagten gegen eine vereinbarte Vergütung von 27 Mk. pro Woche. Am 27. April 1900 verließ der Kl. nach voraufgegangener 14 tägiger Kündigung den Dienst bei dem Bekl. Dieser schuldet dem Kl. an rückständigem Lohn noch 216,16 Mk., welche er aber wegen angeblich zu frühen Ausscheidens des Kl. aus dem Dienstverhältnis einbehalten hat. Der Kl. verlangt daher diesen Betrag im Wege der Klage. Der Bekl. wendet ein, er sei Ziegelmeister. Der Besitzer der Ziegelei habe alles, was gebrannt werde, an ihn — Bekl. — verdungen, er — Bekl. — leiste allein die Vergütung an die Arbeiter und trage auch allein die Gefahr, es sei deshalb das GG. für den Prozeß zuständig.

Das Amtsgericht hat sich für zuständig erklärt.

Aus den Gründen: Der Bekl. ist kein selbständiger Gewerbetreibender; er ist Ziegelmeister, also nur im selbständigen Gewerbebetrieb eines anderen tätig. Mag das Vertragsverhältnis zwischen dem Bekl. und dem Besitzer der Ziegelei dem ersteren auch noch so große Selbständigkeit gewähren und sein Risiko noch so groß sein, ganz aufgehoben wird die Dienstabhängigkeit erst mit dem Momente, wo der Bekl. die gewerblichen Produkte im eigenen Betriebe schafft und verwertet. Der Bekl. hat aber weder einen eigenen Betrieb, noch steht ihm die Verwaltung zu; alles, was gebrannt wird, fällt ohne weiteres der Verwendung des Ziegeleibesitzers nach dem Vertrage anheim. Wie schon aus dem Gesagten hervorgeht, finden auf das Verhältnis des Kl. zu dem Bekl. nicht die Vorschriften der GO., sondern lediglich diejenigen des BGB. über den Dienstvertrag Anwendung.

Die Berufung des Bekl. ist zurückgewiesen.

Aus den Gründen: Das Berufungsgericht teilt die Ansicht des ersten Richters, daß die Zuständigkeit der ordentlichen Gerichte gegeben ist. Nach § 1 Abs. 1 des GGG. sind die GG. zuständig für die Entscheidung von gewerblichen Streitigkeiten zwischen Arbeitern einerseits und ihren Arbeitgebern andrerseits, sowie zwischen Arbeitern desselben Arbeitgebers. Im Sinne dieses Gesetzes gelten nach § 3 Abs. 1 diejenigen Gesellen, Gehülfen, Fabrikarbeiter und Lehrlinge als Arbeiter, auf welche der siebente Titel der GO. Anwendung findet. Nach diesem siebenten Titel der GO., der von dem Verhältnis zwischen selbständigen Gewerbetreibenden und gewerblichen Arbeitern handelt, deckt sich der

Begriff des Arbeitgebers im Sinne des § 1 Abs. 1 a. a. O mit dem Begriffe eines selbständigen Gewerbtreibenden. (Vgl. auch § 16 Abs. 1 des GGG.) Als Ziegelmeister ist der Bekl. aber nicht als selbständiger Gewerbetreibender anzusehen. Der Umstand, daß er die Arbeiter selbst dingt und auslohnt, macht ihn noch nicht zum selbständigen Gewerbetreibenden. Es fehlt vor allem das Merkmal der eigenen Betriebsstätte, ferner die ausschließliche Verantwortlichkeit für den Betrieb. Mag ihm auch von dem Besitzer der Ziegelei eine weitgehende Selbständigkeit eingeräumt worden sein, aufgehoben wird die Dienstabhängigkeit, wie der erste Richter mit Recht ausführt, nicht. (Vgl. auch Landmann GO. Bd. 1 S. 121—125, Bd 2 S. 6.) Ist somit der Bekl. nicht Arbeitgeber im Sinne der GO. Tit. 7, so liegt auch keine Streitigkeit zwischen Arbeitgeber und Arbeiter im Sinne des § 1 Abs. 1 des GG. vor. Andrerseits kann man aber auch nicht sagen, daß die Parteien beide als Arbeiter desselben Arbeitgebers anzusehen sind. Arbeitgeber des Kl. ist der Bekl., wenn dieser auch nicht als Arbeitgeber im Sinne des GGG. anzusehen ist. Daß hier das Gesetz eine Lücke hat, ist nicht von der Hand zu weisen. Dies kann indessen auf die Entscheidung keinen Einfluß ausüben.

### 10. Ist das GG. zuständig für Ansprüche gegen die Fabrikpensionskasse?

Urteil des GG. Mainz.

Ein entlassener Arbeiter fordert die zur Fabrik-Zwangspensionskasse („Pensionsverein") gezahlten Beiträge von der Arbeitgeberin zurück. Diese bestreitet ein Recht zu haben, über die von dem Kläger an den Pensionsverein bezahlten Beiträge zu verfügen; nicht sie, sondern der Verein hätte verklagt werden müssen, jedenfalls aber sei das GG. zur Entscheidung des Rechtsstreits unzuständig.

Das GG. hat sich für zuständig erklärt.

Aus den Gründen: Das GG. nimmt an, daß die von der Beklagten einbehaltenen Lohnbeträge in ihrem Besitze geblieben und nicht in die Kasse eines Vereins, eines selbständigen Rechtssubjekts, geflossen sind. Von einem Verein kann überhaupt keine Rede sein, da der Einrichtung zwei wesentliche Merkmale fehlten: die Freiwilligkeit des Beitritts und die Beteiligung der Mitglieder an die Verwaltung — sei es direkt, sei es indirekt durch einen selbstgewählten Vorstand. Es hängt nicht von dem Willen der in der Fabrik beschäftigten Arbeiter ab, ob sie sich an der Einrichtung beteiligen wollten. Auf die Bildung des Vorstandes steht der Arbeiterschaft nicht die geringste Einwirkung zu, der Vorstand hat den Mitgliedern gegenüber keinerlei Verpflichtung, und jede Beteiligung der Gesamtheit der dem „Vereine" angehörenden Arbeiter an der Verwaltung ist ausgeschlossen. Hiernach handelt es sich lediglich um eine von der Beklagten gegründete Versorgungskasse; nicht ein Verein, sondern die Beklagte ist Träger der durch das Statut gewollten Arbeiterversorgung. Da es sich um einen Anspruch dreht, der in dem Arbeitsverhältnisse seinen Rechtsgrund hat und ohne dasselbe niemals hätte zur Entstehung kommen können, Kläger überdies Herauszahlung einbehaltenen Lohnes verlangt, ist an der Zuständigkeit des GG. nicht zu zweifeln. („Gewerbegericht" Jg. 5, Sp. 27.)

## Zuständigkeit für Bahnangestellte. (11–16.)

### 11. Ist für die Lohnklage eines Wagenführers einer elektrischen Straßenbahn das GG. zuständig?

Urteil des GG. Hamburg vom 23. August 1897 und des Landgerichts daselbst vom 29. November 1898.

Das GG. wies die auf Rückgabe einer Kaution, auf Lohnzahlung und Schadensersatz gerichtete Klage eines Wagenführers der elektrischen Straßenbahn zu Hamburg wegen Unzuständigkeit des GG. ab.

Aus den Gründen: Es war zunächst und zwar von Amtswegen der Frage näher zu treten, ob die hier vorliegende Streitigkeit sich als eine „gewerbliche" im Sinne des § 3 GGG. charakterisierte, mithin der Kompetenz des GG. unterlag. Die Entscheidung dieser Frage hing wiederum davon ab, ob die elektrische Bahn, in deren Betriebe Kläger als Führer eines Motorwagens angestellt war, als „Eisenbahn" zu gelten hatte.

Diese Frage wird aber im Hinblick auf das Urteil des Reichsgerichts vom 17. September 1885 (Rechtsprechung VII S. 509; Reger, Entscheidungen, VI, S. 289) zu bejahen sein, in welchem bezüglich der elektrischen Bahnen die Anwendbarkeit der §§ 315, 316 Strafgesetzbuches anerkannt wird, mithin dasselbe auch von dem § 6 GO. zu gelten hat, und zwar wird letzteres rückschließend aus dem Urteile des Reichsgerichts vom 19. Mai 1885 (Reger, Entscheidungen VI S. 75) zu folgern sein, in welchem die Anwendbarkeit des § 6 GO. auf den Betrieb von Pferdebahnen um deswillen verneint wird, weil auf dieselben die angeführten Paragraphen des Strafgesetzbuches keine Anwendung finden könnten. (Vgl. Landmann, Kommentar zur GO. S. 69.)

Ferner ergibt sich auch aus der Begründung des Gesetzes über die Ausdehnung der Unfall- und Krankenversicherung vom 28. Mai 1885, daß unter dem Begriff „Eisenbahn" nicht nur die großen Lokomotivbahnen, sondern auch kleinere Straßenbahnen und elektrische Bahnen, sowie ähnliche Unternehmungen fallen. (Vgl. Handbuch für Unfallversicherung, 2. Aufl. § 1 des Ausdehnungsgesetzes, Anm. 8 S. 464.)

Hat aber eine elektrische Bahn als „Eisenbahn" zu gelten, so fand auf den vorliegenden Fall § 6 der GO. Anwendung, nach welchem der Gewerbebetrieb von Eisenbahnunternehmungen den Bestimmungen dieses Gesetzes nicht unterliegt. Durch diesen Paragraphen sind indes die Eisenbahnunternehmungen nicht schlechthin, sondern nur der Gewerbebetrieb dieser Unternehmungen als Verkehrsanstalten von der Geltung des Gesetzes ausgeschlossen. (Vgl. Urteil des Reichsgerichts vom 22. September 1882, Entscheidungen in Zivilsachen VIII S. 54.)

Hieraus folgt, daß die Arbeiter des äußeren Betriebes solcher Unternehmungen, des sogenannten Streckenbetriebes, im Gegensatze zu den Arbeitern des innern Betriebes, also den Arbeitern der Reparaturwerkstätten u. s. w., nicht unter die GO. fallen. (Vgl. Schenkel, Kommentar zur GO. S. 57, Engelmann, Kommentar zur GO. S. 69, Wilhelmi und Fürst, Kommentar zum Reichsgesetze, betreffend die GG., vom 29. Juli 1890 S. 282ff., Haas, Kommentar zu eben demselben Gesetze, S. 22 Anm. 14.)

Kläger stand als Führer eines Motorwagens bei der Beklagten in Stellung, gehörte also zu den Arbeitern des äußern (Verkehrs-) Betriebes und kann daher nicht als Arbeiter im Sinne des Tit. 7 GO. und nach §§ 1 Abs. 1, und 2 Abs. 1, des Reichsgesetzes vom 29. Juli 1890 auch nicht als Arbeiter im Sinne diese Gesetzes angesehen werden.

Das Berufungsgericht wies die hiergegen eingelegte Berufung zurück. („Gewerbegericht" Jg. 3, Sp. 123)[1].

## 12. Ist das GG. zuständig für die Klage eines Pferdebahnschaffners?

Urteil des Kgl. GG. zu Köln.

Der Schaffner K. erhob Klage auf Zahlung einer Lohnentschädigung wegen kündigungsloser Entlassung.

Das GG. wies den Kläger wegen Unzuständigkeit ab.

Aus den Gründen: Daß Pferdebahn-Unternehmungen als Eisenbahn-Unternehmungen zu betrachten sind, ergibt sich aus dem Gesetze über Klein-

[1]) Ebenso Unger Nr. 166.

bahnen und Privat-Anschlußbahnen vom 28. Juli 1892 (Gesetz-Samml. S. 225 und die Ausführungs-Anweisung vom 22. August 1892, Min.-Bl. S. 328). Dieselbe Anschauung liegt auch dem § 6 des Gesetzes vom 28. Mai 1885, betreffend die Ausdehnung der Unfallversicherung, zu Grunde, dessen Begründung (Reichstags-Verhandlungen Bd. 5 S. 254 sagt: „Eisenbahn umfaßt im weitesten Sinne alle zur Beförderung von Personen oder Gütern mittels elementarer Kraft oder auf Schienen bestimmte Transportmittel, auch die kleineren Straßen-, Pferde-, elektrischen Bahnen und ähnlichen Unternehmungen (vgl. auch Entscheidung des Reichsgerichts vom 17. März 1880 (Bd. 1 S. 247) und des Reichsoberhandelsgerichts (Bd. 21 S. 237). Nach § 6 der GO. findet aber die GO. keine Anwendung auf Eisenbahn-Unternehmungen. Hieraus wäre an sich zu folgern, daß dem GG. auch keine Befugnis zusteht, über Streitigkeiten zu entscheiden, welche zwischen Betriebsunternehmern der Pferdebahn und ihren Arbeitern entstehen. Durch § 6 der GO. sind jedoch die Eisenbahn-Unternehmungen nicht schlechthin, sondern nur der Gewerbebetrieb dieser Unternehmungen als Verkehrsanstalten von der Geltung dieses Gesetzes ausgeschlossen (Urteil des Reichsgerichts vom 22. September 1882, Entscheidungen in Zivilsachen VIII S. 54). Als Erzeuger von Eisenbahn-Material sind dagegen die Eisenbahnen von den Bestimmungen der GO. nicht ausgenommen, und es fallen daher die Arbeiter der Eisenbahnen 2c. in den Reparatur-Werkstätten, Wagenbau-Werkstätten, kurz die Arbeiter des innern, im Gegensatze zum äußern Dienste, dem Streckenbetriebe, unter die GO. (vgl. auch Schenkel, Kommentar zur GO. S. 57, Engelmann, desgl. S. 69, Wilhelmi u. Fürst, Kommentar zum Gesetze vom 29. Juli 1890 S. 282ff.). — Kläger stand als Schaffner bei der Beklagten in Stellung, gehört also zu den Arbeitern des äußern (Verkehrs-) Betriebes und kann daher nach dem Voraufgeführten nicht als Arbeiter im Sinne des Tit. 7 der GO. angesehen werden. („Gewerbegericht" Jg. 2, Sp. 72.)

## 13. Untersteht ein bei dem Gütertransport einer Eisenbahn beschäftigter Arbeiter?

Urteil des GG. zu Hamburg.

Kläger, der bei dem Gütertransport des Königlichen Preußischen Eisenbahn-Betriebsamtes H. als Arbeiter beschäftigt gewesen und ohne Innehaltung der gesetzlichen Kündigungsfrist entlassen worden war, klagte deshalb beim GG. zu H. auf entsprechende Lohnentschädigung.

Das GG. wies, indem es die vom beklagten Betriebsamte unter Berufung auf § 6 der GO. erhobene Einrede der sachlichen Unzuständigkeit für zutreffend erachtete, den Kläger ab unter folgender Begründung:

Die Bestimmung des § 6 der GO. schließt die Anwendbarkeit dieses Gesetzes auf den Gewerbebetrieb der Eisenbahnunternehmungen aus, und es fragt sich deshalb, ob dieselbe das Rechtsverhältnis der hier streitenden Parteien treffe. Wäre für dieses Verhältnis allein das GGG. maßgebend, so wäre die Frage der Zuständigkeit des GG. zu bejahen. Denn der Betrieb einer Eisenbahnunternehmung ist eine auf Erwerb gerichtete Tätigkeit, mithin ein Gewerbe; der Kläger ist Arbeiter in diesem Gewerbe, er wäre also als solcher, und folgeweise das beklagte Betriebsamt als sein Arbeitgeber, dem Tit. 7 der GO. unterworfen. Allein gerade der § 6 der GO., der nicht etwa durch das GGG. aufgehoben worden ist, hat die Anwendbarkeit der GO. und somit die des Tit. 7 derselben durch die in ihm näher bezeichneten Ausnahmen begrenzt. Bei Beurteilung der vorliegenden Frage ist davon auszugehen, daß der mehrfach zitierte § 6 a. a. O. nicht von Eisenbahnunternehmungen als solchen, also etwa von dem Bau einer Eisenbahn und der dabei in Betracht kommenden technischen oder mechanischen Tätigkeit, sondern von dem Gewerbebetriebe des Unternehmers redet, woraus folgt, daß alle bei diesem Betriebe Beteiligten von der Herrschaft des Tit. 7 der GO. ausgeschlossen erscheinen. Danach kann es keinem Zweifel unterliegen, daß Kläger, der unstreitig bei dem Gütertransporte beschäftigt war, in seinen Verhältnissen zu dem beklagten Betriebsamte recht eigentlich dem Gewerbebetriebe desselben gedient hat. Auf dieses Verhältnis aber findet nicht der Tit. 7, sondern der § 6 der GO. Anwendung und es ist somit das GG. für die Entscheidung des vorliegenden Rechtsstreites unzuständig. („Gewerbegericht" Jg. 3, Sp. 136.)

## 14. Ist das GG. zuständig für Betriebswächter einer Kleinbahn? (Berliner Hochbahn.)

Urteil des GG. Berlin, Kammer 5, vom 10. März 1902.

Das GG. hat sich für zuständig erachtet.

Aus den Gründen: Nach § 6 der GO. findet freilich die GO. auf den Gewerbebetrieb der Eisenbahnunternehmungen keine Anwendung, und folgemäßig kann es zweifelhaft erscheinen, ob für die Arbeiter dieser Unternehmungen der Tit. 7 der GO. und damit (nach § 3 Abs. 1 GGG.) das gewerbegerichtliche Verfahren Geltung hat. Der Umstand allerdings, daß der betreffende Arbeiter doch immer gewerblicher Arbeiter bleibt, spricht für die Bejahung dieser Geltung (vgl. Burchardt, Die Rechtsverhältnisse der gewerblichen Arbeiter, Berlin [Vahlen] 1901, S. 4—5); auch nach der Entstehungsgeschichte des betreffenden Satzes im § 6 der GO. scheint nur der Unternehmer, nicht aber das Personal des Eisenbahnbetriebes der Herrschaft der GO. entzogen zu sein (vgl. v. Schultz, Die preußischen Eisenbahn- 2c. Arbeiter, Soziale Praxis vom 31. Oktober 1901 f., Sp. 128 f.). Doch kann diese Frage hier auf sich beruhen. Denn der Betrieb der Beklagten (die Berliner elektrische Hochbahn) ist zweifellos nur ein Kleinbahnbetrieb. Kleinbahnen aber fallen nicht unter den Begriff der Eisenbahnunternehmungen des § 6 cit. Wie v. Schultz am angeführten Orte Sp. 128 und 162 überzeugend dartut, ist der genannte Begriff hergeleitet aus der preußischen GO. und in dieser wieder entspricht er dem Eisenbahnbegriffe des preußischen Gesetzes vom 3. November 1838 über die Eisenbahnunternehmungen. Dieses Gesetz aber betrifft nur die Großbahnen, die eigentlichen Lokomotivbahnen, wie sie damals bekannt waren, nicht aber Pferde-, Straßen- und dergleichen Bahnen, wie sie seit dem preußischen Gesetz vom 28. Juli 1892 unter dem Namen „Kleinbahnen" zusammengefaßt werden. Dementsprechend schließt auch letzteres Gesetz die Anwendung des Eisenbahngesetzes von 1838 auf die Kleinbahnen aus (§ 1). Ferner unterwirft es die Kleinbahnen der allgemeinen Gewerbesteuer (§ 40), während die Eisenbahnen im Sinne des Gesetzes von 1838 -- und nur sie — einer besonderen Abgabe unterliegen. Gehören mithin Kleinbahnen nicht zu den Eisenbahnunternehmungen des § 6 der GO., so fällt der Hochbahnbetrieb der Beklagten unter die GO. und das GGG. Die in einem früheren Urteil des Berliner GG. (bei Unger, Entsch. Nr. 166 a. E. S. 196) in Bezug genommene abweichende Erklärung des preußischen Ministers der öffentlichen Arbeiten kann nicht für autoritativ erachtet werden; eine preußische Behörde kann ein Reichsgesetz nicht gültig deklarieren. („Soziale Praxis".)

## 15. Ist das GG. zuständig für Klagen von Streckenarbeitern bei der Geleislegung einer Dampfstraßenbahn? (§ 6 GO.)

Urteil des GG. Frankfurt a. M. vom 2. April 1901.

Das GG. hat sich für zuständig erklärt.

Aus den Gründen: Die Kl. sind von der Bekl. mit der Legung eines neuen Geleises für eine Dampfstraßenbahn beschäftigt worden, sie waren ebenso wie ihre Mitarbeiter nur für diese Arbeit vorübergehend eingestellt. Hieraus ergibt sich schon, daß diese Geleise-Neulegung nicht zum „Gewerbebetrieb der Eisenbahnunternehmungen“ (§ 6 der GO.) gehört, sondern zu dem vorbereitenden des Eisenbahnbaues; es liegt ein vom dauernden Bahnbetrieb völlig trennbares selbständiges gewerbliches Unternehmen vor, das auch von privaten Bauunternehmern ausgeübt werden könnte und dann sicher unter die Bestimmungen der GO. fiele. Aus diesem Grunde hat sich das Gericht in Übereinstimmung mit der überwiegenden Ansicht der Kommentare (vgl. v. Landmann § 6 Nr. 10, Schenkel § 6 Nr. 12, Wilhelmi und Fürst, Komm. z. GGG. zu § 76 Nr. 1) für den vorliegenden einmaligen Eisenbahn-Baubetrieb für zuständig erklärt.

### 16. Gehört ein in einer Haupteisenbahn-Reparaturwerkstatt bezw. Wagenbauanstalt beschäftigter Arbeiter (Stellmacher) zu den gewerblichen Arbeitern?

Urteil des GG. Berlin vom 14. September 1894.

Das GG. hat sich für zuständig erklärt.

Aus den Gründen: Die im § 6 der GO. statuierte Ausschließung der Anwendbarkeit dieses Gesetzes auf Eisenbahnunternehmungen ist einschränkend zu behandeln und daher nur soweit von Bedeutung, als es sich um den Gewerbebetrieb dieser Unternehmungen als Verkehrsanstalten handelt. Andere, den Zwecken des Eisenbahnbetriebes dienende, aber doch selbständige Unternehmungen gewerblicher Art, wie der Betrieb von Reparaturwerkstätten, Wagenbauanstalten 2c. sind von den Bestimmungen der GO. nicht ausgenommen; es müssen daher die in diesen Betrieben beschäftigten Arbeiter als der GO. unterstellt angesehen werden. (Unger Nr. 167.)

## Zuständigkeit für Gärtner. (17–21.)

### 17. Ist das GG. für Kunst- und Handelsgärtnereien zuständig?

Urteil des GG. Mainz vom 10. Juli 1902.

Das GG. hat sich für zuständig erklärt.

Aus den Gründen: Die Absicht, die Gärtnereibetriebe unter allen Umständen dem Geltungsbereiche der GO. zu entziehen, läßt sich aus den Motiven zu § 6 nicht nachweisen. Schon der Umstand, daß dort neben dem Gartenbau der Ackerbau, die Viehzucht, die Forstwirtschaft, der Weinbau genannt werden, läßt erkennen, daß die Motive hierbei nur solche Erwerbszweige im Auge hatten, die lediglich auf die Gewinnung roher Naturerzeugnisse gerichtet sind, nicht aber auch jene Betriebe, die sich damit befassen, fertige Erzeugnisse dieser Art zu be- oder verarbeiten, um sie in ganz oder teilweise veränderter Gestalt in den Handel und den Verkehr zu bringen. Mag es auch unbedenklich erscheinen, die gewöhnliche Gemüsegärtnerei und unter Umständen die Baumschulen und die Landschaftsgärtnerei mit der Landwirtschaft auf eine Stufe zu stellen, so ist dies zweifellos bei denjenigen Erwerbszweigen, die sich als Zier-, Kunst- oder Handelsgärtnereien darstellen, nicht zulässig. Der Unterschied zwischen der eigentlichen Landwirtschaft, dem Ackerbau einerseits und den eben erwähnten Arten des Gärtnereibetriebs anderseits wird sofort klar, wenn man sich die Ziele beider vor Augen hält: jene bestellt im wesentlichen nur den Boden, um das Produkt einzuheimsen, ohne es weiter umzuarbeiten (Urproduktion), diese dagegen ist stetig gerichtet auf die Veränderung und Bearbeitung der aus dem Boden gewonnenen Erzeugnisse (Formveränderung der Rohstoffe), wobei die Kunstfertigkeit zu dem Erfolge wesentlich beiträgt.

Gegen diese Auffassung kann auch die Tatsache nicht ins Feld geführt werden, daß bei Beratung der Novelle zur GO. im Jahre 1891 der Antrag abgelehnt worden ist, die Gärtnergehilfen dem § 121 der GO. zu unterstellen. Abgesehen davon, daß diese Ablehnung nur aus Gründen formaler Natur erfolgte, „um nicht Irrungen hervorzurufen", hat man damals ausdrücklich anerkannt, daß die in Gärtnereien beschäftigten Personen in vielen Fällen als gewerbliche Arbeiter angesehen werden könnten. Ebensowenig wird die erwähnte Auffassung durch den Umstand erschüttert, daß die Petition des Hauptvorstandes des allgemeinen deutschen Gärtnerverbandes, die Gärtner der Zuständigkeit der Gewerbegerichte zu unterstellen, bei Beratung der Novelle zum GGG. keine Annahme fand. Denn die zur Vorberatung der Novelle eingesetzte Kommission war darüber einig, daß gewerbliche Gärtnereien vorkommen, und sprach zugleich die Erwartung aus, daß Abweisungen von Klagen lediglich auf Grund der allgemeinen Behauptung, daß die Arbeitsverhältnisse in den Gärtnereien nicht dem GG. unterstünden, künftig vermieden werden. (Reichstag 1901, Bericht der XII. Kommission, Aktenstück Nr. 299, S. 2084.)

## 18. Ist das GG. für Freiland-Gemüsegärtnereien zuständig?

Urteile des Kgl. Amtsgerichts II zu Berlin vom 19. Februar 1901 und des Kgl Landgerichts II zu Berlin vom 1. Juli 1901.

Kläger ist vom 22. September 1900 ab beim Beklagten als Gärtnergehilfe gegen einen Monatslohn von 27 Mk. und freie Station tätig gewesen. Am 23. Dezember ist dem Kläger zum 6. Januar 1901 gekündigt worden und ist er am letzteren Tage entlassen.

Kläger fordert Lohn und Kostgeld für die Zeit von der Entlassung bis 1. Februar, indem er vorträgt: er sei beim Beklagten fast ausschließlich mit Freiland-Gemüsebau beschäftigt worden und habe sich der Geschäftsbetrieb des Beklagten auf solchen einfachen Gemüsebau beschränkt, er unterstehe also nicht der GO. Beklagter wendet ein: er sei Handelsgärtner und besitze ev. vier Gewächshäuser und zwei Buden für Topfgewächse und sei Kläger sowohl mit der Pflege der Topfpflanzen wie der Kultur der Gärtnereigemüse beschäftigt gewesen.

Das Amtsgericht hat die Klage abgewiesen.

Aus den Gründen: Allerdings finden an sich auf Gehilfen im „Gartenbau", in der „Gärtnerei" die Bestimmungen der GO. nicht Anwendung. Doch bezieht sich dies nur auf landwirtschaftliche Betriebe oder auf solche, die für Andere Garten- und Gärtnereiarbeiten ausführen und hierzu die von ihm gezogenen Gewächse liefern. (Vgl. Landmann, Kommentar zur GO. Bd. II S. 683, 863.) Wohl aber greift die GO. Platz, wenn es sich, wie hier, um einen Handelsgärtner handelt. Ein Gärtner, der Samen, Pflänzchen und Pflanzen kauft, sie sät, setzt und pflanzt, und der demnächst diese Gewächse weiter veräußert, der also gewerbsmäßig mit Gemüsen, Blumen und dergleichen, die er teils selbst gezogen, teils gekauft hat, handelt, ist ein Handelsgärtner und untersteht der GO.

Der Kläger hat Berufung eingelegt und behauptet, daß der Hauptbetrieb gemeingewöhnlicher Gartenbau, ein der Landwirtschaft ähnlicher, den Bestimmungen der GO. nicht unterliegender Betrieb sei. Der Hinzukauf von Samen und Pflanzen finde nur in ganz verschwindendem Maße und in derselben Weise wie bei der Landwirtschaft statt. Er sei nur ausnahmsweise in dem kunstgärtnerischen Nebenbetriebe des Beklagten beschäftigt gewesen, sonst nur im Freiland-Gemüsebau.

Der Beklagte weist darauf hin, daß, wenn der Kläger nur landwirtschaftliche Arbeiten zu verrichten gehabt hätte, sein Lohn ein erheblich geringerer gewesen wäre. Er habe noch mehrere andere Gärtnergehilfen angestellt, und das beweise, daß es sich um einen spezifisch gärtnerischen Betrieb gehandelt habe. Kläger sei übrigens im wesentlichen mit dem Putzen, Verpflanzen und Begießen von Pelargonien und sonstigen Topfkulturarbeiten beschäftigt worden.

Die Berufung ist zurückgewiesen.

Aus den Gründen: Der Betrieb der Landwirtschaft bezweckt im wesentlichen nur, die natürlichen Erzeugnisse des Erdbodens zu gewinnen und nutzbar zu machen; dagegen steht die Kunst- und Handelsgärtnerei, bei welcher die Behandlung der Produkte selbst und ihr Vertrieb die Hauptsache bildet, mit dem landwirtschaftlichen Betriebe nur insofern in Verbindung, als der Erdboden zur Erzeugung benutzt wird. Deshalb ist die Kunstgärtnerei, die nur mit Rücksicht auf den natürlichen Zusammenhang mit der Bewirtschaftung des Grund und Bodens den Bestimmungen der GO. entzogen werden könnte, als ein dieser unterstehendes Gewerbe anzusehen.

Der Betrieb des Beklagten bewegt sich in dem Gebiete eines Kunst- und Handelsgärtners; er besitzt unstreitig vier Gewächshäuser und zwei Buden für Topfgewächse, und er betreibt die Kultur von Gärtnereigemüsen. Deshalb sind alle seine Gehilfen im Bereiche dieses Betriebes Gewerbegehilfen, und dies ist auch der Fall beim Kläger, selbst wenn er ausschließlich mit Freiland- und Gemüsebau beschäftigt worden wäre, weil, wie erwähnt, diese Tätigkeit in den Kreis des Gärtnereibetriebes eines Kunst- und Handelsgärtners hineinfällt. („Gewerbegericht" Jg. 7, Sp. 33.)

## 19. Ist das GG. zuständig für Gehilfen in Kunst- und Landschaftsgärtnereien?

### a) Urteil des Kgl. Landgerichts Düsseldorf vom 10. Oktober 1899.

Die Beschäftigung des Beklagten bei dem Kläger hat vorwiegend in der Instandhaltung von Gärten, Herstellung von Neuanlagen und Anzucht von Topf- und Freilandpflanzen bestanden und bezeichnet sich Kläger selbst als Kunst- und Landschaftsgärtner.

Das Amtsgericht Ziersen hat sich für unzuständig erklärt. Auf die Berufung des Klägers hat das Landgericht das Urteil aufgehoben und den Rechtsstreit an das Amtsgericht zurückverwiesen, da dieses zuständig sei.

Aus den Gründen: Hinsichtlich der Frage, ob die Gärtnergehilfen zu den land- und forstwirtschaftlichen Arbeitern gehören, herrscht in Theorie und Praxis Streit. Richtiger Ansicht nach läßt sich eine Entscheidung nur von Fall zu Fall treffen, und zwar hängt dieselbe sowohl von der Art des Geschäftes, in dem der Arbeiter ist, als auch insbesondere von der Art seiner Tätigkeit selbst ab. Im vorliegenden Falle ist nun der Kläger, wie aus dem überreichten Schreiben hervorgeht, Kunst- und Landschaftsgärtner, keineswegs Handelsgärtner, wie der erste Richter unterstellt.

Aber selbst wenn dies der Fall wäre, so würde doch nicht jeder Arbeiter des Klägers ohne weiteres als Gewerbegehilfe im Sinne der Gewerbeordnung zu betrachten sein, vielmehr ist, wie erwähnt, das entscheidende Gewicht auf die Art der Arbeiten, mit denen er ausschließlich oder vorwiegend beschäftigt worden ist, zu legen. Nun bestand unbestritten die Tätigkeit des Beklagten vorwiegend in der Instandhaltung von Gärten, Herstellung von Neuanlagen und Anzucht von Topf- und Freilandpflanzen. Diese Tätigkeit ist zweifellos eine rein landwirtschaftliche, da sie die Bearbeitung des Grund und Bodens und die Gewinnung von Erzeugnissen derselben zum Gegenstand hat. Demnach ist der Beklagte als landwirtschaftlicher Arbeiter und nicht als Gewerbegehilfe anzusehen. („Gewerbegericht" Jg. 7, Sp. 228.)

### b) Urteil des GG. München vom 30. Januar 1901.

Beklagter erhebt die Einrede der Unzuständigkeit des Gerichtes, da seine Gärtnerei nicht unter die Bestimmungen der GO. falle, vielmehr ein landwirtschaftlicher Betrieb sei; weil er keinen Laden besitze; weil der Hauptbestandteil seines Betriebes, nämlich die Zucht der Topfpflanzen, als Gewinnung roher Naturprodukte zu bezeichnen sei, die

Gewinnung solcher Produkte aber die Haupteigenschaft eines landwirtschaftlichen Betriebes bilde.

Das GG. hat sich für zuständig erklärt.

Aus den Gründen: Gänzlich unbehelflich zum Beweise erscheint vor allem die Tatsache, daß Beklagter keinen Laden besitzt. Ein solcher macht weder, wo vorhanden, einen landwirtschaftlichen Betrieb zu einem gewerblichen, noch umgekehrt, wo nicht vorhanden, einen gewerblichen zu einem landwirtschaftlichen; sein Vorhandensein bildet nicht das Merkmal eines bestimmten Betriebes, er er ist nur eine Art von Niederlassung für größere Geschäftsbetriebe; ebenso gut wie vom Laden aus kann auch unmittelbar vom Sitze des Betriebes aus das landwirtschaftliche und gewerbliche Produkt in den allgemeinen Verkehr gebracht werden.

Im Rechte ist der Beklagte, wenn er annimmt, daß da, wo ausschließlich oder doch überwiegend rohe Naturprodukte gewonnen und nicht weiter umgearbeitet werden, ein landwirtschaftlicher Betrieb vorliege; nur fragt es sich, ob dies bei seinem Betrieb der Fall ist. Diese Frage ist aus folgenden Gründen zu verneinen. Als erstes fällt die Tatsache auf, daß sich der Beklagte selbst Kunst- und Handelsgärtner nennt; warum? Wohl weil er selbst fühlt, daß seine Tätigkeit sich von der eines Handelsgärtners, der Sämereien und Gemüse so, wie sie unmittelbar der Boden hervorbringt, in den Handel bringt, sehr unterscheidet, weil er beim Ziehen und Verwenden der Topfpflanzen eine gewisse Geschicklichkeit, die über die bloße Gewinnung der rohen Naturprodukte hinausgeht, besitzen muß. Beklagter zieht seine Topfpflanzen zur Verwendung auf dem Friedhof; er dekoriert mit denselben die verschiedenen Gräber. Wenn dies nun auch nicht hauptsächlich in Gestalt von Kränzen und Sträußen geschieht, also in unmittelbarster Umformung der Pflanze, so ist doch die Verwendung der Topfpflanzen zu solchen Dekorationen mittelbar eine Umbildung derselben wenigstens insofern, als dieselben zu einem mit mehr oder weniger Kunstfertigkeit hergestellten Arrangement verwendet werden, wodurch die Pflanzen, gleich der geschnittenen Blume im Strauß, ein vom dem Anblick einer solchen Anzahl einzelner nicht gruppierter Topfpflanzen ganz verschiedenen Gesamteindruck hervorrufen, der einer weiteren Verarbeitung der Topfpflanzen gleich zu achten ist. Gelangt man hiernach zu dem Resultat, daß im vorliegenden Falle eine Verarbeitung der Pflanzen gegeben erscheint und schon deshalb zur Anschauung, daß ein landwirtschaftlicher Betrieb nicht gegeben ist, so wird diese Anschauung noch mehr durch den Umstand befestigt, daß, wie aus dem folgenden ersichtlich ist, die Topfpflanzen des Beklagten überhaupt keine rohen Naturprodukte mehr sind. Wie aus den Motiven zu den Entwürfen der RGO. hervorgeht, ist für die Bestimmung des Gewerbebegriffs und damit auch für Bestimmung, ob ein Gewerbebetrieb vorliegt oder nicht, der gemeine Sprachgebrauch maßgebend (Entsch. d. RG. in Zivilsachen Bd. 13 S. 244). Widerläuft es nun schon regelmäßig an sich der herrschenden Anschauung, in einer Gärtnerei, die inmitten einer großen Stadt gelegen ist, eine Landwirtschaft zu erblicken, so wird dieses Widerstreben noch dadurch gesteigert, daß die Pflanzen nicht unter freiem Himmel, unmittelbar im Erdboden wachsen, sondern mit allen möglichen Mitteln moderner Technik, mittels Glashäusern, Heizung u. s. w. künstlich aufgezogen werden und eigentlich ohne Zusammenhang mit dem Grundstock der Landwirtschaft, dem Grund und Boden, gewonnen werden. Der größte Teil wird mittelbar in Töpfen gezogen, weil er entweder überhaupt oder zu bestimmten Jahreszeiten im freien Grund und Boden nicht fortkommt, oder weil er eine bestimmte Sorte von Erde voraussetzt, die ihm nur im Topfe geboten werden kann; dazu kommen dann noch Pflanzen, die in unserem Klima überhaupt nicht heimisch sind. Alle diese Pflanzen erfordern nicht, wie der Getreidebau, der Gemüsebau u. s. w., eine bloße Förderung der im Boden schlummernden Naturkräfte, sondern teilweisen Ersatz derselben, z. B. Wärme u. s. w., und eine ausgesprochene Kunstfertigkeit und Geschicklichkeit Würde es schon aus dem Grunde, daß die Pflanzen rein äußerlich durch Zucht in Töpfen aus dem unmittelbaren Zusammenhang mit dem Grund und Boden — nicht der Erde — gerissen sind, nicht angehen, die Topfpflanze als unmittelbares rohes Naturprodukt zu bezeichnen, so würde ein solches Produkt auch aus dem Grunde nicht anzunehmen sein, weil sich zwischen das Produkt und die unmittelbare Einwirkung der Natur eine überwiegend menschliche Kunstfertigkeit drängt. Der Betrieb einer Landwirtschaft aber liegt eben nur dann vor, wenn die Erzeugung der Produkte unmittelbar aus dem Boden heraus geschieht. Nachdem nun unbestritten ist, daß der Beklagte Sämereien und Gemüse überhaupt nicht führt, nachdem des weiteren feststeht, daß der Beklagte weitaus den größten Teil seiner Arbeiter bei den Topfpflanzungen verwendet, erscheint nach den obigen Ausführungen der Hauptbestandteil seines Betriebes als ein gewerblicher Betrieb. Der Charakter des Hauptbestandteils eines Betriebes ist aber auch bestimmend für den ganzen Betrieb, sodaß der Betrieb des Beklagten als Gewerbebetrieb zu bezeichnen ist. („Gewerbegericht" Jg. 7, Sp. 123.)

## 20. Ist das GG. zuständig für Angestellte einer Gartenbauausstellung?

Urteil des Oberlandesgerichts Hamburg vom 4. Februar 1898.

Das OLG. hält den ordentlichen Rechtsweg für zulässig.

Aus den Gründen: Die GO. gibt zwar keine bestimmte Definition des Begriffs „Gewerbe", sie zählt auch nicht die Tätigkeiten und Unternehmungen einzeln auf, welche als Gewerbe anzusehen sind, wohl aber sind im § 6 gewisse Erwerbsarten angeführt, auf welche die GO. keine Anwendung findet, und dazu gehören nach den Motiven zum Entwurf von 1868 Ackerbau, Gartenbau, Weinbau. (Vgl. Verhandl. d. Reichstags 1868, Bd. 2 S. 127.)

Später ist wiederholt, sowohl bei den Verhandlungen über den Gesetzentwurf betr. die GG. als auch bei den Beratungen über das sog. Arbeiterschutzgesetz im Reichstage der Antrag gestellt worden, die Gehilfen in Gärtnereien durch Hinzufügung in Parenthese als gewerbliche Arbeiter im Sinne des Tit. 7 der GO. zu bezeichnen und die Streitigkeiten zwischen ihnen und ihren Arbeitgebern unter die Zuständigkeit der GG. zu bringen; beide Male aber wurden die Anträge abgelehnt mit der Motivierung, daß durch § 6 der GO. die Landwirtschaft aus dem Gebiete der GO. ausgenommen sei, und bei den Gärtnereien ein Bedürfnis zu einer abweichenden Regelung nicht vorliege. (Vgl. Verhandl. d. Reichstags 1890/91 Bd. 3 S. 2158ff.)

Aber auch abgesehen davon kann die Gartenbauausstellung nicht als ein Gewerbebetrieb angesehen werden. Nicht jede wirtschaftliche Tätigkeit ist Gewerbebetrieb. Ein Gewerbebetrieb hat zwar zur Voraussetzung, daß eine gewerbliche Tätigkeit gewerbsmäßig, mit der Absicht des Erwerbs ausgeführt wird. Die Gartenbauausstellung aber verfolgte in erster Linie gemeinnützige Zwecke, die Förderung des Gartenbaues, der Obstkultur und anderer damit zusammenhängender Erwerbszweige. Auf die Erzielung eines Erwerbs war die Absicht nur insofern gerichtet, als die Einnahmen zur Deckung der Kosten des Unternehmens dienen sollten; das ist nicht entscheidend für die Unterstellung unter den Begriff „Gewerbe".

Da sonach weder der Kläger gewerblicher Arbeiter, noch das Komitee der Ausstellung Gewerbetreibender im Sinne des Gesetzes war, so fehlt es an den Voraussetzungen für die Zuständigkeit des GG. („Seufferts Archiv" Bd. 53 S. 769.)

## 21. Ist das GG. zuständig für Gartenarbeiter der städtischen Friedhofsverwaltung?

Urteil des GG. für den Stadtbezirk Stettin vom 21. Juni 1901.

Kläger ist von der Beklagten auf dem hiesigen neuen, erst in Benutzung genommenen städtischen Zentral-Friedhof vom 14. Januar cr. als Notstandsarbeiter mit Erdarbeiten beschäftigt worden. Vom 8. Februar bis 14. März cr. ist er krank gewesen. Mit der Behauptung, daß er nach seiner Wiederherstellung am 4. März ohne Grund entlassen sei, verlangt er Entschädigung für 14 arbeitslose Tage mit 30 Mk.

Das GG. hat sich für unzuständig erklärt.

Aus den Gründen: Friedhöfe werden ebenso wie Krankenhäuser von der Gemeinde im öffentlichen Interesse angelegt. Diese Betriebe werden auch dann nicht zu Gewerbebetrieben, wenn für die gewährten Leistungen Gebühren erhoben werden. Ob die Einnahmen in einzelnen Jahren höher sind als die Selbstkosten, ist unerheblich. Jedenfalls kann, wenn es sich noch um die Anlage des Friedhofs bezw. um Erdarbeiten für Parkanlagen handelt, von einem Gewerbebetriebe nicht die Rede sein. Aber auch die Verwaltung der Parkanlagen auf solchen Friedhöfen ist kein Gewerbe-, sondern landwirtschaftlicher Betrieb und nach § 6 GO. ebenfalls dem Geltungsbereiche der letzteren entzogen. Nur soweit die Gemeinde auf dem Friedhofe Kunst- und Handelsgärtnereien treibt, könnte dieser Teil des Betriebes als unter die GO. fallend angesehen werden. („Gewerbegericht", Jg. 6, Sp. 193.)

## 22. Zuständigkeit des GG. für landwirtschaftliche Nebenbetriebe? Findet die GO. auch auf diese Anwendung?

Urteil des Reichsgerichts, 1. Hilfssenat, vom 11. Mai 1880.[1])

Die Frage ist verneint.

Aus den Gründen: Die GO. enthält keine ausdrückliche Begriffsbestimmung von Gewerbe, Handwerk und Fabrik, zählt auch nicht diejenigen Gattungen erwerbender Tätigkeit auf, welche als Gewerbe ihren Vorschriften unterfallen sollen. Sie beschränkt sich vielmehr im § 6 darauf, gewisse Erwerbsarten, als Bergwesen, Fischerei, Unterrichtswesen u. s. w. von der Unterordnung unter die GO. auszuschließen. Damit ist jedoch die Frage für andere Beschäftigungen nicht erledigt.

Der Standpunkt des Gesetzgebers ergibt sich aus den Materialien. In den Motiven zum § 6 des ersten Entwurfs der GO. heißt es:

> „Wenn im § 6 gewisser Gewerbe nicht gedacht ist, welche in neueren GG. ausgenommen sind, so hat dies seinen Grund darin, daß man die bezüglichen Betriebe als „Gewerbe" nach gemeinem Sprachgebrauche und in Übereinstimmung mit der preußischen Gesetzgebung überhaupt nicht ansehen zu können glaubt, also eine besondere Ausnahme für überflüssig hält, wie z. B. Ackerbau, Viehzucht, Gartenbau, Forstwirtschaft, Weinbau, schöne Künste. Auch hier würden, wollte man diese Gewerbebetriebe aufzählen, die Zweifel nicht beseitigt, sondern neu veranlaßt werden, da es unmöglich ist, in einem solchen Verzeichnisse erschöpfend zu sein, ohne zugleich Betriebsarten, die sich augenscheinlich als Gewerbe qualifizieren, in die Ausnahme zu verweisen." (Stenogr. Ber. 1868, Bd. 2 S. 127.)

Ähnlich lassen sich die Motive zum § 6 des zweiten Entwurfes dahin aus:

> „Der Entwurf hat, da die Vielgestaltigkeit der gewerblichen Entwicklung eine scharfe Begriffsbestimmung nicht gestattet, nicht den Zweck, den Begriff des Gewerbes hier festzustellen, oder gar die verfassungsmäßige Kompetenz der Bundesgesetzgebung abzugrenzen. Sein Zweck ist vielmehr:

[1]) Vor Inkrafttreten des GGG. ergangen.

a) gewisse Zweige der Landesgesetzgebung, welche im allgemeinen nicht der Gewerbegesetzgebung angehören, aber einzelne Bestimmungen enthalten, die als gewerbsgesetzliche betrachtet werden, wie z. B. das Bergwesen 2c., von dem Geltungsbereiche der GO. auszuschließen,
b) gewisse Zweige der Gewerbegesetzgebung der Ordnung durch Spezialgesetze vorzubehalten." (Vgl. Sammlung der Drucksachen Bd. 1, Nr. 103, S. 50; Koch, GO., S. 9. 10; Koller, GO., S. 36; Jacobi, GO., S. 12.)

In Übereinstimmung mit diesen Motiven haben verschiedene Landesverordnungen betr. die Ausführung der GO. besondere Bestimmungen über die hier beregten Punkte erlassen. So bestimmt z. B. § 5 Abs. 1 der Kgl. sächs. Ausführungsverordnung vom 16. September 1869:

„Obschon die in dem sächsischen Gewerbegesetz von den Vorschriften desselben ausdrücklich ausgenommenen Beschäftigungen des Ackerbaues, der Viehzucht, der Forstwirtschaft, des Gartenbaues, des Weinbaues, der literarischen Tätigkeit und der schönen Künste im § 6 der RGO. sich nicht erwähnt finden, so hat es doch nicht in der Absicht gelegen, dieselben und die dabei Verwendung findenden Arbeiter und Gehilfen der GO. zu unterstellen. Auf den gewerbsmäßigen Betrieb der Handelsgärtnerei ist diese Befreiung jedoch nicht auszudehnen." (Vgl. Jacobi, a. a. O. S. 222. 223.)

Hieraus erhellt, daß vom Gesetzgeber die Landwirtschaft an sich überhaupt nicht zu den Gewerben gerechnet ist. Es fragt sich, wie solche mit der Landwirtschaft verbundene Erwerbsarten zu behandeln seien, welche, wenn sie selbständig betrieben würden, sich als Gewerbe im Sinne der GO. qualifizieren würden. Findet ein solcher gewerbsmäßiger Nebenbetrieb neben dem Hauptbetriebe der Landwirtschaft für Rechnung des Landwirtes mit selbsterzeugten Rohstoffen statt, bildet also die Landwirtschaft die einzige bezw. die Hauptbasis dieses Nebengewerbes, so folgt daraus mit Konsequenz, daß lediglich der Charakter der Landwirtschaft entscheidend sein kann, daß also auch das Nebengewerbe nur als landwirtschaftlicher Betrieb angesehen und behandelt werden muß. Mithin fällt ebensowenig wie die einfache Landwirtschaft ein solches landwirtschaftliches Nebengewerbe unter die Vorschriften der GO. (Vgl. Jacobi, a. a. O. S. 12, Anm. 1. Entscheidungen des Reichsgerichts, Bd. 1 S. 265.)

## 23. Ist das GG. zuständig für Klagen des Binnenschiffers (Schiffsführers)?

a) Urteil des Reichsgerichts, 1. Zivilsenat, vom 28. April 1888.

Das Reichsgericht hält die GO. für anwendbar.

Aus den Gründen: Die Frage, ob der Beklagte als Flußschiffer ein selbständiger Gewerbetreibender im Sinne des Gesetzes ist, hat das Berufungsgericht mit Recht bejaht. Die GO. selbst enthält zwar keine Begriffsbestimmung des Gewerbes und zählt auch nicht die einzelnen Gattungen erwerblicher Tätigkeit auf, welche als Gewerbe ihren Vorschriften unterliegen sollen. Sie beschränkt sich vielmehr darauf, in § 6 gewisse Erwerbsarten (zu denen die Flußschiffahrt nicht gehört), als nicht unter ihre Vorschriften fallend, auszuschließen, wobei sich übrigens aus den Motiven ergibt, daß diese Aufzählung nicht als eine vollständige angesehen werden darf. (Vgl. Entsch. des Reichsgerichts in Zivils. Bd. 1 S. 265f. und Bd. 8 S. 53f.)

Mit Recht haben aber die vorigen Richter angenommen, daß der Beruf eines Flußschiffers an sich unter den allgemeinen Begriff des Gewerbes fällt, und daß es auch an sonstigen Gründen fehlt, aus welchen die Unanwendbarkeit der GO. auf denselben zu entnehmen wäre. Für das Gegenteil spricht vielmehr, daß das Gesetz in § 6 ausdrücklich für nicht anwendbar erklärt wird, unter anderem auf den Gewerbebetrieb der Eisenbahnunternehmungen, auf die

Befugnis zum Halten öffentlicher Fähren und auf die Rechtsverhältnisse der Schiffsmannschaften auf Seeschiffen. Denn daraus läßt sich erkennen, daß der Gesetzgeber das Frachtgeschäft im allgemeinen als unter den Begriff des „Gewerbes" fallend angesehen und es nur in besondern Beziehungen für zweckmäßig erachtet hat, die Anwendung der Bestimmungen der GO. auf dasselbe auszuschließen, was überdies noch bestätigt wird durch die in dem von dem „stehenden Gewerbebetriebe" handelnden zweiten Titel der GO. enthaltenen Bestimmungen des § 31:

„Seeschiffer, Seesteuerleute, Maschinisten der Seedampfschiffe und Lotsen müssen sich über den Besitz der erforderlichen Kenntnisse durch ein Befähigungszeugnis der zuständigen Verwaltungsbehörde ausweisen.

Soweit in betreff der Schiffer und Lotsen auf Strömen infolge von Staatsverträgen besondere Anordnungen getroffen sind, behält es dabei sein Bewenden."

Der Umstand, daß der Kläger ein Arbeitsbuch (welches übrigens nach § 107 GO. nur für Personen unter 21 Jahren vorgeschrieben ist) nicht gehabt haben will, ist vom Berufungsgerichte mit Recht für die vorliegende Frage als unerheblich angesehen.[1]) (Reichsgerichtentsch. in Zivils. Bd. 22 S. 3.)

b) Urteil des Landgerichts Stettin.

Kläger ist Mitglied der Dampfergenossenschaft mit beschränkter Haftung und war ferner vom Vorstande derselben als Schiffsführer gegen 130 Mk. Gehalt monatlich beschäftigt. Er ist in Stettin am 9. Mai 1896 entlassen und verlangt, da er nur bis Ende Mai 1896 Gehalt erhalten, das Gehalt für den Monat Juni.

Das GG. hat nach dem Klageantrage. verurteilt.

Die vom Beklagten eingelegte, auf Unzuständigkeit des GG. gestützte Berufung ist zurückgewiesen.

Aus den Gründen: Nach § 20 des Binnenschiffahrtsgesetzes vom 15. Juni 1895 untersteht der Schiffer den Vorschriften, welche für die im § 133a der GO. bezeichneten Personen gelten. Für diese ist aber das GG. ausschließlich zuständig. Soweit also der Jahresverdienst des Schiffers den Betrag von 2000 Mk. nicht übersteigt, gehören seine Streitigkeiten mit dem Schiffseigner hinsichtlich des Dienstverhältnisses vor die GG. („Gewerbegericht" Jg. 2, Sp. 125.)

### 24. Fährbetrieb. Ist das GG. zuständig für die Klage eines Kontrolleurs der Hamburger Alster-Dampfschiffahrt gegen deren Unternehmer?

Urteile des GG. Hamburg vom 14. April 1901 und des Landgerichts Hamburg vom 15. Juli 1901.

Der Beklagte hat die Einrede der Unzuständigkeit des GG. erhoben. Die von ihm betriebene Alster-Dampfschiffahrt sei ein Fährbetrieb, somit finde die GO. nach § 6 des Gesetzes auf ihn keine Anwendung und sei infolgedessen auch das GG. nicht zuständig.

Das GG. hat die Einrede der Unzuständigkeit verworfen.

Aus den Gründen: Der Beklagte hat sich zur Begründung seiner Einrede auf die von Stoerk in Conrads Handwörterbuch der Staatswissenschaften, Bd. 3 S. 785 gegebene Definition einer Fähre bezogen, welche folgendermaßen lautet: „Fähren sind ständige Einrichtungen zum Zwecke der gewerbsmäßigen Vermittelung des Personen- und Güterverkehrs von einem Fluß-, See- 2c. Ufer zum jenseitigen Gestade." Diese Definition trifft nach der Ansicht des GG. auf den Betrieb des Beklagten im allgemeinen nicht zu. Es handelt sich bei

[1]) Vorstehendes Urteil ist noch vor Inkrafttreten des Binnenschiffahrtsgesetzes ergangen.

ihm in der Hauptsache nicht um die Vermittelung des Verkehrs von einem Ufer des Alsterflusses zum anderen, sondern um die Herstellung von Verbindungen zwischen flußaufwärts und flußabwärts gelegenen Stadtteilen resp. — jetzt allerdings eingemeindeten — Ortschaften. Ein solcher Betrieb aber ist als Binnenschiffahrt anzusehen und somit findet das Gesetz, betreffend die privatrechtlichen Verhältnisse der Binnenschiffahrt vom 15. Juni 1895 — allerdings mit Ausnahme der im § 139 Abs. 1 des Gesetzes angeführten Paragraphen — auf ihn Anwendung, speziell also auch der § 21 leg. cit.

Beklagter hat Berufung eingelegt und zu deren Begründung angeführt: Einmal habe der erste Richter mit Unrecht angenommen, es liege kein Fährbetrieb vor. Sodann aber falle Kläger, selbst wenn Beklagter Binnenschiffahrt betreibe, nicht unter die Schiffsmannschaft, und deshalb begründe § 21 des Gesetzes betreffend die privatrechtlichen Verhältnisse der Binnenschiffahrt in vorliegendem Falle nicht die Zuständigkeit des GG.

Die Berufung wurde verworfen.

Aus den Gründen: Aus Erwägungen, denen lediglich beigepflichtet werden kann, hat der erste Richter sich dahin entschieden, daß der Betrieb des Beklagten kein Fährbetrieb sei. Es kommt hierauf aber überhaupt nicht an. Denn die GO. findet nach § 6 lediglich auf die Befugnis zum Halten öffentlicher Fähren keine Anwendung. Daß sie auf das Verhältnis der Fahrmänner zu ihren Leuten nicht anwendbar sei, folgt aus § 6 keineswegs. Auch auf die Errichtung von Apotheken hat die GO. nach § 6 außer Anwendung zu bleiben. Folgte daraus allein schon, daß auch das Verhältnis des Apothekers zu seinen Gehilfen der GO. nicht unterstehe, so hätte es nicht noch der ausdrücklichen Vorschrift in § 154 des Gesetzes bedurft. Der Ausdruck des Gesetzgebers ist ganz klar, der Zweck auch: es hat eben für öffentliche Fähren die Gewerbefreiheit grundsätzlich ausgeschlossen werden sollen.

Auch der zweite Einwand des Beklagten gegen die Zuständigkeit des GG. ist hinfällig. Wenn § 21 des Binnenschiffahrtsgesetzes sagt, daß die Schiffsmannschaft der GO. unterstehe, so folgt daraus noch nicht, daß dies bezüglich anderer Angestellter des Schiffahrtsgewerbetreibenden ohne weiteres nicht der Fall sei, noch weniger aber, daß hinsichtlich solcher die GG. unzuständig seien. Daß Kläger als Handlungsgehilfe anzusehen wäre, ist nach dem eigenen Vorbringen des Beklagten nicht anzunehmen. Er war als Kontrolleur angestellt, seine Tätigkeit entfaltete er in der Hauptsache an Bord der Schiffe. — Ob sie auch auf das technische Gebiet übergriff, ist gleichgültig, wenn gleich die nicht unglaubhaften Angaben des Klägers selbst über die ihm zugewiesenen Aufgaben hierauf schließen lassen. („Gewerbegericht" Jg. 7, Sp. 13.)

### 25. Ist das GG. für Gehilfen eines Fischers zuständig?

Urteil des GG. Stettin.

Das GG. erklärte sich für unzuständig.

Aus den Gründen: Der Beklagte hat einen Teil des Aalfanges auf dem Dammschen See gepachtet. Die Aale werden in Reusen gefangen, vom Dammschen See nach Stettin transportiert, hier verladen und von hier nach Berlin expediert. Der Kläger ist nicht nur mit dem Transport der Fische beschäftigt, vielmehr bei dem Aalfang selbst tätig gewesen. Er hat Reusen gelegt, Nachtwachen am Dammschen See gehalten u. s. w. Er ist deshalb als im Fischereibetrieb beschäftigt anzusehen, wobei der Umstand gleichgültig, daß er kein gelernter Fischer, sondern einfacher Arbeiter ist. Nach § 6 der GO. findet letztere keine Anwendung auf die Fischerei. („Gewerbegericht" Jg. 3, Sp. 57.)

### 26. Ist für Fahrradlehrer das GG. zuständig?

Urteil des Kgl. Landgerichts I zu Berlin, 8. Zivilkammer vom 14. Dezember 1897.

Ein Fahrradlehrer hatte bei dem GG. Berlin Lohnrest und außerdem Schadensanspruch wegen verweigerter Ausstellung eines ordnungsmäßigen Abgangszeugnisses ausgeklagt. Der Verklagte wurde diesem Antrage gemäß verurteilt. In der Berufungsinstanz erhob der Beklagte den Einwand der Unzuständigkeit mit der Behauptung, Kläger sei nicht gewerblicher Arbeiter, sondern Handlungsgehilfe.

Diesen Einwand wies der Berufungsrichter zurück.

Aus den Gründen: Die Zuständigkeit des GG. läge auch bezüglich des in dieser Instanz noch streitigen Klageanspruchs dann nicht vor, wenn die Behauptung des Beklagten, der Kläger sei nicht gewerblicher Arbeiter, sondern vielmehr Handlungsgehilfe gewesen, zuträfe (§§ 1ff. des Gesetzes, betreffend die GG.). Der Beklagte hat aber in seinem Zeugnisse über die Art der Beschäftigung des Klägers diesen als „Fahrradlehrer" selbst bezeichnet, und der Geschäftsführer des Beklagten hat als Zeuge angegeben, der Kläger sei Repräsentant, sei Leiter der Lehrbahn des Beklagten gewesen. Diese Umstände reichen aus, um festzustellen, daß die überwiegende Tätigkeit des Klägers in der Lehrbahn des Beklagten ausgeübt wurde; die Lehrbahn war mit dem Handelsgewerbe des Beklagten, der Fahrradhandlung, verbunden; sie gehörte ebenso wie die Reparaturwerkstatt zum technischen Teile des Gewerbebetriebes und diente dem Zweck, diejenigen, welche Fahrräder käuflich erworben hatten oder erwerben wollten, in dem Gebrauch derselben zu unterweisen. Die Dienste des Klägers bestanden in der Mittätigkeit bei dem technischen Teile des Gewerbebetriebes; darauf, daß er eine kaufmännische Vorbildung hat und daß seine Tätigkeit als Fahrlehrer, die hauptsächlich nur im Begleiten und Festhalten der Lernenden beim ersten Gebrauch des Rades bestand, besondere technische Kenntnisse oder Fertigkeiten nicht vorausgesetzt hat, kam es nicht an (vergl. die Entscheidung des Reichsoberhandelsgerichts Bd. 19 S. 382). Der Kläger war daher zu den gewerblichen Arbeitern im Sinne des Tit. 7 der GO. zu rechnen. Wenn er auch als „Lehrer" bezeichnet wurde, so gehörte seine Tätigkeit doch nicht zum „Unterrichtswesen", bezüglich dessen eine Anwendung der GO. durch den § 6 derselben ausgeschlossen ist. Denn die Unterweisung, die er auf der Lehrbahn vornahm, betraf nicht die Ausbildung in körperlichen Fertigkeiten, sondern nur den Gebrauch des Fahrrades, und die körperlichen Fertigkeiten des Lernenden wurden im wesentlichen hierbei bereits vorausgesetzt, nicht erst ausgebildet. („Gewerbegericht" Jg. 3, Sp. 116.)

## 27. Ist das GG. zuständig für Gehilfen eines Rechtsanwalts?

Urteil des Landgerichts I zu Berlin vom 8. September 1899.

Das Amtsgericht I hatte sich für unzuständig erklärt. Auf die Berufung ist das Urteil aufgehoben.

Aus den Gründen: Die Ansicht, daß für den vorliegenden Rechtsstreit nicht das ordentliche Gericht, sondern das GG. zuständig sei, ist irrig. Der § 2 (jetzt 3) GGG. umgrenzt den Kreis der Arbeiter dahin, daß nur diejenigen Gesellen, Gehilfen ꝛc. zu den Arbeitern zu zählen sind, auf welche der 7. Titel der GO. Anwendung findet. Zu diesen gehören aber nicht die Gehilfen eines Rechtsanwalts. Durch § 6 Abs. 1 der GO. ist der Geschäftsbetrieb der Rechtsanwälte dem Geltungsbereich dieses Gesetzes entzogen. („Soziale Praxis.")

## 28. Sind die GG. für Streitigkeiten zwischen einem Zahntechniker und dem Zahnarzt, bei dem er arbeitet, zuständig?

Urteile des GG. und des Landgerichts Frankfurt a. M.

Das GG. hat die Frage bejaht, das Landgericht hat sie verneint.

Gründe des GG.: Wie das Gutachten des Sachverständigen ergibt, hängt mit der Zahnheilkunde das Anfertigen von Gebissen nicht unmittelbar zusammen. Es ist denkbar und kommt vor, daß die Zahnärzte die Anfertigung von Gebissen garnicht selbst vornehmen, sondern diese anderwärts beziehen. Ihre Tätigkeit besteht dann lediglich in dem Anpassen und Einsetzen. Bei solcher Sachlage fällt das Anfertigen von Gebissen zweifellos als gewerbliche Tätigkeit unter die GO., deren gesamte Bestimmungen auf sie dann mangels einer ausnehmenden Vorschrift Anwendung finden. Anders kann das Rechtsverhältnis nicht angesehen werden, wenn, wie vorliegend, der Beklagte die Gebisse auch anfertigte, zu deren Fertigstellung aber den Kläger allein benutzte. Dann hat ebenso wie der außerhalb stehende Gewerbetreibende der Anfertigende mit Zahnheilkunde nichts zu tun. Er ist lediglich im Gewerbebetriebe des Zahnarztes, dessen Gewerbegehilfe für die vom letzteren mit ausgeführte Tätigkeit, während man den Kläger unter anderen Verhältnissen vielleicht als seinen „Assistenten", einen durch einen Dienst- oder sonstigen Vertrag angenommenen Mitarbeiter hätte ansehen können.

Gründe des Landgerichts: Die Ausübung der Heilkunde, einschließlich der Zahnheilkunde, fällt grundsätzlich nicht unter die GO., sondern nur beschränkt, nämlich insoweit, als dies darin ausdrücklich bestimmt ist (§ 6 der GO.). Eine solche Anordnung fehlt hinsichtlich des Tit 7. Demnach findet dieser Titel auf die von einem Zahnarzt als solchem beschäftigten Gehilfen keine Anwendung und eben darum gehören Streitigkeiten mit solchen nicht zur Zuständigkeit der GG. Nun wäre es an sich denkbar, daß ein Zahnarzt neben diesem Berufe ein Gewerbe betriebe, das unter die GO. fiele und dieser vollständig unterworfen wäre. Allein die Anfertigung künstlicher Gebisse kann nicht als außerhalb des zahnärztlichen Berufes liegend angesehen werden, im Gegenteil, sie bildet einen wesentlichen Bestandteil davon, das ergibt das Gutachten des Sachverständigen, wie es auch dem Gericht aus eigenem Wissen bekannt ist. Wenn auch, wie das Gutachten noch erwähnt, Gebisse zum Teil „von auswärts bezogen werden", so bleibt gleichwohl der Zahnarzt, wenn er sie anfertigt, ebenso innerhalb seines Berufes, wie der Handwerker bei der Herstellung von Gegenständen, die außerdem auch fabrikmäßig verfertigt werden. Für den Zahnarzt gilt dies umsomehr, als in allen Fällen eine individuelle Anpassungsarbeit für den einzelnen Patienten nötig ist. („Gewerbegericht" Jg. 3, Sp. 56.)

## 29. Ist für die Angestellten einer Hagelversicherungsgesellschaft auf Gegenseitigkeit das GG. zuständig?

Urteil des GG. für den Stadtbezirk Stettin vom 19. Februar 1901.

Kläger ist am 30. Oktober 1899 vom Beklagten, der Spezialdirektor einer Hagelversicherungsgesellschaft auf Gegenseitigkeit ist, als Reiseinspektor und Taxator angenommen. Er hat während der reisefreien Zeit im Bureau arbeiten müssen. Er beansprucht Bezahlung für Überstunden.

Das GG. hat sich für unzuständig erklärt.

Aus den Gründen: Es kann dahingestellt bleiben, wer eigentlich als Arbeitgeber des Klägers anzusehen ist, der Beklagte oder die Gesellschaft. Beklagter ist, wie auch in seiner Gewerbesteuersache vom Oberverwaltungsgericht entschieden ist, nicht selbständiger Gewerbetreibender sondern nur Angestellter der Gesellschaft und deshalb gewerbesteuerfrei. Er ist nicht Versicherungsagent. Die Gesellschaft aber, die zwar Korporationsrechte hat, indessen weder eingetragene Genossenschaft noch Gesellschaft mit beschränkter Haftung ist, untersteht ebenfalls nicht dem GG. Allerdings ist sie nach § 3 des preußischen Gewerbesteuergesetzes vom 24. Juni 1891 gewerbesteuerpflichtig, da nur die öffentlichen Versicherungsanstalten gewerbesteuerfrei sind, allein nach § 6 der GO. findet diese keine Anwendung auf den Gewerbebetrieb der Versicherungsunternehmer. Die Gesellschaft ist auch nicht Kaufmann. Denn nach § 1 HGB. vom 10. Mai 1897 ist Kaufmann nur, wer ein Handelsgewerbe betreibt. Als Handelsgewerbe gilt aber nach § 1 Abs. 2 nur ein Gewerbebetrieb, der die Übernahme von Versicherungen gegen Prämie zum Gegenstande hat. In diesem Falle wäre Kläger auch Handlungsgehilfe. („Gewerbegericht" Jg. 7, Sp. 144.)

## Zuständigkeit für Artisten. (30–36.)

### 30. Ist das GG. für Tierbändiger zuständig?

Urteil des Reichsgerichts, 6. Zivilsenat, vom 21. Mai 1896.

Der ordentliche Rechtsweg ist für zulässig erklärt und der Einwand der Zuständigkeit des GG. verworfen.

Aus den Gründen: Da der Streitgegenstand nur 900 Mk. beträgt, unterliegt der Nachprüfung des Revisionsgerichtes nur die Frage, ob zur Verhandlung und Entscheidung des gegenwärtigen Streites das vom Kläger angerufene ordentliche Gericht oder, wie der Beklagte angenommen wissen will, das GG. zuständig sei. Mit Recht hat die Vorinstanz angenommen, daß der Rechtsstreit vor dem ordentlichen Gerichte zum Austrage zu bringen sei.

Nicht zweifelhaft ist, daß der Beklagte der zum Betriebe seiner Menagerie angenommenen Personen als Arbeitgeber im Sinne von § 1 GGG. anzusehen ist. Bei der Beantwortung der danach für die Zuständigkeit maßgebenden Frage, ob der Kläger zu den Beklagten im Verhältnisse eines Arbeiters im Sinne von § 1. 2 (jetzt 3) jenes Gesetzes gestanden hat, und ob, wenn dies anzunehmen, auf ihn die Ausnahmebestimmung in § 2 Abs 2 (jetzt 3) anwendbar ist, muß, wie das Oberlandesgericht mit Recht angenommen hat, das entscheidende Gewicht auf die Stellung gelegt werden, die er als „dompteur" eingenommen hat. Denn wie die Vertragsurkunde vom 18. Dezember 1892 deutlich erkennen läßt, sollten die ihm als „dompteur" obliegenden Leistungen seine regelmäßige Beschäftigung bilden, und hatte der Beklagte sich nur nebenher für gewisse dringliche Arbeiten anderer Art die Mitwirkung des Klägers gesichert.

Die Arbeiten, die dem Kläger als „dompteur" oblagen, bestanden nach dem Vertrage einerseits in der Zähmung und Abrichtung wilder Tiere, und andrerseits in deren Vorführung bei Schaustellungen, welche der Beklagte veranstaltete. Es handelte sich dabei um große Raubtiere, insbesondere auch um Löwen. Was zunächst die Leistungen des Klägers bei den Schaustellungen anlangt, so können diese keinesfalls als solche eines im Menageriebetriebe des Beklagten beschäftigten „Arbeiters" im Sinne des GGG. angesehen werden. Solche Schaustellungen bezwecken, dem Publikum zu zeigen, in welchem Grade wilde Tiere, insbesondere auch große Raubtiere, der Herrschaft des Menschen unterworfen und zur Duldung der Ausführung von Prozeduren genötigt werden können, die an sich mit ihren natürlichen Eigenschaften im Widerspruche stehen. Ob man bei derartigen Vorführungen von einem höheren wissenschaftlichen Interesse sprechen dürfe, kann bezweifelt werden; jedenfalls läßt sich aber nicht sagen, daß dabei der die Tiere Vorführende zur Herstellung eines Gewerbserzeugnisses des Menageriebesitzers mitwirke; vielmehr handelt es sich im wesentlichen darum, zu beweisen, welche Herrschaft gerade der betreffende „dompteur" für seine Person über die von ihm vorgeführten Tiere erlangt, wie er sie zu leiten und der Gefahr, die der Verkehr mit ihnen mit sich bringt, zu begegnen versteht. Wie bei Vorstellungen von Schauspielen, Sängern u. s. w., die, wie das Reichsgericht bereits ausgesprochen hat, nicht zu den Arbeitern und Gewerbsgehilfen des Theaterunternehmers gerechnet werden können (vgl. Entsch. d. RG. in Zivilsachen, Bd. 17, S. 86f.), liegt somit der Schwerpunkt auch hier in der Vorführung der eigenen Leistungen des „dompteur", zu denen auch die Betätigung seines persönlichen Mutes gehört; der Menageriebesitzer kommt dabei nur insoweit in Frage, als er die Stätte, wo die Vorstellungen stattfinden, beschafft, das Material, an dem der „dompteur“ seine Kunst und seinen Mut zeigt, hergibt und das finanzielle Risiko trägt. Diejenigen, die bei solchen Vorführungen als „Artisten“ auftreten, werden nach allgemeiner Anschauung nicht als Arbeiter oder Gewerbsgehilfen angesehen und können nicht zu denjenigen Personen gerechnet werden, welche der Tit. 7 der GO. im Auge hat.

Soweit dem Kläger obgelegen hat, die dem Beklagten gehörigen Tiere zu zähmen und zur Verwendung bei Vorstellungen der fraglichen Art geeignet zu machen, bestanden dagegen seine Leistungen allerdings in einer Bearbeitung des Materials, welches der Beklagte in seinem Gewerbebetriebe benutzt. Allein hierauf kann für die Zuständigkeit des GG. zur Entscheidung des vorliegenden Streites entscheidendes Gewicht schon deshalb nicht gelegt werden, weil diese Arbeiten sich im wesentlichen nur als Vorbereitungen für die Vorstellungen darstellen, in denen der Kläger die Tiere vorführen sollte. Sie sollten dabei an seine Person gewöhnt und angelernt werden, ihm zu gehorchen. Aber auch wenn man diese Zähmung als eine selbständige Arbeit, die der Kläger übernommen hatte, zu betrachten hätte, würde sich daraus nichts für die Zuständigkeit des GG. ergeben. Die Zähmung und Abrichtung großer Raubtiere setzt neben einem hohen Grade persönlichen Mutes und körperlicher Kraft und Gewandtheit eingehende Kenntnis der einzelnen in Betracht kommenden Tiergattungen und der speziell zu behandelnden Tierindividuen, ihrer Eigenschaften und Gewohnheiten voraus. Die Erwerbung dieser Kenntnis erfordert eine besondere, keineswegs im allgemeinen bei jedem normalen Menschen vorauszusetzende Befähigung, sowie dauernde eingehende Beschäftigung mit Tieren der fraglichen Art. Zugleich ist die Stellung des Tierbändigers eine verantwortungsvolle, da das ihm anvertraute Material wertvoll ist, und sein Wert durch die Behandlung, welche die Tiere durch den „dompteur“ finden, wesentlich erhöht oder verringert werden kann. Mit Rücksicht hierauf muß für den Betrieb einer Menagerie, welche nicht bloß bezweckt, den Besuchern den Anblick der Tiere zu verschaffen, in der diese vielmehr auch einer Abrichtung zum Zwecke besonderer Schaustellungen unterworfen werden, dem Tierbändiger eine Stellung zugesprochen werden, welche mit der eines Werkmeisters oder eines mit höheren technischen Dienstleistungen betrauten Angestellten in anderen Gewerbebetrieben auf einer Stufe steht. Es schlägt daher insoweit, wie bereits die Vorinstanz angenommen hat, jedenfalls die Ausnahmebestimmung im zweiten Absatze von § 2 (jetzt 3) des Gesetzes vom 29. Juli 1890 hier ein. (Entscheidungen des Reichsgerichts in Zivilsachen, Bd. 37 S. 66.)

## 31. Ist das GG. für Schauspieler und Sänger in in Variétés zuständig?

**a)** Urteil des Reichsgerichts, 6. Zivilsenat, vom 6. Mai 1901.

Das Reichsgericht hat die Frage verneint.

Aus den Gründen: Der erkennende Senat hat bereits wiederholt (vgl. Reichsgerichtsentscheidung Bd. 17 S. 86, Bd. 37 S. 66) ausgesprochen, daß die von einem Theaterunternehmer beschäftigten Sänger, Schauspieler oder Artisten nicht gewerbliche Arbeiter des Unternehmers sind. Ihre Tätigkeit dient nicht zur Hervorbringung eines Gewerbserzeugnisses des Unternehmers, sondern sie ist eine der Tätigkeit des letzteren gegenüber selbständige Leistung, die dieser nur für seinen Erwerb benutzt. („Juristische Wochenschrift“ 1901. S. 410, Nr. 34).

**b)** Urteil des GG. Stuttgart vom 26. September 1900.

Das GG. hat sich für unzuständig erklärt.

Aus den Gründen: In der GO. finden sich nur in der Überschrift des Tit. 7 die Worte: „Gewerbliche Arbeiter (Gesellen, Gehilfen, Lehrlinge, Betriebsbeamte, Werkmeister, Techniker, Fabrikarbeiter)". Hiermit hat der Gesetzgeber den Begriff „gewerbliche Arbeiter", den er offensichtlich wegen der Mannigfaltigkeit der gewerblichen Verhältnisse nicht zu definieren imstande war, detailliert und damit wenigstens der Praxis für die Entscheidung im einzelnen Fall eine Direktive gegeben. Es ist nun sicher richtig, wenn Landmann (Bd. 2, Vorbemerkung zu Tit. 6) nicht bloß die in der erwähnten Überschrift erwähnten Personen, sondern auch alle andern, in ähnlichen Stellungen befindlichen Personen als gewerbliche Arbeiter ansieht; denn an dem Wortlaut darf man schon deshalb nicht ängstlich festhalten, weil in einzelnen Gewerben termini technici für die Arbeiter bestehen, die sich tatsächlich mit den in der erwähnten Überschrift aufgeführten decken (vgl. z. B. die „Schießer" im Bäckergewerbe). Aus dem Wortlaut des § 2 (jetzt 3) GGG. muß nun aber gefolgert werden, daß der Gesetzgeber zwischen gewerblichen Arbeitern, die unter den Tit. 7 der GO. fallen, und solchen, bei denen dies nicht der Fall ist, unterscheiden wollte. Denn sonst wäre die Verweisung auf den Tit. 7 der GO. zwecklos. Diesen Umstand verkennt das GG. in Hamburg,[1]) indem es ohne weiteres alle Personen hierher zieht, die einem selbständigen Gewerbetreibenden in irgend einer Weise mittels ihrer Arbeitskraft behilflich sind, sein Gewerbe zu betreiben; die Beantwortung der Frage wäre freilich eine sehr einfache und glatte, wenn als gewerbliche Arbeiter alle diejenigen Personen anzusehen wären, welche in einem Betrieb, der von der GO. als „gewerblicher" charakterisiert wird, eine helfende Tätigkeit entwickeln, welche für denselben spezifisch ist. Dies trifft nun aber gerade bei den Unternehmen von Schauspielen, Singspielen, Schaustellungen aller Art u. s. w. nicht zu. Hier wird allseitig, auch vom GG. Hamburg, anerkannt, daß jedenfalls diejenigen Künstler, bei deren Leistungen ein höheres Interesse der Kunst oder Wissenschaft in Betracht kommt, nicht als gewerbliche Arbeiter anzusehen seien. Der Unternehmer ist auch bei solchen höheren Kunstanstalten ein Gewerbetreibender, sofern er nicht bloß Eintrittsgelder zur Deckung seiner Selbstkosten erhebt.

Es kann hier dahingestellt bleiben, ob es viele derartige Kunstunternehmer gibt, die ihr Unternehmen nur unter dem idealen Gesichtspunkt der Verbreitung der Kunst und ohne jeden animus lucri faciendi betreiben. Denn es ist nicht zu bestreiten, daß viele Kunstunternehmer gerade aus den Einkünften ihres Unternehmens den Lebensunterhalt bestreiten. Die Primadonna in der großen Oper erwirbt somit gerade so durch ihre Tätigkeit für ihren Unternehmer wie die Sängerin im café chantant oder die bärtige Jungfrau bei Barnum. Die Unterscheidung zwischen höherer und niederer Kunst oder „Produktion", wenn man an dem Wort „Kunst" bei Artisten Anstand nimmt, ist nicht richtig, sofern man, wie das GG. Hamburg, alle Hilfskräfte in einem Gewerbebetrieb als gewerbliche Arbeiter im Sinne des 7. Titels der GO. ansieht. Wenn das GG. Hamburg sich zum Beweis seiner Behauptung, daß nur die „höheren" Künstler nicht als gewerbliche Arbeiter anzusehen seien, auf die §§ 32 und 33a der GO., insbesondere die Verschiedenheit der Worte „Schauspielunternehmen" und „Vorführungen" beruft und meint, daß bei dem ersteren an das rein Geschäftsmäßige gedacht sei, während bei dem letzteren die Vorführungen selbst als Gewerbe bezeichnet seien, sodaß also im ersteren Fall nur die geschäftlichen Hilfskräfte, nicht aber die Künstler als gewerbliche Arbeiter anzusehen und im zweiten Falle alle Angestellten ohne Unterschied, Artisten wie Lampenanzünder u. s. w., gleich zu behandeln seien, so ist diese Beweisführung verfehlt. Denn einmal bedeutet das Wort „Unternehmen" doch ganz sicher den weiteren Begriff gegenüber dem Wort „Vorführung". Das Unternehmen umfaßt die ganze gewerbliche

---

[1]) Siehe unten Nr. 34.

Tätigkeit, also auch die Vorführungen. Dies geht mit Sicherheit aus der Fassung des § 32 nach der Novelle vom 6. August 1896 hervor. Der Meinung des GG. Hamburg, daß der § 32 der GO., wenn man die von ihm gewollte Unterscheidung zwischen Unternehmung und Vorführung nicht mache, im Hinblick auf § 33a überflüssig gewesen wäre, kann ebenfalls nicht beigetreten werden. Denn der § 33a bezieht sich auf Vorführungen in Wirtschaften u. s. w. und erwähnt selbst, daß bei solchen Vorführungen auch die Schauspielunternehmer, die nach § 32 bereits eine Erlaubnis haben, noch einer zweiten Erlaubnis bedürfen. Der Grund dieser Vorschrift besteht wohl darin, daß die Beaufsichtigung dieser Unternehmer erleichtert werden soll. Auch die §§ 32 und 33a der GO. darf man sich also nicht berufen, wenn man die höheren Künstler aus dem Kreis der gewerblichen Arbeiter ausnehmen will. Vielmehr ist die Frage, ob höhere Künstler und Artisten, die zweifellos in dem Gewerbe ihres Unternehmers als seine Angestellte eine gerade für dieses Gewerbe spezifische Tätigkeit ausüben, als gewerbliche Arbeiter im Sinne des 7. Titels der GO. anzusehen seien oder nicht, lediglich „nach dem allgemeinen Sprachgebrauch und aus der Absicht des Gesetzes heraus" (so Wilhelmi-Fürst Komm. 2 zu § 2 das RG. und das GG. Berlin a. a. O.) zu beantworten. Die gleiche Frage erhebt sich z. B. bei den von dem Unternehmer einer Privatheilanstalt angestellten akademisch geprüften Ärzten; auch hier kommt es nur auf den allgemeinen Sprachgebrauch an. Das GG. hat sich nun denjenigen Gerichten (Reichsgericht u. s. w.) angeschlossen, die nach dem allgemeinen Sprachgebrauch die höheren Künstler wie die Artisten, nicht als gewerbliche Arbeiter im Sinne des 7. Titels der GO. ansehen. Ob sie als gewerbliche Arbeiter in einem weiteren Sinne anzusehen seien, kann hier dahingestellt bleiben. Das GG. konnte aber den Ausführungen des Reichsgerichts insoweit nicht beitreten, als es meint, die Künstler und Artisten scheiden schon deshalb aus, weil es sich bei ihren Produktionen nicht um ein Gewerbeerzeugnis, um eine greifbare Sache handle; denn auch der Barbier, der Kellner, der Hausdiener sind zweifellos gewerbliche Arbeiter. Unter den Begriff „Gewerbe" fällt nicht bloß die gütererzeugende, sondern jede auf Gelderwerb gerichtete wirtschaftliche Tätigkeit. Dagegen ist den in der Überschrift des 7. Titels der GO. gegebenen Beispielen, wie auch dem ganzen Aufbau und Inhalt dieses 7. Titels zu entnehmen, daß die höheren Künstler, wie die Artisten, nicht hierher gehören. In § 105i ist allerdings von Musikaufführungen, Schaustellungen u. s. w. und den „Arbeitern in diesen Gewerben" die Rede; allein die Frage, ob die Künstler und Artisten zu diesen „Arbeitern" gehören, ist auch hier nicht entschieden. Freilich, der Vertreter der Titelrolle in Richard Wagners Siegfried wird am Schluß der Vorstellung auch das Gefühl haben, daß er tüchtig „gearbeitet" habe. Trotzdem wird ihn niemand als gewerblichen Arbeiter im Sinne des 7. Titels ansehen.

Hieraus muß man schließen, daß der allgemeine Sprachgebrauch, der sich auf Grund des 7. Titels der GO. gebildet hat, unter gewerblichen Arbeitern nur solche Personen versteht, die ihre Arbeitskraft zur Befriedigung wirtschaftlicher Bedürfnisse Dritter verwenden. Der Genuß edler Kunst befriedigt ebensowenig ein wirtschaftliches Bedürfnis wie das Amüsement an den in Tingeltangels gebotenen Leistungen. Das entscheidende Merkmal bildet nicht die Qualität, sondern der Zweck der gebotenen Leistung. Es ist deshalb verfehlt, wenn die Gerichte, die die Artisten als gewerbliche Arbeiter ansehen, dem Gesichtspunkt, ob die gebotene Leistung ein höheres Ziel verfolge oder nicht, ausschlaggebende Bedeutung zumessen. Den Leistungen der höheren Künstler und der Artisten ist eben gemeinsam, daß sie nicht wirtschaftlichen Bedürfnissen der Zuschauer oder Zuhörer genügen wollen, sondern daß sie auf die Sinne wirken sollen. Ihre „Arbeitsleistung" muß also unter dem gleichen Gesichtspunkt gewürdigt werden, wenn auch selbstverständlich die Qualität verschieden zu bewerten ist. Der Artist scheidet nicht deshalb aus dem Kreis der gewerblichen Arbeiter aus, weil er ein „Künstler" ist, sondern weil seine Leistung kein wirtschaftliches Interesse für die Zuhörer hat. Der Begriff „Kunst" kommt hier garnicht in Betracht. Damit kommen alle Einwendungen in Wegfall, die man gegen die Gleichstellung der Künstler und Artisten bei Untersuchung der Zuständigkeitsfrage deshalb gemacht hat, weil die Leistungen der Artisten doch „keinen Kunstgenuß bezwecken". (Vgl. „Gewerbegericht" Jg. 3, Sp. 133.)

Der Umstand, daß Artisten sehr häufig sozial nicht anders gestellt sind als gewerbliche Arbeiter, ist unerheblich, denn dieser Umstand könnte höchstens de lege ferenda für die gesetzliche Einreihung der Artisten in den Kreis der gewerblichen Arbeiter geltend gemacht werden.

## 32. Ist das GG. zuständig für Ansprüche eines „Humoristen" aus einem Rauchtheater?

Urteil des GG. Posen vom 22. Januar 1900.

Das GG. hat sich für unzuständig erklärt.

Aus den Gründen: Es handelt sich lediglich um Entscheidung der Frage, ob Kläger im Sinne des GGG. als Arbeiter anzusehen ist und daher seine Ansprüche gegen den Beklagten, welcher als Inhaber eines sog. Rauchtheaters zweifellos als Gewerbetreibender zu betrachten ist (vgl. §§ 32. 33 GO.), lediglich bei dem GG. gemäß § 1 GGG. verfolgen kann.

§ 2 (jetzt 3) GGG. bezieht sich für den Begriff „Arbeiter" auf Tit. 7 der GO.; dieser gibt aber selbst keine Definition des Begriffes, umfaßt vielmehr unter dem Ausdruck „gewerbliche Arbeiter" „Gesellen, Gehilfen, Lehrlinge, Betriebsbeamte, Techniker, Werkmeister, Fabrikarbeiter". Als gewerbliche Arbeiter sind diese Kategorien auch nur anzusehen, wenn sie mit Arbeiten, wie sie in einem Handwerk oder einem industriellen Betriebe üblich sind, beschäftigt werden. Nun können freilich in einem gewerblichen Unternehmen, wie das des Beklagten, auch gewerbliche Arbeiter beschäftigt werden, so z. B. Bühnen- oder Betriebsarbeiter, Lampenanzünder, Garderobiers, diese würden als Gehilfen des Betriebes unter das GGG. fallen. Keinesfalls sind jedoch die die Vorstellungen künstlerisch ausführenden Personen, wie Sänger humorvoller Kouplets (Humoristen), Soubretten, Schauspieler, Ballettänzer als gewerbliche Arbeiter zu betrachten. Ihre Tätigkeit ist nicht als technische Arbeit, sondern als künstlerische Tätigkeit anzusehen, mögen nun die Leistungen sich wirklich als Produkte höchster künstlerischer Vollendung oder niederer Spielerei kennzeichnen; denn bei Beurteilung der Frage, ob jemand Arbeiter ist, kommt es nicht auf die Art der Vollendung, auf die Subjektivität des einzelnen an, sondern auf die objektive Tätigkeit, die Art der Beschäftigung an.

## 33. Ist das GG. zuständig für die Klage eines Clowns mit dressierten Hunden?

Urteil des Landgerichts Köln als Berufungsgericht vom 30. März 1891.

Das GG. ist für zuständig erklärt.

Aus den Gründen: Was die von dem Beklagten auch in zweiter Instanz wiederholte Einrede der Unzuständigkeit des GG. betrifft, so ist sie mit Recht vom Vorderrichter zurückgewiesen worden. Bei den Darbietungen des Apollotheaters als Spezialitätentheater waltet kein höheres Interesse der Kunst oder Wissenschaft vor. Der Betrieb des Beklagten unterliegt daher gemäß § 33a GO. den Bestimmungen der GO. Da in diesem Betrieb der Kläger auf Grund eines Vertrages gegen Entgelt die Zwecke des Unternehmers durch seine Tätigkeit förderte, so kommen auf den Kläger als gewerblichen Arbeiter die Bestimmungen des Tit. 7 der GO. zur Anwendung, und es war, da es sich im vorliegenden Falle um die Auflösung des Arbeitsverhältnisses bezw. die Leistungen und Entschädigungsansprüche aus dem Arbeitsverhältnisse handelt, die Zuständigkeit des GG. begründet. („Gewerbegericht" Jg. 1, Sp. 43.)

## 34. Ist das GG. zuständig für Klagen von Musikern und Künstlern niederer Gattung gegen Unternehmer von sog. Spezialitäten-Vorstellungen?

Urteil des GG. Hamburg.

Kläger, welche Mitglieder der Kapelle des Hansatheaters sind, haben von dem Direktor des Theaters Auszahlung von Lohnresten in Beträgen von 8 bis 11 Mk. zusammen 174,66 Mk. gefordert. Beklagter hat Abweisung der Klage beantragt. In erster Linie werde die Einrede der Unzuständigkeit des GG. erhoben, da die Kläger nicht gewerbliche Arbeiter, sondern Künstler seien.

Das GG. hat sich für zuständig erklärt.

Aus den Gründen: Nach § 2 (jetzt 3) des GG. gelten als Arbeiter im Sinne dieses Gesetzes alle diejenigen Personen, auf welche der Titt. 7 der GO. Anwendung findet, also alle „gewerblichen Arbeiter" nur mit der hier nicht in Betracht kommenden Einschränkung, daß gewisse Kategorien dieser Personen, nämlich Betriebsleiter, Werkmeister und mit höhern technischen Dienstleistungen betraute Angestellte nur dann als Arbeiter für das GG. gelten sollen, wenn ihr Jahresverdienst 2000 Mk. nicht übersteigt. Unter den Begriff „Gewerbliche Arbeiter" fallen nun nach der allgemein herrschenden Auffassung nicht nur diejenigen Personen, welche im praktischen Leben einen der in der Klammer zur Überschrift des Tit. 7 aufgeführten Bezeichnungen zu führen pflegen (Gesellen, Gehilfen, Lehrlinge, Betriebsbeamte, Werkmeister, Techniker, Fabrikarbeiter), sondern auch alle in ähnlichen Stellungen für die Zwecke eines Gewerbetriebes beschäftigte Personen (vgl. Landmann, Kommentar zur GO., Bd. 2, Vorbemerkung zu Tit. 7 unter 6). Es kommt also hauptsächlich darauf an, daß es sich um einen Gewerbetrieb handelt und daß die Betreffenden den selbständigen Gewerbetreibenden in irgend einer Weise mittels ihrer Arbeitskraft behilflich sind, das Gewerbe zu betreiben. Auch muß es sich natürlich um ein Gewerbe im Sinne der GO. handeln. Daß nun die Ausübung künstlerischer Tätigkeit (im weitern Sinne) sich als ein Gewerbe im Sinne der GO. darstellen kann, erscheint nicht zweifelhaft, denn § 33a dortselbst schreibt für die Veranstaltung von Singspielen, Gesangs- und deklamatorischen Vorträgen, Schaustellungen von Personen, oder theatralischen Vorstellungen eine gewerbepolizeiliche Erlaubnis vor, vorausgesetzt nur, daß die Veranstaltung gewerbsmäßig geschieht und daß dabei ein höheres Interesse der Kunst oder Wissenschaft nicht obwaltet. Die Stellung der einzelnen Künstler in derartigen Gewerbebetrieben im Verhältnis zu den selbständigen Gewerbetreibenden ist nun nicht nur eine ähnliche, sondern ganz die gleiche, wie die Stellung eines Handwerksgehilfen im Verhältnis zum Handwerksmeister, oder eines Fabrikarbeiters zum Fabrikherrn. Dasjenige, worauf in allen diesen Fällen der Gewerbebetrieb hauptsächlich beruht, wodurch „erworben" wird, das sind die fremden Arbeitskräfte (falls und soweit solche Verwendung finden), also beim Handwerk und Fabrikbetrieb die Tätigkeit der Gesellen bezw. Gehilfen oder Arbeiter, oder wie sie sonst im einzelnen Falle benannt werden, beim Kunstbetrieb die Tätigkeit der einzelnen sogenannten Künstler. Es ist also kein innerer Grund vorhanden, diese Künstler, welche sich tatsächlich als Gehilfen des gewerbsmäßigen Kunstbetriebes darstellen, anders zu behandeln als die Gehilfen anderer Gewerbebetriebe; auch die soziale Stellung der Künstler niederer Art ist in der Regel keine bessere als diejenige der besser situierten Handwerksgehilfen. Es läßt sich ferner aus den einzelnen Bestimmungen des Tit. 7 der GO. nichts dafür entnehmen, daß derartige Gewerbsgehilfen unter diesen Titel nicht fallen. Dieser Titel erstreckt sich sogar auf die Handlungsgehilfen, insoweit für dieselben nicht die Spezialbestimmungen des Handelsgesetzbuchs in Anwendung kommen (vgl. § 105b Abs. 2); daß für diese Kategorie der Arbeiter das GG. nicht zuständig ist, beruht nur auf der ausdrücklichen Bestimmung des § 76 des GGG. Schon hieraus ergibt sich, daß die Argumentation des Reichsgerichts (Bd. 17 Nr. 20 S. 91) aus dem allgemeinen Sprachgebrauch nicht zutreffend ist, denn im praktischen Leben pflegt man die Handlungsbeflissenen auch nicht unter die Arbeiter zu rechnen, ebensowenig wie die Künstler. Die angeführte Reichsgerichtsentscheidung, auf welche das Berliner GG. sich für seinen Standpunkt hauptsächlich stützt und auf welche sich hier auch der Beklagte berufen hat, ist übrigens schon deshalb nicht maßgegend, weil es sich dort nicht um die Frage handelte, wer Arbeiter im Sinne des GGG. bezw. der GO., sondern wer Arbeiter im Sinne des Krankenversicherungsgesetzes sei, und weil in dem betreffenden Falle offenbar nicht Künstler niederer Art, sondern Mitglieder eines höheren Kunstinstituts in Betracht kamen. Allerdings hat das Reichsgericht sich auch einmal mit der Frage beschäftigt, ob Künstler niederer Art (Tierbändiger) Arbeiter, und zwar im Sinne des GGG. seien (Bd. 37 Nr. 19) und hat diese Frage verneint. Die Gründe dieser Entscheidung haben aber ebensowenig überzeugend auf dieses Gericht wirken können, wie die Ausführungen in der erstgenannten Reichsgerichtsentscheidung, soweit sie sich auf den Begriff des gewerblichen Arbeiters beziehen. Wenn gesagt wird (Bd. 17 S. 91), daß das Produkt der künstlerischen Leistungen (bei Schauspielern) keine greifbare Sache sei, daß ihre Tätigkeit nicht auf die Herstellung eines „Gewerbserzeugnisses" gerichtet sei, so trifft dies ebensogut auf die Barbiergehilfen, die Kellner, ja auch die Handlungsgehilfen zu, welche ja alle zweifellos als Arbeiter im Sinne der GO. anzusehen sind. Der Zweck der gewerblichen Arbeit ist überhaupt auch in vielen sonstigen Fällen nicht das Hervorbringen eines konkreten Gegenstandes sondern irgend ein andrer durch persönliche Dienste zu erreichender Erfolg. Auch in der andern Entscheidung (Bd. 37 S. 67 u. 68) wird das Hauptgewicht darauf gelegt, daß die betreffende Person (Tierbändiger) kein Gewerbserzeugnis herstelle, und es wird dann weiter ausgeführt, es handle sich dabei im wesentlichen darum, zu beweisen, welche Herrschaft gerade der betreffende Dompteur für seine Person über die von ihm vorgeführten Tiere erlangt, wie er sie zu leiten und der Gefahr, die der Verkehr mit ihnen mit sich bringe, zu begegnen verstehe. Wie bei Vorstellungen von Schauspielern, Sängern u. s. w., liege auch beim Tierbändiger der Schwerpunkt in der Vorführung der eigenen Leistungen des Dompteurs, zu denen auch die Betätigung seines persönlichen Mutes gehöre; der Menageriebesitzer komme dabei nur insoweit in Frage, als er die Stätte, wo die Vorstellungen stattfinden, beschafft, das Material, an dem der Dompteur seine Kunst und seinen Mut zeige, hergebe und das finanzielle Risiko trage. — Demgegenüber muß bemerkt werden, daß es sich bei allen artistischen Vorführungen, einerlei worin dieselben im einzelnen bestehen, tatsächlich nur darum handelt, dem Publikum sinnliche Genüsse zu bereiten, bezw. die Zeit zu vertreiben, ebenso wie bei der Produktion von Schmuckgegenständen und anderen Luxusartikeln. In dem einen Falle geschieht es lediglich durch bloß persönliche Dienstleistungen, in dem andern Falle durch Hervorbringung konkreter Gegenstände. Persönlicher Mut ist auch zu andern Gewerben erforderlich, z. B. zum Seemannsgewerbe (vergl. § 41 der GO.); daß die Seeschiffer nicht unter den Tit. 7 der GO. fallen, ist nur zufällig, weil ihre Verhältnisse besonders geregelt sind (die Binnenschiffer fallen unter den Tit. 7. Daß die Tätigkeit des selbständigen Gewerbetreibenden sich darauf beschränkt, nur die Stätte und das Material für die Arbeitsleistungen zu beschaffen und das finanzielle Risiko zu tragen, kommt auch ebensogut bei andern Gewerben vor; ja es kann überhaupt bei allen Betrieben vorkommen. Notwendig ist es auch bei artistischen Betrieben nicht.

Liegen nach alledem keine triftigen Gründe vor, die gewerbsmäßigen Kunstgehilfen begrifflich zu unterscheiden von andern Gewerbsgehilfen, so fallen auch sie mangels ausdrücklicher Ausnahmebestimmung unter den Begriff der Arbeiter im Sinne des Tit. 7 der GO., bezw. im Sinne des GGG. Das GG. Hamburg hat also keine Veranlassung, von seiner langjährigen Praxis abzuweichen. Es mag hier nur noch mit einigen Worten darauf eingegangen werden, aus welchem Grunde dieses Gericht das künstlerische Personal der höhern Kunstinstitute nicht als Arbeiter im Sinne der GO. ansieht, und zwar speziell auch nicht Schauspieler solcher Art, obwohl der § 32 der GO. implicite die Schauspielunternehmer schlechthin für Gewerbetreibende erklärt ohne die in § 33a aufgestellten Bedingungen der Gewerbsmäßigkeit und des Fehlens eines höhern Kunstinteresses. Der § 33a spricht von den künstlerischen Vorführungen selbst und erachtet diese als Gewerbe, also sind auch, wenn die Bedingungen dieses Paragraphen vorliegen, alle Gehilfen der Vorführenden Gewerbsgehilfen einschließlich des Personals bei theatralischen Vorstellungen, wenn sie gewerbsmäßig veranstaltet werden und ein höheres Interesse der Kunst oder Wissenschaft dabei nicht obwaltet. Der § 32 spricht aber von Schauspielunternehmern, hierbei hat man offenbar an das rein Geschäftliche gedacht (sonst wäre ja dieser Paragraph in Hinblick auf § 33a überflüssig gewesen, hätte also bei der Einfügung desselben fortfallen müssen), die Gehilfen in diesem Unternehmen sind also nur die kaufmännischen und technischen Angestellten, nicht das sich an den Vorführungen beteiligende Personal. Daß auch die soziale Stellung dieser wirklichen Künstler (im engern Sinne) sich weit über das Niveau der Artisten u. s. w. erhebt, bedarf keiner weitern Ausführung. Sobald es sich hingegen um Schauspieler niederer Art handelt, müssen auch sie trotz § 32 als Gewerbsgehilfen gelten, nämlich argumento § 33a, denn dann ist der Schauspielunternehmer zugleich Veranstalter theatralischer Vorstellungen im Sinne des letztgenannten Paragraphen.

Was nun die jetzigen Kläger anbelangt, welche Mitglieder der 42 Mann starken Kapelle des hiesigen Hansatheaters sind, so kommt es nach Sachlage nicht darauf an, ob diese Kapelle, für sich allein genommen, den Anspruch erheben kann, daß bei ihren Musikaufführungen ein höheres Interesse der Kunst obwaltet, denn diese Kapelle ist kein selbständiges Institut, sondern sämtliche Mitglieder derselben sind unmittelbar engagiert vom beklagten Direktor des Hansatheaters. Letzteres kann aber sicherlich nicht den Anspruch erheben, als höheres Kunstinstitut zu gelten, denn seine Vorführungen bestehen hauptsächlich in den Produktionen sogenannter Artisten und anderer auf derselben Stufe stehender Künstler niederer Art; ein höheres Interesse der Kunst oder Wissenschaft waltet hierbei nicht ob. Die Kapelle hat diese Vorführungen musikalisch zu begleiten. Es werden von ihr zwar auch selbständig einige Musikstücke vorgetragen, dieselben dienen aber im wesentlichen nur dazu, die Zwischenpausen zwischen den übrigen Programmnummern auszufüllen. Auf den Umstand, daß auf den vom Beklagten eingereichten Programmen viele klassische Werke, und zwar anscheinend als Hauptnummern mitfigurieren, darf kein Gewicht gelegt werden, denn einmal kommt es in der Kunst bekanntlich weniger auf das „Was“ als auf das „Wie“ an, und ferner wird jeder Besucher des Hansatheaters den Eindruck gewinnen, daß diese musikalischen Vorträge gegenüber den übrigen allabendlichen Vorführungen keine große Rolle spielen und daß ihnen daher auch vom Publikum wenig Beachtung geschenkt wird. Der Charakter des Hansatheaters bleibt also trotz der musikalischen Unterbrechungen ein sogenanntes Spezialitäteninstitut, bei dessen Vorführungen ein „höheres Kunstinteresse“ (nach den Motiven zur GO. gleichbedeutend mit „wirkliches Kunstinteresse“, vgl. Landmann, Kommentar, Anm. 4 zu § 33a) nicht obwaltet. Wenn also die Mitglieder der Kapelle wirklich im stande sein sollten, wirkliche Kunst zu üben, was ja garnicht bestritten zu werden braucht, so haben sie doch im vorliegenden

Falle ihre Kräfte in den Dienst der niederen Kunstgattung gestellt, denen der animus lucri faciendi (nach Seydel, Gewerbepolizeirecht) ausschließlich seinen Stempel aufdrückt. Sie werden demnach, so lange sie in direktem Engagement dieses Gewerbebetriebes stehen, als Gehilfen desselben zu betrachten, und somit Arbeiter im Sinne des Tit. 7 der GO. sein. Zum Überfluß mag noch darauf hingewiesen werden, daß das Gehalt der Kläger durchschnittlich nur 135 Mk. pro Monat beträgt. Viele Handwerksgesellen und Arbeiter verdienen dasselbe und mehr; die Gagen wirklicher Künstler sind viel höher. („Gewerbegericht" Jg. 4, Sp. 142).

## 35. Ist das GG. zuständig für Ansprüche einer Drahtseiltänzerin?

Urteil des GG. Dortmund vom 11. November 1896 und des Kgl. Landgerichts daselbst vom 17. Februar 1897.

Klägerin trat im Reichshallentheater des Beklagten als Artistin auf. Ihre Tätigkeit bestand im Balanzieren von Eisenstangen und Gewichten auf einem nicht gespannten Drahtseil. Sie beansprucht Entschädigung wegen widerrechtlicher Entlassung.

Das GG. hat sich für zuständig erklärt. Die Berufung des Beklagten ist verworfen.

Aus den Gründen 1. Instanz: Nach § 1 des Gesetzes, betr. die GG., vom 29. Juli 1890, sind diese Gerichte zuständig für die Entscheidung von gewerblichen Streitigkeiten zwischen Arbeitern und Arbeitgebern. § 2 (jetzt 3) des Gesetzes bestimmt, daß als Arbeiter diejenigen Gesellen, Gehilfen, Fabrikarbeiter und Lehrlinge gelten, auf welche der Tit. 7 der GO. Anwendung findet. Im Tit. 7 der GO. ist aber der Kreis derjenigen Personen, auf welche diese Bestimmungen sich beziehen, nicht genau umschrieben; die Überschrift des Titels „Gewerbliche Arbeiter (Gesellen, Lehrlinge, Betriebsbeamte, Werkmeister, Techniker, Fabrikarbeiter)" ist nicht erschöpfend; vielmehr unterliegen dem Tit. 7 der GO. alle diejenigen, welche der Klasse der gewerblichen Arbeiter im weitesten Sinne angehören, — welche unter dem Begriff „gewerblicher" Gehilfe zusammengefaßt werden. (RGE. Zivils. 17 S. 90). Nun fällt aber nach allgemeiner Auffassung und allgemeinem Sprachgebrauch ein „Künstler" nicht unter den Begriff eines gewerblichen Gehilfen; das angerufene Gericht würde daher dann nicht zuständig sein, wenn die Klägerin beim Beklagten lediglich eine künstlerische Tätigkeit ausgeübt hat. Als Künstler sind jedoch, wie die erwähnte Entscheidung zutreffend ausführt, diejenigen Personen zu betrachten, deren Tätigkeit die ideale Bestimmung hat, dem Publikum einen teils die Sinne, teils den Geist und die Seele ergreifenden vorübergehenden Genuß zu bereiten (a. a. O. S. 91). Als Künstlerin in diesem Sinne kann aber die Klägerin nicht gelten, da weder ihre eigene Tätigkeit, noch überhaupt die vom Beklagten gegebenen Vorstellungen ein derartiges höheres Ziel verfolgen; sie muß als gewerbliche Gehilfin des Beklagten, der unzweifelhaft ein Gewerbe im Sinne der GO. ausübt, angesehen werden; sie unterliegt dem Tit. 7 der GO. und in Bezug auf den vorliegenden Rechtsstreit der ausschließlichen Zuständigkeit des angerufenen Gerichts.

Aus den Gründen 2. Instanz: Die Zuständigkeit des GG. liegt vor, da es sich um „gewerbliche Streitigkeiten zwischen Arbeitern und Arbeitgebern" (§§ 1, 2 des Reichsgesetzes vom 29. Juli 1890) handelt. Der Begriff „Arbeiter" bestimmt sich nach Tit. 7 der GO.; danach sind gewerbliche Arbeiter alle diejenigen Arbeiter, welche im Gewerbe ihre vorwiegende Beschäftigung finden. Solche künstlerische Leistungen und Schaustellungen, bei welchen ein höheres Interesse der Kunst oder Wissenschaft nicht obwaltet, vielmehr die Absicht des Gewinnes vorherrschend erscheint, sind im Sinne des Gesetzes „Gewerbe". (Schier, Kommentar zum allegierten Gesetze S. 14 und 15. („Gewerbegericht" Jg. 3, Sp. 137.)

## 36. Ist das GG. zuständig für Charakterkomiker, Bauchredner, Zauber- und Fesselkünstlerinnen?

Urteil des GG. Würzburg vom 5. Februar 1902 und des Landgerichts Würzburg vom 5. Juli 1902.

Das GG. hat sich für zuständig erklärt.

Aus den Gründen: Als Arbeiter im Sinne des GGG. gelten nach § 3 a. a. O. diejenigen Gesellen, Gehilfen, Fabrikarbeiter und Lehrlinge, auf welche der Tit. 7 GO. Anwendung findet. Daß ein Theater- oder Variété-unternehmen als Ganzes ein gewerbliches Unternehmen ist, darüber besteht in Theorie und Praxis kein Streit, denn die GO. befaßt sich in §§ 32, 33a ausdrücklich mit solchen Unternehmungen, auch ist nirgends ein Gesetz (vgl. § 6 a. a. O.) eine spezielle Ausnahme dieser Art vorgesehen. Anders ist dies bezüglich der Frage, ob die Künstler und Artisten, die bei solchen Unternehmungen beschäftigt sind, unter den Tit. 7 zu subsumieren sind; hier besteht eine große Zwiespältigkeit der Meinungen. Die Gegner der Zuständigkeit des GG. berufen sich darauf, daß man das Theaterpersonal nicht als Arbeiter bezeichnen könne, und daß es auch an einem Arbeitserzeugnis fehle. Dem ist entgegenzuhalten, daß die GO. zwar nicht mit ausdrücklichen Worten, wohl aber nach Sinn und Zusammenhang nur eigentliche künstlerische Tätigkeit aus ihrem Geltungsbereich ausschließt; die Jünger der „schönen Künste" sind in Anwendung des bezeichneten Prinzips keine gewerblichen Arbeiter, was die Motive ausdrücklich hervorhoben (vgl. Landmann, GO., 2. Aufl., Einleitung S. 30 litt. C). Dies trifft jedoch keinesfalls für sog. Artisten zu. Diese produzieren Hand- und sonstige Fertigkeiten, musikalische oder deklamatorische Erzeugnisse, welche keinen höheren künstlerischen oder wissenschaftlichen Wert haben; sie fallen somit in die eigentliche Geltungssphäre der GO. Die Angehörigen des Artistenberufs sind darüber auch selbst keineswegs im Zweifel. Nach ihrer sozialen Stellung überragen sie das Niveau der arbeitenden Klasse in den allerseltensten Fällen und der Artist sagt von sich selbst, daß er „arbeite". Von dem Mangel eines Arbeitserzeugnisses kann mit Grund nicht gesprochen werden; das Arbeitserzeugnis ist das Amusement des Publikums; das Erfordernis, daß das Arbeitserzeugnis etwas Greifbares sein müsse, ist in der GO. nirgends aufgestellt. Die in dieser Materie ergangenen Reichsgerichtsentscheidungen (vgl. Reger VIII, 28; XVII, 21) sind hierher nicht völlig einschlägig; gegenteilige Entscheidungen sind ergangen seitens des Kammergerichts (Reger XVIII, 34) und von einer Reihe ander deutscher Gerichte (vgl. „Bl. für Soziale Praxis" vom 28. Februar und 3. Juni 1895 und „Gewerbegericht" Jg. 1, S. 43, Jg. 3, S. 138).

Die gegen das Urteil eingelegte Berufung wurde durch Urteil des Kgl. Landgerichtes Würzburg zurückgewiesen.

Aus den Gründen: Die Zuständigkeit des GG. ist in § 3 GGG. geregelt. Nach § 3 Abs. I Z. 2 besteht die Zuständigkeit für Streitigkeiten über Leistungen aus dem Arbeitsverhältnisse. Nach § 2 des GGG. gelten als Arbeiter im Sinne des Gesetzes diejenigen „Gehilfen" u. s. w., auf welche der Tit. 7 der GO. Anwendung findet. Der Tit. 7 der GO. handelt von „gewerblichen Arbeitern" (vgl. § 121 u. f. GO.). Es fragt sich nun: Sind die Eheleute E. hinsichtlich der Tätigkeit, zu der sie für das „Eldorado" angeworben waren, als gewerbliche Arbeiter zu erachten? Bemerkenswert ist vor allem, daß die Eheleute E. sich selbst als gewerbliche Arbeiter bekannt haben, indem sie das GG. hier angegangen haben. Das Variété-Theater Eldorado gehört zu den Unternehmungen, auf welche § 33a GO. Anwendung findet und bei denen ein höheres Interesse der Kunst oder Wissenschaft nicht obwaltet. (Vgl. Wirschinger GO. (ausg. 1874) § 55 Anm. 158[2] und die dort all. p. Arbeiter-Versicherungsordnung vom 3. Juli 1868, Reg.-Bl. 1162.) Es kann daher auch die Tätigkeit der im Eldorado auftretenden „Artisten" ein solches Interesse nicht beanspruchen.

Gewerblicher Arbeiter (hier Gehilfe) ist derjenige, welcher dem Unternehmer zur Hervorbringung dessen hilft, was das betr. Gewerbe leisten soll. Die Eheleute E. haben sich für die Dauer ihrer Anwerbung verpflichtet, dem Tr. bei dessen gewerblichem auf Unterhaltung und Erheiterung des Publikums gerichteten Schaffen in den Grenzen ihres Könnens Hilfe zu leisten. Erst kürzlich wurde vom GG. in München ein Zirkusdirektor zur Zahlung einer Monatsgage von 300 Mk. an eine Bärenbändigerin verurteilt. Dies und die vom Berufungsangeklagten angeführten Entscheidungen zeigen, daß die Auffassung nicht neu ist, die Artisten eines Variété-Theaters als gewerbliche Arbeiter zu erklären.

## Zuständigkeit für technisches Theaterpersonal. (37–39.)

### 37. Ist ein Theatermeister Betriebsbeamter?

Urteil des GG. Stettin.

Das GG. erklärt sich für zuständig.

Aus den Gründen: Die Zuständigkeit des GG. ist gegeben, mag Kläger Theatermeister oder Beleuchtungsinspektor gewesen sein. In beiden Fällen ist der Kläger Betriebsbeamter mit unter 2000 Mk. Gehalt; er ist kranken- und invalidenversicherungspflichtig. Auch in der viel zitierten, die Krankenversicherungspflicht des Theaterpersonals betreffenden Entscheidung des Reichsgerichts vom 21. März 1887 (Entscheidungen in Zivilsachen Bd. 17 S. 86) ist nicht bezweifelt worden, daß das technische Personal (Theatermeister, Schnürbodenmeister, Beleuchter, Requisiteure und Garderobiers) von dem künstlerischen (Sänger, Schauspieler, Ballettänzer, Orchestermusiker) zu trennen sei. Nur auf letzteres findet die GO. keine Anwendung. Die Betriebsbeamten unterstehen der GO. und dem § 2 des GGG. (jetzt 3).

### 38. Ist der Theater-Maschinist Gewerbegehilfe?

Urteil des Amtsgerichts Stettin.

Das Amtsgericht erklärt sich für unzuständig.

Aus den Gründen: Der Kläger ist als gewerblicher Arbeiter zu erachten, denn er ist auf Grund eines Vertrages in einem gewerblichen Unternehmen für Zwecke des Gewerbebetriebes beschäftigt worden. Seine Tätigkeit, die der Erwärmung und Beleuchtung des ganzen gewerblichen Unternehmens diente, war ein wesentlicher Faktor bei der Ausübung des Gewerbebetriebes und ragt über den Rahmen eines bloßen Dienstboten-Verhältnisses weit hinaus. („Gewerbegericht" Jg. 5, Sp. 79.)

### 39. Ist das GG. zuständig für die Klage eines Theaterkassierers, der ein Monatsgehalt von 200 Mk. bezieht?

Urteil des Amtsgerichts Königsberg i. Pr. vom 29. März 1901.

Kläger ist von dem Beklagten, einem Theaterdirektor, als geschäftlicher Beistand und Verwalter des Kassenwesens gegen ein monatliches postnumerando zahlbares Gehalt von 200 Mk. engagiert. Er verlangt das am 1. Juni 1900 für den Monat Mai fällig gewesene Gehalt.

Der Beklagte rügt Unzuständigkeit des Gerichts.

Das Amtsgericht hat sich für unzuständig erklärt.

Aus den Gründen: Das angerufene Gericht erscheint unzuständig und das GG. zuständig. Dasselbe ist nämlich zuständig für gewerbliche Streitigkeiten zwischen Arbeitern einerseits und ihren Arbeitgebern, sowie zwischen Arbeitern desselben Betriebes.

Nach § 2 des Gesetzes vom 29. Juli 1890 gelten nur als Arbeiter im Sinne dieses Gesetzes

a) unbedingt: die gewerblichen Gesellen, Gehilfen, Fabrikarbeiter und Lehrlinge,

b) bedingt: Betriebsbeamte, Werkmeister und mit höheren technischen Dienstleistungen betraute Angestellte, sofern ihr Lohn oder Gehalt 2000 Mk. pro Jahr nicht übersteigt.

Kläger ist nun als Buchhalter im Theater nicht zu den mit der Leitung und Beaufsichtigung des Betriebes oder einer Abteilung desselben beauftragten Personen — der Kategorie ad b — zu zählen, sondern einfacher Gewerbegehilfe, da er mit dem eigentlichen Betriebe des Theaters nichts zu tun hat, sondern als Kassierer lediglich gewerbliche Hilfsdienste verrichtet. Es ist demnach ganz gleichgiltig, ob er ein Jahresgehalt von mehr als 2000 Mark bezieht, und es ist für ihn gemäß § 9 Absatz 1 cit. legis das GG. ausschließlich zuständig.

## 40. Ist das GG. für Angestellte in Fabrikkantinen zuständig?

Urteil des Landgerichts I zu Berlin.

Das GG. Berlin hat die Klage einer Kantinenköchin wegen Unzuständigkeit abgewiesen. Es ging davon aus, daß die Klägerin keine Gewerbegehilfin gewesen sei, weil die Kantine keinen Gewinn bringen, sondern nur der Bequemlichkeit und Wohlfahrt der Brauereiarbeiter dienen solle. Tatsächlich erfordert die Kantine Zuschüsse.

Auf Berufung der Klägerin hob das Landgericht die Entscheidung des GG. auf und wies die Sache in die Vorinstanz zurück.

Aus den Gründen: Hat die Tätigkeit der Klägerin auch nicht zu den technischen Verrichtungen des gewerblichen Brauereibetriebes gehört, so steht sie doch im engen Zusammenhange mit diesem Betriebe. Der Zweck der Kantine ist, den Brauereiarbeitern eine billige und gute Kost, sowie eine gewisse Bequemlichkeit zu bieten; das Institut hat also mittelbar den Zwecken des Brauereibetriebes gedient, es ist deshalb auch dem Gewerbebetriebe der Brauereigesellschaft zuzurechnen. („Gewerbegericht" Jg. 4, Sp. 59.)

## 41. Unterstehen Hausdiener der GO.?

Urteil des Landgerichts I zu Berlin, 4. Zivilkammer, vom 14. Dezember 1892.

Das Landgericht hält den Hausdiener für zum Gesinde gehörig, obwohl derselbe behauptet hatte, er sei auch für das Weingeschäft des Beklagten engagiert worden.

Aus den Gründen: Was die Behauptung betrifft, das vorliegende Rechtsverhältnis müsse nach der GO. beurteilt werden, so ist dies unzutreffend, da der Kläger selbst ausweislich des unangefochten gebliebenen Tatbestandes des erstinstanzlichen Urteils seine Klage nur darauf gestützt hat, daß er als „Hausdiener" engagiert worden sei. Ein Hausdiener aber ist, auch wenn er von einem Geschäftsmann eugagiert wird, als Gesinde im Sinne des § 1 der Gesinde-Ordnung anzusehen, sofern er nur zur Leistung gewisser häuslicher oder wirtschaftlicher Dienste verpflichtet ist. Dem gegenüber hätte der Kläger, um als Gewerbegehilfe oder Handlungsdiener angesehen werden zu können, darlegen müssen, daß er nicht zu häuslichen, sondern nur zu Zwecken des Geschäfts des Beklagten verpflichtet worden sei.

Dies hat er aber nicht getan. Demgemäß müssen auf ihn die Vorschriften der Gesindeordnung und nicht die der GO. zur Anwendung kommen.

### 42. Ist das GG. zuständig für das Küchenmädchen eines Restaurants?

Urteil d. GG. zu Frankfurt a. M.

Die Klägerin war bei einem Restaurateur als Küchenmädchen beschäftigt gewesen. Sie verlangte klagend einen Lohnrest. Der Beklagte wandte Unzuständigkeit des Gerichts ein, indem er ein von der Polizeibehörde ausgestelltes Gesindebuch der Klägerin vorwies.

Das GG. hat sich für zuständig erklärt.

Aus den Gründen: Die Frage der Unzuständigkeit wurde verneint, weil die Klägerin im Gewerbebetrieb des Beklagten beschäftigt gewesen war. An ihrer rechtlichen Stellung ändert nichts, daß sie im Besitz eines Gesindebuches ist. Deshalb kann der Beklagte sich überhaupt nicht auf die Bestimmung einer Gesindeordnung berufen, wenn auch die Frankfurter Gesindeordnung vom 25. März 1822 in § 2 zu dem Gesinde zählt: Köchinnen, Mägde, Kellner und Marqueurs in den Wirts- und Kaffeehäusern. Diese frühere landesrechtliche Bestimmung ist durch die GO. als außer Kraft gesetzt anzusehen. („Gewerbegericht" Jg. 1, Sp. 5.)

### 43. Ist die Büffetmamsell Gewerbegehilfin?

Urteil des Oberlandesgerichts Dresden vom 26. März 1901.

Die Frage ist bejaht.

Aus den Gründen: Die Tätigkeit der Büffetmamsell erstreckt sich regelmäßig, namentlich aber in großstädtischen Wirtschaften, wie sie hier in Frage kommen, nicht auf die Hauswirtschaft, sondern lediglich auf die Zwecke des Gewerbebetriebes, und man kann deshalb die Büffetmamsell nicht als Dienstboten, sondern muß sie als Gewerbegehilfin betrachten. (Annalen Bd. 22, S. 170.)

### 44. Ist das GG. zuständig für Klagen von Arbeitern gegen die Verwaltung städtischer, zur Befriedigung öffentlicher Aufgaben dienender Betriebe?

a) Urteil des Landgerichts Frankfurt a. M. vom 27. September 1899.

Das GG. ist für zuständig erklärt.

Aus den Gründen: „Es kann dahingestellt bleiben, ob der Betrieb der hiesigen städtischen Wasserwerke die Erzielung eines Überschusses bezweckt oder mitbezweckt. Auch wenn dies nicht der Fall sein sollte, würde gleichwohl anzunehmen sein, daß die vorliegende Streitigkeit eine gewerbliche Streitigkeit zwischen Arbeiter und Arbeitgeber (§ 1 GGG.) ist und gemäß § 3,1 (jetzt 4) der gewerbegerichtlichen Zuständigkeit unterfällt. Das genannte Gesetz läßt hinsichtlich der Frage, wer als gewerblicher Arbeitgeber anzusehen, nicht unbedingt den Gesichtspunkt ausschlaggebend sein, daß das betreffende Unternehmen auf Gewinnerzielung berechnet sein müsse. Dies ergibt sich daraus, daß bei Beratung des Gesetzes die ursprüngliche Absicht des Gesetzgebers, die gewerbegerichtliche Zuständigkeit auf Streitigkeiten zwischen den Vorständen der Reichs- und Staatsdruckereien und der staatlichen Münzanstalten (Unternehmungen, bei denen die Absicht der Gewinnerzielung keine Rolle spielt) und den in diesen Betrieben angestellten Arbeitern nicht zu erstrecken, aufgegeben und die darauf bezügliche Bestimmung des Gesetzentwurfes in der ausgesprochenen Intention gestrichen worden ist, daß auch diese Streitigkeiten zur Kompetenz der GG. gehören sollen. Das nämliche muß nach dem Sinne des Gesetzes gelten bezüglich der Streitigkeiten zwischen Arbeiter und Arbeitgeber in denjenigen wirtschaftlichen Unternehmungen der Gemeinden, die, wenngleich nur zur Förderung öffentlicher Interessen, nicht zur Gewinnerzielung bestimmt, doch nach der Art ihres Gegenstandes und ihrer Einrichtung je nach Lage der Verhältnisse zur Gewinnerzielung geeignet sind, sich zufolge ihrer Organisation wie industrielle

Unternehmungen präsentieren und deshalb, wenn von Privaten betrieben, ohne weiteres als gewerbliche Unternehmungen angesprochen werden würden. Es fehlt in der Tat an einem inneren Grunde, weshalb der Gesetzgeber beabsichtigt haben sollte, die Streitigkeiten aus solchen wirtschaftlichen Unternehmungen, in welchen das Verhältnis zwischen Arbeiter und Arbeitgeber demjenigen in den auf Gewinnerzielung berechneten Unternehmungen durchaus analog ist, der gewerbegerichtlichen Zuständigkeit zu entziehen." („Gewerbegericht" Jg. 5, Sp. 75.)

b) Urteil des GG. Berlin vom 7. Juni 1894.

Das GG. hat sich für unzuständig erklärt.

— — — Es bleibt zu prüfen, ob die städtische Desinfektionsanstalt, oder richtiger die Stadtgemeinde Berlin durch ihre Desinfektionsanstalt ein Gewerbe betreibt. — —

Der Umstand, daß die Desinfektionsanstalt ein kommunales Institut ist, könnte an sich ihr den Charakter des Gewerbebetriebes nicht nehmen. Denn ebenso wie bei Veranstaltungen des Staates und anderer öffentlicher Verbände kann auch bei solchen der Gemeinde, selbst wenn öffentliche Interessen eine Mitberücksichtigung gefunden haben, die Absicht der Gewinnerzielung eine vorwiegende sein. Man denke nur an Brauereien, Druckereien, Gasanstalten 2c. (A. A. Laband, „Deutsches Staatsrecht" 2. Aufl., 2 S. 203.)

Anders liegt die Sache bei Betrieben von Korporationen, die dem öffentlichen Interesse oder der Erfüllung von Hoheitsaufgaben dienen, wie staatliche Münzanstalten, kommunale Wasserversorgungsanstalten, Krankenhäuser 2c. Sie werden selbst dann nicht zum Gewerbebetrieb, wenn für die gewährten Leistungen ein Entgelt gefordert, eine Gebühr erhoben wird. Hieran kann nichts ändern, daß zufällig und in einzelnen Jahren die Einnahmen solcher Anstalten größer sind, als die Selbstkosten (Schenkel, „Die deutsche Gewerbeordnung" 2. Aufl. 1892 Bd. 1 S. 13f.).

Was nun die städtische Desinfektionsanstalt anbelangt, so erhellt bis zur Evidenz, daß dieselbe eine gewerbliche Anlage nicht ist, wenn man die Bestimmungen des durch die Allerhöchste Kabinetsordre vom 8. August 1835 genehmigten und mit dem Befehle der Befolgung durch jedermann bestätigten und in der Gesetzsammlung publizierten Regulativs über die sanitätspolizeilichen Vorschriften bei den am häufigsten vorkommenden ansteckenden Krankheiten und die darauf basierten Vorschriften der Polizei-Verordnung des Berliner Polizeipräsidenten vom 7. Februar 1887 (Amtsblatt S. 69), sowie die sich daran lehnenden Bekanntmachungen des Polizeipräsidenten über die zur Ausführung der Desinfektion bestimmten Personen vom 8. Februar 1887 und 24. Juli 1890 (Amtsblatt S. 301) betrachtet.

Der § 20 des Regulativs vom 8. August 1835 macht nämlich die Errichtung von Desinfektionsanstalten den Sanitätskommissionen zur Pflicht. Die auf die Desinfektion bezüglichen Anordnungen erfolgen in allgemeinem sanitätspolizeilichem Interesse in Ausübung des Staatshoheitsrechts der Wohlfahrtspolizei.

Die Bekanntmachung vom 8. Februar 1887 benennt als „zur Ausführung der Desinfektion verpflichtet jeden geprüften Heildiener und jede amtlich als Desinfektor bezeichnete Persönlichkeit". Die Bekanntmachung vom 24. Juni 1890 besagt endlich: „Um die für den erstrebten Erfolg unerläßlich erforderliche Gleichzeitigkeit der Desinfektion nach beiden Richtungen hin (nämlich der Krankenräume und der infizierten Gebrauchsgegenstände) sicherzustellen, haben die städtischen Behörden eine ausreichende Anzahl zuverlässiger Personen, nach vorheriger praktischer Ausbildung in der Ausführung der Desinfektion von Wohnungen und staatlicher Prüfung auf ihre Leistungsfähigkeit als städtische Desinfektoren angestellt. Infolgedessen bestimme ich, daß die Desinfektion — lediglich von den beamteten städtischen Desinfektoren auszuführen ist."

Kann hiernach nicht zweifelhaft sein, daß die Stadtgemeinde Berlin die Desinfektionsanstalt nur unterhält, um einer publizistischen Pflicht zu entsprechen, nicht aber dieselbe um des Erwerbes willen betreibt, so kann demgegenüber nicht in die Wagschale fallen, daß für die von der Anstalt bewirkten Desinfektionen von Wohnungen und beweglichen Sachen nach der Bekanntmachung vom 26. Juni 1890 Gebühren gezahlt werden sollen. Denn die Gebühren werden von Unbemittelten nicht erhoben bezw. den Umständen nach erlassen, ihre Erhebung also ähnlich, wie die von Kommunalsteuern, behandelt. Sie haben lediglich den Charakter von Beiträgen. —

Die Stadtgemeinde würde die Desinfektionsanstalt selbst für den Fall in ordnungsmäßigem Stand zu erhalten verpflichtet sein, daß die durch sie erzielten Einnahmen durch die erforderlichen Ausgaben auf das erheblichste übersteigen würden, so daß nicht nur nicht eine Gewinnerzielung, sondern ein bedeutendes Verlustresultat sich ergäbe. —

Die Klage eines Angestellten der Desinfektionsanstalt auf Gewährung eines Schadensersatzbetrages wegen kündigungsloser Entlassung kann demnach vor dem GG. nicht zum Austrag gebracht werden. (Unger Nr. 157.)[1]

## Abgrenzung zwischen Arbeitern und selbständigen Unternehmern. (45–52.)

### 45. Wird die Arbeiterqualität dadurch beseitigt, daß der Arbeitnehmer gegen Entschädigung das Werkzeug stellt?

Urteil des GG. Frankfurt a. M.

Die Kläger haben bei der beklagten Firma mit einem Schelch gearbeitet, um den bei einem Schleusenbau in der Nähe von O., der von der Beklagten übernommen war, gebaggerten Kies fortzuschaffen. Sie bezogen 18 Mk. für den ganzen Tag, wovon sie sich jeder 5 Mk. Lohn den Tag und der Kläger L. Sch., der Eigentümer des Schelchs ist, 8 Mk. für Reparatur- und Unterhaltungskosten des Schelchs rechnen. Sie verlangen Entschädigung wegen Entlassung ohne Kündigung. Die Beklagte hat die Einrede wegen Unzuständigkeit des GG. erhoben, indem sie geltend gemacht hat, die Kläger seien selbständige Unternehmer.

Als unstreitig ist zwischen den Parteien folgendes festgestellt: Der Kläger L. Sch. ist Eigentümer eines Schelchs, welcher neu 1200 bis 1500 Mk. kostet und den er für den Preis von 500 Mk. im gebrauchten Zustande erworben hat. Mit diesem Schelch sucht der Kläger L. Sch. unter Zuhilfenahme seines Bruders, des Klägers M. Sch., seinen Erwerb. Unter anderem schöpfen die beiden Kläger, wenn sich Gelegenheit dazu bietet, Mainsand an verschiedenen Orten des Flusses, den sie nach Transport an geeigneten Stellen verkaufen. Im vorliegenden Falle sind die beiden Kläger angenommen worden, um den bei den Schleusenbauten der Beklagten gewonnenen Kies fortzuschaffen. Sie haben täglich drei und mehr Fuhren gemacht, je nachdem die Abladungsstelle von der Baggerstelle entfernt war. Der Ort, wohin der Kies gefahren werden mußte, war ein verschiedener und wurde jeweils von der Beklagten bezw. ihren Angestellten bestimmt. Teilweise wurde der Kies zu einem Schleusenbau an andrer Stelle, teilweise zu einem Dammbau an dritter Stelle verwendet. Die Arbeitszeit für die Kläger war von 6 bis 7 Uhr. Die Zahlung des vereinbarten Betrages erfolgte alle 14 Tage. Zur Krankenversicherung und Invaliditäts- und Altersversicherung waren die Kläger seitens der Beklagten nicht angemeldet. Jedoch hatten sie ihre Invalidenkarten im Bureau der Beklagten abgeben müssen.

Das GG. hat sich für zuständig erklärt.

Aus den Gründen: Der Begriff des Arbeitnehmers ist in der GO. nicht definiert. Dieser Begriff wird deshalb für den Rahmen dieses Gesetzes aus allgemeinen Gesichtspunkten hergeleitet werden müssen. Dabei wird man sagen können, daß „Arbeitnehmer derjenige ist, welcher seine Arbeitskraft einem Anderen

[1] Vgl. auch Nr. 21 (Friedhofsverwaltung).

(Unternehmer) gegen eine im voraus ohne Rücksichtnahme auf die weiteren Schicksale des Arbeitsproduktes festgesetzte Vergütung (Arbeitslohn) überläßt, während der Unternehmer über das Arbeitsprodukt verfügt und den über die Produktionskosten gegebenen Wert als Unternehmer bezieht.“ (Vgl. Schönberg, Volkswirtschaftslehre, 3. Aufl. Bd. 1 S. 61.) Der Arbeitnehmer befindet sich somit, was seine Arbeitsleistungen anbetrifft, in Abhängigkeit gegenüber dem Arbeitgeber. Im vorliegenden Falle haben nun unzweifelhaft die beiden Kläger ihre Arbeitskraft der Beklagten voll zur Verfügung gestellt, indem sie in einer bestimmten Arbeitszeit von morgens früh bis abends zur Disposition der Beklagten sein mußten. Ihre Arbeiten hatten sie genau nach Angabe der Angestellten der Beklagten auszuführen, andere Arbeiten als die ihnen von der Beklagten übertragenen durften sie gleichzeitig nicht übernehmen. Sie bezogen dafür nicht mehr als einen, wenn auch hohen Tagelohn, der ihnen wie üblich alle zwei Wochen ausgezahlt wurde. Demnach konnte ein Bedenken an sich nicht dagegen bestehen, daß die Kläger der Beklagten gegenüber als Arbeitnehmer dastanden. Das Bedenken ergibt sich erst, wenn in Erwägung gezogen wird, daß neben dem Tagelohn von 5 Mk. dem Kläger L. Sch. auch noch der Betrag von 8 Mk. den Tag für Benutzung des Schelchs zufiel, so daß sich das Verhältnis eventuell so denken ließ, der Kläger L. Sch. sei selbständiger Unternehmer gewesen, und der Kläger M. Sch. habe in seinem und nicht der Beklagten Dienst gestanden. Dieses Bedenken erweist sich jedoch als hinfällig. Denn es ist eine Erscheinung, die öfter vorkommt, daß der Arbeitnehmer dem Arbeitgeber außer seiner Arbeitskraft nebenbei Werkzeug zur Verfügung stellt und dafür eine besondere Entschädigung erhält. Dies kommt z. B. vor bei den Bildhauern, die wertvolle Werkzeuge mit zur Verfügung halten müssen, in der Schreinerei und den optischen Fabriken. Es geht dieser Gebrauch hinunter bis zur Gestellung von Schippe bei Tagelöhnern und des Speiszubers bei den Maurern. Wird in solchem Falle der bestimmte Wochenlohn gezahlt, so tritt die eventuelle Entschädigung für Gestellung des Werkzeugs ohne weiteres in Erscheinung. Anders ist es beim Akkordvertrag, bei dem vielfach dann schon Zweifel sein können, ob es sich nicht um ein übernommenes Werk handelt. Hierbei ist der Betrag, der zutreffendenfalls für gestelltes Werkzeug zu rechnen ist, nach Schätzung zu greifen. So liegt es vorliegend. Der Kläger L. Sch. rechnet sich den Betrag von 8 Mk. für die Gestellung des Schelch. Erwägt man hierbei, daß Reparaturkosten und Verzinsung des genannten Kaufpreises nebst Abnutzung in Rechnung gestellt werden müssen und der Schelch nicht das volle Jahr über benutzt werden kann, so ist der Betrag nicht zu hoch, als daß man in ihm bereits einen Unternehmergewinn finden müßte. Die Verzinsung eines bestimmten Kapitals enthält einen Unternehmergewinn an sich noch nicht. Vielmehr läßt sich dieser Betrag unter Zugrundelegung der oben angeführten Momente lediglich als Entgelt für Gestellung des Schelchs betrachten. Ist dies aber der Fall, so fällt das Bedenken, welches gegen die Arbeitereigenschaft der Kläger erhoben werden kann, fort, da sie dann nur wie jeder andre Arbeiter zu einem bestimmten Tagelohn in Diensten der Beklagten gestanden haben.

Für die Arbeitereigenschaft der Kläger spricht zudem die Zahlung des Lohnes alle 14 Tage und die Annahme der Invalidenkarte. Letztere ist zunächst nur im Besitz von Arbeitnehmern und wird gewohnheitsmäßig beim Eingang eines Arbeitsverhältnisses vom Arbeitgeber eingefordert. Daß die Kläger, wenn sie nicht in einem festen Arbeitsverhältnis standen, den Schelch und ihre Arbeitskraft anderweitig verwerteten und selbständig Kies schöpften, kann ihre Arbeitereigenschaft im einzelnen Falle nicht berühren. Die Sachlage würde sich selbst dann noch nicht ändern, wenn der Kläger M. Sch. von dem Kläger L. Sch. in Arbeit angenommen wäre, da es häufig vorkommt, daß ein Vorarbeiter, Parlier o. dergl. Arbeiter selbständig einstellen darf.

Dieses Urteil ist in der Berufungsinstanz bestätigt worden.

Aus den Gründen 2. Instanz: Die Frage, ob eine Person als Arbeiter oder Unternehmer anzusehen ist, ist aus allgemeinen Gesichtspunkten zu entscheiden, und ist hierbei das ganze Verhältnis zu dem Arbeitgeber wie die Art der Arbeit und endlich auch die ganze soziale Stellung der betreffenden Person in Betracht zu ziehen. Was zunächst das Abhängigkeitsverhältnis angeht, in welchem die Kläger zu der Beklagten gestanden haben, so kann es keinem Zweifel unterliegen, daß es derartig ist, wie solches regelmäßig zwischen Arbeiter gegenüber ihrem Arbeitgeber bezw. Unternehmer besteht. Dabei kann es dahingestellt bleiben, ob beide Kläger direkt von der Beklagten engagiert worden sind, oder ob M. Sch. nur durch seinen Bruder zur Arbeit mitgebracht worden ist. Denn alsdann würde M. Sch. jedenfalls als gewöhnlicher Arbeiter anzusehen, also die Zuständigkeit für ihn begründet sein und es bliebe nur die jetzt nicht zu prüfende Frage bestehen, ob er materielle Ansprüche gegen den Mitkläger oder gegen die Beklagte hat. Die Arbeitsstellung der letzteren gegenüber war übrigens für beide die gleiche. Sie waren verpflichtet, wie gewöhnliche Arbeiter mit ihrer ganzen Arbeitskraft der Beklagten zur Verfügung zu stehen und ohne Rücksicht auf ihre eigene Bestimmung den Kies wegzufahren, wenn solcher in genügender Menge ausgebaggert war. Ob gerade ausdrücklich eine feste Arbeitszeit ausbedungen worden ist oder nicht, kann dahingestellt bleiben: auf jeden Fall waren es nicht die Kläger, welche Zeit, Dauer und Art ihrer Arbeit bestimmten, vielmehr waren sie durchaus abhängig von den Verfügungen und Anweisungen der Beklagten. Sie lieferten ferner der Beklagten für die vereinbarte Vergütung nicht etwa ein fest bestimmtes Arbeitsprodukt, sondern stellten lediglich für den Arbeitstag ihre Dienste der Beklagten zur Verfügung, die Bezahlung erfolgte nicht entsprechend dem geleisteten Arbeitserfolg, sondern nach festem Tagessatze in vierzehntägigen Zeitabschnitten, wie es bei Arbeitern üblich ist. Wenn auch seitens der Beklagten ein verhältnismäßig hoher Lohn gezahlt wurde, so geht derselbe dennoch, wenn man berücksichtigt, daß in demselben die Entschädigung für Benutzung des Schelchs einbegriffen ist, nicht erheblich über den Durchschnitt des der Arbeit entsprechenden Lohnes hinaus. Auch ist die in demselben enthaltene Vergütung für die Benutzung des Schelchs, wie der erste Richter zutreffend auf Grund der Sachkunde des GG. ausführt, immerhin in den Grenzen bemessen, daß dieselbe wohl ein angemessenes Entgelt darstellt, nicht aber Unternehmergewinn einschließt. Übrigens würde das Vorhandensein eines Unternehmergewinnes für sich allein die Arbeitereigenschaft der Kläger nicht notwendig ausschließen. Denn auch sonst kommen Verhältnisse vor, in denen ein Arbeiter (z. B. ein Parlier, Ziegelmeister) trotz Bestehens von Unternehmervorteilen die Eigenschaft eines Arbeiters nicht verliert. Wird nur die Art der von den Klägern geleisteten Arbeit geprüft, so weist auch sie darauf hin, daß dieselben nicht als selbständige Unternehmer bei der Beklagten gearbeitet haben. Dieselben stellten nicht etwa durch ihre Tätigkeit ein Produkt höherer Art dar, es handelte sich vielmehr nur um ganz gewöhnliche Handarbeit, welche irgend welche besonderen Fähigkeiten und Kenntnisse nicht erforderte.

Endlich ist in Betracht zu ziehen, daß die Kläger, wie die obrigkeitlichen Armutsatteste, auf Grund deren denselben das Armenrecht bewilligt worden ist, ergeben, ihrer ganzen sozialen Stellung nach offenbar der Klasse der unselbständig beschäftigten Personen angehören. Läge nur die eine oder andre der hier festgestellten Tatsachen vor, so könnte die Entscheidung zweifelhaft erscheinen. („Gewerbegericht“ Jg. 4, Sp. 95.)

## 46. Ist das GG. zuständig für den Garderobier eines Schankwirts?

**a) Urteil des Landgerichts I zu Berlin, Zivilkammer 8, vom 21. März 1899.**

Der Kläger ist vom 21. Januar 1898 bis zum 26. Dezember 1898 bei dem Beklagten in dessen Restaurationsbetriebe als Garderobier beschäftigt gewesen. Er hatte bei den in dem Lokal des Beklagten stattfindenden Festlichkeiten für die Aufbewahrung der von den Gästen abgegebenen Kleidungsstücke zu sorgen. Er hatte hierzu das nötige Hilfspersonal zwar selbst zu stellen, jedoch bestand dies lediglich, wie er auch dem Beklagten beim Engagement mitteilte, aus seiner Frau und seiner Tochter. Als Entgelt erhielt er vom Beklagten für jedes abgegebene Kleidungsstück 5 Pf., die er sich abends bei der Ablieferung der Kasse von den erhaltenen Garderobengeldern abzog. Sein Verdienst belief sich im Winter, wo er fast täglich bei dem Beklagten zu tun hatte, auf durchschnittlich 60 Mk. in der Woche, während er in den Sommermonaten erheblich geringer war. Wenn er auch nun nebenbei noch als Schneider und als Bote für die in dem Lokal des Beklagten tagenden Vereine etwas verdiente, so war doch seine Tätigkeit als Garderobier bei dem Beklagten seine hauptsächlichste Beschäftigung und Erwerbsquelle.

Am 26. Dezember wurde er von dem Beklagten entlassen, weil er sich trotz der ausdrücklichen Aufforderung des Beklagten geweigert hatte, einem Gast, der ein Kleidungsstück vermißte, den Eintritt in den Garderoberaum zu gestatten, und dabei bemerkte, er könne sonst nicht für die Garderobe aufkommen, der Beklagte müsse dann die Garderobe selbst besorgen.

Der Kläger klagt auf 120 Mk. Lohnentschädigung für 2 Wochen.

Das GG. hat sich für zuständig erklärt.

Die Berufung des Beklagten ist zurückgewiesen.

Aus den Gründen: Die Tätigkeit des Klägers bei dem Beklagten ist als eine gewerbliche anzusehen; denn er hat sie fast ein ganzes Jahr hindurch, wenn auch mit einigen Unterbrechungen, mit der Absicht auf Erwerb ausgeübt und auch seine Haupteinnahmen daraus erzielt. Es fragt sich nur, ob er hierbei als selbständiger Unternehmer oder lediglich als gewerblicher Arbeiter des Beklagten tätig gewesen ist. Nach der Lage des Falles war der Kläger nur gewerblicher Arbeiter.

Das Abnehmen und Aufbewahren von Garderobenstücken ist eine derart einfache und untergeordnete Tätigkeit, auch ist sie in der Art der Ausführung derart beschränkt, daß für den Kläger irgend welche Freiheit in seinen Entschließungen oder eine gewisse Selbständigkeit in seinen Anordnungen oder Verfügungen ausgeschlossen ist. Der Kläger hatte vielmehr lediglich nach einem Schema zu verfahren Der Kläger hatte allerdings seine Arbeitskraft nicht ausschließlich dem Beklagten zur Verfügung gestellt, er hatte nebenbei als Schneider und Vereinsbote Beschäftigung gehabt. Es kommt aber auf den Umfang und die Dauer der Beschäftigung nicht an. Auch wer nur für kurze Zeit oder für eine bestimmte Arbeit angenommen ist, kann gewerblicher Arbeiter sein. Ebensowenig macht den Kläger die ihm obliegende Verpflichtung, für das nötige Hilfspersonal selbst zu sorgen, zum selbständigen Gewerbetreibenden. Es kommt vielmehr häufig vor, daß ein Gewerbetreibender einer anderen Person in Akkord oder gegen Stücklohn eine größere Arbeit überträgt, es ihr überlassend, das nötige Hilfspersonal, Maschinen u. s. w., für eigene Rechnung zu beschaffen. Vorliegendenfalls hat außerdem das „Hilfspersonal" in der Familie des Klägers bestanden; schon hierdurch zeigt sich deutlich, daß der Kläger kein Unternehmer, der besonders geschulte Hilfskräfte einstellt, gewesen ist. Nun behauptet der Beklagte zwar, daß der Kläger die Verantwortlichkeit für die abgegebenen Kleidungsstücke zu tragen gehabt habe. Aber selbst wenn diese Behauptung, die der Kläger bestreitet, richtig sein sollte, würde hierin eine besondere Verantwortung für die Ausführung der Arbeit nicht gefunden werden können, die den Kläger zum selbständigen Gewerbetreibenden macht. Denn die Verpflichtung, auf die abgegebenen und von ihm aufbewahrten Sachen achtzugeben, liegt auch dem ob, der nur als gewerblicher Arbeiter angestellt ist. Endlich läßt sich auch aus der Höhe und der Art des gewährten Entgelts nichts für die Behauptung des Beklagten entnehmen, daß der Kläger als selbständiger Unternehmer wie der Theatergarderobier anzusehen sei. Einmal sind die Theatergarderobiers nicht zu den selbständigen Unternehmern, sondern zu den gewerblichen Arbeitern zu rechnen. (Haas, Kommentar zum Gesetz betr. die GG.,

S. 25.) Sodann stellt sich auch der Preis von 5 Pf. für jedes abgegebene Kleidungsstück gegenüber dem oft das Fünffache betragenden Garderobengeld des Gastes lediglich als eine Vergütung für die aufgewendete Arbeitskraft und nicht als Unternehmergewinn dar. Ein Risiko konnte der Kläger nach der mit dem Beklagten vereinbarten Zahlungsweise nicht davontragen. Dies wäre nur dann möglich gewesen, wenn der Kläger für die Überlassung der Garderobeneinnahmen eine bestimmte Summe an den Beklagten zu zahlen gehabt hätte, so daß sich für ihn je nach dem mehr oder weniger zahlreichen Besuch ein Überschuß oder ein Ausfall ergeben hätte. Ist der Kläger aber hiernach als gewerblicher Arbeiter anzusehen, so finden auch auf ihn die Bestimmungen des Tit. 7 der GO. Anwendung. Demnach ist einerseits die Zuständigkeit des GG. gegeben, andererseits hatte der Kläger einen Anspruch auf vierzehntägige Kündigung.

Den Anspruch auf Entschädigung für die sofortige Entlassung hat der Kläger auch durch sein Verhalten nicht verwirkt.

Ein Entlassungsgrund wäre nach § 123 Nr. 3 der GO. dann gegeben, wenn der Kläger sich beharrlich geweigert hätte, seinen Verpflichtungen nachzukommen. Eine beharrliche Verweigerung ist aber darin noch nicht zu erblicken, daß der Kläger trotz der Aufforderung des Beklagten dem Gast den Eintritt in den Garderobenraum nicht gestattet hat. Sie würde erst vorliegen, wenn der Beklagte den Befehl vergeblich wiederholt hätte. Hierzu ist es aber nicht gekommen, da der Beklagte sofort mit dem Gaste den Garderobenraum betreten hat, um selbst nach dem Kleidungsstück zu suchen. („Blätter für Rechtspflege" Jg. 1899, S. 37).

**b)** Urteil des Oberlandesgerichts Marienwerder vom 20. März 1899.

Das Landgericht hatte die Klage der Garderobiere, welche die Garderobe des Saalbesitzers für 1500 Mk. gepachtet hatte, wegen Zuständigkeit des GG. abgewiesen. Die Berufung der Klägerin ist zurückgewiesen.

Aus den Gründen: Beim Abschlusse des Vertrages ist es für den Beklagten die Hauptsache gewesen, seinen jedesmaligen Festsaalgästen eine Garderobe bieten zu können; denn ohne eine solche ist eine Benutzung der Festsäle durch Gäste überhaupt unmöglich, und auf die Benutzung dieser Festsäle durch Gäste zu dem Zwecke, sich eine ergiebige Einnahmequelle zu verschaffen, ist es dem Beklagten angekommen. Wenn es den Gebrauch, Garderobegelder zu verabfolgen, nicht gäbe, so würde der Bellagte ganz ebenso eine Garderobe geschaffen haben, da eine solche zum Betriebe der Festsäle erforderlich ist. Es folgt daraus, daß er nun, da einmal die Einrichtung der Garderobegelder besteht, aus diesen nur eine Nebeneinnahme zu ziehen beabsichtigt haben kann. Hauptzweck ist und bleibt der Betrieb der Festsäle, mit welchem der Garderobebetrieb eng verbunden ist. Wenn der Beklagte nun den Garderobetrieb einem andern überlassen hat, so ist dieser bei ihm, dem Beklagten, in dessen Hauptbetriebe, nämlich dem der Festsäle, als Gehilfe tätig. Die Überlassung der Garderoberäume stellt sich nicht als eine Vermietung dar: sie ist vielmehr eine Voraussetzung für die Möglichkeit des Garderobebetriebes, denn ohne diese Überlassung wäre es dem Garderobeübernehmer nicht möglich gewesen, seiner übernommenen Verpflichtung bezüglich der Garderobe nachzukommen. Die Klägerin ist zweifellos zum Aufenthalt in den Garderoberäumen nur so lange befugt, als dies zur geordneten Verwaltung der Garderobe erforderlich ist, sie hat weder Mietsbesitz noch Hausrecht. Es können daher auch die zu zahlenden 1500 Mk. als ein Mietszins nicht angesehen werden, der für die Überlassung der Garderoberäume zu zahlen ist; sie stellen sich vielmehr als ein Entgelt für das der Klägerin gewährte Recht dar, im Gewerbe des Beklagten die Garderobe in dessen Garderoberäume verwalten und dafür von den Festsaalgästen ein Garderobegeld, mag es nun ein festes Geld oder ein sogen. Trinkgeld sein, in Empfang nehmen zu dürfen.

Des Beklagten Hauptinteresse bleibt, trotz des von ihm ausbedungenen Entgeltes, nicht das Entgelt selbst, sondern eine gute für seine Gäste gemäß ihrer Gesellschaftsstellung und ihren berechtigten Ansprüchen zweckentsprechende Garderobeverwaltung. Zu diesem Behufe muß ihm auch eine stete Kontrolle der Garderobeverwaltung zustehen, und es liegt innerhalb seiner berechtigten Befugnisse, der Klägerin bis ins Detail hineingehende Anweisungen bezüglich des Empfangs, der Aufbewahrung, der Herausgabe von Garderobegegenständen, weiter bezüglich der Verhütung des Vertauschens, der Reinigung u. s. w. von Garderobesachen zu geben. Eine Selbständigkeit der Garderobe-Verwalterin im Gewerbebetriebe in dieser Hinsicht, die Möglichkeit, die Garderobe so zu leiten, wie sie selbst im Gegensatze zum Beklagten es wünschen möchte, wäre ein Unding, da doch der Beklagte, dem nicht die Garderobe, sondern der Betrieb der Festsäle die Hauptsache ist, befugt sein muß, ihm von den Festsaalgästen gerügte Mängel oder angemeldete Wünsche, die Garderobeverwaltung betreffend, abzustellen oder zu erfüllen. Der Beklagte ist und bleibt seinen Festsaalgästen gegenüber für eine geordnete Garderobeverwaltung verantwortlich.

## 47. Ist das GG. für Streitigkeiten zwischen dem Inhaber eines Dienstmannsinstituts und den einzelnen Dienstmännern zuständig?

Urteil des GG. Frankfurt a. M. vom 7. Mai 1896.

Das GG. hat sich für unzuständig erklärt.

Aus den Gründen: Zuständig sind die GG. nur für Streitigkeiten zwischen Arbeitgebern und Arbeitern. Ein solches Verhältnis hat zwischen den Parteien nicht bestanden. Wenn auch gemäß Nr. 5 des Statuts der „Schiebkärrcher-Anstalt" der Beklagte die Verpflichtung hat, den ihr unterstellten Schiebkärrchern möglichst Arbeit zu verschaffen, so vergibt sie die Arbeit jedoch nicht, sondern vermittelt sie nur. Man mag das Verhältnis der Anstalt zu ihren Schiebkärrchern als Garantie- oder Bürgschaftsverhältnis bezeichnen. Arbeitgeber bleibt im einzelnen Fall immer derjenige, der die Arbeit erteilt hat. Dieser zahlt auch den Lohn. Die Schiebkärrcher sind nicht einmal verpflichtet, mit dem Beklagten abzurechnen. („Gewerbegericht" Jg. 1, Sp. 29.)

## 48. Ist ein Schachtmeister Arbeiter, Werkmeister oder selbständiger Unternehmer?

Zwischenurteil des GG. zu Dortmund vom 23. Dezember 1896 und Entsch. des Kgl. Landgerichts daselbst vom 10. April 1897.

Kläger verlangt 1223,37 Mk. für geleistete Arbeit, Beklagter erhebt die Einrede der Unzuständigkeit des GG.

Das GG. hat sich für zuständig erklärt.

Aus den Gründen: Kläger ist als gewerblicher Arbeiter anzusehen. Er hatte zwar nach dem Vertrage allein Risiko und Gewinn, auch die Arbeiter im eigenen Namen anzunehmen, trotzdem ist er nicht selbständiger Unternehmer gewesen. Denn es ist in einzelnen Gewerben üblich, daß der Unternehmer einzelne Angestellte, welche eine gewisse Aufsicht zu führen haben, am Unternehmen in der Weise beteiligt, daß er nur für die wirklich geleistete Arbeit Akkordsummen bezahlt, sogen. Unterakkordanten. Im vorliegenden Falle besitzt Kläger auch keine Betriebsstätte, kein eigenes Werkzeug, sondern erhält dies sowie Material von dem Beklagten. Dieser versichert auch die Arbeiter auf seinen Namen, zieht dem Kläger die Versicherungsbeiträge ab und hat mit den Arbeitern schriftlichen Kündigungsanschluß vereinbart. Auch erhält Kläger von

**dem Beklagten den jedesmal fälligen Lohn für die Arbeiter zur Löhnung. Ein Gewerbe zur Steuer hat Kläger nicht angemeldet, seine Arbeiten wurden täglich von dem Beklagten revidiert. Überdies durfte Kläger andere Arbeiten nicht annehmen.**

**Auf die Berufung des Beklagten ist das Urteil aufgehoben und der Kläger wegen Unzuständigkeit abgewiesen.**

Aus den Gründen 2. Instanz: Kläger ist selbständiger Unternehmer, denn er hat vertraglich die selbständige Ausführung der für die Kanalisation erforderlichen Erdarbeiten, er verteilt selbständig die Arbeiten, und ohne Zutun des Beklagten engagiert und entläßt er eigenmächtig die Arbeiter. Er, Kläger, trägt die für den Arbeitgeber gesetzlich festgesetzten Beiträge zur Kranken- und Inv.-Alters-Versicherung. Daß Kläger durch Lieferung von Werkzeug und Materialien vom Beklagten unterstützt wurde, ist ohne Bedeutung, ebenso die Revision seitens des Beklagten. Den Ausschluß der Kündigung mit den Arbeitern hat Beklagter wahrscheinlich nur deswegen vereinbart, um Klagen derselben wegen unrechtmäßiger Entlassung zu entgehen. („Gewerbegericht" Jg. 4., Sp. 21.)

## 49. Ist ein Schlosseranschläger Arbeiter oder selbständiger Unternehmer?

Urteil des GG. Frankfurt a. M.

Das GG. hat sich für unzuständig erklärt.

Aus den Gründen: Die Parteien haben übereinstimmend erklärt, daß der Kläger eine eigene Werkstätte nicht habe. Er arbeite auf verschiedenen Bauten je nach Belieben, auch zu gleicher Zeit für verschiedene Arbeitgeber. Material bekomme er gestellt, wenn er auch das Werkzeug mitbringen müsse. Der Kläger habe die Berechtigung, Arbeiten, die nicht unmittelbar in sein Fach fallen, durch andere Arbeiter ausführen zu lassen.

Es war zunächst die Frage der Unzuständigkeit des GG. zu prüfen. Indem das GG. seine Zuständigkeit annahm, ging es von der Erwägung aus, daß der Kläger seiner ganzen wirtschaftlichen Stellung nach Arbeiter ist. Er arbeitet zu denselben Sätzen wie ein gewöhnlicher Arbeiter, der im Dienst und unabhängiger Stellung bei einem selbständigen Unternehmer sich befindet. Er bekommt das gesamte Material geliefert und hat keine eigene Werkstätte. An dieser seiner Stellung als unselbständiger Gewerbetreibender ändert nichts, daß der Kläger sein eigenes Werkzeug hat und daß er teilweise seine Arbeiten, soweit er sie nicht selbst ausführen kann, durch andere Arbeiter (Schreiner) ausführen lassen darf. Das Mitbringen von Werkzeug ist in vielen Betrieben eingeführt (Tagelöhner müssen ihre Schüppen mitbringen) und das Ausführen der übernommenen Arbeit durch andere Arbeiter besteht ebenfalls in einzelnen Betrieben (bei den Malern). Der Kläger hatte allerdings die Befugnis, nicht bloß für einen gewerblichen Unternehmer, sondern für mehrere gleichzeitig zu arbeiten. Doch dieses Moment kann für seine selbständige Stellung nicht angeführt werden, da das Fortschreiten derartiger Arbeiten, wie der Kläger sie übernimmt, von dem Fortschreiten anderer in dem Bau auszuführenden Arbeiten abhängt (Schreiner, Maurer u. s. w.). Diese Befugnis gibt vielmehr, da der Kläger nach dem Ausgeführten unselbständiger Arbeiter ist, ihm eine ähnliche Stellung wie dem Heimarbeiter, mit dem Unterschiede, daß der Heimarbeiter im Hause statt in der Werkstatt arbeitet, wogegen die Arbeiten des Klägers es mit sich bringen, daß er nicht zu Hause, sondern am dritten Orte tätig ist. („Gewerbegericht" 4. Jg., Sp. 25.)

## 50. Ist ein in einem Restaurant in sogen. Tonnenpacht stehender Buffetier Gewerbegehilfe?

### Urteil des GG. Berlin vom 23. Februar 1892.

Kläger ist vom Beklagten zum 1. Dezember 1893 als Buffetier engagiert. Er sollte als Entgelt für seine Leistungen keinen Lohn erhalten, sondern stand in sogen. Tonnenpacht, d. h. er sollte dem Beklagten für die Tonne Bier 70 Mk. zahlen, den aus dem glasweisen Verschänken des Bieres erzielten Überschuß als seinen Verdienst behalten. Am 1. Dezember wurde Kläger nicht eingestellt. Er verlangt daher eine 14tägige Entschädigung (pro Tag 8 Mk.).

Das GG. hat sich für unzuständig erklärt.

Aus den Gründen: Als notwendige Voraussetzung des Verhältnisses von „Arbeiter" dem Arbeitgeber gegenüber muß die Lohnzahlung angenommen werden. Der § 115 GO., welcher das sogen. Trucksystem verbietet, besagt ausdrücklich, daß die Gewerbetreibenden verpflichtet sind, die Löhne ihrer Arbeiter in Reichswährung zu berechnen und baar auszuzahlen. Desgleichen gibt § 124 zu 4 ibid. dem Arbeiter das Recht, die Arbeit sofort zu verlassen bei nicht gehöriger Lohnzahlung.

Demgegenüber charakterisiert sich die zwischen den Parteien getroffene Vereinbarung nicht als Arbeitsvertrag, sondern als ein Kaufvertrag. Der Kläger sollte das Eigentum an den betr. Tonnen Bier erwerben gegen Zahlung eines bestimmten Kaufpreises. Daß er nach dem Sinne des ganzen Vertrages gehalten war, das von ihm erworbene Bier zu einem bestimmten höheren Preise an die Gäste des Lokals des Beklagten abzugeben und daß er hiermit zugleich Funktionen im Interesse des Gewerbebetriebes des Beklagten vollzog, kann an der rechtlichen Charakterisierung des Vertragsverhältnisses nichts ändern. Eine Lohnzahlung war zwischen den Parteien überhaupt nicht vereinbart worden. Der von dem Kläger mit großer Wahrscheinlichkeit aus dem Weiterverkaufe des Bieres zu erzielende Verdienst kann auch nicht als eine verschleierte oder indirekte Lohnzahlung angesehen werden. Er leistete dem Beklagten nicht unmittelbar eine Arbeit innerhalb seines Gewerbebetriebes, welche eine Lohnzahlung überhaupt rechtfertigen würde, d. h., er war nicht „Arbeiter", wie dies der Tit. 7 der GO. im Auge hat und ausdrücklich besagt. Seine Tätigkeit gilt nur dem Vertriebe des von ihm verkauften, ihm gehörigen Bieres an die Gäste des Lokals. Diesen gegenüber war er Verkäufer, wie er für den Beklagten nur Käufer seines Bieres war. (Unger, Nr. 172.)

## 51. Ist ein Lohndiener, der an einem bestimmten Tage für einen Gastwirt den Bierverschleiß als sogen. Buffetier übernimmt, gewerblicher Arbeiter?

### Urteil des GG. Weimar.

Der Kläger (Lohndiener) hat am 26. September 1898 in der Gastwirtschaft des Schankwirts G. den Bierverschleiß als sogen. Buffetier übernommen. Eine Vergütung für diese Arbeitsleistung ist nicht ausgemacht worden. Kläger behauptet, unter der Voraussetzung, daß ihm für das Liter verkauften Bieres 1 Pfg. vergütet werde, das Geschäft übernommen zu haben, und fordert daher, da 540 Liter Bier von ihm verschänkt worden sind, eine Vergütung von 5 Mk. 40 Pfg. Beklagter bestreitet die Zulässigkeit dieser Forderung, meint, der Kläger habe sich reichlich bezahlt gemacht durch das Verkaufen nicht voller Gläser, das sogen. Schleifen, und will noch nie die vom Kläger in Anspruch genommene Vergütung gezahlt haben.

Das GG. hat sich für unzuständig erklärt.

Aus den Gründen: Kläger ist Lohndiener, also selbständiger Unternehmer im Sinne der GO. Als Lohndiener versieht er die verschiedensten Geschäfte:

Aufwartungen in öffentlichen Wirtschaften und bei Familien, Besuche fahren, Einladungen übermitteln u. dergl. In dieser Eigenschaft hat er auch bei vorliegender Gelegenheit den Verschleiß der ihm übergebenen Fässer Bier für eigene Rechnung übernommen. So wenig wie bei den vorerwähnten Dienstleistungen hat er durch diesen vorübergehenden, nur mehrstündigen Bierverschleiß im Geschäft des Beklagten seine Eigenschaft als selbständiger Gewerbetreibender eingebüßt und ist des Beklagten Arbeiter, Arbeitnehmer geworden. Damit soll nicht gesagt sein, daß ein Lohndiener niemals die Eigenschaft eines Arbeiters oder Gehilfen im Sinne der GO. haben oder erlangen könne. Im vorliegenden Falle aber hat das Gericht das Verhältnis zwischen Kläger und Beklagtem nicht als ein Arbeitsverhältnis im Sinne des Tit. 7 der GO. ansehen können. Übereinstimmend hat auch das Reichsversicherungsamt die Lohndiener nur ausnahmsweise für versicherungspflichtig erklärt. (Vgl. Revisionsentscheidung im Reichsversicherungsamt vom 18. Januar 1892, Amtl. Nachrichten des Reichsversicherungsamts 1892, S. 112 Nr. 157 und die Anleitung desselben Amtes vom 31. Oktober 1890, betreffend den Kreis der nach dem Invaliditäts- und Altersversicherungsgesetz versicherten Personen, Ziff. VII.) („Gewerbegericht" Jg. 3, Sp. 115.)

## 52. Ist der Ziegelmeister Arbeiter oder selbständiger Unternehmer? [1])

Urteil des Reichsgerichts, 3. Zivilsenat, vom 12. Juni 1885.

Zwischen dem Ziegeleibesitzer S. zu Osnabrück und dem Ziegelmeister N. zu Almenau wurde am 20. Januar 1883 ein „Arbeitsvertrag" abgeschlossen. Nach demselben übernimmt der Ziegelmeister N. den diesjährigen Betrieb der zu Hellern belegenen Dampf- und Handziegelei des S. behufs Anfertigung von Handstrichsteinen, Einkarren von allen auf den Ziegelwerken fabrizierten Ziegelsteinen und verschiedene speziell benannte Arbeiten gegen eine bestimmte, nach Zahl der fabrizierten Steine ꝛc. festgesetzte Vergütung. N. hatte zu diesem Zwecke die erforderlichen Arbeiter zu engagieren, die Gerätschaften in stand zu setzen und zu unterhalten, teilweise auch selbst anzuschaffen und die sogen. Kommune zu übernehmen. Das Brennen der in die Öfen eingesetzten Steine lag dem N. nicht ob, und es war in dem Vertrage bemerkt, daß er den Anordnungen des S. nachzukommen habe. Nach Verlauf einiger Zeit geriet der Kläger mit dem Beklagten in Streitigkeiten, gab den Ziegeleibetrieb vor der festgesetzten Zeit auf und forderte klagend die Zahlung von 721 Mk. an Lohn für die gelieferten Steine und für die zum Zwecke der Fabrikation derselben geleisteten Arbeiten. Beklagter schützte die Einrede der Unzulässigkeit des Rechtsweges vor, indem er geltend machte: der Kläger habe sich mit seinem klagend erhobenen Ansprüche in Gemäßheit der Vorschrift des damaligen § 120a GO. an den Gemeindevorsteher zu Hellern gewandt, sei von diesem mittels Beschlusses vom 28. Juli 1883 abgewiesen und habe die gegenwärtige Klage nicht innerhalb der im § 120a a. a. O. festgesetzten zehntägigen Frist erhoben.

Das Landgericht erachtete den Einwand der Unzulässigkeit des Rechtsweges für begründet, das Oberlandesgericht verwarf dagegen den Einwand. Die hiergegen eingelegte Revision ist zurückgewiesen.

Aus den Gründen: Das Berufungsgericht hat durch die Entscheidung, daß die Vorschrift des § 120a GO. nach der Fassung des Gesetzes vom 17. Juli 1878, wonach Streitigkeiten der selbständigen Gewerbetreibenden mit ihren Arbeitern, die auf den Antritt, die Fortsetzung oder Aufhebung des Arbeitsverhältnisses und auf die gegenseitigen Leistungen aus demselben sich beziehen, soweit besondere Behörden bestehen, bei diesen zur Entscheidung zu bringen sind, soweit solche aber nicht bestehen, die Entscheidung durch die Gemeindebehörde erfolgen soll, und wonach gegen diese Entscheidung die Berufung auf

---

[1]) Die Entscheidung ist vor dem Inkrafttreten des GGG. ergangen. Ihre Grundsätze bleiben aber auch jetzt noch maßgebend, nachdem an Stelle des Verfahrens nach § 120a GO. das GGG. getreten ist. Vgl. auch Nr. 9.

den Rechtsweg binnen einer präklusivischen Frist von 10 Tagen offensteht, im vorliegenden Falle nicht anzuwenden sei, weil der Kläger zu den gewerblichen Arbeitern im Sinne des § 120a a. a. O. nicht zu rechnen sei, diese gesetzliche Vorschrift nicht verletzt; seine Entscheidung ist vielmehr zu billigen.

Der Berufungsrichter geht zunächst mit Recht davon aus, daß für die Beurteilung der Stellung des Klägers zu dem Beklagten und zu dem Ziegeleibetriebe desselben der Inhalt des zwischen den Parteien abgeschlossenen Vertrages vom 20. Januar 1883 maßgebend sei. Er folgert aus den in diesen enthaltenen Bestimmungen, insbesondere daraus, daß der Kläger als Ziegelmeister den diesjährigen Betrieb der Dampf- und Handziegelei des Beklagten behufs Anfertigung von Handstrichsteinen, Einkarren von allen auf dem Ziegelwerke überhaupt fabrizierten Ziegelsteinen und verschiedene speziell benannte Arbeiten übernommen, daß er zu diesem Zwecke eine Anzahl Arbeiter engagiert, verschiedene Geräte, Licht ꝛc. für sich und seine Leute anzuschaffen und zu halten, und ferner die sogen. Kommune übernommen hatte, daß der Kläger während mehrerer Monate (1. April bis 15. Oktober 1883) die gesamte Leitung und Beaufsichtigung der Ziegelfabrik und des Personals verantwortlich zu besorgen hatte, daß er sonach eine höhere Stellung, als ein gewöhnlicher Arbeiter eingenommen habe, seine Tätigkeit besonders eine kontrollierende und dirigierende gewesen sei. Diese übrigens auch nach dem Inhalte des Vertrages zutreffende Beurteilung der Stellung des Klägers zu dem Ziegeleibetriebe des Beklagten und zu diesem selbst ist bei der Frage zugrunde zu legen, ob der Kläger im Sinne des § 120a GO. als ein „Arbeiter" anzusehen, und ob das Berufungsgericht, indem es diese Frage verneint hat, von einer unrichtigen Auffassung des § 120a a. a. O. ausgegangen sei. Dieses ist nicht der Fall. Unter „Arbeitern" im Sinne des § 120a GO. sind allerdings nicht Arbeiter im gewöhnlichen Sinne, sondern die gewerblichen Arbeiter, also die Gewerbegehilfen (Gesellen, Gehilfen, Lehrlinge, Fabrikarbeiter) zu verstehen. Zu diesen gehören aber nicht solche Personen, welchen eine selbständige Leitung und Beaufsichtigung des betreffenden Gewerbe- oder Fabrikbetriebes oder des in demselben beschäftigten Personals zusteht, welche eine dirigierende und kontrollierende Stellung einnehmen. Daß der Kläger eine solche Stellung gehabt habe, ist festgestellt. Gegen diese Beurteilung der Sache kann auch nicht geltend gemacht werden, daß dem Kläger nicht der gesamte Betrieb der Ziegelfabrik des Beklagten übertragen worden sei, insbesondere nicht das Brennen der Ziegel und der fabrizierten Steine. Entscheidend ist, daß er einen Teil des Fabrikbetriebes, die Anfertigung der Steine und Ziegel bis zum Brennen, unter eigener Verantwortlichkeit selbständig übernommen hatte, für diesen Teil des Fabrikbetriebes also ihm die Leitung und Beaufsichtigung des Betriebes und des Personals zustand. Und ebensowenig wird die Auffassung des Berufungsgerichtes dadurch ausgeschlossen, daß der Kläger nach dem Vertrage den Anordnungen des Beklagten nachzukommen hatte, und daß er auch selbst bei der Anfertigung der Steine bezw. bei den hierzu erforderlichen Vorarbeiten vorübergehend mittätig gewesen ist. (Entscheidungen des Reichsgerichts in Zivilsachen, Bd. 13, S. 58.)

## 53. Sind bei Berechnung der Zuständigkeitssumme für höhere Angestellte auch der Höhe nach wechselnde Nebenbezüge (Ortszulagen) mitzurechnen?

Urteil des Amtsgerichts Berlin I vom 16. Oktober 1896.

Ein Feldmesser in Berlin hatte einen Gehilfen mit der Absicht engagiert, ihn bei auswärtigen Bahnvermessungsarbeiten zu verwenden. Es war ein Gehalt von 125 Mk. pro Monat und außerdem für jeden Tag, an welchem der Gehilfe außerhalb Berlins tätig war, eine Feldzulage von 3 Mk. verabredet. Der Gehilfe war tatsächlich nur auswärts und zwar im Orte W. tätig und ist vom Prinzipal später ohne Kündigung

**entlassen worden. Der Gehilfe sieht sich als einen der höheren Bediensteten des § 133a der GO. an und hat deshalb beim Amtsgericht auf Fortzahlung seiner Gebührnisse zunächst für einen Monat geklagt. Der Beklagte hat den Einwand gemacht, Kl. müsse beim GG. klagen, da nur der feste Lohn von 125 Mk. der Gehaltsberechnung zugrunde zu legen sei.**

Das Amtsgericht hat sich für zuständig erklärt.

Aus den Gründen: Nach § 2 Abs. 2 (jetzt 3) des GGG. gelten als Arbeiter, deren Ansprüche vor die GG. gehören, die höheren Angestellten nur dann, wenn deren „Jahresarbeitsverdienst an Lohn oder Gehalt 2000 Mk. nicht übersteigt". Legt man im vorliegenden Falle das Monatsgehalt von 125 Mk. zugrunde, so ergibt sich ein Jahresverdienst von nur 1500 Mk. Rechnet man dagegen noch die Feldzulage mit 3 Mk. pro Tag und 1080 Mk. im Jahre hinzu, so ergibt sich ein Jahreseinkommen von 2580 Mk. Es fragt sich also, wie die Berechnung anzulegen ist. Dem Beklagten ist hierbei, wenn er die Exemplifikation auf Reisespesen der Handlungsreisenden gemacht hat, soviel zuzugeben, daß wirkliche Reisekosten bei Berechnung des Einkommens eines Angestellten nicht in Betracht gezogen werden können. Denn Reisekosten sind der Ersatz für im Interesse des Prinzipals gemachte Ausgaben, die neben dem Verdienste zu zahlen sind. Um solche handelt es sich hier aber nicht. Es ist vielmehr unter den Parteien unstreitig, daß Reisekosten dem Kläger noch außer der Feldzulage zu gewähren sind. Die Feldzulage wird, wie Beklagter ausgeführt hat und wie auch aus der Sache selbst sich ergibt, dafür bezahlt, daß das Leben am auswärtigen Orte dem Arbeiter teurer zu stehen kommt. Aber mit Unrecht legt Beklagter auf dieses Moment ein entscheidendes Gewicht. Der gesamte Arbeitsverdienst eines Angestellten dient im wesentlichen der Bestreitung seines Lebensunterhaltes. Dieser Unterhalt ist in den verschiedenen Orten des Reiches zu sehr verschiedenen Preisen zu beschaffen und danach richten sich auch die Löhne, so daß sie dort, wo man teurer leben muß, höher sind. Das Gesetz hat aber keinen Unterschied gemacht. Es setzt die Grenze von 2000 Mk. fest ganz ohne Rücksicht darauf, ob die Summe an einem teuren oder billigeren Orte zu verzehren ist. Daraus ergibt sich, daß es keinen Unterschied machen kann, wenn einem Angestellten deshalb ein höherer Lohn bewilligt wird, weil seine Arbeitsverhältnisse aus allgemeinen oder auch aus besonderen Gründen eine Verteuerung des Lebensunterhaltes mit sich bringen. Die Form, in welcher diese Erhöhung bewilligt wird, ob sie in den Lohn eingeschlossen oder als besondere Zulage verabredet wird, ist dabei gleichgiltig.

Wäre demnach der Kläger so engagiert worden, daß er nur in W. zu arbeiten hätte und also einen festen Anspruch auch auf die Feldzulage von 3 Mk. hätte, so stände es außer jedem Zweifel, daß sein Jahresarbeitsverdienst auf 2580 M. anzunehmen ist. Die Rechtslage wird indessen dadurch kompliziert, daß der Kläger einen Anspruch auf Beschäftigung gerade im Orte W. nicht hatte, daß Beklagter vielmehr befugt war, ihn in Berlin zu beschäftigen und daß er dann die Feldzulage nicht erhielt.

Um die Lösung für diesen Fall zu finden, muß man sich an den Wortlaut des Gesetzes halten. Der § 2 Abs. 2 (jetzt 3) des GGG. schreibt vor:

> „Ingleichen gelten als Arbeiter im Sinne des Gesetzes Betriebsbeamte, Werkmeister und mit höheren technischen Dientleistungen betraute Angestellte, deren Jahresarbeitsverdienst an Lohn oder Gehalt zweitausend Mark nicht übersteigt."

Um danach einen dieser Angestellten der Zuständigkeit des GG. zu überweisen, bedarf es nach dem Wortlaut des Gesetzes der direkten Feststellung:

> daß der Jahresarbeitsverdienst dieses Angestellten zweitausend Mark nicht übersteigt.

Wo diese negative Feststellung nicht getroffen werden kann, da kann auch die Zuständigkeit des GG. nicht eintreten. Eine Feststellung dieser Art kann aber in allen denjenigen Fällen nicht getroffen werden, in denen der Verdienst für verschiedene Fälle in verschiedener Höhe versprochen worden ist, falls auch nur in einem der vertragsmäßig gesetzten Fälle ein Hinausgehen des Verdienstes über 2000 Mk. eintritt. In solchem Falle läßt sich — abstrakt betrachtet — nicht behaupten, daß der Verdienst 2000 Mk. nicht übersteigt. Das Ergebnis ist sonach, daß, wer einen Lohn erhält, dessen Höhe von Bedingungen abhängig ist, nach derjenigen Bedingung zu beurteilen ist, die den höchsten Lohn ermöglicht.

Ob man diese Berechnungsweise auch bei sehr entfernt liegenden Bedingungen anzuwenden hätte, z. B. wenn der Kläger für eine Tätigkeit in Berlin selbst mit 125 Mk. monatlich engagiert worden wäre und nur für den — gar nicht in Aussicht genommenen und gar nicht eingetretenen — Fall einer auswärtigen Beschäftigung ihm eine Feldzulage versprochen worden wäre, kann hier dahingestellt bleiben. Denn vorliegend war diese Bedingung sofort in Aussicht genommen und ist tatsächlich eingetreten: Der Kläger hat in W. gearbeitet. Es ist deshalb kein Grund ersichtlich, weshalb man die Bedingung bei der Beurteilung des Verhältnisses der Parteien ausscheiden sollte. Ob der Kläger wegen seiner unzeitigen Entlassung die Feldzulage weiter fordern kann oder ob er sich mit dem Anspruche von 125 Mk. monatlich deshalb begnügen muß, weil Beklagter jedenfalls das Recht gehabt hätte, ihn nach Berlin zu schicken und dort für diesen Satz zu beschäftigen, das ist eine Frage, die den Anspruch selbst, nicht die Gerichtszuständigkeit betrifft; die letztere hängt nicht davon ab, ob die Gebührnisse, die jetzt eingeklagt sind, nach einem Arbeitsverdienste von mehr als 2000 Mk. beansprucht werden oder zuzuerkennen sind, sondern nur von der Kategorie, unter der man den klagenden Angestellten an sich zu verweisen hat.

## 54. Ist das GG. zuständig für den Anspruch eines Lehrlings auf Entschädigung wegen Unterlassung von Sicherheitsvorrichtungen?

Urteil des Reichsgerichts, 3. Zivilsenat, vom 1. Juli 1898.

Auf die Revision des Klägers ist das Urteil des Preuß. Oberlandesgerichts zu Breslau, das sich für unzuständig erklärt hatte, aufgehoben und die Sache in die 2. Instanz zurückverwiesen.

Aus den Gründen: Die Entscheidung der Frage, ob im vorliegenden Falle das ordentliche Zivilgericht oder unter Ausschluß desselben das GG. zuständig ist, hängt davon ab, ob der Klageanspruch als ein „Entschädigungsanspruch aus dem Arbeitsverhältnis" im Sinne von § 3 Ziff. 2 (jetzt 4 Ziff. 2 und 4) des Reichsgesetzes betreffend die GG. anzusehen ist. Das Berufungsgericht hat diese letztere Frage bejaht; denn der Kläger stütze seinen Anspruch auf sein Arbeitsverhältnis zu dem Beklagten, ja sogar auf den mit demselben abgeschlossenen Lehrvertrag und könne ihn in der Tat darauf stützen, da der dem Anspruche zugrunde liegende Unfall während seiner Lehrzeit und im Gewerbebetriebe des Beklagten sich ereignet habe und die Pflicht des Lehrherrn, seinen Lehrling vor Schaden an Leben und Gesundheit im Gewerbebetriebe zu schützen, schon durch das Arbeitsverhältnis gegeben sei. Die angeführte Gesetzvorschrift unterscheide auch nicht zwischen verschiedenen Gründen der Entstehung des Entschädigungsanspruchs.

Mit der Revision ist diese Beantwortung der erwähnten Frage zu beanstanden. Die Vorschrift im § 3 Ziff. 2 des gedachten Gesetzes ist an die Stelle der im § 120a der GO. in der Fassung vom 1. Juli 1883 enthaltenen getreten, wonach „Streitigkeiten der selbständigen Gewerbetreibenden mit ihren Arbeitern, die . . . auf die gegenseitigen Leistungen aus dem Arbeitsverhältnisse sich beziehen", bei den für diese Angelegenheiten bestehenden besonderen Behörden, eventuell bei der Gemeindebehörde zur Entscheidung zu bringen waren. Das Gesetz über die GG. hat (im § 78) den § 120a aufgehoben, in seinem § 3 Ziff. 2 anstatt der „gegenseitigen Leistungen" die „Leistungen und Entschädigungsansprüche" aus dem

Arbeitsverhältnis aufgeführt und die Entscheidung darüber den GG. überwiesen. Durch die gegenwärtige Fassung des § 3 Ziff. 2 ist namentlich die frühere Streitfrage, ob auch die erst nach Beendigung des Arbeitsverhältnisses hervortretenden Entschädigungsansprüche der Zuständigkeit der ordentlichen Gerichte entzogen seien, in bejahendem Sinne entschieden, im übrigen aber die frühere Rechtslage bezüglich der Natur und des Umfanges der Ansprüche aus dem Arbeitsverhältnisse nicht wesentlich verändert worden. Unter den „Entschädigungsansprüchen" sind hiernach solche zu verstehen, welche sich unmittelbar aus dem Arbeitsvertrage oder dem Arbeitsverhältnisse namentlich wegen Nichterfüllung der danach den Beteiligten obliegenden gegenseitigen Leistungen ergeben, wie z. B. Entschädigungsansprüche gegen den Arbeitgeber, welcher den Arbeiter vorzeitig entlassen hat, gegen den Lehrherrn, welcher den Lehrling mangelhaft ausgebildet oder das Lehrverhältnis ohne Grund aufgelöst hat. Dagegen gehören nicht vor die GG. die Entschädigungsansprüche, welche nicht unmittelbar durch den Arbeits- oder Lehrvertrag, sondern durch allgemeine gesetzliche Vorschriften begründet sind, wie z. B. Ansprüche wegen Verletzung des Arbeiters durch schuldhaftes Handeln des Arbeitgebers (Gruchot Beitr. Bd. 31 S. 1100), wegen Überschreitung des dem Lehrherrn zustehenden Züchtigungsrechtes (Entscheidungen des Reichsgerichts Bd. 37 S. 327), Ansprüche aus dem Haftpflichtgesetze. Dasselbe muß aber auch von denjenigen Entschädigungsansprüchen gelten, welche von dem Arbeiter oder von dem — ihm hierin gleichstehenden — Lehrlinge gegen den Arbeitgeber oder den Lehrherrn wegen Unterlassung der zur Sicherung der Arbeiter gebotenen Schutzvorrichtungen erhoben werden. Allerdings ergibt sich, wie das Reichsgericht wiederholt ausgesprochen hat (Entsch. Bd. 8 S. 151, Bd. 12 S. 46, Bd. 15 S. 53, Bd. 18 S. 174), die Verpflichtung zur Einführung derartiger Vorrichtungen schon aus dem Dienstmiete- oder dem Lehrvertrage. Daneben ist aber den Gewerbeunternehmern für ihren Gewerbebetrieb die gleiche Verpflichtung noch besonders durch § 120 Abs. 3 der GO. auferlegt worden. Diese Vorschrift stellt sich nicht bloß als eine gewerbepolizeiliche dar, sondern begründet eine privatrechtliche Verantwortlichkeit des Gewerbeunternehmers gegen die Arbeiter sowie gegen Dritte (§ 7 der GO. vom 21. Juni 1869 verglichen mit § 120 der GO. vom 1. Juli 1883, Entscheidungen des Reichsgerichts Bd. 17 S. 221), so daß aus ihrer Nichtbefolgung im Falle von Verletzungen, welche ein Arbeiter wegen Mangels der dadurch gebotenen Schutzvorrichtungen erleidet, ein Schadensersatzanspruch gegen den Gewerbeunternehmer erwächst (s. die angeführte Entscheidung Bd. 12 S. 46.) Insoweit kann man daher nicht sagen, daß die erwähnte Verpflichtung zur Einführung von Schutzvorrichtungen und der auf deren Nichterfüllung gestützte Schadensanspruch unmittelbar und ausschließlich aus dem Arbeits- oder Lehrvertrage hervorgeht. Jedenfalls besteht die fragliche Verpflichtung noch neben den aus dem Arbeitsverhältnis unmittelbar sich ergebenden gegenseitigen Leistungen und es sind daher zur Entscheidung über derartige Entschädigungsansprüche nicht die GG., sondern die ordentlichen Gerichte berufen. Die gleiche Ansicht findet sich — mehr oder weniger bestimmt — vertreten in den Kommentaren zu dem Gesetz über die GG. von Bachem S. 39, Haas S. 30, Schier S. 22, Wilhelmi und Fürst S. 28 sowie bei Otto, „Die Streitigkeiten der selbständigen Gewerbetreibenden mit ihren Arbeitern" S. 43.

Daß der Kläger selbst in der Berufungsinstanz die in Frage stehende Verpflichtung nur auf den Lehrvertrag gestützt hat, kann an dem soeben dargelegten Ergebnisse nichts ändern, da hierdurch die für Anwendung des § 120 der GO. in Betracht kommenden Tatsachen nicht beseitigt sind und die Hervorkehrung einer bestimmten Rechtsauffassung von seiten einer Partei den Richter nicht bindet. (Gruchot Bd. 42 S. 1150.)

## 55. Ist das GG. zuständig für den Schadensanspruch des Arbeiters gegen den Arbeitgeber wegen unrichtiger Meldung bei der Krankenkasse?

Urteil des Kgl. Landgerichts Dresden vom 16. Mai 1902.

Der Kläger war Arbeiter in der Fabrik des Beklagten in Dresden und demzufolge Mitglied der dortigen Ortskrankenkasse. In der Zeit vom 22. Dezember 1900 bis 3. Januar 1901 wurde in der Fabrik die Arbeit wegen der üblichen Jahresausbesserungen und der Jahresinventur ausgesetzt; während dieser Zeit waren die Arbeiter ohne Beschäftigung und Lohn. Im Gegensatz zur Beklagten, die eine ausdrückliche, gemäß dem Arbeitsvertrage fristlose, Kündigung und spätere Neubegründung des Arbeitsverhältnisses behauptet, nimmt der Kläger eine ununterbrochene Fortdauer desselben an. Er bezeichnet deshalb seine am 24. Dezember und am 3. Januar erfolgte Ab- und Anmeldung bei der Ortskrankenkasse als wahrheitswidrig und rügt überdies, daß ihm von diesen Meldungen keine Mitteilung gemacht worden sei. Am 22. Januar ist er erkrankt. Die Kasse hat seine Unterstützung wegen der zu kurzen Dauer seiner Mitgliedschaft abgelehnt. Die von ihm angerufene Aufsichtsbehörde hat ihn mit seinem Anspruche abgewiesen. Die Anfechtung dieser Entscheidung beim Verwaltungsgericht ist als verspätet verworfen worden. Der Kläger hält dafür, durch das Verhalten der Beklagten sei ihm sein gesetzlicher Unterstützungsanspruch an die Krankenkasse entzogen worden. Er fordert Ersatz dafür und verlangt die Feststellung der Pflicht der Beklagten, ihm diejenigen Leistungen zu gewähren, die ihm an sich als Mitglied der Krankenkasse von dieser zu gewähren gewesen wären.

Der ordentliche Rechtsweg ist für unzulässig erachtet.

Aus den Gründen: Nach der Darstellung des Klägers hätte sein Arbeitsverhältnis ohne Unterbrechung fortbestanden, wenn auch die beiderseitigen Leistungen aus demselben zeitweilig ausgefallen wären. Danach hätte auch seine Mitgliedschaft bei der Ortskrankenkasse fortgedauert (vgl. z. B. Woedtke, KVG., 4. Aufl., Anm. 4 Abs. 2 zu § 1, Anm. 3a zu § 11, Anm. 8 zu § 49). Eine satzungsmäßige Karenzzeit (§ 26 III des Gesetzes) käme also nicht in Frage. Und daher wäre sein Anspruch auf Krankenunterstützung durch die Kasse begründet gewesen. Davon, daß dieser Anspruch durch die wahrheitswidrige Abmeldung des Beklagten beseitigt wäre, kann nun keine Rede sein. Denn für den Bestand der Kassenmitgliedschaft sind nicht die Meldungen, sondern die Tatsachen maßgebend, die die Versicherungsrechte und -Pflichten nach dem Gesetze begründen (vgl. z. B. Woedke Anm. 2 zu § 49). Immerhin ließe sich anführen, daß die unrichtige Abmeldung nicht nur auf das Verhalten der Kasse, sondern auch auf die abweisende Entscheidung der Aufsichtsbehörde bestimmend eingewirkt, daß sie also die nunmehr rechtskräftige Verneinung des Anspruchs des Klägers an die Kasse mit verursacht habe. Dem Einwande, daß er dies durch Versäumung des Rechtsmittels gegen die Entscheidung der Aufsichtsbehörde selbst verschuldet habe, könnte der Kläger möglicherweise damit begegnen, daß er mit Rücksicht auf die beiderseitigen Bildungsverhältnisse und die sich daraus ergebende Ungleichheit in der Geschäftserfahrung das Verschulden der Arbeitgeberin als überwiegend bezeichnete (§ 254 I BGB.), ein Gesichtspunkt, der an sich auch durch die Verteilung der Geschäfte bezüglich der Versicherung zwischen Arbeitgeber und Arbeiter im Gesetz einigermaßen nahe gelegt wird. Dann käme immer noch eine schlüssige Begründung des erhobenen Ersatzanspruchs als möglich in Frage. Gegen seinen Inhalt bestünde kein Bedenken. Insbesondere ist — abgesehen von der Verjährung (§ 56 des Gesetzes) — die Unterstützung trotz der Zeitbestimmung in § 6 nicht an die Leistung in den ersten 13 Wochen nach der Erkrankung gebunden. Auf dem Ablaufe dieser Zeit kann also nicht die (begriffliche) Unmöglichkeit dieser Leistungen durch die Kasse (vgl. z. B. Woedke Anm. 3a zu § 6), und folgeweise auch nicht ihr Ausschluß von der Ersatzpflicht eines Dritten gegründet werden, die von dem Bestehen eines Anspruchs an jene abhängt. Aber gestützt werden kann der Ersatzanspruch immer nur auf das Arbeitsverhältnis zwischen dem Kläger und der Beklagten. Von einer unerlaubten Handlung der letzteren i. S. der §§ 823 ff. BGB. kann nicht gesprochen werden. Eine vorsätzliche Schadenszufügung i. S. des § 826 ist nicht behauptet; denn dazu müßte mindestens das Bewußtsein der Möglichkeit gerade des eingetretenen Schadens behauptet sein, das der Kläger ersichtlich selbst für ausgeschlossen hält. Die Verletzung eines Rechts des Arbeiters i. S. des § 823 I oder eines den Schutz des Arbeiters bezweckenden Gesetzes i. S. des § 823 II aber ist angesichts der im Krankenversicherungsgesetze erfolgten Regelung der Meldepflicht des Arbeitgebers ausgeschlossen. Denn diese Meldepflicht besteht ausschließlich der Versicherungsanstalt gegenüber; sie wird erfüllt durch die Meldung an sich ohne Rücksicht auf ihre Richtigkeit (vgl. jedoch v. Schicker, 2. Aufl. Anm. 8 zu § 50); sie ist ausdrücklich nur in begrenztem Umfange mit einer Schadensersatzhaftung (gegenüber der Kasse) ausgestattet (§ 49 I, § 50 I). Dem Arbeiter gegenüber wird hierdurch weder überhaupt eine Pflicht noch eine solche zu wahrheitsgemäßer Meldung und mit Haftung für den Ersatz jeden Schadens begründet. Eine solche Pflicht läßt sich nur als Bestandteil derjenigen Verbindlichkeiten denken, die dem Arbeitgeber bei der Erfüllung des Dienstvertrages nach Treu und Glauben mit Rücksicht auf die Verkehrssitte (§ 242 BGB.) obliegen; dies erscheint aber auch durchaus angängig, zumal wenn man die rechtsähnlichen Fürsorgepflichten des Dienstberechtigten in Betracht zieht, die das Gesetz (besonders § 618 BGB. und die zahlreichen Vorschriften der GO.) aufstellt. Dann fällt die Erfüllung dieser Pflicht zu wahrheitsgemäßen Meldungen unter die „Leistungen aus dem Arbeitsverhältnisse" i. S. des § 3 I 2 des GGG. von 1890 und des § 4 I 2 desjenigen von 1901, der Ersatz des Schadens aus schuldhafter Nichterfüllung der Pflicht, sei es wegen Verzugs oder wegen inzwischen eingetretener Unmöglichkeit der nachträglichen Erfüllung (§§ 286, 276 BGB.), also unter die Gegenstände der „Entschädigungsansprüche" im Sinne der ersteren Vorschrift und den „Schadensersatz" i. S. des § 4 I 4 des letzteren Gesetzes. Danach war und ist für die mit der Klage begehrte Feststellung die ausschließliche Zuständigkeit des GG. (§ 5 des Gesetzes von 1890, § 6 I desjenigen von 1901) gegeben.

## 56. Ist das GG. zuständig für Ansprüche wegen Nichtabschlusses eines Arbeitsvertrages?

Urteil des GG. Berlin, Kammer 3, vom 22. Dezember 1900.

Die Kläger sind am 8. Dezember v. J. von dem Beklagten vorschriftsmäßig entlassen. Gleichzeitig ist ihnen anheimgestellt worden, am 10. Dezember auf dem betreffenden Bau wieder vorzusprechen, da dann ein neuer Polier dort sei, der vielleicht einige wieder einstellen werde. Die Kläger sind auch hingegangen, aber nicht eingestellt worden. Sie behaupten, daß Beklagter und dessen Polier bereits am 8. Dezember die feste Absicht gehabt hätten, niemanden von den Klägern wieder zu nehmen. Sie fordern deshalb unter der Begründung, daß sie sich am 10. Dezember infolge ihres Vorsprechens auf dem Bau des Beklagten anderen Verdienstes entschlagen hätten, Schadensersatz in Höhe eines ortsüblichen Tagelohnes.

Die Klage ist wegen Unzuständigkeit des GG. abgewiesen.

Aus den Gründen: Nach dem eigenen Vortrage der Kläger stützt sich ihr Anspruch nicht auf das Verhalten des Beklagten während des Arbeitsverhältnisses, sondern auf das nach Beendigung des Arbeitsverhältnisses. Nicht als Arbeiter des Beklagten erheben die Kläger Forderungen, sondern gerade deshalb, weil er sie nicht wieder als Arbeiter angenommen hat, bezw. weil er ihnen Hoffnungen auf Eingehung eines neuen Arbeitsverhältnisses gemacht hat, das tatsächlich nicht zum Abschluß gelangt ist. Für solche Ansprüche aber ist das GG. nicht zuständig. („Soziale Praxis".)

## 57. Begriff des Arbeitsverhältnisses. Ist das GG. zuständig für Ansprüche der nur zum Löschen eines bestimmten Schiffes angenommenen Schauerleute?

Urteil des Reichsgerichts, 6. Zivilsenat, vom 25. September 1890.

Der ordentliche Rechtsweg ist für unzulässig erachtet.

Aus den Gründen: Daß der Beklagte ein selbständiger Gewerbetreibender ist, unterliegt nicht dem geringsten Zweifel. Der Streit hat sich nur darum gedreht, ob der Kläger bei dem in Rede stehenden Rechtsverhältnis ein „Arbeiter des Beklagten" bezw. ob dieses Rechtsverhältnis ein „Arbeitsverhältnis" zwischen den Parteien war, ob nämlich durch das in Hamburg bei Stauern übliche Annehmen von Schauerleuten zur Entlöschung eines bestimmten Schiffes zwischen ihnen und dem Stauer ein „Arbeitsverhältnis" im Sinne des Gesetzes begründet wird. Dies war unbedenklich in Übereinstimmung mit dem Ber.-Ger. zu bejahen. Das Gesetz macht die einzige Voraussetzung, daß es sich um gewerbliche Arbeiter und um die von diesen eingegangenen Arbeitsverhältnisse handle; diese Voraussetzung geht aus der Überschrift des Tit. 7 GO. „Gewerbliche Arbeiter" hervor. Kein Grund wäre gegeben, die hinzugefügte Parenthese „Gesellen, Gehilfen, Lehrlinge, Fabrikarbeiter" als eine erschöpfende Aufzählung anzusehen; es sollen damit offenbar nur die wichtigsten Arten bezw. diejenigen Arten, über die in dem Titel weiterhin noch etwas Besonderes bestimmt ist, hervorgehoben sein. Nur die Handlungsgehilfen und Handlungslehrlinge, sowie die Gehilfen und Lehrlinge in Apotheken sind nach § 154 Abs. 1 ausgenommen. Zu irgend einer weiteren Unterscheidung liegt kein Anlaß vor; weder kann es darauf ankommen, ob der Arbeiter in einem dauernden Dienstverhältnis zu seinem Arbeitsherrn steht oder nur ganz vorübergehend angenommen ist, noch darauf, ob der Lohn nach Zeit bemessen oder in Akkord vereinbart ist. Zu eng ist die vom Ber.-Ger. seiner Entscheidung zugrunde gelegte, einem Urteil des 1. Strafsenats des Reichsgerichts (Entsch. in Strafsachen Bd. 9 S. 265) entnommene Begriffsbestimmung, wonach gewerblicher Arbeiter im Sinne der GO. nur ein solcher sein soll, der dem Arbeitgeber seine Arbeitskraft, nicht etwa bloß eine oder einzelne spezielle Arbeitsverrichtungen, zu Gebote stelle (so dann auch Landmann, „Gewerbeordnung" Bem. 2 zu § 105 S. 357). Ob der Kläger unter diese Begriffsbestimmung fallen würde, möchte vielleicht zweifelhaft sein, brauchte aber hier nicht entschieden zu werden, da von dem schon dargelegten Standpunkt aus die Entscheidung, daß er in dem fraglichen Verhältnis ein gewerblicher Arbeiter des Beklagten gewesen sei, doch jedenfalls aufrecht zu halten war. („Seufferts Archiv" Bd. 46 Nr. 120 S. 648.)

## 58. Ist das GG. zuständig für Ansprüche des Arbeiters aus dem Versprechen des Gewerbetreibenden, daß er zeitlebens in der Fabrik sein Brot haben werde?

Urteil des Reichsgerichts, 3. Senat, vom 16. November 1886.

Das Reichsgericht erachtet (vor Inkrafttreten des GGG.) den ordentlichen Rechtsweg für zulässig.

Aus den Gründen: Der Vertrag, auf welchen der Kläger die vorliegende Klage stützt, ist ein Versprechen, welches die Vertreter der Beklagten aus Anlaß eines dem Kläger in deren Fabrik zugestoßenen Unfalls abgelegt haben sollen und welches in der Zusicherung bestanden habe, Kläger werde zeitlebens sein Brot in der Fabrik haben. Mit Berufung auf dieses Versprechen verlangt der Kläger lebenslängliche (leichte) Arbeit in der Fabrik des Beklagten gegen Gewährung eines täglichen Lohnes von 1,80 Mk. oder Bezahlung einer lebenslänglichen Rente von 1,80 Mk. täglich, bezw. einer einmaligen Abfindungssumme im Betrage von 2000 Mk. Die Beklagte leugnet das angebliche Versprechen und beantragt die Abweisung der Klage.

Eine Streitigkeit dieser Art darf nicht unter die Ausnahmebestimmung des § 120a der GO. (jetzt des GGG.) gestellt werden. Das Rechtsgeschäft, dessen Vollziehung die Klage bezweckt, ist kein Dienstmietevertrag, wodurch in der üblichen Weise das „Arbeitsverhältnis" zwischen einem „selbständigen Gewerbetreibenden und seinen Arbeitern" geregelt werden sollte. Der streitige Vertrag liegt außerhalb dieses Kreises, er betrifft ein einseitiges Versprechen des Gewerbeunternehmers, womit derselbe die nachteiligen Folgen eines seinem Arbeiter zugestoßenen Unfalls ausgleichen wollte. Daß Entschädigungsansprüche eines Arbeiters wegen einer durch Verschulden des Arbeitgebers erlittenen Verletzung nicht unter den § 120a der GO. (jetzt das GGG.) fallen, ist außer Zweifel; ebensowenig aber kann dieser Paragraph auf einen Anspruch der vorliegenden Art Anwendung finden, wo der Gewerbeunternehmer, sei es aus bloßer Liberalität oder im Hinblick auf eine ihm etwa obliegende Entschädigungspflicht, freiwillig die Sorge für den verunglückten Arbeiter auf sich genommen und zu diesem Zweck ihm versprochen haben soll, er werde gegen leichtere Arbeit sein dauerndes Unterkommen in dem betreffenden Gewerbeetablissement finden. Indem der Arbeiter ein solches Versprechen geltend macht, stützt er sich nicht auf ein zwischen ihm und dem Unternehmer bestehendes „Arbeitsverhältnis", verlangt auch nicht die „Fortsetzung" desselben oder eine „Leistung" daraus, sondern die Erfüllung einer außerhalb des Gewerbeverhältnisses gelegenen, durch ein besonderes Versprechen begründeten Verpflichtung. Die Entlassung des Klägers aus der Fabrik der Beklagten ist für ersteren nicht der Grund der Klage, sondern nur die äußere Veranlassung, das streitige Versprechen gerichtlich geltend zu machen. („Seufferts Archiv" Bd. 42 S. 1246.)

## 59. Ist das GG. zuständig für eine Klage des Arbeitgebers auf Rückzahlung irrtümlich zuviel gezahlten Lohnes?

**a)** Urteil des GG. Frankfurt a. M. vom 23. August 1900.

Kläger hatte beantragt, die Beklagte zur Zahlung von 10,66 Mk. zu verurteilen, hat dann aber seine Klage im Termin zurückgenommen. Beklagte hat widerklagend beantragt, den Kläger zur Zahlung von 13,60 Mk. zu verurteilen.

Dem Kläger sind am 23. Juni außer seinem Lohn von 24 Mk. für Überstunden weitere 4 Mk. ausgezahlt worden. Das Bureau der Beklagten hat daraufhin fälschlich angenommen, daß dem Kläger ein Lohn von 28 Mk. zustehe, und ihm daraufhin während mehrerer Wochen je 4 Mk. zuviel ausgezahlt. Als dies bemerkt wurde, hat der Kläger sich damit einverstanden erklärt, den zuviel erhaltenen Betrag in wöchentlichen Raten von 2 Mk. zurückzuzahlen. Er schuldet auf die zuviel erhaltene Summe noch 13,60 Mk. Kläger behauptet, zur Rückzahlung nicht verpflichtet zu sein, da er in dem guten Glauben gewesen sei, daß ihm eine Lohnerhöhung bewilligt sei. Übrigens sei das Gericht auch für diesen Rückforderungsanspruch nicht zuständig.

Das GG. hat sich für zuständig erklärt und auf Herauszahlung erkannt.

Aus den Gründen: Die Widerklage stellt sich als Klage aus ungerechtfertigter Bereicherung dar, gehört aber zur Zuständigkeit des GG., da es sich um eine Leistung aus dem Arbeitsverhältnisse handelt und zwar um Rückzahlung versehentlich zuviel gezahlten Lohnes. Kläger mußte nach Antrag verurteilt werden, da es bei der Rückforderungsklage gemäß §§ 812, 814 BGB. für die Bereicherung weder auf guten Glauben des Klägers noch auf Entschuldbarkeit des Irrtums der Beklagten ankommt; es genügt vielmehr, daß der Kläger ohne Rechtsgrund bereichert ist, was er selbst zugibt, und daß die Mehrleistung der Beklagten auf einen Irrtum derselben zurückzuführen ist, was der Kläger selbst nicht bestreitet. („Gewerbegericht" Jg. 7, Sp. 160.)

b) Urteil des GG. Berlin vom 27. April 1896.

Das GG. hat sich für unzuständig erklärt.

Aus den Gründen: Nach § 3 Nr. 2 (jetzt § 4 Nr. 2 GGG.) sind die GG. zuständig für die Leistungen und Entschädigungsansprüche aus dem Arbeitsverhältnisse. Wie das GG. wiederholt erkannt hat, muß diese Gesetzesbestimmung dahin ausgelegt werden, daß nur solche Ansprüche, welche ihren Rechtsgrund in dem Arbeitsverhältnisse haben, seiner Zuständigkeit unterliegen. Es genügt hierfür nicht, daß der streitige Anspruch bei Gelegenheit des Arbeitsverhältnisses entstanden ist. Der gegenwärtige Anspruch des Klägers stellt sich als die Rückforderung einer seiner Behauptung nach ohne Verpflichtung an den Beklagten geleisteten Zahlung dar. Wenn dieser Anspruch — was hier nicht zu prüfen ist — an sich gerechtfertigt sein sollte, so steht er dem Kläger ganz ohne Rücksicht auf sein damaliges Arbeitsverhältnis zum Beklagten ebenso zu, wie jedem beliebigen Dritten, der dem Beklagten eine ihm nicht gebührende Zahlung geleistet hätte. Daraus erhellt, daß nicht das Arbeitsverhältnis Rechtsgrund des erhobenen Anspruches sein kann, wenn auch das Arbeitsverhältnis die Gelegenheit gab, bei welcher der klägerische Anspruch erwuchs. Das Gericht mußte deshalb seine Unzuständigkeit aussprechen. (Unger Nr. 208.)

c) Urteil des GG. Berlin vom 5. August 1895.

Der Kläger (Klempnermeister) behauptet, daß Beklagter, der beim ihm auf Bauten als Klempnergeselle gegen 40 Pfg. Stundenlohn beschäftigt war, regelmäßig morgens $1^1/_2$ Stunde zu spät zur Arbeitsstelle gekommen und $^1/_2$ Stunde zu früh gegangen sei. Er habe daher an 61 Tagen je 80 Pfg. Lohn zu viel erhalten. Kläger fordert diese 48,80 Mk. jetzt vom Beklagten zurück. Beklagter hat Abweisung beantragt.

Das GG. hat sich für unzuständig erklärt.

Aus den Gründen: Es handelt sich hier gar nicht mehr um eine Forderung über Leistungen und Entschädigungsansprüche aus dem Arbeitsverhältnisse. Dieses ist vielmehr beendet, und sind die beiderseitigen Verpflichtungen erfüllt. Beklagter macht geltend, daß er irrtümlich zu viel an Lohn gezahlt habe und will das zu viel Gezahlte zurückfordern. Er stellt daher eine condictio an, die allerdings durch das Bestehen bezw. die Abwicklung des Arbeitsverhältnisses veranlaßt ist, aber nicht in diesem ihren Klagegrund findet. Ein Fall des § 3 Nr. 4 (jetzt § 4 Nr. 2) liegt daher nicht vor. (Unger Nr. 208.)

## 60. Ist das GG. zuständig für Klagen auf Herausgabe von Sparbüchern und Spargeldern?

a) Urteil des GG. Karlsruhe i. B.

Nach der Behauptung des Klägers war dessen Sohn bei dem Beklagten in der Lehre, ohne daß ein schriftlicher Lehrvertrag abgeschlossen worden wäre; am 7. April v. J. soll der Sohn des Klägers bei dem Beklagten eingetreten sein, am 21. d. M. trat er wieder aus. Kläger macht geltend, daß der Beklagte sich weigere, ein dem klägerischen Sohn gehöriges Sparbuch mit einer Einlage von 180 Mk. herauszugeben. Beklagter wendet die Unzuständigkeit des GG. ein.

Das GG. hat sich für unzuständig erklärt.

Aus den Gründen: Die GG. sind berufen zur Entscheidung von gewerblichen Streitigkeiten zwischen Arbeitern und Arbeitgebern über solche Streitigkeiten, welche über die Erfüllung der aus dem Arbeitsverhältnis sich ergebenden Verbindlichkeiten entstehen. Eine solche Verbindlichkeit liegt aber hier nicht vor; denn wenn die Behauptungen der Klage richtig sind, so würde der Beklagte nicht gegen eine aus dem Arbeits- bezw. Lehrverhältnis sich ergebende Verbindlichkeit verstoßen haben, sondern er würde widerrechtlicherweise eine dem Sohn des Klägers gehörige Sache diesem vorenthalten und hiernach sich einer dem gewöhnlichen bürgerlichen Rechte entspringenden Klage aussetzen. („Gewerbegericht" Jg. 5, Sp. 161.)

b) Urteil des GG. Dresden.

Kläger verlangt bei Lösung seines Arbeitsverhältnisses den Betrag von 25,30 Mk., welchen, als vom Lohne nach und nach einbehaltenes Spargeld, die Beklagte schuldet. Von der letzteren wird zunächst die sachliche Zuständigkeit des Gerichts bemängelt, weil die Forderung des Klägers keine Leistung aus dem Arbeitsverhältnisse sei. Derselbe habe stets seinen Lohn voll ausgezahlt erhalten und bei jeder Lohnzahlung über Lohn und Spargeld gleichzeitig quittiert, so daß von einer Lohneinbehaltung keine Rede sein könne. Es handle sich im vorliegenden Falle vielmehr um die Auszahlung eines Spargeldes, welches der Kläger seinerzeit freiwillig an die sogen. „Weihnachts-Sparkasse" abgeführt habe. Diese Sparkasse, über welche ihr (Beklagter) keinerlei Verfügungsrechte zustünden, sei vor einigen Jahren auf Anregung der Fabrikleitung von ihrer Arbeiterschaft begründet worden und habe den Zweck, den Arbeitern die Bestreitung der Weihnachtsausgaben zu erleichtern und ihnen weiter die Mittel zu gewähren, um in der nach Weihnachten stattfindenden sogen. Inventurwoche den durch das Aussetzen der Arbeit entstehenden Lohnausfall decken zu können. Ein Zwang zum Beitritt dieser Kasse bestehe nicht, ebenso seien die Beiträge der Arbeiter hierzu freiwillige, betrügen aber vereinbarungsgemäß in der Regel 5 % des jeweiligen Wochenlohnes. Die Auszahlung der Spareinlagen erfolge in der Weihnachtswoche oder beim Abgange der Arbeiter; früher nur, wenn die Fabrikleitung aus besonderen Umständen dies für gerechtfertigt ansehe.

Das GG. hat sich für zuständig erklärt.

Aus den Gründen: Die Einrede der sachlichen Unzuständigkeit des Gerichts ist unbegründet. Nach § 4 Abs. 2 GGG. sind die GG. zuständig für Streitigkeiten über die Leistungen und Entschädigungsansprüche aus dem Arbeitsverhältnisse. Das Gericht ist der Ansicht, daß die Forderung des Klägers als eine Leistung aus dem Arbeitsverhältnisse anzusehen ist, da sie sich auf das zwischen Parteien bestandene Arbeitsverhältnis gründet und ohne dieses überhaupt nicht bestehen würde. Der Ansicht der Beklagten, daß die sogen. „Weihnachts-Sparkasse" lediglich eine freie Sparvereinigung ihrer Arbeiter sei, steht entgegen, daß die Beklagte die Spareinlagen der Arbeiter sofort von deren Lohne kürzen läßt, die vorzeitige Rückzahlung der Spareinlagen von ihrer (Beklagter) Genehmigung abhängig ist und daß die Beklagte überdies die Verpflichtung übernommen hat, bei dem Abgange jedem Arbeiter dessen Spargeld sofort zurückzuzahlen. Bei dieser Sachlage sind die bei der Beklagten bestehende Einrichtung der „Weihnachts-Sparkasse" und die hierzu erlassenen Bestimmungen nur als eine Ergänzung des das Arbeitsverhältnis zwischen der Beklagten und ihren Arbeitern regelnden Arbeitsvertrags anzusehen ist und für den hierauf gestützten Klageanspruch somit das GG. für zuständig zu erachten. („Gewerbegericht" Jg. 5, Sp. 161.)

## 61. Sind die GG. zuständig für die Frage, ob Trinkgelder dem Lehrlinge oder dem Meister zustehen? Wird die Zuständigkeit durch Auflösung des Arbeitsverhältnisses berührt?

Urteil des Reichsgerichts, 1. Zivilsenat, vom 30. Juni 1900.

Kläger ist vom 1. Juni 1896 bis zum 15. Mai 1899, an welchem Tage er als Geselle freigesprochen wurde, bei dem Beklagten in der Lehre gewesen und zwar auf Grund eines von seinem Vater mit dem Beklagten mündlich geschlossenen Lehrvertrags. Nach seiner Angabe ist dabei vereinbart worden, daß Beklagter die Trinkgelder und die Neujahrsgeschenke, die Kläger während seiner Lehrzeit erhalten werde, an sich nehmen, für ihn aufbewahren und am Schlusse der Lehrzeit seinem Vater aushändigen solle. Kläger behauptet, er habe alle als Lehrling vereinnahmten Trinkgelder und Neujahrsgeschenke an den Beklagten abgeliefert, beziffert den Betrag auf 800 Mk., will hiervon 10 Mk. als während der Lehrzeit erhalten abrechnen und hat beantragt, den Beklagten zur Zahlung von 790 Mk. nebst Zinsen zu verurteilen.

Beklagter bestreitet, daß Kläger als Lehrling Anspruch auf die gegebenen Trinkgelder habe. Zunächst jedoch erachtet er das GG. oder, da ein Innungsschiedsgericht in Stettin bestehe, dieses für zuständig und hat deshalb Abweisung der Klage beantragt.

Durch Urteil des Landgerichts in Stettin vom 18. Januar 1900 ist die die Klage wegen Unzuständigkeit des ordentlichen Gerichts abgewiesen, die Berufung des Klägers ist durch Urteil des Oberlandesgerichts in Stettin vom 14. März 1900 zurückgewiesen worden. Jetzt hat Kläger Revision eingelegt.

Die Revision ist zurückgewiesen.

Aus den Gründen: Nach Angabe des Klägers ist ein Streit um den in Rede stehenden Anspruch bereits bei dem GG. in Stettin anhängig gewesen, den Parteien jedoch von dem Vorsitzenden eröffnet worden, „ihr Streit gehöre, da Kläger Geselle sei, nicht vor das Innungsschiedsgericht, sondern vor das Landgericht". Auf diese Behauptung ist in den Vorinstanzen nicht weiter eingegangen. Dieselbe ist auch unerheblich, denn ein Urteil des GG. ist jedenfalls nicht erlassen worden und nur ein solches würde nach § 26 GGG. (jetzt 28) von bindender Wirkung sein. Die jetzt zu treffende Entscheidung ist daher in freier Beurteilung des Sachverhalts abzugeben. Dieser aber ist in den ergangenen Urteilen zutreffend gewürdigt worden. Daß Kläger als Lehrling zu den Arbeitern im Sinne des erwähnten Reichsgesetzes gehört, folgt aus § 2 (jetzt 3) daselbst. Ferner kann es nicht zweifelhaft sein, daß eine „Leistung aus dem Arbeitsverhältnis" im Sinne des § 3 (jetzt 4) Ziff. 2 daselbst in Frage steht. Kläger verneint dies, da es sich um einen Anspruch aus einem Verwahrungsvertrag oder wegen ungerechtfertigter Bereicherung handle, es kommt jedoch nicht sowohl auf den zivilrechtlichen Charakter des Anspruchs, als darauf an, ob und inwieweit seine Entstehung mit dem Arbeitsverhältnisse zusammenhängt. Dies anlangend ist von Bedeutung, daß die Vereinbarung, aus der geklagt wird, in dem Lehrvertrage des Klägers getroffen ist, und schon dies würde genügen, um die vorliegende Streitigkeit als eine gewerbliche erscheinen zu lassen. Es zeigt sich die Natur des Streites als eines solchen aber auch augenfällig darin, daß hauptsächlich zu entscheiden ist, wem die gegebenen Trinkgelder zukommen, nämlich, ob sie dem Lehrling oder ob sie dem Meister gebühren. Allerdings steht jetzt der Kläger längst nicht mehr in dem Arbeitsverhältnis, aus dem der Anspruch herrühren soll, jedoch ist dies ohne Belang. Der § 3 (jetzt 4) Ziff. 2 des Reichsgesetzes betr. die GG. hat dieselbe Bedeutung, die der entsprechenden Vorschrift im § 120a der GO. zukam: er umfaßt alle Ansprüche, die ihren Rechtsgrund in dem das betreffende Arbeitsverhältnis regelnden Arbeitsvertrag oder in den, den letzteren ergänzenden gesetzlichen Bestimmungen haben. Liegt dies vor, so ist es gleichgültig, ob das Verhältnis noch besteht. Letzteres ist durch die Fassung „aus dem Arbeitsverhältnisse" zum Ausdruck gebracht, durch den klar gestellt werden soll, daß auch Ansprüche auf Entschädigung, einschließlich derjenigen, die erst mit der Entlassung beginnen, vor die GG. gehören (vgl. die Begründung zu § 3 in den Verhandlungen des Reichstags 1890, Drucksachen Nr. 5). Auch der § 120a der GO. war bereits in diesem Sinne verstanden worden. Ansprüche aus außerkontraktlichem Verschulden des Arbeitgebers oder aus einem Versprechen desselben wegen Entschädigung gehörten zwar nicht unter seine Bestimmungen (vgl. Gruchot, Beitr. Bd. 31 S. 1099), auch nicht Ansprüche aus dem Bruche eines Konkurrenzverbots (vgl. das Urteil in den Entsch. des Reichsgerichts in Zivils. Bd. 13 S. 341, auf das Kläger sich beruft); wohl aber Klagen auf Zurückgabe einer Kaution oder auf rückständige Leistungen (vgl. die Urteile des Reichsgerichts in „Seufferts Archiv" Bd. 36 Nr. 230 und Reger, „Entscheidungen der Gerichts- und Verwaltungsbehörden Bd. 4 S. 405). Ebenso verhielt es sich nach dem früheren § 108 der GO.: es gehörten dahin Entschädigungsklagen wegen Bruches eines Arbeitsverhältnisses (vgl. Entsch. des Reichs-Oberhandelsgerichts Bd. 21 S. 201) und Klagen auf Schadloshaltung wegen Aufhebung eines Lehrvertrags (vgl. Entsch. des Obertribunals

Bd. 70 S. 138 und „Seufferts Archiv" Bd. 33 Nr. 159). Hiernach ist gemäß § 5 (jetzt 6) des RG. betr. die GG. die Zuständigkeit der ordentlichen Gerichte ausgeschlossen. (Gruchot Bd. 45 S. 1080.)

## 62. Ist das GG. zuständig für Streitigkeiten über abhanden gekommene, dem Arbeitgeber aber vorher nicht übergebene Kleidungsstücke?

Urteil des GG. Weimar vom 11. April 1902.

Kläger hat nach seiner Behauptung bei seinem Eintritt in das Arbeitsverhältnis vor länger als einem Jahr seine Arbeitskleider teils in einen im Maschinenraum vorhandenen Verschlag, teils in einen ebendaselbst befindlichen Schrank, in letzteren auch seine besseren Kleider gehangen. Von jenen Handlungen hat er keinem Organ der Gesellschaft Mitteilung gemacht. Er hat sie tatsächlich begangen und ohne Widerspruch seitens der Beklagten bis zu seinem Austritt aus dem Arbeitsverhältnis am 29. März d. J. fortgesetzt. Beide Gelasse waren verschließbar und beim Eintritt des Klägers auch mit Schlüsseln versehen. Der Verschlag aber war oben offen. Bei einem nochmaligen Besuch des Maschinenhauses am 2. d. M. fand Kläger, wie er ferner behauptet, seine in jenen Verschlag gehängten Arbeitskleider nicht mehr vor und er beansprucht nunmehr, da sie allen Suchens ungeachtet nicht zu finden seien, Herausgabe seitens der Beklagten oder eine Entschädigung im Gesamtbetrag von 8 Mk.

Das GG. hat sich für unzuständig erklärt.

Aus den Gründen: Der vorliegende Streitfall ist der erste seiner Art, der vor dem GG. hier verhandelt wird. Aus der Praxis der übrigen GG. ist nur ein ähnlicher in der „Sozialen Praxis" IV Sp. 553 veröffentlichter, wahrscheinlich aus dem Jahre 1895 herrührender, bekannt. Umso gewissenhafter ist die Zuständigkeitsfrage zu prüfen gewesen. Das Gericht hat sie verneinen zu müssen geglaubt. In Betracht kommt nur die Bestimmung in § 4 Ziff. 3 des neuen GGG., wonach die GG. zuständig sind für Streitigkeiten „über die Rückgabe von Zeugnissen, Büchern, Legitimationspapieren, Urkunden, Gerätschaften, Kleidungsstücken, Kautionen u. dergl., welche aus Anlaß des Arbeitsverhältnisses übergeben worden sind". Eine Übergabe der vermißten Kleidungsstücke hat aber in der vorliegenden Sache nach der obigen Geschichtserzählung offenbar nicht stattgefunden. Kläger hat die Kleidungsstücke vielmehr seiner eigenen Angabe zufolge ohne jede Meldung oder Erklärung in jenen Verschlag gehangen. Beklagte hat sie daher auch nicht übernommen, denn was ihr nicht übergeben wird, kann sie nicht übernehmen. Ein Verwahrungsvertrag, an den man denken könnte (BGB. § 688), ist daher zwischen den Parteien nicht zustande gekommen. Die Kleidungsstücke waren lediglich eingebracht, nicht übergeben, und für eingebrachte Sachen ist nur eine besondere Haftpflicht des Gastwirts, aber nicht des Arbeitgebers, von dem Gesetz vorgesehen (BGB. § 701).

## 63. Ist das GG. für Klagen aus einem vertragsmäßigen Konkurrenzverbot zuständig, die nicht auf Konventionalstrafe gerichtet sind?

a) Urteil des Reichsgerichts, 2. Zivilsenat, vom 19. November 1895.

Der Beklagte trat am 1. März 1891 als Zuschneider in die Dienste der Klägerin, wurde aber am 31. Dezember 1894 von dieser nach vorausgegangener vertragsmäßiger Kündigung entlassen und begründete dann in St. J. ein eigenes Geschäft zum Zwecke der Anfertigung von Herrenkleidern nach Maß. Die Klägerin behauptet, dazu sei er nicht berechtigt gewesen, weil er sich unter Festsetzung einer Konventionalstrafe von 3000 Mk. verpflichtet habe, sich nach einem Austritte für die Dauer von 5 Jahren weder in St. J. noch in einem Umkreise von 5 Meilen zu etablieren oder an einem Konkurrenzgeschäfte zu beteiligen. Sie hat in der Klage beantragt, den Beklagten zur Auflösung seines Geschäfts zu verurteilen, ihm die Begründung eines solchen in St. J. wie im Umkreise von 5 Meilen davon bis zum 1. Januar 1900 zu untersagen, eventuell ihn zur Zahlung von 3000 Mk. nebst Zinsen vom Klageantrag an zu verurteilen. Der Beklagte hat Abweisung der Klage beantragt. — Durch Urteil des Landgerichts zu S. vom 14. März 1895 wurde der Hauptantrag der Klägerin zugesprochen. Gegen diese Entscheidung hat der Beklagte Berufung eingelgt. Zur Begründung hat er u. a. geltend gemacht, das Landgericht sei unzuständig gewesen, weil die Sache vor das GG. gehöre. Durch Urteil des Oberlandesgerichts zu K. vom 18. Juli 1895 wurde die Berufung zurückgewiesen. Diese Entscheidung wurde im wesentlichen auf folgende Gründe gestützt. Die Zuständigkeit des Landgerichts werde mit Unrecht bestritten. Wenn der Beklagte Betriebsbeamter oder Werkmeister oder mit höheren technischen Dienstleistungen betrauter Angestellter im Sinne des § 2 (jetzt 3) GGG. gewesen sei, wie die Klägerin behaupte, sei die Zuständigkeit des GG. schon deshalb ausgeschlossen, weil sein Jahresverdienst den Betrag von 2000 Mk. überstiegen habe. Sei er als gewöhnlicher gewerblicher Arbeiter anzusehen, so gelte dasselbe, weil eine Streitigkeit der in § 3 (jetzt 4) Ziff. 1 bis 4 des erwähnten Gesetzes bezeichneten Art nicht in Frage stehe.

Die Revision ist zurückgewiesen.

Aus den Gründen: Bei der auf Übertretung eines sogen. Konkurrenzverbots gestützten Klage handelt es sich nicht um eine Leistung oder einen Entschädigungsanspruch „aus dem Arbeitsverhältnis", wie ihn § 3 (jetzt 4) des GGG. voraussetzt. Vielmehr wird die Klage auf einen Nebenvertrag gestützt, der mit dem auf die Anstellung des Beklagten im klägerischen Geschäft bezüglichen Vertrage verbunden worden ist und sich auf das Verhalten desselben nach Beendigung des Arbeitsverhältnisses bezieht. Daß Ansprüche aus derartigen Verträgen nicht zur Zuständigkeit der GG. gehören, ergibt sich zudem mit voller Bestimmtheit aus Abs. 2 der erwähnten Vorschrift, in welcher zur Beseitigung von Zweifeln ausdrücklich gesagt wurde, daß bezüglich solcher Streitigkeiten, welche hinsichtlich der in solchen Verträgen bedungenen Konventionalstrafen entstehen, die Zuständigkeit der GG. nicht begründet sei. Aus dieser Vorschrift kann, obgleich sie nur von Konventionalstrafen spricht, nicht etwa gefolgert werden, daß Entschädigungsansprüche aus derartigen Verträgen oder Ansprüche auf Einstellung des vertragswidrig begründeten Geschäfts vor das GG. gehören sollen. Vielmehr muß angenommen werden, daß das Gesetz nur deshalb lediglich von Streitigkeiten über Konventionalstrafen spricht, weil diese gewöhnlich bedungen werden, sofern ein Konkurrenzverbot erfolgt. Eine Entschädigungsforderung steht übrigens im vorliegenden Falle garnicht in Frage, und die Einstellung des Geschäfts, das nach dem Austritt des Beklagten aus dem klägerischen Geschäft von ihm begründet wurde, könnte, wie oben dargelegt wurde, auch abgesehen von der in Abs. 2 des § 3 (jetzt 4) enthaltenen Vorschrift nicht als eine „Leistung aus dem Arbeitsverhältnisse" angesehen werden. („Gewerbegericht" Jg. 1, Sp. 36.)

**b) Urteil des Oberlandesgerichts Karlsruhe vom 13. März 1900.**

Der Ingenieur einer Maschinenfabrik hatte sich verpflichtet, binnen 3 Jahren in kein Konkurrenzgeschäft einzutreten. Der Klage auf Austritt aus dem Konkurrenzgeschäft setzt er den Einwand der Zuständigkeit des GG. entgegen.

Das ordentliche Gericht ist für zuständig erklärt.

Aus den Gründen: Da der Beklagte bei dem Kläger als Ingenieur (Techniker) und zwar mit Zeichnen und Fertigen von Kostenvoranschlägen, welch letztere Tätigkeit auch in den Geschäftskreis des Technikers gehört, ausschließlich beschäftigt war, so kann es keinem Zweifel unterliegen, daß nicht die Bestimmungen des Handelsgesetzbuches über die Handlungsgehilfen, sondern diejenigen der GO., insbesondere die in Tit. 7a über die Verhältnisse der als Betriebsbeamte, Werkmeister, Techniker, Angestellten hier Anwendung zu finden haben.

Es ist aber im vorliegenden Falle nicht, wie der Vertreter des Berufungsklägers geltend machte, das GG., sondern das ordentliche Gericht zuständig.

§ 3 Abs. 1 Ziff. 1—4 (jetzt § 4 Ziff. 1—6) des GGG. erwähnt nicht die aus der Vereinbarung, daß der Angestellte nach Beendigung des Arbeitsverhältnisses nicht in ein Konkurrenzgeschäft eintreten dürfe, hervorgehenden Streitigkeiten. Dagegen ist in Abs. 2 dieses Paragraphen, nachdem in Abs. 1 Ziff. 2 (jetzt 4) die Streitigkeiten über eine in Beziehung auf das Arbeitsverhältnis bedungene Konventionalstrafe den GG. zugewiesen sind, ausdrücklich bestimmt, daß Streitigkeiten über eine Konventionalstrafe, welche für den Fall der Zuwiderhandlung gegen eine Vereinbarung der oben bezeichneten Art bedungen ist, nicht zur Zuständigkeit der GG. gehören sollen. Diese Bestimmung wurde offenbar deshalb getroffen, weil der Gesetzgeber — wie auch das Reichsgericht in seiner Entsch. Bd. XIII S. 34 in einem Prozeß über eine solche Konventionalstrafe zur Auslegung des früheren die Zuweisung von Gewerbestreitigkeiten an besondere Behörden regelnden § 120a der GO. ausgeführt hat — nicht wollte, daß auch Streitigkeiten über Verpflichtungen, welche der Arbeiter zwar in dem Arbeitsvertrag übernommen hat, jedoch für die Zeit nach dem Arbeitsverhältnisse, und bei denen es sich nicht um eine Leistung aus dem Arbeitsverhältnisse, sondern um eine neben den durch dieses auferlegten Verpflichtungen übernommene selbständige Verpflichtung handelt, den GG. zugewiesen wurden. Die Bestimmungen des GGG., welche die darin fixierten Streitigkeiten den ordentlichen Gerichten entziehen, sind strenge auszulegen und können daher um so weniger auf Streitigkeiten über eine Verpflichtung wie die hier vorliegende, welche dort nicht erwähnt ist und nicht unmittelbar aus dem Arbeitsverhältnis hervorgeht, ausgedehnt werden. („Gewerbegericht" Jg. 6, Sp. 201).

### 64. Kann vor dem GG. die Aufrechnung von Forderungen geltend gemacht werden, für die das GG. unzuständig ist?

**a) Urteil des GG. Bremen.**

Das GG. hat den Beklagten ohne Berücksichtigung der von ihm geltend gemachten Aufrechnung verurteilt.

Aus den Gründen: Für die Entscheidung über die Gegenforderungen würde das GG. nicht zuständig sein, wenn der Beklagte sie klagend vor dem GG. geltend machen würde, da es sich bei ihnen nicht um Leistungen und Entschädigungsansprüche aus einem Arbeitsverhältnisse handelt. Das GG. ist deshalb auch nicht zuständig, über diese Forderungen zu entscheiden, wenn sie einredeweise im Wege der Aufrechnung geltend gemacht werden; denn nach § 293 (jetzt 322) der Zivilprozeßordnung ist die Entscheidung über das Bestehen oder Nichtbestehen einer mittels Einrede geltend gemachten Gegenforderung bis zur Höhe desjenigen Betrages, mit welchem aufgerechnet werden soll, der Rechtskraft fähig. Würde das GG. mithin über die Gegenforderungen des Beklagten entscheiden, so würde es rechtskräftig über Forderungen entscheiden, die seiner Gerichtsbarkeit nicht unterstellt sind. Dem Kläger würde auch dadurch der Rechtsweg bezüglich der Ansprüche des Beklagten in unzulässiger Weise beschränkt. Während ihm, wenn der Beklagte die Forderungen vor dem Amtsgericht geltend gemacht hätte, gegen ein ungünstiges Urteil des Amtsgerichts das Rechtsmittel der Berufung an das Landgericht zustehen würde, ist das Urteil des GG., welches das Bestehen der Gegenforderung anerkennen würde, unanfechtbar. Der Beklagte ist deshalb wegen Unzuständigkeit des GG. mit seinen Gegenforderungen zurückzuweisen. („Gewerbegericht" Jg. 4, Sp. 134.)

**b) Urteil des GG. Zittau vom 21. August 1902.**

Der Kläger, der früher selbständiger Baumeister war, war bei dem Beklagten als Bauführer gegen einen Wochenlohn von 30 Mk. in Stellung. Nach Auflösung des Vertrags klagte er den auf mehrere Wochen rückständigen Lohn ein. Dem Klageanspruche gegenüber machte der Beklagte eine Gegenforderung von 182,50 Mk. geltend mit der Behauptung, daß er dem Kläger zu der Zeit, als dieser noch selbständiger Baumeister war, Waren zu dem vereinbarten Preise von 182,50 Mk. geliefert habe. Der Kläger gab dieses zu, behauptete aber, daß er dem Beklagten zur Bezahlung dieser Kaufpreisschuld einen gleich hohen, von einem Dritten angenommenen Wechsel gegeben habe, und daß dieser Wechsel vom Acceptanten eingelöst worden sei. Der Beklagte bestritt dieses.

Der Beklagte ist verurteilt.

Aus den Gründen: Da der Klageanspruch unbestritten ist, hängt die Verurteilung des Beklagten davon ab, ob die Gegenforderung aufrechnungsweise geltend gemacht werden kann. Dies ist nicht statthaft, da sie der rechtlichen Prüfung durch das Gericht entzogen ist. Sie ist aus einem Kaufvertrage entstanden, der mit dem gewerblichen Arbeitsvertrage in keiner Beziehung steht; sie könnte, wenn sie klage- oder widerklageweise geltend gemacht werden sollte, nach § 4 des GG. nicht vor ein GG. gebracht werden. Was aber für den Klagefall gilt, gilt auch für den Fall der Aufrechnung, denn, um festzustellen, ob die Klageforderung durch Aufrechnung erloschen ist, muß über das Bestehen oder Nichtbestehen der Gegenforderung entschieden werden. Eine solche Entscheidung ist nach ZPO. § 322, Abs. 2 der Rechtskraft fähig. Da aber ein GG. nur in den Sachen Rechtskraft schaffen kann, die nach § 4 GGG. seiner Zuständigkeit unterliegen, so folgt aus ZPO. § 322 die Unzulässigkeit der Aufrechnung vor dem GG. wegen Unzuständigkeit des Gerichtes.

## 65. Können Ansprüche, welche vor die GG. gehören, mit solchen, für welche die ordentlichen Gerichte zuständig sind, verbunden werden?

Urteil des Amtsgerichts I, Abt. 40, zu Berlin vom 18. Dezember 1896.

Ein ausgeschiedener Geselle (Schuhmacher) hat beim Amtsgericht I Berlin eine Reihe von Forderungen gegen seine frühere Arbeitgeberin in derselben Klage erhoben. Es handelte sich um Erstattung von Auslagen, die er im Auftrage seiner Arbeitgeberin gemacht hatte, einer Entschädigung für den infolge Wahrnehmung eines Termins für seine Arbeitgeberin ihm erwachsenen Lohnausfall, um Erstattung des Kaufpreises eines von ihm für letztere angekauften Vogelbauers sowie der Versäumniskosten und des Fahrgeldes von zusammen 8,10 Mk. gelegentlich eines im Auftrage seiner Arbeitgeberin bewirkten Ledereinkaufs, endlich um 27 Mk. rückständigen Lohn für Reparaturen und Flickarbeiten, die er neben den gewöhnlichen Stückarbeiten geleistet hat.

Das Amtsgericht hat über die zuerst erwähnten Ansprüche sachlich erkannt, betreffs der beiden letzten Ansprüche von 8,10 Mk. und 27 Mk. sich dagegen für unzuständig erklärt.

Aus den Gründen: Es war wie geschehen, zu erkennen, weil die beiden letzten Ansprüche Lohnforderungen für gewerbliche Leistungen des Klägers in seiner Eigenschaft als Geselle sind. Solche Ansprüche gehören vor die GG. Eine Verbindung derselben mit Ansprüchen, welche vor die ordentlichen Gerichte gehören, ist gemäß § 232 (jetzt 260) der ZPO. unzulässig. („Gewerbegericht" Jg. 2, Sp. 43.)

## 66. Begriff des Heimarbeiters und des Hausgewerbetreibenden.

a) Urteil der 16. Zivilkammer des Landgerichts I Berlin vom 9. Juni 1899.

Die Berufung des beklagten Arbeitgebers ist zurückgewiesen.

Aus den Gründen: Das unterscheidende Merkmal zwischen Heimarbeitern und selbständigen Hausgewerbetreibenden liegt darin, daß letztere trotz mehr oder minder starker wirtschaftlicher Abhängigkeit sich vollkommener persönlicher Unabhängigkeit zu erfreuen haben, während die Heimarbeiter auch in einer persönlichen Abhängigkeit stehen.

Bei der immer ausgedehnteren Verwendung von Arbeitern außerhalb besonders eingerichteter Produktionsstätten, wie sie z. B. auch im Sattlergewerbe sich vollzieht, kann in einer solchen Detachierung von Arbeitskräften nicht ohne weiteres auch die Loslösung der mit dem Arbeitsverhältnis der Regel nach gegebenen persönlichen Abhängigkeit des Arbeiters vom Betriebsunternehmer gefunden werden. So lange der wirtschaftliche Betrieb ein geregeltes Ineinandergreifen der Arbeitstätigen erfordert, ist die Verlegung der Einzelbetriebsstätte aus der Werkstatt oder Fabrik in die eigene Wohnung für den Arbeiter nur ein untergeordneter Gewinn an persönlicher Selbständigkeit. Er hat zwar die abstrakte Möglichkeit, Beginn, Umfang und Reihenfolge der Arbeit zu bestimmen; es ist ihm meistens auch nicht verboten, für andere Gewerbetreibende ebenfalls tätig zu sein und in gewissen Grenzen nach seinem Belieben mehr oder weniger Fleiß anzuwenden. Alle diese möglichen Vergünstigungen sind aber in zahlreichen Fällen tatsächlich ausgeschlossen durch die wirtschaftliche Abhängigkeit, die von selbst die persönliche zur Folge hat. Aus diesem Grunde wird der Regel nach die persönliche Selbständigkeit auch in einer wirtschaftlich günstigeren Stellung zum Ausdruck kommen, während andrerseits der Umstand, daß in demselben Gewerbe unter gleichen wirtschaftlichen Bedingungen sowohl in der Fabrik als außerhalb Arbeiter Beschäftigung finden, darauf schließen läßt, daß auch ihre persönliche Stellung zum Betriebsunternehmer nicht wesentlich verschieden ist.

Nach diesen Grundsätzen sind die vom Beklagten beschäftigt gewesenen Sattler als unselbständige Arbeiter anzusehen, mögen sie in der Betriebsstätte des Beklagten oder außerhalb derselben in ihren eigenen Wohnungen gearbeitet haben. Nach den Zeugenaussagen haben die beteiligten Arbeiter zwischen der einen oder anderen Beschäftigungsart gewechselt, ohne daß ihr Arbeitsverhältnis dadurch geändert worden wäre. Die Abmachungen über den Arbeitsantritt haben die einen wie die anderen Arbeiter unterschrieben und dadurch ausdrücklich das Vertragsverhältnis als Arbeitsverhältnis zu erkennen gegeben. Die Ablieferung der fertigen Arbeiten ist, trotzdem bestimmte Lieferfristen nicht ausgemacht worden, regelmäßig geschehen, und für andere Unternehmer ist tatsächlich nicht gearbeitet worden. Darnach sind die Sattler, die für den Beklagten außerhalb der Werkstatt gearbeitet haben, als Heimarbeiter anzusehen. („Blätter für Rechtspflege" Jg. 1899, S. 58.)

**b)** Urteil des Kgl. Landgerichts I, Zivilkammer 16, zu Berlin. vom 10. März 1899.

Die Berufung des beklagten Arbeitgebers ist zurückzuweisen.

Aus den Gründen: Mit Recht hat der Vorderrichter nach eingehender Vernehmung des Sattlergehilfen A. als Zeugen die Feststellung getroffen, daß derselbe zu der hier fraglichen Zeit nicht Hausindustrieller, sondern Heimarbeiter des Beklagten gewesen ist, und die dagegen vom Beklagten vorgetragenen Gründe können als stichhaltig nicht anerkannt werden.

Ob A. aus Mangel an Raum in der Fabrik des Beklagten oder aus irgend einem anderen Grunde, namentlich wie er bekundet, im Interesse seiner eigenen Bequemlichkeit, das Arbeitspensum in der eigenen Wohnung erledigt hat, ist für die zu entscheidende Frage bedeutungslos.

Wesentlich ist, daß er die völlig gleiche ökonomische Stellung einnahm wie ein in den Fabrikräumen des Beklagten beschäftigter Akkordarbeiter.

Daß auch ein solcher, sei es aus eigener Initative, sei es wegen Mangels an Arbeit, in der Fabrik die Tätigkeit auf ungewisse Zeit aussetzen kann, ist unbedenklich. Es fehlt jeder Anhalt dafür, daß A. selbständig das Sattlerhandwerk betrieben habe; er hat einen Unternehmergewinn nicht gehabt, sondern lediglich Stücklohn für seine Arbeit als ein ausführendes Organ des Unternehmers, des Beklagten, bezogen.

Demnach war die Berufung als unbegründet zurückzuweisen". Vgl. „Arbeiter-Versorgung", Jg. 1892, S. 90, Jg. 1897, S. 29; Hahn, „Krankenversicherungsgesetz", 2. Aufl., S. 30 und die dort Zitierten; Unger, „Entscheidungen des GG. zu Berlin", S. 226, 227; („Blätter für Rechtspflege", Jg. 1899, S. 38.)

## 67. Unter welchen Umständen ist das GG. für Hausschneider zuständig?

**a)** Urteil des Landgerichts I, 5. Zivilkammer vom 4. April 1895.

Das Amtsgericht hatte die Klage wegen Zuständigkeit des GG. abgewiesen. — Auf die Berufung des Klägers ist das Urteil aufgehoben und die Sache an das Amtsgericht zurückverwiesen.

Aus den Gründen: Der Kläger ist für die Beklagte außerhalb der Arbeitsstätte der letzteren mit der Anfertigung gewerblicher Erzeugnisse beschäftigt gewesen, er hat die rohen Stoffe bezw. Halbfabrikate, in den vorgeschriebenen Fällen die zugeschnittenen Jackets nebst Zutaten geliefert erhalten und seine Tätigkeit beschränkte sich auf das Nähen und Steppen, während er nur Zwirn, bezw. Seide, Ösen und Haken — Zutaten von unbedeutendem Werte — zu den Arbeiten geliefert hat. In Anbetracht dieser Arbeiten allein würde der Kläger allerdings als Hausgewerbetreibender im Sinne des § 4 des GGG. (jetzt 5) anzusehen sein. Hieran kann auch der Umstand, daß der Kläger neben dieser Beschäftigung noch als selbständiger Schneidermeister von anderen Kunden Arbeiten übernommen und ausgeführt hat, nichts ändern; denn es kann ein an sich selbständiger Gewerbetreibender dennoch zu anderen Gewerbetreibenden im Verhältnis eines „Heimarbeiters" stehen. Im vorliegenden Falle aber hat der Kläger für die Beklagte nicht lediglich die gelieferten rohen Stoffe bezw. Halbfabrikate bearbeitet, das heißt die zugeschnittenen Stoffe, abgesehen von den selbst gelieferten geringen Zutaten, zusammengenäht und gesteppt, sondern er hat auch zum Teil die Stoffe in derselben Weise, wie er sie als selbständiger Schneidermeister von anderen Kunden geliefert erhält, selbständig zugeschnitten und weiter bearbeitet und damit die über das Maß eines Heimarbeiters hinausgehende Tätigkeit eines selbständigen Handwerkers auch im Verhältnis zur Beklagten ausgeübt. Es liegt also in dem Verhältnis des Klägers zur Beklagten eine Mischung zwischen einem Hausgewerbetreibenden und einem selbständigen Handwerker, der für die Beklagte als seine Kundin Aufträge ausgeführt hat. („Blätter für Rechtspflege" Jg. 1896, S. 26.)

**b)** Urteil des Landgerichts I, 23. Zivilkammer zu Berlin vom 1. Juli 1895.

Die Klage ist wegen Unzuständigkeit des ordentlichen Gerichts abgewiesen.

Aus den Gründen: Beklagter hat die ihm vom Kläger gelieferten Stoffe und Zutaten in seiner Wohnung für dessen Zwecke verarbeitet. Die Übergabe der fertiggestellten Mäntel an den Kläger gehörte daher zu den Leistungen des Beklagten aus dem Arbeitsverhältnis. Daß letzterer für den Kläger weder dauernd noch ausschließlich gearbeitet hat, macht keinen Unterschied. Dieser Gegensatz findet sich weder in dem angezogenen Gesetze, noch läßt er sich aus dem Wortlaute desselben herleiten. Wenn das Gesetz im § 4 (jetzt 5) von „bestimmten Gewerbetreibenden" spricht, so hat dies nicht den Sinn, daß ein Arbeitnehmer für eine bestimmte Zeit nur für einen Arbeitgeber tätig sein müsse. Für diese Auslegung gibt das Gesetz keinen Anhalt. Selbst wenn Beklagter in der hier fraglichen Zeit, die drei Monate umfaßte, noch für andere Geschäfte gearbeitet hat, so ist ihm gegenüber der Kläger für den Umfang der ihm aufgetragenen Arbeiten ein bestimmter Gewerbetreibender im Sinne des Gesetzes und umsomehr, als Kläger selbst vorträgt, daß Beklagter jahrelang für ihn gearbeitet hat. Gerade in der Konfektionsbranche gibt es eine große Anzahl Hausgewerbetreibender, die für mehrere Geschäfte zugleich arbeiten müssen, um in der Zeit, wo die Arbeit in einem derselben ruht, eine andere Beschäftigung zu haben. Die Klage war demgemäß wegen Unzuständigkeit des ordentlichen Gerichts abzuweisen." („Blätter für Rechtspflege" Jg. 1896, S. 26.)

### 68. Ist das GG. zuständig für Hausgewerbetreibende, die für eine große Zahl von Geschäften arbeiten?

Urteil des GG. Berlin, Kammer 1, vom 1. Juli 1901.

Der Kläger hat mit der Begründung, daß er mit dem Beklagten auf gemeinsame Rechnung die Anfertigung von Schneiderarbeiten für Geschäfte übernommen habe, wegen der aus dieser gemeinschaftlichen Tätigkeit angeblich resultierenden Abrechnungsdifferenz vor dem GG. Klage erhoben.

Unstreitig haben die Parteien für mehr als fünf Geschäfte gearbeitet und mehrere Gesellen beschäftigt, auch den „selbständigen Betrieb der Schneiderei" angemeldet.

Das GG. hat sich für unzuständig erklärt.

Aus den Gründen: Wesentlich für die Subsumierung der Heimarbeiter unter die Klasse der Arbeitnehmer ist die persönliche und wirtschaftliche Abhängigkeit derselben vom Arbeitgeber. Ist der Heimarbeiter dagegen in seinem gewerblichen Tun und Lassen frei, bedient er sich der Hilfe von ihm zu lohnender Arbeiter, beruht der durch diese Arbeiter zu erzielende Verdienst nicht auf einem dauernden Arbeitsverhältnisse, und gewährt er ihm nicht regelmäßige Subsistenzmittel, so daß der Heimarbeiter angewiesen ist, für eine größere unbestimmte Zahl von Arbeitgebern zu gleicher Zeit zu arbeiten, so muß er als selbständiger Gewerbetreibender angesehen werden. (cfr. Entsch. des Reichsgerichts in Straff., Bd. 17, S. 131.) So vorliegend, wo die Parteien, welche sich zu gemeinsamer Tätigkeit zusammengetan hatten, nicht von einem Arbeitgeber eine Arbeit gemeinsam übertragen erhalten hatten. Sie haben je nach der sich ihnen bietenden Gelegenheit für eine größere Anzahl Arbeitgeber Arbeiten ausgeführt, und zu diesem Zwecke ihrerseits Gesellen beschäftigt. Endlich ist auch, in formaler Beziehung entscheidend, ihr Betrieb als „selbständiger Gewerbebetrieb (Schneiderei)" zur Gewerbesteuer angemeldet. Nach alledem unterlag es keinem Zweifel, daß die Parteien selbständige Gewerbetreibende sind, welche ein Sozietätsverhältnis eingegangen waren. Die Rechtsstreitigkeiten aus einem solchen unterliegen der Zuständigkeit des GG. nicht. („Soziale Praxis.")

### 69. Fahrrad-Industrie. Ist das GG. zuständig für Klagen wegen Vergebung einzelner Bestandteile an unabhängige Arbeiter?

Urteil des GG. Karlsruhe i. B.

Kläger, welcher für sich arbeitet und in keinem ständigen Abhängigkeitsverhältnis zu dem Beklagten steht, verlangt von dem letzteren für die Anfertigung einer Partie Sattelstützen für Fahrräder noch den Betrag von 40,80 Mk.

Das GG. hat sich für unzuständig erklärt.

Aus den Gründen: Das GG. ist berufen zur Entscheidung gewerblicher Rechtsstreitigkeiten zwischen Arbeitgebern und Arbeitern; als solche können aber nur solche Leute verstanden werden, welche in einem ständigen Abhängigkeitsverhältnis von einem bestimmten Arbeitgeber stehen, welchem sie ihre ganze Arbeitskraft auf bestimmte oder unbestimmte Zeit zur Verfügung gestellt haben. Als Arbeiter können diejenigen nicht erscheinen, welche lediglich die Herstellung bestimmter einzelner Arbeiten übernommen, im übrigen aber ihre vollständige Unabhängigkeit sich bewahrt haben. Im vorliegenden Falle hat der Kläger lediglich die Herstellung einer größeren Zahl von Sattelstützen für den Beklagten übernommen, ist aber in keinerlei weiteres Abhängigkeitsverhältnis zu demselben getreten; Kläger ist somit nicht als Arbeiter im Sinne des GGG. zu betrachten. („Gewerbegericht" Jg. 5, Nr. 5, Sp. 108.)

## 70. Selbständiger Gewerbetreibender oder Heimarbeiter bezw. Hausindustrieller? Wird die Zuständigkeit des GG. dadurch begründet, daß Kläger nur auf Bestellung arbeitet?

Urteil des GG. Berlin, Kammer 8, vom 11. Dezember 1897.

Kläger, wohnhaft in Berlin, erhielt vom Beklagten, wohnhaft in Hamburg, die lithographische Ausführung von vier Bildern zum Preise von 375 Mk. übertragen Er lieferte zuerst sieben Platten und sandte dann unter Nachnahme den Rest der Platten ab. Die Annahme dieser Platten gegen Zahlung der Nachnahme verweigerte Beklagter, da er vor Bezahlung der Arbeit diese erst auf ihre Brauchbarkeit prüfen wollte. Kläger, der eine Abschlagszahlung erhalten, verlangt klagend den Rest des vereinbarten Preises mit 200 Mk. Beklagter bittet um Abweisung, indem er den Einwand der sachlichen und örtlichen Unzuständigkeit erhob und eventuell sich Kompensations- und Schadensersatzansprüche vorbehielt.

Das GG. hat sich für unzuständig erklärt.

Aus den Gründen: Die Frage der sachlichen Zuständigkeit des GG. war von Amtswegen zu prüfen Nach § 4 (jetzt 5) GGG. gehören zur Zuständigkeit der GG. auch Streitigkeiten zwischen Heimarbeitern (Hausgewerbetreibenden), welche für bestimmte Gewerbetreibende außerhalb der Arbeitsstätte der letzteren mit Anfertigung gewerblicher Erzeugnisse beschäftigt sind und ihren Arbeitgebern. Also nur diejenigen Hausindustriellen unterstehen der gewerbegerichtlichen Kompetenz, welche

1. nur für Gewerbetreibende,
2. nur für eine oder mehrere bestimmte Personen dieser arbeiten.

Der Umstand allein, daß nur auf Bestellung gearbeitet wird, ist noch kein erschöpfendes Kriterium für den Hausindustriellen im Sinne des § 4 cit. leg., da z. B., wie Beklagter nicht mit Unrecht angeführt hat, die Firma Krupp in Essen für Schiffswerften Schiffsschraubenwellen auch nur auf Bestellung ausführt, nicht aber dieselben auf Vorrat und zum Angebot für die Abnehmer anfertigt. Auch liegt es in der Natur solcher lithographischen Anstalten, wie Kläger betreibt, daß dieselben nur auf Bestellung Lithographien ausführen. Wäre also dieses Kriterium allein ausschlaggebend, so müßten viele der größten Fabriken als Hausindustrielle gelten. Um also der Rechtsprechung der GG. zu unterstehen, müssen die Heimarbeiter für bestimmte Gewerbetreibende gewerbliche Arbeiten ausführen. Den Gegensatz zu bestimmten bildet ein unbeschränkter Kreis von Gewerbetreibenden. Diejenigen Heimarbeiter also, welche von jedem Gewerbetreibenden, heute von diesem, morgen von jenem, Aufträge entgegennehmen, unterstehen demnach nicht der Kompetenz der GG. Nun arbeitet Kläger mit Gehilfen oder Lehrlingen in seiner Behausung oder Werkstatt auf Bestellung. Er ist mit dem Beklagten zum erstenmale bei der streitigen Bestellung in Geschäftsbeziehung getreten, er hat zugegeben, daß er kurz vorher oder zur gleichen Zeit noch an Aufträgen von anderen Gewerbetreibenden gearbeitet hat. Er hat nicht zu bestreiten vermocht, daß er von jedem, auch von Nichtgewerbetreibenden, lithographische Arbeiten zur Ausführung übernehme, wenn sie nur in sein Fach schlagen und er auch sonst im stande ist sie auszuführen. Demnach erscheint Kläger als vollständig selbständiger Gewerbetreibender, der eine lithographische Anstalt als Unternehmer besitzt, nicht aber als Heimarbeiter oder Hausgewerbetreibender, der von einem bestimmten Kreise bestimmter Gewerbetreibender beschäftigt wird. („Gewerbegericht" Jg. 4, Sp. 88.)

### 71. Statutarische Zuständigkeit des GG. für Hausgewerbetreibende, welche sich Rohstoffe und Halbfabrikate selbst beschaffen. Wird die Zuständigkeit ausgeschlossen, wenn der Heimarbeiter für mehrere Arbeitgeber arbeitet?

Urteil des GG. zu Solingen vom 1. April 1897.

Kläger hat für die beklagte Firma 5000 Stück messingne Bügel poliert und vernickelt und verlangt hierfür klagend den rückständigen Arbeitslohn von 87,50 Mk. Die beklagte Firma erhebt die Einrede der Unzuständigkeit des GG.

Aus den Gründen: Für Hausgewerbetreibende, die sich Rohstoffe rc. selbst beschaffen, muß die Zuständigkeit des GG. durch Statut bestimmt sein. Ein solches Statut besteht für das GG. zu Solingen. Der Einwand der beklagten Firma, Kläger sei selbständiger Industrieller, weil er die Rohstoffe zum Polieren und Vernickeln von Bügeln selbst beschafft, ist hiernach hinfällig. Auch als Fabrikant ist er nicht anzusehen, denn das Abhängigkeitsverhältnis eines Hausgewerbetreibenden braucht nicht einem, sondern kann mehreren Gewerbetreibenden gegenüber bestehen; auch ist es gleichgültig, ob ein Hausgewerbetreibender nur allein oder mit Gesellen arbeitet. Daß Hausgewerbetreibende eine besondere Kategorie für sich bilden, geht aus dem GGG. deutlich hervor und deswegen sind für sie die GG. nicht eo ipso zuständig, es soll vielmehr den örtlichen Verhältnissen Rechnung getragen werden. Fraglich könnte nur noch die Zuständigkeit sein, wenn Kläger in das Handelsregister als Kaufmann eingetragen wäre. Er hat dies verneint und war als Hausgewerbetreibender anzusehen. („Gewerbegericht" Jg. 3, Sp. 117.)

### 72. Muß das ordentliche Gericht von Amtswegen prüfen, ob ein zuständiges GG. vorhanden ist?

Urteil des Reichsgerichts, 3. Zivilsenat, vom 24. September 1880.

Das Reichsgericht hat die Frage bejaht.

Aus den Gründen: Die Vorinstanz hat den von dem Kläger erhobenen Einwand, daß für Haina eine Gemeindebehörde nicht existiere, aus dem Gruude verworfen, weil der hierfür beigebrachte Beweis nicht ausreichend und somit die Unmöglichkeit, die in dem § 108 der GO. vom 21. Juni 1869 bezeichneten Behörden anzugehen, nicht dargetan sei. Diesem Entscheidungsgrunde ist mit Recht die Verletzung des Rechtsgrundsatzes, daß die Gerichte das geltende Recht kennen müssen, vorgeworfen. Denn auch die Behördeneinrichtungen des Staates und die Einteilung seiner Gemeinden gehören zu den Instituten des geltenden Rechtes, — des öffentlichen Rechtes —, das Gericht muß daher auch hierüber, sowohl im ganzen wie in allem einzelnen, Kenntnis haben oder, falls es ihm daran fehlt, durch eine von Amtswegen einzuziehende Erkundigung beschaffen. (Entsch. des Reichsgerichts in Zivilsachen Bd. 2 S. 63.)[1]

### 73. Ist der Einwand, daß ein Rechtsstreit vor die GG. gehöre, noch in zweiter Instanz zulässig?

a) Urteil des Kammergerichts, 8. Zivilsenat, vom 25. September 1901.

Die Frage ist verneint.

Aus den Gründen: Die etwaige Unzuständigkeit des erkennenden Gerichts darf Beklagter in zweiter Instanz nicht geltend machen. Denn in erster Instanz hat er diese prozeßhindernde Einrede nicht vorgebracht, vielmehr zur Hauptsache

---

[1]) Das Urteil ist zwar vor dem Inkrafttreten des GGG. ergangen. Seine Grundsätze bleiben aber maßgebend, nachdem an Stelle der Gemeindebehörde das GG. getreten ist.

mündlich verhandelt; der erste Richter hat nur von Amtswegen seine Zuständigkeit geprüft. Daß Beklagter ohne sein Verschulden außer stande gewesen sei, die Einrede in erster Instanz vorzubringen, hat er nicht einmal behauptet. Es findet hiernach und, da die Zuständigkeit der GG. nach dem GGG. eine ausschließliche ist, die durch die Novelle zur ZPO. vom 17. Mai 1898 eingeführte Vorschrift Satz 2 des Abs. 1 § 528 ZPO. Anwendung, welche keineswegs auf ausschließliche Gerichtsstände des ordentlichen Gerichts beschränkt ist, sondern auch die vor besonderen Gerichten bestehenden ausschließlichen Gerichtsstände mit umfaßt. Vgl. §§ 12, 13, 144 GVG. („Blätter für Rechtspflege" 1901, S. 106.)

b) Urteil des Landgerichts Rostock vom 9. Mai 1902.

Die Frage ist verneint.

Aus den Gründen: Es muß zunächst bezweifelt werden, daß nach § 4 des GGG. für diesen Anspruch die Zuständigkeit des GG. begründet war, da es sich nicht um einen Anspruch aus dem Lehrvertrage, sondern um einen Bereicherungsanspruch handelt. Das Berufungsgericht war aber einer Entscheidung über diese Frage enthoben, da es sich um einen vermögensrechtlichen Anspruch handelt und der Beklagte vor dem GG. zur Hauptsache mündlich verhandelt hat, die Zuständigkeit des GG. also durch stillschweigende Vereinbarung begründet ist. (Vgl. § 39, auch § 528 Abs. 1, Satz 2 am Ende der ZPO.)

c) Urteil des Landgerichts Beuthen (Ober-Schl.) vom 7. Mai 1901.

Die Frage ist bejaht.

Aus den Gründen: Die Unzuständigkeit des GG. konnte nicht nur von dem Beklagten noch in zweiter Instanz geltend gemacht werden, sondern sie war vielmehr von Amtswegen zu prüfen; denn die Vorschrift des § 528 ZPO. bezieht sich nur auf die Fälle der örtlichen Unzuständigkeit (vgl. Petersen-Anger, Komm. Anm. 3 zu § 528 ZPO.). Der Kläger kann auch nicht geltend machen, daß die Zuständigkeit des GG. gemäß § 39 ZPO. stillschweigend vereinbart sei. Die Vorschrift des § 6 GGG. ergibt unzweifelhaft, daß die Zuständigkeit der ordentlichen Gerichte, weil die GG. für die ihnen zugewiesenen Streitigkeiten ausschließlich zuständig sind, für solche Streitigkeiten nicht vereinbart werden kann. Dasselbe muß auch für den umgekehrten Fall gelten; denn das GGG. hat ausschließlich einen besonderen Gerichtsstand und ein besonderes Gericht für solche Angelegenheiten schaffen wollen, welche sich auf gewerbliche Arbeitsverhältnisse beziehen. Es handelt sich also um eine zwingende Vorschrift des Gesetzes, die jederzeit von Amtswegen zu prüfen ist (vgl. Unger, Entscheidungen des GG. Berlin Nr. 220 II S. 255). Die §§ 38 ff. ZPO. lassen nur die Vereinbarung der Zuständigkeit eines an sich zuständigen Gerichts erster Instanz durch ausdrückliche oder stillschweigende Willenserklärung der Parteien zu. Vgl. Petersen-Anger, Komm., Anm. 1 und 2 zu § 40 ZPO. („Gewerbegericht" Jg. 7, Sp. 28.)

## 74. Wird durch die Abrede, daß das Arbeitsverhältnis nach Handelsrecht beurteilt werden soll, die Zuständigkeit des GG. beseitigt?

Urteil des GG. Görlitz vom 11. April 1901.

Das GG. hat sich für zuständig erklärt.

Aus den Gründen: Nach § 1 des schriftlichen Arbeitsvertrages vom 24. Mai 1900 hat Beklagter den Kläger „als Zuschneider von Maß- und Lagerkonfektion" engagiert. Als Zuschneider ist Kläger Werkmeister im Sinne des § 133a der GO. und als solcher, da der Jahresarbeitsverdienst nur 1800 Mk. beträgt, nach § 2, Abs. 2 des GGG. der Jurisdiktion des GG. unterstellt.

Daran wird nichts dadurch geändert, daß, wie Beklagter hervorhebt, Kläger nach § 2 des Vertrages „sich nötigenfalls auch mit den Abänderungen und dem Verkauf der Waren zu beschäftigen" hat. Kläger wird dadurch nicht zum Handlungsgehilfen; seine Haupttätigkeit ist vielmehr, wie schon das Wort „nötigenfalls" ergibt, die Zuschneidertätigkeit.

Wenn Beklagter weiter behauptet, daß er bei Abschluß des schriftlichen Anstellungsvertrages ausdrücklich mit dem Beklagten vereinbart habe, daß das Arbeitsverhältnis nach Handelsrecht beurteilt werden solle, so kann auch diese — übrigens bestrittene — Tatsache die Zuständigkeit des GG. nicht beseitigen. Es ist an sich nicht ausgeschlossen, daß für ein gewerbliches Arbeitsverhältnis, insoweit die Bestimmungen der GO. und des Bürgerlichen Gesetzbuchs dispositiver Natur sind, durch besonderen Vertrag die durch das Handelsgesetzbuch nur für den kaufmännischen Anstellungsvertrag gegebenen Rechtsnormen zur Geltung gebracht werden. Das Arbeitsverhältnis bleibt aber trotzdem nach wie vor ein gewerbliches.

Eine Prorogation von dem GG. auf das ordentliche Gericht — falls eine solche etwa mit der von dem Beklagten behaupteten Vereinbarung beabsichtigt war — ist unzulässig.

## 75. Tarif- und Schiedsvertrag. Kann vereinbart werden, daß an Stelle des GG. die Achtzehnerkommission des Verbandes der Berliner Baugeschäfte entscheiden soll.

Urteil des GG. Charlottenburg vom 10. Oktober 1902.

Der Einwand des Schiedsvertrages ist verworfen.

Aus den Gründen: Im § 6 Abs. 2 GGG. ist bestimmt, daß Schiedsverträge, durch welche die Zuständigkeit der GG. für künftige Streitigkeiten ausgeschlossen wird, nur dann rechtswirksam sind, wenn nach dem Schiedsvertrage bei der Entscheidung der Streitigkeiten Arbeitgeber und Arbeiter in gleicher Zahl unter einem Vorsitzenden mitzuwirken haben, welcher weder Arbeitgeber noch Arbeiter ist. Zunächst also erfordert das Gesetz, daß diese der Zusammensetzung der GG. entsprechende Zusammensetzung des Schiedsgerichts in dem Schiedsvertrage selbst anzugeben ist. Da aber in der Schiedsvertragsabrede des Vertrages vom 15. April die Achtzehnerkommission nur schlechthin benannt ist und für die Besetzung des Schiedsgerichts mit Arbeitgebern und Arbeitern und für den Vorsitz nicht die im § 6 Abs. 2 vorgesehenen Bestimmungen befolgt sind, so ist dieser Schiedsvertrag ungültig. Nun könnte man allerdings annehmen, daß den Anforderungen des Gesetzes genügt ist, wenn als Schiedsgericht eine Kommission genannt wird, deren Zusammensetzung nicht nur dem § 6 GGG. entspricht, sondern auch ein für allemal dem Gericht und den beteiligten Kreisen bekannt ist. Aber dies trifft für die Achtzehnerkommission auch nicht zu, denn dieselbe besteht nur aus 9 Arbeitgebern und 9 Arbeitern und entbehrt des im Gesetz erforderten Vorsitzenden. Wenn die Kommission zur Schlichtung einer Streitigkeit zusammentritt, so ist es fast stets der Fall, daß Arbeitgeber und Arbeiter nicht in gleicher Zahl vertreten sind; außerdem wird der Vorsitz von einem Arbeitgeber und einem Arbeiter gleichzeitig ausgeübt. Bei dieser Organisation genügt die Kommission nicht den Erfordernissen des § 6 GGG.

## 76. Kann ein Beisitzer auch wegen unentschuldigten Ausbleibens aus Plenar- und Ausschußsitzungen in Strafe genommen werden?

Beschlüsse des GG. und des Landgerichts Frankfurt a. M.

Das GG. der Stadt Frankfurt a. M. sah sich durch das wiederholte Fernbleiben eines großen Teils der Arbeitgeberseite aus den Plenar- und Ausschußsitzungen, das seine gesamte Tätigkeit hemmte, veranlaßt, gegen die in der Plenar-Versammlung am 9. Jan.

1896 ausgebliebenen Mitglieder eine Ordnungsstrafe von 1 Mk. festzusetzen. Die hiergegen eingelegte Beschwerde ist von dem Kgl. Landgericht verworfen worden.

Aus den Gründen: Der Beschwerdeführer hat die Anordnung lediglich aus dem Grunde angefochten, daß gemäß § 27 des Ortsstatuts eine Strafe nur wegen Ausbleibens in den Spruchsitzungen angedroht sei. Dies ist zunächst vollkommen unrichtig. Der erwähnte Paragraph sagt ausdrücklich, daß außerdem jedes Sichentziehen von den Obliegenheiten eines Beisitzers strafbar sei. Zu diesen Obliegenheiten gehört aber die Teilnahme an einer angeordneten Plenarsitzung, wie sich ohne weiteres daraus ergibt, daß die in diesen Plenarsitzungen zu erledigenden Geschäfte (§ 18) ohne Teilnahme der Beisitzer nicht vorgenommen werden können. Überdies bezweckt § 27 des Ortsstatuts nur eine Wiedergabe der im § 21 (jetzt 23) des GGG. aufgenommenen Bestimmung In letzterer Bestimmung ist auch von Sitzungen ganz allgemein die Rede. („Gewerbegericht" Jg. 2, Sp. 44.)

## 77. Kann für den minderjährigen Sohn von dem Vater eine wirksame Prozeßvollmacht erteilt werden?

Beschluß des Landgerichts Dresden.

Für einen minderjährigen Kläger war von dem Vater ein Prozeßbevollmächtigter bestellt worden. Das Gesuch dieses Bevollmächtigten um Zulassung als Vertreter des Kl. zur Verhandlung war von dem GG. zurückgewiesen worden. Auf die hiergegen eingelegte Beschwerde entschied das Landgericht Dresden, daß die Zurückweisung mit Recht erfolgt ist.

Aus den Gründen: Der Kl. ist, wiewohl minderjährig, für Rechtsgeschäfte, welche Arbeitsverhältnisse betreffen, nach § 113 Abs. 1 und 4 BGB. geschäftsfähig und demnach im Sinn von § 52 ZPO., § 26 GGG prozeßfähig. Ist er aber prozeßfähig, so findet für Rechtsstreitigkeiten aus dem Arbeitsverhältnisse eine gesetzliche Vertretung nicht statt, weil diese Prozeßunfähigkeit voraussetzt (§ 51 der ZPO.). Also ist der Vater des Kl. auch nicht im stande, für diesen eine wirksame Prozeßvollmacht zu erteilen. Das auf eine solche allein gestützte Gesuch um Zulassung zur Vertretung des Kl. ist demnach nicht gerechtfertigt.

## 78. Ist der Gerichtsstand der Niederlassung gegenüber einem Karrusselbesitzer begründet, der sich am Sitze des GG. nur während der Dauer einer Messe aufhält?

Urteil des GG. Karlsruhe vom 31. Oktober 1902.

Die beiden Kläger waren bis 28. Oktober bei dem Beklagten in Arbeit, und zwar zuletzt in Heidelberg, wo Beklagter vorübergehend sein Geschäft betrieb; sie bezogen als Tagelöhner einen wöchentlichen Lohn von 21 Mk. und behaupten jetzt, sie seien in Heidelberg am 28. d. Mts. widerrechtlich entlassen worden. Sie verlangen deshalb Entschädigung. Beklagter erwidert, daß er seinen Wohnsitz und seine gewerbliche Niederlassung in Ladenburg habe, daß er sein Gewerbe während des Sommers auf einer Reihe von Messen betreibe und daß die Entlassung der Kläger während seines vorübergehenden Aufenthalts in Heidelberg erfolgt sei, hier halte sich Beklagter nnr vorübergehend — während der zehntägigen Dauer der Messe — auf. Beklagter bestreitet auf Grund dieser Tatsachen die Zuständigkeit des angerufenen GG.

Das GG. hat sich für unzuständig erklärt.

Aus den Gründen: Nach § 27 GGG. ist in der Regel dasjenige GG. örtlich zuständig, in dessen Bezirk die in Frage stehende Verbindlichkeit zu erfüllen ist; im vorliegenden Falle ist dieser Ort Heidelberg, er liegt also nicht im Bezirk des GG. Karlsruhe, dessen Gerichtsbezirk mit der Gemarkung Karlsruhe sich darstellt. Abgesehen von dem Erfüllungsort können aber nach § 27 GGG. in seiner derzeitigen Fassung nachfolgende Orte in Betracht kommen: 1. der Ort der Niederlassung des Arbeitgebers. Als Ort der Niederlassung ist nur derjenige Ort zu verstehen, an welchem der Arbeitgeber seinen ständigen Gewerbebetrieb hat; als ein solcher Ort kann aber nicht ein Ort in Betracht kommen, an welchem der Arbeitgeber nur vorübergehend — sei es wie hier während einer naturgemäß nur wenige Tage dauernden Messe oder etwa als Hausierer — sein Geschäft betreibt. Karlsruhe, an welchem der Ort der Beklagten nur während der zehntägigen Dauer der Messe sein Gewerbe betreibt, ist also nicht der Ort der Niederlassung; — 2. der Ort des Wohnsitzes beider Teile. Da der Beklagte seinen Wohnsitz in Ladenburg hat, kann auch in dieser Beziehung Karlsruhe nicht in Betracht kommen.

## 79. Ist für Heizer im Elektrizitätswerk einer Eisenbahngesellschaft das GG. des Ortes zuständig, an dem sich die Gesellschaftsdirektion, aber nicht das Elektrizitätswerk befindet?

Urteil des GG. Karlsruhe vom 22. August 1902.

Die Beklagte „Bad. Lokal-Eisenbahn A.-G." zu Karlsruhe betreibt auf der Gemarkung Rüppurr ein Elektrizitätswerk zum Zwecke des elektrischen Betriebes der Albtalbahn; das elektrische Werk hat seinen ausschließlichen Betriebssitz auf der Gemarkung Rüppurr und dort sind auch die bezüglich dieses Betriebes entstehenden Rechte und Verbindlichkeiten zu erfüllen bezw. auszuüben.

Kläger, welcher zur Bedienung dieses Werkes als Heizer gegen einen monatlichen Lohn von 86,00 Mk. angestellt gewesen ist, verlangt deshalb eine Entschädigung wegen unbegründeter Entlassung.

Das GG. hat sich für unzuständig erklärt.

Aus den Gründen: Was die örtliche Zuständigkeit betrifft, so hat gemäß GG. § 27 der Kläger die Wahl zwischen dem Gericht, in dessen Bezirk die streitige Verpflichtung zu erfüllen ist, dem Gericht der gewerblichen Niederlassung des Arbeitgebers und dem Gericht, in dessen Bezirk beide Parteien ihren Wohnsitz hatten.

Da nun die Zuständigkeit des GG. Karlsruhe sich auf die Gemarkung der Stadt Karlsruhe beschränkt, so ist bezüglich der drei nach § 27 wahlweise festgestellten Zuständigkeiten folgendes zu bemerken:

a) Die aus dem Betrieb des Elektrizitätswerkes hervorgehenden Rechte und Verbindlichkeiten sind in Rüppurr zu erfüllen bezw. auszuüben; Erfüllungsort ist somit Rüppurr, das Gericht des Erfüllungsortes befindet sich somit in Rüppurr.

b) Die Beklagte hat allerdings ihren Wohnsitz in Karlsruhe und der Betriebssitz für den Bahnbetrieb als solcher gleichfalls in Karlsruhe; das Elektrizitätswerk ist aber ein von dem Bahnbetrieb getrennter besonderer Betrieb, welcher ausschließlich auf der Gemarknng Rüppurr betrieben wird, so daß also bezüglich dieses Werkes die beklagtische Gesellschaft ihren Betriebssitz in Rüppurr hat. Die örtliche Zuständigkeit des hiesigen Gewerbegerichts ist also auch in dieser Beziehung zu verneinen.

c) Der Wohnsitz der beklagtischen Gesellschaft ist zwar Karlsruhe, derjenige des Klägers aber in Rüppurr; da nun der Gerichtsstand des Wohnsitzes im Sinne des § 27 GG. voraussetzt, daß beide Teile ihren Wohnsitz in dem Bezirk des angerufenen Gewerbegerichts haben, so ist auch in dieser Beziehung die Zuständigkeit des hiesigen Gewerbegerichts zu verneinen.

## 80. Erfolgt die Bestimmung des zuständigen Gerichts durch das Oberlandesgericht, wenn sich GG. und Amtsgericht für unzuständig erklärt haben?

Beschluß des Kammergerichts, 8. Zivilsenat vom 1. Juni 1901.

Dem Kläger ist bei seiner Entlassung sein Krankenkassenbuch von der Beklagten aus dem Grunde nicht ausgehändigt worden, weil es nach Angabe der Beklagten sich noch bei der Krankenkasse befunden habe. Er hält sich nicht für verpflichtet, das Buch von der Kasse abzuholen, glaubt vielmehr berechtigt zu sein, die Aushändigung von der Beklagten zu verlangen und hat gegen die Beklagte zunächst beim GG. zu Berlin Klage wegen des ihm durch die Vorenthaltung des Buches entgangenen Arbeitslohnes von 81 Mk. erhoben, ist aber mit der Klage rechtskräftig aus dem Grunde abgewiesen worden, weil das ordentliche Gericht zuständig sei. Hierauf hat der Kläger bei dem Amtsgericht I Berlin den Rechtsstreit anhängig gemacht, ist aber auch hier abgewiesen worden, weil das Amtsgericht die Zuständigkeit des GG. für gegeben erachtete. Die Berufung des Klägers ist vom Landgericht I in Berlin zurückgewiesen worden. Nunmehr strengte der Kläger unter Berufung auf § 580 Ziff. 7 b der ZPO. die Restitutionsklage bei dem GG. an, wurde aber wiederum abgewiesen, weil die gesetzlichen Voraussetzungen des § 580 Ziff. 7 b nicht vorhanden seien.

Nunmehr stellte der Kläger den Antrag, „daß das Kammergericht das zuständige Gericht bestimmen möge".

Das Kammergericht hat dem Antrag stattgegeben und das GG. als das zuständige Gericht bestimmt.

Aus den Gründen: Der Antrag ist nach § 36 Ziff. 6 der ZPO. zulässig; denn zweifellos ist in dem zwischen den Parteien bestehenden Rechtsstreit entweder das Amtsgericht I oder das GG. in Berlin zuständig, beide Gerichte haben sich aber durch rechtskräftiges Urteil für unzuständig erklärt. Das Kammergericht ist auch zur Entscheidung über den Antrag kompetent, weil nach § 55 Abs. 2 des GGG. das Landgericht Berufungsgericht für die Entscheidungen des GG. und das Kammergericht das dem ersteren im Instanzenzuge vorgesetzte Gericht ist. Daß letzteres im vorliegenden Rechtsstreite als Instanzgericht nicht angegangen werden kann, ist unerheblich, denn dies ist auch in den übrigen Fällen des § 36 häufig der Fall, in welchen die fragliche Zuständigkeit von der Praxis nie bezweifelt ist.

Die vom Landgericht bestätigte Entscheidung des Amtsgerichts ist allerdings insofern unzutreffend, als § 26 (jetzt 28) GGG. und der dort für maßgebend erklärte § 11 der ZPO. nicht beachtet ist. Danach war das Amtsgericht, nachdem einmal das GG. seine sachliche Unzuständigkeit ausgesprochen hatte, und diese Tatsache demselben vom Kläger mitgeteilt war, zuständig ohne Rücksicht darauf, ob die Entscheidung des GG. unrichtig war. Dieser Umstand ist aber für die hier zutreffende Entscheidung nicht maßgebend, vielmehr zu prüfen, welches der beiden Gerichte seine Zuständigkeit zuerst mit Unrecht verneint hat. („Soziale Praxis".)

## 81. Ist ein Gewerkschaftsbeamter als geschäftsmäßiger Vertreter anzusehen, der das Verhandeln vor Gericht häufig, wenn auch ohne Entschädigung betreibt?

Beschluß des GG. Charlottenburg vom 28. Oktober 1902.

Beschlossen und verkündet: Der als Vertreter des Klägers erschienene Maurer und Gewerkschaftskassierer B. wird als Prozeßbevollmächtigter gemäß § 31 GGG. nicht zugelassen, da er das Verhandeln vor Gericht geschäftsmäßig betreibt.

Aus den Gründen: Mit dem Worte „geschäftsmäßig" ist nach dem diesen Paragraphen wie dem § 157 ZPO. zu Grunde liegenden, gewöhnlichen Sprachgebrauch (Mot. z. § 143 ZPO.) ein weiterer Begriff verbunden mit dem

Worte „gewerbsmäßig“. Geschäftsmäßig handelt nicht bloß derjenige, der gewerbsmäßig handelt, d. h. eine fortdauernde auf Erwerb gerichtete Tätigkeit betreibt, sondern auch derjenige, dessen Absicht bei der fortdauernden Tätigkeit nicht auf Erwerb gerichtet ist. — Der Maurer B. hat aber zugegeben, daß er öfter die Vertretung seiner Kollegen übernimmt, ist auch schon wiederholt als Vertreter hier erschienen, und die von ihm für die Übernahme dieser Vertretungen angeführten Gründe nötigen zu dem Schluß, daß er die Absicht hat, dies auch fortwährend zu tun. Daraus erhellt, daß er die Vertretung „geschäftsmäßig“ übernimmt. Der Umstand, daß er dies ohne Entgelt tut, ist unerheblich. Das Gesetz will gerade solche Personen von dem Erscheinen als Vertreter vor dem GG. ausschließen, die durch ihren Beruf als Rechtsanwalt oder durch das häufige Auftreten vor Gericht eine den meisten Privatpersonen überlegene Kenntnis oder Übung besitzen. Gerade dieser Umstand kommt aber bei dem Maurer B. in Betracht, da er selbst erklärt hat, daß er die Vertretung übernehme, weil er mit den vor dem GG. in Frage kommenden Bestimmungen und Verhältnissen gut Bescheid wisse.

## 82. Ist gegen die Ablehnung eines Prozeßbevollmächtigten Beschwerde zulässig? Beschwerde gegen die Zurückweisung einer von einem solchen unterzeichneten Einspruchsschrift.

Beschluß des Landgerichts Chemnitz.

In Sachen N. war beim GG. Chemnitz Versäumnisurteil ergangen. Darauf überreichte der Kaufmann und vormalige Rechtsanwalt S. eine Prozeßvollmacht und Einspruchsschrift. Das GG. lehnte die Zulassung S.s als Bevollmächtigten ab und wies demzufolge die Einspruchsschrift zurück. Die Ablehnung erfolgte auf Grund des § 29 GGG. (jetzt 31), wonach Personen, die das Verhandeln vor Gericht geschäftsmäßig betreiben, als Prozeßbevollmächtigte vor dem GG. nicht zugelassen werden. Gegen den ablehnenden Beschluß hat der Beklagte durch S. Beschwerde erhoben, und zwar richtet sich das Rechtsmittel sowohl gegen die Ablehnung des Bevollmächtigten, als auch gegen die Zurückweisung der Einspruchsschrift.

Die Beschwerde ist zurückgewiesen.

Aus den Gründen: Es wird die Meinung vertreten, der die Anfechtung ausschließende Abs. 3 § 143 ZPO. (jetzt 157) sei auf den Fall des § 29 (jetzt 31) GGG. nicht anwendbar, weil die Bestimmungen des § 143 über die Bevollmächtigten und Beistände durch § 29 des GGG. (jetzt 31) vollständig ersetzt würden. Zu vgl. Wilhelmi und Fürst, S 121. Der angeführte Grund ist aber schon deshalb hinfällig, weil die Vorschrift in § 143 Abs. 3 ZPO. eben im § 29 GGG. fehlt und das gerade die streitige Frage ist, ob sie bei entsprechender Anwendung der ZPO. im Verfahren vor den GG. Anwendung leide. War der Gesetzgeber dieser Meinung, so mußte er die Vorschrift im § 29 GGG. weglassen. Der letztere enthält aber auch in der Tat nun eine Bestimmung, die im wesentlichen bei Berücksichtigung der beiderseitigen prozessualen Besonderheiten für beide Verfahren gleich zweckmäßig, also augenfällig entsprechend im Gewerbegerichtsverfahren anwendbar ist. Wenn § 143 Abs. 3 ZPO. die Zurückweisung eines Bevollmächtigten, obwohl sie im Ermessen des Gerichts steht, der Anfechtung entzieht, so hat für einen gleichartigen Beschluß des GG. umsomehr das Gleiche zu gelten, als hier die Zurückweisung beim Vorhandensein der gesetzlichen Voraussetzungen erfolgen muß. Der Umstand, daß § 143 ZPO. nur das mündliche Verhandeln vor Gericht betrifft, während sich § 29 GGG. seiner allgemeinen Fassung zufolge auf das Verfahren vor dem GG. überhaupt, also auch auf das Einreichen von Schriftsätzen bezieht, macht für die streitige grundsätzliche Frage keinen Unterschied.

In zweiter Linie hat der Beklagte die Zurückweisung der Einspruchsschrift angefochten. Insoweit erschien die Beschwerde bei entsprechender Anwendung des § 530 der ZPO. zulässig, da die Entscheidung die Zurückweisung eines das Verfahren betreffenden Gesuchs enthält und eine vorgängige mündliche Verhandlung nicht erforderte (zu vgl. GGG §§ 24, 63 Abs. 1, 55). Auch daß die Beschwerdeschrift von dem zurückgewiesenen Prozeßbevollmächtigten S. unterschrieben ist, steht der Zulässigkeit der Beschwerde nicht entgegen, weil die Einlegung des Rechtsmittels nach den Vorschriften der ZPO., nicht nach den besonderen Bestimmungen des GGG., zu denen § 29 gehört, zu beurteilen ist. (GGG. § 55 Abs. 3.) Die erste Instanz hat die Zurückweisung der Einspruchsschrift als eine Folge der Ablehnung der Zulassung S.s ausgesprochen. Diese Entscheidung ist gerechtfertigt. Auf Schriften eines zurückgewiesenen Prozeßbevollmächtigten im gewerbegerichtlichen Verfahren ist ebensowenig etwas zu verfügen, wie auf Schriftsätze, die im Anwaltsprozeß ein bei dem betreffenden Gericht nicht zugelassener Rechtsanwalt oder die Partei selbst einreichen würde. („Gewerbegericht" Jg. 5, Sp. 30.)

## 83. Sind im Verfahren vor dem GG. Parteizustellungen zulässig?

Urteil des Landgerichts Köln vom 7. Februar 1900.

Die Frage ist verneint.

Aus den Gründen: Für die Rechtsmittel gegen die Entscheidungen der GG. ist § 55 GGG. maßgebend, welcher zunächst selbständige Anordnungen trifft und schließlich bestimmt, daß die Einlegung des Rechtsmittels und das Verfahren in der Rechtsmittelinstanz sich nach den Vorschriften der ZPO. richte. Nach dieser ist — vgl. § 535 ZPO. — zunächst von Amtswegen zu prüfen, ob die Berufung in der gesetzlichen Frist eingelegt ist, welche nach § 516 ZPO. einen Monat beträgt und mit der Zustellung des Urteils beginnt. Die Vorschriften über die Zustellung jedoch hat das GGG. nicht der ZPO. nachgebildet, sondern im § 30 (jetzt 32) angeordnet: „Die Zustellungen in dem Verfahren vor den GG. erfolgen von Amtswegen". Nach dieser zwingenden Bestimmung ist für Parteizustellungen kein Raum; diese müssen vielmehr als wirkungslos erachtet werden. Daß man auch bei der Regelung der Berufung nicht etwa die Zustellung des Urteils dem Parteibetriebe überlassen wollte, wie ihn die ZPO. vorsieht, erhellt aus § 55 Abs. 3 Satz 1 GGG., der vorschreibt: „Ist für das Rechtsmittel gegen eine Entscheidung des GG. eine Notfrist bestimmt, so beginnt diese für jede Partei mit der an sie bewirkten Zustellung und, sofern auf die Zustellung verzichtet war, mit der Verkündung der Entscheidung." Der die Zustellung von Amtswegen anführende § 30 (jetzt 32) ist daher auch für die Einlegung der Rechtsmittel maßgebend und die Notfrist für die Berufung von der amtlichen Zustellung des angefochtenen Urteils ab zu rechnen. („Gewerbegericht" Jg. 6, Sp. 184.)[1])

## 84. Ist der Einspruch wirksam, wenn die Einspruchsschrift nicht unterschrieben ist?

Urteil des GG. Kassel.

Aus den Gründen: Nach § 38 (jetzt 40) des GGG. kann der Einspruch gegen ein Versäumnisurteil durch Einreichung einer Erklärung bei dem GG. eingelegt werden, und es sind für den Inhalt dieser Erklärung gemäß § 24 (jetzt 26) die entsprechenden Bestimmungen der ZPO. über den Einspruch maßgebend. Der hier in Betracht kommende § 305 (jetzt 340) des letzteren Gesetzes enthält zwar keine ausdrückliche Vorschrift darüber, daß die Einspruchsschrift die Namensunterschrift des Antragstellers enthalte. Daß dies gleichwohl ein notwendiges Erfordernis bildet, folgt aber aus allgemeinen Rechtsgrundsätzen, indem die

[1]) Vgl. unten Nr. 92.

Unterschrift erst die Perfektion des Willens konstatiert. In diesem Sinne hat auch das Reichsgericht — Beschluß vom 22. März 1893; Bd. 31, S. 378 — entschieden. Hiernach war der Einspruch der Beklagten als unzulässig zu verwerfen. („Gewerbegericht“ Jg. 1, Sp. 29.)

## 85. Verstößt der Richter gegen das GGG., wenn er einer Partei den Rat erteilt, sich nicht zu vergleichen?

Beschluß des Landgerichts I Berlin vom 30. September 1901.

Ein Arbeiter hatte beim GG. Berlin auf Ausstellung eines ordnungsmäßigen Zeugnisses und auf Entschädigung geklagt mit der Behauptung, daß der Tintenstrich unter seinem Namen auf der ihm erteilten Abgangsbescheinigung ein geheimes Zeichen sei, welches es ihm unmöglich mache, anderweit Arbeit zu finden. Im zweiten Termin lehnte er den amtierenden Richter ab wegen Besorgnis der Befangenheit, und begründete diese Ablehnung damit, daß der Richter in dem voraufgegangenen Termin ihm geraten habe, die Klage zurückzuziehen. Er, Kläger, habe dies abgelehnt, sich aber zu einer Einigung bereit erklärt. Der Richter habe darauf zu dem Vertreter der Beklagten geäußert: „Einigen Sie sich auf keinen Fall“. Hierdurch habe der Richter gegen die betreffende gesetzliche Vorschrift verstoßen.

Der Richter hat sich über den Ablehnungsgrund dienstlich dahin geäußert, daß er sich nicht für befangen halte. Er habe im Vergleichstermin nach eingehender Verhandlung die Überzeugung gewonnen, daß der Verdacht des Klägers ungerechtfertigt sei und habe deshalb die Parteien dahin zu einigen gesucht, daß Kläger die Klage vorbehaltlos zurücknehmen, die Beklagte aber dem Kläger das von diesem gewünschte Zeugnis übersenden sollte. Kläger sei auf diesen Vorschlag nicht eingegangen, habe vielmehr eine Geldentschädigung verlangt. Zu einem Vergleiche nach dieser Richtung den Rat zu erteilen, habe er — der Richter — sich nicht für berufen gehalten, denn entweder sei die Klagebehauptung zutreffend, dann erscheine das Verhalten der Beklagten mit Rücksicht auf die im Zeugnis enthaltene lobende Bemerkung: „in Bezug auf seine Arbeit gut geführt“ so dolos, daß die Beklagten alle Folgen ihrer Handlung tragen müsse, oder der klägerische Verdacht sei unbegründet. In diesem wahrscheinlichen Falle könne der Beklagten nicht zugemutet werden auf die verdächtigende Klagebehauptung hin noch Geldopfer zu bringen. Aus diesen Gründen habe er wohl zu dem Beklagten gesagt: wenn er an dessen Stelle wäre, würde er den vom Kläger gewünschten Vergleich ablehnen.

Das GG. hat das Ablehnungsgesuch zurückgewiesen. Der hiergegen eingelegten Beschwerde hat das Kgl. Landgericht I den Erfolg versagt.

Aus den Gründen: In den Terminen vor dem GG. hat der Richter den Versuch zu unternehmen, zwischen den Parteien einen sachgemäßen Vergleich herbeizuführen. Dieser Aufgabe kann der Richter nur dann voll gerecht werden, wenn er auf Grund des ihm vorgetragenen Tatbestandes die in Frage kommenden Streitpunkte würdigt. Nur dann ist er in der Lage, den Parteien sachgemäße Vergleichsvorschläge zu machen. Wenn der Richter daher im Vergleichstermine zwecks Herbeiführung eines angemessenen Vergleichs sein Urteil über den Rechtsstreit kundgibt, und auf Grund dieses Urteils der Partei rät, einen vom Gegner gemachten Vergleichsvorschlag abzulehnen, so handelt er durchaus pflichtgemäß, ohne daß ihn deshalb der schwere Vorwurf der Parteilichkeit treffen könnte. („Soziale Praxis.“)

## 86. Ist die Festsetzung einer Strafe gegen die trotz Anordnung persönlichen Erscheinens nicht erschienene Partei zulässig, wenn auf Grund des Nichterscheinens die Versäumnisfolgen angenommen sind?

Beschluß des Landgerichts Berlin I.

Das GG. zu Berlin hatte in einer Prozeßsache im ersten Termin das persönliche Erscheinen des Beklagten zum nächsten Termin bei Vermeidung einer Geldstrafe von 10 Mk. angeordnet. Trotzdem dieser Beschluß dem Beklagten vorschriftsmäßig zugestellt worden ist, erschien er im nächsten Termin nicht, worauf durch Beschluß die angedrohte Strafe gegen ihn festgesetzt, er im übrigen aber in der Sache selbst zur Zahlung verurteilt wurde.

In der gegen den Strafbeschluß eingereichten Beschwerde macht Beklagter geltend, daß die Folge seines Ausbleibens nur seine Verurteilung nach dem Klageantrage hätte sein können, daß er aber nicht außerdem noch in Strafe genommen werden durfte.

Das Landgericht I Berlin erachtete die Beschwerde für begründet.

Aus den Gründen: Es stand im Belieben des Beklagten, entweder ausdrücklich oder stillschweigend durch Terminsversäumnis den vom Kläger gegen ihn geltend gemachten Anspruch anzuerkennen. Wenn deshalb das GG. von der Befugnis des § 40 des Gesetzes (jetzt 42) GGG., das persönliche Erscheinen einer Partei unter Strafandrohung anzuordnen, gegen ihn Gebrauch machte, so verstand sich dies nur unter der Voraussetzung, daß er dem klägerischen Anspruche noch ferner widersprechen wollte. Das persönliche Erscheinen hatte nur den Zweck, die Sachlage aufzuklären; gab Beklagter die Behauptungen des Klägers zu, so bedurfte es einer weiteren Aufklärung nicht; sein persönliches Erscheinen war also überflüssig, wenn er Versäumnisverfahren gegen sich stattfinden lassen wolle. Da nun im vorliegenden Falle im Termin am 24. Januar 1898 weder der Beklagte persönlich noch ein Vertreter für ihn erschien, war zu erkennen gegeben, daß er Einwendungen nicht mehr erheben wollte. Der Zweck der Anordnung des persönlichen Erscheinens war damit erreicht, und es konnte danach auch die angedrohte Strafe nicht mehr festgesetzt werden. Hiernach rechtfertigt sich die Aufhebung der Straffestsetzung. („Gewerbegericht" Jg. 3, Sp. 89.)

## 87. Kann dem obsiegenden Arbeiter die Entschädigung für die Zeitversäumnis vor Gericht zugesprochen werden, obwohl ihm nach BGB. § 616 der Lohn nicht gekürzt werden darf?

Urteil des GG. Charlottenburg vom 9. März 1900.

Die Entschädigung ist zugesprochen.

Aus den Gründen: Auf Grund des § 616 BGB. muß der Arbeitgeber als verpflichtet angesehen werden, auch für die Zeit, in der der Arbeiter durch Wahrnehmung von Terminen an seiner Dienstleistung behindert ist, die vertragsmäßige Vergütung zu gewähren. Das Gericht hat jedoch in Erwägung ziehen müssen, daß bei der Unkenntnis, die über diese Bestimmung noch gegenwärtig in den Kreisen der Arbeitgeber und Arbeiter notorisch herrscht, dem Verlangen des Klägers auf die ihm zustehende Vergütung nicht entsprochen werden, die gerichtliche Verfolgung seines Anspruches aber voraussichtlich zu einer Lösung des [neuen] Arbeitsverhältnisses führen würde. Mit Rücksicht hierauf und zugleich im Interesse einer schnellen Erledigung des Verfahrens hat das Gericht auch nicht den Nachweis dafür gefordert, daß der Kläger für die Zeit seiner Behinderung des Lohnes verlustig gehe, und hat ihm deshalb gemäß § 52 Abs. 2 GGG. die geforderte (dem Betrage nach sich in den durch § 91 Abs. 1 ZPO. vorgeschriebenen Grenzen haltende) Entschädigung zugesprochen. („Gewerbegericht" Jg. 5, Sp. 152.)[1])

## 88. Ist die Berufung zulässig, wenn bei unechter Streitgenossenschaft, bei Zusammenrechnung der Einzelansprüche sich ein Gesamtobjekt von über 100 Mk. ergibt, Berufung aber nur seitens einzelner Streitgenossen und nur wegen eines Objektes von unter 100 Mk. eingelegt ist?

Urteil des Landgerichts I Berlin, Zivil-Kammer 8, vom 19. Juni 1900.

In erster Instanz hatten zwei Kläger gleichzeitig gegen ihren bisherigen Arbeitgeber wegen unrechtmäßiger Entlassung auf Lohnentschädigung geklagt, und zwar hatte

---

[1]) Gegenüber den abweichenden Entscheidungen des GG., Amtsgerichts und Landgerichts Stettin („Gewerbegericht" Jg. 8, Sp. 7), vgl. jetzt die Verfügung des Preußischen Justizministers vom 28. Juni 1903. („Gewerbegericht" Jg. 8, Nr. 11.)

der einer 50 Mk. und der andere 60 Mk. beansprucht. Durch Urteil des GG. Berlin Kammer 6, vom 11. Mai cr., ist dieser mit seiner Klage abgewiesen, jenem dagegen sind 50 Mk. zugesprochen und der Streitwert auf 110 Mk. festgesetzt. Gegen dieses Urteil hat der Beklagte, insoweit es ihn verurteilt, form- und fristgerecht die Berufung eingelegt.

Die Berufung ist als unzulässig verworfen worden.

Aus den Gründen: Nach § 55 GGG. ist eine Berufung nur zulässig, „wenn der Wert des Streitgegenstandes den Betrag von 100 Mk. übersteigt". Der Streitgegenstand in erster Instanz liegt für jeden einzelnen der beiden Kläger unter der Berufungsgrenze; es ergibt sich nur bei einer Zusammenrechnung beider Streitgegenstände ein Betrag von mehr als 100 Mk. Die Entscheidung über die Zulässigkeit der nur gegen den einen der beiden Kläger gerichteten Berufung hängt also davon ab, ob auch in einem solchen Falle eine Zusammenrechnung der beiden Streitgegenstände zu erfolgen habe.

Es ist davon auszugehen, daß die beiden Kläger erster Instanz nur formell als Streitgenossen im Sinne des § 61 der ZPO. zu betrachten sind. Die gemeinschaftliche Geltendmachung ihrer Ansprüche war eine rein zufällige. Rechtlich standen sie dem Beklagten völlig als einzelne gegenüber. Durch die Einlegung der Berufung gegen den einen Kläger wurde die Lage des anderen Klägers überhaupt nicht berührt. Bei dieser Selbständigkeit der Streitgegenstände kann eine Zusammenrechnung der Streitwerte nicht erfolgen.

Der zitierte § 55 setzt voraus, daß für die Partei, die das Rechtsmittel einlegt, oder gegen die es sich richtet, der Streitwert mehr als 100 Mk. betrage. („Soziale Praxis".)

## 89. Ist Berufung zulässig, wenn der Streitwert von mehr als 100 Mk. durch Verbindung mehrerer Prozesse hergestellt war?

a) Urteil des Landgerichts I Berlin Zivilkammer 8, vom 28. Dezember 1894.

Die Berufung ist für zulässig erachtet.

Aus den Gründen: Der seitens der Kläger gegen die Zulässigkeit der Berufung erhobene Einwand erschien nicht als gerechtfertigt. Nachdem das Gewerbegericht die Verbindung der von den Klägern einzeln anhängig gemachten Prozesse gemäß § 138 (jetzt 147) ZPO. angeordnet hatte, betrug der für die Zulässigkeit der Berufung maßgebende Wert des Streitgegenstandes (§ 55 zit. Gesetzes) mehr als 100 Mk., überstieg also die nach dem letzterwähnten Paragraph hinsichtlich der Statthaftigkeit des Rechtsmittels festgesetzten Minimalgrenze. („Blätter für Rechtspflege" 1895. S. 15.)

b) Urteil des Landgerichts Kiel vom 14. Dezember 1895.

Die Berufung ist für zulässig erachtet.

Aus den Gründen: Die Zulässigkeit der Berufung der Beklagten gegen das Urteil des GG. vom 18. Juni 1895 wird von den Klägern mit Unrecht beanstandet. Nach § 55 des GGG. ist im vorliegenden Falle die Berufung zulässig, weil der Streitwert für die Berufungsinstanz den Betrag von 100 Mk. übersteigt. Es ist unerheblich, daß der Streitwert für jeden einzelnen Kläger nur 8 Mk. beträgt, da zur Ermittelung des Streitwerts im Sinne des § 55 in Gemäßheit des § 5 ZPO. die Ansprüche der klägerischen Streitgenossen zusammengerechnet werden müssen. (Vgl. „Seuffarts Archiv" Bd. 37 Nr. 167, Bd. 39 Nr. 264.) Die eingelegte Berufung ist daher an sich statthaft. („Gewerbegericht" Jg. 2, Sp. 8.)

c) Urteil des Kgl. Landgerichts Dresden vom 29. Oktober 1897.

Die beiden Klägerinnen hatten in besonderer Klage auf die Dauer der gesetzlichen Kündigungsfrist Entschädigung für entgangenen Lohn, Kost, Trinkgelder, die Klägerin H.

auch für Wohnung verlangt, und zwar die Klägerin H. insgesamt 95,67 Mk., die Mitklägerin P. 88,67 Mk. Der Beklagte hat Klageabweisung im vollen Umfange beantragt. Das GG. Dresden hat beide Sachen verbunden und in einem Urteile den Beklagten zur Zahlung von 53,67 Mk. an die H. und 46,67 Mk. an die P. verurteilt, im übrigen aber die Klage abgewiesen, weil die Trinkgelder zu hoch berechnet worden seien. Gegen dieses Urteil hat der Beklagte form- und fristrichtig Berufung eingelegt und Klageabweisung unter Aufhebung des gewerbegerichtlichen Urteils beantragt.

Die Berufung wurde als unzulässig verworfen.

Aus den Gründen: Der § 55 des GGG. bestimmt, daß die Berufung nur zulässig ist, wenn der Wert des Streitgegenstandes den Betrag von 100 Mk. übersteigt. Diese Bestimmung weicht absichtlich, wie sich aus ihrem Wortlaut und ihrer Entstehungsgeschichte ergibt — „Sächsisches Archiv" 1896, S. 258ff. —, von dem Prinzipe des § 508 ZPO. ab: nicht der Beschwerdegegenstand, das ist derjenige Teil des Urteils, durch den der Rechtsmittel Ergreifende sich beschwert fühlt und dessen Abänderung in der höheren Instanz er beabsichtigt, sondern der Streitgegenstand, das ist der in den Prozeß in der ersten Instanz durch die Klageerhebung eingeführte Anspruch in dem Umfange zur Zeit der Klageerhebung (ZPO. § 4) ist maßgebend. Jede der beiden Klägerinnen hat aber in ihrer Klage einen 100 Mk. nicht erreichenden Anspruch geltend gemacht, und es ist unerheblich, ob das Gericht nachträglich die beiden Prozesse zu gleichzeitiger Verhandlung und Entscheidung verbunden hat. Die Zeit der Klageerhebung ist entscheidend, und zu diesem Zeitpunkte lag kein die von § 55 des zitierten Gesetzes geforderte Summe erreichender Streitgegenstand vor. („Gewerbegericht" Jg. 3, Sp. 46.)

d) Urteil der 8. Zivilkammer des Kgl. Landgerichts I Berlin vom 11. Oktober 1901.

Die Kläger hatten in zwei getrennten Klagen Ansprüche auf eine Lohnentschädigung von je 54 Mk. gegen denselben Arbeitgeber vor dem GG. zu Berlin geltend gemacht. Das GG. hat beschlossen, die beiden Sachen zwecks gemeinsamer Verhandlung und Entscheidung zu verbinden, und hat durch Urteil vom 26. Juli 1901 die Kläger abgewiesen.

Die gemeinschaftliche Berufung der beiden Kläger gegen dieses Urteil ist als unzulässig verworfen.

Aus den Gründen: Nach § 55 des Reichsgesetzes, betr. die GG. ist die Berufung gegen Entscheidungen dieser Gerichte nur zulässig, wenn der Wert des Streitgegenstandes — nicht des Beschwerdegegenstandes — den Betrag von 100 Mk. übersteigt. Im vorliegenden Falle handelt es sich um zwei unabhängig voneinander erhobene Klagen, welche je eine Streitsumme von 54 Mk. haben, jedoch gemäß § 147 der ZPO. zwecks gemeinsamer Verhandlung und Entscheidung verbunden worden sind. Es kann hiernach zweifelhaft sein, ob die Verbindung der Prozesse die Wirkung hat, daß auch die Streitgegenstände für die Frage der Zulässigkeit der Berufung zusammenzurechnen sind. Das Berufungsgericht ist (unter Veränderung seines bisher vertretenen Standpunktes) zu dem Ergebnis gelangt, daß die Streitwerte nicht zusammenzurechnen sind.

Die Frage der Zusammenrechnung der Beschwerdewerte im Falle der Verbindung mehrerer Prozesse ist bei der Prüfung der Zulässigkeit der Revision vielfach erörtert worden. Das Reichsgericht (Entsch. Bd. 5. S 354 und Bd. 6, S. 416) und mit ihm die Kommentatoren Petersen, Seuffert und Struckmann und Koch halten die Zusammenrechnung für geboten, weil nach den Motiven durch die Vorschriften der §§ 138 und 147 der ZPO. die Herstellung einer objektiven und subjektiven Klagekumulation habe ermöglicht werden sollen. Das Berufungsgericht folgt dagegen der entgegengesetzten Ansicht, die Wilmowski und Levy (7. Aufl. Anm. 1 zu § 138) und Gaupp (3. Aufl. S. 336) in ihren Kommentaren vertreten. Danach besteht die Wirkung der Verbindung nicht in einer

Vereinigung der mehreren Prozesse zu einem Prozesse, sondern nur in der gleichzeitigen Verhandlung und Entscheidung unter Aufrechterhaltung ihrer rechtlichen Besonderheit. Die Einheit wird wesentlich durch die formelle Prozeßleitung des Gerichts vermittelt, beide Prozesse werden nur in demselben Termine verhandelt, die Beweismittel für alle gemeinsam hergebracht, dadurch wird tatsächlich die Möglichkeit widerstreitender Entscheidungen ausgeschlossen. Eine Änderung in der sachlichen Zuständigkeit wegen jedes einzelnen Prozesses wird durch die Verbindung nicht herbeigeführt. Ein Zusammenrechnen der Beschwerdegegenstände für die Berechnung der Revisionssumme findet daher nicht statt. Die entgegengesetzte Entscheidung erscheint mit dem Wortlaute des § 138 (alte Fassung) und namentlich des § 272 (jetzt § 300) der ZPO. nicht vereinbar, da hier von einer gleichzeitigen Verhandlung mehrerer, wenn auch miteinander verbundener Prozesse gesprochen wird, und nur unter der Voraussetzung, daß durch die Verbindung keine Einheit des Prozesses entsteht, der Gegensatz des § 273 zu § 272 der ZPO. (alte Fassung) erklärlich ist. Der § 272 bezeichnet die Entscheidung eines von mehreren verbundenen Prozessen als Endurteil, der § 273 nennt die Entscheidung über einen von mehreren in einer Klage geltend gemachten Ansprüchen gleichfalls ein Endurteil, fügt aber in Parenthese hinzu: „Teilurteil".

Für die Frage der Zulässigkeit der Berufung gegen Urteile der GG. kommt aber noch wesentlich die Tatsache in Betracht, daß das Gesetz, betreffend die GG. mit der Vorschrift des § 55 grundsätzlich den Zweck verfolgt, die Berufung gegen Entscheidungen der GG. einzuschränken. Es ist dies deshalb geschehen, weil die Zusammensetzung der letzteren einerseits die Gewähr für eine besondere Fähigkeit zur richtigen Beurteilung der bei den fraglichen Streitigkeiten zur Erörterung kommenden technischen und örtlichen Eigentümlichkeiten der einzelnen Gewerbezweige bietet, andererseits erhoffen läßt, daß diese Rechtsprechung von dem auf der Wahl der Beisitzer beruhenden Vertrauen der beteiligten Kreise getragen wird. (Vgl. die Verhandlungen der Reichstagskommission, Kommissionsbericht S. 27.) Es ist schwerlich die Absicht des Gesetzgebers gewesen, die Berufung gegen Gewerbegerichtsentscheidungen auf dem Umwege einer Verbindung mehrerer Prozesse wieder einzuführen und damit den von ihm aufgestellten Grundsatz wieder zu durchbrechen. Es kommt hinzu, daß die Verbindung von Prozessen in das freie Ermessen der Gerichte gestellt ist und lediglich aus Zweckmäßigkeitsgründen für das Verfahren der Instanz angeordnet wird und selbst bei dem Widerspruch der Parteien erfolgen kann.

Da die Zulässigkeit der Berufung von der Höhe — nicht etwa des nicht im voraus erkennbaren Beschwerdegegenstandes — sondern schlechthin des von vornherein feststehenden Streitgegenstandes abhängig ist, würde der Gewerberichter durch Trennung oder Verbindung von Prozessen, sowie durch Wiederaufhebung dieser Anordnungen in zahlreichen Fällen den Parteien die zweite Instanz verschließen oder eröffnen. Ein solcher Rechtszustand erscheint mit einer in ihren Formen fest geregelten Rechtspflege nicht vereinbar. Er würde den Gewerberichter in seinen prozeßleitenden Anordnungen beengen und könnte sogar dazu führen, ihn in seiner richterlichen Unbefangenheit zu beirren. („Soziale Praxis.")

**e) Urteil des Landgerichts München I, als Berufungsinstanz, über das Urteil des GG. München vom 26. April 1899.**

Die Berufung ist als unzulässig verworfen.

Aus den Gründen: Nach § 55 GGG. ist die Berufung gegen ein gewerbegerichtliches Urteil nur zulässig, wenn der Wert des Streitgegenstandes den Betrag von 100 Mk. übersteigt. Streitgegenstand ist dem Sinne nach verschieden vom Beschwerdegegenstand und es war sich der Gesetzgeber dieser Verschiedenheit der beiden Ausdrücke, wie aus den Verhandlungen des Reichstages vom 21. und 23. Juni 1890 hervorgeht, wohl bewußt (Stenogr. Ber. S. 491,

507, 509). Streitgegenstand ist der Streitwert I. Instanz, die Klagesumme in I. Instanz. Nun sind allerdings solche Äußerungen einzelner Reichstagsredner vorsichtig zu würdigen, allein hier kommt in Betracht, daß die Frage in extenso behandelt wurde, daß ein Widerspruch gegen diese Auslegung von keiner Seite erhoben wurde, daß die fragliche Fassung von der Reichstags-Kommission beschlossen wurde und daß unter den oben in Bezug genommenen Rednern der Berichterstatter und der Bundesrats-Kommissär sich befanden.

Es fragt sich nun, wie eine vom Gerichte beschlossene Verbindung mehrerer bei ihm anhängigen Prozesse zur gleichzeitigen Verhandlung und Entscheidung auf den Streitgegenstand einwirkt. Nach der Rechtsprechung des Reichsgerichts (Bd. 5, S. 354 und Bd. 6, S. 416), sowie des obersten Landesgerichts („Seufferts Archiv" Bd. 39 Nr. 264 und „Blätter für Rechtsanwendung" Bd. 54 S. 272) sind vom Momente der Verbindung an die verbundenen Sachen so zu behandeln, wie wenn von Anfang an nur eine Klage gestellt worden wäre. Allein diese Rechtsansicht ist bestritten; insbesondere sind Planck (Bd. II, S. 414/415), Gaupp (§ 138 Anm. III) und Wilmowsky u. Levy (§ 138 Note 1) dagegen. Das Gericht schließt sich dieser letzteren Ansicht an, ohne in anderer Beziehung die Konsequenzen Gaupps vollständig zu ziehen. Schon der § 138 (jetzt 147) spricht dafür, daß die Prozesse trotz ihrer Verbindung zur gleichzeitigen Verhandlung und Entscheidung neben dieser äußerlichen Simultaneität ihre innere Selbstständigkeit bewahren, noch mehr aber § 272 II ZPO. (jetzt 300), der von der Reife des einen der „mehreren" Prozesse zur Endentscheidung spricht und für diesen Fall die Erlassung eines Endurteils unbedingt fordert, nicht die Erlassung eines Teilurteils — unter der Einräumung, daß dasselbe für bestimmte Fälle unterbleiben kann — vorschreibt.

Wenn man nun vielleicht auch von einem anderen Ausgangspunkte aus zu einer einheitlichen Berechnung der Beschwerdesumme, zu einer Zusammenrechnung hinsichtlich der Beschwerdesumme deshalb kommen kann, weil ein Urteil einheitlich beschwerend über mehrere Prozesse entschied, so zessiert hier dieses Argument, weil nicht der Beschwerdegegenstand, sondern der Streitgegenstand maßgebend ist, die Streitgegenstände mehrerer Prozesse jedoch nicht zusammengerechnet werden. Allerdings würde die Abhängigkeit der Berufungs-Zulassung vom Werte des Streitgegenstandes statt vom Werte des Beschwerdegegenstandes in diesem Falle die Möglichkeit der Berufung mindern, während für die Regel zufolge der Ersetzung des Beschwerdegegenstandes durch den Streitgegenstand die Berufung häufiger zulässig ist. Allein diese Folge ist gleichgültig. Dagegen ist in Betracht zu ziehen, daß nach der Ausführung des Berichterstatters der Reichstags-Kommission (Stenogr. Ber. S. 509) der von Anfang an feststehende und weniger Zufälligkeiten ausgesetzte Streitgegenstand für die Berufungszulassung deshalb ausschlaggebend sein sollte, weil das GG. von den Vereinfachungen des Verfahrens, welche der Anfechtungsausschluß gewährt, möglichsten Gebrauch machen sollte. Hieran wäre das Gericht gehindert, wenn nachträglich durch Verbindung eine Appellabilität der Entscheidung sich ergeben sollte; die Möglichkeit einer Erweiterung des Klageantrages kommt hier nach der Natur der Streitigkeiten weniger in Betracht und ist auch sachlich einer anderen Behandlung durchaus zugänglich. Bei Zulassung der Berufung würde die Verbindung für das gewerbegerichtliche Verfahren schon in gewissem Sinne rückwirkend wirken, was jedoch auch nach der eingangs erwähnten Judikatur ausgeschlossen sein soll. („Gewerbegericht" Jg. 5, Sp. 54.)

## 90. Ist die Beschwerde gegen ein Kostenurteil zulässig, wenn ein in der Hauptsache ergehendes Urteil unanfechtbar sein würde?

Urteil des Reichsgerichts, 5. Zivilsenat, vom 31. März 1900.

Die Beschwerde ist als unzulässig verworfen.

Aus den Gründen: Es würde als ein durchaus unlogisches Ergebnis der Gesetzgebung bezeichnet werden müssen, wenn ein Urteil, das unanfechtbar sein würde, wenn es über Hauptanspruch und Kosten entschieden hätte, dann der sofortigen Beschwerde unterliegen sollte, wenn es über ein Minus, nämlich nur über den Kostenpunkt, entschieden hat &c. („Blätter für Rechtspflege im Bezirk des Kammergerichts", 1900, S. 37.)[1])

## 91. Hat das Berufungsgericht die Wertfestsetzung des GG. nachzuprüfen?

**a)** Zwischenurteil des Landgerichts Kiel vom 4. Januar 1900.

Die Berufung der Beklagten ist als statthaft erachtet worden.

Aus den Gründen: Zwar ist nach § 55 GGG. die Berufung nur zulässig, wenn der Streitwert 100 Mk. übersteigt. Die in dem angefochtenen Urteile des GG. enthaltene Festsetzung des Streitwertes auf 50—100 Mk. unterliegt jedoch der Nachprüfung des Berufungsgerichts. Für die Berechnung des Streitwerts ist lediglich § 3 ZPO. maßgebend, wonach das Gericht den Wert des Streitgegenstandes nach seinem Ermessen festsetzt. Die Vorschrift des § 10 GKG., betreffend Festsetzung des Streitwerts bei nicht vermögensrechtlichen Ansprüchen ist hier nicht anwendbar, weil es sich vorliegend um einen vermögensrechtlichen Anspruch handelt, nämlich um eine gesetzliche Verpflichtung des Arbeitgebers aus einem Dienstvertrage. Gemäß § 3 GPO. wird für die Bemessung des Streitwertes das Interesse des Klägers an der Erfüllung des Klageanspruches zu Grunde zu legen sein. Dieses Interesse läßt sich zwar vorliegend nicht genau in Geld berechnen, aber doch nach freiem Ermessen annähernd schätzen. Das Interesse könnte an sich wohl unter 100 Mk. betragen. Vorliegend ist aber die Überschreitung dieses Betrages geboten. Für das Fortkommen des Klägers ist es von recht erheblicher Bedeutung, ob ihm nach nach längerer Arbeitszeit bei der Beklagten ein Zeugnis befriedigenden oder ungünstigen Inhalts erteilt wird. Das Interesse des Klägers an der beantragten Änderung des Zeugnisses ist nach Ermessen des Berufungsgerichts auf 200 Mk. zu schätzen und auf diesen Betrag wird der Streitwert bemessen. Alsdann aber ist die Berufung nach § 55 a. a. O. an sich statthaft. („Gewerbegericht" Jg. 7, Sp. 159.)

**b)** Urteil des Landgerichts Frankfurt a. M.

Die beklagte Firma war verurteilt worden, einem Packer binnen 14 Tagen bei Meidung einer Entschädigung von 50 Mk. ein Zeugnis bestimmten Inhalts über vierjährige Beschäftigung auszustellen.

Die Berufung ist für zulässig erachtet.

Aus den Gründen: Nach freiem Ermessen des Gerichts, das für die Wertfestsetzung nach § 3 ZPO. maßgebend ist, ist der Wert des vom Kläger verlangten Zeugnisses auf mehr als 100 Mk. anzuschlagen. Wenn auch der Kläger schon 14 Tage nach seinem Austritt bei der Beklagten bereits wieder eine andere Stelle gefunden hat, so kann das doch den dauernden Wert des sich über einen Zeitraum von mehr als vier Jahren erstreckenden Zeugnisses umsoweniger vermindern, als Kläger selbst die Ausstellung eines solchen verlangt, obgleich er zur Zeit der Klageerhebung eine andere Stellung gefunden hatte. Er legt demnach und zwar mit Recht großes Gewicht auf ein solches Zeugnis, das ihm bei der Länge seiner Beschäftigung bei der Beklagten und deren Ansehen in kaufmännischen Kreisen sein Fortkommen und insbesondere seine Bewerbung um andere Stellen nicht bloß vorübergehend sondern dauernd erleichtern wird. Auch auf seiten der Beklagten ist das Interesse an der Aus-

---

[1]) Ebenso Landgericht I vom 13. März 1900 bei v. Schulz u. Schalhorn, das Gewerbegericht Berlin.

stellung eines nach ihrer Ansicht richtigen Zeugnisses gerade wegen des Vertrauens zu ihrem Rufe und wegen der zivilrechtlichen Haftung für etwaigen durch ein falsches Zeugnis bei Dritten verursachten Schaden auf mehr als 100 Mk. zu schätzen. Daß die Schätzung des GG., welche in der eventuellen Zubilligung einer Entschädigung in Höhe von nur 50 Mk. liegt, die Berufung nicht auszuschließen vermag, bedarf keines weiteren Nachweises. („Gewerbegericht" Jg. 2, Sp. 124.)

c) Urteil des Landgerichts Berlin I, Zivilkammer 8.

Ein Monteur hatte klagend beantragt, den Beklagten zu verurteilen, ihm eine bestimmte Summe zu zahlen und ein vorschriftsmäßiges Zeugnis über die Art und Dauer seiner Beschäftigung zu erteilen, eventuell ihm für jeden Tag der Zögerung eine Entschädigung von 3,30 Mk. zu zahlen. Das GG. hatte den Wert des Streitgegenstandes insgesamt auf 80 Mk. festgesetzt. Der nach dem Klageantrag verurteilte Beklagte legte Berufung ein, indem er geltend machte, der Wert des Streitgegenstandes sei auf mehr als 100 Mk. zu schätzen.

Das Landgericht hielt sich für berechtigt, die vom GG. getroffene Wertfestsetzung nachzuprüfen, erachtete solche aber nach eigener Prüfung für gerechtfertigt und wies deshalb die Berufung als unzulässig zurück.

Aus den Gründen: Der Streitwert ist insoweit, als nicht die Zahlung der bestimmten Summen verlangt ist, nach freiem richterlichen Ermessen zu bestimmen (§ 3 der ZPO); hierbei ist der Wert des vom Kläger beanspruchten Rechts auf Erteilung des Zeugnisses nach dem Zeitpunkte der (durch Zustellung vom 12. März 1896 geschehenen) Erhebung des Anspruchs zu schätzen (§ 4 daselbst). Die eigenen Angaben des Klägers über den Wert sind bei dieser Schätzung nicht ausschlaggebend und durch die Rechtsverteidigung der Beklagten, insbesondere auch nach der Richtung hin, daß die Ausstellung des verlangten Zeugnisses für sie bedeutende geschäftliche Nachteile zur Folge haben könne, erleidet der aus der Klage sich ergebende Streitgegenstand keine Veränderung (vgl. die Entscheidung des Reichsgerichts, Bd. 33 auf S. 4), der Streitwert ergibt sich nur aus dem Interesse, das der Kläger an dem Besitz des Zeugnisses von dem Zeitpunkte ab, wo er mit der Klage die Ausstellung verlangte, bis dahin haben konnte, wo die bestehende Ungewißheit darüber, ob das Zeugnis zu erteilen ist oder nicht, durch Urteil beseitigt wird. Dieser Zeitraum ist, da vor dem GG. in möglichst nahen Terminen verhandelt werden kann, auf nur etwa zwei Wochen anzunehmen. — Ein höherer Streitwert war auch daraus nicht zu entnehmen, daß der Kläger noch den Antrag gestellt hat, die Beklagte für den Fall der Zögerung zu einer Entschädigung zu verurteilen. Denn dieser Antrag zielt nur dahin ab, nach Maßgabe des § 51 des Gesetzes, betreffend die GG., die Zwangsvollstreckung wegen des Hauptanspruchs zu ersetzen; selbst wenn der Wert dieses Antrags höher zu schätzen wäre, als derjenige des in erster Reihe gestellten Antrages, so würde für den Streitwert doch nur der erstere als der minderwertige maßgebend sein, da die Beklagte in der Lage ist, durch Leistung des minderwertigen sich von der Verpflichtung aus dem in zweiter Reihe gestellten Antrage zu befreien. („Gewerbegericht" Jg. 2, Sp. 124.)

## 92. Ist gegen die durch das GG. erfolgte Festsetzung des Wertes des Streitgegenstandes Beschwerde zulässig? Wert des Streitgegenstandes bei Streitigkeiten über Arbeitszeugnisse.

a) Beschluß der 5. Zivilkammer des Kgl. Landgerichts Dresden vom 17. Februar 1897.

Das GG. Dresden hatte den Wert des Streitgegenstandes auf unter 100 Mk. angenommen. Auf Beschwerde setzt das Landgericht den Streitwert auf 120 Mk. fest.

Aus den Gründen: Die Zulässigkeit der Beschwerde über die Festsetzung des Wertes ergibt sich bereits aus § 55 Abs. 1 Satz 1 GGG., verbunden mit

§ 16 Abs. 2 des Gerichtskostengesetzes. Die letztere Bestimmung brauchte also in §§ 57 bis 59 des ersteren Gesetzes (jetzt §§ 58 bis 60) nicht mit angezogen zu werden, um den Weg dieser Beschwerde zu öffnen. Zwar sind nach § 55 Abs. 1 Satz 3 Entscheidungen über die Festsetzung der Kosten einschließlich der gemäß § 52 ergangenen nicht anfechtbar. Aber dieser Ausschluß von Rechtsmitteln beschränkt sich auf die Festsetzung des vom Gegner zu erstattenden Betrages von Kosten (vgl. § 98 ZPO.) wie der Zusammenhang mit § 52 beweist, und der Kosten des GG., soweit jener Betrag von ihnen abhängt. Er erstreckt sich aber nicht auf die Festsetzung des Wertes vom Streitgegenstande. Sonst würde die wichtige Entscheidung über die Zulässigkeit der Berufung, soweit sie nach § 55 Abs. 1 Satz 2 vom Werte des Streitgegenstandes abhängt, im schroffen Widerspruch mit dem Rechtsmittelsystem des Zivilprozesses dem Berufungsgerichte entzogen und dem GG. zugewiesen worden sein. Diese Tragweite tritt in der Entstehungsgeschichte der erst von der Reichstagskommission eingefügten Bestimmung in § 55 Abs. 1 Satz 3 nirgends hervor.

Der Wert des Streitgegenstandes ist im vorliegenden Falle gemäß § 3 ZPO. nach freiem Ermessen festzusetzen. Dabei hat das GG. viel zu niedrig gegriffen, indem es ihn den Betrage eines Wochenlohns der Kläger gleichsetzt. Es legt einen falschen Maßstab an, indem es (in seinem Beschlusse vom 29. Februar 1897, mit dem es die Beschwerde dem Landgericht vorlegt) die Erwägung anstellt, daß ein Gewerbestreit nicht länger als eine Woche zu dauern pflege und bei einem Streit über Arbeitszeugnisse ein höherer Wert des Streitgegenstandes als ein Wochenlohn nur dann in Frage kommen könne, wenn die unterlegene Partei sich nicht füge. Der Wert des Streitgegenstandes richtet sich nicht nach dem Schaden des Klägers, der durch den Aufschub der Erfüllung um die Dauer des Rechtsstreites entsteht. Sonst würde er z. B. nicht durch den Betrag einer streitigen Forderung, sondern durch den Betrag ihrer Verzugszinsen auf die Dauer des Rechtsstreites bestimmt werden. Er bestimmt sich vielmehr durch den Nachteil in der Vermögenslage des Klägers, den der nach seiner Ansicht rechtsverletzende Zustand zur Zeit der Erhebung der Klage und ohne diese im Vergleich zu dem Zustande verursachen würde, auf dessen Herbeiführung er klagt, also im vorliegenden Falle durch den Nachteil, den die Kläger erleiden, wenn sie sich mit den ihnen von der Beklagten ausgestellten Zeugnissen begnügen müssen und auch im Wege der Klage keine Zeugnisse mit dem von ihnen geforderten Inhalt erlangen.

Dieser Nachteil ist bedeutend. Denn der von den Klägern beanstandete Zusatz der Zeugnisse über den Grund ihrer Aufkündigung wird die meisten Arbeitgeber an ihrer Einstellung hindern, weil deren Abneigung gegen solche Arbeiter, die ihrem Arbeitgeber angesonnen haben, einen entlassenen Arbeiter wieder einzustellen, fast allgemein ist. Wenn aber die Kläger von den Zeugnissen mit diesem Zusatze keinen Gebrauch machen, so vermindert sich ihre Aussicht auf anderweite Arbeitsgelegenheit fast ebensosehr, weil die meisten Arbeitgeber ein Zeugnis aus der Zeit ihrer Beschäftigung bei der Beklagten vermissen werden. Also droht der Zusatz die Verwertung ihrer Arbeitskraft, und zwar nicht nur jetzt, sondern auch noch bei späterem Wechsel ihrer Arbeitsstelle stark zu unterbinden und einen Verlust ihres Arbeitslohnes nicht nur auf eine Woche, sondern vielleicht auf viele Monate herbeizuführen. Das Landgericht schätzt diesen Verlust nach freiem Ermessen auf nicht unter 120 Mk. bei jedem Kläger. Der Umstand, daß die Kläger nach § 113 der RGO. ohne weiteres ein Zeugnis über die Art und Dauer ihrer Beschäftigung bei der Beklagten fordern können, welches den beanstandeten Zusatz nicht enthält, wenn sie nämlich nicht auf ihrem Verlangen bestehen, daß das Zeugnis auf ihre Führung und ihre Leistungen ausgedehnt werde, ist ohne Einfluß auf den Wert des Streitgegenstandes. Denn sie verlangen eben ein Zeugnis auch über ihre Führung und ihre Leistungen, aber ohne den Zusatz. („Gewerbegericht" Jg. 3, Sp. 57.)

**b) Beschluß des Landgerichts I Berlin, 8. Zivilkammer.**

Die Beschwerde ist als unzulässig verworfen (abweichend von vorstehender Entscheidung).

Aus den Gründen: Das GG. hat in dem erlassenen Urteil über die Hauptsache zugleich das Objekt auf 80 Mk. festgesetzt. Gegen diese Wertfestsetzung richtet sich die von der Beklagten erhobene Beschwerde, in welcher unter der Anführung, die Beklagte beabsichtige, in der Hauptsache das Rechtsmittel der Berufung einzulegen, diese sei aber bei dem vom GG. festgesetzten Streitwerte von weniger als 100 Mk. nicht zulässig, beantragt wird, den Streitwert auf 117,65 Mk. festzusetzen.

Es handelt sich sonach nicht um den häufig vorkommenden Fall, in welchem eine seitens des Prozeßgerichts nach Maßgabe des § 16 des Deutschen Gerichtskostengesetzes und zum Zwecke des Gebührenansatzes erfolgte Festsetzung des Streitwertes im Wege der Beschwerde angefochten wird. Für diesen Fall ist die Beschwerde ausdrücklich durch den Absatz 2 des § 16 zugelassen; die Beklagte würde aber, wenn man den genannten Paragraphen auf das Verfahren vor den GG. für anwendbar erachtet, an einer auf den Gebührensatz einwirkenden Erhöhung des Streitwertes kein Interesse haben, und die Beschwerde würde in diesem Falle in Anwendung des (durch die Entscheidung des Reichsgerichts Bd. 22 S. 426 ausgesprochenen) Grundsatzes, nach welchem jedes Rechtsmittel ein Interesse desjenigen voraussetzt, der sich desselben bedient, als unzulässig zu verwerfen sein. Die Beklagte hat aber ein Interesse insofern, als ihr bei einer Erhöhung des Streitwertes auf mehr als 100 Mk. die Zulässigkeit der Berufung eröffnet werden könnte (§ 55 des Gesetzes, betr. die GG.). Eine Entscheidung des Prozeßgerichts, welche zum Zweck der Zulässigkeit eines Rechtsmittels den Streitwert festsetzt (vgl. diesen im § 15 des Deutschen Gerichtskosten-Gesetzes erwähnten Fall) ist jedoch dem Rechtsmittel der Beschwerde entzogen.

Denn die Beschwerde ist — abgesehen von dem hier nicht vorliegenden Falle der Anfechtung einer Entscheidung, welche ein das Verfahren betreffendes Gesuch zurückweist — nur in den im Gesetze besonders hervorgehobenen Fällen zulässig (§ 530 der ZPO. und § 55 des GGG.); zu diesen Fällen gehört aber nicht die aus einer anderen Veranlassung als derjenigen des § 16 des Deutschen Gerichtskostengesetzes erfolgte Wertfestsetzung des Prozeßgerichts (vgl. v. Wilmowski u. Levy, Kommentar zur ZPO., Note 1, Ziffer 16 zum § 530). Es bedarf auch in dieser Beziehung garnicht einer materiellen Entscheidung über den Wert im Beschwerdeverfahren; denn die Nachprüfung der Wertfestsetzung erfolgt durch das Berufungsgericht, welches bei der ihm nach § 497 der ZPO. obliegenden Prüfung der Statthaftigkeit der Berufung auch darüber entscheidet, ob die vom Prozeßgericht in erster Instanz erfolgte Wertfestsetzung richtig ist. („Gewerbegericht" Jg. 3, Sp. 9.)

## 93. Wird die Berufungsfrist durch die im Parteibetrieb geschehene Zustellung des Urteils in Lauf gesetzt? In welchem Zeitpunkt muß der Verzicht auf Zustellung des Urteils ausgesprochen werden, um wirksam zu sein?

Urteil des Landgerichts Stuttgart vom 12. Mai 1896.[1])

Eine Zustellung des am 16. Januar 1896 verkündeten GG.-Urteils von Amtswegen an die Parteien hat nicht stattgefunden, vielmehr wurde zunächst nur am 20. Januar 1896 dem Kläger eine Ausfertigung des Urteils in formloser Weise erteilt. Diese Ausfertigung ließ der jetzige klägerische Prozeßbevollmächtigte Rechtsanwalt St. zugleich mit der Berufungsschrift dem Beklagten am 14. Februar 1896 zustellen. Am 27. desselben

[1]) Vgl. oben Nr. 82.

Monats kam beim GG. eine vom 26. datierte schriftliche Erklärung des Klägers ein, daß er auf die Zustellung des Urteils verzichte.

In zweiter Instanz wiederholten die Parteien ihre vor dem GG. gestellten Anträge. Das Gericht beschloß, die Verhandlung zunächst auf die Frage zu beschränken, ob die Berufung ordnungsmäßig bezw. rechtzeitig eingelegt worden sei, und entschied diese Frage in verneinendem Sinne.

Aus den Gründen: Nach § 55 Abs. 3 GGG. kann der Beginn der Notfrist für Einlegung der Berufung in doppelter Weise bewirkt werden, einmal mit Zustellung des Urteils und ferner mit dem Verzichte einer Partei auf die Zustellung, und zwar beginnt im letzteren Falle die Notfrist mit der Verkündigung der Entscheidung. Was nun zunächst die Frage betrifft, welche Bedeutung der vom klägerischen Prozeßbevollmächtigten bewirkten Zustellung des Urteils an den Beklagten zukommt, so ergibt sich aus der Bestimmung des § 30 Abs. 1 (jetzt 32) des cit. Gesetzes, daß es in dem Verfahren vor den GG. eine Zustellung im Parteibetrieb überhaupt nicht gibt. Da auch die Zustellung des Urteils noch zu diesem „Verfahren vor den GG." gehört, so war die vom klägerischen Anwalt bewirkte Zustellung des Urteils an den Beklagten ein völlig bedeutungsloser Akt, der insbesondere nicht den Beginn der Notfrist zur Folge haben konnte. Da sich nach § 55 Abs. 3 Satz 2 des cit. Gesetzes die Einlegung der Berufung, soweit dieses keine besonderen Bestimmungen gibt, nach den Vorschriften der ZPO. richtet, so findet hierher der § 477 Abs. 2 (jetzt 516) der ZPO. Anwendung. Hiernach ist, da, wie oben gezeigt, eine Zustellung des Urteils überhaupt nicht als erfolgt zu betrachten ist, die Einlegung der Berufung wirkungslos, insoweit die Wahrung der Förmlichkeiten des Rechtsmittels eben mit der Behauptung der Zustellung des Urteils begründet werden will.

Nun kann nach § 55 Abs. 3 cit. (vgl. § 30 Abs. 2) die Zustellung des Urteils ersetzt werden durch den Verzicht auf diese Zustellung, und zwar mit der Wirkung, daß die Notfrist mit der Verkündigung des Urteils beginnt. Nach dem Wortlaut des Abs. 3 cit. — „sofern auf die Zustellung verzichtet war" — setzt diese Bestimmung offenbar voraus, daß der Verzicht vor der Verkündung des Urteils — also wohl regelmäßig in der vorhergehenden mündlichen Verhandlung — ausgesprochen worden ist, und es ist mindestens sehr fraglich, ob einem später ausgesprochenen Verzichte noch die Wirkung zukommt, die Notfrist (eventuell mit Rückdatierung ihres Beginns auf den Zeitpunkt der Verkündung des Urteils) in Lauf zu setzen. Wollte man aber je annehmen, daß der Verzicht auch nach Verkündung des Urteils zulässig sei, so würde auch in diesem Fall das im § 477 Abs. 2 der ZPO. zum Ausdruck gekommene Prinzip (vgl. Gaupp, 2. Bd. S. 19 IV.), wonach die Berufungsfrist zur Einlegung der Berufung bestimmt ist, Anwendung finden. Da nun die Frist vor dem Verzichte nicht in Lauf gesetzt ist, so ist nach dem angeführten Prinzip die vor dem Verzicht eingelegte Berufung in derselben Weise wirkungslos, wie die vor der Zustellung (in den regelmäßigen Fällen) erfolgte Einlegung des Rechtsmittels.

## 94. Kann das Amtsgericht in dringenden Fällen eine einstweilige Verfügung erlassen, wenn für die Hauptsache das GG. zuständig ist?

Einstweilige Verfügung des Kgl. Amtsgerichts in Plettenberg vom 22. November 1900.

Ein Lehrling, durch Polizeistrafen zur Rückkehr in seine Lehrstelle angehalten, klagte auf einstweilige Verfügung, der Lehre fernbleiben zu dürfen, vor dem Amtsgericht, obgleich P. zum Kreis-GG. Altena gehört.

Das Amtsgericht hat sich für zuständig erklärt.

Aus den Gründen: Es handelt sich im vorliegenden Falle um eine Streitigkeit über die Auflösung des Arbeitsverhältnisses. Da der Kläger gemäß

§ 2 GGG. (jetzt 3) als Arbeiter im Sinne jenes Gesetzes anzusehen ist, so ist für den anzustrengenden Prozeß das GG. ausschließlich zuständig; und zugleich gemäß § 943 ZPO. als Gericht der Hauptsache anzusehen. Nach § 942 Abs. 1 kann aber außer dem Gericht der Hauptsache in dringenden Fällen das Amtsgericht, in dessen Bezirk sich der Streitgegenstand befindet, eine einstweilige Verfügung unter den dort näher geregelten Voraussetzungen erlassen. § 56 Abs. 4 GGG. (jetzt 57) bestimmt: „Im übrigen finden auf die Zwangsvollstreckung, sowie auf den Arrest und die einstweiligen Verfügungen die Vorschriften im achten Buche der ZPO. Anwendung." Durch diese Bestimmung ist nun nicht etwa ein für den Bezirk bestehendes GG. an die Stelle des Amtsgerichts gesetzt. Denn die Zuständigkeit des Amtsgerichts im Falle des § 942 der ZPO. ist gemäß § 802 a. a. O. eine ausschließliche. Als Amtsgericht, in dessen Bezirk sich der Streitgegenstand befindet, ist im vorliegenden Falle das Kgl. Amtsgericht in Plettenberg anzusehen, weil in seinem Bezirke der Rechtsstreit zum Austrag zu bringen ist. („Gewerbegericht" Jg. 7, Sp. 161.)

## 95. Sind GG.-Urteile auch für vollstreckbar zu erklären, wenn sie nur auf „Feststellung" lauten?

Entscheidung des GG. Leipzig vom 30. September 1898.

Am 10. September erhoben die Kläger bei dem GG. Leipzig Klage mit dem Antrage, festzustellen, daß die Beklagte verpflichtet sei, ihnen am 14. September je 27 Mk. und dieselbe Summe am 21. September zu zahlen, bezw. soweit Fälligkeit der geforderten Beträge im Laufe des Prozesses eintrete, die Beklagte zu deren Zahlung zu verurteilen. Am 13. September erließ das GG. Leipzig darauf folgendes Endurteil: Es wird festgestellt, daß die Beklagte verpflichtet ist, einem jeden der beiden Kläger am 14. September 27 Mk. und am 21. September je die gleiche Summe zu zahlen, wenn erwiesen ist, daß sich die Kläger ihr solange zur Verfügung gehalten haben. Dieses Urteil wurde den Klägern am 16. September zugestellt; am 20. September reichten sie bei dem Gericht folgenden Schriftsatz ein: „Wir beantragen hiermit, das Urteil des GG. vom 13. September für vorläufig vollstreckbar zu erklären."

Der Antrag wurde abgelehnt.

Aus den Gründen: Freilich schreibt § 56 Abs. 2 (jetzt 57) des Gesetzes vom 29. Juli 1890 vor, daß von Amtswegen alle Urteile für vorläufig vollstreckbar zu erklären seien, in denen der Gegenstand der Verurteilung an Geld oder Geldeswert die Summe von 300 Mk. nicht übersteige. Diese Bestimmung bezieht sich doch keineswegs auf diejenigen Urteile, die auf eine Feststellungsklage ergangen sind, was der Gesetzgeber schon durch die Worte „Gegenstand der Verurteilung" zum Ausdruck gebracht hat. Bereits die Motive zur ZPO. erklären es für selbstverständlich, daß nur solche Endurteile die Vollstreckungsklausel erhalten können, die ihrer Natur nach einer Vollstreckung fähig sind. Hieraus folgt, daß alle Urteile, die allein die Feststellung des Bestehens einer Verpflichtung aussprechen, hiervon auszunehmen sind (vgl. Struckmann-Koch, Kommentar zur ZPO., 4. Aufl., Note 1 zu § 644 S. 686). Da nun aber ein Urteil der letztgenannten Art im gegenwärtigen Falle vorlag, so mußte der Antrag der Kläger schon von Amtswegen zurückgewiesen werden. Hieran konnte auch dadurch nichts geändert werden, daß die Kläger in ihrer Klage den Eventualantrag gestellt hatten, die Beklagte zur Zahlung zu verurteilen, falls die Fälligkeit der geforderten Beträge im Laufe des Prozesses eintreten sollte; denn der Prozeß hatte durch den Erlaß des Urteils seinen Abschluß in erster Instanz gefunden, und wenn das Verlangen der Kläger auf Ergänzung dieses Urteils gerichtet ist, so mußte das GG. lediglich prüfen, ob die Richter, die das Urteil gefällt hatten, etwas darin übergangen hatten, worüber damals auf Antrag oder von Amtswegen zu erkennen war. Dies ist aber nicht der Fall, denn die Kläger haben Leistung nur für den Fall verlangt, daß die Fälligkeit der geforderten Beträge im Laufe des Prozesses eintrete, und geben selbst zu, daß der erste Teil ihres Anspruchs nicht vor dem 14. September fällig geworden ist. Infolgedessen vermochten die damaligen Richter weiter nichts als die Feststellung des Bestehens einer Verpflichtung auszusprechen und durften aus den oben angegebenen Gründen dem Urteile die Vollstreckungsklausel nicht beifügen. („Gewerbegericht" Jg. 4, Sp. 73.)

## 96. Sind die in gewerbegerichtlichen Streitigkeiten dem ersuchten Gericht entstandenen Schreibgebühren zu erstatten?

Beschluß des Landgerichts Guben in Nr. 2269/98 K 6 des GG. zu Berlin.

Die Gerichtskasse des von dem GG. zu Berlin um Zeugenvernehmung ersuchten Amtsgerichts Forst hatte von dem GG. zu Berlin Erstattung vou 30 Pf. Schreibgebühren, welche in dem Verfahren vor dem ersuchten Gerichte entstanden waren, beansprucht. Hiergegen richtete sich die Beschwerde des GG.

Die Beschwerde wurde für begründet erachtet.

Aus den Gründen: Nach § 21 des Ausführungsgesetzes zum Gerichtskostengesetze vom 10. März 1879 sind in allen gerichtlichen Angelegenheiten bare Auslagen nach der Vorschrift der §§ 79, 80 des Gerichtskostengesetzes zu erheben, soweit nicht reichsgesetzliche Bestimmungen dem entgegenstehen. Der § 57 Abs. 4 (jetzt 58) GGG. bestimmt aber, daß in dem Verfahren vor den GG. Schreibgebühren nicht in Ansatz kommen. Wenn derselbe Absatz weiter bestimmt, daß auch für Zustellungen bare Auslagen nach Maßgabe des § 79 des Gerichtskostengesetzes stattfindet, so ist genügend ersichtlich, daß nach Maßgabe des Gerichtskostengesetzes nur solche Auslagen zu erheben sind, welche keine Schreib- oder Zustellungsgebühren sind. Ob die Schreibgebühren in dem Verfahren vor dem GG. selbst oder in dem Verfahren vor dem durch das GG. ersuchten Gerichte entstanden sind, ist unerheblich; das GG., welches den Parteien Schreibgebühren nicht in Ansatz bringen kann, braucht auch solche dem ersuchten Gerichte nicht zu erstatten.

Nach § 60 (jetzt 61) haben überdies die ordentlichen Gerichte den GG. nach Maßgabe der Bestimmungen des Gerichtsverfassungsgesetzes Rechtshilfe zu leisten. Im § 165 des Gerichtsverfassungsgesetzes, Absatz 2 und 3, ist aber bestimmt, daß Kosten der Rechtshilfe von der ersuchenden Behörde nicht erstattet werden, und nur, falls eine zahlungspflichtige Partei vorhanden, die Kosten von ihr durch die ersuchende Behörde einzuziehen sind und der eingezogene Betrag der ersuchten Behörde zu übersenden ist. Eine zahlungspflichtige Partei ist aber vorliegendenfalls, wo es sich um die Erstattung von Schreibgebühren handelt, die den Parteien von dem GG. nicht in Rechnung gestellt werden dürfen, nicht vorhanden. („Soziale Praxis.")[1])

## 97. Sind die ordentlichen Gerichte im Bezirk des GG. selbst zur Rechtshilfe verpflichtet?

Beschluß des Oberlandesgerichts Dresden vom 6. Februar 1899.

In der vor dem GG. Döbeln anhängigen Streitsache des Formers gegen den Maschinenfabrikanten H. in Döbeln hat das Amtsgericht Döbeln die Erhebung von Beweisen abgelehnt, um die es ersucht worden war. Diese Ablehnung erklärte das Oberlandesgericht für gerechtfertigt.

Aus den Gründen: Mit § 43 GGG., wonach in den dort hervorgehobenen besonderen Fällen die Aufnahme von Beweisen, die in der Regel vor dem GG. zu erfolgen hat, dem Vorsitzenden des GG. oder mittels Ersuchens einem Amtsgerichte übertragen werden kann, steht § 60 (jetzt 61) im engen Zu-

---

[1]) Ebenso Landgericht Stargard vom 6. Januar 1903. („Gewerbegericht" Jg. 8, Sp. 137.)

sammenhange, der bestimmt, daß die ordentlichen Gerichte dem GG. nach Maßgabe der Bestimmungen des Gerichtsverfassungsgesetzes Rechtshilfe zu leisten haben. Auch in dem Falle des § 43 ist daher das um die Erhebung von Beweisen 2c. ersuchte Gericht nicht schlechthin, sondern nur nach Maßgabe der Bestimmungen des Gerichtsverfassungsgesetzes zur Rechtshilfe verpflichtet. — Das Institut der Rechtshilfe beruht auf dem aus § 167 des Gerichtsverfassungsgesetzes folgenden Grundsatz, daß jedes Gericht nur in seinem geographischen Bezirk tätig werden darf, wenn nicht der Ausnahmefall des § 167 vorliegt. Zur Herbeiführung richterlicher, in einem fremden Bezirk vorzunehmender Handlungen bedarf es infolge dieser territorialen Beschränkung der Hilfe anderer Gerichte, die ihm mit den gesetzlichen Bestimmungen über die Rechtshilfe gewährleistet wird. Nur in diesem Umfange besteht das Bedürfnis der Rechtshilfe, die in der hervorgehobenen Zweckbestimmung zugleich ihren begrifflichen Inhalt findet. Gegenstand der Rechtshilfe kann daher immer nur eine richterliche Handlung sein, an deren eigner Vornahme der ersuchende Richter behindert ist, weil ihm die örtliche Zuständigkeit dazu ermangelt. („Gewerbegericht" Jg. 5, Sp. 261.)

## 98. Bedeutung eines vor dem Einigungsamt geschlossenen Vergleichs. Kann der einzelne Arbeiter daraus Rechte herleiten, obwohl der Arbeitgeber mit ihm abweichende Bedingungen nachträglich vereinbart hat?

Urteil des GG. Berlin, Kammer I.

Die Näherin C. ist vom Januar 1895 bis 27. Juni 1896 für den Schneidermeister N. als Westenarbeiterin auf Stücklohn beschäftigt gewesen. Am 19. Februar ist vor dem Einigungsamt des GG. zur Beilegung des in der Konfektions- und Schneiderbranche ausgebrochenen Streiks von einer Anzahl Vertreter der Arbeitgeber, Arbeitnehmer und Zwischenmeister vereinbart worden, daß die Konfektionäre vorbehaltlich genauerer definitiver Festsetzung vorläufig auf alle bisher dahin gezahlten Löhne einen Zuschlag von 12½ %, jedenfalls aber die Löhne eines näher bezeichneten Minimaltarifs zahlen sollten, und daß dieser Zuschlag von den Zwischenmeistern den Arbeitern gezahlt werden solle. Die Parteien sind bei dieser Verhandlung weder als paktierende Teile hervorgetreten, noch haben sie den verhandelnden Interessenten besondere Vollmacht erteilt. Beklagter hat jedoch, solange er selbst den 12½-prozentigen Zuschlag von seinen Arbeitgebern erhielt, auch seinerseits seinen Arbeitern denselben gezahlt, und so hat auch die Klägerin eine Zeitlang einen Zuschlag von 12½ % auf ihre Löhne erhalten. Alsdann aber hat der Beklagte der Klägerin erklärt, es gäbe fernerhin keine Prozente mehr, da er auch von dem Geschäft, für welches er liefere, keine Prozente mehr bekomme. Trotzdem hat die Klägerin weiter Arbeit von dem Beklagten genommen, verlangt aber mit vorliegender Klage, daß der Beklagte ihr auf die seit jener Erklärung im Gesamtbetrage von 52,84 Mk. gezahlten Löhne noch 12½ %, also 5,95 Mk. nachzahle, da er nicht berechtigt gewesen wäre, sich von der Vereinbarung des 19. Februar loszusagen.

Die Klage wurde abgewiesen.

Aus den Gründen: Selbst wenn die Parteien sich an den Verhandlungen vor dem GG., deren Ergebnis das Provisorium vom 19. Februar gewesen ist, direkt oder indirekt beteiligt hätten, müßte dennoch dem Beklagten das Recht zugestanden werden, andere als die darin festgesetzten Löhne zu vereinbaren. Denn jenes Provisorium ist lediglich eine Offerte der Arbeitgeber an die Arbeitnehmer, auf Grundlage der darin aufgenommenen Bestimmungen fernerhin und bis auf weiteres Arbeitsverträge schließen zu wollen. Der Offerent ist aber nicht an seine Offerte gebunden, kann dieselbe vielmehr zurückziehen und kann ferner nicht vom Oblaten gezwungen werden, auf Grund der Offerte abzuschließen. Danach ist der Beklagte, weil er rechtzeitig die Aufhebung der Zusage erklärt hat, nicht verpflichtet, die Prozente nachzuzahlen und zwar umsoweniger, als er sich am 19. Februar nicht persönlich verpflichtet, sondern lediglich das von anderen vereinbarte Provisorium befolgt hat. Darin liegt aber das

Kriterium dafür, daß jene Abmachung vom 19. Februar nicht ein Vergleich im zivilrechtlichen Sinne war — denn vergleichen kann man sich nur mit individuell bestimmten Gegnern —, sondern daß es eine Offerte für ferneres Zusammenarbeiten, eine Friedensbotschaft an eine unbestimmte Gesamtheit der Interessenten war, welche, wenn nicht befolgt, nur zur Folge haben kann, daß niemand bei dem Beklagten mehr Arbeit nimmt, daß der Streik wieder auflebt, welcher aber rechtlich nicht erzwungen werden kann. Mit Recht betonte der Beklagte, Klägerin hätte aufhören sollen zu arbeiten, als ihr der Wegfall der Prozente bekannt gegeben wurde. („Gewerbegericht" Jg. 2, Sp. 14.)

## 99. Ist das GG. für kaufmännische Gehilfen in gewerblichen Betrieben zuständig?

Urteil des Amtsgerichts Leipzig vom 15. April 1896.

Das Gericht hat die Frage bejaht.

Aus den Gründen: Das GG. ist für gewerbliche Streitigkeiten zwischen Arbeiter und Arbeitgeber und zwar für Streitigkeiten über die Leistungen und Entschädigungs-Ansprüche aus dem Arbeitsverhältnis zuständig. Der Beklagte ist Arbeitgeber im Sinne des Gesetzes. Er ist Gewerbetreibender als Tapezierermeister und Dekorationsmaler. Als Arbeiter aber haben nach § 2 (jetzt 3) des Gesetzes diejenigen Gesellen, Gehilfen, Fabrikarbeiter und Lehrlinge zu gelten, auf die der Tit. 7 der GO. Anwendung findet. Nach diesem sind gewerbliche Arbeiter alle diejenigen Personen, die in einem gewerblichen Unternehmen auf Grund eines Vertragsverhältnisses als Gesellen, Gehilfen, Lehrlinge, Betriebsbeamte, Werkmeister, Techniker, Fabrikarbeiter oder in ähnlichen Stellungen für Zwecke des Gewerbebetriebes beschäftigt werden. Ob die betreffenden Personen mit Arbeiten, die technische Kenntnisse verlangen, oder mit anderen Arbeiten beschäftigt werden, macht für ihre Unterstellung unter Tit. 7 keinen Unterschied: wesentlich ist, daß sie in einem Gewerbebetrieb im Sinne der GO. tätig sind. Keine Anwendung finden die Bestimmungen auf Gehilfen in Handelsgeschäften. Das sind aber nicht alle Personen, die kaufmännische Dienste leisten, sondern, wie schon der Wortlaut des Gesetzes an die Hand gibt, Personen, die in Handelsgeschäften kaufmännische Dienste leisten, also nicht Personen, die in einem reinen Gewerbebetrieb Dienste leisten, die eine gewisse kaufmännische Schulung voraussetzen. Daher ist der Buchhalter zuweilen Handlungsgehilfe, zuweilen Gewerbegehilfe, je nachdem der Betrieb, in dem er seine Tätigkeit findet, ein Handelsbetrieb beziehentlich eine Vereinigung von Gewerbe- und Handelsbetrieb oder reiner Gewerbebetrieb ist. Der Kläger aber ist Gehilfe im Gewerbe des Beklagten, also Gewerbegehilfe. Die Klage war daher abzuweisen." („Gewerbegericht" Jg. 1, Sp. 37.)

## 100. Ist auch derjenige Handlungsgehilfe, der in einem kaufmännischen Geschäft lediglich Handlangerdienste leistet?

Urteil des Amtsgerichts I Berlin vom 24. November 1898 und des Landgerichts I Berlin vom 17. Januar 1899.

Das Amtsgericht hat die Frage verneint.

Aus den Gründen: Klägerin hat die an der Ware durch die Directrice angehefteten Etiketts abgeschrieben und von neuem befestigt, die Ware nach den Bestimmungen der Kommissionszettel in Kartons gelegt, und der Packerin bei dem Expedieren Hilfe geleistet, Gänge besorgt, Staub gewischt und aufgeräumt, bei dem Verkauf durch die Beklagte resp. deren Reisende die Kostüme vorgezeigt und auf die Figuren gezogen, im Lager nach Anordnung der Beklagten die Ware ausgepackt, an die Ständer gehängt und wieder vorgelegt.

Klägerin hat somit nach der Auffassung des Prozeßgerichts nur sogenannte untergeordnete Hilfsdienste geleistet, wie sie ein Kontordiener zu leisten pflegt: sie hat ihre Tätigkeit nicht selbständig ausgeübt, sondern bei den handelstechnischen Arbeiten nur Handlangerdienste verrichtet.

Die Berufung ist zurückgewiesen.

Aus den Gründen des Landgerichts: Die vom Vorderrichter vorgenommene Würdigung der Beweisaufnahme in erster Instanz und die von demselben auf dieses Beweisergebnis gestützte rechtliche Charakterisierung der von Klägerin bei der Beklagten ausgeübten Tätigkeit stellen sich als durchaus zutreffend dar. Insbesondere läßt auch die Aussage des Frl. L. bei genauer Nachprüfung keinen Zweifel darüber, daß die Klägerin die an den Waren durch die Directrice angehefteten Lieferzettel (Kommissionszettel) nur wörtlich und den Nummern nach abgeschrieben, die so angefertigten Etiketts an den Waren befestigt und die Waren in die Kartons gelegt hat. In dieser Art des Etikettierens kann aber nicht, wie die Klägerin will, eine kaufmännische Tätigkeit erblickt werden. Denn es handelt sich um ein rein mechanisches Abschreiben der schon angehefteten und ausgefüllten Zettel, dabei ist auch nicht die mindeste eigene Geistestätigkeit vonnöten, und es bleibt ebensowenig Spielraum für irgendwelche selbständige Betätigung der Klägerin.

Mit Recht bezeichnet daher der Vorderrichter die Dienstleistungen der Klägerin als sogenannte untergeordnete Hilfsdienste, als Handlangerdienste, wie sie ein bloßer Kontordiener zu leisten pflegt und ohne weiteres leisten kann. Die Anschauung der Klägerin, daß alle Personen, die im Kontor Hilfe leisten, schlechtweg Handlungsgehilfen seien, und daß ein prinzipieller Unterschied zwischen den Arbeiten, die im Kontor getätigt werden, nicht bestehe, erweist sich auf den ersten Blick als ganz unhaltbar. Denn sie stellt den Buchhalter, den Disponenten, den Korrespondenten auf dieselbe Stufe mit dem Manne, der im Kontor fegt und Staub wischt, der die vorgelegten Waren wieder zusammenfaltet und die Kartons wegstellt, der den Kunden die Türe öffnet und schließt.

Und ebenso unrichtig ist es, wenn die Klägerin nur Gesindedienst, gewerbliche Arbeit und kaufmännische Tätigkeit zulassen will. Sie verkennt, daß es noch mancherlei Spielarten zwischen diesen drei Kategorien gibt, die eben in das Gebiet der freien Arbeitsverträge über Handlungen fallen.

Nach der Natur der von ihr tatsächlich geleisteten Dienste ist also die Klägerin nicht als Handlungsgehilfin zu qualifizieren. Sie hat indes in der Berufungsinstanz geltend gemacht, daß sie als solche engagiert gewesen sei oder doch nach den beiderseitigen Ansichten als solche habe behandelt werden sollen. Dieser Einwurf ist allerdings an sich erheblich; indes, so wie ihn die Klägerin begründet, ungerechtfertigt. Wenn nämlich die Beklagte auch wirklich der Klägerin bezeugt hat, daß sie in der Expedition tätig gewesen sei, so beweist das allein nichts für eine Absicht der Beklagten, die Klägerin als Handlungsgehilfin gelten zu lassen. Denn notorisch werden in der Expedition genau so wie im Kontor Angestellte der verschiedensten Art beschäftigt, Leute, die eine körperliche Tätigkeit ausüben, wie der Packer, solche, die untergeordnete Hilfsdienste leisten, wie der Expeditionsdiener, solche, die eine selbständige Tätigkeit entwickeln, wie der Vorsteher der Expedition oder sein Vertreter. Es kommt also auch hier darauf an, welcher Natur die Dienste sind, die tatsächlich geleistet werden. Damit wird das bereits erörterte Beweisergebnis erheblich. Nach demselben spricht aber nichts für die in Rede stehende Absicht der Beklagten. Bei solcher Sachlage kann es aber auf Einholung eines Gutachtens nach dem Antrage der Klägerin nicht erst ankommen. („Blätter für Rechtspflege" Jg. 1899, S. 38.)

### 101. Ist die Stenographin und Maschinenschreiberin im kaufmännischen Betriebe Gewerbegehilfin?

Urteil des Amtsgerichts I Berlin vom 10. Februar 1898.

Klägerin wurde vom Amtsgericht wegen Unzuständigkeit abgewiesen.

Aus den Gründen: Als Gehilfen in Handelsgeschäften sind nur solche Personen zu verstehen, welche spezifisch kaufmännische Dienste leisten, also Handlungsgehilfen im Sinne des Handelsgesetzbuches (cfr. Entsch. des ROHG. Bd. 17 S. 307). Als Handlungsgehilfin kann die Klägerin, welche Schreiberin und Stenographistin bei der Beklagten gewesen ist — also im wesentlichen technische Dienste geleistet hat —, hiernach nicht gelten (cfr. Wilhelmi-Fürst das Reichsgesetz, betreffend die GG. vom 29. Juli 1890, S. 285, Note 2, Abs. 3). Klägerin gehört unter die Bestimmung des Tit. 7 der GO. Auf sie findet das Gesetz, betreffend die GG., Anwendung. Da es sich um einen Entschädigungsanspruch aus ihrem Arbeitsverhältnisse im vorliegenden Falle handelt, ist das GG. zur Entscheidung ausschließlich zuständig. („Gewerbegericht" Jg. 3, Sp. 113.)

### 102. Ist der Berichterstatter einer Zeitung Gewerbegehilfe?

Urteil des Reichsoberhandelsgerichts vom 19. Mai 1874.

Die Frage ist bejaht.

Aus den Gründen: Daß der Zeitungsverlag den Handelsgewerben beizuzählen ist, ergibt Art. 272 Nr. 5 HGB. Die kaufmännische Gewerbetätigkeit eines Zeitungsverlegers umfaßt die Rechtsgeschäfte, welche derselbe zum Erwerbe der zu veröffentlichenden literarischen Erzeugnisse, zur Vervielfältigung und zur Verwertung des von ihm verlegten Blattes abschließt (Goldschmidt, Handbuch Bd. 1, S. 478). Wenn hieraus auch folgt, daß die Gewerbegehilfen des Zeitungsverlegers, welche ihm in diesen Zweigen seiner Geschäftstätigkeit Hilfsdienste leisten, als seine Handlungsgehilfen anzusehen sind, so kann doch ein gleiches nicht rücksichtlich der Berichterstatter des verlegten Blattes behauptet werden. Sie leisten bei Abschluß der bezeichneten Rechtsgeschäfte des Verlegers diesem keine Hilfsdienste. Ihre Mitwirkung bei dem Zeitungsunternehmen bezieht sich nur auf die Herstellung des zur Veröffentlichung bestimmten literarischen Materials. Der Art ihrer Dienstleistung nach sind sie zunächst nur Gehilfen des Zeitungsredakteurs, dem sie ihre Produktionen übergeben, und der nach Gutbefinden solche bei der Bearbeitung und Feststellung des literarischen Inhalts der Zeitung benutzt. Diese Art der bezahlten Hilfstätigkeit schließt mithin ihrer Natur nach eine Mitwirkung bei dem Erwerb des schriftstellerischen Inhalts des verlegten Blattes von dritten Personen und bei dem Umsatz desselben aus. Sie ist ebensowenig eine kaufmännische Dienstleistung als jene der Gewerbegehilfen, welche zwar bei der Bearbeitung oder Verarbeitung der ohne ihre Mitwirkung zur Weiterveräußerung angeschafften Waren technische Dienste leisten, nicht aber bei den Geschäften des Warenumsatzes. (Entsch. des ROHG. Bd. 14 S. 23.)

### 103. Ist der Korrektor einer Tageszeitung Handlungsgehilfe?

Urteil des GG. Stettin.

Das GG. hat die Frage verneint.

Aus den Gründen: An sich ist zweifellos, daß der Zeitungsverlag Handelsgeschäft ist. Das Personal einer derartigen Druckerei ist jedoch nur zum Teil ein kaufmännisches; die anderen mit technischen Dienstleistungen betrauten Personen bezw. die ungelernten Arbeiter gehören zu den Gewerbegehilfen. Die kaufmännische Tätigkeit eines Zeitungsverlegers umfaßt die Rechtsgeschäfte, welche derselbe zum Erwerbe der zu veröffentlichenden literarischen

Erzeugnisse, zur Vervielfältigung derselben und zur Verwertung des von ihm verlegten Blattes abschließt (vgl. Entsch. des Reichsoberhandelsgerichts Bd. 14 S. 23). Zur Frage steht also: gehört ein Korrektor zum kaufmännischen oder zum technischen Personal? Vorliegend ist die Haupttätigkeit, für welche der Kläger angenommen war, das Entscheidende. Nach dem eigenen Brief des Beklagten bildete aber das Korrekturlesen den Hauptfaktor. Das GG. ist sich dahin einig geworden, daß ein Korrektor zum gewerblichen Hilfspersonale zu rechnen sei. Der Korrektor hat den ersten Abdruck auf Druckfehler hin durchzusehen und diese zu korrigieren. Er sorgt dafür, daß der Druck fehlerfrei wird und unterstützt den Drucker. Eine höhere wissenschaftliche Bildung wird im allgemeinen nicht gefordert. In den Druckereien der Tagespresse werden diese Stellen fast durchweg mit gelernten Buchdruckern besetzt. Nur ganz ausnahmsweise werden, wie hier, auch andere Personen dazu herangezogen. Für wissenschaftliche Werke rekrutieren sich die Korrektoren allerdings aus höher gebildeten Personen; diese üben ihre Tätigkeit jedoch nicht in den Räumen der Druckerei aus. („Gewerbegericht" Jg. 5, Sp. 142.)

## 104. Ist der Kolporteur Gewerbegehilfe oder Handlungsgehilfe?

Urteil des GG. Kiel vom 18. Juni 1895; des Kgl. Landgerichts Kiel vom 14. Dezember 1895.

Die H.sche Buchhandlung in Kiel — Beklagte — hatte in Hamburg eine größere Anzahl Personen — Kläger — zum Vertriebe von Kanalbildern während der Kanalfesttage für Kiel angenommen. Kläger sollten für jedes Stück der Bildersammlung an die Beklagte 0,60 Mk. zahlen, während sie selber 1,20 Mk. und mehr vom Publikum nehmen sollten. Nichtverkaufte Bilder sollten für 0,80 Mk. zurückgenommen werden. Kläger trafen am 13. Juni 1895 in Kiel ein, konnten aber erst, da die polizeiliche Genehmigung zum Bildervertrieb noch nicht vorlag, mehrere Tage später die Tätigkeit beginnen, weshalb sie Entschädigungsklage erhoben.

Das GG. zu Kiel nahm seine Zuständigkeit an.

Aus den Gründen: Die sachliche Zuständigkeit des GG. wurde angenommen, weil Kläger als „gewerblicher Arbeiter" im Sinne des Tit. 7 der GO. in Verbindung mit § 2 GGG. (jetzt 3) angesehen wurden. Zweifelhaft hätte sein können, ob sie nicht vielmehr selbständige Unternehmer wären. Da sie indessen kein Risiko hatten, insofern die nicht verkauften Exemplare von der Beklagten zurückgenommen wurden, und da die Preise in gewissem Umfange begrenzt und die Kläger von der Beklagten in Logis genommen waren, so wurden sie gleich sonst Austrägern, Hausknechten 2c. als abhängig von der Beklagten, als Arbeiter bezw. Gehilfen in deren Gewerbe angesehen und war hiernach ohne Rücksicht auf die Höhe des Objekts das GG. zuständig.

Das Landgericht zu Kiel wies unter Abänderung der Entscheidung des GG. die Klage wegen Unzuständigkeit des GG. ab.

Aus den Gründen des Landgerichts: Es ist zunächst in hohem Maße zweifelhaft, ob die Kläger nach ihrem, aus dem angefochtenen Urteile ersichtlichen Vertragsverhältnis nicht als selbständige Gewerbetreibende angesehen werden müssen. Sie bezogen die von ihnen zu verkaufenden Mappen 2c. zu einem festen Preise von der Beklagten und behielten ohne jede weitere Vergütung für ihre Tätigkeit den aus dem Weiterverkauf erzielten Mehrerlös für sich, so daß das Risiko ihres Unternehmens im allgemeinen sie traf, wenn dasselbe auch durch ihre Befugnis zur Rückgabe der Waren an die Beklagte gemindert wurde. Der Umstand, daß ihnen ein fester Verkaufspreis vorgeschrieben war und daß die Beklagte ihnen das Nachtlogis stellte, vermag für ihre etwaige Gehilfeneigenschaft nur wenig ins Gewicht zu fallen. Es bedarf indessen einer bestimmten Entscheidung hierüber nicht, da die Kläger, wenn sie wirklich als Gehilfen und nicht als selbständige Gewerbetreibende anzusehen wären, doch auf keinen Fall

Gewerbegehilfen im Sinne des Tit. 7 der GO., sondern kaufmännische Gehilfen im Sinne des Handelsgesetzbuchs waren. Die Beklagte selbst ist als Buchhandlung lediglich Kaufmann im Sinne des Handelsgesetzbuchs. Bezüglich der Angestellten eines Kaufmanns ist je nach der Natur der Dienste, welche den wesentlichen Teil ihrer Tätigkeit bilden, zu unterscheiden, ob sie Handlungsgehilfen im Sinne des Handelsgesetzbuchs oder Gewerbegehilfen im Sinne des Tit. 7 der GO. sind. Zu den Handlungsgehilfen gehören diejenigen, welche wesentlich oder überwiegend kaufmännische Dienste leisten, wie Ladenverkäufer, Buchhalter, Reisende und dergleichen. Zu den Gewerbegehilfen sind dagegen nur diejenigen zu rechnen, welche bei der Herstellung, Aufbewahrung, Versendung der Waren und dergleichen technische oder sonstige untergeordnete körperliche Dienste leisten. Im vorliegenden Falle ist zweifellos, daß die Tätigkeit, zu welcher die Kläger angenommen waren, eine rein kaufmännische war, da dieselbe ausschließlich in dem Verkaufen von Waren, mithin im Abschluß von Handelsgeschäften, bestand. Es ist für ihre Eigenschaft als Handlungsgehilfen auch unerheblich, daß sie nur auf kurze Zeit angenommen waren, da hierfür nur die Art ihrer Beschäftigung entscheidet. („Gewerbegericht" Jg. 2, Sp. 8.)

## 105. Ist der Schaufensterdekorateur Handlungsgehilfe?

Urteil des Landgerichts Duisburg vom 8. Juni 1901.

Das Landgericht hat das Urteil des Amtsgerichts Duisburg, welches sich wegen Zuständigkeit des GG. für den Anspruch des Schaufensterdekorateurs für unzuständig erklärt hatte, aufgehoben.

Aus den Gründen: Die Beantwortung der Frage, ob die Anrufung der ordentlichen Gerichte im vorliegenden Falle durch das GGG. ausgeschlossen sei, hängt davon ab, ob der Kläger Gewerbegehilfe oder Handlungsgehilfe der Beklagten war. „Handlungsgehilfe" ist nach § 59 HGB., das hier in Frage kommt, derjenige, der in einem Handelsgewerbe zur Leistung kaufmännischer Dienste gegen Entgelt angestellt ist. Gewerbegehilfe ist also derjenige, der in einem Handelsgewerbe zur Leistung nicht kaufmännischer Dienste gegen Entgelt angestellt ist — sofern er nicht lediglich Gesindedienste leistet, wovon hier keine Rede ist. Es muß also geprüft werden, ob der Kläger „kaufmännische" Dienste geleistet hat oder nicht. Nun ist nicht zu verkennen, daß die Dienste des Klägers, wie sie durch die Beweisaufnahme festgestellt sind, rein äußerlich betrachtet, den Eindruck erwecken können, als ob sie mit der kaufmännischen Tätigkeit des „Umsetzens von Waren" keinen Zusammenhang hätten, und als ob es bei ihnen genügen würde, wenn der Kläger einen ausgeprägten Farbensinn und Geschmack besäße, Eigenschaften, die selbstredend nicht notwendig „kaufmännische" sind. Diese Auffassung würde aber der Stellung eines Schaufensterdekorateurs, wie sie der Kläger bekleidet hat, keineswegs gerecht werden, weil sie verkennen würde, wie sich diese Stellung entwickelt hat. Dekorieren der Schaufenster, d. h. das Ausstellen von Waren im Fenster kaufmännischer Geschäfte bezweckt ursprünglich nur die Bekanntgabe dessen, was der betreffende Kaufmann an Waren führt, und hat sich erst langsam und allmählich dahin ausgestaltet „durch die mehr oder minder geschmackvolle Art des Zusammenstellens nur einzelner der von dem betreffenden Geschäfte vertriebenen Waren auch die Kauflust der Beschauer zu erwecken". Es kann nicht fraglich sein, daß sowohl der eine wie der andere Zweck „dem Umsatze" der Waren dient. Die Tätigkeit „des Ausstellens" mußte dieser Entwicklung entsprechend zunächst eine mehr nebensächliche sein, die ein Angestellter neben seiner übrigen Tätigkeit im Geschäfte sehr wohl versehen konnte und nebenher versah, wie es von dem Gutachter geschildert wird. Erst mit der neuzeitlichen Entwicklung, die ein gewaltiges Wachstum des Betriebes einzelner Geschäfte brachte, wurde es unmöglich, daß ein Angestellter diese Tätigkeit des Ausstellens nebenher versah. Er konnte das deswegen nicht, weil einmal seine Kraft durch seine übrige Beschäftigung vollauf in Anspruch genommen wurde, oder weil auf der anderen Seite der Dienst des Ausstellers selbst bei der Größe und Zahl der Fenster ein so umfassender wurde, daß ihm Zeit für sonstige Arbeit nicht blieb. Die notwendige Folge war also, daß die Stellung geteilt wurde, und es nunmehr Personen gab, die nur „als Aussteller" tätig waren. Selbstverständlich wurden sie aus der Zahl der kaufmännischen Angestellten entnommen, und war es ebenso selbstredend, daß gerade solche Angestellte gewählt wurden, die besonders Geschmack und Farbensinn bewährt hatten. Diese Teilung kann aber nichts an der ursprünglichen Bedeutung der Tätigkeit, „Kenntnis zu geben von den Waren, die das Geschäft feilhält", und zugleich „durch geschmackvolle oder in die Augen fallende Ausstellung auf die Kauflust anregend zu wirken", ändern. Sie ist also noch heute, was sie früher war, „eine Tätigkeit, die dem Umsatze von Waren dient", damit aber eine „kaufmännische" im Sinne des § 59 HGB. („Gewerbegericht" Jg. 7, Sp. 211.)

## 106. Ist die Verkäuferin eines Bäckers Gewerbe- oder Handelsgehilfin?

Urteil des GG. Stettin vom 22. Februar 1898.

Das GG. erklärt sich für unzuständig.

Aus den Gründen: Als Handlungsgehilfe wurde bereits früher von der Judikatur angesehen, wer einem Kaufmann in dessen Gewerbe kaufmännische Dienste leistete, wer im Kontor und im Handelsgewölbe kaufmännisch tätig war. Das neue Handelsgesetzbuch vom 10. Mai 1897, dessen Abschnitt über die Handlungsgehilfen bereits am 1. Januar 1898 in Kraft getreten ist, bestimmt den Begriff ausdrücklich dahin, daß Handlungsgehilfe sei, wer gegen Entgelt in einem Handelsgewerbe kaufmännische Dienste leiste, durch welche Definition gleichzeitig die von Thöl und in Endemanns Handbuch des Handelsrechtes für das frühere Recht ausgesprochene Ansicht reprobiert wird, daß alle im Handelsgewerbe beschäftigten Personen, also auch die Arbeiter, Handlungsgehilfen seien. Es unterliegt nun keinem Zweifel, daß im Sinne des Handelsgesetzbuches der Bäcker und der Schlächter Kaufleute sind, da sie gewerbsmäßig Waren kaufen, um sie nach Verarbeitung mit Gewinn weiter zu verkaufen, wenn sie auch Kaufleute minderen Rechtes sein mögen. Auch solche können, wenn auch keine Prokuristen, so doch Handlungsgehilfen haben. Ebensowenig wie die Ansicht haltbar erscheint, daß sämtliche von einem Kaufmann beschäftigten Personen Handlungsgehilfen seien, dürfte die Auffassung zutreffen, daß sämtliche von einem Handwerker beschäftigten Personen Gewerbegehilfen seien, auch dann, wenn sie in der Hauptsache kaufmännische Verrichtungen vornehmen. Es handelt sich im übrigen nicht allein um eine Zuständigkeitsfrage, sondern es kommt auch in Betracht, ob für die sogen. „Ladenfräuleins" der Bäcker und Schlächter die Bestimmungen der GO. oder die erheblich günstigeren des Handelsgesetzbuches Anwendung finden.

Hiernach war die Klägerin als „Ladenfräulein" (Verkäuferin im Handelsgeschäft eines Bäckers), als Handlungsgehilfin anzusehen; das bei ihrer Verkaufstätigkeit nebenbei vorkommende mehrmalige Semmelabkratzen macht sie nicht zur Gewerbegehilfin, da die Haupttätigkeit entscheidend ist. („Gewerbegericht" Jg. 3, Sp. 94.)

## 107. Ist ein Jungbierkutscher Handlungsgehilfe?

Urteil des Amtsgerichts II zu Berlin vom 16 März 1903.

Das Amtsgericht hat sich für unzuständig erklärt.

Aus den Gründen: Der Ansicht, daß Bierfahrer der hier fraglichen Art als Handlungsgehilfen anzusehen seien (vgl. Reichsgericht in Jur. Wochenschr. 1890 S. 285), kann nicht beigepflichtet werden. Es mag dahingestellt bleiben, ob wirklich bei den Bierfahrern die rechtsgeschäftliche Seite der Tätigkeit so sehr überwiegt, oder ob nicht die technischen Dienstleistungen (Sorge für Pferd und Wagen, Ausschänken und Abtragen des Bieres) mindestens von gleicher Bedeutung sind. Jedenfalls ist die Leistung derartiger tatsächlicher Dienste mit der Stellung eines Handlungsgehilfen nach der Verkehrsauffassung nicht vereinbar. Daß die Parteien selbst die Stellung nicht als die eines Handlungsgehilfen aufgefaßt haben, geht daraus hervor, daß sie eine zweiwöchige oder dreiwöchige Kündigungsfrist festgesetzt haben, was beim Handlungsgehilfen nach § 67 HGB. ungesetzlich wäre. Es haben ferner die Jungbierkutscher zwecks Beilegung der Lohndifferenzen das Berliner Einigungsamt angerufen, was sie nur als gewerbliche Arbeiter tun konnten; die Arbeitgeber haben sich auf die Verhandlung eingelassen und das Einigungsamt hat sich für zuständig erachtet.

## 108. Ist ein Milchkutscher Handlungsgehilfe?

a) Urteil des GG. Heidelberg vom 31. März 1895 und des Landgerichts Mannheim vom 1. Oktober 1898.

J. H. war bei dem Milchhändler K. H. in Heidelberg seit 12. März 1896 laut Vertrag vom gleichen Tage bei vierwöchentlicher Kündigung gegen einen monatlichen Lohn von 70 Mk. als Milchkutscher in Stellung und wurde am 1. Februar l. Js. — angeblich ohne gesetzlichen Grund — entlassen. J. H. klagte hierauf beim GG. Heidelberg auf Auszahlung einer Entschädigung in Höhe von 70 Mk.

Das GG. erklärte sich für sachlich unzuständig.

Aus den Gründen des GG.: Auf Grund der mündlichen Verhandlung hat das GG. in tatsächlicher Hinsicht festgestellt:

a) daß die Aufgabe des Klägers nach dem oben erwähnten schriftlichen Vertrag darin bestanden habe, nicht nur den Kunden des Beklagten täglich die bestellte Milch mittels des dem Beklagten gehörigen und dem Kläger zu diesem Zwecke zur Verfügung gestellten Fuhrwerks zuzuführen, soweit erforderlich, zuzumessen und das Geld für die gelieferte Milch einzukassieren, sondern auch unbestellte Milchvorräte, welche der Kläger gewöhnlich mit sich führte, an irgend welche Liebhaber, je nach Umständen, zu einem Preise von 16 oder 18 Pf. pro Liter zu verkaufen;

b) daß der Kläger bevollmächtigt gewesen sei, neue Bestellungen entgegenzunehmen und ihm für jeden neu gewonnenen Kunden eine Provision von 10 Pf. vom Beklagten zugesagt gewesen sei;

c) daß der Kläger ermächtigt gewesen sei, mit den neu gewonnenen Kunden den Preis für die zu beziehende Milch — 16 oder 18 Pf. pro Liter — zu vereinbaren;

d) daß der Kläger mit der Besorgung des Fuhrwerkes des Beklagten nichts zu tun gehabt habe, für die Wartung der Pferde und die Instandhaltung des Wagens vielmehr ein besonderer Knecht vom Beklagten gedungen gewesen sei;

e) daß der Kläger nur etwa 1½ Stunden täglich in der Wohnung des Beklagten gearbeitet habe, während der übrigen Tageszeit dagegen mit dem Milchtransport bezw. Verkauf beschäftigt gewesen sei.

Auf diese Feststellungen stützt das GG. die in seinem Urteile zu Grunde liegende Annahme, daß die Tätigkeit des Klägers im Betriebe des Milchhändlers H. eine rechtsgeschäftliche, d. h. diejenige einer Person gewesen sei, welche dem Milchhändler H. beim Betriebe seines Handelsgewerbes — und als solches ist die Milchhandlung des H. zweifellos zu betrachten — kaufmännische Hilfsdienste geleistet habe, also die Tätigkeit eines Handlungsgehilfen. Die Stellung des Klägers im Geschäfte des Beklagten sei sogar insofern eine bevorzugte gewesen, als er ermächtigt gewesen sei, im Namen und für die Rechnung des Beklagten Rechtsgeschäfte vorzunehmen.

Auf die Berufung des Klägers hob die Zivilkammer I des Großherzoglichen Landgerichts Mannheim das Urteil auf.

Aus den Gründen des Landgerichts: Auch in subjektiver Beziehung unterstehen die Parteien als Arbeiter bezw. Gehilfe und Arbeitgeber im Sinne des Tit. 7 der GO. dem GG., sofern nicht die im GGG. von dessen Zuständigkeit für „Gehilfen in Handelsgeschäften" gemachte Ausnahme vorliegt. Von dieser letzteren Frage ausschließlich hängt sonach die Entscheidung des Zuständigkeitsstreites ab. Unter „Gehilfen in Handelsgeschäften" versteht das Gesetz, wie sein Grund und Zweck ergibt, „Handlungsgehilfen" im Sinne des Handelsgesetzbuchs (vgl. Wilhelmi u. Fürst, Anm. 2 zu § 76 des GGG.). Handlungsgehilfen sind nun aber keineswegs alle in einem Handelsbetriebe auf Grund eines Dienstvertrags beschäftigten Personen. Das Handelsgesetzbuch selbst erwähnt neben ihnen in Art. 65 diejenigen, welche bei dem Betriebe des Handelsgewerbes Gesindedienste verrichten; für sie soll es bei den für das Gesindedienstverhältnis geltenden Bestimmungen sein Bewenden haben. Es wird aber in der Rechtsprechung anerkannt, daß dies nur ein Beispiel ist und daß auch rein gewerbliche Arbeiter, auf welche das Handelsgesetzbuch keine Anwendung erleiden kann, in Handelsgewerben sich beschäftigt finden. Für die Frage, ob dies im einzelnen Falle zutrifft, kommt es auf den Umfang des betreffenden Handelsbetriebes garnicht an, ja es werden gerade in großen Handelsbetrieben häufiger als in kleinen auch Gewerbegehilfen, z. B. Fuhrleute, Magazinarbeiter, beschäftigt sein. Entscheidend ist vielmehr die Art der dem Gehilfen zugewiesenen Dienste. Für den Handlungsgehilfen müssen dies, mindestens überwiegend, kaufmännische Dienste sein (vgl. hierzu und zum Folgenden Staub §§ 1 und 2 zu Art. 57 HGB.). Solche kaufmännische Dienste erblickt nun das GG. und mit ihm der Kläger in der Tätigkeit des letzteren hauptsächlich deswegen, weil dieselbe in dem Handelsgewerbe des Beklagten eine rechtsgeschäftliche gewesen sei. Der Kläger war im Hause mit technischen Arbeiten nur etwa 1½ Stunden täglich beschäftigt, hierbei jedoch nicht mit der Pferdewartung. Während der übrigen Zeit war er mit seinem Milchfuhrwerk unterwegs, wobei ihm noch ein junger Mann zur Unterstützung beigegeben war. Er hatte nicht nur den Geschäftskunden die Milch zuzuführen und zuzumessen, sowie das Geld von ihnen einzuziehen, sondern er führte in der Regel auch einen unbestellten Vorrat mit sich, den er erforderlichenfalls an andere als die gewöhnlichen Kunden zum üblichen Preise absetzen sollte. Ferner war ihm für die Gewinnung jedes neuen Kunden eine Provision von 10 Pf. zugesichert. Hierin können nun zunächst Eigentümlichkeiten, durch welche sich die Stellung des Klägers von der bei solchen Milchkutschern gewöhnlichen erheblich unterscheiden würde, nicht erblickt werden. Es ist allgemein üblich, denselben mehr als die bestellte Milch mitzugeben, weil häufig einzelne Kunden mehr als gewöhnlich verlangen oder weil Nichtkunden aus besonderer Veranlassung ausnahmsweise Milch auf der Straße bei irgend welchen Milchfuhrleuten holen. Die Provision von 10 Pf. ferner für die Neugewinnung eines Kunden ist so geringfügig, daß solche Neugewinnung jedenfalls keinen wesentlichen Teil der Tätigkeit des Klägers gebildet hat.

Hiervon abgesehen ist der Abschluß von Rechtsgeschäften entscheidend für den Begriff der Handlungsbevollmächtigten, aber nicht für den des Handlungsgehilfen. Der letztere ist als solcher zum Abschluß von Handelsgeschäften nicht ermächtigt (Art. 58 HGB.), ja er braucht nicht einmal zur Mitwirkung hierbei berufen zu sein, wie dies z. B. beim Buchhalter nicht der Fall ist. Andererseits hat auch nicht jeder Handlungsbevollmächtigte die Eigenschaft des Handlungsgehilfen. Dieselbe kann ihm fehlen, weil kein Dienstvertrag vorliegt;

sie kann aber auch trotz vorliegenden Dienstvertrages deshalb fehlen, weil die abzuschließenden Rechtsgeschäfte so einfacher Art sind, daß sie keine kaufmännischen Fähigkeiten erfordern, und aus diesem Grunde ist z. B. der Kellner, der Oberkellner, der Pferdebahnschaffner, der Fuhrknecht des Spediteurs, aus diesem Grunde auch ein Milchkutscher, wie der Kläger, kein Handlungsgehilfe. Im historischen und herkömmlichen Sinne „kaufmännische" Dienste nämlich charakterisieren den Handlungsgehilfen, Dienste, „zu denen diejenige Schulung und Fertigkeit gehört, die man in ihrer Vollendung die kaufmännische Tüchtigkeit nennt. Die kaufmännische Signatur ist es, welche den Gehilfen zum Handlungsgehilfen macht (ROHG. Bd. 17 S. 309)." Demgegenüber kann aber kein Zweifel sein, daß für die Erlangung der Stellung als Milchkutscher, wie Kläger sie inne hat, keine kaufmännische Ausbildung, kein kaufmännisches Können erforderlich ist. Der Abschluß der Rechtsgeschäfte ist hier in jeder Beziehung von der einfachsten Art und geschieht fast ganz mechanisch. Das Wesentliche an der Leistung des Klägers ist — von der erforderlichen Ehrlichkeit beim Einkassieren abgesehen — die Leitung des Fuhrwerkes und die Verteilung der Milch, also Dienste gewerblich-technischer Art. In der Bezeichnung Milchkutscher, welche die Parteien in ihrem Vertrag gewählt haben, kommt dies zu charakteristischem Ausdruck. („Gewerbegericht" Jg. 4, Sp. 129.)

b) Urteil des GG. **Berlin** vom 24. September 1896.

Kläger, welcher beim Beklagten als Kutscher beschäftigt gewesen ist, beansprucht wegen angeblich ungerechtfertigter Entlassung eine Lohn-, Kost- und Logisentschädigung für 14 Tage. Seine Tätigkeit bestand nicht lediglich darin, daß er die bestellte Milch an die Kunden des Beklagten abzufahren und das Geld dafür, sowie etwaige Neubestellungen entgegenzunehmen hatte, sondern namentlich auch darin, auf der Straße an Kunden und Nichtkunden, die auf sein Klingeln herbeikamen, von der unbestellten Milch, die er auf dem Wagen mit sich führte, zu verkaufen. Auch hat Kläger von einem gewissen, ihm vom Beklagten zum Verkauf übergebenen Quantum Milch 10 Liter „Schwindemaß" erhalten als Deckung für die beim Zumessen und Eingießen der verkauften Milch in die von den Käufern bereit gehaltenen Gefäße verloren gegangene Milch. War dieser Verlust, wie dies regelmäßig der Fall war, geringer als 10 Liter, so durfte Kläger den Erlös für die von diesen 10 Litern übrig bleibende Milch für sich behalten.

Das GG. hat sich für unzuständig erklärt.

**Aus den Gründen:** Wie unter Parteien unstreitig, hatte Kläger nicht nur diejenigen Quantitäten Milch, welche der Beklagte selbst seinen Kunden auf vorherige Bestellung verkauft hatte, abzufahren, das Geld dafür einzukassieren und etwaige Neubestellungen von den Kunden entgegenzunehmen, sondern er verkaufte auch im Auftrage des Beklagten auf der Straße an Kunden und Nichtkunden, die auf sein Klingeln herbeikamen, von den Vorräten an unbestellter Milch, die er auf dem Wagen mit sich führte. Der Erlös, den Kläger aus dem Verkaufe derjenigen Milch, welche von dem ihm seitens des Beklagten zugebilligten „Schwindemaße" von 10 Litern übrig blieb, erzielte und für sich behalten durfte, stellt sich gewissermaßen als eine Provision dar, deren Höhe nach dem größeren oder geringeren Umsatze, den Kläger beim Verkaufe unbestellter Milch machte, wechselte.

Neben der vorstehend geschilderten Tätigkeit lag dem Kläger die Sorge für das von ihm benutzte Fuhrwerk (Pferde und Wagen) des Beklagten ob. Die Mitwirkung des Klägers bei dem Verkaufe der Milch charakterisiert sich als eine rechtsgeschäftliche Tätigkeit. Auf diese Seite seiner Tätigkeit aber ist, gegenüber den rein tatsächlichen Diensten, die der Kläger durch das Abfahren der bereits vorher bestellten Milch und die Sorge für Pferde und Wagen des Beklagten leistete, im vorliegenden Falle das Hauptgewicht zu legen, und sie ist es auch, die den Kläger als Handlungsbevollmächtigten des Beklagten erscheinen läßt. Nun sind zwar nicht alle Personen, welche nach außen hin Handlungsbevollmächtigte sind, nach innen hin Handlungsgehilfen, allein wenn — wie im vorliegenden Falle — die Ausführung der Verkäufe, in welchen die gewerbliche Tätigkeit des Kaufmanns besteht, die wesentliche Tätigkeit einer in dem Gewerbebetriebe angestellten Person ausmacht, so kann dieser Person die Stellung eines Handlungsgehilfen nicht wohl versagt werden. (Unger, Nr. 178.)

## 109. Ist der Verkäufer in einer Trinkhalle Gewerbehilfe oder Handlungsgehilfe?

Urteil des GG. Weimar.

Das GG. hat sich für unzuständig erklärt.

Aus den Gründen: Nach den Auslassungen des Vertreters der Beklagten, zusammengehalten mit dem, was sonst über die Firma gerichtskundig ist, ist die Beklagte ein Handelsgeschäft, welches von ihm hergestellte kohlensäurehaltige Wässer in eigenen Trinkhallen durch von ihm angestellte Verkäufer verkaufen läßt. Jeder derartige Verkauf ist daher der Abschluß eines Handelsgeschäftes zwischen der Firma und dem Käufer, vermittelt durch den von der Handlung angestellten Verkäufer. Letzterer kann daher nicht als Gewerbegehilfe, sondern muß als „Gehilfe in Handelsgeschäften" angesehen werden. Auf solche findet aber das GGG. keine Anwendung. Die Zuständigkeit des GG. ist daher ausgeschlossen.

Es könnte nun aber eingewendet werden, der Kläger sei als Verkäufer von kohlensaurem Wasser als Gehilfe in einer Schankwirtschaft im Sinne von § 33 der GO. tätig gewesen und insofern unterliege sein Arbeitsverhältnis den Bestimmungen des GGG. Ein solcher Einwand würde aber nicht für zutreffend erachtet werden können. Denn zunächst erscheint schon von vornherein die Anwendung des Begriffes der „Schankwirtschaft" auf eine Wassertrinkhalle als künstlich. Auch bei Prüfung des Zweckes der Vorschriften in § 33 der GO. wird man zu der Überzeugung kommen müssen, daß diese Vorschriften zu sitten- und vielleicht auch noch zu sicherheitspolizeilichen Zwecken gegeben sind (vgl. § 33 Ziff. 1 und 2). Den Betrieb einer Wassertrinkhalle aber mit der Gefährdung der öffentlichen Sittlichkeit oder Sicherheit („Förderung der Völlerei, des verbotenen Spiels, der Hehlerei oder der Unsittlichkeit") in Verbindung zu bringen, erscheint dem Gericht als eine unlogische Verbindung. Dieser Erwägungen über den Sinn des Gesetzes bedarf es aber im vorliegenden Falle überhaupt nicht. Denn in dem Bezirk, für den das GG. eingerichtet ist, dem Gemeindebezirk Weimar, werden die Trinkhallenbetriebe, wie gerichtskundig, in der Tat nicht als erlaubnispflichtig im Sinn des oftgenannten § 33 der GO., also nicht als Schankwirtschaftsbetriebe betrachtet. Die für die Hallen bestimmten Verkäufer sind daher auch nicht als Gewerbegehilfen in einem der GO. unterliegenden Betriebe anzusehen. Es bleibt vielmehr nur übrig, wie schon oben ausgeführt, sie als Handlungsgehilfen aufzufassen, deren Arbeitsverhältnisse, wie ebenfalls oben bemerkt, der Beurteilung durch die GG. nicht unterliegen. („Gewerbegericht" Jg. 3, Sp. 102.)

## 110. Ist der Hotelsekretär Handlungsgehilfe?

Urteil des GG. Berlin vom 9. Mai 1894.

Kläger, welcher bei dem Beklagten (Hotelbesitzer) eingestandenermaßen ausschließlich mit kaufmännischen Bureauarbeiten als Hotelsekretär beschäftigt war, beansprucht 150 Mk. Restlohn.

Das GG. hat sich für unzuständig erklärt.

Für die Beantwortung der Frage, ob jemand innerhalb eines Gewerbebetriebes als gewerblicher Arbeiter oder als Handlungsgehilfe angestellt und tätig ist, existieren feste gesetzliche Normen nicht. Hinsichtlich der Zuständigkeit des GG. verweist das Gesetz vom 29. Juli 1890 ausschließlich auf den Tit. 7 der GO., welche jedoch eine Begriffsbestimmung von Arbeiter nicht enthält. Andererseits stellt der Art. 57 des HGB. die Beurteilung der „Natur der Dienste" der Handlungsgehilfen ausdrücklich in das Ermessen des Gerichts nötigenfalls nach Einholung eines Gutachtens von Sachverständigen.

Im Anschluß an den Sprachgebrauch muß hiernach als allgemeine Norm daran festgehalten werden, daß der Arbeiter durch seine Tätigkeit ökonomische Werte schafft oder — wie der Kellner — durch seine Tätigkeit die Erfüllung des ökonomischen Zweckes des betreffenden Gewerbebetriebes unmittelbar und direkt bewirkt. Soweit dieser Zweck der Handel, d. h. der Einkauf und Verkauf von Waren, ist, ist derjenige, welcher ausschließlich die Funktion des Einkaufs oder Verkaufs ausübt, und ebenso in jedem beliebigen Gewerbebetriebe derjenige, welcher mittelbar durch die kaufmännische Tätigkeit der Buchführung, Erledigung von Korrespondenzen oder dergl. auf die Erfüllung des ökonomischen Zweckes des betreffenden Gewerbebetriebes hinwirkt, als Handlungsgehilfe zu bezeichnen. (Unger, Nr. 173.)

## 111. Ist der Kellner Gewerbegehilfe?

Urteil des Reichsoberhandelsgerichts vom 18. September 1878.

Die Frage ist bejaht.

Aus den Gründen: Der Geschäftsverkehr mit den Gästen ist kein kaufmännischer Betrieb im üblichen Wortsinne, in der historischen Bedeutung. Es fehlt ihm die kaufmännische Signatur. Daß der Kellner Handelsgeschäfte für den Prinzipal und regelmäßig namens desselben abschließt, also Handlungsbevollmächtigter ist, kommt nicht in Betracht. Zwar sind sehr viele Personen, welche nach außen Handlungsbevollmächtigte sind, nach innen Handlungsgehilfen. Allein dieses Zusammentreffen ist kein notwendiges. Es gibt Handlungsbevollmächtigte, die keine Handlungsgehilfen sind und umgekehrt.

Der Gesetzgeber steht im Titel 5 Buch I HGB. auf einem andern Standpunkt als im Titel 6. Dort ist der Begriff des Handelsgeschäfts und des Kaufmanns, wie ihn das Gesetzbuch aufstellt, zu grunde gelegt, hier der historische Begriff des Kaufmanns, des kaufmännischen Geschäfts.

Sonach ist der Kellner, insofern seine Tätigkeit im Verkehr mit den Gästen besteht, nicht als Handlungsgehilfe anzusehen. (Reichsoberhandelsgerichts-Entsch. Bd. 24 S. 271.)

## 112. Ist der Geschäftsführer eines Schankwirtes (Aschingers Bierquelle) Handlungsgehilfe oder Gewerbegehilfe?

a) Urteil des Landgerichts I, Zivilkammer 8a zu Berlin, vom 27. Mai 1899.

Der Kläger ist als Gewerbegehilfe angesehen.

Aus den Gründen: Wie der Kläger zutreffend unter Wiederholung des vom ROHG. in den Entsch. Bd. 17, S. 309 gebrauchten Ausdruckes ausführt, kam es auf die kaufmännische Signatur seiner Dienste in der historischen Bedeutung des Kaufmannsbegriffes an.

Aus der Bezeichnung des Klägers als „Geschäftsführer" ließ sich nach dieser Richtung nichts entnehmen, da Geschäftsführer in mancherlei Betrieben existieren und ihre Tätigkeit nicht immer die gleiche ist, mit dem Ausdruck „Geschäftsführer" sich auch noch kein bestimmter Begriff verbindet. Es kam vielmehr auf die Einzelheiten seiner Tätigkeit an. Maßgebend waren aber ausschließlich seine Dienste, nicht etwa auch die der anderen bei den Beklagten angestellten Geschäftsführer. Von Bedeutung war daher hauptsächlich die Aussage des Oberinspektors H., da die anderen Zeugen von der klägerischen Tätigkeit nichts wissen und nur angeben, was sie selbst als Geschäftsführer zu tun hatten bezw. noch haben. Ihre Bekundungen können nur zur Ergänzung jener Aussage dienen. Nach der H.schen, vom Kläger ausdrücklich als richtig erklärten Darstellung ergeben sich aber folgende Einzelheiten seiner Tätigkeit:

Er hatte monatlich eine Aufnahme der Bestände an Glas, Porzellan, Bier und Selterwasser der betreffenden Filiale zu machen, in der er gerade tätig war. Seine Notizen gingen an den Oberinspektor H., der sie prüfte und der eventuell Ergänzungen veranlaßte. Andere Inventuren hatte er nicht zu machen. Die erwähnten können indessen als kaufmännische im historischen Sinne nicht erachtet werden. Darunter sind nur Waren-Inventuren zu verstehen, die zum Zweck der Feststellung des Gewinnes oder Verlustes des betreffenden kaufmännischen Geschäftes erfolgen, aber nicht Inventuren, die wie hier beim Glas und Porzellan nur den Zweck haben, um die Vollständigkeit der Verkaufsgeräte oder beim Bier und Selterwasser, das ja allerdings zu den Waren der Beklagten gehört, die Richtigkeit der in das Bierbuch und die Tageszettel gemachten Eintragungen zu prüfen. Denn letzteres war offenbar der Zweck der monatlichen Bier- und Selterwasser-Inventuren. Die Feststellung eines Gewinnes oder Verlustes lag dabei ganz ferne. Die kaufmännische Tätigkeit bei diesen Inventuren lag nur im Kontor, wo die Ergänzungen veranlaßt und die Angaben der Angestellten rechnerisch geprüft wurden. Ähnlich wird auch in der Entsch. des ROH. Bd. 24 S. 270[1]) nur der Buchhalter eines Wirtes als Handlungsgehilfe, aber noch nicht der Kellner als solcher angesehen; es wird also das Schwergewicht auf die kontorliche Tätigkeit gelegt. Die des Klägers war vielmehr in dieser Beziehung diejenige eines Gewerbegehilfen.

Ebenso war er nur Gewerbegehilfe, wenn er, wie es weiter feststeht, im Anschluß an die von der Mamsell wöchentlich gemachten Eßwaren-Inventuren unter Umständen vom Kontor den Auftrag erhielt, nach fehlenden Sachen zu recherchieren. Es war dies eine wesentlich mechanische Tätigkeit, die mit dem Begriff des kaufmännischen Dienstes im historischen Sinne gar nichts zu tun hat.

Der Kläger hatte weiter drei Bücher und einen Tageszettel zu führen. Die Bücher sind:

1. das Bierbuch, ein kleines Buch, in dessen vorgedruckte Rubriken von jedem in die Filiale gelangenden Faß Bier die Nummer, das Brutto- und Tara-Gewicht, der Soll- und Istinhalt, das Manko, die Tage des Anstichs und der Entleerung eingetragen wurden.
2. ein Buch, in dem die Beträge verzeichnet wurden, die von der Mamsell, dem Zapfer und Kellner abends an den Geschäftsführer abgeliefert wurden, und das am nächsten Morgen mit dem Geld in das Kontor ging.
3. das Personalbuch, oder die Lohnliste, in das der Kläger die Namen der in seiner Filiale beschäftigten Leute, die Höhe ihres Gehaltes, den Tag ihres Dienstantrittes einzutragen hatte. Auf Grund dieses Buches wurden im Kontor die Gehälter auf ihre etwaige Erhöhung hin geprüft und in das Lohnbuch eingetragen, mit dem die Gehälter in die Filiale gingen und in dem die Angestellten quittierten.

Ferner hatte Kläger den Tageszettel auszufüllen, in dem der Tagesverkauf der einzelnen Warengattungen, die Zahl der vom Bäcker gelieferten Brötchen, deren nicht verkaufter Bestand, etwaige Auslagen für Reparaturen und die sich nach alledem ergebende Summe des abzuliefernden baren Geldes verzeichnet war.

Auch die Führung dieser Liste und jener Bücher konnte als ein kaufmännischer Dienst im historischen Sinne nicht angesehen werden. Es waren

[1]) Siehe Nr. 110.

keine spezifisch kaufmännischen Bücher. Es waren alles nur Listen, die erst die Unterlage für die im Kontor geführten kaufmännischen Bücher abgaben, Listen, wie sie ähnlich in Fabrikbetrieben benutzt werden und durch deren Ausfüllung den betreffenden Beamten noch nicht der Stempel eines kaufmännischen Gehilfen aufgedrückt wird.

Auch in der Zusammenrechnung der einzelnen Posten und in deren Schlußabrechnung lag noch nicht die Aufstellung einer kaufmännischen Bilanz. Jeder Oberkellner und jeder Omnibus- und Straßenbahnschaffner hat derartige Abrechnungen aufzumachen, ohne daß er dadurch zum Handlungsgehilfen der Betriebsgesellschaft würde.

Andere Bilanzen hatte Kläger aber nicht zu ziehen.

Er will ferner mit der Kassenführung betraut gewesen sein. Das war indessen nicht der Fall. Seine diesbezügliche Tätigkeit bestand nur darin, daß er das am Abend vom Zapfer, der Mamsell und dem Kellner erhaltene Geld in eine Kassette legte, es am andern Morgen dem Boten ablieferte und daß er allmonatlich das vom Kontor erhaltene Gehaltsgeld den einzelnen gegen Quittung aushändigte. Die Kassenführung lag also im Kontor. Der Kläger war nur als Verweser Mittelsperson zwischen der Kasse und den Empfängern.

Weiter hatte der Kläger die Kontrolle über die Angestellten. Er hatte auf ihr pünktliches Erscheinen sowie darauf zu achten, daß immer genug Brötchen vorhanden waren, also auf den ordnungsmäßigen Gang des Betriebes. Er hatte Ungehörigkeiten der Angestellten dem Kontor zu melden. Zu selbständigen Entlassungen hatte er aber kein Recht. Es hat sogar nicht einmal festgestellt werden können, ob er den Angestellten Rügen erteilen durfte. Es scheint vielmehr, als ob auch diese vom Kontor aus auf die Meldungen des Klägers hin erfolgten. Er hatte also kaum in dieser Hinsicht die Stellung eines Oberkellners, der nicht einmal, wie mit den erwähnten Urteil des Reichsgerichts anzunehmen ist, Handlungs-, sondern nur Gewerbegehilfe ist.

Der Kläger hatte ferner Bier und Kohlensäure direkt bei den Lieferanten zu bestellen. Auch dieser Tätigkeit fehlt das Merkmal des Kaufmannsbegriffs, weil sie sich nicht als ein selbständiges Abschließen von Einkäufen zum Betriebe des Geschäfts darstellt, weil diese vielmehr schon von vornherein zwischen den Beklagten und den Lieferanten abgeschlossen waren und die Bestellungen seitens des Klägers nichts anderes als Anzeigen waren, daß der Bedarf erschöpft sei, und die der Einfachheit wegen statt erst an das Kontor direkt an die Lieferanten gingen.

Wenn endlich der Kläger noch gelegentlich Bestellungen auf Majonaisen entgegennahm, so lag darin noch nicht die Ausübung eines kaufmännischen Dienstes im historischen Begriff. Denn es kam darauf nicht an, daß er Rechtsgeschäfte im Betriebe des Handelsgewerbes abschloß (vgl. Reichsgericht Bd. 24 S. 270), andernfalls müßte jeder Fahrkarten verkaufende Schaffner Handlungsgehilfe sein. Übrigens war der Kläger auch gar nicht derjenige, an den notwendig derartige Bestellungen zu machen waren. Jeder Zapfer und Kellner konnte sie so gut wie er entgegennehmen und nach der Küche weiter befördern, sogar ohne daß der Kläger Kenntnis davon zu haben brauchte.

Ebensowenig wie alle diese Einzelheiten zu der Annahme einer kaufmännischen Signatur der Tätigkeit des Klägers im historischen Sinne führen konnten, vermochte dies das Gesamtbild seiner Stellung nach außen. Denn es kam nicht darauf an, als was er nach außen hin erschien, sondern welche Stellung er tatsächlich und zwar den Beklagten gegenüber einnahm. In diesem Sinne hat sich das mehrfach erwähnte Urteil des Reichsgerichts (Bd. 24 S. 270) ausgesprochen, das den Unterschied zwischen dem Tit. 5 und 6 nur die Haftung des Prinzipals für Rechtsgeschäfte seiner Gehilfen, der Tit. 6 dagegen nur die gegenseitigen Rechte und Pflichten beider zum Gegenstande hat. Hier ist eben nur der historische Begriff brauchbar, während für die Haftung des Prinzipals die nach außen erscheinende Stellung des Gehilfen maßgebend ist.

Der Kläger hat sich noch auf das bei Bolze, Bd. 16 S. 223 abgedruckte Urteil des I. Senates des Reichsgerichts vom 23. Februar 1893 zur Unterstützung seiner Auffassung berufen. Dieses Urteil war indessen zu seinen Gunsten nicht verwertbar, einmal deshalb nicht, weil es die Gründe nicht angibt, aus denen es den Geschäftsführer eines während einer Ausstellung eröffneten Restaurants als Handlungsgehilfen ansieht, sodann auch weil der Fall wesentlich anders als hier lag. Dort hatte sich der Geschäftsführer mit Kapital beteiligt, auch hatte er den Inhaber mit seiner ganzen persönlichen Tätigkeit zu vertreten, sodaß er anscheinend vollkommen dessen Stelle einnahm, also eine leitende Stellung hatte. Der Kläger war dagegen nur ein unselbständiges Rad in dem Räderwerk des A.schen Betriebes, dessen Leitung vom Kontor ausging.

Endlich hat der Kläger noch auf seine angebliche kaufmännische Vorbildung Gewicht gelegt. Auf sie kam es indessen nicht an. Maßgebend waren ganz allein die Dienste, zu denen er von den Beklagten angenommen war (§ 59 des neuen HGB.). Diese waren aber nicht kaufmännischer Natur im historischen Sinne. („Blätter für Rechtspflege" Jg. 1899 S. 65.)

**b)** Urteil des Kammergerichts, 8. Zivilsenat, vom 1. November 1899.

Der Kläger ist als Handlungsgehilfe angesehen.

Aus den Gründen: Die Ausführungen des Vorderrichters, daß Kläger als Geschäftsführer einer der 27 Zweiggeschäfte der Beklagten, in welchen sie Restaurationen, namentlich Bierausschank betreiben (sogen. „Bierquellen"), die rechtliche Eigenschaft eines Handlungsgehilfen im Sinne der §§ 59 ff. des HGB. vom 10. Mai 1897 gehabt hat, sind für zutreffend erachtet worden.

Handlungsgehilfen sind diejenigen Gehilfen des Kaufmanns, welche ihm ausschließlich oder überwiegend kaufmännische Dienste leisten, d. h. solche Dienste, zu denen diejenige Schulung und Fertigkeit gehört, die man in ihrer Vollendung die kaufmännische Tätigkeit nennt und welche der Tätigkeit des Gehilfen die „kaufmännische Signatur" geben, wie das ROHG. in seinen Entsch. Bd. 17 S. 309 und Bd. 24 S. 270 sagt. Unter Zugrundelegung der eigenen Angaben der Beklagten über die geschäftliche Tätigkeit des Klägers hat das Berufungsgericht dieselbe Signatur hauptsächlich in der demselben von den Beklagten anvertrauten Sorge für einen möglichst flotten Betrieb der ihm unterstellten „Bierquelle", die dem Publikum nach außen als selbständiges Restaurationsgeschäft gegenübertrat, gefunden. Eine Sorge, welche sich ständig in verschiedenen Richtungen durch Entschlüsse und Maßnahmen äußern mußte, die kaufmännische Überlegung forderten, sei es, daß es sich um die Ermittelung der nötigen Quantitäten der Verbrauchswaren und deren Bestellung bei den (von den Beklagten bezeichneten) Lieferanten oder um die Beaufsichtigung der Tätigkeit des übrigen Personals (Mamsell, Zapfer und Kellner) oder um die Feststellung der Tageseinnahme und Auszahlung der Löhne des Personals handelt. Mit der Stellung eines Oberkellners, welchem das ROHG. in der gedachten Entscheidung Bd. 24 S. 270[1]) die Eigenschaft eines Handlungsgehilfen abgesprochen hat, weil zu den diesen obliegenden einfachen Geschäftsabschlüssen keinerlei kaufmännische Fähigkeit gehöre, läßt sich die Stellung des Klägers nicht auf eine Stufe stellen, da letzterer nicht wie ersterer unter der ständigen Kontrolle des im selben Geschäftslokal tätigen Prinzipals stand. Das Reichsgericht hat daher (Bolze, Bd. 16 Nr. 375) den Geschäftsführer in einer Restauration, das ROHG. (Entsch. Bd. 14 S. 114) den Verwalter einer Fabrik, welchem die Auszahlung der Löhne oblag, für Handlungsgehilfen erachtet. Daß Kläger gelegentlich auch die zum

---

[1]) Siehe Nr. 110.

Betriebe des Handelsgewerbes der Beklagten erforderlichen gewerblichen Dienste leistete, z. B. den behinderten Zapfer vertrat, ist unerheblich, da hierdurch seine im wesentlichen leitende und kontrollierende Stellung nicht beeinflußt wurde. („Blätter für Rechtspflege" Jg. 1900, S. 21.)

## 113. Ist ein bayrischer Straßenbahnschaffner Handlungsgehilfe?

Urteil des Landgerichts München I.

Das Amtsgericht hatte sich für zuständig erklärt, da der Schaffner Handlungsgehilfe sei.

Das Landgericht hat das Urteil wegen Unzuständigkeit aufgehoben.

Aus den Gründen: Nach § 59 HGB. ist Handlungsgehilfe derjenige, welcher in einem Handelsgewerbe zur Leistung kaufmännischer Dienste gegen Entgelt angestellt ist. Kaufmännische Dienste aber sind solche, zu denen diejenige Schulung und Fertigkeit gehört, die man in ihrer Vollendung die kaufmännische Tüchtigkeit nennt. (So Staub im Kommentar zu § 89.) Ihre Voraussetzung sind Kenntnisse und Fertigkeiten, welche zum Betriebe eines jeden Handelsgewerbes erforderlich und dem Handelsgewerbe als solchem eigentümlich sind. Von den kaufmännischen Diensten sind demnach die technischen Dienste, die spezielle technische Kenntnisse erfordern, zu unterscheiden und diejenigen untergeordneten Dienstleistungen, welche zwar zum Betriebe eines Handelsgewerbes erforderlich sind, aber weder kaufmännische noch technische Kenntnisse zur Voraussetzung haben. Zu den letztgenannten Dienstleistungen sind die einem Trambahnkondukteur obliegenden Verrichtungen zu rechnen; sie erfordern keinerlei kaufmännische oder technische Schulung, sondern sind mehr mechanischer Natur. Daß der Trambahnkondukteur dadurch, daß er den Fahrgästen die Fahrkarten aushändigt, und von ihnen das Fahrgeld einnimmt, Rechtsgeschäfte für die Trambahn-Unternehmung abschließt, kommt nicht in Betracht; denn einerseits ist der Abschluß von Rechtsgeschäften nicht wesentlich für den Begriff der kaufmännischen Dienste; ein Kommis, welcher lediglich mit der Buchführung eines Handelsgeschäftes beschäftigt ist, ist nicht weniger Handlungsgehilfe wie der Reisende, der für das Geschäft Verträge abschließt, andererseits kommt es auch in rein handwerksmäßigen Betrieben vor, daß der Gehilfe Rechtsgeschäfte für den Meister abschließt; ferner ist noch in Betracht zu ziehen, daß der Trambahnschaffner bei dem Abschluß der Verträge mit den Fahrgästen ganz mechanisch verfährt, ohne daß er dazu irgend welcher Berechnung oder Überlegung bedürfte, weshalb dieser Teil der Verrichtungen eines Trambahnschaffners vielfach Automaten überlassen ist. Schließlich ist noch zu erwähnen, daß die einem Trambahnschaffner obliegende Tätigkeit sich nicht durch die Abgabe von Fahrscheinen erschöpft, sondern daß dazu auch die Aufrechterhaltung der Ordnung auf den Wagen, das Geben der Zeichen zum Halten und zur Abfahrt, das Stellen der Weichen, wo solche vorhanden sind und ähnliche untergeordnete Dienste gehören. Die Trambahnschaffner leisten sonach keine kaufmännischen Dienste, sondern solche Verrichtungen, welche dem Gewerbe des Personentransports dienen und sind deshalb als Gewerbegehilfen zu erachten.[1]) („Gewerbegericht" Jg. 5, Sp. 76.)

## 114. Ist der Omnibusschaffner Handlungsgehilfe?

Urteil des Landgerichts I zu Berlin vom 6. Dezember 1900.

Die Frage ist verneint.

Aus den Gründen: Wenn auch die Beklagte (Omnibus-Aktien-Gesellschaft) unzweifelhaft als Kaufmann gelten muß und der Kläger in ihrem

[1]) Das Preußische Kleinbahngesetz kommt in Bayern nicht in Betracht. (Vgl. Nr. 11—16.)

Handelsgewerbe Hilfsdienste leistete, so sind doch nicht alle Angestellten eines Kaufmanns, sondern nur diejenigen wirkliche Handlungsgehilfen im Sinne des Art. 57 ff. HGB., welche demselben in seinem Geschäftsbetriebe ausschließlich oder doch wesentlich kaufmännische Dienste leisten. Dies ist die Rechtsprechung des Reichsoberhandelsgerichts (Bd. 17 S. 309) anerkannt und gleichzeitig ausgesprochen, daß andererseits Personen, welche vorwiegend durch technische Dienstverrichtungen tätig sind, den Vorschriften der GO. unterstehen. Wenn demgemäß vom Reichsoberhandelsgericht (Bd. 24 S. 271) der Kellner und der Oberkellner eines Gastwirts nicht als Handlungsgehilfe, sondern als Gewerbegehilfe betrachtet wird, so darf man auch den Omnibusschaffner nicht unter die Handlungsgehilfen zählen. Denn es erscheint irrtümlich, mit dem Vorderrichter das Hauptgewicht der Tätigkeit desselben darin zu erblicken, daß er das Fahrgeld der beförderten Personen einkassiert, Fahrscheine ausgibt und seinem Prinzipal durch Führung von Listen über diese Geschäfte Rechnung legt. Vielmehr gipfeln die Funktionen des „Kondukteurs", wie dies schon aus der Bezeichnung hervorgeht, in der technischen Leitung des im Betriebe befindlichen Omnibuswagens, zu welcher gehört, daß er das Zeichen zum Anhalten auf der Fahrt beim Ein- und Aussteigen von Personen gibt, den Passagieren Plätze anweist, eine Überfüllung des Wagens verhindert, Betriebsunfälle der Direktion meldet, die rechtzeitige Abfahrt von den Endhaltestellen kontrolliert 2c. Die nebenher erfolgende Ausgabe von Billets dürfte ebensowenig geeignet sein, den Omnibusschaffner zum Handlungsgehilfen zu stempeln, als der Kellner diesen Charakter durch Empfangnahme der Zahlung für bestellte Speisen erhält, zumal diese Tätigkeit keine besondere kaufmännische Fertigkeit erfordert. (Blätter für Rechtspflege im Bezirke des Kammergerichts Jg. 2, S. 63.)

## 115. Ist der Platzanweiser auf dem Stätteplatz Handlungsgehilfe?

Urteil des Kammergerichts, 8. Zivilsenat, vom 25. September 1901.

Die Frage ist bejaht.

Aus den Gründen: Nach den eigenen Anführungen des Beklagten durfte Kläger innerhalb gewisser Grenzen Kaufgeschäfte über die zu den Platzbeständen gehörigen Steine abschließen. Mögen auch die Erträge dieser Verkäufe nur 1—1,50 Mk. täglich ausgemacht haben, so benimmt dieser Umstand ihnen nicht den Charakter von Handelsgeschäften. Und selbst abgesehen hiervon genügt die ordnende Tätigkeit, welcher der Kläger für den Stätteplatz des Beklagten unstrittig in ähnlicher Weise ausgeübt hat, wie sie den sogenannten „Lageristen" anderer kaufmännischer Geschäfte obliegt, um für den Kläger die die Eigenschaft als Handlungsgehilfen festzustellen. („Blätter für Rechtspflege" Jg. 1901, S. 106.)

## 116. Ist das GG. zuständig für Angestellte eines Detektivbureaus?

a) Urteil des Kammergerichts, 8. Zivilsenat, vom 6. Juli 1898.

Es ist angenommen, daß der Rechtsstreit vor das GG. gehört.

Aus den Gründen: Der Beklagte ist Inhaber eines Detektivbureaus, welches die Bezeichnung „G 2c." führt. Unter dem Stichwort „G" bietet der Beklagte in Zeitungen und durch öffentliche Plakate (z. B. in den Wagen der Berliner Straßenbahn) seine Dienste an zu „diskreten Ermittelungen, Auskünften, Beobachtungen und zur Wiederbeschaffung gestohlenen Guts". Der Beklagte behauptet, daß er außer diesen Diensten für das große Publikum gewerbemäßig auch das Inkasso für kaufmännische Geschäfte besorge, und Dienstleistungen kaufmännischer Art übernehme, und folgert daraus, daß er ein hauptsächlich kaufmännisches Gewerbe betreibe. Die Geschäfte der sogenannten

Inkassobureaus sind keine Handelsgeschäfte, das gewerbsmäßige Einziehen fremder Forderungen, auch wenn es im eigenen Namen, aber für fremde Rechnung erfolgt, ist kein Handelsgeschäft. Dasselbe gilt von Erteilung kaufmännischer Auskünfte, was doch nur heißen kann, daß an oder über Kaufleute Auskunft gegeben wird (vgl. Staub, Kommentar zu Art. 272 § 27, Anmerkung und zu Art. 281 § 10 HGB.). Ebensowenig ergeben die übrigen Behauptungen des Beklagten, daß er gewerbsmäßig Handelsgeschäfte für andere Personen vermittelt oder abschließt, daß er aus diesem Grunde Kaufmann im Sinne des HGB. (Art. 272 Z. 4) ist. Das Unternehmen des Beklagten ist vielmehr ein gewerbliches: sein Gegenstand ist die Darbietung und Ausführung persönlicher Dienstleistungen untergeordneter Art, welche eine höhere wissenschaftliche oder künstlerische Bildung nicht voraussetzen, und zum Teil auch die Besorgung fremder Rechtsangelegenheiten. Soweit es die Beobachtung und Überwachung von Personen, die Anstellungen von Ermittelungen über Personen und deren Familienverhältnisse, Umgang, Verkehr ꝛc., die Beschaffung von Beweismaterial für die Auftraggeber des vom Beklagten geleiteten Instituts bezweckt, ist mit v. Landmann (GO. 3. Aufl., 1897, Bd. 1 S. 341) anzunehmen, daß der Beklagte sich mit der Besorgung fremder Rechtsangelegenheiten befaßt. Auch das Aufsuchen und die Wiederbeschaffung gestohlenen Gutes kann unter Umständen darunter fallen. In betreff dieses Geschäftskreises unterliegt das vom Beklagten betriebene Gewerbe daher schon nach § 35 Abs. 3 der GO. den Bestimmungen der GO. In Übereinstimmung mit dieser Auffassung hat der Bayerische Verwaltungsgerichtshof in der Entscheidung vom 29. April 1896 und das Oberlandesgericht München im Urteil vom 17. November 1896 (bei Reger, „Entscheidungen der Gerichte und Verwaltungsbehörden“, Bd. 17 S. 3 und 10) die Vorschriften der GO. auf Privatdetektiv-Institute angewendet. (Vgl. v. Landmann a. a. O. Bd. 2 S. 433.) Soweit es sich bei den Geschäften dieser Institute nicht um Besorgung fremder Rechtsangelegenheiten handelt, kommen nach der zutreffenden Darlegung des ersten Richters nur Dienstleistungen persönlicher Natur und untergeordneter Art in Frage, welche eine höhere wissenschaftliche Fach- oder künstlerische Bildung nicht voraussetzen und nach der herrschenden Meinung zu den der GO. unterliegenden Gewerben gehören (vgl. v. Landmann a. a. O. Anm. 1a zu § 1, Bd. 1 S. 45).

Die Klägerin ist daher als gewerbliche Arbeiterin im Sinne des Tit. 7 der GO. anzusehen.

Dies trifft auch dann zu, wenn der Gewerbebetrieb des Beklagten zum Teil auch ein kaufmännischer sein sollte. Denn die Klägerin hat dem Beklagten nicht kaufmännische Dienste, wie ein Handlungsgehilfe, geleistet, sondern nach der nicht bemängelten Feststellung des ersten Richters für den Beklagten Auskünfte eingezogen, Beobachtungen angestellt und Nachrichten beschafft. Sie ist daher nur für das oben charakterisierte gewerbliche Unternehmen des Beklagten tätig gewesen und unbestritten auch nur für dieses als Detektivin engagiert worden. Sie ist auch nicht zur Verrichtung einer einzelnen Arbeit oder Tätigkeit vorübergehend vom Beklagten angenommen, sondern auf unbestimmte Zeit zur Hilfeleistung in dessen Gewerbebetrieb herangezogen gegen eine im voraus bestimmte Entschädigung (vgl. Urteil des Kammergerichts, Strafsenat vom 18. Oktober 1894 im „Jahrbuch der Entscheidungen“ Bd. 16 S. 446). Nach Behauptung der Klägerin sollte ihre Beschäftigung sogar bis Ende 1897 dauern; indessen kommt es darauf nicht an. Denn das Engagement auf unbestimmte Dauer unter Vereinbarung einer Entschädigung für die Dauer der Beschäftigung schafft ein festes Arbeitsverhältnis und ein Abhängigkeitsverhältnis des gewerblichen Arbeiters zu dem Unternehmer, welches dadurch nicht beeinträchtigt wird, daß die gewerbliche Tätigkeit innerhalb gewisser Schranken (des zu erledigenden Auftrages) selbständig geübt oder außerhalb des Wohnsitzes des Unternehmers ausgeführt wird. Daß die als Detektivin engagierte Klägerin von Fall zu

Fall bestimmte Aufträge erhalten hat, bringt die Natur des vom Beklagten betriebenen Gewerbes mit sich. Daß es sich hierbei um Aufträge des Arbeitgebers an den Arbeitnehmer im Rahmen des zwischen den Parteien geschlossenen Vertrages über Handlungen und nicht — wie Beklagter meint — um Vollmachtsaufträge zur Ausführung von Rechtsgeschäften gehandelt hat, bedarf bei der Sache keiner näheren Begründung.

Da die Klägerin Ansprüche auf Lohn und Entschädigung aus dem Arbeitsverhältnis, d. h. aus ihrer gewerblichen Tätigkeit bei dem Beklagten geltend macht, so ist für die Entscheidung dieser Streitigkeit das GG. ausschließlich zuständig. Die Klage ist daher mit Recht abgewiesen und sind die dagegen eingelegte Berufung und Anschlußberufung zurückzuweisen. („Blätter für Rechtspflege" Jg. 1898 S. 66.)

b) Urteil des GG. München vom 16. Juli 1902.

Das GG. hat sich für unzuständig erklärt.

Aus den Gründen: Der Beklagte ist Inhaber eines Auskunftbureaus. Er ist ausweislich als Inhaber eines Auskunftbureaus in das Handelsregister eingetragen. Sein Geschäftsbetrieb zerfällt in drei Abteilungen, 1. in eine Handelsauskunftei für Handel, Gewerbe und Industrie, 2. in eine Detektivabteilung für Privatangelegenheiten und 3. in ein Kommissions- und Inkassogeschäft. Die Geschäftsbücher und Geschäftspapiere lassen erkennen, daß der Geschäftsbetrieb in kaufmännischer Weise geführt wird. Der Beklagte beschäftigt außer dem Kläger in seinem Unternehmen noch einige Personen. Es sind somit alle Voraussetzungen gegeben, die gemäß § 2 des HGB. das Unternehmen des Beklagten zu einem Handelsgewerbe im Sinne des HGB. stempeln und darum ist der Beklagte nach § 1 Abs. 1 des HGB. als Kaufmann anzusehen.

Seitens des Klägers wurde geltend gemacht, seine dem Beklagten geleisteten Dienste seien denjenigen eines Ausgehers vergleichbar, sie seien nur untergeordnete gewesen und darum sei er als Gewerbsgehilfe im Sinne der GG., nicht aber als Handlungsgehilfe im Sinne des HGB. zu betrachten. Der Kläger brachte vor, er habe durchschnittlich monatlich 300 Mk. verdient. Die Höhe dieser Entlohnung widerlegt schon die Behauptung des Klägers, daß seine Dienste untergeordneter Art gewesen seien. Aus den vom Beklagten vorgelegten Geschäftspapieren ist zu entnehmen, daß die meisten Berichte des Klägers, so wie dieser sie einlieferte, den Auftraggebern des Beklagten hinausgegeben wurden. Bei einigen wurden nur stilistische Änderungen vor ihrer Abschrift angebracht. Dies sowie die fernere Tatsache, daß der Kläger häufig als Rechercheur vom Beklagten auf Reisen geschickt wurde, spricht für die weitgehende Selbständigkei in der Tätigkeit des Klägers und läßt diese Tätigkeit als einen integrierenden Bestandteil des gesamten Geschäftsgebahrens des Beklagten erscheinen. Daß der Kläger mit den Auftraggebern seines Dienstherrn nicht in Beziehung trat, nimmt seiner Tätigkeit nicht den Charakter von kaufmännischen Dienstleistungen. Er steht in dieser Beziehung etwa demjenigen Handlungsgehilfen gleich, dessen ausschließliche Tätigkeit in der Besorgung von Einkäufen für den Geschäftsbetrieb seines Prinzipals besteht.

Diese Erwägungen führten dazu, die Aufgabe des Klägers in der Leistung kaufmännischer, nicht gewerblicher Dienste zu erblicken, und da er diese Dienste in einem Handelsgewerbe gegen Entgelt zu leisten hatte, so war er als Handlungsgehilfe, nicht aber als Gewerbegehilfe zu betrachten, was zur Folge hat, daß die Zuständigkeit des GG. nicht gegeben ist.

## 117. Hat das GG. zu prüfen, ob ein Innungs-Schiedsgericht zu Recht besteht?

Urteil des GG. Berlin, Kammer 4, vom 9. März 1900.

Der Beklagte ist Mitglied der Berliner Tischlerinnung. Trotzdem unstreitig und gerichtsnotorisch das Schiedsgericht der freien Tischlerinnung noch immer in Funktion ist, replizierte Kläger, das GG. sei zuständig, da das fragliche Innungsschiedsgericht zu Unrecht seine Tätigkeit fortsetze. Die alte freie Innung sei seit dem 1. Januar 1900 behördlicherseits aufgelöst, weil die Errichtung einer Zwangsinnung beschlossen sei. Letztere habe sich aber noch nicht konstituiert, es könne daher ein Innungsschiedsgericht nicht bestehen.

Das GG. wies die Klage wegen Unzuständigkeit ab.

Aus den Gründen: Nach § 79 Abs. 2 (jetzt 84 GGG.) wird durch die Zuständigkeit eines Innungsschiedsgerichts die Zuständigkeit eines für den Bezirk der Innung errichteten GG. ausdrücklich ausgeschlossen. Es besteht nun tatsächlich noch ein Schiedsgericht für die Berliner Tischlerinnung, ob zu Recht oder zu Unrecht, hat das GG. nicht zu entscheiden. Nur die bloße Tatsache des Bestehens eines Schiedsgerichts ist entscheidend für die Unzuständigkeit des GG. Unbestritten besteht das Schiedsgericht der alten freien Tischlerinnung auch heute noch fort, daher mußte sich das GG. als sachlich unzuständig erklären, in einem Rechtsstreite gegen Mitglieder dieser alten Innung über Lohnforderungen aus dem zwischen den Parteien bestehenden gewerblichen Arbeitsverhältnisse. („Soziale Praxis.")

## 118. Wird durch die Zuständigkeit eines Innungsschiedsgerichts auch der Rechtsweg im Gerichtsstand des Erfüllungsorts vor einem außerhalb des Innungsbezirks zuständigen GG. ausgeschlossen?

Urteil des GG. Berlin vom 15. April 1903.

Der Beklagte hatte seine gewerbliche Niederlassung in Deutsch-Wilmersdorf, ließ aber auf einem in Berlin gelegenen, von ihm gemieteten Platze unter Leitung eines Poliers die für seine Bauten bestimmten Balken falzen und die sonstigen Vorrichtungen vornehmen. Auf diesem Platze wurde der Kläger von dem Polier des Beklagten unter Abnahme seiner Arbeitspapiere eingestellt und bis zum Entlassungstage beschäftigt. Der Polier war bei der Entlassung nicht in der Lage, die Invalidenkarte des Klägers zurückzugeben uud bestellte den Kläger zum nächsten Tage auf den Bauplatz, händigte ihm jedoch die Karte auch jetzt noch nicht, sondern erst vier Tage später ein. Kläger fordert deshalb Schadensersatz.

Der Beklagte hat Abweisung der Klage wegen Unzuständigkeit beantragt. Da er Mitglied der Baugewerksinnung für Steglitz und Umgegend (darunter auch Wilmersdorf) ist, hält er das von dieser Innung eingesetzte Innungsschiedsgericht für allein zur Entscheidung zuständig. Auch abgesehen hiervon bezweifelt er die örtliche Zuständigkeit des Berliner Gerichts, da er nur an seinem Geschäftssitze verklagt werden dürfe.

Das Berliner GG. hat sich für zuständig erachtet.

Aus den Gründen: Der § 84 Abs. 2 GGG. bestimmt: „Durch die Zuständigkeit eines Innungsschiedsgerichts wird die Zuständigkeit eines für den Bezirk der Innung bestehenden GG. ausgeschlossen". Die Innung aber, zu der Beklagter gehört, hat ihren Bezirk nur außerhalb Berlins. Daher sind nur die GG. für Steglitz, Wilmersdorf und Umgegend ausgeschlossen. Der Umstand also, daß Beklagter einer Nichtberliner Innung angehört, macht den Rechtsweg vor dem Berliner GG. nicht unzulässig. Es bleibt hiernach nur zu prüfen, ob dieses Gericht überhaupt (abgesehen von der Innungsfrage) zuständig ist. In Zweifel könnte nur die örtliche Zuständigkeit gezogen werden; und zwar, weil Beklagter seine gewerbliche Niederlassung außerhalb des Berliner Gerichtsbezirks hat. Die Unterhaltung der Arbeitsstätte in Berlin hat nun sicher nicht die

Bedeutung einer besonderen Niederlassung, da von ihr aus Geschäfte nicht abgeschlossen werden. Wohl aber kommt Berlin als Erfüllungsort für die streitige Verpflichtung in Betracht. Denn die Rückgabe der Quittungskarte hatte in Berlin — auf dem Zimmerplatze — zu erfolgen, da Kläger hier die Karte abgeliefert hatte (es ist Ortssitte, daß die Karte da zurückzuliefern ist, wo sie abgegeben worden), da ferner die Karte hier aufbewahrt wurde (§ 697 BGB.), da endlich der Polier ausdrücklich versprochen hatte, sie dem Kläger auf dem Platze auszuhändigen; und für den Anspruch auf Schadensersatz wegen Nichterfüllung der Rückgabepflicht bleibt der Erfüllungsort derselbe, wie für den Hauptanspruch. Ist aber Berlin hiernach Erfüllungsort, so ist das Berliner GG. nach § 27 GGG. zuständig; denn dieser Paragraph läßt neben und sogar vor dem Gericht der gewerblichen Niederlassung das des Erfüllungsortes zu. („Soziale Praxis".)

## 119. Kann eine offene Handelsgesellschaft als solche Innungsmitglied sein? Ist das Innungsschiedsgericht zuständig, wenn nicht sämtliche Gesellschafter Mitglied der Innung sind?

Urteil des GG. Berlin vom 15. Mai 1903.

Der Lohnklage eines Gehilfen hatte die beklagte offene Handelsgesellschaft den Einwand entgegengesetzt, daß das GG. unzuständig sei, da der eine ihrer beiden Gesellschafter Mitglied der Berliner Malerinnung ist.

Das GG. hat sich für zuständig erklärt.

Aus den Gründen: Der Einwand der Unzulässigkeit des Rechtswegs konnte nicht durchgreifen. Die Zuständigkeit des GG. ist allerdings ausgeschlossen, wenn für seinen Bezirk ein Innungsschiedsgericht besteht und die beklagten Arbeitgeber Mitglieder der fraglichen Innung sind. Im vorliegenden Falle ist nun aber eine offene Handelsgesellschaft verklagt. Eine offene Handelsgesellschaft kann als solche nicht Mitglied einer Innung sein, denn die Innungen setzen sich nur aus natürlichen Personen zusammen (§§ 81, 87 GO.). Nur wenn sämtliche Gesellschafter persönlich zur Innung gehörten, könnte man die Zuständigkeit des Innungsschiedsgerichts auch für die Ansprüche gegen die von ihnen gebildete Gesellschaft annehmen; obwohl auch dies zweifelhaft erscheint; denn es ist von erheblichem Unterschied, ob man die Gesellschafter persönlich oder nur die von ihnen vertretene offene Handelsgesellschaft in Anspruch nimmt; so findet z. B. aus dem vorliegenden Urteil die Zwangsvollstreckung nur in das Gesellschaftsvermögen, nicht aber gegen die Gesellschafter persönlich statt. Diese Frage kann jedoch dahingestellt bleiben, denn im vorliegenden Fall ist unstreitig nur der eine der beiden Gesellschafter der beklagten offenen Handelsgesellschaft Innungsmitglied, der andere müßte also auch für seine Person vor dem Gewerbegericht Recht nehmen. Der vorliegende Streitfall geht ihn nun ebensoviel an wie seinen Sozius. Anderseits weist der § 81b Nr. 4 GO. nur die Streitigkeiten zwischen den Innungsmitgliedern und ihren Gesellen 2c. dem Schiedsgericht zu. Da es sich also hier um einen Streit mit einem Innungsmitglied und einem Nicht-Innungsmitglied handelt, ist das Schiedsgericht nicht berufen. („Soziale Praxis".)

## 120. Ist bei einer Zwangsinnung das Innungsschiedsgericht ohne weiteres zuständig oder bedarf es eines besonderen Beitritts des Arbeitgebers zur Innung?

Urteil des GG. Berlin vom 8. Juni 1903.

Der Beklagte betreibt seit Frühjahr 1902 in Berlin das Malergewerbe. Seit 1. April 1903 beschäftigt er Gehilfen, und zwar hatte er anfangs einen, dann mehrere, Mitte Mai (zur Zeit der Klageerhebung) 7, Anfang Juni 5 Gehilfen. Eine Verkleinerung des Betriebes wird von ihm nicht beabsichtigt. Für Berlin besteht nur eine Maler-Zwangsinnung, zu welcher alle gehören, die das Malergewerbe als stehendes Gewerbe selbständig ausüben, mit Ausnahme derjenigen, welche nur vorübergehend (z. B. nur während der Umzugszeiten) Gehilfen oder Lehrlinge halten (§ 100 Abs. 2 GO.). Der Beklagte war dieser Innung noch nicht beigetreten, erst nach Klagezustellung will er sich beim Innungsvorstande angemeldet haben.

Die Klage ist wegen Unzuständigkeit des GG. abgewiesen.

Aus den Gründen: Das GG. war unzuständig, da Kläger seit April d. J. dauernd Gehilfen beschäftigt und daher von dieser Zeit ab kraft Gesetzes (§§ 100f, auch 100h GO.) auch ohne Antrag und ohne förmliche Aufnahme der Innung „angehört" (ebenso, wie der Arbeiter durch Eintritt in eine krankenversicherungspflichtige Beschäftigung Kassenmitglied wird auch ohne Anmeldung durch den Arbeitgeber). („Soziale Praxis".)

## 121. Ist das Innungsschiedsgericht zuständig, wenn ein Fabrikant der Zwangsinnung freiwillig beigetreten ist?

Urteil des GG. Stettin vom 26. Februar 1901.

Kläger verlangt Ausstellung eines Zeugnisses. Beklagter begehrt Abweisung wegen Unzuständigkeit des GG., da er Mitglied der hiesigen Zwangsinnung der Tischler und Stuhlmacher sei, die ein Schiedsgericht besitze. Kläger entgegnet, der Betrieb des Beklagten sei ein fabrikmäßiger.

Das GG. hat sich für zuständig erklärt.

Aus den Gründen: Beklagter fertigt Klaviere. Er beschäftigt z. Z. wegen der stillen Geschäftszeit in seinem Gewerbe nur 7 Personen, der Regel nach jedoch 10 bis 16. Er läßt die Klaviere vollständig herstellen. Es besteht in seinem Betriebe Arbeitsteilung. Die einen fertigen die Resonanzböden, die anderen die Gehäuse der Klaviere 2c. Er nennt sein Geschäft selbst auf seinem Schilde und auf seinen Geschäftspapieren „Pianoforte-Fabrik". Sein Umsatz ist sehr erheblich. Hiernach muß der Betrieb des Beklagten als ein fabrikmäßiger angesehen werden. Vgl. Landmann, GO., Bd. II, § 134 Nr. 3a und Reichsgerichts-Entscheidungen in Strafsachen Bd. 14, S. 423, Bd. 26, S. 161, 189. Alle einzelnen dort aufgezählten Merkmale brauchen im Einzelfalle nicht vorhanden zu sein. So sind auch die größeren Konfektionsgeschäfte, die außer den Zuschneidern nur Hausindustrielle beschäftigen, abweichend von der Praxis anderer Behörden hier sowohl vom Magistrat als auch von dem Herrn Regierungspräsidenten durch die Entscheidungen vom 7. Dezember 1899 und 17. April 1900 für fabrikmäßige Betriebe angesehen. Das Reichsversicherungsamt hat ebenfalls in einer Entscheidung vom 6. Dezember 1900 eine hiesige Konfektionsfirma der gedachten Art als zur Bekleidungsindustrie-Berufsgenossenschaft gehörig anerkannt, weil es sich um eine „Fabrik im Sinne des UVG. handle. Fabrikmäßige Betriebe gehören aber nicht von selbst zur Zwangsinnung. Nun hat Beklagter zwar die Beiträge zur Zwangsinnung gezahlt. Darnach ist er der Innung anscheinend freiwillig beigetreten. Allein nach § 100g GO. (vgl. auch die Kommentare von Hoffmann und Rohmer zu § 100g und v. Frankenberg in der Arbeiterversorgung 1901 S. 68) hat dieser Beitritt nur Wirksamkeit für die Person des Beklagten. Sein Personal wird dadurch nicht dem Innungsschiedsgericht unterworfen. Der Einwand der Unzuständigkeit des GG. ist sonach verfehlt. („Gewerbegericht" Jg. 6 Sp. 166.)

**122. Wird die Zuständigkeit des GG. begründet, wenn der Vorsitzende des Innungsschiedsgerichts innerhalb der achttägigen Frist einen Sühnetermin abhält, aber die Einberufung des Gerichts ablehnt?**

Urteil des GG. Weimar vom 27. Juni 1902.

Das GG. hat sich für zuständig erklärt.

Aus den Gründen: Die Klagesache unterlag zunächst der Zuständigkeit des Innungs-Schiedsgerichts der Maurer- und Zimmerer-Innung, da Beklagter Mitglied dieser Innung ist. Nachdem aber der Vorsitzende dieses Schiedsgerichts am 16. Mai zwar einen übrigens im Innungsstatut nicht vorgesehenen Sühnetermin gehalten, die Einberufung des gesamten Gerichtes aber abgelehnt hatte, „weil im Maurergewerbe keine Kündigung existiert", gab der Gemeindevorstand auf Antrag des Klägers mit Beschluß vom 20. Mai die Sache an das GG. ab, anstatt die Abhaltung „des ersten Termines" im Sinne des § 91 Abs. 6 der GO. im Aufsichtswege herbeizuführen. Da die Klage am 14. Mai beim Vorsitzenden des Schiedsgerichts eingegangen war, lief die achttägige Frist des angeführten § 91 am 22. Mai ab. Am 23. Mai ging die Klagesache beim GG. ein. Das GG. konnte also nach § 91 cit. entscheiden.

**123. Sind die Innungsschiedsgerichte zuständig für Streitigkeiten zwischen dem Innungsmeister und dem Rechtsnachfolger des Gehilfen?**

Urteil des Landgerichts I zu Berlin, 25. Zivilkammer, vom 28. Oktober 1899.

Die Zuständigkeit ist verneint.

Aus den Gründen: Nach § 1 des Nebenstatuts des Innungsausschusses der vereinigten Innungen zu Berlin, betreffend das Schiedsgericht gemäß § 97a sub 6 und 120a GO. ist das Schiedsgericht berufen und ausschließlich zuständig für die Entscheidung von Streitigkeiten zwischen den Mitgliedern der im Innungsausschusse beteiligten Innungen und deren Gesellen (Gehilfen), welche sich auf den Antritt, die Fortsetzung oder die Aufhebung des Arbeitsverhältnisses und auf die gegenseitigen Leistungen aus demselben beziehen. Dieses Innungsschiedsgericht ist auf Grund des § 97a Ziff. 6 der GO. errichtet. Dieser Paragraph nimmt hinsichtlich der Zuständigkeit der Innungsschiedsgerichte Bezug auf den § 120a der GO.

Nach § 78 (jetzt 84) des GGG. ist an Stelle des § 120a GO. der § 3 Abs. 1 (jetzt 4) des GGG. getreten. Während hier nur die einzelnen Streitigkeiten aufgeführt werden, für welche die Gewerbe-, also auch die Innungsschiedsgerichte zuständig sein sollen, ist im § 1 a. a. O. bestimmt, für welche Personen die Zuständigkeit der GG. begründet ist. Es heißt dort analog dem § 97a Ziff. 6 und dem § 1 des obenerwähnten Statuts, daß für die Entscheidung von gewerblichen Streitigkeiten zwischen Arbeitern einerseits und ihren Arbeitgebern anderseits GG. errichtet werden können. Anerkannter Rechtsgrundsatz ist, daß für die bürgerlichen Rechtsstreitigkeiten in der Regel die ordentlichen Gerichte zuständig sind (vgl. § 13 GVG.); werden ausnahmsweise Sondergerichte zugelassen, so sind die Bestimmungen über deren Zuständigkeit als Ausnahmebestimmungen (§ 1 der Statuten, § 97a Ziff. 6 GO., § 1 des Gesetzes vom 29. Juli 1890), ist daher die Kompetenz der Schieds- und Gewerbegerichte auf dritte Personen nicht auszudehnen, mögen sie Singular- oder Universalsukzessoren von solchen Personen sein, für die die Zuständigkeit der Innungsschieds- und Gewerbegerichte begründet ist. Es würde bei entgegengesetzter Annahme immer nur ein Teil der gesetzlichen Voraussetzung, nämlich der Gegenstand des Streits, vorhanden sein; fehlen würden dagegen die maßgebenden Parteiqualitäten, welche ebenso vorhanden sein müssen, wie die Qualität des Streitgegenstandes, um den Rechtsstreit zu einem Innungsschieds- und Gewerbestreit zu machen. Es wären nur die objektiven, nicht aber auch die subjektiven Voraussetzungen für die Zuständigkeit vorhanden (vgl. Otto, Die Streitigkeiten der selbständigen Gewerbetreibenden mit ihren Arbeitern in Theorie und Praxis, S. 25—32; die Kommentare zu dem GGG. von Haas, Zeller und Schier; die bei Unger, „Entscheidungen des Gewerbegerichts zu Berlin" unter Nr. 191 und 192 mitgeteilten Urteile des hiesigen GG. und die Begründung des Entwurfes eines Gesetzes über die GG.)

Vorliegend ist nur auf der einen Seite ein Innungsmitglied, auf der anderen Seite sind nicht die Gesellen oder Gehilfen, sondern höchstens die Rechtsnachfolger von solchen; daraus folgt, daß zur Entscheidung nicht das Innungsschiedsgericht, sondern das ordentliche Gericht, das Amtsgericht, zuständig wird. Es kann somit dahingestellt bleiben, ob der Erblasser der Kläger überhaupt zu den Personen, für welche die Zuständigkeit des Schiedsgerichts begründet ist, gerechnet werden kann und ob es sich weiter um Streitigkeiten der in § 3 Abs. 1 des Gesetzes vom 29. Juli 1890 bezeichneten Art handelt. Die Zulässigkeit des Rechtsweges und die daraus sich ergebende Zuständigkeit des angerufenen Amtsgerichts war schon durch den Umstand, daß die Kläger nicht zu den im § 1 des Statutes, § 97a Ziff. 6 der GO. und des § 1 des GGG. vom 29. Juli 1890 aufgeführten Personen gehören, gegeben. („Blätter für Rechtspflege" Jg. 1899 S. 96.)[1])

**124. Wird das GG. in dem Rechtsstreite eines Lehrlings gegen seinen Lehrherrn wegen Auflösung des Lehrverhältnisses zuständig, wenn die an sich zuständige Innung die Sache an das GG. verweist?**

Urteil des GG. zu Hamburg vom 20. Oktober 1896.

Der Ausschuß zur Überwachung des Lehrlingswesens der Malerinnung zu Hamburg hatte in einem Streit des Vaters eines Lehrlings gegen den Lehrherrn (Innungsmeister) auf Auflösung des Lehrvertrages und Schadensersatz dahin erkannt, daß der Kläger seinen Sohn wieder in die Lehre zurückzuschicken habe, daran aber, weil Kläger sich mit dieser Entscheidung nicht einverstanden erklärte, die Weisung geknüpft, daß die Parteien zur weiteren Veranlassung an das GG. zu verweisen seien.

Das GG. erklärte sich für unzuständig.

Aus den Gründen: Gemäß § 97 Nr. 4 (jetzt § 81b Nr. 4) der GO. gehört es zu den Aufgaben der neuen Innungen, Streitigkeiten der im § 3 Abs. 1 des Gesetzes, betreffend die GG., bezeichneten Art zwischen den Innungsmitgliedern und ihren Lehrlingen an Stelle der Gemeindebehörde zu entscheiden. Der Partei steht gegen die Entscheidung gemäß § 79 Abs. 3 des Reichsgesetzes, betreffend die GG. (jetzt GO. § 91b) nur die Berufung auf den Rechtsweg bei dem ordentlichen Gerichte zu. An dieser Rechtslage kann auch dadurch nichts geändert werden, daß der Innungsausschuß, nachdem er entschieden, in offenbar unklarer Auffassung der Bedeutung einer zu seiner Kompetenz gehörigen Entscheidung, diese von der Anerkennung der Parteien abhängig macht und, da ein Ausgleich nicht zu erzielen, die Parteien zu weiterer Veranlassung an das GG. verweist. Denn unmöglich kann die Innung eine zu ihrer Zuständigkeit gehörige Sache an ein für diese unzuständiges Gericht verweisen, oder dasselbe durch diese Verweisung im Widerspruch zu den Gesetzen zuständig machen. („Gewerbegericht" Jg. 3, Sp. 30.)

---

[1]) Vgl. Nr. 1.

# Zur Gewerbeordnung.

Titel VII im allgemeinen (Nr. 125—171).

## 1. Akkordarbeit. (125—141.)

### 125. Ist der Akkordvertrag Werkvertrag oder Dienstvertrag?

Urteil des GG. Hamburg vom 16. August 1901.

Das GG. erachtet den Akkordvertrag für einen Dienstvertrag.

Aus den Gründen: Das Gericht steht in Übereinstimmung mit vielen anderen GG. auf dem Standpunkt, daß die Bestimmungen des BGB. über den Werkvertrag auf den Arbeiter-Akkordvertrag überhaupt keine, jedenfalls keine direkte, sondern höchstens zum Teil eine analoge Anwendung finden können. Der Werkvertrag des BGB setzt stets einen selbständigen Unternehmer voraus, d. h. einen solchen, der zwar die Herstellung eines bestimmten Werkes, die Herbeiführung eines bestimmten Erfolges verspricht, aber hinsichtlich der Mittel und Wege zur Herstellung des Werkes oder zur Herbeiführung des Erfolges freie Hand und also keine Verpflichtung hat, den Anordnungen des Werkbestellers Folge zu leisten. Beim Arbeiter-Akkordvertrag ist es aber stets ganz zweifellos nicht die Absicht der Parteien, daß die Arbeiter sollen tun und lassen können, was sie wollen, wenn sie nur das versprochene Werk liefern, den zugesagten Erfolg herbeiführen, sondern sie bleiben stets in Bezug auf die einzelnen Ausführungshandlungen der Aufsicht und den Anordnungen ihres Arbeitgebers unterworfen. Dies ist gerichtsnotorisch die praktische Übung und entspricht auch der Bestimmung des § 121 der GO. Folglich ist der Gegenstand des Arbeiter-Akkordvertrags nicht lediglich das Werk oder der Erfolg als Erzeugnis von Arbeitsleistungen, sondern es sind die Arbeitsleistungen selbst, nur mit der Nebenberedung, daß dieselben so lange fortgesetzt werden sollen, bis ein bestimmter Erfolg herbeigeführt ist, und daß die Gegenleistung (der Lohn) sich nicht nach der Dauer der Arbeitszeit, sondern nach dem Ausfall des Erfolges richten solle. Mithin stellt sich der Arbeiter-Akkordvertrag stets als Dienstvertrag im Sinne der §§ 611 ff. BGB. dar, und es finden auf ihn die dort aufgeführten allgemeinen Regeln Anwendung, soweit sie nicht durch die Spezialvorschriften der GO. durchbrochen oder eingeschränkt werden. Daß der Gesetzgeber als Gegenleistung beim Dienstvertrag nicht nur Zeitlohn, sondern auch andere Entlohnungsarten für möglich gehalten hat, ergibt sich zur Genüge aus § 614 Satz 2 und § 623, sowie aus den Motiven, wo wiederholt von Akkordlohn beim Dienstvertrag die Rede ist. Richtig ist, daß der sechste Titel des siebenten Abschnitts im zweiten Buch des BGB. hauptsächlich auf einen Dienstvertrag mit Zeitlohn zugeschnitten erscheint und bei Streitigkeiten aus dem Akkordlohn-Verhältnis den Richter so ziemlich im Stich läßt. Die Folge ist aber nur, daß mangels ausdrücklicher Bestimmungen nach der Natur der Sache, unter Anwendung allgemeiner Rechtsgrundsätze, zu urteilen ist, wobei dann wohl auch einige Bestimmungen des Werkvertrages wegen seiner unzweifelhaften Ähnlichkeit mit dem Akkordvertrag zu Rate gezogen werden können, aber nur analog und nur mit großer Vorsicht anzuwenden sind, da immer im Auge zu behalten ist, daß der oft sogenannte „Unternehmer" im Arbeiterakkord kein selbständiger Gewerbetreibender, sondern eine wirtschaftliche und gesetzlich (§ 121 GO.) abhängige Persönlichkeit ist.

### 126. Enthält die Abrede, daß bei Innehaltung einer gewissen Maximalarbeitszeit ein Lohnzuschlag gezahlt wird, einen Akkordvertrag?

Urteil des Landgerichts Kiel vom 30. September 1901.

Kläger verlangt Auszahlung eines angeblichen Akkordüberschusses. Die Beklagte bestreitet, daß Kläger im Akkord beschäftigt gewesen sei.

Das GG. Kiel hat die Beklagte nach dem Klageantrag verurteilt.

Das LG. hat nach erneuter Beweisaufnahme die Klage abgewiesen.

Aus den Gründen: Nach den Darlegungen des Werkführers P. ist zwischen den Parteien eine wirkliche Akkordarbeit nicht vereinbart. Ein Akkordlohn ist begrifflich die Vergütung nach dem Maße und Erfolge der geleisteten Arbeit, im Gegensatz zu dem lediglich nach der Arbeitszeit berechneten Stundenlohn. Die eine Berechnungsart schließt begrifflich die andere aus. Nach den Darlegungen P.s scheint es in der Maschinenschlosserei der Beklagten eine eigentliche Akkordarbeit überhaupt nicht zu geben, sondern was dort Akkordsatz genannt wird, ist im Grunde nur ein unter gewissen Voraussetzungen eintretender nachträglicher Zuschlag zum Stundenlohn. Es bestehen für die Anfertigung gewisser Maschinen und Maschinenteile Normalsätze an Arbeitsaufwand, wenn und insoweit der gesamte nach Stundenlohn berechnete Arbeitsaufwand diese Normalsätze nicht übersteigt, kann der Stundenlohn nachträglich um einen gewissen Satz erhöht werden.

Ganz ähnlich scheint es mit der angeblichen Akkordarbeit des Klägers verhalten zu sein. Wie P. bezeugt, ist ihm bei Beginn der Arbeit ein fester Stundenlohn von 35 Pf. zugesichert, es ist ihm dabei aber gesagt worden, wenn er fleißig wäre, könne er dasselbe verdienen wie die anderen Leute. Damit hat zweifellos in einer beiden Teilen wohl verständlichen Weise auf die oben dargestellte in der Werkstätte allgemein bekannte Einrichtung, wonach je nach dem Verhältnis des Arbeitsaufwands zu den Normalsätzen Zuschläge zum Stundenlohn gewährt werden, bezuggenommen werden sollen. Auf einen solchen Zuschlag würde Kläger daher nur dann und insoweit Anspruch haben, als der normale Arbeitsaufwand für solche Maschine nicht erreicht wurde.

Der wirkliche Arbeitsaufwand für die gesamte Maschine hat aber nach der bestimmten Bekundung P.s den Normalsatz sehr bedeutend überschritten und zwar hauptsächlich wegen der Langsamkeit und der häufigen Unterbrechung der klägerischen Arbeit, wodurch auch die Arbeitsleistungen der übrigen bei der Herstellung der Maschine beschäftigten Arbeiter beeinträchtigt wurde.

### 127. Kann ein Akkordvertrag durch stillschweigende Einwilligung des bisher in Stundenlohn beschäftigten Arbeiters zu stande kommen?

Urteil des GG. Charlottenburg vom 24. April 1900.

Kläger war seit dem 23. November v. Js. bei der Beklagten als Maschinenschlosser beschäftigt worden; bei seinem Dienstantritt war mit ihm ein Stundenlohn von 60 Pfg. vereinbart und nach diesem Lohnsatz sind auch seine sämtlichen Arbeiten — wie er angibt — bezahlt worden. Bei der Lohnzahlung am 12. April d. Js. jedoch wollte die

Beklagte — behauptet Kläger weiter — ohne vorherige Abrede ihm anstatt des Stundenlohnes einen Akkordlohn von insgesamt 57,07 Mk. zahlen. Kläger ist hiermit nicht einverstanden und beansprucht Zahlung nach Stundenlohn. Seine Forderung, nach Stundenlohn berechnet, beträgt 131,85 Mk.

Die Beklagte erkennt die Forderung des Klägers in Höhe von 57,07 Mk. an; sie macht geltend: Kläger habe, solange er als Helfer bei einer Arbeiterkolonne mit Maschinenreparaturen beschäftigt worden, einen Stundenlohn von 60 Pfg. erhalten, vom Februar d. Js. ab sei er jedoch in Akkord beschäftigt worden. Das sei ihm auch von dem Meister H. eröffnet worden, und dem Kläger müsse es sehr wohl bekannt gewesen sein, da er es aus den Arbeitszetteln und dem Lohnbuch habe ersehen können. Denn während die Arbeitszettel für Lohnarbeiten bei der Übergabe an den ausführenden Arbeiter nie einen Preis trügen, sei in den Arbeitszetteln bei Akkordarbeiten der Preis für das anzufertigende Werk angegeben. Könne der Arbeiter mit dem Akkordpreise nicht zurechtkommen, so würden ausnahmsweise Preiszuschläge gewährt; dies sei auch bei dem Kläger mehrfach der Fall gewesen, und ergebe sich aus dem Lohnbuch, in dem für die Monate November bis Januar die Arbeit in Stundenlohn berechnet worden sei, wogegen für die Monate Februar bis April die Akkordpreise eingesetzt und mehrfach Zuschläge in Höhe von 6 Mk. eingerückt seien. Kläger behauptet, von der Abrechnung in Akkordlohn erst im April Kenntnis erhalten zu haben. Beklagte hat zum Beweis für ihre Behauptungen das Lohnbuch und die für Kläger ausgestellten Arbeitszettel vorgelegt.

Die Beklagte ist zur Zahlung des anerkannten Betrages verurteilt, im Übrigen ist die Klage abgewiesen.

Aus den Gründen: Zum Schluß des Akkordvertrages ist die Einigung der Parteien über die zu leistende Arbeit und den Akkordlohn erforderlich. § 154 BGB. Eine solche Einigung hat stattgefunden. Nach Angabe der Beklagten hat der Meister H. dem Kläger mitgeteilt, daß er künftig gegen Akkordlohn beschäftigt würde, die Arbeitszettel sind demgemäß seit Beginn der Akkordarbeit regelmäßig mit einer Angabe des Preises für das anzufertigende Werk versehen worden und im Lohnbuch ist die Berechnung nach den festgesetzten Akkordpreisen erfolgt. Kläger kann mithin Unkenntnis nicht vorschützen, auch hat er die Richtigkeit der Lohnberechnung für den Monat Februar durch seine Unterschrift im Lohnbuch anerkannt. Unstreitig hat aber der Kläger seine Einwilligung nicht ausdrücklich erklärt, und § 151 BGB. nennt nur zwei Fälle, in denen ein Vertrag ohne ausdrückliche Annahme-Erklärung zu stande kommt, nämlich, wenn eine solche Erklärung nach der Verkehrssitte nicht zu erwarten ist oder der Antragende auf sie verzichtet hat. Daß einer dieser Fälle hier vorliege, war nicht anzunehmen; nach allgemeinen Grundsätzen kann aber bei formlosen Geschäften die Annahme auch durch schlüssige Handlungen und unter Umständen durch Stillschweigen erfolgen. Eine stillschweigende Annahme ist aber darin zu finden, daß der Kläger seit Februar gegen Akkordlohn gearbeitet hat, ohne Widerspruch zu erheben. Folgt hieraus, daß Kläger in den Monaten März und April im Akkordlohnverhältnis gestanden hat, so hat er auch nur die Akkordsätze mit 32,85 Mk. pro März und 24,22 Mk. pro April zu fordern.

## 128. Muß der Akkordarbeiter die Arbeit persönlich ausführen?

Urteil des GG. Berlin vom 28. Februar 1896.

Der Beklagte (Malermeister) hat den Kläger (Maler) am 22. Januar 1896 zur Ausführung von Decken der ersten Etage eines Neubaues mit der Maßgabe angenommen, daß dem Kläger gestattet war, sich Hilfskräfte zur Mitwirkung bei der Arbeit anzunehmen. Die eigentlich künstlerische Arbeit mußte jedoch Kläger selbst ausführen. Der Gesamtpreis für die Arbeit war auf 200 Mk. vereinbart. Am 27. und 28. Januar hat Kläger selbst nicht auf dem Bau gearbeitet, sondern anderweite Arbeit ausgeführt. Am 27. erklärte der Beklagte, daß er die Arbeit nicht fortsetzen lasse, wenn Kläger nicht persönlich arbeite. Obgleich dies dem Kläger von seinen Arbeitern mitgeteilt worden war, ist er am 28. nicht zur Arbeit erschienen und darauf bei seinem Erscheinen am 29. entlassen worden. Kläger fordert Auszahlung des Akkordgeldes abzüglich der bereits empfangenen 50 Mk.

**Beklagter hält die Entlassung für begründet, da Kläger nicht zur Arbeit gekommen sei, und billigt für die fertiggestellte Arbeit höchstens 62 Mk. zu. Die Angemessenheit dieses Preises ist vom Kläger nicht bestritten.**

Der Beklagte ist zur Zahlung von 62 Mk. verurteilt. Im übrigen ist die Klage abgewiesen.

**Aus den Gründen:** Das Vertragsverhältnis zwischen dem Kläger und dem Beklagten ist nach den Regeln des gewerblichen Arbeitsvertrages zu beurteilen, untersteht daher den Vorschriften der RGO. Wenn auch zweifellos für Herstellung einer fertigen Arbeit, sei es nur einzelner Decken, sei es aller Decken einer Etage, ein Preis bedungen ist, wenn auch der Kläger in seiner Eigenschaft als Deckenmaler eine besonders technische Qualifikation besitzt, so ist doch der Kläger seiner ganzen wirtschaftlichen und sozialen Stellung nach nur Gewerbegehilfe des Beklagten, der nicht als selbständiger Unternehmer, sondern in Abhängigkeit von einem Unternehmer arbeitet und zur persönlichen Ausführung der mehr künstlerischen Arbeit verpflichtet ist. Bezahlung in Stücklohn für jede Decke ist im Malergewerbe üblich. Selbst wenn ein Gesamtpreis für alle Decken der Etage verabredet sein sollte, geht doch aus den eigenen Ausführungen des Klägers hervor, daß dabei Einzelpreise für die einzelnen Decken zu Grunde gelegt wurden. Um Herstellung eines außerhalb der technischen, vielleicht sogar künstlerischen Arbeiten des Klägers liegenden Werkes handelt es sich nicht. Der Kläger war nur als Gehilfe zur Arbeit gedungen, daß dem Kläger überlassen war, sich Kollegen zur Hilfe bei Ausführung der Arbeit anzunehmen, ist nichts besonderes, was für Annahme eines Werkvertrages spräche. Bei der jetzigen Kompliziertheit der gewerblichen Arbeit kommt es fast in allen Branchen vor, daß dem einzelnen Arbeiter Akkordarbeit übertragen wird, die er nicht allein verrichten kann, sondern zu der er Hilfskräfte braucht, sei es, daß der technisch geschulte eine unausgebildete Kraft als Arbeitsmann braucht (der Putzer den Träger, der Rohrleger den Arbeiter (Helfer), der Zigarrenmacher die Wicklerin), sei es, daß der Spezialist, der mehr künstlerische Arbeit verrichtet, zur Ausführung der gewöhnlicheren Arbeiten des Gewerbes weniger spezialistisch geschulte Kräfte hinzunimmt, um nicht seine größere technische Schulung auf Ausführung minder gut bezahlter Arbeit verwenden zu müssen, sei es, daß mehrere in kollegialer Gemeinschaft (Gruppenakkord) die Arbeit ausführeu. Die Berechnung mit diesen Hilfskräften ist dann dem annehmenden Arbeiter überlassen, er wird dadurch zwar im gewissen Sinne (soweit er nicht zur Annahme namens des Unternehmers befugt ist) Arbeitgeber seiner Kollegen und Helfer, verliert aber dadurch selbst nicht den Charakter als Gewerbegehilfe. Derart war auch nach übereinstimmender Angabe der Parteien die Stellung des Klägers. Er ist Spezialist für Deckenmalerei, solche Arbeiten, die nicht nach bestimmter Schablone oder in graden Strichen ausgeführt werden, sondern ein gewisses freies Walten künstlerischer Phantasie und technische Gewandtheit erfordern, während er die unterlaufenden gewöhnlichen Stubenmalerarbeiten durch seine Kollegen verrichten läßt. Selbst wenn man den Akkordvertrag als Werkverdingungsvertrag ansehen wollte, kommen doch zugleich die Regeln des Tit. 7 der GO. zur Anwendung, da Kläger lediglich Gewerbegehilfe des Beklagten war. — Nun ist es im Gewerbe üblich, daß solche Spezialisten eine gewisse Freiheit genießen. Die Natur des Arbeitsverhältnisses bringt es mit sich, daß, wenn die Vorrichtarbeiten der Hilfskräfte noch nicht soweit vorgeschritten sind, der Spezialist nicht arbeiten kann. Er wird sich auch, da er immer nur einzelne Arbeiten übernimmt, zwischendurch nach anderer Arbeit umtun dürfen. Er ist aber nicht berechtigt, volle Tage von der Arbeitsstätte wegzubleiben und die Hilfskräfte, für deren Arbeit er verantwortlich ist, ohne Anleitung arbeiten zu lassen. Wenn er nun, nachdem am 27. Januar Beklagter seine persönliche Anwesenheit gefordert hatte, auch am 28. von der Arbeit fortblieb, so muß darin ein unbefugtes Verlassen der Arbeit gefunden werden, das den Beklagten berechtigte, den Kläger sofort zu entlassen (§ 123 RGO.). Kläger kann daher nur die fertiggestellte Arbeit bezahlt verlangen. Der Beklagte hat hierfür 62 Mk., also noch 12 Mk. zugebilligt. Einen höheren Verdienst hat Kläger nicht nachzuweisen vermocht. Mit der Mehrforderung war dagegen der Kläger abzuweisen. (Unger, Nr. 16.)

## 129. Muß der Akkordarbeiter pünktlich zur Arbeit erscheinen?

Urteil des Kgl. Landgerichts I Berlin vom 10. Mai 1895.

Kläger (Rohrdeckenarbeiter) verlangen von den Beklagten (Rohrdeckenfabrikanten), bei denen sie in Akkordarbeit standen, u. a. wegen angeblich ungerechtfertigter Entlassung eine Lohnentschädigung für 14 Tage. Die Beklagten begehren Klageabweisung, weil die Kläger trotz vorheriger Ermahnung am 19. und 20. November wieder zu spät zur Arbeit gekommen wären. Das GG. hat, obgleich die Behauptung der Beklagten erwiesen worden, die Lohnentschädigung zugesprochen, weil die Kläger „die Arbeit in Akkord ausführten und also nach der geleisteten Arbeit und nicht nach der darauf verwendeten Zeit gelohnt" würden.

In der Berufungsinstanz wurde der Lohnentschädigungsanspruch für unbegründet erachtet.

Aus den Gründen: Wenn die Kläger, wie sie selbst eingestehen, am 19. November um 10 Uhr vormittags und am 20. um etwa dieselbe Stunde zur Arbeit erschienen, so ist dies zweifellos eine Verletzung der ihnen vertragsmäßig obliegenden Pflichten. Die Deduktionen des Vorderrichters, daß es bei Akkordarbeit nicht darauf ankomme, ob die Arbeiter früher oder später erscheinen, sind verfehlt. Gerade bei Akkordlohn will der Unternehmer die Arbeit bestmöglichst gefördert haben und die üblichen Anfangszeiten für die Arbeit müssen deshalb als mitvereinbart angesehen werden, gerade eine Steigerung der Arbeitsleistungen während der üblichen Arbeitsstunden ist beabsichtigt. Daß die Vereinbarung besonders zum Ausdrucke gelange, ist nicht erforderlich; es handelt sich um eine Vertragsinterpretation auf Grund bestehender Gewerbegepflogenheiten. Die übliche Anfangszeit in den streitigen beiden Tagen ist 7 Uhr vormittags. Das haben die Kläger nicht bestritten, ist zudem auch nach der Bekundung des Bauunternehmers O. unbedenklich. Die vorstehenden Grundsätze gelten naturgemäß auch für das vorzeitige Unterlassen der Arbeit, so daß die Kläger ihre Pflichten in recht erheblicher Weise verletzt haben.

Die Vertragsverletzung allein genügt jedoch zur sofortigen Aufhebung des Vertrages nach den Bestimmungen der GO. noch nicht. Der § 123 Nr. 3 daselbst verlangt noch das besondere Merkmal, daß die Zuwiderhandlung sich als beharrliche Weigerung der Pflichterfüllung darstellt. (Daß dies der Fall ist, wird näher ausgeführt.) (Unger, Nr. 14.)

## 130. Darf der Arbeitgeber einseitig den Akkordsatz herabsetzen?

Urteil des GG. Offenbach a. M.

Es ist festgestellt, daß die Kläger seinerzeit unter Zusage eines bestimmten Wochenlohns in der Fabrik eingestellt seien, daß sie jedoch bereits mehrere Jahre als Gußputzer zu dem in der Fabrik üblichen Akkordpreis beschäftigt wurden auf Grund gegenseitigen Einverständnisses. Am 24. Oktober 1901 übertrug die Firma den Klägern das Putzen von 2960 und 5771 kg Guß und eröffnete denselben hierbei, daß nunmehr ein neuer niedrigerer Tarif zur Anwendung komme. Die Kläger protestierten alsbald gegen diese einseitige Lohnreduktion, jedoch ohne Erfolg. Trotz des Protestes wurde ihnen bei dem nächsten Zahltag auf Grund des neuen Tarifs der Lohn ausbezahlt; darauf kündigten die Kläger das Arbeitsverhältnis und klagen auf Zahlung der Differenz zwischen dem alten und neuen Tarif.

Der Beklagte ist verurteilt.

Aus den Gründen: Der gewerbliche Arbeitsvertrag ist ein Dienstvertrag im Sinn § 611 ff. BGB. — Der Dienstvertrag kommt zustande durch gegenseitige Willensübereinstimmung und schafft Verpflichtungen auf beiden Seiten: Der Arbeiter ist verpflichtet, die versprochenen, durch die Arbeit bedungenen Dienste zu leisten; der Arbeitgeber ist verpflichtet, die vereinbarte Vergütung zu gewähren. — Die Höhe dieser Vergütung, welche nach Zeit oder nach Stück berechnet werden kann, beruht entweder auf ausdrücklicher oder stillschweigender Vereinbarung oder aber es ist (vgl. BGB. § 612) beim Bestehen einer Taxe die taxmäßige Vergütung und in Ermangelung einer Taxe die übliche Vergütung als vereinbart anzusehen. — Wie aber der Vertrag als solcher nur durch gegenseitige Vereinbarung zu stande kommt, kann auch ein wesentlicher Bestandteil desselben, d. h. auf Seite des Arbeitgebers der Lohn, auf Seite des Arbeiters die Leistung der Dienste nur auf Grund einer ausdrücklichen oder stillschweigenden Vereinbarung jederzeit geändert werden (vgl. BGB. § 305); eine einseitige Änderung ist daher Kontraktbruch, die den andern Teil zur Klage auf Erfüllung des Vertrages oder Entschädigung berechtigt. (Vgl. BGB. § 322, 326, 628 Abs. 2.) Dies liegt im vorliegenden Fall vor; der alte Tarifsatz ist die seit langer Zeit übliche bezw. vereinbarte Vergütung, auf welche die Kläger einen Anspruch haben. — Wenn die Firma nicht glaubte in der Lage zu sein, den üblichen Lohn auch ferner zu zahlen, so blieb ihr nur das eine Mittel, den Klägern zu kündigen, sofern diese mit der Reduktion des Lohnsatzes nicht einverstanden waren. Bis zum Ablauf der Kündigungsfrist wäre sie jedoch verpflichtet gewesen, den alten Lohnsatz weiter zu zahlen.

Wenn vonseiten der Beklagten behauptet wird, die Kläger hätten alsbald die Arbeit niederlegen müssen, wenn sie nicht einverstanden waren, so ist dies nicht richtig; nach § 124 Ziff. 4 GO. wären die Kläger allerdings berechtigt gewesen, an dem Zahltag, an welchem der reduzierte Lohn ausbezahlt wurde, alsbald die Arbeit niederlegen. In diesem Fall hätten ihnen aber über diesen Zeitpunkt hinaus Entschädigungsansprüche nicht zugestanden; sie hätten überhaupt keinen solchen Anspruch gehabt, wenn sie alsbald bei der Ankündigung der Reduktion das Arbeitsverhältnis einseitig gelöst hätten. — Die Kläger haben völlig korrekt gehandelt, daß sie protestierten, die Kündigungsfrist aushielten und alsdann das Gericht in Anspruch nahmen.

## 131. Ist die einseitige Herabsetzung des vereinbarten Akkordlohnes zulässig, wenn der Arbeiter infolge veränderter Betriebsweise durch die Herabsetzung des Lohnes keinen Schaden erleidet?

Urteil des GG. zu Dresden.

Die Klägerinnen waren gegen Akkordlohn als Arbeiterinnen in der Blumenfabrik der Beklagten beschäftigt. Während der Dauer des Arbeitsverhältnisses führte die Beklagte eine neue Betriebsweise ein, wo es den Klägerinnen ermöglicht wurde, in der gleichen Arbeitszeit erheblich mehr zu verdienen. Mit Rücksicht darauf setzte die Beklagte am 17. Oktober 1896 die vereinbarten Akkordlöhne entsprechend herab, nachdem sie die Klägerinnen einige Wochen vorher darauf vorbereitet gehabt hatte. Die Klägerinnen machten nunmehr dem Buchhalter der Beklagten gegenüber Bedenken geltend, welcher ihnen darauf nach der von den Klägerinnen bestrittenen Behauptung der Beklagten gesagt haben soll: „Wem's nicht paßt, der mag gehen, wir haben andere Presserinnen, die zu dem neuen Lohnsystem arbeiten wollen." Die Klägerinnen setzten demnächst die Arbeit, ohne eine ausdrückliche und bestimmte Erklärung bezüglich ihres Einverständnisses mit der Lohnherabsetzung abgegeben zu haben, bis zum 24. Oktober 1896 fort. Erst am 24. Oktober, als ihnen der Lohn unter Zugrundelegung der neuen niedrigeren Akkordsätze ausgezahlt wurde, erhoben sie ausdrücklichen Widerspruch und verlangten Bezahlung der alten Akkordsätze, welche ihnen von der Beklagten bis zum 31. Oktober 1896 gewährt wurde. Am 30. Oktober kündigten die Klägerinnen der Beklagten das Arbeitsverhältnis über 14 Tage. An den beiden folgenden Lohnzahlungsterminen, am 7. und 14. November 1896, erhielten die Klägerinnen den Lohn unter Zugrundelegung der neuen Akkordsätze ausgezahlt. Sie verlangten nunmehr im Klagewege die Differenz zwischen den alten und neuen Akkordsätzen für die Zeit vom 1. bis 14. November 1896. Die Beklagte hat in rechtlicher Beziehung folgendes geltend gemacht: 1. Da den Klägerinnen durch die Herabsetzung der Löhne ein pekuniärer Schaden nicht zugefügt worden sei, hätte es der Zustimmung der Klägerinnen zu der vorgenommenen Lohnänderung überhaupt nicht bedurft, sie, Beklagte, sei vielmehr berechtigt gewesen, diese Änderung in jedem Augenblicke vorzunehmen. 2. dadurch, daß die Klägerinnen auf die Erklärung des Buchhalters, „wem's nicht paßt, der mag gehen", nichts erwidert, sondern die Arbeit fortgesetzt hätten, hätten sie sich stillschweigend mit den neuen Akkordsätzen einverstanden erklärt. Die Klägerinnen hätten, wenn sie mit den neuen Akkordlöhnen nicht einverstanden gewesen seien, das Arbeitsverhältnis kündigen müssen. In der Fabrik bestehe 14tägige Kündigung. Die Kündigung sei aber erst am 30. Oktober erfolgt.

Das Gericht verurteilte die Beklagte nach dem Klageantrage.

Aus den Gründen: Die am 17. Oktober erfolgte Herabsetzung der Akkordlöhne bedeutete eine Maßregel, die nur mit dem Einverständnisse der Klägerinnen in Kraft treten konnte. Die Ansicht der Beklagten, daß es dieser Zustimmung um deswillen nicht bedurfte, weil ein pekuniärer Schaden den Klägerinnen darans nicht erwuchs, ist irrig. Dieses Einverständnis konnte erklärt werden ausdrücklich oder stillschweigend dadurch, daß ein Widerspruch nicht erhoben und die Arbeit fortgesetzt wurde. Das Gericht hat aus der Sachdarstellung die Überzeugung gewonnen, daß die Klägerinnen ihre Willensmeinung, daß sie mit der Herabsetzung der Akkordlöhne nicht einverstanden seien, dem Buchhalter allerdings kundgegeben haben. Denn hätte der Buchhalter die Äußerungen der Klägerinnen nicht so aufgefaßt, daß sie mit dem neuen Lohnsysteme nicht einverstanden seien, so hätte er nicht nötig gehabt, darauf zu antworten: Wem's nicht paßt, der mag gehen. Die Beklagte hat nun weiter geltend gemacht, daß die Klägerinnen dadurch, daß sie auf die Erklärung des Buchhalters: Wem's nicht paßt, der mag gehen — nichts geäußert, sondern die Arbeit fortgesetzt hätten, sich stillschweigend mit den neuen Akkordsätzen einverstanden erklärt hätten. Das Gericht hat dieser Annahme der Beklagten nicht beizutreten vermocht. Es ist zu berücksichtigen, daß es sich um einen Verzicht der Klägerinnen auf ihre begründeten Rechte handelte. Verzichte aber dürfen einer bekannten Rechtsregel zufolge nur dann angenommen werden, wenn der Wille der betreffenden Person, seinen Rechten zu entsagen, in völlig unzweideutiger Weise zum Ausdruck gebracht worden ist. Dies trifft im vorliegenden Falle auf die Klägerinnen keineswegs zu. Denn diese können offenbar trotz ihres Stillschweigens sehr wohl die Absicht gehabt haben, bei ihrem Rechte auf die alten Akkordlöhne stehen zu bleiben und erst einmal zuzusehen, wie sich der Verdienst und die Arbeit unter den neuen Verhältnissen gestalten würde. Es läßt sich ferner nicht behaupten, daß die Klägerinnen verpflichtet gewesen seien, über diese Absicht den Buchhalter aufzuklären. Im Gegenteile, es war die Pflicht des Buchhalters, sich darüber völlige Gewißheit zu verschaffen, ob die Klägerinnen mit den neuen Akkordlöhnen einverstanden seien. Die Klägerinnen hatten dadurch, daß sie ihr Nichteinverständnis dem Buchhalter kundgegeben hatten, ihre Rechte vollständig gewahrt und es wäre nun Sache der Beklagten gewesen, den Klägerinnen das Arbeitsverhältnis zu kündigen. Nicht aber hatten die Klägerinnen, wie die Beklagte meint, als Antwort auf die Lohnherabsetzung ihrerseits die Kündigung auszusprechen. Steht somit fest, daß die Klägerinnen gegen das neue Lohnsystem Widerspruch erhoben haben und vonseiten der Beklagten auf diesen Widerspruch das Arbeitsverhältnis nicht gekündigt worden ist, so hatte es bei den alten Akkordlöhnen bis zur ordnungsmäßigen Beendigung des Arbeitsverhältnisses sein Bewenden. Die Auflösung des Arbeitsverhältnisses ist aber durch die Klägerinnen selbst dadurch herbeigeführt worden, daß sie die Arbeit am 30. Oktober für den 14. November gekündigt haben. Nach alledem war die Beklagte auch am 7. und 14. November nicht berechtigt, den Lohn unter Zugrundelegung der neuen Akkordlöhne auszuzahlen. („Gewerbegericht" Jg. 3, Sp. 100).

## 132. Muß der Akkordlohn auch für mangelhafte Arbeit gezahlt werden?

### a) Urteil des GG. Darmstadt vom 8. Dezember 1900.

Kläger, Former in der Gießerei der Beklagten, erhebt Anspruch auf Zahlung von 8 Mk., den vereinbarten Akkordlohn für ein von ihm hergestelltes Gußstück. Die Bezahlung wurde ihm verweigert, weil das Gußstück einige Formfehler habe, Vertiefungen auf einer Fläche, welche die Brauchbarkeit des Stückes nicht wesentlich beeinträchtigte, wahrscheinlich durch Ablösung kleiner Teile der Sandform verursacht, jedenfalls ohne das geringste Verschulden seinerseits entstanden seien. Stücke mit solchen Formfehlern habe die Fabrikleitung regelmäßig bezahlt, in vorliegendem Falle sei dies deshalb nur nicht geschehen, weil der Geschäftsabsatz nachgelassen habe.

Der Vertreter der Beklagten beantragt Abweisung der Klage, weil nach Gesetz und Gewohnheit für sog. „Fehlschuß" ein Lohn nicht bezahlt zu werden brauche.

Es sind zwei Sachverständige vernommen. Beide sprachen sich dahin aus, daß der Fehler wahrscheinlich durch Ablösung von Teilen der Sandform entstanden sei, und diese Ablösung wieder könne ihre Ursache darin haben, daß der Former die Teile der Sandform nicht genügend befestigt oder nicht vollständig trockenen Sand verwendet habe, aber auch darin, daß das in die Form einströmende Eisen die Luft auf einzelne Teile der Form presse und durch diese einseitig wirkende Kraft Formteile abgebröckelt werden, ohne daß dem Arbeiter ein Vorwurf mangelnder Sorgfalt gemacht werden könne. Der eine Sachverständige hielt für wahrscheinlich, daß auch bei solchen sog. Luftschlägen ein Schaden nur entstehen könne, wenn der Former nicht ganz sorgfältig gearbeitet habe, während der zweite Sachverständige versicherte, daß gegen Schaden durch Luftschläge auch die beste Herstellung der Form nicht sichern könne. Beide Sachverständige gingen darin einig, daß der Akkordlohn nach Ortsgebrauch zu zahlen sei, wenn den Arbeiter kein Verschulden an dem Fehler des Stückes treffe, und daß Lohn nicht zu zahlen sei, wenn der Arbeiter die erforderliche Sorgfalt nicht beobachtet habe. Darüber, ob in Gießereien eine Übung bestehe, daß Fehlschuß niemals zu zahlen sei, vermochte der erste Sachverständige eine bestimmte Mitteilung nicht zu machen, weil in seiner Fabrik nicht gegossen wird; der zweite behauptete, in der beklagten Fabrik, in welcher er früher selbst Former gewesen, werde seit einer Besprechung mit dem Direktor in diesem Frühjahre solcher Fehlschuß, bei welchem ein Verschulden des Formers mindestens zweifelhaft sei, bezahlt; es sei ihm nicht bekannt, daß in einem Falle wie in diesem der Akkord nicht bezahlt worden sei.

Die Beklagte ist verurteilt.

Aus den Gründen: Zwischen den Parteien bestand ein Dienstvertrag. Die einzelnen Akkordvereinbarungen sind nicht als eine Reihe von Werkverträgen innerhalb des Dienstvertrags aufzufassen. Der Stücklohn ist nach Leistung der Dienste zu entrichten, BGB. § 614, also nach Fertigstellung des Stücks, nicht nur dann, wenn das Stück vollständig fehlerfrei hergestellt ist. Der Akkordlohn für fehlerhafte Stücke kann aber im einzelnen Falle verweigert werden, wenn eine besondere Vereinbarung oder eine Übung in der Brauche oder der Fabrik besteht, nach welcher bei Verschulden des Arbeiters, bei Zweifel, ob Verschulden oder Zufall vorliegt, oder auch stets, gleichviel aus welcher Ursache der Fehler entstanden, der Akkordlohn nicht zu zahlen ist. Eine derartige Vereinbarung ist von der Beklagten nicht behauptet und als Übung nur festgestellt worden, daß bei Verschulden des Arbeiters der Anspruch auf den Akkordlohn nicht zu zahlen ist. Daß aber den Arbeiter in vorliegendem Falle ein Verschulden trifft, ist nicht bewiesen.

Aus dem Gesichtspunkte des Schadensersatzes hat Beklagte den Lohn nicht verweigert. Übrigens wäre auch ein solcher Anspruch mangels Nachweises eines Verschuldens des Klägers nicht gerechtfertigt.

### b) Urteil des GG. Frankfurt a. M. vom 22. Januar 1903.

Kläger stand bei der Beklagten als Former in Akkordlohn. Er klagt auf Zahlung von 12 Mk. Lohn. Beklagte wendet ein, die vom Kläger gelieferten Rollen seien Ausschuß gewesen, der niemals bezahlt werde. Kläger erwidert, daß er an diesem Tage so viel Ausschuß gehabt habe, daß es unbedingt am Material gelegen haben müsse.

Die Beklagte ist verurteilt.

Aus den Gründen: Das Gericht steht auf dem Standpunkt, daß bei Akkordarbeiten zwar der Ausschuß, der regelmäßig vorkommt, nach allgemeiner Übung nicht zu bezahlen ist. Übersteigt der Ausschuß aber in erheblichem Maße das übliche Verhältnis, so ist zu prüfeu, ob den Arbeiter ein Verschulden an diesem Resultat trifft. Es existieren keine gesetzlichen Bestimmungen darüber, wer bei Akkordarbeiten die Gefahr zu tragen hat. Es sind deshalb die allgemeinen Grundsätze des BGB. zugrunde zu legen und nach diesem hat der Schuldner gemäß § 276 nur Vorsatz und Fahrlässigkeit zu vertreten. Die Beweisaufnahme hat nun nicht ergeben, daß eine fahrlässige Handlungsweise des Klägers den Ausschuß verursacht hat, es muß vielmehr dahingestellt bleiben, ob dies am Material gelegen hat oder auf sonst einen Zufall zurückzuführen ist. Mangels nachgewiesenen Verschuldens war Beklagte deshalb zur Zahlung des Akkordlohnes für die zersprungenen Rollen nach Antrag zu verurteilen.

## 133. Ist der Akkordarbeiter verpflichtet, Mehrarbeit erfordernde Änderungen an der ihm übergebenen Arbeit ohne besondere Entschädigung vorzunehmen?

Urteil des GG. Frankfurt a. M.

Die Beklagten haben den Anspruch des Klägers auf Entschädigung wegen kündigungsloser Entlassung bestritten, weil er sich trotz wiederholter Aufforderung geweigert habe, eine Arbeit so herzustellen, wie es in ihrem Betriebe verlangt werde.

Auf Befragen haben die Beklagten Folgendes angegeben: In ihrer Fabrik sei das Stück- und Akkordsystem durchgeführt, d. h. es sei bei Herstellung der Arbeit eine Arbeitsteilung bis ins einzelne vorgesehen. Der Kläger habe zur Kategorie der Zwicker gehört. Diese hätten das Gelenkstück und die Zwischensohlen aufzulegen. Darauf ginge die Arbeit weiter an einen anderen Arbeiter, der seinerseits die Sohle auflege. Für gewöhnlich wäre an dem Gelenkstück weiter nichts zu machen als es „abzuschürfen", d. h. dünner zu machen. An der Form des Gelenkstücks, welches durch eine Maschine hergestellt werde, sei an sich nichts zu ändern. Nun arbeite aber die Maschine in ihrem Betriebe nicht ganz genau, so daß es außer dem Abschürfen nötig sei, das Gelenkstück nach der hohlen Seite hin eine Kleinigkeit abzuschneiden. Hin und wieder genüge es, daß das Gelenkstück ganz genau auf den Stiefel aufgepaßt würde. Rage jedoch das Gelenkstück nach der Hohlseite zu weit über, so werde es bei dem Befestigen der Sohle von dem Bindemittel mit ergriffen und die Ware erweise sich dann als nicht dauerhaft. Es komme auch vor, daß das Gelenkstück über die Sohle nach außen hinaus rage und der Stiefel dadurch ein schlechtes Aussehen gewinne. Der Fehler der Maschine zu beseitigen sei der Kläger sehr wohl in der Lage gewesen, indem er auf einem Leisten oder aus freier Hand die erforderliche Änderung an dem Gelenkstück vornehme.

Der Kläger hat demgegenüber auf Befragen erwidert: Es sei richtig, daß es sich bei dem Verlangen der Beklagten gerade um das Abschneiden des Gelenkstücks gehandelt habe. Hierzu sei er aber an sich nicht verpflichtet. Denn als Akkordarbeiter müsse er darauf sehen, so viel wie möglich fertigzustellen. Werde von ihm dauernd verlangt, die Gelenkstücke nicht nur abzuschürfen, sondern auch abzuschneiden, so entstehe ihm dadurch ein Minderverdienst, da er den Tag über ungefähr $^3/_4$ Stunden länger mit demselben Quantum Ware beschäftigt sei. Es sei ihm beim Eintritt in das Dienstverhältnis bei den Beklagten auch nicht gesagt worden, daß er neben dem Abschürfen auch die Gelenkstücke noch zurecht zu schneiden habe.

Beklagte wurden verurteilt.

Aus den Gründen: Unter den Parteien steht unstreitig fest, daß der Kläger eine Arbeit verweigert hat, die die Beklagten von ihm wiederholt und schließlich unter Androhung der Entlassung aus dem Arbeitsverhältnis verlangt haben. Die sofortige Entlassung wäre an sich gerechtfertigt, wenn die Arbeit, die von dem Kläger verlangt worden ist, eine solche gewesen wäre, die von ihm nach dem Arbeitsverhältnis ohne weiteres verlangt werden konnte. Letzteres war jedoch nicht anzunehmen. Dabei war zunächst von folgender allgemeinen Erwägung auszugehen: Bei Durchführung der Arbeitsteilung und des Akkordsystems ist der Arbeiter nicht verpflichtet und auch nicht berechtigt, Änderungen an dem ihm zur Bearbeitung übergebenen Material vorzunehmen. Vielmehr muß er das, was ihm die „Stanze" oder die „Form" liefert, unverändert lassen. Es folgt dies daraus, daß von der Form die Herstellung der Arbeit abhängt, und daß der einzelne Arbeiter nicht in der Lage ist, bei seiner Einzelleistung die Herstellung des Gesamtprodukts zu übersehen. Willkürliche Abänderungen nach eigenem Ermessen würden die Ware verändern und sie vielleicht unbrauchbar machen. Dazu kommt, daß die Akkordsätze berechnet werden unter der Annahme, daß die Herstellung der Ware durch einfache Verwendung des gelieferten Materials ohne weitere Schwierigkeiten erfolgt. Es verändert deshalb auch das Verlangen nach besonderer Bearbeitung des Materials das Arbeitsverhältnis zwischen Arbeitgeber und Arbeitnehmer.

Ist dieses richtig, so ergibt sich für den vorliegenden Fall, daß der Kläger nur, wenn ihm besonders mitgeteilt war und wenn er sich damit einverstanden erklärte, verpflichtet war, das Gelenkstück abzuändern. Auch hier konnte er nicht sofort übersehen, ob ohne Beschneiden des Gelenkstücks die Ware ordnungsmäßig hergestellt werden würde; denn die Sohle, die das Gelenkstück bedeckt, wurde von ihm nicht mehr aufgelegt, sondern von einem anderen Arbeiter. Die Beklagten haben nun aber zweifellos von ihm verlangt, ohne daß ihm früher eine besondere Mitteilung gemacht war, daß er an einer bestimmten Partie Stiefel die Gelenkstücke abschneiden solle. Sie haben dies unter Anwendung ihrer Fabrikordnung Nr. 4 Abs. 3 getan, nach der demgemäß der Kläger eine besondere Entschädigung für seine Mehrarbeit nicht erhalten hätte. Diese hätte aber dem Kläger zugestanden, da es eben eine Mehrarbeit war, die entsprechend den obigen Ausführungen von ihm ohne besonderes Entgelt nicht ausgeführt zu werden brauchte. Somit hing die Ausführung der verlangten Arbeit von einer Vereinbarung der Parteien über die Arbeit selbst und die dafür zu zahlende Entschädigung ab. Da die Beklagten ihrerseits eine solche Vereinbarung gar nicht angestrebt haben, sondern ohne weiteres von dem Kläger die Herstellung verlangt haben, so war seine Weigerung keine ungerechtfertigte.[1] („Gewerbegericht" Jg. 3, Sp. 91.)

## 134. Hat der Akkordarbeiter Anspruch auf Entschädigung für die Zeit, während der er wegen Materialmangels nicht arbeiten kann?

a) Urteil des GG. Stettin.

Der Arbeitgeber ist zum Schadensersatz verurteilt.

Aus den Gründen: Die Vereinbarung von Akkordarbeit ist in der Regel so zu verstehen, daß die Leistung bestimmter Arbeiter den Maßstab für den Betrag des dem Arbeiter zu zahlenden Arbeitslohnes abgeben soll. Natürliche Voraussetzung ist dann aber, daß der Arbeitgeber den Arbeiter in die Lage versetzen muß, ohne Aufenthalt flott fortzuarbeiten, daß der Arbeitgeber also insbesondere das notwendige Material dem Arbeiter bereithalten muß, denn sonst würde die Zuverlässigkeit jenes Maßstabes vollkommen versagen. („Gewerbegericht" Jg. 4, Sp. 111.)

b) Urteil des GG. Stettin.

Kläger, ein Tischlergeselle, hatte behauptet, daß er bei Herstellung einer Garnitur längere Zeit, insbesondere einen ganzen Sonnabend, habe stilliegen müssen, weil vom

---

[1] Vgl. Unger Nr. 1.

Drechsler nicht die passenden Füße geliefert seien. Er verlangte Entschädigung für diese Zeit.

Der Beklagte ist verurteilt.

Aus den Gründen: Die Vereinbarung von Akkordarbeit ist im allgemeinen nicht dahin zu verstehen, daß der betreffende Arbeiter die Ausführung einer bestimmten Arbeit übertragen erhält — in welchem Falle er vielmehr als selbständiger Unternehmer dastehen nnd in kein Arbeitsverhältnis zu dem Arbeitgeber treten würde — sondern vielmehr nur dahin, daß die Leistung bestimmter Arbeiten den Maßstab für den Betrag des dem Arbeiter zu zahlenden Arbeitslohnes abgeben soll, und so liegt die Sache auch im vorliegenden Falle unzweifelhaft. Natürliche Voraussetzung dieser Vereinbarung ist dann aber, daß der Arbeitgeber den Arbeiter auch dann in die Lage versetzen muß, ohne Aufenthalt flott fortzuarbeiten, daß der Arbeitgeber also insbesondere das notwendige Material dem Arbeiter bereithalten muß, denn sonst würde die Zuverlässigkeit jenes Maßstabes vollkommen versagen. Im vorliegenden Falle hat nun der Beklagte das Material zu der Garnitur unzweifelhaft nicht bereit gehabt. Nach der Beweisaufnahme ist der Gerichtshof nicht zweifelhaft gewesen, daß der Kläger in der Tat hat stilliegen müssen, bezw. doch mit dem Hin und Her der zur Aushilfe vorgenommenen kleinen Hantierungen die Zeit nur hingebracht hat, die er hätte besser verwenden können, wenn der Beklagte das Material zur rechten Zeit hergegeben hätte. Diese Feststellungen rechtfertigen eine Verurteilung des Beklagten. („Gewerbegericht" Jg. 5, Sp. 98.)

### c) Urteil des GG. Berlin, Kammer 2.

Kläger ist im Gewerbebetriebe des Beklagten als Hutmacher vom 13. Oktober 1894 bis zum 6. April 1895 auf Stücklohn beschäftigt gewesen. Am letztgenannten Tage hat er die Arbeit verlassen, weil er in den beiden letzten Wochen seiner Beschäftigung statt des durchschnittlichen Wochenverdienstes — nach klägerischer Angabe von 21 Mk. — nur 6,01 bezw. 2,63 Mk. verdient hat. Er fordert im vorliegenden Rechtsstreit Zahlung der Differenz zwischen dem verdienten und dem Durchschnittslohn und zwar für die Woche.

Kläger hat behauptet, daß diese Differenzen im Lohnverdienst dadurch entstanden seien, daß Beklagter ihm böswillig weniger Arbeit gegeben habe, als er tatsächlich gehabt habe. Er habe die Lohnarbeiter bevorzugt und diesen Arbeit gegeben, die eigentlich ihm zugekommen wäre.

Das GG. erkannte auf Abweisung.

Aus den Gründen: Der Zeuge D. hat in durchaus glaubwürdiger Weise bekundet, daß in der Zeit bis zum 15. März sehr wenige Ordres eingegangen waren, und daß infolgedessen im Betriebe des Beklagten sehr wenig zu tun war. Ferner hat der Zeuge bekundet, daß dem Kläger entgegen der ursprünglichen Absicht des Beklagten zehn Dutzend Strohhüte in Arbeit gegeben worden waren, obwohl diese Arbeit eigentlich den Lohnarbeitern zufallen sollte. Nach alledem hat das Gericht für erwiesen erachtet, daß eine Böswilligkeit des Beklagten dem Kläger gegenüber nicht vorlag. Es ist ferner durch die mündliche Verhandlung festgestellt worden, daß Kläger die Forderung an den Beklagten, ihn genügend zu beschäftigen, niemals gestellt hat. Kläger hat am 6. April 1895 seine Stellung verlassen. Letzteres hätte er schon früher tun können, denn nach § 124 Ziff. 4 der GO. stand ihm das Recht zu, die Arbeit vor Ablauf der vertragsmäßigen Zeit und ohne Aufkündigung zu verlassen, falls der Arbeitgeber bei Stücklohn nicht für genügende Beschäftigung sorgt. Wenn er dies unterließ, so kann er, da bei der Sachlage von einer Schädigung seinerseits durch Beklagten nicht die Rede ist, Beklagten nicht verantwortlich machen. („Gewerbegericht" Jg. 1, Sp. 33.)[1])

---

[1]) Ebenso GG. Berlin vom 17. März 1894. Unger Nr. 2.

## 135. Kann der Akkordarbeiter, dem nachträglich zur Vollendung der Akkordarbeit ein andrer Arbeiter mit seinem Einverständnis beigegeben wird, trotzdem Zahlung des vollen Akkordlohnes fordern?

Urteil des GG. Berlin vom 2. November 1894.

Beklagter übertrug dem Kläger am 22. September 1894 die Herstellung eines Eckladentisches zum vereinbarten Akkordlohn von 60,10 Mk. Kläger vollendete diese Arbeit am 3. Oktober und lieferte sie auch ab, erhielt aber nur 47,85 Mk. ausgezahlt, er fordert daher den Restlohn mit 12,25 Mk. Beklagter hat Klageabweisung begehrt und eingewendet, daß er dem Kläger mit dessen Zustimmung für die Akkordarbeit einen Gehilfen gestellt habe. Von dem diesem gezahlten Lohne müsse Kläger wenigstens einen Teilbetrag von 6 Mk. tragen, da der Hilfsarbeiter in seinem Interesse tätig gewesen sei. Im übrigen macht er einen Schadensersatzanspruch compensando geltend für eine Reihe von Verbesserungsarbeiten, die infolge mangelhafter Ausführung der klägerischen Arbeit notwendig gewesen seien. Kläger hat zugegeben, daß der Hilfsarbeiter in seinem Interesse mehrere Tage tätig gewesen sei und daß Beklagter diesem hierfür mehr als 6 Mk. vergütet hat, dagegen bestritten, daß er mit der Unterstützung durch den Hilfsarbeiter einverstanden gewesen sei.

Der Kläger ist abgewiesen.

Aus den Gründen: Fest steht, daß Kläger bei Fortführung der ihm übertragenen Arbeit von einem Hilfsarbeiter unterstützt worden ist und letzterer hierfür vom Beklagten Bezahlung erhalten, sowie daß diese mehr als 6 Mk. betragen hat. Es kann nun dahingestellt bleiben, ob der Arbeitgeber befugt ist, den Arbeitnehmer mit den Kosten eines im eigenen Interesse der Beschleunigung der Arbeit ihm gestellten Hilfsarbeiters zu belasten, wenn der Arbeitnehmer gegen die ihm gewährte Unterstützung sich verwahrt hat. Im vorliegenden Falle kommt es hierauf gar nicht an. Denn Kläger behauptet selbst nicht, daß er dieser Anordnung des Beklagten widersprochen habe. Hieraus, sowie aus dem Umstande, daß bereits vor Übernahme der Arbeit dem Kläger, wie der Zeuge W. bekundet, eine Beschleunigung derseben mit Rücksicht auf die festgesetzte Lieferfrist ans Herz gelegt worden war, muß gefolgert werden, daß Kläger mit der Unterstützung einverstanden gewesen ist. Derselbe kann daher denjenigen Teil der Arbeit, der tatsächlich nicht von ihm geleistet worden ist, nicht vergütet verlangen. Nach Lage der Sache war aber, da die Tätigkeit des Hilfsarbeiters mehrere Tage angedauert hat, das von ihm hergestellte Arbeitsquantum nach Verhältnis des ausbedungenen Akkordlohnes auf 6 Mk. zu veranschlagen. (Unger Nr. 4.)

## 136. Kann der Akkordarbeiter austreten, wenn der Arbeitgeber wider seinen Willen noch neue Arbeiter in den Akkord einstellt?

Urteil des GG. Kiel vom 19. Mai 1900.

Wie unbestritten feststeht, hatte der Vorarbeiter K. mit einer Anzahl Arbeiter, denen auch der Kläger zugehörte, bei der Beklagten die Arbeiten am Sparrdeck von S. S. H. 4 fertig bis zum Nieten in Akkord auf Grund schriftlichen Akkordvertrages übernommen. Nachdem bereits ein Teil der Arbeit fertiggestellt war, stellte die Beklagte im Einverständnis mit dem Vorarbeiter K., jedoch ohne Anhörung der beteiligten Arbeiter, noch eine zweite Kolonne Arbeiter für diese Akkordarbeit ein, da diese tunlichst beschleunigt werden sollte. Infolgedessen legte Kläger, welcher durch diese Neueinstellung eine Schmälerung seines Akkordverdienstes befürchtete, die Arbeit nieder und beanspruchte Auszahlung des ihm bis dahin zustehenden Akkordüberschusses.

Beklagte wendet ein, daß Kläger die von ihm begonnene Akkordarbeit aus eigenem Verschulden nicht beendet und dadurch nachder Arbeitsordnung, welcher Kläger sich bei seiner Annahme auch unterworfen habe, nur Anspruch auf den ihm bereits ausgezahlten Garantie-Tagelohn, dagegen kein Anrecht auf den etwaigen Überschuß, welcher hier 11,06 Mk. betragen habe; dieser Überschuß falle vielmehr der Unterstützungskasse zu. Nach Ortsgebrauch sei er zur Einstellung der neuen Arbeiter berechtigt gewesen.

Der Beklagte ist verurteilt.

Aus den Gründen: Die Arbeiten vom Sparrdeck waren in Akkord von einer bestimmten Anzahl von Arbeitern, worunter auch Kläger, übernommen worden. Bei jeder Akkordarbeit übernimmt der Arbeiter ein gewisses Risiko insofern, als es von seinen Leistungen abhängig wird, ob er einen erheblichen Arbeitsverdienst oder wenigstens einen dem Durchschnittswerte seiner Arbeit entsprechenden Arbeitslohn erzielen kann, wie er auch andrerseits Gefahr laufen kann, in diesem seinem Verdienste gegen seinen sonstigen durchschnittlichen Tagesverdienst in Tag- oder Stundenlohn wesentlich zurückzubleiben. Die Akkordarbeiter haben somit nicht nur vertragsmäßig die Pflicht, sondern auch das Recht, die Arbeit selbst fertigzustellen; es lag also auch hier im berechtigten Interesse des Klägers, die einmal übernommene und angefangene Arbeit allein mit seinen Vertragsteilhabern zu Ende zu führen. Dies wohlerworbene Recht der Arbeiter verletzte die Beklagte, indem sie zur Beschleunigung der Arbeiten noch eine zweite Kolonne Arbeiter neu einstellte. Kläger war nicht ohne weiteres verpflichtet, unter diesen veränderten Umständen die Akkordarbeit zu beendigen, die Zustimmung des Vorarbeiters K. konnte nur für diesen persönlich gelten, sie war dagegen ohne rechtsverbindliche Wirkung für die mitbeteiligten Arbeiter.

Wenn Beklagte sich auf einen entgegenstehenden Brauch beruft, so ist darauf zu erwidern, daß ein solcher Brauch nicht imstande ist, formelles Recht zu schaffen. Zudem würde man aus einem solchen nur folgern können, daß sich der Arbeitgeber dem Arbeiter gegenüber nicht noch schadensersatzpflichtig macht. Jedenfalls muß dem Rechte des Arbeitgebers auf Nacheinstellung einer beliebigen Anzahl von Arbeitskräften das Recht des Arbeiters, die Arbeit in diesem Falle niederzulegen, notwendigerweise gegenüberstehen, falls nicht ausdrücklich etwas anderes vereinbart ist. („Gewerbegericht" Jg. 7, Sp. 141.)[1]

## 137. Ist die Klausel giltig, daß der Akkordarbeiter, welcher den Akkord (freiwillig oder gezwungen) nicht fertigstellt, nur Stundenlohn erhalten soll?

### a) Urteil des GG. Frankfurt a. M.

Der Eisendreher O. hatte bei der Fabrik O. im Akkordlohn gearbeitet. Der zuletzt übertragene Akkord waren 35 Paar Spindeln, das Paar zu 2,80 Mk. Auf den Gesamtpreis des Akkords von 98 Mk. hat der Kläger im Abschlag als Tagelohn 65 Mk. bekommen. Er behauptet, den Akkord bis auf einen geringen Teil fertiggestellt zu haben, und verlangt den Gesamtrest des vereinbarten Preises mit 33 Mk. Beklagter beantragt Abweisung, weil Kläger einen Revers unterschrieben hat, in dessen Nr. 3 es heißt: „Werde ich einen Akkord unterbrechen, freiwillig oder gezwungen, so habe ich für die bereits darauf verwendete Arbeitszeit nur meinen gewöhnlichen Tagelohn zu beanspruchen." Den Tagelohn habe der Kläger erhalten und deshalb auf den Akkord nichts mehr zu beanspruchen.

Der Beklagte ist verurteilt.

Aus den Gründen: Die Bestimmung des Reverses hat, wie nicht bezweifelt werden kann, den Charakter einer Konventionalstrafe. Ebenso unbedenklich ist es, daß für den freiwilligen Austritt vor Beendigung des Akkordverhältnisses der Arbeiter sich einer Konventionalstrafe unterwerfen kann. Die Bestimmung jedoch, daß die Konventionalstrafe auch verfallen sein solle, wenn der Arbeiter gezwungen die Arbeit aufgeben müsse, bindet ihm für alle Fälle, selbst für den des Kontraktbruchs des Arbeitgebers, die Hände. Eine solche weitgehende Bestimmung verstößt daher gegen die guten Sitten und kann deshalb, auch wenn sie vereinbart worden ist, auf Gültigkeit keinen Anspruch haben. Da der Kläger gegen seinen Willen den Akkord hat unterbrechen müssen,

[1] Ebenso GG. Berlin, 9. Januar 1895. Unger Nr. 5.

so steht ihm demnach trotz der Bestimmung unter Nr. 3 des Reverses für die geleistete Arbeit der Akkordanteil zu. („Gewerbegericht“ Jg. 2, Sp. 98.)

**b) Urteil des GG. Kiel.**

Die Klage auf Auszahlung des Akkordüberschusses ist abgewiesen.

Aus den Gründen: Gegen die Gültigkeit der Bestimmung der Arbeitsordnung an sich liegen keine Bedenken vor, denn der Verlust des Überverdienstes stellt keine Strafe dar für die vorzeitige Niederlegung der Arbeit; sondern es handelt sich einfach um eine anderweite Lohnberechnung für den Fall, daß der Arbeiter vor Beendigung des Akkordes von den ihm zustehenden Rechte, jederzeit die Arbeit niederzulegen zu dürfen, Gebrauch macht; und eine solche Bestimmung ist zum Schutz des Arbeitgebers auch durchaus notwendig, da es sonst leicht vorkommen könnte, daß Arbeiter nach Beendigung der leichteren Arbeiten an einem Akkorde diesen ohne weiteres im Stich lassen und demnächst ihren Überschuß einfordern würden, während der Arbeitgeber gezwungen wäre, mit großen Kosten den Akkord anderweit herzustellen zu lassen. („Gewerbegericht Jg. 5, Sp. 51.)

## 138. Kann beim Akkordlohn neben der Vereinbarung des Kündigungsausschlusses vereinbart werden, daß der Arbeiter den Akkordüberschuß verliert, wenn er vor Vollendung ausscheidet?

a) Urteil des GG. Hamburg vom 1. November 1897.

Der Kläger hat auf Zahlung von 46,85 Mk. Akkordüberschuß laut Rechnung geklagt. Die beklagte Firma hat Abweisung der Klage beantragt. Der Kläger habe das Arbeitsverhältnis vor Vollendung der Stückarbeiten, für welche er mit der vorliegenden Klage einen Anteil am Akkordüberschusse fordert, gelöst. Hierzu sei er nach Abteilung I § 3 ihrer Arbeitsordnung, welcher bestimme, daß das Arbeitsverhältnis ohne Kündigung vor Schluß der täglichen Arbeitszeit von beiden Seiten gelöst werden könne, allerdings berechtigt gewesen. Trotzdem aber sei der Klaganspruch unberechtigt. In § 5 der Abteilung II ihrer vorschriftsmäßig erlassenen und von der Polizeibehörde nicht beanstandeten Arbeitsordnung finde sich nämlich folgende Bestimmung: „Wird das Arbeitsverhältnis von seiten des Arbeiters . . . . . . gelöst, so erlischt mit der Entlassung der Anspruch des Arbeiters auf allen Überschuß an noch unvollendeten Stückarbeiten zu Gunsten der Firma. Diejenigen Arbeiter, welche von seiten der Firma entlassen sind, behalten ihre Ansprüche am Überschuß . . . . . .“

Der Kläger hat demgegenüber folgendes geltend gemacht: Nach § 122 der GO. seien Vereinbarungen zwischen Arbeitgebern und Arbeitnehmern über Abänderung oder Aufhebung der gesetzlichen vierzehntägigen Aufkündigungsfrist nichtig, wenn sie nicht für beide Teile gleich seien. Wenn nun die Arbeitsordnung der Beklagten den Arbeiter, welcher von dem ihm in Abteilung I § 3 gewährleisteten Rechte, das Arbeitsverhältnis ohne vorherige Aufkündigung zu lösen, Gebrauch mache, durch den Verlust seines Anspruches auf einen Anteil am Akkordüberschusse gewissermaßen strafe, so werde die Bestimmung des zit. § 3 hierdurch illusorisch gemacht resp. die Gleichheit der in § 3 getroffenen Vereinbarung aufgehoben. Hieraus folge die Nichtigkeit sowohl des § 3 der Abteilung I als auch des sich an ihn anschließenden § 5 der Abteilung II der Arbeitsordnung. Auf Grund einer nichtigen Bestimmung der Arbeitsordnung aber könne die Beklagte nicht berechtigt sein, ihm seinen Anteil am Akkordüberschusse vorzuenthalten.

Die Klage ist abgewiesen.

Aus den Gründen: Selbst wenn man mit dem Kläger annehmen wollte, daß durch den § 5 der Abt. II der Arbeitsordnung eine nach § 122 der GO. unzulässige Ungleichheit in den Bestimmungen über die Lösung des zwischen den Parteien bestehenden Arbeitsverhältnisses geschaffen werde, so würde hieraus lediglich folgen, daß die über die Aufhebung der gesetzlichen vierzehntägigen Kündigung in § 3 der Abt. I der Arbeitsordnung getroffene Vereinbarung nichtig sei und demnach das Arbeitsverhältnis von beiden Seiten nur durch eine vierzehn Tage vorher erklärte Aufkündigung gelöst werden könne. Ein

Anspruch des Klägers aber, welcher auf Grund einer von ihm selbst als nichtig erklärten Bestimmung der Arbeitsordnung das Arbeitsverhältnis ohne vorherige Kündigung gelöst hat, auf Auszahlung seines Anteils an einem Akkordüberschusse läßt sich aus der in § 122 der GO. vorgesehenen Nichtigkeit einer Vereinbarung über die Kündigung nicht herleiten. („Gewerbegericht" Jg. 3, Sp. 67.)

### b) Urteil des GG. Stettin.

Kläger hat auf der Schiffswerft der Beklagten gearbeitet. Er ist am 2. Mai 1900 krank geworden und am 14. Mai ausgeschieden. Er war zuletzt mit mehreren anderen Arbeitern bei zwei Akkordarbeiten beteiligt, die im Juni und August 1900 fertiggestellt wurden. Kläger wurde bei seinem Ausscheiden mit einem Stundenlohn von 27 Pfg. entlohnt. Er behauptet, dieser habe den Akkordlohn nicht erreicht. Auf seinen Anteil kämen vielmehr noch 47,93 Mk.

Beklagte begehrt Abweisung der Klage unter Berufung aus § 30 Abs. 4 ihrer Arbeitsordnung, welcher lautet:

> „Soweit Akkordarbeiten zur Zeit der Aufstellung der Lohnlisten noch nicht erledigt oder abgerechnet sind, wird der festgesetzte Tagelohn der Lohnzahlung zu Grunde gelegt und vorbehaltlich der späteren Abrechnung nach Erledigung und Abrechnung der Akkordarbeiten ausgezahlt. Tritt ein Arbeiter freiwillig aus seiner Beschäftigung aus oder wird derselbe wegen Zuwiderhandlung gegen die Arbeitsordnung entlassen, so verliert derselbe sein Anrecht an dem Überverdienst für die noch nicht beendigten Akkordarbeiten."

Nach Ansicht des Klägers verstößt diese Bestimmung gegen § 119a GO., und gegen die guten Sitten.

Die Klage ist abgewiesen.

Aus den Gründen: Beklagte läßt die Schiffsarbeiten fast durchweg in sog. „Gruppenakkorden" herstellen. Gesetzlich hätte sie den Akkord erst nach Fertigstellung der ganzen Arbeit auszuzahlen (vgl. §§ 614, 641 BGB.). Auch der Arbeiter, der vor Beendigung des Akkords austritt, würde an sich erst mit Fertigstellung der ganzen Arbeit seinen dann erst besonders festzustellenden Anteil beanspruchen können. Selbstredend sind faktisch die Arbeiter, da die hier in Frage kommenden Akkordarbeiten monatelang dauern, nicht im stande, auf jede Zahlung bis zum Schlusse des Akkordes zu verzichten. Aus diesem Grunde ist die Bestimmung getroffen, daß dem Arbeiter alle 14 Tage der Stundenlohn ausgezahlt wird. Dieser Stundenlohn ist ihm offenbar auch für den Fall garantiert, daß der Stundenlohn den Akkordlohn überschreitet. Der Abs. 4 des § 30 der Arbeitsordnung ist deshalb dahin zu verstehen, daß dem Arbeiter außer dem Stundenlohn noch ein Mehr gezahlt wird unter der Bedingung, daß er an dem Akkorde bis zu dessen Beendigung mitarbeitet und daß der festgesetzte Akkord höher ist als die aufgelaufenen Stundenlöhne.

Von einer Lohneinbehaltung oder einer Strafe kann nicht die Rede sein. Zunächst laßt sich niemals genau feststellen, welcher Teil der Akkordsumme auf die in einer Woche geleistete Arbeit zu rechnen wäre. Ebenso läßt sich nicht sicher angeben, welche Arbeiter bei einem Gruppenakkorde eigentlich den Überverdienst erarbeitet haben, da sich in der Kolonne bessere und schwächere Arbeiter befinden. Noch weniger ist dies möglich, wenn ein Wechsel der Arbeiter vorgekommen ist. Es können dann sogar die Ausgeschiedenen nicht einmal den Stundenlohn verdient haben; die Mehrarbeit kann allein durch die später Eingetretenen geleistet sein.

Ferner ist auf die Schwierigkeiten hinzuweisen, die entstehen würden, wenn den vor langer Zeit ausgeschiedenen, in andere Teile des Reiches verzogenen Arbeitern hinterher noch ein etwaiger Überverdienst aufbewahrt werden müßte.

Es ist endlich auch nicht erfindlich, inwiefern die Bestimmung gegen die guten Sitten verstoßen und deshalb nichtig sein sollte (§ 138 BGB.). Es steht ja völlig im Belieben des Arbeiters, zu verhindern, daß sein etwaiger Überverdienst ihm verloren geht. Erspart Beklagte tatsächlich bei einem Akkorde etwas, so muß sie bei einem anderen wieder zugeben, wenn die Stundenlöhne höher sind als der Akkord. („Gewerbegericht" Jg. 7, Sp. 125.)

## 139. Entlassung vor Vollendung einer Akkordarbeit. Kann der Arbeiter den vollen Lohn für die vor Ablauf der Kündigungsfrist noch nicht beendete Akkordarbeit verlangen?

Urteil des GG. Köln vom 22. September 1897.

Ein Mechaniker wurde von der Arbeitgeberin vor der Vollendung des ihm übertragenen Akkordes mit vierzehntägiger Kündigung entlassen. Auf den Akkord hat er 271½ Stunden gearbeitet und hierfür 107,45 Mk. Lohn erhalten. Er verlangt Bezahlung des vollen Akkordes mit noch 155,05 Mk. Entschädigung. Die Beklagte beruft sich auf die Arbeitsordnung, nach welcher 14tägige Kündigung stattfindet und derjenige, der vor Beendigung eines Akkordes entlassen wird oder austritt, nur „eine entsprechende Vergütung resp. den Tagelohnsatz" für die Arbeitszeit erhält; der Kläger habe für die Zeit, die er auf dem Akkord verwendet habe, den festgesetzten Stundenlohn von 40 Pf. erhalten. Unstreitig hat Kläger vorher bei gleicher Akkordarbeit in der Stunde mindestens 54 Pfg. verdient.

Die Beklagte wurde unter Abweisung der Mehrforderung zur Zahlung von 39,16 Mk. verurteilt.

Aus den Gründen: Da nach der Arbeitsordnung das Dienstverhältnis durch 14tägige Kündigung gelöst werden kann, so ist Beklagte auch berechtigt gewesen das Arbeitsverhältnis aufzukündigen und der Anspruch des Klägers auf Zubilligung des ganzen Akkordbetrages nicht gerechtfertigt. Dagegen hat der Kläger für die Zeit, die er auf den Akkord verwendet habe, Anspruch auf eine entsprechende Vergütung. Der Kläger hat an der Akkordarbeit 271½ Stunden gearbeitet, bei Zugrundelegung eines Verdienstes von 54 Pfg. für die Stunde, ergab dies . . . . . . . . . . . . . . . 146,61 Mk.
gezahlt sind . . . . . . . . . . . . . . . . . . . 107,40 „
es erschien angemessen dem Kläger die Differenz von . . . 39,21 Mk.
zuzubilligen. („Gewerbegericht" Jg. 4, Sp. 5.)

## 140. Tägliche Kündigung bei Akkordarbeitern. Kann der Arbeiter vor Fertigstellung des Akkords entlassen werden?

Urteil des GG. Berlin, bestätigt vom Landgericht I, Civilkammer 8.

Zu § 2 der Arbeitsordnung war bestimmt, daß eine Kündigung des Arbeitsverhältnisses nicht stattfindet, dasselbe vielmehr jederzeit von beiden Teilen gelöst werden kann. Nach § 4 derselben erhält der Arbeiter, der eine übernommene Akkordarbeit durch eigenes Verschulden nicht beendet, für die aufgewendete Zeit den für die Krankenkasse geltenden Durchschnitts-Tagelohn, wenn er aber ohne jedes Verschulden die Akkordarbeit nicht beendigen kann, eine auf Grund des Durchschnittsarbeitsverdienstes zu bemessende Entschädigung für die geleistete Arbeitszeit. Der Kläger war entlassen, nachdem er an einer ihm übertragenen Akkordarbeit, für die ein Akkordlohn von 140 Mk. vereinbart war, 17 Stunden gearbeitet hatte; er erhielt die in § 4 festgesetzte Entschädigung mit 7,14 Mk. gezahlt; mit der Klage forderte er den Rest des Akkordlohnes von 132,86 Mk.

Die Klage ist abgewiesen.

Aus den Gründen: Nach der Arbeitsordnung war der Beklagte berechtigt, den Kläger jederzeit ohne vorherige Kündigung zu entlassen. Diese Bestimmung der Arbeitsordnung wird für den vorliegenden Fall nicht dadurch beseitigt, daß dem Kläger eine Arbeit in Akkord gegeben ist. Denn die Übertragung einer solchen Arbeit involviert einmal an sich keineswegs auch einen Arbeitsvertrag auf die für die Erledigung der Arbeit erforderliche Zeit, sodann aber ergibt auch § 4 der Arbeitsordnung in seinen Bestimmungen über die Bezahlung unterbrochener Akkordarbeit, daß § 2 auch auf diese Bezug haben soll.

Kläger kann daher nur Vergütung für die bereits geleistete Arbeit fordern. („Gewerbegericht" Jg. 1, Sp. 34.)[1])

### 141. Hat der im Gruppenakkord beschäftigte Arbeiter, der bisher eine tägliche Abschlagszahlung erhielt, Anspruch auf Weitergewährung, wenn bei der Schlußabrechnung sich zeigt, daß nicht mehr genug Akkordgeld vorhanden ist?

Urteil des GG. Berlin v. 29. Januar 1894.

Die Kläger, welche in eine für den Beklagten arbeitende Putzerkolonne eingetreten waren, nach Mitteilung des Kolonnenführers in Akkord arbeiteten und als Abschlagszahlung 7 Mk. täglich erhielten, erheben, weil in den letzten Wochen, nach Akkordlohn berechnet, nicht mehr soviel herauskam, daß jeder der Putzer den Abschlag von 7 Mk. pro Tag erhalten konnte, Klage auf Zahlung des fehlenden Abschlages.

Die Klage ist abgewiesen.

Aus den Gründen: Das Eigentümliche dieses Gruppenakkordes ist, das nicht jeder nach seiner Individualleistung bezahlt wird, sondern nach Verhältnis seiner Arbeitszeit einen Anteil an dem gemeinsam verdienten Akkordgeld erhält. Der übliche Tagelohn von 7 Mk. stellte nur eine Abschlagszahlung dar, welche nur zur Auszahlung kommen kann, wenn durch die Arbeitsleistung nach Akkordsätzen berechnet, soviel verdient ist, wie der Tagelohn ausmacht. Wenn daher bei der Schlußrechnung sich zeigt, daß nicht mehr soviel Akkordgeld vorhanden ist, um die Tagelohnsätze voll auszuzahlen, so haben die Kläger keinen Anspruch auf den fehlenden Tagelohn, weil Beklagte sich nur verpflichtet hat, den Akkordsatz zu zahlen. (Unger Nr. 8.)

## 2. Lohn im allgemeinen. (214–154.)

### 142. Kann für gesetzliche Feiertage ein Lohnabzug gemacht werden?

a) Urteile des GG. Berlin, Kammer 4, vom 24. April 1896 und des Landgerichts I Berlin vom 18. September 1896.

Die Klage auf Nachzahlung des Lohnes für die Feiertage ist abgewiesen.

Aus den Gründen des GG.: Die Frage, ob Arbeiter für die gesetzlichen Festtage, an welchen eine Beschäftigung derselben nach dem Gesetz untersagt ist, Bezahlung des Lohnes zu verlangen berechtigt sind, ist in der Literatur, soweit bekannt, nicht behandelt. Wenigstens die umfangreichen Kommentare zur RGO. von v. Schicker, v. Landmann, Engelmann, Marcinowski enthalten sich der Stellungnahme hierzu. In der Judikatur haben hierüber Urteile oberster Gerichtshöfe sich nicht ermitteln lassen. Die Rechtsprechung der GG. in dieser Frage ist aber eine schwankende. Während auswärtige GG. z. B. in Augsburg und Stettin das Bestehen eines derartigen Anspruchs des Arbeiters verneint haben (vgl. „Soziale Praxis", Zentralblatt für Sozialpolitik, 4. Jahrgang 1895, Nr. 28, S. 375, Nr. 32, S. 498), hat das Berliner GG. eine Reihe von Entscheidungen diesen Anspruch bei Arbeitern, welche gegen Wochenlohn beschäftigt sind, als begründet anerkannt, „weil im Falle der Vereinbarung eines Wochenlohnes die Leistung des Arbeiters innerhalb der Woche als ein Ganzes aufzufassen sei, dessen Wert für den Arbeitgeber durch gelegentliche Unterbrechungen (wie infolge eines Feiertages) nicht so wesentlich beeinträchtigt werde, daß sich dadurch eine Kürzung der Gegenleistung des Lohnes rechtfertige. Sollte der Wochenlohn nur als Vielheit des Tagelohns aufgefaßt und angenommen

[1]) Ebenso Unger Nr. 12.

werden, daß bei Abschluß des Arbeitsvertrages der für eine Woche sich ergebende Lohn nur deshalb genannt worden sei, weil gewohnheitsmäßig der Lohn nur einmal in der Woche gezahlt werde, so müßten besondere Umstände, z. B. ein allgemeiner Brauch oder dergl., vorhanden sein." Diesen Ausführungen kann jedoch nur beschränkt beigetreten werden. Denn nur in denjenigen verhältnismäßig vereinzelten Fällen, in welchen der Arbeitnehmer vermöge der besonderen Natur der ihm obliegenden Geschäfte ungleichmäßige, unregelmäßige Arbeiten zu erledigen hat, wo daher je nach Lage des Geschäftsbetriebes zeitweise längere Arbeitspausen eintreten, zeitweise aber auch eine sehr gesteigerte Tätigkeit erforderlich wird, wo weshalb auch nach der Natur des Betriebes häufig Beginn und Ende der Arbeitszeit bei Eingehung des Arbeitsvertrages sich nicht genau bestimmen läßt, eine besondere Vergütung für die über die gewöhnliche Dauer des Arbeitstages hinaus geleisteten Dienste (sogen. Überarbeit) aber nicht stattfindet, wie dies z. B. bei Geschäftskutschern und Kellnern zutrifft, kann der vereinbarte Wochenlohn als eine Pauschalvergütung für die gesamte in der ganzen Woche entwickelte Tätigkeit des Arbeiters angesehen werden. Die Frage, ob solchen Personen ein Anspruch auf Vergütung für die Nichtbeschäftigung an den gesetzlichen Feiertagen zusteht, welche aus den oben angeführten Gründen zu bejahen wäre, ist aber in den meisten dieser Fälle garnicht aktuell, weil die Mehrzahl solcher Arbeitnehmer auch an den Sonn- und Festtagen ihre Berufsgeschäfte, wenn zuweilen auch in vermindertem Umfange, zu versehen haben. In den anderen überwiegenden Fällen geht die Absicht der Parteien beim Abschluß des Dienstvertrages aber dahin, daß der Arbeitnehmer gegen den bedungenen Wochenlohn eine bestimmte, auf die einzelnen Tage der Woche gleichmäßig verteilte Anzahl von Stunden gleichmäßig und, abgesehen von den in der Betriebstätte üblichen Pausen, ununterbrochen zu arbeiten habe, daß er für Mehrleistungen über die festgesetzte Arbeitszeit hinaus eine besondere Vergütung erhalten, für Unterlassen der Arbeit während der normalen Arbeitszeit dagegen entsprechende Lohnabzüge erdulden solle. Eine derartige Berechnung des Wochenlohnes findet insbesondere regelmäßig im Tischlereibetriebe und allgemein in der Holzindustrie statt. Es handelt sich daher hier überall tatsächlich nur um einen am Ende jeder Woche zahlbaren Stundenlohn. Dem Arbeiter in diesen Fällen einen Anspruch auf Bezahlung der Festtage zuzugestehen, während welcher für den Arbeitgeber infolge der gesetzlichen Anordnungen eine unverschuldete Unmöglichkeit, den Arbeiter zu beschäftigen, besteht, dafür liegt mangels einer dieses Verhältnis regelnden gesetzlichen Bestimmung kein zuläßlicher Rechtsgrund vor. Denn einen Anspruch auf Lohn kann der Arbeiter doch nur nach bewirkter Arbeitsleistung erheben, eine Voraussetzung, deren Erfüllung an dem gesetzlichen Arbeitsverbot schon scheitert. Die Verpflichtung des Arbeitgebers zur Gewährung einer Entschädigung des Arbeiters in Höhe des Tagelohnes würde aber erfordern, daß der erstere die Nichtübertragung von Arbeiten während der Festtage verschuldet hat; ohne das Vorliegen eines Verschuldens kann auch von einer Entschädigung keine Rede sein, falls die letztere nicht auf Grund eines besonderen Tatbestandes vom Gesetz ausdrücklich normiert ist. In ähnlichem Sinne äußert sich auch Schenkel (Kommentar zur Deutschen GO., Bd. 2, S. 286, 2. Auflage, Karlsruhe, 1894). Er sagt:

„Ergibt sich die Unmöglichkeit der Leistung aus einem zufälligen Umstande, der weder im einen noch anderen Teile seinen Sitz hat, z. B. daraus, daß die betreffende Art von Dienstleistungen (Nachtarbeit, Arbeit von Frauen und Kindern) gesetzlich verboten wird, so hat der Arbeiter niemals Anspruch auf die Gegenleistung (vgl. Entsch. des Reichsgerichts in Civilsachen vom 7. Dezember 1880, Bd. 3, S. 179).

Das Landgericht hat die Berufung des Klägers zurückgewiesen.

Aus den Gründen des Landgerichts: „Der Kläger war seiner eigenen Angabe nach bei dem Beklagten gegen Wochenlohn als Geselle beschäftigt, stand also in einem dem § 121 und nicht dem § 133a der GO. entsprechenden Arbeitsverhältnis, und schon diese Stellung spricht, da die in dem letzteren Paragraphen bezeichneten Werkmeister und ähnlichen Angestellten gerade dadurch, daß ihre Vergütung in festen, gehaltartigen Bezügen besteht, sich aus dem Kreise der übrigen gewerblichen Arbeiter hervorheben, dafür, daß der von den Parteien als Vergütung vereinbarte Wochenlohn nicht die Natur derartiger Bezüge gehabt hat, sondern vielmehr nur den Entgelt für die feststehende Arbeitszeit von sechs Wochentagen bildete. Auch an diesen Tagen handelte es sich um die Arbeitsleistung während bestimmter Stunden, wie bereits vom GG. — und zwar ohne daß der Kläger dem in dieser Instanz widersprochen hat — festgestellt worden ist. Der unter den Parteien geschehenen Vereinbarung der Vergütung als Wochenlohn war daher nur die Bedeutung beizulegen, daß das für feststehende Tage und Stunden am Schlusse der Woche zahlbare Entgelt normiert worden ist.

Dem Kläger war sonach nicht eine Gesamtvergütung für eine während des Zeitraums der Woche etwa unbestimmte Arbeitsleistung, sondern die Vergütung für bestimmte Stunden und Tage zugesagt. Einen Anspruch auf Vergütung hat er daher auch nur insoweit, als er durch Arbeit während dieser letztbestimmten Zeit vorgeleistet hat. An den gesetzlichen Feiertagen war nun wegen des bestehenden Arbeitsverbots die Leistung der Arbeit objektiv unmöglich; auch der Kläger war nicht in der Lage, an diesem Tage seine Dienste dem Beklagten zur Verfügung zu stellen und zu leisten (vgl. Entsch. des Reichsgerichts in Civilsachen Bd. 3, S. 183); der mit der Klage verfolgte Anspruch auf Vergütung für diese Tage wird daher hinfällig.

Der Kläger hat nun noch weiterhin für die Diensttage nach Ostern und Pfingsten, sowie für die Wochentage zwischen Weihnachten und Neujahr während der Jahre 1894 und 1895 eine Vergütung mit der Begründung eingeklagt, der Fabrikbetrieb des Beklagten habe in dieser Zeit geruht. Der Anspruch auf diese Vergütung wäre nun als berechtigt anzuerkennen, wenn das Ruhen des Betriebes nur in der Anordnung des Beklagten seinen Grund gehabt und der Kläger an den einzelnen Tagen sich ausdrücklich dem Beklagten zur Arbeitsleistung erboten hätte. Daß letzteres geschehen, hat der Kläger in dieser Instanz aber nicht zu behaupten versucht, und vor dem GG. hat er bereits zugestanden, daß er während seines Arbeitsverhältnisses dem Beklagten niemals sein Verlangen, an den erwähnten Tagen zu arbeiten, kundgegeben habe. („Blätter für Rechtspflege" Jg. 1897, S. 6.)

b) Urteil des GG. Berlin, Kammer 5, vom 11. Juni 1900.

Der Kläger war bei dem Beklagten, in dessen Metallschleiferei, als Arbeiter gegen einen Wochenlohn von zuletzt 13,50 Mk. beschäftigt. Da am Charfreitag nicht gearbeitet wird, so ist ihm sein Wochenlohn um 2,25 Mk. gekürzt.

Die Klage auf Nachzahlung ist abgewiesen.

Aus den Gründen: Die Arbeit am Charfreitag ist verboten. Es liegt daher Unmöglichkeit der Vorleistung des Klägers vor, für die keine der beiden Parteien ein Verschulden trifft. Ferner ist davon auszugehen, daß der Wochenlohn von 13,50 Mk., den der Kläger bezog, kein eigentlicher Wochenlohn, sondern ein wöchentlich gezahlter Stundenlohn für die einzelnen in der Woche geleisteten Arbeitsstunden des Klägers ist. Einen Anspruch auf Lohnzahlung für den Charfreitag hat der Kläger daher nicht. („Soziale Praxis.")

c) Urteil des GG. Offenbach vom 27. April 1900.

Der Klage auf Nachzahlung ist stattgegeben.

Aus den Gründen: Bestritten ist, ob die gegen Wochenlohn beschäftigten Arbeiter Anspruch auf Bezahlung der auf Wochentage fallenden Feiertage haben. (Vgl. Zeitschrift „Das Gewerbegericht" Jg. 1899, S. 72, Entsch. des GG. Berlin vom 24. Februar 1896.) Das GG. ging von folgenden Erwägungen aus: Nach § 134b pos. 2 der GO. muß die Arbeitsordnung Bestimmungen enthalten „über Zeit und Art der Abrechnung und Lohnzahlung". Hiernach hat der Arbeitgeber es in der Hand, bei Erlaß der Arbeitsordnung Bestimmungen zu treffen, daß Arbeitern, die auf Wochenlohn beschäftigt sind, nur die Zeit vergütet wird, in der dieselben wirklich arbeiten, daß also für die Feiertage eine Vergütung nicht gewährt wird. Es kann dies geschehen durch ausdrückliche Vorschrift oder in der Weise, daß in der Arbeitsordnung genau bestimmt wird, welche Tage als „Arbeitstage" oder welche als „Ruhetage" betrachtet werden. — Dem ausdrücklichen Vertrag steht es gleich, wenn ein Arbeiter längere Zeit in einem Betriebe tätig ist und sich die Abzüge für die Feiertage hat wiederholt gefallen lassen, ohne zu protestieren: in diesem Falle ist stillschweigende Vereinbarung als vorliegend zu erachten. Im vorliegenden Fall liegt keiner der vorerwähnten Fälle vor. Hiernach kommen die allgemeinen rechtlichen Bestimmungen der Form in Betracht, und war die Entscheidung auf die §§ 133, 119, 122 BGB. zu gründen. Nach § 133 BGB. ist bei der Auslegung einer Willenserklärung der wirkliche Wille zu erforschen. Das Gericht hat keinen Grund, anzunehmen, daß es die Absicht der Firma war, bei Erlaß der Arbeitsordnung zu bestimmen, daß für die fraglichen Feiertage ein Lohn nicht gezahlt werde — dies geht aus der seitherigen Übung gegenüber anderen Arbeitern hervor. — Nach § 119 BGB. mußte aber Beklagte, wenn sie einen Vertrag dahin nicht abschließen wollte, daß bei auf Wochenlohn angenommenen Arbeiten auch die Feiertage bezahlt würden, seine etwaige Absicht klar aussprechen und er haftet nach § 122, sofern er durch nachträgliche Anfechtung seiner Erklärung die erforderliche Klarstellung herbeiführt, für den Schaden, den der andere erleidet, dadurch, daß er auf die Gültigkeit der Erklärung vertraute. — Auch aus diesen allgemeinen Grundsätzen haftet die Beklagte dem Kläger, der davon ausging bei dem Engagement, daß er für die Kalenderwoche den zugesagten Wochenlohn erhalte. („Gewerbegericht" Jg. 7, Sp. 175.)

### 143. Darf ein jüdischer Arbeitgeber, der an den großen jüdischen Feiertagen (Neujahrs- und Versöhnungsfest) die Arbeit ruhen läßt, dafür einen Lohnabzug machen?

Urteil des GG. Berlin vom 18. Oktober 1893.

Der Lohnabzug ist für unberechtigt erklärt.

Aus den Gründen: Ein gesetzliches Recht, an den großen jüdischen Feiertagen — dem Neujahrs- und Versöhnungsfest — die Arbeit in seiner Fabrik aussetzen zu lassen in der Weise, daß er hierfür zugleich einen entsprechenden Lohnabzug machte, hat der Beklagte nicht. Nach §§ 34, 35 ALR. II 11 steht die Bestimmung der Arbeitseinstellung an kirchlichen Feiertagen, also die Normierung von Feiertagen mit bürgerlicher Wirkung, dem Staate zu. Maßgebend sind hierfür die Allerhöchste Kabinetsordre vom 7. Februar 1837 und das Polizeiverwaltungsgesetz vom 11. März 1850 (§§ 5, 6 und 11). Hiernach sind die jüdischen Feiertage als Feiertage mit bürgerlicher Wirkung nicht anzusehen.

Eine Vereinbarung, daß Kläger mit der Aussetzung der Arbeit einverstanden gewesen, ist unter den Parteien nicht erfolgt, da nach der eidlichen Bekundung des Zeugen F. der Kläger sofort bei der Mitteilung, daß die Arbeit ausgesetzt werden sollte, durch die Frage nach der Bezahlung sein Nichteinverständnis zu erkennen gegeben hat.

Der Beklagte ist daher — bei freiester Zulassung der seinem Bekenntnisse und Gewissen entsprechenden Religionsübung — gehalten, den Kläger für die wider seinen Willen eingetretene Arbeitsaussetzung zu entschädigen. (Unger, Nr. 26.)

## 144. Hat der Arbeiter Anspruch auf Bezahlung von Überstunden?

### a) Urteil des GG. Königsberg.

Der Bäckergeselle J. hat vom 2. bis 20. Juli 1896 gegen 7 Mk. Wochenlohn außer freier Station bei dem Bäckermeister T. in Arbeit gestanden und in dieser Zeit soviel Stunden über die durch die Verordnung des Bundesrats vom 4. März 1896 für Nachtarbeit zugelassene Beschäftigungszeit von zwölf Stunden gearbeitet, daß nach seiner Berechnung noch volle fünf weitere Arbeitstage von je zwölf Stunden Arbeitszeit herauskommen. Er verlangt für diese Mehrarbeit eine Entschädigung von 2 Mk. für jeden Mehrarbeitstag, zusammen von 10 Mk.

Die Klage wurde abgewiesen.

Aus den Gründen: Die Folgerung des Klägers, er könne, weil die Beschäftigung in Bäckereien zur Nachtzeit auf zwölf Stunden begrenzt sei, für die Mehrstunden besondere Entschädigung verlangen, ist unzutreffend. Allerdings hätte er die Mehrarbeit verweigern können. Dadurch aber, daß er dies nicht getan, hat er einen Mehranspruch über den verabredeten Wochenlohn ohne besondere Abrede nicht erworben, möglicherweise sogar auch durch Abrede, weil gegen ein Verbotsgesetz verstoßend, nicht erwerben können. Unter keinen Umständen hat sich die Abrede des Wochenlohnes ohne anderweite Abmachung in eine solche auf Lohnzahlung nach Stunden verwandeln können.[1]) („Gewerbegericht" Jg. 2, Sp. 99.)

### b) Urteil des GG. Magdeburg vom 7. Februar 1898.

Der Photographengehilfe R., welcher bei dem Photographen M. in dessen photographischem Atelier gegen einen vereinbarten Monatslohn von 100 Mk. bis 23. Dezember 1897 in Beschäftigung gestanden hat, beansprucht von dem Beklagten für die von ihm in der Zeit vom 25. November bis 23. Dezember angeblich geleisteten 202¾ Überstunden eine angemessene Vergütung von 102,3 Mk., bringt hiervon 30 Mk. vom Beklagten erhaltene Gratifikation in Abzug und beantragt hiernach, den Beklagten zur Zahlung von 72,3 Mk. zu verurteilen. Der Beklagte hat auf Abweisung angetragen und eingewendet, daß im Photographengewerbe Überstunden nicht besonders vergütet würden, sondern die gesamte Arbeitsleistung der Gehilfen durch den vereinbarten Monatslohn abgegolten sei. Er habe dem Kläger an den angegebenen Tagen, an denen er abends weiter gearbeitet habe, Abendbrot, Bier und sonstige Getränke verabreicht und stellt dafür 1 Mk. pro Tag in Gegenrechnung. Beim Arbeitsantritt ist dem Kläger auf dessen Anfrage, wann er die Arbeit beginnen solle, gesagt worden: Die Arbeitszeit ist die übliche von 8 Uhr morgens bis 7 Uhr abends mit einer einstündigen Mittagspause. Aus der Aufstellung des Klägers ergibt sich, daß er in dem angegebenen Zeitraum meistens bis nach Mitternacht und bis 4, 5 und 6 Uhr morgens durchgearbeitet hat.

Beklagter ist verurteilt, an den Kläger 35,83 Mk. zu zahlen.

Aus den Gründen: Die gewerbliche Tätigkeit der Gehilfen ist in der Regel auf eine gewisse, sei es ausdrücklich vereinbarte oder ortsübliche tägliche Arbeitszeit beschränkt, derart, daß der vereinbarte Lohn als Entschädigung für die in dieser gewöhnlichen Arbeitszeit geleisteten Dienste zu gelten hat. Der gewerbliche Gehilfe kann hiernach für die über die gewöhnliche Arbeitszeit geleistete Mehrarbeit auch eine angemessene besondere Belohnung verlangen, selbst wenn eine solche vorher nicht ausdrücklich vereinbart worden ist. Denn die

[1]) Vgl. GG. Berlin, 15. August 1895 und 13. Juni 1895, Unger Nr. 22.

gewerbliche Arbeit des Gehilfen gehört zu seinen gewöhnlichen Nahrungs- und Berufsgeschäften, so daß er für die von ihm geleisteten und von seinem Arbeitgeber angenommenen Dienste auch ohne ausdrücklichen Vorbehalt den gewöhnlichen Lohn verlangen kann. Es könnte sich daher nur fragen, ob zwischen den Parteien bei der Anstellung des Klägers ein wenn auch nur stillschweigendes Einverständnis bestanden hat, daß der Kläger für den vereinbarten Lohn seine ganze Zeit und all seine Kräfte, also über die gewöhnliche Arbeitszeit hinaus an den Beklagten vermietet hat. Das ist nicht anzunehmen. Der Sachverständige W. bekundet, daß er für die von seinem Gehilfen über die gewöhnliche Arbeitszeit hinaus geleistete Mehrarbeit vor Weihnachten nur eine Gratifikation zum Weihnachtsfeste gebe, und daß so im Photographengewerbe allgemein verfahren werde. Dagegen hat der Sachverständige L. ausgesagt, daß er die Überstundenarbeit seiner Gehilfen vor Weihnachten nach Verhältnis ihres Lohnsatzes besonders vergütet habe. Es möge, wie der Sachverständige sich äußert, richtig sein, daß für die Mehrarbeit im allgemeinen nur eine Vergütung in Form eines Weihnachtsgeschenkes erfolge, er habe aber die Überstunden besonders gelohnt, weil er in früheren Stellungen als Geschäftsführer die Erfahrung gemacht habe, daß die Gehilfen die besondere Bezahlung der Überstunden verlangt und im Prozeßwege erzwungen haben. Hiernach ist als nicht erwiesen zu erachten, daß im Photographengewerbe hinsichtlich der Vergütung der Überstunden eine allgemein feste Übung besteht, die mit Sicherheit einen Rückschluß auf die übereinstimmende Willensmeinung der Parteien dahin, daß alle Arbeitsleistungen in dem vereinbarten Lohn abgegolten sein sollen, zuließe.

Die Berechnung der Überstunden an den Werktagen von 7 Uhr abends ab und an den Sonntagen von 1 Uhr mittags ab ist gerechtfertigt, da die gewöhnliche Arbeitszeit nur bis zu diesem Zeitpunkte läuft. Der Einwand des Beklagten, daß dabei eine Abendstunde außer Berechnung bleiben müßte, während welcher der Kläger das ihm vom Beklagten gebotene Abendbrot verzehrt habe, ist verfehlt, da Kläger auch zu dieser Zeit sich zur Verfügung des Beklagten in dessen Atelier aufgehalten hat.

Für die nachgewiesenen insgesamt 197½ Überstunden hat Kläger aber mangels einer besonderen Abrede nicht Anspruch auf einen erhöhten Lohn von 45 Pf. für Abendstunden (bis 10 Uhr abends) und von 55 Pf. für Nachtstunden (von 10 Uhr abends ab), welche Sätze Kläger in Rechnung gestellt hat, sondern lediglich Anspruch auf den gewöhnlichen Lohn, der unter Zugrundelegung des vereinbarten Monatslohns von 100 Mk., sowie der gewöhnlichen und von dem Beklagten dem Kläger gegenüber auch als üblich bezeichneten Arbeitszeit von täglich 10 Stunden zu berechnen ist. Hiervon kommen die 30 Mk. Weihnachtsgratifikation in Abzug. Die Gegenrechnung des Beklagten wegen der gelieferten Speisen und Getränke ist nicht begründet, da der Beklagte diese Leistungen lediglich in seinem Interesse gemacht hat, um sich die Arbeitskraft des Klägers zu erhalten, nicht aber in der Absicht, den Kläger zur Bezahlung der angebotenen Speisen und Getränke zu verpflichten. („Gewerbegericht" Jg. 3, Sp. 68.)

### 145. Können Weihnachtsgeschenke auf den Lohn angerechnet werden?

Urteil des GG. Berlin, Kammer 6, vom 14. Januar 1898.

Eine bei einem Restaurateur im Gewerbebetrieb beschäftigt gewesene Köchin verlangt klagend den rückständigen Lohn für Dezember 1897 mit 24,50 Mk. Verklagter kennt zwar die Lohnforderung an, weigert aber Zahlung, weil er der Klägerin mehrere zu Weihnachten 1897 gegebene, aber infolge der bereits am 1. Januar 1898 erfolgten Auflösung des Arbeitsverhältnisses widerrufene Geschenke im zugestandenen Werte von 32,25 Mk. anrechne.

Das GG. verurteilt zur Zahlung von 24,50 Mk.

Aus den Gründen: Die Kompensationseinrede des Beklagten ist nicht als zutreffend zu erachten. Gemäß § 36 der Gesindeordnung — und auf die dort getroffene Bestimmung scheint sich der Beklagte berufen zu wollen — kann allerdings die Herrschaft in allen Fällen, wo Weihnachts- oder Neujahrsgeschenke während eines Dienstjahrs gegeben worden, dieselben auf den Lohn anrechnen, wenn der Dienstvertrag im Laufe des Jahres durch Schuld des Gesindes aufgehoben wird. Diese lex specialis kann jedoch im vorliegenden Falle keine Anwendung finden, da die Klägerin, wie unstreitig, nicht als Gesinde, sondern als Gewerbegehilfin beim Beklagten beschäftigt gewesen ist und demgemäß die Bestimmungen der GO. zur Anwendung kommen müssen. Im letzteren Gesetze findet sich eine analoge Vorschrift bezüglich des Widerrufes der von dem Arbeitgeber dem Arbeitnehmer zu Weihnachten gegebenen Geschenke nicht. Infolgedessen muß auf die Bestimmungen des Allgemeinen Landrechts zurückgegriffen werden. Hier besagt nun zwar § 1090 I 11 von Schenkungen: „Ist eine außergerichtlich geschlossene Schenkung schon durch die Übergabe vollzogen, so findet dennoch der Widerruf innerhalb 6 Monaten statt." Jedoch sind die sogenannten Gelegenheitsgeschenke, welche üblich sind, z. B. zu Weihnachten oder zu Neujahr, mangels des Erfordernisses der Freiwilligkeit nicht als Schenkungen zu behandeln. Dieselben erfolgen nach Maß der Sitte und des Gebrauches und es hält sich der Geber zu derartigen Zuwendungen aus moralischen Gründen verpflichtet (cf. auch Gruchot Bd. 30, S. 589, Förster-Eccius Pandekten Bd. 2, S. 9, Dernburg Pandekten 14. Aufl. Bd. 2, S. 449, 450). So bestimmt auch § 25 der Reichskonkursordnung ausdrücklich, daß die gewöhnlichen Gelegenheitsgeschenke der Anfechtung der Gläubiger als unentgeltliche Verfügungen nicht unterliegen.[1]) („Gewerbegericht" Jg. 3, Sp. 78.)

## 146. Können Weihnachtsgeschenke zurückgefordert werden?

Urteil des GG. Berlin, Kammer 6, vom 15. Februar 1900.

Kläger ist im Restaurant des Beklagten vom 4. Dezember 1899 bis 22. Januar 1900 als Kellner beschäftigt gewesen. Er beansprucht Zahlung eines Lohnrestes von 15 Mk. Der Beklagte hat demgegenüber ein dem Kläger gegebenes Weihnachtsgeschenk von 15 Mk. widerrufen und will seine Forderung auf Rückzahlung von 15 Mk. gegen die Lohnforderung des Klägers aufrechnen. Seine Behauptung, daß er das Geschenk nur mit der Bedingung gegeben, daß es wieder zurückzuzahlen sei, wenn Kläger nicht längere Zeit beim Beklagten in Stellung bliebe, ist bestritten.

Der Klage ist stattgegeben.

Aus den Gründen: § 534 des BGB. besagt: „Schenkungen, durch die einer sittlichen Pflicht oder einer auf den Anstand zu rechnenden Rücksicht entsprochen wird, unterliegen nicht der Rückforderung und dem Widerrufe." Das dem Kläger gewährte Weihnachtsgeschenk von 15 Mk. ist — auch in Anbetracht dessen, daß der Kläger erst seit dem 4. Dezember bei dem Beklagten war — zweifelsohne als eine Schenkung anzusehen, durch die der Beklagte nur einer auf den Anstand zu nehmenden Rücksicht entsprochen hat. Für die Behauptung des Beklagten, daß er das Weihnachtsgeschenk nur unter der Auflage, daß Kläger längere Zeit bei ihm in Stellung bleibe, gegeben habe, ist von dem beweispflichtigen Beklagten keinerlei Beweis angetreten worden. Im übrigen ist auch im vorliegenden Falle nach § 394 des BGB. eine Aufrechnung, wie vom Beklagten gewollt, gegen den Lohnanspruch des Klägers schon an und für sich nicht zuläßig. §§ 527, 528, 530 BGB. („Soziale Praxis.")

---

[1]) Nach BGB. bleiben dieselben Erwägungen maßgebend. Das Weihnachtsgeschenk kann gemäß § 534 nicht zurückgefordert werden, da es eine Schenkung darstellt, durch die einer auf den Anstand zu nehmenden Rücksicht entsprochen wird. — Außerdem ist das Aufrechnungsverbot des § 394 BGB. zu berücksichtigen. (Vgl. auch Unger Nr. 21.)

## 147. Muß der Arbeiter dem Arbeitgeber die gegen dessen Anweisung einkassierten Trinkgelder herausgeben?

Urteil des GG. Berlin vom 19. März 1895.

**Klägerin ist gegen einen Tagelohn von 20 Pf. vom 1. bis 22. Januar 1895 bei der Beklagten (Zeitungsausträgerin) beschäftigt gewesen und verlangt von der letzteren den Lohn für obige Zeit mit 4,40 Mk. Beklagte wendet ein, Klägerin habe ohne ihren Auftrag am Neujahrstage den Kunden gratuliert und hierbei die ihr (der Beklagten) zustehenden Gratifikationen in Empfang genommeu. Hierdurch sei ihr (Beklagten) ein die Klageforderung noch übersteigender Schaden erwachsen, den sie dieser gegenüber zur Aufrechnung stellt.**

Die Beklagte ist verurteilt.

Aus den Gründen: Das Gericht ist der Ansicht, daß nach dem Willen der Zeitungsempfänger die üblichen Trinkgelder dem zugute kommen sollen, welcher die Arbeit auch verrichtet hat. Da die Klägerin aber Trinkgelder nur da erhoben hat, wo sie Zeitungen ausgetragen hat, so war die Beklagte nicht berechtigt, auf die von der Klägerin beim Austragen der Zeitungen in Empfang genommenen Neujahrsgratifikationen Anspruch zu erheben. Die Klageforderung besteht somit zu Recht. (Unger Nr. 19.)

## 148. Sind bei Kellnerinnen die Trinkgelder als Teil des Lohnes zu betrachten?

Urteil des GG. Mannheim v. 26. Januar 1900.

Das GG. hat die Frage bejaht.

Aus den Gründen: Was die Höhe des eingeklagten Lohnes betrifft, so hat das Gericht angenommen, daß die Trinkgelder, die Klägerin beim Beklagten verdient hatte, einen Bestandteil des Lohnes bilden. Die Trinkgelder haben zwar die Eigentümlichkeit, daß sie nicht, wie regelmäßig die Vergütung, von dem Arbeitgeber zu entrichten sind, sondern von Dritten dem Arbeitnehmer zugewendet werden, und daß ein klagbarer Anspruch auf Zahlung derselben gegen den Arbeitgeber nicht begründet ist. Allein die Höhe des Lohnes der Kellnerin hängt von dem Umfang der ihr voraussichtlich anfallenden Trinkgelder ab. Der den Kellnerinnen, wie gerichtskundig ist, in der Regel gezahlte Lohn bewegt sich bei freier Kost und Wohnung in der Höhe von 6 bis 12 Mk. pro Monat. Dieser Lohn ist selbst für weibliche Arbeit ein ungewöhnlich niedriger; beziehen doch die hauswirtschaftlichen Dienstboten, die nicht in dem Maße als gelernte Arbeiterinnen zu betrachten sind, wie die Kellnerinnen, einen höheren Lohn. Der den Kellnerinnen üblicherweise gezahlte Lohn ist nur deshalb so niedrig, weil die Kellnerin die durch die Erfahrung des täglichen Lebens hervorgerufene und belegte Gewißheit hat, daß sie neben dem vom Arbeitgeber gezahlten Geldlohn eine weitere in ihrer Höhe allerdings schwankende Vergütung in Gestalt von Trinkgeldern erhält. Diese Vergütung wird von dem Wirt und der Kellnerin als Bestandteil des Lohnes betrachtet, indem je nach der Höhe der erfahrungsgemäß eingehenden Trinkgelder die Höhe des vom Wirt zu zahlenden Geldlohnes bestimmt wird. In nicht seltenen Fällen erhält die Kellnerin überhaupt keinen Lohn, sondern ist ausschließlich auf den Bezug der Trinkgelder angewiesen. Dieser Fall zeigt deutlicher als die übrigen, daß das Trinkgeld einen Bestandteil des Lohnes bildet; denn würde man diese Annahme ablehnen, so käme man zu der Konsequenz, daß die Kellnerin in einem solchen Falle, vom rechtlichen Standpunkte aus betrachtet, überhaupt keinen Lohn erhielte, einer Annahme, die mit dem Wesen des Dienstvertrags in direktem Widerspruch steht. Man hat deshalb den Beklagten, der verpflichtet ist, der Klägerin den auf 14 tägige Kündigungsfrist entfallenden Lohn zu bezahlen, verurteilt: der Klägerin diejenigen Beträge zu bezahlen, die sie während der 14tägigen Kündigungsfrist an Trinkgeldern mit Sicherheit verdient hätte.

In dieser Hinsicht hat das Gericht nach dem ihm bekannten Besuche der Wirtschaft des Beklagten angenommen, daß die Klägerin an jedem Tage mindestens 50 Pfg. an Trinkgeld vereinnahmt haben würde rc. („Gewerbegericht" Jg. 6, Sp. 9.)

## 149. Ist ein an der Arbeitsstelle ausgehängter Akkord-Tarif ohne weitere Vereinbarung wirksam?

Urteil des GG. Zwickau vom 10. Mai 1898.

Das GG. hat die Frage verneint und den Beklagten zur Zahlung des angemessenen Lohnes verurteilt.

Aus den Gründen: Ein Arbeitsvertrag, nach welchem dem Kläger der vom Beklagten jetzt berechnete Akkordlohn gezahlt werden sollte, ist nicht zustande gekommen. Eine mündliche Vereinbarung über die Höhe des Lohnes hat nicht stattgefunden. Es kann also nur noch in Frage kommen, ob der Kläger dadurch, daß er zu arbeiten begann, sich den im Arbeitssaale aushängenden Bedingungen über die Akkordarbeit unterwarf. Bei der Akkordarbeit ist davon auszugehen, daß der Arbeitgeber bei den Arbeitern die Erwartung hervorruft, daß mindestens der im betreffenden Gewerbe übliche Tagelohn werde verdient werden. Der Beklagte hat nun in dem Kläger nicht nur die Erwartung hervorgerufen, er hat in ihm, indem er ihm die veralteten Lohnbücher aus dem Jahre 1886 vorlegte und beifügte, jetzt seien die Löhne noch höher, die Hoffnung erweckt, ja den Irrtum erregt, als würde er einen erheblichen Verdienst haben. Wie der Beklagte den Kläger auf die veralteten günstigen Lohnverhältnisse hinwies, so mußte er ihn auch auf die derzeitigen Verhältnisse, die sich bei weitem ungünstiger darstellen, aufmerksam machen. Das hat er unterlassen. Die gesetzlichen Vorschriften über die Arbeitsordnung können auch nicht auf einen Lohntarif analog angewendet werden. Daß die Bestimmungen der Arbeitsordnung durch vorschriftsmäßigen Aushang verbindlich werden, beruht auf dem Gesetz, der RGO., die der Arbeiter kennen muß. In welcher Weise Arbeitsverträge, insbesondere Akkorde, abzuschließen sind, darüber enthält aber die GO. keine Bestimmungen. Ein Vertrag kommt nur dann zustande, wenn die Parteien über die wesentlichen Bedingungen einverstanden sind, über Leistung und Gegenleistung. Das ist im vorliegenden Falle nicht anzunehmen. Der Kläger bestreitet, die Bestimmungen des Tarifs gekannt zu haben, und Beklagter vermag nicht zu behaupten, daß er den Kläger ausdrücklich auf den im Arbeitssaale aushängenden Tarif verwiesen habe, zumal der Kläger behauptet, der Beklagte habe ihn in den Irrtum versetzt, daß er einen angemessenen Verdienst haben werde. Was die Aushängung des Tarifs anlangt, so ist letzterer nicht als ein von dem Arbeitgeber aufgestellter Vertragsentwurf zu betrachten, welcher dadurch rechtsverbindliche Kraft erlangt, daß der Arbeitnehmer stillschweigend bei seinem Eintritt in die Beschäftigung mit demselben sich einverstanden erklärt hat, sondern eben nur ein Tarif, — wenn nicht etwa für einen Industriezweig, z. B. das Buchdruckergewerbe, ein gleichmäßiger fester Tarif besteht —, auf Grund dessen der Arbeitsvertrag besonders vereinbart werden muß. Der Kläger kann sich also mit Recht darauf stützen, daß ein Vertrag unter den im Tarife aufgestellten Bedingungen nicht zustande gekommen sei. („Gewerbegericht" Jg. 4, Sp. 6.)

### 150. Lohnabrede „nach der Leistungsfähigkeit“. Kann der unter dieser Abrede eingestellte Arbeiter den bei der ersten Lohnzahlung gewährten Stundenlohn fernerhin als vereinbarten Lohn fordern?

Urteil des Kgl. Amtsgericht Neuß vom 24. Mai 1901.

Kläger war von Anfang April 1901 bis 4. Mai als Dreher bei der Beklagten beschäftigt. Bei seinem Austritte erhielt er 150 Arbeitsstunden mit je 40 Pfg. ausbezahlt. Mit der Behauptung, daß ihm für die Stunde 55 Pfg. Lohn zugesagt seien, hat Kläger die Differenz von 22,50 Mk. eingeklagt.

Die Beklagte hat bestritten, daß mit dem Kläger ein bestimmter Lohn vereinbart worden sei, derselbe habe vielmehr nur nach dem Umfange seiner Arbeitsleistungen bezahlt haben wollen. Sie hat Klageabweisung begehrt.

Kläger hat die Lohndüte vom 15. April 1901, an welchem Tage er zuerst bei der Beklagten gelöhnt worden ist, vorgelegt, nach welcher ihm für 94 Stunden 54,40 Mk. ausbezahlt worden sind.

Es wurde nach dem Klageantrag erkannt.

Aus den Gründen: Es folgt zunächst schon aus der Natur des Arbeitsvertrages, daß der einem für die Dauer gedungenen Fabrikarbeiter zustehende Lohn insoweit ein fest bestimmter sein muß, als sich dessen Höhe je nach der Vereinbarung aus der Dauer der Arbeitszeit (Tagelohn) oder aus dem Umfange der fertiggestellten Arbeit (Stück- oder Akkordlohn) rechnerisch genau feststellen lassen muß, und daß es nicht von Willkür des Arbeitgebers abhängen darf, welchen Lohn er für die bereits abgelaufene Lohnperiode dem Arbeiter zahlen will. Ausdrücklich anerkannt ist dies auch im § 3 Absatz 2 der für die Parteien maßgebenden Arbeitsordnung der Beklagten, in der es heißt:

> „Der Arbeiter erhält dagegen den bei seiner Annahme oder später festgesetzten Tage- oder Schicht-(Stunden-)Lohn und im Falle der Übertragung von Akkordarbeit den bei Festsetzung des Akkords vereinbarten Akkordlohn.“

Wie nun der Zeuge K. bekundet hat, ist dem Kläger, als derselbe angenommen wurde, ein bestimmter Lohn nicht zugesagt worden, der Meister habe denselben vielmehr darauf aufmerksam gemacht, daß die Dreher in der Fabrik je nach der Leistungsfähigkeit des einzelnen 35, 40, 50 und 60 Pfg. für die Stunde erhielten, und ihm zugesagt, er solle nach dem, was er leiste, bezahlt werden. Bei der ersten Lohnzahlung sind nun dem Kläger ausweislich der von demselben vorgelegten Lohndüte für 94 Stunden 54,40 Mk., also für die Stunde nicht ganz 58 Pfg. zugebilligt worden. In dieser Lohnzahlung, die erfolgt ist, nachdem zuvor die Leistungsfähigkeit des Klägers in halbmonatiger Arbeit erprobt war, muß in Verbindung mit der vorangeführten Bestimmung des § 3 Absatz 2 der Arbeitsordnung eine für beide Parteien maßgebende nachträgliche Festsetzung des dem Kläger zustehenden Stundenlohnes erblickt worden, von der die Beklagte bei einer späteren Lohnzahlung jedenfalls mit rückwirkender Kraft für die abgelaufene Lohnperiode nicht einseitig zurücktreten kann. („Gewerbegericht“ Jg. 7, Sp. 15.)

### 151. Ist bei Bemessung der Vergütung für die Probedienstzeit mangels besonderer Abrede der gleichzeitig für das spätere feste Arbeitsverhältnis vereinbarte Lohn zugrunde zu legen?

Urteil des GG. Leipzig vom 14. Oktober 1898.

Der Kläger ist in der Zeit vom 15. bis 24. September d. J., also im ganzen neun Tage, bei dem Beklagten als Kellner beschäftigt gewesen. Der Beklagte hat ihm für diese Zeit außer freier Kost und Wohnung den Betrag von 4,50 Mk. in barem Gelde, also 50 Pfg. für den Tag gewährt. Bei der Annahme des Klägers sind die Parteien dahin übereingekommen, daß es dem Beklagten in der Zeit bis zum 1. Oktober d. J. jederzeit freistehe, das Arbeitsverhältnis zu lösen, daß er aber, wenn er bleibe, vom

1. Oktober an gegen einen monatlichen Lohn von 15 Mk. bei vierzehntägiger Kündigung fest angenommen sei. Kläger verlangt für die Zeit seiner Beschäftigung einen Tagelohn von 2 Mk., mithin Nachzahlung auf 13,50 Mk.

Die Klage war abzuweisen.

Aus den Gründen: Wenn der Kläger seiner Klagforderung einen Tagelohn von 2 Mk. zugrunde legt, so bezieht er sich dabei nicht auf eine unter den Parteien getroffene Vereinbarung, sondern auf die Angemessenheit seiner Leistungen. Das GG. ist jedoch der Meinung, daß dieser Standpunkt des Klägers unzutreffend ist, es vielmehr darauf ankommt, die bei der Annahme des Klägers erfolgten Verabredungen nach den für die Auslegung von Verträgen geltenden Grundsätzen auszulegen. Nun enthält zwar diese Vereinbarung nichts darüber, welche Vergütung dem Kläger während der dem 1. Oktober voraufgehenden Probezeit zu gewähren ist, wohl aber besagt sie, daß der Kläger, wenn er bei dem Beklagten verbleibe, vom 1. Oktober an bei vierzehntägiger Aufkündigung einen Monatslohn von 15 Mk. erhalten solle. Während also bezüglich des hauptsächlichsten Teiles des Vertrages, nämlich wegen des festen Arbeitsverhältnisses, eine klare Bestimmung über den Lohn getroffen ist, fehlt eine solche nur hinsichtlich der nebensächlichen Probezeit. Daß die Parteien es unterlassen haben, auch hierüber Bestimmtes zu vereinbaren, ist durchaus erklärlich, weil sie aller Wahrscheinlichkeit nach darauf kein großes Gewicht gelegt haben. Das GG. meint nun, wegen der Bezahlung des Lohnes für die Probezeit sei der vermutliche Wille der Parteien bei dem Abschlusse des Vertrages dahin gegangen, daß für eine dem Monatslohne von 15 Mk. entsprechende Vergütung maßgebend sein müsse, weil diese Auslegung am meisten mit der wegen des Lohnes überhaupt getroffenen Vertragsbestimmung im Einklange steht, ein Tagelohn von 50 Pfg. aber mit einem Monatslohn von 15 Mk. annähernd gleichbedeutend ist. („Gewerbegericht" Jg. 4, Sp. 83.)

## 152. Ist die Abrede gültig, daß ein Teil des Lohnes erst gezahlt wird, wenn der Arbeiter ein Jahr im Dienst bleibt?

Urteil des GG. Würzburg vom 30. April 1902.

Die Verabredung bezüglich des Lohnes ging dahin, daß ein Lohn von 18 Mk. zu Grunde gelegt werden soll, daß aber an jedem Zahltag 17 Mk. ausgezahlt werden, während der Betrag von 1 Mk. erst fällig wird, wenn feststeht, daß Kläger am Schlusse des Jahres noch in Arbeit ist. Kläger, welcher nach 12 Wochen Kutscherdienst entlassen ist, klagt auf Nachzahlung von 1 Mk. pro Woche.

Die Klage ist abgewiesen.

Aus den Gründen: Es besteht kein Grund, dieser Parteiabmachung bezw. der darin enthaltenen aufschiebenden Bedingung bezüglich eines Lohnteilbetrages die rechtliche Gültigkeit abzusprechen. Denn es wird weder gegen ein Gesetz verstoßen noch in einer gegen die guten Sitten verstoßenden Weise (§ 134, 138 BGB.) die Bewegungsfreiheit eines Arbeiters eingeschränkt, noch in solcher ein Risiko auf den wirtschaftlich Schwächeren abgewälzt, noch auch hindert § 2 des Lohnbeschlagnahmegesetzes, welcher die Verfügungsfreiheit des Arbeiters über nicht verdienten und nicht fälligen Lohn einschränkt, das Eingehen einer bedingten Lohnabrede; denn es wird ja die unter einer Bedingung versprochene Vergütung erst dann eigentlich Lohn, wenn die Bedingung oder sonst ein Zustand eingetreten ist, welcher dem der erfüllten Bedingung rechtlich gleichsteht. Es besteht zweifellos kein Grund, beispielsweise einer Bedingung dahin, daß ein höherer Lohn ausbezahlt wird, wenn der Unternehmer eine bestimmte, gewinnbringende Arbeit übertragen erhält, den rechtlichen Schutz zu versagen. („Gewerbegericht" Jg. 7, Sp. 193.)

## 153. Zahlung des Lohnes durch Hingabe verschlossener Düten. Wer hat zu beweisen, ob die Düte vollzählig war?

### Urteil des GG. Dortmund.

Entsprechend der Vorschrift des § 20 der bei dem Eisen- und Stahlwerk H. geltenden Arbeitsordnung wird den Arbeitern der verdiente Lohn in verschlossenen Lohndüten überreicht; auf der einen Seite dieser Düten ist die Abrechnung betreffs des Lohnes aus den Lohnlisten angegeben; der diese Rechnung abschließende Betrag soll in der Düte enthalten sein. Die Einzahlung dieser Beträge in die Düten geschieht in folgender Weise: Ein Beamter der Werke zahlt den durch die Lohnlisten ermittelten Betrag des Lohnes aus, ein zweiter Beamter, welcher keine Kenntnis davon hat, welche Beträge zur Auszahlung gelangen sollen, notiert die vom ersten Beamten ausgezahlten Beträge der Reihe nach auf einem Kontrollbogen, ein dritter Beamter füllt die Beträge sodann in die einzelnen Lohndüten und klebt letztere zu. Kläger hat sich noch am Abend nach der am 12. Januar 1897 erfolgten Löhnung bei dem Rechnungsführer der Beklagten darüber beschwert, daß in seiner Lohndüte, deren Abrechnung mit einem Betrage von 27,20 Mk. abschließt, 20 Mk. gefehlt hätten. Kläger verlangt die Auszahlung dieses Betrages.

Die Beklagte ist verurteilt.

Aus den Gründen: Die Hingabe einer verschlossenen Düte kann nicht ohne weiteres als Zahlung angesehen werden. Vielmehr gilt die Überreichung der Düte nur unter der Voraussetzung als Zahlung des Lohnes, daß in dieser Lohndüte der darauf notierte Betrag von 27,20 Mk. tatsächlich vorhanden war. Es ist Sache der Beklagten, welcher diese Behauptung aufstellt, den Beweis hierüber anzutreten und den positiven Nachweis zu liefern, daß in der hier fraglichen Lohndüte der bestimmte Betrag von 27,20 Mk. eingeschlossen war. Von der Verpflichtung, diesen bestimmten Beweis im einzelnen Falle zu erbringen, wird sie nicht durch die allerseits zugestandene Tatsache befreit, daß sie im allgemeinen die erforderlichen Vorkehrungen getroffen hat, um die Einzahlung in die Düten möglichst genau und der Abrechnung entsprechend vorzunehmen. Denn selbst bei der peinlichsten Vorsicht ist es nicht ausgeschlossen, daß wegen der großen Anzahl der unmittelbar hintereinander erfolgenden Einzahlungen in die Düten ein Irrtum oder ein Versehen sich ereigne. Diesen von der Beklagten zu verlangenden Nachweis hat sie nicht erbracht, sie ist auch wohl kaum in der Lage, dies zu tun. Es bleibt also bei der hier beliebten Überreichung des Lohnes in verschlossenen Düten in allen Fällen die Beweislast zu Ungunsten des Zahlenden bestehen. („Gewerbegericht“ Jg. 2, Sp. 97.)

## 154. Kann der Arbeiter, der nach Beendigung der Arbeitszeit einige Stunden auf die Auszahlung seines Lohnes gewartet hat, für die gewartete Zeit Weiterzahlung seines Lohnes beanspruchen?

### Urteil des GG. Hamburg vom 23. August 1902.

Ein Tischlergeselle hatte seinen Meister auf Zahlung von 1,10 Mk. als Entschädigung dafür verklagt, daß er an einem Sonnabend Abend, an dem um 6 Uhr Feierabend war, über zwei Stunden auf seinen verdienten Lohn warten mußte. Der Meister gab dies zu, bestritt aber Ersatzpflicht, da Kläger durch das Warten keinen Schaden gehabt habe, während der Geselle entgegnete, er habe während der zwei Stunden in einer benachbarten Wirtschaft gewartet, Zehrungskosten gehabt und sei durch die verspätete Auszahlung außerstand gesetzt worden, am Sonnabend Abend noch Einkäufe für seine Familie zu machen.

Der Kläger wurde abgewiesen.

Aus den Gründen: Der Klageanspruch erscheint auf den ersten Blick aus Billigkeitsgründen gerechtfertigt, zumal notorisch manche Arbeitgeber ihre Leute, wenn sie übermäßig lange auf die Auszahlung ihres Lohnes haben warten müssen, zum Teil freiwillig, zum Teil auf Grund besonderer Vereinbarung, zum Teil infolge allgemeiner (tariflicher) Vereinbarungen in dem betreffenden Gewerbe ohne weiteres durch Zahlung von Extra-Vergütungen nach Verhältnis der gewarteten

Zeit entschädigen. Im Gesetze selbst findet aber solche Handhabung keinen Boden, und deshalb mußte, weil das Vorliegen einer besonderen Vereinbarung zwischen den Parteien oder eine geordnete tarifliche Regelung im Tischlergewerbe nicht behauptet ist, der Anspruch für unbegründet erklärt werden. Da für die Zahlung des Lohnes ein bestimmter Termin festgesetzt war (Sonnabend abends um 6 Uhr), so kam der beklagtische Arbeitgeber allerdings ohne weitere Mahnung dadurch in Verzug, daß er zu dem bestimmten Termin nicht zahlte (§ 284 Abs. 2 S. 1 BGB.), und er muß deshalb dem Kläger nicht nur die Lohnschuld während der Zeit des Verzuges mit 4% verzinsen, sondern ihm auch den weiter entstandenen Schaden ersetzen (§ 288 Abs. 1 und 2, § 286 Abs. 1 BGB.). Ein wirklicher Geldschaden ist aber infolge des beklagtischen Verzuges dem Kläger tatsächlich gar nicht entstanden. Inwiefern er durch seine Verhinderung, noch am Sonnabend Einkäufe zu machen, Geldschaden erlitten haben sollte, ist ganz unerfindlich. Zum Warten aber in einer Wirtschaft und zur Aufwendung von Zehrungskosten für Rechnung des Beklagten war Kläger infolge der Nichtauszahlung seines Lohnes um die bestimmte Stunde weder verpflichtet noch berechtigt. Er hatte nur das Recht, nach Hause zu gehen und alsbald Klage auf Zahlung seines Lohnes nebst Zinsen, sowie auf Ersatz des ihm etwa weiter entstandenen Schadens zu erheben, jedoch nur desjenigen Schadens, der wirklich lediglich eine Folge der verzögerten Lohnauszahlung gewesen wäre. Daß Kläger nun infolge der verzögerten Lohnauszahlung Arbeit versäumt habe, wird er nicht behaupten können und hat er ja auch nicht behauptet; denn am Sonnabend nach Feierabend hätte er zweifellos keine Gelegenheit gehabt, seine Arbeitskraft noch entgeltlich zu verwenden! Kläger hat also offenbar an dem Abend gar nichts versäumt. Anders läge die Sache, wenn es sich etwa um einen nach Stunden oder auf einen halben Tag angenommenen Arbeiter handelte, der z. B. im Laufe des Arbeitstages entlassen wäre, aber nach erfolgter Beendigung der Arbeit noch einige Stunden auf Lohnzahlung hätte warten müssen. Dieser könnte Lohnzahlung für die Wartezeit verlangen, weil er sich während der Wartezeit anderweitige Arbeit hätte verschaffen können, bezw. weil er während dieser Zeit seinem Arbeitgeber noch zur Verfügung stand. Hier müßte ein Schaden als nachgewiesen, bezw. das Arbeitsverhältnis müßte bis zur Lohnauszahlung als stillschweigend verlängert gelten. Davon kann aber in dem vorliegenden Fall nicht die Rede sein. Das Arbeitsverhältnis dauerte hier zwar tatsächlich noch fort, da es auf unbestimmte Zeit eingegangen war, die Arbeitszeit war aber von vornherein bestimmt als um 6 Uhr am Sonnabend Abend endigend. Nach alledem mußte hier erkannt werden, wie geschehen. Bloße Billigkeitsgründe können einen Anspruch nicht begründen. Die Billigkeit entscheidet nur dort, wo das Gesetz für dieselbe Spielraum gewährt. Wo dies nicht der Fall ist, ist das Gesetz allein entscheidend. Bemerkt mag noch werden, daß es sicherlich im Interesse der Arbeitgeber und Arbeitnehmer läge, besondere oder allgemeine Vereinbarungen über Vergütung für die Zeit, in welcher die Arbeitnehmer auf ihren Lohn außergewöhnlich lange warten müssen, zu treffen. Dem Arbeitgeber wird die Erhebung einer Klage auf Kapital, Zinsen, Gerichtskosten und Versäumnisse in der Regel teurer kommen als die sofortige Vergütung der Wartezeit, und dem Arbeitnehmer ist zweifellos auch mehr damit gedient, wenn sofort eine Erledigung der Sache mittels Überstunden-Lohnzahlung eintritt, als wenn er erst zur Klage schreiten muß.

## 3. Urunternehmer und Zwischenunternehmer. (155–160.)[1])

### 155. Ist der Ziegeleibesitzer Arbeitgeber der vom Ziegelmeister angenommenen Arbeiter?

Urteile des Kgl. GG. Solingen vom 14. Februar 1901 und des Landgerichts Elberfeld (1. Zivilkammer) vom 25. November 1901.

Der Ziegelmeister O. hatte mit dem Beklagten einen schriftlichen Vertrag abgeschlossen, nach welchem er für die Kampagne 1900 die praktische Leitung seines Ringofen-Ziegeleibetriebes übernahm. Er verpflichtete sich zu diesem Zwecke, mit der erforderlichen Anzahl Arbeiter die Fabrikation von mindestens $1^1/_2$ Millionen Ziegeln auszuführen. Beklagter hatte ihm und den gedungenen Arbeitern freie Wohnung 2c. zu gewähren, auch die notwendigen Arbeitsgerätschaften zu stellen. Als Arbeitslohn sollte O. pro 1000 gut gearbeiteter und gut gebrannter Ziegelsteine 8,30 Mk. und pro 1000 Formsteine 8,80 Mk. erhalten. Auf die spätere Abrechnung hatte Beklagter ihm wöchentlich 10 Mk. Vorschuß für jeden bei der Arbeit tätigen Arbeiter zu zahlen. O. hatte nun u. a. den Kläger als Arbeiter angenommen und bis zum 1. November v. J. beschäftigt. Nach dem Kontobuch hatte Kläger an diesem Tage noch ein Guthaben aus seiner Arbeitsleistung in Höhe von 269,30 Mk. O. verweigert die Zahlung dieses Betrages, angeblich, weil er infolge seines geringen Verdienstes dazu nicht im stande sei. Kläger verlangt daher den Restbetrag vom Beklagten als dem Betriebs- und Gewerbeunternehmer. — Beklagter hat die Höhe der eingeklagten Forderung nicht bestritten, wohl aber, daß er zur Zahlung derselben verpflichtet sei.

Der Beklagte ist nach dem Klageantrag verurteilt worden.

Aus den Gründen: Unzweifelhaft ist Beklagter Unternehmer des Betriebes und Gewerbetreibender im Sinne der GO., was er auch zugegeben hat. Er ist auch nach der Rechtsprechung des Reichsgerichts Arbeitgeber des Klägers (vgl. Entsch. d. RG. in Straff. Bd. 9 S. 102). Beklagter hat ferner zugestandenermaßen die Beiträge zur Unfallversicherung, sowie zur Hälfte diejenigen für die Invalidenversicherung für die sämtlichen im Betriebe beschäftigten Arbeiter, den Kläger eingeschlossen, bezahlt, und zwar mit Recht. Denn er ist auch im Sinne der Unfallversicherungsgesetze Unternehmer des Betriebes, in dem der Kläger beschäftigt war, und Mitglied der Berufsgenossenschaft. (Amtl. Nachrichten des Reichsversicherungsamts V, Nr. 671, VI Nr. 920, VII Nr. 1015). Auch für das Gebiet der Alters- und Invalidenversicherung ist die Haftung des Beklagten als Unternehmer nicht zu bezweifeln. (Rosin, Recht der Arbeiterversicherung, I, S. 178ff.) Die dem Beklagten ebenfalls obliegende Beitragsleistung zur Krankenkasse kommt vorliegend nicht in Betracht, da Kläger einer freien Hilfskasse angehört. — Im Konkurse des Beklagten würde der Forderung des Klägers das Vorrecht des § 61 Nr. 1 der Konkurs-Ordnung zustehen. (Entsch. des RG. in Zivils. Bd. IV S. 423.)

Ist Beklagter hiernach Unternehmer des Betriebes, was vorliegend gleichbedeutend ist mit Gewerbetreibender, so ist er als solcher gemäß § 115 GO. zur Auszahlung der Löhne an die Arbeiter verpflichtet. Dieser Verpflichtung kann er sich nicht dadurch entziehen, daß er die Leitung des Ziegeleibetriebes einem Ziegelmeister übertragen hat. Nach dem Inhalt des Vertrages kann dieser als selbständiger Unternehmer, als selbständiger Gewerbetreibender nicht in Betracht kommen. Es ergibt sich dies zur Genüge aus den Abmachungen, daß der Ziegelmeister O. für die Herstellung von je 1000 Steinen einen bestimmten Arbeitslohn bekommen, auch daraus, daß er wöchentlich Vorschußzahlungen zur Bezahlung seiner Arbeiter erhalten sollte. Es fehlt ihm die nötige wirtschaftliche Selbständigkeit.

---

[1]) Vgl. Nr. 45—52.

Aus allen diesen Erwägungen heraus hat das GG. die Ansicht erlangt, daß O. dem Beklagten nur seine Arbeitskraft gegen Akkordlohn vermietet hat, er also als Akkordarbeiter angesehen werden muß.

Kläger war hiernach Arbeiter des Beklagten; Beklagter Arbeitgeber des Klägers. . . . Bediente sich Y als Unternehmer und Gewerbetreibender zur Anmietung von Arbeitern, bezw. zwecks Verkehrs mit demselben (Auslöhnung, Beaufsichtigung ꝛc.) aus Bequemlichkeit oder aus irgend anderen Gründen einer Mittelsperson, des Ziegelmeisters, so trägt er doch das Risiko, so muß er auch für etwaige Verfehlungen seines Beauftragten dem Arbeiter gegenüber aufkommen.

Auf die Berufung des Beklagten ist das Urteil des GG. abgeändert und die Klage abgewiesen.

Aus den Gründen des Berufungsurteils: Dem Vorderrichter kann zwar dahin beigetreten werden, daß der Beklagte selbständiger Gewerbetreibender ist und ihm als Arbeitgeber im Sinne der GO. die Sorge für die Aufrechterhaltung der gewerbepolizeilichen Vorschriften obliegt; vgl. die Entscheidung des RG. in Straff. B. 9 S. 103. Auch wird im Sinne des Unfallversicherungsgesetzes und der übrigen von dem Vorderrichter angezogenen Gesetze die Haftung des Beklagten als Arbeitgeber anzunehmen sein. Dies schließt aber eine andere Beurteilung des Rechtsverhältnisses zwischen dem Beklagten und den von O. angeworbenen Arbeitern nicht aus, soweit rein vertragsmäßige Leistungsverbindlichkeiten in Frage kommen. Während auf den ersterwähnten Gebieten zum Teil öffentliche Erwägungen den Ausschlag geben, sind auf dem letzteren Gebiete rein zivilrechtliche Grundsätze maßgebend, und dem steht auch der § 115 GO. nicht entgegen. Denn dieser legt dem selbständigen Gewerbetreibenden nicht die Pflicht zur Lohnzahlung an die in seinem Betriebe beschäftigten Arbeiter auf, sondern er regelt nur die Art der Zahlung und setzt dabei eine solche — vertragsmäßige — Pflicht als bestehend voraus. Es sei übrigens darauf hingewiesen, daß die in dem Urteil des GG. berührte, einen dem vorliegenden ähnlichen Fall behandelnde Entscheidung des RG. in Zivils. Bd. 4 S. 424f. keineswegs sich dahin ausspricht, daß der Ziegeleibesitzer, welcher die praktische Leitung der Ziegelei einem Ziegelmeister überträgt, den in seinem Betriebe angestellten Arbeitern schlechthin zur Zahlung der Arbeitslöhne verpflichtet sei. Dort wird vielmehr folgendes ausgeführt: Daß der Kläger dem Gemeinschuldner nicht bloß sich selbst, sondern außerdem auch mehrere Gehilfen zur Arbeit habe stellen müssen, stehe weder der Annahme eines Dienstmietvertrags noch der Zuerkennung des Vorrechts entgegen. Wenn auch ein Dienstmietvertrag im Zweifel von einer persönlichen Dienstverpflichtung des betreffenden Mitkontrahenten zu verstehen sei, so sei doch nicht ausgeschlossen, daß auch Dienste dritter Personen vermietet werden könnten. Derartige Verträge kämen im heutigen Verkehr vielfach vor. Die Worte des Gesetzes: „Lohn der Personen, welche sich dem Gemeinschuldner — — verdungen haben“, seien auch auf solche Personen zu beziehen, welche sich durch Vermittelung eines Anderen demselben verdungen hätten. Gleichgültig sei es auch, daß die Gehilfen des Klägers für ihre Person einen Lohnanspruch an den Gemeinschuldner nicht hatten, vielmehr der Kläger für sich allein den ganzen gemeinschaftlichen Lohn zu fordern habe. Vgl. ferner die Entscheidung des Oberlandesgerichts Köln, Rhein. Archiv B. 91 I S. 228ff., wo erörtert wird, es sei für die strafrechtliche Verantwortlichkeit des Ziegeleibesitzers aus § 147 Nr. 5 GO. gleichgültig, daß die von dem Ziegelmeister gestellten Arbeiter direkt nicht Arbeiter des Ziegeleibesitzers, sondern des Ziegelmeisters seien; denn es komme — insoweit — nicht darauf an, von wem und für wessen Rechnung die Arbeiter beschäftigt würden, sondern darauf, in welchem und in wessen Betriebe.

Auch diese Entscheidungen gehen also davon aus, daß aus dem Arbeitsvertrag zwischen dem Ziegelmeister und den Arbeitern eine Verpflichtung des

Ziegeleibesitzers zur Zahlung der Löhne an die Arbeiter an sich nicht herzuleiten ist. Im vorliegenden Falle hat nun unbestritten nicht der Beklagte, sondern O. den Kläger als Arbeiter angestellt. Aus dem Vertrage zwischen dem Beklagten und O. geht klar hervor, daß letzterer die Arbeiter für eigene Rechnung anzustellen hatte. Die wöchentlichen Zahlungen des Beklagten auf den Wochenlohn oder das sog. Kostgeld der Arbeiter sind ausdrücklich als Vorschußleistungen für die spätere Abrechnung bezeichnet. Daß Beklagter diese Zahlungspflicht lediglich dem Ziegelmeister gegenüber übernommen und er sich damit nicht etwa verpflichtet hat, die Zahlungen an die von O. gestellten Arbeiter zu leisten, bedarf keiner Erörterung.

Es fehlt mithin an dem Nachweise einer vertraglichen Zahlungspflicht des Beklagten. Auch läßt sich aus keinen gesetzlichen Bestimmungen folgern, daß Beklagter neben oder nach O. für den Arbeitslohn des Klägers aufzukommen habe. („Gewerbegericht" Jg. 7, Sp. 225.)[1]

## 156. Kann der vom Setzschiffer angenommene Bootsmann von dem Schiffseigner Lohn verlangen?

Urteil des GG. Stettin vom 9. Dezember 1902.

Beklagter besitzt eine Anzahl von Kähnen. Mit denselben wird hauptsächlich Eisen von hier über das Haff nach den Torpelower Eisengießereien spediert. Auf diese Kähne hat der Beklagte sog. „Setzschiffer" gesetzt, die alle Ausgaben zu tragen und von dem Reingewinn ein Drittel an den Beklagten abzuliefern haben. Beklagter verwendet für sie Invalidenmarken. Auf einem dieser Kähne war der 25 Jahre alte Schiffer R. aus E., der jetzt auf einer Holzschneidemühle beschäftigt ist, tätig. Dieser hat den Kläger gegen 25 Mk. Monatsheuer und freie Station als Bootsmann angenommen. Aus diesem Arbeitsverhältnis hat Kläger unstreitig noch 21 Mk. zu fordern. Kläger verlangt jetzt die 21 Mk. vom Beklagten.

Beklagter begehrt Abweisung der Klage, weil er mit dem Kläger garnichts zu tun habe. Kläger habe sich lediglich an R. zu halten.

Der Beklagte ist verurteilt.

Aus den Gründen: Wie das Verhältnis zwischen den Kahneignern und dem Setzschiffer aufzufassen ist, ob als Schiffspacht ähnlich wie die colonia partiaria des römischen Rechts oder als Sozietät oder als Dienstverhältnis, wird in jedem einzelnen Falle zu prüfen sein.

Vorliegend kann nur ein Dienstverhältnis angenommen werden. R. ist ohne Vermögen, er kann die 21 Mk. nicht bezahlen. Er hat keinen Anteil am Kahn. Die Frachten kann er selbständig abschließen, aber der Beklagte zieht sie ein. Er steht mit dem Beklagten in laufender Rechnung. Der Beklagte klebt für ihn Versicherungsmarken 2c.

Hiernach kann R. mangels wirtschaftlicher Selbständigkeit als selbständiger Unternehmer nicht angesehen werden. Er ist vielmehr lediglich Angestellter des Beklagten. Da R. zur Annahme eines Bootsmannes, ohne den er auch nicht fahren konnte, berechtigt war, haftet Beklagter auch für den Lohn desselben.

Auch auf dem Gebiete der Versicherungsgesetzgebung sind die sog. „Setzschiffer" durchweg als Angestellte angesehen worden, „da sie nach ihrer sozialen Stellung und vom Standpunkt wirtschaftlicher Auffassung auf gleicher oder annähernd gleicher sozialer Stufe ständen, wie die von ihnen angenommenen Schiffsknechte, während sie von den meist im Besitze eines nicht unbeträchtlichen Betriebskapitals befindlichen Schiffseignern in der Regel sozial und wirtschaftlich geschieden seien". „Die Überlassung der Besorgung der Frachten und die Überweisung eines Teils des Frachtvertrages an sie sei lediglich eine in den Verhältnissen derjenigen Binnenschiffahrt, bei welcher der Eigentümer nicht auch

---

[1] Vgl. Nr. 52.

der Schiffsführer sei, weitverbreitete Art und Weise einerseits der Bevollmächtigung, andererseits der Löhnung der Schiffsführer."

Vergleiche Beschluß des Reichsversicherungsamtes in Unfallsachen. Amtliche Nachrichten 1886, S. 230 für das Gebiet der Unfallversicherung, Oberverwaltungsgericht Bd. 20 S. 382 für das Gebiet der Krankenversicherung, Entscheidung des Reichsversicherungsamtes vom 31. Oktober 1894 in den Amtlichen Nachrichten des Reichsversicherungsamtes für Invaliditäts- und Altersversicherung von 1895 S. 241 für das Gebiet der Invalidenversicherung.

## 157. Können die Bauarbeiter den Akkordlohn gegen den eigentlichen Bauherrn einklagen, wenn sie von einem Strohmann angenommen sind? Wer ist in diesem Falle Arbeitgeber?

a) Urteil des GG. München vom 9. Oktober 1901.

Die Kläger, welche auf einem Bau als Akkordmaurer beschäftigt waren, hatten zunächst gegen den Baumeister Otto S. 247 Mk. Akkordlohn eingeklagt. S. hatte eingewendet, daß nicht er, sondern der jetzige Beklagte Arbeitgeber gewesen sei und sich hierfür auf Zeugnis des jetzigen Beklagten und den mit diesem geschlossenen Vertrag berufen. Nach der Beweisaufnahme zogen die Kläger die Klage gegen Otto S. zurück und klagten daraufhin den Lohn gegen den jetzigen Beklagten, einen Steinmetzmeister, ein. Dieser bestritt gleichfalls unter Berufung auf den Vertrag, daß er Arbeitgeber gewesen sei.

Der Beklagte ist verurteilt.

Aus den Gründen: Unbestrittenermaßen steht den Klägern ein Anspruch in der gemachten Höhe zu. Fraglich ist nur, wer zur Bezahlung dieser Forderung verpflichtet ist, mit anderen Worten, wer der Arbeitgeber der Kläger war. Arbeitgeber ist derjenige, auf dessen Rechnung der Betrieb geführt wird und der das Risiko des Betriebes trägt. — Für die Beantwortung der Frage, auf wessen Rechnung der Betrieb geführt wurde, ist zunächst der Vertrag vom $\frac{\text{8. Juni}}{\text{12. August}}$ 1901 maßgebend. Gemäß Ziffer 8 dieses Vertrags behält sich der Beklagte das Recht vor, am Schlusse jeder Woche die Wochenlisten zu kontrollieren, wobei die an die Arbeiter zu bezahlenden Abschlagssummen den Betrag von 55 Pfg. pro Arbeitsstunde nicht übersteigen dürfen. Ferner ergibt sich aus der gleichen Ziffer dieses Vertrages, daß der Beklagte auch das zum Bauen nötige Rüstzeug geliefert hat.

Steht schon damit fest, daß Beklagter dies getan hat, was sonst Aufgabe desjenigen ist, auf dessen Rechnung eine Sache hergestellt wird, so erhellt die Stellung des Beklagten im Arbeitsvertrage vollkommen aus der Tatsache, daß zugestandenermaßen S. vollkommen vermögenslos war, was dem Beklagten genau bekannt war. Somit kann auch nicht davon gesprochen werden, daß die fragliche Arbeit auf Risiko des S. gemacht wurde, da von einem wirtschaftlichen Risiko einer Person doch nur gesprochen werden kann, wenn diese überhaupt etwas zu riskieren hat. Der ganze Vertrag ging daher auch allein auf das Risiko des finanzkräftigen Beklagten.

Das Gericht war der Anschauung, daß der Vertrag vom $\frac{\text{8. Juni}}{\text{21. August}}$ 1901 ein nichtiges Scheingeschäft darstellt, zu dem Zwecke abgeschlossen, um das Vermögen des Beklagten vor Zugriffen der bei ihm angestellten Arbeiter zu sichern. Nur so kann Ziff. 7 und Ziff. 11 des mehrfach genannten Vertrages, wonach die Arbeiter wegen ihrer Lohnansprüche in keinem Falle an den Beklagten sich halten könnten, und wonach S. ausdrücklich auf das Recht auf Eintragung einer Sicherungshypothek auf dem dem Beklagten gehörigen Grundstücke wegen seiner aus diesem Vertrage sich ergebenden Rechte verzichtet, ein Sinn beigemessen werden. („Gewerbegericht" Jg. 7, Sp. 140.)

b) Urteil des GG. Magdeburg vom 10. November 1902.

Der Kläger hat mit noch vier anderen Maurern auf dem Grundstück Wittenberger-Straße Nr. 31 die Putzarbeiten im Akkord ausgeführt, deren Bezahlung er von der Beklagten, einer Bankfirma in Hannover, fordert. Aufgeführt ist der Bau durch den Maurer Emil M., der das vorerwähnte Grundstück von der Beklagten erworben hat und auch als Eigentümer eingetragen worden ist. Die Baugelder hat die Beklagte hergegeben.

Die Beklagte erhebt in erster Linie den Einwand der Unzuständigkeit des GG. mit der Begründung, daß sie keine gewerbliche Unternehmerin sei, sondern lediglich das Bankgeschäft betreibe. Ferner bestreitet sie, daß sie die Arbeitgeberin des Klägers sei. Arbeitgeber sei M. Dieser habe den Kläger angenommen, ihm die Ausführung der Putzarbeiten übertragen und den Lohn gezahlt. Der Kläger führt dagegen aus, daß M. nur vorgeschobener Unternehmer sei, da derselbe weder Mittel zum Ankauf des Grund und Bodens noch zur Errichtung des Neubaues und zur Zahlung der Löhne gehabt habe. Überdies sei durch die Beklagte fortgesetzt, und zwar wöchentlich, über den Bau Kontrolle ausgeübt und hier und da selbständig eine auf die Ausführung des Baues bezügliche Anordnung getroffen worden.

Nach Beweisaufnahme ist die Beklagte verurteilt.

Aus den Gründen: Für die Frage der Zuständigkeit des GG. war die Überzeugung maßgebend, daß die Beklagte am hiesigen Orte eine fortgesetzte, auf Erwerb gerichtete Tätigkeit entwickelt und zwar in der Richtung, daß sie auf dem von ihr erworbenen Bauterrain durch mittellose und leistungsunfähige, der Leitung von Bauten in der Regel unkundige Personen Neubauten hochführen läßt, daß sie dem Strohmann die Baugelder in einer dem Werte des fertiggestellten Baues keineswegs entsprechenden Höhe gewährt, und daß sie jederzeit vom Vertrage zurückzutreten befugt ist, während der Strohmann jeden Augenblick die sofortige Zwangsvollstreckung zu gewärtigen hat, wie dies auch grundbuchlich sichergestellt ist. Daß in diesem Vorgehen nicht nur die Tätigkeit eines Geldgebers, sondern auch eine, wenn auch verschleierte unmittelbare gewerbliche Tätigkeit zu erblicken ist, welche nebenbei bemerkt, der Beklagten recht erheblichen Gewinn einzutragen geeignet ist, wenn auch auf Kosten leichtgläubiger und vertrauensseliger Lieferanten, liegt auf der Hand und bedarf keiner weitern Erörterung. Das Gericht hat deshalb kein Bedenken getragen, die beklagte Firma auch in diesem Falle als gewerbliche Unternehmerin anzusehen und somit die Frage der Zuständigkeit des GG. zu bejahen.

Bei der weiteren Frage, wer in diesem Falle als Arbeitgeber zu betrachten, ist das GG. davon ausgegangen, daß als Arbeitgeber im allgemeinen derjenige anzusehen ist, welcher für eigene Rechnung und auf eigenes Risiko ein Gewerbe betreibt, daß aber von der Übernahme eines Risikos bei einem mittellosen und leistungsunfähigen Unternehmer nicht die Rede sein kann; daß auch M. zu dieser Klasse von Unternehmern gehört, steht für das GG. außer Zweifel. Die beklagte Firma hat zwar das Gegenteil behauptet, ist aber dem Gericht den Beweis dafür schuldig geblieben. Offenbar war auch die Beklagte garnicht imstande, diesen Beweis zu führen, da ja durch Vernehmung des Poliers H. gegenteilig festgestellt wurde, daß dieser dem M. erst die Mittel hat vorstrecken müssen, damit er den Bau überhaupt beginnen konnte. Das GG. hat nach alledem den Maurer M. nicht als Arbeitgeber anerkennen können. Zu demselben Endergebnis gelangt man übrigens auch aus folgenden Erwägungen. Nach § 157 BGB. sind Verträge so auszulegen, wie Treu und Glauben mit Rücksicht auf die Verkehrssitte es fordern. Da nun die in Betracht kommenden Verträge mit einer mittellosen und leistungsunfähigen Person abgeschlossen worden sind, und da der Beklagte die Mittellosigkeit und Leistungsunfähigkeit M.s bei Abschluß der Verträge bekannt sein mußte, so erhellt ohne weiteres, daß diese Verträge nur zum Schein und lediglich in der Absicht geschlossen worden sind, das Vermögen der Beklagten etwaigen Forderungen der Baulieferanten und Arbeiter zu entziehen. Scheingeschäfte sind aber nichtig. Bei der Nichtigkeit der Verträge kann demnach M. nur als Geschäftsführer, nicht als selbständiger Arbeitgeber erachtet werden. Tatsächlich ist ja auch M. unausgesetzt kontrolliert worden und hat sich gefallen lassen müssen, daß die Beklagte wiederholt selbständig Anordnungen bezüglich der Ausführung des Neubaues getroffen hat.

## 158. Haftet derjenige, der sich als Bauherr geriert, für den Lohn der Bauarbeiter?

Urteil des Landgerichts München vom 19. Januar 1897.

Der Maurer A. beanspruchte von dem Bauunternehmer B. Zahlung eines Lohnrestes von 9 Mk. und Rückerstattung eines Betrages von 93 Mk., welche er — Kläger — im Auftrag des Beklagten an dessen Leute als „Schuß" ausbezahlt habe. Beklagter wendet ein, er habe mit dem Kläger in keinem Vertragsverhältnis gestanden, da Einstellung, Bezahlung und Entlassung der Arbeiter an dem Baue Sache des Maurermeisters C. (Schwiegervaters des B.) und nach dessen Verhaftung des Baumeisters D. gewesen sei.

Beklagter ist vom GG. verurteilt. Seine Berufung ist zurückgewiesen.

Aus den Gründen: Beklagter hat sich als Arbeitgeber geriert und als solcher auch Bezahlung versprochen. Erwiesen ist, daß der Beklagte nach der Entfernung von C. selbst einen Arbeiter entlassen hat, daß er den Kläger aufforderte, er solle aufpassen, damit nichts vorkomme und daß er zu verschiedenen Maurern sagte: „Leute, arbeitet nur fort, Zahler bin ich." Dadurch gab er zu erkennen, daß er die Arbeiter und darunter auch den Kläger, wenn derselbe auch seinerzeit von C. eingestellt worden war, jetzt als unmittelbar in seinem Dienst stehend betrachtete, und er ist demzufolge auch zur Bezahlung des Arbeitslohnes verpflichtet. Auch der Anspruch auf Rückerstattung des vom Kläger an die Arbeiter bezahlten Vorschusses erscheint begründet. Nach der Verhaftung von C. kam der Baumeister D. auf den Bauplatz; da sich die Leute weigerten, unter demselben zu arbeiten, forderte sie Beklagter mit dem Bemerken, daß er Zahler sei, auf, fortzuarbeiten und beauftragte, als sie „Schuß" verlangten, den Kläger, die Leute auszubezahlen. Einer der Zeugen, welcher Mißtrauen gegen den Beklagten hegte, suchte den Kläger davon abzuhalten, worauf Beklagter ausdrücklich zum Kläger sagte, „zahlen Sie nur die Leute aus, ich gebe Ihnen das Geld am Samstag wieder". Sonach hat Beklagter den Kläger mit der Auszahlung des Vorschusses als Arbeiter beauftragt und ihm auch ausdrücklich die Rückerstattung des ausbezahlten Geldes versprochen. („Gewerbegericht" Jg. 2, Sp. 72.)

## 159. Wird der Bauunternehmer durch den vom Kolonnenführer geschlossenen Vertrag unmittelbar den Arbeitern gegenüber verpflichtet?

a) Urteil des GG. und des Landgerichts Stettin.

Der Maurermeister A. hat im Herbst und Winter einen großen Neubau (Eckbau) aufgeführt. Die Kläger haben zusammen mit dem Steinträger F., der in einem Vorprozesse geklagt hat, und dem Kolonnenführer W. bis zum 20. Januar 1896 die Steine für diesen Neubau hochgetragen. Wegen dieses Steinetragens hatte der Beklagte mit dem Kolonnenführer W. einen schriftlichen Vertrag vom 21. November 1895 geschlossen, in welchem es heißt:

„Der Steinträger W. übernimmt die Beförderung der Steine und des Mörtels auf dem Neubau nach allen Plätzen und Stellen, die ihm von Herrn A. bezw. dessen Vertretern angewiesen werden. W. hat dafür zu sorgen, daß nie Mangel an Steinen eintritt, muß also dementsprechend Leute anstellen. Die von demselben angestellten Leute müssen fleißig, nüchtern und anständig sein, und soll Herrn A. resp. dessen Vertretern das Recht zustehen, die sofortige Entlassung der sich ungebührlich benehmenden Leute herbeizuführen."

Kläger verlangen vom Maurermeister A. Schadensersatz wegen Vertragsverletzung. A. bestreitet, Arbeitgeber gewesen zu sein.

Der Beklagte ist verurteilt.

**Aus den Gründen:** Es ist im Baugewerbe üblich, daß Steinträger- und Putzarbeiten im Gruppenakkorde hergestellt werden (vgl. Cuno, Arbeiter oder Unternehmer? „Blätter für soziale Praxis" 1894, S. 146). Das schließt nicht aus, daß im Einzelfalle ein Werkverdingungsvertrag vorliegen kann. Alsdann muß aber auch zu erkennen sein, daß der mit dem Bauherrn Abschließende tatsächlich seiner ganzen Stellung nach als ein Unternehmer anzusehen ist. Das ist vorliegend nicht der Fall. W. ist mit den anderen Steinträgern ins Teil gegangen, hat also keinen Unternehmergewinn gehabt. Er nennt sich selbst im Vertrage „Steinträger". Seine ganze Erscheinung ist die eines gewöhnlichen Arbeiters, der nicht imstande erscheint, eine größere Summe selbständig zu zahlen. Wie die Verhandlung ergab, hat er schon früher bei A. als einfacher Steinträger, nicht einmal als „erster Mann", gearbeitet. Vorliegend fällt außerdem ins Gewicht, daß der Beklagte die Marken geklebt hat. Waren Kläger nicht seine Arbeiter, sondern Arbeiter des W., so ging ihn das garnichts an. Außerdem hat er sich auch ein Entlassungsrecht vorbehalten. W. hat den Vertrag vielmehr für seine Person und zugleich als Vertreter der Kläger unterschrieben. Der Unternehmer hat hier, wie stets, der Bequemlichkeit halber nur mit dem Kolonnenführer verhandelt, der die einzelnen Steinträger kennt und an der Hand hat. Spätestens durch Eintritt in die Arbeit traten diejenigen Kläger, die bei der ersten Verhandlung mit W. noch nicht zugegen waren, dem Vertrage bei (cf. wegen der Zuständigkeitsfrage hinsichtlich des Anspruches einer Steinträger-Kolonne auch das die Zuständigkeit des GG. anerkennende Urteil des Landgerichts Leipzig vom 25. Oktober 1894, „Soziale Praxis" 1895, S. 131).

Die eingelegte Berufung ist durch Urteil des Kgl. Landgerichts zu Stettin, 4. Zivilkammer, vom 29. September 1896 zurückgewiesen.

Aus den Gründen des Landgerichts: Es könnte fraglich sein, ob die Kläger als gewerbliche Arbeiter anzusehen sind und daher das GG. überhaupt zuständig ist. Dies ist zu bejahen. Die Kläger sind als Steinträger immerhin Gehilfen im Maurergewerbe, wenn auch nur Gehilfen von untergeordneter Bedeutung, ohne erhebliche technische Kenntnisse.

In der Sache selbst ist die Entscheidung des GG. für durchaus zutreffend zu erachten. Unter Berücksichtigung der ganzen Sachlage und der Verhältnisse, wie sie bei größeren Bauten zwischen dem Bauherrn und den Bauarbeitern notorisch obwalten, ist anzunehmen, daß W. den Vertrag vom 25. November 1895, sowohl für sich wie auch als Geschäftsführer der erst noch „anzustellenden" Leute mit dem Beklagten abgeschlossen hat, daß die Kläger sodann diesen Vertragsabschluß zum mindesten dadurch, daß sie unter den festgesetzten Bedingungen die Arbeit aufnahmen, genehmigt und hiermit den Vertrag zu einem auch für sie verbindlichen gemacht haben. Eine Stütze für diese Annahme, wenn auch nicht von entscheidender Bedeutung gewährt der Umstand, daß der Beklagte in dem Vertrage sich das Recht vorbehalten hat, „die sofortige Entlassung der sich ungebührlich betragenden Leute" herbeizuführen, sowie die feststehende Tatsache, daß der Beklagte den Klägern die Marken für die Invaliditäts- und Altersversicherung in ihre Karten eingeklebt hat und daß die Kläger in Ansehung der Ringmauern und der zehnzölligen Wände die im Vertrage festgesetzten Löhne gezahlt erhalten haben. Hiernach ist also ein vertragliches Arbeitsverhältnis zwischen den Parteien hergestellt und die Passivlegitimation des Beklagten nicht zu bezweifeln. („Gewerbegericht" Jg. 2, Sp. 30.)

### b) Urteil des GG. Königsberg i. Pr.

Ein Bauunternehmer hatte die Putzarbeiten an einem Hause einem Maurergesellen Z. im Akkord übertragen und diesem überlassen, sich die zur Ausführung der

Arbeiten notwendigen Arbeiter anzunehmen. Einer der von dem Maurergesellen Z. eingestellten Maurergesellen wurde von Z. ohne gesetzlichen Grund und ohne Einhaltung der 14tägigen Kündigungsfrist entlassen. Der entlassene Maurergeselle klagte gegen den Bauunternehmer auf Zahlung des Lohnes für 14 Tage nach der Entlassung mit 4,50 Mk. pro Tag, während welcher Zeit er ohne Arbeit geblieben war. Der beklagte Bauunternehmer verwies den Kläger an den Maurergesellen Z., da dieser der Arbeitgeber desselben gewesen sei und dieser, auf der Gerichtsstelle gleichfalls anwesend, erkannte auch an, der Arbeitgeber des Klägers gewesen zu sein. Der Kläger hielt jedoch seine Klage gegen den Bauunternehmer aufrecht, da dieser seiner Ansicht nach als sein Arbeitgeber anzusprechen sei und er von dem Maurergesellen Z. doch nichts erhalten würde.

Der beklagte Bauunternehmer ist verurteilt.

Aus den Gründen: Das Gericht stellte fest, daß der verdiente Akkordlohn unter den bei den Putzarbeiten beschäftigten Maurergesellen einschließlich des Maurergesellen Z. gleichmäßig verteilt worden war, daß also der Maurergeselle Z. keinen Unternehmergewinn erzielt habe, sowie ferner, daß die Lohnlisten wöchentlich dem Bauunternehmer eingereicht wurden und dieser auf Grund dieser Lohnlisten die Abschlagszahlungen an Z. zur weiteren Auszahlung an die anderen Gesellen geleistet hatte. Das GG. nahm auf Grund dieser Feststellungen an, daß der Maurergeselle Z. nur als sog. Partieführer und nicht als selbständiger Arbeitgeber anzusehen sei, vielmehr der Bauunternehmer der Arbeitgeber sei, welcher für die Handlungen seines Beauftragten, des Maurergesellen Z., aufzukommen habe. („Gewerbegericht" Jg. 2, Sp. 22.)

### c) Urteil des GG. Hamburg.

Vier Arbeiter klagen gegen die Kieslieferanten P. und N. auf Bezahlung von zusammen 14,57 Mk. restlichen Arbeitslohn. Beklagte beantragen Abweisung der Klage und machen in erster Linie geltend, daß überhaupt nicht sie die Arbeitgeber der Kläger gewesen seien, sondern ein gewisser G., dem sie die ganze Arbeit übertragen hätten. In zweiter Linie tragen Beklagte zur Begründung ihres Antrages vor, daß ihrerseits der volle versprochene Lohn an G. ausbezahlt worden sei.

Die Beklagten sind verurteilt.

Aus den Gründen: Wenn auch die Umstände, daß nicht G., sondern die Beklagten als die Besitzer der Kapitalkraft erscheinen, und daß G. zur Zeit der fraglichen Arbeit noch keinen Gewerbeschein besaß, an sich nur von mehr untergeordneter Bedeutung waren, so war doch im Zusammenhalt hiermit die Tatsache ausschlaggebend, daß G. beim Empfang von nur 65 bezw. 75 Pfg. seitens der Beklagten (pro Kubikmeter entlöschten Kies) und Wiederauskehrung von 60 bezw. 70 Pfg. an die Kläger einen wirklichen Unternehmergewinn, welcher ihn auch zur Tragung des Risikos befähigt hätte, nicht bezog. Von der rechtlichen Seite betrachtet, standen auch keine Bedenken entgegen, einen Arbeitsvertrag direkt zwischen den Parteien als zustandegekommen anzusehen. Beklagte wußten, daß G. die Arbeit nicht allein ausführen wolle, sondern daß noch andere Arbeiter hinzuzuziehen seien, deren Auswahl sie dem G. überließen. Letzterer kontrahierte also mit den Beklagten seinerseits zugleich als Vertreter der übrigen Arbeiter. Daß auch Beklagte selbst den G. nicht als selbständigen Unternehmer, sondern nur als Vorarbeiter (Sprecher, Kolonnenführer oder dergl.) angesehen, geht daraus hervor, daß sie, als G. ihnen mitteilte, daß die Arbeiter für den anfänglich bedungenen Preis von 50 Pfg. nicht arbeiten wollten, ohne weiteres sich auf eine teilweise Erhöhung des Akkordsatzes einließen. Wäre G. ihr alleiniger Kontrahent und Unternehmer gewesen, so brauchten Beklagte auf eine Erhöhung des Preises nicht einzugehen, G. hätte das übernommene Werk zu dem bedungenen Preise ausführen müssen, einerlei ob er selbst dabei Schaden oder Vorteil gehabt haben würde. Nach alledem erscheinen P. und N. als die wirklichen Arbeitgeber, und ihre erste Einrede ist also unbegründet. („Gewerbegericht" Jg. 5, Sp. 50.)

d) Urteil des GG. Charlottenburg vom 31. Januar 1902.

Die Beklagte schloß mit dem Putzer J. unter dem 16. September 1901 einen Vertrag, in welchem J. die Herstellung der Putzarbeiten gegen verabredete Lohnsätze übernimmt und sich verpflichtet, die zur Ausführung notwendigen Putzer einzustellen und zu überwachen. In § 3 des Vertrages ist vereinbart, daß Teilzahlungen auf die bis Freitag Abend jeder Woche fertiggestellten Arbeiten am folgenden Sonnabend an J. geleistet werden und zwar mit 8 Mk. pro Tag bei neunstündiger Arbeitszeit, vorausgesetzt, daß unter Zugrundelegung von $^9/_{10}$ des Akkordpreises der Wert der fertiggestellten Arbeiten die Höhe dieser Abschlagszahlungen deckt. Andernfalls sollen nur die fälligen $^9/_{10}$ des Wertes der in jeder Woche bis Freitag Abend ausgeführten Arbeiten ausbezahlt werden. Das letzte Zehntel resp. der Überschuß aus den Abschlagszahlungen soll als Kaution stehen bleiben und gemäß § 4 erst nach vollständiger Beendigung und dann vorzunehmender Aufmessung der Arbeiten ausgezahlt werden. In § 5 übernimmt die Beklagte die Verpflichtung, für die Erfüllung des § 53 des Krankenversicherungsgesetzes und des § 108 des Invalidenversicherungsgesetzes zu sorgen, und soll zu diesem Zwecke jeder Putzer oder Arbeiter vor Beginn der Arbeit seine Invaliditätskarte und sein Krankenkassenbuch dem leitenden Polier des Baues übergeben.

Der Kläger und die übrigen auf dem Bau beschäftigten Putzer haben nun einen Revers vom 16. September unterschrieben, in welchem sie bekennen, daß sie von dem Unternehmer für Putzerarbeiten J. angenommen sind, und daß sie die von J. mit der Beklagten vereinbarten Bedingungen vom 16. September 1901 ihrem ganzen Inhalte nach ausdrücklich als für sie bindend anerkennen.

Kläger verlangt Lohnzahlung von der Beklagten. Diese beantragt Klageabweisung mit der Begründung, daß nicht sie, sondern der Putzer J. Arbeitgeber des Klägers gewesen sei.

Die Beklagte ist verurteilt.

Aus den Gründen: Der Einwand der Beklagten, daß nicht sie, sondern der Putzer J. der Arbeitgeber des Klägers gewesen sei, ist unzutreffend. Ohne Zweifel und nach eigenem Zugeständnis der Beklagten geht die Absicht des zwischen dieser und J. geschlossenen Vertrages dahin, daß die Beklagte sich alle Streitigkeiten mit den Putzern vom Halse schaffen will, dabei weist besonders der Umstand, daß J. in dem Vertrage wiederholt als Putzer bezeichnet wird, und daß die Beklagte die Verpflichtung aus dem Kranken- und dem Invalidenversicherungsgesetz übernimmt, darauf hin, daß der Putzer J. nur eine vorgeschobene Person und in Wahrheit die Beklagte die Arbeitgeberin des Klägers und der übrigen Putzer gewesen ist. Dies geht auch daraus hervor, daß J. nicht selbständiger Unternehmer ist und ein Gewerbe nicht angemeldet hat. Außerdem aber ist der Kläger durch Unterschrift des Reverses dem zwischen J. und der Beklagten geschlossenen Vertrage auf Veranlassung der Beklagten beigetreten und dadurch hat die Beklagte zu erkennen gegeben, daß sie sich selbst als die Arbeitgeberin des Klägers betrachtet hat. Dieser Rechtslage entsprechend ist auch der Lohn für die Putzer von der Beklagten nach der Zahl der eingestellten Putzer und der von ihnen gelieferten Putzfläche allwöchentlich berechnet und dem J. zur Auszahlung übergeben worden, und J. selbst hat nur den Lohn eines Putzers erhalten, ohne daß ihm Unternehmergewinn zugebilligt wurde. („Gewerbegericht" Jg. 7, Sp. 224)

e) Urteil des GG. Berlin vom 12. März 1894.

Kläger (Maurer) behaupten, von dem Beklagteu zur Ausführung von Maurerarbeiten gegen Stundenlohn angenommen zu sein. Wegen angeblich ungerechtfertigter Entlassung verlangen sie vom Beklagten 14 tägige Lohnentschädigung. Beklagter wendet ein, er sei Kaufmann und liefere das Material zu Gipswänden. Wenn jedoch ein Abnehmer zugleich von ihm die Aufstellung der Wände fordere, so übernehme er dies, übertrage jedoch die Ausführung im ganzen an einen andern, im vorliegenden Falle an den „Maurermeister" G., zum Preise von 50 Pfg. pro Quadratmeter. Letzterer habe sich die Kläger angenommen. Kläger bestreiten, daß G. selbständiger Unternehmer sei, vielmehr arbeite er gewöhnlich bei Beklagtem gegen Tagelohn. Auch als sie zu dem

**Bau gekommen wären, hätten sie G. bei der Arbeit getroffen. Den Lohn habe einmal G., dann der Buchhalter des Beklagten gezahlt. G. habe, wie ein Polier, Wochenzettel dem Beklagten eingereicht und ihnen gesagt, sobald die Arbeit fertig sei, ginge es auf einen andern Bau. Beklagter habe auch über die Leute beliebig verfügt, was dieser zugegeben hat.**

Der Beklagte ist verurteilt.

Aus den Gründen: Es fragt sich zunächst, ob der Zeuge G. als selbständiger Unternehmer eines verdungenen Werkes anzusehen ist, oder ob er nur als Arbeiter die Leistung von Arbeit übernommen hat. Die Grenzlinie zwischen opus und operae wird in Theorie und Praxis dahin festgestellt, daß der Inhalt der Werkverdingung die Herstellung, die Anfertigung eines Werkes in Pausch und Bogen, d. h. eines Ganzen, eines Produktes von Arbeit und Material, gegen Vergütung sei, während bei dem Vertrage über operae, die Leistung der Arbeit, die Handlung, nicht das Produkt, Inhalt des Vertrages sei — „wenn auch mit der Arbeit als Erfolg, Ergebnis derselben, ein gewisses Produkt von selbst der Natur der Sache nach verbunden ist oder ein solches Produkt als Ergebnis, Erfolg, gedacht oder vorausgesetzt wird." (Rehbein, Entscheidungen des Obertribunals, Bd. 2, S. 368.) Die Abgrenzung aber, wann im einzelnen Falle das eine oder andere anzunehmen sei, hat der Rechtsprechung die erheblichsten Schwierigkeiten bereitet.

Das Obertribunal hat entschieden, das Wesen der Werkverdingung bestehe darin, daß nicht für einzelne Leistungen, selbst wenn sie schließlich zur Herstellung des Ganzen führen, besondere Preise zugesagt werden, es müsse für das Ganze eine Gesamtvergütung bedungen werden. Das Reichsoberhandelsgericht, Bd. 15, S. 259, hat dagegegen bemerkt, daß der Preis nicht für die Leistung als Ganzes festgesetzt sei, schließe die Annahme einer locatio conductio operis nicht aus, ebenso das Reichsgericht Bd. 10, S. 205, daß eine für das Ganze einheitlich bedungene Vergütung nicht erforderlich sei. Ob die Vergütung in einer Summe, oder nach Tagewerken, oder nach den Preisen des verbrauchten Materials und der Arbeit bemessen, soll also nur konkret für die Absicht der Parteien erheblich sein. (Rehbein a. a. O.)

Noch viel weniger kann der von den Parteien gebrauchte Wortlaut entscheidend sein. Denn der Auftraggeber wird genau denselben Wortlaut gebrauchen können, ob er nun einen Vertrag über operae oder opus beabsichtigt. Insbesondere im Baugewerbe wird bei Verträgen mit Akkordarbeitern, wie Akkordmaurern, Putzern, Steinträgern, den Arbeitern die Ausführung der Maurerarbeiten, Putzerarbeiten, der Steinträgerarbeiten übertragen gegen einen Akkordsatz pro 1000 vermauerte oder getragene Steine, oder pro Quadratmeter Putzfläche. Der Wortlaut würde derselbe sein, wenn einem selbständigen Maurermeister die Ausführung der Arbeiten übertragen würde, z. B. zu einem Preise pro Quadratmeter bebaute Fläche. Es sollen bei solchem Arbeitsvertrage Arbeiten geleistet werden, die am Schluß ein Werk hervorbringen. Dem Bauherrn ist es sehr recht, wenn dieselben Maurer, Putzer, Steinträger bis zur Fertigstellung arbeiten. Er beabsichtigt ja die Fertigstellung, die Erreichung des Zweckes der Arbeit. Es wird daher trotz des Wortlauts immer Sache der Prüfung der konkreten Verhältnisse sein, ob wirklich von beiden Parteien der übereinstimmende Wille dahin gegangen ist, also der zur Arbeit gedungene für den Erfolg seiner Arbeit, für das Werk als solches, „die aus der Arbeit hervorgehende Sache in Verbindung mit der ihr zukommenden Bestimmung und der Erreichung ihres Zweckes" einstehen soll und will. Leitend für die Beurteilung der Frage muß neben den auch jetzt schon von Theorie und Praxis hervorgehobenen Gesichtspunkten, die Berücksichtigung wirtschaftlicher Verhältnisse sein. Das von der Herrschaft des Zunftzwanges ausgehende Allgemeine Landrecht kennt als Unternehmer der Werkverdingung nur den sachverständigen Unternehmer, Handwerker, Fabrikanten, Künstler. Es setzt also den selbständigen

Unternehmer, Gewerbeunternehmer, voraus, der nicht die rein mechanische Handarbeit leistet, sondern vermöge seiner technischen Kenntnis die Plangebung einer oberen Leitung hat, während die Ausführung durch seine Leute erfolgt.

Daß der zunftgemäß ausgebildete, Lehrling und Geselle gewesene Meister unter Umständen selbst mit Hand anlegt, ist nicht ausgeschlossen. Aber er muß sich doch wirtschaftlich und sozial über seine Leute erheben, wirtschaftliche Selbstständigkeit eines Unternehmers im Verhältnis zu seinen Leuten besitzen, seine Tätigkeit darf sich nicht in der Mitarbeit erschöpfen. Der nun in gleicherweise wie seine Kollegen mitarbeitende „erste" Steinträger, der Kolonnenführer, der Putzer und Maurer, der nur den gleichen Lohn, wie seine Kollegen, erhält, allenfalls für seine Mühewaltung beim Abrechnen und als Vorarbeiter, Vertretung des Poliers, einen gewissen Vorzugssatz bezieht, hat eine derartige wirtschaftliche Selbständigkeit nicht. Es fehlt bei ihm das Moment, daß er aus dem Vertrag mehr erhält, als den Lohn für seine Arbeit, daß er Unternehmergewinn zieht, daß er wirtschaftlich im stande ist, das Risiko eines Unternehmens zu tragen. Von dieser Berücksichtigung der wirtschaftlichen und sozialen Verhältnisse geht auch die GO. aus, wenn sie die Worte „Arbeitgeber, Gewerbeunternehmer, selbständiger Gewerbetreibender im Tit. 7 gleichmäßig braucht. Das Reichsversicherungsamt hat bei Beurteilung der Frage, wer als Unternehmer des Baubetriebes anzusehen, stets wirtschaftliche Verhältnisse dahin geprüft, ob der Akkordant nur einen den gewöhnlichen Lohn nicht übersteigenden Entgelt hat, oder ob er Unternehmergewinn erzielt, das Risiko eines Unternehmens zu tragen im stande ist. — Hervorgehoben sei noch, daß es ganz gewöhnlich bei solchen Akkordarbeiten ist, daß neben den auf Teilung arbeitenden, oder wenigstens einen höheren Lohn beziehenden, technisch geschulten Arbeitern gewöhnliche Tagearbeiter, Handlanger, zu einem ihnen von den technisch geschulten Arbeitern vorweg zu zahlenden Lohnsatz beschäftigt werden (so der Träger bei den Putzern und Töpfern). Die hier vorliegenden Arbeiten bilden eine in neuerer Zeit entstandene Spezialität des Maurergewerbes, die ohne sachverständige Leitung von technisch geschulten Arbeitern ausgeführt werden kann, die daher vielfach von einzelnen oder mehreren Maurern übernommen werden, die als Spezialisten auf diesem Gebiete arbeiten, während sie noch eine etwa gleich große Zahl Handlanger zu niedrigem Lohnsatz zuziehen. Von diesen Verhältnissen ist bei Beurteilung des Vertrages zwischen dem Beklagten und dem G. auszugehen; denn diese Verhältnisse sind im Baugewerbe so bekannt, daß sie das GG. auf Grund eigener Kenntnis feststellen kann. Ihnen kann sich kein Vertragschließender entziehen. Es ist ganz selbstverständlich, daß sie zur Beurteilung der Absicht der Parteien herangezogen werden müssen.

Für das GG. sind nun folgende, teils vom Beklagten zugestandene, teils durch Zeugnis des G. bewiesene Tatsachen maßgebend.

G. hat vor und nach dieser Arbeit als Gehilfe bei dem Beklagten gearbeitet. G. selbst hat seine Rechtsstellung dahin aufgefaßt, daß er mit Kollegen im Gruppenakkord arbeite, also etwaigen Akkordvorschuß über den vorschußweise gezahlten Stundenlohn mit seinen Kollegen teilen muß. Wenn auch noch nicht fertig abgerechnet war, so bleibt doch nach Aussage des G. aller Wahrscheinlichkeit nach kein den Stundenlohn erheblich übersteigender Akkordüberschuß. Bei Akkordarbeit wird aber von dem Arbeiter stets darauf gerechnet, mehr als den Stundenlohn zu erzielen, so daß selbst ein 30 Pfg. pro Stunde betragender Vorschuß den Rahmen des im Baugewerbe üblichen Akkordlohnes nicht überschreiten werde. Vorliegend kann es sich nur um 5 höchstens 10 Pfg. pro Stunde handeln. Beklagter hat direkt den Stundenlohn an die von G. angenommenen Leute gezahlt, „damit sie nicht mit Nachforderungen kommen", d. h. er war sich bewußt, daß dem G. die nötige wirtschaftliche Selbständigkeit abging, um aus eigenen Mitteln „seine Leute" bezahlen zu können. Beklagter hat auch nicht Abschlagzahlungen nach Verhältnis des Fortschreitens der Arbeit, sondern nur Stundenlohn gezahlt, hat auch die Ausgaben für Leim dem G. vorschußweise bezahlt. Daß G. nicht genau den Stundenlohn, sondern eine etwas höhere Summe erhielt, ist für unerheblich erachtet, weil den Akkordanten häufig in solcher Weise entgegengekommen wird. Entscheidend ist, daß nicht nach der Arbeitsleistung, sondern auf Grund eines Wochenzettels nach Arbeitszeit die Zahlung berechnet wird. Beklagter hat endlich über die von G. angenommenen Leute verfügt, sie weggeschickt zur Ausführung von Tagelohnarbeiten, die in dem Akkord nicht liegen, die G. nicht übertragen waren. Er hat hierbei Fürsorge getroffen, daß zu anderen Leuten solche Arbeiter geschickt wurden, die in der Gegend wohnten, also Anordnungen getroffen, die der Unternehmer seinem Polier gegenüber vornimmt, die aber nicht dem Bauherrn gegenüber einem selbständigen Unternehmer zustehen. Aus Erwägung aller dieser Umstände ist das GG. zu dem Schluß gekommen, daß G. nicht als selbständiger Unternehmer die Ausführung eines Werkes unter Haftung für den Erfolg übernommen hat, sondern daß er nur seine Arbeitskraft gegen Akkordlohn vermietet hat. Er hat nach seinen wirtschaftlichen Verhältnissen nicht mehr übernehmen können und seine Stellung, wie erwähnt, nicht anders aufgefaßt. Der Beklagte hat bei Kenntnis der ökonomischen Lage des G. die Verantwortung eines selbständigen Unternehmers nicht erwarten können. hat dementsprechend gehandelt und das Dienstverhältnis gestaltet. Demnach sind aber die von G. angenommenen Leute als Arbeiter des G. nicht anzusehen. Es fragt sich nun, ob die Kläger als gewerbliche Arbeiter des Beklagten anzusehen sind, so daß das zwischen ihnen und dem Beklagten bestehende Arbeitsverhältnis nach § 122 der GO. nur mit 14tägiger Kündigungsfrist gelöst werden konnte. Im Sinne der Unfallversicherungsgesetze ist zweifellos der Beklagte als Unternehmer des Betriebes, in dem die Kläger beschäftigt waren, Mitglied der Berufsgenossenschaft. (Amtliche Nachrichten des Reichsversicherungsamts I Nr. 46, 81, III Nr. 287, 374, V Nr. 671, VI Nr. 920, VII Nr. 1015.) Auch für das Gebiet der Kranken- und Alters- und Invaliditätsversicherung ist die Haftung des Beklagten als Unternehmer nicht zu bezweifeln. (Johow, Entscheidungen des Kammergerichts VI S. 171, Rosin, Recht der Arbeiterversicherung I S. 178 ff., Köhne, Kommentar zum Krankenversicherungsgesetz, 2. Aufl. S. 140.)

Ebenso ist nach konstanter Rechtsprechung des Reichsgerichts der Beklagte zweifellos im Sinne der Arbeiterschutzbestimmungen der GO. als Arbeitgeber der Kläger anzusehen und strafrechtlich verantwortlich. (Entscheidungen des Reichsgerichts in Strafsachen, Bd. III S. 409, IX S. 102, X S. 27.)

Im Konkurse des Beklagten würde der Forderung des G. event. auch der Kläger das Vorrecht des § 54 Nr. 1 der Konkursordnung zustehen. (Entscheidungen des Reichsgerichts in Zivilsachen, Bd. IV S. 423.) Wie sich zivilrechtlich im besonderen mit Bezug auf die gesetzliche 14tägige Kündigungsfrist (§ 122 der GO.) das Verhältnis zwischen dem Unternehmer und den von ihm nicht direkt angenommenen Arbeitern gestaltet, ist bisher anscheinend nicht zur Entscheidung höherer Gerichtshöfe gebracht, vielleicht garnicht zur Erörterung gestellt, weil diese ganz besonders gearteten Verhältnisse der Akkordarbeiter, insbesondere die Verhältnisse des Gruppenakkordes und der Lohnabrede nur mit einem Akkordanten, dem die Auswahl der Arbeiter überlassen wird, ein Ergebnis der neueren Entwicklung auf dem Gebiete des gewerblichen Arbeitsmarktes ist.

Das GG. hat die im öffentlichen Interesse eingeführte Vorschrift der 14tägigen Kündigungsfrist zwischen dem Arbeitgeber und seinem Gehilfen stets dahin aufgefaßt, daß sie auch im Verhältnis zwischen dem Unternehmer und den mit seinem Wissen und Willen von dem Akkordanten angenommenen Arbeitern stattfindet. Gar kein Zweifel kann in dem Fall obwalten, daß zwar, wie es bei Putzern, Steinträgern üblich, nur mit einem Akkordanten abgeschlossen wird, aber mit der in der Natur der Sache liegenden, wenn auch im Vertrage nicht erwähnten, stillschweigenden Ermächtigung, die nötigen Leute zu den gleichen Bedingungen zur Ausführung der Arbeit in Gruppenakkord anzunehmen, wobei jeder einzelne Teilnehmer des Gruppenakkordes dem andern gleichberechtigt ist, dem Kolonnenführer nur die Stellung eines Poliers zufällt. Gleiches ist aber anzunehmen in dem Fall, daß der Akkordant die von ihm angenommenen Leute nicht ausdrücklich an dem Akkord beteiligt, wenn also, wie das Reichsgericht Bd. 4 S. 424 das Rechtsverhältnis des Ziegelmeisters zu konstruieren sucht, Vermietung der Dienste dritter Personen vorliegt. Der gesetzlichen Verpflichtung, eine 14 tägige Kündigungsfrist einzuhalten, kann sich der Arbeitgeber seinen Arbeitern gegenüber ohne ausdrückliche anderweite Abrede nicht entziehen.

Im vorliegenden Fall sind nun die Kläger auf dem Bau in Arbeit getreten, ohne recht zu wissen, bei wem sie beschäftigt seien. Sie haben den G. für einen zur Annahme von Arbeitern ermächtigten Vorarbeiter gehalten. Von den näheren Abreden bezüglich des Verhältnisses zwischen G. und dem Beklagten haben sie nichts gewußt. Beklagter hat die Arbeit der Kläger sich gefallen lassen, hat teilweise den Lohn direkt gezahlt, hat über Mitarbeiter der Kläger verfügt, sie aus dem Akkord herausgenommen, zu anderen Arbeiten geschickt, kurz, sich wie ein Arbeitgeber benommen, so daß ein direktes Arbeitsverhältnis zwischen den Klägern und dem Beklagten angenommen werden muß. Denn die Annahme der Kläger und ihre Beschäftigung hat sich genau so gestaltet, wie wenn auf einem Bau ein Polier angestellt ist, der Arbeiter einstellt.

Da nun eine anderweite Dauer des Arbeitsverhältnisses auch nicht etwa durch Bezugnahme auf eine bestimmte fertig zu stellende Arbeit bedungen war, vielmehr den Klägern Beschäftigung auf einem anderen Bau in Aussicht gestellt war, so ist der Anspruch der Kläger auf Lohnentschädigung während der 14 tägigen Kündigungsfrist für gerechtfertigt erachtet. (Unger, Nr. 18.)

f) Urteil des Landgerichts I, 8. Zivilkammer, vom 23. Januar 1895.

Die Klage gegen den Bauunternehmer ist abgewiesen.

Aus den Gründen: Die Frage, ob ein Vertragsverhältnis in Stellvertretung eines Dritten eingegangen sein soll, wird — auch abgesehen von dem Gebiete des Handelsrechts (Art. 52 Abs. 2 HGB.) — nicht nur nach den bei dem Vertragsabschlusse abgegebenen Erklärungen, sondern auch unter Berücksichtigung der für das in Frage kommende Rechtsverhältnis obwaltenden Umstände, entschieden werden müssen. (Vgl. Rehbein Entsch. S. 609, Anm.) Im vorliegenden Falle fehlt es indessen an jedem tatsächlichen Anhalte dafür, daß etwa R. nur als Vertreter der Beklagten die Kläger engagiert hätte. Vielmehr trat er — nach seinem eigenen Zeugnisse — den Klägern als selbständiger, seitens des Beklagten angenommener Subunternehmer gegenüber und hat als solcher im eigenen Namen die Kläger engagiert Letztere stehen also auch nur zu ihm in einem kontraktlichen Verhältnisse und sind deshalb wegen der ihnen gegebenen vorzeitigen Entlassung auch nur befugt, sich an ihren Gegenkontrahenten R. wegen ihrer Entschädigung (aus der Nichtinnehaltung des Vertrages) zu halten. Es mag den Klägern zugegeben werden, daß seitens der Bauunternehmer nicht selten die Praxis beobachtet wird, für die Ausführung von Bauten sich der Annahme von Subunternehmern gerade zu dem Zwecke zu bedienen, um selbst vor dem Zugriffe der Arbeiter wegen ihrer Lohn- und sonstigen Kontraktsforderungen gesichert zu sein. Eine solche Praxis, für deren Beobachtung durch den Beklagten im vorliegenden Falle übrigens kein Anhalt vorliegt, erscheint im volkswirtschaftlichen Interesse, wenn dadurch die Verpflichtung zur Befriedigung der Arbeiter auf minder leistungsfähige Schultern gewälzt wird, gewiß als bedauerlich. Es muß indessen den Arbeitnehmern überlassen bleiben, sich vor der Eingehung solcher Verträge mit bloßen Subunternehmern zu hüten. Verstehen sie sich dazu, solche — an sich rechtlich nicht zu beanstandende —

Verträge einzugehen, so bleibt ihnen auch nach den angeführten und der Natur der Sache sich ergebenden Rechtsgrundsätzen kein anderer Weg, als sich an den mit ihnen im eigenen Namen kontrahierenden Subunternehmer wegen ihrer Ansprüche zu wenden. Es könnte auch nicht von dem Bestehen eines etwaigen Bereicherungsanspruches gegen den Hauptunternehmer die Rede sein. Ein solcher Anspruch, für welchen das GG. überdies nicht zuständig gewesen sein würde, kann wegen seines subsidiären Charakters nur bei dem Mangel eines rechtsgültigen Vertragsverhältnisses platzgreifen.

g) Urteil des Kammergerichts, 8. Zivilsenat, vom 17. März 1900.

Die Klage gegen den Bauunternehmer ist abgewiesen.

Aus den Gründen: Zwar spricht eine Reihe von Umständen dafür, daß der Beklagte der Arbeitgeber war, so die Tatsache, daß er die Krankenkassen- und Invaliditätsbeiträge gezahlt und die Marken geklebt, auch, wie das Quittungsbuch des Mitklägers B. nun ergibt, die Quittungsfelder mit seinem Stempel versehen hat, ferner die von den Zeugen bekundete Tatsache, daß der Angestellte des Beklagten, G., im Auftrage des Beklagten von den Putzern verlangte, ein Schriftstück des Inhalts zu unterschreiben, daß sie einverstanden seien, daß fortan F. und nicht der Beklagte die Löhne zahle und die Arbeiter fortan keine Lohnansprüche an den Beklagten hätten und daß demnächst diejenigen Arbeiter, welche sich weigerten, diesem Verlangen nachzukommen, von G. Buch und Karte zurückerhielten und endlich der von F. bekundete Umstand, daß er nicht als Gewerbeunternehmer angemeldet ist und das Geld zur Löhnung stets vom Beklagten erhalten hat. Indessen von entscheidender Bedeutung für die Frage, ob die Kläger zum Beklagten im Vertragsverhältnisse standen, sind diese Umstände nicht, und es kann durch sie der den Klägern obliegende Beweis nicht als geführt erachtet werden. Dies um so weniger, als andere Umstände vorliegen, welche in recht erheblicher Weise gegen die Behauptung der Kläger sprechen. In erster Linie kommt hier das Schriftstück vom 19. und 20. Oktober 1898 in Betracht, in welchem F. die Putzarbeiten gegen bestimmte quadratmeterweise zu berechnende Lohnsätze übernommen hat, woraus zu schließen ist, daß der Beklagte nur zu F., nicht aber zu den anderen Putzern im Vertragsverhältnis gestanden hat. Im weiteren geht dies aber auch daraus hervor, daß nicht der Beklagte, sondern F. die Löhne gezahlt hat, was durch die Aussage des F., daß er jeden Sonnabend vom Beklagten die Löhne erhalten habe, und durch die Aussagen der Arbeiter F. und S., daß sie den Lohn von F. gezahlt erhalten haben, erwiesen ist. Und endlich geht solches recht deutlich aus den Angaben derselben Zeugen, daß sie von F. angenommen worden seien, hervor, wie denn übrigens von den Klägern auch nicht behauptet wird, daß sie vom Beklagten angenommen worden seien und von ihm den Lohn gezahlt erhalten hätten. („Blätter für Rechtspflege im Bezirk des Kammergerichts" Jg. 1900, Nr. 6, S. 61.)

## 160. Kann der im Gruppenakkord beschäftigt gewesene Arbeiter von dem Arbeitgeber den auf ihn entfallenden Anteil des Akkordlohnes fordern, wenn der Arbeitgeber den vollen Akkordlohn bereits an den Kolonnenführer ausgezahlt hat?

Urteil des GG. Berlin vom 3. November 1893.

Kläger (Putzer) fordern vom Beklagten (Bauunternehmer) ihren Lohn für 3 Tage mit je 21 Mk. Beklagter wendet ein, daß die Kläger Mitglieder einer Putzerkolonne gewesen seien und er den vollen Lohn an den Kolonnenführer gezahlt habe.

Die Klage ist abgewiesen.

Aus den Gründen: Die Beweisaufnahme hat ergeben, daß die Kläger in der Tat nur zu einer Putzerkolonne gehörten, deren Führer der Zeuge E. war, und E. den vollen Lohn für die Arbeit vom Beklagten erhalten hat. An den Beklagten sind daher aus dem Akkordverhältnis keine Ansprüche mehr geltend zu machen. Bei einem derartigen gemeinschaftlichen Akkordverhältnis hat der Unternehmer, anders wie bei dem gewöhnlichen Lohnverhältnis, nur mit dem Kolonnenführer abzurechnen und diesem Zahlung des für die Kolonne bestimmten Lohnes zu leisten. Hat er diese Verpflichtung erfüllt, ist der Lohn an den Kolonnenführer voll ausgezahlt, so können die einzelnen Mitglieder der Kolonne an den Arbeitgeber keine Ansprüche weiter mit der Behauptung erheben, daß sie von dem der Kolonne zustehenden Lohne nicht den auf sie entfallenden Anteil erhalten haben. Derartige Ansprüche können sie nur gegen den Kolonenführer geltend machen. Die Kläger waren daher mit ihrer Klage abzuweisen, da der Unternehmer seinen Verpflichtungen gegen die Kolonne nachgekommen ist. (Unger Nr. 9.)

## 4. Tarifvertrag. (161–167.)

### 161. Ist ein Tarifvertrag auch für denjenigen bindend, welcher bei seinem Abschluß nicht beteiligt war?

Urteil des GG. Stuttgart vom 28. November 1901.

Kläger hat als Möbelschreiner die Herstellung von zwei Möbelstücken um den Akkordpreis von 47,41 Mk. übernommen, er verlangt Aufbesserung um 16,80 Mk. auf diese Stücke, weil ihm dieser Betrag an seinem Stundenlohn bei diesen Sätzen fehle. Kläger beruft sich auf den Tarifvertrag vom 29. Juli 1899. Dieser enthält nämlich die Vorschrift: daß die Akkordlöhne so hoch anzusetzen seien, daß der Arbeiter seinen Abschlag, d. h. eine seinem festgesetzten Stundenlohn entsprechende Abschlagszahlung verdienen kann.

Beklagte wendet ein, der Tarifvertrag sei für sich nicht verbindlich, da sie an seinem Abschluß nicht beteiligt gewesen sei, ihr Geschäft vielmehr erst nach seinem Abschluß angefangen habe und da sie demselben auch nicht ausdrücklich oder stillschweigend beigetreten sei.

Die Klage ist abgewiesen.

Aus den Gründen: Die Meinung, daß ein solcher Tarifvertrag die ortsüblichen Arbeitsbedingungen enthalte, und ihm alle Angehörigen des betreffenden Gewerbes ohne Rücksicht auf ihre Teilnahme am Abschluß unterstehen, ist unrichtig. Der Tarifvertrag ist wie jeder andere Vertrag ein nach den Grundsätzen des Zivilrechts zu beurteilender Vertrag. Der Inhalt eines Vertrags ist aber nur für diejenigen Personen maßgebend, welche ihn abgeschlossen haben, sei es in Person oder durch eine Vermittlung von Bevollmächtigten, sowie für diejenigen, die ihm nachträglich beigetreten, ihn nachträglich genehmigt haben. Eine Bestimmung, daß ein Tarifvertrag für alle Beteiligten eines Gewerbezweigs ohne Rücksicht auf ihren Beitritt zu demselben zu gelten habe, könnte nur der Gesetzgeber treffen; dies hat er aber bis jetzt nicht getan. Vielmehr hat er nur bezüglich des Lohns in § 612 Abs. 2 BGB. auf das übliche verwiesen. Nur wenn der Lohn nicht bestimmt ist, soll der übliche Lohn ermittelt werden; für diese Ermittlung werden natürlich Tarifverträge eine wichtige Erkenntnisquelle bilden. Eine Verwendung des Begriffs „üblich“, die über die in § 612 Abs. 2 BGB. gegebene Grenze geht, also insbesondere den ganzen Inhalt eines Tarifvertrags auch dem ihm fernstehenden Gewerbegenossen aufzwingen wollte, wäre eine mit dem Gesetz in Widerspruch stehende Beeinträchtigung des Grundsatzes der Vertragsfreiheit. Auch der der Vertragsnatur des Tarifvertrags wenigstens formell Rechnung tragenden Ansicht Lotmars (die Tarifverträge im Archiv für soz. Gesetzgebung und Statistik Bd. 15, S. 81), daß die Genehmigung stillschweigend dadurch erteilt sei, daß der Arbeitgeber oder Arbeitnehmer einen Arbeitsvertrag eingeht, ohne besondere, von dem des Tarifvertrags abweichende Bedingungen zu vereinbaren, kann nicht beigetreten werden. In diesem Fall gilt die „gemeine Regel"; dies ist aber das Gesetz, nicht, wie Lotmar meint, der Tarifvertrag. Es ist jeweils im einzelnen Fall nach Lage der Umstände zu prüfen, ob eine stillschweigende Genehmigung festgestellt werden kann. Diese Feststellung darf sich aber nicht auf eine Vergewaltigung des Parteiwillens, sondern nur auf konkrete Anhaltspunkte, aus denen der Wille der Genehmigung bestimmt entnommen werden kann, gründen.

## 162. Anwendbarkeit des Deutschen Buchdrucker-Tarifs. Ist er bindend, wenn er nicht ausdrücklich ausgeschlossen ist?[1])

Entscheidung des GG. Stuttgart.

Der Kläger ist vom 15. April bis zum 6. Juni bei dem Beklagten gewesen, am 6. Juni ist er ohne Kündigung entlassen worden. Er verlangt Entschädigung für 14 Tage. Eine Arbeitsordnung besteht nicht im Geschäfte des Beklagten, dagegen bezeichnet sich dieser selbst als tariftreu. Er erwidert: Der Kläger sei zur Aushilfe für ein bestimmtes Werk eingestellt worden; nachdem dies fertig geworden sei, sei das Arbeitsverhältnis gelöst. Der Kläger führt aus: Er sei allerdings zur Aushilfe engagiert worden, allein nach § 36[4] des Allgemeinen Deutschen Buchdrucker-Tarifs werde jede Aushilfsstelle nach 4 Wochen in eine solche mit Kündigung verwandelt. Der Beklagte macht geltend, in einem so kleinen Betrieb (2—4 Arbeiter) sei diese Bestimmung nicht durchführbar, und an jede Einzelheit des Tarifs könne er sich nicht streng binden.

Der Beklagte ist verurteilt.

Aus den Gründen: Das Gericht hat dem Antrage des Klägers entsprochen. Zwar ist der Tarif nicht in dem Sinne bindend, daß das Gericht anderweitige Abmachungen einfach ignorieren dürfte. Allein da der Beklagte selbst sich als tariftreue Druckerei bezeichnet, so muß der Tarif so lange angewendet werden, als nicht klar und deutlich seine Geltung ausgeschlossen ist. Der Beklagte hat nun in keiner Weise den Nachweis gebracht, daß dies geschehen sei. Hierzu wäre insbesondere nötig gewesen, daß dem Kläger nach Ablauf der 4 Wochen noch einmal gesagt worden wäre, auch jetzt sei er zur Aushilfe und nur bis zur Beendigung des Werkes eingestellt. („Gewerbegericht" Jg. 1, Sp. 36.)

## 163. Kann Ausschluß der Kündigungsfrist durch Kollektivvertrag vereinbart werden?

Urteil des GG. Breslau vom 3. Oktober 1901.

Die Klage auf Lohnentschädigung ist abgewiesen.

Aus den Gründen: Es fragt sich, ob im vorliegenden Falle etwas anderes als die im § 122 GO. festgesetzte Kündigung als von den Parteien verabredet anzusehen ist. Allgemein anerkannt wird, daß Verabredungen nicht nur ausdrücklich, sondern auch stillschweigend getroffen werden können. Insbesondere dann gilt eine stillschweigende Verabredung als vorhanden, wenn ein bestimmter Geschäftsgebrauch besteht und die Parteien bei Abschluß eines Vertrages nichts von diesem Geschäftsbrauche abweichendes vereinbaren. Dann gilt dieser Geschäftsbrauch als „tacita lex contractus", als stillschweigend vereinbarter Vertragsinhalt. Und dies mit gutem Grund. In den weitaus meisten Fällen unterlassen es die Parteien, allgemein Übliches ausdrücklich in den — mündlich oder schriftlich — geschlossenen Vertrag aufzunehmen. Es gilt ihnen als selbstverständlich. Freilich kann es in einem Falle vorkommen, daß eine der Parteien das sonst allgemein als selbstverständlich Angenommene nicht gekannt hat. Darauf ist aber im Interesse der Rechtssicherheit nicht Rücksicht zu nehmen.

---

[1]) Vgl. auch Nr. 219, 220.

Wer einen Vertrag schließt, unterwirft sich stillschweigend dem bei derartigen Geschäften Üblichen. Wollte er das nicht, so stand es ihm ja frei, alle ihm erheblich scheinenden Punkte durch ausdrückliche Verabredungen zu regeln. Soweit er das nicht getan hat, muß er das übliche, die Verkehrssitte, gegen sich gelten lassen. — Daraus, daß der Geschäftsbrauch im Zweifel als stillschweigend vereinbarter Vertragsinhalt anzusehen ist, folgt, daß er auch solchen gesetzlichen Bestimmungen vorgeht, deren Wirksamkeit durch Vertrag ausgeschlossen werden kann. Es ist dabei unerheblich, ob es sich um einen allgemeinen oder einen nur an einem bestimmten Orte geltenden Geschäftsbrauch handelt. Auch der lokale Geschäftsbrauch geht nicht-zwingenden Gesetzesbestimmungen vor, wenn er nicht selbst durch Vertrag ausgeschlossen worden ist. § 122 GO. bezeichnet sich selbst als nicht-zwingende Vorschrift, da er für sich nur für den Fall Geltung beansprucht, daß etwas anderes nicht verabredet ist. § 122 GO. kommt also auch dann nicht zur Anwendung, wenn an einem Orte ein Geschäftsbrauch besteht, der eine andere als die in § 122 GO. bestimmte Kündigungsfrist festsetzt oder die Kündigung überhaupt auf Seiten beider Parteien ausschließt.

Es fragt sich, ob im vorliegenden Falle das Bestehen eines derartigen Geschäftsbrauches hinsichtlich der im Breslauer Baugewerbe abgeschlossenen Arbeitsverträge anzunehmen ist. Es ist dem Gericht bekannt, daß vor einigen Jahren zwischen den Organisationen der Arbeitgeber und Arbeiter im Baugewerbe eine Vereinbarung getroffen worden ist, welche neben Bestimmungen über die Höhe des Arbeitslohnes und die Dauer der täglichen Arbeitszeit auch die Bestimmung enthält, daß sowohl vonseiten der Arbeitgeber als auch vonseiten der Arbeiter, mit Ausnahme der Poliere, das Arbeitsverhältnis jederzeit ohne vorherige Kündigung gelöst werden dürfe. Es ist dem Gericht ferner bekannt, daß seitdem dieser Kündigungsausschluß auch von solchen Arbeitgebern und Arbeitern angenommen worden ist, welche den beiderseitigen Organisationen nicht angehörten. Ferner hat die Praxis des hiesigen GG. ergeben, daß die Arbeitgeber durchweg und von den klagenden Arbeitern der bei weitem größte Teil den von den beiderseitigen Organisationen vereinbarten Kündigungsausschluß als für sämtliche Arbeiter und Arbeitgeber im Breslauer Baugewerbe verbindlich ansieht. Auch der als Sachverständiger vernommene Maurer-Obermeister Sch., der Vorsitzende der sogenannten zweiten Maurer-Innung, hat mit voller Bestimmtheit bekundet, daß sämtliche im Breslauer Baugewerbe beschäftigten Arbeiter es wüßten, daß, wenn nicht etwas anderes vereinbart sei, von beiden Seiten das Arbeitsverhältnis jederzeit ohne vorherige Kündigung aufgelöst werden könne, und daß daher für das Breslauer Baugewerbe der sogenannte Kündigungsausschluß als ortsüblich anzusehen sei. Unter diesen Umständen hat das Gericht das Bestehen des vom Beklagten behaupteten Ortsgebrauchs als erwiesen angesehen. („Gewerbegericht" Jg. 7, Sp. 109.)

### 164. Kündigungsfrist im Kollektiv-Arbeitsvertrage. Gilt dieselbe, wenn im Einzel-Arbeitsvertrage nichts Abweichendes festgesetzt ist?

Urteil des GG. Frankfurt a. M. vom 2. Mai 1901.

Aus den Gründen: Im Weißbindergewerbe ist in Frankfurt a. M. zwischen Meistern und Gehilfen eine Vereinbarung über Lohn- und Arbeitsbedingungen getroffen, die auch in Form einer Werkstattordnung in fast allen Werkstätten dieses Gewerbes aushängt. Die in denselben festgesetzten Bedingungen werden auch von fast sämtlichen Arbeitgebern und Arbeitnehmern des Gewerbes eingehalten und sind sonach als die ortsüblichen Arbeitsbedingungen des Gewerbes anzusehen. Soweit letzteres der Fall ist, hat das GG. solche kollektive Arbeitsverträge bereits seit längerer Zeit stets in Ermangelung entgegenstehender Vereinbarung seinen Entscheidungen zu Grunde gelegt. Dies bezieht sich nicht nur auf solche Arbeitsbedingungen, für welche gesetzliche Dispositivvorschriften nicht bestehen, sondern auch auf die Lohnhöhe, für welche die „übliche Vergütung" des § 612 Abs. 2 BGB. es ohne weiteres an die Hand gibt, ebenso aber auch auf die Kündigungsfrist; denn wenn auch die gesetzliche Dispositiv-Vorschrift des § 122 GO. besteht, so ist doch nach allgemeiner Ansicht eine stillschweigende Vereinbarung anderer Kündigungsfristen nicht ausgeschlossen, und das GG. ist stets davon ausgegangen, daß solche Kollektivverträge sich nicht auseinanderreißen lassen; sieht man alle anderen Lohn- und Arbeitsbedingungen als stillschweigend vereinbart an, so muß dies auch bezüglich der Kündigungsfristen gelten. Wird also in einem Orte mit Kollektiv-Arbeitsvertrag ein Arbeitsvertrag ohne besondere Fixierung der Arbeitsbedingungen geschlossen, so muß nach den Grundsätzen von Treu und Glauben angenommen werden, daß sich die Parteien stillschweigend jenen ortsüblichen Arbeitsbedingungen unterwerfen wollten. Diese juristische Konsequenz, die sich aus § 157 BGB. mit Notwendigkeit ergibt, nach dem alle Verträge nach Treu und Glauben mit Rücksicht auf die Verkehrssitte auszulegen sind (vgl. Endemann, Einführung, Bd. 1 S. 425), erscheint auch völlig unbedenklich, da heutzutage jedenfalls in den Städten (wo allein ja Kollektiv-Arbeitsverträge vorkommen) sowohl Arbeitgeber wie Arbeitnehmer ganz genau über diese Vereinbarungen orientiert sind, somit der Schluß aus ihrem Stillschweigen keinerlei Fiktion ist, sondern eine durchaus begründete Vermutung für sich hat. Ja, diese Konstruktion kann auch allein den Bedürfnissen der Zeit genügen, da ja alle Tätigkeit der Einigungsämter und alle sonstigen Streikvereinbarungen ziemlich wertlos wären, wenn die GG. nicht im Falle einheitlicher Betätigung durch die Gewerbeangehörigen ihnen die Bedeutung eines Ortsgebrauchs (Usance) beimessen wollten. („Gewerbegericht" Jg. 6, Sp. 195.)

## 165. Kündigungsausschluß durch Kollektivvertrag. Bindet er auch den erst später zugezogenen Arbeiter?

Urteil des GG. Weimar vom 26. Juni 1902.

Kläger verlangt Schadenersatz wegen ungerechtfertigter Entlassung. Beklagter behauptet Kündigungsausschluß.

Beklagter ist verurteilt.

Aus den Gründen: Was den im hiesigen Maurergewerbe im Frühjahr 1898 angeblich bestimmten Ausschluß der Kündigung anlangt, so ist daran zu erinnern, daß nach § 122 der GO. die gesetzlich vorgeschriebene 14tägige Kündigungsfrist nur beseitigt werden kann durch eine anderweitige Verabredung der Parteien: „wenn nicht ein anderes verabredet ist" (vgl. auch § 105). Das Gesetz verlangt also eine wenn auch in losester Form getroffene „Verabredung" des Arbeiters mit seinem Arbeitgeber. Eine solche Verabredung ist im vorliegenden Fall zugestandenermaßen zwischen den Parteien nicht getroffen worden, weder ausdrücklich noch stillschweigend, wie z. B. durch Anschlag in den Baustellen und dergleichen. Der im Frühjahr 1898 zwischen Vertretern der beiden Teile getroffenen Vereinbarung aber, wonach u. a. Kündigung ausgeschlossen wurde, kommt die Kraft einer solchen „Verabredung" nicht zu, weil Kläger, der damals von Weimar abwesend war und erst am 21. Februar 1900 wieder hierher zurückgekehrt ist, daran nicht beteiligt war, weder unmittelbar noch etwa durch einen Bevollmächtigten. Endlich hat die Bekanntmachung jener Vereinbarung in den Zeitungen auch nicht die Kraft eines öffentlichen Gebotes, weil sie nicht von hierzu gesetzlich berufenen Stellen ausgegangen ist, auch nicht eine gesetzliche Vorschrift aussprach bezüglich wiederholte, sondern den Vertragswillen einer wenn auch größeren Anzahl von Privatpersonen, zu denen aber Kläger nicht gehörte, kundgab. Damit soll jene Vereinbarung gewiß nicht herabgesetzt werden; im Gegenteil, sie wird als Anfang einer sog. kollektiven Regelung des Arbeitsvertrages anerkannt. Nur kann ihr keine unmittelbare öffentlich-rechtliche Wirkung zuerkannt werden, für welche das Bestehen einer gesetzlichen Vertretungskörperschaft beider Teile, der Arbeitgeber und der Arbeiter, die erste Voraussetzung bilden würde. Diese Ansicht hat auch früher die hiesige Maurer- und Zimmer-Innung unterhalten, welche in einem an das GG. unterm 22. Juni 1899 gerichteten Schreiben durch ihren Vorstand erklärte: „Genannter Vertrag (die Vereinbarung von 1898) hat jedoch selbstredend erst Gültigkeit, wenn er von beiden Teilen, wie dies in den meisten hiesigen Geschäften eingeführt, unterschrieben ist. Bei Einstellung eines Arbeiters ohne Unterschreibung gilt auch hier die gesetzliche Kündigungsfrist."

## 166. Sind die Bestimmungen des Kollektiv-Arbeitsvertrages verbindlich, wenn der Arbeiter bei seiner Annahme nicht auf ihn hingewiesen worden ist und der Kollektivvertrag auch nicht auf der Arbeitsstelle ausgehängt hat?

Urteil des GG. Breslau vom 3. Juli 1901.

In Breslau ist zwischen Arbeitgebern und Arbeitnehmern im Zimmergewerbe eine Arbeitsordnung vereinbart, nach der eine Kündigung nicht erforderlich ist. Der Beklagte hat daselbst den Kläger am 27. Juni als Zimmergesellen zur Arbeit angenommen, am 29. aber wiederum entlassen, ohne daß eine Kündigung vorausgegangen war. Die Arbeitsordnung hat weder auf der Baustelle ausgehängt, noch ist der Kläger bei seiner Annahme auf dieselbe hingewiesen worden. Kläger verlangt für 6 Tage, während deren er arbeitslos war, Entschädigung.

Der Beklagte ist verurteilt worden.

Aus den Gründen: Die Entscheidung über den Grund des in der Klage geltend gemachten Anspruches hängt lediglich von der Frage ab, ob der Kläger die zwischen den Arbeitgebern und Arbeitnehmern vereinbarte Arbeitsordnung für das Maurer- und Zimmergewerbe gegen sich gelten lassen muß oder nicht. Der Gerichtshof hat diese Frage verneint.

Die Arbeitsordnung kann nicht als ein Ortsgesetz angesehen werden, dem die Kraft innewohnt, die Bestimmungen der GO. abzuändern. Wo die GO. keine bestimmten Vorschriften enthält, da mag unter Umständen ohne weiteres die Arbeitsordnung zur Ergänzung herangezogen werden. Wenn aber die GO. eine 14tägige Kündigungsfrist ausdrücklich vorschreibt, so kann nicht durch eine Vereinbarung zwischen der Arbeitgeber- und Arbeitnehmerorganisation einer Stadt für den Bezirk dieser Stadt allgemein verbindlich bestimmt werden, daß in dem betreffenden Gewerbezweige eine Kündigung nicht statthaben soll. Die Bedeutung derartiger allgemeiner Arbeitsordnungen wie der vorliegenden liegt darin, daß sie die Grundlage bilden soll für die in dem betreffenden Gewerbe zwischen den Arbeitgebern und Arbeitnehmern abzuschließenden Verträge. Daß aber in dem einzelnen Fall auch tatsächlich der Wille der Parteien dahin gegangen ist, die Bestimmungen der Arbeitsordnung an die Stelle der Vorschriften der GO. zu setzen, das muß von dem, der sich auf die Arbeitsordnung berufen will, nachgewiesen werden. Vorliegendenfalls ist aber seitens des Beklagten nicht eine Tatsache unter Beweis gestellt oder auch nur behauptet worden, aus der sich schließen läßt, daß dem Kläger bekannt gewesen ist, daß der Beklagte zu den Arbeitgebern gehöre, die bei Annahme von Arbeitern die Arbeitsordnung zu Grunde legen. Die Arbeitsordnung ist weder an der Baustelle in irgend einer erkennbaren Weise vorhanden gewesen, noch auch hat bei der Annahme des Klägers der geringste Hinweis auf die Arbeitsordnung stattgefunden. Es lag also für den Kläger, selbst wenn er das Vorhandensein der allgemeinen Arbeitsordnung kannte, die Möglichkeit vor, anzunehmen, daß der Beklagte nicht oder nicht mehr zu den Arbeitgebern zählte, die die Arbeitsordnung als bindend anerkennen.

### 167. Tarifvertrag. Ist mangels abweichender Vereinbarung der tarifmäßige oder der angemessene Lohn zu zahlen?

Urteil des GG. Kiel vom 24. September 1902.

Der Beklagte ist verurteilt.

Aus den Gründen: Die Verpflichtung des Beklagten zur Zahlung des tarifmäßigen Stundenlohnes von 45 Pfg., der, wie unstreitig und auch gerichtsnotorisch ist, von der Zwangsinnung der Tischler mit den Gesellen vereinbart ist, ergibt sich aus § 612 BGB. Bei dem Mangel einer Beredung über die Höhe des Lohnes hat, da eine „Taxe" für die in Frage stehenden Arbeiten nicht besteht, die übliche Vergütung als vereinbart zu gelten. Als solche muß aber, sofern in einem Gewerbe ein kollektiver Tarifvertrag geschlossen ist, der tarifmäßige Lohn angesehen werden; gerade darin, daß sie die normalerweise zu zahlenden Löhne festsetzen, ist zu einem wesentlichen Teile die Bedeutung der Tarifverträge zu erblicken. Wenn diese übliche Vergütung „als vereinbart anzusehen" ist, so ist damit gesagt, daß ein abweichender Parteiwille, um beachtlich zu sein, im Wege einer besonderen Vereinbarung Ausdruck finden müßte, worüber in dem zur Entscheidung stehenden Falle nichts vorliegt.

Der angemessene Lohn, den Beklagter zahlen will, würde erst bei dem Mangel eines Maßstabes für die Feststellung der üblichen Vergütung überall in Frage kommen, indem in diesem Falle (vgl. Dernburg, Bürgerliches Recht II 2 § 304) der Dienstverpflichtete gemäß § 316 BGB. die Höhe des Lohnes zu bestimmen, diese Bestimmung aber nach § 315 BGB. nach billigem Ermessen zu treffen hat.

## 5. Arbeitsvermittlung. (168–170.)

### 168. Fällt dem Arbeitsnachweis nur die Aufgabe zu, Arbeiter dem Arbeitgeber nachzuweisen, oder hat er auch den Abschluß des Vertrages zu vermitteln?

Urteil des GG. Berlin, Kammer 6.

Auf Bestellung des Beklagten, eines Schlächtermeisters, wurde diesem am 15. August cr. der Kläger, ein Schlächtergeselle, durch den Arbeitsnachweis der Schlächterinnung als Ladengeselle zugesandt, vom Beklagten aber zurückgewiesen. Kläger fordert deshalb eine 14tägige Lohnentschädigung. Beklagter beantragt Abweisung, weil er mit dem Kläger keinen Arbeitsvertrag abgeschlossen habe.

Beklagter ist verurteilt.

Aus den Gründen: Nach Ansicht des Gerichts fällt dem Arbeitsnachweis der Schlächter usancemäßig nicht nur die Rolle des Vermittlers, sondern vielmehr die Rolle eines Beauftragten des Arbeitsgebers zu, der die Gesellen für Letzteren und in dessen Vollmacht annimmt. Das Gericht hält daher auch im vorliegenden Falle einen Arbeitsvertrag für abgeschlossen. Wenn daher der Beklagte den Kläger ungeachtet dessen nicht beschäftigte, so machte er selbst ihm die Erfüllung des Arbeitsvertrages unmöglich und hat ihm daher Schadensersatz zu leisten. („Gewerbegericht" Jg. 3. Sp. 20.)

### 169. Müssen die Parteien die vom Vermittler vereinbarte Kündigungsfrist gegen sich selbst gelten lassen?[1]

Urteil des GG. Berlin, Kammer 6, vom 24. April 1903.

Das GG. hat die Frage bejaht.

---

[1]) Vgl. Nr. 224.

Aus den Gründen: Der Vermittler hat dem Kläger im Auftrage des Beklagten mitgeteilt, daß er ihn für diesen mit 15 Mk. Monatsgeld, Mittagessen, Nachmittags Kaffee und unter eintägiger Kündigung engagire. Wenn der Kläger den Auftrag des Zeugen in Zweifel ziehen wollte, so hätte er dies bei seinem Dienstantritt tun müssen. Er hat aber durch seine bejahende Antwort auf die Frage des Beklagten, ob er mit allem Bescheid wisse, eine Frage, die sich nur auf die obige Abrede beziehen konnte, zu erkennen gegeben, daß er den Dienst auf Grund der ihm vom Vermittler bekannt gemachten Bedingungen antreten wolle. („Soziale Praxis".)

## 170. Ist der vom Arbeitsnachweise ausgestellte und vom Arbeiter dem Arbeitgeber ausgehändigte Stellenschein bindend?

Urteil des GG. Berlin, Kammer 6, vom 3. März 1903.

Die Klägerin fühlt sich beschwert, weil sie ohne Aufkündigung entlassen worden ist. Ihre Anstellung war durch Vermittlung des „Arbeitsnachweises des Vereins der Cafetiers Berlins und Umgegend" erfolgt. Bei ihrer Annahme hatte die Klägerin dem Beklagten den ihr vom Arbeitsnachweis in üblicher Weise übergebenen Stellenschein eingehändigt, demzufolge eine Kündigung nicht stattfinden sollte.

Die Klage ist abgewiesen.

Aus den Gründen: Durch die Hergabe und Annahme des vom Arbeitsnachweis ausgestellten Zettels, Inhalts dessen eine Kündigungsfrist nicht stattfinden sollte, ist eine Willenseinigung der Parteien auf die aus diesem Zettel sich ergebenden Bedingungen erfolgt, soweit nicht abweichende mündliche Abrede getroffen ist. Letzteres ist aber nach dem Vortrage der Parteien nicht der Fall. Die Entlassung ist sonach zu Recht erfolgt.

# Titel VII im einzelnen.

## 171. Kann ein Photographengehilfe nachträglich Bezahlung verbotener Sonntagsarbeit verlangen?

Urteil des GG. Offenburg vom 25. Juli 1902.

Kläger macht geltend, daß er vom Beklagten, bei dem er seit 1. Mai als Gehilfe in Arbeit stehe, am 22. l. Mts. plötzlich ohne Grund entlassen worden sei. Das Arbeitsverhältnis sei vom Beklagten am 19. l. Mts. gekündigt worden, er, Kläger, hätte also bis 2. August einschließlich beschäftigt werden müssen. Kläger verlangt hierfür Entschädigung in Höhe des ausgefallenen Gehalts mit 39,93 Mk. und überdies nachträgliche Vergütung für neun halbe Tage, an denen er nach bestehender Vorschrift von der Arbeit hatte frei bleiben müssen.

Die Klage ist abgewiesen.

Aus den Gründen: Was die Vergütung für solche Arbeiten angeht, die Kläger in der Zeit verrichtet, die er zufolge bestehender Vorschrift (vgl. § 105e Abs. 1 GO. und die Bekanntmachung des Bezirksrats vom 22. März 1895, die Sonntagsruhe in der Industrie und im Handwerk betr.) von der Arbeit hätte frei bleiben müssen, so ist dem hierauf gerichteten Anspruche des Klägers entgegen zu halten, daß die in Bezug auf die Sonntagsruhe erlassenen Vorschriften nicht nur im Interesse des einzelnen Arbeiters, sondern auch im öffentlichen Interesse erlassen sind und daß der Arbeiter eine Übertretung der bestehenden Vorschriften seinerseits nicht dadurch begünstigen darf, daß er die ihm angesonnene Arbeit stillschweigend verrichtet. Es geht nicht an und könnte nur zu einer Vermehrung der Übertretungen führen, wenn man dem Arbeiter, mit dessen Beihilfe die Übertretung zustande gekommen ist, einen klagbaren Anspruch auf Vergütung für die innerhalb der freien Zeit geleistete Arbeit zuerkennen wollte.

### 172. Ist der Lehrvertrag gültig, wenn der Lehrling kein Arbeitsbuch hat?

Urteil des Kgl. Amtsgericht II Berlin vom 18. Juni 1900.

Der Kläger verlangte vom Vater des aus der Lehre gegangenen Barbierlehrlings das für diesen Fall im schriftlichen Lehrvertrage vereinbarte Verpflegungsgeld. Der Beklagte machte geltend, daß das Lehrverhältnis wegen Fehlens eines Arbeitsbuches ungültig gewesen sei.

Der Klage ist stattgegeben.

Aus den Gründen: Dadurch, daß der Kläger den minderjährigen Sohn des Beklagten ohne Arbeitsbuch beschäftigt hat, hat er sich zwar strafbar gemacht (§ 150 Z. 1 GO.). Die Ungültigkeit des Lehrverhältnisses und die Befugnis, dasselbe jeder Zeit aufzulösen, ist aber daraus nicht herzuleiten. Die hier und da vertretene, abweichende Rechtsansicht (vgl. Unger, Entscheidungen des GG. zu Berlin Nr. 97; Schenkel, Anm. 5 zu § 107 GO.) ist nicht als begründet anzuerkennen. („Gewerbegericht", Jg. 7, Sp. 112.)

### 173. Kann der minderjährige Arbeiter sofort entlassen werden, wenn er kein Arbeitsbuch beibringt?

Urteil des GG. Karlsruhe vom 17. September 1901.

Die Schadensklage des entlassenen Schreiners ist abgewiesen.

Aus den Gründen: Die von dem Beklagten weiter geltend gemachte Tatsache, daß der minderjährige Kläger es unterlassen habe, ihm ein Arbeitsbuch zu behändigen, daß er ihm erklärt habe; er besitze kein Arbeitsbuch und brauche auch kein solches, und daß er schließlich der Aufforderung des Beklagten, sich ein Arbeitsbuch zu verschaffen, keine Folge leistete, muß als genügender Grund der Aufhebung des Vertragsverhältnisses erscheinen. Gemäß § 107 GO. dürfen minderjährige Personen nur dann als Arbeiter beschäftigt werden, wenn sie im Besitze eines Arbeitsbuches sind und dieses dem Arbeitgeber behändigen; gemäß § 150 Ziff. 1 GO. ist ferner derjenige Arbeitgeber mit Strafe bedroht, welcher im Widerspruch mit dieser Bestimmung einen Arbeiter aufnimmt; hieraus folgt, daß ein unter Verletzung dieser Bestimmung eingegangenes Vertragsverhältnis als gesetzwidrig zu betrachten und deshalb gemäß § 134 BGB. als nichtig zu betrachten wäre. Im vorliegenden Falle muß dieser Grundsatz umsomehr Anwendung finden, als der Beklagte selbst dem Kläger bei Abschluß des Arbeitsverhältnisses erklärte, daß er ihn nur dann behalten könne, wenn er ihm sein Arbeitsbuch behändige; der Kläger war somit genau davon unterrichtet, welche Folgen die Nichtauslieferung des Arbeitsbuches haben mußte.

### 174. Kann der Lehrling die Aushändigung des Arbeitsbuches verlangen, auch wenn keine „rechtmäßige Lösung des Arbeitsverhältnisses" vorliegt?

a) Urteil des GG. Weimar vom 21. April 1899.

Kläger hat von Ostern 1894 bis ins Frühjahr 1895, etwa 13—14 Monate lang, beim Bauunternehmer R. in Oberweimar als Zimmermann gelernt, sich dann in verschiedenen anderen Arbeitsverhältnissen befunden und ist am 27. Juli v. Js. bei dem Beklagten eingetreten. Seine Annahme hier hat nach seinen eigenen Angaben unter folgenden Worten des Beklagten stattgefunden: „Lernen Sie noch ein Jahr, ich gebe Ihnen kleinen Gesellenlohn; von dem Lehrverhältnis braucht ja niemand etwas zu wissen." Kläger ist bereits 19¼ Jahre alt. Ein Lehrvertrag ist weder mündlich noch schriftlich mit seinen Eltern abgeschlossen worden. Am 15. ds. Mts. hat er die Arbeit niedergelegt, weil Beklagter ihm, der am Tage vorher angeblich krankheitshalber (nach des Beklagten Versicherung: eines Katzenjammers wegen), nicht zur Arbeit erschienen, gedroht habe: „Wenn das noch einmal vorkäme, könne er gehen." Beklagter verweigert die Herausgabe des Arbeitsbuches, weil das Arbeitsverhältnis des Minderjährigen nicht ordnungsmäßig gelöst sei.

Die Klage auf Herausgabe des Buchs ist abgewiesen.

Aus den Gründen: Kläger stand, obwohl schon im 20. Lebensjahr befindlich und obwohl ein schriftlicher Lehrvertrag nicht abgeschlossen ist, nach den eingangs bemerkten Abmachungen in einem Lehrlingsverhältnis. Daß er Lohn empfing, wenn auch geringeren als ein Geselle, schließt dieses Verhältnis nicht aus. Als Lehrling konnte er aber nur unter den Voraussetzungen des § 127 b Abs. 3 des sogenannten Innungsgesetzes von 1897 die Lehre verlassen. Eine solche Voraussetzung ist nicht als gegeben behauptet worden. Der Austritt aus dem Lehr- und Arbeitsverhältnis war daher ungesetzlich; er würde dies gewesen sein, auch wenn der Kläger Geselle wäre. Das Arbeitsbuch muß aber nur „nach rechtmäßiger Lösung des Arbeitsverhältnisses" wieder ausgehändigt werden. Da nun aber eine solche Lösung nicht vorliegt, konnte dem Beklagten auch die Aushändigung gerichtsseitig nicht aufgegeben werden. Das Arbeitsbuch ist in vielen Fällen das einzige Band, welches den minderjährigen Arbeiter an seinem Arbeitsverhältnisse festhält und vor leichtsinnigem oder ungesetzlichem Aufgeben des Arbeitsverhältnisses bewahrt. Im vorliegenden Fall erfordert das Verhalten des Klägers um so strengere Beurteilung, je mehr ihm bei seinen Jahren hätte bewußt sein müssen, daß er alles zu vermeiden habe, was seine bisherige unregelmäßige Ausbildung als Zimmermann noch weiter aufzuhalten geeignet ist. („Gewerbegericht" Jg. 5, Sp. 159.)

b) Urteil des GG. Bremen.

Der Beklagte ist zur Herausgabe des Buches verurteilt.

Aus den Gründen: § 107 GO. bestimmt, daß der Arbeitgeber das Arbeitsbuch „nach rechtmäßiger Lösung des Arbeitsverhältnisses wieder auszuhändigen" hat. Die Bestimmungen über die Arbeitsbücher sind in die Gewerbeordnung eingefügt durch Gesetz vom 17. Juli 1878 (Reichsgesetzblatt S. 199). § 108 a. E. bestimmt, daß vor Ausstellung eines Arbeitsbuches glaubhaft zu machen ist, daß bisher noch kein Arbeitsbuch ausgestellt war. Dazu heißt es in der Begründung zum Entwurf zum Gesetz betr. Abänderung der GO. (Nr. 41, 3. Leg.-Per. 2. Sess. 1878 Bd. 3 S. 504): „Ist der Nachweis (nämlich daß ein Arbeitsbuch bis dahin nicht erteilt war) nicht zu erbringen, so wird regelmäßig die Annahme gerechtfertigt sein, daß der Arbeiter noch in einem anderen Vertragsverhältnisse steht und daß sein Arbeitsbuch bei dem aus diesem Verhältnis berechtigten Arbeitgeber sich befindet. So lange der Arbeiter in der Lage ist, durch die rechtmäßige Lösung des letzteren Verhältnisses in den Besitz des Arbeitsbuches zu gelangen, muß das Verlangen nach einem neuen Arbeitsbuche als ein unberechtigtes erscheinen." Wenn das Gesetz den Arbeitgeber verpflichtet, das Arbeitsbuch nach rechtmäßiger Lösung des Arbeitsverhältnisses dem Arbeiter herauszugeben, so folgt daraus, daß er bei vertragswidriger Lösung durch den Arbeiter dazu nicht verpflichtet ist, also das Arbeitsbuch zurückbehalten darf. Es fragt sich nur, für wie lange er dieses Zurückbehaltungsrecht hat. Der Zweck der Arbeitsbücher ist, den Eltern und Vormündern wie auch den Arbeitgebern ihren Einfluß auf die jugendlichen Arbeiter zu bewahren und zu verhüten, daß sie in Zuchtlosigkeit verfallen. Ohne ein Arbeitsbuch dürfen minderjährige Arbeiter nicht beschäftigt werden (§ 107). Es ist daher von vornherein die Annahme ausgeschlossen, daß der Vertragsbruch des Arbeiters den Arbeitgeber berechtigen sollte, das Arbeitsbuch dauernd zurückzuhalten; denn es kann nicht der Wille des Gesetzgebers sein, dem vertragsbrüchigen minderjährigen Arbeiter während seiner Minderjährigkeit den Eintritt in ein neues Arbeitsverhältnis unmöglich zu machen, sondern nur ihn zur Erfüllung des eingegangenen Vertrages anzuhalten. Man wird daher seinem Arbeitgeber das Recht einräumen müssen, das Arbeitsbuch zurückzuhalten, so lange die vereinbarte Vertragszeit noch nicht abgelaufen ist. Wie aber, wenn diese Zeit, oder wie im vorliegenden Falle, nach dem Vertragsbruche die gesetzliche oder auch die vertragsmäßige Kündigungsfrist abgelaufen ist? Ist ein Mietsvertrag für eine bestimmte Zeit geschlossen, so ist mit deren Ablauf die Erfüllung dieses Vertrages von seiten des Vermieters unmöglich. Sachen und Dienste mietet man für eine bestimmte Zeit; Gewährung dieser Gegenstände für eine andere, insbesondere für eine spätere Zeit, ist nicht eine nur verspätete, sondern eine andere Leistung. Der Arbeitgeber braucht sich eine solche spätere Arbeit nicht gefallen zu lassen. Der Arbeiter kann dazu nicht gezwungen werden; er ist nur verpflichtet, Schadensersatz zu leisten, wenn der Arbeitgeber nicht vorzieht, ein für allemal den im § 124b der Gewerbeordnung gegebenen Anspruch zu erheben. Daß aber der Gesetzgeber dem Arbeitgeber hätte das Recht geben wollen, das Arbeitsbuch zurückzuhalten, um den Arbeiter zur Zahlung der Entschädigung zu zwingen, ist nicht anzunehmen. Eine solche Bestimmung würde im Widerspruch stehen mit dem Zweck der Arbeitsbücher, die doch dem Wohle des jugendlichen Arbeiters dienen sollen, und auch der ganzen Richtung der neueren Gesetzgebung widersprechen, die möglichst die Zwangsvollstreckung in unentbehrliche Gegenstände einzuschränken sucht. Darf aber der Arbeitgeber das Arbeitsbuch nur zurückhalten, um den Arbeiter zur Erfüllung des Arbeitsvertrages zu zwingen, so folgt, daß er es herausgeben muß, wenn die Erfüllung wegen Ablauf der Vertragszeit nicht mehr möglich ist.

Es fragt sich endlich, ob diese Grundsätze auch Anwendung finden, wenn der Arbeitsvertrag nicht auf eine bestimmte Zeit abgeschlossen ist, sondern auf ihn die 14tägige Kündigungsfrist des § 122 der Gewerbeordnung Anwendung findet. Hier war der Arbeiter, der ohne Kündigung austrat, noch verpflichtet, die auf seinen Austritt folgenden 14 Tage zu arbeiten; während dieser Zeit bestand daher noch das Arbeitsverhältnis; ebensolange würde der Arbeitgeber noch befugt sein, auf Erfüllung, also auf Fortsetzung des Arbeitsverhältnisses zu klagen. Nicht aber ist dem Arbeitgeber das Recht einzuräumen, auch noch später den Wiedereintritt in die Arbeit durch Klage zu erzwingen, um dann noch mindestens 14 Tage die Arbeitsleistung entgegenzunehmen, vielmehr steht dem vertragstreuen Teile nur ein Anspruch auf Ersatz des nachweisbaren Schadens oder nach § 124b der Gewerbeordnung zu, doch kann er zur Geltendmachung dieses Anspruchs das Arbeitsbuch nicht zurückbehalten. („Blätter für soziale Praxis" Jg. 1894, Nr. 63.)

## 175. Darf der Lehrherr das Arbeitsbuch des Lehrlings, welcher die Lehre unbefugt verlassen hat, zurückhalten, sofern ein schriftlicher Lehrvertrag nicht geschlossen war?

Urteil des GG. Karlsruhe.

Der Beklagte ist zur Herausgabe des Buches verurteilt.

Aus den Gründen: Nach § 107 GO. ist der Lehrherr nur dann verpflichtet, dem Lehrling dessen Arbeitsbuch herauszugeben, wenn das Arbeitsverhältnis „rechtmäßig" gelöst wurde; eine solche „rechtmäßige" Auflösung liegt aber nicht nur dann vor, wenn ein gesetzlich anerkannter Grund zur Auflösung vorliegt, sondern auch dann, wenn die Auflösung des Lehrverhältnisses von dem Gegenkontrahenten — hier von dem Lehrherrn — ausdrücklich genehmigt wurde oder als genehmigt betrachtet werden muß. Nach allgemein zivilrechtlichen Grundsätzen steht im Falle eines Vertragsbruches dem Gegenkontrahenten das alternative Recht zu, entweder den Vollzug des Vertrags oder Entschädigung wegen Nichterfüllung des Vertrags zu verlangen; diese beiden

Rechte können aber nach §§ 130, 132 GO. bei dem Lehrvertrag nur dann geltend gemacht werden, wenn der Lehrvertrag schriftlich abgeschlossen wurde. (Schenkel, GO. zu § 130, S. 401, Ziffer 3 und zu § 132, S. 405, Ziffer 2) und außerdem, was den Anspruch auf Entschädigung betrifft, nur innerhalb vier Wochen nach der tatsächlichen Auflösung des Lehrverhältnisses. Da der Beklagte es unterlassen hat, einerseits bei Beginn des Lehrverhältnisses den Abschluß eines schriftlichen Vertrages zu verlangen, anderseits auch seit der tatsächlichen Auflösung des Verhältnisses mehr als vier Wochen vergangen sind, so hat sich der Beklagte aller Rechte beraubt, welche ihm gesetzlich für den Fall eines Vertragsbruchs gegen den Lehrling zustehen können. Hiernach hat der Lehrherr, welcher einen Lehrvertrag ohne Aufstellung eines schriftlichen Vertrages in Vollzug setzt, im Falle einer vertragswidrigen Auflösung des Verhältnisses durch den Lehrling diesem gegenüber überhaupt keine Rechte und muß von vornherein kraft gesetzlicher Präsumtion als in jederzeitige Vertragsauflösung einwilligend betrachtet werden.

Es ergibt sich hieraus, daß der Antrag der Klage begründet ist. Die Zurückhaltung des Arbeitsbuches seitens des Lehrherrn hat nur dann einen Sinn, wenn hierdurch der Lehrling durch indirekten Zwang veranlaßt werden kann, den von dem Lehrherrn erhobenen gesetzmäßigen Ansprüchen zu genügen (Schenkel: GO. zu § 107, S. 268, Ziffer 9); liegen solche Ansprüche nicht vor, so würde die Zurückbehaltung des Arbeitsbuchs lediglich die Bedeutung einer Chikane haben, was das Gesetz nicht gewollt haben kann. („Soziale Praxis.")

## 176. Kann das Arbeitsbuch noch zurückbehalten werden, wenn der kontraktbrüchige Arbeiter sich bereit erklärt, die für den Fall des Kontraktbruches festgesetzte Strafe zu bezahlen?

Urteil des GG. Offenburg vom 19. April 1900.

Die minderjährige Klägerin, welche seit 5 Jahren in der Spinnerei und Weberei der Beklagten in Arbeit steht, hat am Samstag den 7. April das Arbeitsverhältnis mit achtwöchentlicher Frist gekündigt. Am darauffolgenden Montag nach der Kündigung erhielt die Klägerin eine andere Maschine zugewiesen, und in der Annahme, daß sie hierdurch einen Lohnausfall erleiden werde — Klägerin arbeitete im Akkord —, hat sie bei der Direktion Beschwerde geführt, die Verbescheidung dieser Beschwerde jedoch nicht abgewartet, sondern die Arbeitsstelle sofort verlassen. Klägerin hat anerkannt, daß sie die im § 15 der Arbeitsordnung für den Fall des Kontraktbruchs festgesetzte Entschädigung — durchschnittlichen Wochenlohn — zu bezahlen verpflichtet sei und das Klagebegehren auf die Herausgabe des Arbeitsbuches beschränkt.

Die Beklagte weigert sich, das Arbeitsbuch auszuhändigen, da eine rechtmäßige Lösung des Arbeitsverhältnisses im Sinne des § 107 der GO. nicht gegeben sei.

Die Beklagte ist verurteilt.

Aus den Gründen: Für den vorliegenden Rechtsstreit ist die Frage zu entscheiden, ob im Sinne des § 107 der GO. eine rechtmäßige Lösung des Arbeitsverhältnisses anzunehmen ist, wenn der kontraktbrüchige Arbeiter sich bereit erklärt, die für den Fall des Kontraktbruches festgesetzte Entschädigung zu bezahlen. Das GG. hat diese Frage schon einmal in einem früheren Falle unter Aneignung der bei Schenkel GO. Anmerkung Ziffer 9 zu § 107 widergelegten Ansicht bejaht und es glaubt, auch vorliegendenfalls an seiner Auffassung festhalten zu sollen. Es kommt hinzu, daß der § 15 der Arbeitsordnung folgende Bestimmung enthält: „Verlassen der Arbeit ohne Kündigung und unentschuldigtes Ausbleiben wird als Bruch des Arbeitsvertrags angesehen und zieht die entsprechenden Folgen nach sich."

Nach Ansicht des GG. kann der Arbeiter im Betriebe der Beklagten die Bedeutung dieser Arbeitsbedingung nur dahin auffassen, daß der Kontraktbruch dadurch in allen Teilen gesühnt wird, daß der Arbeiter die hier vorgesehene

Entschädigung zu zahlen sich bereit erklärt. Wollte die Beklagte die Folgen des Kontraktbruches für minderjährige Arbeiter dahin erweitern, daß ein solcher Arbeiter überdies die Herausgabe des Arbeitsbuchs vor Ablauf der regelmäßigen Kündigungsfrist nicht beanspruchen kann, so hätte dies in § 15 der Arbeitsordnung ausdrücklich festgesetzt werden müssen. Eine solche ausdrückliche Festsetzung wäre auch nicht wohl zu beanstanden. Gegen die guten Sitten würde es jedoch verstoßen, wenn die Beklagte unter Berufung auf § 107 der GO. für sich die Befugnis in Anspruch nehmen wollte, das Arbeitsbuch der Klägerin solange zurückzubehalten, bis diese das Alter der Großjährigkeit erreicht hat. Der Klägerin wäre es hierdurch unmöglich gemacht, etwa 2 Jahre lang ihre Arbeitskraft in allen den Gewerben zu verwerten, in welchen minderjährige Personen als Arbeiter nur beschäftigt werden dürfen, wenn sie mit einem Arbeitsbuche versehen sind. Durch eine solche Auslegung des § 107 der GO. würde Klägerin wegen ihrer Verfehlung unverhältnismäßig hart betroffen werden.

## 177. Muß der Arbeiter nach Beendigung der Arbeit das Arbeitsbuch abholen oder kann er die Zusendung verlangen?

Urteil des GG. zu Berlin, Kammer 5, vom 12. September 1901.

Aus den Gründen: Nach § 107 der GO. hatte der Beklagte als Arbeitgeber das Arbeitsbuch des Klägers einzufordern, es zu verwahren und bei Lösung des Arbeitsverhältnisses wieder auszuhändigen. Die Aushändigung konnte, da der Kläger das 16. Lebensjahr vollendet hatte, an ihn erfolgen, mußte aber auch an den Vater als gesetzlichen Vertreter geschehen, sobald dieser es verlangte.

Wenn nun auch der Beklagte zur Aushändigung des Buches nach Lösung des Arbeitsverhältnisses verpflichtet ist, so fällt ihm bei späterer Aushändigung ein Verschulden für die Verzögerung erst zur Last, wenn er die Herausgabe auf Erfordern verweigert hat. Denn nach § 697 des Bürgerlichen Gesetzbuches ist der Verwahrer nicht verpflichtet, die hinterlegte Sache dem Hinterleger zu bringen, vielmehr muß der Hinterleger sie sich holen; die Rückgabe hat an dem Orte zu erfolgen, an welchem die Sache aufzubewahren war. Hieran ändert § 107 der GO. nichts, wenn er sagt, der Arbeitgeber als Verwahrer des Arbeitsbuches ist verpflichtet, das Buch nach rechtmäßiger Lösung des Arbeitsverhältnisses wieder auszuhändigen. Hiermit soll, da die Rückgabenverpflichtung selbstverständlich ist, nur der Zeitpunkt — rechtmäßige Lösung des Arbeitsverhältnisses — bezeichnet werden, an welchem der Arbeiter das Buch zurückfordern darf, und der Arbeitgeber, wenn es der Arbeiter holt, herausgeben muß. Da nun die Beweisaufnahme dargetan hat, daß der Kläger sein Buch dem Beklagten nicht abgefordert hat, fehlt es zur Begründung der Entschädigungsklage an einem Verschulden des Beklagten. („Soziale Praxis.")

## 178. Kann der rechtswidrig ausgetretene Arbeiter ein Zeugnis verlangen?

a) Urteil des GG. Königsberg in Pr.

Der Beklagte ist verurteilt.

Aus den Gründen: Nach dem Wortlaut des § 113 RGO. können die Arbeiter „beim Abgange" das Zeugnis verlangen. Hätte der Gesetzgeber diese Berechtigung von einem zu Recht erfolgten Abgang des Arbeiters abhängig machen wollen, so hätte er dies zweifellos ebenso zum Ausdruck gebracht, wie im § 107 daselbst, nach welcher Vorschrift das Arbeitsbuch eines minderjährigen Arbeiters demselben nur „bei rechtmäßiger Lösung des Arbeitsverhältnisses" ausgehändigt zu werden braucht. Aber auch sonst spricht manches für die dem Kläger günstige Auslegung des § 113. Einmal kann Beklagter Ersatz des ihm nachweislich entstandenen Schadens oder sogar aus § 124b ohne jeden Nachweis Schadensersatz fordern. Sodann aber würde man sich, wenn man dem Beklagten das Recht zur Vorenthaltung des Zeugnisses einräumen wollte, doch fragen müssen, wie lange denn eigentlich diese Vorenthaltung erlaubt sein soll. Bei Lohnarbeit könnte man antworten: vierzehn Tage, bis die Kündigungsfrist um ist. Bei Akkordarbeit würde man vergebens nach einem Endtermin für das Vorenthaltungsrecht suchen. Oder sollte der Arbeiter, der ein Zeugnis über seine letzte Beschäftigung braucht, um neue Arbeit zu finden, solange an neuem Erwerb verhindert sein, als er sich nicht dazu verstehen will, die angefangene Akkordarbeit zu beendigen? Das käme auf eine unerlaubte Nötigung hinaus. Es wird deshalb wohl mit Recht angenommen werden dürfen, daß der minderjährige Arbeiter, der noch auf Arbeitsbuch beschäftigt wird, durch strengere Vorschriften als der erwachsene Arbeiter zum Einhalten seines Arbeitsvertrages hat genötigt werden sollen. („Gewerbegericht“ Jg. 2, Sp. 65.)

b) Urteil des GG. Halle a. S.

Der Beklagte ist verurteilt.

Aus den Gründen: Der erwähnte Paragraph (scil. § 113) bestimmt ganz allgemein: „Beim Abgange können die Arbeiter ein Zeugnis über die Art und Dauer ihrer Beschäftigung fordern“, während im § 107 a. a. O. die entsprechende Verpflichtung des Arbeitgebers hinsichtlich des Arbeitsbuches eines jugendlichen Arbeiters dahin festgestellt ist, daß er nach regelmäßiger Lösung des Arbeitsverhältnisses das Arbeitsbuch wieder auszuhändigen hat. Hätte der Gesetzgeber auch die Erteilung des Arbeitszeugnisses an die Bedingung der regelmäßigen Lösung des Arbeitsverhältnisses knüpfen wollen, so hätte er dies in derselben Weise zum Ausdruck bringen müssen. Daraus, daß er dies nicht getan hat, muß gefolgert werden, daß die Absicht bestanden hat, dem gewerblichen Arbeiter solle das zum Aufsuchen einer neuen Arbeitsstelle erforderliche Zeugnis unter keinen Umständen verweigert werden können, sobald das bisherige Arbeitsverhältnis gelöst ist. Eine Lösung des Arbeitsverhältnisses findet aber auch dann statt, wenn der Arbeiter rechtswidrig die Arbeit niederlegt. Dem Arbeitgeber steht in diesem Falle nur ein Anspruch auf Schadensersatz zu. („Blätter für soziale Praxis“ Nr. 52, vom 27. Dezember 1893.)

## 179. Muß der Arbeitgeber auch einem vorzeitig ausgeschiedenen Lehrling ein Arbeitszeugnis ausstellen?

Urteil des GG. zu Königsberg i. Pr.

Die Parteien sind darüber einig, daß Beklagter (Maurermeister) den Kläger am 8. Mai 1895 ohne schriftlichen Lehrvertrag als Maurerlehrling angenommen und ihn bis zum 27. Juni 1896 beschäftigt hat. Kläger ist am 27. Juni 1896 ausgetreten und verlangt gemäß § 113 RGO. ein Arbeitszeugnis über Art und Dauer der Beschäftigung. Beklagter erhebt den Anspruch, daß der Kläger bei ihm weiter in der Lehre bleibe oder ihm wegen unberechtigten Verlassens der Lehre eine Entschädigung zahle. Endlich wendet Beklagter ein, daß er den Kläger, weil dieser das Einschreibegeld nicht gezahlt habe, jetzt nicht als Lehrling, sondern als Laufbursche betrachte.

Der Beklagte wurde verurteilt, dem Kläger folgendes Zeugnis auszustellen: „Ich bescheinige, daß G. S. bei mir in der Zeit vom 8. Mai 1895 bis 27. Juni 1896 als Maurerlehrling beschäftigt gewesen ist.“

Aus den Gründen: Der Umstand, daß das Einschreibegeld nicht bezahlt ist, berechtigt den Beklagten nicht, den Kläger jetzt der Verabredung bei der Einstellung entgegen als Laufbursche zu betrachten. — Da ein schriftlicher Lehrvertrag nicht geschlossen ist, so kann Beklagter die Zurückführung des Klägers in die Lehre nicht beanspruchen; aus demselben Grunde kann Beklagter auch eine Entschädigungsforderung gegen Kläger wegen des Verlassens der Lehre nicht geltend machen. Nach § 113 RGO., der auch für Lehrlinge Geltung hat, ist Kläger berechtigt, bei seinem Abgang ein Arbeitszeugnis von dem Beklagten zu fordern. Der Anspruch des Klägers ist demnach begründet. („Gewerbegericht" Jg. 3, Sp. 55.)

## 180. Muß der Arbeiter, der nur ein Zeugnis über seine Führung verlangt hat, ein Zeugnis annehmen, das sich auch über die Leistungen ausspricht?

Urteil des Reichsgerichts, 1. Zivilsenat, vom 22. Mai 1897.

Das RG. hat die Frage verneint.

Aus den Gründen: Das B. U. beruht an erster Stelle auf der Ausführung, daß das Schreiben der Beklagten an den Kläger vom 16. Juli 1892 ein ordnungsmäßiges Zeugnis nach § 113 der GO. enthalten habe. Eventuell ist verneint, daß das anderweite Engagement des Klägers bei D. an dem Mangel eines Zeugnisses gescheitert sei. Die Revision greift beide Gründe mit Recht an. In erster Instanz ist festgestellt und in der Berufungsinstanz von der Beklagten unangefochten geblieben, daß der Kläger die Betriebsstörung im Juni 1892 nicht verschuldet hat und ohne gesetzlichen Grund entlassen ist. Danach drängt sich schon die Frage auf, ob der Kläger verpflichtet war, ein Zeugnis anzunehmen, das beurkundete, er habe entlassen werden müssen und aus dem deshalb jeder Dritte entnehmen mußte, er sei mit Grund entlassen. Aber der B. R. hat nicht nur dies unerwogen gelassen. Seine Ausführung verstößt auch gegen den § 113 der GO. Diese Vorschrift gibt nur dem Arbeitnehmer ein Recht auf ein Zeugnis überhaupt und insbesondere ein solches über Führung und Leistungen. Es ist unrichtig, daß der § 113 dem Arbeitgeber gestatte, dem Arbeitnehmer ein Zeugnis über Führung und Leistungen aufzudrängen. Der Zweck des Abs. 2 geht gerade dahin, dies zu verhindern und enthält das vom B. R. vermißte Verbot der Ausstellung nicht verlangten Zeugnisses. Der Kläger, der nur ein Zeugnis über seine Beschäftigung und seine Führung verlangt hatte, brauchte deshalb auch aus diesem Grunde das Schreiben vom 12. Juli 1892 als ordnungsmäßiges Zeugnis nicht anzunehmen. Daß er es abgelehnt hat, ist unstreitig, ebenso wie, daß die Beklagte noch im Mai 1893 die Ausstellung eines anderen Zeugnisses an die unberechtigte Bedingung geknüpft hat, daß der Kläger auf alle Ansprüche aus seinem Beamtenverhältnis verzichte. Danach unterliegt es keinem Bedenken, daß die Beklagte dem Kläger zum Ersatz des Schadens verpflichtet ist, der ihm daraus entstanden, daß er infolge des Mangels an einem Zeugnisse eine Stelle als Hüttenmeister ohne Vorlegung eines Zeugnisses nicht habe erlangen können. Sein Vorbringen beschränkt sich nicht auf die Offerte von D., und selbst dieser hat der B. R. eine ungenügende Beurteilung zu teil werden lassen, da der Brief vom 25. März 1893 ergibt, daß gerade auf die Einsendung der Zeugnisse Gewicht gelegt wurde. („Juristische Wochenschrift" 1897, S. 350, Nr. 27.[1])

---

[1]) Ebenso GG. Berlin, 21. Februar 1896. Unger Nr. 40.

## 181. Kann der Arbeiter, dessen Zeugnis auf sein Verlangen auf Führung und Leistungen ausgedehnt ist, die Streichung beanspruchen, auch wenn er die Unrichtigkeit nicht behauptet?

Urteil des GG. Dresden vom 29. Januar 1900.

Das GG. hat die Frage verneint.

Aus den Gründen: Die GO. sagt in § 113:

> Beim Abgange können die Arbeiter ein Zeugnis über Art und Dauer ihrer Beschäftigung fordern. Dieses Zeugnis ist auf Verlangen der Arbeiter auch auf ihre Führung und Leistungen auszudehnen.

Es steht also dem Arbeitnehmer ein Rechtsanspruch auf Ausdehnung der Arbeitsbescheinigung über Führung und Leistungen zu, und es hängt völlig von ihm ab, eine Kritik in dieser Richtung im Zeugnisse herbeizuführen. Ohne sein Zutun oder gegen seinen Willen darf sich sein Arbeitgeber in dem Zeugnisse nicht über Führung und Leistungen aussprechen. Anderseits aber kann auch der Arbeitnehmer, wenn er — wie der Kläger — von dem ihm zustehenden Rechte Gebrauch macht und ein Zeugnis über Führung und Leistungen begehrt hat, falls letzteres zwar der Wahrheit gemäß, aber nicht seinen Wünschen entsprechend ausfällt, nicht mit Erfolg die Streichung oder Weglassung des Urteils über sein Verhalten und seine Leistungsfähigkeit fordern; eine rechtliche Verpflichtung des Arbeitgebers, diesem Begehren zu entsprechen, ist nach Ansicht des Gerichts nicht begründet; es liegt ganz in seiner Macht, insoweit dem Ansuchen seines Arbeiters zu entsprechen oder nicht. („Gewerbegericht" Jg. 6, Sp. 219.)

## 182. Ist es unzulässig, wenn der Arbeitgeber in dem Zeugnis die Bemerkung „auf Wunsch ausgestellt" hinzufügt?

Urteil des GG. Frankfurt a. M. vom 17. April 1902.

Kläger stand beim Beklagten als Spenglergeselle mit 3,80 Mk. pro Tag in Arbeit. Da Beklagter ihm bei seinem Austritt lediglich ein Zeugnis über Art und Dauer der Beschäftigung, aber nicht über Führung und Leistung ausgestellt hat, erhob Kläger Klage auf Ausstellung eines ordnungsmäßigen Zeugnisses über Führung und Leistung.

Im Termin vor dem GG. erklärte Beklagter sich zur Ausstellung eines solchen Zeugnisses bereit und übersandte dem Kläger daraufhin ein Zeugnis, in welchem bei dem Urteil über Führung und Leistung die Worte „auf Wunsch" zugesetzt waren. Kläger behauptet nun, daß ihn dieses Zeugnis in seinem Fortkommen schädige und beantragt, Beklagten zu verurteilen, das Zeugnis dahin abzuändern, daß die Worte „auf Wunsch" gestrichen werden. Beklagter beantragt Klageabweisung; das Zeugnis entspreche den gesetzlichen Vorschriften und schädige den Kläger in keiner Weise. Die Worte „auf Wunsch" seien nur eine Abschwächung der Worte „auf Verlangen", die das Gesetz wähle.

Der Beklagte ist verurteilt.

Aus den Gründen: Da nach dem Gesetz das Zeugnis auf Führung und Leistungen nur auszudehnen ist, wenn der Arbeiter es verlangt, so kann der Zusatz „auf Wunsch", der sonst ganz überflüssig ist, nur entweder bedeuten, daß es sich um ein Zeugnis nicht beim Abgang, sondern außer der Zeit handelt, oder er bedeutet, daß der Arbeitgeber nicht gern diesen Zusatz gemacht hat, sondern irgend etwas vorliegt, das ihm Veranlassung zu Unzufriedenheit mit dem Arbeiter gibt. Nach der ganzen Sachlage kann es sich, wie schon ausgeführt, bei dem Beklagten nur um die letztere Möglichkeit, die Absicht, den Kläger in ein ungünstiges Licht zu stellen, handeln. Der Zusatz „auf Wunsch" stellt ein Merkmal dar, welches den Zweck hat, darzutun, daß Beklagter keineswegs mit dem Kläger so zufrieden gewesen ist, wie es im Zeugnis steht, sondern daß er Grund gehabt hat, sich zunächst zu weigern, diesen Zusatz hinzuzufügen und ihn erst auf dringendes Verlangen bezw. auf gerichtliche Anordnung hinzumache.

Nach § 113 Abs. 3 der GO. sind solche Merkmale aber untersagt und Beklagter war deshalb zu verurteilen, in dem Zeugnis die Worte „auf Wunsch" zu streichen.

## 183. Darf der Arbeitgeber im Zeugnis bemerken, daß er zur Ausstellung desselben verurteilt worden ist? Darf er die gute Führung lediglich „auf Grund der Zeugenaussagen im Prozesse" bescheinigen?

Beschluß des Reichsgerichts 6. Senat, vom 20. November 1899.

Die Aktien-Zuckerfabrik A. ist auf Klage des Chemikers G. verurteilt worden, demselben ein Zeugnis entsprechend dem § 113 GO. zu erteilen, in welchem etwaige Vorwürfe durch Angabe der bezüglichen Tatsachen zu rechtfertigen seien. Sie hat nach einigen Weiterungen ein Zeugnis ausgestellt, worin gesagt wird, daß es auf Grund ihrer Verurteilung erteilt werde, und worin dem Kläger auf Grund der näher bezeichneten Zeugenaussagen im vorangegangenen Prozesse Pünktlichkeit und Pflichttreue bescheinigt wird. Nachdem der Antrag des Klägers, der Beklagten unter Strafandrohung die Ausstellung eines ordnungsmäßigen Zeugnisses aufzugeben, vom Landesgericht zurückgewiesen worden war, gab auf Beschwerde das Oberlandesgericht der Beklagten unter Androhung einer Geldstrafe auf, dem Kläger ein Zeugnis nach Maßgabe des § 113 GO. ohne Bezugnahme auf die im Prozesse zwischen den Parteien ergangenen Entscheidungen und erstatteten Zeugenaussagen auszustellen.

Die weitere Beschwerde der Beklagten wurde vom Reichsgericht zurückgewiesen.

Aus den Gründen: Das Oberlandesgericht hat nicht, wie die Beschwerdeführerin meint, ausgesprochen, daß diese sich die über die Führung des Klägers von Zeugen im Prozeß abgegebenen Aussagen anzueignen und ein Attest dieses Inhalts zu erteilen habe. Im Tenor des Beschlusses ist dies nicht gesagt, und in den Gründen wird, richtig verstanden, nur ausgeführt, daß die Beklagte durch die Bezugnahme auf die Zeugenaussagen im Attest einen Gegensatz zwischen diesen Aussagen und ihrem eigenen Urteil über die Führung des Klägers angedeutet habe, und daß deshalb das Attest dem § 113 GO. nicht entspreche. Daß die Beklagte ihre eigene Ansicht nicht hat wiedergeben wollen, indem sie dem Kläger „auf Grund der . . . Zeugenaussagen" Pünktlichkeit und Pflichttreue bescheinigt, wird in der Beschwerde zugegeben. Es kann auch keinem Zweifel unterliegen, daß der Vorstand der verklagten Gesellschaft über die Führung des Beklagten als Chemikers der Gesellschaft ein auf eigene Wahrnehmung gestütztes Urteil besitzt, das in der gewählten Fassung des Attestes nicht zum Ausdruck gekommen ist. Mit Recht ist deshalb das Attest nicht genügend befunden worden. Der Vorstand mußte entweder das Urteil der Zeugen in unzweideutiger Weise als sein eigenes hinstellen, oder ein anderes Urteil abgeben, das aber, insoweit es Vorwürfe gegen den Kläger enthielt, in Gemäßheit der ergangenen rechtskräftigen Entscheidung vom 6. Januar 1899 durch Tatsachen zu belegen war.

Nicht minder gerechtfertigt ist das Verlangen des Oberlandesgerichts, die im Prozeß ergangenen Entscheidungen im Attest unerwähnt zu lassen. Der Hinweis auf die Entscheidung ist nicht bloß überflüssig, sondern ungehörig, weil er ein ungünstiges Vorurteil gegen den Kläger bei demjenigen erwecken könnte, denen der Kläger seine Dienste anbietet, und daher geeignet ist, dem Kläger sein Fortkommen zu erschweren. Es ist auch nicht ersichtlich, zu welchem Zweck sonst die Beklagte darauf besteht, daß ihr die Erwähnung der Entscheidungen gestattet werde. Sie irrt aber, wenn sie meint, daß keine Gesetzesbestimmung dem entgegenstehe. Der § 113 GO. begrenzt den Inhalt des auszustellenden Attestes in bestimmter Weise, und der Kläger braucht sich daher nicht mit einem Attest zu begnügen, in welchem Angaben enthalten sind, die sich weder auf die

Art und Dauer der Beschäftigung, noch auf seine Führung beziehen, am allerwenigsten, wenn diese Angaben ihm nachteilig werden können.
(„Seufferts Archiv" Bd. 55, S. 1231.)[1])

## 184. Hat das GG. Arbeitszeugnisse auf ihren materiellen Inhalt zu prüfen?

Urteil des GG. Stuttgart vom 13. Dezember 1900.

Das GG. hat die Frage bejaht.

Aus den Gründen: Nach § 3 Ziff. 1 des GGG. ist das GG. zuständig für Streitigkeiten über den „Inhalt" des Zeugnisses. Diesem allgemeinen Wortlaut des Gesetzes gegenüber könnte eine Beschränkung der gerichtlichen Nachprüfung auf die formale Frage, ob sich das Zeugnis über Art und Dauer, sowie Führung und Leistungen des Arbeiters überhaupt ausspreche, nur als zutreffend erscheinen, wenn sich im Gesetz oder in einer Entstehungsgeschichte Anhaltspunkte für diese Beschränkung finden würden. Dies ist nicht der Fall. Der diesbezügliche Passus ist schon im Entwurf des GGG. enthalten; in den Motiven ist über die hier interessierende Frage nichts gesagt. Im Reichstag wurde der Passus ebenfalls angenommen. Es kann nun nicht bestritten werden, daß das Wort „Inhalt" den formalen und materiellen Inhalt gleichermaßen umfaßt. Die Ansicht, daß das Gericht das Zeugnis nach § 113 GO. nur formell zu prüfen habe, würde zudem zu bedenklichen Konsequenzen führen. Das Gericht müßte hienach z. B. ein Zeugnis, das nachgewiesenermaßen falsche Angaben über die Dauer des Arbeitsverhältnisses enthält, passieren lassen. Dem Arbeiter wäre dann jedes Rechtsmittel zur Erreichung einer Korrektur abgeschnitten; dies kann dem Willen des Gesetzgebers nicht entsprechen. Die gleiche Erwägung hat zu gelten, wenn seine Führung und Leistungen im Zeugnis ungünstig beurteilt sind, ohne daß triftige Gründe hiefür nachgewiesen sind. Der Arbeiter kann mit einem solchen Zeugnis nichts anfangen, auch wenn er eine Beleidigungsklage gegen den Arbeitgeber auf Grund derselben mit Erfolg anstrengen würde.[2])

## 185. Kann der Arbeiter, dem ein ungünstiges Zeugnis über Führung und Leistung ausgestellt ist, Änderung verlangen, weil der Sachverhalt weniger ungünstig war?

Urteil des Landgerichts Stuttgart, 2. Zivilkammer, vom 11. Februar 1902.

Der Kläger hat im Jahre 1900 6 Wochen und dann wieder 1901 $2^1/_2$ Monate beim Beklagten gearbeitet. Das zweite Mal wurde er entlassen, weil er die Arbeit unbefugt verlassen hatte, das GG. hat auf erhobene Klage die Entlassung als berechtigt anerkannt. Nach Beendigung des ersten Arbeitsverhältnisses stellte ihm der Beklagte ein Zeugnis aus, „daß er zu seiner Zufriedenheit gearbeitet" habe. Das zweite Mal hat er ihm zunächst nur ein Zeugnis über Art und Dauer der Beschäftigung gegeben. Da der Kläger die Ausdehnung auf Führung und Leistungen verlangte, fügte der Beklagte bei: „Daß ich während vorstehender Zeit weder mit seinen Leistungen noch mit seiner Führung zufrieden war." Nach einigen Monaten klagt der Kläger auf Ausstellung eines wahrheitsgemäßen Zeugnisses, da der Beklagte jederzeit mit ihm zufrieden gewesen sei, er sich auch niemals etwas habe zu schulden kommen lassen. Zugleich verlangte er Entschädigung für entgangenen Verdienst (416 Mk.), weil er seither infolge des Zeugnisses nirgends Arbeit gefunden habe.

Das GG. stellte durch Beweisaufnahme fest, daß sowohl die Führung als auch die Leistungen des Klägers mehrfach zu erheblichen Ausstellungen Anlaß gegeben haben und wies die Klage ab. Auf erhobene Berufung verurteilte das Landgericht Stuttgart den

---

[1]) Ähnlich LG. I Berlin, 18. Dezember 1896. Unger Nr. 43.
[2]) Vgl. Unger Nr. 42.

Beklagten, dem Kläger ein Zeugnis folgenden Inhalts auszustellen: „Seine Leistungen und seine Führung waren teilweise zufriedenstellend." Im übrigen wurde die Berufung abgewiesen.

Aus den Gründen: Der Kläger hat zu beweisen, daß er ein Zeugnis dieses Inhalts zu verlangen berechtigt ist. Der Arbeitgeber ist verpflichtet, in dem Zeugnis nach bestem Wissen der Wahrheit gemäß die Führung und die Leistungen des Arbeiters zu kennzeichnen. Der Ausdruck, der Arbeitgeber sei zufrieden oder nicht zufrieden, bedeutet, daß Leistungen und Führung nach sachverständigem Urteil in Wirklichkeit zufriedenstellend waren bezw. nicht waren. Wenn der Arbeitgeber, wie es der Beklagte getan hat, ohne jede Einschränkung bekundet, er sei weder mit den Leistungen noch mit der Führung zufrieden gewesen, so sagt er damit, daß Leistungen und Führung im allgemeinen durchaus schlecht waren. Ein solches Zeugnis kann nur einem wirklich unbrauchbaren Arbeiter gegeben werden. Der Beklagte selber vermag aber nicht zu behaupten, daß die Leistungen des Klägers allgemein unbrauchbar gewesen sind. Dagegen spricht auch, daß der Beklagte seine Zufriedenheit mit der ersten Arbeitsleistung des Klägers ausgesprochen und daß er ihm beim zweiten Male nicht gekündigt hat. Anderseits ist aber durch die Beweisaufnahme vor dem GG. erwiesen, daß der Kläger sowohl in seinen Leistungen als in seiner Führung teilweise zu berechtigten Ausstellungen Anlaß gab. Er hat — übrigens seine Nebenarbeiter offenbar ebenfalls — nicht so fleißig gearbeitet, als er hätte sollen. Er hat nicht alle Arbeiten zu stande gebracht, die von ihm zu verlangen waren. Er hat die Arbeit manchmal, ohne sich zu entschuldigen, verlassen und offenbar auch schließlich sich entfernt wegen des Streits mit einem Nebenarbeiter. Endlich hat er über den Beklagten beschimpfende Äußerungen getan. Es war daher der Beklagte zu verurteilen, ein anderes Zeugnis auszustellen, aber nicht dahin, wie es der Kläger verlangt, sondern nur dahin, daß Leistungen und Führung teilweise zufriedenstellend waren.

Damit stellen sich auch die weiteren Ansprüche des Klägers auf Schadensersatz als unbegründet dar und es ist in dieser Hinsicht weder der angebotene Beweis aufzunehmen, noch auf weitere Bedenken, die gegen den Anspruch vorliegen, einzugehen. Es kann nicht festgestellt werden, daß das Zeugnis, wie es von dem Beklagten ausgestellt wurde, die Ursache war, daß der Kläger seither keine Arbeit auf seinem Geschäft gefunden hat. Denn er hätte mit dem Zeugnis, auf das er nach dem Ausgeführten Anspruch hat, nicht leichter Arbeit gefunden. Es ist gerichtsbekannt, daß in der fraglichen Zeit in den Eisen- und Metallgießereien ein geschäftlicher Niedergang herrschte und noch herrscht. Wenn es nun überhaupt auf dieses letzte Zeugnis ankam, so hätte der Kläger auch mit dem wenig günstigen Zeugnis, das ihm der Beklagte nunmehr auszustellen hat, keine Arbeit gefunden.

## 186. Begriff der „Führung". Darf der Kündigungsgrund in das Zeugnis aufgenommen werden?

a) Urteil des Landgerichts Dresden, 5. Zivilkammer, vom 29. März 1897.

Der Beklagte hat jedem der Kläger bei seinem Austritt aus der Beschäftigung das von ihm geforderte Zeugnis über die Führung dahin ausgestellt: „Sein Austritt erfolgte freiwillig, weil einer seiner Mitarbeiter von mir entlassen wurde, den ich mich wieder einzustellen weigerte." Das Gewerbegericht Dresden war der Ansicht, daß diese Bemerkung nicht unter den Begriff der Führung fällt und verurteilte den Beklagten zur Ausstellung eines anderen Zeugnisses.

Das Landgericht Dresden hob dieses Urteil auf und wies die Klage ab.

Aus den Gründen: Die RGO. bestimmt in § 113 Abs. 1 u. 2: „Beim Abgange können die Arbeiter ein Zeugnis über die Art und Dauer ihrer Beschäftigung fordern. Dieses Zeugnis ist auf Verlangen der Arbeiter auch auf ihre Führungen und Leistungen auszudehnen." Der Begriff der „Führung", der weder in der Entstehungsgeschichte von § 113, noch von den dem Berufungsgericht bekannten Schriftstellern der RGO. näher erörtert worden ist, deckt sich mit dem Verhalten des Arbeiters im Arbeitsverhältnis. Also fallen unter ihn alle Handlungen und Unterlassungen des Arbeiters im Arbeitsverhältnis, soweit sie nicht in § 113 Abs. 2 RGO. unter dem Begriffe „seiner Leistungen" ausgeschieden sind, und andererseits nur sie. Aus letzterem Grunde gehören nicht zur Führung des Arbeiters im Sinne von § 113 Abs. 2 seine Handlungen und Unterlassungen im Privatleben, soweit sie nicht auf das Arbeitsverhältnis zurückwirken. Ob aber eine Handlung oder Unterlassung des Arbeiters in die Arbeitszeit oder Arbeitspausen fällt oder nicht, entscheidet nicht darüber, ob sie unter seine Führung fällt oder nicht. Auch ergibt sich aus der Nebeneinanderstellung der Begriffe „Führungen und Leistungen" in § 113 Abs. 2, daß die Handlungen und Unterlassungen des Arbeiters im Arbeitsverhältnis nicht sowohl nur insoweit, als sie seine Leistungen beeinflussen, sondern vielmehr gerade mit diesen durch den Begriff der „Leistungen" gedeckten Ausnahmen sämtlich unter den Begriff der Führung fallen. Endlich ist auf das sittliche Urteil über eine Handlung oder Unterlassung des Arbeiters im Arbeitsverhältnis, auf welches das GG. entscheidendes Gewicht legt, und die Frage, ob sie vom Gesetz verboten oder erlaubt ist, für ihre Unterstellung unter den Begriff der „Führung" gleichgültig. Denn das Gesetz unterscheidet nicht zwischen guter und schlechter Führung.

Allerdings wird das Zeugnis über die Führung des Arbeiters meist die Gestalt eines Urteils über seine Handlungen und Unterlassungen im Arbeitsverhältnis annehmen müssen und deshalb auch dürfen, weil meist deren erschöpfende Darstellung nicht möglich und deshalb ihre Zusammenfassung in ein Urteil, ob die Führung des Arbeiters gut oder schlecht war, notwendig ist. Diese Zusammenfassung genügt und entspricht aus dem Zweck des Zeugnisses, der Kürze heischt. Aber hierdurch wird der Arbeitgeber nicht gehindert, einzelne Handlungen oder Unterlassungen des Arbeiters im Arbeitsverhältnis in das Zeugnis über seine Führung aufzunehmen und das oft schwankende Urteil über sie nicht selbst zu fällen, sondern denen zu überlassen, welchen der Arbeiter das Zeugnis vorlegen wird. Wenn ein Arbeiter die Richtigkeit eines Urteils über seine Führung im Zeugnis beanstandet, ist der Arbeitgeber genötigt, es in Tatsachen aufzulösen, um es zu begründen; also darf ihm auch nicht grundsätzlich verwehrt werden, von vornherein solche Tatsachen im Zeugnis anzuführen. Nur wird meist die Aufnahme einzelner Handlungen oder Unterlassungen die Führung des Arbeiters nicht erschöpfen und deshalb den Anforderungen an die Vollständigkeit des Zeugnisses über sie nicht für sich allein, sondern nur als Beispiel oder Ausnahme neben einem Urteil genügen. Auch scheidet der Zweck des Zeugnisses, anderen Arbeitgebern als Unterlage bei ihrem Entschluß über die Einstellung des Arbeiters zu dienen, der es ihnen vorzeigt, solche Handlungen und Unterlassungen des Arbeiters im Arbeitsverhältnis aus dem Zeugnisse aus, welche für diesen Entschluß zweifellos gleichgültig sind. Indessen wird die Entscheidung über ihre Erheblichkeit in dieser Richtung mit seltenen Ausnahmen dem das Zeugnis ausstellenden Arbeitgeber überlassen werden dürfen und müssen, weil eine Tatsache, die er für erheblich hält, im Zweifel auch für andere Arbeitgeber erheblich sein wird oder kann, und weil die Aufnahme einer wirklich unerheblichen Tatsache in das Zeugnis in Zweifel auch dem Arbeiter nicht schadet, sondern gleichgültig ist. Endlich muß die Darstellung einzelner Handlungen oder Unterlassungen im Zeugnisse der Wahrheit getreu sein. Den Beweis hierfür schuldet der Arbeitgeber.

Die Anwendung vorstehender Grundsätze auf den vorliegenden Fall liefert folgendes Ergebnis: Die Kläger haben unstreitig den Beklagten aufgefordert oder durch den Werkführer E. auffordern lassen, den Arbeiter K., den er gekündigt hatte, wieder einzustellen. Diese Handlung war eine solche im Arbeitsverhältnis und fällt also unter ihre Führung, gleichviel ob die Aufforderung in der Gestalt einer Drohung oder eines höflichen Ersuchens erging und aus welchen Gründen dem Arbeiter K. gekündigt worden war, sowie ob er die Verwendung der Kläger für K. Beifall oder Tadel findet oder verdient. Denn jene Aufforderung enthielt einen Eingriff der Kläger als Arbeiter in die Leitung des Betriebes, die dem Beklagten als ihrem Arbeitgeber allein zustand, und aus einem Grunde, für den der Beklagte nicht den Klägern, sondern ausschließlich dem Arbeiter K. Rechenschaft schuldete, auch wenn er schon mit der Absicht umging, auch den Klägern zu kündigen. Dieser Eingriff war um so tiefer, als er unter dem schweren Nachdruck einer gleichzeitigen Kündigung der Kläger, also sämtlicher Buchbinder des Beklagten erfolgte, die ihm für den Fall der Ablehnung von K.'s Wiedereinstellung von seiten der Kläger, wenn nicht ausdrücklich in Aussicht gestellt worden ist, so doch deutlich in Aussicht stand, wie die Folge und insbesondere ihre gleichzeitige Kündigung selbst klar bewiesen hat.

Selbstverständlich stand es den Klägern frei, ihrerseits und gleichzeitig zu kündigen, „weil der Beklagte dem Arbeiter K. gekündigt hatte". Aber sie konnten den Entschluß über ihre Kündigung nur auf Grund der durch die Kündigung gegen K. gegebenen Sachlage treffen und durften nicht vorher durch einen Eingriff in die Betriebsleitung den Versuch machen, die Sachlage zu ändern. Auch war dieser Eingriff, wie schon die Klage beweist, für den Entschluß anderer Arbeitgeber über die Einstellung der Kläger als Arbeiter überhaupt erheblich, weil deren Abneigung gegen solche Arbeiter, die ihrem Arbeitgeber die Wiedereinstellung eines entlassenen Arbeiters angesonnen haben, fast allgemein ist. Die Bestimmung in § 152 RGO., welche alle Verbote und Strafbestimmungen gegen gewerbliche Gehilfen, Gesellen oder Fabrikarbeiter wegen Verabredungen und Vereinigungen zum Behufe der Erlangung günstigerer Lohn- und Arbeitsbedingungen, insbesondere mittels Einstellung der Arbeit aufhebt, steht den Klägern nicht zur Seite. Denn einmal war K.'s Wiedereinstellung, die sie durch Einstellung der Arbeit erlangen wollten, keine Lohn- oder Arbeitsbedingung, und sodann hindert die Aufhebung jener Verbote und Strafbestimmungen die Erwähnung der Tatsache, daß ein Arbeiter durch Einstellung der Arbeit günstigere Lohn- oder Arbeitsbedingungen zu erlangen suchte, im Zeugnis über seine Führung überhaupt nicht, weil sie eine seiner Handlungen im Arbeitsverhältnisse zum Gegenstande hat, und auf die Frage, ob diese erlaubt oder verboten war, nichts ankommt. Allerdings kann die Aufnahme jener Tatsache in das Zeugnis für den Arbeiter Nachteile auf dem Arbeitsmarkt zur Folge haben. Aber die Aufhebung von Verboten und Strafbestimmungen in § 152 RGO. verbürgt ihm nicht auch den Schutz gegen andere nachteilige Folgen seiner nunmehr erlaubten Handlungen, insbesondere auf wirtschaftlichem Gebiete, die diese haben können, wie jede andere erlaubte Handlung. Auch § 113 Abs. 3 RGO. untersagt den Arbeitgebern nur, die Zeugnisse mit Merkmalen zu versehen, welche den Zweck haben, den Arbeiter in einer aus dem Wortlaut des Zeugnisses nicht ersichtlichen Weise zu kennzeichnen, weil der Arbeiter gegen geheime Merkmale wehrlos wäre. Aber auch diese Vorschrift beschränkt den Arbeitgeber in keiner Richtung in der ausdrücklichen Aufnahme von Handlungen oder Unterlassungen des Arbeiters im Arbeitsverhältnisse in das Zeugnis, für deren Wahrheit einzutreten er offen bereit ist.

Der Beklagte durfte also die Tatsache, daß die Kläger K.'s Wiedereinstellung verlangt und gekündigt haben, nachdem und weil er ihrer Aufforderung keine Folge geleistet hat, in die Zeugnisse über die Führung der Kläger aufnehmen. Die Aufnahme jener Tatsache in der vom Beklagten gewählten Fassung tut auch der Kürze der Zeugnisse keinen Eintrag. Allerdings erschöpfen sie die Führung der Kläger nicht und insofern sind die Zeugnisse noch unvollständig und wenn es die Kläger verlangen, einer Ergänzung, etwa durch ein

Urteil des Beklagten über die Führung der Kläger im allgemeinen fähig und bedürftig, neben welchen der von ihnen beanstandete Satz als Beispiel oder Ausnahme seinen Platz behält. Allein dieser Umstand schützt die Klage nicht vor ihrer völligen Abweisung. Denn die Kläger verlangen jetzt nicht sowohl ein vollständiges Zeugnis über ihre Führung mit oder ohne jenen Satz, sondern lediglich ein Zeugnis über ihre Führung ohne jenen Satz und ihre Anträge erschöpfen sich in der Ausscheidung dieses Satzes und erstrecken sich nicht auf die Vervollständigung der Zeugnisse in anderen Richtungen, wenn er stehen bleibt.[1]) („Gewerbegericht" Jg. 3, Sp. 64.)

**b) Urteil des GG. Köln vom 13. Januar 1898.**

Die Schadensklage des Arbeiters ist abgewiesen, obwohl der Zusatz im Zeugnis für unzulässig erachtet ist.

Aus den Gründen: Kläger hat sich darauf berufen, er sei geschädigt, weil Beklagter ihm ein Zeugnis ausgestellt habe, welches den gesetzlichen Vorschriften nicht entspreche. Der beanstandete Zusatz („Auf meinen Wunsch entlassen, weil er mich zwingen wollte, einen entlassenen Arbeiter wieder aufzunehmen!") ist ungesetzlich, da das Zeugnis gemäß § 113 GO. nur über die Art und Dauer der Beschäftigung auszustellen ist und daher keinen anderen Inhalt haben darf. Die gesetzwidrige Ausstellung des Zeugnisses würde allerdings den Beklagten zum Schadensersatz verpflichten, wenn nachgewiesen würde, daß dem Kläger durch den Vermerk im Zeugnisse ein Schaden entstanden sei. Es steht nun fest, daß das Zeugnis erst am 30. Dezember verlangt worden ist, also zu einer Zeit, nachdem durch die Zeitungen der im Geschäft des F. ausgebrochene Streit den beteiligten Kreisen bereits bekannt geworden war. Kläger selbst behauptet nicht, daß er auf Grund des Zeugnisses abgewiesen worden sei, er beruft sich darauf, er sei überall gefragt worden, wo er zuletzt gearbeitet habe, bei Nennung des Geschäfts von F. sei er nicht eingestellt worden. Wenn also Anstand genommen wurde, die Personen, die bei dem Beklagten beschäftigt waren, einzustellen, so wird dies darauf zurückzuführen sein, daß die Arbeitgeber die Arbeiter aus anderen Gründen nicht einstellen wollten. Es mußte daher die Klage mangels des Nachweises eines Schadens abgewiesen werden. („Gewerbegericht" Jg. 3, Sp. 91.)

**c) Urteil des GG. Berlin, Kammer 7, vom 2. Dezember 1897.**

Kläger ist in der Kohlenhandlung des Beklagten vom 1. Dezember 1896 bis 4. November 1897 als Arbeiter beschäftigt gewesen. Unter dem 7. November hat Beklagter dem Kläger ein Zeugnis ausgestellt, laut welchem Kläger bei dem Beklagten während der genannten Zeit in Arbeit gestanden und wegen Unregelmäßigkeiten entlassen sei. Kläger hat darauf beantragt: „Beklagten zu verurteilen, ihm ein ordnungsmäßiges Zeugnis nach § 113 Abs. 1 RGO. auszustellen." Beklagter weigert sich dessen fortgesetzt.

Beklagter ist verurteilt.

Aus den Gründen: Zur Ausstellung der gewünschten Bescheinigung ist Beklagter gesetzlich verpflichtet, während gleichzeitig in dem Zeugnisse gegen den Willen des Arbeiters den Grund der Entlassung anzugeben dem klaren Wortlaute des § 113 GO. widerspricht. Es mag aber noch hervorgehoben werden, daß das Verlangen des Klägers nicht nur den gesetzlichen Bestimmungen entspricht, sondern auch jeglicher Chikane entbehrt. Hat sich Kläger Unregelmäßigkeiten zu schulden kommen lassen, so mag ihn Beklagter zur strafrechtlichen Verantwortung ziehen. Für das fernere Fortkommen des Klägers ist es aber von erheblichem Werte, eine Bescheinigung über eine fast einjährige Beschäftigung bei demselben Arbeitgeber zu erhalten. Diese Bescheinigung wird aber

---

[1]) Ebenso Landgericht I Berlin vom 23. Mai 1891. „Blätter für Rechtspflege", Jg. 1891, S. 114.

für das fernere Fortkommen des Klägers nicht nur wertlos, sondern auch erschwerend, wenn zugleich in ihr angeführt ist, daß er wegen Unregelmäßigkeiten entlassen sei.[1]) („Gewerbegericht" Jg. 3, Sp. 100.)

## 187. Kann ein Schlächtergeselle Eintragung eines Zeugnisses in das Innungs-Verbandsbuch beanspruchen?

Urteil des GG. Hamburg vom 18. Mai 1901.

Ein Schlächtergeselle klagt gegen seinen ehemaligen Meister auf Eintragung eines Zeugnisses in das Verbands-Wanderbuch, sowie auf Schadensersatz für jeden Tag der Verzögerung.

Die Klage ist abgewiesen.

Aus den Gründen: Nach § 113 GO. kann der Arbeiter von seinem Arbeitgeber beim Abgang zwar ein Zeugnis fordern, er hat aber hienach kein Recht darauf, daß ein solches Zeugnis ihm in ein besonderes Buch eingetragen wird. Wollte man ein solches Recht des Arbeiters und damit eine entsprechende Pflicht des Arbeitgebers zu solcher Eintragung annehmen, so müßte man konsequenterweise auch umgekehrt ein Recht des Arbeitgebers annehmen, sich seiner gesetzlichen Verpflichtung zur Ausstellung eines Zeugnisses durch Eintragung eines solchen in ein bestimmtes Buch zu entledigen, bezw. eine Pflicht des Arbeiters, sich mit solcher Zeugnisausstellung zu begnügen. Dies hat aber offenbar nicht im Willen des Gesetzgebers gelegen. Wenn das Gesetz bestimmt, daß der Arbeiter beim Abgang ein Zeugnis über die Art und Dauer seiner Beschäftigung fordern und dieses Zeugnis auch nach seinem freien Willen auf seine Führung und Leistungen ausdehnen lassen kann, so versteht sich hienach von selbst, daß der Arbeitgeber, wie er nicht berechtigt ist, in das geforderte Zeugnis etwa noch andere Eintragungen als die gesetzlich vorgeschriebenen zu machen, ebensowenig das Zeugnis mit anderen Beigaben, angehefteten oder in sonstiger Weise verbundenen früheren Zeugnissen und dergleichen beschweren darf. Andernfalls würde der Arbeiter nicht das bekommen, was ihm gesetzlich zusteht, nämlich eine einzelne reine Bescheinigung über Art und Dauer seiner Beschäftigung und eventuell über seine Führung und Leistungen beim letzten Arbeitgeber. Eine solche Bescheinigung bekommt er nur dann in seinen Besitz, wenn dieselbe ihm auf einem einzelnen, von jeder Verbindung mit anderen Schriftstücken und Drucksachen freien Papier ausgestellt wird. Schon aus dieser Betrachtung, sowie ferner aus dem Umstand, daß das Verbands-Wanderbuch des deutschen Fleischerverbandes nicht einmal in das Eigentum der Arbeitnehmer übergeht, sondern stets Eigentum des deutschen Fleischerverbandes bleibt und jederzeit dem Inhaber wieder abgefordert werden kann, folgt, daß eine Ausfüllung der im Verbands-Wanderbuch enthaltenen Zeugnis-Formulare sich niemals als Ausstellung eines Zeugnisses im Sinne der GO. darstellen kann, und daß Kläger somit auch kein gerichtlich verfolgbares Recht weder auf Abänderungen von Eintragungen in dieses Buch noch auch auf Schadensersatzleistung wegen unrichtiger Eintragungen in dasselbe hat. Wollte man das Gegenteil annehmen und dann also auch eine Pflicht des Klägers und seiner Berufsgenossen anerkennen, sich stets mit der Eintragung eines Zeugnisses in das Verbands-Wanderbuch begnügen zu müssen, so würde den Arbeitnehmern im Schlächtergewerbe durch die Institution des Verbands-Wanderbuches ihr Recht auf ein Zeugnis gänzlich verkümmert werden. Mag die Institution des Verbands-Wanderbuches an sich zulässig sein — der Bundesrats-Kommissar Lohmann hat im Reichstage seine Ansicht dahin geäußert, daß man den Innungen nicht verwehren könne, ihre Mitglieder zu verpflichten, keine Gehilfen anzunehmen, die sich nicht auf die

---

[1]) Vergl. auch GG. Königsberg. „Gewerbegericht" Jg. 2, Sp. 6.

von der Innung bestimmte Weise legitimierten —, so muß sie doch als reine Privatsache der Innung angesehen werden, die im Gesetze selbst keinen Boden findet, so daß etwaige darauf bezügliche Differenzen zwischen Innungsmitgliedern und ihren Gesellen nur durch Organe der Innung geschlichtet werden können.[1]) („Gewerbegericht" Jg. 7, Sp. 192.)

## 188. Kann der Arbeiter Ausstellung des Zeugnisses nach einem bestimmten im Gewerbe üblichen Formular fordern?

Urteil des GG. Dresden vom 10. November 1897.

Die Beklagte ist Mitglied des Vereins sächsischer Strohhutfabrikanten zur Wahrung gegenseitiger Interessen, dem die überwiegende Mehrzahl der großen Betriebe in Dresden, Mügeln 2c. angehört. Dieser Verein verfolgt unter anderem den Zweck, seine Mitglieder gegen Kontraktbruch der Arbeiter zu schützen und hat, um dies zu erreichen, für die bei den Mitgliedern des Vereins beschäftigten Arbeiter Arbeitsscheine eingeführt. Dieser Arbeitsschein lautet:

Inhaber dieses war in der Zeit vom ... bis ... in meiner Strohhutfabrik als ... beschäftigt. Der Abgang erfolgte heute ordnungsgemäß.

Jedes Vereinsmitglied ist verpflichtet, einem Arbeiter, der nicht ordnungsgemäß abgeht, diesen Arbeitsschein zu verweigern und jedes Vereinsmitglied ist verpflichtet, keinen Arbeiter einzustellen, der diesen Arbeitsschein nicht vorweisen kann.

Die Beklagte hat dem Kläger auf Briefpapier ein Zeugnis folgenden Inhalts ausgestellt und ausgehändigt:

„Der Hutmacher N. N. aus B. war bei mit vom .... bis .... 1807 tätig und hat seine Arbeiten zufriedenstellend erledigt."

Der Kläger hat sich damit nicht zufrieden erklärt, sondern das vom Verein sächsischer Strohhutfabrikanten eingeführte Abgangszeugnis gefordert.

Der Beklagte ist verurteilt.

Aus den Gründen: Da der Kläger nicht beansprucht, daß das ihm ausgehändigte Zeugnis dahin ergänzt werde, daß sein Abgang ordnungsmäßig erfolgt sei, vielmehr die Aushändigung eines ganz bestimmten Zeugnisformulars von der Beklagten fordert, so hatte das Gericht in erster Linie zu prüfen, ob dieser Anspruch des Klägers, den ordnungsmäßigen Abgang vorausgesetzt, überhaupt berechtigt ist.

In dieser Hinsicht war folgendes zu erwägen: Richtig ist, daß die GO. in § 113 dem Arbeiter nur das Recht einräumt, von dem Arbeitgeber ein Zeugnis zu verlangen, aber nicht vorschreibt, in welcher Form dieses Zeugnis gegeben werden muß. Buchstäblich genommen würde die Beklagte, die dem Kläger ein Zeugnis gegeben hat, bezüglich dessen Inhalts Ausstellungen von dem Kläger überhaupt nicht erhoben werden, ihrer Verpflichtung nach § 113 somit Genüge geleistet haben. Wenn das Gericht trotzdem zu der Ansicht gelangt ist, daß die Beklagte — immer vorausgesetzt, daß der Abgang des Klägers ordnungsmäßig erfolgt ist — mit der Ausstellung des von dem Kläger zurückgewiesenen Zeugnisses ihrer Verpflichtung nach § 113 nicht Genüge geleistet hat, so hat man sich hierbei von folgenden Erwägungen leiten lassen.

Das dem Arbeiter eingeräumte Recht, von seinem Arbeitgeber ein Zeugnis zu verlangen, verfolgt den Zweck, dem Arbeiter sein Fortkommen zu erleichtern. Ein Zeugnis, das diesen Zweck nicht erfüllt, hat also für den Arbeiter überhaupt keinen Wert. Wenn nun in einem Gewerbe, das ein Arbeiter erlernt

---

[1]) Daß der Arbeiter seinen Anspruch nicht auf die GO. gründen kann, ist zweifellos richtig. Zu prüfen bliebe aber, ob der Anspruch sich nicht aus einem anderen Grunde, z. B. aus einem allgemeinen Herkommen im Gewerbe, herleiten ließe. Wenn es in einem Gewerbe üblich ist, Eintragungen in ein Verbandsbuch zu erteilen, so hat der Geselle, unbeschadet seines Anspruchs auf Erteilung des gesetzlich vorgeschriebenen Einzelzeugnisses, auch einen Anspruch darauf wie auf jede andere übliche Leistung. Vgl. Nr. 188.

hat und in dem er seine Arbeit zu suchen genötigt ist, die weitaus überwiegende Mehrzahl der Arbeitgeber die Beschäftigung des Arbeiters davon abhängig macht, daß er ein ganz bestimmtes Zeugnis, einen Arbeitsschein des Unternehmerverbandes vorweisen kann, so liegt es auf der Hand, daß ein in anderer Form ausgestelltes Zeugnis für den Arbeiter ohne Wert, überhaupt ein Zeugnis nicht ist. Denn was nützt einem hiesigen Hutarbeiter das beste Zeugnis, wenn ihm dennoch in seinem Wohnorte, ja sogar in dessen weiterer Umgebung, gerade diejenigen Betriebe, auf die er bei Verwertung seiner Arbeitskraft angewiesen ist, verschlossen bleiben. Als in der Kommission des Reichstages der Antrag, „auch die von Unternehmerverbänden ausgehende Ausstellung von Arbeitsscheinen als eine verbotene Kennzeichnung zu betrachten" abgelehnt wurde, geschah dies, weil die Mehrheit der Kommission (nach dem Stenog. Berichte 1891 Seite 1642—1644) der Ansicht war, daß den Arbeitgebern doch das Recht zustehen müsse, bei Annahme der Arbeiter zu prüfen, wer nach ihrer Ansicht ihnen die meisten Garantien bezüglich Tüchtigkeit und Zuverlässigkeit biete und daß andererseits dem Arbeitnehmer nicht das Recht beschränkt werden dürfe, sich ein Zeugnis ausstellen zu lassen, das geeignet sei, ihn bei jenen Arbeitgebern als einen vertrauenswürdigen Arbeiter zu empfehlen. Hieraus ergibt sich offenbar, daß der Gesetzgeber, als er die von Unternehmerverbänden ausgehende Ausstellung von Arbeitsscheinen für zulässig erklärte, von der Annahme ausging, daß nicht nur der Arbeitgeber berechtigt ist, den Arbeitsschein zu verweigern, wenn die Voraussetzungen dafür nicht vorhanden sind, sondern daß auch der Arbeitnehmer das Recht hat, den Arbeitsschein zu verlangen, wenn die Voraussetzungen dafür vorliegen. Es hieße auch in der Tat der offenbarsten Willkür Tür und Tor öffnen und den Arbeiter einfach rechtlos machen, wenn die Ausstellung oder Verweigerung dieses Arbeitsscheines ganz dem freien Willen des Arbeitgebers überlassen bliebe und man dem Arbeiter den rechtlichen Anspruch auf den Arbeitsschein unter Hinweis auf ein anderweites Zeugnis absprechen wollte. („Gewerbegericht" Jg. 3, Sp. 52.)

## 189. Geheime Merkmale in Arbeiterzeugnissen. Kann nach gütlicher Beendigung von Aussperrungen und Streiks der Arbeitgeber genötigt werden, ein einheitliches Zeugnis auszustellen, aus dem die Unterbrechung nicht ersichtlich ist?

Urteil des GG. Leipzig vom 2. April 1901.

Der Kläger trat am 27. Januar 1897 als Buchbinder bei dem Beklagten in Arbeit. Zu Anfang des Monats September 1900 entstanden im Buchbindereigewerbe Differenzen hinsichtlich der ferneren Gültigkeit des seither bestandenen Tarifs. Im Verlaufe dieser Differenzen beschloß der Verband Deutscher Buchbindereibesitzer, die ihm angehörenden Mitglieder sollten den größten Teil ihrer Arbeiter, nämlich 80 % des gesamten Arbeitspersonals, kündigen. Von diesem Beschlusse wurde auch der Kläger betroffen, dem am 8. zum 15. September ordnungsmäßig gekündigt wurde. Inzwischen hatten die hiesigen Buchbinder und Buchbindereiarbeiter gemeinschaftlich beschlossen, die Kündigungsfrist nicht auszuhalten, sondern sämtlich bereits mit dem 8. September die Arbeit zu beendigen und hatten diesen Beschluß auch ausgeführt. Der Kläger ist gleichfalls seit dem 8. September nicht mehr zur Arbeit erschienen. Die hierauf vom Beklagten gegen den Kläger erhobene Klage wurde später wieder zurückgenommen, nachdem durch Vermittlung des Tarifamtes der Buchdrucker eine Einigung der streitenden Parteien erzielt worden war. Der Kläger wurde nebst dem größten Teile seiner feiernden Arbeitsgenossen am 26. September wieder in das Arbeitsverhältnis an seinen früheren Platz eingestellt und arbeitete hierauf bei dem Beklagten bis zum 29. März 1901 in dieser Stellung weiter. Bei seinem Abgange wurden ihm zwei Zeugnisse ausgehändigt.

Der Kläger bemängelte die Zeugnisse aus folgenden Gründen: Zu den Zeugnissen seien Formulare mit verschnörkelten Randeinfassungen verwendet. Der Beklagte habe durch diese Schnörkel bezweckt, ihn in einer aus dem Wortlaute des Zeugnisses nicht ersichtlichen Weise zu kennzeichnen. Solche Zeugnisse seien nach § 113 Abs. 3 GO. unzulässig. Es seien drei Arten von Zeugnissen seitens der Leipziger Buchbindereibesitzer, auch des Beklagten, zur Anwendung gekommen: Das eine von der Art der beiden von ihm bemängelten Zeugnisse, das zweite von der gleichen Art, nur mit dem Druckvermerk am unteren Teile, daß nur Arbeiter mit diesen vom Verband herausgegebenen Zeugnissen bei Verbandsmitgliedern Beschäftigung finden, und ein drittes, auf gewöhnliche Briefformulare mit Firmenaufdruck geschriebene Zeugnisse. Der Vertreter des Beklagten hat erklärt, daß ihm von den unter zwei bezeichneten Formularen nicht bekannt sei. Daß bei Zeugnissen einzelner Arbeiter auch das unter drei bezeichnete Verfahren eingeschlagen worden sei, sei richtig, doch müsse dies vor der Zufertigung der Verbandsformulare geschehen sein. Etwas Bestimmtes hierüber wisse er nicht zu sagen.

Der Kläger hat noch weiterhin gerügt, daß zwei Zeugnisse ausgestellt worden seien, während nach dem tatsächlichen Stande nur ein Zeugnis auszustellen gewesen sei und zwar habe dieses Zeugnis dahin zu lauten, daß er vom 27. Januar 1897 bis zum 29. März 1901 als Buchbinder bei dem Beklagten in Beschäftigung gestanden habe. Das Arbeitsverhältnis vom 27. Januar 1897 bis zum 29. März 1901 sei ein einheitliches gewesen. Hieran könne auch die kurze Unterbrechung von nicht ganz drei Wochen während der Aussperrung — denn eine solche müsse nach dem willkürlichen Verhalten der Prinzipale angenommen werden — nichts ändern, denn einesteils sei den Buchbindereiarbeitern bei Gelegenheit der Kündigung von dem betreffenden Werkmeister gesagt worden, es werde „mit der Kündigung nicht so streng gehandhabt werden" und anderenteils sei er, der Kläger, in Gemäßheit des durch das Tarifamt der Buchdrucker erzielten Übereinkommens am 26. September 1900 genau auf denselben Platz mit der gleichen Arbeit wieder eingestellt worden. Er müsse also Widerspruch erheben gegen die Ausstellung zweier Zeugnisse, da ihm hierdurch sein Fortkommen bedeutend erschwert werde. Jeder Arbeitgeber, bei dem er um Arbeit anfrage, merke daraus, daß er mitgefeiert habe und werde ihn infolgedessen nur bei Mangel an anderen Arbeitskräften einstellen. Der Gesetzgeber habe sicherlich nicht gewollt, daß der Arbeiter durch das Zeugnis auf solche Weise in seinem Fortkommen behindert werde.

Er beantragt daher, den Beklagten zu verurteilen: 1. ihm ein auf einen gewöhnlichen Briefbogen mit Firmenaufdruck geschriebenes Zeugnis auszustellen; 2. in demselben zu bescheinigen, daß er vom 27. Januar 1897 bis 29. März 1901 als Buchbinder bei dem Beklagten in Beschäftigung gestanden habe und daß der Beklagte mit seiner Führung und seinen Leistungen zufrieden gewesen sei.

Die Klage ist abgewiesen.

Aus den Gründen: .... Dem Kläger ist am 8. zum 15. September 1900 gekündigt worden und demnach der Wille des Arbeitgebers, das Arbeitsverhältnis zu beendigen, schon hierdurch zum Ausdruck gebracht worden. Der Kläger hat aber auch aus freiem Entschlusse am 8. September das Arbeitsverhältnis selbst beendigt, indem er, ohne den Ablauf der Kündigungsfrist abzuwarten, die Arbeit am 10. September nicht wieder aufnahm. Der Arbeitgeber hat zwar diese vertragswidrige Beendigung des Arbeitsverhältnisses mittels Klage beim GG. angefochten, durch die spätere Klagrücknahme jedoch das Fallenlassen seines anfänglichen Widerspruchs gegen die vorzeitige Arbeitsbeendigung in schlußfähiger Weise zu erkennen gegeben. Hätte er dies nicht getan, so würde das ursprüngliche Arbeitsverhältnis auf alle Fälle nur bis zum 15. September gewährt haben, da Ablauf der Kündigungsfrist die Beendigung des Arbeitsverhältnisses bekanntermaßen ohne weiteres herbeiführt. Der Kläger ist auch nach seinem freiwilligen Lösen des Arbeitsverhältnisses ordnungsmäßig bei der hiesigen Ortskrankenkasse abgemeldet worden. Der Umstand, daß der Kläger am 26. September in Gemäßheit des zwischen den Prinzipalen und der Arbeiterschaft abgeschlossenen Kompromisses wieder an seinen alten Arbeitsplatz eingestellt und mit der gleichen Arbeit, wie früher, betraut worden ist, mußte als unerheblich erachtet werden, da ja die Parteien auf jeder ihnen beliebigen Grundlage den neuen Arbeitsvertrag abschließen konnten, wobei es selbstverständlich den Ausgleich nur fördern konnte, wenn die einzelnen Arbeiter an ihren alten Arbeitsplätzen weiter beschäftigt wurden und dadurch der Schein einer Maßregelung vermieden wurde. — Es dürfte ohne weiteres einleuchten, daß mit dem vorliegenden streitigen Verhältnis nicht etwa der Fall in Parallele gestellt werden darf, daß ein Arbeitgeber mit seinen Arbeitern aus irgend einem Grunde vereinbart, die Arbeit einige Tage auszusetzen. Der Unterschied beider Fälle liegt klar auf der Hand. Hier ist der Wille beider Teile auf das Fortbestehen des Arbeitsverhältnisses gerichtet, während im streitigen Falle die Lösung des Arbeitsverhältnisses von beiden Teilen gewollt war. Der eine Teil wollte am 15. September die Lösung herbeiführen, der andere Teil führte sie faktisch am 8. September aus. — Daß ein Zeugnis vor allem streng wahrheitsgemäß ausgestellt sein muß, bedarf keiner weiteren Darlegung. Das Verlangen des Klägers, der trotz der freiwilligen Lösung des Bandes zwischen ihm und dem Beklagten am 8. September bescheinigt haben will, daß eine Lösung nicht stattgefunden habe, ist mithin als ungerechtfertigt zu bezeichnen.

Es ist sodann der weitere vom Kläger geltend gemachte Beanstandungsgrund zu prüfen, daß die Ausfertigung der Zeugnisse auf Verbandsformularen mit verschnörkelter Randeinfassung der Bestimmung in § 113 Abs. 3 GO. zuwiderlaufe.

Der angezogene Paragraph untersagt dem Arbeitgeber, die Zeugnisse mit Merkmalen zu versehen, welche den Zweck haben, den Arbeiter in einer aus dem Wortlaute des Zeugnisses nicht ersichtlichen Weise zu kennzeichnen .... weil sie dem Betroffenen jegliche Möglichkeit der Verteidigung gegen unrichtige und ungerechte Beurteilung benehmen. Nicht die Form der Zeugnisse, nur deren Inhalt soll das Urteil über den Beurteilten enthalten. Es wird also zu prüfen sein, ob die Zeugnisse in der gewählten Form die gedachten Merkmale enthalten und ob durch diese eine Kennzeichnung des Klägers bezweckt war. Der Verband Deutscher Buchbindereibesitzer gibt an seine Mitglieder die Zeugnisformulare ab und macht ihnen deren Verwendung zur Pflicht, d. h. er weist die Mitglieder an, nur solche Arbeiter einzustellen, welche Zeugnisse auf Verbandsformularen vorzulegen in der Lage sind. Wie nun im Parteieinverständnisse feststeht und durch die glaubwürdige Aussage des Zeugen Schlosseranschläger M. als erwiesen anzunehmen ist, sind zweierlei Formulare seitens des Verbandes Deutscher Buchbindereibesitzer zur Ausgabe gelangt, einmal solche von der Art, wie sie der Kläger erhalten hat und sodann andere, bei denen am unteren Teile noch die Bestimmung aufgedruckt ist, daß nur Arbeiter mit solchen Zeugnissen Verwendung bei Verbandsmitgliedern finden. Daß diese Abweichung in den beiden Formularen einen bestimmten Zweck verfolge, insbesondere systematisch die zensierten Arbeiter nach Klassen sondere, ist von dem Kläger zwar behauptet worden, es hat sich jedoch ein Beweis hierfür nicht erbringen lassen. Es liegt nun allerdings in der Natur der Sache, daß sich bei Vorgängen der in Frage stehen Art die Beweisführung in der Regel sehr schwierig gestaltet. Es wird daher das Gericht in solchen Fällen sehr oft in die Lage kommen, unter Berücksichtigung des gesamten Inhalts der Verhandlung nach freier Überzeugung zu entscheiden, ob die fragliche Behauptung für wahr oder für nicht wahr zu erachten sei. An sich könnte bei objektiver Beurteilung die Abweichung beider Verbandsformulare in natürlicher Weise dadurch erklärt werden, daß beide Formularien das Produkt zweier verschiedener Auflagen sein konnten. Andrerseits aber konnte dem vom Kläger weiterhin vorgebrachten Umstande Beachtung nicht versagt werden, daß außer den beiden Verbandsformularen, wie der Beklagte selbst zugibt, noch auf Briefbogen mit Firmenaufdruck geschriebene Zeugnisse vom Beklagten an die Arbeiter ausgehändigt worden sind, und daß die Empfänger dieser letzteren gerade Arbeiter gewesen sind, die im Gegensatze zu dem Kläger bei dem Buchbinderstreike nicht beteiligt waren.

War nun unter solchen Umständen auch die Annahme nicht schlechthin von der Hand zu weisen, daß durch die verschiedenen Zeugnisformen eine Kennzeichnung der Arbeiter bezweckt sein konnte, so war doch der dem Kläger obliegende Beweis dafür, daß die von ihm behauptete Kennzeichnung durch die Zeugnisform vom Beklagten bezweckt worden sei, als nicht geführt zu erachten. Der Kläger hätte die Beweisführung sehr wohl bewerkstelligen können durch Antrag auf Vernehmung des betreffenden Verbandsvorsitzenden. („Gewerbegericht" Jg. 6, Sp. 348.)

## 190. Inhalt des Arbeitszeugnisses. Kann auch in Merkmalen negativer Art eine unzulässige Kennzeichnung liegen?[1])

Urteil des GG. Berlin, Kammer 1, vom 13. Oktober 1898.

Die Klägerin ist als Plätterin in einem Berliner Wäschegeschäft tätig gewesen. Sie fühlt sich durch den Inhalt des ihr beim Abgange ausgestellten Arbeitszeugnisses beschwert. Dasselbe gibt mit dürren Worten die Art und Dauer ihrer Beschäftigung an, entspricht also an sich der gesetzlichen Vorschrift des § 113 Abs. 1 der GO. Im Verbande der Berliner Wäschefabrikanten, dem Beklagte angehört, ist es jedoch damals unstreitig Gebrauch gewesen, in allen Fällen, wo der Arbeiter ordnungsmäßig aufhört, dies ausdrücklich im Zeugnis zu vermerken durch den besonderen Zusatz: „und ist ordnungsmäßig entlassen".

Von den Mitgliedern des weitverzweigten Verbandes wurde zur Zeit der Entlassung der Klägerin unstreitig kein Arbeiter eingestellt, in dessen Zeugnis das Wort „ordnungsmäßig" oder eine ähnliche Bemerkung fehlte. Da solches auch bei dem Zeugnis der Klägerin der Fall war, so hat diese sich vergeblich um Arbeit bemüht, es wurde ihr von verschiedenen Firmen bedeutet, sie solle erst ein anderes Zeugnis bringen. Klägerin hat deshalb klagend die Zusetzung eines entsprechenden Vermerkes in ihr Zeugnis gefordert. Sie hat jedoch diesen Antrag fallen gelassen, nachdem ihr Beklagter auf Vorschlag des Vorsitzenden das Zeugnis dahin ergänzt hatte, daß sie mit Führung und Leistungen zufrieden gewesen sei. Klägerin fordert jetzt statt dessen Entschädigung wegen anfänglichen Vorenthaltens eines angemessenen Zeugnisses in Höhe des ihr für die Dauer der Verzögerung entgangenen Lohnes.

Der Beklagte ist verurteilt.

Aus den Gründen: Der Inhalt des der Klägerin zuerst ausgestellten Zeugnisses entspricht nicht den gesetzlichen Bestimmungen. Der § 113 der GO. bestimmt, daß den Arbeitern auf ihr Verlangen ein Zeugnis auszustellen ist, und daß ein solches Zeugnis nicht mit Merkmalen versehen werden darf, die den Zweck haben, den Arbeiter in einer aus dem Wortlaut des Zeugnisses nicht ersichtlichen Weise — also gleichviel, ob günstig oder ungünstig — zu kennzeichnen. Diese Bestimmung wird nach dem unstreitigen Sachverhalt von dem Verband der Wäschefabrikanten nicht beachtet und ist speziell im vorliegenden Falle von der Beklagten nicht berücksichtigt worden. Zwar enthält das streitige Zeugnis seinem Wortlaut nach kein verbotenes Merkmal. Jedoch setzen die Mitglieder des Verbandes und mit ihnen die Beklagte in der unstreitigen Absicht einer Kontrolle auf die Abgangszeugnisse derjenigen Arbeiter, gegen welche nichts Ungünstiges vorliegt, den gesetzlich unzulässigen Vermerk: ordnungsmäßig entlassen. Infolgedessen sind sie jederzeit, wie beabsichtigt, in der Lage, aus dem Fehlen dieses Vermerkes auf Zeugnissen, die von ihren Mitgliedern ausgestellt sind, den Schluß zu ziehen, daß etwas gegen den Arbeiter vorliege. Sie setzen sich damit in Widerspruch mit dem Sinne des Gesetzes. Denn gerade jede besondere Kennzeichnung des Arbeiters ist unbedingt untersagt. Daher hat der Arbeiter, wenn solche Kennzeichnung — wie im vorliegenden Falle — dennoch erfolgt, regelmäßig Anspruch auf Änderung des Inhalts des Zeugnisses und auf Schadensersatz. Ist allerdings der Inhalt, wie bei dem Zeugnis der Klägerin, äußerlich gesetzmäßig — weil eben Beklagte die Kennzeichnung durch Weglassen des bei ihr sonst üblichen, gesetzwidrigen Zusatzes bewirkt hat —, so kann eine Ergänzung des Inhalts füglich nicht beansprucht

---

[1]) Ebenso Nr. 191 a, abweichend Nr. 191 b.

werden. Die Klägerin hätte daher mit ihrem anfänglichen Antrag auf Zeugnisergänzung abgewiesen werden müssen. Bestehen bleibt aber der Anspruch auf Schadensersatz, wenn infolge der gesetzwidrigen Kennzeichnung dem Arbeiter Vermögensvorteile entgehen. Diese Voraussetzungen treffen hier zu. („Soziale Praxis.")

## 191. Arbeitsnachweisschein der Unternehmer-Arbeitsnachweise. Ist die Weglassung eines empfehlenden Zusatzes zum Zwecke der Kennzeichnung des Arbeiters ein verbotenes „Merkmal" im Sinne des § 113 GO.?

a) Urteil des Landgerichts Berlin I, 7. Zivilkammer, vom 26. Oktober 1899.

... Kläger hat folgendes geltend gemacht: Die Beklagten zu 2 und 3, Inhaber der beklagten Gesellschaft zu I, haben sich mit den anderen Berliner Filzhutfabrikanten zu einem Interessenverbande „Verein der Berliner Filzhutfabrikanten" zusammengetan, der einen vollkommen unter seinem Einfluß stehenden Arbeitsnachweis eingerichtet hat. Bei Vermeidung einer erheblichen Geldstrafe für jeden Fall der Zuwiderhandlung seien die Mitglieder des Verbandes verpflichtet, nur Arbeiter einzustellen, die einen vorschriftsmäßigen Nachweisschein des Arbeitsnachweises beizubringen vermögen. Außerdem werde im Arbeitsnachweis eine sogenannte „schwarze Liste" der mißliebigen Arbeiter, die durch ihre Tätigkeit im Interesse der Arbeitnehmer sich bei den Arbeitgebern lästig gemacht hätten, geführt, wodurch die dort Notierten von sämtlichen gleichartigen Berliner Betrieben ausgeschlossen würden. Die Abgangszeugnisse derjenigen Arbeiter nun, die sich nach der Ansicht der Fabrikanten gut geführt hätten, enthielten außer dem üblichen Inhalt noch einen empfehlenden Zusatz, insbesondere die Erlaubnis zur Weiterbeschäftigung im Verbande, während ein solcher Zusatz bei den mißliebigen und danach vom Arbeitsnachweis auszuschließenden Arbeitern fehle, oder durch eine farbige Unterstreichung eines oder mehrerer Worte ersetzt sei. Kläger habe nun vom 28. Oktober 1895 bis 21. Mai 1896 gegen Akkordlohn als Hutmacher bei den Beklagten gearbeitet, bei seinem Abgange sei ihm das Blatt 11 der Akten abschriftlich befindliche Attest ausgestellt worden. Da dieses Attest ohne jeden empfehlenden Zusatz gewesen, und da der Kläger wegen seiner Beteiligung am Hutmacherstreike im Mai 1896 auf Veranlassung der Beklagten auf die schwarze Liste des Arbeitsnachweises gesetzt sei, habe er Arbeit bei letzterem nicht erhalten, sondern bei der ihm bis dahin unbekannten Strohhutfabrikation, in der er bis zum 1. November 1898 verblieben sei. Am 3. November 1898 sei es ihm gelungen, in der, ebenfalls dem Verbande angehörigen Fabrik von B. Beschäftigung zu finden, allerdings mit der Auflage, einen vorschriftsmäßigen Schein des Arbeitsnachweises zu verschaffen. Dieser sei ihm auf Vorlegung des Zeugnisses der Beklagten vom 21. Mai 1896 verweigert. Daraufhin und nachdem die Beklagten der Firma B. telephonisch erklärt hätten, Kläger stehe auf der schwarzen Liste, sie duldeten deshalb nicht, daß B. als Mitglieder des Vereins den Kläger beschäftigten, sei er am 5. November 1898 von B. entlassen worden. Er habe sich nun nochmals an den Arbeitsnachweis gewandt und den Bescheid erhalten, er würde nicht eher Arbeit dort erhalten, als bis Gebrüder S. hiezu Erlaubnis gegeben hätten; am 6. November 1898 habe er daher von dem Beklagten die Ausstellung eines seine Beschäftigung bei den Verbandsfirmen zulassenden neuen Zeugnisses gefordert und darauf das abschriftlich Blatt 11 der Akten befindliche Zeugnis vom 28. Dezember 1898 erhalten. Daraufhin sei es ihm nicht gelungen, in der Berliner Wollfilzhut-Industrie Arbeit zu finden, erst am 24. April 1899 habe er Arbeit erhalten. Beklagte seien verpflichtet, ihm ein Zeugnis auszustellen, auf Grund dessen er Arbeit in seiner Branche in Berlin finden könne, da ihm nicht zugemutet werden dürfe, einen kostspieligen Umzug nach außerhalb vorzunehmen, um aufs Ungewisse hin dort Arbeit zu suchen.

Die Beklagten haben um Abweisung der Klage gebeten, und eingewendet: Die von ihnen ausgestellten Atteste vom 21. Mai 1896 und 28. Dezember 1898 verhielten sich über die Art und Dauer seiner Beschäftigung in ausreichender Weise, einen empfehlenden Zusatz habe Kläger kein Recht zu fordern. Die Beklagten hätten sich in der Tat mit anderen Fabrikanten ihrer Branche koaliert, doch sei dies geschehen, nur um einer gleichen Koalition der Arbeitnehmer geschlossen gegenüberzustehen, und dem Terrorismus der

Arbeiter, die in Bezug auf Arbeitszeit und Lohnverhältnisse, Einstellung entlassener Arbeiter den Arbeitgebern hätten Vorschriften machen und mehrfach durch Arbeitsniederlegung ihre Forderungen auch hätten durchsetzen wollen, zu begegnen. Eine derartige Vereinigung sei durchaus zulässig, auch wenn sie neben anderen Zwecken dazu diene, ihre Mitglieder vor der Aufnahme ungeeigneter Arbeiter zu schützen; hierfür sei auch der Arbeitsnachweis geschaffen; ein Recht auf die Vermittlungstätigkeit desselben stehe den Arbeitnehmern nicht zu.

Die Klage ist abgewiesen.

Aus den Gründen: Nach § 113 GO. können Arbeiter ein Zeugnis über die Art und Weise ihrer Beschäftigung fordern, und ist dies Zeugnis auf Verlangen der Arbeiter auch auf ihre Führung und ihre Leistungen auszudehnen; untersagt ist, Zeugnisse mit Merkmalen zu versehen, welche den Zweck haben, den Arbeiter in einer aus dem Wortlaut des Zeugnisses nicht ersichtlichen Weise zu kennzeichnen. Ein Verstoß gegen den Abs. 3 des zitierten Paragraphen macht strafbar, und es kann gar keinem Zweifel unterliegen, daß die strafbare Handlung die Schadensersatzpflicht begründet.

Es versteht sich fernerhin von selbst, daß das Merkmal, das § 113 verbietet, nicht positiver Art zu sein braucht. Wenn die Auslassung einer sonst formularmäßig gebrauchten Wendung einem bestimmten Kreise von nur Arbeitgebern gegenüber die Bedeutung hat, daß der Betreffende z. B. bei dem Streik im Mai 1896 beteiligt war, so liegt darin auch ein derartig verbotenes Merkmal.

Nun ist es allerdings durch die Erklärung des Zeugen N., daß Arbeiter ohne Empfehlung keine Arbeit erhalten, und daß Empfehlungsschreiben an die Beteiligten vom Streik 1896 nicht gegeben werden durften, sehr wahrscheinlich gemacht, daß eine Weglassung der Empfehlung in der Tat vereinbartermaßen ein Kennzeichen für die Teilnahme am Streik war.

Der Abgangsschein, den die Beklagten am 21. Mai 1896 ausgestellt haben, enthält außer der Feststellung der Zeit, während welcher Kläger bei den Beklagten gearbeitet hat, keinen weiteren Zusatz; trotzdem kann er als ein Zeugnis, das gegen § 113 GO. verstößt, nicht erachtet werden. Jener Beschluß des Verbandes über den empfehlenden Zusatz datiert nach der Aussage N.s vom 21. Oktober 1896 und kann erst eine Folge des Streikes vom Mai 1896 sein. Der Streik begann augenscheinlich mit dem 21. Mai 1896, als Kläger eben die Arbeit niederlegte. Es kann daher der Entlassungsschein zu jener Zeit noch gar nicht die geheime Bedeutung gehabt haben, den Kläger als Teilnehmer des Streikes zu kennzeichnen. Daß der Schein aber in anderer Weise den Kläger im Sinne des § 113 Abs. 3 kennzeichne, ist weder behauptet noch dargetan. Ein Recht darauf, empfohlen zu werden, hat Kläger nicht. Die Absätze 1 und 2 des § 113 GO. ergeben bestimmt, wieweit das Zeugnis auf Verlangen des Arbeiters sich zu erstrecken hat. Mit der Ausstellung des Zeugnisses vom 21. Mai 1896 hatten daher die Beklagten ihre Verpflichtungen erfüllt, zur Ausstellung eines zweiten Attestes waren sie nicht mehr verbunden, das Abgangszeugnis vom 28. Dezember 1898 kann daher überhaupt nicht in Betracht kommen. Überdies verstößt auch dieses nicht gegen § 113 Abs. 3, denn im Dezember 1898 bestand, wie N. bekundet hat, jene Verabredung über den empfehlenden Zusatz und seine Bedeutung nicht mehr.

**b)** Urteil des Kammergerichts, 8. Zivilsenat, vom 10. Februar 1900.

Die Berufung des Klägers ist zurückgewiesen.

Aus den Gründen: Der § 113 GO. bestimmt:

„Den Arbeitgebern ist untersagt, die Zeugnisse [welche die Arbeiter nach Abs. 1 und 2 verlangen können] mit Merkmalen zu versehen, welche den Zweck haben, den Arbeiter in einer aus dem Wortlaut des Zeugnisses nicht ersichtlichen Weise zu kennzeichnen."

Sein Wortlaut gewährt für die dem Kläger günstige Ansicht des Vorderrichters, daß das Merkmal nicht „positiver Art“ zu sein brauche, vielmehr auch die „Auslassung einer sonst formularmäßig gebrauchten Wendung“ als Merkmal anzusehen sei, wenn diese Auslassung (Fortlassung) innerhalb des Kreises der Arbeitgeber gemäß deren Vereinbarung und Übung eine bestimmte Bedeutung habe, keinen Anhalt. Auch bei Beratung der Vorschrift im Reichstage sind derartige Fortlassungen nicht als Merkmale im Sinne des Gesetzes hervorgehoben, als solche vielmehr nur Kennzeichen, die auf positiver, bei Ausstellung des Zeugnisses entwickelter Tätigkeit beruhen, angesehen, wie: Anbringung gewisser Zeichen, Benutzung eines bestimmten Papiers, einer bestimmten Tinte, bestimmten Schrift, eines bestimmten Stempels, Gebrauch gewisser Ausdrücke, Unterstreichung einzelner Worte. Und dafür, daß der Gesetzgeber auch nicht die Absicht gehabt hat, das Verbot über seinen Wortlaut hinaus zu erlassen, spricht die vom Reichstage ausgesprochene Ablehnung eines Antrages, hinter den Worten: „den Zweck haben“ einzuschalten: „oder geeignet sind“. Dieser Antrag war durch den Hinweis darauf begründet, daß einige Arbeitsverbände (z. B. der Bäckerverband Germania) ihren Mitgliedern die Verpflichtung auferlegten, nur mit einem Arbeitsbuche des Verbandes versehene Arbeitnehmer zu beschäftigen, so daß also Arbeiter, deren Abgangsscheine nicht in ein solches Arbeitsbuch eingetragen waren, bei den Verbandsmitgliedern infolge dieses negativen Merkmals nicht zur Einstellung gelangten; abgelehnt wurde der Antrag entsprechend dem Kommissionsberichte, in welchem ausgeführt war, den Arbeitgebern müsse das Recht zustehen, zu prüfen, wer nach ihrer Ansicht ihnen die meiste Garantie bezüglich Tüchtigkeit und Zuverlässigkeit biete. Vergl. stenographische Berichte betreffend die Reichstagsverhandlungen 1891 S. 1642—1645 und 1649. („Gewerbegericht“ Jg. 5, Sp. 220.)

## 192. Dürfen den Droschkenkutschern für die Livree Lohnabzüge gemacht werden?

Urteile des GG. Göttingen vom 6. Mai 1902 und des Landgerichts Göttingen vom 10. Juli 1902.

Die Kläger haben bei dem Beklagten als Droschkenkutscher gegen einen Wochenlohn von 14 Mk. und einen wöchentlich mindestens 4 Mk. betragenden Anteil am Gewinn in Dienst gestanden. Von dem Lohn ist den Klägern wöchentlich 1 Mk. für die ihnen gelieferte Livree abgezogen.

Am 21. April sind die Kläger von dem Beklagten entlassen, weil sie sich geweigert haben, einen neuen Arbeitsvertrag zu unterschreiben. Die Kläger fordern die Rückerstattung von 50 Pfg. des einbehaltenen Betrages von 1 Mk. für jede Woche des Dienstes bei dem Beklagten mit der Behauptung, der Beklagte habe ihnen diese Rückerstattung für den Fall zugesichert, daß die Livree beim Ausscheiden aus dem Dienste in gutem Zustande von ihnen abgeliefert werde.

Der Beklagte ist verurteilt.

Aus den Gründen des GG.: Nach § 115 Abs. 1 der GO. sind die Löhne den Arbeitern in bar auszuzahlen. Zwar läßt § 115 Abs. 2 der GO. in einzelnen Fällen die Gewährung von Naturalien an Stelle von Barlohn zu. Die dort gegebene Bestimmung ist aber zwingenden Rechts und läßt für eine vertragsmäßige Erweiterung der Erfüllungssurrogate keinen Raum. Danach ist eine Gewährung von Kleidung an Stelle von Lohn unzulässig. Nach § 117 GO. sind Verträge, welche den § 115 a. a. O. zuwiderlaufen, nichtig. Auch können gemäß § 116 GO. die Arbeiter, deren Forderung dem § 115 GO. zuwider berichtigt sind, zu jeder Zeit Zahlung nach Maßgabe des § 115 verlangen. Kommt es nach diesen Vorschriften nicht darauf an, ob die Kläger mit der Einbehaltung eines Teiles des Lohnes einverstanden gewesen sind, ja ob ihnen überhaupt zum Bewußtsein gelangt ist, daß sie eine mit den gesetzlichen Bestimmungen in

Widerspruch stehende Vereinbarung mit dem Beklagten eingingen, als sie sich mit einer teilweisen Einbehaltung des Lohnes einverstanden erklärten, so kann über die von den Klägern erhobenen Ansprüche hinaus die Verurteilung des Beklagten zur Zurückerstattung der einbehaltenen Beträge nicht ausgesprochen werden. Da die Höhe der geforderten Beträge nicht bemängelt ist, so war die Klage insoweit begründet und liquide und zu erkennen wie geschehen.

Beklagter hat Berufung eingelegt.

Die Berufung ist zurückgewiesen.

Aus den Gründen des Landgerichts; Dem Vorderrichter war darin beizustimmen, daß in dem unter den Parteien über den Lohnabzug für Lieferung der Livreen geschlossenen Vertrage eine nach §§ 115, 117 der GO. nichtige Vereinbarung zu erblicken ist. Denn bei dem zwingenden Charakter der Normen dieser gesetzlichen Bestimmung ist eine vertragliche Ausdehnung der in Abs. 2 des § 115 l. c. genannten Gegenstände, welche als Erfüllungssurrogate dienen können, auf andere nicht dort hervorgehobene, also auch die auf die Verabfolgung von Kleidung ausgeschlossen. Da nun unter den Parteien feststeht, daß ein Wochenlohn von 14 Mk. vereinbart ist, mußte derselbe nach der klaren Vorschrift des § 113 Abs. 1 auch bar ausgezahlt werden und es kann dahingestellt bleiben, ob, wenn ein Lohn von 13 Mk. und der Lieferung freier Livree ausgemacht wäre, dies mit Rücksicht auf die ebendaselbst getroffene Bestimmung, wonach der Lohn auch in Reichswährung berechnet werden muß, gültig sein würde. Ebensowenig bedarf die Frage hier einer Erörterung, ob nicht der Beklagte dasjenige, was die Kläger durch die Lieferung der Livreen an Ausgaben erspart haben, nach den Grundsätzen der ungerechtfertigten Bereicherung erstattet verlangen kann, da der Anspruch aus diesem Gesichtspunkte nicht erhoben ist.

## 193. Begriff des Lebensmittels. Darf den Arbeitern Branntwein kreditiert werden?

Urteil des Reichsgerichts, 3. Straffenat, vom 16. Juni 1892.

Aus den Gründen: Die Revision erscheint insoweit begründet, als das angefochtene Strafkammer-Urteil bei Feststellung des in § 115 GO. vorgesehenen Delikts der unerlaubten Kreditierung von Waren die Verabfolgung von Branntwein unbedingt aus dem im § 115 Abs. 2 a. a. O. erlaubten Ablassen von „Lebensmitteln" ausgeschieden und den Branntwein als „Genußmittel" ohne weiteres den „Waren" zugewiesen hat. Die Vorinstanz beruft sich hierbei auf ein Urteil des Reichsgerichts vom 26. April 1887 (Entsch. in Strafsachen Bd. 15 S. 437), welches indessen nur von „Spiritus" als „Haushaltungsmittel", also in seiner Verwendung zum Brennen, Kochen, Reinigen u. dergl. handelt. Daß Branntwein nach den bestehenden Lebensgewohnheiten des deutschen Volkes und der arbeitenden Klassen an sich so gut, wie Bier oder Wein, den Lebensmitteln zuzuzählen ist, hat das Reichsgericht in seinem Urteil vom 10. Januar 1887 (Entsch. in Strafsachen Bd. 20 S. 217) ausdrücklich anerkannt. Wird man unbedenklich den Begriff „Lebensmittel" in erster Reihe als die zum Lebensunterhalt des Menschen dienenden Speise und Trank verstehen, so ist nicht abzusehen, weshalb Branntwein ohne weiteres aufhören soll, zum „Trank" zu gehören. Nur wenn die normalen Grenzen gewöhnlichen Lebensmittelverbrauchs überschritten werden, wenn z. B. der Branntwein in solchen Mengen verabfolgt wird, daß es sich nicht mehr um die Zwecke normalen Konsums, sondern lediglich um Völlerei oder um Verabfolgen von Branntwein aus der Ausnahmebestimmung des § 115 Abs. 2 GO. herausfallen. („Juristische Wochenschrift" Jg. 1892, S. 419 Abs. 4.)

## 194. Bezieht sich § 115 GO. auch auf die Gagenforderung des Schauspielers?

Urteil des Reichsgerichts, 6. Zivilsenat vom 14. März 1898.

Die Frage ist verneint.

Aus den Gründen: Die §§ 115 fg., wie überhaupt die Bestimmungen des Tit. 7 der GO. erleiden in vorliegendem Falle keine Anwendung. Es ist kein Grund gefunden worden, von der schon in früheren Urteilen des Reichsgerichts (Entsch. des Reichsgerichts in Zivils. Bd. 17 S. 86, Bd. 37 S. 66) vertretenen Auffassung abzugehen, daß Schauspieler und Opernsänger, deren Leistungen sich auf dem Gebiete der höheren Kunst bewegen, nicht zu den gewerblichen Arbeitern gehören, wenn auch der Schauspielunternehmer, dem sie sich zur Mitwirkung bei den von ihm veranstalteten Aufführungen verpflichtet haben, nach § 32 GO. als Gewerbetreibender anzusehen ist. Die in der öffentlichen Darbietung eigener künstlerischer Leistungen bestehende Tätigkeit des Schauspielers und Opernsängers ist einerseits nicht „gewerblicher" Art (vgl. Landmann, „Die Gewerbeordnung" 2. Aufl. Bd. 1 S. 30, Bd. 2 S. 903; Schenkel, „Die Deutsche Gewerbeordnung" 2. Aufl. Bd. 2 S. 116); andererseits sind sie auch nicht „Gehilfen" des Unternehmers, weil ihrer Tätigkeit dazu das Merkmal der Unselbständigkeit fehlt. Sie sind durch den Engagementsvertrag zwar verpflichtet, die ihnen übertragenen Rollen auszuführen; aber in deren Ausführung sind sie selbständig; ihre Tätigkeit geht nicht in dem Arbeitserzeugnisse des Unternehmers auf, das vielmehr nur in der Verbindung und Zusammenfassung der einzelnen Kunstleistungen zu einem Ganzen besteht. (Entsch. des Reichsgerichts Bd. 41 S. 51.)[1])

## 195. Ist eine „Vollmacht" zur Erhebung des Lohnes rechtswirksam, die der Arbeiter einem Konsumverein ausstellt, bei dem er Waren auf Kredit entnommen hat? Darf auf Grund derselben Lohn an den Verein ausgezahlt werden?

Urteil des Reichsgerichts, 3. Strafsenat, vom 19. Juni 1895.

Das Reichsgericht hat die Frage verneint.

Aus den Gründen: Die hier fragliche „Vollmacht" stellt unzweifelhaft ein „Rechtsgeschäft" dar, durch welches im Sinne der §§ 1, 2 des Gesetzes vom 21. Juni 1869 die forderungsberechtigten Arbeiter über ihre Lohnansprüche noch vor geleisteten Arbeiten und vor eingetretener Fälligkeit der Lohnforderung zu Gunsten des Konsumvereins als Gläubigers „verfügten". Die willkürlich gewählte Bezeichnung „Vollmacht" ist hier gänzlich bedeutungslos; denn es steht tatsächlich fest, daß die Kreditierung der Waren im Konsumverein von vornherein nur erfolgte gegen Ausstellung der fraglichen „Vollmacht" behufs Sicherung des Konsumvereins und daß die Erhebung der Lohnbeträge an der Kasse der Gewerkschaft vom Konsumverein zwar formell als Beauftragter der Arbeiter, materiell aber für eigene Rechnung und zur Deckung der den Arbeitern kreditierten Beträge geschah. Dem wirklichen Rechtswillen der Beteiligten nach unterschied sich daher die fragliche „Vollmacht" in nichts von einer „Anweisung". Wenn sich auch das Urteil nicht besonders mit der Frage der Widerruflichkeit der fraglichen „Vollmacht" befaßt hat, so geht doch aus dem Zusammenhange der Feststellungen hervor, daß, da die Vollmachtserteilung Bedingung der Warenkreditierung war, mit der geschehenen Kreditierung dem Konsumverein auch selbständige, nicht willkürlich widerrufliche Rechte aus der Vollmacht zufallen sollten. Die Revision des verurteilten Angeklagten ist verworfen. („Juristische Wochenschrift" Jg. 1895 S. 470 Abs. 5.)

---

[1]) Vgl. Nr. 30 ff.

## 196. Kann der Arbeiter den Teil seines Lohnes, der mit seiner Genehmigung direkt an einen Schankwirt für entnommene Waren abgeführt ist, nochmals in bar verlangen?

Urteil des GG. Königsberg i. Pr.

Ein Bauunternehmer hatte seinem Maurerpolier, welcher regelmäßig die Auszahlung des Lohnes an die Gesellen und Arbeiter besorgte, den Lohn zur Auszahlung richtig übergeben; der Maurerpolier hatte jedoch einen Teil des Lohnes eines Gesellen nicht an diesen, sondern an einen Schankwirt gezahlt. Der Geselle klagt gegen den Bauunternehmer auf Auszahlung seines vollen verdienten Lohnes. — Der Maurerpolier, welcher als Vertreter des beklagten Bauunternehmers vor Gericht erschien, gab zu, daß er einen Teil des vom Kläger verdienten Lohnes im Betrage von 10,50 Mk. einbehalten und an einen Schankwirt für durch den Kläger entnommene Waren abgeführt habe, behauptet aber, daß er von dem Kläger ausdrücklich hierzu die Genehmigung erhalten habe und sich der Kläger daher diesen Abzug gefallen lassen müsse.

Der Beklagte ist verurteilt.

Aus den Gründen: Das Gericht erachtete den von dem Beklagten erhobenen Einwand, daß der Kläger sich mit dem Abzuge und der Abführung des Betrages von 10,50 Mk. an den Schankwirt einverstanden erklärt habe, für unerheblich, da nach § 115 der GO. die Gewerbetreibenden verpflichtet sind, die Löhne ihrer Arbeiter bar auszuzahlen, und ferner in § 115a der GO. ausdrücklich bestimmt ist, daß Lohn- und Abschlagszahlungen an Dritte auf Grund von Rechtsgeschäften, welche nach § 2 des Gesetzes, betreffend die Beschlagnahme des Arbeits- oder Dienstlohnes, vom 21. Juni 1869 rechtlich unwirksam seien, nicht erfolgen dürfen. Die Auszahlung des Lohnes an den Maurerpolier befreit den Beklagten nicht von der Zahlungspflicht dem Kläger gegenüber. („Gewerbegericht" Jg. 2, Sp. 15.)

## 197. Dürfen Beiträge zu einer Zwangs-Pensionskasse vom Lohn abgezogen werden?

Urteil des GG. Mainz.

In einer Lederfabrik in Mainz besteht seit 1860 ein Verein für Pensionierung ihrer Arbeiter. Diesem Verein haben alle in der Fabrik beschäftigten Arbeiter mit der Verpflichtung beizutreten, je nach ihrem Lebensalter einen wöchentlichen Beitrag von 6, 9 oder 12 Pfg. zu zahlen. Die Beiträge werden allwöchentlich am Lohne in Abzug gebracht und dem Vereine überwiesen. Von den Fabrikinhabern ist der Grundstock zu der Pensionskasse gelegt worden, und außerdem leistet die Fabrik freiwillig einen jährlichen Beitrag, der sich nach der Höhe des Geschäftsgewinnes richtet. Pensionsanspruch hat jedes Mitglied, das 50 Jahre alt ist, mindestens 10 Jahre in der Fabrik tätig war und nach dem Zeugnis zweier Ärzte erwerbsunfähig ist. Wer aber vor Eintritt dieser Voraussetzungen aus der Fabrik ausscheidet, — sei es freiwillig, sei es infolge Entlassung — verliert alle Ansprüche an die Kasse und die dahin geleisteten Beiträge. Der Vorstand des Vereins wird nach den Statuten gebildet aus sämtlichen Werkführern der Fabrik in Gemeinschaft und unter dem Vorsitz der Fabrikinhaber, welchen auch die Verwaltung der Kasse obliegt.

Dem Anspruche eines Arbeiters auf Zurückerstattung der ihm währenn 17 Jahren einbehaltenen Lohnbeträge setzte die Firma den Einwand entgegen, daß es sich um eine Wohlfahrtseinrichtung im Sinne des § 117 der GO. handle, sie also zur Einbehaltung von Teilbeträgen des Lohnes berechtigt gewesen sei.

Die Klage ist abgewiesen.

Aus den Gründen. Nach § 117 der GO. der in seiner jetzigen Fassung bereits beim Zustandekommen des Arbeitsverhältnisses zwischen den Parteien bestand, sind Verabredungen zwischen den Gewerbetreibenden und den von ihnen beschäftigten Arbeitern über die Verwendung des Verdienstes derselben zu einem andern Zwecke als zur Beteiligung an Einrichtungen zur Verbesserung der Lage der

Arbeiter oder ihrer Familien nichtig. Positiv genommen besagt diese Bestimmung, daß Verabredungen über Lohneinbehaltungen zur Beteiligung der Arbeiter an Einrichtungen der genannten Art zulässig und gültig seien. Als solche Einrichtungen können (nach Landmann, Kommentar zur GO. Anmerkung 6 zu § 117 u. A.) in Betracht kommen: „Hilfskassen, welche den Zweck verfolgen, den Arbeitern oder ihren Familien in Krankheits- oder andern Notfällen Unterstützungen zu sichern". Zweifellos fällt die in Rede stehende Pensionskasse unter diese Klasse von Einrichtungen. Es kann dahin gestellt bleiben, ob die Gründer der Kasse nicht in erster Linie von der Absicht geleitet worden sind, sich durch Gewährung der Aussicht auf Pension einen Stamm tüchtiger Arbeiter zu sichern und dauernd zu erhalten; denn auf Erreichung dieses Zweckes werden Einrichtungen der in Rede stehenden Art in der Regel gerichtet sein. Tatsache ist, daß die Firma den Grundstock zu der Kasse gelegt und derselben im Laufe der Jahre nennenswerte Unterstützungen, teils durch Überweisung von Teilen des Geschäftsgewinnes, teils durch Übernahme der unentgeltlichen Verwaltung des Vermögens und dessen Verzinsung zu einem den üblichen Zinsfuß — wenigstens in den letzten Jahren — übersteigenden Satz geleistet hat. Tatsache ist ferner, daß seit dem Bestehen der Kasse ungefähr 125 Arbeiter die Wohltat des Pensionsbezuges genossen haben und gegenwärtig ungefähr 36 im Genusse der Pension sind, und es ist ferner als feststehend anzunehmen, daß die meisten Pensionäre eine Jahresrente beziehen, die die Gesamtsumme der von ihnen geleisteten Beiträge weit übersteigt. Dies alles sind Momente, die die Kasse als eine Wohlfahrtseinrichtung im Sinne des § 117 GO. erscheinen lassen. Hieran kann auch der Umstand nichts ändern, daß die Arbeiter im Falle ihrer Entlassung oder ihres Austritts aus der Arbeit ihrer sämtlichen Ansprüche an die Kasse verlustig gehen, wenn auch nicht verkannt werden soll, daß in dieser, im Interesse der Lebensfähigkeit der Einrichtung vielleicht unentbehrlichen Bestimmung eine gewisse Härte gegenüber dem ausscheidenden Arbeiter zu finden ist. Daß die Arbeiter selbst die Kasse als eine wohltätige, die Verbesserung ihrer Lage bezweckende Einrichtung ansehen, geht u. a. daraus hervor, daß in den Jahren 1872 und 1886 aus ihrer Mitte der Antrag gestellt wurde, zur Erlangung einer größeren Pension die wöchentlichen Beiträge zu erhöhen. Was endlich die Frage anbelangt, ob eine „Verabredung" über die Beteiligung des Klägers an der Pensionskasse vorliegt, so mußte dieselbe gleichfalls bejaht werden. („Gewerbegericht" Jg. 5 Sp. 27.)

## 198. Lohneinhaltung zur Deckung eines dem Arbeiter zum Selbstkostenpreis überlassenen Fahrrads. Ist die Überlassung eine „Einrichtung zur Verbesserung der Lage des Arbeiters" im Sinne des § 117 der GO.?

Urteil des Landgerichts Magdeburg, Zivilkammer I, vom 20. Februar 1899.

Die Beklagte hat dem Kläger, der in ihrer Fahrradfabrik von Ende Februar 1897 bis 30. September 1898 als Schleifer gegen Lohn beschäftigt gewesen ist, Pfingsten 1897 und Mitte Juni 1898 je ein Fahrrad auf Kredit übergeben und zur Berichtigung des vereinbarten Kaufpreises dem Kläger mit seiner Zustimmung in der Zeit von Pfingsten 1897 bis Ende Februar 1898 und von Mitte Juni bis Ende September 1898 bei den wöchentlichen Lohnzahlungen Abzüge von je 5 Mk., insgesamt von 285 Mk. gemacht. Der Kläger beansprucht mit seiner Klage die nachträgliche Auszahlung dieses Lohnes und hat beantragt, die Beklagte zur Zahlung von 285 Mk. nebst 5% Zinsen seit dem Tage der Klagezustellung zu verurteilen.

Das GG. Magdeburg hat die Beklagte dem Klageantrage gemäß verurteilt, mit der Begründung, daß die zwischen der Beklagten und dem Kläger geschlossenen Kaufverträge auf Kredit gegen § 115 der GO. verstießen und dem Kläger nach § 116 a. a. O. ein durch keine Einrede entkräftbares Recht auf Nachzahlung der zurückbehaltenen Lohnbeträge zustehe. Gegen dieses Urteil hat die Beklagte Berufung eingelegt. Sie führt aus:

Das Verhalten des Klägers spreche den elementarsten Anstandsbegriffen Hohn, denn nur auf sein unausgesetztes Drängen habe er von ihr das erste Fahrrad verkauft erhalten, das ihm überdies zum Selbstkostenpreise überlassen worden sei, und er selbst habe gebeten, ihm vom Lohne wöchentlich 5 Mk. abzuziehen und auf den Kaufpreis zu verrechnen. Der Kläger habe das ihm Pfingsten 1897 verkaufte Fahrrad sodann mit 10 bis 20 Mk. Vorteil verkauft und habe dann auf sein erneutes Bitten ein zweites Rad von ihr, der Beklagten, und zwar wieder zum Selbstkostenpreise gekauft und nicht vollständig bezahlt. Es sei also geradezu chikanös, wenn er jetzt, nachdem er aus dem Arbeitsverhältnisse von ihr ausgeschieden sei, Nachzahlung des zurückbehaltenen Lohnes fordere. Einen derartigen Fall habe der Gesetzgeber der GO. sicher nicht im Auge gehabt, als er die §§ 115ff. geschaffen habe. Die Beklagte hat sodann noch vorgebracht, daß die Überlassung von Fahrrädern an ihre Arbeiter zum Selbstkostenpreise als eine Wohlfahrtseinrichtung im Sinne der GO. anzusehen und daß deshalb die Anrechnung auf den Lohn statthaft sei.

Die Berufung der Beklagten ist zurückgewiesen.

Aus den Gründen.: Die Verträge, durch welche die Beklagte dem Kläger die beiden Fahrräder unter Stundung der Bezahlung des Kaufpreises, also auf Kredit abgegeben, und infolge deren sie zur Tilgung des Kaufpreises bei den wöchentlichen Lohnzahlungen dem Kläger Lohnbeträge von mindestens 285 Mk. abgezogen hat, sind nach § 115 Abs. 2 der GO. in der Tat verboten, und nach § 117 Abs. 1 daselbst nichtig, und dem Kläger, der die Nachzahlung der einbehaltgnen Beträge fordert, kann nach § 116 der GO. nicht einmal eine Einrede aus den an Zahlungsstatt Gegebenen entgegengesetzt werden. Daran kann auch nichts ändern, daß die Anrechnung des Kaufpreises auf den Lohn des Klägers mit dessen Zustimmung erfolgt sein mag, da die erwähnten Bestimmungen der GO. absoluter Natur sind und nicht durch Parteiwillkür abgeändert werden können. Auch ist nicht anzuerkennen, daß die fraglichen Lohnabzüge, wie die Beklagte auszuführen sucht, der Ausnahmevorschrift des § 117 Abs. 2 der GO. zu unterstellen seien, weil sich die Überlassung der Fahrräder an ihre Arbeiter zum Selbstkostenpreise als eine Einrichtung darstelle zur Verbesserung der Lage dieser Arbeiter, und weil deshalb die Verwendung des Arbeitsverdienstes zur Beteiligung an dieser Einrichtung statthaft sei. Zum Begriff einer Wohlfahrtseinrichtung gehört es namentlich, daß sie einem größeren Kreise von Personen zu gute kommt. Das aber läßt sich von der Überlassung eines Fahrrades an diesen oder jenen gewerblichen Arbeiter nicht sagen, und den Ausführungen des Vorderrichters war daher, soweit sie die Verurteilung der Beklagten auf die Bestimmungen der GO. stützen, beizutreten. („Gewerbegericht“ Jg. 4 Sp. 93.)

## 199. Ist die Bestimmung des § 118 GO., betreffend das Kreditieren von Waren, von Amtswegen zu berücksichtigen, ohne daß es einer Geltendmachung seitens der Parteien bedarf?

Urteil des Kgl. Oberlandesgerichts, 3. Zivilsenat, zu Hamm, vom 2. Dezember 1895.

Die Frage ist bejaht.

Aus den Gründen. Bezüglich der Forderung für Waren kommen die §§ 115ff. der GO. zur Anwendung. Nach § 115 a. a. O. dürfen den Arbeitern vom Arbeitgeber keine Waren auf Kredit verabfolgt werden. Ist dieses gleichwohl geschehen, so kann nach § 118 daselbst die betreffende Warenforderung weder eingeklagt, noch durch Anrechnung oder sonst geltend gemacht werden. Diese Gesetzbestimmung ist öffentlich-rechtlicher Natur und mußte daher von Amtswegen berücksichtigt werden, ohne daß es einer ausdrücklichen Geltendmachung seitens der Parteien bedurfte. („Gewerbegericht“ Jg. 4 Sp. 4.)

## 200. „Prämien“ für erhöhte Arbeitsleistung neben dem festen Lohn. Ist eine Bestimmung der Arbeitsordnung, wonach solche Prämien nur zur Auszahlung kommen, wenn der Arbeiter bis zu einem gewissen Zeitpunkt in dem Arbeitsverhältnis verbleibt, rechtsgültig?

### Urteil des Landgerichts Dortmund.

Kläger war in der Zeit vom 27. Februar 1893 bis 9. April 1894 auf dem zu Dortmund belegenen Werke der Beklagten, der Zinkhütte, als Stocher angestellt. Er erhielt einen täglichen Lohn von 1,70 Mk.; daneben bezog er, wie sämtliche Stocher auf der Dortmunder Zinkhütte, eine Prämie für diejenige Quantität Zink, welche über den durchschnittlich festgesetzten Prozentsatz hinaus aus dem Rohmaterial gewonnen wurde. Diese Prämie betrug für die einzelnen Stocher in der angegebenen Periode 1 Pfg. für das mehr gewonnene Kilogramm Zink. § 7 der auf dem beklagten Werke geltenden Arbeitsordnung bestimmt, daß diese Prämie erst am 1. Oktober jeden Jahres zur Auszahlung gelangt, und daß die betr. Arbeiter nur dann einen Anspruch auf dieselbe haben, wenn sie bis zum 1. Oktober des Jahres, in welchem die Auszahlung erfolgt, im Dienste der beklagten Gesellschaft verbleiben. Entgegen dieser Bestimmung werden die Prämien den Arbeitern der Zinkhütte an den einzelnen Lohnzahlungsterminen zu $^2/_3$ ausbezahlt, nur $^1/_3$ derselben wird auf Grund des § 7 der Arbeitsordnung bis zum 1. Oktober jeden Jahres zurückbehalten. Dementsprechend sind dem Kläger bis zum 30. September 1893 die Prämien voll ausbezahlt worden; für die Zeit vom 1. Oktober 1893 bis 9. April 1894 hat er nur $^2/_3$ derselben mit 386,80 Mk. erhalten, $^1/_3$ mit 193,40 Mk. ist ihm auf Grund des fraglichen § 7 einbehalten.

Kläger verlangt in dieser Klage Zahlung des Prämienrestes von 193,40 Mk.; Beklagte glaubt zur Zahlung nicht verpflichtet zu sein, da Kläger nicht bis zum 1. Oktober 1894 bei ihr ausgehalten habe.

Das GG. Dortmund verurteilte die Beklagte zur Zahlung, weil es die Bestimmung des § 7 als gegen § 117 der GO. und die guten Sitten verstoßend ansah. Bezüglich der Frage, ob die Prämie rechtlich als Lohn anzusehen sei, führt das GG. aus: „Als Lohn im Sinne der GO. gilt die dem Arbeiter als Gegenleistung für die von ihm zur Verfügung gestellte Arbeitskraft zu gewährende Vergütung“ (Rosin, Arbeiter-Versicherung I S. 191 ff.). Unter welcher Bezeichnung diese Vergütung gewährt wird, ist gleichgültig. Im vorliegenden Falle ist dies besonders klar, da die „Prämie“ erheblich größer, als der fixe Lohn und letzterer so gering bemessen ist, daß er für sich allein jene Vergütung unmöglich darstellen kann. Dies empfindet die Beklagte sehr wohl, da sie entgegen der Bestimmung des § 7 der Arbeitsordnung $^2/_3$ der „Prämie“ zugleich mit dem Lohne auszahlen läßt, und nur $^1/_3$ zurückbehält, während sie doch nach § 7 das Recht hätte, die Prämie vollständig einzubehalten.“

Gegen das verurteilende Erkenntnis legte die Beklagte Berufung ein. Die Berufung ist zurückgewiesen.

Aus den Gründen. Durch den festgesetzten Lohn von 1,70 Mk. wurde nur das durchschnittlich festgesetzte Arbeitsquantum abgegolten. Durch die Mehrleistung des Klägers wurde daher dem Vermögen der Beklagten ein Nutzen zugeführt, auf welchen sie rechtlich ebenfalls nur Anspruch hatte durch eine Mehrleistung ihrerseits, und daraus erklärt sich die Verabredung hinsichtlich des Lohnzuschlages. Hiernach sind die Beträge, um welche es sich vorliegend handelt, als Lohn für gelieferte Arbeiten zu charakterisieren, und zwar umsomehr, als nicht anzunehmen ist, daß ein Zinkarbeiter lediglich für den Betrag von 1,70 Mk. die Arbeit eines ganzen Tages verrichten würde. An jener rechtlichen Natur der einbehaltenen Beträge wird selbstredend dadurch nichts geändert, daß die Beklagte dieselben ihrerseits als „Prämie“ bezeichnet. Das ergibt schon die einfache Erwägung, daß im vorliegenden Falle für sechs Monate (1. Oktober bis 9. April) zu einem „Lohn“ von zirka 300 Mk. (51 Mk. pro Monat (eine sogenannte „Prämie“ von zirka 600 Mk. (3 × 193,40 Mk.) sich gesellen würde, und daß Beklagte daher bei Voraussetzung der Richtigkeit ihrer Auffassung diesen ganzen letzteren Betrag dem Kläger hätte vorenthalten können. Es handelt sich um wirklich verdienten Lohn, um Gegenleistung für gelieferte Leistungen; die Entziehung bezw. Nichtzahlung der in Frage stehenden Beträge bedeutet einen Vermögensnachteil für den Kläger, welcher rechtlich nur unter den Begriff der Konventionalstrafe sich subsumieren ließe. Die Verabredung einer solchen ist aber bei einem Arbeitsvertrage der in Betracht kommenden Art nur innerhalb der im § 119a der RGO. gezogenen Grenzen wirksam, wonach die Lohneinbehaltung zur Sicherung der bedungenen Strafe im Gesamtbetrage den Betrag eines durchschnittlichen Wochenlohnes nicht übersteigen darf. („Gewerbegericht" Jg. 1, Sp. 4.)

## 201. Kann verdienter Lohn als Sicherheit des Arbeitgebers für Schädigungen durch schlechte Geschäftsführung seitens des Arbeiters zurückbehalten werden?

Urteil des GG. Hamburg.

Es klagt der Bäckermeister B. gegen den Knecht M. auf Zahlung eines Schadensersatzes von 9 Mk., weil letzterer den Dienst ohne Kündigung verlassen habe, erhöht aber im Verhandlungstermine diese Forderung auf die gesetzliche Buße von 18 Mk., die ihm nach § 124b der GO. für den angegebenen Fall zustehe. Der Beklagte, M., erwiderte, daß er nicht in festem Lohn bei dem Bäckermeister B. gestanden, sondern nur gegen Prozente, 7 % vom Verkauf, gearbeitet habe. Den Dienst habe er verlassen, weil dieser ihm die Zahlung des Lohnes verweigert und nur 3 Mk. à conto gezahlt habe, unter dem Vorgeben, 10 Mk. für etwaiges Manko einbehalten zu müssen, von denen er aber täglich 2 Mk. allabendlich in den folgenden Tagen abheben könne. B. gab zu, an M. den Lohn schuldig gewesen zu sein, doch habe sich am letzten Tage eine Differenz von 7 Mk zu seinen Gunsten herausgestellt, weshalb er als Sicherheit für fernere Differenzen 10 Mk. einbehalten habe.

Die Klage ist abgewiesen.

Aus den Gründen: Nach § 115 der GO. sind den Arbeitern die geschuldeten Löhne bar auszuzahlen, auch steht dem B. nicht der § 119a zur Seite, da er den Lohn nicht etwa als Sicherung für ihm durch ein plötzliches Verlassen der Arbeit seitens des M. entstehenden Schaden einbehalten, sondern als Sicherheit für ein ihm durch die Geschäftsführung dieses angeblich entstandenen Defizit. Auch im ersteren Falle hätte die Lohneinbehaltung bei der einzelnen Lohnauszahlung höchstens ¼ des Lohnes, der hier 19 Mk. die Woche war, betragen dürfen. Wollte der Arbeitgeber für den zweiten Fall sicher gehen, so hätte er beim Abschluß des Arbeitsvertrages zu diesem Zwecke von seinem Arbeiter sich eine Sicherheit resp. Kaution stellen lassen sollen, nicht aber durfte er einseitig, ohne Einwilligung desselben, über den diesem geschuldeten Lohn verfügen. („Gewerbegericht" Jg. 4, Sp. 85.)

## 202. Unter welchen Umständen ist der Bäckergeselle zur Verweigerung der Arbeit unter Berufung auf die Verordnung des Bundesrats, betr. den Betrieb von Bäckereien, berechtigt?

Urteil des GG. Mainz.

Gestützt auf die Behauptung, daß ihn der Verklagte am Nachmittag des 20. April ohne rechtmäßigen Grund und ohne Kündigung entlassen habe, verlangt der Kläger eine Entschädigung. Er war an dem genannten Tage von dem Verklagten beauftragt worden, bei dem Verbringen von Kohlen, die für den Geschäftsbetrieb bestimmt waren, an den Aufbewahrungsort behilflich zu sein, lehnte aber trotz wiederholter Aufforderung seine Mithilfe an der Arbeit unter der Erklärung ab, daß er bereits über die zulässige Arbeitszeit hinaus für den Verklagten tätig gewesen und deshalb zu weiteren Dienstleistungen nicht verpflichtet sei. Daraufhin erfolgte die sofortige Entlassung.

Die Klage ist abgewiesen.

**Aus den Gründen:** Daß der Kläger verpflichtet war, sich bei dem Wegschaffen der für den Betrieb der Bäckerei bestimmten Kohlen zu beteiligen und diese Arbeit, die in allen Bäckereien von den Gesellen anstandslos betätigt wird, zu den ihm obliegenden Verpflichtungen gehört, darüber besteht keinerlei Meinungsverschiedenheit. Nach den auf Grund des § 120e der GO. über den Betrieb von Bäckereien und Konditoreien von dem Bundesrat erlassenen Vorschriften darf die Arbeitsschicht jedes Gehilfen die Dauer von 12 Stunden oder, falls die Arbeit durch eine Pause von mindestens einer Stunde unterbrochen wird, einschließlich dieser Pause die Dauer von 13 Stunden nicht überschreiten. Außerhalb der zulässigen Arbeitsschichten dürfen die Gehilfen nur zu gelegentlichen Dienstleistungen verwendet werden. Zwischen je zwei Arbeitsschichten muß denselben eine ununterbrochene Ruhe von mindestens 8 Stunden gewährt werden. Außerdem dürfen Gehilfen und Lehrlinge u. A. an jährlich 20 der Bestimmung des Arbeitgebers überlassenen Tagen über die vorstehend festgesetzte Dauer beschäftigt werden. Zugegeben nun selbst, daß die Arbeitsschicht des Klägers an dem fraglichen Tage die zulässige Dauer überschritten habe, so war seine Weigerung gleichwohl nicht berechtigt. Das Abtragen von Kohlen, von Holz, Mehl u. dgl., alles Arbeiten, die nicht täglich vorkommen, fällt ganz unzweifelhaft und wie von dem Kläger selbst zugegeben wird, unter die gelegentlichen Dienstleistungen, zu welchen die Gehilfen außerhalb der zulässigen Arbeitsschichten herangezogen werden können. Zudem hat der Beklagte durch Vorlage seiner Kalendertafel den Beweis geliefert, daß ihm für Überarbeit noch eine ganze Reihe von Tagen zur Verfügung stand, eine Verletzung der gesetzlichen Vorschriften sohin nicht stattgefunden hat. Kläger hatte allerdings Anspruch auf eine ununterbrochene Ruhe von mindestens 8 Stunden zwischen 2 Arbeitsschichten. Ob dieser Anspruch auch an dem fraglichen 20. April erfüllt worden wäre, braucht nicht untersucht zu werden, da die Entlassung des Klägers schon vorher und innerhalb der zulässigen Beschäftigungszeit erfolgt ist. („Gewerbegericht" Jg. 4, Sp. 74.)

## 203. Bundesratsverordnung vom 23. Januar 1902. Verläßt der Kellner unbefugt den Dienst, wenn er sich die ihm auf Grund der Bundesratsverordnung zustehende Ruhezeit eigenmächtig nimmt? Wie ist die Ruhezeit zu berechnen?

**a)** Urteil des Landgerichts Hamburg vom 24. Juni 1902.

Das GG. hat die Entschädigungsklage des entlassenen Kellners abgewiesen. Die Berufung ist zurückgewiesen.

**Aus den Gründen:** 1. Die Bundesratsverordnung vom 23. Januar 1902 bestimmt sub 1, daß in Gast- und Schankwirtschaften jedem Gehilfen und Lehrling über 16 Jahre für die Woche siebenmal eine ununterbrochene Ruhezeit von mindestens acht Stunden zu gewähren sei. Der Beginn der ersten Ruhezeit darf in die vorhergehende, das Ende der siebenten Ruhezeit in die nachfolgende Woche fallen. Ziffer 2 beschränkt den zulässigen Zwischenraum zwischen zwei Ruhezeiten. Sub 4 wird bestimmt, daß an Stelle **einer** der nach Ziffer 1 zu gewährenden ununterbrochenen Ruhezeiten den Gehilfen und Lehrlingen mindestens in jeder dritten Woche einmal eine ununterbrochene Ruhezeit von mindestens 24 Stunden zu gewähren sei. Beklagte räumt ein, daß mit 10 Uhr abends am 6. April 1902 eine achtstündige Ruhezeit für den Kläger eingetreten sei, während der Kläger eine 24stündige Ruhezeit vom 7. April morgens 6 Uhr ab für sich in Anspruch nimmt. Er ist sogar noch weiter der Meinung, daß seine freie Zeit tatsächlich bereits vom 6. April 10 Uhr ab zu bemessen sei, weil die Nachtzeit vom 6. April 10 Uhr abends bis zum 7. April 6 Uhr morgens nicht mitzurechnen sei. Der Beklagte bestreitet dies und steht überdies auf dem prinzipiellen Standpunkte, daß der Kläger verpflichtet gewesen sei, jegliche Nachtzeit, mochte sie auch in die 8- oder 24stündige Ruhezeit fallen, im Hotel zu verbringen. Ob diese letztere prinzipielle Anschauung der Beklagten angesichts des Wortlauts der Bundesratsvorschriften in dem vorliegenden Falle, wo der Kellner ausschließlich Gewerbegehilfe, nicht auch Dienstbote ist, Billigung verdient, mag zweifelhaft erscheinen und nicht minder, ob selbst nach dieser Anschauung eine Entlassnng wegen unbefugten Verlassens der „Arbeit" gerechtfertigt wäre. Daß andererseits jene prinzipielle Ansicht des Klägers, wonach er auf eine 32stündige Ruhezeit Anspruch haben würde, unhaltbar ist, ergibt sich ohne weiteres daraus, daß die 24stündige Ruhezeit nicht neben, sondern an Stelle einer der 8stündigen Ruhezeiten, und zwar mindestens in jeder dritten Woche, zu gewähren ist. (Ziff. 4 der Verordnung). Freilich könnte die Sache in einem gegebenen Falle so liegen, daß die 24stündige Ruhezeit von dem Arbeitgeber unmittelbar hinter die voraufgehende 8stündige Ruhezeit gelegt würde, und wenn dies hier der Fall wäre, käme es wieder darauf an, ob der Kläger berechtigt wäre, diese 8stündige Ruhezeit außerhalb des Hotels zuzubringen und ob ein dementsprechendes Handeln als unbefugtes Verlassen der Arbeit anzusehen wäre. — Es kommt aber auf diese Frage nicht an. Denn der Kläger fordert Lohn und anderweitige Entschädigung erst vom 7. April ab; da nach seiner eigenen Darstellung der Arbeitstag morgens 6 Uhr beginnt, beansprucht er also für die voraufgegangene Nachtzeit keinerlei Entschädigung. Andererseits verstößt sein Verhalten unzweifelhaft in einem andern Punkte gegen § 123 Ziff. 3 GO. Der Kläger hat sich nämlich am 6. April abends 10 Uhr nicht entfernt, nur um die Nacht außerhalb des Hauses zuzubringen, sondern um an diese Nacht noch eine 24stündige Ruhezeit anzuschließen, was er auch tatsächlich getan hat. Denn auch als er am 7. April vormittags 11 Uhr erschien, wollte er lediglich seine Wäsche wechseln; erst am 8. April morgens 6 Uhr war er wieder zur Arbeit bereit. Nun war ihm aber jene 24stündige Ruhezeit nicht gewährt, ihm vielmehr ausdrücklich eröffnet, daß dieselbe erst am 7. April mittags 12 Uhr beginne und bis zum 8. April 12 Uhr dauere. Während für die Gewährung der einzelnen 8stündigen Ruhezeiten in der Bundesratsverordnung die Innehaltung gewisser Fristen vorbeschrieben ist, hat der Arbeitgeber völlig freie Hand darin, wann er die 24stündige Ruhezeit gewähren will, vorausgesetzt nur, daß die Gewährung eben in jeder dritten Woche erfolgt. Der Kläger hat nun keineswegs etwa behauptet, daß hiernach die Gewährung der 24stündigen Ruhezeit vom 7. April 12 Uhr mittags ab verspätet gewesen sei. Sein Verhalten, demzufolge er eigenmächtig die ihm zukommende 24stündige Ruhezeit gegen den Widerspruch des Vertreters seines Arbeitgebers so, wie geschehen bestimmte, ist daher als ein völlig willkürliches anzusehen; er ist nicht in der Lage, sich für solches Verhalten auf eine Rechtsanschauung zu berufen, deren Verfechtung möglicherweise dazu hätte führen können, das Moment des „unbefugten" Verlassens der Arbeit zu verneinen.

Nun macht der Kläger noch geltend, daß er garnicht wegen der eigenmächtigen Wahl der 24stündigen Ruhezeit, sondern deswegen entlassen sei, weil er sich in der Nacht aus dem Hotel entfernt habe. In dieser Beziehung ist richtig, daß der Entschluß, den Kläger zu entlassen, bereits unmittelbar nach seinem Fortgange am Abend des 6. April von dem Geschäftsführer der Beklagten gefaßt ist, wie sich aus dessen Weisungen an die Hotelangestellten ergibt, also zu einer Zeit, als der Kläger jene 24stündige Ruhezeit noch nicht eigenmächiig angetreten hatte. Er hatte aber seine Absicht, so zu handeln, bereits vor seinem Fortgange dem Geschäftsführer gegenüber zum Ausdruck gebracht und es ist daher nach Sachlage anzunehmen, daß der Entschluß, den Kläger zu entlassen, zugleich im Hinblick auf jene Absicht des Klägers, nicht die ihm gewährte 24stündige Ruhezeit, sondern eine anderweitige in Anspruch zu nehmen, gefaßt ist, dergestalt, daß er entlassen sein sollte, auch sofern er diese Absicht, wie nach seiner Erklärung zu erwarten, zur Ausführung brachte. Die so beschlossene Entlassung ist dem Kläger zugegangen in dem Augenblicke, als er am 7. April vormittags 11 Uhr von jenen Weisungen Kenntnis erhielt; denn dieselben stellten eine bündige Entlassungserklärung dar, waren auch bestimmt als solche zu seiner Kenntnis zu gelangen. Als der Kläger dann am 8. April morgens wieder ins Hotel kam, ist die Entlassung wiederholt ausgesprochen und diesmal ohne allen Zweifel auch im Hinblick auf die inzwischen erfolgte, unbefugte Fernhaltung. Selbst wenn man nun hiernach annehmen wollte, daß die Entlassung des Klägers erst am 8. April morgens erfolgt ist, so kann er doch selbstverständlich auch nicht einmal für den 7. April die liquidierten Beträge fordern, da er gerade an diesem Tage mindestens die Stunden von 6 bis 12 Uhr unbefugt fortgeblieben ist.

**b) Urteil des Kgl. Landgerichts Nordhausen vom 16. Dezember 1902.**

Unbestritten hat der über 16 Jahre alte Kläger vom 15. August 1901 ab als Kellner im Dienste des Beklagten gestanden und letzterem das Dienstverhältnis am 20. April 1902 mittels der vereinbarten 14tägigen Kündigungsfrist zum 4. Mai 1902 gekündigt. Nachdem der Kläger am 4. und 10. April die durch die Bundesratsverordnung vom 23. Januar 1902 neueingeführten 6stündigen Ruhezeiten und am 17. April 1902 die vorgeschriebene 24stündige Ruhezeit gewährt erhalten hatte, verlangte er am Mittage des 24. April 1902 einen weiteren Urlaub von 6 Stunden. Beklagter lehnte dessen Gewährung mit Rücksicht darauf ab, daß an diesem Tage schon andre Gehilfen beurlaubt seien und er daher durch die Beurlaubung des Klägers in Verlegenheit kommen würde, worauf Kläger erklärte: wenn er keinen Urlaub bekäme, nehme er ihn sich, und sodann Mittags 12 1/2 Uhr den Dienst verließ und erst Abends nach 6 Uhr zurückkehrte. Auf Bitten des Beklagten blieb ein für jenen Nachmittag beurlaubter andrer Kellner im Dienste zurück und verzichtete auf den Genuß der 6stündigen Ruhezeit. Am nächsten Tage entließ Kläger den Beklagten wegen unbefugten Verlassen des Dienstes.

Der Kläger hat behauptet, daß er befugt gewesen sei, die ihm durch jene Verordnung gewährte 6stündige Ruhezeit zu beanspruchen, da er die letzte Ruhezeit am 17. April erhalten habe und ein Recht darauf habe, in jeder „Woche“ eine solche zu genießen; die Woche sei aber am 24. April abgelaufen; folglich sei er berechtigt gewesen, sich die grundlos verweigerte Ruhezeit selber zu verschaffen. Der Kläger hat die Entschädigung für 9 Tage, pro Tag 2 Mk. für Kost und 3 Mk. für entgangenes Trinkgeld, beansprucht.

Der Beklagte hat die Abweisung dieses Anspruchs beantragt, weil die vom Kläger beliebte Auslegung jener Bundesratsverordnung vom 23. Januar 1902 darin irrig sei, daß die Ruhezeiten falsch berechnet seien. Unter „Woche“ könne nämlich nur die Arbeitswoche verstanden werden und der Kläger habe demnach, zumal diese Verordnung erst am 1. April 1902 in Kraft getreten sei, ein Anrecht auf weitere 6 Stunden Tagesruhe erst in der Woche vom 21. bis 28. April 1902 gehabt. Sollte aber unter „Woche“ die „Kalenderwoche“ zu verstehen sein, so käme die Woche vom 19. bis 26. April in Frage.

Durch Urteil des Amtsgerichts Sangerhausen ist die Klage abgewiesen.

Aus den Gründen: Es ist anzunehmen, daß der Beklagte gemäß § 123 Nr. 3 RGO. zur sofortigen Entlassung des Klägers befugt war, weil die Ruhezeiten sowie der Turnus der Ruhezeiten des Personals lediglich durch den Beklagten als Prinzipal zu bestimmen sind und dem Kläger nur in der Arbeitswoche vom 22. bis 28. April 1602 die 6stündige Ruhezeit zugestanden hätte, daß mithin der Kläger nicht befugt gewesen ist, am 24. April die Arbeit trotz des Verbotes des Beklagten zu verlassen. Das BGB. spricht von Wochen und von Kalenderwochen (§§ 565, 188), und die Verordnung vom 23. Januar 1902 in I[b] Abs. 2 von einem „Kalendervierteljahre“, während sie im übrigen nur von „Wochen“ und nicht von „Kalenderwochen“ redet. Wenn demnach ein Gehilfe an irgend einem Tage der Woche als Arbeitnehmer in einen Schankwirtschaftsbetrieb eingetreten ist, so ist die erste Woche mit dem Beginne des gleichnamigen

Tages der nächsten Woche vollendet. (§ 187 Abs. 2, 187 Abs. 2 BGB.) In dem Verhalten des Klägers bei der Niederlegung seiner Arbeit ist aber keine bloße augenblickliche Entfernung von der Arbeit zu erblicken; sie ist auch nicht zu identifizieren mit einem einmaligen „Blaumontagmachen", sondern der Kläger hat sich unstreitig trotz der Vorstellungen des Beklagten beharrlich geweigert, den ihm aus dem Arbeitsvertrage obliegenden Verpflichtungen nachzukommen. Der Gastwirtschaftsbetrieb im allgemeinen und der des Beklagten im besonderen ist aber ein solcher, der die unbedingte Ausführung der Anweisungen des Prinzipals erfordert. Dies tritt auch nach der Seite hervor, daß die übrigen Angestellten des Beklagten hinsichtlich der Gewährung von Ruhezeiten in dem Turnus berücksichtigt werden müßten, damit nicht der Prinzipal Strafen ausgesetzt ist; die Unbotmäßigkeit eines Kellners könnte aber zur Folge haben, daß der ganze Turnus umgestoßen werden müßte.

Die gegen das amtsgerichtliche Urteil eingelegte Berufungsrechtfertigung hat die Berechnung der Woche bemängelt. Da der Kläger am 17. April die letzte Ruhezeit gehabt habe, so hätte er bis zum 24. April die nächste Ruhezeit haben müssen. Von diesem nächstliegenden und natürlichen Standpunkte des Volkes müsse ausgegangen werden; heiße es doch in dem vornehmsten Gesetzbuche, der Bibel: „Sechs Tage sollst du arbeiten, am siebenten aber ruhen!"

Der Berufungsbeklagte hat den Hinweis auf die Bibel für hinfällig erklärt, weil letztere für uns kein Kompendium von Rechtsnormen sei. Unser Recht sei lediglich aus den „Gesetzen" zu entnehmen. Zweck jener Verordnung sei aber ein rein sozialpolitischer, nämlich den in den Gastwirtschaftsbetrieben beschäftigten Gehilfen 52mal im Jahre den Genuß jener Ruhezeiten zu verschaffen. Die vom Kläger beliebte Auslegung würde aber weit mehr Ruhezeiten ergeben, was dem Zwecke des Gesetzes zuwider sei.

Die Berufung ist zurückgewiesen.

**Aus den Gründen:** In Übereinstimmung mit dem Vorderrichter war anzunehmen, daß lediglich der Arbeitgeber die Arbeits- und Ruhezeiten zu verteilen hat; erst wenn der Arbeitnehmer die ihm gesetzlich gewährleistete Freiheit nicht erhält, erscheint er befugt, sie sich selbst zu nehmen, und in diesem Falle würde sein Verfahren im Sinne des § 123 Nr. 3 der RGO. nicht ein „unbefugtes" zu nennen sein. Nur die Arbeitswoche und nicht die Kalenderwoche ist für die Gewährung der Ruhezeiten entscheidend, was sich aus dem Wortlaute jener Bundesratsverordnung ergibt und was ohne weiteres schon deshalb klar ist, weil es sich um Arbeitsverhältnisse handelt. Wäre die Berechnungsart des Klägers die richtige, so würde sich ergeben, daß der Kläger nicht nur einmal in jeder Woche, sondern weit öfter die Ruhezeiten erhielte, sobald nämlich diese Ruhezeiten in den Anfang der 7 Tage gelegt würden. Demnach hätte der Kläger einen Anspruch auf Tagesruhe erst in der Woche vom 22. bis 28. April gehabt. Wenn er sich trotz der klaren Bestimmung der Bundesratsverordnung und trotz des Widerspruchs des Beklagten schon an einem früheren Tage als am 28. April die Ruhezeit genommen hat, so kann dies nur als eine absichtliche und eigenmächtige Handlungsweise, als eine Widersetzlichkeit gegen den Willen des Beklagten angesehen und sein Verlassen des Dienstes nur als ein „unbefugtes" im Sinne des § 123[3] RGO. erachtet werden.

## 204. Muß bei der Kündigung der Grund abgegeben werden?

Urteil des GG. Berlin vom 30. Oktober 1894.

Kläger verlangt wegen angeblich ungerechtfertigter Entlassung 14tägige Lohnentschädigung. Beklagter wendet ein, daß 14 Tage vor dem Abgange dem Kläger gekündigt sei. Kläger gibt dies zwar zu, macht aber geltend, daß er die Kündigung nicht angenommen habe, weil sie ihm nicht vom Beklagten selbst, sondern von der

Buchhalterin, und zwar ohne Angabe von Gründen mitgeteilt sei. Die Kündigung sei daher wirkungslos.

Die Klage ist abgewiesen.

Aus den Gründen: Nach dem eigenen Zugeständnis des Klägers ist ihm die Arbeit bei dem Beklagten von der Buchhalterin mit Wissen und Willen des Beklagten mündlich aufgekündigt und er 14 Tage darauf entlassen worden. Die Kündigung ist an keine Form gebunden. Die mündliche Erklärung war daher zulässig. Zur Angabe von Entlassungsgründen ist der Arbeitgeber bei vorheriger rechtmäßiger Kündigung nicht verpflichtet. Auch ist es nicht Pflicht des Arbeitgebers, dem Arbeiter persönlich zu kündigen, vielmehr ist es ihm unbenommen, seine Angestellten zu beauftragen. Zweifelt der Arbeiter an der Richtigkeit der Kündigung, so steht es ihm frei, beim Arbeitgeber selbst nachzufragen. Die Einwendungen des Klägers, betreffend die Unrechtmäßigkeit der Kündigung, sind daher hinfällig. (Unger, Nr. 47.)

## 205. Ist eine Kündigung vor Beginn der Kündigungsfrist wirksam?

Urteil des GG. Stettin.

Die Kläger sind bei dem Beklagten bis zum Zahltage, dem 9. April, als Buchdruckergehilfen in Stellung gewesen. Am 22. März waren sie vom Beklagten dergestalt gekündigt, daß die Kündigung vom nächsten Sonnabend, einem Zahltag, über 14 Tage Wirkung haben sollte. Kläger erachten die Kündigung für ungültig und verlangen je 48 Mk. Entschädigung, weil die Kündigung am Zahltag, den 26. März, nicht wiederholt worden sei. Der § 36 des Buchdruckertarifs besage, daß die Kündigung nur am Zahltag erfolgen dürfe.

Die Klage ist abgewiesen.

Aus den Gründen: Nach § 122 der GO. ist die Kündigungsfrist eine 14tägige. Es kann an jedem Tage der Woche gekündigt werden. In einzelnen Gewerben, z. B. bei den Fleischern und den Buchdruckern, ist es jedoch üblich, daß die Kündigung nur am Zahltage erfolgen darf. Eine derartige Abrede findet nur Beachtung, wenn sie von den Parteien ausdrücklich vereinbart ist. Augenscheinlich aus diesem Grunde ist der § 36 in den Buchdruckertarif aufgenommen worden. Der Sinn der Bestimmung ist zweifellos der, daß das Arbeitsverhältnis nur an einem Zahltage gelöst werden soll und daß spätestens 14 Täge vorher gekündigt werden muß. Dagegen ist der Paragraph nicht dahin aufzufassen, daß eine bereits vor dem Zahltag erklärte Kündigung ungültig sei, denn der Arbeitnehmer wird dadurch ja lediglich besser gestellt. Es ist auch allgemeinen Rechtens, daß eine bereits vor dem Kündigungstermin erfolgte Kündigung rechtswirksam sei (vgl. Dernburg, Preußisches Privatrecht Bd. 2 § 172 Note 5). Auch das BGB. bedient sich wiederholt bei Kündigungsfristen des Wortlautes „spätestens am“, so namentlich auch im § 621 des über den Dienstvertrag handelnden Abschnittes. Die Klage war deshalb abzuweisen. („Gewerbegericht“ Jg. 3, Sp. 102.)[1])

## 206. Vereinbarung schriftlicher Kündigung. Ist mündliche Kündigung gültig, wenn der Arbeiter sie annimmt?

a) Urteil des GG. Görlitz vom 11. April 1901.

Das GG. hält die mündliche Kündigung für gültig.

Aus den Gründen: Nach § 3 des schriftlichen Vertrages vom 24. Mai 1900 bedarf es „zur Aufhebung dieses Vertrages einer vorherigen einmonatlichen, an die Monatsersten gebundenen schriftlichen Kündigung“.

---

[1]) Ebenso GG. Berlin vom 23. Dezember 1895; Unger, Nr. 49.

Unstreitig hat Beklagter, der mit den Leistungen des Klägers nicht zufrieden war, dem letzteren am 24. Februar d. Js. zum 1. April mündlich gekündigt. Kläger erwiderte dem Beklagten auf dessen Kündigung alsbald „dann geben Sie mir aber doch ein gescheites Zeugnis!" Weiter wurde zwischen den Parteien nichts gesprochen.

Eine schriftliche Kündigung als Bestätigung der am 24. Februar ausgesprochenen mündlichen, ließ Beklagter erst am 2. März dem Kläger überbringen. Kläger verweigerte die Annahme dieses Schreibens. Im März hat sich Kläger mehrfach um eine andere Stellung bemüht, insbesondere auch an einem für den Geschäftsverkehr freigegebenen Sonntage, an welchem in dem Geschäfte des Beklagten sehr viel zu tun war, Urlaub zu dem Zwecke, sich anderweit nach einer Stellung umzusehen, erbeten und erhalten.

Beklagter ist der Ansicht, daß es wider Treu und Glauben verstoße, wenn Kläger sich auf die Vereinbarung schriftlicher Kündigung berufe, und das Gericht ist dieser Ansicht beigetreten.

Ein Verstoß gegen die Grundsätze von Treu und Glauben im Verkehr ist zwar noch nicht darin zu erblicken, daß Kläger überhaupt den Mangel der Schriftform geltend macht. Andernfalls würden durch die exceptio doli alle Formvorschriften illusorisch gemacht werden. Eine Arglist ist vielmehr darin erblickt, daß Kläger bei der am 24. Februar erfolgten mündlichen Kündigung letztere nicht zurückwies, sondern den Beklagten durch seine Bemerkung: „dann geben Sie mir aber doch ein gescheites Zeugnis" in dem Glauben bestärkte, daß Kläger die mündliche Kündigung als gültig acceptiere.

Wenn Beklagter in diesem durch den Kläger bestärkten Glauben die noch bis zum 1. März vorhandene Zeit zur schriftlichen Kündigung versäumte, so darf Kläger sich darauf nicht berufen.

Der Klageanspruch ist hiernach, auch abgesehen davon, daß er verfrüht geltend gemacht ist, unbegründet.

Es kann daher dahingestellt bleiben, ob etwa nur dem Verhalten des Klägers bei und nach der Kündigung zu entnehmen ist, daß er mit dem Beklagten einen Vertrag über die Aufhebung des Arbeitsverhältnisses zum 1. April geschlossen habe. Ein Vertrag dieses Inhalts würde nach allgemeinen Grundsätzen auch ohne Schriftform gültig sein, da die in § 3 des Vertrages festgesetzte Schriftform nur für die einseitige Kündigungserklärung gilt.

**b) Urteile des Amtsgerichts Rheydt vom 1. Mai 1901 und des Landgerichts Düsseldorf vom 24. Juli 1901.**

Der Kläger war seit Mitte 1898 Färbermeister in der Fabrik der Beklagten und leitete als solcher die ganze Färbereiabteilung. Durch schriftlichen Vertrag vom 14. November 1899 wurde das Dienstverhältnis erneuert auf ein Jahr, beginnend am 1. Januar 1900 für 40 Mk. Wochenlohn mit der Bestimmung, daß der Vertrag immer auf ein Jahr erneuert gelte, falls nicht vor dem 1. November von einer Seite gekündigt werde. In der Fabrik der Beklagten besteht eine Arbeitsordnung, laut welcher die Kündigung seitens der Arbeitgeberin nur in schriftlicher Form erfolgen kann. Die Arbeitsordnung spricht an mehreren Stellen auch von den Rechten und Pflichten der Meister und enthält insbesondere die Bestimmung, daß die Kündigungsfrist für Meister, wenn nicht besondere Vereinbarung getroffen ist, vier Wochen beträgt. In der Arbeitsordnung ist ferner bestimmt, daß sie jedem in der Fabrik Beschäftigten ausgehändigt werden soll. Sie ist auch dem Kläger ausgehändigt worden. In dem Vertrag des Klägers ist über die Form der Kündigung nichts bestimmt. Dem Kläger ist am 27. Oktober 1900 von dem Prokuristen K. mündlich erklärt worden, die Beklagte wolle den Vertrag nicht mehr fortsetzen. Kläger fragte darauf, ob er nicht unter Ermäßigung des Gehaltes doch bleiben könne, worauf K. erwiderte, Kläger möge am 29. wiederkommen und mit dem Chef selbst sprechen. Der Chef erwiderte dem Kläger am 29., er könne ihm vor dem 31. keinen definitiven Bescheid geben. Kläger hat dann vor dem

1. November keinen weiteren Bescheid bekommen. Am 1. Januar 1901 wurde Kläger entlassen. Kläger beansprucht sein Gehalt zunächst für das 1. Quartal 1901 mit der Begründung, daß ihm nicht ordnungsmäßig d. h. nicht schriftlich gekündigt und sein Vertrag daher bis 1. Januar 1902 verlängert ist.

Die Beklagte hält die Bestimmung der Arbeitsordnung auf den Kläger nicht für anwendbar, weil mit ihm ein besonderer Vertrag geschlossen sei, der über die Form der Kündigung nichts bestimme. Auch habe sich der Kläger durch sein Verhalten gegenüber dem Prokuristen K. mit der Kündigung einverstanden erklärt.

Das Amtsgericht Rheydt hat durch Urteil vom 1. Mai 1901 die Beklagte verurteilt.

Aus den Gründen des Amtsgerichts: Nach der Arbeitsordnung kann die Kündigung seitens der Firma nur schriftlich erfolgen. Diese Bestimmung ist Bestandteil jedes mit der Beklagten abgeschlossenen Arbeits- und Dienstvertrages, denn die Arbeitsordnung soll ihrer Bestimmnng nach das Verhältnis zwischen Arbeitgeber und Arbeitnehmer bestimmt und klar regeln. Jeder Arbeiter darf sich deshalb darauf verlassen, daß eine Kündigung seitens der Firma in nicht schriftlicher Form eine endgültige Lösung des Arbeitsverhältnisses nicht herbeiführen soll.

Demnach fragt sich, ob die Arbeitsordnung auf den Kläger Anwendung findet. Der Kläger gehört als Färbemeister nicht zu den gewerblichen Arbeitern, für die nach § 134a der GO. eine Arbeitsordnung erlassen werden muß. Das schließt aber nicht aus, daß durch übereinstimmenden Willen der Parteien die Arbeitsordnung der Beklagten den mit dem Kläger abgeschlossenen Vertrag zugrunde gelegt wurde. Daß das geschehen ist, kam aber nach dem Inhalt der Arbeitsordnung in Verbindung mit der Tatsache, daß sie vorschriftsmäßig ausgehängt und dem Kläger bei seinem Eintritt ausgehändigt worden ist, nicht bezweifelt werden.

Der Prokurist K. ist daher von einer unrichtigen Auffassung ausgegangen, wenn er die mündliche Kündigung für genügend hielt. Nach seiner eidlichen Aussage darf allerdings nicht daran gezweifelt werden, daß er beabsichtigt hatte, durch seine mündliche Erklärung vom 27. Oktober das Dienstverhältnis zu kündigen. Wäre diese Absicht dem Kläger zu Bewußtsein gekommen, und hätte er ausdrücklich oder stillschweigend die Kündigung angenommen, so hätte er damit auf die schriftliche Form rechtswirksam verzichtet. Den Beweis hierfür hat die Beklagte nicht geführt. Möglich ist, daß der Kläger der Vertröstung auf die Unterredung mit dem Chef für den K. seine Fürsprache in Aussicht gestellt hatte, als Grund ansah, in der Erklärung des K. eine endgültige Kündigung nicht zu erblicken. Dann konnte von der Annahme der Kündigung keine Rede sein. Möglich ist auch, daß es ihm darum zu tun war, vor dem 1. November keine — nach seiner Ansicht allein gültige — schriftliche Kündigung zu erhalten und daß er in dieser Berechnung sich den vom Chef am 29. Oktober in Aussicht gestellten Bescheid am 31. Oktober nicht holte. Nahm er aus diesem Grunde die Kündigung nicht an, so handelt er nicht — wie die Beklagte meint — chikanös. Als Chikane im Rechtssinn (§ 226 BGB.) ist es nicht anzusehen, wenn jemand auf ein ihm zustehendes Recht nicht verzichtet; am wenigsten dann, wenn er dabei nur seinen Vorteil, nicht aber den Schaden des andern Teils im Auge hat.

Auf die Berufung des Beklagten hat das Landgericht Düsseldorf durch Urteil vom 24. Juli 1901 die Klage abgewiesen.

Aus den Gründen des Landgerichts: Es ist erwiesen, daß der Kläger, nachdem ihm die mündliche Kündigung geworden war, sich mit dem Vertreter der Beklagten in Verhandlungen darüber eingelassen hat, ob er nicht unter Ermäßigung des Gehalts doch bleiben könne. Hierdurch legte er an den Tag, daß er die Form der voraufgegangenen mündlichen Kündigung für ausreichend erachte. Wäre er damit nicht einverstanden gewesen, so hätte er nicht in der Zeit, wo der Mangel der Form nachgehoben werden konnte, durch ein positives Handeln, den entgegengesetzten Eindruck erwecken dürfen. Er würde im höchsten Grade wider Treu und Glauben verstoßen, wenn er auf diese Weise bewirkte, daß Beklagte bis zum 1. November 1900 untätig blieb, um dann, nachdem dieser verstrichen und damit eine Erneuerung auf ein weiteres Jahr in Frage kam, mit der Behauptung hervorzutreten, die Kündigung sei nicht ausreichend gewesen

### 207. Gilt eine achttägige Kündigung als genehmigt, wenn der Arbeiter sie ohne Widerspruch annimmt und nach acht Tagen die Arbeit aufgibt?

Urteil des GG. Stettin vom 27. August 1901.

Die Klage auf 35 Mk. Gehalt für eine Woche ist abgewiesen.

Aus den Gründen: Kläger ist bei der Beklagten als zweiter Zuschneider in Stellung gewesen.

Kläger erhielt bei der Lohnzahlung am 3. August die schriftliche Kündigung zum 10. August. Er nahm sie mit, arbeitete noch eine Woche, sagte nichts, empfing am 10. August (Sonnabend) seinen Lohn und kam am nächsten Montag nicht wieder. Damit hat er die Kündigung genehmigt. Auch nach BGB. gilt, wie Endemann in seinem Lehrbuch ausführt, der Satz, daß Stillschweigen dann als Einverständnis aufzufassen ist, wenn der, dem eine Offerte gemacht ist, antworten konnte uud nach der Verkehrsauffassung zu einer Antwort verpflichtet war, vergl. auch § 151 BGB., der allerdings nur einen speziellen Fall betrifft. Nach der Verkehrsauffassung wird aber in Fällen wie dem vorliegenden bei Dissens eine Äußerung gefordert. Daß Zuschneider in einer Anzahl von Fällen als Werkmeister anzusehen sind, wie auch vom Reichsversicherungsamt anerkannt ist und daß letztere seit dem 1. Oktober 1900 nur zum Quartalsschluß bei besonderer Abrede aber höchstens zum Monatsschluß gekündigt werden können, noch kürzere Kündigungsfristen aber nichtig sind, ändert nichts. Denn es bleibt trotz der Nichtigkeit einer anderen Abrede ja den Parteien bei gegenseitigem ausdrücklichen oder stillschweigenden Einverständnisse stets unbenommen, das Arbeitsverhältnis zu jedem beliebigen Zeitpunkte aufzulösen.

### 208. Wird das Arbeitsverhältnis durch eine längere Abwesenheit des Arbeiters (Erkrankung 2c.) von selbst gelöst?

Urteil des GG. Frankfurt a. M. vom 27. März 1902.

Kläger stand bei Beklagtem als Schlosser mit 3 Mk. pro Tag in Arbeit. Am 14. Dezember 1901 erkrankte er an Rheumatismus und erhielt von der Fabrikkrankenkasse allwöchentlich sein Krankengeld. Am 17. März 1902 meldete er sich wieder zur Arbeit, wurde aber nicht wieder eingestellt und beantragt deshalb Beklagten zur Zahlung des Lohnes für die vereinbarte Kündigungszeit von einer Woche mit 18 Mk. zu verurteilen.

Beklagte beantragt Klageabweisung; Kläger habe sich bei seiner Erkrankung nicht entschuldigt, sodaß Beklagte angenommen habe, Kläger werde nicht wieder erscheinen. Außerdem sei das Arbeitsverhältnis durch die lange Erkrankung von selbst gelöst. Kläger behauptet, der Beklagten sofort durch Postkarte seine Erkrankung mitgeteilt zu haben, übrigens habe Beklagte es ja auch durch ihre Krankenkasse erfahren.

Die Beklagte ist verurteilt worden.

Aus den Gründen: Gemäß § 123 Nr. 8 GO. hätte Kläger von der Beklagten wegen seiner Arbeitsunfähigkeit ohne Kündigung entlassen werden können, dies ist aber seitens der Beklagten nicht geschehen. Es kann sich deshalb nur fragen, ob das Arbeitsverhältnis durch die dreimonatige Abwesenheit des Klägers vom Betriebe von selbst gelöst ist. In der Praxis der GG.

(vergl. z. B. „Gewerbegericht“ Jg. 6, Sp. 186) wird vielfach der Standpunkt eingenommen, daß in einem solchen Falle der Kläger nicht ernstlich voraussetzen könne, daß der Beklagte das Arbeitsverhältnis so lange fortbestehen lassen wolle. Juristisch haltbar ist diese Argumentation nur, wenn man sie als stillschweigendes Einverständnis der Parteien über die Beendigung des Arbeitsverhältnisses konstruiert. Es läßt sich wohl mit Recht sagen, daß ein Arbeiter, der monatelang, wenn auch mit Grund der Arbeit fern bleibt, ohne etwas von sich hören zu lassen, damit selbst die Absicht zu erkennen gibt, daß er auf Beschäftigung bei dem Arbeitgeber auch seinerseits keinen Anspruch mehr erhebt. In vorliegendem Falle kann dies aber keineswegs behauptet werden. Selbst wenn Kläger die Beklagte nicht von seiner Erkrankung benachrichtigt haben sollte, so erfuhr Beklagte doch davon sofort durch die Krankmeldung des Klägers bei ihrer Fabrikkrankenkasse; sie wußte also, daß Kläger arbeitsunfähig war. Da Kläger ferner jede Woche im Bureau der Beklagten erschien, um sein Krankengeld zu erheben, hätte Beklagte ihm unbedingt erklären müssen, daß sie ihn nicht weiter beschäftigen wolle. Weder Kläger noch Beklagte haben bei dem wöchentlichen Zusammentreffen erklärt, daß sie auf Fortsetzung des Arbeitsverhältnisses verzichteten; von einem stillschweigenden Einverständnis darüber kann deshalb ebensowenig die Rede sein, wie davon, daß Kläger sich hätte sagen müssen, daß Beklagte, die eine große Zahl von Arbeitern beschäftigt, ihn nicht mehr werde beschäftigen wollen. Wenn Beklagte sich etwa darauf stützen wollte, daß sie nicht mit ihrer Fabrikkrankenkasse identisch sei, so wäre das völlig unhaltbar, da deren Geschäfte vom Bureau der Beklagten miterledigt werden, zudem eine ständige Wechselbeziehung zwischen Geschäft und Krankenkasse besteht, sodaß notwendig die Kasse von jedem Ein- und Austritt und das Geschäft von jeder Krankmeldung erfährt.

## 209. Wird durch Untersuchungshaft des Arbeiters das Arbeitsverhältnis aufgelöst oder nur unterbrochen?

a) Urteil des GG. Berlin, Kammer 3, vom 1. November 1897.

Der Kläger beansprucht unter der Behauptung, seit 16. August 1897 gegen Stundenlohn von 50 Pfg. als Dachdecker bei dem Beklagten beschäftigt gewesen und am 9. Oktober 1897 ohne Kündigung entlassen zu sein, Entschädigung.

Der Beklagte beantragt Klageabweisung. Er legt ein Buch vor, inhaltsdessen sich Kläger unter dem 15. Mai 1897 durch Namensunterschrift damit einverstanden erklärt habe, daß Kündigung nicht stattfinden solle.

Der Kläger bestreitet dem Beklagten das Recht, auf die Unterschrift zurückzugreifen, da das unter bezeichnetem Tage abgeschlossene Arbeitsverhältnis längst gelöst und unter dem 16. August 1897 ein neues eingegangen sei. An diesem Tage sei über Kündigung nichts verabredet. Unter den Parteien ist folgender Sachverhalt unstreitig: Nachdem Kläger am 15. Mai 1897 bei dem Beklagten die Arbeit aufgenommen, blieb er am 17. Juli, ohne das vorher irgend wie angedeutet zu haben, plötzlich fort und ließ sich erst am 19. desselben Monats durch seinen Sohn entschuldigen mit dem Vorwande, er sei verreist. Tatsächlich hatte er sich einer Untersuchungshaft unterziehen müssen, nach deren seiner Darstellung gemäß mit Freisprechung endenden Ablauf (15. August 1897) er sofort bei dem Beklagten wieder eingestellt wurde.

Die Klage ist abgewiesen.

Aus den Gründen: Da vor der Inhaftierung die Papiere des Klägers weder von diesem gefordert noch vom dem Beklagten zurückgegeben worden, da ferner keine der Parteien in irgend einer Form die Absicht der Lösung des Arbeitsverhältnisses zum Ausdruck gebracht hatte, Kläger vielmehr nach der Haft ohne weiteres bei dem Beklagten wieder Aufnahme fand, kann der klägerischen Ansicht, daß durch beregten Zwischenfall das alte Arbeitsverhältnis abgetan und unter dem 16. August 1897 ein neues begründet sei, nicht beigepflichtet werden.

Gerade aus dem Verhalten der Parteien charakterisiert sich die Pause lediglich als sog. „Aussetzen". Wenn nun auch dem Wesen des letzteren gemäß wechselseitige Rechte und Pflichten aus einem Vertrage eine gewisse Spanne Zeit hindurch ruhen, so werden sie doch dadurch für die Folgezeit noch nicht gänzlich aufgehoben. Das geschaffene Rechtsverhältnis bleibt auch ohne daß die dasselbe äußerlich kennzeichnenden begleitenden Momente — Arbeitsleistung und Lohnzahlung — Betätigung finden, unverändert bestehen und mit ihm naturgemäß auch alle ihm anhaftenden Sonderbestimmungen, soweit sie nicht ausdrücklich Abänderungen erfahren. Hieraus resultiert, daß das unter dem 15. Mai 1897 begründete Arbeitsverhältnis durch die Inhaftierung des Klägers nicht aufgehoben und unter dem 16. August 1897 kein neuer, selbständig für sich zu beurteilender Arbeitsvertrag abgeschlossen wurde, daß sich vielmehr in der Wiedereinstellung des Klägers lediglich eine Fortsetzung des einstweilen suspendiert gewesenen Arbeitsverhältnisses vollzog. Für dieses Arbeitsverhältnis war aber Kündigung schriftlich ausgeschlossen. („Gewerbegericht" Jg. 3, Sp. 79.)

b) Urteil des GG. Delmenhorst vom 25. Februar 1903.

Die Klägerin hat mehrere Jahre bei der Beklagten gearbeitet. Am 13. November 1902 kam sie in Untersuchungshaft wegen Diebstahls. Sie war nicht lange vorher wegen kleinerer Diebstähle schon zweimal vom Schöffengericht in Delmenhorst bestraft. Am 24. Januar 1903 wurde sie wegen Schwangerschaft aus der Untersuchungshaft entlassen. Die Untersuchung ist noch nicht abgeschlossen. Am Morgen des 26. Januar fand sich die Klägerin zur gewöhnlichen Zeit bei der Beklagten zur Arbeit wieder ein. Etwa eine Stunde später wurde sie zum Verlassen der Fabrik veranlaßt. Eine ausdrückliche Kündigung ist der Klägerin von der Beklagten nicht zugegangen. Nach der Arbeitsordnung der Beklagten ist Kündigungstag derjenige Sonnabend, an dem keine Lohnzahlung stattfindet. Die Kündigungsfrist ist vierzehntägig. Der erste Kündigungstag nach dem 26. Januar war der 7. Februar. Klägerin verlangt Lohn für die Zeit vom 26. Januar bis zum 21. Februar, und zwar 13 Mk. für die Woche.

Die Mutter der Klägerin hat um Weihnachten den Angestellten der Beklagten, Ingenieur L., gefragt, wie es mit der Weiterbeschäftigung ihrer Tochter nach beendeter Untersuchungshaft wäre. Dieser erwiderte, er würde die Sache noch mal mit dem Direktor besprechen, die endgültige Entscheidung liege bei diesem. Die Beklagte hatte damals schon die Papiere der Klägerin für diese zur Aushändigung bereit gelegt.

Die Klage ist abgewiesen.

Aus den Gründen: Die Untersuchungshaft der Klägerin gab der Beklagten das Recht zur sofortigen Entlassung gemäß § 123 Ziff. 8 der GO. Sie hätte aber von dem Rechte während der Unfähigkeit Gebrauch machen müssen, was nicht geschehen ist. Beklagte steht aber auf dem Standpunkte, daß es einer Entlassung gar nicht bedurft habe, da das Arbeitsverhältnis am 26. Januar längst erloschen gewesen sei. Diese Meinung der Beklagten erscheint auch begründet. Allerdings besteht in einem solchen Falle das Arbeitsverhältnis trotz der tatsächlichen Verhinderung des einen Teils rechtlich einstweilen weiter. Aber dieser Fortbestand ist nicht ohne Schranken. Die tatsächliche Unmöglichkeit der Fortsetzung des Arbeitsverhältnisses muß, wenn eine gewisse Dauer hinzukommt, das Arbeitsverhältnis schließlich auch rechtlich beendigen. Zur Beendigung genügt es, wenn das Arbeitsverhältnis nicht mehr besteht, beide Teile den Bestand nicht mehr wollen. Dieser Wille muß vernünftigerweise als vorhanden angenommen werden, wenn längere Zeit hindurch keine Beziehungen zwischen den Parteien mehr bestehen. (Bei Krankheiten bestehen in der Regel solche Beziehungen längere Zeit hindurch fort.) Ein geheimer Vorbehalt des einen Teils, die Lösung nicht zu wollen, ist ohne Rechtswirkung. Das Gericht ist der Ansicht, daß ein Zeitraum von zwei Monaten und elf Tagen bei einer auf 14tägige Kündigung angenommenen Fabrikarbeiterin als eine längere Dauer in diesem Sinne anzusehen ist. Allerdings wäre es im Interesse einer Klärung der Rechtslage besser gewesen, wenn die Beklagte die Klägerin gegenüber die

Kündigung ausdrücklich ausgesprochen hätte, woran sie durch die Untersuchungshaft der Klägerin nicht gehindert war. Aber das Arbeitsverhältnis muß hier auch ohne solche Kündigung als gelöst gelten. Auch würde die Klägerin selbst, wenn sie gleich nach ihrer Entlassung anderswo bessere Arbeitsbedingungen gefunden hätte, wohl nicht wenig erstaunt gewesen sein, wenn die Beklagte von ihr die Fortsetzung des Arbeitsverhältnisses verlangt hätte.

## 210. Wird bei Kündigungsausschluß das Arbeitsverhältnis gelöst, wenn der Arbeiter ohne weitere Erklärung fortbleibt?

Urteil des GG. Berlin, Kammer 3, vom 6. Juni 1899.

Kläger hat bei dem Beklagten unter Ausschluß der 14tägigen Kündigungsfrist in Arbeit gestanden. Am 12. Mai ist er ohne Anzeige von der Arbeit weggeblieben. Am 13. Mai hat er sich Lohn und Papiere gefordert und erklärt, daß er am 10. Mai Abends (der 11. Mai war Feiertag) das Arbeitsverhältnis beendigt habe.

Beklagter hat den Lohn des Klägers um 2,70 Mk. gekürzt, da er in dem Ausbleiben des Klägers am 12. Mai einen Kontraktbruch erblickt, der ihn nach § 124b der GO. zu entsprechendem Abzug berechtige.

Die Klage ist abgewiesen.

Aus den Gründen: Wenn auch die Parteien die 14tägige Kündigungsfrist ausgeschlossen haben, so folgt daraus doch nicht die Berechtigung des Arbeitnehmers, einfach aus der Arbeit wegzubleiben. Die Verpflichtung, das Arbeitsverhältnis gehörig zu lösen — § 122 GO. — bleibt für beide Teile bestehen; wer vom Vertrage abgehen will, muß dies — sofern nicht der Vertrag auf bestimmte Zeit abgeschlossen war, was hier nicht der Fall ist — dem anderen in deutlicher Weise zu erkennen geben. Die bloß stillschweigende Willenserklärung des Klägers am Abend des 10. Mai, nicht weiter zu arbeiten, genügt also zur gültigen Lösung des Arbeitsverhältnisses nicht. Auch sein Ausbleiben am nächsten Arbeitstage läßt einen zuverlässigen Schluß auf seinen Willen nicht zu; denn ebensogut konnte sein Ausbleiben auch dahin ausgelegt werden, daß er krank sei oder daß er „blaumachen" wolle. („Soziale Praxis.")

## 211. Besteht der Anspruch auf vierzehntägige Kündigung auch bei probeweisem Engagement?

a) Urteil des Landgerichts I Berlin, Zivilkammer 19, vom 17. Juli 1892.

Dem Gewerbegehilfen ist der Auspruch auf zweiwöchentliche Kündigung zugebilligt.

Aus den Gründen: Der eidlich vernommene Zeuge S. hat glaubhaft bekundet, daß er den Kläger aushilfsweise und versuchsweise engagiert habe, daß Kläger von ihm indeß nicht unter der Bedingung angenommen sei, daß er jederzeit entlassen werden könne. Mit Rücksicht auf letzteren Umstand konnte Beklagter den Kläger nur unter Beobachtung der im § 122 der GO. vorgesehenen 14tägigen Kündigungsfrist entlassen. Hieran wird nichts geändert, wenn Kläger nur aushilfs- und versuchsweise engagiert worden ist. Mangels besonderer Abrede gelten die Vorschriften der GO. für die aushilfsweise angenommenen Gewerbegehilfen ebenso, wie für die für den regelmäßigen Betrieb engagierten. Auch dadurch, daß ein Gewerbegehilfe auf Probe angenommen ist, verliert er das ihm durch § 122 der GO. gewährte Recht, nur gegen 14tägige Kündigung entlassen zu werden, nicht. Eine Annahme auf Probe bedeutet vielmehr nur, daß der Arbeitgeber den Gehilfen zunächst einige Zeit versuchsweise beschäftigen, und wenn er sich bewährt, ihm dauernde Beschäftigung gewähren wolle. Eine Vereinbarung dahin, daß der Gewerbegehilfe jeden Augenblick entlassen werden könne, ist in einem versuchsweisen Engagement nicht zu finden. („Blätter für Rechtspflege" Jg. 1893 S. 97.)

### b) Urteil des GG. Berlin vom 6. März 1897.

**Kläger beansprucht wegen angeblich ungerechtfertigter Entlassung von dem Beklagten eine 14tägige Lohnentschädigung. Die Beklagten haben um Klageabweisung gebeten, indem sie geltend machen, Kläger sei nur „probeweise" engagiert worden und außerdem sei noch ausdrücklich vereinbart worden, daß die Entlassung des Klägers jederzeit erfolgen und dieser auch seinerseits jederzeit das Arbeitsverhältnis lösen könne. Beide Anführungen der Beklagten sind vom Kläger bestritten worden.**

Der Kläger ist abgewiesen.

Aus den Gründen: Der vernommene Zeuge Sch. hat glaubhaft bekundet, daß er Namens und im Auftrage der Beklagten den Kläger nur probeweise engagiert habe, dagegen hat er nicht zu bestätigen vermocht, daß unter den Parteien auch noch eine besondere Verabredung dahin getroffen worden sei, daß die Entlassung des Klägers jederzeit erfolgen und dieser auch seinerseits jederzeit das Arbeitsverhältnis lösen könne. Aus diesem Mangel ist jedoch keineswegs, wie das Kgl. Landgericht I Berlin in seinem Urteil vom 17. Juli 1892[1]) annimmt, zu folgern, daß der Beklagte den Kläger nur unter Beobachtung der im § 122 der GO. vorgesehenen 14tägigen Kündigungsfrist, die mangels besonderer Verabredung für die probe-(aushilfs-)weise angenommenen Gewerbegehilfen in gleicher Weise gelte, wie für die für fest (beziehungsweise für den regelmäßigen Betrieb) engagierten, habe entlassen können.

Eine Annahme auf Probe schließt vielmehr begrifflich die Vereinbarung jederzeitiger Auflösung des Verhältnisses in sich, sofern nicht bei fixierter Probezeit das Verhältnis sich so lange und in der Weise sich fortsetzt, daß aus Zeit und Umständen zu schließen ist, der Fortsetzung liegt nicht mehr die Absicht zu probieren, sondern die Absicht, den Gehilfen nach bestandener Probe für sich zu behalten, zu Grunde. (Vergl. Staub, Kommentar zum HGB. zu Art. 61 § 1 und 3.) Letzteres trifft indes auf den vorliegenden Fall, wo der Kläger überhaupt nur die kurze Zeit von noch nicht zwei Wochen bei den Beklagten beschäftigt gewesen ist, unzweifelhaft nicht zu. Nach alledem muß angenommen werden, daß die Parteien berechtigt waren, ohne Einhaltung der gesetzlichen Kündigungsfrist und ohne das Vorliegen eines der im § 123 der GO. vorgesehenen besonderen Tatumstände das Arbeitsverhältnis jeden Tag zur Lösung zu bringen. Somit erscheint der gerade auf das Bestehen der 14tägigen Kündigungsfrist begründete Lohnentschädigungsanspruch des Klägers unbegründet. (Unger, Nr. 63.)

## 212. Kann ein Aushilfs-Kellner jederzeit entlassen werden?

### Urteil des GG. Bremen.

Das GG. hat die Frage bejaht.

Aus den Gründen: Wird ein Kellner zur Aushilfe angenommen, so wird damit verabredet, daß ein festes Arbeitsverhältnis nicht eingegangen werden solle, daß der Wirt vielmehr das Arbeitsverhältnis jederzeit lösen könne, wenn er der Aushilfe nicht mehr bedürfe. Und der Kellner, der seine Dienste zur Aushilfe vermietet, behält sich damit das Recht vor, das Arbeitsverhältnis zu lösen, wenn es ihm nicht mehr gefällt, bei dem Wirt weiter auszuhelfen. Eine Anstellung auf Probe oder versuchsweise oder zur Aushilfe unterscheidet sich von der festen Anstellung gerade dadurch, daß die Lösung des Verhältnisses einer vorherigen Aufkündigung nicht bedarf. („Gewerbegericht" Jg. 5, Sp. 75.)

---

[1]) Vorstehend abgedruckt unter Nr. 211 a.

## 213. Hat ein in der Umzugszeit aushilfsweise angenommener Möbeltransport-Arbeiter Anspruch auf zweiwöchentliche Kündigungsfrist?

Urteil des Kgl. Amtsgerichts II zu Berlin vom 20. Mai 1901.

Der Kläger war Mitte März 1901 in den Betrieb des Möbel-Fuhrherrn X. als Packer eingetreten und am 6. April ohne Kündigung entlassen worden. Er fordert Lohn für zwei Wochen.

Der Beklagte ist verurteilt.

Aus den Gründen: Der Kläger hatte als gewerblicher Arbeiter, wenn nichts anderes verabredet war, den Anspruch auf Einhaltung der 14tägigen Kündigungsfrist. Daß er unter Ausschluß der Kündigung engagiert worden ist, ist nicht bewiesen. Wenn bei der Annahme des Klägers davon gesprochen worden ist, daß er zur Aushilfe angenommen werde, so konnte daraus für die Dauer des Arbeitsverhältnisses nichts entnommen werden. Es kommt auch nicht in Betracht, daß der Beklagte gelegentlich zu den Arbeitern gesagt haben soll, er melde sie zur Krankenkasse nicht an, weil die Beschäftigung nur von Tag zu Tag gehe. Eine derartige einseitige Erklärung des Arbeitgebers konnte den vertragsmäßigen Kündigungsausschluß nicht ersetzen. Ein Ortsgebrauch, wonach die ohne Ausschluß der Kündigung aushilfsweise zur Umzugszeit angenommenen Arbeiter dieser Branche gleichwohl nur bis zu einem gewissen Zeitpunkt als engagiert gelten, besteht nach dem Gutachten des Sachverständigen, Möbelspediteurs S., für Berlin und dessen Vororte nicht. Vielmehr tritt nach der Auffassung des Gutachters, wenn der Ausschluß der Kündigung, wie es allerdings Regel ist, nicht ausdrücklich bedungen wird, die gesetzliche Kündigung ein. Die Zeit, während der man Aushilfsarbeiter zu gebrauchen pflegt, ist in den einzelnen Geschäften sehr verschieden. Tatsächlich hat der Beklagte noch über den 6. April hinaus sogen. Aushilfsarbeiter in seinem Geschäft behalten. Die Dauer des Arbeitsverhältnisses war durch die Beschaffenheit und den Zweck der Dienste in einer für den Kläger erkennbaren Weise nicht bestimmt. Wie lange Arbeit da sein würde, konnte nur der Beklagte bestimmen. Er hätte, wenn er nicht Kündigungsausschluß vereinbarte, rechtzeitig kündigen müssen. („Gewerbegericht" Jg. 7, Sp. 194.)

## 214. Kann sich ein Probeengagement stillschweigend in ein festes Arbeitsverhältnis umwandeln?

Urteil des GG. Berlin, Kammer 1, vom 17. Mai 1900.

Das GG. hat die Frage bejaht.

Aus den Gründen: Die Annahme auf Probe schließt begrifflich die Vereinbarung jederzeitiger Entlassung bei sofortiger Auflösung des Arbeitsverhältnisses in sich, ohne daß unter den Parteien noch die besondere Verabredung getroffen zu werden braucht, daß die Aufkündigung jederzeit erfolgen könne. Anders liegt es aber, wenn bei bezüglich ihrer Dauer nicht fixierter Probezeit sich das Arbeitsverhältnis solange und in solcher Weise fortsetzt, daß aus der Länge der Beschäftigungszeit zu folgern ist, der Fortsetzung liege nicht nur die Absicht, zu probieren, sondern die Absicht, den Arbeitnehmer für sich zu behalten, zum Grunde. (Vergl. Staub, Kommentar zum HGB. zu Art. 61 § 1 und § 3.) Letzteres trifft hier zu, da Kläger als Zuschneider viele Wochen lang bei der Beklagten tätig gewesen ist. Es muß daher auch die gesetzliche 14tägige Kündigungsfrist Platz greifen. („Soziale Praxis".)

**215. Einstellung auf Probe. Ist der Arbeitgeber im Zweifel berechtigt, den Arbeiter zu entlassen, falls ihm dessen Leistungen nicht genügend erscheinen?**

Urteil des GG. Offenbach vom 3. April 1900.

Die Klage auf Lohnentschädigung ist abgewiesen.

Aus den Gründen: Das Gericht nimmt auf Grund der eigenen Angaben des Klägers als feststehend an, daß er während der ersten 14 Tage auf Probe eingestellt war. Nach allgemeiner Übung, der auch eine rechtliche Bedeutung zuzuerkennen ist, bedeutet aber der Begriff „Probezeit“ gerade, daß innerhalb derselben die übliche Kündigungsfrist nicht stattfindet. Nach Ansicht des Gerichts handelt es sich um einen Dienstvertrag (BGB. § 611ff.), der unter der aufschiebenden Bedingung (BGB. § 158ff.) geschlossen ist, daß der Kläger erst in ein definitives Vertragsverhältnis eintrete, sofern er gewissen Bedingungen entspreche. Nach § 158 BGB. tritt diese Wirkung mit dem Eintritt der Bedingung ein. Sofern jedoch die Bedingungen bezüglich der Leistungsfähigkeit nicht erfüllt sind, wie im vorliegenden Fall von dem Beklagten behauptet, steht der anderen Seite das Recht alsbaldiger Entlassung ohne Einhaltung der bei difinitivem Vertragsabschluß üblichen Kündigungsfrist zu. („Gewerbegericht“ Jg. 6, Sp. 168.)

**216. Hat ein Heimarbeiter Anspruch auf Kündigung?**

a) Urteil des GG. Offenbach a. M.

Das GG. hält den Anspruch auf Kündigung für berechtigt.

Aus den Gründen: Die GO. unterscheidet nur zwischen selbständigen Gewerbetreibenden und unselbständigen (Arbeiter, Gehilfen, Gesellen). Der Begriff „Heimarbeiter“ und „Hausgewerbetreibender“ kommt in der GO. zwar nicht, jedoch sonst in der Gesetzgebung vor. Nach feststehenden Grundsätzen ist der „Heimarbeiter“ der weitergehende Begriff. „Hausgewerbetreibender“ ist im allgemeinen nur selbständiger Heimarbeiter. Selbständige Heimarbeiter, besonders sogen. Hausgewerbetreibende haben infolge dieser ihrer völligen Selbständigkeit nicht den Anspruch auf Kündigung und die Kündigungsfrist der gewerblichen Arbeiter (§ 122 GO.). — Tatsache ist nur auf Grund der hier bekannten Verhältnisse, daß ein Unterschied hinsichtlich der Selbständigkeit bei den Heimarbeitern in der Portefeuille-Branche, Posamentier- und Schuhbranche in Offenbach im allgemeinen nicht besteht. Die Heimarbeit (Hausgewerbe) ist in Offenbach hergebracht. Die Arbeiter arbeiten häufig zunächst allein zu Hause, oft in den umliegenden Dörfern; sodann mit einem Lehrling; andre mit Gesellen; sie arbeiten teils für einen Arbeitgeber, teils für mehrere. Die Arbeit zu Hause, für die die Rohmaterialen aus dem Geschäft geliefert werden, wird wöchentlich meist einmal kontrolliert. — Im übrigen sind die Arbeiter persönlich und wirtschaftlich vollkommen selbständig, ebenso wie der Heimarbeiter, der für sich den Begriff Hausgewerbetreibender in Anspruch nimmt. Diese Selbständigkeit der Heimarbeiter nötigt das Gericht zu der Feststellung: daß die Heimarbeiter mit Einschluß der sogen. Hausgewerbetreibenden der fraglichen Branchen, z. B. in Offenbach, im allgemeinen nicht im Kündigungsverhältnis stehen. — Im Fall K. liegen aber, wie in zahlreichen andern Fällen hier, noch andere Verhältnisse vor. K. war zunächst Arbeiter in der Fabrik und stand als solcher im Kündigungsverhältnis. Es wurde ihm aus besonderem Anlaß gestattet, seit Herbst 1895 zu Hause zu arbeiten. Damit gilt der Arbeitsvertrag zweifellos insoweit als geändert, als Bestimmungen vorhanden waren, die durch die Arbeit in der Fabrik bedingt sind, z. B. Anfang und Ende der Arbeitszeit; Unterordnung unter die Werkführer rc. Die Kündigungsfrist würde dagegen nur infolge ausdrücklicher oder stillschweigender Übereinkunft als aufgehoben angesehen werden können. Zumal die letztere — die allein in Frage kommen kann — liegt aber nicht vor, da ja gerade die Bestreitung derselben zum Streit geführt hat. Will ein Arbeitgeber in dieser Hinsicht volle Klarheit haben, so wird er, wie dies bei den meisten Schuhfabriken der Fall ist, eine Bestimmung in die Fabrikordnung aufnehmen, wonach Heimarbeiter nicht im Kündigungsverhältnis stehen, oder aber er wird genötigt sein, sofern ein Arbeiter, der bisher in der Fabrik arbeitete, nunmehr Heimarbeiter wird, eine besondere Vereinbarung treffen, wonach nunmehr das seitherige Kündigungsverhältnis u. s. w. beendet wird oder aber bestimmen, welche Teile des Arbeitsvertrages nunmehr allein noch Anwendung finden. Der Umstand, daß R. sich seit 1895 selbst gegen Invalidität und Alter versichert hat, ist selbstverständlich ohne Einfluß auf die Kündigungsfrist. Mußte er jedoch als unselbständiger Arbeiter angesehen werden, so war er auch versicherungspflichtig.

b) Urteil des GG. Wiesbaden.

Der Anspruch auf Kündigung ist versagt.

Aus den Gründen: Es kann dahingestellt bleiben, ob Kläger (Schneidergehilfe) vom Beklagten (einem Kleiderfabrikanten) zur Arbeit fest angenommen worden ist oder nicht, da nach seinem eigenen Vorbringen feststeht, daß er als Heimarbeiter beschäftigt werden sollte. In dieser Eigenschaft ist Kläger nicht Geselle oder Gehilfe des Beklagten im Sinne des Tit. 7 der GO. Dies ergibt § 119b. Denn wenn in diesem ausdrücklich hervorgehoben ist, daß unter den in den §§ 115—119a bezeichneten Arbeitern auch diejenigen verstanden werden sollen, welche für bestimmte Gewerbetreibende außerhalb der Arbeitsstätte derselben mit der Anfertigung gewerblicher Erzeugnisse beschäftigt sind, so folgt daraus genügend, daß auf diese Arbeiter die übrigen Bestimmungen des Tit. 7 nicht Anwendung finden, da sonst der § 119b überflüssig wäre. Kläger kann sich hiernach auf § 122 GO. nicht berufen und die Einhaltung einer 14tägigen Kündigungszeit nicht fordern. Ist dieses aber der Fall, so kann er auch einen Entschädigungsanspruch wegen Nichteinstellung in die Arbeit nicht geltend machen. („Gewerbegericht" Jg. 5, Sp. 128.)

c) Urteil des GG. Karlsruhe.

Kläger ist in seiner Behausung mit Anfertigung von Westen für ein Kleidergeschäft beschäftigt. Er war mit dem Preis, den ihm Beklagter für eine anzufertigende Weste bot, nicht zufrieden. Als ihm hierauf weitere Arbeit verweigert wurde, forderte er 14tägige Lohnentschädigung.

Der Kläger wurde abgewiesen.

Aus den Gründen: Die Bestimmung des § 122 der GO., wonach zwischen Arbeitgeber und Arbeiter eine Kündigungsfrist von 14 Tagen einzuhalten ist, gilt nur für solche Arbeiter, welche als „Gesellen und Gehilfen" zu betrachten sind. Bei beiden Kategorien von Arbeitern wird vorausgesetzt, daß sie sich in wirtschaftlicher Abhängigkeit von dem Arbeitgeber befinden und sich dessen Anordnungen zu unterwerfen haben; hierbei ist es nicht von entscheidender Bedeutung, ob die Arbeiter bei dem Arbeitgeber in einem von diesem gestellten Arbeitslokal arbeiten oder ob sie ihre Arbeit zu Haus als Heimarbeiter fertigen und damit ihre Verpflichtungen gegenüber dem Arbeitgeber erfüllen. Wenn aber, wie hier, der Heimarbeiter völlig unabhängig von dem Arbeitgeber ist, wenn er bezüglich jeder einzelnen ihm angetragenen Arbeit nach freiem Ermessen entscheiden kann, ob und unter welchen Bedingungen er dieselbe übernehmen will, wenn es ihm vollkommen frei steht, ob und in welchem Umfange er von Dritten Arbeiten übernehmen will — dann kann von einem ständigen Arbeitsverhältnis überhaupt keine Rede sein; es handelt sich dann vielmehr in jedem einzelnen Falle um eine bestimmte einzelne Arbeit, welche Kläger selbständig übernommen hat. Von einer Anwendung des § 122 der GO. auf den vorliegenden Fall kann somit keine Rede sein. („Gewerbegericht" Jg. 2. Sp. 7.)

d) Urteil des GG. Hamburg.

Der Anspruch auf Kündigung ist zugebilligt.

Aus den Gründen: Die Frage, ob Hausarbeiter als gewerbliche Arbeitnehmer anzusehen seien und deshalb mangels anderer Verabredung Anspruch auf eine 14tägige Kündigungsfrist haben, ist eine sehr umstrittene. Diejenigen, welche die Frage verneinen, stützen sich hauptsächlich auf den § 119b der GO. Da hier ausdrücklich hervorgehoben sei, daß die Hausarbeiter als Arbeiter im Sinne der §§ 115 bis 119a (betr. Barzahlung der Löhne, Verbot des Trucksystems ꝛc.) zu gelten haben, so folge daraus zwingend, daß die Hausarbeiter im übrigen nicht unter den Begriff der Arbeiter im Sinne des Tit. 7 der GO. fallen. Von der Richtigkeit dieser Argumentation kann sich das Gericht nicht überzeugen. Es muß berücksichtigt werden, daß überhaupt die ganze rechtliche Stellung der Hausarbeiter von jeher ein Gegenstand des Streites gewesen ist, weil dieselben einerseits selbständig und unabhängiger erscheinen als die in der Fabrikstätte ihres Auftraggebers und unter dessen fortwährender Kontrolle tätigen Arbeiter, andererseits aber doch nicht dieselbe selbständige Stellung haben wie die für ihre eigene Rechnung und Gefahr arbeitenden kleinen Handwerksmeister. Wenn nun der Gesetzgeber, um alle Hausgewerbetreibenden der Wohltaten der in den §§ 115 bis 119a der GO. enthaltenen gesetzlichen Bestimmungen zu versichern, ausdrücklich bestimmt hat, daß sie in dieser Beziehung sämtlich, auch dann, wenn sie die Roh- und Hilfsstoffe selbst beschaffen, als Arbeitnehmer anzusehen seien, so folgt daraus keineswegs mit Notwendigkeit, daß im übrigen alle Hausgewerbetreibenden nicht als Arbeiter angesehen werden sollen. Bei der zweifelhaften Stellung derselben muß vielmehr davon ausgegangen werden, daß es im übrigen der Würdigung des besonderen Falles hat überlassen bleiben sollen, festzustellen, ob ein selbständiger Unternehmer oder ein unselbständiger Arbeiter in Frage steht. Und bei solcher Feststellung ist jedenfalls von Erheblichkeit, erstens, ob der Betreffende nur für einen bestimmten oder für mehrere Arbeitgeber beschäftigt ist, zweitens, ob er allein oder mit Gehilfen arbeitet.

Im vorliegenden Fall ist nun unbestritten, daß Kläger, welcher früher auch für andere Fabriken arbeitete, dem Beklagten gegenüber verpflichtet war, nur für sie zu arbeiten. Ferner steht fest, daß Kläger zwar früher bei der Herstellung von Zigarren für die Beklagten Gehilfen hinzuziehen konnte und hinzugezogen hat, daß ihm aber in den letzten drei Wochen eine andere Sorte Zigarren übertragen worden, welche er nach Anordnung der Beklagten lediglich allein ohne Hinzuziehung von Gehilfen herzustellen hatte. Aus diesen beiden Umständen geht zweifellos hervor, daß Kläger nicht die Stellung eines selbständigen Gewerbetreibenden, sondern die Stellung eines Arbeitnehmers gegenüber den Beklagten hatte. („Gewerbegericht" Jg. 6, Sp. 218.)

e) Urteil des GG. Berlin vom 18. September 1893.

Der Anspruch auf Kündigung ist zugebilligt.

Aus den Gründen: Mangels besonderer Verabredung wird nach § 122 der GO. das Arbeitsverhältnis zwischen den Gesellen oder Gehilfen und ihren Arbeitgebern durch eine, jedem Teile freistehende 14 Tage vorher erklärte Aufkündigung gelöst. Die Entscheidung der Frage, ob die Bestimmung des § 122 der GO. auch auf Heimarbeiter Anwendung zu finden habe, wird also in erster Linie davon abhängen, ob die Heimarbeiter als Gesellen oder Gehilfen im Sinne der GO. erachtet werden können.

Jacobi (die GG. im Deutschen Reiche S. 124) und Berger (RGO. S. 83 zu § 109) wollen als Gesellen und Gehilfen jeden unselbständigen gewerblichen Arbeiter ansehen, der weder als Lehrling noch als Fabrikarbeiter erachtet werden kann. (Vgl. Engelmann: Kommentar z. GO. S. 269 und Wilhelmi-Fürst: Kommentar z. GGG. S. 18.)

Das Reichsoberhandelsgericht Bd. 19 S. 382 definiert als Gewerbegehilfen im Sinne des Tit. 7 der GO. den, welcher im Gewerbebetriebe eines selbständigen Gewerbetreibenden tätig ist.

Es erhellt ohne weiteres, daß der Begriff des Heimarbeiters sich prinzipiell in die Begriffskreise der obigen Definitionen einfügen läßt. Es wird sich nur fragen, ob diese Definitionen nicht zu weit gezogen sind. Soll z. B. die Offiziersstochter, welche, um sich ein Taschengeld zu verdienen, Stickereien für Geschäfte liefert, die vielleicht nur wenige Stunden des Tages dieser Beschäftigung widmet, auf das Privileg des § 122 sich berufen können? Es ist evident, daß derartige Dilettanten auf dem Gebiete des Gewerbes die 14tägige Kündigungsfrist nicht beanspruchen können. Es ermangelt hier das Berufsmäßige in der Ausübung des Gewerbes (vgl. Engelmann: a. a. O. S. 34.)

Aber auch diejenigen Heimarbeiter nehmen eine Sonderstellung ein, welche nicht für einen, sondern für einen ganzen Kreis von Gewerbetreibenden Arbeiten liefern. Sie können nicht mehr als Gesellen oder Gehilfen bezeichnet werden, ihre Tätigkeit ragt schon in die Betriebsform des selbständigen Unternehmers hinein.

Man wird natürlich bei der Beurteilung der zu ziehenden Grenzen vernünftiges Ermessen obwalten lassen, und wenn z. B. einmal ein Schneider, welcher Heimarbeiter ist, gelegentlich für einen Privatkunden einen Anzug gefertigt hat, nicht folgern dürfen, daß der Heimarbeiter nunmehr Unternehmer geworden sei. Vielmehr muß es je darauf ankommen, aus den konkreten Umständen ein Bild zu gewinnen. Das aber wird als Maßstab angesehen werden müssen, daß der Regel nach nur diejenige Kategorie der Heimarbeiter die Rechtswohltat des § 122 der GO. in Anspruch nehmen kann, deren Mitglieder nur für einen Gewerbetreibenden Arbeiten liefern und ihre ganze Tätigkeit in dem fraglichen Gewerbebetriebe konsumieren. Man kann nicht etwa annehmen, daß der Umstand, daß diese Arbeiter nicht in der Werkstatt des Arbeitgebers, sondern in ihrer eigenen Behausung arbeiten, sie in ihren rechtlichen Beziehungen irgendwie schlechter stellen könnte. Ersichtlich wird für die vorgedachte Kategorie von Heimarbeitern nur eine rein äußerliche Trennung von der Werkstätte des Arbeitgebers hergestellt. Die juristische Natur des Arbeitsvertrages kann durch diese räumliche Trennung der Arbeitsstelle des Heimarbeiters von der des Beschäftigung gewährenden Gewerbetreibenden in keiner Weise modifiziert werden. Der Arbeitgeber hat es in der Hand, die Arbeitseinteilung des Heimarbeiters zu überwachen, das Quantum der zuzuteilenden Arbeit zu bemessen. Naturgemäß steht ihm auch das Recht der Prüfung und Verwerfung bezw. Genehmigung der abgelieferten Arbeit zu. Darin aber liegen die für den Arbeitgeber wesentlichen Momente des Arbeitsvertrages. Ob der Heimarbeiter, abgesehen hiervon, in seinem Tun und Lassen von dem Arbeitgeber kontrolliert werden kann, ob er an bestimmte Arbeitszeiten gebunden ist, das sind ganz nebensächliche Dinge, welche für das rechtliche Wesen des Arbeitsvertrages völlig irrelevant bleiben. Übrigens werden feste Arbeitsstunden auch von den Akkordarbeitern nicht innegehalten, die in den Werkstätten ihrer Arbeitgeber selbst tätig sind. Die Akkordarbeiter arbeiten vielmehr häufig über die gemeinhin übliche Arbeitszeit hinaus. Dies geschieht allerdings nicht aus dem Gesichtspunkt der verschärften Kontrolle und Disziplin des anwesenden Arbeitgebers, sondern um des höheren Verdienstes willen. Es erscheint überhaupt nicht unbedenklich, das Begriffsmerkmal der Disziplin in der Konstruktion des Arbeitsvertrages zu verwenden. Jedenfalls hat das Moment der Disziplin für den Arbeitsvertrag nur eine ganz sekundäre Bedeutung.

Lieferungsfristen können selbstverständlich ebenso dem Heimarbeiter, wie irgend einem andern Gewerbegehilfen gesetzt werden und die Erfahrung lehrt, daß die Bestimmung derartiger Fristen etwas alltägliches ist.

Zweifelhaft könnte nur sein, ob diejenigen Hausgewerbetreibenden zur Kategorie der kündigungsberechtigten Heimarbeiter gezählt werden können, welche ihrerseits wiederum anderweite Hilfskräfte beschäftigen. Auch wird von Fall zu Fall der jeweilige Tatbestand geprüft werden müssen. Beschäftigt der Hausgewerbetreibende Gesellen, so wird er zum sog. Lohnmeister, er ist die Spitze eines eigenen Betriebes, in welchen bereits die Elemente eines selbständigen Unternehmens hineinspielen. Hier trifft seiner ganzen Bedeutung nach der § 122 der GO. nicht zu. Liegt der Fall jedoch so, daß etwa nur die Familienmitglieder den Heimarbeiter in seiner Tätigkeit unterstützt haben — die Frau des Webers spult für ihn und dgl. — so liegt eine einfache Hülfeleistung vor und es kann von einem selbständigen Betriebe keine Rede sein. In solchen Fällen wird sich der Heimarbeiter auf § 122 der GO. berufen können.

Eine Zusammenfassung aller dieser Ausführungen führt zu dem Resultat, daß ein Heimarbeiter Anspruch auf Innehaltung der 14tägigen Kündigungsfrist erheben kann unter der Voraussetzung, daß er

1) das fragliche Gewerbe berufsmäßig betreibt,
2) ausschließlich für einen Gewerbetreibenden tätig ist,
3) nicht seinerseits Gewerbegehilfen beschäftigt.

Was nun den vorliegenden Fall anlangt, so besteht Einverständnis unter den Parteien, daß der Kläger Schneider von Beruf ist. Der Gerichtshof hat aber auch auf Grund der Beweisaufnahme für erwiesen erachtet, daß Kläger während der in Frage kommenden Zeit ausschließlich für die beklagte Firma gearbeitet hat. Denn der Umstand, daß er, wie der Zeuge W. bekundet, gelegentlich einmal und nebenbei einen Anzug für einen Privatkunden gefertigt hat, kann die rechtliche Situation nicht verrücken. Daß endlich der Kläger seinerseits Gewerbegehilfen nicht beschäftigt hat, ergibt sich schon aus dem selbst für eine Person verhältnismäßig niedrigen Durchschnittswochenlohn von 25 Mk. Es ist aber auch von der Beklagten nicht das Gegenteil behauptet worden.

Muß hiernach der Kläger für berechtigt angesehen werden, die 14tägige Kündigungsfrist zu beanspruchen, so — — — — mußte die Verurteilung der Beklagten nach dem Klageantrag erfolgen. (Unger Nr. 18.)

**f)** Urteil des GG. Berlin vom 24. Februar 1896.

Der Anspruch auf Kündigung ist zugebilligt.

Aus den Gründen: Zur Feststellung, ob ein gewerblicher Arbeiter selbständig oder unselbständig ist, kann als Maßstab nicht die persönliche Bewegungsfreiheit angelegt werden, kommt es vielmehr lediglich auf die wirtschaftliche Stellung an, die ein solcher Arbeiter einnimmt. Daß der Verdienst des Klägers — durchschnittlich 14 Mk. pro Woche — nicht als Unternehmergewinn, sondern als Lohn sich darstellt, dürfte außer Frage sein. Nach den Parteivorträgen erscheint es zweifellos, daß zwischen Kläger und Beklagten ein Arbeitsvertrag und nicht etwa ein Werkverdingungsvertrag geschlossen worden ist. Es handelte sich hier um Schaffung eines dauernden Arbeitsverhältnisses. Nur zufällig war Beklagter nicht in der Lage, Kläger einen Platz in seiner Fabrik anzuweisen. — — — Die Ansicht, daß der Gesetzgeber die Heimarbeiter nicht als Arbeiter im Sinne des Tit. 7 der GO. behandelt wissen will, und daß dies aus § 119b a. a. O. folge, ist bereits in früheren Urteilen widerlegt worden. Die Unrichtigkeit der bekämpften Ansicht erhellt auch aus dem Entwicklungsgange der GO. Bis 1849 ist jedenfalls von einem Unterschiede zwischen Heimarbeitern und Werkstätten- resp. Fabrikarbeitern keine Rede. Es herrschen für alle gewerblichen Arbeiter gleiche Verhältnisse, also auch hinsichtlich der Kündigung.

Alsdann kam die Verordnung vom 9. Februar 1849, welche für die Fabrikanten die Truckbestimmungen brachte und die für Fabrikinhaber außerhalb der Fabrikstätte tätigen Arbeiter den Fabrikarbeitern gleichstellte. Alle vom Fabrikinhaber beschäftigten Arbeiter sollten, so wird in den Motiven ausgeführt, gegen die Übergriffe ihrer Arbeitgeber geschützt sein. Während für Gesellen und Gehilfen, welche zu Hause für ihre Meister arbeiteten, die Kündigungsfrist noch bestehen geblieben wäre, sollten die zu Hause tätigen Fabrikarbeiter durch diese Schutzbestimmungen nunmehr die Kündigungsfrist verloren haben. Es liegt auf der Hand, daß dies nicht der Wille des Gesetzgebers gewesen ist. Aus der Königlichen Botschaft vom 24. Oktober 1848, der die Truckbestimmungen entstammen, und den dem Gesetze beigegebenen Motiven ergibt sich deutlich, daß die Heimarbeiter den anderen Fabrikarbeitern gleichgeachtet und keineswegs den Bestimmungen der GO. entzogen werden sollten. Erst in der GO. von 1878 findet man die Truckbestimmungen im allgemeinen Teil des Tit. 7 und damit auch dort den Paragraphen, welcher vermeintlich den Heimarbeitern die Kündigungsfrist nimmt. Nunmehr würden auch die Gesellen und Gehilfen, welche aus irgend welchen Gründen in ihren Wohnungen zu arbeiten genötigt sind und bisher die Kündigungsfrist hatten, auf gleiche Stufe mit den Heimarbeitern der Fabrikinhaber gestellt sein. In Anbetracht dessen, daß die Truckbestimmungen zum Schutze aller Arbeiter gegen eine Ausbeutung ihrer Arbeitgeber in Zukunft Geltung haben und damit eine Ausdehnung des Arbeiterschutzes geschaffen ist, ist es nicht denkbar, daß der Gesetzgeber, welcher auf der einen Seite den Arbeitern gab, auf der anderen Seite dieselben in eine schlechtere Situation als bisher zu bringen beabsichtigte. Bei dieser Sachlage ist es nicht richtig, zu behaupten, daß argumento e contrario der Gesetzgeber auf den Heimarbeiter nur die Bestimmungen der GO. gegen den Truck Anwendung finden lassen will. Wenn der Gesetzgeber den Geltungsbereich der GO. einschränken wollte, würde dies von ihm deutlich zum Ausdruck gebracht sein. Hiernach ist der Heimarbeiter so zu behandeln wie jeder andere gewerbliche Arbeiter. Er hat Kündigungsfrist und eine Entschädigungsforderung, sobald er ohne gesetzlichen Grund und ohne Kündigung entlassen wird. Es war deshalb, wie geschehen, nach dem Klageantrag zu erkennen. (Unger, Nr. 18.)

## 217. Hat ein Heimarbeiter (Flickschneider), der dem Arbeitgeber nur einen Teil seiner Arbeitszeit widmet, Anspruch auf Kündigung?

Urteil des GG. Karlsruhe vom 9. Juli 1902.

Kläger war bei dem Beklagten vom 4. bis 26. Juni als Flickschneider und als Heimarbeiter beschäftigt; er behauptet, er habe Akkordlohn bezogen und sich wöchentlich auf 26 Mk. gestanden, am 26. v. Mts. aber habe ihm der Beklagte erklärt, daß er ihn nicht weiter beschäftigen könne. Kläger sieht hierin eine unberechtigte Entlassung, da er auf Einhaltung der gesetzlichen Kündigungsfrist Anspruch macht, und verlangt eine Entschädigung von 52 Mk.

Beklagter gibt zu, daß Kläger als Heimarbeiter bei ihm beschäftigt gewesen sei. Die Beklagten hätten dem Kläger erklärt, er könne vorläufig bei ihnen Arbeit erhalten und wenn er sich als fleißig und tüchtig bewähre, so werde er ständig Arbeit erhalten. Kläger hätte nun vom 4. bis 26. v. Mts. gearbeitet, habe sich aber in keiner Weise bewährt, indem er sehr langsam und sehr ungenau gearbeitet habe. Kläger habe während der ganzen zweiwöchentlichen Arbeitszeit 34 Mk. verdient, während ein tüchtiger Flickschneider ganz leicht sich in der Woche auf 32—33 Mk. stellen könne; es sei dabei zu bemerken, daß die Entlohnung des Klägers nicht im Akkordlohn erfolgt, sondern nach Stunden berechnet worden sei, und daß die Anzahl der Stunden, welche der Berechnung zu Grunde gelegt worden sei, ausschließlich auf der voraussichtlich übertriebenen Angabe des Klägers beruhe. Ein in dieser Weise als „Flickschneider“ verwendeter Heimarbeiter habe nun keinen Anspruch auf Kündigungsfrist, da er zu dem Arbeitgeber in keinem ständigen Arbeitsverhältnis stehe, sondern lediglich einzelne Arbeiten übertragen erhalte.

**Es sei auch hier allgemein Übung, daß Flickschneider der angegebenen Art jederzeit mit der Arbeit aufhören und jederzeit außer Arbeit gesetzt werden können.**

**Es ist ein Sachverständiger vernommen. Dieser erklärt, daß ein Heimarbeiter, welcher unter den angegebenen Verhältnissen als Flickschneider arbeite, nach seiner Überzeugung und nach bestehender Übung in der Regel nicht mit Kündigungsfrist eingestellt sei, und nur dann Anspruch auf Einhaltung einer Kündigungsfrist erheben könne, wenn dies ganz besonders ausgemacht sei. Der Grund davon liege darin, daß Flickarbeiter nach Zeitlohn bezahlt werden und daß man natürlich außer stande sei, zu prüfen, ob die von dem Flickschneider angegebene Arbeitszeit auch wirklich richtig sei. Wenn man einen Flickschneider ständig anstellen wolle, so lasse man ihn im Hause des Arbeitgebers arbeiten, wo dann der Arbeiter immer zur Stelle sei und kontrolliert werden könne; ein Heimarbeiter eigne sich nicht als ständiger Flickschneider. Der Sachverständige erklärt weiter, daß nach dem vorgelegten Arbeitsbuch des Beklagten der Kläger im ganzen 34 Mk. verdient habe und daß man hiernach annehmen müsse, daß Kläger kaum die Hälfte seiner Arbeitszeit für den Beklagten verwendet habe und daß man auch hieraus erkennen könne, daß kein ständiges Arbeitsverhältnis vorgelegen habe.**

Die Klage ist abgewiesen.

Aus den Gründen: Die Frage, ob die Heimarbeiter als gewerbliche Arbeiter im Sinne des Tit. 7 der GO. zu betrachten sind und hiernach Anspruch auf Einhaltung der gesetzlichen Kündigungsfrist haben, wird von dem Gesetze nirgends ausdrücklich beantwortet und kann auch nur nach der Lage des einzelnen Falles beantwortet werden. Als Geselle oder Gehilfe im Sinne der GO. erscheint nur derjenige, welcher auf Grund eines Arbeitsvertrages im wesentlichen seine ganze Arbeitskraft einem bestimmten Arbeitgeber widmet und sich deshalb in einem gewissen dauernden wirtschaftlichen Arbeitsverhältnis zu demselben befindet; gerade in diesem Abhängigkeitsverhältnis liegt der innere Grund, aus welchem das Gesetz für die Arbeiter eine gesetzliche Kündigungsfrist bestimmt, welche insolange einzutreten hat, als nicht eine gegenteilige Vereinbarung unter den Parteien getroffen wurde. Wenn nun ein Heimarbeiter nur dadurch sich von dem gewöhnlichen Arbeiter unterscheidet, daß er eben zu Hause und nicht in der Werkstätte seines Arbeitgebers arbeitet, wenn er also seine ganze Arbeitskraft dem Arbeitgeber zur Verfügung gestellt hat und widmet, so wird er auch Anspruch auf Einhaltung der Kündigungsfrist haben. Wenn aber ein Heimarbeiter nur einen Teil seiner Zeit einem einzelnen Arbeitgeber widmet und in seiner freien Zeit sich mit anderen Arbeiten oder sonstigen Angelegenheiten beschäftigt, so wird man annehmen müssen, daß zwischen ihm und dem betreffenden Arbeitgeber kein ständiges Arbeitsverhältnis besteht und daß er somit ihm gegenüber sich nicht in einem für das Verhältnis des Gesellen oder Gehilfen zum Arbeitgeber charakteristischen sozialen Abhängigkeitsverhältnis befindet; in einem solchen Falle wird man aber auch nicht von einem Recht der Kündigung sprechen können.

Im vorliegenden Falle hat nun der Kläger in der Zeit vom 4. bis zum 26. v. Mts. überhaupt nur 2 Wochen gearbeitet und während dieser Arbeitszeit auf die ihm übertragenen Arbeiten höchstens die Hälfte der regelmäßigen Arbeitszeit verwendet und er hat niemals von dem Beklagten verlangt, daß er ihm so viele Arbeiten zur Verfügung stelle, als er zur Ausfüllung seiner ganzen Arbeitszeit bedurft hätte; er hat auch selbst erklärt, daß er deshalb so wenig gearbeitet habe, weil er eine Reihe von sonstigen Geschäften (vormundschaftliche und andere häusliche Angelegenheiten) zu besorgen gehabt habe. Es kommt aber weiter in Betracht, daß der Sachverständige erklärt hat, es sei nicht üblich, daß Flickschneider, welche außerhalb des Hauses arbeiten, auf Kündigung eingestellt würden und es liege der Grund dieser Übung darin, daß bei einer derartigen Arbeitsbeziehung die Möglichkeit einer Kontrolle der Arbeit und der Arbeitszeit ausgeschlossen sei.

Unter diesen Verhältnissen hat das Gericht angenommen, daß der Kläger keinen Anspruch auf Einhaltung einer Kündigungsfrist habe, und daß er zu dem Beklagten nicht in dem Verhältnisse eines Gesellen oder Gehilfen im Sinne der GO. stand.

## 218. Wer hat die Beweislast bezüglich der Kündigungsabrede?

**a)** Urteil des Landgerichts I Berlin, Zivilkammer 1, vom 12. Oktober 1893.

Das Gericht hält den Kläger für beweispflichtig dafür, daß keine abweichende Kündigungsfrist verabredet sei.

Aus den Gründen. Nach § 105 der RGO. ist die Festsetzung der Verhältnisse zwischen den selbständigen Gewerbetreibenden und den gewerblichen Arbeitern Gegenstand freier Übereinkunft. Wenn nun § 122 a. a. O. bestimmt, das Arbeitsverhältnis könne, wenn nicht ein anderes verabredet, durch eine jedem Teil freistehende, vierzehn Tage vorher erklärte Aufkündigung gelöst werden, so wird damit nicht eine gesetzliche Vermutung dafür, daß nichts bezüglich der Kündigung vereinbart worden, aufgestellt, sondern es wird nur für den Fall, daß nichts verabredet worden, eine subsidiäre Bestimmung erlassen. Bevor sich also Kläger auf diese Bestimmung stützen kann, muß er ebenso wie den übrigen das Fundament seines Anspruches bildenden Inhalt des Vertrages auch das Vorliegen dieses Falles für den Eintritt der subsidiären Bestimmung, also daß nichts verabredet, dartun, wie auch z. B. wenn angemessener Lohn verlangt würde, darzutun wäre, was verabredet worden, und daraus erst zu entnehmen wäre, ob überhaupt über den Lohn eine Vereinbarung getroffen worden (Entscheidungen des Reichsoberhandelsgerichts Bd. 15 S. 78 — Bd. 12 S. 201 — Bd. 24 S. 62).

Kläger hat aber nun abgelehnt, einen Beweis dafür anzutreten, daß bei seinem Engagement davon, wie es mit der Kündigung zu halten, überhaupt nichts gesprochen sei, und da der Beklagte beziehungsweise jetzt seine Erben diesen vom Kläger behaupteten Inhalt des Engagementsvertrages bestreiten und ihrerseits angeben, es sei bei dem Engagement eine jedem Teil freistehende sofortige Aufhebung des Arbeitsverhältnisses vereinbart worden, so muß Kläger mit seiner Behauptung als beweisfällig zurückgewiesen werden, und ergibt sich daraus die Abweisung des Klägers mit seiner sich lediglich auf die Nichteinhaltung der subsidiären vierzehntägigen Kündigungsfrist des Gesetzes stützenden Lohnforderung. („Blätter für Rechtspflege" Jg. 1893 S. 129.)[1]

**b)** Urteil des Landgerichts Bremen vom 16. März 1898.

Das Gericht hält den Beklagten für beweispflichtig dafür, daß eine abweichende Kündigungsfrist vereinbart sei.

Aus den Gründen. Es ist die unter den streitenden Teilen erörterte Frage von Bedeutung, wen die Beweislast bezüglich der Anstellungsbedingungen trifft. Die GO. bestimmt im § 122, daß das Arbeitsverhältnis, wenn nicht ein anderes vereinbart ist, durch beiderseitige vierzehntägige Kündigung aufgelöst werden kann. Werden andere Kündigungsfristen verabredet, müssen sie bei Strafe der Nichtigkeit für beide Teile gleich sein. Wird ein Geselle oder Gehilfe mit kürzerer Kündigung entlassen, so genügt zur Begründung seiner Klage wegen Vertragsbruchs, daß er in einem Arbeitsverhältnis stand. Der Arbeitgeber muß behaupten und beweisen, daß eine andere für beide Teile gleiche Kündigungsfrist vereinbart sei. Diese Bestimmung gilt nach § 134 auch für Fabrikarbeiter. Fabriken, die in der Regel mehr als 20 Arbeiter beschäftigen, müssen eine Arbeitsordnung errichten (§ 134a), die, sofern es nicht bei der gesetzlichen Kündigungsfrist bewenden soll, Bestimmungen über eine anderweitige Aufkündigungsfrist enthalten muß: § 134b 3.

---

[1]) Vgl. „Blätter für Rechtspflege" 1891, S. 57.

Dies spricht deutlich für die angegebene Verteilung der Beweislast. Der völlig klare Wortlaut des Gesetzes entspricht auch durchaus der Absicht des Gesetzgebers, der möglichst dauernde Arbeitsverhältnisse schaffen will und deshalb eine längere Kündigungsfrist festsetzt. („Gewerbegericht" Jg. 3, Sp. 103.)

**219. Ortsüblicher Kündigungsausschluß für Bauarbeiter. Ist derselbe stillschweigend vereinbart, wenn nicht anderes vereinbart ist?** [1])

Urteil des GG. Charlottenburg vom 1. August 1902.

Der Kläger ist beim Beklagten seit dem 28. Mai gegen 42 Mk. Wochenlohn als Bauarbeiter auf dem Bau Friedbergstraße 5 beschäftigt gewesen. Er behauptet, am 16. Juli d. J. ohne Grund und ohne Kündigung entlassen zu sein und verlangt eine Lohnentschädigung auf 14 Tage mit 84 Mk.

Die Klage ist abgewiesen.

Aus den Gründen. Durch die zwischen den Organisationen der Arbeitgeber des Baugewerbes und der Organisation der Maurer und Zimmerleute für Berlin und Vororte getroffene Vereinbarung findet für die Bauhandwerker, d. h. für Maurer und Zimmerer, im Baugewerbe eine Kündigung nicht statt. Es hat sich allmählich im Baugewerbe Berlins und der Vororte jedoch auch für die Bauarbeiter und für die Träger notorisch die feste und durchgängige Übung herausgebildet, daß auch für diese die Kündigung ausgeschlossen ist, d. h. daß sie selbst jeden Tag die Arbeit einstellen bezw. entlassen werden können. Im vorliegenden Falle haben die Parteien über die Dauer der Kündigungsfrist keine ausdrückliche Abrede getroffen, mithin muß der ortsübliche Kündigungsausschluß als vereinbart gelten.

**220. Gilt Kündigungsausschluß als stillschweigend vereinbart, wenn er in der Branche üblich ist und zwischen den Parteien bereits bei zwei früheren Arbeitsverträgen in demselben Jahr vereinbart war?**

Urteil des GG. Chemnitz vom 30. November 1901.

Der Beklagte hat den Kläger zum drittenmal in demselben Jahre als Malergehilfen in Beschäftigung genommen, wie der Kläger behauptet, auf unbestimmte Zeit und ohne Vereinbarung über Kündigung; wie der Beklagte behauptet, nur für eine bestimmte Arbeit. Mitte November ist der Kläger ohne vorausgegangene Kündigung entlassen worden. Der Kläger beansprucht den Lohn für die Dauer der gesetzlichen Kündigungsfrist. Der Beklagte beantragt Abweisung der Klage u. a. mit der Begründung, daß in der Malerbranche überhaupt der Usus des Kündigungsausschlusses bestehe, daß dieser Brauch dem Kläger bekannt und er mit demselben einverstanden gewesen sei, was sich daraus ergebe, daß er beim Antritt des ersten Arbeitsverhältnisses die den Kündigungsausschluß vorsehenden Arbeitsbedingungen unterschrieben, daß zweite ohne besondere Abrede über die Kündigung eingegangene Arbeitsverhältnis seinerseits ohne Einhaltung einer Kündigungsfrist gelöst und überdies noch während der Dauer des zweiten Arbeitsverhältnisses in einer damals gegen den Beklagten anhängigen gewerblichen Streitigkeit als Zeuge ausgesagt habe: „In unserer Branche ist Kündigung nicht üblich."

Die Klage ist abgewiesen.

Aus den Gründen. Das GG. will dem in verschiedenen Branchen, wie speziell in der Malerbranche, bestehenden, überdies gerichtskundigen Usus des Kündigungsausschlusses, wie es in konstanter Rechtsprechung zu wiederholten Malen zum Ausdruck gebracht hat, nicht die Macht einräumen, daß er jedermann, der in einen derartigen Gewerbebetrieb als Arbeiter eintritt, ohne weiteres sich unterworfen macht; denn nicht in jedem Falle dürfte es erweislich

[1]) Vgl. Nr. 162—165.

sein, daß dem betr. neueintretenden Arbeiter dieser Usus bekannt ist, und daß er sich ihm bei seinem Eintritt im Mangel anderer Vereinbarung stillschweigend unterwirft. Anders ist die Sachlage im vorliegenden Falle. Dem Kläger sind zu Beginn seines ersten Arbeitsverhältnisses beim Beklagten von diesem Arbeitsbedingungen, die den Kündigungsausschluß festlegen, vorgelegt worden; er wußte also, daß der Beklagte dem in der Malerbranche geltenden Usus, dessen Bestehen er übrigens nach Ausweis der Akten H. gegen K. G. als Zeuge und noch dazu gerade während seines zweiten Arbeitsverhältnisses beim Beklagten ausdrücklich bestätigt hat, folgte; er hat diese Kenntnis auch dadurch selbst noch zum äußern Ausdruck gebracht, daß er gerade dieses zweite Arbeitsverhältnis seinerseits ohne vorherige Aufkündigung sofort gelöst hat. Der Beklagte hat diesen sofortigen Abgang gebilligt. Sonach mußte der Kläger im Mangel anderer Vereinbarung wissen, daß der Beklagte bei der dritten Annahme — wenn er dies auch nicht zum äußern Ausdruck brachte — wiederum die Kündigung ausgeschlossen haben wollte. („Gewerbegericht" Jg. 7 Sp. 222.)[1])

## 221. Gilt Kündigungsausschluß als vereinbart, wenn in dem betr. Handwerksbetrieb eine dahin gehende „Werkstattordnung" angeschlagen war, dem Arbeiter aber ihre Kenntnis nicht nachgewiesen werden kann?

Urteil des GG. Stuttgart.

Kläger stand bei dem Bekagten neun Tage lang als Schlosser gegen einen Tagelohn von 3 Mk. in Arbeit; er verlangt, nachdem er kündigungslos entlassen worden ist, Entschädigung für entgehenden Verdienst auf die gesetzliche Kündigungszeit mit 36 Mk. Beklagter, der keine Fabrik, sondern eine Schlosserei handwerksmäßig mit weniger als 20 Arbeitern betreibt, wendet ein, er habe die von der Vereinigung der Stuttgarter Schlossermeister aufgestellte Werkstattordnung in seiner Werkstätte an einem sichtbaren Platz aufgehängt. Nach § 3 derselben sei die 14tägige Kündigungszeit gegenseitig aufgehoben. Der Kläger sei zwar bei seinem Eintritt auf diese Werkstattordnung nicht aufmerksam gemacht worden, er werde sie aber jedenfalls nachträglich gelesen haben. Der Kläger bestreitet letzteres.

Das GG. erkannte nach dem Klageantrag.

Aus den Gründen: Aus der GO. (§ 134 ff.) geht unzweideutig hervor, daß der Gesetzgeber eine Arbeitsordnung nur für Fabrikbetriebe vorschreiben wollte; nur für Fabrikbetriebe sollte die vorgeschriebene Arbeitsordnung die Bedeutung der Rechtsverbindlichkeit für Arbeitgeber und Arbeitnehmer haben. Es erhebt sich aber die Frage, ob einer Arbeitsordnung, die nicht obligatorisch und in der GO. überhaupt nicht vorgesehen ist, lediglich keine Bedeutung zukommt. Da der GO. eine Antwort auf diese Frage nicht zu entnehmen ist, muß auf die allgemeinen Grundsätze über den Vertragsabschluß zurückgegriffen werden. Wenn der Arbeitgeber dem Arbeitnehmer vor seiner Einstellung eine schriftliche Werkstattordnung zur Durchsicht übergibt, mit dem Bemerken, daß in derselben die Anstellungsbedingungen enthalten seien, so hat der Arbeitnehmer, mag er nun von der Möglichkeit der Durchsicht Gebrauch gemacht haben oder nicht, diese Arbeitsordnung stillschweigend als für sich bindend anerkannt, wenn er die Arbeit aufnimmt, ohne derselben zu widersprechen. Ist der Arbeitsnehmer aber vor seinem Eintritt nicht auf die Werkstätteordnung hingewiesen worden, so gilt sie zunächst auch nicht für ihn; liest der Arbeitnehmer nun aber nachträglich die Werkstattordnung, so hat diese Tatsache die Bedeutung einer Anfrage des Gegenkontrahenten über eine Abänderung der ursprünglichen Vertragsbedingungen. Denn daß der Arbeitgeber ein Schriftstück, das sich als „Werkstättenordnung" bezeichnet, nicht ohne Grund in seiner Werkstätte aufhängt, muß sich der Arbeit-

---

[1]) Vgl. Nr. 229.

nehmer sagen. Er muß also diese Anfrage, sobald er von ihr Kenntnis hat, beantworten, d. h. er muß sie, wenn er mit ihren Bestimmungen nicht einverstanden ist, seinem Arbeitgeber gegenüber ausdrücklich ablehnen; tut er dies nicht, so trifft ihn das Präjudiz der Genehmigung. Im vorliegenden Fall ist aber der Beweis, daß der Kläger die Werkstätteordnung des Beklagten gelesen oder sonst von ihrem Inhalt Kenntnis bekommen habe, nicht erbracht, insbesondere auch nicht etwa durch den Umstand, daß die Werkstattordnung an einer sichtbaren Stelle ausgehängt ist, da der Kläger nur wenige Tage in der Werkstätte des Beklagten arbeitete und auch gesetzlich nicht verpflichtet war, sich nach einer Arbeitsordnung umzusehen. („Gewerbegericht" Jg. 5, Sp. 73.)

## 222. Ist Kündigungsausschluß vereinbart, wenn ihn der Arbeitgeber durch Anschlag und mündliche Äußerung festsetzt und die Arbeiter dazu schweigen?

Urteile des GG. und Landgerichts Göttingen vom 6. Mai und 10. Juli 1902.

Die Kläger fordern Entschädigung wegen kündigungsloser Entlassung.

Der Beklagte wendet ein, daß der Anspruch auf Entschädigung unbegründet sei, weil er wiederholt mündlich den Klägern erklärt habe, es bestehe bei ihm keine Kündigung und weil er außerdem eine Tafel in der sogen. Kutscherkammer angebracht habe mit der Aufschrift: „Für jeden bei mir beschäftigten Arbeiter! Eine Kündigung gibt es bei mir nicht. Es steht jedem Arbeiter frei, jederzeit seine Arbeit niederzulegen!"

Das GG. hat die Klage abgewiesen.

Aus den Gründen des GG.: Dem Anspruche der Kläger auf Entschädigung wegen Entlassung ohne Einhaltung der Kündigungsfrist hat der Beklagte den Einwand entgegengestellt, daß er sowohl durch Anschlag, als mündlich die Kündigung ausgeschlossen habe.

Wenn es auch nach dem Wortlaut des Anschlages zweifelhaft sein kann, ob dessen Bestimmung auf die Kläger und nicht vielmehr lediglich auf die übrigen Arbeiter im Betriebe des Beklagten Geltung haben soll, und wenn es auch nach den Zeugenaussagen nicht feststeht, daß jener Anschlag den Klägern in genügender Weise bekannt geworden ist, so kann doch nach den Bekundungen der Zeugen nicht zweifelhaft sein, daß der Beklagte wiederholt den in seinem Betriebe beschäftigten Kutschern gegenüber seinen Willen, die Kündigungsfrist auszuschließen, klaren Ausdruck gegeben hat. Zwar steht nicht fest, wer von den Klägern bei diesen Anlässen anwesend gewesen ist, doch ist erwiesen, daß jedenfalls eine ganze Anzahl der Droschkenkutscher zugegen gewesen ist, als der Beklagte die von den Zeugen bekundeten Worte gesprochen hat. Es ist aber nicht anzunehmen, daß unter den anwesenden Droschkenkutschern nicht verschiedene der Kläger gewesen sein sollten, da sich die Vorgänge zu Zeiten abgespielt haben, wo die meisten Kutscher auf dem Hofe mit dem Reinigen der Wagen und Pferde beschäftigt sind und nur vereinzelt der eine oder der andere Kutscher mit seinem Wagen zur Ausführung bestellter Fuhren abwesend zu sein pflegte. Selbst wenn aber auch der eine oder andere der Kläger bei dem von den Zeugen bekundeten Vorgange nicht anwesend gewesen sein sollte, so ist bei dem Interesse, welches solche Fragen naturgemäß für alle Beteiligten haben, nicht anzunehmen, daß er nicht durch die übrigen Kutscher von dem Vorgefallenen Kenntnis erhalten haben sollte. Ist danach davon auszugehen, daß die Kläger gewußt haben, daß der Beklagte für seinen Betrieb die Kündigungsfrist ausschließen wollte, so ist der Einwand der Kläger, daß eine solche einseitige Änderung der ursprünglich über das Dienstverhältnis getroffenen Vereinbarung unzulässig sei, nicht begründet. Wenn der Beklagte seinen Willen den Klägern gegenüber dahin erklärte, daß künftig eine Kündigung bei ihm nicht mehr stattfinden solle, so stellt dies eine Offerte auf Abänderung der bisherigen Kündigungsvorschrift dar, welche ebensowohl durch ausdrückliche als durch stillschweigende

Erklärung der Kläger angenommen werden konnte. Haben die Kläger nach dem Zeitpunkt, in dem ihnen der Wille des Beklagten bekannt geworden ist, noch länger als 14 Tage widerspruchslos gearbeitet, so muß angenommen werden, daß sie sich den veränderten Vertragsbedingungen stillschweigend unterworfen haben.

Das Landgericht hat die Berufung der Kläger zurückgewiesen.

Aus den Gründen des Landgerichts: Die Kläger stützen ihren Anspruch auf Zahlung des Lohnes für die Zeit seit ihrer Entlassung, auf das Bestehen der gesetzlichen Kündigungsfrist und auf die Vereinbarung einer 14tägigen Kündigungsfrist. Der Beklagte wendet ein, daß diese Vertragsberedung nachträglich aufgehoben und jede Kündigungsfrist beseitigt sei. Der für diese Behauptung dem Beklagten obliegende Beweis ist nun mit dem Vorderrichter als geführt anzusehen. Zunächst kann es nicht zweifelhaft sein, daß den Klägern die Tatsache, welche von den in erster Instanz vernommenen Zeugen bekundet worden ist, daß der Beklagte auf seinem Hofe durch Ausrufen bekannt gemacht hat, künftighin solle bei ihm keine Kündigungsfrist mehr bestehen, zu Ohren gekommen ist. Denn selbst, wenn sie nicht zugegen gewesen sind oder seine Worte nicht verstanden haben, so ist doch mit Sicherheit anzunehmen, daß eine derartig einschneidende Erklärung des Beklagten, welche für die sämtlichen im Dienste des Beklagten befindlichen Kutscher von dem allergrößten Interesse sein mußte, auch zur Kenntnis der Kläger gelangt ist.

Ferner erscheint es nicht glaubhaft, daß die in die Kutscherkammer aufgehängte Tafel mit der Aufschrift „für jeden bei mir beschäftigten Arbeiter!!" wonach eine Kündigungsfrist nicht mehr gelten solle, welche von den darüber vernommenen Zeugen nicht unbemerkt geblieben ist, von den Klägern nicht gelesen sein sollte. Auch mußten die Kläger den Inhalt dieser Tafel mit Rücksicht auf den Ort, an dem sie aufgehängt war und der ganz allgemeinen Fassung „für jeden Arbeiter" auch auf sich beziehen. Selbstverständlich konnte nun die einseitige Erklärung des Beklagten den bis dahin bestehenden Vertrag nicht abändern, vielmehr war hierzu die Zustimmung der Kläger erforderlich. Diese ist aber dadurch als erteilt anzusehen, daß die Kläger in keiner Weise sich zu dem Vertragsantrage des Beklagten geäußert und ihren Dienst fortgesetzt haben. Denn wenn sie nicht wollten, daß ihrem Schweigen die Bedeutung der Zustimmung beigelegt würde, hätten sie nach den Grundsätzen von Treu und Glauben im Rechtsverkehr Widerspruch erheben müssen, worauf es dann dem Beklagten unbenommen blieb, sie unter Einhaltung der vertragsmäßigen Kündigungsfrist zu entlassen. Es ist also anzunehmen, daß die Kläger durch konkludente Handlungen ihr Einverständnis mit der neuen Vertragsofferte des Beklagten erklärt haben und mithin eine Frist für die Kündigung nicht mehr bestand, als sie den Dienst verließen.

## 223. Ist stillschweigende Vereinbarung des Kündigungsausschlusses möglich?

Urteil des GG. Berlin, Kammer 3, vom 2. Februar 1898.

Kläger verlangt von den Verklagten 14tägige Lohnentschädigung wegen angeblich widerrechtlicher Entlassung. Verklagte beantragen Abweisung mit der Behauptung, daß Kündigungsausschluß vereinbart sei. Kläger bestreitet das. Durch Zeugenaussage wird festgestellt, daß der Polier dem Kläger, als dieser anfing zu arbeiten, aufgegeben hat, Nachmittags nach der Baubude zu kommen und „wegen der Kündigung zu unterschreiben". Kläger hat die Erklärung des Poliers stillschweigend entgegengenommen und die Arbeit angefangen. Die Unterschrift hat Kläger nicht geleistet.

Das Gericht wies den Kläger mit seiner Forderung ab.

Aus den Gründen: Mit seinem Verhalten dokumentierte Kläger sein Einverständnis mit der ihm in der Aufforderung des Poliers unzweideutig bekanntgegebenen Willensabsicht der Beklagten, daß Kündigung ausgeschlossen sein soll, so daß demnach ungeachtet des Mangels der beklagtischerseits anfänglich beabsichtigten, an sich aber nicht notwendigen schriftlichen Form die Abrede des Kündigungsausschlusses in mündlicher Form für perfekt zu erachten ist. („Gewerbegericht" Jg. 3, Sp. 80.)

## 224. Kann Kündigungsausschluß durch den Arbeitsnachweis vereinbart werden?[1])

Urteil des GG. Berlin, Kammer 3, vom 15. November 1897.

Kläger, der 14tägige Lohnentschädigung fordert, ist für den Beklagten durch einen Arbeitsnachweis angenommen worden, welcher die Zuweisung der arbeitsuchenden Gehilfen an einen Meister davon abhängig macht, daß der Arbeitsuchende ein Schriftstück unterzeichnet, inhalts dessen für das zu begründende Arbeitsverhältnis Kündigung ausgeschlossen sein solle. Diese Unterschrift hat auch Kläger geleistet.

Die Klage ist abgewiesen.

Aus den Gründen: Berücksichtigt man zunächst, daß der hier in Frage kommende Arbeitsnachweis notorisch nur solche Arbeitsverhältnisse vermittelt, bei denen Kündigung ausgeschlossen sein soll, so ergibt sich klar, das derjenige Arbeitgeber, der diesen Nachweis um Zuweisung von Gehilfen ersucht, durch dieses Ersuchen schon den Willen klar zu erkennen gibt, einen Gehilfen unter Ausschluß der Kündigung zu engagieren. Erwägt man ferner, daß auch Kläger erwiesenermaßen im Nachweisbureau ein Schriftstück unterschrieben hat, inhalts dessen für das zu vermittelnde Arbeitsverhältnis Kündigung ausgeschlossen sein sollte, so kann auch bei dem Kläger der dem Willen des Beklagten vollkommen gleiche Wille nicht zweifelhaft erscheinen.

Dadurch allein, daß zwei Personen über etwas einig sind und einem Dritten jeder für sich Erklärungen abgeben, aus denen dieser eine solche Willensübereinstimmung entnehmen muß, wird allerdings noch kein Vertrag geschlossen, es sei denn, das der Dritte als Bevollmächtigter einer der beiden Personen anzusehen wäre. Dieser letztere Fall liegt jedoch hier nicht vor, da der Stellenvermittler nicht namens des Arbeitgebers mit dem Arbeitnehmer Verträge abzuschließen hat — oder umgekehrt —, sondern nur dem einen nachweist, wo er Arbeit, dem anderen, wo er einen Gehilfen finden könne. Hat aber, wie für den vorliegenden Fall oben dargetan, der Arbeitgeber dem Nachweisbureau den Willen kundgegeben, Gehilfen unter Ausschluß der Kündigung zu engagieren, so besteht die Tätigkeit des Bureaus in der Mitteilung nicht nur der Adresse des Arbeitgebers, sondern auch der von diesem gestellten Bedingung für Abschluß des Arbeitsvertrages (Kündigungsausschluß). Die vom Arbeitsuchenden im Nachweisbureau geleistete Unterschrift hat daher zunächst nur Bedeutung als Beweismittel dafür, daß die qu. Bedingung ihm bekannt gewesen ist.

Bietet sich nun nach solchen Vorgängen der Arbeitnehmer unter Berufung auf den Arbeitsnachweis dem Arbeitgeber zur Arbeit an, so ist das nichts anderes als eine Offerte, mit dem Arbeitgeber einen Arbeitsvertrag abzuschließen unter den dem Arbeitnehmer durch den Nachweis bekannt gewordenen Bedingungen desselben. Wird demnächst diese Offerte des Arbeitsuchenden von dem Arbeitgeber akzeptiert, so ist der Vertrag unter den in Rede stehenden Vertragsbedingungen abgeschlossen. Eine solche Offerte nun hat Kläger gemacht und Beklagter hat sie, wenn nicht expressis verbis, so doch durch konkludente Handlungen — Einstellung des Klägers in seinen Betrieb — angenommen. Aus der hiernach festgestellten, auf Kündigungsausschluß gerichteten Willenseinigung

---

[1]) Vgl. Nr. 169.

der Parteien folgt die Abweisung der auf § 122 der GO. gestützten Klage. („Gewerbegericht“ Jg. 3, Sp. 136.[1])

### 225. Ist der Arbeitgeber haftbar, wenn er einen Vertreter bevollmächtigt hat, Arbeiter mit Beschränkung der gesetzlichen Kündigungsfrist anzunehmen, der Bevollmächtigte aber ohne solche Beschränkung engagiert hat?

Urteil des Landgerichts Berlin, Kammer 8.

Unter Abänderung des Urteils des GG. wurden die Kläger mit ihrer Klage auf Entschädigung wegen kündigungsloser Entlassung abgewiesen, obwohl mit ihnen eine Vereinbarung über Beschränkung der gesetzlichen Kündigungsfrist nicht getroffen war.

Aus den Gründen: Die Kläger sind für das Arbeitsverhältnis bei dem Beklagten nicht durch Abreden mit diesem selbst, sondern durch Abreden mit den von ihm beauftragten Werkmeister W. gewonnen worden. Letzterer war bei Abschluß des Arbeitsvertrages Bevollmächtigter des Beklagten, die von diesem erteilte Vollmacht zur Annahme der Arbeiter erstreckte sich nur auf die Annahme von Arbeitern für eine bestimmte, binnen Kurzem fertig zu stellende Anlage derart, das die Dauer der Beschäftigung von der Fertigstellung dieser Anlage abhing und somit die bestehende gesetzliche Kündigungsfrist von 14 Tagen ausgeschlossen war. Wenn also wirklich die Kläger, wie sie behaupten, ohne jede Beschränkung als Arbeiter angenommen worden sind, so ist von diesem Bevollmächtigten des Beklagten die Grenze des Vollmachts-Auftrages überschritten worden. Dies steht den Klägern entgegen, da sie in der Lage waren, bei Abschluß des Vertrages sich über den Inhalt des Vollmachts-Auftrages zu erkundigen und ihrerseits nicht behauptet ist, daß ihnen etwa bestimmte, dem Inhalt des Auftrages entgegenstehende Angaben gemacht worden sind, denn ihre eigenen Angaben deuten darauf hin, daß über die Art und Dauer der Beschäftigung überhaupt nichts vereinbart worden ist. („Gewerbegericht“ Jg. 2, Sp. 107.)

### 226. Kann der Arbeitgeber die Vereinbarung des Kündigungsausschlusses durch Wegnahme des betr. Plakates einseitig aufheben?

Urteil des GG. Stuttgart.

Der Beklagte ist beim Kläger seit Dezember 1896 in Arbeit gewesen. Im Februar 1897 hängte der Kläger ein Plakat aus, daß Kündigung ausgeschlossen sei, und fragte alle seine Arbeiter ausdrücklich, ob sie damit einverstanden seien, was sie bejahten. Im März beseitigte er das Plakat wieder. Er will dabei gesagt haben, er wolle sein Geschäft nicht zum Taubenschlag werden lassen; ob der Beklagte zugegen war, wisse er nicht, der Beklagte bestreitet es. Der Beklagte ist nun ausgetreten. Er hat seinen Austritt dem Kläger zwei Tage vorher angekündigt. Dieser verlangte 14tägige Kündigung. Da der Beklagte trotzdem ausgetreten ist, belangt er ihn auf Fortsetzung der Arbeit, eventuell Entschädigung. Der Beklagte macht geltend, für ihn sei Kündigung ausgeschlossen geblieben, da ihm der Kläger nichts anderes gesagt habe.

Die Klage ist abgewiesen.

Aus den Gründen: Nachdem einmal ausgemacht war, es solle keine Kündigung gelten, gilt diese Abmachung, bis sie ausdrücklich wieder beseitigt ist. Die einfache Wegnahme des Plakats genügt nicht. Der Beklagte konnte ja nicht einmal wissen, ob sie mit Willen des Klägers geschehen war. Ferner

---

[1]) Ebenso GG. Berlin, 4. Dezember 1895 und 9. Oktober 1895. Unger, Nr. 50.

konnte sie den Sinn haben, daß der Kläger von nun an mit den neu eintretenden Arbeitern wieder Kündigung haben wollte. Jedenfalls ist dadurch allein der Arbeitsvertrag nicht geändert. („Gewerbegericht" Jg. 3, Sp. 22.)

## 227. Ist die vereinbarte Kündigungsfrist mangels anderweiter Abrede auch für den Rechtsnachfolger des Arbeitgebers bindend?

Urteil des Landgerichts München I.

Kläger war in die Kunstanstalt von K. als Maschinist unter Vereinbarung einmonatlicher, nur am ersten eines jeden Monats zulässiger Kündigung eingetreten. Später verpachtete K. sein Geschäft an den Beklagten, ohne daß letzterer mit dem Kläger einen Vertrag geschlossen hätte. Nach Verlauf einiger Zeit wurde seitens des Beklagten dem Kläger zweimal, und zwar stets im Laufe des Monats oder doch nur auf 14 Tage hinaus gekündigt und sodann Kläger am 18. Mai 1895 entlassen. Auf erhobene Klage verurteilte das GG. München den Beklagten zur Bezahlung des Lohnes für die Zeit vom 18. Mai bis 1. Juli 1895 an Kläger, weil diesem nichts rechtsgültig gekündigt worden sei.

Die Berufung des Beklagten wurde zurückgewiesen.

Aus den Gründen: Wenn auch der Beklagte mit dem Kläger keinen neuen Vertrag geschlossen hat, so hat er doch den bei Übernahme des Pachtobjektes bestehenden Dienstmiete-Vertrag zwischen Verpächter und Kläger stillschweigend erneuert, indem er nicht ausdrücklich denselben als für ihn nicht rechtsverbindlich erklärte. Da Beklagter bei Antritt des Pachtverhältnisses nicht nur das Arbeits- und Maschinenmaterial, sondern auch die Arbeitskräfte stillschweigend weiter benutzt hat, da den Arbeitern weder mitgeteilt worden ist, daß sie von heute ab für einen neuen Herrn arbeiteten, noch auch die bis dahin geltende Arbeitsordnung aufgehoben oder doch geändert worden ist, so kann eine stillschweigende Erneuerung des Dienstmiete-Vertrages nicht in Abrede gestellt werden; daraus folgt von selbst, daß der Beklagte auch an die Bedingungen des früheren Vertrages gebunden ist, also nur am ersten eines Monats auf einen Monat hinaus kündigen kann. Eine anderweitige vertragswidrige Kündigung ist Kläger nicht verpflichtet als rechtswirksam anzunehmen. („Gewerbegericht" Jg. 1., Sp. 36.)[1])

## 228. Ist eine Vereinbarung, wonach auch für zukünftig abzuschließende Arbeitsverträge Kündigung ausgeschlossen sein soll, rechtlich wirksam?

a) Urteil des GG. Berlin, Kammer 3, vom 14. März 1898.

Kläger hatte im Sommer 1897 bei dem Beklagten, seinem Arbeitgeber, ein Schriftstück unterzeichnet, inhalts dessen für das zu jener Zeit begonnene und alle zukünftig etwa zwischen den Parteien zu begründenden Arbeitsverhältnisse die Kündigung ausgeschlossen sein solle. Ein Vierteljahr nach Lösung dieses Arbeitsverhältnisses trat Kläger wieder bei dem Beklagten in Arbeit; über die Kündigung wurde hierbei nichts gesprochen. Der demnächst ohne Kündigung entlassene Kläger fordert vierzehntägige Lohnentschädigung. Beklagter erhebt unter anderem den Einwand, er sei nach der Abrede vom Sommer 1897 zur jederzeitigen Entlassung des Klägers berechtigt gewesen.

Beklagter wurde nach dem Klageantrage verurteilt.

Aus den Gründen: Es erscheint zweifelhaft, ob eine Abrede, wonach auch für alle in Zukunft zwischen den Parteien etwa abzuschließenden Arbeitsverträge die Kündigung ausgeschlossen sein solle, überhaupt einen Vertrag im rechtlichen Sinne darstellt. Im Sommer 1897 war ein zweites Arbeitsverhältnis zwischen den Parteien durchaus noch nicht irgendwie bestimmt in

[1]) Ebenso GG. Berlin, 15. Februar 1894 (Unger, Nr. 59).

Aussicht genommen. Ohne Vorhandensein eines zu kündigenden Vertrages schwebt aber eine Abrede über die Kündigung völlig in der Luft. Eine Kündigung für sich allein kann nicht den Gegenstand einer Obligation bilden, und man kann von einer wirksamen Offerte und Annahme nur sprechen, wenn „der Erklärende durch die Annahme des anderen Teiles Schuldner oder Gläubiger einer Obligation ganz bestimmten Inhalts werden will" (Eccius, Preußisches Privatrecht, 5. Aufl., Bd. 1 S. 444). Hier aber fehlt eine solche Obligation ganz bestimmten Inhalts, also auch eine rechtlich wirksame Willenserklärung. („Gewerbegericht" Jg. 3, Sp. 88.)

b) Urteil des Landgerichts I zu Berlin vom 12. Juni 1895.

Kläger haben bei ihrem Arbeitsantritt bei Beklagtem ein Schriftstück unterschrieben folgenden Inhalts: „Hierdurch verpflichten wir, Arbeitgeber und Arbeitnehmer, uns, durch Namensunterschrift auf jedwede Kündigung beiderseits zu verzichten. Diese Unterschrift gilt für alle Bauten, auf denen die Arbeitgeber die Arbeitnehmer beschäftigen und ein für allemal d. h., sind die Arbeitnehmer nur vorübergehend bei den Arbeitgebern beschäftigt gewesen und treten dann wieder in das Arbeitsverhältnis ein, so sind ihre erstmaligen Unterschriften, auch wenn diese Jahre vorher gegeben, doch bindend."

Als der Arbeitgeber sich bei einem später erneut eingegangenen Arbeitsverhältnis auf dieses Abkommen berief, erhob der Mitkläger K. den Einwand, daß der in der Urkunde enthaltene Verzicht auf eine Kündigungsfrist deshalb, weil er auch für jedes künftige, also bis zum Lebensende des Arbeiters bei derselben Firma etwa eingegangene Arbeitsverhältnis wirksam sein solle, eine Verpflichtung begründe, die „unsittlich" sei und deshalb für nichtig erachtet werden müsse.

Die Klage ist abgewiesen.

Aus den Gründen: Die Ausführungen des Mitklägers K., welche eine Nichtigkeit der in den Erklärungen enthaltenen Verpflichtung geltend machen, sind unzutreffend; denn einer Zulässigkeit des Verzichts auf Aufkündigung steht nach § 122 der GO. nichts entgegen, und im übrigen ist nicht ersichtlich, inwiefern etwa eine Schädigung der Arbeiter in ihrer Erwerbsfreiheit darin liegen soll, daß ein Arbeitgeber sich von denjenigen Arbeitern, die er einmal in seinem Betriebe beschäftigt, die verpflichtende Erklärung abgeben läßt, daß die Bedingungen dieses ersten Arbeitsverhältnisses auch ein für allemal bei einer Wiederbeschäftigung der Arbeiter gelten sollen. (Unger, Nr. 57.)

## 229. Gelten bei Wiedereinstellung eines Arbeiters die alten Kündigungs-Bedingungen als stillschweigend vereinbart?

a) Urteil des GG. zu Berlin, Kammer 4, vom 8. September 1900.

Der Kläger ist bei dem Beklagten vom 11. Februar 1896 bis 6. September 1897 und dann wieder seit dem 1. Oktober 1897 bis zum 17. Juli 1900 als Drechsler gegen Stücklohn beschäftigt gewesen. Bei Eingehung des ersten Arbeitsverhältnisses ist beiderseitiger Ausschluß jeder Kündigungsfrist verabredet worden. Beim Wiedereintritt des Klägers ist über die Arbeitsbedingungen nichts gesprochen worden. Entlassen ist Kläger auch jetzt wieder ohne Innehaltung der gesetzlichen vierzehntägigen Kündigungsfrist.

Die Klage auf Weiterzahlung des Lohnes für die Dauer der gesetzlichen Kündigungsfrist ist abgewiesen.

Aus den Gründen: Gemäß § 122 der GO. gilt für das Arbeitsverhältnis zwischen Gesellen oder Gehilfen und ihren Arbeitgebern grundsätzlich eine vierzehntägige Kündigungsfrist. Wollen die Parteien beim Abschluß eines Arbeitsvertrages von dieser Vorschrift, welche dispositiver Natur ist, abweichen, so müssen sie es in klarer unzweideutiger Weise einander zu erkennen geben, um die zu einem Vertrage erforderliche Willenseinigung zu erzielen.

Deshalb ist auch grundsätzlich anzunehmen, daß, wenn ein Arbeitnehmer zu verschiedenen Malen bei demselben Arbeitgeber eintritt, die bei dem ersten

Engagement etwa vereinbarte Arbeitsbedingung des Kündigungsausschlusses nicht ohne weiteres auch für die späteren Arbeitsverhältnisse als bindend gilt. Vielmehr ist erforderlich, daß für jeden einzelnen Fall der besondere Vertragswille — sei es ausdrücklich, sei es stillschweigend — von neuem in Wirksamkeit tritt.

Bei der Beurteilung der allgemeinen Frage, inwieweit in Ermangelung ausdrücklicher anderweiter Vereinbarungen die früheren Bedingungen Gültigkeit behalten, wird man aber nicht umhin können, den Zeitpunkt der Eingehung des früheren Vertragsverhältnisses zu berücksichtigen.

Bei einem Arbeitgeber, der vielleicht erst nach Monaten oder gar Jahren wieder einmal zu seinem früheren Arbeitgeber zurückkehrt, nachdem er sich inzwischen auf zahlreichen anderen Stellen den verschiedenartigsten Arbeitsbedingungen hat unterwerfen müssen, kann nicht immer vorausgesetzt werden, daß er dann noch mit den mit seinem früheren Arbeitgeber vereinbarten Arbeitsbedingungen vertraut ist. In einem solchen Falle wird der Arbeitgeber, wenn er die früheren Arbeitsbedingungen auch für das neue Arbeitsverhältnis gelten lassen will, den Arbeitnehmer zum mindesten auf die früheren Arbeitsbedingungen hinweisen müssen.

Anders liegt die Sache jedoch im vorliegenden Falle.

Hier haben Parteien unstreitig bei der am 11. Februar 1896 erfolgten Eingehung des ursprünglichen Arbeitsverhältnisses die gesetzliche Kündigungsfrist ausgeschlossen und, nachdem sie das Verhältnis bis zum 16. September 1897 — also länger als 1½ Jahre — fortgesetzt und demnächst während der im Vergleiche damit als außerordentlich kurz zu bezeichnenden Zeit von nur vierzehn Tagen unterbrochen hatten, am 1. Oktober 1897 das Arbeitsverhältnis wieder aufgenommen. Wenn bei dieser Gelegenheit der Beklagte es unterlassen hat, den Kläger ausdrücklich darauf hinzuweisen, daß die gesetzliche Kündigung nicht stattfinde, so ist dies nach Ansicht des Gerichts rechtsunerheblich, weil es nach Lage der Sache keinem Zweifel unterliegen kann, daß die fragliche Arbeitsbedingung dem Kläger bei der Wiederaufnahme der Arbeit noch frisch im Gedächtnis sein mußte und daher anzunehmen ist, daß Kläger sich durch die Wiederaufnahme — wie mit den übrigen früheren Arbeitsbedingungen — so auch mit der des Kündigungsausschlusses für die Folge stillschweigend einverstanden erklärt hat. Wenn Kläger etwas anderes beabsichtigte, so wäre es offenbar seine Sache gewesen, dem Beklagten am 1. Oktober 1897 zu erklären, daß er unter den früheren Bedingungen, insbesondere unter der Bedingung des Kündigungsausschlusses, nicht weiterarbeiten wolle. („Soziale Praxis".)[1]

### b) Urteil des GG. Hamburg.

Der Bäcker F. war von der Firma H. & Co. seit Sommer 1896 als Werkmeister bei einem Monatsgehalt von 100 Mk. und freier Wohnung und einmonatlicher gegenseitiger Kündigung angestellt. Wegen einer gegen einen Verwandten der Beklagten angeblich verübten Unrechtfertigkeit hatte F. eine dreiwöchentliche Gefängnisstrafe zu verbüßen und trat danach am 1. Februar d. J. wieder in seine Stellung ein, ohne daß irgend eine Änderung in den Bedingungen eintrat, nur fiel die freie Wohnung gegen eine Entschädigung von 4 Mk. pro Woche fort, so daß er 28 Mk. pro Woche erhielt. Da er nun am 4. April ohne Kündigung entlassen wurde, klagte F. auf Zahlung eines einmonatlichen Schadenersatzes von 112 Mk. und auf Ausstellung eines Entlassungsscheines, indem er das Schreiben der Beklagten vorlegte, grund dessen mit ihm eine einmonatliche Kündigung vereinbart war. Die Beklagten behaupteten, daß, nachdem der Kläger wegen eines Vertrauensbruches eine dreiwöchentliche Gefängnisstrafe verbüßt, sie ihn nur auf Bitten seiner Frau wieder eingestellt hätten, jedoch sei der ursprüngliche Vertrag durch die damalige Entlassung des Klägers ungültig geworden und sei nunmehr die den Gesellen gegenüber in ihrem Geschäfte geltende Arbeitsordnung, die als Plakat in den

---

[1]) Ebenso GG. Berlin 23. August 1893. — Unger, Nr. 58. — Siehe auch Nr. 220.

Arbeitsräumen offensichtlich hänge und nach welcher Kündigung überhaupt nicht existiere, auch für den Kläger maßgebend geworden.

Die Beklagten sind verurteilt.

Aus den Gründen: Der Kläger ist für die gleichen Leistungen wieder in die Arbeit eingetreten: eine Änderung in der Kündigung ist ihm nicht mitgeteilt, während es ein anerkannter Rechtsgrundsatz ist, daß Änderungen bestehender Zustände und Verhältnisse rechtlich nicht vermutet werden, vielmehr speziell mitgeteilt werden müssen. So ist auch die Bestimmung wegen der freien Wohnung speziell aufgehoben und dafür eine Lohnerhöhung zugebilligt. Falls die Beklagten glaubten, daß für den Wiedereintritt des Klägers die früheren Bestimmungen überhaupt nicht in Betracht kämen, so hat gar keine Veranlassung vorgelegen, eine einzelne Bestimmung zu ändern, noch gar an Stelle der aufgehobenen Bestimmung sich zu einer andern Leistung zu verpflichten. Andererseits hätte es sehr nahe gelegen, zugleich mit der Freiwohnung auch die monatliche Kündigung aufzuheben. Soweit also die früheren Bestimmungen nicht aufgehoben sind, müssen sie auch nach dem 1. Februar fortbestehen. („Gewerbegericht" Jg. 4, Sp. 86.)

## 230. Kann stündliche Lösung des Arbeitsverhältnisses vereinbart werden?

Urteil des GG. Berlin vom 24. Juli 1896.

Die Kläger haben bei Beginn des Arbeitsverhältnisses mit dem Beklagten schriftlich vereinbart, daß das Arbeitsverhältnis beiderseits „stündlich" gelöst werden kann. Als sie am 11. Juli früh die Baustelle betraten, sind sie sofort entlassen worden. Sie fordern den Lohn für diesen Tag.

Der Beklagte ist nur zur Zahlung des Lohnes für eine Stunde verurteilt. Im übrigen ist die Klage abgewiesen.

Aus den Gründen: So gut wie vereinbart werden kann, daß ein Arbeitsverhältnis wöchentlich oder täglich gelöst werden darf, ebenso kann natürlich auch vereinbart werden, daß dies stündlich geschehen könne. Es wird dann zwar immer in jedem Augenblick die Aufhebung ausgesprochen werden können, aber die in concreto gewollte geringste Zeiteinheit wird, sobald angebrochen, noch bis zu Ende bezahlt bezw. eventuell gearbeitet werden müssen. Im vorliegenden Fall war unstreitig die erste Arbeitsstunde des 11. Juli begonnen als die Kläger entlassen wurde. Das Arbeitsverhältnis nahm also mit Ablauf dieser Stunde sein Ende, derart, daß das Verlangen der Kläger nach Lohn für diese Stunde durchaus begründet erscheint.

Die Kläger vermögen nicht weitergehende Rechte zu begründen. Ihr Anspruch auf Lohn für den ganzen Tag könnte gar nicht anders lauten, wenn tägliche Entlassung vereinbart wäre, und mit derselben Logik könnten sie im letzteren Falle Lohn für eine Woche fordern. Ihr Arbeitsverhältnis konnte zu jeder Stunde gelöst werden, ebensowohl früh bei Beginn, wie abends bei Schluß, wie endlich zu irgend einer Zeit in der Mitte des Tages. Daß in dieser Bestimmung eine Härte für den Arbeiter liegt, der bei einer Entlassung mitten am Tage selbstverständlich andere Arbeit kaum zu finden vermag, liegt auf der Hand. Wenn sich aber der Arbeiter einer solchen harten Bestimmung einmal gefügt hat, so muß er sie auch gegen sich gelten lassen. (Unger, Nr. 62.)

## 231. Kann bei Kündigungsausschluß der Arbeiter innerhalb des Arbeitstages jederzeit entlassen werden?

a) Urteil des GG. München vom 11. Juli 1901.

Ein Schreinergeselle, mit welchem Kündigungsausschluß vereinbart war, war am Morgen des 5. Juli ohne Grund entlassen worden. Er klagt den Lohn für diesen Tag ein.

Der Beklagte ist verurteilt.

Aus den Gründen: Als der Beklagte den Kläger bei sich einstellte und dabei Kündigungsausschluß vereinbarte, sollte zwar die in § 122 GO. festgelegte gesetzliche 14tägige Kündigungsfrist ausgeschlossen werden, keineswegs aber für die Parteien die Berechtigung geschaffen werden, jede Sekunde das Arbeitsverhältnis zu lösen. Wie der Lohn sich nach einer Zeiteinheit, dem Tag, bemaß — es wurde ein Tagelohn von 4,40 Mk. ausgemacht — so mußte auch die Arbeitsleistung sich nach einer kleinsten Zeiteinheit bemessen und als solche ist eben der Arbeitstag anzunehmen. Es konnte daher der Kläger vor Vollendung des Arbeitstages nicht entlassen werden und wenn dies der Beklagte tat, ist er dem Kläger schadensersatzpflichtig. Umgekehrt würde ja auch für den Arbeitgeber ein Schadensersatzanspruch dem Arbeiter gegenüber bestehen, der mitten im Arbeitstag die Arbeit verläßt.

Das Recht, sofort die Arbeit niederzulegen, bezw. den Arbeiter zu entlassen, besteht, es mag eine Kündigungsfrist vereinbart sein oder nicht, nur, wenn ein außerordentlicher Kündigungsgrund gegeben ist oder dieses Recht ausdrücklich durch Vertrag festgelegt worden ist. Auch aus einem anderen Gesichtspunkte hat die Praxis (vgl. Unger, Nr. 73 und 75) bisher den bereits begonnenen Arbeitstag auch bei Kündigungsausschluß als lohnpflichtig für den Arbeitgeber angenommen, weil Verträge mit der Maßgabe auszulegen sind, daß jedem arglistigen und gewissenlosen Ausbeuten der Umstände entgegengetreten wird. In dieser Richtung besteht nach dem Inkrafttreten des BGB. eine positive Vorschrift im § 157. Die Verabredung — Kündigung ist ausgeschlossen — kann deshalb nie die Bedeutung haben, daß der Arbeitsvertrag jederzeit gelöst werden kann. Treu und Glauben erfordern vielmehr, daß von dem daraus entspringenden Recht kein chikanöser Gebrauch gemacht wird, daß beiden Teilen auch bei Kündigungsausschluß soviel Zeit gelassen wird, sich anderswo um einen Ersatz umsehen zu können. Wird nämlich der Arbeiter unter Tags plötzlich entlassen, so wird es ihm unmöglich gemacht, für diesen Tag seine Kraft noch weiter zu verwerten, umgekehrt würde dem Arbeitgeber durch sofortiges Niederlegen der Arbeit vielleicht gerade, wo er sie am Nötigsten hat, ein unverhältnismäßig hoher Schaden erwachsen.[1])

**b)** Urteil des GG. Karlsruhe vom 19. März 1902.

Kläger war bei dem Beklagten als Schreiner gegen Akkordlohn in Arbeit; er behauptet, er sei am 13. d. Mts. vormittags 10 Uhr entlassen worden und verlangt Nachzahlung des Lohnes für die Zeit von morgens 10 Uhr bis abends, indem er geltend macht, daß eine Entlassung im Laufe des Tages nicht erfolgen könne. Beklagter erwidert, nach seiner Fabrikordnung sei bezüglich der Auflösung des Arbeitsverhältnisses folgendes bestimmt:

§ 10. „Beiden Teilen ist gestattet, ohne vorherige Kündigung und ohne Angabe der Gründe das Vertragsverhältnis zu lösen."

Auf Grund dieser Bestimmung habe er die Entlassung des Klägers ausgesprochen. Kläger entgegnet, die Entlassung hätte schon deshalb nicht erfolgen dürfen, weil er nach derselben Bestimmung des § 10 berechtigt gewesen sei, die Vollendung der übernommenen Akkordarbeit zu beendigen, Beklagter habe ihn aber einfach von der im Gange befindlichen Arbeit weggejagt.

Beide Teile sind darüber einig, daß § 10 der Fabrikordnung unmittelbar nach den obenangeführten Worten den Zusatz enthält: „Stückarbeiter sind jedoch verpflichtet und berechtigt, zuvor die angefangene Akkordarbeit zu beendigen." Weiter sind die Parteien darüber einig, daß weder der Kläger die Beendigung der angefangenen Akkordarbeit ausdrücklich verlangt, noch der Beklagte demselben die in der Vollendung begriffene Arbeit ausdrücklich entzogen hat.

Die Klage ist abgewiesen.

---

[1]) Ebenso GG. Berlin bei Unger, Nr. 73.

**Aus den Gründen:** Was die Bedeutung des § 10 der Fabrikordnung betrifft, so frägt es sich zunächst, ob die jederzeitige Entlassung mit Rücksicht auf den Schlußsatz des § 10 auch während der Anfertigung einer Akkordarbeit zuläßig ist; diese Frage muß bejaht werden. Dieser Schlußsatz schließt die Anwendung der jederzeitigen Lösbarkeit des Arbeitsverhältnisses nicht aus, sondern räumt nur beiden Teilen ein Recht ein, nämlich das Recht, die Vollendung der angefangenen Arbeit zu verlangen; da aber in vorliegendem Falle der Kläger nicht verlangt hat, daß er die angefangene Arbeit vollenden dürfe und aus seinem Klageantrag folgt, daß er diese Arbeit auch garnicht vollenden wollte, so hat er auf das ihm zustehende Recht verzichtet, und hat es somit bei der jederzeitigen Lösbarkeit des Vertragsverhältnisses zu verbleiben.

Es frägt sich weiter, ob die Einwendung des Klägers, daß die Auflösung des Vertragsverhältnisses nicht während des Arbeitstages, sondern nur mit Ablauf eines Tages statthaft sei, so kann dieser Anschauung nicht beigepflichtet werden. Es ist zwar richtig, daß diese Ansicht in einem Urteil eines ausländischen GG. (des österreichischen GG. Brünn) aufgestellt wird, indem dasselbe von der Anschauung ausgeht, daß ein Tag insolange als die kleinste Einheit einer Arbeitsdauer betrachtet werden müsse, als nicht aus dem Arbeitsvertrag das Gegenteil folge. Für diese Anschauung bietet aber die deutsche Gesetzgebung, sowohl das bürgerliche Gesetz als die gewerberechtlichen Bestimmungen keinerlei Anhalt; es muß vielmehr angenommen werden, daß wie beim Vorhandensein einer Tatsache, welche die Entlassung aus bestimmter Ursache rechtfertigt, diese zu jeder Minute erfolgen kann, ganz das gleiche auch der Fall ist, wenn der Ausschluß der Kündigung auf Vertrag bezw. der Fabrikordnung beruht. Im vorliegenden Falle erscheint übrigens die Frage umso zweifelloser entschieden, als die beklagtische Fabrikordnung ausdrücklich das Wort „jederzeit" gebraucht, ein Wort, dessen Sinn zweifellos dahin festzustellen ist, daß die Auflösung des Vertragsverhältnisses in jedem dem Arbeitgeber oder Arbeiter gutscheinenden Augenblick erfolgen kann.

## 232. Ist bei Annahme eines Arbeiters auf Stundenlohn Ausschluß der Kündigungsfrist als vereinbart anzusehen?

Urteil des GG. Berlin vom 16. April 1895.

Kläger ist vom Beklagten (Inhaber einer Möbelhandlung) vom 5. bis 8. Februar 1895 gegen einen Stundenlohn von 30 Pfg. mit dem Abtragen von Möbeln beschäftigt gewesen. Bei seiner Annahme ist nur über den Lohn, nicht aber über die Kündigung geredet worden. Am 8. Februar erhielt Kläger den Lohn für die gesamte Arbeitszeit in einem Posten ausgezahlt und wurde dann entlassen. Er hält diese ohne Kündigung erfolgte Entlassung für unberechtigt und verlangt eine 14tägige Kündigung und mangels Beachtung derselben eine Entschädigung für diese Zeit mit 30 Mk. Beklagter bittet um Abweisung, da bei Stundenlohn Kündigung ausgeschlossen sei.

Der Beklagte ist verurteilt.

Aus den Gründen: Ein wesentlicher, die Frage der Kündigung beeinflussender Unterschied zwischen den verschiedenen Arten der Lohnberechnung — Stunden-, Tage-, Wochen-, Akkord- u. s. w. Lohn — ist nicht anzuerkennen, da für die Wahl der einen oder der anderen Lohnform in der Regel Umstände maßgebend sein werden, welche mit der Frage der Kündigung nicht zusammenhängen. Daß gerade der Stundenlohn als charakteristisches Merkmal eines nach Absicht beider Parteien nur auf kürzere Zeit eingegangenen und deshalb jederzeit ohne Kündigung auflösbaren Arbeitsverhältnisses anzusehen ist, soll für gewisse Verhältnisse nicht bestritten werden. Derartige Verhältnisse liegen aber hier nicht vor. Es handelt sich vielmehr um eine Beschäftigung, deren Dauer ihrer Natur nach nicht beschränkt war, und auch der Umstand, daß der verdiente Lohn nicht etwa täglich, sondern für alle fünf Arbeitstage zusammen bezahlt worden ist, spricht dafür, daß ein jederzeit ohne Kündigung wieder lösbares Arbeitsverhältnis nicht von beiden Parteien beabsichtigt war. Das Verlangen des Klägers nach Kündigung ist daher berechtigt. (Unger, Nr. 65.)

### 233. Vereinbarung zwischen dem Unternehmer und seinen Arbeitern über die Beschränkung der Arbeitszeit zum Zweck der Vermeidung von Arbeiterentlassungen. Können trotzdem Arbeiter entlassen werden?

Urteil des GG. Frankfurt a. M. vom 22. Juli 1886.

Die Arbeitszeit in der Fabrik des Beklagten ist vor Pfingsten im Einverständnis mit den Arbeitern zur Vermeidung von Entlassungen auf 5 Tage in der Woche ermäßigt worden. Trotzdem ist dem Kläger am 13. Juli gekündigt worden. Kläger verlangt Schadensersatz wegen ungerechtfertigter Entlassung.

Der Beklagte ist verurteilt.

Aus den Gründen: Die Beweisaufnahme hat ergeben, daß von seiten der Beklagten eine Vereinbarung über die Verkürzung der Arbeitszeit mit den Arbeitern getroffen ist, um weitere Entlassungen zu vermeiden. Von seiten des unterhandelnden Vertreters der Beklagten ist dabei die Äußerung getan worden, daß nach verkürzter Arbeitszeit keine weiteren Entlassungen stattfinden sollten. Demnach ist Gegenstand der Vereinbarung der Beklagten mit ihren Arbeitern und insbesondere dem Kläger u. a. gewesen, daß das vorhandene Arbeiterpersonal dauernd weiter beschäftigt würde. Da insoweit der Vertrag von der Beklagten selbst nicht inne gehalten ist, vielmehr einseitig von ihr aufgelöst ist, so ist der Kläger berechtigt, Schadensersatz zu verlangen. („Gewerbegericht" Jg. 2, Sp. 6.)

### 234. Hat der Arbeiter, dem der Arbeitgeber beim Engagement erklärt hat, es werde mit der Arbeit nicht lange dauern, Anspruch auf 14tägige Kündigung?

Urteil des GG. Berlin vom 20. November 1893.

Kläger fordert wegen angeblich ungerechtfertigter Entlassung 14tägige Lohnentschädigung. Beklagter wendet ein, er habe dem Kläger gesagt, daß es mit der Arbeit nicht lange dauere.

Der Beklagte ist verurteilt.

Aus den Gründen: Der § 122 der GO. bestimmt, daß für gewerbliche Arbeiter eine 14tägige Kündigungfrist gilt, sofern nichts anderes vereinbart ist. Eine solche Vereinbarung kann entweder dahin getroffen werden, daß eine andere Aufkündigungsfrist verabredet oder das Arbeitsverhältnis von vornherein durch Festsetzung einer bestimmten Zeit oder durch Beziehung auf eine bestimmte Arbeit derart begrenzt wird, daß es mit Ablauf der Zeit oder Beendigung der Arbeit von selbst endet. Das ist vorliegend nicht geschehen. Eine allgemeine Besprechung, daß es nicht lange dauern werde, ersetzt die Abrede über die bestimmte Dauer nicht. Der Kläger kann daher 14tägige Kündigungsfrist fordern und hat, da er ohne Kündigung entlassen ist, Anspruch auf Lohnentschädigung auf die Zeit, welche das Arbeitsverhältnis noch gedauert hätte, also 14 Tage. (Unger, Nr. 66.)

## 235. Kann aus Redewendungen allgemeiner Art, wie: „Bei mir haben Sie Arbeit für den ganzen Winter", ein Schluß auf die vereinbarte Dauer des Arbeitsverhältnisses gezogen werden?

Urteil des GG. Berlin, Kammer 1, vom 8. Januar 1900.

Kläger ist vom Beklagten bis 30. November 1899 als Schneider beschäftigt worden. Er behauptet, daß ihm der Beklagte beim Engagement Arbeit „für den ganzen Winter" zugesagt habe und beansprucht deshalb eine Lohnentschädigung über die 14tägige Kündigungsfrist hinaus für die Zeit von Mitte Dezember 1899 bis 31. März 1900 mit 24 Mk. pro Woche.

Die Klage ist abgewiesen.

Aus den Gründen: Gänzlich unbegründet ist die klägerische Auffassung, aus einer allgemeinen Redensart, wie: „Bei mir haben Sie Arbeit für den ganzen Winter" eine bestimmte kontraktliche Dauer des Arbeitsverhältnisses zu konstruieren. Derartigen, beim Engagement von Arbeitern, Dienstpersonal u. s. w. häufigen und üblichen Redewendungen ist irgend eine rechtliche Bedeutung nicht beizumessen, da sie jeder Bestimmtheit entbehren und einen ernstlichen, sicheren Parteiwillen nicht zum Ausdruck bringen. Übrigens steht die Dauer des Winters keineswegs fest, und der Versuch des Klägers, sie bis zum 31. März zu fixieren, muß als willkürlich bezeichnet werden. („Soziale Praxis".)

## 236. Inwieweit ist eine Abrede bindend, in der sich beide Teile versprechen, daß das Arbeitsverhältnis dauernd sein solle?

Urteil des GG. Stuttgart.

Dem Kläger, einem Monteur, ist am 24. Oktober auf 14 Tage gekündigt worden, er will die Kündigung nicht annehmen und klagt, daß der Beklagte verpflichtet werden solle, ihm bis zum 31. Dezember Arbeit zur Verfügung zu stellen, oder, entsprechend seinem Verdienst, für jeden arbeitslosen Tag 6,50 Mk. zu bezahlen. Im Frühjahr dieses Jahres habe ihm der Beklagte das Versprechen abgenommen, daß er dauernd bei ihm bleibe, er habe sich die Hand darauf geben lassen, und habe dann gesagt: „solange die Firma C. F. D. geführt wird, behalten Sie Ihre Stellung bei mir." Damit sei für jeden von beiden die Kündigung ausgeschlossen gewesen. Er hätte sich daraufhin nie für berechtigt gehalten, ohne Zustimmung des Beklagten eine andere Stellung anzunehmen. Deshalb verlange er aber auch, daß ihn der Beklagte solange behalte, bis er eine passende Stellung gefunden habe. Er nehme an, daß das bis zum 1. Januar geschehen könne, und beschränke sich daher darauf, Beschäftigung bis zu dieser Zeit zu verlangen. — Der Beklagte erwidert: Er erinnere sich des Wortlauts des Versprechens nicht mehr; so, wie es der Kläger darstelle, habe er jedenfalls nicht gesagt. Damals seien ihm der Obermonteur und noch andere Monteure mitten in der strengsten Arbeit weggegangen, er habe deshalb zum Kläger gesagt, ob er ihn auch verlassen wolle. Dabei habe er ihm zugesichert, daß er dauernde Arbeit habe, und etwa gesagt: „solange die Montage so fort geht, haben Sie Arbeit," oder etwas ähnliches. Nun sei jetzt die Arbeit wesentlich kleiner geworden, und eine Beschäftigung von im ganzen über $1^1/_2$ Jahren (der Kläger war schon vor diesem Versprechen 1 Jahr lang beim Beklagten) könne doch wohl als „dauernd" bezeichnet werden. — In der Beweisaufnahme hat der einzige Zeuge des Gesprächs angegeben, der Beklagte habe sich vom Kläger mit Handschlag versprechen lassen, er werde seinen Posten bei ihm niemals verlassen und habe darauf etwa zu ihm gesagt: „Solange wie ich Arbeit habe, haben Sie auch Arbeit."

Der Beklagte ist verurteilt, den Kläger bis zum 30. November zu behalten.

Aus den Gründen: Der nähere Inhalt des Versprechens steht allerdings nicht völlig fest, doch ist soviel sicher, daß jeder dem anderen zusagte, das Arbeitsverhältnis nicht bald zu lösen. Da beide Teile sich gebunden haben, so ist ein solches Versprechen zulässig und verstößt nicht gegen § 122 der GO. Sollte nun trotzdem jeder Teil mit 14tägiger Kündigung das Verhältnis lösen können, so hätte das ganze Versprechen, das allem nach doch von beiden damals mit einer gewissen Feierlichkeit gegeben worden ist, keinen Wert. Auf der anderen Seite kann nicht als Sinn der Parteien angenommen werden, daß überhaupt niemals eine Kündiguug gestattet sein solle. Das Gericht hat deshalb angenommen, daß auf Grund der Abrede wenigstens jeder Teil dem anderen angemessene Frist lassen müsse, sich nach Ersatz umzusehen. Als angemessene Frist hat es unter Berücksichtigung der Geschäftsverhältnisse die Zeit bis zum 30. November angenommen. („Gewerbegericht" Jg. 2, Sp. 43.)

## 237. Gleichheit der Kündigungsfrist. Welche Folge tritt ein, wenn ungleiche Fristen bedungen sind?

**a)** Urteil des GG. Berlin vom 20. August 1896.

Der Bauarbeiter B. behauptet, im Juli 1896 ohne gesetzlichen Grund und ohne Kündigung vom Maurermeister Sch. entlassen zu sein, und beansprucht für eine Woche und zwei Tage, während welcher er beschäftigungslos gewesen sein will, Lohnentschädigung in Höhe von 48 Mk. Beklagter legt ein Schriftstück vor, Inhalts dessen Kläger durch Namensunterschrift anerkannt habe, daß keine Kündigung stattfinde, der Beklagte befugt sein solle, den Kläger zu jeder Zeit zu entlassen, der Kläger seinerseits am Abend jeden Arbeitstages das Arbeitsverhältnis lösen dürfe. Der Kläger gibt zwar zu, diese Erklärung unterschrieben zu haben, ficht aber ihre Gültigkeit aus dem Grunde an, weil in derselben die Aufkündigungsfristen für beide Kontrahenten nicht gleich bestimmt seien.

Der Beklagte ist zur Lohnzahlung für zwei Wochen verurteilt.

Aus den Gründen: Die GO. bestimmt in ihrem § 122, „daß ein Arbeitsverhältnis zwischen den Gesellen oder Gehilfeu und ihren Arbeitgebern durch eine jedem Teile freistehende, 14 Tage vorher erklärte Aufkündigung gelöst werden kann, wenn nicht ein anderes verabredet ist. Werden andere Aufkündigungsfristen vereinbart, so müssen sie für beide Teile gleich sein. Vereinbarungen, welche dieser Bestimmung zuwiderlaufen, sind nichtig." Der hierin zum Ausdruck gelangte Grundsatz, daß für beide Kontrahenten alle diejenigen Abreden gleich sein müssen, welche eine Einwirkung auf die Bestimmung der Zeit ausüben, mit deren Ablauf seit der einseitigen Kundgebung des Auflösungswillens das Arbeitsverhältnis ein Ende finden soll, gilt nach der Fassung des § 122 nicht ausschließlich für die einfachen Frist-Verlängerungen, -Kürzungen und -Aufhebungen, sondern auch für die Fälle, in welchen festgesetzt wird, daß die Aufkündigung nur an bestimmten Tagen, zu einer bestimmten Tageszeit erfolgen dürfe, oder unzulässig sei. — Der Beklagte hat sich das Recht vorbehalten, den Kläger „zu jeder Zeit", d. h. zu jeder beliebigen Tagesstunde zu entlassen. Dem Kläger stand dieses Recht nicht zu, er war gehalten, mindestens bis zum Ablauf des Arbeitstages den Vertrag zu erfüllen, erst mit diesem Zeitpunkte durfte er von demselben abgehen. Für den Kläger war damit eine eintägige Kündigungsfrist bestimmt. Es liegt darin eine offenbare Verschiedenheit, die, da sie von dem § 122 nicht geduldet wird, die über die Auflösung des Arbeitsverhältnisses getroffene Abrede nichtig macht. — Fehlte es also, da die vom Beklagten beregte Abrede als nicht getroffen gelten muß, überhaupt an einer Vereinbarung über die Kündigung, so bewendet es bei der gesetzlichen Bestimmung des § 122, daß in Ermangelung einer anderweiten Abrede das Arbeitsverhältnis nach Ablauf einer 14tägigen Aufkündigungsfrist gelöst werden kann. (Vgl. v. Landmann, Gewerbeordnung, Anm. 3 zu § 122, und Schenkel, Gewerbeordnung, Anm. 7 zu § 122). („Gewerbegericht" Jg. 2, Sp. 15.)

**b)** Urteil des GG. Berlin vom 15. September 1896.

Kläger hat bei Beginn des Arbeitsverhältnisses beim Beklagten ein Schriftstück unterzeichnet, Inhalts dessen er unter der Bedingung in Arbeit trat, daß er ohne vorangegangene Kündigung zu jeder Stunde des Tages entlassen werden kann, wogegen ihm das Recht zusteht, am Schlusse eines jeden Arbeitstages seine Entlassung zu verlangen ꝛc.

Kläger ist nun am Anfang eines Arbeitstages entlassen worden und fordert jetzt Lohnzahlung für diesen Tag sowie weitere Tage, an denen er arbeitslos war.

Das GG. hat den Arbeitgeber zum Schadensersatz für einen Tag verurteilt, im übrigen aber die Klage abgewiesen.

Aus den Gründen: Die Entscheidung hängt lediglich davon ab, ob bezw. in welchem Umfang die Kündigungsabrede der Parteien gültig ist. Die GO. bestimmt im § 122, daß vereinbarte Kündigungsfristen für beide Teile gleich sein müssen; „Vereinbarungen, welche dieser Bestimmung zuwiderlaufen, sind nichtig." Hiernach ist im vorliegenden Falle die Vereinbarung, daß Kläger stündlich, Beklagter nur am Schlusse des Arbeitstages das Arbeitsverhältnis lösen dürfe, nichtig. Wollte man nun annehmen, die ganze Kündigungsabrede sei nichtig, es sei also über die Kündigung überhaupt rechtswirksam nichts vereinbart, so würde nach § 122 der GO., erster Satz, die gesetzliche 14tägige Kündigung Platz greifen, es würde also der Arbeitsvertrag unter einer Bedingung stehen, die auszuschließen die Parteien gerade übereinstimmend gewollt haben. Dieser übereinstimmende Vertragswillen der Kontrahenten darf aber nicht einfach ignoriert werden. Einig waren die beiden Kontrahenten darüber, daß die gesetzliche Kündigungsfrist ausgeschlossen werden sollte, daß beide Teile in kürzerer Zeit das Arbeitsverhältnis einseitig lösen können sollten, sie waren sogar noch soweit einig, daß diese einseitige Lösung an jedem Tage zulässig sein sollte. Hätte es hierbei sein Bewenden gehabt, so würde die Kündigungsabrede gültig sein und nicht gegen § 122 cit. verstoßen. Nun aber hat sich Beklagter noch ein weitergehendes Recht ausbedungen, ohne dies auch dem Kläger zuzugestehen. Erst diese Abrede verstößt gegen das Prinzip der Gleichheit der Kündigungsabreden, und deshalb ist auch nur diese Abrede nichtig; auch der Beklagte darf also nur ebensoweit von der gesetzlichen Kündigungsfrist sich entfernen wie der Kläger.

Man kann auch nicht etwa sagen, Parteien seien einig darüber gewesen, daß ihr Vertragsverhälinis so schnell wie möglich lösbar sein solle, die Inkongruenz der Abrede bestehe also darin, daß der Kläger länger an den Vertrag gebunden sei als der Beklagte, nichtig sei also diejenige Abrede, der zufolge für den einen Teil eine längere Kündigungsfrist festgesetzt sei als für den anderen. Vorstehende Argumentation würde deshalb unrichtig sein, weil nicht Ausschluß der Kündigung das reguläre, die Norm ist, von der nur vertragsmäßig abgewichen werden kann, sondern weil nach § 122 cit. eine 14tägige Kündigungsfrist die Norm ist, von der die Kontrahenten eben nur gleichweit abweichen dürfen.

Demnach durfte Kläger nicht, wie geschehen, am Morgen sondern nur am Abend entlassen werden. („Gewerbegericht" Jg. 2, Sp. 99.)

### 238. Ist die Vereinbarung gültig, daß bei Kündigungsausschluß der Akkordarbeiter zur Fertigstellung der Arbeit zwar verpflichtet, aber nicht berechtigt sein soll?[1]

Urteil des Landgerichts I, Zivilkammer 8 zu Berlin, vom 29. Januar 1901.

Die Abrede ist für ungültig erklärt.

Aus den Gründen: Die Arbeitsordnung der Beklagten bestimmt:

„In unserer Fabrik findet eine Kündigung nicht statt; das Arbeitsverhältnis kann demnach sowohl von dem Arbeitgeber, als auch von dem Arbeitnehmer zu jeder Zeit gelöst werden, jedoch können die Akkordarbeiter verpflichtet werden, die angefangene Arbeit zuvor fertig zu stellen."

Der Vorderrichter ist davon ausgegangen, daß nach dem Schlußpassus dieses Paragraphen „wegen der notwendigen Gegenseitigkeit solcher Vereinbarungen" auch der Kläger an sich hätte verlangen können, daß ihm die über-

[1]) Siehe auch Nr. 137—140.

tragenen Akkordarbeiten bis zur Beendigung belassen würden und er hat die Klage nur deshalb abgewiesen, weil er als erwiesen ansah, daß der Kläger sich mit seiner Entlassung einverstanden erklärt habe.

Dieser Standpunkt ist mit der gesetzlichen Vorschrift des § 122 der RGO. nicht vereinbar. Danach müssen allerdings Aufkündigungsfristen, die besonders ausbedungen werden, für beide Teile gleich sein. Aber an einer Zuwiderhandlung gegen diese Vorschrift (also an eine einseitige Regelung des Kündigungsverhältnisses) wird nicht die Folge geknüpft, daß das zu Gunsten eines Teils Bestimmte auch ohne weiteres zu Gunsten des anderen gelte müsse, sondern es wird vielmehr die Folge daran geknüpft, daß zuwiderlaufende Vereinbarungen nichtig seien.

Nun enthält die wiedergegebene Vorschrift der Fabrikordnung, wonach die Arbeiter nur verpflichtet (nicht auch berechtigt) seien, angefangene Akkordarbeiten zu beendigen, in der Tat eine Modifizierung des Kündigungsverhältnisses einseitig zu Gunsten der Beklagten; allein daraus folgt nicht, wie der Vorderrichter annimmt, die notwendige Gegenseitigkeit dieser Vereinbarung, sondern ihre Nichtigkeit; und zwar nicht etwa die Nichtigkeit der sämtlichen Abmachungen über das Kundigungsverhältnis, sondern nur der einen speziellen gesetzwidrigen Abmachung über die Fertigstellung der Akkordarbeiten; die allgemeine Bestimmung, daß jeder Teil das Arbeitsverhältnis lösen könne, eine Bestimmung, die mit jenem gesetzwidrigen Zusatz in gar keinem notwendigen inneren Zusammenhange steht und in Satz 1 auch äußerlich durch ein Semikolon abgetrennt ist, wird davon nicht berührt und bleibt zu Recht bestehen. („Soziale Praxis".)[1]

## 239. Ist ein Arbeitsvertrag gültig, der zwar auf eine bestimmte Zeit geschlossen, in dem aber der Arbeitgeber sich allein eine 14tägige Kündigungsfrist vorbehalten hat?

### Urteil des GG. zu Königsberg i. Pr.

Der Theaterdirektor K. hat die Artisten P. und W. mittels schriftlichen Vertrages für die Zeit vom 16. September bis 16. Oktober 1896 engagiert, sich aber das Recht vorbehalten, diesen Vertrag seinerseits nach einer täglichen mit 14 Tagen Frist erfolgenden Kündigung aufzulösen. Von diesem Recht hat Beklagter Gebrauch gemacht und die Kläger am 1. Oktober entlassen, nachdem er am 17. September gekündigt hatte. Kläger behaupten, die Vereinbarung, wonach dem Beklagten das Recht zustehen sollte, den Vertrag mit 14tägiger Kündigungsfrist zu lösen, sei nach § 122 der RGO. nichtig, da den Klägern nicht das gleiche Kündigungsrecht zugestanden sei. Es bleibe mithin nur die Vereinbarung der Dauer der Beschäftigung auf einen Monat zu Recht bestehen. Kläger haben ihre Dienste dem Beklagten zur Verfügung gestellt und beantragt, den Beklagten zur Zahlung der Gage für die Zeit vom 1. bis 16. Oktober mit 225 Mk. zu verurteilen.

Die Klage wurde abgewiesen.

Aus den Gründen: Der § 122 der RGO., auf welchen die Kläger sich stützen, bezieht sich, wie der Wortlaut ergibt, nur auf solche Arbeitsverhältnisse, deren Dauer vorher nicht vereinbart ist, und bestimmt für solche Fälle einer unbestimmten Arbeitsdauer, daß andere als 14tägige Aufkündigungsfristen entweder für beide Teile gleich vereinbart sein müssen, oder andernfalls ungültig sind. Diese die Vertragsfreiheit der Beteiligten einschränkende Gesetzesbestimmung kann unmöglich extensiv interpretiert werden. Wollte man es aber auch für statthaft halten, sie auf das vorliegende Arbeitsverhältnis mit bestimmter Dauer anzuwenden, so ist doch eben im vorliegenden Falle keine andere als gerade eine 14tägige Kündigungsfrist verabredet und vom Beklagten eingehalten. Der, wenn auch einseitig zum Vorteile des Beklagten dienende Kündigungsvorbehalt konnte deshalb vom Gerichtshof nicht als ungültig erachtet werden. („Gewerbegericht" Jg. 3, Sp. 31.)

---

[1]) Vgl. Nr. 140.

## 240. Ist eine Abrede gültig, wonach die Kündigungsfrist ausgeschlossen, der Arbeiter aber zu einer „vorherigen Mitteilung" verpflichtet wird?

Urteil des GG. Duisburg.

51 Erdarbeiter fordern von dem Unternehmer K. den rückständigen Lohn für je 2—3 Tage mit zusammen 374,20 Mk., da sie plötzlich entlassen seien.

Der Beklagte beantragt Abweisung, da sie die Arbeit verlassen hätten, ohne ihm vorher Mitteilung davon gemacht zu haben und dadurch gemäß § 16 der Arbeitsordnung den Restlohn bis zum Betrage des Wochenlohnes verwirkt hätten.

Die Arbeitsordnung besagt:

§ 11. Die Entlassung kann jederzeit ohne Einhaltung einer Kündigungsfrist erfolgen. — Der Austritt der Arbeiter kann ebenfalls jederzeit ohne Einhaltung einer Kündigungsfrist erfolgen, jedoch nicht ohne eine vorherige bezügliche Mitteilung an den Arbeitgeber.

§ 16. Arbeitnehmer, welche ohne vorherige Mitteilung an den Arbeitgeber von der Arbeit fernbleiben mit der Absicht, dadurch ohne weiteres aus dem Betriebe auszuscheiden, verwirken ihren rückständigen Lohn bis zur Höhe eines durchschnittlichen Wochenlohnes. Die Verwendung der verwirkten Beträge bleibt dem Ermessen des Arbeitgebers anheimgestellt.

Der Beklagte ist verurteilt.

Aus den Gründen: Was nun die Gültigkeit der fraglichen §§ 11 und 16 anlangt, so sind offensichtlich die Aufkündigungsbedingungen für die Arbeitnehmer andere als für den Arbeitgeber, denn letzterer beansprucht für sich das Recht, die Arbeiter jederzeit ohne weiteres entlassen zu können, während letztere ihm von dem beabsichtigten Austritte aus der Arbeit vorherige Mitteilung machen sollen. Gemäß § 122 GO. müssen aber die Aufkündigungsbedingungen für beide Teile gleich sein. Vereinbarungen, welche dieser Bestimmung zuwiderlaufen, sind nichtig. Hieraus folgerte der Beklagte in der mündlichen Verhandlung, daß der ganze § 11 Abs. 1 und 2 nichtig sei; es bestehe gar keine gültige Vereinbarung über die Kündigungsfristen und die Kläger hätten wegen Nichteinhaltung der 14tägigen Kündigungsfrist gemäß § 122 und § 124b der GO. den Restlohn verwirkt. Das Gericht erklärte indes auch diesen Einwand des Beklagten für verfehlt; denn der letzte Satz des § 122 ist nur dahin zu verstehen, daß Vereinbarungen nichtig sind, insoweit sie für beide Parteien verschieden sind. Es sind daher nur ungültig der ganze § 16 und von § 11 Satz 2 die Worte: „jedoch nicht ohne eine vorherige bezügliche Mitteilung an den Arbeitgeber". Die Kläger konnten daher jederzeit ohne weiteres die Arbeit verlassen. Hiernach mußte nach dem Klageantrage erkannt werden. („Gewerbegericht" Jg. 5, Sp. 127.)

## 241. Ist eine Zusage gültig, daß der Arbeiter nach beendeter Lehrzeit noch eine bestimmte Zeit beim Lehrmeister bleibe?

Urteil des GG. Stuttgart.

Die Klägerin ist bei der Beklagten eingetreten, um das Bügeln (Plätten) zu lernen. Unter anderem ist in dem schriftlichen Lehrvertrag bestimmt: „Die E. H. (Klägerin) macht sich im Einverständnis ihres Vaters verbindlich, nach beendigter Lehrzeit zwei Jahre als Büglerin bei K. R. (Beklagte) zu verbleiben, und nach Ablauf dieser Zeit in gar keinem Konkurrenzgeschäft Arbeit zu nehmen, bei Vermeidung einer an K. R. sofort zu entrichtenden Konventionalstrafe von 100 Mk. und sofortiger Aufgabe der betreffenden Stellung, und gelten diese Bestimmungen gleichfalls im Falle eines freiwilligen oder unfreiwilligen Austritts." Die Klägerin hat Entschädigung verlangt, weil die Beklagte ihren Verpflichtungen nicht nachgekommen sei. Die Beklagte erhob Widerklage auf die 100 Mk., weil die Klägerin die zwei Jahre nicht ausgehalten habe, sondern unter falscher Vorspiegelung die Beklagte bewogen habe, sie gehen zu lassen, und weil sie in ein anderes Geschäft getreten sei.

Die Widerklage wurde abgewiesen.

**Aus den Gründen:** Die Bestimmung, daß die Klägerin zwei Jahre lang bei der Beklagten bleiben müsse, während die Beklagte keinerlei Verpflichtung übernimmt, sie solange zu behalten, verstößt gegen § 122 der GO., wonach die Kündigungsfristen für beide Teile gleich sein müssen. Diese Bestimmung ist verletzt, wenn nur einem Teil auf längere Zeit das Kündigungsrecht abgesprochen ist. Ist die Bestimmung des Vertrags ungültig, so kann wegen ihrer Verletzung auch keine Konventionalstrafe gefordert werden. („Gewerbegericht" Jg. 2, Sp. 29.)

## 242. Kann ein Gewerbegehilfe auch aus anderen als den im § 123 der GO. angegebenen Gründen vorzeitig entlassen werden?

Urteil des Kgl. Landgerichts I, 5. Zivilkammer, zu Berlin, vom 23. Juni 1893.

Die Frage ist verneint.

Aus den Gründen: Daß die in der GO. aufgeführten Entlassungsgründe nur Beispiele sind und daneben auch die Bestimmungen des Bürgerlichen Rechtes Anwendung finden, ist vom Vorderrichter zu unrecht angenommen worden. Schon aus dem Wortlaut des § 123 geht hervor, daß die dort aufgeführten Entlassungsgründe als ausschließliche gelten und nicht analog anzuwenden sind. Die Fassung des Paragraphen ist eine durchaus andere, wie z. B. die der Art. 63 und 64 des Handelsgesetzbuches, welch letztere die Entlassungsgründe für die Handlungsgehilfen enthalten. In der letzteren Gesetzesstelle sind die einzelnen Gründe als Beispiele angeführt, die dem richterlichen Ermessen einen Anhalt geben, nicht aber eine Grenze ziehen sollen. Zu beachten sind bei Auslegung des § 123 der GO. die bei Abfassung der GO. leitend gewesenen Gesichtspunkte. Der Wille des Gesetzgebers war es, durch gesetzlich bestimmte Schranken das Übergewicht des Arbeitgebers über seinen Arbeiter abzuschwächen. Das Gesetz wollte dem Arbeitgeber nur aus den im § 123 I c aufgeführten Gründen die Möglichkeit einer einseitigen sofortigen Entlassung ohne Entschädigung gewähren, beabsichtigte dagegen nicht, auch noch andere Entlassungsgründe neben jenen bestehen zu lassen." („Blätter für Rechtspflege" Jg. 1893, S. 96.)

## 243. Kann ein gewöhnlicher, zur Aushilfe angenommener Arbeiter, nachdem er schon längere Zeit beschäftigt worden, noch wegen Unfähigkeit plötzlich entlassen werden?

Urteil des GG. Berlin vom 18. Dezember 1896.

Der Kläger ist vom 25. September bis 9. Oktober 1896 beim Beklagten als Tapezierer gegen 18 Mk. Wochenlohn beschäftigt gewesen. Am 9. Oktober entlassen, fordert er 36 Mk. Lohnentschädigung. Beklagter hat Abweisung beantragt. Er habe den Kläger nur aushilfsweise angenommen. Kläger habe unbrauchbare Arbeit gemacht.

Der Beklagte ist verurteilt.

Aus den Gründen: Durch Gutachten des Sachverständigen ist zwar erwiesen, daß die Arbeit des Klägers völlig ungenügend ausgefallen ist und Beklagter berechtigt gewesen wäre, ihre Abnahme zu verweigern. Darauf kommt es aber nicht an. Beklagter hat dem Kläger zweimal den Wochenlohn bezahlt. Er hat ihn sogar nach der ersten, jetzt als unbrauchbar bezeichneten Arbeit nach einer anderen Arbeitsstelle geschickt. Beklagter hat eben aus Mangel an geeigneten Arbeitskräften sich einen Arbeiter genommen, der von dem Tapezieren nichts verstand, und diesen, so gut es ging, arbeiten lassen. Er kann daher nachträglich nicht aus der ihm bekannten Unfähigkeit des Klägers einen Grund zur Entlassung nehmen oder die unbrauchbare Arbeit auf Versehen des Klägers zurückführen. Die bloße Erklärung, Kläger werde zur Aushilfe angenommen, kann die Kündigungsfrist nicht ausschließen. („Gewerbegericht" Jg. 3, Sp. 20.)[1]

## 244. Kann ein Arbeiter sofort entlassen werden, wenn er seine Mitarbeiter „tribuliert?"

Urteil des GG. Kiel vom 28. August 1901.

Der Kläger stand seit dem 5. März 1893 bei dem Beklagten als Arbeiter gegen 3 Mk. Tagelohn im Dienst. Hinsichtlich der Kündigung war eine Abrede nicht getroffen. Am 20. August 1901 hat der Beklagte den Kläger ohne Kündigung mit der Begründung entlassen, daß er (der Kläger) seine Mitarbeiter „tribuliert" habe. Dies ist unbestritten. Wegen vorzeitiger Entlassung fordert nunmehr der Kläger eine Entschädigung für 1 Woche in Höhe des ortsüblichen Tagelohnes von 2,70 Mk. — Der Beklagte führt aus, er habe den Kläger vorzeitig entlassen, weil dieser gelegentlich einer Akkordarbeit von seinen Mitarbeitern die Verrichtung von mehr Arbeit gefordert habe, als diese hätten leisten können; es seien deswegen einige von ihnen aus dem Dienste des Beklagten ausgeschieden.

Der Beklagte ist verurteilt.

Aus den Gründen: Es liegt ein auf die Dauer geschlossenes gewerbliches Dienstverhältnis vor. Mangels anderweiter Abrede gilt für dasselbe die gesetzliche 14tägige Kündigungsfrist des § 122 GO. Für die vorzeitige Entlassung lag kein ausreichender Grund vor, da keiner der im § 123 GO. vorgesehenen Fälle zutrifft. Die vorzeitige Beendigung des Arbeitsverhältnisses stellt sich somit als ungerechtfertigt dar. („Gewerbegericht" Jg. 7, Sp. 93.)

## 245. Kann der Arbeiter wegen Mißhandlung eines Arbeitsgenossen sofort entlassen werden?

Urteil des GG. Pirmasens vom 25. Juni 1901.

Der Sohn des Klägers hat einen Mitarbeiter, einen in seiner geistigen Entwicklung zurückgebliebenen Menschen in absichtlicher Weise mit Wasser beschüttet. Letzterer hierdurch gereizt, erwiderte diesen Angriff durch einen Schlag, den er dem J. ins Gesicht versetzte. Statt diese wohlverdiente Züchtigung ruhig hinzunehmen, führte J. aber mit dem in der Hand gehaltenen Glase einen wuchtigen Hieb nach dem Kopfe seines Gegners und schleuderte demselben weiter noch das Glas mit solcher Wucht an den Kopf, daß dasselbe in Stücke ging und der Mißhandelte eine schwere Verletzung davontrug. Der Sohn des Klägers ist deshalb sofort entlassen. Kläger verlangt Lohnentschädigung.

Der Beklagte ist verurteilt.

Aus den Gründen: Wenn auch die Tat des Sohnes des Klägers als eine Brutalität und Rohheit ohnegleichen bezeichnet werden muß, so berechtigt dieselbe gleichwohl den Arbeitgeber nicht, den Arbeitsvertrag sofort zu lösen. In § 123 der GO. sind die Fälle in erschöpfender Weise aufgezählt, welche die sofortige Entlassung des Arbeitnehmers zulassen. Keiner der dort aufgeführten Gründe für Entlassung trifft auf den vorliegenden Fall zu. Die Entlassung auf Ziff. 5 der angeführten Gesetzesstelle zu stützen ist unzulässig, da es sich hier nicht um einen tätlichen Angriff gegenüber dem Arbeitgeber, seinem Vertreter oder Familienangehörigen handelt. Man könne noch an Ziff. 6 der zitierten Bestimmung denken, allein für deren Anwendbarkeit fehlt es an der Voraussetzung der Vorsätzlichkeit. Denn eine vorsätzliche Zertrümmerung des Glases ist nicht gegeben. Der Täter hatte nur den Vorsatz, seinen Gegner zu mißhandeln, nicht aber sind irgend welche Anhaltspunkte dafür gegeben, daß die Beschädigung des Glases beabsichtigt war. Nach Lage der Sache stellt sich die Entlassung des Arbeiters als rechtlich nicht begründet dar.

---

[1] Vgl. oben.

## 246. Ist eine Entlassung gerechtfertigt, weil der Arbeiter dem revidierenden Polizeibeamten unrichtige Angaben über den Betrieb gemacht hat?

Urteil des GG. Stuttgart.

Der Bäckergeselle S. verlangt Entschädigung, weil er ohne Kündigung entlassen worden ist. Der Beklagte macht geltend, der Kläger habe bei der polizeilichen Revision wegen Einhaltung des 12stündigen Arbeitstages fälschlicherweise angegeben, er müsse jeden Tag eine halbe Stunde zu lange arbeiten; deshalb habe er ihn entlassen.

Der Kläger beharrt darauf, daß seine Angabe wahr gewesen sei.

Der Beklagte ist verurteilt.

Aus den Gründen: Eine Feststellung ist unmöglich, da der Beklagte außer dem Kläger keinen Gehilfen beschäftigt. Sie ist aber auch nicht nötig, da, selbst wenn die Angabe nicht richtig wäre, die Entlassung darauf nicht gestützt werden kann, weil keiner der in § 123 der GO. genannten Fälle vorliegt und weil die Entlassung nur aus dem dort angeführten, nicht aber aus beliebigen anderen Gründen, die dem Meister genügend erscheinen, zulässig ist. („Gewerbegericht" Jg. 2, Sp. 108.)

## 247. Muß der Arbeitgeber beweisen, daß ihm der Entlassungsgrund nicht früher als eine Woche vor der Entlassung bekannt geworden ist?

Urteil des Reichsgerichts, 6. Zivilsenat, vom 16. Januar 1893.

Die Frage ist verneint.

Aus den Gründen: Die Vorinstanz verkennt die Grundsätze von der Beweislast. Zur Rechtfertigung der Entlassung vor Ablauf der vertragsmäßigen Zeit hatten die Beklagten gemäß Abs. 1 des § 123 nichts weiter zu behaupten und zu beweisen, als daß der Kläger sich eines Diebstahls im Sinne der Nr. 2 a. a. O. schuldig gemacht habe. Wollte dem gegenüber der Kläger geltend machen, daß das Entlassungsrecht der Beklagten nach dem Abs. 2 erloschen sei, so lag ihm der Nachweis für das Vorhandensein der tatsächlichen Voraussetzungen dieses Erlöschens ob, soweit sich nicht etwa aus den eigenen Angaben der Beklagten ergab, daß diese schon länger als eine Woche von der Entlassung zu Grunde liegenden Tatsachen Kenntnis gehabt hatten. Dieselbe Gesetzesverletzung findet sich bei der Ablehnung des auf die Nr. 3 des § 123 bezüglichen Beweisantritts. Schon der Tatbestand ergibt eine nach dem Vorbemerkten unrichtige Ausübung des Fragerechts, indem dort hervorgehoben wird, die Beklagten hätten auf Befragen erklärt, nicht behaupten zu können, daß die Tatsachen, aus welchen eine beharrliche Verweigerung der kontraktlichen Verpflichtungen von seiten des Klägers gefolgert werden sollte, noch innerhalb der letzten Woche vor der am 30. Juli 1891 erfolgten Entlassungserklärung vorgefallen sind. Dem entsprechend wird dann in den Entscheidungsgründen ausgeführt, es könne nach § 123 der GO. die Entlassung auf die behaupteten Vernachlässigungen nicht mehr gestützt werden, weil die Beklagten nicht hätten behaupten können, daß diese Vernachlässigungen des Klägers noch eine Woche vor der Kündigung, geschweige denn vor der anfangs August 1891 erfolgten tatsächlichen Entlassung erfolgt seien. Allerdings bemerkt das Berufungsgericht außerdem, es könne in den von den Beklagten angeführten Verstößen ein beharrliches Weigern zum Nachkommen der dem Kläger obliegenden Vertragspflichtungen nicht erblickt werden, sie erschienen vielmehr als bloße Nachlässigkeiten; indessen diese Bemerkung ermangelt gegenüber den vielfachen speziellen Behauptungen der Beklagten einer ausreichenden Begründung, zumal da nicht ausgeschlossen scheint, daß unter besonderen Umständen in fortgesetzten Nachlässigkeiten ein beharrliches Verweigern im Sinne der Nr. 3 des § 123 gefunden werden könnte. („Juristische Wochenschrift" Jg. 1893, S. 142 Abs. 29.)

## 248. Wann beginnt die Frist für die Geltendmachung der Entlassungsgründe des § 123 GO.?

Urteil des GG. Frankfurt a. M. vom 2. Juni 1898.

Die Klage des entlassenen Arbeiters ist abgewiesen.

Aus den Gründen: Die Beweisaufnahme hat ergeben, daß Kläger am 4. Mai, ohne daß er dazu durch das Verhalten des Monteurs genötigt war, die Arbeit aufgegeben hat. Die Beklagte war daher berechtigt, den Kläger ohne Kündigung zu entlassen, und es fragte sich nur, ob sie von diesem Entlassungsgrund noch rechtzeitig Gebrauch gemacht hat. Nach § 123 Abs. 2 der GO. ist die Entlassung nicht mehr zulässig, wenn die zu Grunde liegenden Tatsachen den Arbeitgebern länger als eine Woche bekannt sind. Daß der Kläger am 4. Mai die Arbeit verlassen hatte, war der Beklagten am 4. Mai durch Telegramm des Monteurs bereits bekannt. Wollte man also von diesem Tage ab die Frist rechnen, so wäre die Entlassung am 16. Mai verspätet erfolgt. Jedoch sind der Beklagten durch die Angaben des Klägers Zweifel entstanden, ob die Angaben des Monteurs richtig waren. Deshalb mußte sie für befugt erachtet werden, erst ihrerseits Ermittelungen anzustellen, um sich über den richtigen Sachverhalt zu vergewissern. Letzteres ist ohne Zeitverlust innerhalb der Woche vom 8. bis 16. Mai geschehen. Erst als die Beklagte glaubte, genügende Sicherheit für ihr Vorgehen zu haben, ohne sich bei etwaiger unbegründeter Entlassung des Klägers einem Schadensersatzanspruch auszusetzen, konnte sie die Entlassung aussprechen und hat sie sodann innerhalb der Frist von einer Woche vollzogen. Demgemäß war die Entlassung auch noch rechtzeitig erfolgt. („Gewerbegericht" Jg. 4, Sp. 23.)

## 249. Gilt ein Zeugnis, das der frühere Dienstherr wissentlich unrichtig ausgestellt hat, als falsch oder verfälscht?

Urteil des GG. Karlsruhe vom 30. Juli 1902.

Kläger war längere Zeit bei dem Museumswirt O. dahier als Hausbursche in Stellung und wurde von demselben entlassen, weil O. ihn dabei erwischte, wie er gemeinsam mit einem Kellner im Keller des Museums Champagner entwendet und getrunken hatte. O. sagte zu dem Kläger, er müsse ihn entlassen, wolle ihm aber gleichwohl ein gutes Zeugnis ausstellen. O. behändigte daraufhin dem Kläger ein Zeugnis, in welchem er bescheinigt, daß Kläger durch Fleiß und gutes Betragen seine Zufriedenheit erworben habe. Auf Grund dieses Zeugnisses wurde Kläger von dem Beklagten engagiert, aber nach zwei Tagen wieder entlassen, als Beklagter den Sachverhalt erfuhr. — Kläger verlangt Lohnentschädigung für zwei Wochen.

Die Klage ist abgewiesen.

Aus den Gründen: Die beiden dem Kläger gegenüber erhobenen Beschuldigungen bezüglich seines Verhaltens während der Dauer des Arbeitsverhältnisses — unrichtiges, den Beklagten benachteiligtes Zuwiegen von Rosinen und Ausbleiben aus der Wohnung von Sonntag Nachmittag bis Montag Vormittag — entbehre der genügenden tatsächlichen Begründung, um einen der Fälle darzustellen, welche gemäß § 123 GO. zur sofortigen Entlassung eines Arbeiters berechtige; dagegen liegt ein Fall des § 123 Ziff. 1 GO. vor:

Nach § 123 Nr. 1 GO. kann ein Arbeiter entlassen werden, wenn er „bei Abschluß des Arbeitsvertrages den Arbeitgeber durch Vorzeigung falscher oder verfälschter Zeugnisse hintergangen hat". Kläger hat im vorliegenden Fall dem Beklagten gegenüber von einem Zeugnis Gebrauch gemacht, welches der frühere

Arbeitgeber des Klägers im Einverständnis mit demselben einen unrichtigen Inhalt gegeben hat, indem er bestätigt, daß dieser „durch gutes Betragen" seine Zufriedenheit erworben habe; während derselbe wegen eines Diebstahls entlassen worden war. Dieses Zeugnis war somit falsch und wurde von dem Kläger dem Beklagten gegenüber in der Absicht gebraucht, um diesen zu hintergehen, d. h. in ihm die Meinung hervorzurufen, daß Kläger sich bei seinem früheren Arbeitgeber treu und redlich benommen habe und somit bei ihm — dem Beklagten — in gleicher Weise sich benehmen werde.

Hiernach liegt die Voraussetzung des § 123 Ziff. 1 GO. vor.[1])

## 250. Kann ein Arbeiter sofort entlassen werden, weil er sich fälschlich für leistungsfähig und tüchtig ausgegeben hat?

Urteil des GG. Karlsruhe vom 17. September 1901.

Das GG. hat die Frage verneint.

Aus den Gründen: Insofern der Beklagte geltend machen will, daß ihn der Kläger von seiner Leistungsfähigkeit getäuscht habe, indem er sich für einen durchaus ausgebildeten, in jeder Beziehung tüchtigen Arbeiter ausgegeben habe, während er in Wirklichkeit ein durchaus unbrauchbarer Arbeiter sei, so kommt in Betracht, daß ein derartiger Irrtum nur dann als Vertragsauflösungsgrund gelten kann, wenn der Arbeiter dem Arbeitgeber durch Vorzeigung falscher oder verfälschter Arbeitsbücher oder Zeugnisse hintergangen und dadurch den Irrtum des Arbeitgebers hervorgerufen hat. Von einer derartigen Täuschung des Beklagten durch den Kläger kann aber vorliegendenfalls keine Rede sein (§ 123 Ziff. 1 GO.).

## 251. Kann ein Arbeiter, der irrtümlich die Einwilligung des Arbeitgebers in die Zueignung einer Sache annimmt, wegen Diebstahls sofort entlassen werden?

Urteil des GG. Berlin vom 7. Oktober 1895.

Das GG. hat die Frage verneint.

Aus den Gründen: Die Zueignung mag, weil für den Kläger ein Recht auf eigentümliche Erwerbung des Buches nicht bestand, objektiv rechtswidrig sein, das Bewußtsein daran, daß die beabsichtigte Zueignung eine rechtswidrige sei, hat ihm aber jedenfalls hier nicht innegewohnt, da er nach Lage der Sache mit Recht annehmen durfte, daß Beklagter dagegen nichts einzuwenden habe. Diese Voraussetzung aber, die Einwilligung des Berechtigten für sich zu haben, schließt die Absicht der rechtswidrigen Zueignung aus (vgl. Urteil des königl. württemb. Kassationshofes v. 30. Dezember 1874 bei Stenglein: Zeitschrift für Gerichtspraxis und Rechtswissenschaft, Neue Folge Bd. 4 S. 361 und Urteil des Obergerichts zu Wolfenbüttel vom 5. Juli 1872, ebenda Bd. 2 S. 181 Schütze: Lehrbuch des deutschen Strafrechts § 91 S. 431, 432 Note 8.) Mangels dieses Dolus des Klägers ist die, wenn auch eigenmächtige, Handlungsweise desselben rechtlich nicht als Diebstahl im Sinne des § 242 des Reichsstrafgesetzbuches anzusehen und demgemäß die gerade dieser Handlungsweise wegen erfolgte Entlassung des Klägers vom Beklagten zu Unrecht erfolgt. (Unger, Nr. 82.)

---

[1]) § 123[1] GO. dürfte nicht vorliegen. Ein „falsches oder verfälschtes Zeugnis" ist nur ein solches, dem ein von dem betreffenden Dienstherrn nicht gewollter Inhalt gegeben ist. Dagegen konnte im vorliegenden Falle der Dienstvertrag gemäß §§ 119, 223 BGB. wegen Irrtums bezw. Betrugs angefochten werden.

## 252. Ist Diebstahl bei einem früheren Arbeitgeber Entlassungsgrund?

Urteil des GG. Berlin, Kammer 1, vom 19. November 1900.

Der Beklagte ist zur Zahlung der Lohnentschädigung verurteilt.

Aus den Gründen: Es konnte dahingestellt bleiben, ob der Kläger die ihm zur Last gelegten Straftaten bei seinem früheren Arbeitgeber tatsächlich ausgeführt hat. Denn selbst wenn dies der Fall wäre, würde die vorzeitige Entlassung des Klägers seitens des Beklagten damit nicht gerechtfertigt werden. Allerdings bilden Diebstahl und Unterschlagung Entlassungsgründe nach § 123 Nr. 2 der GO. Es kann auch nicht bezweifelt werden, daß sie als Entlassungsgründe wirken, gleichgültig, gegen wen sie begangen sind. Denn, soweit der § 123 die Begehung einer Tat (als Entlassungsgrund) gegen bestimmte Personen beschränkt wissen will, wird dies in jedem Falle hinzugefügt (z. B. in Nr. 5 gegen den Arbeitgeber oder seine Vertreter oder die Familienangehörigen des Arbeitgebers oder seiner Vertreter). Und wenn in § 123 Abs. 2 bestimmt wird, daß in den in Nr. 1—7 gedachten Fällen die Entlassung nicht mehr zulässig ist, wenn die zugrunde liegenden Tatsachen dem Arbeitgeber länger als eine Woche bekannt sind, so ist wohl der Schluß gerechtfertigt, daß die Tatsachen selbst in einer längeren Vergangenheit liegen können. Aber während des Arbeitsverhältnisses selbst, aus welchem heraus die Entlassung erfolgen soll, müssen die Entlassungsgründe entstanden, d. h. die Taten begangen sein. Hiervon macht eine sinngemäße Ausnahme nur Nr. 1 des § 123 (wenn sie bei Abschluß des Arbeitsvertrages dem Arbeitgeber durch Vorzeigung falscher oder verfälschter Arbeitsbücher hintergangen haben ꝛc.). Denn die Fälschung der Arbeitsbücher ꝛc. muß notwendigerweise in der Zeit vor Abschluß des fraglichen Arbeitsverhältnisses fallen, um beim Abschluß des Arbeitsvertrages zur Erregung eines Irrtums benutzt werden zu können. Den Unterschied, der hiernach zwischen den in Nr. 1 und den sonstigen im § 123 normierten Gründen besteht, drückt das Gesetzt auch äußerlich dadurch aus, daß es in Nr. 1 sagt: „versetzt haben“, während in allen anderen Formen die Präsensform gebraucht ist (Nr. 2 „sich schuldig machen“, Nr. 3 „verweigern“, Nr. 4 „umgehen“ ꝛc.). D. h. die in diesen Fällen der Entlassung zugrunde liegenden Tatsachen müssen mit dem jeweiligen Arbeitsverhältnis zeitlich übereinstimmen, müssen in das Arbeitsverhältnis selbst fallen. Gleichwertige Tatsachen aus früheren Arbeitsverhältnissen können als Entlassungsgründe nicht angesehen werden, selbst wenn sie dem Arbeitgeber erst während des Arbeitsverhältnisses bei ihm bekannt und binnen einer Woche als Entlassungsgründe geltend gemacht werden. Diese aus der Fassung des Gesetzes geschöpfte Begründung kann nicht durch die Erwägung erschüttert werden, daß unter solchen Umständen ein Arbeitgeber in die Lage versetzt werden kann, einen, wie er erst später erfährt, bei einem früheren Arbeitgeber als unredlich erwiesenen Arbeiter 14 Tage in seinem Geschäfte zu belassen oder demselben, falls er die Entlassung vorzieht, einen doppelten Wochenlohn zu zahlen. Denn andernfalls würde ein Arbeiter, der einmal einen Diebstahl oder eine Unterschlagung ausgeführt, wegen dieser von ihm vielleicht im Leichtsinn begangenen Tat fortgesetzt aus jedem Arbeitsverhältnis kündigungslos entlassen werden können. Und diese Härte würde noch schärfer hervortreten, wenn es sich nicht um einen Diebstahl, sondern etwa um eine geringfügige Entwendung oder um eine unvorsichtige Hantierung mit Licht und Feuer (§ 123 Nr. 4) handelt. („Soziale Praxis“.)[1]

---

[1] Vgl. dagegen Urteil des GG. Berlin vom 3. September 1894 unter Nr. 257.

## 253. Kann der Arbeiter wegen „Betruges" entlassen werden, wenn er heimlich für fremde Arbeitgeber arbeitet?

Urteil des GG. Berlin vom 21. Mai 1896.

Die Klage auf Lohnentschädigung ist abgewiesen.

Aus den Gründen: Dadurch, daß er während der festgesetzten Arbeitszeit für einen andern als für den Beklagten arbeitete, hat Kläger das Vermögen dieses zu Gunsten des anderen geschädigt. Wenn er nun auch wie er behauptet, erst nachträglich in einem Falle Kenntnis davon erlangt hat, daß K. in rechtswidriger Weise im Dienste anderer Firmen stehe und sich der Hilfe der im Dienste des Beklagten Angestellten bediene, so hat der Kläger durch das Verschweigen dieser Kenntnis bezw. Unterdrückung wahrer Tatsachen mitgewirkt und dadurch einen Irrtum in seinem Prinzipal unterhalten. Es liegen hiernach alle Tatbestandsmomente des Betruges vor, und war der Beklagte gemäß § 123 Nr. 2 GO. zur sofortigen Entlassung des Klägers berechtigt. (Unger, Nr. 88.)

## 254. Ist versuchter Diebstahl Entlassungsgrund?[1]

Urteil des GG. Berlin vom 18. März 1896.

Das GG. hat die Frage verneint und den Arbeitgeber zur Zahlung der Lohnentschädigung verurteilt.

Aus den Gründen: Die Absicht zu stehlen steht für den Gerichtshof fest. Sie begründet aber, trotz ihrer Verwerflichkeit und so menschlich berechtigt es auch sein mag, daß der Beklagte den auf notorischer Unredlichkeit ertappten Kläger nicht länger in seinem Hause dulden wollte, noch kein gesetzliches Recht für den Beklagten, den Kläger ohne vorherige Kündigung zu entlassen. Der § 123 Nr. 2 GO. stellt vielmehr als Entlassungsgrund den Diebstahl auf, d. h. den vollendeten, nicht den versuchten Diebstahl. (Unger, Nr. 84.)

## 255. Berechtigt Forstdiebstahl zur sofortigen Entlassung?

Urteil des Reichsgerichts, 1. Zivilsenat, vom 24. Oktober 1896.

Auf Grund schriftlichen Vertrags vom 16. März 1891 hatte der Beklagte den Kläger für die Zeit vom 16. März 1891 bis 1. April 1894 gegen einen Stundenlohn von 45 Pfg. als Schlosser angenommen. Der Kläger ist aber nur bis April 1892 in der Fabrik des Beklagten tätig gewesen. Er behauptet, im April 1892 zu Unrecht vom Beklagten entlassen zu sein, und fordert jetzt, nachdem er bereits in mehreren Vorprozessen den Lohn für die Zeit vom April 1892 bis 11. Juli 1892 rechtskräftig erstritten hat, die Zahlung des Lohnes für die Zeit vom 11. Juli bis 1. Oktober 1892 abzüglich seines anderweitigen Verdienstes in dieser Zeit.

Hierauf geht die erhobene Klage, wogegen Beklagter deren Abweisung und widerklagend beantragt hat, festzustellen, daß dem Kläger weder für die Zeit vom 11. Juli 1892 bis 1. Oktober 1892 noch für weiterhin bis zum 1. April 1894 Entschädigungsansprüche zustehen.

Das Landgericht zu Frankfurt a. O. hat den Beklagten zur Zahlung von 270 Mk. nebst 5 Prozent Zinsen seit dem 3. Februar 1894 (dem Tage der Klageerhebung verurteilt und die Widerklage abgewiesen, und die vom Beklagten eingelegte Berufung ist durch Urteil des Kammergerichts zu Berlin zurückgewiesen worden.

Die Revision des Beklagten wurde zum Teile für begründet erachtet.

Aus den Gründen: Mit Recht ist gerügt, daß der aus dem behaupteten Forstdiebstahl des Klägers hergeleitete Einwand vom Berufungsgericht nicht für unerheblich hätte erachtet werden sollen. Wenn nach der Entlassung des Klägers

[1]) Ebenso für „Betrug" (GG. Berlin vom 30. März 1897. Unger, Nr. 89).

eine Tatsache eingetreten ist, die bei fortgesetztem Dienstverhältnisse den Beklagten zur Entlassung berechtigt, mit anderen Worten ihn von der Verpflichtung befreit haben würden, den Kläger noch länger im Dienste zu behalten, dann ist der Beklagte vom Eintritte dieser Tatsache an nicht mehr entschädigungspflichtig (Reichsgerichts-Entscheid. Bd. 32 S. 249). Unstatthaft würde die Berücksichtigung des nachträglich eingetretenen Entlassungsgrundes nur in dem Falle sein, wenn in Frage gestellt werden müßte, ob dieser ohne die erfolgte Entlassung eingetreten sein würde. Das geltend zu machen, wäre aber Sache des Klägers gewesen, und Zweifel in dieser Richtung sind von ihm nicht angeregt worden.

Es fragt sich daher zwar nicht für die Klage, wohl jedoch für die Widerklage, soweit sie sich auf die Zeit nach dem behaupteten Forstdiebstahle bezieht, ob dieser den Beklagten zur Entlassung des Klägers berechtigt haben würde, und das muß bejaht werden. Nach § 123 Nr. 2 (§ 134) der GO. kann ein Fabrikarbeiter vor Ablauf der vertragsmäßigen Zeit und ohne Aufkündigung entlassen werden, wenn er sich eines Diebstahls oder einer Entwendung schuldig macht. Unter „Diebstahl" fällt aber auch der Forstdiebstahl. Denn nach dem hier in Betracht kommenden preuß. Forstdiebstahlsgesetz vom 15. April 1878 ist, wie sich aus der Begriffsbestimmung im § 1 ergibt, Forstdiebstahl Diebstahl. Hierzu kommt, daß die Bestimmung des § 123 Nr. 2 der GO., wenn unter Diebstahl der Forstdiebstahl nicht mit einbegriffen wäre, keine einheitliche Norm für das Reichsgebiet enthalten würde, insofern nämlich, abgesehen davon, daß für Hamburg und Bremen keine besonderen Forstdiebstahlsgesetze erlassen sind, in den Forstdiebstahlsgesetzen der übrigen Bundesstaaten die Abgrenzung des Forstdiebstahls gegenüber dem gemeinen Diebstahle keine durchweg übereinstimmende ist. Und endlich ist in Betracht zu ziehen, daß, wenn nach dem Gesetze schon die Entwendung, d. h. die im § 370 Nr. 5 des Reichs-Strafgesetzbuches mit Strafe bedrohte Übertretung einen Entlassungsgrund bildet, dies umsomehr auch vom Forstdiebstahle gelten muß. (Gruchot, Bd. 41, S. 1138).

### 256. Ist der Arbeitgeber berechtigt, den Arbeiter ohne Kündigung zu entlassen, weil er Muster, welche Geheimnis einer Fabrik sind, zu seinem Privatgebrauch abgezeichnet und verwendet hat?

Urteil des GG. Erfurt.

Die Klage auf Lohnentschädigung ist abgewiesen.

Aus den Gründen: Aus der Zusammenstellung: Diebstahl, Entwendung, Unterschlagung, Betrug im § 123 Nr. 2 RGO. ergibt sich, daß nicht nur der strafrechtlich verfolgbare Diebstahl einen sofortigen Entlassungsgrund abgibt, sondern auch eine Entwendung, welche nicht unter den § 242 Strafgesetzbuch fällt. Eine solche — gleichsam ein Diebstahl geistigen Eigentums — ist aber die Benutzung von Mustern, welche Geheimnis einer Fabrik sind, zum Privatgebrauche und schon die Abzeichnung solcher behufs Verwendung. Die daraufhin erfolgte Entlassung des Arbeiters ist gerechtfertigt. („Blätter für soziale Praxis" Nr. 99 vom 22. November 1894.)

### 257. Ist der Arbeitgeber berechtigt, den Arbeiter wegen einer gegen seinen Vorgänger begangenen Unterschlagung sofort zu entlassen?

Urteil des GG. Berlin vom 3. September 1894.

Die Klage auf Lohnentschädigung ist abgewiesen.

Aus den Gründen: Der Umstand, daß der Kläger sich einer Unterschlagung schuldig gemacht hat, rechtfertigt seine unverzügliche Entlassung. Wenn

Kläger repliziert, daß die Unterschlagung nicht gegen den Beklagten, sondern gegen dessen Vorgänger gerichtet gewesen, so erscheint dies unerheblich. Denn der Sinn des § 123 Nr. 2 GO. ist der, daß dem Arbeitgeber nicht zugemutet werden soll, einen unehrlichen Gehilfen in seinem Betriebe zu behalten. Gegen wen diese Unehrlichkeit praktisch dokumentiert ist, darauf kommt es nicht an. Hätte der Gesetzgeber eine Vorschrift im Sinne des Klägers geben wollen, so würde die fragliche Bestimmung etwa folgendermaßen lauten müssen: „— — wenn sie sich gegen ihren Arbeitgeber eines Diebstahls, einer Entwendung, einer Unterschlagung, eines Betruges — — schuldig machen.“ [1])

## 258. „Unterschlagung“ als Entlassungsgrund. Kann der Friseurgehilfe den Betrag als Trinkgeld behalten, den der Kunde ohne nähere Angabe über den geforderten Preis hinaus zahlt?

Urteil des GG. Stuttgart.

Der Kläger, Friseurgehilfe B., ist vom Beklagten, Friseur M., entlassen worden und verlangt Entschädigung. Der Beklagte bringt vor: Er habe den Kläger entlassen, weil er sich einer Unterschlagung schuldig gemacht habe. Ein unbekannter Gast, den der Kläger rasiert hatte, hat nämlich diesem 25 Pfg. gegeben, während das Rasieren nur 20 Pfg. kostet. Der Beklagte behauptet, der Kläger habe keinen Anhaltspunkt dafür gehabt, daß die 5 Pfg. ihm gehören sollen, deshalb hätte er sie nicht an sich nehmen, sondern in die Ladenkasse legen sollen. Statt dessen habe er die 5 Pfg. für sich behalten. Es komme oft vor, daß Kunden mehr als den Preis bezahlen, und daß sie den Überschuß nicht dem Gehilfen, sondern dem Prinzipal zuwenden wollen. Er sei deshalb nach § 123³ GO. zur Entlassung berechtigt gewesen. — Der Kläger erwiderte: Der Fremde habe die 5 Pfg. in einer Weise gegeben, die gezeigt habe, daß sie ein Trinkgeld für ihn sein sollen. Er habe sie deshalb in die dafür bestimmte Büchse gesteckt. Als ihm der Beklagte Vorhalt gemacht habe, habe er sich sofort angeboten, sich untersuchen zu lassen, um nachzuweisen, daß er die 5 Pfg. nicht habe.

Der Beklagte ist verurteilt.

Aus den Gründen: Es ist nicht wahr, daß häufig die Kunden auch dem Inhaber eines Friseurgeschäftes mehr zahlen, als er verlangt. Dies hätte auch keinen Sinn, da er ja selbst den Preis ansetzt und also wohl so viel fordern wird, daß er dabei bestehen kann. Wenn es beim Beklagten schon vorgekommen ist, so ist wohl der Grund der, daß ein Kunde den sehr jung aussehenden Beklagten für einen Gehilfen gehalten hat. Im Zweifel ist also anzunehmen, daß das, was über den Preis hinaus gegeben wird, dem Gehilfen zugedacht ist, zumal wenn der Kunde von diesem bedient worden ist. Es wäre eine sehr merkwürdige Unterstellung, daß er dem Gehilfen, der ihn bedient, nichts, und dem Prinzipal, mit dem er garnichts zu tun hatte, 5 Pfg. geben wollte. Jedenfalls läßt es sich im vorliegenden Falle dem Kläger absolut nicht widerlegen, daß er die 5 Pfg. als Trinkgeld angesehen hat. („Gewerbegericht“ Jg. 2, Sp. 22.)[2])

## 259. Bewußtsein der Rechtswidrigkeit bei Unterschlagung. Können Buchdruckerei-Einlegerinnen sofort entlassen werden, weil sie etwas Putzwolle mitgenommen haben?

Urteil des GG. München vom 12. Februar 1902.

Klägerinnen verlangen Entschädigung wegen ungerechtfertigter Entlassung. Beklagte wendet ein, daß die Klägerinnen fortgesetzt zum Zylinderwaschen verwendete Putz-

---

[1]) Vgl. dagegen oben Nr. 252.

[2]) Ebenso GG. Berlin vom 7. Dezember 1894. Unger, Nr. 86.

wolle, welche sie vor der Verwendung mit Petroleum getränkt hätten, entwendet, sich also einer Unterschlagung schuldig gemacht hätten, welche zu ihrer sofortigen Entlassung berechtigt.

Die Beklagte ist verurteilt.

Aus den Gründen: Von den Klägerinnen selbst wird zugegeben, daß sie öfters die zum Zylinderwaschen benutzte Putzwolle nach dem Gebrauche mit nach Hause genommen haben, sie behaupten jedoch zugleich, daß sie sich hiezu für berechtigt hielten, somit sich der Rechtswidrigkeit ihrer Handlung nicht bewußt waren. Dies wird von beklagtischer Seite entschieden bestritten, nachdem die Klägerinnen die Wolle noch vor der Wegnahme mit Petroleum getränkt hätten.

Wäre das letztere richtig, so hätten sich die Klägerinnen ohne Zweifel einer Unterschlagung an dem der beklagtischen Firma gehörigen Petroleum schuldig gemacht. In dieser Beziehung ist jedoch durch die Aussagen des beklagtischen Zeugen erwiesen, daß die Putzwolle im allgemeinen mit Petroleum getränkt wurde, um sie zum Zylinderwaschen zu verwenden. Daß die Klägerinnen die Putzwolle aber übermäßig mit Petroleum getränkt hätten, um sie zu nachherigen Feuerungszwecken brauchbar zu machen, dafür konnte kein Beweis erbracht werden.

Es war daher weiter die Frage zu prüfen, ob sich die Klägerinnen bei der Wegnahme der gebrauchten Putzwolle einer Unterschlagung schuldig gemacht haben. Von einer Unterschlagung kann nur dann die Rede sein, wenn die Klägerinnen sich der Rechtswidrigkeit ihrer Handlung bewußt waren. Diese Rechtswidrigkeit glaubte jedoch das Gericht aus folgenden Gründen verneinen zu müssen. Einmal war es im beklagtischen Geschäfte nach Aussage des Zeugen K. stets herkömmlich, daß auch die übrigen Arbeiterinnen die gebrauchte Putzwolle zu Feuerungszwecken mit nach Hause nahmen. Ferner fällt insbesondere für den Mangel des Merkmals der Rechtswidrigkeit ins Gewicht, daß die Klägerinnen, die Wolle nicht etwa heimlich, sondern offen im beklagtischen Geschäfte vor den Augen des Werkmeisters eingepackt und weggenommen haben. Wenn aber, wie hienach anzunehmen ist, das Merkmal der Rechtswidrigkeit der Klägerinnen bei der Wegnahme der Wolle fehlte, so kann selbstverständlich von einer strafbaren Handlung im Sinne des § 246 des Reichs-Strafgesetzbuches bezw. § 123 Abs. 1 Ziff. 2 GO. nicht die Rede sein; ihre sofortige Entlassung erfolgte sonach zu Unrecht.

## 260. Begründet Trunkenheit an zwei aufeinanderfolgenden Tagen die Entlassung wegen liederlichen Lebenswandels?

Urteil des GG. Weimar vom 26. Juni 1902.

Kläger verlangt Entschädigung wegen kündigungsloser Entlassung. Beklagter wendet ein: Kläger sei am 2. und 3. Juni betrunken gewesen, worin Beklagter den Tatbestand eines „liederlichen Lebenswandels“ erblickt.

Der Beklagte ist verurteilt.

Aus den Gründen: So sehr das Gericht auch das unmäßige Trinken mißbilligt und wenn es auch darin den leider so häufigen Grund für Gefährdung der Gesundheit, Sittlichkeit und des Wohlstandes erblickt, so kann es doch in dem Betrunkensein an einem oder zwei Tagen den Tatbestand des „liederlichen Lebenswandels“ nicht anerkennen. Dazu gehört eine längere Zeit fortgesetzte, die Pflichten als Mensch, unter Umständen als Bürger, Ehemann, Vater 2c. verletzende Handlungsweise. Eine solche ist aber nicht nachgewiesen.

## 261. Ist der Hang zum Trunk Entlassungsgrund?

Urteil des GG. Berlin vom 20. Juli 1893.

Die Klage auf Lohnentschädigung ist abgewiesen.

Aus den Gründen: Steht fest, daß der Kläger in der Zeit von fünf Tagen — solange war er nur beim Beklagten in Stellung — mindestens viermal betrunken gewesen ist, so kann es keinem Zweifel unterliegen, daß sich hieraus ein Hang zum Trunk erkennen läßt. Ein solcher aber ist, wie Engelmann (Kommentar zur GO. S. 271) mit Recht annimmt, unter den Begriff des liederlichen Lebenswandels zu subsumieren. Der Beklagte war daher auf Grund des § 123 Nr. 2 GO. wohl in der Lage, den Kläger ohne Innehaltung der Kündigungsfrist zu entlassen. (Unger, Nr. 90).

## 262. Liederlicher Lebenswandel. Kann ein Hotelportier entlassen werden, wenn er Hotelgästen unsittliche Zumutungen macht?

Urteil des GG. Frankfurt a. M. vom 16. Juni 1898.

Der Portier eines Hotels, ohne Kündigung entlassen, verlangt für die vereinbarte zweitägige Kündigungsfrist eine auf 14,80 Mk. berechnete Entschädigung für Lohn und freie Station.

Der Beklagte wendet ein, daß der Kläger in das Zimmer einer im Hotel logierenden Dame eingedrungen sei und diese in ungebührlicher Weise belästigt habe. Außerdem habe er eines Tages eine Dame im Hausgang des Hotels angesprochen und sie aufgefordert, mit ihm des Abends in die Stadt zu gehen.

Die Klage ist abgewiesen.

Aus den Gründen: Die stattgehabte Beweisaufnahme hat die eine Behauptung des Beklagten, wonach der Kläger in das Zimmer einer im Hotel logierenden Dame eingedrungen sein soll, nicht klarzustellen vermocht, weil niemand den Vorfall selbst mit beobachtet hat. Dagegen hat der vernommene Zeuge bekundet, daß er gehört habe, wie der Kläger einer anderen im Hotel logierenden Dame angeboten hat, mit ihm abends in die Stadt zu gehen. Der Kläger hat dadurch gezeigt, daß er sich einem liederlichen Lebenswandel hingegeben hat, indem er nicht nur das Vertrauen, das seine Stellung erforderte, schwer mißbraucht, sondern auch durch das Angebot, welches er der Dame gemacht hat, gezeigt hat, von welcher sittlichen Auffassung er ausgehe. Die Entlassung ist daher zu Recht erfolgt. („Gewerbegericht" Jg. 2, Sp. 140.)

## 263. Ist einmaliges Verlassen der Arbeit Entlassungsgrund?

Urteil des GG. Dresden vom 22. Februar 1900.

Der Mechaniker F. hatte am 9. Februar die Arbeit mit der unbegründeten Behauptung verlassen, daß die Arbeitsstätte nicht genügend geheizt sei. Als er am 10. Februar die Arbeit wieder aufnehmen wollte, erklärte ihm die Arbeitgeberin, daß er entlassen sei.

Der Klage auf Gehaltszahlung für zwei Wochen wurde stattgegeben.

Aus den Gründen: Nach § 123³ GO. kann zwar die sofortige Entlassung erfolgen, wenn der Gehilfe die Arbeit unbefugt verlassen hat; auch ist nicht zu bezweifeln, daß der Kläger am 9. Februar eine Befugnis die Arbeit zu verlassen, nicht hatte. Trotzdem kann die Voraussetzung zur Anwendung dieser Bestimmung nicht als gegeben angesehen werden, weil sich aus der Fassung der Vorschrift „wenn sie die Arbeit unbefugt verlassen haben oder sonst den nach dem Arbeitsvertrage ihnen obliegenden Verpflichtungen nachzukommen beharrlich verweigern" ergibt, daß nur in einer solchen Entfernung ein unbefugtes Verlassen der Arbeit erblickt werden kann, welche mit einer beharrlichen Verweigerung der Arbeit gleichbedeutend ist. Eine solche hat in dem zur Entscheidung stehenden Falle nicht vorgelegen. Denn sie setzt (vgl. Landmann, Kommentar zur GO., 2. Aufl. Anm. 6 zu § 123) Wiederholung des Befehls und Nichtbefolgung desselben voraus. Ein Befehl an den Kläger, die Arbeit wieder aufzunehmen, ist aber nicht erfolgt. („Gewerbegericht" Jg. 6, Sp. 183.)

## 264. Liegt unbefugtes Verlassen des Dienstes vor, wenn der Arbeiter sich über seine Berechtigung in gutem Glauben befindet?

Urteil des GG. Stettin vom 21. Mai 1902.

Kläger ist vom 18. März bis 19. April 1902 bei der Beklagten als Heizer tätig gewesen. Er ist am 19. April cr. ohne Kündigung entlassen, trotzdem eine vierzehntägige Kündigung vereinbart war. Er verlangt deshalb für vierzehn arbeitslose Tage 35 Mk. Entschädigung. — Beklagte begehrt Abweisung der Klage, weil Kläger seinen Dienst unbefugt verlassen habe.

Kläger führt an, er habe bereits bei seinem Eintritte dem Betriebsleiter X. mitgeteilt, er wolle den achttägigen Lehrkursus des Pommerschen Kesselrevisionsvereins mitmachen. Er habe dann, nachdem er die Aufforderung des Vereins erhalten, Herrn X. um die Erlaubnis zur Teilnahme gefragt. Herr X. habe ihm dieselbe auch erteilt, ihm jedoch gesagt, er solle, wenn er weggehe, ihm noch Anzeige machen. Herr X. sei aber im Laufe der Woche nicht mehr in den Heizraum gekommen. Er habe deshalb am letzten Sonnabend — der Kursus habe am Montag den 14. April cr. begonnen — dem Meister Y. gesagt, daß er am Montag zum Kursus gehe; er möchte dies dem Herrn X. anzeigen. Als er dann bereits drei Tage am Kursus teilgenommen, habe er die schriftliche Aufforderung erhalten, sofort seinen Dienst wieder aufzunehmen. Dies habe er nicht tun können, weil er sein Geld bereits eingezahlt gehabt habe. Als er dann nach Ablauf des Kursus wieder erschienen sei, sei er entlassen. Beklagte bestreitet, daß Kläger von Herrn X. die Erlaubnis erhalten habe. Herr X. habe vielmehr erklärt, er wolle sich die Sache erst überlegen. Als Y. am Montag angezeigt habe, daß Kläger zum Kursus gegangen sei, habe Herr X. sofort zum Kläger geschickt. Der Bote habe den Kläger jedoch nicht gefunden. Darauf habe Herr X. dem Kläger einen eingeschriebenen Brief gesandt, er solle sofort kommen. Möglich sei, daß Kläger Herrn X. mißverstanden habe.

Der Zeuge Y. erklärt, Kläger habe ihm Anzeige gemacht, er gehe am Montag zum Kursus. Er habe die Erlaubnis dazu. Er, Zeuge, habe erwidert, dann sei es gut, er werde einen anderen Mann zur Vertretung des Klägers besorgen.

Die Beklagte ist verurteilt.

Aus den Gründen: Das Gericht hat die Überzeugung gewonnen, daß Kläger tatsächlich in dem guten Glauben gewesen sei, er habe die Erlaubnis zu dem Besuche des Kursus, dessen Besuch durch den Kläger ja auch mindestens indirekt im Interesse der Beklagten lag. In diesem guten Glauben hat Kläger Aufwendungen gemacht. Es liegt auf der Hand, daß Beklagte, wenn sie die Erlaubnis tatsächlich erteilt gehabt hätte, sie nicht zur Unzeit hätte widerrufen dürfen. Aber wenn sie dieselbe hier auch nicht erteilt haben mag, so hat sie doch verschuldet, daß der Kläger zu einer irrtümlichen Auffassung gekommen ist, zu der er nicht gelangt wäre, wenn ihm eine klare, Mißverständnisse ausschließende ablehnende Erklärung gegeben worden wäre. Auch in diesem Falle kann die Aufforderung, den Dienst sofort wieder aufzunehmen, weder für billig noch für berechtigt erachtet werden, umsoweniger, als der Beklagten ein Schaden nicht entstehen konnte, wenn Kläger die letzten drei Tage noch an dem Kursus teilgenommen hätte. Die Weigerung des Klägers, das eingezahlte Geld nutzlos zu opfern, kann deshalb als eine beharrliche Arbeitsverweigerung, die immer eine gewisse Böswilligkeit voraussetzt, nicht aufgefaßt werden.

## 265. Ist die Entlassung des Arbeiters gerechtfertigt, der wegen einer zu verbüßenden Freiheitsstrafe einige Tage von der Arbeit fortbleibt?

Urteil des GG. Karlsruhe.

Die Entschädigungsklage des Arbeiters ist abgewiesen.

Aus den Gründen: Der Arbeiter, welcher eine polizeiliche oder gerichtliche Freiheitsstrafe zu erstehen hat, hat sich diese Strafe durch eigenes schuldhaftes Verhalten zugezogen und muß gerade so behandelt werden, wie derjenige Arbeiter, welcher die Arbeit unbefugt verlassen hat; der Arbeitgeber ist daher gemäß § 123 Ziff. 3 der GO. zur Entlassung des Arbeiters berechtigt. Wenn also im vorliegenden Falle Beklagter die Entlassung des ohne vorherige Entschuldigung fortgebliebenen Klägers ausgesprochen hat, als er sich nach verbüßter Strafe wieder zum Antritt meldete, so hat er lediglich von einem ihm zustehenden Rechte Gebrauch gemacht. („Gewerbegericht" Jg. 1, Sp. 6.)

## 266. Ist es als „Verlassen der Arbeit" oder als „beharrliche Verweigerung" anzusehen, wenn der gekündigte Arbeiter zwecks Aufsuchung anderer Arbeitsgelegenheit einen halben Tag fortbleibt?

Urteil des Kgl. Amtsgericht Gemünden a. M. vom 24. Mai 1901.

F., R. und L. waren als Arbeiter im Dampfsägewerk des D. beschäftigt. Jeder der drei Genannten hatte ein Exemplar der Arbeitsordnung ausgehändigt erhalten, derzufolge für beide Vertragsteile vierzehntägige, nur am Samstag Nachmittag zulässige Kündigung sowie die Bestellung einer Sicherheit für richtige Einhaltung der Kündigungsfrist seitens der Kläger vereinbart und vorgeschrieben war. F. und R. haben demgemäß je den Betrag von 11 Mk., L. den Betrag von 10 Mk. als Sicherheit bestellt. Am 2. März 1901 wurde seitens des Beklagten dem R. gekündigt, während F. und L. ihrerseits ebenfalls am 2. März 1901 kündigten. Infolge dieser Kündigung blieben die drei Kläger am 4. März cr. je einen halben Tag der Arbeit im Geschäfte des D. fern, um sich nach anderer Arbeit umzusehen. Zu diesem Fernbleiben hatte keiner der drei Kläger die Erlaubnis des Beklagten eingeholt. Als die Kläger am 5. März 1901 vormittags die Arbeit wieder aufnehmen wollten, wurden sie unter Zurückbehaltung der gestellten Kaution ohne weiteres entlassen.

Kläger verlangen Rückzahlung ihrer Kaution.

Der Klage ist stattgegeben.

Aus den Gründen: Es kann zwar nicht verkannt werden, daß die Handlungsweise der Kläger eine nicht ganz einwandsfreie war insofern, als es an sich Pflicht der Kläger gewesen wäre, die Erlaubnis des Beklagten zu ihrem Ausbleiben von der Arbeit zu erholen. Allein dieser Verfehlung der Kläger kann eine entscheidende Bedeutung nicht beigemessen werden, weil in dem Verhalten derselben ein Verlassen oder eine beharrliche Verweigerung der Arbeit im Sinne des § 13 Abs. I Ziff. 3 GO. nicht gefunden werden kann.

Der Begriff „Verlassen der Arbeit" im Sinne der vorerwähnten Vorschrift erfordert, daß der Arbeiter sich von seiner Arbeit entfernt, um derselben dauernd oder doch längere Zeit fernzubleiben. In einer nur vorübergehenden Entfernung kann ein „Verlassenhaben der Arbeit" nicht erblickt werden. Dies trifft hier zu, da die Kläger nur einen halben Tag der Arbeit ferngeblieben und bereits am darauffolgenden Vormittag wieder im Geschäfte des Beklagten erschienen sind, um ihre Arbeit fortzusetzen. Gerade daraus folgt, daß es den Klägern durchaus nicht darum zu tun war, ihre Arbeit zu verlassen; ihr Bestreben ging vielmehr dahin, nach der kurzen halbtägigen Unterbrechung die Arbeit wieder aufzunehmen und fortzusetzen. Daß die Kläger dieses Vorhaben nicht ausführen konnten, hat seinen Grund lediglich darin, daß sie noch am nämlichen Tage vom Beklagten entlassen wurden.

Ingleichen begründet die Handlungsweise der Kläger nicht ein „beharrliches Verweigern der Arbeit". Denn dieser Begriff setzt, wie sich schon aus seinem Wortlaute ergibt, wiederholte Aufforderungen des Arbeitgebers zur Fortsetzung der Arbeit voraus, denen gegenüber der Arbeiter sich stets ablehnend verhalten hat. Es muß also ein erfolgloser Versuch des Arbeitgebers zur gütlichen Beilegung der bestehenden Differenzen gegeben sein. Einen solchen Versuch hat aber der Beklagte selbst nicht behauptet.[1]) („Gewerbegericht" Jg. 6, Sp. 355.)

## 267. Ist einmaliges Verweigern der Arbeit Grund zur sofortigen Entlassung?

**a) Urteil des Kgl. Amtsgerichts Neuß, Abt. 1, vom 4. Juni 1901.**

Die Beklagte ist zur Zahlung der Entschädigung wegen ungerechtfertigter Entlassung verureilt worden.

Aus den Gründen: Daß Kläger die Arbeit unbefugt verlassen habe, ist nicht behauptet worden. Bezüglich der dem Kläger vorgeworfenen Arbeitsverweigerung ist nur nachgewiesen, daß Kläger erklärt habe, er werde die zweite Schicht am folgenden Tage nicht tun. Selbst wenn aber auch Kläger, worüber ihm die Beklagte den Eid zugeschoben hat, erklärt haben sollte, er werde am Sonntag überhaupt nicht arbeiten, so würde darin eine „beharrliche" Arbeitsverweigerung, die nach der gesetzlichen Bestimmung zur sofortigen Entlassung berechtigt, nicht erblickt werden können; denn dazu gehört entweder extensiv, daß der Arbeiter sich längere Zeit hindurch, oder intensiv, daß er trotz Aufforderung oder Verwarnung sich weigert, seine pflichtmäßige Arbeit zu verrichten. Aber davon kann keine Rede sein. Kläger hat vielmehr nur — anscheinend erregt durch die Versagung eines Freifahrtscheines — erklärt, er werde nicht arbeiten; weiter ist nicht darüber gesprochen worden und am folgenden Tage hat Kläger sich pünktlich zur Arbeit gestellt. Allerdings muß der Beklagten zugestanden werden, daß schon durch eine solche Erklärung des Arbeiters das Vertrauen und die Zuverlässigkeit in dessen jederzeitige Arbeitswilligkeit erschüttert werde; aber einen gesetzlichen Grund zur sofortigen Entlassung des Arbeiters bildet dieselbe nicht, umsoweniger wenn sie so rechtzeitig vorher erfolgt, daß ohne besondere Mühe Ersatz geschaffen werden konnte. („Gewerbegericht" Jg. 6, Sp. 355.)

**b) Urteil des Kgl. Landgericht I zu Berlin vom 9. November 1898.**

Kläger (Schleifereibesitzer) hatte mit dem Beklagten (Hohlschleifergehilfe) einen schriftlichen Vertrag abgeschlossen und sich darin verpflichtet, den Beklagten vom 21. August 1893 bis zum 1. Mai 1894 als Hohlschleifer gegen Akkordlohn zu beschäftigen. Am 13. Dezember 1893 wurde das Arbeitsverhältnis gelöst. Beklagter verlangte im Klagewege eine Entschädigung von 60 Mk. und erhielt diese durch Urteil des GG. auch zugesprochen. Kläger behauptet nun, daß der Beklagte ihm erklärt habe, daß die ihm zugesprochene Entschädigung nur die Zeit vom 13. Dezember 1893 bis zum 8. Januar 1894 umfasse und daß er sich vorbehalte, von Zeit zu Zeit wieder neue Schadensersatzansprüche an ihn (Kläger) geltend zu machen. Er (Kläger) habe den Beklagten brieflich aufgefordert, am 22. Januar 1894 die Arbeit wieder aufzunehmen. Beklagter sei dieser Aufforderung aber nicht nachgekommen. Kläger hat darauf mit der Begründung, daß Beklagter durch Nichtaufnahme der Arbeit am 22. Januar 1894 den Arbeitsvertrag zu erfüllen sich geweigert habe, Klage erhoben mit dem Antrage, den Beklagten zu verurteilen, in die Aufhebung des Arbeitsvertrages vom 21. August 1893 zu willigen. Beklagter hat seine Verpflichtung zur Wiederaufnahme bestritten. Beklagter ist nach dem Klageantrage verurteilt worden. Seine Berufung hiergegen hat er damit begründet, daß die Voraussetzungen des § 123 Nr. 3 der GO., auf den die Vorentscheidung gestützt sei, nicht vorlägen, da Kläger den Beklagten nur einmal zur Wiederaufnahme der Arbeit aufgefordert habe, eine beharrliche Verweigerung also nicht vorhanden sei.

---

[1]) Vgl. auch BGB. § 629.

Die Berufung ist zurückgewiesen.

Aus den Gründen: Dem Beklagten war zwar insofern beizustimmen, als die im § 123 Nr. 3 RGO. vorausgesetzte beharrliche Weigerung in der Regel eine wiederholte Aufforderung, den vertragsmäßig übernommenen Verpflichtungen nachzukommen, zur Voraussetzung haben wird. Die Wiederholung der beregten Aufforderung erübrigt sich aber, sobald der Arbeitnehmer, wie im vorliegenden Falle, unzweideutig und fortgesetzt seine Absicht zu erkennen gegeben hat, den Arbeitsvertrag nicht erfüllen zu wollen. Beklagter hat nach der in dem Tatbestande des Urteils erster Instanz getroffenen Feststellung seine Verpflichtung zur Wiederaufnahme der Arbeit bei dem Kläger und dem in Rede stehenden Arbeitsvertrage ausdrücklich bestritten. Wenn er trotzdem wegen seiner Entlassung aus dem Arbeitsverhältnisse noch fortdauernd gegen Kläger Ansprüche geltend machen will, so widerstrebt sein Verhalten der gerade auch im Verhältnisse von Arbeitnehmer zu Arbeitgeber zu beobachtenden bona fides. Denn ein wirklicher Hinderungsgrund, die Arbeit wieder aufzunehmen, ist vom Beklagten nicht geltend gemacht. Kläger war daher bei der aus den dargelegten Umständen zu entnehmenden beharrlichen Weigerung des Beklagten, seine Stellung bei dem Kläger wieder anzutreten, für berechtigt zu erachten, den unter den Parteien errichteten Arbeitsvertrag auf Grund des § 123 Ziff. 3 GO. — als nicht mehr für ihn bindend — aufzurufen. (Unger, Nr. 93.)

## 268. Ist lässiges Arbeiten Entlassungsgrund?

Urteil des GG. Berlin vom 6. Mai 1894.

Kläger beansprucht wegen ungerechtfertigter kündigungsloser Entlassung eine 14tägige Lohnentschädigung. Beklagter macht geltend, Kläger sei faul gewesen und habe deshalb seine Entlassung erhalten.

Der Beklagte ist verurteilt.

Aus den Gründen: Die Gründe, aus denen die Entlassung eines Arbeitnehmers im Sinne der GO. ohne vorherige Aufkündigung des Arbeitsverhältnisses erfolgen kann, sind — vorbehaltlich vertraglicher Dispositionen § 105 GO.) — in § 123 GO. erschöpfend aufgeführt. Es kann nicht noch aus anderen in diesem Paragraphen nicht ausdrücklich aufgeführten Gründen, denen vielleicht hinsichtlich der Auflösung des Arbeitsverhältnisses ein gleiches sachliches Gewicht zukommt, eine Befugnis zum sofortigen Entlassen abgeleitet werden. Hierüber ist Wissenschaft und Praxis einig.

„Faulheit" ist aber in dem Register des § 123 GO. nicht als Grund zur sofortigen Entlassung aufgeführt. Insbesondere kann „Faulheit" nicht in den Rahmen des § 123 Ziff. 3 eingefügt werden. Denn eine beharrliche Weigerung, die aus dem Arbeitsvertrage erwachsenden Verpflichtungen zu erfüllen, setzt einen unmittelbaren Widerstand gegen Anordnungen des Arbeitgebers voraus, der zudem einen dauernden Charakter haben muß. Daß sich der Kläger dergleichen habe zu Schulden kommen lassen, ist vom Beklagten nicht behauptet, viel weniger bewiesen worden. (Unger, Nr. 91.)

## 269. Gibt öfteres Zuspätkommen trotz vorhergegangener wiederholter Verwarnung ein Recht zur Entlassung?

Urteil des Kgl. Landgerichts I, Zivilkammer 8, Berlin, vom 7. Juli 1897.

Kläger ist durch schriftlichen Vertrag für die Zeit von 1896/1898 als Gestellbauer engagiert. Da er in den letzten Monaten vor der Entlassung wöchentlich 2—3 Mal 10—15 Minuten zu spät kam, ist er wiederholt zur Pünktlichkeit aufgefordert worden. Am 2. April 1897 ist ihm, da er sich wieder verspätet hatte, im Wiederholungsfalle sofortige Entlassung angedroht. Als er am 6. April wiederum 10 Minuten zu spät eintraf, wurde ihm seine Entlassung mitgeteilt, ausgeführt wurde sie jedoch erst am

12. April, nachdem Kläger in der Zwischenzeit eine bestimmte Arbeit ausgeführt hatte. Kläger hält diese Entlassung für ungerechtfertigt und macht Entschädigung für die Zeit vom 12. April bis 1. Mai 1897 mit 120 Mk. aus dem Vertrage geltend.

Das GG. Berlin, Kammer 5, wies Kläger aus § 123 Ziff. 3 der RGO. ab, das Landgericht aber sprach dem Kläger die Forderung zu.

Aus den Gründen: Allerdings enthalten die mehrfachen unter Nichtachtung von Verwarnungen geschehenen Verspätungen des Klägers Pflichtwidrigkeiten, da er nach dem Arbeitsvertrage an die Arbeitszeit von 7 Uhr früh ab gebunden war. Der gesetzlich zugelassene Entlassungsgrund liegt jedoch nur dann vor, wenn aus diesen wiederholten Pflichtwidrigkeiten auf eine Absicht, die Erfüllung der Vertragspflichten beharrlich zu verweigern, geschlossen werden kann. Zu einem derartigen Schlusse berechtigen die von den Zeugen bekundeten Vorgänge noch nicht; die letzten festgestellten Unpünktlichkeiten können, selbst wenn sie vom Kläger verschuldet waren, auf bloße Nachlässigkeit zurückgeführt werden, und gegen die Annahme, daß er die Vertragserfüllung beharrlich hat verweigern wollen, spricht nicht nur die Geringfügigkeit der Verspätungen, sondern auch der Umstand, daß der Beklagte durch seinen Vertreter die Arbeit des Klägers noch vier Tage lang angenommen hat. Dies würde seinerseits nicht geschehen sein, wenn er die Pflichtwidrigkeit des Klägers wirklich auf bösen Willen zurückgeführt hätte; um die Beendigung einer Akkordarbeit des Klägers kann es sich in den letzten Tagen auch nicht gehandelt haben, da der Kläger gegen Zeitlohn beschäftigt war. Der Kläger hat in seinen Ausführungen noch darauf hingewiesen, daß in anderen Betrieben geringfügige Verspätungen nach der Arbeitsordnung immer nur mit niedrigen Ordnungsstrafen geahndet würden; diesen Hinweis hält das Berufungsgericht für beachtenswert insofern, als sich daraus ergibt, daß sowohl von Arbeitgebern wie Arbeitnehmern im allgemeinen den Pflichtwidrigkeiten der bezeichneten Art nicht eine solche Bedeutung wie der Beklagte annimmt, beigemessen wird. Wenn der Beklagte es verabsäumt hat, durch den abgeschlossenen Vertrag, beziehungsweise durch eine Arbeitsordnung sich die Mittel zu sichern, um den Arbeiter zur Pünktlichkeit anzuhalten, so kann daraus nicht folgen, daß die wiederholte Unpünktlichkeit strenger zu beurteilen ist, als es in ähnlichen Betrieben geschieht und daß daraufhin dem Beklagten das Recht zur Entlassung des Arbeiters zuzugestehen ist. Besondere Umstände aber, welche schon nach der Art des Betriebes die Arbeiter des Beklagten zur größten Pünktlichkeit verpflichten mußten, liegen nicht vor. („Gewerbegericht“ Jg. 3, Sp. 90.)

### 270. Ist der Arbeitgeber berechtigt, den Arbeiter nicht einzustellen, weil derselbe nicht zu der festgesetzten Stunde, sondern zwei Stunden später zur Arbeit erscheint?

Urteil des GG. Berlin, Kammer 3.

Der Maler B. war von dem Malermeister N. angenommen und zum folgenden Tag, morgens 6 Uhr, auf die Arbeitsstelle znm Beginn der Arbeit bestellt worden. Da Kläger nicht pünktlich erschien, glaubte Beklagter, Kläger werde ihn im Stich lassen, und stellte einen sich meldenden anderen Maler ein. Als Kläger um 8 Uhr erschien und sein Ausbleiben damit entschuldigte, daß er erst sein Handwerkszeug von der früheren Arbeitsstelle geholt habe, wurde ihm bedeutet, daß sein Platz inzwischen besetzt sei.

Der Klage auf Lohnentschädigung ist stattgegeben.

Aus den Gründen: Nach § 123 Ziff. 3 der RGO. können Gesellen und Gehilfen sofort entlassen werden, wenn sie die Arbeit unbefugt verlassen oder sonst den nach dem Arbeitsvertrage ihnen obliegenden Verpflichtungen nachzukommen beharrlich verweigern. Hiernach kann der Arbeiter nicht schon deshalb entlassen werden, weil er sich einmal, selbst 1—2 Stunden, verspätet. Erst in einem längeren unentschuldigten Fernbleiben von der Arbeit, das über den Rahmen einer durch Irrtum über die Entfernnng, Versäumen des Zuges, Aufenthalt durch Besorgung von Familienangelegenheiten, Wahrnehmung eines Termins, selbst Verschlafen zu verursachenden Verspätung hinausgeht, kann ein unbefugtes Verlassen, das einer beharrlichen Verweigerung der Arbeit gleichsteht, gefunden werden. Es ist nicht Absicht der GO., das schnelle Lösen des Arbeitsverhältnisses zu begünstigen, deshalb knüpft sie das Entlassungsrecht an erschwerte Voraussetzung. Daß hieraus dem Arbeitgeber gerade in dem Fall, wenn der Arbeiter die Arbeit an diesem Tag erst beginnen soll und sich verspätet, Schwierigkeiten erwachsen können, weil er nicht weiß, ob der Arbeiter noch kommen wird, ist anzuerkennen, kann aber die Auslegung des Gesetzes nicht beeinflussen. Der Arbeitgeber muß sich anderweit sichern, indem er entweder sich ausbedingt, daß das Arbeitsverhältnis nur unter der auflösenden Bedingung pünktlichen Antritts geschlossen wird, oder der Ersatzmann nur bedingungsweise eingestellt wird. („Gewerbegericht" Jg. 1, Sp. 41.)

### 271. Kann der Arbeiter entlassen werden, weil er den Anordnungen des Arbeitgebers in Bezug auf die häuslichen Einrichtungen nicht nachgekommen ist?

a) Urteil des GG. Dresden.

Der Fleischergeselle G. war vom Fleischermeister Z. entlassen worden, weil er an zwei aufeinander folgenden Tagen erst nach 12 Uhr nachts bezw. gegen 2 Uhr morgens nach Hause gekommen war, obgleich ihm bei der Annahme ausdrücklich gesagt worden war, daß er stets um 10 Uhr abends zu Hause sein müsse, und obgleich er nach dem ersten Zuspätkommen verwarnt worden war.

Die Entschädigungsklage des Gesellen wurde abgewiesen.

Aus den Gründen: Nach § 121 der GO. sind Gesellen und Gehilfen verpflichtet, den Anordnungen des Arbeitgebers in Beziehung auf die ihnen übertragenen Arbeiten und auf die häuslichen Einrichtungen Folge zu leisten. Der Beklagte hat für die in seinem Hause wohnenden Gesellen die Anordnung getroffen und auch dem Kläger bekannt gegeben, daß diese um 10 Uhr abends, wenn nicht besondere Erlaubnis erteilt worden ist, zu Hause zu sein haben. Die Befolgung dieser Anordnung gehörte somit zu den nach dem Arbeitsvertrage dem Kläger obliegenden Verpflichtungen. Da der Kläger ungeachtet einer ihm erteilten Verwarnung dieser Verpflichtung wiederholt nicht nachgekommen ist, war auf Grund von § 123 Nr. 3 der GO. der Beklagte für berechtigt zu erachten, den Kläger ohne vorherige Aufkündigung zu entlassen. („Gewerbegericht" Jg. 2, Sp. 114.)

b) Urteil des GG. Berlin, Kammer 6, vom 28. Oktober 1898.

Der Entschädigungsklage des Gesellen ist stattzugeben.

Aus den Gründen: Gemäß § 121 der GO. sind Gewerbegehilfen verpflichtet, den Anordnungen der Arbeitgeber in Beziehung auf die häuslichen Einrichtungen Folge zu leisten. Demgemäß muß es als Recht des Beklagten im vorliegenden Falle angesehen werden, dem bei ihm gegen freie Kost und Logis in Arbeit stehenden Kläger vorzuschreiben, daß er um 12 Uhr abends zurückgekehrt sein müsse. Wegen Zuwiderhandlungen gegen die vorgenannte Bestimmung des § 121 kann jedoch die Entlassung des Gehilfen nur stattfinden, falls einer der im § 123 zitierten Gesetzes besonders bezeichneten Tatbestände vorliegt oder § 124a anwendbar ist. (cf. auch Schenkel, Kommentar zur GO., II. Aufl., II. Bd., S. 366, A. 10). Der § 124a kommt hier nicht in Betracht. Von den im § 123 angeführten Gründen können nur die in Ziff. 3

bezeichneten, nämlich unbefugtes Verlassen der Arbeit oder eine beharrliche Verweigerung der dem Gehilfen nach dem Arbeitsvertrage obliegenden Verpflichtungen in Frage kommen. Ein unbefugtes Verlassen der Arbeit seitens des Klägers kann nicht als vorliegend angenommen werden, da der Beklagte dem Kläger Erlaubnis zum Ausgehen, nur mit Beschränkung der Zeit, erteilt hat. Was die weitere Bestimmung der genannten Ziffer anbetrifft, so hat allerdings der Kläger sich einer beharrlichen Verweigerung auf Grund seines Handelns schuldig gemacht. In Frage kommt demnach, ob der Kläger auch gegen eine ihm nach dem Arbeitsvertrage obliegende Verpflichtung verstoßen hat. Letzteres muß verneint werden. Allerdings kann auch eine Bestimmung über häusliche Einrichtungen sich als ein Bestandteil des Arbeitsvertrages darstellen, jedoch nur dann, wenn die betreffende häusliche Einrichtung überhaupt allgemeiner Brauch in dem betreffenden Gewerbe ist oder aber ausdrücklich als Bestandteil des Arbeitsvertrages gekennzeichnet wird. An und für sich die Befolgung jeder häuslichen Einrichtung als eine nach dem Arbeitsvertrage dem Gewerbegehilfen obliegende Verpflichtung anzusehen, erscheint nicht zulässig, was sich auch daraus schon ergeben dürfte, daß im § 121 der GO. der häuslichen Einrichtungen besonders Erwähnung getan und weiter ein Verstoß gegen diese im § 123, wo die Gründe zur sofortigen Entlassung einzeln aufgeführt sind, nicht als ein solcher bezeichnet ist.

Im vorliegenden Rechtsstreite hat nun einerseits der Beklagte den Kläger vor dem fraglichen Vorfall in keiner Weise eine bestimmte Ausgehzeit vorgeschrieben, andererseits ist auch ein diesbezüglicher allgemeiner Brauch im Schlächtergewerbe nicht vorhanden. Demgemäß lag ein stichhaltiger Grund zur plötzlichen Entlassung des Klägers nicht vor. („Soziale Praxis".)

## 272. Ist die Entlassung von Arbeitern gerechtfertigt, wenn sie Überstunden verweigern?[1])

### a) Urteil des GG. Duisburg.

Mehrere Hafenarbeiter fordern von einer Speditionsfirma wegen plötzlicher unbegründeter Entlassung eine Lohnentschädigung, und zwar vorläufig für eine Woche mit je 30 Mk. Die Beklagte begehrt Abweisung, da die Kläger freiwillig die Arbeit verlassen hätten, nachdem sie ihnen eröffnet habe, daß diejenigen, welche nach abends 8 Uhr keine Überstunden machen wollten, gehen könnten. Wie in der Verhandlung festgestellt wurde, waren die Kläger längere Zeit, zum Teil über ein Jahr, bei der Beklagten beschäftigt. Während dieser ganzen Zeit haben die Kläger sehr häufig — in jeder Woche mehrere Male — nach 8 Uhr abends Überstunden zuweilen bis 12 und 1 Uhr nachts gemacht. Die Schiffe verspäteten sich öfters und wurde, auch wenn sie abends erst eintrafen, sofort mit dem Ausladen begonnen und bis zur späten Stunde fortgesetzt, um die Ladung bald zu löschen und die Liegefristen abzukürzen. In der Zwischenzeit wurden die Kläger mit Stundenarbeit beschäftigt. Nachdem dies die Kläger bisher ohne Einwendung verrichtet hatten, erklärten sie eines Montags auf die Aufforderung zur Verrichtung von Überstunden, daß sie nach 8 Uhr abends nicht mehr arbeiteten, worauf sie sich nach einigen Verhandlungen entfernten. Derselbe Hergang spielte sich am Dienstag Abend ab. Anscheinend war am Sonntag vorher eine solche Absprache unter den Klägern gemacht worden. Nachdem sie am Mittwoch früh 6 Uhr sich wie gewöhnlich zur Arbeit eingefunden hatten, hatte gegen 8 Uhr vormittags der Vertreter der Beklagten eine Verhandlung mit ihnen, in Verlauf derselben die Kläger die Arbeit aufgaben, nachdem der Beklagte geäußert hatte: „Wer nicht mehr Überstunden machen will, kann gehen."

Die Klage ist bis auf die Lohnentschädigung für einen Tag abgewiesen.

Aus den Gründen: Kläger waren nicht berechtigt, plötzlich jede Überarbeit zu verweigern. Sie hatten bisher solche ohne Weigerung verrichtet. Wollten sie von dieser stillschweigenden Vereinbarung abweichen, so mußten sie der Beklagten erklären, daß sie nach Ablauf der Kündigungszeit — 14 Tagen —

---

[1]) Vgl. auch Nr. 144.

nicht mehr nach 8 Uhr arbeiteten. Die Beklagte war daher berechtigt, die Kläger wegen Nichtbefolgung des Arbeitsvertrages zu entlassen. Da indes Beklagte von ihrem Rechte am Abend des zweiten Tages, wo sich die Kläger wiederum weigerten, keinen Gebrauch machte und die Kläger am andern Morgen in üblicher Weise wieder aufnehmen ließ, so hatten letztere auf Beschäftigung während dieses Tages Anspruch. Demgemäß war den Klägern die Lohnentschädigung für diesen Tag mit je 5 Mk. zuzusprechen, ihr weitergehender Antrag aber abzuweisen. („Gewerbegericht" Jg. 5, Sp. 25.)

b) Urteil des GG. Köln vom 3. Februar 1898.

Kläger verlangte von dem Beklagten wegen nicht gewährter Kündigung eine Entschädigung. Beklagter machte geltend, Kläger habe mit vier anderen Knechten am Abende des 5. Januar neun Säcke Roggen vom Hofe zum Speicher tragen sollen, sich jedoch trotz wiederholter Aufforderung geweigert, diese Arbeit auszuführen. Kläger gab dies zu, um 7 Uhr sei Feierabend, er sei nicht verpflichtet, nach 7 Uhr noch zu arbeiten.

Kläger wurde mit seiner Klage abgewiesen.

Aus den Gründen: In einem Betriebe, wie der hier in Frage stehende, kann die Arbeitszeit nicht mit der Minute zu Ende gehen, es handelt sich zudem um eine Arbeit, die eine geringe Zeit in Anspruch nimmt. Unter diesen Umständen mußte die Weigerung, da Kläger sie entschieden ausgesprochen hat, als ein hinreichender Grund zur Entlassung angesehen werden. („Gewerbegericht" Jg. 3, Sp. 81.)

c) Urteil des GG. Bremen vom 2. Juli 1901.

Der Beklagte hat am 10. Juni 1901 seinen Werkmeister beauftragt, die Arbeiterinnen am 11. Juni 1901 nach Schluß der festgesetzten Arbeitszeit weiter arbeiten zu lassen. Die Klägerin hat sich geweigert, diese Nacharbeit auszuführen und soll auch ihre Mitarbeiterinnen veranlaßt haben, die Ausführung der Nacharbeit zu verweigern. Sie ist dann ohne Einhaltung der gesetzlichen Kündigungsfrist entlassen und verlangt nun in der vorliegenden Klage den Lohn für 14 Tage.

Der Klage ist stattgegeben.

Aus den Gründen: Durch den Arbeitsvertrag wird der Arbeiter zur Leistung der versprochenen Arbeiten verpflichtet. (BGB. § 617.) Arbeiten, die er nicht versprochen hat, braucht der Arbeiter also auch nicht auszuführen. Sind nun die Arbeiten, die der Arbeiter versprochen hat, auf einen durch Vereinbarung festgesetzten Zeitraum beschränkt, so kann der Arbeitgeber über diesen Zeitraum hinaus die Ausführung von Arbeiten nicht verlangen. Wenn die Klägerin also die von ihr gewünschte Nacharbeit nicht ausführen wollte, so lag hierin keine beharrliche Weigerung, den nach dem Arbeitsvertrag ihr obliegenden Verpflichtungen nachzukommen; denn nach dem Arbeitsvertrag lag ihr die Verpflichtung nicht ob, über die festgesetzte Arbeitszeit hinaus zu arbeiten. Der Beklagte konnte sie daher nicht nach § 123 Nr. 3 GO. ohne Aufkündigung aus dem Arbeitsverhältnis entlassen. Die Beklagte tat auch nichts, was gegen die Gesetze oder gegen die guten Sitten verstieß, wenn sie auch ihre Mitarbeiterinnen veranlaßte, die Nacharbeit zu verweigern; denn auch sie waren zur Nacharbeit nicht verpflichtet. Der Beklagte konnte somit auch auf Grund des § 123 Nr. 7 die Klägerin nicht ohne Einhaltung der gesetzlichen zweiwöchigen Kündigungsfrist entlassen.

## 273. Kann ein Photograph sofort entlassen werden, wenn er sich weigert, am Sonntag Bilder aufzuziehen?

Urteil des GG. Stettin vom 30. April 1901.

Kläger — ein Photograph — ist vom Beklagten ohne Kündigung entlassen, weil er sich am Sonntag den 31. März wiederholt geweigert hat, Bilder aufzuziehen. Er beansprucht Lohnentschädigung, indem er behauptet, er sei lediglich als Retoucheur und Operateur angenommen und schon deshalb nicht zum Aufziehen der Bilder verpflichtet gewesen, auch sei diese Arbeit gesetzlich an den Sonntagen nicht zulässig.

Beklagter behauptet, Kläger sei für alle Arbeiten angenommen, habe auch das Aufziehen der Bilder bisher stets besorgt.

Letzteres ist durch Zeugnis der Empfangsdame, Fräulein M., erwiesen.

Der Beklagte ist verurteilt worden.

Aus den Gründen: Es handelt sich in erster Linie darum, ob die fragliche Arbeit an Sonntagen vorgenommen werden darf. Letzteres ist nicht anzunehmen. Nach der preußischen Anweisung betreffend die Sonntagsruhe im Gewerbebetriebe mit Ausnahme des Handelsgewerbes vom 11. März 1895 bezw. der Anweisung des Herrn Königlichen Regierungspräsidenten hierselbst vom 20. März 1895 ist den photographischen Anstalten, abgesehen von den 4 Sonntagen vor Weihnachten, nur gestattet, ihr Personal an Sonntagen zum Zwecke der Aufnahme von Porträts 6 bezw. 5 Stunden zu beschäftigen.

Zur Aufnahme von Porträts gehört die hier fragliche Arbeit nicht.

Es kommt jedoch noch weiter in Frage, ob die Arbeit nicht etwa nach § 105c Abs. 1 Ziffer 4 Sonntags zulässig ist. Darnach können Arbeiten vorgenommen werden, welche zur Verhütung des Mißlingens von Arbeitserzeugnissen erforderlich sind, sofern nicht diese Arbeiten an Werktagen geschehen können. Beklagter macht in dieser Hinsicht geltend, daß er Albuminpapier verwende. Der vernommene Sachverständige, Photograph X., erklärt, daß die Ansichten der Photographen in dieser Hinsicht verschieden seien. Seines Erachtens erlitten die Bilder, wenn sie einen Tag länger im Wasser lägen, keinen erheblichen Minderwert, wenn sie ja freilich auch nicht besser dadurch würden. Ihm seien dadurch noch keine Bilder verdorben. Da Photograph X. auf eine photographische Praxis von mehr als einem Menschenalter zurücksieht, hat das Gericht kein Bedenken, sich sein Gutachten anzueignen. Darnach kann § 105c GO. vorliegend für anwendbar nicht erachtet werden.

Es liegt somit eine beharrliche Arbeitsverweigerung nicht vor.[1])

## 274. Sind Fabrikarbeiter verpflichtet, Abbrucharbeiten auszuführen, die infolge eines Fabrikbrandes nötig werden?

Urteil des GG. Offenbach vom 2. Februar 1900.

Die Kläger sind in der Stearinfabrik der Beklagten als „Fabrikarbeiter" ausdrücklich engagiert. Am 14. Januar 1900 hat es in einem Teil der Fabrik gebrannt. Nach dem Brand wurden dieselben noch bis 25. Januar an ihren früheren bezw. gleichartigen Stellen im Gewerbebetrieb beschäftigt. An jenem Tag wurde ihnen eröffnet, daß sie nunmehr mit dem gleichen Lohn mit Aufräumungsarbeiten (Maurerarbeiten) aus Anlaß des Brandes beschäftigt werden sollten. An ihren Plätzen wurden, zum mindesten teilweise, geringer bezahlte Mädchen beschäftigt. Der Lohn der Arbeiter für die anderweite Beschäftigung wurde nicht erhöht. — Die Kläger weigerten sich diese Arbeit auszuführen und wurden daraufhin ohne Kündigung entlassen.

Der Anspruch auf Schadensersatz ist für begründet erklärt.

Aus den Gründen: Die Kläger sind gewerbliche Arbeiter, und zwar Fabrikarbeiter im Sinne des 4. Abschnitts der GO. bes. § 134ff. Zum Begriff des Fabrikarbeiters gehört, daß er in der Regel an einem zur Fabrik gehörenden Ort mit Arbeiten beschäftigt ist, welche zu dem Betrieb der Fabrik gehören (vgl. Wolff, Der Fabrikarbeiter S. 1; Schicker, Anm. 1 zu § 134; Landmann Bd. 2 S. 678; Reichsgerichts-Entscheidung vom 10. Dezbr. 1883). Es ist der wesentliche Inhalt des Arbeitsvertrages, daß der Arbeiter zu den gewerblichen Arbeiten des Gewerbezweiges, für den er engagiert ist, verwendet werde. Es unterliegt keinem Zweifel, daß Aufräumungsarbeiten, die infolge eines Brandes

[1]) Vgl. auch Nr. 171.

in der Fabrik notwendig werden, keine Arbeiten sind, die zu den gewerblichen Arbeiten des Betriebes gehören.

Die Beklagte geht davon aus, daß die Kläger Taglöhner und infolge dieses Umstandes verpflichtet seien, sich zu jeder beliebigen Tagelöhnerarbeit verwenden zu lassen. — Im vorliegenden Fall hätten dieselben sich geweigert, diese ihnen nach dem Arbeitsvertrag obliegenden Verpflichtungen zu erfüllen und demgemäß sei die Entlassung gerechtfertigt. Diese Auffassung ist rechtsirrtümlich. Der § 4 der Fabrikordnung der Beklagten bestimmt allerdings für „Taglöhner" eine 3tägige, für „Schichtarbeiter" eine 14tägige Kündigungsfrist. — Die Tätigkeit der meisten Arbeiter ist aber diejenige ungelernter Taglöhner. Dieser Begriff steht aber keineswegs im Gegensatz zu dem Begriff Fabrikarbeiter. Es ist einerlei, ob der Arbeiter bei der einheitlichen Stoffverarbeitung (Produktion) tätig ist, oder ob er lediglich Hilfsleistungen zu verrichten hat. Er ist hiernach sogar auch die Person Fabrikarbeiter, welche Arbeitsmaterial herbeischafft, die Fabrikräume regelmäßig reinigt, Waren verpackt rc. — Diese Arbeiten, die keine technische Vorbildung voraussetzen, aber doch zum Gewerbebetrieb gehören, werden im allgemeinen Sprachgebrauch oft als „Taglöhnerarbeiten" bezeichnet. Der Taglöhner in diesem Sinne ist gleichfalls Fabrikarbeiter (vgl. Wolff a. a. O. S. 1 und 2; Landmann II S. 681 und Reichsgerichts-Entscheidung vom 20. Juni 1884 und 5. Januar 1886). Zu solchen Arbeiten gehören die Aufräumungsarbeiten nicht und erfolgte demgemäß die Weigerung nicht mit Unrecht, vielmehr war das Verlangen der Beklagten unberechtigt. Hätte freilich der Brand die Betriebsstätte derart zerstört, daß eine Beschäftigung der Arbeiter im Betrieb unmöglich gewesen wäre, so wäre im Hinblick auf §§ 275 und 323 BGB. die Beklagte nicht verpflichtet gewesen, die Kläger weiter zu beschäftigen oder weiter zu bezahlen. Es hätte der Fall vorgelegen: daß dem Beklagten die Leistung infolge eines nach der Entstehung des Schuldverhältnisses eingetretenen Umstandes, den er nicht zu vertreten hatte, unmöglich geworden wäre (§ 275). („Gewerbegericht" Jg. 7, Sp. 143.)

## 275. Kann der Arbeiter sofort entlassen werden, wenn er trotz Verbotes Privatarbeiten für sich fertigt?

Urteil des GG. Offenbach.

Das GG. hält die Entlassung für berechtigt.

Aus den Gründen: Auf Grund der Beweisaufnahme erachtet das Gericht für bewiesen, daß der Kläger, während er in Kündigung stand, wiederholt „gepfuscht", d. h. während der Arbeitszeit in der Werkstätte und mit den zum Betrieb gehörigen Werkzeugen Privatarbeiten für sich gefertigt hat. Das Gericht erachtet ferner als bewiesen, daß ihm durch den Werkführer, als er das erste Mal hierbei ertappt wurde, diese Handlungsweise ausdrücklich untersagt wurde und daß, als er demnächst wieder erwischt wurde, Entlassung erfolgte. In dieser Handlungsweise ist eine beharrliche Weigerung, den nach dem Arbeitsvertrag ihm obliegenden Verpflichtungen nachzukommen, im Sinne GO. § 123 Ziff. 3 zu erblicken. — Zum Wesen des Arbeitsvertages, eines Dienstvertrages im Sinne BGB. § 611ff. gehört, daß der Arbeiter seine gesamte Tätigkeit während der Arbeitszeit dem Arbeitgeber widmet. Eine beharrliche Weigerung, den hiernach ihm obliegenden Verpflichtungen nachzukommen, liegt vor in erster Linie, wenn der Arbeiter bewußt seinen Pflichten fortgesetzt zuwiderhandelt, d. h. wenn er in dem auf die Zuwiderhandlung gerichteten Willen beharrt. In gleicher Weise liegt eine solche Weigerung vor, wenn der gleiche Wille wiederholt zum Ausdruck kommt, obgleich der Arbeitgeber oder seine Vertreter den Mangel des Einverständnisses mit der Zuwiderhandlung ausdrücklich erklärt hat. („Gewerbegericht" Jg. 7, Sp. 126.)[1]

---

[1]) Vgl. Nr. 253.

## 276. Kann der Arbeiter, der wegen der Maifeier die Arbeit versäumt, sofort entlassen werden?

### a) Urteil des GG. Offenbach vom 10. Mai 1900.

Es ist unbestritten, daß der Inhaber der beklagten lithographischen Anstalt die Kläger am 2. Mai ohne Kündigung entlassen hat, weil sie am Nachmittag des 1. Mai gefeiert haben, um sich an der allgemeinen Maifeier der organisierten Arbeiter in Offenbach zu beteiligen. Es ist ferner unbestritten, daß die Kläger mit noch anderen Arbeitern mittels Schreibens vom 20. April den Beklagten ersucht haben, sie am Nachmittag des 1. Mai von der Arbeit zu dispensieren, um an der Maifeier teilzunehmen. — Es ist ferner festgestellt, daß der Beklagte die nachgesuchte Erlaubnis nicht erteilt hat, und daß andere Gesuchsteller daraufhin auch gearbeitet haben.

Die Kläger beanspruchen Entschädigung wegen kündigungsloser Entlassung für $2^1/_2$ Woche.

Der Beklagte stützt seinen Antrag auf Abweisung der Klage auf folgendes:

a) es liege eine Zuwiderhandlung gegen § 123 Ziffer 3 der GO. vor, die ihn zur Entlassung berechtigte;

b) er habe im vorigen Jahr mit den Delegierten seiner Arbeiter eine ausdrückliche Vereinbarung getroffen, daß sämtlichen Leuten die in die Woche fallenden Feiertage, besonders auch die 2. Feiertage, an welchen nicht gearbeitet werde, trotzdem bezahlt würden; daß dagegen an den 3. Feiertagen, dem lokalen Feiertag „Nickelgestag" und am 1. Mai gearbeitet werde, und sofern eine erlaubte Unterlassung der Arbeit an diesen Tagen erfolge, auch eine Bezahlung nicht eintrete. — Er selbst habe diese Vereinbarung gehalten und die in Betracht kommenden Feiertage bezahlt, auch sei von den Arbeitern das Geld genommen worden; als es aber zum erstenmal darauf angekommen sei, ob auch die Arbeiter ihr Versprechen hielten, da seien die heutigen Kläger wortbrüchig geworden.

c) durch das Feiern der Arbeiter habe eine Anzahl Mädchen nicht arbeiten können und sei er selbst sehr geschädigt, zumal da viel Arbeit sei; eine Wiedereinstellung sei des Prinzips halber und um deswillen untunlich, weil die Stellen besetzt seien.

Die Kläger widersprechen diesen Ausführungen und behaupten insbesondere, daß gegen die vorjährige Vereinbarung alsbald protestiert worden sei, soweit sie den 1. Mai betraf.

Die Klage ist abgewiesen.

Aus den Gründen: Für das Gericht war ausschließlich die Frage von Belang, ob der Beklagte die Kläger ohne gesetzlichen Grund entlassen habe. Was nun zunächst die angebliche Vereinbarung betrifft, so würde derselben nur dann ein entscheidendes Gewicht beizumessen sein, wenn der Beklagte ausdrücklich sich damit einverstanden erklärt hätte, daß am 1. Mai gefeiert werden dürfte. Wäre dies der Fall gewesen, so wäre er verpflichtet gewesen, dem Dispensgesuch stattzugeben. — Die Kläger behaupten aber gar nicht einmal, daß ihnen damals eine solche Zusage gemacht worden sei, sie behaupten im Gegenteil, daß das Arbeiten am 1. Mai verlangt worden sei; es ist sonach auch ohne Belang, ob sie gegen dieses Verlangen protestiert haben. Der § 1 der Fabrikordnung bestimmt ausdrücklich: „Für den Eintritt, die Kündigung und Auflösung des Arbeitsverhältnisses gelten die gesetzlichen Bestimmungen" ꝛc. Ferner bestimmt § 123 Ziff. 3 GO.: „Vor Ablauf der vertragsmäßigen Zeit und ohne Aufkündigung können Gesellen und Gehilfen entlassen werden, wenn sie die Arbeit unbefugt verlassen haben oder sonst den nach dem Arbeitsvertrag ihnen obliegenden Verpflichtungen nachzukommen beharrlich verweigern." Es kann dahingestellt bleiben, ob in dem Wegbleiben am Nachmittag des 1. Mai, also einem Arbeitstag, ein Verlassen der Arbeit überhaupt gefunden werden kann; denn das GG. erachtet im vorliegenden Fall als erwiesen, daß die Kläger sich beharrlich verweigert haben, den ihnen nach dem Arbeitsvertrag obliegenden Verpflichtungen nachzukommen. Dem Einwand der Kläger, daß eine wiederholte Aufforderung und Weigerung, dieser nachzukommen, erwiesen sein müsse, kann nicht beigepflichtet werden. Unter Weigerung ist an sich zu verstehen, die bewußte absichtliche Nichtbefolgung der Anordnung oder der Vorschriften des Arbeitsvertrags (Arbeitsordnung); beharrlich ist aber eine Weigerung dann, wenn der Wille der Nichtbefolgung in einer fortgesetzten Weise betätigt wird. Eine beharrliche Weigerung ist allerdings besonders auch dann als bewiesen anzunehmen, wenn ein Arbeiter bei mehrmals kurz aufeinanderfolgender Aufforderung dieser nicht Folge leistet. Dies aber ist nur ein Beweismittel für die „beharrliche Weigerung", aber nicht das ausschließliche. Würde man annehmen, daß in allen Fällen eine wiederholte Aufforderung erfolgt sein müsse, so hätte es der Arbeiter direkt in der Hand, diesen Entlassungsgrund illusorisch zu machen, indem er sich weigert und dann durch alsbaldige Entfernung aus dem Gesichtskreis des Arbeitgebers diesem die Möglichkeit zu einer zweiten Aufforderung entziehen würde.

Dieser Fall liegt aber untergebens vor. Die Arbeiter haben sich trotz der Erklärung, daß sie nicht von der Arbeit dispensiert würden, nicht zur Arbeitsstelle, sondern zur Maifeier begeben und damit dem Arbeitgeber jede Möglichkeit genommen, sie zum zweiten Male aufzufordern. Unter diesen Umständen können sie sich nicht nachträglich darauf berufen, daß sie nicht wiederholt aufgefordert seien. — Den Willen aber, die Anordnung, daß gearbeitet werde, nicht zu befolgen, haben sie fortgesetzt betätigt und darin liegt die „beharrliche Weigerung" im Sinne des Gesetzes. („Gewerbegericht" Jg. 6, Sp. 187.)

b) Urteil des GG. Berlin, Kammer 3, vom 1. Juni 1899.

Der Arbeitgeber ist zum Schadensersatz wegen kündigungsloser Entlassung verurteilt.

Aus den Gründen: Es kann keinem Bedenken unterliegen, daß das Ausbleiben aus der Arbeit gerade am 1. Mai ohne die Genehmigung des Arbeitgebers als ein „unbefugtes Verlassen der Arbeit" im Sinne der GO. (§ 123 Nr. 3) aufzufassen ist. Hier handelt es sich nicht mehr um ein gelegentliches, etwa auf Bequemlichkeit dieses oder jenes Arbeiters zurückzuführendes und daher im Einzelfalle entschuldbares Ausbleiben, wie etwa beim Blaumontagmachen; hier wird vielmehr bewußt und zumeist mit vereinten Kräften gefeiert; es dreht sich um eine Machtprobe der ganzen Arbeiterschaft gegenüber den Arbeitgebern. Wer daher am 1. Mai absichtlich aus der Arbeit bleibt, obwohl er weiß, daß der Arbeitgeber gegen das Feiern ist, bricht seinen Arbeitsvertrag; er handelt bewußt rechtswidrig, also „unbefugt" im Sinne des Gesetzes.

Im vorliegenden Falle kann jedoch dem Beklagten ein solches rechtswidriges und unbefugtes Verhalten nicht vorgeworfen werden. Denn indem der Beklagte dem Kläger auf dessen ausdrückliches Befragen, ob er am 1. Mai wegbleiben könne, erklärte, „wer nicht arbeiten will, der läßt es," so durfte der Kläger des Glaubens sein, daß es dem Beklagten gleichgiltig sei, ob Kläger am 1. Mai arbeite oder nicht. Er durfte also die Genehmigung zu seinem Ausbleiben voraussetzen. Demgegenüber kann von einem „unbefugten", dem Willen des Beklagten widerstrebenden Fortbleiben aus der Arbeit keine Rede sein.

## 277. Ist der Arbeiter auf Verlangen des Arbeitgebers verpflichtet, für eine andere Fabrik, über die die Sperre verhängt ist, Arbeiten auszuführen, die der Arbeitgeber sonst in seiner Fabrik nicht ausführen läßt?

Urteil des GG. Bremen vom 2. Juli 1901.

Die Klägerinnen waren in der Putzcream-Fabrik der Beklagten als Arbeiterinnen angestellt. Ihre Arbeit bestand im Abfüllen und Verpacken von Putzcream. Am Morgen des 19. Juni 1901 wurden sie von dem Werkmeister der Beklagten gefragt, ob sie bereit seien, in einer benachbarten Kartonnage-Fabrik, über welche von den Arbeitern die

Die Klage ist stattgegeben.

Aus den Gründen: Nach § 611 BGB. wird der Arbeiter durch den Arbeitsvertrag verpflichtet, dem Arbeitgeber die versprochenen Arbeiten zu leisten. Durch den Arbeitsvertrag, welchen die Klägerinnen mit der Beklagten abgeschlossen haben, haben sie versprochen, derartige Arbeiten auszuführen, wie sie in der Fabrik der Beklagten vorkommen. Wenn sie sich nun geweigert haben, derartige Arbeiten auszuführen, welche bisher nie in der Fabrik der Beklagten ausgeführt sind, so haben sie sich also nicht geweigert, die versprochenen Arbeiten zu leisten. Sie haben sich vielmehr ausdrücklich bereit erklärt, die Arbeiten, die sie früher in der Fabrik der Beklagten ausgeführt haben, zu leisten. Die Beklagte konnte sie daher nicht auf Grund des § 123³ GO. ohne Einhaltung der gesetzlichen Kündigungsfrist entlassen, weil sie sich nicht geweigert haben, solchen Verpflichtungen, die ihnen nach dem Arbeitsvertrage oblagen, nachzukommen. („Gewerbegericht“ Jg. 7, Sp. 9.)

## 278. Ist beharrliche Verweigerung einer von einem Arbeiter verlangten Auskunft Grund zur Entlassung?

Entscheidung des GG. Offenbach a. M.

Die Entschädigungsklage des entlassenen Arbeiters ist abgewiesen.

Aus den Gründen: Der Beklagte hat den Kläger entlassen, weil er dem Werkmeister eine auf Arbeiten Bezug habende Auskunft nicht erteilt habe. Das Gericht geht davon aus, daß es zu den durch den Arbeitsvertrag gehörigen Verpflichtungen (GO. § 121) gehöre, daß der Arbeiter dem Arbeitgeber oder dessen Stellvertreter die durch die Regelung der Arbeit und Aufrechterhaltung der Ordnung in der Fabrik erforderlichen Auskünfte zu geben habe und daß eine beharrliche Weigerung, dies zu tun, als Entlassungsgrund im Sinne der GO. § 123 Position 3 anzusehen sei. Durch die Aussagen der Zeugen W. und R. ist nunmehr festgestellt, daß der Werkmeister W. den Kläger fragte, ob er Futter für Schuhe, welches fehlerhaft zugeschnitten war, zugeschnitten habe? Kläger gab zunächst überhaupt keine Antwort und äußerte auf die wiederholte Frage: „Lassen Sie mich in Ruhe!“ Daraufhin meldete der Werkmeister dies dem Arbeitgeber, der die Entlassung veranlaßte. Wenn das Gericht auch der Ansicht ist, daß die alsbaldige Entlassung eine harte Strafe war, und daß der Arbeitgeber wohl durch persönliches Einschreiten bei einem Werkführer, dessen Autorität nicht groß sein soll, wohl die erforderliche Auskunft erlangt hätte, so kann doch andererseits nicht die Berechtigung anerkannt werden, daß ein Arbeiter derartige, zur Aufklärung erforderliche Auskünfte verweigern darf und mußte deshalb nach obigem Grundsatz auf Abweisung erkannt werden. („Gewerbegericht“ Jg. 4, Sp. 97.)

## 279. Kann der Arbeiter entlassen werden, wenn er sich weigert, dem Arbeitgeber auf Befragen zu sagen, unter welchem Werkmeister er arbeitet?

Urteil des GG. Frankfurt a. M. vom 15. September 1898.

Der Kläger verlangt, weil er ohne Kündigung entlassen ist, Entschädigung. Die Beklagte wendet ein, daß der Kläger sich beharrlich geweigert habe, den ihm nach dem Arbeitsvertrage obliegenden Verpflichtungen nachzukommen. Auf die Fragen des Betriebs-Ingenieurs M., der den Kläger anscheinend schlafend an seiner Arbeitsstelle betroffen habe, seinen Werkmeister zu nennen, habe der Kläger trotz wiederholtem Verlangen nicht geantwortet. Der Kläger hat dieses zugegeben mit dem Bemerken, daß er, durch die Art und Weise, wie er gefragt worden sei, verletzt, nicht geantwortet habe. Übrigens hat der Beklagte zugegeben, daß in dem betreffenden Raume nur zwei Werkmeister beschäftigt sind.

Der Beklagte ist verurteilt.

Aus den Gründen: Der Streit der Parteien dreht sich darum, ob in dem Verhalten des Klägers eine beharrliche Arbeitsverweigerung zu sehen ist. Diese Frage ist verneint. Denn es kann an sich schon zweifelhaft sein, ob überhaupt die Nennung des Vorgesetzten zu denjenigen Verpflichtungen gehört, die dem Arbeiter auf Grund des Arbeitsvertrages obliegen. Auskunft über das Arbeitsprodukt zu geben, wird der Arbeiter verpflichtet sein. Anders steht es mit dem Namen des Vorgesetzten, der dem Betriebsleiter oder dessen Stellvertreter an sich bekannt sein muß oder leicht bekannt werden kann. Im vorliegenden Falle kommt dazu, daß in dem Raume, in dem der Kläger gearbeitet hat, nur zwei Werkmeister tätig sind. Es genügte also eine einfache Erkundigung seitens des Befragenden, um den Namen des Werkmeisters festzustellen. Somit lag im vorliegenden Falle eine Verpflichtung des Klägers zur Nennung des Namens seines Vorgesetzten nicht vor. („Gewerbegericht“ Jg. 4, Sp. 22.)

## 280. Ist Singen und Pfeifen in der Werkstatt trotz mehrmaligen Verbotes Grund zur sofortigen Entlassung?

Urteil des GG. Berlin, Kammer 5, vom 16. Januar 1902.

Das GG. hat die Frage bejaht.

Aus den Gründen: Der Arbeitgeber ist, sofern er in dem Singen und Pfeifen während der Arbeitszeit und in dem Arbeitsraume eine Störung erblickt, berechtigt, dem Arbeiter dieses Verhalten zu untersagen; die Befolgung dieses Verbotes gehört deshalb zu den den Arbeitern nach dem Arbeitsvertrage obliegenden Verpflichtungen. Eine beharrliche Weigerung, diesem Verbote nachzukommen, wäre ein gesetzlicher Grund, das Arbeitsverhältnis sofort aufzulösen.

Für den Tatbestand der beharrlichen Weigerung die Dienstpflichten zu erfüllen, kommt es nun nicht unbedingt darauf an, daß zwischen den einzelnen Aufforderungen zu einer Handlung oder Unterlassung ein größerer Zeitraum liegt, andererseits ist nicht ohne Weiteres das Unbeachtetlassen eines wiederholten Befehls in jedem Falle eine „beharrliche“ Weigerung. Das Wesen der beharrlichen Weigerung ist vielmehr in einer gewissen Nachhaltigkeit des Willens zu finden, den aus dem Arbeitsvertrage sich ergebenden Verpflichtungen nicht nachzukommen. Welchen Grad die Nachhaltigkeit des Willens erreicht haben muß, um zum sofortigen Entlassungsgrund zu werden, hängt von der Beurteilung des einzelnen Falles ab. („Soziale Praxis“).

## 281. Ist eine weibliche Angestellte verpflichtet, sich vom Arzte des Arbeitgebers untersuchen zu lassen, wenn sie wegen Krankheit fortbleiben will?

a) Urteil des GG. Berlin, Kammer 2 vom 7. Juli 1902 und des Landgerichts I Berlin, Zivilkammer 8, vom 19. September 1902.

Klägerin war Direktrice in der Kravattenfabrik der Beklagten mit einem Monatsgehalt von 150 Mk. Am 12. April 1902 blieb sie, nachdem sie kurz vorher einen Streit mit ihrem Prinzipal gehabt hatte, von der Arbeit weg und übersandte ein Attest ihres Arztes Dr. F., daß sie an neuralgischen Schmerzen erkrankt sei und voraussichtlich 4 Wochen lang arbeitsunfähig sein werde. Die Beklagte verlangte daraufhin, daß sich die Klägerin von dem Arzte der beklagten Firma, Dr. L., untersuchen lassen solle. Klägerin erklärt, sie wolle sich nur im Beisein ihres Arztes Dr. F. untersuchen lassen. Dr. F. hat jedoch seine Mitwirkung bei dieser Untersuchung verweigert, und als Klägerin sich dann ohne Zuziehung des Dr. F. nicht von Dr. L. untersuchen lassen wollte, wurde sie ohne Kündigung entlassen. Klägerin verlangt Gehaltsentschädigung.

Das GG. hat die Klage abgewiesen.

Aus den Gründen des GG. Die Beklagten waren zur kündigungslosen Entlassung der Klägerin für berechtigt zu erachten auf Grund der einen unbestrittenen Tatsache, daß Klägerin sich weigerte, sich einer Untersuchung durch den Vertrauensarzt der Beklagten zu unterziehen. Das Abhängigkeitsverhältnis des Angestellten zum Anstellenden findet unter anderem seinen Ausdruck darin, daß der Angestellte sich hinsichtlich derjenigen Tatsachen, Vorgänge, Verhältnisse, welche für den Bestand des Dienstverhältnisses von Erheblichkeit sind, einer angemessenen Kontrolle seitens des Dienstberechtigten unterwerfen muß. Insbesondere findet dies Anwendung auf den Fall der Erkrankung des Dienstverpflichteten. Ist dies schon ganz allgemein allen Dienstverpflichteten gegenüber durch die Bestimmungen des § 616 BG. begründet, wonach während einer verhältnismäßig kurzen Erkrankung des Arbeiters die Lohnzahlung zu leisten ist, der Arbeiter also ein voll begründetes Interesse hat, die Tatsächlichkeit und die Art der behaupteten Krankheit in einer für ihn maßgebenden Weise festzustellen, so greift dieses Interesse in erhöhtem Maße Platz, wo es sich — wie im vorliegenden Falle — um eine Direktrice, also eine Angestellte im Sinne des § 133a GO. handelt. Denn wenn § 133c Abs. 2 Nr. 4 die Möglichkeit der Entlassung wegen anhaltender Krankheit der Direktrice ausspricht, so bleibt nach § 133c Abs. 2 gerade für diesen Fall der Lohnanspruch der Entlassenen für 6 Wochen (abzüglich des Krankengeldes) bestehen. Nach dem von der Klägerin eingesandten Attest bedurfte Klägerin einer mindestens vierwöchigen Erholung durch Fernbleiben von der Arbeit. Die Beklagten standen also zwischen der Alternative, die Klägerin in ihrem Anstellungsverhältnis zu belassen in der Hoffnung, daß sie tatsächlich nach der bezeichneten Frist die Arbeit werde wieder aufnehmen können, und während dieser Frist den Lohn (150 Mk.) zu zahlen oder aber die Klägerin auf Grund des § 133c Abs. 1 Nr. 4 GO. zu entlassen und ihr dann — nach Abs. 2 ibidem — den Lohn für 6 Wochen (225 Mk. abzüglich des Krankengeldes — zu leisten. Bei Zumutung derartiger Opfer ohne Gegenleistung war es das Recht der Beklagten, nachzuprüfen, ob die Krankheit der Klägerin tatsächlich eine derartige war, daß sie wegen derselben von der Arbeit fern bleiben mußte. Die Abweisung des ihr zu dem Zwecke der Untersuchung zugesandten Arztes involviert daher eine unberechtigte Insubordination der Klägerin. — Selbstverständliche Voraussetzung ist dabei, daß durch eine derartige Maßregel der Angestellten keine Kosten erwachsen, und daß die Art derselben nicht verletzend oder ungebührlich ist. Behauptungen, welche in dieser Hinsicht einen Einwand begründen könnten, hat Klägerin selbst nicht vorgebracht. Und wenn sie erklärt, daß man es ihr, als einem weiblichen Wesen, überhaupt nicht zumuten könne, sich von einem fremden Arzt untersuchen zu lassen, so liegt hierin eine hochgradige Prüderie, welche der Klägerin ihrer ganzen Stellung nach nicht zukommt. Es mag daran erinnert werden, daß in allen Beamtenkategorien Untersuchungen durch behördlich bestimmte Ärzte verlangt werden. — Der Umstand endlich, daß die Klägerin den Beklagten ihrerseits zwei Atteste ihres eigenen Arztes eingereicht hatte, raubt dem Verlangen der Beklagten nichts von seiner Berechtigung. Die Nachprüfung eines ärztlichen Gutachtens ist ein ebensowohl begründetes Recht des Arbeitgebers, wie die Prüfung des Tatbestandes selbst.

Klägerin hat Berufung eingelegt. Sie führt aus, der Arbeitgeber sei zu Vorschriften irgend welcher Art nur innerhalb der geschäftlichen Tätigkeit der Angestellten befugt; außerhalb dieser Tätigkeit im Privatleben sei der Angestellte zu keinem Gehorsam verpflichtet. Die Untersuchung und Behandlung durch einen Arzt in Krankheitsfällen sei aber eine lediglich das Privatleben betreffende Angelegenheit, bei der ein Angestellter den Anordnungen seines Arbeitgebers, wenn nicht besonderes vereinbart sei, nicht Folge zu leisten brauche. Die Weigerung, sich vom Arzte der Beklagten untersuchen zu lassen, sei daher keine Versagung des dem Arbeitgeber schuldigen Gehorsams und somit auch kein Grund zu sofortiger Entlassung. Zur Wahrung der Interessen des Arbeitgebers sei es vollkommen genügend, wenn durch Vernehmung des Dr. F. und des Vaters der Klägerin festgestellt werden könne, daß sie tatsächlich krank und arbeitsunfähig gewesen sei.

Die Berufung ist zurückgewiesen.

Aus den Gründen des Landgerichts: Das Berufungsgericht hat sich den durchaus zutreffenden Gründen des Vorderrichters angeschlossen. Gegenüber den vom Vorderrichter bereits angezogenen gesetzlichen Vorschriften, nach denen der Arbeitgeber verpflichtet ist, ohne Gegenleistung während einer Krankheit des Angestellten unter Umständen bis zur Dauer von 6 Wochen den Lohn weiter zu zahlen, muß dem Arbeitgeber bei Erkrankungen seiner Angestellten grundsätzlich das Recht eingeräumt werden, auf seine Kosten durch einen Arzt seines Vertrauens feststellen zu lassen, ob eine die Arbeitsunfähigkeit des Angestellten bedingende Krankheit überhaupt vorliegt, und wie lange die Arbeitsunfähigkeit voraussichtlich dauern wird, um danach seine Entschließungen zu treffen, ob er eine Vertretung annehmen oder in den gesetzlich zulässigen Fällen von seinem Kündigungsrecht Gebrauch machen soll. Im vorliegenden Falle aber muß das Verlangen der Beklagten, sich durch einen Arzt ihres Vertrauens Klarheit über Art, Erheblichkeit und voraussichtliche Dauer der Krankheit der Klägerin zu verschaffen, umsomehr gerechtfertigt erscheinen, als die Atteste des die Klägerin behandelnden Arztes wegen (objektiv schwer feststellbarer!) neuralgischer Schmerzen von vornherein eine vollständige Arbeitsunfähigkeit der Klägerin ohne jede nähere Begründung für die Dauer von vier Wochen in Aussicht stellten und die angebliche Krankheit der Klägerin unmittelbar nach einem Wortwechsel der Parteien einsetzte, bei dem die Beklagten der Klägerin sofortige Entlassung androhten, falls sie in Zukunft nicht zu der von ihnen gewünschten Zeit zur Arbeit erschiene. — Wenn die Klägerin während der Krankheit den Vertrag aufrecht erhalten wollte, so mußte sie auch den Beklagten Gelegenheit geben, sich über den Charakter und die mutmaßliche Dauer ihrer angeblichen Krankheit Gewißheit zu verschaffen; dazu gehörte aber, daß sie sich dem berechtigten Verlangen ihrer Arbeitgeber, sich von dem Vertrauensarzt untersuchen zu lassen, fügte. Indem sie diese Untersuchung ohne genügenden Grund verweigert, hat sie eine ihr nach dem Arbeitsvertrage obliegende Verpflichtung verweigert und dem Arbeitgeber hinreichenden Grund zur sofortigen Entlassung gegeben. Verweigerung der angesonnenen Untersuchung würde nur dann für gerechtfertigt erachtet werden können, wenn besondere Gründe gegen die Untersuchung gerade durch diesen Arzt vorgelegen hätten. Solche Gründe sind hier aber nicht vorgebracht und augenscheinlich nicht vorhanden. — Die Behauptung der Klägerin, sie habe die Untersuchung nicht schlechthin verweigert, sondern nur von der Zuziehung und Mitwirkung ihres Arztes abhängig gemacht, ist unerheblich. Die gestellte Bedingung ist ungerechtfertigt, und bei der Weigerung ihres Arztes kommt diese bedingungsweise Einwilligung im Erfolg der bedingungslosen Weigerung gleich. Unzutreffend sind auch die Äußerungen der Klägerin, daß der Arzt der Beklagten schon aus kollegialen Rücksichten ohne Zuziehung des behandelnden Arztes sie nicht hätte untersuchen können; denn es handelte sich hier nur um eine einmalige Untersuchung, die wohl zu unterscheiden ist von der Übernahme der Behandlung.

b) Urteil des Landgerichts I, Berlin, Zivilkammer 29, vom 5. März 1903.

Der Entschädigungsklage der kündigungslos entlassenen Angestellten ist stattgegeben.

Aus den Gründen: Die Gutachten der in erster Instanz vernommenen Sachverständigen ergeben zweifelsfrei, daß die Klägerin vom 15. Juli 1902 ab und zur Zeit der Kündigung wegen Krankheit arbeitsunfähig war. Sie hat dies auch dem Beklagten rechtzeitig mitgeteilt, hat ihm auch ausweislich ihres Briefes vom 17. Juli 1902 angezeigt, daß sie sich in der ärztlichen Behandlung des ihren Kassenarzt Sanitätsrat Dr. P. vertretenden Dr. H. befände. Zur Einreichung eines Attestes war sie ohne besondere Aufforderung des Beklagten nicht verpflichtet. Ihr Versprechen, an den Vormittagen in Dienst zu gehen, war sie wegen ihrer Krankheit außer Stande einzulösen. Die Klägerin hat sich zwar geweigert, sich von einem zweiten, ihr vom Beklagten zu benennenden Arzte untersuchen zu lassen; allein hierin kann eine beharrliche Weigerung der Klägerin, ihren Dienstverpflichtungen nachzukommen, nicht gesehen werden. Die Klägerin hatte ein berechtigtes Interesse daran, dem Beklagten eine Untersuchung durch einen Arzt seines Vertrauens zu versagen, da sie hinreichend Grund hatte, eine gewisse Befangenheit dieses Sachverständigen zu Gunsten ihres Prinzipals zu befürchten. Auch wenn man den vom Vorderrichter angezogenen Ausführungen Staubs im Allgemeinen beitritt, ist im vorliegenden Falle die kündigungslose Entlassung nicht begründet. Es mag sein, daß ein Angestellter, der aus dem Dienste wegen angeblicher Krankheit fortbleibt und die Feststellung dieser Krankheit durch seinen Prinzipal dadurch unmöglich macht, daß er diesem eine Untersuchung durch den Arzt verweigert, seine Entlassung ohne Kündigung verwirkt, wie dies Staub ausführt. So liegt der Streitfall aber nicht. Die Klägerin hat sich sofort in ärztliche Behandlung begeben und dies dem Beklagten angezeigt. Beklagter konnte sonach die erforderlichen Feststellungen über die Krankheit der Klägerin treffen, ein Mißtrauen desselben gegenüber dem stellvertretenden Kassenarzte wäre nicht begründet gewesen. Will ein Prinzipal dem Angestellten die besondere persönliche Pflicht auferlegen, sich durch den Arzt des Ersteren im Falle einer Erkrankung untersuchen zu lassen, so muß er mit ihm besondere Abmachungen deswegen treffen; unter die Dienstpflichten fällt eine derartige Pflicht an sich nicht. („Blätter für Rechtspflege" Jg. 14, Sp. 58.)

### 282. Ist der Arbeiter, dem für die Zeit von der Kündigung bis zur Entlassung die Fortarbeit verweigert wird, auf Verlangen verpflichtet, sich zu bloßen Kontrollmeldungen zu stellen?[1])

Urteil des GG. Berlin, Kammer 8.

Kläger ist mit vierwöchentlicher Kündigungsfrist gegen einen Wochenlohn von 25 Mk. in der Druckerei der Beklagten als Linierer beschäftigt gewesen und bis zum 30. Sept. bezahlt worden. Er will am 23. Sept. zum 21. Okt. gekündigt haben, aber schon am nämlichen Tage entlassen worden sein und verlangt für die Zeit vom 2. bis 21. Okt., während der er arbeitslos gewesen ist, eine dreiwöchentliche Lohnentschädigung mit dem Antrage: Beklagte zur Zahlung von 75 Mk. zu verurteilen. — Beklagte bitten um Klageabweisung. Unter ihren Arbeitern sei Streik ausgebrochen, und da Kläger, statt beruhigend auf seine Mitarbeiter zu wirken, diese noch aufgewiegelt habe, so hätten sie ihn für einige Zeit von der Arbeit dispensieren wollen. Sie haben aber am Sonnabend den 30. Sept. an ihn das Verlangen gestellt, am folgenden Montage und die nächsten Tage sich täglich vormittags um 10 Uhr und nachmittags um 4 Uhr zu melden. Da Kläger sich dessen weigerte, sei er entlassen worden. — Kläger repliziert, das Verlangen der Beklagten sei ein ungerechtfertigtes gewesen, dem er nicht verpflichtet gewesen sei, Folge zu leisten.

Die Beklagte ist verurteilt.

Aus den Gründen: Der Kammer wurde die Frage vorgelegt, ob nicht in dem Verhalten des Klägers eine beharrliche Weigerung einer ihm nach dem Arbeitsvertrage obliegenden Verpflichtung zu finden sei (§ 123 GO.). Denn wenn Kläger ordnungsmäßig weiter hätte arbeiten können, hätte er ja auch zweimal des Tages sich zur Arbeit begeben müssen, und in den verlangten Zeiten, 10 Uhr vormittags, und 4 Uhr nachmittags, können keine Schikanen

---

[1]) Vgl. unten Nr. 308.

des Klägers erblickt werden, sondern nur der berechtigte Wunsch, die Arbeitsbereitschaft des Klägers zu kontrollieren. Die Kammer erachtet aber das Verlangen der Beklagten für unberechtigt, da Kläger während der Kündigungsfrist nicht nur einen Anspruch auf Bezahlung, sondern auch auf die vertragliche Beschäftigung gehabt habe, letztere aber zweifelsohne gar nicht seitens der Beklagten beabsichtigt gewesen sei. („Gewerbegericht" Jg. 5, Sp. 277.)

## 283. Unvorsichtiges Umgehen mit Feuer als Entlassungsgrund. Ist der Abdruck der Bestimmung auf dem Arbeitszettel als ausreichende Verwarnung anzusehen?

### Urteil des GG. Leipzig.

Kläger (Steinschleifer) verlangt Schadensersatz wegen ungerechtfertigter Entlassung. — Der Beklagte macht geltend: er sei zur sofortigen Entlassung des Klägers berechtigt gewesen, da dieser von ihm betroffen worden sei, wie er mit einem Spirituskocher innerhalb der Geschäftsräume Kaffee gekocht habe, was gegen die ausdrückliche Anordnung des technischen Leiters in seinem Geschäfte, des Herrn H. geschehen sei. Bei seiner Annahme sei dem Kläger ein Arbeitszettel eingehändigt worden, der auf der Rückseite einen Abdruck der Bestimmungen im § 123 GO. enthalten habe. Danach sei die sofortige Entlassung gerechtfertigt, wenn die Arbeiter der Verwarnung ungeachtet, mit Feuer und Licht unvorsichtig umgehen. Diese Vereinbarung müsse als „Verwarnung" des Klägers angesehen werden. Daß der Kläger tatsächlich mit Feuer unvorsichtig umgegangen sei, erhelle schon daraus, daß der Deckel der Kiste, auf welcher der Spiritusapparat gestanden habe, von der Spiritusflamme ergriffen worden sei und noch deutliche Spuren des Brandes zeige. — Demgegenüber wendet der Kläger ein: Verwarnt sei er wegen unvorsichtigen Umgehens mit Feuer und Licht noch nicht worden. Der Oberdrucker J. habe ihm lediglich einmal erklärt, er solle sich beim Kaffeekochen nicht von Herrn H. erwischen lassen, sonst gäbe es Krach, da eine Frühstückspause im Geschäfte nicht eingeführt sei. Übrigens bestreitet er die Unvorsichtigkeit.

Der Beklagte ist verurteilt.

Aus den Gründen: Es mag dahingestellt bleiben, ob in dem Vorgehen des Klägers tatsächlich ein unvorsichtiges Umgehen mit Feuer zu erblicken ist oder nicht. Denn selbst, wenn ersteres der Fall sein würde, würde nach dem klaren Wortlaut der bezüglichen Bestimmung in § 123⁴ GO. nur eine Verwarnung und Nichtberücksichtigung dieser Verwarnung die sofortige Entlassung rechtfertigen. Nach dem herrschenden Sprachgebrauch ist eine „Verwarnung" nur dann als erfolgt zu betrachten, wenn nachdrücklich, nötigenfalls unter Hinweis auf die mit dem Übertreten einer Vorschrift eintretenden Folgen, bestimmend auf den Willen des Kontravenienten einzuwirken versucht worden ist. Daß eine solche Verwarnung an den Kläger geschehen sei, hat der Beklagte nicht behaupten können. Seine Ansicht, daß in dem Überreichen des Arbeitszettels, welcher auf der Rückseite unter anderem den Abdruck der Bestimmungen in § 123 GO., darunter auch Ziff. 4 dieses Paragraphen enthalten habe, eine hinreichende Verwarnung zu erblicken sei, hat das GG. nicht geteilt. Anders würde die Sache nur dann zu beurteilen gewesen sein, wenn, was nicht geschehen, der Beklagte sich zum Nachweise einer vorherigen Verwarnung auf eine bezügliche Vorschrift der Arbeitsordnung bezogen hätte (Landmann, GO. 3. Aufl. S. 212). Da die Arbeitsordnung die zwischen dem Arbeitgeber und Arbeitnehmer rechtsverbindlichen Vertragsbestimmungen enthält, deren Kenntnis auch dem sorgfältigen Arbeiter zugemutet werden kann, so würde, wenn darin ein vorsichtiges Umgehen mit Feuer und Licht ganz besonders eingeschärft wird, eine Verwarnung im Sinne § 123⁴ GO. gefunden werden können. Die an den Kläger ergangene Mahnung des Oberdruckers J., er möge sich beim Kaffeekochen nicht von dem technischen Leiter H. erwischen lassen, weil es sonst Krach gebe, da in der Fabrik eine Frühstückspause nicht eingeführt sei, kann ihrem

Sinne nach als Verwarnung, mit Feuer und Licht vorsichtig umzugehen, nicht gelten.

## 284. Ist ein Werkmeister „Vertreter" des Arbeitgebers?

Urteil des GG. Mainz vom 5. Juni 1902.

Der Silberschleifer einer Silberwarenfabrik hatte deren Werkmeister in grober Weise beleidigt und war deshalb sofort, ohne vorausgegangene Kündigung, entlassen worden.

Die auf Zahlung einer Entschädigung für die Nichteinhaltung der Kündigungsfrist erhobene Klage wurde abgewiesen.

Aus den Gründen: Die Frage, ob der Werkmeister S. als „Vertreter" des Arbeitgebers im Sinne des § 123 Ziff. 5 GO. zu betrachten sei, mußte bejaht werden. Das GG. befindet sich zwar hierbei im Widerspruch mit der in verschiedenen Kommentaren zur GO. (vgl. Landmann, Kayser-Steiniger, Neukamp u. a.) vertretenen Ansicht, die nur diejenigen Personen, „auf welche die Autorität des Arbeitsherrn übergegangen ist", z. B. den Vormund des Gewerbetreibenden oder den Direktor einer Aktiengesellschaft, nicht aber auch einen Werkmeister als „Vertreter" anerkennen will. Zur Begründung dieser Ansicht wird in den angeführten Kommentaren auf eine Entscheidung des Reichsgerichts vom 18. Februar 1881 Bezug genommen, dabei jedoch übersehen, daß dieser Entscheidung ein Fall zu Grunde lag, der sich unter dem Geltungsbereiche der GO. in der Fassung von 1869 abgespielt hat, also zu einer Zeit, zu welcher dieses Gesetz nur grobe Beleidigungen des Arbeitgebers selbst, nicht aber auch seines Vertreters, als Entlassungsgrund anerkannte. Die Frage, wer als „Vertreter" des Arbeitgebers im Sinne des § 123⁵ GO. anzusehen sei, wird in dieser Entscheidung überhaupt nicht erörtert. Nach der Ansicht des GG. kann eine Person, welcher gewisse Befugnisse des Arbeitsherrn übertragen sind, der ein Aufsichtsrecht über die Arbeiter und eine Verfügungsgewalt in Beziehung auf den Betrieb eingeräumt ist, die auch für die Ausführung der Arbeiten die Verantwortung trägt, — was alles bei dem Werkmeister S. zutrifft —, unbedenklich als Vertreter des Arbeitgebers angesehen werden. In voller Übereinstimmung mit einem Urteile des GG. Stettin („Gewerbegericht" Jg. 6, Nr. 9, Sp. 183)[1]) nimmt es an, daß bei der Auslegung des § 123⁵ GO. lediglich die Begriffe des gewöhnlichen Lebens entscheidend sind, daß es aber diesen Begriffen durchaus fremd wäre, einen Werkmeister, den Vertrauensmann des Arbeitgebers, nicht als den Vertreter des letzteren anzusehen, wie es andererseits kaum zu verstehen wäre, wollte man dem Arbeitgeber das Recht absprechen, einen Arbeiter zu entlassen, der seinen unmittelbaren Vorgesetzten gröblich beleidigt hat. Im übrigen wird auch von einem Werkmeister behauptet werden können, daß auf ihn, wie es in jener Reichsgerichtsentscheidung heißt, die „Autorität" des Arbeitgebers übertragen worden sei; denn ohne gleichzeitigen Übergang des „Ansehens" des Arbeitgebers wäre die Übertragung eines Teiles der dem Arbeitgeber zustehenden Befugnisse auf den Werkmeister überhaupt undenkbar, sie würde den Interessen des Arbeitgebers, zu deren Wahrung sie vollzogen ist, direkt widerstreiten. („Gewerbegericht" Jg. 7, Sp. 209.)

## 285. Ist der Kellermeister „Vertreter" des Arbeitgebers?

Urteil des GG. Stettin.

Das GG. hat die Frage bejaht.

Aus den Gründen: Daß der Kellermeister oder Küfer Vorgesetzter der Weinarbeiter einer Weinhandlung ist, versteht sich von selbst, und da Kläger fünf Vierteljahre in Diensten des Beklagten gewesen ist, so kann sich Kläger

---

[1]) Vgl. unten Nr. 285.

hierüber auch unmöglich im unklaren befunden haben. Der Kläger ist folglich mit Recht ohne vorgängige Kündigung entlassen, sein Anspruch daher unbegründet, wenn in § 123[5] der GO. — ebenso natürlich auch in § 124[2] daselbst — unter den „Vertretern" des Arbeitgebers alle Vorgesetzten des Arbeiters zu verstehen sind. Dies aber hat der Gerichtshof im Gegensatze zu dem bei Neukamp GO. 3. Aufl. Note 2 zu § 123 (S. 273) angeführten und anscheinend gebilligten Urteile des Reichsgerichts vom 18. Februar 1881 (Annalen Bd. 3 S. 317) angenommen, da das Wort „Vertreter" überhaupt kein juristisch-technischer Ausdruck ist, und an den beiden fraglichen Stellen der GO. mithin nur im Sinne des gewöhnlichen Lebens verstanden werden kann. Den Begriffen des gewöhnlichen Lebens aber würde es durchaus fremd sein, einen Werkmeister, oder hier einen Kellermeister, kurzum, einen beliebigen Vorgesetzten des Arbeiters nicht als einen Vertreter des Arbeitgebers anzusehen; denn in wessen Interesse sollte der Vorgesetzte des Arbeiters ihm wohl vorgesetzt sein und ihn zu beaufsichtigen und zu leiten haben, wenn nicht in dem des Arbeitgebers, der selbst dies nicht im einzelnen tun kann und mithin insoweit sich „vertreten" läßt? („Gewerbegericht" Jg. 6, Sp. 183.)

### 286. Ist es eine grobe Beleidigung im Sinne des § 123 Nr. 4, wenn ein Arbeiter einen Vertreter des Arbeitgebers als „Streikbrecher" bezeichnet?

Urteil des GG. Frankfurt a. M.

Das GG. hat die Frage bejaht.

Aus den Gründen: Der Kläger hat von dem Faktor der beklagten Firma in einer öffentlichen Versammlung der Schriftgießer und Buchdrucker gesagt, „er solle in Österreich die Rolle eines Streikbrechers gespielt haben." Nach seinen eigenen Angaben hat er diese Äußerung getan, um den Zuhörern zu zeigen, mit wem sie es in der Person des Faktors zu tun hätten. Der Faktor der beklagten Firma gehörte zu den organisierten Arbeitern. Der Kläger ist infolge dieses Vorfalls ohne Kündigung entlassen worden. Die Entlassung ist für gerechtfertigt erklärt worden, weil das Wort „Streikbrecher" für einen organisierten Arbeiter das Verlassen der Organisation, damit einen Verrat an der eigenen Sache und eine ehrlose Handlung bezeichnet. Erschwerend ist ins Gewicht gefallen, daß die Äußerung in einer öffentlichen Versammlung getan ist, und der Kläger mit dem Faktor der Beklagten bis zu seiner Entlassung auf kameradschaftlichem Fuße gestanden hat. („Gewerbegericht" Jg. 1, Sp. 29.)

### 287. Kann der Arbeiter wegen Sachbeschädigung entlassen werden, wenn ihm das Bewußtsein der Rechtswidrigkeit fehlt?

Urteil des GG. Berlin vom 17. Oktober 1895.

Der Entschädigungsklage ist stattgegeben.

Aus den Gründen: Es ist allerdings als erwiesen anzusehen, daß Kläger tatsächlich Musterkartons des Beklagten, die er nicht brauchte, auf die Erde geworfen und mit den Füßen zertreten hat. Allein dies ist, wie seitens des Beklagten auf Befragen des Gerichts zugegeben worden ist, während der mehr als zweijährigen Dauer der Beschäftigung des Klägers stets geschehen, um eben dem Umstande, daß Musterkartons sich unnötigerweise anhäufen und den Arbeitern bei ihrer Arbeit hinderlich werden, zu begegnen. Der Beklagte hat, solange Kläger bei ihm in Stellung war und noch nicht gekündigt hatte, über diese ihm wohlbekannte Handlungsweise niemals etwas gesagt, ja er selbst hat zu verschiedenen Malen in gleicher Weise gehandelt. Demgemäß hat das Gericht nicht dahin gelangen können, wie das Tatbestandsmerkmal der objektiven Rechtswidrigkeit der Handlungsweise des Klägers, so auch dessen Bewußtsein von der Rechtswidrigkeit zu bejahen. Da dieses letztere aber ein unbedingtes Erfordernis für das hier in Frage kommende, die sofortige Entlassung eines Arbeiters seitens des Arbeitgebers ohne vorherige Aufkündigung rechtfertigende Delikt der Sachbeschädigung ist (§ 123 Abs. 1 Ziff. 6 der RGO., vgl. auch Olshausen, Kommentar zum Reichsstrafgesetzbuch zu § 303), so war die Entlassung, soweit sie von dem Beklagten aus § 123 Abs. 1 Ziff. 6 der RGO. zu begründen versucht wird, als zu Unrecht erfolgt anzusehen. (Unger, Nr. 101.)

## 288. Kann ein Arbeiter sofort entlassen werden, der seinen Mitarbeiter zu verleiten sucht, nicht eifrig und intensiv zu arbeiten?

Urteil des GG. Berlin vom 17. März 1897.

Kläger beansprucht wegen angeblich ungerechtfertigter Entlassung eine 14tägige Lohnentschädigung. Beklagter behauptet, einen gesetzlichen Grund zur sofortigen Entlassung gehabt zu haben, weil Kläger seine Mitarbeiter zum Faulenzen habe verleiten wollen, um dadurch die Lohnarbeit länger hinzuziehen.

Der Kläger ist abgewiesen.

Aus den Gründen: Hinsichtlich des Einwandes des Beklagten ist durch die Aussage des Zeugen K. erwiesen, daß Kläger zu diesem Zeugen, der mit ihm zusammen bei dem Beklagten in Zeitlohn arbeitete, gesagt hat: „Sie arbeiten viel zu viel für das Geld, arbeiten Sie weniger, sonst wird der ganze Bau in acht Tagen fertig". Der Zeuge, den Beklagter als einen fleißigen, tüchtigen Arbeiter bezeichnet, sollte also absichtlich weniger Arbeit leisten, als seinen Fähigkeiten und seiner Arbeitskraft entsprach, sollte dadurch für gleiche Arbeitsleistung mehr Zeit als bisher verwenden und sich so einen höheren Lohn erschleichen. Absichtlich weniger, als man kann, leisten und dadurch den zur Lohnzahlung Verpflichteten zu schädigen, ist aber eine Handlungsweise, die gegen die guten Sitten verstößt. Zu solchen Handlungen nun hat Kläger den Zeugen zu verleiten gesucht, so daß Beklagter dadurch gemäß § 123 Nr. 7 GO. das Recht erlangte, den Kläger sofort zu entlassen. (Unger, Nr. 102.)

## 289. Löst Arbeitsunfähigkeit das Arbeitsverhältnis ohne besondere Willenserklärung?

Urteil des GG. Berlin, Kammer 4, vom 14. Juni 1901.[1])

Der Beklagte ist zur Zahlnng der Lohnentschädigung verurteilt.

Aus den Gründen: Gemäß § 123 Nr. 8 GO. können Arbeiter vor Ablauf der vertragsmäßigen Zeit und ohne Aufkündigung entlassen werden, wenn sie zur Fortsetzung der Arbeit unfähig werden. Eine solche Unfähigkeit lag bei Kläger infolge seiner Krankheit vor. Jedoch löst der Eintritt der Unfähigkeit das Arbeitsverhältnis nicht von selbst auf, sondern gibt dem Arbeitgeber nur die Möglichkeit, das Arbeitsverhältnis sofort kündigungslos aufzuheben. Sofern aber von dieser Befugnis nicht Gebrauch gemacht und die Entlassung mithin nicht ausdrücklich ausgesprochen wird, bleibt das Arbeitsverhältnis in der kontraktmäßigen Weise fortbestehen.

Im vorliegenden Falle hat Beklagter von diesem Entlassungsrecht keinen Gebrauch gemacht. Die Annahme des Beklagten, daß Kläger freiwillig bei Beginn seiner Krankheit die Arbeit verlassen und damit das Arbeitsverhältnis gelöst hat, ist nicht zutreffend, da Kläger eine ausdrückliche hierauf bezügliche Willensäußerung nicht abgegeben hat und aus dem bloßen Einstellen der Arbeit seitens des Klägers, welches ja durch seine Krankheit geboten war, auf eine derartige Willensäußerung nicht zu schließen ist. Ebenso wie hiernach Beklagter,

[1]) Vgl. Nr. 208.

nachdem Kläger sich wieder zur Arbeit gemeldet, zu dessen Weiterbeschäftigung verpflichtet war, wäre Kläger dem Beklagten zur Fortsetzung der Arbeit gehalten gewesen. („Soziale Praxis".)

## 290. Kann der Arbeiter, der wegen Krankheit von der Arbeit fortgeblieben ist, entlassen werden, wenn er sich zur Fortsetzung der Arbeit meldet?

Urteil des GG. Plauen i. V.

Der Kläger hat bei der Beklagten mehrere Monate lang als Auflader gegen einen Wochenlohn von 15 Mk. in Arbeit gestanden. In der Zeit vom 25. November bis zum 2. Dezember hat er bei der Arbeit gefehlt. Am letzten Tage hat er seine Arbeit wieder aufgenommen, jedoch, sobald der Inhaber der beklagten Firma seiner ansichtig wurde, sofort wieder aufhören und den Hof verlassen müssen. Seine Entschuldigung, daß er die Woche vorher krankheitshalber nicht habe zur Arbeit kommen können, ist nicht beachtet worden. Er fordert Zahlung einer Entschädigung von 30 Mk. Die Beklagte ist der Ansicht, daß sie zur sofortigen Entlassung des Klägers berechtigt gewesen, da dieser eine volle Woche unentschuldigt von der Arbeit weggeblieben sei. Ob der Kläger tatsächlich krank gewesen sei, wisse sie nicht. Jedenfalls sei sie nicht verpflichtet, sich um Arbeiter, die unentschuldigt aus der Arbeit weggeblieben sind, noch weiter zu kümmern.

Der Beklagte ist verurteilt.

Aus den Gründen: Da der Kläger in der Woche vom 25.—30. November tatsächlich krank und arbeitsunfähig gewesen ist, so kann von einem unbefugten Verlassen der Arbeit im Sinne des § 123[3] GO. nicht die Rede sein. Auch kann Beklagte sich bei ihrer Weigerung, den Kläger nach seiner Wiederherstellung weiter zu beschäftigen, nicht auf § 123[8] GO. stützen, wonach Gehilfen sofort entlassen werden können, wenn sie zur Fortsetzung der Arbeit unfähig sind. Voraussetzung der Anwendbarkeit des § 123[8] GO. ist, wie schon dessen Wortlaut ergibt, einmal, daß der Arbeiter zur Zeit der Entlassung noch zur Fortsetzung der Arbeit unfähig ist und ferner, daß die Entlassung ausdrücklich gegen ihn ausgesprochen wird. Hieran wird auch dadurch, daß an Stelle des arbeitsunfähigen Arbeiters während der Dauer der Arbeitsunfähigkeit bereits ein anderer Arbeiter eingestellt sein mag, nichts geändert; es müßte denn sein, daß dem Arbeitgeber der Aufenthalt des behinderten Arbeiters nicht bekannt und auch keine Möglichkeit vorhanden wäre, diesen Aufenthalt zu ermitteln. Hiermit soll nicht gesagt sein, daß es nicht auch Pflicht des zur Fortsetzung der Arbeit unfähigen Arbeiters wäre, dem Arbeitgeber über die Ursache seines Wegbleibens sobald als möglich Nachricht zu geben. Jedenfalls aber wird durch die Versäumung dieser Pflicht der Arbeitgeber, wenn er von dem Entlassungsgrunde des § 123[8] GO. Gebrauch machen will, der ihm obliegenden Verpflichtung, den Arbeiter oder dessen Angehörige von der erfolgten Entlassung während der Arbeitsunfähigkeit Kenntnis zu geben, nicht überhoben. („Gewerbegericht" Jg. 1, Sp. 15.)[1]

## 291. Darf ein Mädchen den Dienst verlassen, wenn in das ihr angewiesene Schlafzimmer zu einem anderen Mädchen ein Mann eingelassen wird?

Urteil des GG. Karlsruhe.

Kläger behauptet, die Beklagte sei bei ihm als Küchenmädchen mit einem Monatslohn von 12 Mk. nebst Kost und Wohnung eingetreten, habe aber ohne Kündigung widerrechtlicherweise den Dienst verlassen; er verlangt Entschädigung und Rückzahlung des ausgefolgten Haftgeldes.

Beklagte gibt zu, daß sie den Dienst ohne Kündigung verlassen habe, ist aber der Ansicht, daß sie hierzu vollauf berechtigt gewesen sei. Sie habe mit zwei anderen

[1]) Ebenso GG. Berlin vom 20. Juli 1893 und GG. Karlsruhe bei Unger, Nr. 105.

Mädchen in einem gemeinsamen Zimmer schlafen müssen. Eines dieser Mädchen habe in der ersten Nacht einen verheirateten Mann Namens M. mit ins Zimmer genommen und mit demselben in einem Bett geschlafen; dies sei am andern Morgen dem Kläger mitgeteilt worden, trotzdem sei in einer späteren Nacht wieder derselbe M. in das Schlafzimmer eingedrungen in der gleichen Absicht der Begehung unsittlicher Handlungen. Auf Vorhalt habe Kläger gesagt, er könne da nichts machen, die Gäste blieben ihm sonst weg.

Die Klage ist abgewiesen.

Aus den Gründen: Der Arbeitgeber, welcher seiner Arbeiterin Wohnung zu stellen hat, ist verpflichtet, dafür zu sorgen, daß sie in dem ihr überlassenen Schlafzimmer — mag dasselbe von ihr allein oder gemeinsam mit anderen benutzt werden — sich aufhalten kann, ohne daß sie der Zumutung ausgesetzt wird, entweder selber unsittliche Handlungen zu begehen oder die Begehung derartiger Handlungen durch andere in dem gemeinsamen Schlafraum zu gestatten. Kommt er dieser Verpflichtung nicht nach, oder läßt er, falls ein derartiger Vorfall sich ohne sein Verschulden ereignet, nicht sofort Remedur eintreten, so setzt er sich seinerseits dem begründeten Vorwurf aus, daß er die Arbeiterin zu verleiten suche, in dem gemeinsamen Schlafraum die Verübung unsittlicher Handlungen durch Dritte zu gestatten, eventuell auch selber solche Handlungen zu verüben; in einem solchen Falle wäre dann die Bestimmung des § 124 Ziff. 3 der GO. begründet und die Arbeiterin zum sofortigen Verlassen der Arbeit berechtigt. („Gewerbegericht" Jg. 1, Sp. 28.)

## 292. Tritt das Recht der Akkordarbeiter, die Arbeit bei Beschäftigungslosigkeit einzustellen, bei vorübergehender oder erst bei dauernder bezw. wiederholter Stockung ein? Muß der Arbeiter eine Beschäftigungslosigkeit einem Vertreter des Arbeitgebers melden, oder genügt die Meldung beim Werkführer?

Urteil des Landgerichts Gera, Zivilkammer 2, vom 17. Oktober 1900.

Die Klage auf Zahlung eines Lohnrestes ist in zweiter Instanz abgewiesen.

Aus den Gründen: „Das Berufungsgericht ist im Gegensatz zu der Auffassung des ersten Richters der Ansicht, daß der § 124 Ziff. 4 GO. zunächst in seinem rein objektiven Tatbestand betrachtet — dem Stücklohnarbeiter nur für den Fall ein Recht zum sofortigen Verlassen der Arbeit ohne Einhaltung der Kündigungsfrist gibt, daß seine Nichtbeschäftigung durch den Arbeitgeber eine gewisse Dauer erreicht oder aber sich des öfteren wiederholt. (Vgl. die Kommentare zur GO. von Landmann und Schenkel zu § 124 Ziff. 4, die diesen Grundsatz zwar für den Fall der Nichtbeschäftigung des Stücklohnarbeiters nicht ausdrücklich aussprechen, wohl aber ihn für den offenbar gleich zu beurteilenden in der zitierten Gesetzesbestimmung ebenfalls als Grund zum sofortigen Arbeitsaustritt bestimmten Fall der Nichtzahlung des Lohnes in der bedungenen Weise aufstellen.)

Bei einer bloß einmaligen vorübergehenden Stockung in der Beschäftigung des Arbeiters, die, wie der Beklagte mit Recht hervorhebt, in einem Fabrikbetriebe geradezu unvermeidlich ist, findet dagegen der § 124 Ziff. 4 keine Anwendung. — In vorliegender Sache handelt es sich eben lediglich um eine solche ausnahmsweise Stockung, nicht um einen andauernden Zustand der Nichtbeschäftigung. Denn selbst wenn man das klägerische Vorbringen, er sei am 3. November 1899 von 5 bis beinahe 7 Uhr nachmittags ohne Arbeit gewesen, als durch die Zeugen S., J., T. und B. voll bewiesen erachten wollte, so wäre diese einmalige ausnahmsweise Beschäftigungslosigkeit nicht von hinreichender Dauer, um die Anwendbarkeit des § 124 zu begründen.

Wollte man aber selbst eine einmalige, annähernd zweistündige Nichtbeschäftigung des Klägers als zur Anwendung des § 124 Ziff. 4 an sich genügend ansehen, so würde doch vermöge des Umstandes, daß der Kläger sehr wohl in der Lage war, die Stockung durch rechtzeitiges Angehen des Betriebsleiters Otto B. als Vertreters des Arbeitgebers zu beseitigen bezw. wesentlich abzukürzen, in dieser Hinsicht aber nicht das Erforderliche getan hat, das Recht des Klägers zum alsbaldigen Verlassen der Arbeit entfallen. Denn die erwähnte Gesetzesvorschrift erfordert in subjektiver Hinsicht, daß die Nichtbeschäftigung des Stücklohnarbeiters auf ein gewisses Verschulden des Arbeitgebers bezw. dessen Vertreters zurückzuführen ist. Als letzterer kann aber in vorliegender Sache lediglich der Sohn des Beklagten, der Betriebsleiter Otto B., nicht jedoch der Werkführer in Frage kommen, weshalb es dahingestellt bleiben kann, ob der Kläger in der Tat die von ihm behaupteten wiederholten Meldungen an W., verbunden mit der Bitte um neue Arbeit, erstattet hat. An den Betriebsleiter aber hat sich der Kläger, wie er selbst nicht bestreitet, überhaupt nicht mit der Meldung der Beendigung seiner bisherigen und dem Ersuchen um neue Arbeit bezw. beschwerdeführend über die Säumnis des Werkführers gewandt, obwohl er ihn jederzeit mit Leichtigkeit aufsuchen konnte, vielmehr hat er ihm um ½7 Uhr sein Lohnbuch übergeben mit der Erklärung, daß er die Arbeit verlasse, weil er keine neue Arbeit bekomme. Otto B. hat den Kläger sogleich auf die Unzulässigkeit seines Austritts hingewiesen und den Werkführer veranlaßt, dem Kläger neue Arbeit zu geben; W. hat dem Kläger infolgedessen neue Arbeit, und zwar nach der eigenen Angabe des Klägers noch vor 7 Uhr überbracht. Kann sonach von einem Nicht-Sorgen des Arbeitgebers für ausreichende Beschäftigung des Klägers weder in objektiver noch in subjektiver Beziehung die Rede sein, so war der letztere nicht befugt, die Arbeit ohne Einhaltung der Kündigungsfrist zu verlassen. („Gewerbegericht" Jg. 6, Sp. 148.)

## 293. Kann der Akkordarbeiter austreten, wenn ihm mangelhaftes Arbeitsmaterial geliefert wird?

Urteil des GG. Königsberg i. Pr.

Der Buchdruckereibesitzer H. behauptet, daß der Schriftsetzer M. am 18. Februar rechtswidrig das Arbeitsverhältnis gelöst habe, und beansprucht die Entschädigung gemäß § 124b RGO. mit 12 Mk. Beklagter behauptet, er habe auf Akkord gearbeitet, und Kläger habe nicht für genügende Beschäftigung gesorgt; nach § 124, 4 sei er deshalb berechtigt gewesen, ohne Kündigung auszutreten.

Der Beklagte ist verurteilt.

Aus den Gründen: Beklagter ist, wie er selbst zugibt, so lange er bei dem Kläger in Arbeit stand, nie ohne Beschäftigung gewesen, er ist nur, wie er zur Unterstützung seiner Behauptung angeführt hat, und auch durch die Beweisaufnahme festgestellt ist, in seinen Arbeiten dadurch aufgehalten worden, daß der Kläger ihn nicht immer ordnungsmäßigen Ablegesatz gegeben hat, z. B. hat er einmal zu seinen Arbeiten einen gebrauchten und darnach zusammengeworfenen Ablegesatz bekommen, und einige Stunden erst aufwenden müssen, um den Satz in Ordnung zu bringen; zu anderen Arbeiten hat er nicht immer vollständige Kästen erhalten und sich durch das Zusammensuchen der fehlenden Lettern versäumen müssen. Dieser Umstand rechtfertigt jedoch nicht den sofortigen Austritt. Beklagter ist nicht ohne ausreichende Beschäftigung gewesen und kann sich deshalb auf § 124 Ziff. 4 nicht stützen. Beklagter konnte für die Stunden, welche er durch Schuld des Klägers infolge mangelhaften Arbeitsmaterials mehr als sonst üblich auf seine Arbeiten hat verwenden müssen, eine besondere Entschädigung verlangen, er war aber nicht berechtigt, deshalb ohne Kündigung auszutreten. („Gewerbegericht" Jg. 6, Sp. 220.)

### 294. Darf der Arbeiter auf die bloße Ankündigung des Arbeitgebers, daß er künftighin weniger Wochenlohn zahle, sofort die Arbeit niederlegen und Lohnentschädigung fordern?

Urteil des GG. Berlin vom 28. September 1893.

Dem Kläger (Maler), der bisher 36 Mk. pro Woche erhielt, erklärte Beklagter (Malermeister) bei der Lohnzahlung, er gäbe nur noch 30 Mk., Kläger sollte für 30 Mk. weiter arbeiten. Kläger erwiderte, das ginge nicht, und verlangte, wenn keine Arbeit für ihn sei, 14tägige Lohnentschädigung. Beklagter erklärte darauf: Sie können weiter arbeiten, aber Sie bekommen nur 30 Mk. Kläger hörte darauf auf und verlangt jetzt die 14tägige Lohnentschädigung.

Die Klage ist abgewiesen.

Aus den Gründen: Der Beklagte war nicht berechtigt, den Lohnsatz einseitig herabzusetzen. Er hätte dem Kläger kündigen müssen mit der Ankündigung, daß er ihn nach Ablauf der Kündigungszeit weiter beschäftigen wolle mit einem geringeren Lohn. Während der Kündigungszeit aber hatte Kläger Anspruch auf den bisherigen Lohn, doch gab ihm die einseitige Erklärung des Beklagten kein Recht, die Arbeit niederzulegen und Lohnentschädigung zu fordern. Eine Auflösung des Arbeitsverhältnisses durch den Beklagten lag nicht vor, da Beklagter ja den Kläger weiter beschäftigen wollte. Ebensowenig lag einer der Gründe vor, welche den Kläger zur Auflösung des Arbeitsverhältnisses berechtigten. Ein solcher wäre dem Kläger gegeben worden, wenn Beklagter in der folgenden Woche seine Absicht ausgeführt und bei der Lohnzahlung eine Kürzung hätte eintreten lassen (§ 124 Ziff. 4 GO.). Die Arbeitsniederlegung war deshalb ungerechtfertigt. Kläger hat sich dadurch seiner Rechte begeben. (Unger, Nr. 114.)

### 295. Können Akkordarbeiter Entschädigung wegen Nichtbeschäftigung verlangen, ohne daß sie vorher das Arbeitsverhältnis gelöst haben?

Urteil des GG. Rixdorf vom 22. März 1900.[1])

Die Klage wurde abgewiesen.

Aus den Gründen: Es kann keinem Zweifel unterliegen, daß der Arbeitgeber, welcher einen Gesellen oder Gehilfen auf Akkordlohn einstellt, die Verpflichtung hat, auch für ausreichende Beschäftigung desselben zu sorgen. Die GO. hat auch diesem Grundsatze im § 124 Ziff. 4 unzweideutigen Ausdruck verliehen. Sie hat aber in demselben Paragraphen dem Arbeitnehmer einen bestimmten Weg vorgezeichnet, den er einzuschlagen hat, wenn ihm ausreichende Beschäftigung nicht gewährt wird. Der Arbeiter ist nämlich für den Fall in der Lage, das Arbeitsverhältnis vor Ablauf der vertragsmäßigen Zeit und ohne vorherige Kündigung zu lösen. Schlägt er diesen Weg nicht ein, so begibt er sich seines Rechts und gibt damit zu erkennen, daß er mit dem Zustande vorlieb nimmt. Nun beanspruchen die Kläger für die Zeit vom 3. bis 19. März Ersatz des Schadens, welcher ihnen durch die Beschäftigungslosigkeit entstanden ist. Nach allgemeinen Rechtsgrundsätzen des bürgerlichen Rechts, nach welchen allein dieser Anspruch zu entscheiden ist, besteht für den Beklagten eine Ersatzpflicht nur dann, wenn er den Schaden verschuldet hat. In dieser Beziehung ist als feststehend anzusehen, daß Beklagter sich wiederholt bemüht hat, Holz heranzuschaffen. Dafür spricht auch die von den Klägern nicht bestrittene Tatsache, daß er selbst viele Aufträge hatte, an deren Erledigung ihm viel gelegen war, daß es also sein eigenstes Interesse war, Material zu erhalten, um seine Kundschaft nicht zu verlieren; da er aber dem Ringe der Tischlermeister nicht beigetreten war, konnte er weder in Berlin noch in den Vororten

---

[1]) Vgl. Nr. 133.

auf die Lieferung von Holzmaterial rechnen. Die Holzindustriellen hatten nämlich im Verlaufe des Streiks eine Abmachung dahin getroffen, wie dem Gerichte bekannt ist, an diejenigen Meister, welche dem Ringe der Berliner Tischlermeister und Holzindustriellen nicht beigetreten sind, während der Dauer des Tischlerstreikes kein Holz zu liefern. Dasselbe besagen auch die beiden Schreiben der Firmen N. & D. und H. & S. zu Berlin. („Gewerbegericht" Jg. 4, Sp. 194.)[1])

## 296. Kann ein Heimarbeiter Entschädigung verlangen, wenn der Arbeitgeber nicht für genügende Beschäftigung sorgt?

Urteil des GG. Bremen.

Der Beklagte ist zur Entschädigung verurteilt.

Aus den Gründen: Ein allgemein gültiges Kriterium dafür, ob ein Heimarbeiter als selbständiger Gewerbetreibender oder als Gehilfe anzusehen sei, läßt sich nicht aufstellen. Die Frage wird vielmehr in jedem einzelnen Falle nach den besonderen Verhältnissen zu beurteilen sein (vgl. Seuffert, Arch. 41 Nr. 52). Im vorliegenden Falle war der Kläger anfänglich als Schneidergeselle (Rockschneider) in der Werkstätte des Beklagten angestellt. Nun ist aber nicht einzusehen, daß sich das rechtliche Verhältnis zwischen den Parteien dadurch wesentlich verändert haben soll, daß der Kläger später die gleichen Arbeiten gegen den gleichen Lohn in seiner eigenen Behausung angefertigt hat. Er hat allein ohne Gehilfen und nur für den Beklagten gearbeitet. Er ist daher nach wie vor als Gewerbegehilfe zu betrachten.

Nach § 124 Ziff. 4 GO. können nun Gehilfen vor Ablauf der vertragsmäßigen Zeit und ohne Aufkündigung die Arbeit verlassen, wenn der Arbeitgeber bei Stücklohn nicht für ihre ausreichende Beschäftigung sorgt. Durch diese Bestimmung sei das Gesetz anerkannt, daß dem Arbeitgeber nach dem Arbeitsvertrage die Pflicht obliegt, dem Gehilfen für die Dauer des Arbeitsverhältnisses so viele Arbeit zuzuteilen, daß er in der Lage ist, seine Arbeitskraft voll auszunutzen. Ist der Arbeitgeber in der Erfüllung dieser Pflicht säumig, so ist er gehalten, den Gehilfen für die unnütz verbrauchte Arbeitszeit zu entschädigen. — Von dieser Entschädigungspflicht kann auch der Umstand den Beklagten nicht befreien, daß er angeblich nicht genügende Beschäftigung für den Kläger hatte. Denn ebensowenig, wie der Arbeitgeber, welcher einen Gehilfen gegen Zeitlohn angenommen hat, sich weigern kann, diesem für die Dauer des Arbeitsverhältnisses den bedungenen Lohn zu bezahlen, weil er keine genügende Beschäftigung für ihn hat, ebensowenig kann der Arbeitgeber, der einen Gehilfen gegen Stücklohn angenommen hat, sich seiner Verpflichtung entziehen, für ausreichende Beschäftigung desselben zu sorgen. („Gewerbegericht" Jg. 5, Sp. 26.)

## 297. Kann der Arbeiter nach Vermehrung der Arbeit sofort austreten, weil sonst seine Gesundheit gefährdet wäre?

Urteil des Landgerichts I zu Berlin vom 22. Dezember 1896.

Kläger (Briefträger) verlangen Herausgabe je eines als Kaution bei der Beklagten (Privatpost) hinterlegten Sparkassenbuches über 75 Mk. Beklagte wendet ein, die Kläger hätten rechtswidrig die Arbeit niedergelegt und damit die vertraglich stipulierte Konventionalstrafe von 5 Mk. pro Tag, d. h. für die 3 Tage der Kündigungsfrist 15 Mk., verwirkt, welche sie wiederklagend geltend macht. Kläger geben zu, vor ihrem Abgange nicht gekündigt zu haben, bestreiten jedoch dazu verpflichtet zu sein, weil infolge der Vergrößerung der Bestellbezirke die Arbeit sich so gehäuft habe, daß bei Fortsetzung der Arbeit ihre Gesundheit gefährdet gewesen sei.

---

[1]) Vgl. Nr. 133.

Die Klage ist abgewiesen.

Aus den Gründen: Die Kläger haben eingewendet, daß sie nach § 124 Ziff. 5 GO. zur sofortigen Arbeitsniederlegung berechtigt gewesen seien, da die ihnen durch Vergrößerung der Bestellbezirke auferlegte Arbeit ihre Gesundheit gefährdete. Der § 124 Ziff. 5 GO. kann aber nur dann Anwendung finden, wenn die von dem Arbeiter geforderte Arbeit ihrer Qualität nach geeignet ist, seine Gesundheit zu schädigen. Eine solche ist aber die Arbeit des Briefträgers nicht. Es kann vielmehr hier nur die Quantität der Arbeit für den einen oder anderen gesundheitsschädigend sein. Wenn die Kläger glaubten, die ihnen durch Vergrößerung der Bestellbezirke erwachsene Mehrarbeit ohne Beeinträchtigung ihrer Gesundheit nicht bewältigen zu können, so brauchten sie die Aufträge nur so weit erledigen, als sie hierzu imstande waren, unbeschadet ihres Rechts, den Dienstvertrag aufzukündigen. Die Kläger haben also ohne Einhaltung der vertragsmäßigen Kündigungsfrist und ohne gesetzlichen Grund ihre Arbeit verlassen. Die Beklagte hat das Recht, die für diesen Fall im § 7 der Verträge festgesetzte Entschädigung von 5 Mk. pro Tag zu fordern. Bis zur Auszahlung dieses Betrages ist sie nach § 2 der Verträge berechtigt, die Sparkassenbücher einzubehalten; nur gegen Zahlung dieses Betrages ist sie zur Herausgabe derselben anzuhalten. (Unger, Nr. 115.)

## 298. Kann ein Malerlehrling wegen Lungenspitzenkatarrh das Lehrverhältnis auflösen? Ist die Vertragsauflösung zulässig, wenn eine Gesundheitsschädigung durch die Arbeit noch nicht eingetreten ist, sondern nur in Aussicht steht?

Urteil des Landgerichts Gnesen vom 7. Januar 1903.

Auf Grund des schriftlichen Lehrvertrages vom 23. März 1902 ist der minderjährige Adam M. von seinem Vater bei dem Beklagten auf drei Jahre zur Erlernung des Malerhandwerkes in die Lehre gegeben worden. Nach Ablauf der gesetzlichen Probezeit hat Adam M. die Lehre verlassen, ist aber durch die am 13. Aug. 1902 im Gewerbestreitverfahren ergangene Entscheidung der Polizeiverwaltung zu Wongrowitz zur Fortsetzung des Lehrverhältnisses auf Antrag des Beklagten angehalten worden.

Darauf hat der Vater des M. binnen der gesetzlichen Notfrist von 10 Tagen klagend bei dem Königl. Amtsgericht zu Wongrowitz beantragt, unter Aufhebung der Entscheidung des Bürgermeisters zu Wongrowitz den Beklagten zur Aufhebung des Lehrverhältnisses zu verurteilen. Er hat behauptet, daß sein Sohn zum Verlassen der Lehre berechtigt gewesen sei, weil der Beklagte ihn habe hungern lassen, und weil er infolge einer während der Lehre eingetretenen Brustkrankheit zur Fortsetzung des Lehrverhältnisses unfähig geworden sei.

Nachdem der praktische Arzt Dr. S. als Sachverständiger vernommen ist, hat das Urteil des Königl. Amtsgerichts die Klage abgewiesen.

Auf die Berufung des Klägers ist das Urteil aufgehoben und das Lehrverhältnis aufgehoben.

Aus den Gründen: § 127b Abs. 3 GO. regelt die Fälle, in denen Lehrlinge nach Ablauf der Probezeit das Lehrverhältnis auflösen können, ohne sich dem Lehrherrn schadensersatzpflichtig zu machen. Der § 127b Abs. 3 nimmt unter Nr. 1 Bezug auf § 124 Nr. 1, 3 bis 5 ebenda, der die Gründe aufzählt, welche die Gesellen berechtigen, vor Ablauf der vertragsmäßigen Zeit und ohne Aufkündigung die Arbeit zu verlassen.

Zweifellos scheint es allerdings nach dem erstinstanzlichen Gutachten zu sein, daß der Lehrling zur Zeit seiner Untersuchung durch den Dr. S. am 11. Okt. 1902 keineswegs „unfähig" im Sinne des § 124 Nr. 1 a. a. O. zur Fortsetzung des Malerhandwerkes war. Die bei der Untersuchung am 7. Aug. 1902 festgestellte Blutarmut war nicht mehr zu entdecken, einige Erscheinungen des Lungenspitzenkatarrhs waren geschwunden, und das Gesamtbefinden hatte sich seit der letzten Untersuchung am 7. Aug. 1902 derart gebessert, daß der Sachverständige eine für die Verhältnisse des Patienten besonders dringende Gefahr nicht annehmen zu dürfen glaubte.

Wohl aber liegt nach dem Gutachten der Fall der Nr. 5 des § 124 a. a. O. vor, d. h. die Gesundheit des Lehrlings würde durch Fortsetzung des Lehrverhältnisses einer erweislichen Gefahr ausgesetzt werden, welche bei Abschluß des Lehrvertrags nicht zu erkennen war. Der Lehrling ist bereits vor seiner Erkrankung an dem Lungenspitzenkatarrh, wie Dr. S. bekundet hat, von diesem an einem Drüsenleiden behandelt, und auch seine Schwester ist blutarm und bucklig, sodaß der Sachverständige angenommen hat, daß Adam M. jedenfalls Anlage zur Lungenschwindsucht habe. Der Lungenspitzenkatarrh war auch noch bei der Untersuchung am 11. Okt. 1902, also noch nach zwei Monaten seit der letzten Untersuchung im Sommer, nämlich am 7. Aug. 1902, vorhanden, und der Sachverständige hat sein Gutachten dahin zusammengefaßt und damit abgeschlossen, daß es trotz der inzwischen eingetretenen Besserung immerhin für den Lehrling günstiger sein würde, wenn er das Malerhandwerk aufgeben würde.

Mit Rücksicht darauf, daß nach dem Gutachten des Sachverständigen das Malerhandwerk für Lungenleidende sehr gefährlich ist, daß ferner Adam M. Anlage zur Lungenschwindsucht hat und daß der bei ihm festgestellte Lungenspitzenkatarrh bei seiner Untersuchung am 11. Okt. 1902 noch vorhanden war, obgleich zwei Spätsommermonate seit der vorausgegangenen Untersuchung am 7. Aug. 1902 verstrichen waren, ist das Vorliegen einer erweislichen Gefahr für seine Gesundheit für den Fall der Fortsetzung des Malerhandwerkes als erwiesen anzunehmen. Im Gegensatz zu Nr. 1 verlangt Nr. 5 des § 124 a. a. O. zu ihrer Anwendbarkeit nicht, daß bereits eine Gesundheitsschädigung vorhanden, sondern lediglich, daß eine solche erweislich zu erwarten steht, wenn das betreffende Gewerbe fortgesetzt wird. Das ist aber nach dem Gutachten des Dr. S. anzunehmen. Dafür, daß die dem Lehrling aus dem Betrieb des Malerhandwerks drohende Gefahr bereits bei dem Abschluß des Lehrvertrages erkennbar war, fehlt jeder Anhalt. Insbesondere hat Dr. S. in Abrede gestellt, daß ihm die Mutter des Adam M. erzählt habe, ihr sei schon vor Eingehung des Lehrvertrages bekannt gewesen, daß ihr Sohn brustkrank sei.

Demgemäß war, ohne daß es einer Beweisaufnahme und Erörterung darüber bedürfte, ob der Beklagte seinen Lehrling hat hungern lassen und diesem dadurch einen Grund zur Auflösung des Dienstverhältnisses im Sinne des § 127b Abs. 3 Nr. 2 oder des § 124 Nr. 4 a. a. O. gegeben hat, der Lehrling auf Grund des § 124 Nr. 5 zur Auflösung des Lehrverhältnisses als berechtigt anzusehen.

## 299. Ist es bei mehr als zweiwöchentlicher Kündigungsfrist als „wichtiger Grund" zum Verlassen der Arbeit anzusehen, wenn dem Akkordweber vorübergehend eine übermäßig schwierige Arbeit zugemutet wird?

Urteil des Kgl. Amtsgerichts Bleicherode vom 4. Oktober 1900.

Der Beklagte ist vor über Jahresfrist als Akkordweber in die mechanische Weberei der Klägerin eingetreten und hat sich dabei der in dieser Fabrik geltenden Arbeitsordnung unterworfen. Dieselbe enthält in § 3 Abs. 3 folgende Bestimmung:

„Die gegenseitige Kündigungsfrist beträgt 14 Tage.

Die Kündigung für Akkordarbeiter kann nur an dem Samstage vor einem Zahltage, für Nicht-Akkordarbeiter jeden Samstag, und falls der Samstag ein Feiertag ist, am vorhergehenden Werktage geschehen."

Der Beklagte hat nun die Arbeit in der klägerischen Fabrik am Freitag, den 27. April 1900, ohne vorherige Kündigung niedergelegt.

Klägerin hat behauptet, daß der Beklagte den Dienst ohne jeden gesetzmäßigen Grund verlassen habe, und hat ausgeführt, daß, da der Freitag der 27. April ein Zahltag gewesen sei, und in der klägerischen Fabrik jeden zweiten Freitag, also alle 14 Tage ausgelohnt werde, der Beklagte frühestens an dem zweiten auf den 27. April folgenden Samstage, also am 5. Mai hätte kündigen und die Arbeit frühestens am Samstag, den 19. Mai hätte verlassen dürfen, durch dieses vorzeitige Verlassen des Dienstes habe sich der Beklagte eines Kontraktbruches schuldig gemacht und sei verpflichtet, für den dadurch erwachsenen Schaden aufzukommen. Dieser Schaden berechne sich nach den in den Webereien gemachten Erfahrungen auf das Doppelte des Lohnes.

Der Beklagte hat Klageabweisung beantragt und ausgeführt, daß er zum Verlassen des Dienstes berechtigt gewesen sei, da die übertragene Arbeit so schwierig gewesen sei, daß er sie ohne erheblichen Zeit- und Lohnverlust nicht habe ausführen können; er habe nämlich auf einem schmalen Stuhle leinene Servietten und gleichzeitig auf einem breiten Stuhle ganz leinene Bettücher weben müssen, eine Arbeit, die wegen der leichten Zerreißbarkeit der leinenen Fäden — im Gegensatz zu den baumwollenen — an sich schon schwierig sei, und die sich dadurch, daß das am Serviettenstuhle vorgestochene Geschirr nicht in Ordnung gewesen sei, noch besonders schwierig gestaltet habe. Er hat ferner behauptet, daß Klägerin ein neues Geschirr nicht habe vorstechen und auch im übrigen eine Änderung in der Arbeit nicht habe eintreten lassen.

Klägerin hat dies bestritten und behauptet, daß der Beklagte nicht aus dem jetzt von ihm geltend gemachten Grunde, sondern infolge einer Differenz mit dem Mitinhaber der klägerischen Firma wegen unentschuldigten Ausbleibens und wegen einer ihm dieserhalb vorenthaltenen Lohnvergütung für Nichtbeschäftigung an einem Werktage wegen Maschinendefektes seinen Dienst verlassen habe.

Der Beklagte ist verurteilt.

Aus den Gründen: Nach § 124a GO. kann außer den in §§ 123, 124 bezeichneten Fällen jeder der beiden Teile aus wichtigen Gründen vor Ablauf der vertragsmäßigen Zeit und ohne Innehaltung einer Kündigungsfrist die Aufhebung des Arbeitsverhältnisses verlangen, wenn dasselbe auf mindestens 4 Wochen vereinbart, oder wenn eine längere als 14tägige Kündigungsfrist verabredet ist. Für diesen Paragraph ist vorliegend insofern eine der Voraussetzungen gegeben, als die in der klägerischen Arbeitsordnung für die Akkordarbeiter vorgesehene Kündigungsfrist dadurch, daß die Kündigung auf die Sonnabende vor den nur alle 14 Tage wiederkehrenden Zahltagen beschränkt ist, in Wirklichkeit eine längere ist als eine 14tägige. Es fragt sich nun, ob dem Beklagten für die Niederlegung der Arbeit ein Grund zur Seite steht, der im Sinne des Gesetzes als ein „wichtiger" anzusehen ist.

Durch die Beweisaufnahme ist erwiesen, daß die Arbeit eine sehr schwierige und anstrengende gewesen ist, und außerdem wegen der häufigen Zerreißungen der Fäden mit einem Lohnausfalle von 40 bis 50 Pfg. pro Tag verbunden gewesen sein würde, wenn er sie fortgesetzt hätte. Daß, wie die Klägerin unwiderlegt behauptet hat, der Beklagte vor seinem Weggange als Grund hierfür nur die Differenz wegen verweigerter Vergütung für Nichtbeschäftigung bezeichnet hat, steht der prozessualen Geltendmachung des jetzt angeführten Grundes nicht entgegen, da das Gesetz die Geltendmachung des Grundes für die Niederlegung der Arbeit von einer vorherigen ausdrücklichen Erklärung den Arbeitgebern gegenüber nicht abhängig macht. Was nun die materielle Seite des vom Beklagten geltend gemachten Grundes anbetrifft, so kann demselben die Bedeutung als eines „wichtigen" im Sinne des § 124a nicht beigemessen werden. Allerdings gibt der § 124 Nr. 4 den Gehilfen das Recht, die Arbeit sofort ohne Aufkündigung niederzulegen, wenn sie bei Stücklohn nicht ausreichende Beschäftigung erhalten; und es liegt nahe, diese Bestimmung wegen des Lohnausfalls auf diesen Fall analog anzuwenden und den vom Beklagten angeführten Grund als einen wichtigen Grund anzusehen. Bei der Bestimmung des § 124⁴ a. a. O. hat aber der Gesetzgeber zweifellos nur den Fall im Sinne gehabt, daß die nichtausreichende Beschäftigung nicht nur vorübergehend, sondern von längerer Dauer sei, weil anderenfalls bei jeder auch nur vorübergehenden Betriebsstörung die Arbeiter berechtigt wären, die Arbeit sofort zu verlassen. Im vorliegenden Falle muß der nämliche Gesichtspunkt Platz greifen, und es ist deshalb zu prüfen, ob die dem Beklagten übertragene Arbeit, wenn er sie fortgesetzt hätte, von längerer Dauer oder nur vorübergehender Natur gewesen sein würde. Diese Frage ist im Sinne der letzteren Alternative zu beantworten. Denn die Aufarbeitung des Garnes an beiden Stühlen hätte nur 2 bis 3 Tage Arbeit beansprucht, was als eine längere Zeitdauer nicht angesehen werden kann. Wenn nach Ablauf dieser Zeit die Klägerin sich geweigert hätte, die vom Beklagten gerügten Übelstände zu beseitigen, dann erst wäre Beklagter berechtigt gewesen, die Arbeit sofort niederzulegen. Der Beklagte hat sich also eines Kontraktbruches schuldig gemacht und war deshalb verpflichtet, Schadensersatz zu leisten.

## 300. Ist die unerlaubte Anfertigung von Zeichnungskopien ein „wichtiger Grund" zur Aufhebung des Arbeitsverhältnisses? Kann auch ein Verhalten, das in der Fabrikordnung nicht ausdrücklich als Grund zur sofortigen Entlassung bezeichnet ist, als wichtiger Grund im Sinne des § 124a GO. angesehen werden?[1])

Urteil des GG. Karlsruhe.

Aus den Gründen: Abgesehen von den in § 123 GO. vorgesehenen, zur sofortigen Entlassung eines gewerblichen Arbeiters berechtigenden Gründen, kann nach § 124a GO. aus wichtigen Gründen vor Ablauf der vertragsmäßigen Zeit und ohne Einhaltung einer Kündigungsfrist die Aufhebung des Arbeitsverhältnisses verlangt werden, wenn dasselbe auf mindestens 4 Wochen oder wenn eine längere als 14tägige Kündigungsfrist vereinbart ist. Die Voraussetzung der Anwendbarkeit dieser Bestimmung auf den vorliegenden Fall ist gegeben, da unbestrittenermaßen eine 6wöchentliche Kündigungsfrist vereinbart wurde.

Das Gericht ist zu der Ansicht gelangt, daß der Beklagten in der Tatsache, daß der Kläger versucht hat, sich in den Besitz einer für die Beklagte bedeutungsvollen Zeichnung zu setzen, ein wichtiger Grund im Sinne des § 124a zur Seite steht. Die Fabrikordnung der Beklagten enthält die ausdrückliche Bestimmung, daß niemand von Zeichnungen Kopien machen darf, weder für sich noch für andere und daß dieselben auch nicht aus der Fabrik entfernt werden dürfen. Von dieser Bestimmung mußte der Kläger Kenntnis haben, da die Fabrikordnung in dem dem Kläger zur Verfügung stehenden Arbeitsraum angeschlagen ist, zu dem Zwecke, daß sie allgemein Beachtung finde; wenn gleichwohl der Kläger die fragliche Bestimmung nicht gekannt hat, so kann er daraus eine rechtliche Folge für sich nicht ableiten, da es zu den Pflichten eines gewerblichen Arbeiters gehört, von dem Augenblick an, in dem er ein Beschäftigungsverhältnis eingeht, sich mit den Bestimmungen einer bestehenden Fabrik- oder Arbeitsordnung vertraut zu machen und dieselbe zu befolgen, unter allen Umständen dann, wenn dieselbe, wie in vorliegendem Falle geschehen, in einer jedem Arbeiter deutlich erkennbaren Weise bekannt gegeben ist. Der Versuch des Klägers, darzutun, daß er von seinem Vorhaben, eine Kopie der fraglichen Zeichnung zu erlangen, alsbald, nachdem ihm das Verbot bekannt geworden sei, wieder Abstand genommen habe, mußte als durchaus mißglückt angesehen werden. Desgleichen der Versuch des Klägers, darzutun, daß auch von anderen Angestellten der Fabrik-Zuwiderhandlungen gegen das fragliche Verbot unternommen worden seien. — Bei der fraglichen Zeichnung handelt es sich um eine Konstruktionszeichnung, die für die Beklagte deshalb von hoher Bedeutung ist, weil aus derselben auf die, wie jeder Fabrik gleicher

[1]) Vgl. Nr. 256.

Art, so auch der Beklagten eigentümliche Ausführung der Konstruktion von Werken geschlossen werden kann. In der Ausführung von Konstruktionen ist aber in vielen Fällen gerade dasjenige Moment zu erblicken, welches eine Fabrik von anderen Fabriken gleicher Art unterscheidet, und ihr, gegenüber konkurrierenden Fabriken, einen Vorzug zu verschaffen geeignet ist; es muß daher eine Fabrik das größte Interesse daran haben, daß die Art und Weise, wie Konstruktionen durch sie ausgeführt werden, anderen Personen, insbesondere der Konkurrenz gegenüber, geheim gehalten werde, und es muß ihr die Befugnis zuerkannt werden, mit allen erlaubten Mitteln dem Verrat eines solchen Fabrikgeheimnisses, möge er nun beabsichtigt sein oder unabsichtlich erfolgen, entgegenzuwirken. Darnach wird bei dem Unternehmen, sich eine Zeichnung von einer gewissermaßen das geistige Eigentum einer Fabrik darstellenden Konstruktionsweise zu verschaffen, von einem Vertrauensmißbrauch wohl geredet werden dürfen, und es war sonach das Unternehmen des Klägers, sich die in Frage stehende Kopie zu verschaffen, zweifellos als ein wichtiger Grund im Sinne des § 124a GO. anzusehen und die Fabrik für befugt zu erachten, die sofortige Entlassung des Klägers auszusprechen, ohne daß dabei ein Gewicht darauf zu legen war, ob in der Arbeitsordnung für den Fall der Zuwiderhandlung gegen das erwähnte Verbot die Strafe der Entlassung angedroht ist oder nicht. Als bedeutungslos wurde ferner auch erachtet, daß es bei dem Versuch geblieben und nicht zur Ausführung der Handlung selbst gekommen ist. Denn einerseits wird wohl angenommen werden dürfen, daß der Versuch, zu wichtigen Zeichnungen zu gelangen, wenn er ungerügt geblieben wäre, auch in anderen Fällen zum Nachteil der Beklagten vielleicht mit mehr Erfolg wiederholt worden wäre, und andererseits glaubt das Gericht, daß der der Beklagten zugebilligte Grund der sofortigen Entlassung schon in der durch das Unternehmen des Beklagten betätigten, auf die widerrechtliche Handlung gerichtete Absicht des Klägers erblickt werden müsse. („Gewerbegericht" Jg. 6, Sp. 119.)

## 301. Ist der Pauschalschadensanspruch des § 124b GO. durch das BGB. aufgehoben?

**a) Urteil des GG. Kiel vom 28. August 1901.**

Die Frage ist verneint.

Aus den Gründen: Der Kläger fordert auf Grund des § 124b Satz 4 GO. einen Schadensersatz in Höhe des ortsüblichen Tagelohns für eine Woche, indem er den Satz auf 2,70 Mk. zutreffend beziffert. Die Forderung des Klägers erscheint rechtlich begründet, denn mit Sigel (in der außerordentlichen Beilage zum „GG." Nr. 1 von 1900) anzunehmen, daß der in § 124b Satz 4 der GO. dem Arbeiter gegebene Pauschal-Schadensanspruch durch die §§ 615, 324 BGB. hinfällig geworden sei, liegt kein Grund vor. Aus Artikel 32 des EG. z. BGB. ergibt sich keineswegs die Aufhebung, was insbesondere dadurch bestätigt wird, daß der § 124b in unveränderter Fassung auch in der neuesten Publikation der GO. v. 26. Juli 1900 Reichsgesetzblatt S. 950 sich findet. („Gewerbegericht" Jg. 7, Sp. 93.)

**b) Urteil des GG. Breslau vom 7. November 1901.**

Das GG. hat die auf § 124b GO. gestützte Schadensklage abgewiesen.

Aus den Gründen: Die Ansprüche, welche einem gewerblichen Arbeiter aus einer Entlassung ohne Kündigung zustehen, bestimmen sich gemäß Art. 32 des EG. zum BGB. in erster Linie nach der GO. und erst in zweiter Linie, d. h. insoweit als diese keine Bestimmungen enthält oder aus dem BGB. sich die Aufhebung ihrer Bestimmungen ergibt, nach dem BGB. Die RGO. enthält nur eine einzige Bestimmung, welche die Ansprüche der Arbeiter aus vertragswidriger Entlassung regelt, und zwar die vom Kläger angezogene Bestimmung des § 124b. Diese Bestimmung geht zunächst von dem Falle aus, daß ein gewerblicher Arbeiter rechtswidrig, d. h. vor vertrags- oder gesetzmäßiger Beendigung des Arbeitsverhältnisses, die Arbeit verlassen hat, und bestimmt, daß in diesem Falle der Arbeitgeber als „Entschädigung" für den Tag des Vertragbruchs und jeden folgenden Tag der vertragsmäßigen oder gesetzlichen (d. h. durch § 122 cit. geregelten) Arbeitszeit, höchstens aber für die Dauer einer Woche, den Betrag des ortsüblichen Tagelohnes (§ 8 des Krankenversicherungsgesetzes) fordern kann und diese Forderung an den „Nachweis eines Schadens" nicht gebunden ist. Durch die Geltungmachung dieser Forderung soll der Anspruch auf Erfüllung des Vertrages und auf weiteren Schadensersatz ausgeschlossen sein. Demnächst bestimmt § 124b, daß „dasselbe Recht" dem gewerblichen Arbeiter gegen den Arbeitgeber zustehen soll, wenn er von diesem vor rechtmäßiger Beendigung des Arbeitsverhältnisses entlassen worden ist. § 124b cit. geht also davon aus, daß nach dem allgemeinen bürgerlichen Recht, das er offensichtlich nur ergänzen will, in dem Falle, wo das Dienstverhältnis von einer der Vertragsparteien widerrechtlich aufgehoben wird, beiden Teilen nur der Anspruch auf Erfüllung des Vertrages, d. h. dem Arbeitgeber der Anspruch auf Leistung der Dienste des Arbeiters gegen Zahlung des Lohnes, dem Arbeiter der Anspruch auf Zahlung des vereinbarten Lohnes nach Leistung der Dienste, und der Anspruch auf Ersatz des durch das vertragswidrige Verhalten des anderen Teiles entstandenen Schadens zusteht, und will beiden Teilen die Begründung dieses Schadensersatzanspruches dadurch erleichtern, daß es ihnen den Nachweis des Schadens abnimmt, wenn sich ihr Anspruch auf den Betrag des ortsüblichen Tagelohnes für jeden Tag des Vertragsbruches, höchstens jedoch für die Dauer einer Woche, beschränkt.

§ 124b cit. setzt somit voraus, daß beim Dienstvertrage in den von ihm behandelten Fällen beiden Teilen nach dem allgemeinen bürgerlichen Recht neben dem Anspruch auf Erfüllung des Vertrages auch ein Schadensersatzanspruch zusteht. Diese Voraussetzung trifft jedenfalls auf den Anspruch des Arbeiters wegen ungerechtfertigter Entlassung aus dem Arbeitsverhältnisse seit dem Inkrafttreten des BGB. nicht mehr zu. Durch eine ungerechtfertigte Entlassung aus der Arbeit kommt der Arbeitgeber regelmäßig mit der Annahme der vom Arbeiter geschuldeten Dienste in Verzug (§ 293 BGB.) Über die hieraus sich ergebenden Rechte des Arbeiters enthält das BGB. eine besondere Bestimmung, nämlich § 615 regelt den Erfüllungsanspruch des Arbeiters im Widerspruch mit den sonst bei gegenseitigen Verträgen herrschenden Grundsätzen dahin, daß er bei Annahmeverzug des Gläubigers, des Arbeitgebers, Erfüllung, d. h. die ihm für die vom Arbeitgeber nicht angenommenen Dienste zustehende Vergütung verlangen kann, ohne selbst zu erfüllen, d. h. ohne selbst diese Dienste leisten zu müssen. Nur muß er sich auf die Vergütung dasjenige anrechnen lassen, was er erspart und in der Zwischenzeit erwirbt oder böswillig zu erwerben unterläßt. Einen Schadensersatzanspruch dagegen gibt bei Annahmeverzug das BGB. dem Schuldner, abgesehen von der hier nicht in Betracht kommenden Bestimmung des § 304 BGB., überhaupt nicht — die logische Folge davon, daß es im Gegensatz zum früheren Recht zum Verzug des Gläubigers ein Verschulden nicht als erforderlich ansieht. (Vgl. Planck, BGB. Bd. 2 S. 68, 69.) Beim Dienstvertrage bleibt also dem Arbeiter bei Annahmeverzug des Arbeitgebers nur der Erfüllungsanspruch aus § 615 BGB.

Es fragt sich nun, ob der gewerbliche Arbeiter nun trotzdem einen Schadensersatzanspruch aus § 124b cit. GO. herleiten kann. Diese Frage muß verneint werden. Es ist bereits oben betont worden, daß § 124b den Parteien nicht einen besonderen, ihnen nach dem bürgerlichen Recht nicht zustehenden Schadensersatzanspruch geben, sondern ihnen nur die Begründung des nach dem allgemeinen bürgerlichen Recht ihnen zustehenden Schadensersatzanspruches erleichtern will. § 124b cit, schließt keineswegs den Beklagten mit dem Beweise aus, daß ein Schaden überhaupt nicht vorliege (vgl. Unger „Entscheidungen des GG. zu Berlin" Nr. 117, Burchardt, die Rechtsverhältnisse der gewerblichen Arbeiter S. 64); nur die sonst bei Schadensersatzansprüchen dem Kläger obliegende Beweislast für das Vorhandensein des Schadens soll dem Kläger abgenommen sein. Daraus ergibt sich, da seit dem Inkrafttreten des BGB. auf den Annahmeverzug des Arbeitgebers ein Schadensersatzanspruch überhaupt nicht mehr gegründet werden kann, die Aufhebung des § 124b GO., soweit diese Bestimmung von einem solchen Schadensersatzanspruch handelt (vgl. Siegel im „Gewerbegericht" Jg. 1900 in der Beilage zu Nr. 1 S. 7).

## 302. Wird der Anspruch auf die Pauschalentschädigung durch den Nachweis beseitigt, daß ein Schaden nicht entstanden ist?

Entscheidung des Landgerichts II Berlin vom 6. Juli 1901.

Der Kläger, ein Tischlergeselle, verlangte wegen angeblich unrechtmäßiger Entlassung den ortsüblichen Tagelohn für eine Woche. Eingeständlich hatte er bereits an dem der Entlassung folgenden Tage anderweit Arbeit gefunden, und seine Klage wurde aus diesem Grunde vom Amtsgericht abgewiesen. Mit der Berufung machte er geltend, daß der § 124b der GO. eine praesumtio juris et de jure enthalte, wie sich daraus ergebe, daß im Reichstage mehrfache Anträge gestellt seien, dem kontraktbrüchigen Teil den Gegenbeweis offen zu halten, daß der andere Teil keinen Schaden habe, diese Anträge aber abgelehnt seien (zu vgl. den Kommissionsbericht S. 1457 und die Äußerungen der Abg. v. Puttkamer, Gutfleisch, Krause im Plenum, ferner Landmann, Kommentar zur GO. Annalen 3 zu § 124b).

Die Berufung wurde zurückgewiesen.

Aus den Gründen: Die Bemerkungen in den Motiven zu einem Gesetze, die Äußerungen einzelner Abgeordneter oder des Berichtes der Kommission können nicht zu einer Auslegung gegen den klaren Wortlaut des Gesetzes führen (Reichsger.-Entsch. Bd. 33 S. 159, Bd. 27 S. 411). Wenn vom Gesetzgeber nicht bloß eine Regelung der Beweislast bezweckt war, sondern der Anspruch auf den ortsüblichen Tagelohn für eine Woche als eine Art Strafe festgesetzt werden sollte, so hätte dies im Gesetz zum Ausdruck gebracht werden müssen. Das ist nicht geschehen. Der Anspruch ist vielmehr ausdrücklich als „Entschädigung" bezeichnet, und eine solche setzt begrifflich voraus, daß ein Schaden entstanden ist.

Aus der Entstehungsgeschichte des § 124b sei hier noch angeführt, daß der ursprüngliche Gesetzentwurf (Drucks., S. 5) für den Vertragsbruch die Festsetzung einer Buße einführen wollte, deren Höhe in gewissen Grenzen vom richterlichen Ermessen abhängen sollte. Bei der Kommissionsberatung wurde der Ausdruck „Buße" beseitigt und die jetzige Fassung festgesetzt. Dabei ist allem Anschein nach die Mehrheit der Kommission allerdings der Ansicht gewesen, daß auch in der neuen Fassung der Gegenbeweis, daß kein oder ein geringerer Schaden entstanden sei, als ausgeschlossen gelten müsse. Ein in der Kommission gestellter Antrag, diesen Gegenbeweis ausdrücklich zuzulassen, ist abgelehnt worden (Bericht der achten Kommission S. 1457). Daß aber das Plenum sich dieser Ansicht der Kommission angeschlossen habe, läßt sich schwerlich feststellen. Zwar wurde bei der Debatte im Reichstage von einigen Rednern jene Ansicht wiederholt, so von dem Abgeordneten Gutfleisch (Sten.-Ber. S. 2201) und von dem Abg. v. Puttkamer (S. 2194), welcher von einer praesumtio juris et de jure sprach, die das Gesetz einführe. Von anderer Seite, insbesondere von dem Abgeordneten Krause (S. 2210), wurde jedoch ebenso energisch betont, daß nach der von der Kommission beschlossenen Fassung des Gesetztextes eine einfache Rechtsvermutung vorliege und der Gegenbeweis des fehlenden Schadens unbedenklich zugelassen sei. Ein Antrag, den Gegenbeweis mit ausdrücklichen Worten für zulässig zu erklären, ist im Plenum nicht mehr gestellt worden, und es ist deshalb der Schluß, den man allenfalls aus der Ablehnung eines solchen Antrages auf die Ansicht der Mehrheit des Reichstages hätte machen können, nicht zulässig. Der von dem Abgeordneten Krause gestellte und abgelehnte Antrag auf Streichung der Worte „die Forderung ist nicht an den Nachweis eines Schadens gebunden" hatte nicht den Sinn, den Gegenbeweis für zulässig zu erklären —, diesen hielt der Antragsteller schon nach der Kommissionsfassung für zulässig —, sondern er hatte den Zweck, die ganze Bestimmung, daß ohne Nachweis eines Schadens eine Entschädigung zugesprochen werden dürfe, zu beseitigen. — („Gewerbearchiv" Bd. 1 S. 547.)[1])

## 303. Kann vertraglich eine höhere Konventionalstrafe für Vertragsbruch ausbedungen werden als ein Wochenlohn?

Urteil des Reichsgerichts, 2. Zivilsenat vom 25. Februar 1896.

Das Reichsgericht hat die Frage bejaht.

Aus den Gründen: Die Revision glaubt aus § 124b der GO., welcher gemäß § 133e auch für einen Werkmeister gelte, ableiten zu können, daß von dem Beklagten für den Vertragsbruch höchstens eine Entschädigung in Höhe eines Wochenlohnes hätte beansprucht werden können. Diese Ausführung ist nicht zu billigen. Zwar begrenzen die angeführten Gesetzesbestimmungen den Anspruch des Arbeitgebers wegen des Vertragsbruchs in der angegebenen Weise und verfügen ferner, daß durch die Geltendmachung einer solchen Entschädigungsforderung der Anspruch auf weiteren Schadensersatz ausgeschlossen werde. Aber im vorliegenden Falle hat die Klägerin eine derartige Entschädigung nicht geltend gemacht, sondern sie hat eine vertraglich bedungene Strafe eingeklagt. Daß auch letztere auf das Maß eines einwöchentlichen Lohnes vom Richter zu ermäßigen sei, ist im Gesetze weder ausdrücklich gesagt, noch folgerungsweise aus demselben zu entnehmen. Es trifft also für derartige Konventionalstrafen der im § 105 der GO. aufgestellte Grundsatz der Vertragsfreiheit zu, und der Richter ist nicht ermächtigt, solche, selbst wenn sie ihm als übermäßig erscheinen, auf ein geringeres Maß zu beschränken. („Juristische Wochenschrift" Jg. 1896, S. 192, Nr. 26.)

## 304. Wird die Klage auf Buße aus § 124b durch Abweisung der Schadensklage ausgeschlossen?

Urteil des GG. Stettin vom 7. September 1897.

Der Rohrleger S. behauptet, am 27. August vom Unternehmer H. ohne Grund plötzlich entlassen zu sein, und beantragt auf Grund des § 124b der GO., den Beklagten zur Zahlung einer Buße zu verurteilen. Auf Grund desselben Sachverhalts hat Kläger bereits die gewöhnliche Schadensersatzklage auf Zahlung von 21 Mk. gegen den Beklagten erhoben gehabt, ist aber damit durch rechtskräftiges Urteil des GG. für den Stadtbezirk Stettin am 24. August 1897 abgewiesen. Beklagter erhebt daraufhin jetzt den Einwand der rechtskräftig entschiedenen Sache.

Der Einwand des Beklagten wurde verworfen.

Aus den Gründen: Nach § 124b der GO. wird durch die Erhebung des dort vorgesehenen Anspruchs der Anspruch auf weiteren Schadensersatz ausgeschlossen. Die umgekehrte Bestimmung, daß durch eine gewöhnliche Schadensersatzklage der Anspruch aus § 124b der GO. ganz oder teilweise ausgeschlossen werde, ist nirgends ausdrücklich getroffen, läßt sich auch keineswegs aus allgemeinen Rechtssätzen ableiten, da die rechtlichen Voraussetzungen

[1]) Ebenso GG. Berlin bei Unger Nr. 17.

der gewöhnlichen Schadensersatzklage durch die rechtlichen Voraussetzungen des Anspruchs aus § 124b der GO. keineswegs erschöpft werden. („Gewerbegericht" Jg. 3, Sp. 31.)

## 305. Beseitigt die den Arbeitern durch § 152 GO. gewährte Koalitionsfreiheit den wegen Vertragsbruchs vom Arbeitgeber aus § 124b hergeleiteten Entschädigungsanspruch?

Urteil des GG. Berlin vom 5. November 1896.

Beklagte (Steindrucker), im Betriebe der Klägerin (Druckerei) gegen einen durchschnittlichen Tagelohn von mehr als 2,70 Mk. beschäftigt gewesen, haben aus Anlaß eines Streikes ohne vorherige Kündigung die Arbeit niedergelegt. Klägerin hat daher, gestützt auf § 124b der GO. bezw. auf ihre Arbeitsordnung, wo ausdrücklich 14tägige Kündigung für beide Teile vorgeschrieben und außerdem bestimmt ist, daß im Falle rechtswidriger Auflösung des Arbeitsverhältnisses seitens des Arbeiters derselbe den Betrag seines durchschnittlichen Wochenlohnes als Schadensersatz zu zahlen hat, ohne daß es des Nachweises eines Schadens bedarf, eine Buße bezw. Konventionalstrafe im Klagewege gefordert. Die Beklagten halten u. a. die Klage deshalb für unbegründet, weil nach § 152 der GO. den Arbeitern das Recht gewährleistet sei, sich zum Behufe der Erlangung günstiger Lohnbedingungen, insbesondere mittels Einstellung der Arbeit, zu vereinigen. Dieses Recht sei illusorisch, wenn nicht den Arbeitern nachgelassen sei, die Arbeit auch ohne Rücksicht auf etwaige Kündigungsverpflichtungen niederzulegen.

Die Beklagten sind verurteilt.

Aus den Gründen: Beklagte verkennen ganz und gar die Bedeutung des § 152 RGO., wenn sie daraus mehr folgern, als das, was aus seinem Wortlaut tatsächlich nur gefolgert werden kann, nämlich die Gewährleistung der Koalitionsfreiheit der Arbeiter zum Zwecke der Verbesserung ihrer Lage.

Dafür, daß zugleich den danach zu gründenden Koalitionen irgend welche Rechte eingeräumt werden sollten, welche für ihre Wirksamkeit förderlich sein könnten, fehlt es an jedem Anhalte im Wortlaute oder Sinne des Gesetzes und es bedarf auch keiner näheren Begründung, daß die Koalitionsfreiheit an sich schon für die Arbeiter von erheblichem Werte ist, ohne daß ihnen noch das Recht eingeräumt würde, sich nach erfolgter Koalition nach Belieben über bestehende Verträge hinwegzusetzen; es genügt in dieser Beziehung darauf hinzuweisen, daß ein allgemeiner Ausstand in einem Gewerbszweige fast stets sehr viel länger dauert, als die hier in Rede stehende Kündigungsfrist. Nach alledem kann es nicht zweifelhaft sein, daß der Schadensersatzanspruch der Klägerin begründet ist. (Unger, Nr. 119.)

## 306. Gilt die Aufforderung: „auszusetzen", wenn hierbei das Krankenkassenbuch ꝛc. ausgehändigt wird, als Entlassung?

Urteil des GG. Berlin, Kammer 3.

Dem Kläger war im Auftrage des Beklagten vom Polier unter Auszahlung des bis dahin fälligen Lohnes und unter Aushändigung von Krankenkassenbuch und Invaliditätskarte eröffnet worden, er solle einstweilen aussetzen. Kläger sah dies als Entlassung an und klagte eine Lohnentschädigung für 14 Tage aus. Diese wurde ihm zugesprochen.

Der Einwand des Beklagten, Kläger sei gar nicht entlassen, wurde zurückgewiesen.

Aus den Gründen: Mag immerhin durch Worte nur das Aussetzen als Vorhaben des Beklagten bezeichnet worden sein, so kann doch das gebrauchte Wort bei der Beurteilung von Willenserklärungen nicht ausschließlich in Betracht kommen. Wenn vielmehr aus den das Wort begleitenden Handlungen eine dem betreffenden Wort widersprechende Absicht klar hervorgeht, so darf nach dem allgemeinen Rechtsgrundsatz „falsa demonstratio non nocet“ auf das zu Unrecht gebrauchte Wort kein Wert gelegt werden. So hat auch im vorliegenden Falle der Vertreter des Beklagten sich durch die Aushändigung von Buch und Karte in direkten Widerspruch mit dem eben Gesagten gesetzt; denn gerade dieser Umstand schließt beim Beklagten jede andere Absicht aus als die, auf die Leistungen des Klägers auf unabsehbare Zeit zu verzichten, das heißt also ihn zu „entlassen“. („Gewerbegericht“ Jg. 3, Sp. 79.)

## 307. Ist die Abmeldung des Arbeiters bei der Krankenkasse seitens des Arbeitgebers als Einwilligung in die Lösung des Arbeitsverhältnisses anzusehen?

Urteil des GG. Dresden.

Der Beklagte, Bildhauergehilfe L., war laut Vereinbarung berechtigt, nach richtiger Fertigstellung des von ihm angefangenen Stückes das Arbeitverhältnis zu lösen; er hat zuletzt einen Fries mit Schild und Gehänge übernommen, am 5. August 1896 aber das Arbeitsverhältnis gelöst, ohne diese Akkordarbeit vorher fertiggestellt zu haben. Der Kläger, Bildhauer W., meldete demnächst den Beklagten am 8. August 1896, nachdem er ihn vorher vergeblich zur Fertigstellung der angefangenen Arbeit aufgefordert hatte, bei der Ortskrankenkasse ab und beantragte demnächst mittels Klage vom 13. August 1896, den Beklagten zur Fertigstellung der Arbeit eventuell Schadensersatz zu verurteilen.

Der Beklagte wurde verurteilt.

Aus den Gründen: Die An- und Abmeldung des Arbeitnehmers bei der Krankenkasse ist nicht gleichbedeutend mit der Eingehung und Lösung des Arbeitsverhältnisses, denn ein Arbeitsverhältnis besteht, auch wenn der Arbeitnehmer nicht gegen Krankheit versichert ist. Die Abmeldung bei der Krankenkasse kann daher im gegebenen Falle nur als ein Symptom, Beweismittel dafür verwertet werden, daß der Arbeitgeber das Arbeitsverhältnis mit dem abgemeldeten Arbeiter als gelöst angesehen haben will. Vorwiegend hat das Gericht der Angabe des Klägers Glauben geschenkt, daß er die Abmeldung nur bewirkt habe, weil er sich gesetzlich dazu verpflichtet erachtete und andererseits weil er nicht auf ganz unbestimmte Zeit hinaus zur Zahlung der Kassenbeiträge für den Beklagten verpflichtet sein wollte. Hierzu mußte das Gericht geführt werden durch die Erwägung, daß der Kläger durch die Arbeitsniederlegung seines Gehilfen in eine Zwangslage versetzt worden war, die er durch einen Verzicht auf die Fertigstellung der begonnenen Arbeiten unnötigerweise verschärft haben würde. Die Absicht des Klägers, den Beklagten aus seiner Verpflichtung, die begonnene Arbeit zu vollenden, nicht zu entlassen, geht auch ohne weiteres daraus hervor, daß der Kläger bereits am fünften Tage nach der Abmeldung bei der Krankenkasse gegen den Beklagten auf die Fertigstellung der begonnenen Arbeit Klage beim GG. eingereicht hat. („Gewerbegericht“ Jg. 2, Sp. 123.)

## 308. Steht die Erklärung, der Geselle möge noch 14 Tage im Geschäft bleiben, aber zu arbeiten bekomme er nicht mehr, der Entlassung gleich?[1])

Urteil des Landgerichts II Berlin vom 16. Februar 1901.

Der Kläger, ein Schlächtergeselle, verlangte wegen unrechtmäßiger Entlassung vierzehntägige Lohnentschädigung. Der Beklagte hatte in erster Instanz behauptet, es sei dem Kläger bedeutet worden, er möge aufhören zu arbeiten, er könne im übrigen ruhig noch 14 Tage dableiben, aber zu arbeiten bekomme er nicht mehr. In zweiter Instanz hatte der Beklagte die Behauptung dahin eingeschränkt, daß er nur gesagt habe, der

---

[1]) Vgl. oben Nr. 280.

Kläger solle keine selbständige Arbeit mehr ausführen, er kündige ihm mit vierzehntägiger Frist und verlange für diese Zeit vom Kläger nur, daß er im Geschäft anwesend sei, um etwaige kleinere Handreichungen zu leisten.

Amtsgericht und Landgericht haben der Klage stattgegeben.

Aus den Gründen des Landgerichts: Die angebliche Erklärung des Beklagten kommt einer Entlassung ohne Kündigung gleich, auch wenn der Beklagte, wie er nun behauptet, hinzugefügt haben sollte, der Kläger solle im Geschäft anwesend sein, um auf Verlangen kleinere Handreichungen zu leisten. Solche Handreichungen sind Sache eines Lehrlings, nicht eines Gesellen, als welcher der Kläger angenommen war. Der Kläger konnte die Zumutung, vierzehn Tage lang als im wesentlichen untätiger Zuschauer im Geschäft anwesend zu sein, als für einen erwachsenen und zur Verrichtung von Arbeiten im Gewerbebetriebe qualifizierten und angenommenen Menschen unwürdig zurückweisen. („Gewerbegericht" Jg. 6, Sp. 185.)

## 309. Liegt in einer Kündigung mit dem Hinzufügen: „Sie können aber auch gleich gehen!" eine sofortige Entlassung?

Urteil des GG. Offenbach vom 11. Januar 1901.

Der Beklagte hat dem Kläger am 22. Dezember 1900 mit 14tägiger Kündigungsfrist gekündigt und hierauf noch gesagt: „Sie können auch gleich gehen". Darauf ist Kläger fortgegangen und beansprucht Lohn für 14 Tage wegen kündigungsloser Entlassung.

Die Klage ist abgewiesen.

Aus den Gründen: Daß Beklagter die Absicht geäußert hat, zu kündigen, gibt Kläger zu. Wenn er die Worte hinzusetzte: „Sie können auch gleich gehen", so heißt das lediglich, daß der Beklagte damit einverstanden sei, wenn Kläger vor Ablauf der Kündigungsfrist das Arbeitsverhältnis beendige; es ist lediglich eine Einverständnis-Erklärung hierzu und ein Verzicht, den Arbeiter zur Fortsetzung der Arbeit im Wege der Klage anzuhalten, wenn er seinerseits die Arbeit ohne Einhaltung der Kündigungsfrist verlasse. — Hätte Kläger weiter gearbeitet oder weiter arbeiten wollen, so wäre der Arbeitgeber verpflichtet gewesen, ihm Arbeit für die 14 Tage zur Verfügung zu stellen. Nur wenn er sich geweigert hätte, dies zu tun, hätte der Kläger Anspruch auf Lohn. („Gewerbegericht" Jg. 7, Sp. 12.)

## 310. Ist „rechtswidriges Verlassen" der Arbeit schon vor dem Beginn der Arbeit möglich?

Urteil des Landgerichts Kiel.

Das Landgericht hat — abweichend vom GG. — die Frage bejaht.

Aus den Gründen: Der Auffassung der Vorinstanz, daß eine Entlassung der Gesellen durch den Arbeitgeber und ein Verlassen der Arbeit seitens der Gesellen nur dann vorliege, wenn sie die Arbeit schon angetreten hätten, nicht aber, wenn das Arbeitsverhältnis noch nicht wirklich begonnen habe, ist nicht beizupflichten. Weder der Wortlaut noch der Zweck des § 124b GO. genügt zu dieser einschränkenden Auslegung. Durch die Vorschriften des § 124b soll lediglich die Geltendmachung eines Schadensersatzanspruchs wegen vertragswidriger Lösung des Arbeitsverhältnisses für beide Teile dadurch erleichtert werden, daß für diesen Fall ein Recht auf Zahlung eines einwöchigen Tagelohnes auch ohne Nachweis eines Schadens gewährt wird: Der Schwerpunkt der Vorschrift liegt darin, daß wegen Vertragsbruchs ein Entschädigungsanspruch auch ohne Nachweis oder Vorhandensein eines wirklichen Schadens gewährt wird. Dieser gesetzgeberische Zweck trifft bei jeder gesetzwidrigen Lösung des Vertrages zu, mag die Arbeit schon begonnen haben oder nicht. („Gewerbegericht" Jg. 6, Sp. 221.)

## 311. Kann der Pauschalschadensanspruch auch bei bloßer Unterbrechung der Arbeit geltend gemacht werden?

### a) Urteil des Kgl. Landgerichts Halle a. S., 1. Zivilkammer vom 18. Oktober 1897.

Der Tischlermeister H. hat dem bei ihm beschäftigt gewesenen und am 3. Mai entlassenen Tischlergesellen K. von der ihm zustehenden Lohnforderung 13,20 Mk. gekürzt; er macht in dieser Höhe einen Anspruch auf Grund des § 124b RGO. geltend; der Vertragsbruch des Klägers soll darin liegen, daß er trotz der am letzten April auch ihm bekannt gegebenen Verwarnung: jeder seiner Gesellen, der am nächsten Tage — Sonnabend den 1. Mai — zur Arbeit nicht erscheine, sei entlassen — dennoch an diesem Tage gefeiert hat. Am folgenden Montage meldete sich zwar der Kläger zur Wiederaufnahme seiner Arbeit, wurde aber vom Beklagten als entlassen zurückgewiesen.

Das Innungs-Schiedsgericht der Tischler-Innung in Halle a. S. und das Amtsgericht hatten die Schadensforderung für berechtigt erachtet und den Kläger mit seiner Lohnforderung abgewiesen.

Auf Berufung hat das Kgl. Landgericht Halle a. S. den Beklagten zur Lohnzahlung verurteilt.

Aus den Gründen: Am Freitag, den 30. April 1897, hatte der Beklagte seinen Gesellen erklärt: „Jeder Geselle, der am Sonnabend den 1. Mai zur Arbeit nicht erscheint, sei entlassen". Als dann der Kläger am Montag den 3. Mai sich zur Wiederaufnahme der Arbeit meldete, wurde er vom Beklagten als entlassen zurückgewiesen. Der Beklagte also hat das Arbeitsverhältnis gelöst; während der Kläger vom Montag den 3. Mai ab zur Erfüllung bereit war, ist der Beklagte vom Vertrage zurückgetreten. Daraus folgt, daß nur für den 1. Mai, an welchem Tage der Kläger unbefugt gefeiert hat, der Beklagte Entschädigung fordern dürfte. Der § 124b der GO. setzt voraus, daß der Arbeitgeber das Arbeitsverhältnis während der vertragsmäßigen oder gesetzlichen Arbeitszeit fortgesetzt haben würde, wäre ihm nicht die Fortsetzung dadurch unmöglich gemacht worden, daß der Geselle die Weiterarbeit aufgab; der § 124b trifft also den Fall nicht, wenn — wie hier — der Arbeitgeber selber den Gesellen deshalb, weil er am 1. Mai feierte, entließ und ihm die Fortsetzung der Arbeit am nächsten Werktag verwehrte; hat der Arbeitgeber auf Grund des § 123 Ziff. 3 den Gesellen entlassen, obschon der Geselle am 3. Mai zur Wiederaufnahme der Arbeit sich erboten hatte, so kann der Arbeitgeber, auch wenn überhaupt die sonstigen Voraussetzungen der Anwendung des § 124b der GO. vorlägen, keine Entschädigung weiter für denjenigen Zeitraum fordern, während dessen nach seiner eigenen Willenserklärung der Arbeitsvertrag trotz der Erfüllungsbereitschaft des Gesellen nicht mehr bestehen sollte.

Der § 124b a. a. O. — die alleinige Grundlage des hier erhobenen Entschädigungsanspruchs — kann aber auf den vorliegenden Fall überhaupt keine Anwendung finden! Daß der Kläger, indem er am 1. Mai nicht zur Arbeit erschien, kontrakt-, also rechtswidrig handelte, kann (da die Vertragspflicht des Klägers dahin ging, die Arbeit ununterbrochen zu leisten) nicht zweifelhaft sein. Das Unterbrechen der Arbeit ist aber nicht gleichbedeutend mit dem „Verlassen der Arbeit", wovon der § 124b der GO. spricht. Wollte man, wie es der erste Richter tut, an dem buchstäblichen Sinn des Ausdrucks „verlassen" haften, so würde man zu unerträglichen Folgen gelangen; bei jeder vorübergehenden, sei es auch noch so kurzen Entfernung von der Arbeit würden dann die schweren, im § 124b angedrohten Rechtsnachteile eintreten; buchstäblich genommen würde man auch von dem Gesellen, der auf ein paar Minuten (etwa um ein Glas Wasser zu holen, oder um mit einem draußen auf ihn wartenden Angehörigen zu sprechen) dem Verbote seines Meisters zuwider sich von der Arbeitsstätte entfernt hätte, sagen dürfen, er habe rechtswidrig die Arbeit verlassen. Das aber kann nicht der Sinn des Gesetzes sein. Im Sinne des

§ 124b hat der Geselle „die Arbeit verlassen" nicht schon dann, wenn er für einen Tag die Arbeit unterbricht, mit der Absicht, sie am folgenden Werktage wieder aufzunehmen, sondern nur dann, wenn er das Arbeitsverhältnis dauernd aufgegeben, für immer also im Stiche gelassen hat.

Die Worte des § 124b „für den Tag des Vertragsbruches und jeden folgenden Tag der vertragsmäßigen oder gesetzlichen Arbeitszeit" lassen erkennen, daß der von dem Gesetzgeber normierte Fall nur dann, wenn für die ganze vertragsmäßige oder gesetzliche Arbeitszeit der Geselle die Arbeit aufgegeben hat, nicht aber schon dann vorliegt, wenn er nur einen Tag ausblieb und am folgenden Werktage sich zur Fortsetzung der Arbeit wieder einfand. Davon, daß der Vertrag von dem Gesellen gebrochen sei, spricht man sinngemäß nicht schon bei einer zeitweiligen, vorübergehenden Nichterfüllung des Vertrages, sondern nur dann, wenn der Geselle den Vertrag gänzlich aufheben, beseitigen, zerstören, ihn während der ganzen Dauer seiner bedungenen oder gesetzlichen Geltung außer acht lassen will.

Auch aus der Tatsache, daß im Schlußsatz des § 124b parallele Rechtswirkungen an den Fall geknüpft sind, wenn der Geselle von dem Arbeitgeber vor rechtmäßiger Beendigung des Arbeitsverhältnisses entlassen worden ist, läßt sich der Schluß herleiten, daß unter dem im Eingang des Paragraphen erwähnten Verlassen der Arbeit ebenso wie unter dem am Schluß gedachten Entlassen nur die gänzliche Auflösung des Arbeitsverhältnisses zu verstehen ist.

Nach alledem hat der Kläger nicht im Sinne des § 124b der GO. „die Arbeit verlassen". Gleichermaßen wie das Landgericht dem § 124b hier die Anwendung versagt hat, ganz ebenso würde es den § 124b für unanwendbar erachten, wenn etwa ein Arbeitgeber wider den Willen seines Gesellen und dem Arbeitsvertrage entgegen für den 1. Mai die Werkstatt geschlossen hätte. Ebensowenig wie man von einem Arbeitgeber, der durch Schließung der Werkstatt seinen Gesellen zwänge am 1. Mai sich der Arbeit zu enthalten, sagen könnte, er habe den Gesellen entlassen (Schlußwort des § 124b), ebensowenig kann man von dem am 1. Mai feiernden Gesellen sagen, er habe die Arbeit verlassen (Eingangsworte des § 124b).

Wenn man also bei einer für den 1. Mai durch einen Gesellen rechtswidrig erfolgten Arbeitsunterbrechung den § 124b nicht zur Anwendung bringt, so heißt das nicht etwa, den Arbeitgeber der Willkür des Gesellen schutzlos preisgeben. Abgesehen von der Möglichkeit, durch eine entsprechende Gestaltung des Arbeitsvertrages einer unwillkommenen Arbeitsunterbrechung vorzubeugen, wird der Arbeitgeber wohl die Auffassung vertreten dürfen, daß der Geselle, der am 1. Mai, dem Verbote seines Meisters zuwider, von der Arbeit fortbleibt, schon hierdurch allein beharrlich im Sinne des § 123 Nr. 3 der GO. verweigert habe, den nach dem Arbeitsvertrage ihm obliegenden Verpflichtungen nachzukommen, daher entlassen werden kann. („Gewerbegericht" Jg. 3, Sp. 45.)

### b) Urteil des GG. Weimar vom 14. August 1901.

Kläger war bei Beklagtem für einen Stundenlohn von 35 Pfg. bei zehnstündiger Arbeit und wurde bei der Lohnzahlung am 3. August vom Beklagten bedeutet, daß er vom nächsten Montag den 5. ab „aussetzen" oder „einige Tage aussetzen" müsse, da keine Arbeit für ihn da sei. Kläger widersprach dem Aussetzen und der letztangeführten Behauptung. Alles dieses steht fest, ebenso auch, daß in der Tat während der Zeit des „Aussetzens" Arbeiter, darunter auch einige ganz junge, erst seit wenigen Wochen beim Beklagten eingetretene, beschäftigt worden sind. Kläger fordert als Entschädigung den Tagelohn für eine Woche, d. i. 6 × 3,50 Mk. = 21,00 Mk. Beklagter widerspricht: er habe Klägern nicht entlassen; wenn ihm die Arbeit, auf die er gerechnet und für die er den Kläger bestimmt habe, entgangen sei, könne er nicht dafür verantwortlich gemacht werden.

Der Beklagte ist verurteilt.

Aus den Gründen: Der Arbeitsvertrag ist ein zweiseitiger Vertrag, der von keinem Teil ohne Zustimmung des anderen Teiles geändert werden kann. „Ausreichende Beschäftigung“ (GO. § 124, 4) und Lohnzahlung gehören zu den Grundlagen des Arbeitsvertrages. Entzieht diese der Arbeitgeber dem Arbeiter ohne dessen Einverständnis, so macht er sich eines Vertragsbruches schuldig und wird schadensersatzpflichtig. Insofern hat das „Aussetzenlassen mit der Arbeit“ gleiche Wirkung wie die rechtswidrige Entlassung (GO. § 122, 124b letzter Satz). Erschweren Betriebsstörungen die Erfüllung des Vertrags, so hat der Unternehmer sich deshalb mit dem Arbeiter ins Einbenehmen zu setzen, wenn er sich dessen Arbeitskraft über die Zeit der Störung hinaus sichern will, oder muß ihm kündigen, kann ihn aber nicht durch Aussetzenlassen plötzlich arbeits- und verdienstlos machen. („Gewerbegericht“ Jg. 7, Sp. 173.)

## 312. Ist der Gastwirt zur Entschädigung aus § 124 GO. verpflichtet, wenn er dem Kellner seine Haupttätigkeit und damit die Trinkgelder entzieht?

Urteil des GG. Bremen.

Der Beklagte ist zur Zahlung der Entschädigung verurteilt.

Aus den Gründen: Nach § 124b der GO. wird der Arbeitgeber vertragsbrüchig, wenn er seinen Gehilfen vor rechtmäßiger Beendigung des Arbeitsverhältnisses entläßt. Durch die Entlassung gibt der Arbeitgeber zu erkennen, daß er sich weigert, seinerseits den Vertrag zu erfüllen, d. h. fernerhin die Dienste des Gehilfen anzunehmen und ihm die vereinbarte Vergütung zukommen zu lassen. Diese Weigerung kann der Arbeitgeber auch zu erkennen geben, ohne daß er sich ausdrücklich des Wortes „Entlassung“ bedient. Ein Vertragsbruch liegt somit stets dann vor, wenn der Wille des Arbeitgebers zum Ausdruck kommt, die Dienste des Gehilfen fernerhin nicht mehr anzunehmen und die ihm gebührende Vergütung nicht mehr zukommen zu lassen. Das ist hier der Fall. Der Kläger, Kellner, war neben einem geringen festen Lohn auf die Trinkgelder angewiesen, welche er von den Hotelgästen erhielt. Vor allem hatte er die Rechnungen von den Hotelgästen einzukassieren. Am 6. September 1899 nahm der Beklagte, ohne dem Kläger das Arbeitsverhältnis gekündigt zu haben, einen anderen Kellner an, den er ermächtigte, nunmehr statt des Klägers die Rechnungen einzukassieren. Er entzog dem Kläger dadurch seine Haupteinnahme und gab ihm zu erkennen, daß er ihm die ihm nach dem Vertrage gebührende Vergütung in der Hauptsache fernerhin nicht mehr zukommen lassen wolle. Damit wurde der Beklagte vertragsbrüchig und der Kläger konnte sich als entlassen betrachten. Er war nicht verpflichtet, wie der Beklagte verlangte, noch vierzehn Tage unter diesen veränderten Bedingungen neben dem neuen Kellner als Kellner bei ihm zu bleiben. („Gewerbegericht“ Jg. 6, Sp. 10.)

## 313. Ist der Arbeitgeber zur Entschädigung des Arbeiters verpflichtet, der wegen Beleidigung die Arbeit verlassen hat?

a) Urteil des GG. Weimar vom 7. Februar 1901.

Ein Arbeiter, der von einem Vertreter des Arbeitgebers gröblich beleidigt worden war und infolgedessen die Arbeit ohne Kündigung verlassen hat, fordert Entschädigung für den entgangenen Lohn. — Der Arbeitgeber wendet ein, Kläger habe nicht nötig gehabt, die Arbeit zu verlassen und habe sich daher den Verlust des Lohnes selbst zuzuschreiben.

Das GG. hat den Beklagten antragsgemäß verurteilt.

Aus den Gründen: Die GO. gibt im § 124 Ziff. 2 dem Arbeiter das Recht, „vor Ablauf der vertragsmäßigen Zeit und ohne Aufkündigung die Arbeit zu verlassen, wenn der Arbeitgeber oder seine Vertreter sich Tätlichkeiten oder grobe Beleidigungen gegen die Arbeiter oder gegen ihre Familienangehörigen zu Schulden kommen lassen". Das Gesetz hält also derartige Handlungen des Arbeitgebers für eine Verletzung des beiderseitigen Vertrages, sonst würde es dem einen Teil nicht die Befugnis gewähren, den Vertrag einseitig zu lösen. Diese Lösung ist für den Verletzten, wenn er nicht sofort andere Arbeit findet, mit dem Schaden des Ausfalles des Arbeitsverdienstes verknüpft. Nun ist es Rechtsgrundsatz und entspricht auch dem allgemeinen Rechtsgefühl, daß der Verletzer dem Verletzten den verursachten Schaden zu ersetzen hat (BGB. § 823). Schon daraus hat man gefolgert, daß in solchen Fällen, wie der vorliegende, der Beklagte dem Kläger den ausgefallenen Arbeitsverdienst werde ersetzen müssen. Nun freilich kann eingewendet werden, wie auch Beklagter getan hat, daß Kläger nicht genötigt gewesen sei, auszuscheiden; er habe dies freiwillig getan und daher keinen Anspruch auf Entschädigung. Dieser Einwand entspringt aber dem Verkennen der oben schon dargelegten Vertragsverletzung, des vertragswidrigen Verhaltens seitens der Beklagten. Noch deutlicher wird die Unrichtigkeit des Einwandes, wenn man sich die Folge vergegenwärtigt, die er haben würde, wenn er richtig wäre. Diese würde nämlich darin bestehen, daß die rechtswidrige Handlung überhaupt keinen Nachteil nach sich zöge, daß der eine Teil ohne privatrechtlichen Schaden verletzen, der andere, ohne Entschädigung für sich zu finden, verletzt werden könne (etwaige strafrechtliche Folgen der Verletzung kommen hier, wo es sich um Ansprüche aus dem bürgerlichen Recht handelt, nicht in Betracht). Ja, man kann noch weiter gehen: Wäre jener Einwand zutreffend, so hieße das, daß dem einen Teil die Möglichkeit gegeben wäre, sich jederzeit des anderen Teiles dadurch zu entledigen, daß er ihn oder dessen Familienangehörige durch grobe Beleidigungen oder Tätlichkeiten (GO. § 124 Ziff. 2), oder durch Verleitung zu gesetz- oder sittenwidrigen Handlungen (Ziff. 3), oder durch Vorenthaltung des Lohnes oder bei Stücklohn der Arbeit (Ziff. 4) zum einseitigen Auflösen des Arbeitsvertrags, wodurch jener auch des Arbeitsverdienstes verlustig gehen würde, veranlaßte. Eine solche Möglichkeit kann aber, da sie widersinnig ist, nicht wohl aufgestellt werden. Nun aber wird jeder etwa noch bestehende Zweifel durch die Bestimmungen des BGB. in § 628 Abs. 2 gelöst, wonach ausdrücklich der Teil, der die fristenlose „Kündigung (d. h. nach der bisherigen Ausdrucksweise, den Austritt) des anderen Teiles durch vertragswidriges Verhalten veranlaßt, zum Ersatze des durch die Aufhebung des Dienstverhältnisses entstehenden Schadens verpflichtet ist."

**b)** Urteil des GG. Stuttgart vom 2. Februar 1900.

Der Arbeitgeber ist zur Entschädigung verurteilt.

„Aus den Gründen: Das Gericht hat für erwiesen erachtet, daß der Beklagte den Kläger gröblich beleidigt hat, und daß der Kläger erst auf Grund dieser Beleidigungen die Arbeit bei dem Beklagten aufgegeben hat. Da somit der Kläger durch das vertragswidrige Verhalten des Beklagten zu der vorzeitigen Kündigung veranlaßt worden ist, so hat er gegen den Beklagten Anspruch auf Ersatz des Schadens, der ihm durch die Aufhebung des Dienstverhältnisses entstanden ist (§ 628 Abs. 2 BGB.). Das Gericht ging dabei davon aus, daß der Begriff „vertragswidriges Verhalten" nicht zu eng ausgelegt werden darf; zu der Vertragspflicht aus dem Dienstverhältnis gehört nicht bloß Leistung der Arbeit und Bezahlung des Lohnes, sondern auch Anwendung der gehörigen Sorgfalt, Unterlassung bestimmter Handlungen, gegenseitige Achtung 2c. (vgl. §§ 123, 124 GO.). Da der Kläger vom 17. Januar bis 1. Februar keine neue Stellung gefunden hat, ist seine Schadenersatzforderung begründet. („Gewerbegericht" Jg. 5, Sp. 155.)

## 314. Kann das Verhalten nach der Entlassung gegenüber der Entschädigungsklage in Betracht gezogen werden?

### a) Urteil des GG. Berlin vom 14. Januar 1897.

Kläger beansprucht wegen angeblich ungerechtfertigter Entlassung eine 14tägige Kost-, Lohn- und Logisentschädigung. Der Beklagte wendet ein, Kläger habe ihn gröblich beleidigt, indem er u. a. zu ihm: „Sie Scheißer" gesagt habe. Er hält sich daher zur sofortigen Entlassung für befugt. Kläger gibt zu, den erwähnten Ausdruck dem Beklagten gegenüber gebraucht zu haben, nachdem dieser seine Entlassung bereits erklärt gehabt hatte, hält aber einerseits die Äußerung nicht für eine gröbliche Beleidigung und meint andererseits, daß dieselbe, weil erst nach der Entlassung gefallen, hier ganz außer Betracht bleiben müsse.

Die Klage ist abgewiesen.

Aus den Gründen: Unstreitig hat der Kläger mit Bezug auf den Beklagten die Worte: „Sie Scheißer" gebraucht. Er hat damit zweifellos die Ehre des Beklagten angegriffen und durch diesen Ausdruck der Geringschätzung gekränkt, folgeweise sich einer Beleidigung, und zwar nach Ansicht des Gerichts einer groben Beleidigung des Beklagten, schuldig gemacht. Daß eine solche vor der Entlassung gefallene Äußerung des Arbeitnehmers zur sofortigen kündigungslosen Aufhebung des Arbeitsverhältnisses den Arbeitgeber berechtigt, ist in § 123 Abs. 1 Ziff. 5 der GO. ausdrücklich bestimmt. Zweifelhaft könnte es erscheinen, ob auch eine nach der Entlassung des Arbeiters ausgestoßene grobe Beleidigung des Arbeitgebers zur Abwendung eines durch den Arbeiter wegen ungerechtfertigter Entlassung geltend gemachten Schadensersatzanspruches mit herangezogen werden kann. Hat sich ein Angestellter durch sein moralisches Verhalten unfähig gezeigt, das Verhältnis zu dem Arbeitgeber fortzusetzen, hat er sich gegen ihn vergangen, kurz, hat er sich solcher Handlungen gegen denselben schuldig gemacht, die an sich einen genügenden Entlassungsgrund nach § 123 der GO. bilden würden, so kann für die Zeit, seit welcher jene Handlungen begangen bezw. zur Kenntnis des anderen Teils gekommen sind, die Sache nicht anders liegen. Der Richter wird jetzt aussprechen dürfen, daß der Angestellte, wenn er nicht entlassen wäre, wegen dieser von ihm begangenen Handlung nicht die Fortsetzung des Arbeitsverhältnisses beanspruchen durfte. Aus alledem ergibt sich, daß auch ein erst nach der Entlassung des Arbeitnehmers eingetretenes, die sofortige Lösung des Arbeitsverhältnisses rechtfertigendes Ereignis, wie im vorliegenden Falle die grobe Beleidigung des Arbeitgebers, sehr wohl gegen den von dem Arbeitnehmer geltend gemachten Interessenanspruch in dem Sinne verwertet werden kann, um darzulegen, daß die Entlassung sich von jetzt an als rechtmäßig darstellt. Hierbei ist es selbstverständlich völlig gleichgültig, ob der Arbeitgeber etwa sofort nach dem Eintritt bezw. dem Bekanntwerden der Tatsache dem entlassenen Arbeitnehmer seinen Entschluß, diese Tatsache zur Entlassung in Beziehung zu setzen, kund gegeben oder ob er dies erst, wie im vorliegenden Falle, bei der demnächst erfolgenden prozessualischen Verhandlung getan hat. Hiernach ist der Kläger des an sich aus der ungerechtfertigten Entlassung gegen den Beklagten ihm zustehenden Interessenanspruches infolge der groben Beleidigung, der er sich gegen den letzteren schuldig gemacht hat, wieder verlustig gegangen. (Unger, Nr. 99.)

### b) Urteil des GG. Offenbach vom 2. November 1900.

Das GG. hat die Frage verneint.

Aus den Gründen: Es ist noch hervorzuheben, daß das GG. nicht auf dem Standpunkt der Entsch. des GG. Berlin steht, wonach auch ein erst nach der Entlassung des Arbeiters eingetretenes, die sofortige Lösung des Arbeitsvertrags rechtfertigendes Ereignis gegen den von dem Arbeitnehmer geltend gemachten

Interessenanspruch in dem Sinn verwertet werden könne, um darzulegen, daß die Entlassung von jetzt ab sich als rechtsmäßig darstelle. Die Entlassung an sich ist ein die völlige Auflösung des Arbeitsverhältnisses herbeiführendes Ereignis ebenso wie die Beendigung desselben bei Ablauf der ordnungsmäßigen Kündigungsfrist. Abgesehen von diesem gleichmäßigen Effekt hat aber die Entlassung, sofern sie ohne gesetzlichen Grund erfolgt, die Wirkung, daß der Arbeitgeber den Arbeiter entschädigen muß. Die Entschädigung ist veranlaßt durch die Tatsache der ungerechtfertigten Auflösung des Arbeitsvertrags. Eine Beleidigung, die nach diesem Zeitpunkt erfolgt, berechtigt den Arbeitgeber lediglich zur Klage wegen Beleidigung, sie entbindet ihn aber nicht von der Entschädigungspflicht. — Von einer Kompensation mit der tätlichen Beleidigung kann gleichfalls aus denselben Gesichtspunkten nicht die Rede sein: auch diese erfolgte nach Beendigung des Arbeitsverhältnisses. („Gewerbegericht" Jg. 6, Sp. 198.)

c) Urteil des Landgerichts Posen vom 6. Oktober 1899.

Das Landgericht hat die Frage bejaht.

Aus den Gründen: „Die Beklagte erhebt ferner den Einwand, die Kläger hätten sich grobe Beleidigungen gegen ihren Vertreter W. zu schulden kommen lassen und ihr dadurch das Recht gegeben, sie sofort ohne Kündigung zu entlassen § 123 Z. 5 GO. Nach der durchaus glaubhaften Bekundung von W. hat Kläger zu W. geäußert, wenn er nicht das Geld erhielte, welches er noch zu fordern habe, werde er ihn verhauen oder totschlagen. Dieses Verhalten des Klägers fällt unter § 123 Z. 5 GO. Beklagte hatte dadurch ein Recht, den Kläger sofort zu entlassen, erworben. Sie hat zwar ihrerseits denselben damals deswegen nicht entlassen; für sie lag aber damals hierzu keine Veranlassung vor, da B. selbst die Arbeit aufgab. Beklagte ist aber dadurch nicht behindert, diesen Entlassungsgrund nachträglich im Prozeß geltend zu machen. Damit entfällt gegenüber B. jede Verpflichtung der Beklagten zum Ersatz des angeblich entgangenen Lohnes. Nicht zutreffend ist die Behauptung des Klägers, daß der Vorfall mit W. sich erst nach der Niederlegung der Arbeit ereignet habe. Im Gegenteil geht aus den eigenen Anführungen der Kläger hervor, daß zur Zeit jenes Vorganges die endgiltige Entscheidung über die Lohnabzüge noch ausstand und sie erst demnächst am selbigen Montage die Arbeit eingestellt haben. Außerdem hört aber die Verpflichtung des Arbeitgebers zum Schadensersatz auch dann auf, wenn der Kläger nachträglich eine Handlung begeht, die nach § 123 GO. dem Arbeitgeber beim Bestehen des Vertrages zu dessen Auflösung ohne Einhaltung einer Kündigungsfrist berechtigen würde." („Gewerbegericht" Jg. 5, Sp. 49.)

d) Urteil des Reichsgerichts, 1. Zivilsenat, vom 4. November 1896).

Das Reichsgericht hat die Frage bejaht.

Aus den Gründen: Das Berufungsgericht hat jeden Entschädigungsanspruch des Klägers verneint, indem es zwar unentschieden läßt, ob der Kläger vom Beklagten einseitig und mit Recht entlassen worden ist, oder seinerseits den sofortigen Austritt aus seiner Stellung erklärt hat, aber die Entlassung des Klägers jedenfalls aus dem Grunde als gerechtfertigt ansieht, daß der Kläger bei seiner Unterredung mit dem Beklagten am Nachmittage des 11. August 1893 den Beklagten in seiner Ehre verletzt habe (§ 133c Nr. 5 der GO.). Die Revision greift diese Entscheidung mit der Ausführung an, daß die fragliche Unterredung erst stattgefunden habe, nachdem der Kläger bereits entlassen gewesen sei und zwar, wie für diese Instanz zu unterstellen, ohne gesetzmäßigen Grund, daß ferner der ganze Vorgang von dem Beklagten provoziert worden sei, unter solchen Umständen aber das Verhalten des Klägers entschuldbar erscheine. Dieser Angriff kann nicht durchdringen. Daß das Verhalten eines Angestellten nach erfolgter Entlassung an sich geeignet sein kann, von dem Dienstherrn zur Begründung der Entlassung herangezogen zu werden, wenn dem Dienstherrn nicht zugemutet werden könnte, das Dienstverhältnis nach solchem Verhalten des Angestellten fortzusetzen, ist von dem Reichsgericht schon wiederholt näher dargelegt. Es liegt kein Grund vor, hiervon abzugehen. Bei der Prüfung, ob ein derartiges Verhalten des Angestellten vorliegt, sind allerdings die jeweiligen Umstände und namentlich die vorangegangene, nach der Meinung des Angeklagten vielleicht ungerechtfertigte Entlassung zu berücksichtigen, allein diese Prüfung hat das Berufungsgericht nicht unterlassen. Es hat vielmehr erwogen, daß der Kläger infolge des vorausgegangenen Streites, welcher zur Lösung des Dienstverhältnisses geführt hatte, und der in Anwesenheit des Buchhalters an ihn gerichteten Aufforderung, die bei jenem Streite gebrauchten Worte, durch die der Beklagte sich verletzt gefühlt hatte, zu wiederholen, erregt gewesen sein möge, ist aber dennoch zu der Überzeugung gelangt, daß das Benehmen des Klägers nach den begleitenden Umständen ein derartig ehrverletzendes gewesen sei, daß es in dem Auftreten des Beklagten keine Rechtfertigung finde. („Juristische Wochenschrift" Jg. 1896, S. 707, Abs. 50.)

e) Urteil des Landgerichts I Berlin, Zivilkammer 8, vom 9. März 1897.

Die Frage ist bejaht.

Aus den Gründen: Der von dem Kläger verfolgte Anspruch auf Ersatz von Bezügen für die Zeit seit der Entlassung bis zum Abbruch der gesetzlichen Kündigungsfrist setzt voraus, daß er in dieser Zeit fähig war, gegenüber seinen Arbeitgebern den Dienstvertrag zu erfüllen; denn für eine Zeit, in welcher er selbst die Dienste nicht leisten kann, steht ihm auch der Anspruch auf Ersatz eines Schadens nicht zu, für dessen Eintritt die schon vorher erfolgte Entlassung nicht kausal geworden ist. (Vgl. die Entscheidungen des Reichsgerichts Bd. 32, S. 251.) Durch den Vorgang vom 7. Juni 1896 aber hat sich der Kläger moralisch unfähig gezeigt, seinen Dienst als Werkmeister bei den Beklagten fortzusetzen, denn er hat zum Nachteil der Beklagten das Ansehen, welches mit der leitenden und beaufsichtigenden Tätigkeit des Werkmeisters verbunden ist, insofern gemißbraucht, als er eine Arbeiterin zur Einstellung der Arbeit zu bestimmen versuchte; er wußte, daß die Arbeitseinstellung den Beklagten nachteilig sei, zumal gerade um jene Zeit, wie das übereinstimmende Parteivorbringen erkennen läßt, den Beklagten der Mangel an Arbeitern bereits fühlbar geworden war. Er hat sich dadurch, daß er gegen das Interesse der Arbeitgeber handelte, untreu erwiesen und diese Feststellung rechtfertigt nach § 133c der GO. die Aufhebung des Dienstverhältnisses. Der Kläger kann daher für die Zeit, seit welcher er die Untreue begangen hat, also für die Zeit seit dem 7. Juni 1896 eine Entschädigung nicht fordern. Für den 7. Juni selbst aber, als für denjenigen Tag, welcher auf die wirkliche Entlassung folgte, entfällt keine Entschädigung; denn dieser Tag fällt auf einen Sonntag und es können, wenn die Verteilung von Bezügen auf einzelne Tage in Frage steht, nur die Arbeitstage in Betracht kommen. („Gewerbegericht" Jg. 3, Sp. 80.)

## 315. Erwirbt der bisherige Arbeitgeber schon durch die bloße unbeglaubigte Mitteilung an den neuen Arbeitgeber, daß der Arbeitnehmer kontraktbrüchig sei, den Schadensanspruch aus § 125 GO.?

Urteil des Amtsgerichts Leipzig vom 11. Mai 1898.

Eine Arbeiterin des Klägers hatte bei diesem die Arbeit ohne Kündigung oder gesetzlichen Grund verlassen und war bei dem Beklagten in Arbeit getreten, indem sie ihm sagte, sie ginge vom Kläger fort, weil sie dort keine Arbeit mehr habe. Wenige Tage später übergab ein Gehilfe des Klägers dem Beklagten einen Brief, durch den ihn der Kläger aufforderte, die Arbeiterin sogleich zu entlassen, da sie ohne Kündigung fortgelaufen wäre. Beklagter hat darauf zu dem Gehilfen gesagt: „Nehmen Sie sie doch meinetwegen gleich mit, ich habe nichts dagegen. Und wenn sie nicht mitgeht, können Sie sie durch das Gewerbegericht zwingen." Der Gehilfe entgegnete: „Das haben wir schon versucht, sie ist aber nicht gekommen."

Im Prozeß hat Kläger die Ausfertigung eines Versäumnisurteils des GG. zu Leipzig vom 31. März 1898 vorgelegt, wonach die Arbeiterin verurteilt wird, die Arbeit beim Kläger sofort wieder aufzunehmen.

Die Klage ist abgewiesen.

Aus den Gründen: Nachdem der Beklagte die Kenntnis des grundlosen Weggangs der Arbeiterin vom Kläger bestritten hat, liegt es dem Kläger ob, diese Kenntnis nachzuweisen. Der Nachweis ist ihm nicht gelungen und das Haupterfordernis für den Anspruch aus § 125 der RGO. ist sonach nicht vorhanden.

Die einfache Aufforderung des Klägers an den Beklagten, die Arbeiterin sofort zu entlassen ohne Nachweis, daß sie grundlos bei ihm die Arbeit aufgegeben habe, genügt nicht. Denn es liegt kein Anlaß vor, warum der Beklagte dem ohne Beweis gelassenen Inhalte des Briefes des Klägers mehr Glauben schenken sollte, als den eigenen Angaben der Arbeiterin. Anders dürfte freilich zu entscheiden gewesen sein, wenn der Kläger durch Vorlegung des Versäumnisurteils des GG. zu Leipzig dem Beklagten diesen Nachweis geführt hätte; das hat er nicht getan. („Gewerbegericht" Jg. 3, Sp. 138.)

## 316. Begriff des Lehrherrn. Kann ein Portefeuillearbeiter einen Lehrling, den er mitgebracht hat, beim Ausscheiden wieder mitnehmen?

Urteil des GG. Offenbach a. M. vom 28. Februar 1902.

Der M. S. war in der Fabrik der Beklagten als Portefeuillerlehrling tätig und wurde daselbst durch den Arbeiter R. unterwiesen. R. ist ausgetreten, um sich selbständig zu machen und hat den Lehrling mitgenommen. Ein schriftlicher Lehrvertrag war nicht abgeschlossen. R. hatte den Lehrling mit in die Fabrik des Beklagten gebracht, wie dies in der Portefeuillebranche hier häufig üblich ist, und denselben mit Zustimmung des Beklagten beschäftigt. Er ist der Ansicht, daß er hiernach auch befugt sei, beim Weggang den Lehrling mitzunehmen; der Beklagte ist der Ansicht, daß mit ihm ein Lehrvertrag bestehe und daß eine widerrechtliche Lösung desselben vorliege. Er beantragt demgemäß, den Lehrling zur Fortsetzung des Arbeitsverhältnisses zu verurteilen.

Die Klage des Lehrlings auf Herausgabe des Arbeitsbuchs ist abgewiesen.

Aus den Gründen: Nach § 41 GO. begreift die Befugnis zum selbständigen Betrieb eines stehenden Gewerbes das Recht in sich, in beliebiger Zahl Gehilfen 2c. und, soweit nicht direkte Vorschriften entgegenstehen, Lehrlinge anzunehmen. Diese Befugnis steht dem Beklagten als Fabrikanten zu; einem Arbeiter selbst kann jedoch ein Recht zur Annahme von Lehrlingen, d. h. zum Abschluß von Lehrverträgen, wonach er selbst Lehrherr sei, überhaupt nicht zugestanden werden, zumal wenn er in der Fabrik eines Fabrikanten tätig ist. — Nachdem der Beklagte mit der Einstellung des Lehrlings einverstanden war und derselbe in dessen Betrieb längere Zeit beschäftigt war, gilt dieser als Lehrherr und Kontrahent; der Arbeiter R. ist lediglich die Person, die als Vertreter des Lehrherrn im Sinne § 127 ff. der GO. die Ausbildung zu leiten, denselben in den Arbeiten zu unterweisen hatte. — Dieser hier vielfach üblichen Art der Regelung des Lehrverhältnisses steht umso weniger etwas im Wege, als der Beklagte selbst nicht Techniker, sondern Kaufmann ist. Der Lehrling hat nunmehr ohne einen der in § 127 b der GO. vorgesehenen Gründe das Lehrverhältnis verlassen und liegt somit eine rechtmäßige Lösung im Sinne des § 107 GO. nicht vor; aus diesem Grunde ist der Beklagte zur Herausgabe des Arbeitsbuches nicht verpflichtet.

## 317. Ist die Lehrlingseigenschaft auf ein bestimmtes Lebensalter beschränkt?[1])

Entscheidung des Reichsgerichts in Strafsachen vom 7. Juni 1901.

Aus den Gründen: Im Eingange des angefochtenen Urteils ist der Angeklagte als Maurerlehrling bezeichnet und aus den Urteilsgründen ergibt sich, daß er zu der Zeit, als er von einem Neubau des Baugewerkmeisters K. eine dem letzteren gehörige Bohle entwendete, an jenem Neubau gearbeitet hat. Damit ist die Möglichkeit gegeben, daß der Angeklagte zur Zeit der Tat zu dem Bestohlenen in einem Lehrlingsverhältnisse gestanden hat, wie es § 247 Abs. 1 Strafgesetzbuch im Auge hat. Das Bestehen eines solchen Verhältnisses wird durch den Umstand, daß der Angeklagte nach der Angabe im Eingange des Urteils bereits 35 Jahre alt ist, nicht ausgeschlossen. Denn wenn auch für die Aufstellung des gesetzlichen Erfordernisses eines Strafantrags bei Lehrlingsdiebstählen im Sinne des § 247 Abs. 1 die Rücksicht auf das jugendliche Alter der Lehrlinge mitbestimmend gewesen sein mag (vgl. E. XII. 244), so enthält doch das Gesetz selbst nach dieser Richtung hin keinerlei Einschränkung und auch dem Begriffe des Lehrlings und des gewerblichen Lehrlings insbesondere ist die Beschränkung auf eine Altersgrenze nicht immanent (vgl. § 127e GO.) („Goltammers Archiv" Bd. 48, S. 354.)

## 318. Ist der Lehrmeister verpflichtet, bei Abschluß des Lehrvertrages es zu erwähnen, wenn bei ihm einzelne Zweige des zu erlernenden Handwerks nicht betrieben werden?

Urteil des GG. Stuttgart.

Ein Lehrling klagte auf Auflösung des Lehrverhältnisses, weil in dem schriftlichen Lehrvertrag bedungen war, „den Lehrling sein Gewerbe als Dreher vollständig zu lehren", der Beklagte aber sich weigerte, ihn das englische Drehen zu lehren, die Kenntnis dieses Zweiges aber ein notwendiges Erfordernis jeden Metalldrehers sei. Beklagter bat um Abweisung der Klage und in der Widerklage um Urteil auf Fortsetzung des Lehrverhältnisses event. Bezahlung eines Schadens von 200 Mk. Zur Begründung wurde vorgetragen, daß das englische Drehen in dem Geschäfte des Beklagten höchst selten vorkomme und er nur verpflichtet sei, das zu lehren, was er bei normalem Geschäftsbetrieb zeigen bezw. lehren könne. — Unbestritten war, daß weder Kläger noch Beklagter bei Beginn der Lehre etwas über das englische Drehen und über dessen Vorkommen oder Nichtvorkommen im Geschäfte des Beklagten erklärt hatte.

Der Lehrvertrag ist als aufgelöst erklärt.

Aus den Gründen: Auf Grund der Beweisaufnahme war vom Gerichte festgestellt worden, daß die Kenntnis des englischen Drehens für einen vollständig ausgebildeten Metalldreher notwendiges Erfordernis ist, andererseits, daß in dem Geschäfte des Beklagten diese Manipulation nicht oft genug vorkommt, um einen Lehrling in dieser Fertigkeit auszubilden. Das Gericht ging weiter davon aus, daß Kläger auf Grund des schriftlichen Lehrvertrages erwarten durfte, in allen den Fertigkeiten ausgebildet zu werden, die für einen Metalldreher zu können nötig sind, also auch im englischen Drehen, daß also Beklagter, der diesen Unterricht verweigerte, objektiv den Vertrag nicht erfüllte. Es fragte sich, wer es zu verantworten hatte, daß diese faktische Unmöglichkeit der vollen Vertragserfüllung erst im Laufe des Vertragsverhältnisses dem Kläger zur Kenntnis gelangte. Da Kläger und sein Vater bei Abschluß des

---

[1]) Vgl. auch Nr. 174.

Vertrags den Metalldreherberuf nicht kannten, durften sie nach Ansicht des Gerichts bei dem Versprechen des Beklagten, den Kläger sein Gewerbe als Dreher vollständig zu lehren, sich beruhigen und hatten keine weitere Erkundigungspflicht. Vielmehr wäre es Aufgabe des Beklagten gewesen, dem Kläger und seinem Vater bei Besprechung des Lehrverhältnisses zu sagen, daß der Begriff „vollständig" nach den Verhältnissen seines Betriebs eine Einschränkung erleide und daß Kläger das englische Drehen bei ihm nicht erlernen könne. Beklagter war derjenige, der die allgemeinen Erfordernisse der Metalldreherei und die speziellen Verhältnisse seines Geschäfts kannte und überſah, deshalb wäre es seine Aufgabe gewesen, den vertragschließenden Gegner vorher aufzuklären. („Gewerbegericht" Jg. 3, Sp. 140.)

**319. „Ausdrücklich bestimmter Vertreter des Meisters." Genügt Überweisung an einen Gesellen für alle vorkommenden Arbeiten?**

Urteil des Reichsgerichts, 6. Zivilsenat, vom 12. Juli 1894.

Aus den Gründen: Der Berufungsrichter verletzt den § 126 (jetzt 127 GO.) Nach diesem Paragraph muß der Lehrherr entweder selbst oder durch einen geeigneten ausdrücklich dazu bestimmten Vertreter die Ausbildung des Lehrlings leiten. Der Meister muß daher, wenn er allgemein oder in einzelnen Fällen die Anweisung des Lehrlings einem geeigneten Gesellen überlassen will, diesen ausdrücklich hierzu bestimmen und ausdrücklich beauftragen, den Lehrling, so weit erforderlich, anzuweisen. Die Vorschrift lautet allgemein. Man darf daher weder für einfache Arbeiten noch für den Fall, daß der Meister nur einen Gesellen hält, hiervon eine Ausnahme machen. Der Beklagte würde darnach in dem vorliegenden Falle seine Pflicht nur dann erfüllt haben, wenn er dem Gesellen, mit welchem der Sohn des Klägers bei dem Unfall zusammen gearbeitet hat, ausdrücklich beauftragt haben sollte, dem Lehrling die nötigen Anweisungen zu erteilen, vorausgesetzt, daß der Geselle seiner Persönlichkeit nach überhaupt zur Vertretung des Meisters bei der Ausbildung des Lehrlings geeignet ist. Ein solcher ausdrücklicher Auftrag ist nicht behauptet und nicht festgestellt; vielmehr ist es nicht aufgeklärt, in welcher Weise der Sohn des Klägers dem Gesellen für die Arbeit, bei welcher der Unfall sich ereignet hat, beigegeben worden ist. In dem angefochtenen Urteil ist allerdings bemerkt, daß der Lehrling für alle vorkommenden Arbeiten dem Gesellen zugewiesen gewesen sei; allein abgesehen davon, daß es nicht ersichtlich ist, worauf diese Feststellung beruht, so ist auch hierin nicht ausgesprochen, daß dem Gesellen ein ausdrücklicher Auftrag zur Anweisung und Unterweisung des Lehrlings gegeben worden sei. („Juristische Wochenschrift" Jg. 1894, S. 461.)

**320. Haftet der Meister, der den Lehrling zu vertragswidriger Arbeit verwendet, für den letzterem hierbei entstandenen Schaden?**

Entscheidung des Bayerischen obersten Landesgerichts, 2. Zivilsenat, vom 2. Januar 1901.

Das Berufungsgericht hat festgestellt, daß der Beklagte am 15. Juni 1899 seinen Lehrling Heinrich H., den Sohn der Klägerin, zum Mitwirken bei dem Abschießen von Böllern bei K. beigezogen hat und durch ihn mehrere Schüsse hat abfeuern lassen, ferner, daß bei dieser Gelegenheit der Lehrling durch Zerspringen eines Böllers den Tod gefunden hat. Das Berufungsgericht hat ferner ausgeführt, daß die Bedienung, das Abfeuern von Böllern trotz der in K. seit langer Zeit bestehenden Übung, dieses Geschäft einem der Schlosser zu übertragen, keinen Zweig des Schlossergewerbes bildet, und daß deshalb der Beklagte nicht im Betriebe seines Gewerbes handelte, als er das Böllerschießen besorgte, daß hiernach diese Nebenbeschäftigung des Beklagten nicht einen Bestandteil seiner Lehraufgabe bildete. Das angefochtene Urteil erkennt auch ausdrücklich an, daß bezüglich der Verpflichtungen des Lehrherrn der Lehrvertrag und der § 127 der GO. maßgebend sind, ferner daß der Beklagte, als er seinen Lehrling zu der von ihm übernommenen, selbständigen Nebenbeschäftigung beizog, ihn nicht zu Arbeiten seines Gewerbes, sondern zu einer von der zu lehrenden Schlosserei ganz verschiedenen Tätigkeit verwendete. Trotzdem gelangte das Berufungsgericht zur Bestätigung des die Klage abweisenden Urteils der ersten Instanz. Die Grundlage dieser Entscheidung gipfelt in den Sätzen, daß die Verwendung des Lehrlings zu einer anderen als der gewerblichen Tätigkeit dem Lehrherrn nicht schlechthin verboten sei, daß, wie es nach dem § 127 der GO. dem Lehrherrn gestattet sei, den Lehrling zu häuslichen Dienstleistungen zu verwenden, so ihm auch erlaubt sein müsse, zuweilen den Lehrling auch zu anderen Arbeiten als denen seines Gewerbes zu benützen, wenn sie keine besondere Gefahr mit sich bringen. Das Böllerschießen sei an sich, wenn dabei mit der nötigen Vorsicht verfahren wird, nicht als eine gefährliche Hantierung zu erachten. Es sei also — so wird weiter bemerkt — durchaus keine Fahrlässigkeit des Beklagten darin zu erblicken, daß er seinen Lehrling zum Böllerschießen beizog; da in zahlreichen Fällen Böllerschüsse ohne jede schädliche Folge abgegeben würden, sei das Abfeuern von Böllern auch keine besonders gefährliche Tätigkeit.

Das Berufungsurteil ist abgeändert.

Aus den Gründen: Es kann dahingestellt bleiben, ob nach dem Gesetze (§ 127 der GO.) es dem Lehrherrn gestattet ist, seinen Lehrling auch zu anderen als den gewerblichen Arbeiten und anderen als häuslichen Diensten zu verwenden, ferner ob nicht schon nach dem Grunde und Zwecke der gesetzlichen Bestimmungen über die beiderseitigen Rechte und Pflichten des Lehrherrn und des Lehrlings es als ausgeschlossen erachtet werden müßte, daß der Lehrling auch zu solchen außerhalb des Rahmens seiner gewerblichen Tätigkeit liegenden Arbeiten und Diensten verwendet wird, die erfahrungsgemäß nicht ohne Gefahr für Leben oder Gesundheit geleistet werden können. Jedenfalls muß angenommen werden, daß nach dem Inhalte des von der Klägerin und ihrem Sohne mit dem Beklagten geschlossenen Lehrvertrages dieser nicht befugt war, seinen Lehrling mit der Vornahme von Arbeiten und Dienstleistungen der erwähnten Art zu beauftragen. Wie das Berufungsgericht selbst anerkannt, war der Beklagte berechtigt und verpflichtet, seinem Lehrling das Schlossergewerbe zu lehren, so daß er in der Welt sein Fortkommen als tüchtiger Mensch und Handwerker finden konnte, nicht aber ihn in einer Beschäftigung zu unterweisen, die mit dem Schlosserhandwerk in gar keinem Zusammenhange steht. Das Berufungsgericht ist zwar der Meinung, daß das Abschießen von Böllern „an sich" keine gefährliche Handlung sei und daß den Beklagten deshalb nicht der Vorwurf der Fahrlässigkeit treffe, wenn er seinen Lehrling mit dem Abschießen beauftragte. Dieser Annahme kann jedoch nicht beigepflichtet werden. Es ist notorisch, daß schon in zahlreichen Fällen beim Abfeuern von Böllern die damit beschäftigten Personen, insbesondere infolge des Zerspringens des Laufes, Verletzungen erlitten haben. Dies beweist, daß nach der Erfahrung des Lebens das Böllerschießen keineswegs eine ganz ungefährliche Beschäftigung, keine „an sich" indifferente Handlung ist, und an diesem Ergebnisse wird auch durch die Tatsache nichts geändert, daß in sehr vielen, ja in den meisten Fällen das Abfeuern von Böllern ohne schädigende Folgen verläuft. In der Handlungsweise des Beklagten, die gegen den Inhalt des Lehrvertrages nach dessen Grund und Zweck verstieß, in der Vertragswidrigkeit des Handelns des Beklagten als solcher liegt ein genügendes, zum Schadensersatze verpflichtendes Schuldmoment, und es bedarf nicht des weiteren Nachweises, das der Beklagte durch mangelhafte Unterweisung des Lehrlings bei der ihm aufgetragenen Dienstleistung oder durch Unterlassung erforderlicher Vorsichtsmaßregeln und dergleichen eine besondere Fahrlässigkeit begangen hat. Offenbar verfehlt ist es, wenn das Berufungsgericht zur Begründung seiner Ansicht, daß ein Verschulden des Beklagten durch vertragswidriges Handeln nicht vorliege, sich auf die gutachtliche Äußerung eines Sachverständigen stützt, denn die Frage, ob der Beklagte vertragsgemäß oder vertragswidrig gehandelt hat, konnte nicht Gegenstand einer Begutachtung, sondern nur Gegenstand der richterlichen Auslegung des Vertrags sein.

Unzutreffend und nicht geeignet, die Abweisung des auf den Lehrvertrag gestützten Klageanspruchs zu begründen, sind die weiteren Erwägungen des Berufungsgerichts, daß auch im Schlossergewerbe selbst ebenso gefährliche, ja noch gefährlichere Arbeiten zu leisten seien, und daß man den Lehrherrn sicher nicht würde haftbar machen können für den Unfall, den sein Lehrling z. B. bei Benützung der Eisenbahn zum Zwecke der Besorgung eines Auftrags im Gewerbebetrieb erleidet. Das Berufungsgericht übersieht bei dieser Ausführung, daß es sich in diesen Fällen um gewerbliche, also vertragsmäßige Arbeitsleistungen handelt und daß, sofern die Beschädigung hierbei ohne jedes Verschulden des Lehrherrn eintritt, für die Ausgleichung des dem Lehrling und dritten Personen in Fällen solcher Art zugehenden Schadens von der Rechtsordnung, wie die Gesetze über die Unfallversicherung und die Haftpflicht zeigen, in entsprechender Weise Fürsorge getroffen ist. („Gewerbearchiv" Bd. 1, S. 344, Nr. 1.)

### 321. Pflicht den Lehrling zum Besuch der Fortbildungsschule anzuhalten. Muß der Meister sich persönlich davon überzeugen, daß der Lehrling rechtzeitig aufsteht? Darf er ohne Nachprüfung die Angabe des Lehrlings glauben, daß dieser nicht mehr fortbildungsschulpflichtig sei?

Urteil der Strafkammer b. d. Amtsgericht Krotoschin vom 15. Januar 1903.

Der Angeklagte, Bäckermeister, war bestraft, weil er seinen Lehrling nicht zum Besuch der Fortbildungsschule angehalten hatte.

Seine Berufung ist verworfen.

Aus den Gründen: Wenn der Angeklagte, anstatt seinen Haushälter oder die Waschfrau mit dem Wecken des Lehrlings zu beauftragen, sich selbst dieser Aufgabe unterzogen und auch das Aufstehen des Z. überwacht hätte, kann es keinem Zweifel unterliegen, daß bei Anwendung der nötigen Energie und Strenge ein regelmäßiger Schulbesuch des Lehrlings erzielt worden wäre. Zu strenger Überwachung war der Angeklagte aber umsomehr verpflichtet, als ihm die Neigung seines Lehrlings zur unentschuldigten Versäumnis des Unterrichts der Fortbildungsschule aus den zahlreichen gegen denselben erlassenen Strafbefehlen bekannt war und sein mußte. Der Angeklagte ist also seinen Verpflichtungen als Lehrherr nicht in genügendem Maße nachgekommen.

Auch die weitere Entschuldigung des Angeklagten, er habe im Vertrauen auf die Angaben seines Lehrlings angenommen, derselbe brauche von Ostern 1902 ab die Fortbildungsschule nicht mehr zu besuchen, war nicht geeignet, eine Änderung der vom Vorderrichter getroffenen Entscheidungen zu rechtfertigen. Denn abgesehen davon, daß der Angeklagte die gesetzlichen bezw. die den Besuch der Fortbildungsschule regelnden Bestimmungen des Ortsstatuts kennen mußte, wäre es seine Pflicht gewesen, den diesbezüglichen Angaben seines Lehrlings nicht blindlings Glauben zu schenken, sondern bei seinem Lehrer oder dem Vorsteher der Fortbildungsschule Erkundigungen darüber einzuziehen, ob er tatsächlich zum Besuche der Fortbildungsschule nicht mehr verpflichtet war. Auch dies hat der Angeklagte schuldhafterweise unterlassen.

## 322. Pflicht des Lehrherrn, den Lehrling zum Besuch der Fortbildungsschule anzuhalten. Darf der Lehrherr den Lehrling wegen eiliger Arbeiten zurückhalten?

Urteil des Mecklenburgischen Oberlandesgerichts vom 22. Februar 1901.

Nach § 127 Abs. 1 GO. gehört es zu den gesetzlichen Pflichten des Lehrherrn, den Lehrling zum Besuche der Fortbildungsschule anzuhalten und den Schulbesuch zu überwachen. Nach § 148 Nr. 9 wird bestraft, wer die gesetzlichen Pflichten gegen die ihm anvertrauten Lehrlinge verletzt. Einer solchen Übertretung soll sich der Angeklagte dadurch schuldig gemacht haben, daß er seinen Lehrling P. am 16. August 1900 vom Besuche der Gewerbeschule in Schwerin zurückgehalten hat. Zu seiner Entschuldigung hat der Angeklagte geltend gemacht, er habe am Abend des genannten Tages eine sehr eilige Arbeit zu verrichten gehabt; er habe sie selbst ausgeführt und dabei der Hilfe seines Lehrlings notwendig bedurft.

Die Revision der Staatsanwaltschaft gegen das freisprechende Urteil ist zurückgewiesen.

Aus den Gründen: Der § 148 Nr. 9 bedroht das Zurückhalten des Lehrlings vom Schulbesuche mit Strafe, insofern darin eine Verletzung der dem Lehrherrn gegen den Lehrling obliegenden Pflichten liegt. Daraus folgt einerseits, daß es nicht darauf ankommt, ob der Lehrling zum Besuche der Fortbildungsschule verpflichtet war oder ob er sie freiwillig besuchte. (Vgl. Reger, Entscheidungen der Gerichte und Verwaltungsbehörden Bd. 21 S. 21 ff. Entscheidungen des Oberlandesgerichts Posen vom 22. März 1900), andererseits, daß nicht jedes Zurückhalten des Lehrlings vom Schulbesuche strafbar ist, sondern nur ein solches, welches nach Lage des Falles als ein dem Lehrling gegenüber pflichtwidriges, schuldhaftes anzusehen ist. Darüber, ob dem Lehrherrn, welcher den Lehrling vom Schulbesuche zurückgehalten hat, ein ausreichender Entschuldigungsgrund zur Seite steht, hat zunächst der Schulvorstand zu entscheiden; kommt es aber zu einem Strafverfahren gegen den Lehrherrn, so hat der Strafrichter darüber zu befinden.

Aus der Stellung, welche der Lehrling seinem Lehrherrn gegenüber einnimmt, ist zu folgern, daß der Lehrherr in erster Linie im Interesse des Lehrlings für dessen Ausbildung zu sorgen hat, und daß, wenn dieses Interesse mit dem gewerblichen Interesse des Lehrherrn an der Ausnutzung der Arbeitskraft des Lehrlings in Widerstreit tritt, im allgemeinen das erstere vorgehen muß. Immerhin aber ist das nur die Regel; im einzelnen Falle kann das berechtigte Interesse des Lehrherrn aus besonderen Gründen so sehr überwiegen, daß diesem die Voranstellung desselben bei billiger Würdigung der Umstände zum Verschulden nicht angerechnet werden kann. So ist unbedenklich anzuerkennen, daß der Lehrherr den Lehrling vom Schulbesuche zurückhalten darf, wenn ihm bei einer einzelnen, besonders eiligen Arbeit die Hilfe des Lehrlings während der Schulstunden unentbehrlich war. Vgl. Reger Bd. 11 S. 282 ff. (Entscheid. des Kammergerichts zu Berlin vom 3. Oktober 1889.)

Daß es sich im vorliegenden Falle so verhalten hat, stellt das Berufungsurteil ausdrücklich fest, und aus diesem Grunde erscheint die Freisprechung des Angeklagten gerechtfertigt. — („Mecklenburgische Zeitschrift für Rechtspflege" Bd. 19 S. 246.)

## 323. Muß der Lehrherr den Vater des Lehrlings benachrichtigen, wenn sich dessen Betragen verschlechtert? Verliert der Lehrherr andernfalls seine Schadensansprüche?

Erkenntnis des Oberlandesgerichts Wolfenbüttel (1. Senat), vom 10. Februar 1872.

Die Schadensklage des Lehrherrn ist abgewiesen.

Aus den Gründen: Nach der Stellung des Beklagten als Vater des Lehrlings und nach aller Lebenserfahrung darf man wohl annehmen, daß Kläger (der Lehrherr), wenn es ihm nicht gelingen wollte, den Lehrling auf guten Wegen zu erhalten, bereitwillige Unterstützung dabei bei dessen Vater gefunden haben würde, welche zu gewähren der Beklagte auch kontraktlich durch das Versprechen einer guten Führung seines Sohnes verbunden war. Indem der Kläger es aber unterließ, dem Beklagten durch Benachrichtigung von der in der Führung seines Sohnes eingetretenen üblen Veränderung Gelegenheit zu geben, in geeigneter Weise auf denselben einzuwirken, und zwar dieses solange unterließ, bis die Verschlechterung des Lehrlings den Grad erreicht hatte, daß Kläger befugt war, den Lehrkontrakt aufzuheben, so unterließ er etwas, was angezeigt erschien, sowohl um der Demoralisation des Lehrlings Einhalt zu tun, als insbesondere auch von dem Beklagten denjenigen Schaden abzuwenden, der ihm aus der von ihm übernommenen Verpflichtung zur Nachzahlung des Kostgeldes drohte,[1]) einer Verpflichtung, welche der Beklagte mutmaßlich nicht übernommen haben würde, wenn er hätte besorgen müssen, daß in einem Falle, wie der eingetretene, der Kläger ihm die eingetretene Verschlechterung seines Sohnes bis dahin, daß es zu spät geworden, vorenthalten werde. Dem Kläger darf daher eine Unterlassungshandlung zur Last gelegt werden, welche wenig dem Vertrauen entsprach, daß der Beklagte ihm bewies, indem er ihm seinen Sohn zur Lehre übergab, ebensowenig auch der im § 118 der RGO. vom 21. Juni 1869 (jetzt § 127) den Lehrherren auferlegten Bemühung, die Lehrlinge zur Arbeitsamkeit und guten Sitten anzuhalten, und vor Lastern und Ausschweifungen zu bewahren. Es verdient hierbei eine besondere Beachtung, daß nach den früheren Vorgängen der Vater wohl befugt war, die Fortdauer des bisherigen löblichen Betragens seines Sohnes bis auf weiteres anzunehmen, daß also in dem Beklagten durch das Schweigen des Klägers, was der letztere bei dem geringsten Nachdenken sich selbst sagen konnte und mußte, eine nachteilige Täuschung über die inzwischen eingetretene wahre Sachlage unterhalten wurde. Wenn dann obenein der Kläger selbst es ist, der mittels dieser, eine wohlgegründete Erwartung des Beklagten täuschenden Unterlassungshandlung den Schaden des Beklagten zu seinem Vorteil machen will, so stellt die erhobene Klage einen prägnanten Fall einer Verletzung der bona fides in Kontrakten dar, welche die von dem Beklagten erhobene exceptio doli zur Genüge begründet erscheinen läßt. („Zeitschrift für Rechtspflege im Herzogtum Braunschweig", Jg. 21 S. 74, 75.)

## 324. Sind Ohrfeigen Mißbrauch des Züchtigungsrechts?

**a)** Urteil des Oberlandesgerichts Hamburg vom 30. November 1901.
Die Frage ist verneint.

Aus den Gründen: Dem Lehrherrn steht das Recht väterlicher Zucht zu. Dies Recht begreift auch das Recht angemessener körperlicher Züchtigung in sich. Dieses darf nicht mißbraucht werden. Vorliegendenfalls hat berechtigter Grund zur Züchtigung vorgelegen, weil der Lehrling gegen das ausdrückliche Verbot des Lehrherrn zu früh von der Arbeit weggegangen ist. Hinsichtlich der Art der Züchtigung muß das verständige Ermessen des Lehrherrn entscheiden. Nur übermäßige, unanständige oder die Gesundheit des Lehrlings gefährdende Züchtigungen sind unzulässig. Ohrfeigen sind, auch wenn sie ziemlich heftig waren, an sich nicht als übermäßige oder die Gesundheit gefährdende Züch-

---

[1]) Die geklagte Kostgeldforderung war auf die Bestimmung des Lehrvertrages gestützt, daß, sollte derselbe auf irgend eine, dem Lehrherrn nicht zur Last fallenden Weise aufgehoben werden, der Beklagte für jede Woche, welche sein Sohn bei dem Kläger in der Lehre gestanden habe, demselben ein Kostgeld von 20 Gr. zu zahlen haben solle.

tigungen anzusehen. Das muß im einzelnen Falle bewiesen werden, was hier nicht geschehen.[1]) („Gewerbegericht" Jg. 7, Sp. 178.)

**b)** Urteil des Reichsgerichts, 4. Strafsenat, vom 24. Oktober 1898.

Die Revision des wegen Körperverletzung verurteilten Lehrherrn ist verworfen.

Aus den Gründen: Nach § 127a der GO. ist der Lehrling der väterlichen Zucht des Lehrherrn unterworfen. Im Zuchtrechte des Lehrherrn können daher weitergehende Befugnisse als im Zuchtrechte des Vaters nicht enthalten sein. Dessen Inhalt und Grenze bestimmt sich aber durch seinen Zweck, die Zucht, die Erziehung zu fördern, als Korrekturmittel von Widersetzung gegen die väterliche Autorität ꝛc. zu dienen. Die Zufügungen von Gesundheitsbeschädigungen geht über diesen Zweck hinaus und wird daher durch das Zuchtrecht nicht gedeckt. Der § 86, II 2 des Preuß. Allgemeinen Landrecht gestattet den Eltern zur Bildung der Kinder nur, der Gesundheit der letzteren unschädliche Zwangsmittel zu gebrauchen. Dasselbe gilt demnach für das Verhältnis des Lehrherrn zum Lehrlinge. Nun hat das von dem Angeklagten angefochtene Urteil festgestellt, daß er unter Überschreitung des ihm zustehenden Züchtigungsrechts gegen den Kopf seines Lehrlings einen kräftigen Schlag seiner fleischigen Hand geführt hat, welcher eine Trommelfellverletzung zur Folge hatte, daß er dabei voraussehen konnte und mußte, daß ein solcher Schlag sehr leicht eine Gesundheitsbeschädigung zur Folge haben konnte, und daß er, wenn er trotzdem den Schlag führte, bei seinem Handeln die schuldige Sorgfalt und Vorsicht außer acht gelassen hat. Damit ist im Einklang mit obigen Grundsätzen und ohne Rechtsirrtum die Rechtswidrigkeit seiner Handlung, nicht minder aber auch die Zurechenbarkeit derselben zur Fahrlässigkeit begründet. Eine Gewohnheit betreffs der Ausübung des Züchtigungsrechts, welche dem Gesetze oder dessen Geiste zuwiderliefe, würde, selbst wenn sie bestände, keinen Anspruch auf Schutz vor dem Richter erheben können. („Juristische Wochenschrift" Jg. 1893, S. 522 Abs. 21.)

## 325. Wann verjähren Schadensansprüche wegen Mißbrauchs des Züchtigungsrechts?

Urteil des Reichsgerichts, 6. Zivilsenat vom 4. Juni 1896.

Aus den Gründen: Stellt sich die dem Kläger angeblich zugefügte Mißhandlung als eine Überschreitung der Grenzen des dem Lehrherrn zustehenden Rechts der väterlichen Zucht (§ 127 der GO.) dar, so liegt in dem Mißbrauch jenes Rechts eine Verletzung der aus dem Lehrvertrage entspringenden Pflichten des Lehrherrn, und es findet alsdann die kurze Verjährung für außerkontraktliche Schadensansprüche keine Anwendung. („Juristische Wochenschrift" Jg. 1896, S. 419 Abs. 51.)

## 326. Klage auf Auflösung des Lehrvertrages wegen nicht gehöriger Erfüllung der Pflichten des Lehrherrn. Muß der Lehrling die Nichterfüllung oder der Lehrherr die Erfüllung beweisen?[2])

Urteil des Oberlandesgerichts Wolfenbüttel, 1. Senat, vom 23. Juni 1868.

Der Arbeitsmann S. hatte seinen Sohn bei dem Schlossermeister K. auf mehrere Jahre in die Lehre gegeben, klagte aber vor Ablauf der Lehrzeit auf Auflösung des Lehrkontrakts, weil der Beklagte seiner Verpflichtung, den Sohn des Klägers in dem

---

[1]) Ebenso GG. Berlin, 12. November 1894. — Unger, Nr. 128.

[2]) Die Sache liegt zwar vor dem Inkrafttreten der GO, ist aber auf Grund derselben ebenso zu entscheiden.

von ihm betriebenen Bau- und Maschinenschlosserfache nach Kräften zu unterrichten, nicht nachgekommen sei, sondern denselben bisher nur zum Drehen eines Schwungrads und zum Auslaufen benutzt habe. Der Beklagte behauptete, jener Verpflichtung Genüge geleistet zu haben und es wurde sodann dem Kläger der Beweis auferlegt, daß der Beklagte den Sohn des Klägers nur zu den von diesem angegebenen Arbeiten herangezogen habe.

Die von dem Kläger eingelegte Nichtigkeitsbeschwerde wurde verworfen.

Aus den Gründen: Es ist ein unbestreitbarer Rechtssatz, daß jede Partei diejenigen ungewissen Tatsachen, gleichgültig, ob positiver oder negativer Art, zu beweisen hat, welche das notwendige Fundament ihres prozessualischen Angriffs oder Gegenangriffs bilden. Dieses Prinzip, an sich formaler Natur, erhält seinen realen Inhalt erst durch die Beantwortung der Frage: welche Tatsachen nach den Regeln des Zivilrechts im Einzelfalle zur Substantiierung einer Klage oder Einrede gehören. . . .

Wenn der Kläger, gestützt auf den erwähnten Grund, die Auflösung des zwischen ihm und dem Beklagten geschlossenen Lehrvertrags beansprucht, so beruht der Grund dieses Anspruchs auf einer in der Regel rechtsaufhebend, ausnahmsweise jedoch für den Kläger rechtserzeugend wirkenden Tatsache, welche er anführen und beweisen muß.

Von diesem Gesichtspunkte aus müssen die Ausführungen des Klägers als hinfällig erscheinen. Es ist richtig, daß bei obligatorischen Ansprüchen regelmäßig nicht der Kläger die Nichterfüllung, sondern der Beklagte die Erfüllung zu beweisen hat und dasselbe wird bei Klagen auf das Interesse, welches das Äquivalent der Erfüllung, angenommen werden dürfen. Gleichwohl ist jener Satz weder unbedingt wahr, da er nur bei solchen Obligationen, welche auf ein positives Handeln — Geben oder Tun — gerichtet sind, nicht aber bei Obligationen auf Unterlassungen — non facere — zutrifft, wo der klagende Gläubiger die Nichterfüllung derselben, also das obligationswidrige positive Handeln beweisen muß, noch kann davon überhaupt im vorliegenden Falle Anwendung gemacht werden, weil es sich nicht um die Folgen der Nichterfüllung, sondern um die der nicht gehörigen Erfüllung der Obligation handelt. Denn da Kläger nicht hat behaupten können, daß der Beklagte seinen Sohn überhaupt nicht in die Lehre genommen habe, so steht es fest, daß der abgeschlossene Vertrag auch auf seiten des Beklagten keineswegs unerfüllt geblieben ist; der eigentliche Klagegrund beruht nur auf der Behauptung, daß Beklagter seiner durch Vertrag und Gesetz vorgeschriebenen Verpflichtung, den Sohn des Klägers in dem bei ihm betriebenen Bau- und Maschinenschlossereifache nach Kräften zu unterrichten, nicht gehörig nachgekommen sei. Dieser Umstand aber hat zur Folge, daß der Kläger, weil er die in seinen eigenen Klagebehauptungen enthaltene Anerkennung der Vertragserfüllung mit dem Vorwurfe der Mangelhaftigkeit der Erfüllung anficht, die Beweislast auf die nämliche Weise übernehmen muß, wie sie dem Beklagten bei der exceptio non rite ad impleti contractus nach der von namhaften Schriftstellern verteidigten Ansicht (Vangerow Pand. Bd. 3 § 607, IV; Bähr Anerkennung 2. Aufl. S. 192) dann obliegt, wenn durch jene Einrede die Aufhebung des Kontrakts erzielt werden soll. („Seufferts Archiv" Bd. 24, S. 676.)

## 327. Darf ein Barbierlehrling die Lehre verlassen, weil er zur Bedienung von Prostituierten verwendet wird?

### Urteil des GG. Breslau vom 17. April 1902.

Die Kläger, Vater und Sohn, haben mit dem Beklagten einen Lehrvertrag vom 1. November 1901 geschlossen. Nach § 1 dieses Vertrages nimmt Beklagter den Kläger zu 2 auf 3 Jahre in die Lehre; nach § 2a beträgt das vom Kläger zu 1 zu zahlende Lehrgeld 60 Mk. Es ist ferner daselbst bestimmt, daß das Lehrgeld vom Beklagten zurückzuzahlen ist, wenn der Lehrvertrag durch Verschulden des Lehrherrn vorzeitig aufgelöst wird. Kläger zu 2 hat am 15. November 1901 die Lehre angetreten, nachdem Kläger zu 1 die Hälfte des Lehrgeldes mit 30 Mk. an den Beklagten gezahlt hatte. Am 4. April 1902 hat jedoch Kläger zu 1 den Kläger zu 2 wieder aus der Lehre genommen.

Die Kläger behaupten, daß der Lehrvertrag durch Verschulden des Beklagten aufgelöst worden sei. In dem Geschäftslokale und in der Wohnung des Beklagten, in der der Lehrling geschlafen habe, hätten ständig Prostituierte verkehrt. Er sei nicht bloß gezwungen gewesen, diese Mädchen zu frisieren, sondern sie auch sonst zu bedienen, insbesondere für sie Bier zu holen, das sie im Geschäftslokale des Beklagten getrunken hätten und andere Gänge zu machen. Einmal habe Beklagter sogar eine Prostituierte, die von der Sittenpolizei gesucht worden sei, in seiner Wohnung übernachten lassen, um sie vor der ihr drohenden polizeilichen Festnahme zu schützen. Die Kläger verlangen daher vom Beklagten Rückzahlung des Lehrgeldes, soweit es nicht auf die Zeit vom 15. November 1901 bis zum 4. April 1902 zu verrechnen sei, mit 20,50 Mk., Aushändigung des Krankenkassenbuches des Klägers zu 2 und Ausstellung des für den Kläger zu 2 gesetzlich vorgeschriebenen Zeugnisses.

Der Beklagte ist verurteilt worden.

Aus den Gründen: Nach § 127b Abs. 3 Ziff. 2 GO. kann das Lehrverhältnis von seiten des Lehrlings aufgelöst werden, wenn der Lehrherr seine gesetzlichen Verpflichtungen gegen den Lehrling in einer die Sittlichkeit des Lehrlings gefährdenden Weise vernachlässigt.

Es fragt sich, ob hiernach Kläger zu 2 berechtigt war, das Lehrverhältnis aufzulösen. Diese Frage war zu bejahen. Es ist nach den vom Beklagten zugestandenen Tatsachen nicht zweifelhaft, daß der 15 Jahre alte Kläger zu 2 vom Beklagten in einen derart intimen Verkehr mit Prostituierten gebracht worden ist, daß mit der Zeit seine Sittlichkeit sehr wohl schweren Gefahren ausgesetzt sein konnte. Beklagter hat seine Verpflichtungen gegen den Kläger zu 2 insbesondere dadurch in einer die Sittlichkeit desselben gefährdenden Weise vernachlässigt, daß er den Prostituierten in seinem Geschäftslokale Bier verabfolgte, sie in seine Wohnung aufnahm, eine Prostituierte sogar bei sich übernachten ließ und sich überhaupt nicht auf einen rein geschäftlichen Verkehr mit den Prostituierten beschränkte, sodaß Kläger zu 2 Gelegenheit hatte, das Leben und Treiben der Prostituierten kennen zu lernen und daran Gefallen zu finden.

## 328. Kann ein Buchdruckerlehrling, der zum Setzen und Drucken unzüchtiger Schriften von dem Lehrherrn verwendet wird, sofortige Aufhebung des Lehrverhältnisses verlangen?

Urteil des GG. Berlin vom 31. August 1893.

Kläger, welcher Lehrling in der Buchdruckerei des Beklagten war, beantragt, das zwischen ihm und dem Beklagten bestehende Lehrverhältnis aufzuheben, weil er vom Beklagten, der vornehmlich unzüchtige Schriften zu drucken pflege, zum Setzen und Drucken dieser Schriften verwendet werde. Beklagter hat die tatsächlichen Anführungen des Klägers nicht bestritten.

Der Beklagte ist nach dem Klageantrag verurteilt.

Aus den Gründen: Wenn Beklagter es mit seiner sittlichen Würde vereinbar fand, die „Mädchenspiegel" benannte Schrift herstellen zu lassen, so mag ihm dies, solange nicht öffentliche Interessen berührt werden, überlassen bleiben. Als Lehrherr hatte er jedenfalls die Pflicht, vor seinen Lehrlingen diese die Sittlichkeit derselben im hohen Maße gefährdende Lektüre zu verbergen, am wenigsten durfte er den Kläger als Lehrling mit der Herstellung dieser Schriften beauftragen. Der Beklagte hat daher den Lehrling nicht zu guten Sitten angehalten und vor Ausschweifungen bewahrt. Im Gegenteil, er hat durch die Beschäftigung mit dieser die jungen Leute anreizenden Lektüre entsittlichend auf den Lehrling einwirken müssen. (Unger Nr. 131.)

### 329. Kann Auflösung des Lehrvertrages verlangt werden, wenn der Lehrling zu verbotenen Sonntagsarbeiten und häuslichen Arbeiten herangezogen wird, aber nicht protestiert? Verhinderung am Besuch der Gewerbeschule.

Urteil des Oberlandesgerichts Hamburg vom 30. November 1901.

Zwischen dem Kläger als Lehrherrn einerseits und dem Beklagten und seinem Sohne andererseits ist ein schriftlicher Lehrvertrag auf vier Jahre mit der Vereinbarung geschlossen worden, daß, falls der Lehrling die Lehre vorzeitig aus einem anderen Grunde als den in § 127b Absatz 3 unter 1 und 2 vorgesehenen verließe, eine Entschädigung von bestimmtem Betrage an Kläger zu bezahlen sei. Der Lehrling hat die Lehre vorzeitig verlassen. Die Höhe der Entschädigung ist unbestritten. Beklagter wendet ein: Kläger habe seine durch Gesetz und Lehrvertrag begründeten Verpflichtungen gegen den Lehrling in einer dessen Ausbildung gefährdenden Weise vernachlässigt, indem er ihn an den Werktagen über die übliche Arbeitszeit hinaus, sowie auch Sonntags beschäftigt, außerdem ihn zu häuslichen Dienstleistungen (Stiefelputzen 2c.) herangezogen und ihn am Besuche der Gewerbeschule dadurch verhindert habe, daß er ihm verwehrte, die Arbeit so zeitig zu verlassen, wie dies zum Besuche dieser Schule erforderlich gewesen wäre. Auch habe er ihn geohrfeigt.

Nach Ansicht des Oberlandesgerichts lag kein Grund zur Auflösung des Lehrverhältnisses vor.

Aus den Gründen: Richtig ist, daß der Lehrling zur Sonntagsarbeit nicht verpflichtet war (§§ 105a, 105b GO.). Auch durfte er, da er weder Kost noch Wohnung im Hause des Lehrherrn erhielt, zu häuslichen Diensten nicht herangezogen werden (§ 127 GO.), und die Anwendbarkeit dieses Paragraphen wird nicht dadurch ausgeschlossen, daß er tatsächlich einzelne Mahlzeiten beim Lehrherrn eingenommen hat. Vorliegendenfalles fehlt aber der Nachweis, daß durch diese ungesetzlichen Beschäftigungen des Lehrlings dessen Gesundheit, Sittlichkeit oder Ausbildung gefährdet worden sei. Auch ist nicht einmal behauptet, daß der Lehrling oder dessen Vater jemals gegen die jenem angesonnenen Mehrleistungen protestiert haben, so daß anzunehmen ist, daß sie damit einverstanden sind.

Eine Verhinderung des Lehrlings am Besuch der Gewerbeschule würde allerdings eine die Ausbildung des Lehrlings gefährdende Verletzung der dem Lehrherrn nach Gesetz und Vertrag obliegenden Pflichten enthalten. Eine solche Verhinderung liegt aber nach den in Betracht kommenden tatsächlichen Entfernungsverhältnissen nicht vor, wenn der Lehrherr den Lehrling eine Stunde vor Beginn der Schule entläßt. Dieser kann nicht verlangen, daß er noch eine Stunde früher entlassen werde, damit er erst zu seinen entfernt wohnenden Eltern gehen und daselbst seinen Anzug wechseln könne. Er kann denselben mit zur Arbeitsstelle bringen. Da zudem vom Lehrherrn bisher eine frühzeitigere Entlassung niemals erbeten worden ist, so konnte dieser der Meinung sein, daß die Entlassung des Lehrlings, wie er sie festsetzte, angemessen sei. Solange daher nicht dargetan wurde, daß die Anordnung des Lehrherrn offenbar ungenügend sei, blieb der Wille des Lehrherrn, nicht des Lehrlings maßgebend. („Gewerbegericht" Jg. 7, Sp. 178.)

### 330. Darf ein Lehrling wegen Unfähigkeit entlassen werden?

Urteil des Landgerichts I Berlin vom 5. November 1897.

Der Kläger beansprucht die Erfüllung eines mit dem Beklagten unstreitig geschlossenen Lehrvertrages. Der Beklagte, welcher den Kläger nach siebenmonatiger Lehrzeit entlassen hat, behauptet, zum Rücktritt von diesem Vertrage befugt zu sein. Zur Begründung führt er zunächst an, der Kläger sei zur Erlernung des Klempnerhandwerks gänzlich unfähig.

Der Beklagte ist verurteilt.

Aus den Gründen: Der Lehrherr ist gemäß § 128 Abs. 2 (jetzt § 127b) und § 123 Abs. 8 der Gewerbeordnung auch nach Ablauf der vierwöchigen Probezeit berechtigt, den Lehrling vor Beendigung der verabredeten Lehrzeit zu entlassen, wenn er zur Fortsetzung der Arbeit unfähig ist. Indessen ergibt sich schon aus den Wortlaute dieser Gesetzesstelle, daß nur an solche Fälle gedacht ist, in denen der Arbeiter durch irgend einen außerhalb seines Willens liegenden Umstand, wie z. B. einen Unfall oder eine Erkrankung, nachträglich behindert wird, die bereits begonnene Beschäftigung fortzusetzen. Nicht dagegen trifft die erwähnte Bestimmung auf einen Fall der vorliegenden Art zu, in dem nach Ablauf der Probezeit erst geltend gemacht wird, daß der Lehrling die nötige Gewandtheit und Fertigkeit zur Erlernung des betreffenden Handwerks nicht besitzt. (Vgl. Landmann, Kommentar der GO., Note 11 zu § 123.)

Wenn ferner der Beklagte, wie er behauptet, wirklich nach Ablauf der vierwöchigen Probezeit den Kläger nur versuchsweise behalten und damit nur eine Verlängerung der gesetzlichen Probezeit bezweckt hat, so muß demgegenüber darauf hingewiesen werden, daß gemäß § 29 jetzt § 127b Abs. 1 der GO. eine Vereinbarung, wonach die Probezeit mehr als drei Monate betragen soll, nichtig ist. („Gewerbegericht" Jg. 3, Sp. 127.).

## 331. Gibt mangelhafter Fleiß und mangelndes Interesse des Lehrlings dem Meister das Recht zur sofortigen Auflösung des Lehrverhältnisses?

Urteil des GG. Berlin, Kammer 1, vom 9. November 1897.

Der Vormund des Kläger hat mit dem Beklagten den schriftlichen Lehrvertrag vom 11. August 1897 vereinbart, welcher Gegenstand der Verhandlung gewesen ist. Der Kläger ist in Gemäßheit der darin aufgenommenen Bestimmungen vom 1. Juli cr. beim Beklagten in die Lehre getreten, aber bereits am 11. Oktober cr. entlassen worden, da er angeblich sich vernachlässigt und nicht mehr den früheren Fleiß und Aufmerksamkeit gezeigt hat. Beklagter fühlt sich auch deswegen zur sofortigen Entlassung des Klägers berechtigt, da dieser wegen Weigerung seines Vormundes zur Herausgabe ihm sein Arbeitsbuch nicht gebracht habe. Kläger hat beantragt, den Beklagten zu verurteilen, das Lehrverhältnis mit dem Lehrling K. in Gemäßheit des Lehrvertrages vom 11. August 1897 fortzusetzen und an den Kläger vom 11. Oktober cr. ab bis zu dem Tage, an welchem der Lehrling wieder bei ihm oder in eine andere Lehre eintritt, eine Entschädigung von täglich 1,25 Mk. zu zahlen.

Beklagter ist verurteilt.

Aus den Gründen: Mangelhafter Fleiß und Interesse eines Lehrlings gibt dem Lehrmeister nicht das Recht, sofort und ohne weiteres das Lehrverhältnis als gelöst zu erachten. Bei Ausübung des ihm zustehenden Züchtigungsrechts wäre Beklagter wohl in der Lage gewesen, seiner Beschwerde Abhilfe zu schaffen, und zumal, wenn er sich deswegen mit dem Vormund des Klägers ins Einvernehmen gesetzt hätte. Die Weigerung des Vormundes, das Arbeitsbuch des Klägers herauszugeben, hätte Beklagter durch geeignete gerichtliche Schritte beseitigen müssen; daß er dieselbe dem Kläger will entgelten lassen, ist nicht zu billigen, zumal er nicht sofort bei Antritt des Lehrverhältnisses das Buch eingefordert hat. Der tägliche Verpflegungssatz von 1,25 Mk. ist ortsüblich und gebührt dem Kläger vom Tage der Entlassung, da diese ungerechtfertigt erscheint. („Gewerbegericht" Jg. 4, Sp. 82.)

## 332. Was ist ein „schriftlicher Lehrvertrag" im Sinne der GO.?

Urteil des GG. Stuttgart.

Die Beklagte ist seit dem 1. Mai in der Lehre bei der Klägerin. Sie ist nun ausgetreten. Die Klägerin verlangt, daß sie in die Lehre zurückkehre und sie bis zum

1. November fortsetze, oder 15 Mk. bezahle. Schriftlich liegt nur die vom Vater der Beklagten unterzeichnete Erklärung vor: „Ich Unterzeichneter erlaube hiermit meiner Tochter E., daß sie das Nähen bei Frau D. erlernt. Lehrzeit 6 Monate." Die Beklagte weigert sich, da kein schriftlicher Vertrag bestehe.

Die Klage ist abzuweisen.

Aus den Gründen: In dem Schreiben kann kein schriftlicher Lehrvertrag gesehen werden. Hierzu wäre eine Urkunde erforderlich, in der Rechte und Pflichten beider Teile bestimmt sind und die von beiden unterschrieben ist. („Gewerbegericht" Jg. 1, Sp. 43)

### 333. Wird ein Lehrvertrag durch unordentliche Ausfüllung des Vertragsformulars ungültig?

Urteil des GG. Berlin vom 28. April 1898.

Auf Grund des schriftlichen Lehrvertrages vom 1. Mai 1897 ist der Kläger seit diesem Tage beim Beklagten in der Lehre gewesen. Am 1. März cr. ist Kläger aus der Lehre getreten, da er angeblich vom Beklagten nicht fachgemäß im Schlosserhandwerk unterwiesen worden ist. Kläger verlangt Auflösung des Lehrverhältnisses. Beklagter hat erklärt, er sei mit derselben nur dann einverstanden, wenn Kläger die ihm im § 11 des Lehrvertrags stipulierten 100 Mk. Entschädigung zahle.

Die Klage ist abgewiesen.

Aus den Gründen: Der Lehrvertrag vom 1. Mai 1897 ist unter Benutzung eines Formulars abgefaßt, aber infolge mangelhafter Durchstreichung bezw. Ausfüllung des Vordrucks derart unverständlich (insbesondere auch § 11), daß das Gericht der Meinung ist, daß die gesetzlich erforderliche Schriftform als nicht gewahrt anzusehen ist. Da aber beim Mangel der schriftlichen Form Rechte aus einem Lehrvertrag beiderseits nicht herzuleiten sind, war dem Antrage des Klägers stattzugeben. („Gewerbegericht" Jg. 4, Sp. 22.)

### 334. Ist ein Lehrvertrag „schriftlich", wenn er vom Lehrherrn nur unterstempelt ist?

Urteil des GG. Breslau vom 25. Februar 1901.

Die Frage ist verneint.

Aus den Gründen: Von dem Beklagten ist die Urkunde vom 9. Mai 1900 durch Unterschrift vollzogen, dagegen fehlt die Unterschrift (vgl. § 126b Abs. 2 GO.) des klagenden Gewerbetreibenden oder seines Stellvertreters und des Lehrlings selbst. Der Blaustempel unter der Urkunde „Jul. D. & Co." ist ungenügend; denn nach der ausdrücklichen Vorschrift des § 126 Abs. 1 BGB. muß, falls von dem Gesetze schriftliche Form vorgeschrieben ist, die Urkunde von dem Aussteller eigenhändig durch Namensunterschrift oder mittels gerichtlich oder notariell beglaubigten Handzeichens unterzeichnet werden; eine im Wege der mechanischen Vervielfältigung hergestellte Namensunterschrift genügt nur da, wo sie vom Gesetze besonders zugelassen ist, z. B. unter Schuldverschreibungen auf den Inhaber (§ 793 Abs. 2 BGB.), unter Aktien- und Interimsscheinen (§ 181 HGB.), unter Frachtbriefen (§ 426 Abs. 2 Nr. 9 a. a. O.). („Gewerbegericht" Jg. 6, Sp. 143.)

### 335. Kann der Lehrherr gegen den Lehrling auf Entschädigung klagen, wenn der Lehrvertrag vom Lehrling nicht mitunterschrieben ist?

a) Urteil des GG. Mühlheim (Ruhr) vom 23. Dezember 1898.

Der Kläger K. fordert von dem beklagten Lehrlinge B., der die Lehre bei ihm verlassen hat, entweder daß der Beklagte in die Lehre zurückkehrt oder ihm die nach dem mit dem Vater des Beklagten im April 1898 abgeschlossenen schriftlichen Lehrvertrag für diesen Fall verabredete Entschädigung von 50 Mk. zahle.

Der Beklagte behauptet nicht rechtswidrig die Lehre verlassen zu haben, weigert sich in dieselbe zurückzukehren und beantragt Abweisung des Klägers. Der im April 1898 von dem Kläger und dem Vater des Beklagten abgeschlossene Lehrvertrag ist von dem Lehrlinge, dem Beklagten, nicht unterschrieben.

Die Klage ist abgewiesen.

Aus den Gründen: Nach § 127f. der GO. kann der Kläger, wenn ein Lehrling vor Ablauf der verabredeten Lehrzeit die Lehre rechtswidrig verlassen hat, nur dann Entschädigung verlangen, wenn der Lehrvertrag schriftlich abgeschlossen ist. Der vorliegende Lehrvertrag ist von dem Lehrlinge nicht unterschrieben, erfüllt also nicht die Forderung des § 126b der GO.: „Der Lehrvertrag ist von dem Gewerbetreibenden, dem Lehrlinge und dem Vater des Lehrlings zu unterschreiben". Schriftliche Verträge erhalten ihre Gültigkeit erst mit der Unterschrift der Vertragschließenden und es liegt daher, da die Unterschrift des Lehrlings unter dem Lehrvertrage zwischen Kläger und dem Vater des Beklagten fehlt, ein Lehrvertrag in schriftlicher Form zwischen den Parteien nicht vor. („Gewerbegericht" Jg. 4, Sp. 72.)

b) Urteil des GG. Burg bei Magdeburg vom 3. November 1900.

Die Frage ist verneint.

Aus den Gründen: Nach § 127 der GO. kann von dem Lehrherrn ein Anspruch auf Entschädigung nur geltend gemacht werden, wenn der Lehrvertrag schriftlich geschlossen ist. Über die Form des Lehrvertrages ist im § 126b daselbst bestimmt, daß derselbe von dem Gewerbetreibenden, dem Lehrling und dem Vater oder Vormund des Lehrlings zu unterschreiben ist. Diese Bestimmungen sind ebenso wie die Bestimmungen desselben Paragraphen über den Inhalt der Verträge zwingenden Rechts. Bei einem Verstoß gegen die hier vorgeschriebene Form kann also ein Anspruch aus demselben nicht hergeleitet werden. („Gewerbegericht" Jg. 6, Sp. 144.)

## 336. Kann der Lehrherr einen Anspruch auf Entschädigung gegen den Vater des Lehrlings geltend machen, wenn der Lehrling den Lehrvertrag nicht mitunterschrieben hat?

a) Urteil des Kgl. Amtsgerichts Königsberg i. Pr. vom 14. Mai 1901.

Das GG. hat die Entschädigungsklage gegen den Vater des Lehrlings abgewiesen.

Aus den Gründen: Der vorliegende Lehrvertrag vom 11. November 1900 kann als ein schriftlicher nicht gelten. In § 126b der GO. ist bestimmt, daß der Lehrvertrag von dem Gewerbetreibenden, dem Lehrling und dem gesetzlichen Vertreter des Lehrlings „zu unterschreiben ist". Die Unterschrift des Lehrlings gehört hiernach zu den wesentlichen Erfordernissen des schriftlichen Lehrvertrages. Da in dem vorliegenden Falle die Unterschrift des Lehrlings unter dem Lehrvertrage fehlt, so ermangelt dieser der vorgeschriebenen Form und ist gemäß § 125 BGB. nichtig.

Da der klägerische Entschädigungsanspruch einen schriftlichen Lehrvertrag voraussetzt, war die Klage abzuweisen.

b) Urteil des Kgl. Oberlandesgericht Breslau, 1. Zivilsenat, vom 7. März 1901.

Auf die Berufung des Beklagten hat das Oberlandesgericht Breslau unter Aufhebung des verurteilenden Landesgerichts-Urteils die Klage abgewiesen.

Aus den Gründen: Nach § 126b GO. muß der Lehrvertrag außer von dem Lehrherrn und dem Vater oder Vormund des Lehrlings auch von diesem selbst unterschrieben sein. Die Vertragsurkunde der Parteien kann daher nicht als schriftlicher Lehrvertrag im Sinne der §§ 126 bis 133 GO. angesehen werden. Es können sich daher an diesem Vertragsschluß diejenigen Rechtswirkungen nicht knüpfen, welche den Abschluß eines den Formvorschriften des Gesetzes durchweg entsprechenden schriftlichen Lehrvertrages zur Voraussetzung haben. Eine solche Wirkung ist gemäß § 127 f GO. der Anspruch des Lehrherrn auf Entschädigung, welcher in Ermangelung des schriftlichen Lehrvertrages hinfällig ist. (Vgl. Rohmer, Handwerkernovelle S. 207 fg. 215 fg.) Das Gericht hat insbesondere auch die Auffassung abgelehnt, der vorliegende Vertrag sei zwar nicht dem Lehrling gegenüber, wohl aber dessen Vater gegenüber, als selbständigem Kontrahenten, für einen schriftlichen zu erachten. Es sieht vielmehr in dem Weglassen der Unterschrift des Lehrlings, was durch § 150[4] GO. sogar mit Strafe bedroht ist, eine wesentliche Formverletzung auch gegenüber dem Vater. Bei anderer Auffassung nimmt das Gericht an, läge ein schriftlicher Lehrvertrag vor, der doch dem Lehrling selbst gegenüber nicht voll wirksam wäre. („Gewerbegericht" Jg. 7, Sp. 14.)

## 337. Kann auf Aufhebung des Lehrverhältnisses geklagt werden, wenn kein gesetzmäßiger Lehrvertrag geschlossen ist?

Urteil des Landgerichts Hamburg vom 13. November 1901.

Das Landgericht hat die Frage bejaht.

Aus den Gründen: Mit dem GG. ist davon auszugehen, daß der Lehrvertrag den Bestimmungen des § 126 b GO. nicht entspricht. Es fehlen in diesem Lehrvertrage „die gesetzlichen und sonstigen Voraussetzungen, unter welchen die einseitige Auflösung des Vertrages zulässig ist" und diese Voraussetzungen muß der Lehrvertrag nach § 126 b GO. enthalten. Den Folgerungen indessen, welche das Gewerbegericht hieran knüpft, kann nicht zugestimmt werden. Die Novelle zur GO. von 1897 macht die Rechtsgültigkeit des Lehrvertrages nicht von der Beobachtung der im § 126 b vorgeschriebenen Form abhängig, sie bedroht vielmehr nur den gegen die Formvorschrift verstoßenden Lehrherrn in § 150 Ziff. 4a mit Strafe und knüpft ferner an die Vernachlässigung der Form die in den §§ 127 d, 127 f aufgeführten Rechtsnachteile. — Nach § 150 Ziff. 4a wird mit Geldstrafe eventuell Haft der Lehrherr bestraft, welcher den Lehrvertrag nicht ordnungsmäßig abschließt. Der § 127 d bestimmt: „Verläßt der Lehrling in einem durch dieses Gesetz nicht vorgesehenen Falle ohne Zustimmung des Lehrherrn die Lehre, so kann letzterer den Anspruch auf Rückkehr des Lehrlings nur geltend machen, wenn der Lehrvertrag schriftlich geschlossen ist." Und der § 124 b schreibt vor: „Erreicht das Lehrverhältnis vor Ablauf der verabredeten Lehrzeit sein Ende, so kann von dem Lehrherrn oder von dem Lehrling ein Anspruch auf Entschädigung nur geltend gemacht werden, wenn der Lehrvertrag schriftlich geschlossen ist." Aus diesen drei Gesetzesbestimmungen ergibt sich, daß die Einhaltung der schriftlichen Form kein wesentliches Erfordernis für die Rechtsgültigkeit des Lehrvertrages ist, daß vielmehr ein rechtsgültiger Lehrvertrag auch ohne Beobachtung der Form des § 126 b geschlossen werden kann und daß ein solcher Vertrag nur gewisser Rechtswirkungen entbehrt, sowie daß sein Abschluß eine Ordnungsstrafe nach sich zieht. (Vgl. Ergänzungsband zum Landmannschen Gewerbeordnungskommentar, Handwerkernovelle von Rohmer zu § 126 b A. N. § 126 A. 3 und Nelken „Die Deutschen Handwerker und Arbeiterschutzgesetzgebung zu § 123 ff. inkl. § 126 b.)

Demnach ist zu prüfen, ob vorliegendenfalls ein Vertrag geschlossen ist, der zwar der Form des § 126 b ermangelt, der aber ein Lehrverhältnis zwischen dem Beklagten und dem klägerischen Sohne dennoch zu stande gebracht hat. —

Nun ist ausweislich des Vertrages, zwischen dem Beklagten als Lehrherrn einerseits und dem klägerischen Sohne als Lehrling, sowie dessen Vater andererseits vereinbart worden, daß der Beklagte den klägerischen Sohn in einer Lehrzeit von vier Jahren das Drechslerhandwerk so lehren solle, daß dieser dereinst sein Fortkommen dadurch begründen könne. Diese Ausbildung sollte stattfinden in dem Geschäftsbetriebe des Beklagten, welcher Drechslermeister ist. Da auch nach der Novelle von 1897 als Lehrling derjenige gewerbliche Arbeiter anzusehen ist, der in ein Arbeitsverhältnis hauptsächlich zu dem Zwecke eingetreten ist, um eine Ausbildung in dem Gewerbe oder Gewerbszweige zu erhalten, so kann es keinem Zweifel unterliegen, daß durch den Abschluß des Vertrages ein Lehrverhältnis begründet sein sollte, und daß durch den Eintritt des klägerischen Sohnes in den Betrieb des Beklagten ein Lehrverhältnis begründet ist.

Auf Grund dieses bestehenden Lehrverhältnisses ist der Beklagte nach § 127 GO. verpflichtet, den Lehrling in den bei seinem Betriebe vorkommenden Arbeiten des Gewerbes dem Zwecke der Ausbildung entsprechend zu unterweisen. Wenn der Beklagte diese ihm gesetzlich obliegende Verpflichtung in einer die Ausbildung des klägerischen Lehrlings gefährdenden Weise vernachlässigt hat, so ist der Kläger nach § 127b zur GO. zur Auflösung des Lehrverhältnisses berechtigt.

## 338. Darf der Lehrherr das Arbeitsbuch zurückhalten, wenn die gesetzlichen Mittel, um den Lehrling zur Rückkehr in die Lehre zu zwingen, erfolglos erschöpft sind?

Urteil des GG. Weimar vom 11. September 1897.

Der Tischlerlehrling Z. hat das Ostern 1895 begonnene Lehrverhältnis bei dem Beklagten wegen angeblicher Mißhandlung seitens des Lehrherrn wiederholt verlassen. Inhaltlich eines deshalb vor dem GG. am 5. März 1896 abgeschlossenen Vergleiches verpflichtete sich der Beklagte, „das ihm zustehende Züchtigungsrecht nicht zu überschreiten und so wenig wie möglich den Lehrling körperlich zu züchtigen“. Im Frühjahr 1897 ist der Lehrling wiederum wegen angeblich erlittener Mißhandlungen dem Meister entlaufen. Die im § 130 (jetzt § 127d) der GO. vorgesehenen und auf Antrag des Beklagten zur Anwendung gebrachten Zwangsmittel, nämlich: polizeiliche Rückführung des Lehrlings und Vollstreckung einer fünftägigen Haftstrafe an dem Lehrling, haben diesen nicht vermocht, in das Verhältnis zurückzutreten. Im Anschluß hieran hat der Vater des Lehrlings, als dessen gesetzlicher Vertreter, das Lehrverhältnis für aufgelöst erachtet die Aushändigung des Arbeitsbuchs des Lehrlings beantragt. Beklagter widerspricht diesem Antrag, da durch die Unwirksamkeit der Zwangsmaßregeln die Auflösung des Lehrverhältnisses nicht herbeigeführt worden sei.

Der Beklagte ist verurteilt.

Aus den Gründen: Das Gericht hat geglaubt, sich der Ansicht des Klägers anschließen zu müssen. Denn, wenn der Lehrling, ungeachtet der zur Anwendung gebrachten höchsten zulässigen Zwangsmittel, unter Zustimmung des Vaters sich weigert, das Lehrverhältnis fortzusetzen, so ist darin der Nachweis einer unüberwindlichen Abneigung gegen dieses Verhältnis zu finden. Die Erzwingung der Fortsetzung des Verhältnisses ist gesetzlich unmöglich, die formelle Aufrechterhaltung des Verhältnisses zwecklos, daher auf Antrag die Auflösung auszusprechen und demnach die Herausgabe des Arbeitsbuches anzuordnen. Da die Lösung unter Anerkennung durch einen Richterspruch erfolgt, so ist sie auch als rechtmäßige im Sinne der §§ 107, 112 der GO. anzusehen. Wollte man der Anschauung des Beklagten entsprechend, die Aufrechterhaltung des Lehrverhältnisses annehmen, so käme man zu dem undenkbaren Zustand eines Lehrlingsverhältnisses lediglich auf dem Papier, eines Verhältnisses ohne die beiden Personen, welche das Verhältnis bilden sollen, des Lehrenden und des Lernenden; denn, wie schon vorstehend angedeutet, die Erzwingung des Verhältnisses, die Erzwingung der Rückkehr des Lehrlings zum Meister, ist gesetzlich ausgeschlossen, da alle Zwangsmittel erschöpft sind. („Gewerbegericht" Jg. 3, Sp. 81.)

## 339. Liegt ein schriftlicher Lehrvertrag vor, wenn die Unterschrift des Lehrlings fehlt? Wann beginnt die vierwöchentliche Frist zur Geltendmachung der Schadensansprüche?

Urteil des GG. Weimar vom 27. Januar 1902.

Zwischen dem Vater des Klägers und dem Beklagten ist im Monat April 1898 ein Lehrvertrag geschlossen worden, kraft dessen der Kläger beim Beklagten das Fleischerhandwerk lernen sollte. Die Lehrzeit war auf drei Jahre festgesetzt. Der in zwei Exemplaren ausgefertigte Lehrvertrag ist nicht mehr vorhanden, da er in beiden Exemplaren von der Ehefrau des Beklagten nach der vorzeitigen Entlassung des Lehrlings vernichtet worden ist. Eine Abschrift des Lehrvertrags hat der beklagte Lehrherr, entgegen der Vorschrift in § 129b Abs. 1 der GO., der Innung, der er angehört, nicht überreicht. Ebensowenig hat er dafür gesorgt, daß der Lehrvertrag von dem Lehrling unterschrieben worden ist. Ferner hat er den Lehrling nicht auslernen lassen, sondern etwa 14 Tage vor Ostern 1901, am 25. März, aus dem Hause und der Lehre getrieben und was damit unmittelbar zusammenhängt, den Lehrling nicht nur nicht angehalten, sich der Gesellenprüfung zu unterziehen (GO. § 131c Abs. 1), sondern vielmehr dessen Zulassung zur Prüfung vereitelt, insofern er ihn nicht auf die von der Innung ihm vorgelegte Liste der Prüflinge gesetzt hat. Der Lehrling hat infolge dessen noch einige weitere Monate bei einem anderen Meister gelernt, ist darauf zur Prüfung zugelassen und ist am 9. Oktober v. Js. zum Gesellen gemacht worden. Wegen des Bruchs des Lehrvertrags durch die vorzeitige Entlassung und der daraus folgenden Verhinderung der Beförderung zum Gesellen verlangt nun Kläger eine Entschädigung von 6 Mk. für jede der 25 Wochen von Ostern bis Michaelis 1901 = 150 Mk. und rechnet hiervon 25 Mk. erhaltenes Taschengeld, welches sein zweiter Lehrmeister ihm gewährt hat, ab.

Beklagter wendet ein, er habe den Lehrling mit Fug und Recht entlassen, denn dieser sei während des Meisters Abwesenheit am 24. März v. Js. abends in das Schlafzimmer geschlichen, um den Schlüssel zum Geldschrank zu entwenden.

Bald nach der Entlassung des Lehrlings hat dessen Vater bei der Innung den Antrag auf Zulassung des Sohnes zur Gesellenprüfung gestellt. Diesen Antrag hat jedoch die Innung mit Schreiben vom 3. April abgelehnt, weil „der Sohn jetzt in einem Arbeitsverhältnis sich nicht befände, — — sein bisheriger Lehrmeister habe einzig und allein die Anmeldung des Sohnes zum Gesellenstück zu bewirken". Einige Monate später hat der Vater ein ferneres Gesuch an die Innung gerichtet, dessen Inhalt nicht hat festgestellt werden können, weil der Vater sich dessen nicht mehr erinnert und die Innung die betreffenden Akten bis jetzt dem ersuchenden GG. nicht vorgelegt hat. Aber auch dieses Gesuch hat die Innung mit Schreiben vom 29. Juli abgelehnt mit der Begründung, daß die Innung seit 1900 ein Schiedsgericht nicht mehr habe, weshalb die väterliche Beschwerde beim GG. anzumelden sei. Endlich am 18. November v. Js. reichte der Vater die Enschädigungsklage beim GG. ein, welche nach vorausgegangener Verständigung der allein klageberechtigte Sohn am 10. ds. Mts. erneuert hat.

Die Klage ist abgewiesen.

Aus den Gründen: Für zuständig zur Sachentscheidung hält sich das GG., weil, obwohl die Sache eine Lehrlingsstreitigkeit ist, der Kläger zur Zeit der Klageerhebung nicht mehr Lehrling, sondern bereits Geselle war und die in Betracht kommende Innung ein Innungsschiedsgericht nicht hat (vgl. GGG. § 84). Dagegen glaubt es, die Klage aus formellen Gründen abweisen zu müssen, einmal, weil der Lehrvertrag, aus dessen Verletzung geklagt wird, nicht schriftlich im Sinn der §§ 126b 127f der GO. abgeschlossen war und zweitens, weil die Frist zur Geltendmachung der Klage versäumt ist. Der Vertrag war, wie oben festgestellt, nicht vom Lehrling unterschrieben, es mangelte also derjenigen schriftlichen Form, die zur Geltendmachung von Entschädigungsansprüchen vorgeschrieben ist (vgl. die soeben angeführten Gesetzstellen und manche GG.-Urteile, z. B. Mühlheim vom 23. Dezember 1898, Burg vom 3. November 1600, insbesondere aber Urteil des Oberlandesgerichts Breslau vom 7. März 1901, „Gewerbegericht“ Jg. 4, Sp. 72, Jg. 6, Sp. 143, Jg. 7, Sp. 14). Sodann hätte der Anspruch der Entschädigung innerhalb vier Wochen nach Auflösung des Lehrverhältnisses geltend gemacht werden müssen (Abs. 2 des oft angeführten § 127f). Das ist nun offenbar nicht geschehen, da das Verhältnis schon am 25. März sein Ende erreicht hat. Selbst wenn man in der Eingabe des Vaters des Klägers, in der er um Zulassung zur Gesellenprüfung bat, und in der einige Monate jüngeren, auf die der Innungsbescheid vom 29. Juli erfolgte, Handlungen erblicken wollte, welche die Ausschließungsfrist unterbrächen, und wenn man noch weiter gehen und annehmen wollte, die Frist zur Entschädigungsforderung beginne erst mit dem 9. Oktober, dem Tag, an welchem der Lehrling Geselle werde, so würde man doch nicht zu der Anerkennung der Einhaltung der vierwöchentlichen Frist kommen können, denn selbst im letzten Falle würde diese Frist bereits am 6. November abgelaufen sein, während die Klage erst am 18. November eingegangen und dann erst am 10. Januar seitens des aktiv Legitimierten wiederholt worden ist.

## 340. Ist Wochenlohn ein fester Bezug? Ist den Betriebsbeamten im Falle der Erkrankung ihr Gehalt weiter zu zahlen?[1])

Urteil des GG. Stuttgart vom 21. Februar 1901.

Das GG. hat zur Zahlung des Lohnes für 6 Wochen verurteilt.

Aus den Gründen: Der Kläger, ein Appreturmeister, ist unbestrittenermaßen gegen Wochenlohn bei der Beklagten beschäftigt. Daß auch der Wochenlohn einen festen Bezug im Sinn des § 133a GO. darstellen kann, wenn auch nicht immer darstellt, ist außer Zweifel. Dies geht daraus hervor, daß nach dem Entwurf zu § 133a die festen Bezüge „mindestens monatsweise bemessen“ sein sollten und daß die Reichstagskommission diesen Passus gestrichen hat. Nun hat aber die Beklagte nicht bestritten, daß dem Kläger, wenn er nur einzelne Tage, z. B. wegen Erkrankung rc. gefehlt habe, auch unter der Herrschaft des vor dem 1. Januar 1900 in Geltung gewesenen Rechts keine Abzüge gemacht wurden. Auch hat sie nicht behauptet, daß ihm bei Verlängerung oder Verkürzung der Arbeitszeit an einzelnen Tagen Zulagen gewährt, bezw. Abzüge gemacht worden seien.

Das Gericht kam so zu der Überzeugung, daß der im voraus dem Kläger zugesagte bestimmte Wochenlohn einen festen Bezug, d. h. eine nicht von der Arbeitsleistung während bestimmter Stunden oder von dem Erfolg gewisser Arbeitsleistungen abhängigen Pauschalvergütung darstelle. Weiterhin hat das Gericht im Hinblick auf die Aussagen des Zeugen B., ferner bei dem Umstand, daß der Kläger in dem Vertrag als „Meister“ bezeichnet ist und in Würdigung der Tatsache, daß die Parteien die Kündigung des Arbeitsverhältnisses an eine zweimonatige Frist, jeweils vor dem Ablauf des Kalenderquartals, gebunden haben, festgestellt, daß der Kläger nicht lediglich vorübergehend mit der Leitung und Beaufsichtigung einer Abteilung des Betriebs der Beklagten, nämlich der Appreturabteilung, beauftragt gewesen ist. Der Umstand, daß der Kläger nicht das Recht gehabt, ganz selbständig Arbeiter für die Beklagte einzustellen und zu entlassen, sowie daß er nötigenfalls auch selbst im Betrieb Hand anlegen mußte, steht dieser Feststellung nicht entgegen, denn diese Umstände treffen bei Werkführern sehr häufig zu. Der Kläger hat die ihm unterstellten Arbeiterinnen, durchschnittlich sechs an der Zahl, einzulernen und zu beaufsichtigen; er hat die

[1]) Vgl. Nr. 362.

Verantwortung für die Appreturarbeiten und die Maschinen der Beklagten gegenüber zu tragen. Damit ist der Tatbestand des § 133a GO. gegeben.[1])

Die GO. enthält für die Angestellten im Sinne des § 133a keine ausdrückliche Vorschrift, ob ihnen bei unverschuldetem Unglück, also insbesondere bei Krankheit die vereinbarte Vergütung weiter zu gewähren sei (anders der § 63 HGB. für Handlungsgehilfen). Wohl aber bestimmt der § 616 BGB., daß dem Dienstverpflichteten in solchen Fällen die Vergütung abzüglich der empfangenen Krankengelder für eine verhältnismäßig nicht erhebliche Zeit weiter zu gewähren sei. Nun bestimmt der § 133c Absatz 2 GO., daß den Angestellten im Sinn des § 133a, die wegen Krankheit entlassen werden, ihre Vergütung auch auf weitere sechs Wochen vom Tag der Entlassung an gewährt werden müsse. Hieraus muß der Schluß gezogen werden, daß für den nicht entlassenen Betriebsbeamten zum mindesten der Zeitraum von sechs Wochen eine „verhältnismäßig nicht erhebliche Zeit" darstellt. Dies muß im vorliegenden Fall umsomehr angenommen werden, weil die Parteien noch eine längere Kündigungsfrist vereinbart haben, als im § 133a GO. vorgesehen ist. („Gewerbegericht" Jg. 7, Sp. 32.)

## 341. Ist Akkordlohn als „fester Bezug" anzusehen?

Urteil des Kammergerichts, 8. Zivilsenat, vom 4. Juli 1900.

Die Frage ist verneint.

Aus den Gründen: Wenn Kläger auch als Werkmeister angesehen werden muß, so war er doch kein gegen „feste Bezüge" angestellter Werkmeister im Sinne des § 133a der RGO., da er, wie unstreitig, keinen festen Gehalt bezog, sondern gegen Akkordlohn arbeitete (vgl. Landmann, Kommentar zur Reichsgewerbeordnung, Anm. 2 zu § 133a daselbst). Ihm stand daher gesetzlich nicht die sechswöchige Kündigung des § 133b, sondern nur die vierzehntägige des § 124a RGO. zu." („Blätter für Rechtspflege" 1900.)

## 342. Feste Bezüge. Ist § 133a GO. anwendbar auf den Angestellten eines Schankwirts, dessen Verdienst wesentlich darin besteht, daß er zu festen Preisen entnommene Getränke zu erhöhtem Preise an die Gäste weiterverkauft?

Urteil des Reichsgerichts, 7. Zivilsenat, vom 7. November 1896.

Das Reichsgericht verneint die Frage und gibt deshalb der Revision des bekl. Gastwirts statt.

Aus den Gründen: Die Entscheidung des B. R. beruht auf der Annahme, daß der Kl. durch den Vertrag vom 3. Oktober 1895 Betriebsleiter des Beklagten im Sinne des § 133a GO. geworden sei und daß wichtige Gründe zur vorzeitigen Auflösung des Vertrags im Sinne des § 133b GO. nicht nachgewiesen seien. Diese Unterlage der Entscheidung kann aber nicht bestehen bleiben, da der Kl. nicht, wie § 133a erfordert, gegen feste Bezüge angestellt war, sein Gewinn vielmehr wesentlich in demjenigen bestand, was er durch teueren Verkauf der ihm vom Beklagten zu festen Preisen gelieferten Getränke und Zigarren verdiente. Auf welcher andern Unterlage aber die erwähnten Ansprüche der Parteien zu beurteilen seien, darüber kann nach Lage der Sache in der Revisionsinstanz nicht entschieden werden, da das tatsächliche Material nach verschiedenen Richtungen hin einer Ergänzung nötigenfalls durch Befragen der Parteien bedarf. Zunächst ist es zweifelhaft, ob die Parteien überhaupt aus dem Vertrage Rechte ableiten können und namentlich der Kläger zu etwas

[1]) Ebenso GG. Berlin 7. Februar 1896, Unger Nr. 140.

anderem berechtigt sein kann als zur Rückforderung der Kaution. Da nämlich nach dem Vertrage der Kläger die an die Gäste zu verabfolgenden Getränke und Zigarren zu festen Preisen vom Beklagten zu übernehmen hatte, er auch befugt war, die verlangten Speisen selbst zu liefern, so liegt die Annahme nahe, daß der Kläger das Schankgeschäft auf eigene Rechnung führte. In diesem Fälle würde er aber nicht Vertreter des Beklagten im Sinne des § 45 GO. sein, sondern das Schankgewerbe selbständig betreiben, ohne die Erlaubnis dazu zu besitzen; der Vertrag würde also darauf gerichtet sein, den in § 147 Nr. 1 mit § 33 verbotenen Gewerbebetrieb einzurichten und deshalb (vgl. die Entsch. des Reichsgerichts in Strafsachen Bd. 3 S. 419, in Zivilsachen Bd. 39 S. 267 und bei Gruchot Bd. 26 S. 896.) Es ist indessen möglich, daß der Kläger trotzdem das Geschäft nach außen im Namen des Beklagten führen, also den Kunden gegenüber nicht Gläubiger werden sollte, auch ist nicht undenkbar, daß die Bestimmung des § 5, wonach der Kläger den Anordnungen des Beklagten Folge leisten soll, nach Absicht der Parteien und ihrer tatsächlichen Handhabung eine Bedeutung hat, die es gestattet, den Beklagten als den Herrn des Betriebs und sonach den Vertrag als giltig anzusehen. Ist aber der Vertrag ein erlaubter, so ist weiter zweifelhaft, ob der Kläger als gewerblicher Arbeiter im Sinne der Überschrift des VII. Tit. der GO. oder als Handlungsgehilfe anzusehen ist, welches letztere angenommen werden könnte, wenn er, da der Beklagte als Schankwirt Kaufmannseigenschaft besitzt, zum Vertreter desselben in der gesamten Geschäftsführung gemacht worden wäre. Wäre der Kläger aber gewerblicher Arbeiter, so käme wieder in Frage, ob bei ihm die Voraussetzungen zutreffen, unter denen nach dem GGG. die Zuständigkeit der ordentlichen Gerichte ausgeschlossen ist. („Juristische Wochenschrift" Jg. 1899, S. 773 Nr. 17.)

## 343. Unter welchen Voraussetzungen ist ein Zuschneider als Betriebsbeamter, Werkmeister rc. anzusehen?

### a) Urteil des GG. Chemnitz vom 1. November 1900.

Der Beklagte, ein gelernter Schneider, betreibt seit Juli 1900 in Chemnitz selbständig das Schneidergewerbe. Seine Geschäftsräume bestehen aus einem Zimmer, in dem er selbst sich regelmäßig aufhält, die Kunden empfängt, die Korrespondenz erledigt u. dergl., einem Zuschneidezimmer und einer von diesen beiden Räumen entfernt im Hinterhause gelegenen Werkstätte, in welcher der Beklagte vier Schneidergesellen gegen Stücklohn beschäftigt. Außerdem arbeiten für ihn noch drei Schneidergesellen außerhalb der Werkstätte.

Mehrere Wochen vor dem 12. August 1900 hat der Beklagte eine Annonce folgenden Inhalts erlassen:

„Beabsichtige für besseres Maßgeschäft einen Zuschneider zu engagieren, der auch befähigt ist, auf die Reise zu gehen."

Der damals in W. aufhältliche, vierundzwanzigjährige Kläger, der keine Schneiderakademie besucht, aber schon in einigen ungarischen Geschäften als Zuschneider für einen Lohn von 800 Gulden gearbeitet hatte, hat die Annonce gelesen und aus ihrer Fassung entnommen, daß es sich um ein Geschäft mittleren Ranges und Umfanges handle. Er hat sich beim Beklagten schriftlich um die Stelle beworben und als Antwort einen Brief erhalten, in dem von den an den Kläger zu stellenden Anforderungen, insbesondere davon, daß er befähigt sein müsse, auch auf die Reise zu gehen, die Rede gewesen ist.

Der Kläger hat erwidert, daß er den gestellten Anforderungen entspreche. Da der Beklagte hierauf etwa drei Wochen lang schwieg, hat der Kläger nochmals angefragt, ob er die Stellung antreten könne und hat bejahende Antwort erhalten. Als Arbeitslohn bezw. Gehalt sind 1700 Mk. jährlich, zahlbar in monatlichen Teilbeträgen, vereinbart worden.

Sonntag, den 12. August 1900, hat sich der Kläger in das Geschäft des Beklagten begeben, dieser hat ihm die Werkstätte und das Stofflager gezeigt, ihm die Namen der Arbeiter genannt, auch die Preisauszeichnungen der Stoffe erklärt, damit er in Abwesenheit des Beklagten imstande sei, die Preise anzugeben und Bestellungen entgegenzunehmen.

Der Kläger ist dann bis zum 8. September 1900 im Geschäft des Beklagten tätig gewesen. Der Beklagte ist während dieser Zeit, abgesehen von einem einzigen Tage, täglich im Geschäft erschienen, hat die kaufmännischen Arbeiten allein verrichtet und in Bezug auf die technischen Arbeiten die Oberleitung gehabt.

Am 26. August 1900 hat er dem Kläger für den 8. September gekündigt, dieser hat der Rechtmäßigkeit der Kündigung sofort widersprochen, seine Stelle aber am 8. September 1900 verlassen müssen und Lohn nur bis zu diesem Tage erhalten.

Der Kläger behauptet, daß ihm mit sechswöchiger Frist zum Quartalsschluß hätte gekündigt werden müssen und beansprucht dann entsprechende Lohnentschädigung.

Die Klage ist abgewiesen.

Aus den Gründen: Die Frage, ob § 133a GO. auf Zuschneider anwendbar ist, ist bestritten (vgl. hierzu Dr. von Landmann, Die Gewerbeordnung, 3. Aufl. Bd. 2 Anm. 2b zu § 133a, ferner die Zeitschrift „Das Gewerbegericht" Jg. 2, S. 73, 74, Jg. 4, S. 132, 133, Jg. 5, S. 13, schließlich die „Entscheidungen des Gewerbegerichts zu Berlin", herausgegeben von Dr. Unger, S. 148—150). Das erkennende GG. hat zunächst verneint, daß das Zuschneiden in einem Geschäft mittleren Ranges, wie dem des Beklagten, unter die „höheren technischen Dienstleistungen" des § 133a falle. Für die Verneinung sprechen vor allem die im Gesetze als Beispiele angeführten Berufe (Maschinentechniker, Bautechniker, Chemiker, Zeichner), die sämtlich eine höhere Ausbildung als die eines Zuschneiders voraussetzen und erfordern. — Weiter kann man den Kläger nicht als „Betriebsbeamten" ansehen, denn diese Bezeichnung ist nach allgemeinem Sprachgebrauch nur anwendbar auf Angestellte in größeren, eine bedeutende Anzahl von Arbeitern beschäftigenden Unternehmungen. Daß es sich um eine solche im vorliegenden Falle nicht handle, hat der Kläger, wie er zugibt, bereits beim Lesen der Annonce aus den Worten „besseres Maßgeschäft" entnommen. — Es bleibt also nur noch zu untersuchen, ob der Kläger nach dem Inhalte des Anstellungsvertrages und der Art seiner Tätigkeit im Geschäft des Beklagten als „Werkmeister" oder ähnlicher Angestellter zu betrachten ist. Für den Inhalt des Anstellungsvertrages ist maßgebend der Brief, in dem der Beklagte dem Kläger die an diesen zu stellenden Anforderungen mitgeteilt hat. In diesem Briefe ist, wie der Beklagte zugibt, die Anfrage enthalten gewesen, ob der Kläger befähigt sei, selbständig auf die Reise zu gehen. Durch die beeideten Aussagen der Zeugen A. und B. ist erwiesen, daß in dem Briefe weiter davon die Rede gewesen ist, ob der Kläger selbständig zuschneiden, Arbeiter beaufsichtigen und den Chef in und außer dem Hause vertreten könne. — Wenn man trotzdem angenommen hat, daß der Kläger nicht als Werkmeister engagiert worden ist, so beruht dies auf folgenden Erwägungen: Das Charakteristische der Stellung eines Werkmeisters oder eines ähnlichen Angestellten bildet eine Leitungs- und Beaufsichtigungstätigkeit, die nicht lediglich vorübergehender Natur ist, und sich entweder anf den ganzen Betrieb oder auf eine Abteilung desselben erstrecken muß. Das „selbständig auf die Reise gehen" und „selbständig zuschneiden" sind Tätigkeiten des Klägers als einzelnen für sich stehenden Arbeiters, die ihn mit der Tätigkeit anderer Arbeiter gar nicht in Verbindung bringen, ihm also noch keine aufsichtführende Stellung verleihen. Mit der „Vertretung des Chefs außer dem Hause" kann ebenfalls nur die Reisetätigkeit gemeint sein. Mit den Ausdrücken „Arbeiter beaufsichtigen" und „den Chef im Hause zu vertreten" hat der Beklagte nach der Auffassung des Gerichts nicht mehr sagen wollen, als daß der Kläger befähigt sein müsse, bei zeitweiliger Abwesenheit des Chefs diesen in jeder Hinsicht zu vertreten, im übrigen ihn in der Beaufsichtigung der Arbeiter zu unterstützen, auch darauf zu sehen, daß die Gesellen bei der Arbeit sich nach dem Zuschneidesystem des Klägers richteten. Dafür, daß der Beklagte mit den angegebenen Ausdrücken nicht mehr hat sagen wollen, spricht vor allen Dingen der mäßige Umfang seines Geschäftes und die Tatsache, daß der Beklagte selbst gelernter Schneider ist. Hätte er dem Kläger wirklich die Funktion eines

Werkmeisters oder eines ähnlichen Angestellten übertragen wollen, so würde für ihn, den Beklagten, auch nicht annähernd genügende Beschäftigung übriggeblieben sein. Da der Beklagte Fachmann ist, so lag für ihn kein Bedürfnis vor, einen Werkmeister anzustellen.

**b) Urteil des GG. Offenburg vom 25. Juli 1901.**

**Das GG. sieht den Kläger nicht als Werkmeister an.**

Aus den Gründen: Die Angaben des Beklagten in Bezug auf die Art der Tätigkeit des Klägers in seinem Geschäfte, die von seiten dieses unwidersprochen geblieben sind, lassen nicht erkennen, daß Kläger eine im wesentlichen leitende oder beaufsichtigende Tätigkeit zu entfalten hatte. Wohl hatte der Kläger die von ihm zugeschnittenen Sachen an einen der Schneider nach seiner Auswahl weiterzugeben und die von den Schneidern abgelieferten Sachen einer Prüfung zu unterziehen. Die endgültige Entscheidung jedoch, ob ein angefertigtes Kleidungsstück hinausgegeben werden sollte, lag beim Beklagten, ebenso hatte dieser sich das entscheidende Wort bei der Einstellung und Entlassung der Arbeiter vorbehalten, wenn auch naturgemäß Kläger hierbei ein gewichtiges Wort mitzureden hatte. Diese beschränkte Leistungs- und Beaufsichtigungs-Tätigkeit verleiht dem Kläger nicht den Charakter eines Angestellten im Sinne des § 133a GO.

**c) Urteil des Kgl. Landgerichts Koblenz vom 27. Mai 1901.**

Kläger ist von der Beklagten, bei der er gegen 3600 Mk. Jahresgehalt als Zuscheider beschäftigt war, nach 14 tägiger Kündigung entlassen worden. Er hat behauptet, daß ihm nur mit sechswöchiger Frist zum Quartalsschluß gekündigt werden könne und hat sein Gehalt für die entsprechende Zeit eingeklagt. Das Amtsgericht hat nach dem Klageantrage verurteilt. Der Beklagte hat Berufung eingelegt. Der Kläger sei als Zuschneider nicht zu höheren technischen Dienstleistungen berufen, er sei nicht Betriebsleiter, habe den Betrieb nicht zu beaufsichtigen, kein Recht, Leute einzustellen oder zu entlassen; er sei weiter nichts als ein etwas besser ausgebildeter und deshalb auch besser bezahlter Schneidergeselle.

Die Berufung ist zurückgewiesen.

Aus den Gründen: Dem ersten Richter muß darin beigepflichtet werden, daß der Kläger zu den in § 133a der GO. aufgeführten Betriebsleitern mit höherer technischer Bildung zu zählen ist. Es liegt auf der Hand, daß ein Zuschneider, der nach einem besonderen System Kleidungsstücke zuschneidet und für das gute Passen der Kleidungsstücke verantwortlich ist, auch die Befugnis und das Recht haben muß, den ihm zur Hand gehenden und die Kleidungsstücke fertigstellenden Hilfskräften Anweisungen und Andeutung zu geben, und daß diese Hilfskräfte seinen Anweisungen nachkommen müssen. Dies hier umsomehr, als doch der Inhaber der beklagten Firma kein Fachmann auf dem Gebiete der Bekleidungskunst ist. Die von der Beklagten beliebte Kündigung mit 14 tägiger Kündigungsfrist ist daher als dem § 133a GO. widersprechend für sich ohne rechtliche Bedeutung und Wirksamkeit. („Gewerbegericht" Jg. 6, Sp. 203.)

## 344. Ist der Faktor einer Druckerei Werkmeister?

Urteil des GG. Eberswalde vom 12. Juli 1901.

Die aufgeworfene Frage war zu Gunsten des Klägers zu bejahen.

Aus den Gründen: Betriebsbeamte sind Personen, welche mit der Leitung oder Beaufsichtigung des Betriebes oder einer Abteilung desselben beauftragt sind. Sie können auch zugleich Werkmeister sein. Dies kommt häufig vor, wenn der Umfang des Gewerbebetriebes keine vollständige Beschäftigung für einen besonderen Betriebsbeamten bietet. Auf die Bezeichnung „Betriebsbeamter" oder „Werkmeister" kommt es aber weniger an, das Wesentlichste ist die tatsächliche Beschäftigung.

Wie aus den Zeugenaussagen festgestellt und wie auch aus früheren Gewerbestreitsachen der erstmals L.schen Druckerei bekannt ist, war Kläger kein gewöhnlicher, mit einfachen mechanischen Dienstleistungen betrauter Arbeiter, sondern es gehörten zu seinen Obliegenheiten: Annehmen und Entlassen der Setzer; Beaufsichtigung des Personals; Überwachung und Anlernen der Lehrlinge; Anweisung des ganzen Personals über Setzen, Ablegen und Aufräumen; Verteilung der Manuskripte zur Zeitung; Verantwortung für die rechtzeitige Fertigstellung des Satzes; Kalkulation der Arbeiten; für Sauberkeit und Ordnung Sorge tragen; Ausfertigung des Lohnbuches und das Auszahlen des Lohnes an das gesamte Personal ꝛc.

Diese Obliegenheiten sind dem Kläger zwar nach dem 1. April insoweit eingeschränkt worden, als er bei der Annahme und Entlassung von Setzern sich der Zustimmung des Beklagten resp. seines Vertreters vergewissern mußte, die Lohnzahlung des Personals in den letzten 14 Tagen vor seinem Abgange nicht mehr durch ihn, vielmehr im Komtor erfolgte, in einem noch dazu unbedeutenden Falle im April die Kalkulation von Drucksachen — Steuerzetteln — durch einen Setzer geschah. Aber alle diese ganz bedeutungslosen Einschränkungen seiner Befugnisse änderten an seiner verantwortungsvollen Stellung als „Faktor" nichts, denn der technische Teil der Druckerei sowie die Ausbildung der Lehrlinge war ihm verblieben. Letzteres umsomehr, als der Beklagte sowie sein Vertreter Laien im Sinne des § 127 der GO. sind und nicht als Lehrherren angesehen werden können. Dies allein schon, ohne die weitere Beschäftigung, genügt zu der tatsächlichen Feststellung, daß er als „Faktor" im Sinne der GO. Werkmeister war. Auf den Kläger finden daher die Vorschriften des § 133a der GO. Anwendung. Er war gegen feste Lohnbezüge angestellt; er erhielt 34 Mk. pro Woche, während ein gewöhnlicher Setzer nur 21 Mk. empfängt. Daß er einmal für Überstunden, weil er mitsetzte, besonders entschädigt wurde, kommt hier nicht weiter in Betracht.

Durch Urteil des Landgerichts Prenzlau vom 27. Februar 1901 ist vorstehende Entscheidung bestätigt worden. („Gewerbegericht" Jg. 7, Sp. 110.)

## 345. Ist der Küchenchef Betriebsbeamter resp. Werkmeister?

a) Urteil des Landgerichts Düsseldorf vom 23. November 1901.

Die Klage auf Lohnentschädigung für die Kündigungsfrist des § 133a GO. ist abgewiesen.

Aus den Gründen: Der § 133a der GO. bestimmt für die von Gewerbe-Unternehmern gegen feste Bezüge beschäftigten Personen, welche mit Leitung oder Beaufsichtigung des Betriebes oder einer Abteilung desselben beauftragt oder mit höheren technischen Dienstleistungen betraut sind, mangels einer anderen Verabredung eine sechswöchige Kündigungsfrist zum Schlusse des Kalendervierteljahrs.

Die eigenen Behauptungen des Klägers reichen nicht aus, seine Stellung beim Beklagten als eine solche erscheinen zu lassen, wie sie im § 133a der GO. verlangt wird. Kläger behauptet selbst nicht, zu den mit höheren technischen Diensten betrauten Personen zu gehören. Andererseits sind unter dem mit der Leitung oder Beaufsichtigung des Betriebes oder einer Abteilung desselben beauftragten Personen, wie aus dem im Gesetz angeführten Beispielen der Betriebsbeamten und Werkmeister hervorgeht, solche Angestellte zu verstehen, deren Aufgabe wesentlich in der Leitung und Beaufsichtigung besteht, nicht aber solche Personen, welche die in dem „Betriebe" oder der „Abteilung" desselben zu erledigende Arbeit selbst tun und nur zur Unterstützung Hilfskräfte haben.

Da dem Kläger bei der Zubereitung der Speisen im Hotel Royal kein anderer Koch, wie er selbst behauptet, nur zwei Lehrjungen, zwei Küchenmädchen und ein Schüsselspüler, von ihm Kasserolier genannt, zur Verfügung standen, so ist offensichtlich, daß Kläger seine Tätigkeit nicht auf die Leitung und Beaufsichtigung dieses der Kochkunst unkundigen Personals beschränken konnte, daß er vielmehr selbst mit Hand anlegen und das Zubereiten der Speisen selbst besorgen mußte.

Hiernach kann Kläger eine Kündigung nach den Vorschriften des § 133a der GO. nicht beanspruchen.

b) Urteil des Oberlandesgerichts Köln vom 24. Januar 1903.

Die Berufung des entlassenen Küchenchefs gegen das Urteil des Landesgerichts Düsseldorf, welches die Entschädigungsklage für die Kündigungsfrist des § 133a abgewiesen hatte, ist zurückgewiesen.

Aus den Gründen: Schon nach seinem eigenen Vortrage war der Kläger in der Stellung bei dem Beklagten kein Betriebsbeamter im Sinne des § 133a der GO. Zwar nennt er sich Küchenchef und wird auch allgemein so tituliert. Aber nicht die Bezeichnung einer gewerblichen Tätigkeit, nicht die Titulatur des Gewerbetreibenden ist für die Beurteilung des Arbeitsverhältnisses entscheidend, sondern maßgebend allein ist der Inhalt der gewerblichen Tätigkeit selber, also hier die tatsächliche Stellung, die der Kläger bei dem Beklagten inne gehabt hat.

Unbedenklich bildet nun die Küche eines Hotels eine eigene Abteilung im Hotelwesen. Der Küchenchef als Leiter einer solchen Abteilung gehört daher dann unter die Betriebsbeamten der § 133a der GO., wenn er die allgemeinen Merkmale, die den Begriff des Betriebsbeamten bilden, in seiner Person vereinigt. Wesentlich ist hierzu, daß seine Haupttätigkeit in der Leitung und Beaufsichtigung des Küchenbetriebes liegt, der gegenüber es nebensächlich erscheint, wenn er nebenher auch mit dem Kochen selber, einer dem Kochen obliegenden Verrichtung sich befaßt. Betriebsbeamter würde hiernach derjenige Küchenchef sein, dem ein umfangreiches Küchenpersonal unterstellt ist, der jedem seine besonderen Verrichtungen zuzuweisen und so die Küchenarbeit einzuteilen hat, der aber auch weiterhin nach den jeweiligen Hotelbedürfnissen im wesentlichen selbständig zu bestimmen hat, welche Speisevorräte zu beschaffen und welche Speisen auf die Speisekarte zu setzen sind. Ein solcher Küchenchef ist im Umfange dieser leitenden und beaufsichtigenden Tätigkeit für die Gesamtleistung der Küche, namentlich für die gute und rechtzeitige Herstellung der Speisen nicht minder für eine sparsame Verwirtschaftung der Vorräte und eine sachgemäße Ausnutzung des Küchenpersonals, dem Hotelunternehmer allein verantwortlich. Mit Recht hat auch das GG. zu Hamburg — in seinen in der Zeitschrift „Gewerbegericht" Jg. 4, S. 48 abgedruckten Urteil — unter den obigen Voraussetzungen einen Küchenchef für einen Betriebsbeamten erklärt, wobei es für seine Eigenschaft als Betriebsbeamter nicht auch darauf ankommt, ob ihm noch das weitere Recht eingeräumt ist, selber die erforderlichen Speisevorräte anzuschaffen und selbständig einzukaufen und selber das Küchenpersonal anzustellen und zu entlassen. Eine derartige Leistung einer Hotelküche ist aber nur ausführbar, wenn dem Küchenchef ein kochkundiges Personal unterstellt ist, das befähigt ist, nach seiner Anweisung die Speisen vollständig zu bereiten und anzurichten, wenn es auch dem Küchenchef vorbehalten bleiben muß, im Verlaufe der Zubereitung der Speisen nachhelfend einzugreifen und die Speisen durch seine eigene Kunst zu verbessern. Ein solcher für einen umfangreichen Küchenbetrieb allein verantwortlicher Küchenchef ist dem Oberkellner vergleichbar, dem allein die Verantwortung für die mit Hilfe einer großen Kellnerschaar betriebene Leitung eines Hotelrestaurants und für die auszugebenden Speisen und Getränke und deren Bezahlung obliegt; auch ein Oberkellner dieser Art ist in der Praxis als Betriebsbeamter im Sinne des § 133a der GO. behandelt (vgl. Urteil Landgerichts in Wiesbaden vom 13. November 1901, gestützt auf die eingeholten Gutachten der GG. in Berlin und Köln, abgedruckt im „Gewerbegericht" Jg. 8, Sp. 9 u. 13.) Aber anders liegt die Sache im gegebenen Falle. Denn die Haupttätigkeit des Klägers bestand im Kochen selber, nicht in der Aufsicht über das Kochen des übrigen Küchenpersonals. Das folgt daraus, daß ihm nur drei im Kochen einigermaßen ausgebildete Personen unterstellt waren, wenn man den beiden Küchenmädchen und dem ausgelernten Kochgehilfen, den der Kläger erst in zweiter Instanz erwähnt hat, die Befähigung zu einer die Durchschnittsansprüche befriedigenden Kochleistung beilegt. Dagegen kommen die beiden Kochlehrlinge und der Schüsselspüler als eigentliche Kochgehilfen nicht in Betracht, da er diesen, was keiner näheren Ausführung bedarf, die Herstellung von Speisen nicht überlassen, sondern sie höchstens zu Hilfeleistungen beim Kochen verwenden konnte. Einerseits bei den geringen dem Kläger unterstellten eigentlichen Kochkräften, andererseits in Anbetracht, daß an die Zubereitung, Schmackhaftigkeit und Art der Anrichtung der in einem besseren Hotelrestaurant vielfältig verlangten Speisen hohe Anforderungen gestellt werden, erscheint der Kläger unter seinem Küchenpersonal nur als erster Koch, der wesentlich mitzukochen hat, nicht aber als der selbständige Leiter eines Küchenbetriebes, der nur nachhelfend am Kochen sich beteiligt und höchstens im Notfalle selber kocht. Die Erhebung der vom Kläger über den von ihm geschilderten Küchenbetrieb, den Speiseneinkauf und die Zusammenstellung der Speisenkarte erbotenen Beweise erübrigt sich daher, da selbst, wenn man die Behauptungen des Klägers als richtig unterstellt und selbst annimmt, daß der Beklagte dem Kläger gesagt habe, er solle „selbst nicht viel mitarbeiten", der Kläger gleichwohl nur als der erste Koch, der nicht viel mitarbeiten brauchte, aber immerhin die wichtigen, besseren, schwierigen Speisen selbst zubereiten mußte, erscheint. Mithin muß der Kläger für einen Gewerbegehilfen, nicht aber für einen Betriebsbeamten des Beklagten erklärt werden.

Ist aber der Kläger kraft seiner gewerblichen Tätigkeit nur als ein Gewerbegehilfe des Beklagten anzusehen, so ist es auf dieses Verhältnis unter den Parteien einflußlos, ob der Kläger einen Jahresarbeitsverdienst von mehr als 2000 Mk. in seiner Stellung bei dem Beklagten zu beanspruchen hatte.

Denn selbst in diesem Falle bleibt er Gewerbegehilfe und wird nicht etwa, was der Kläger anzunehmen scheint, zum Betriebsbeamten, der infolge eines höheren Jahresarbeitsverdienstes nicht als Arbeiter, Gewerbegehilfe im Sinne des § 2 Abs. 2 des Reichsgesetzes betreffend die GG. vom 29. Juli 1890 Reichsgesetzblatt S. 141 (jetzt im Sinne des § 3 Abs. 2 der vom 1. Januar 1902 geltenden Fassung des GGG. vom 29. September 1901 Reichsgesetzblatt S. 353) anzusehen ist und deshalb der Zuständigkeit des GG. nicht unterliegt.

### c) Urteil des GG. Würzburg vom 20. August 1902 und des Kgl. Landgerichts Würzburg vom 15. April 1903.

**Der Besitzer des Hotels „Zum russischen Hof" A. L. engagierte den Küchenchef P. F. am 15. November 1901 gegen einen Monatslohn von 120 Mk., freie Kost und 20 Mk. Wohnungsgeld pro Monat; über Kündigung wurde keine Vereinbarung getroffen. Am 15. Juni 1902 wurde dem F. auf 14 Tage gekündigt; dieser nahm jedoch die Kündigung nicht an und beanspruchte unter Berufung auf § 133a GO. Einhaltung der gesetzlichen, sechswöchentlichen Kündigungszeit. Am 30. Juni cr. erfolgte die Entlassung des F. F. erhob deshalb Klage auf Entschädigung für Lohn und Kost auf 6 Wochen.**

Das GG. hat die Klage abgewiesen.

Aus den Gründen des GG.: Anspruch auf Einhaltung einer sechswöchentlichen Kündigungsfrist haben gemäß § 133a GO. diejenigen Personen, welche nicht lediglich vorübergehend mit der Leitung oder Beaufsichtigung eines Betriebes oder einer Abteilung derselben (Betriebsbeamte rc.) betraut sind. Im gegebenen Fall ist durch die Beweiserhebung festgestellt, daß der Kläger nur drei junge Leute, die noch nicht selbständig arbeiten konnten, unter sich hatte. Der eine hatte ausgelernt, aber nicht in einem Hotel, sondern in einer Hofküche, die beiden andern waren gelernte Konditoren, hatten als Köche aber noch nicht ausgelernt; außerdem war noch eine Kaffeeköchin da. Unter diesen Umständen kann nicht angenommen werden, daß Kläger sich auf eine leitende und beaufsichtigende Tätigkeit beschränken konnte; denn keiner dieser ihm unterstellten Arbeiter kann als derart perfekt erachtet werden, daß die unmittelbare Mitwirkung eines vollständig ausgebildeten Fachmannes entbehrt werden könnte; außerdem ist auch der Hotelbetrieb im „Russischen Hof" gerichtsbekannt kein derart ausgedehnter, daß neben dem Arbeiterpersonal auch in der Küche ein besonderer Betriebsleiter erforderlich wäre. Das GG. ist deshalb der Meinung, daß der Kläger nicht als Betriebsleiter im Sinne des § 133a GO., sondern als Gewerbegehilfe in Betracht kommt. Als solcher hat er gemäß § 122 GO. Anspruch auf vierzehntägige Kündigung, welche beklagtischerseits auch eingehalten wurde.

Auf die Berufung des Klägers ist das Urteil 1. Instanz aufgehoben und der Beklagte nach dem Klageantrag verurteilt worden.

Aus den Gründen des Landgerichts: Nach dem gegenseitigen Vorbringen der Parteivertreter steht zur Entscheidung des Berufungsgerichts lediglich die dem rechtlichen Gebiete angehörige bestrittene Frage, ob der Kläger in seiner Stellung bei dem Beklagten zu denjenigen Personen zu rechnen ist, welche — nicht lediglich vorübergehend — „mit der Leitung oder Beaufsichtigung des Betriebes oder einer Abteilung derselben beauftragt sind". Schon die Motive zu der hier einschlägigen Gesetzesstelle — § 133a GO. — sprechen aus, daß nicht jeder Arbeiter, dessen Tätigkeit eine gewisse engbegrenzte Aufsicht einschließt, unter die Personen fällt, deren Verhältnisse durch den § 133a l. c. geregelt werden sollen; andererseits kann aber die Leitung und Beaufsichtigung neben der sonstigen handwerksmäßigen Tätigkeit des Arbeiters verhältnismäßig geringfügig und von so untergeordneter Bedeutung sein, daß dadurch am Wesen seiner Stellung als eines gewöhnlichen Arbeiters nichts geändert wird. Im Übrigen führt das Gesetz zur Erläuterung des Begriffes „Betriebsleiter" einige Beispiele an, stellt aber keine näheren Merkmale auf, welche die eine Klasse von Angestellten von der anderen unterscheiden; die Grenze ist anerkanntermaßen eine flüssige und ist im einzelnen Falle unter Berücksichtigung seiner besonderen konkreten Verhältnisse zu ziehen. Maßgebend ist in dieser Beziehung die Art und der Umfang der Leitung und Beaufsichtigung: es kommt hierbei darauf an, ob und inwieweit daneben eine leitende und beaufsichtigende Tätigkeit des Arbeitgebers oder eines Dritten stattfindet, ob die Zeit des Angestellten hauptsächlich durch die Leitung und Beaufsichtigung, oder durch seine handwerksmäßige Tätigkeit in Anspruch genommen wird; ferner ist erheblich der Umfang der Befugnisse, welche dem Angestellten gegenüber anderen Arbeitern in Beziehung auf Zuweisung der Arbeit, die Zeiteinteilung, die Beaufsichtigung und Genehmigung der Arbeiten, die Ausbildung der jugendlichen Arbeiter, die Aufrechterhaltung der Sitte und Ordnung in den Werkstätten eingeräumt sind. Von Bedeutung kann endlich noch sein die Größe des Betriebes, die Zahl der Arbeiter, endlich das Maß der Abhängigkeit, in welchem sich der Angestellte bei der Ausübung seiner Tätigkeit gegenüber dem Arbeitgeber befindet — cf. Seufferts Archiv, Bd. 55, S. 98 und 157. Der vom Vertreter des Beklagten vertretenen Anschauung, daß der § 133a GO. auch erfordere, daß neben dem Betriebsleiter eine Reihe von Personen in der Abteilung beschäftigt ist, welche ebenfalls in der betreffenden

Branche voll und ganz ausgebildet ist, kann mit Rücksicht auf die Mannigfaltigkeit der Gesichtspunkte, welche bei der Entscheidung der hier bestrittenen Frage maßgebend sein müssen, nicht beigetreten werden.

Bei der Würdigung der hier vorliegenden, teils gerichtsnotorischen, teils unbestrittenen und teils bestrittenen Tatsachen mit Bezug auf die oben aufgeführten, den Begriff eines Betriebsleiters im Sinne des § 133a GO. bestimmenden Merkmale kam das Berufungsgericht zu der Überzeugung, daß der Kläger bei dem Beklagten die Stellung eines solchen Betriebsleiters innehatte. Es kann zunächst dahingestellt bleiben, ob der Kläger vom Beklagten ausdrücklich als sogenannter Küchenchef oder als Koch in Stellung genommen wurde; denn soviel steht nachdem eigenen Vorbringen des Beklagten fest, daß der Kläger als sogenannter leitender Koch, als Dirigent in seiner Hotelküche, welche zweifellos eine wichtige Abteilung des Hotelbetriebes bildet, gedungen wurde. Hierfür spricht schon die immerhin gute Honorierung der klägerischen Leistungen mit monatlich 140 Mk. bar außer der freien Verpflegung.

Nun ist weiter bekannt, daß der Beklagte im Jahre 1901 das Hotel „Zum russischen Hof" dahier in eigener Verwaltung betrieb, obwohl er als Architekt in einem solchen Betriebe wohl keine oder doch nur geringe Gewandtheit besitzt. Da, wie aus seinem eigenen Vorbringen hervorgeht, anfänglich auch kein sogenannter Hoteldirektor angestellt war, so war der Beklagte geradezu gezwungen, dem Kläger die von ihm geschilderte leitende und beaufsichtigende Stellung in der Küche des genannten Hotels zu überlassen. Es war dies aber auch tatsächlich der Fall; denn der Kläger hat, wie er unwidersprochen behauptet, nach seinem Gutdünken die Rohmaterialien für die Küche eingekauft und bestellt, die Menus selbständig aufgestellt, für das Essen des ganzen Personals gesorgt und das Küchenpersonal, welches aus einem Koch, zwei Anfängern in der Kochkunst, einer Kaffeeköchin, einem Putzer und zwei Küchenmädchen bestand, also schon einen erheblichen Umfang hatte, überwacht und ganz nach seinem Gutdünken geleitet. Hierzu kommt noch, daß dem Kläger, wie ebenfalls nicht widersprochen ist, bei seinem Eintritt das Kücheninventar nach einem Verzeichnis unter Haftung für etwaige Abgänge übergeben war. Daß bei dem oben aufgeführten Personal die Zeit des Klägers in der Hauptsache durch die Leitung und Beaufsichtigung des Betriebes in der Küche in Anspruch genommen war, liegt wohl um deswillen nahe, weil im entgegengesetzten Falle der weitere Koch, sowie die beiden sogenannten Lehrlinge nicht genügend beschäftigt gewesen wären, und wohl der Kläger die handwerksmäßige Tätigkeit nicht selbst angenommen hat, sondern seinem reichlich unterstellten Personal überlassen konnte.

Indem das Gewerbegericht, gestützt auf die Aussage des Sachverständigen K. H. mit Rücksicht auf den Umstand, daß keiner der dem Kläger unterstellten Arbeiter vollkommen als Koch ausgebildet war, dem Kläger die Eigenschaft eines Betriebsleiters absprach, hat es hierbei die vorgeschilderte in mannigfaltiger Hinsicht selbständige Stellung desselben nicht genügend gewürdigt und die Bestimmung des § 133a GO. zu enge aufgefaßt. Damit will selbstverständlich nicht gesagt werden, daß sämtliche Hotelköche als Betriebsleiter im Sinne der mehr allegierten Bestimmung der GO. anzusehen sind; es kann deshalb auch das vom Kläger vorgelegte Urteil in der Zeitung für Köche auf die vorwürfige Entscheidung nicht von Einfluß sein, zumal dort die konkreten Merkmale für die Beurteilung der Sache nicht angegeben sind. Im vorliegenden Falle ist das Dienstverhältnis des Klägers mit Rücksicht auf die voraufgeführten bereits feststehenden konkreten Umstände, wonach derselbe mit der Leitung und Beaufsichtigung der Hotelküche des Beklagten in hervorragend selbständiger Weise beauftragt und betraut war, nicht als Gehilfenstellung gemäß § 122 der GO., sondern als Stellung eines Betriebsbeamten gemäß § 133a l. c. aufzufassen.

## 346. Ist der Brennmeister auf einem Rittergut Betriebsbeamter?

**Urteil des Oberlandesgerichts Dresden vom 5. Juli 1897.**

Der Kläger war im Juni 1893 als Brennmeister für die auf dem Rittergut des Beklagten betriebene Brennerei in den Dienst des Beklagten gegen monatliche Gehaltszahlung getreten. Am 5. April 1895 wurde ihm gekündigt und am 3. Mai wurde er entlassen.

Der Anspruch auf Gehaltszahlung bis zum Schluß des bei der Kündigung laufenden Kalendervierteljahrs ist anerkannt worden.

Aus den Gründen: „Die Stellung, welche der Kläger im Brennereibetriebe des Beklagten bekleidete, ist eine solche, auf welche § 133a der GO. in der Fassung der Novelle vom 1. Juni 1891 Anwendung findet. An sich zwar rechnet der Gesetzgeber die Landwirtschaft nicht zu den Gewerben (vgl. die sächs. Ausf.-Verordnung zur GO. vom 16. September 1869, § 5 Abs. 1; Entscheid. des Reichsgerichts Bd. 1 S. 265), und sind daher auch solche Nebenbetriebe, deren Grundlage die Landwirtschaft abgibt, sowie die dabei beschäftigten Arbeiter und Gehilfen nicht den Bestimmungen der GO. zu unterstellen (vgl. Fischers Zeitschrift für Praxis und Gesetzgebung der Verwaltung in Sachsen Bd. 10 S. 275; Landmann, GO. 3. Aufl., Bd. 1 S. 27; v. Bernewitz, GO. 6. Aufl., S. 6 zu § 6). Indes ist der Begriff des landwirtschaftlichen Nebenbetriebs kein feststehender, namentlich seitdem manche Einrichtungen, die früher allgemein mit der Landwirtschaft zusammenfielen, zum Großbetriebe übergegangen sind, und sich dadurch zu selbständigen industriellen Unternehmungen herausgebildet haben (vgl. von Schicker, GO. 3. Aufl. S. 7, Landmann, GO. 3. Aufl. S. 29). Man hat sich daher in jedem einzelnen Falle nach dem Umfang und Zweck der bestehenden Einrichtungen schlüssig zu machen, ob ein landwirtschaftliches Unternehmen vorliegt, oder ein Gewerbebetrieb.

Im vorliegenden Falle handelt es sich um eine Spiritusbrennerei, in welcher nach den beigebrachten steueramtlichen Unterlagen im Jahre 1893/94 mehr als 10600 Zentner Kartoffeln zu Spiritus verarbeitet worden sind. Die etwas geringere Leistung des folgenden Betriebsjahres führt der Beklagte selbst bloß darauf zurück, daß es an Rohmaterial fehlte; immerhin sind auch noch in diesem Jahre mehr als 7600 Zentner Kartoffeln und 268 Zentner Gerste zu Spiritus verarbeitet worden. Eine so große Brennerei wird nicht mehr in vorwiegender Rücksicht auf die Bedürfnisse des Gutes betrieben, also um den Rohprodukten einen flotten Absatz zu sichern und den Viehstall mit dem wertvollen Futter zu versorgen, das die Getreide- und Kartoffelschlempe abgibt. Sondern hier unternimmt der Gutseigentümer die Verarbeitung der Rohstoffe in erster Linie, um das wertvolle Fabrikat zu erzeugen, dessen Vertrieb auf dem Markt ihm einen höheren Gewinn bringt als der Verkauf seiner Felderzeugnisse. Der Anbau der Rohstoffe ist also Mittel zum Fabrikationsbetriebe, wenn auch nebenher auf die Abgänge des Betriebs gerechnet wird, die der Landwirtschaft zugute kommen.

Die Leitung dieses Fabrikbetriebs war vorliegendenfalls dem Kläger übertragen, der die Stellung des Brennmeisters bekleidete und vom Beklagten gegen feste Bezüge und nicht bloß vorübergehend beschäftigt wurde. Einen solchen Brennmeister im Großbetriebe kann man nach der Art seiner Dienstleistungen und der Höhe seiner Besoldung unbedenklich auf dieselbe Stufe stellen mit dem Werkmeister einer Fabrik, den der § 133a der GO. ausdrücklich zu den Personen rechnet, deren Rechtsverhältnis das Gesetz regeln will. Dann hat er aber auch Anspruch auf die diesen Personen zustehende Vergünstigung, daß eine Aufhebung des Dienstverhältnisses, beim Mangel anders lautender Verabredung, nur mit Ablauf des Kalendervierteljahrs nach sechs Wochen vorher erklärter Aufkündigung geschehen kann." (Annalen Bd. 20 S. 338.)

## 347. Ist der Stuhlmeister in einer mechanischen Weberei Werkmeister?

a) Urteil des gemeinschaftl. Landgerichts Gera vom 23. März 1901.

Dem Kläger war ein Revier von 50 Stühlen mit etwa 25 Arbeitern überwiesen. Er hatte in der Hauptsache die Webstühle zur Arbeit vorzurichten und die Ketten in dieselben einzulegen; falls während der Arbeit an den Stühlen etwas in Unordnung kam, hatten es ihm die Arbeiter zu melden und er den Stuhl wieder in Ordnung zu bringen. Außerdem hatte er jeden Tag mindestens einmal zu prüfen, ob sich Verzüge oder sonstige laufende Fehler in der Webware fanden und vorkommendenfalls die Arbeiter zur Abänderung dieser Fehler anzuhalten. Falls grobe Fehler, oder sonstige besondere Umstände, z. B. beim Weben neuer Artikel, vorlagen, war dem Vorgesetzten des Klägers, dem Webereidirektor B., Mitteilung zu machen und traf dieser die erforderlichen Maßnahmen. Der Kläger hatte auf Ordnung in seinem Revier zu halten. Verantwortlich war er nur für etwaige Fehler, welche er bei Vorrichtung der Stühle begangen hatte, nicht auch für solche, die ausschließlich den Arbeitern zur Last fielen.

Kläger beansprucht auf Grund des § 133a der GO. Lohnentschädigung für sechs Wochen.

Das GG. Gera hat nach dem Klageantrag verurteilt. Auf die Berufung des Beklagten hat das Landgericht unter Abänderung des Urteils erster Instanz die Klage abgewiesen.

Aus den Gründen: Nach Aussage der vernommenen Zeugen in Verbindung mit dem Gutachten des Gewerbeinspektors und namentlich der Geraer Handelskammer, welche besser zur Begutachtung der Streitfrage berufen erschien als etwa der Werkmeisterverband oder der Fabrikantenverein, da diese nur bestimmte Interessengruppen umfassen, fällt Kläger nicht unter § 133a der GO., denn Kläger war Stuhlmeister in dem in Gera gebräuchlichen Sinne. Stuhlmeister haben hauptsächlich das Vorrichten der Stühle ihres Reviers zu besorgen, die Ketten in die Stühle einzuziehen und falls etwas am Stuhle in Unordnung gerät, dies zu beseitigen. Stuhlmeister brauchen keine besondere Vorbildung zu haben, ihre Stellung kann von jedem besseren Weber versehen werden. Sind sie hiernach wie jeder andere Arbeiter, welcher für die Zwecke des Fabrikbetriebs tätig ist, als Fabrikarbeiter im Sinne des § 134 GO. anzusehen, so wird an dieser Stellung nichts geändert, wenn sie auch gewisse Leitungs- und Aufsichtsfunktionen haben. Denn schon die Motive zu § 133a GO. (S. 20) sprechen aus, daß nicht jeder Arbeiter; dessen Tätigkeit eine gewisse engbegrenzte Aufsicht einschließt, unter die Personen fällt, deren Verhältnisse durch § 133a ff. GO. geregelt werden sollen. Der Kläger hatte die Weber in der Handhabung des Stuhles zu unterstützen, er hatte ferner ihre Arbeit täglich mindestens einmal auf laufende Fehler zu prüfen und er hatte endlich auf Ordnung in seinem Revier zu halten. Diese Leitungs- und Beaufsichtigungstätigkeit erscheint aber neben seiner sonstigen mechanischen Haupttätigkeit, dem Vorrichten der Stühle, verhältnismäßig geringfügig und jedenfalls nicht geeignet, ihn aus dem Kreise der gewerblichen Arbeiter gesellschaftlich und dienstlich herauszuheben und ihn als einen in bestimmter Beziehung vom Unternehmer unabhängigen Dirigenten erscheinen zu lassen. (Vgl. hierzu Urteil des Reichsgerichts, Seuff. Arch. Bd. 44 Nr. 45, Urteil des Oberlandesgerichts Stuttgart, das. Bd. 55 Nr. 157.) Dies ergibt sich namentlich auch daraus, daß seine Tätigkeit nach Art und Umfang nur die für Stuhlmeister überhaupt übliche gewesen ist, und daß seine Stellung eine wenig verantwortliche und selbständige war, da über ihm zwar kein Werkmeister, aber doch der Webereidirektor stand, welcher nicht nur in allen wichtigeren Fragen zu entscheiden, sondern auch allein Disziplinargewalt über die Weber hatte und deren Vorgesetzter war.

**b) Zwischenurteil des Landgerichts Düsseldorf vom 2. Januar 1903.**

Das Landgericht hat im Gegensatz zum Vorderrichter (GG. München-Gladbach) den Kläger als Werkmeister betrachtet.

Aus den Gründen: Das Ergebnis der Beweisaufnahme ist, daß die eigenen Aussagen der vom Beklagten genannten Zeugen die Werkmeistereigenschaft des Klägers klarstellen. Hiernach sind in der mechanischen Weberei der Beklagten durchschnittlich 18—19 Arbeiter beschäftigt. Dieselben bedienen 26 Webstühle, unter denen sich zur Zeit sechs Jacquardstühle befinden. Der Beklagte und sein Sohn haben die Oberleitung des Betriebs. Das Wiegkammergeschäft und das Anfertigen der Muster besorgte unter der Aufsicht derselben und nach Anleitung des Komtors der Werkmeister F. Die Tätigkeit des Klägers als sogenannter Stuhlmeister bestand darin, daß er den Webstuhlbetrieb und die in demselben beschäftigten Arbeiter beaufsichtigte und letzteren Anleitung und Anweisung gab, auch ihr rechtzeitiges Kommen kontrollierte und Verspätungen auf dem Komtor zu melden hatte. Er hatte selbst keinen Stuhl, an dem er ständig gearbeit hätte, sondern war den Webern beim Einlegen der Ketten behilflich, verbesserte Mängel an den Stühlen und sorgte für Vermeidung von Fehlern in den Geweben und Beseitigung etwa entstandener. Hierbei unterlag er nur ganz im allgemeinen der Kontrolle des Werkmeisters F. und hatte den Anweisungen desselben und dem Komtor insofern Rechnung zu tragen, als von dort aus der jeweilige Gang der Fabrikation, insbesondere die jeweilig zu webenden Muster bestimmt wurden und als bei Änderung und Reparaturen an Stühlen Meldung auf dem Komtor erfolgen mußte. Direkte Eingriffe von F. in den technischen Webereibetrieb waren schon deshalb ausgeschlossen, weil F. in dieser Hinsicht die spezielle Sachkenntnis abging. Kläger nahm Arbeiter für den Betrieb an, ohne dieserhalb vorher mit dem Beklagten oder dessen Sohn Rücksprache nehmen zu müssen. Zur Entlassung von Webern war er nicht befugt. Während die Weber in Akkord arbeiten, hatte Kläger einen festen Wochenlohn von 24 Mk., wogegen F. einen Monatslohn von 100 Mk. bezog.

Aus diesen Festsetzungen, welche im wesentlichen mit denjenigen des GG. übereinstimmen, ist im Gegensatz zum ersten Richter zu entnehmen, daß Kläger Werkmeister im Sinne des § 133a der GO. war. Seine Stellung ging nicht nur, wie auch das GG. nicht verkennt, über die eines gewöhnlichen Fabrikarbeiters, sondern auch über diejenigen eines Vorarbeiters, mit dem ihn das GG. auf eine Stufe stellt, weit hinaus. Mit der bloßen Stellung eines solchen mag es vereinbar sein, daß Kläger, ohne einen bestimmten Stuhl zu bedienen, auf allen Stühlen die Ketten einlegte, Mängel an den Stühlen verbesserte und für Vermeidung und Beseitigung von Fehlern in den Geweben Sorge trug. Nicht vereinbar mit einer solchen Stellung ist die Tatsache, daß er die technische Leitung und Beaufsichtigung des ganzen Webereibetriebes als einer für sich bestehenden Abteilung der Fabrik und der in dieser beschäftigten Arbeiter unter eigener Verantwortlichkeit hatte und daß er hierin nicht dem direkten Eingreifen des Werkmeisters, F., unterlag, sondern selbständig dastand, vorbehaltlich nur der Anweisungen und des Eingreifens des Geschäftsinhabers selbst oder dessen Sohnes. Für seine Eigenschaft als Meister spricht auch seine Befugnis, selbständig, ohne vorherige Nachfrage, Arbeiter annehmen zu dürfen. Ferner spricht für dieselbe die Tatsache, daß er keinen Akkord- oder Tagelohn, sondern festen Wochenlohn bezog, sowie die Höhe dieses Lohnes, die derjenigen des Werkmeisters F. nur um ein ganz geringes nachstand. Hiernach treffen alle Merkmale des § 133a GO. auf Kläger zu. Er gehört zu den gegen feste Bezüge beschäftigten Personen — ob diese Bezüge wöchentlich oder monatlich ausgezahlt werden, macht nach dem Gesetz keinen Unterschied — und er war, nicht lediglich vorübergehend, mit der Leitung und Beaufsichtigung einer Abteilung des beklagtischen Fabrikbetriebs, nämlich der Webereiabteilung, beauftragt. Ob die mechanischen Verrichtungen, die Kläger außer seiner Leitung und Beaufsichtigung zu erfüllen hatte, in größeren Webereibetrieben von unselbständigen Vorarbeitern unter Aufsicht und Leitung von Meistern ausgeführt zu werden pflegen, ist für die Frage, welche Stellung Kläger in dem hier in Betracht kommenden kleinen Betrieb hatte, offenbar gleichgültig. Kläger vereinigte eben in dem kleinen Betriebe die Stellung eines Vorarbeiters und Meisters, die in größeren Betrieben getrennt zu sein pflegen. Unerheblich ist auch die von dem Sohn des Beklagten bekundete und nötigenfalls noch unter Sachverständigenbeweis gestellte Tatsache, daß in M.-Gladbach das Dienstverhältnis derartiger „Stuhlmeister" als mit 14 Tagen kündbar gilt. Denn durch Ortsgebrauch, selbst wenn ein solcher bestände, könnte die zwingende Vorschrift des Gesetzes nicht abgeändert werden.

## 348. Ist der Zahlkellner Betriebsbeamter? Kann er wegen Beleidigung von Gästen sofort entlassen werden?

Urteil des GG. Karlsruhe vom 31. Mai 1900.

Das GG. hat die Klage auf Lohnentschädigung abgewiesen.

Aus den Gründen: Es ist erwiesen, daß Kläger sich in der ungehörigsten Weise gegen die beiden Zeugen benahm, dieselben mit Beschimpfungen überhäufte und den wiederholten Aufforderungen des Sekretärs, „ruhig zu sein, da er mit den Herren allein verhandeln wolle", keinen Gehorsam leistete, sodaß sich letzterer genötigt sah, die sofortige Entlassung des Klägers auszusprechen.

In diesem Verhalten des Klägers ist ein beharrlicher Ungehorsam des Klägers zu erblicken, welcher allein schon die Entlassung des Klägers rechtfertigen würde. Es kommt jedoch weiter die Stellung eines Zahlkellners in Betracht. Der Zahlkellner hat den Einzug der Zeche von sämtlichen Gästen der ganzen Wirtschaft oder eines bestimmten ihm zugewiesenen Teiles derselben auf eigene Verantwortlichkeit zu besorgen unter Ausschluß anderer Personen, insbesondere auch des Wirtes selbst und etwaigen Beauftragten desselben; damit erscheint der Zahlkellner aber nicht als gewöhnlicher Arbeiter, sondern als Betriebsbeamter im Sinne des § 133a GO. und kann deshalb nicht nur aus den in § 123 GO. speziell verzeichneten Gründen, sondern immer dann entlassen werden, wenn ein „wichtiger" Grund vorliegt. Daß aber im vorliegenden Falle der Beklagte ein weiteres Verbleiben des Klägers in seiner Stellung als Zahlkellner nicht dulden konnte, ohne das Ansehen seiner Wirtschaft auf das empfindlichste zu schädigen, daß somit ein „wichtiger" Grund im Sinne des Gesetzes vorliegt, unterliegt nach Ansicht des Gerichts keinem Zweifel. („Gewerbegericht" Jg. 7, Sp. 12.)

## 349. Ist der Oberkellner Betriebsbeamter?

Urteil des Landgerichts Wiesbaden vom 13. November 1901.

Der Beklagte war Oberkellner in dem Hotel-Restaurant des Klägers. Es lag ihm insbesondere die Verantwortlichkeit für die ausgegebenen Speisen und Getränke ob. Die Kellner, die ihm in größerer Anzahl unterstanden, erhielten Speisen und Getränke nur gegen Bons, und für alles, was ihnen gegen Bons verabreicht wurde, hatte der Beklagte aufzukommen, der mit den Kellnern allabendlich abrechnete, dem Kläger täglich Abschlagszahlungen leistete und im übrigen mit diesem monatlich abrechnete. Die eigentliche Leitung des Hotels und des Restaurants lag in den Händen des Klägers, dem auch die Annahme und Entlassung der sämtlichen Bediensteten vorbehalten war, und dem der Beklagte etwaige Verstöße der ihm unterstellten Kellner zur Anzeige zu bringen hatte. Zur Not half der Beklagte auch beim Bedienen der Gäste aus. Der Wein wurde dem Beklagten im großen überliefert. Für alle aus seinem Keller entnommenen Flaschen hatte er dem Kläger Zahlung zu leisten. Sein festes Gehalt betrug monatlich 30 Mk. Die freie Beköstigung, die ihm außerdem zustand, war auf mindestens 1,50 Mk. täglich zu veranschlagen, seine Einnahme an Trinkgeldern auf mindestens 35 Mk. wöchentlich. Parteien hatten vor dem Amtsgericht Wiesbaden im Wege der Klage und Widerklage Ansprüche aus dem Arbeitsverhältnis geltend gemacht. Das Amtsgericht hat sich für unzuständig erklärt. Beide Parteien haben Berufung eingelegt und angeführt, Beklagter sei Betriebsbeamter mit mehr als 2000 Mk. Jahresgehalt.

Das Landgericht hat das erste Urteil aufgehoben.

Aus den Gründen: Bei der rechtlichen Würdigung des Sachverhaltes kann zunächst darüber kein Zweifel sein (vgl. Entsch. des ROHG. Bd. 24 S. 271; Staub, 5. Aufl., § 3 zu Art. 57 des alten HGB., Düringer-Hachenburg, Bem. II, 2 zu 59 des neuen HGB.), daß der Beklagte nicht etwa Handlungsgehilfe, sondern Gewerbegehilfe des Klägers war, da der Geschäftsverkehr mit den Gästen kein kaufmännischer Betrieb in dem üblichen Sinne, in der historischen Bedeutung des Wortes ist, und nur diese Bedeutung für den Begriff des Handlungsgehilfen entscheidend ist, mag auch der Gehilfe zugleich Handlungsbevollmächtigter sein oder nicht. Auch muß angenommen werden, daß zum Jahresarbeitsverdienste im Sinne des § 2 Abs. 2 GGG., ebenso wie im Sinne des KVG. (vgl. dazu Hahn, 2. Aufl. Bem. 1d zu § 1 und die dort angeführten Stellen) und der UVG. auch die Trinkgelder gehören (vgl. E. des GG. Mannheim vom 26. Januar 1900 in der Zeitschrift „Gewerbegericht", Jg. 6, Sp. 9) auf die der Beklagte als Entgelt für seine Tätigkeit vom Kläger größtenteils verwiesen war. Die Entscheidung über die Zuständigkeit der ordentlichen Gerichte hängt also ausschließlich von der Beantwortung der Frage ab, ob der Beklagte ein „Betriebsbeamter" im Sinne des § 2 Abs. 2 GGG. oder ein einfacher Arbeiter des Klägers war, und diese Frage muß in Übereinstimmung mit den eingeholten Äußerungen der GG. zu Berlin und Köln und im Gegensatze zu der Ansicht des GG. zu Frankfurt a. M. dahin entschieden werden, daß der Beklagte Betriebsbeamter war.

Als Betriebsbeamter im Sinne des § 2 Abs. 2 GGG. sind dieselben Personen anzusehen, die § 133a GO. als solche bezeichnet. Es ist dies zwar im GGG. nicht ausdrücklich ausgesprochen, ergibt sich aber daraus, daß der Entwurf des GGG. und der Entwurf der Novelle zur GO. vom 1. Juni 1891, der § 133a GO. seine Entstehung verdankt, gleichzeitig vom Bundesrate beim Reichstage eingebracht worden sind (vgl. Landmann-Rohmer, 3. Aufl. Bd. 1 S. 21), wenn auch der Entwurf des GGG. früher als der andere Gesetz wurde. Der § 133a GO. bezeichnet nur als Betriebsbeamte die vom Gewerbeunternehmer beschäftigten Personen, die mit der Leitung oder Beaufsichtigung des Betriebes oder einer Abteilung des Betriebes beauftragt sind. Eine solche Person war aber der Beklagte nach der Stellung, die er bei dem Kläger einnahm. Lag ihm doch die Beaufsichtigung des ganzen Restaurationsbetriebes, einer Abteilung des umfangreichen Gesamtbetriebes des Klägers, ob, wenn er auch seinerseits wieder der Beaufsichtigung des Klägers unterlag, und diesem wie die Annahme so auch die Entlassung der dem Beklagten in größerer Anzahl unterstellten Kellner vorbehalten war. Dabei kommt namentlich in Betracht, daß er selbständig die gesamte Abrechnung bezüglich der Speisen und Getränke besorgte, die — von wem auch immer — in dem Restaurationsbetriebe des Klägers verabreicht wurden, und für alle abgegebenen Bons persönlich aufzukommen hatte, wobei es sich, wie Feststellung in der Klage ergibt, um sehr erhebliche Beträge handelte. Daß er zur Not auch einmal selbst beim Bedienen der Gäste aushalf, steht (vgl. Landgericht Koblenz vom 5. Dezember 1898 in der Zeitschrift „Arbeiterversorgung" Jg. 16 S. 107) der Auffassung, daß er Betriebsbeamter war, nicht entgegen, entscheidend ist vielmehr, daß er im allgemeinen und im wesentlichen eine beaufsichtigende, ihn über die übrigen Kellner erhebende Tätigkeit ausübte (vgl. auch Rosin, Recht der Arbeiterversicherung Bd. 1 S. 160). Oberkellner, die eine solche Stellung einnehmen, müssen als Betriebsbeamte angesehen werden, mögen auch andere Oberkellner, namentlich solche in kleinen Restaurants, die eine selbständigere Stellung einnehmen, nicht dazu gehören und mag auch das jüngst veröffentlichte (Zeitschrift „Gewerbegericht" Jg. 7, Sp. 12) Urteil des GG. zu Karlsruhe vom 31. Mai 1900 zu weit gehen, das sogar alle Zahlkellner, deren der Beklagte sogar mehrere unter sich hatte, schlechthin als Betriebsbeamte ansieht. Da der Beklagte mit der Beaufsichtigung des Restaurationsbetriebes nicht lediglich vorübergehend, sondern ständig beauftragt war und außerdem, wenn auch größtenteils auf seine Einnahme an Trinkgeldern verwiesen, in nicht unerheblichem Maße feste Bezüge hatte, so trifft die in § 133a GO. gegebene Begriffsbestimmung in vollem Umfange auf ihn zu. Die Frage, ob diese Teile der Begriffsbestimmung aus § 133a GO. nach § 2 Abs. 2 GGG. herübergenommen werden müssen oder nicht (vgl. bezüglich der Worte „nicht lediglich vorübergehend" Wilhelmi-Fürst Note 5 zu § 2 GGG.) kann deshalb auf sich beruhen, der Beklagte hat vielmehr ohne weiteres als Betriebsbeamter zu gelten.

## 350. Kann ein Werkmeister für einen gesetzlichen Feiertag, an dem die Arbeit ruht, Lohn beanspruchen?

Urteil des GG. Berlin vom 8. Mai 1896.

Kläger, welcher als Werkführer gegen einen Wochenlohn von 36 Mk. beim Beklagten beschäftigt gewesen ist, verlangt u. a. Bezahlung für den 6. April 1896 (Ostermontag) und für den 8. April, wo er mit ausdrücklicher Erlaubnis des Beklagten bereits um 4 Uhr nachmittags die Fabrik verlassen hat, aber auch nur bis dahin entlohnt worden ist. Beklagter erachtet sich zu dem Lohnabzuge für den 6. April für befugt, weil an diesem Tage wegen des Osterfeiertages die Arbeit ganz geruht habe, und für den 8. April bezüglich der Zeit von 4 Uhr nachmittags ab deshalb, weil Kläger bereits um diese Zeit die Fabrik verlassen habe.

Der Beklagte ist verurteilt.

Aus den Gründen: Die Lohnkürzungen des Beklagten sind ungerechtfertigt. Das Gehalt des Werkführers stellt sich als ein fester Bezug für seine zeitlich, qualitativ und quantitativ unbegrenzten, dem Unternehmer gewidmeten Dienste dar. Das Wochengehalt bildet demnach eine pauschale Abgeltung der gesamten, innerhalb einer Woche entfalteten Tätigkeit des Werkführers, wobei es ohne Belang ist, ob an einem oder mehreren Tagen der Woche eine über das übliche Maß hinausgehende oder hinter demselben zurückbleibende Arbeitsleistung erfüllt ist. Kläger ist demgemäß vom Beklagten wegen Überstundenleistungen auch nie entschädigt worden. Aus diesem Grunde erscheint Beklagter aber auch nicht befugt, dem Kläger den Lohn für diejenigen Zeitabschnitte vorzuenthalten, in welchen der Betrieb überhaupt geruht hat oder der Beklagte den Kläger von seinen Dienstpflichten entbunden hatte, wie dies am 6. April (Ostermontag) und am 8. April von 4 Uhr nachmittags ab der Fall gewesen ist. (Unger, Nr. 142.)[1])

## 351. Kann die bei Betriebsbeamten, Werkmeistern ꝛc. erforderliche sechswöchentliche Kündigung auch schon vor Antritt des Arbeitsverhältnisses erfolgen?

Urteil des GG. Berlin vom 16. März 1894.

Klägerin, welche in dem gewerblichen Institute der Beklagten für Musterzeichnen und Stickerei als Zeichnerin schon früher beschäftigt war und ihrer Behauptung nach vom 1. September 1893 ab gegen einen Monatslohn von 60 Mk. wieder eintreten sollte,

[1]) Vgl. oben Nr. 142.

erhielt am 14. August 1893 eine schriftliche Mitteilung, inhalts deren Beklagte sie nicht wieder beschäftigen wollte. Klägerin, die sich zu den in § 133a der GO. genannten Personen zählt und daher eine sechswöchentliche vor Ablauf des Kalenderquartals zu erfolgende Kündigung für sich in Anspruch nimmt, verlangt Entschädigung für die Zeit vom 1. September bis 31. Dezember 1893, d. h. 240 Mk.

Der Klägerin ist die Entschädigung für die Zeit bis zum 1. Oktober zugesprochen. Im übrigen ist die Klage abgewiesen.

Aus den Gründen: Beklagte sowohl wie Klägerin waren in Gemäßheit des § 133a GO. befugt, beim Mangel besonderer Abrede das Dienstverhältnis mit Ablauf jeden Kalendervierteljahres nach sechs Wochen vorher erklärter Aufkündigung aufzuheben. Die briefliche Mitteilung der Beklagten, Klägerin im September und überhaupt nicht beschäftigen zu wollen, muß, abgesehen davon, daß sie eine Vertragsverletzung enthält, als eine Aufkündigung des Arbeitsvertrages angesehen werden. Es fragt sich jedoch, für welchen Zeitpunkt diese Willenserklärung der Beklagten Wirkung hat. Da die Kündigung vor dem 19. August erfolgt ist, und da auch vor Antritt des Dienstes gekündigt werden kann (Urteil des Oberlandesgerichts zu Hamburg vom 28. November 1891 zum Art. 61 HGB., abgedruckt in der Hanseatischen Gerichtszeitung Jg. 12 1891, S. 309ff.), so ist den Bestimmungen des § 133a GO. entsprechend gekündigt und das Vertragsverhältnis der Parteien mit Ende September 1893 für gelöst zu erachten. Die Ansprüche der Klägerin für die Zeit vom 1. Oktober bis 31. Dezember 1893 sind infolge dessen hinfällig. Deswegen ist nur noch zu prüfen, ob Beklagte, welche Klägerin vertragswidrig September nicht beschäftigt hat, durch dieses Verhalten schadensersatzpflichtig geworden ist. Fest steht, daß durch den Vertragsbruch der Beklagten der Klägerin 60 Mk. Verdienst entgangen sind. Diesen Schaden hat Beklagte zu ersetzen. (Unger, Nr. 144.)

## 352. Kann ein Laborant in einer Schokoladenfabrik auf unbestimmte Zeit zur Probe mit täglicher Kündigung angestellt werden?

Urteil des GG. Bremen vom 11. Juni 1901.

Das GG. hat die Beklagte zur Zahlung des Gehalts bis zum Ablauf des ersten Kalenderquartals verurteilt.

Aus den Gründen: Der Kläger ist zur Probe als Laborant zur Beaufsichtigung der Marzipan-Abteilung in der Chokoladefabrik der Beklagten gegen einen Wochenlohn von 36 Mk. angestellt. Er gehört somit zu denjenigen gegen feste Bezüge angestellten Personen, deren Arbeitsverhältnis nach § 133a GO. nur mit Ablauf jedes Kalendervierteljahres nach sechs Wochen vorher erklärter Aufkündigung aufgehoben werden kann. Bei diesen Personen ist eine Anstellung zur Probe, d. h. mit dem Rechte täglicher Aufhebung des Arbeitsverhältnisses, nach § 133aa GO. nicht mehr statthaft. Dieser § 133aa, der durch das Gesetz vom 30. Juni 1900 in die GO. eingefügt ist, bestimmt, daß wenn durch Vertrag eine kürzere oder längere Kündigungsfrist bedungen wird, diese nicht weniger als einen Monat betragen darf und daß eine dieser Vorschrift zuwiderlaufende Vereinbarung nichtig ist. Will man eine Person, die mit der Beaufsichtigung des Betriebes oder einer Abteilung desselben betraut werden soll, auf Probe anstellen, so muß man dies auf bestimmte kurze Zeit tun. Dann kann die Zeit auch kürzer als ein Monat sein. Der Kläger ist aber nicht auf bestimmte Zeit angestellt. Eine Anstellung „auf einige Wochen", wie es in dem Schreiben der Beklagten heißt, ist eine Anstellung auf unbestimmte Zeit. Eine Anstellung des Klägers zur Probe auf unbestimmte Zeit wäre nur mit der Maßgabe statthaft gewesen, daß eine Kündigungsfrist von wenigstens einem Monat bedungen wäre. Eine Vereinbarung täglicher Kündigung ist nach § 133aa GO. nicht statthaft. Die Beklagte kann sich daher auf den § 2 ihrer Arbeitsordnung, nach welchem während der ersten acht Tage nach dem Eintritt in die Fabrik die Arbeiter jederzeit entlassen werden und jederzeit aus dem Arbeitsverhältnis austreten können, nicht berufen. Die Vorschrift dieses Paragraphen ist für die gewöhnlichen Arbeiter rechtsverbindlich. Für Personen, welche, wie der Kläger, mit der Beaufsichtigung einer Abteilung der Fabrik betraut sind, ist sie seit Geltung des § 133aa der GO. nicht mehr rechtsverbindlich, weil sie diesem Paragraphen zuwiderläuft (vgl. § 134c GO.).

Die Beklagte kann sich auch nicht auf den § 133ac berufen, nach welchem die Vorschrift des § 133aa keine Anwendung findet, wenn ein Angestellter nur zur vorübergehenden Aushilfe angenommen wird. Diese Vorschrift bezieht sich nicht auf eine Anstellung zur Probe, wie sie bezüglich des Klägers stattgefunden hat. Der Unterschied zwischen beiden Arten von Anstellungen ist ein wesentlicher. Bei der Anstellung zur Probe will man die Fähigkeiten des Angestellten erproben und ihn dauernd behalten, wenn er sich bewährt. Bei der Anstellung zur vorübergehenden Aushülfe will man die Fähigkeiten des Angestellten nicht erproben, sondern man will einen fähigen Menschen anstellen, weil man vorübergehende Hilfe braucht; man will ihn aber nicht dauernd behalten. (Vgl. Schicker: Kommentar zur GO. 4. Aufl. Anm. 4 zu § 133aa und Anm. 2 zu § 133ac und Staub: Kommentar zum Handelsgesetzbuch 6. und 7. Aufl. Anm. 4 zu § 66 und Anm. 1 zu § 69.)

## 353. Kann vereinbart werden, daß das Recht zur sofortigen Entlassung nur im Fall des Verschuldens geltend gemacht werden darf?

Urteil des Reichsgerichts, 2. Zivilsenat, vom 16. Oktober 1896.

Das Reichsgericht hat die Frage bejaht.

Aus den Gründen: Ein Angriff des Klägers macht geltend, daß die vom Oberlandesgericht festgestellte Verabredung der Parteien, wonach der Beklagte die Rechte aus §§ 133b, 133c der GO. nur geltend machen darf, wenn ein Verschulden des Klägers vorliegt, gegen das Gesetz verstoße, weil die genannten Vorschriften der GO., welche ein Verschulden nicht erforderten, als absolute Gesetze anzusehen seien. Auch dieser Angriff geht fehl. Richtig ist zwar, daß der § 133b der GO., wenn er aus wichtigen, nach den Umständen des Falls die Aufhebung rechtfertigenden Gründen sowohl dem Arbeitgeber als dem Werkmeister (Betriebsbeamten u. s. w.) gestattet, vor Ablauf der vertragsmäßigen Zeit und ohne Innehaltung der Kündigungsfrist das Dienstverhältnis aufzuheben, dabei nicht unbedingt an Fälle denkt, in welchen den andern Teil ein Verschulden trifft; es ergeben dies einfach die in § 133c unter Nr. 4 aufgeführten Beispiele der anhaltenden Krankheit oder Abwesenheit des Werkmeisters, wie auch in dem gleichen Sinne der ähnlich lautende Art. 61 des Handelsgesetzbuches bisher in der Praxis verstanden worden ist (vgl. z. B. Entsch. des Reichsoberhandelsgerichts Bd. 21 S. 252). Daraus folgt aber nicht, daß den Vertragschließenden verwehrt sein soll, jene Vorschriften des Gesetzes zu Gunsten des Arbeiters durch Vereinbarung dahin zu mildern, daß nur wenn ein Verschulden auf seiten des Arbeiters vorliegt, der Dienstherr zur sofortigen Auflösung des Dienstverhältnisses gemäß §§ 133b und 133c der GO. befugt sein soll. Diese Vorschriften der GO. enthalten vielmehr nur dispositives Recht, dessen Anwendbarkeit durch abweichende Vereinbarung der Beteiligten ausgeschlossen wird. Dies bestimmt ausdrücklich der § 105 der GO. mit den Worten: „Die Festsetzung der Verhältnisse zwischen den selbständigen Gewerbetreibenden und den gewerblichen Arbeitern ist, vorbehaltlich der durch Reichsgesetz begründeten Beschränkungen Gegenstand freier Übereinkunft". Daß diese Vorschrift sich auch auf die Verhältnisse der in den §§ 133a bis 133e besonders behandelten Werkmeister, Betriebsbeamten und ähnlichen Angestellten bezieht, ergibt schon die Überschrift des Tit. 7, zu welchem sowohl der § 105 als die §§ 133a bis 133e gehören, indem es hier heißt: „Gewerbliche Arbeiter (Gesellen, Gehilfen, Lehrlinge, Betriebsbeamte, Werkmeister, Techniker, Fabrikarbeiter).“ Das Dienstverhältnis zwischen dem Werkmeister und seinem Arbeitgeber ist hiernach der Vertragswillkür der Beteiligten nur soweit entzogen, als durch Reichsgesetze Beschränkungen dieser Willkür bestimmt sind. Unter den „Beschränkungen“, von denen hier die Rede ist, können nun nicht alle Vorschriften verstanden werden, welche in Reichsgesetzen und namentlich in der GO. selbst über die Arbeitsverhältnisse, insbesondere das Dienstverhältnis, gegeben sind, sondern nur solche, welche ausdrücklich als unabänderliche Gesetze bezeichnet sind oder ihrer Natur nach als Vorschriften des öffentlichen Rechts diese Eigenschaft haben. Solcher Vorschriften enthielt schon die GO. in der ursprünglichen Fassung von 1869 mehrere und ihre Zahl ist durch die spätere Gesetzgebung, insbesondere das Gesetz vom 1. Juni 1891, erheblich vermehrt worden (vgl. die geschichtliche Darstellung bei Schenkel GO. 2. Aufl. Note 6 zu § 105); es gehören dazu alle diejenigen Vorschriften, welche, meistens mit Worten, wie „dürfen nicht“ (z. B. §§ 106, 107, 115a, 119a, 135—139), oder „können nicht“ (z. B. § 105a), oder „ist verpflichtet“ (z. B. §§ 115, 120), oder „es ist untersagt“ (z. B. § 134), oder in anderer Weise (z. B. § 116), sei es zum Schutze der Arbeiter, namentlich der jugendlichen Personen und Frauen, zur Sicherung der Sonntagsfeier oder anderen polizeilichen Zwecken bestimmte Verbote oder Gebote aufstellen. Die §§ 133a—133e aber lassen sich weder ihrem Wortlaute nach als Verbots- oder Gebotsgesetze auffassen, noch charakterisiert sie als solche ihr erkennbarer Zweck, welcher vielmehr, wie der der Art. 61—64 des HGB. für die Handelsgehilfen darin besteht, die privatrechtliche Seite des Dienstvertrags für den Fall zu regeln, daß die Parteien nichts anderes vereinbart haben. (So auch Schenkel a. a. O.) („Juristische Wochenschrift“ Jg. 1896, S. 661, Abs. 20.)

## 354. Geht das Entlassungsrecht verloren, wenn der Arbeitgeber den Entlassungsgrund längere Zeit kennt, aber nicht geltend macht?

Urteil des Reichsgerichts, 6. Zivilsenat, vom 14. Januar 1897.

Das Urteil des Oberlandesgerichts ist aufgehoben.

Aus den Gründen: Bedenklich erscheint die Beurteilung, welche ein vom Beklagten gegen die Rechtmäßigkeit seiner Entlassung vorgebrachter Einwand in der vorigen Instanz gefunden hat. Der Beklagte hat unter Eideszuschiebung behauptet, davon, daß er bei seiner Ankunft in N. in einem dortigen Gasthofe in einem Zimmer mit der X. übernachtet habe, ebenso von der Art und Weise, mit welcher er mit ihr in der von ihm vom Kläger überlassenen Wohnung gelebt habe, habe dieser bereits ein halbes Jahr vor der ersten Kündigung Kenntnis erlangt. Er will daraus gefolgert wissen, daß der Kläger auf das Recht, das Verhältnis zu der X. als Entlassungsgrund zu benutzen, verzichtet habe. Das Oberlandesgericht sieht diesen Einwand als unerheblich an, weil die GO. für das Verhältnis des Gewerbeunternehmers zu den in § 133a bezeichneten Personen keine Vorschrift enthalte, wie sie in § 123 Abs. 2 für das Recht des Arbeitgebers, Gesellen oder Gehilfen vorzeitig zu entlassen, getroffen sei. Indessen folgt daraus, daß bei den nach §§ 133a bis 133c zu beurteilenden Rechtsverhältnissen dem Gewerbeunternehmer für die Verwertung von Entlassungsgründen eine bestimmte Präklusionsfrist nicht gesetzt ist, keineswegs, daß er schlechthin nach seinem Belieben einen Vorgang zunächst längere Zeit unbeachtet lassen, später aber als Grund zur vorzeitigen Lösung des Vertragsverhältnisses gebrauchen dürfe, vielmehr ergibt sich aus dem Mangel einer Sondervorschrift nur, daß, insoweit die allgemeinen Grundsätze platzgreifen. Nach diesen aber kann sehr wohl darin, daß derjenige, dem ein gewisser Umstand das Recht zum einseitigen Rücktritte von einem Vertragsverhältnisse verleiht, längere Zeit hindurch von diesem Rechte keinen Gebrauch macht, ein Verzicht auf dieses Recht oder doch den Ausdruck seines Willens zu befinden sein, daß das betreffende Vorkommnis für sich allein, d. h. ohne den Hinzutritt etwaiger späterer Umstände, nicht als wichtiger Grund zur Lösung des Vertrags gelten solle. Dies ist für die Anwendung der entsprechenden Vorschriften des HGB. und für gewerbliche Verhältnisse in der Judikatur mehrfach ausgesprochen worden. („Juristische Wochenschrift" Jg. 1897, S. 115, Nr. 36.)

## 355. Unter welchen Umständen berechtigt Unfähigkeit zur sofortigen Entlassung eines Werkmeisters, Zeichners rc.? Begriff der „wichtigen Gründe".

Urteil des GG. Stuttgart und des Landgerichts Stuttgart.

Der Kläger, Bauzeichner K., ist vom Beklagten, Architekten Sch., ohne Kündigung entlassen worden und verlangt Entschädigung. Der Beklagte macht unter anderem geltend: Der Kläger habe ihm bei der Anstellung auf die Frage, wo er bisher gewesen sei, ein hiesiges Architektenbureau genannt und als seinen Gehalt 7 Mk. täglich angegeben, er habe aber verschwiegen, daß er in letzter Zeit mit wesentlich geringerem Gehalt aushülfsweise beim Garnison-Bauamt gearbeitet habe. Der Kläger könne die einfachsten Zeichnungen nicht machen und sei für sein Bureau unbrauchbar.

Der Beklagte ist verurteilt.

Aus den Gründen des GG.: Die Beweisaufnahme hat ergeben, daß die Leistungen des Klägers recht bescheidene waren, das GG. hat aber seiner Klage trotzdem stattgegeben. Der Beklagte hätte ein Zeugnis verlangen oder sich bei dem früheren Prinzipal erkundigen, oder den Kläger auf Probe anstellen müssen, statt dessen ist er dem Kläger mit einer heutzutage nicht mehr gewöhnlichen Vertrauensseligkeit entgegengekommen. Nach Analogie der in § 133c der GO. angeführten Fälle muß angenommen werden, daß ein Mangel, der schon vor Eingehung des Dienstvertrags besteht, nur dann geltend gemacht werden kann, wenn der Arbeitgeber diesen Mangel bei gehöriger Umsicht nicht hätte erkennen können.

Die erhobene Berufung hat das Landgericht zurückgewiesen.

Aus den Gründen: Wenn der Kläger auf die Frage des Beklagten, ob er sich dem Posten eines ersten Zeichners gewachsen fühle, in bejahendem Sinne beantwortet, und auf die weitere Frage, wo er seither gewesen sei, seine Anstellung bei Architekt C. hervorgehoben, von seiner Verwendung auf dem Garnison-Bauamt geschwiegen hat, so kann hierin ein auf Täuschung des Beklagten abzielendes Verhalten nicht gefunden werden. Denn daraus, daß Kläger den Anforderungen, die Beklagter an seinen ersten Zeichner stellt, etwa nicht entsprach, folgt nicht, daß er sich bewußt gewesen ist, das nicht leisten zu können, was er sich als seine künftige Aufgabe beim Beklagten vorstellen mußte; um so weniger als letzterer selbst nicht zu behaupten vermochte, daß er den Kläger darüber, was von ihm erwartet werde, des näheren unterrichtet habe. Hat weiterhin der Kläger auf die Frage des Beklagten, wo er seither gewesen sei, auch bloß von seiner Verwendung bei C. gesprochen, so lag hierin keine Unwahrheit. Denn er mußte diese Äußerung nicht notwendig als Frage nach seiner letzten Anstellung verstehen, sondern konnte dieselbe als Erkundigung nach früheren Stellungen überhaupt auffassen. Es ist aber begreiflich, daß er zunächst diejenige Stellung erwähnt hat, welche ihm am meisten zur Empfehlung dienen konnte, und wenn ihn dann der Beklagte über die Zeit der Verwendung, Beginn und Ende derselben gar nicht weiter gefragt hat, so lag für ihn kein Anlaß vor, auch noch von seiner Dienstleistung beim Garnison-Bauamt etwas zu erwähnen. Daß aber auch die Dienste des Klägers für den Beklagten nicht unbrauchbar und wertlos gewesen sind, ergibt sich daraus, daß dieser, obwohl er nach seinem eigenen Vorbringen schon in den ersten acht Tagen die mangelnde Befähigung des Klägers erkannt hat, denselben doch noch (etwa vier Wochen) behielt und sich seine Dienste gefallen ließ. Unter allen Umständen aber hat es der Beklagte seiner eigenen Sorglosigkeit zuzuschreiben, wenn er in dem Kläger einen für ihn minder brauchbaren Arbeiter in Dienst bekommen hat. Es hätte, wie vom Unterrichter mit Grund ausgeführt worden ist, nicht unterlassen dürfen, vor Abschluß des Dienstvertrags sich zu überzeugen, ob derselbe die Eigenschaften, welche zur Versehung der Stelle notwendig waren, auch wirklich besitze. („Gewerbegericht" Jg. 2, Sp. 7.)

## 356. Ist ein mit 2400 Mk. Jahresgehalt angestellter Maßzuschneider mit höheren technischen Dienstleistungen betraut? Kann er sofort entlassen werden, weil er einzelne Kleidungsstücke verschnitten hat?

Urteil des Oberlandesgerichts Marienwerder vom 6. Mai 1902.[1])

Kläger verlangt Gehaltsentschädigung für sechs Wochen. Dieselbe ist ihm vom Landgericht Danzig zugesprochen.

Die von der Beklagten eingelegte Berufung ist zurückgewiesen.

Aus den Gründen: Der Kläger muß in seiner Stellung bei der Beklagten als ein mit höheren technischen Dienstleistungen betrauter Angestellter angesehen werden. Nach dem übereinstimmenden Gutachten der Sachverständigen ist für die Entscheidung dieser Frage maßgebend, ob der Zuschneider die Aufgabe hat, unter Anfertigung für den einzelnen Fall besonderen Modells nach Maß zuzuschneiden, oder ob ihm lediglich obliegt, unter Benutzung eines Grundmodells Lagersachen zu schneiden. Diesem Gutachten ist das Berufungsgericht in der Erwägung beigetreten, daß das Zuschneiden von Lagersachen eine rein handwerksmäßige Tätigkeit ist, während das Zuschneiden nach Maß einen erheblichen Grad von Kunstfertigkeit und Geschicklichkeit erfordert. Nun hat aber der Kläger überwiegend das Maßgeschäft besorgt. Ob Kläger bei seiner Tätigkeit nicht das Modell direkt mit Kreide auf den Stoff zu zeichnen und danach zuzuschneiden verstanden hat, vielmehr sich regelmäßig erst aus Papier ein Grundmodell angefertigt und danach zugeschnitten hat, ist unerheblich. Ebenso ist für die vorliegende Frage unerheblich, daß Kläger nicht selbst den zugeschnittenen Stoff an die Schneider verteilt hat, dieses vielmehr durch die Verkäufer geschehen ist; nachher beim Anpassen der von den Schneidern angefertigten Stücke ist Kläger regelmäßig zur Prüfung zugezogen worden; dabei hatte er vollkommen selbständig darüber zu urteilen und zu befinden, ob der Anzug gut und ordnungsmäßig angefertigt war und was gebessert und geändert werden mußte. Bei Anwesenheit des Schneiders teilte Kläger diesem persönlich die nötigen Abänderungen mit; sonst notierte er diese auf einem Zettel, den er dem Anzug beilegte. Darüber, ob und wann der Anzug abnahmefähig war, d. h. keiner Abänderungen mehr bedurfte, hatte allein Kläger zu befinden. Er war für den Sitz und die gute Arbeit des von ihm zugeschnittenen Anzugs verantwortlich und durfte dem Schneider gegenüber schlechte Arbeit rügen und zurückweisen.

Unter diesen Umständen und in weiterer Berücksichtigung, daß Kläger ein für seine soziale Stellung immerhin hohes Gehalt von 2400 Mk. bezogen hat, ist Kläger als mit höheren technischen Dienstleistungen betraut anzusehen. Wenn das von der Handwerkskammer zu Danzig erstattete Gutachten die Eigenschaft des Klägers als höheren Technikers verneint, so beruht das Gutachten

[1]) Siehe auch Nr. 343.

auf der unrichtigen tatsächlichen Voraussetzung, Kläger habe grundsätzlich nur Lagersachen und nur ausnahmsweise und selten auch auf Bestellung zu fertigende Kleidungsstücke zugeschnitten. Diese Voraussetzung findet aber in der gerichtsseitig stattgehabten Beweisaufnahme keine Begründung.

Gegen den sonach gerechtfertigten Klageanspruch hat die Beklagte eingewendet, sie sei gemäß § 133b a. a. O. zur sofortigen Aufhebung des Dienstverhältnisses befugt gewesen, da der Kläger ihr durch untaugliche Leistungen großen Schaden zugefügt habe. Durch die in dieser Richtung erfolgte Beweisaufnahme ist zwar erwiesen, daß der Kläger einzelne ihm zum Zuschneiden übergebene Anzüge verschnitten hat.

Abgesehen davon, daß nur ein Teil dieser verschnittenen Kleidungsstücke nach auswärts gegangen sind, während die andern für Angehörige des Geschäfts der Beklagten bestimmt waren, hat es sich aber im allgemeinen nur um Kleinigkeiten gehandelt, welche leicht hätten abgeändert werden können und nur nicht abgeändert sind, weil die Stücke ebensogut auf Lager genommen werden konnten. Die auf Lager gegangenen Stücke sind sodann von dort binnen kurzer Zeit verkauft worden. Es ist hiernach zwar anzunehmen, daß die Leistungen des Klägers nicht einwandfrei waren; die von ihm begangenen Fehler waren jedoch nicht für so schwerwiegend zu erachten, daß Beklagte daraus einen wichtigen Grund zur sofortigen Entlassung des Klägers herleiten konnte. Beklagte selbst hat die Untüchtigkeit des Klägers offenbar nicht für so erheblich gehalten, da sie nicht zur sofortigen Entlassung des Klägers geschritten ist, sondern ihm unter Einhaltung einer Kündigungsfrist gekündigt hat, die sie für die gesetzliche hielt; andernfalls hätte sie den Kläger wohl sofort entlassen, zumal sie nicht in Verlegenheit kommen konnte, da sie noch einen andern Zuschneider hatte, der anscheinend besser zuschneiden konnte als Kläger.

### 357. Ist Diebstahlsverdacht und Diebstahl bei einem früheren Arbeitgeber ein wichtiger Grund zur Lösung des Arbeitsverhältnisses des Werkmeisters?[1])

Urteil des Landgerichts I Berlin, Zivilkammer 8.

Der Zuschneider L. war von dem Inhaber eines Herrengarderobengeschäfts vorzeitig entlassen und fordert klagend Zahlung seines Lohnes bis Ablauf der Kündigungsfrist auf Grund folgenden Tatbestandes:

Beklagter hat am 26. Oktober 1895 dem Kläger den Vorwurf gemacht, dieser habe ihm Futterstoffe und anderes Arbeitsmaterial entwendet. Der Kläger habe dies gerade so gemacht, wie bei seinem früheren Arbeitgeber M. Kläger hat sich darauf gegen diesen Vorwurf verteidigt, der Verklagte hat ihn aber alsbald wegen des Verdachts des Diebstahls aus dem Dienst entlassen, und er hat am 31. Oktober 1895 gegen den Kläger eine Strafanzeige wegen des angeblich ihm gegenüber verübten Diebstahls und wegen eines bei dem früheren Arbeitgeber M. verübten Diebstahls erstattet. Durch das daraufhin erlassene rechtskräftige Urteil ist der Kläger von der Anklage des Diebstahls in einem Falle — betreffend den Beklagten als Beschädigten — freigesprochen, wegen des Diebstahls gegen M. jedoch zu zwei Wochen Gefängnis verurteilt worden. Inzwischen hatte auch der Kläger seinerseits am 7. November 1895 wegen der in dem Vorwurf des Diebstahls enthaltenen Beleidigung gegen den Beklagten die Privatklage erhoben; die Eröffnung des Hauptverfahrens ist jedoch durch den Gerichtsbeschluß vom 1. Juni 1896 und den Beschluß des Beschwerdegerichts vom 27. Juni 1896 abgelehnt worden.

In diesem letzteren Beschlusse ist ausgeführt, daß der Beklagte, welcher in dem Strafverfahren als Zeuge eidlich bekundet habe, daß er längere Zeit vor der Entlassung des Klägers Argwohn gegen ihn gehegt und nach Erkundigung bei dem früheren Prinzipal M. über sein Vorleben ihn scharf beobachtet hatte, berechtigt gewesen sei, das unerklärliche Abhandenkommen von Stoffen aus seinem Geschäfte auf die Schuld des

---

[1]) Vgl. Nr. 252.

Klägers zurückzuführen, daß er sonach durch seine, zur Motivierung der sofortigen Entlassung gemachten Vorhaltungen in Wahrnehmung berechtigter geschäftlicher Interessen gehandelt habe. In jenem Beschlusse befindet sich ferner der Satz, die Freisprechung des L. im Falle S. beweise nicht, daß etwa seine völlige Unschuld festgestellt sei, sie sei vielmehr nur erfolgt, weil eine strikte Überführung nicht möglich gewesen sei.

Das GG. hat den Beklagten zur Zahlung der Lohnentschädigung verurteilt.

Das Landgericht I hob das Urteil auf und wies die Klage ab.

Aus den Gründen: Die Entlassung ist von dem Beklagten am fraglichen Tage ausgesprochen worden, weil er sich für bestohlen hielt und weil er den Kläger als Täter dieses Diebstahls in Verdacht hatte. Durch das eingeleitete Strafverfahren ist der Verdacht nicht bestätigt worden; denn das Strafverfahren hat zu einer teilweisen Freisprechung, und zwar gerade in dem den Beklagten als Beschädigten betreffenden Falle geführt, andrerseits ist aber der bei dem früheren Arbeitgeber M. begangene Diebstahl des Klägers in diesem Verfahren bewiesen worden; die deshalb erfolgte Bestrafung mit 14 Tagen Gefängnis rechtfertigt nun allerdings nicht ohne weiteres die vom Beklagten schon vorher ausgesprochene Entlassung, zumal die Bestrafung wegen einer Tat erfolgt war, die nicht bloß zum Schaden eines andern als des Beklagten (vgl. Landmanns Kommentar der GO. 2. Aufl. § 123, Note 4), sondern auch noch vor Antritt des Dienstverhältnisses geschah. Die nachträglich erfolgte Bestrafung hat aber hier die Bedeutung, daß sich dadurch das Mißtrauen, welches der Beklagte am 26. Oktober 1895 aussprach und ihm den Grund zur sofortigen Entlassung des Klägers gab, als ein berechtigtes erweist. Die im Strafverfahren eidlich bekräftigte Angabe des Beklagten, daß er sich für bestohlen hielt, war nach freier richterlicher Überzeugung für wahr anzunehmen, und der Beklagte war aus Anlaß des bei M. begangenen Diebstahls berechtigt, den Kläger desjenigen Vertrauens für unwürdig zu halten, welches für eine Fortsetzung des Dienstverhältnisses notig war. Den Kläger trifft hierbei noch ein Verschulden insofern, als er das neue Dienstverhältnis bei dem Beklagten eingegangen war, noch bevor er das früher von ihm begangene Vergehen durch Strafe gesühnt oder sich wenigstens vergewissert hatte, daß die ihm nachteilige Tatsache aus seinem Dienstverhältnisse bei M. dem Beklagten bekannt sei (vergl. die analog anwendbare Bestimmung im § 123 Abs. 2 der GO.). Nach den Umständen des Falles mußte demnach aus der nachträglich wegen Diebstahls erfolgten Bestrafung des Klägers entnommen werden, daß der Beklagte ihn zur Fortsetzung des Dienstverhältnisses für unwürdig hielt und auch für unwürdig zu halten berechtigt war, daß sonach ein wichtiger, die Aufhebung des Dienstverhältnisses rechtfertigender Grund vorlag (§ 133b der GO., vgl. auch die Reichsgerichtsentscheidung in Bd. 32 S. 249). („Gewerbegericht" Jg. 2, Sp. 113.)

## 358. Darf das Gericht nachprüfen, ob die im § 133c GO. aufgeführten Entlassungsgründe im konkreten Fall einen „wichtigen Grund" darstellen?

Urteil des Reichsgerichts, 3. Zivilsenat, vom 19. November 1901.

Das Reichsgericht hat die Frage verneint.

Aus den Gründen: Nach § 133b der GO. in der Fassung des Gesetzes vom 1. Juni 1891, welches die Rechtsverhältnisse der von Gewerbeunternehmern angenommenen Betriebsbeamten, Werkmeister und Techniker einer besonderen reichsgesetzlichen Regelung unterworfen hat, kann jeder der beiden Teile „vor Ablauf der vertragsmäßigen Zeit und ohne Innehaltung einer Kündigungsfrist die Aufhebung des Dienstverhältnisses verlangen, wenn ein wichtiger, nach den Umständen des Falles die Aufhebung rechtfertigender Grund vorliegt". „Insbesondere" kann nach § 133c den Betriebsbeamten, Werkmeistern und Technikern, gegenüber die Aufhebung unter anderm dann „verlangt werden", „wenn sie sich Tätlichkeiten oder Ehrverletzungen gegen den Arbeiter oder seinen Vertreter zu schulden kommen lassen". Während demnach im allgemeinen die Entscheidung der Frage, ob eine bestimmte Tatsache einen wichtigen Grund bildet, der nach den Umständen des Falles die Aufhebung des Dienstverhältnisses rechtfertigt, im Streitfalle von dem Ermessen des Gerichts abhängig gemacht ist, ist in den Fällen des § 133c diesem Ermessen kein Spielraum gewährt, das Gericht vielmehr verpflichtet, die hier vorgesehenen Tatbestände unbedingt als wichtige, die Aufhebung des Dienstverhältnisses rechtfertigende Gründe zu behandeln. Dabei muß davon ausgegangen werden, daß, entsprechend der Fassung einerseits des Art. 64 des früheren HGB., im engen Anschlusse an dessen Bestimmungen über die Verhältnisse der Handlungsgehülfen der Abschnitt der GO. über die Verhältnisse der Betriebsbeamten, Werkmeister und Techniker ausgesprochenermaßen hergestellt ist, und anderseits des § 72 Ziff. 4 des neuen HGB., bei dessen Abfassung wiederum die entsprechenden Vorschriften der GO. berücksichtigt sind (vgl. Denkschrift zu dem Entwurfe des neuen HGB. amtliche Ausgabe S. 63), unter „Ehrverletzung" schlechthin, von denen der § 133c Ziff. 5 der GO. spricht, doch nur erhebliche Ehrverletzungen zu verstehen sind. Dieser Lage der Gesetzgebung gegenüber kann es allerdings Bedenken erregen, wenn das Berufungsgericht nach Feststellung des von dem Kläger in bezug auf den Generaldirektor K. getanen ehrverletzenden Äußerungen nicht als so schwer wiegenden Ehrverletzungen erschienen, daß durch sie die sofortige Entlassung des Klägers gerechtfertigt würde. Die Fassung dieses Satzes könnte zu der Meinung führen, das Berufungsgericht habe sich auch bei Feststellung einer erheblichen von dem Kläger in bezug auf den Vorstand der Beklagten Aktiengesellschaft K. begangenen Ehrverletzungen für befugt erachtet, nach seinem Ermessen zu beurteilen, ob in den für erwiesen erachteten erheblichen Ehrverletzungen ein wichtiger, nach den Umständen des Falles die Aufhebung des Dienstverhältnisses rechtfertigender Grund enthalten sei. Dann würde jene Darlegung die § 133b und 133c der GO. verletzen. Allein sie braucht nicht notwendig in diesem Sinne verstanden zu werden. Vielmehr läßt die Fassung noch der Annahme Raum, daß das BG. lediglich die Erheblichkeit der Ehrverletzungen hat in Abrede stellen wollen. So aufgefaßt, befindet sich die Ausführung im Einklange mit den gesetzlichen Bestimmungen und die Nachprüfung der Entscheidung über die Erheblichkeit der Ehrverletzungen ist, weil diese dem Gebiete der Würdigung der festgestellten Tatsachen angehört, dem Revisionsgerichte entzogen. Von einem ersichtlichen Rechtsirrtume ist sie nicht beherrscht. („Juristische Wochenschrift" 1902. S. 30, Nr. 26.)

### 359. Kann es als „wichtiger Grund" zur Entlassung eines Technikers gelten, wenn dieser verhindert, daß der Arbeitgeber einen Auftrag erhält?

Urteil des Kgl. GG. Solingen.

Die Lohnentschädigungsklage des entlassenen Technikers ist abgewiesen.

Aus den Gründen: Zugestandenermaßen hat der Kläger dem Teilhaber der beklagten Firma, J., am 11. Oktober 1900 erklärt: „Er habe dafür gesorgt, daß die Firma P. nichts von der beklagten Firma bezöge." Auf Grund dieser Erklärung hat die beklagte Firma den Kläger am folgenden Tage entlassen und zwar mit Recht. Als Angestellter der beklagten Firma hatte Kläger die Pflicht, für und nicht gegen die Firma zu arbeiten. Dadurch, daß er einen Auftrag, welchen die Firma in Aussicht hatte, vereitelte, hat er das Vertrauen der Firma mißbraucht und seine Pflicht, die er gegen die Firma zu erfüllen hatte, gröblich verletzt. Kläger ist anerkanntermaßen Techniker im Sinne des

Abschnittes IIIa in Art. VII der GO. Ihm gegenüber konnte daher die beklagte Firma gemäß §§ 133b, 133c Nr. 2 GO. die Aufhebung des Dienstverhältnisses verlangen. („Gewerbegericht" Jg. 6, Sp. 119.)[1])

## 360. Kann der Faktor einer Zuckerfabrik sofort entlassen werden, wenn er sich weigert, zweckwidrige Anordnungen des nicht sachverständigen Dienstherrn auszuführen?

Urteil des Oberappelationsgerichts Lübeck vom 8. Oktober 1824.

Die Frage ist bejaht.

Aus den Gründen: Dem Eigentümer eines Fabrikgeschäftes, wenn er auch zu dessen Betreibung einen Faktor angenommen hat, steht doch immer die Direktion im allgemeinen zu, also auch die Bestimmungen der dabei zu befolgenden Fabrikationsmethode; und eine desfallsige Widersetzlichkeit des Faktors enthält eine Aufkündigung des schuldigen Gehorsams, die bei jedem Dienstverhältnisse einen vollgültigen Rechtfertigungsgrund zur Entlassung des Dienenden darbietet. Mochte daher auch der Kläger, in seinem Verhältnisse gegen den Beklagten, besonders da dieser, wie er selbst zugibt, von dem Technischen der Zuckerfabrikation keine hinreichende Kenntnis besaß, es für erlaubt, ja für seine Schuldigkeit halten, einem Ansinnen von seiten des letzteren, die in seiner Fabrik zeither befolgte Methode des Zuckerkochens mit einer andern zu vertauschen, bescheidene Gegenvorstellungen entgegenzusetzen, so durfte er doch nie seine desfallsigen Ansichten gegen ein bestimmtes Verlangen des Prinzipals geltend machen wollen, selbst wenn die Erfüllung dieses Verlangens mit Schwierigkeiten verbunden, oder seiner Überzeugung nach unvorteilhaft war; und es ist ein durchaus unstatthafter Einfall, wenn der Kläger seine vierte Beschwerde darauf hinausstellte, daß der Beklagte doch auf jeden Fall erst beweisen müsse, welches Interesse er bei Einführung der neuen Methode des Zuckerkochens in seiner Fabrik gehabt habe. („Seufferts Archiv", Bd. 5 S. 273.)

## 361. Darf der Spinnmeister einer Lohnspinnerei ohne Erlaubnis des Arbeitgebers die Arbeit verlassen? Kann er deshalb sofort entlassen werden?

Urteil des GG. Spremberg vom 3. Oktober 1901.

Der Kläger war bei dem beklagten Fabrikbesitzer als Spinnmeister in der Lohnspinnerei gegen ein Wochenlohn von 20 Mk., freier Wohnung und Heizung, beschäftigt. Am 24. September 1901 wurde Kläger ohne Kündigung aus der Arbeit entlassen. Kläger verlangt Gehalt bis 1. Januar 1902.

Beklagter hält sich zur sofortigen Entlassung berechtigt, weil Kläger den Dienst unbefugt verlassen habe.

Die Klage ist abgewiesen.

Aus den Gründen: Nach Aussage der Zeugen hat Kläger sich seit Wochen wiederholt von der Arbeit entfernt, ist halbe, sogar ganze Tage fortgeblieben, trotzdem Beklagter ihm hierüber mehrfach Vorhaltungen gemacht und eigenmächtiges Entfernen untersagt hatte. Zuletzt hat er am 23. September etwa um 2 Uhr die Arbeitsstätte ohne Erlaubnis verlassen, hierauf erfolgte am nächsten Tage seine sofortige Entlassung.

Es ist gerichtsnotorisch, das Spinnmeister in Lohnspinnereien nicht nur die Überwachung der Arbeiten zu versehen haben, sondern daß sie auch Kundschaft aufsuchen und Materialien von dieser in Empfang nehmen müssen. Die

---

[1]) Die Entscheidung liegt vor dem Inkrafttreten der GO. Jetzt würde auf Grund des § 133c Nr. 3 ebenso zu entscheiden sein.

hierdurch bedingte Abwesenheit von der Arbeitsstelle muß aber nur auf das notwendigste Maß beschränkt werden, jedenfalls hat der Spinnmeister sich so einzurichten, daß eine Störung des Betriebes und somit eine Schädigung des Arbeitgebers nicht eintreten kann. Er hat außerdem letzterem über seine notwendige Abwesenheit Rechenschaft abzulegen und darf ohne Erlaubnis sich nicht entfernen, wenn es der Arbeitgeber verlangt.

Hiergegen hat Kläger gefehlt. Er hat halbe und ganze Tage ohne Erlaubnis die Arbeitsstelle verlassen, so daß in dieser Zeit Defekte bei den Maschinen und Stillstände eintraten, welche den Arbeitgeber erheblich schädigten. — Wenn Kläger bestreitet, längere Zeit abwesend gewesen zu sein, so kann diesem bei der eidlichen Aussage der Zeugen ein Wert nicht beigemessen werden, ebensowenig ist sein Einwand zutreffend, daß er nur im Geschäftsinteresse die Arbeit verlassen habe, da er selbst in einem Falle erzählt hat, daß er während der Arbeitszeit einer Geburtstagsfeier beigewohnt habe. Die Vermutung spricht dafür, daß er auch in den anderen Fällen längerer Abwesenheit geschäftlich nicht tätig gewesen ist.

Durch Urteil des Landgerichts Kottbus vom 15. Februar 1902 ist die vom Kläger gegen das Urteil eingelegte Berufung zurückgewiesen.

## 362. Auf wie lange hat der unverschuldet verhinderte Werkmeister zc. Anspruch auf Fortzahlung des Lohnes? Einfluß des § 616 BGB. auf § 133c GO.[1])

Urteil des GG. Berlin, Kammer 8, vom 10. März 1900.

Kläger ist im Patentbureau des Beklagten seit Juli 1899 gegen Monatslohn von 150 Mk. als Ingenieur beschäftigt gewesen; seit 14. November 1899 bis 31. Januar 1900, zu welchem Tage ihm gekündigt worden ist, hat er wegen Krankheit gefehlt. Da er sein Gehalt nur bis Dezember einschließlich erhalten hat, verlangt Kläger das Januargehalt.

Die Klage ist abgewiesen.

Aus den Gründen: Da Kläger infolge Krankheit an der Dienstleistung auch im Januar 1900 verhindert war, so lag dem Gerichte nur zu erwägen ob, war die Zeit seiner unverschuldeten Behinderung eine „verhältnismäßig nicht erhebliche". Denn nur während einer solchen Zeitdauer bestand für Kläger der Anspruch auf Weiterzahlung seiner Vergütung (§ 616 BGB.). Für diese Erwägung war § 133c Nr. 4 und letzter Absatz GO. maßgebend; Kläger hätte wegen anhaltender Krankheit auch entlassen werden können und hätte in diesem Falle auch nur Anspruch auf eine sechswöchige Weiterzahlung seines Lohnes abzüglich des erhaltenen Krankengeldes gehabt. Die „verhältnismäßig nicht erhebliche Zeit" des § 616 BGB., die Kläger für sich in Anspruch nehmen kann, ist hiernach seitens des Gerichts auf längstens sechs Wochen bemessen worden. Da Kläger schon seit dem 14. November 1899 infolge Krankheit keine Dienste dem Beklagten geleistet, unstreitig aber bis Dezember einschließlich sein Gehalt bezogen hat, so erscheint Beklagter nicht verpflichtet, dem Kläger für die spätere Zeit seiner Dienstunfähigkeit noch weiter Gehalt zu zahlen. („Soziale Praxis".)

## 363. Kann der Betriebsbeamte Aufhebung des Dienstverhältnisses verlangen, wenn der Arbeitgeber die fällige Gehaltsforderung wegen drohenden Vertragsbruchs zurückhält?

Urteil des Reichsgerichts, 2. Zivilsenat, vom 21. Januar 1902.

Das Reichsgericht hat die Frage bejaht.

---

[1]) Vgl. Nr. 340.

Aus den Gründen: Unter welchen Voraussetzungen eine Berechtigung des Beklagten zur Lösung des Vertrages gegeben sei, ist im Vertrage nicht bestimmt. Mit Recht hat daher das Oberlandesgericht die Bestimmungen der GO. über das Recht der Angestellten zur Aufhebung des Dienstverhältnisses vor Ablauf der vertragsmäßigen Zeit, welchen Bestimmungen der Beklagte als Techniker unterliegt, für maßgebend erachtet. Die Vorschrift des § 133d Ziff. 2 der GO., nach welcher die betreffenden Angestellten die Aufhebung des Dienstverhältnisses insbesondere verlangen können, wenn der Arbeitgeber die vertragsmäßigen Leistungen nicht gewährt, ist deshalb nicht zugunsten des Beklagten angewendet worden, weil die Kläger mit Rücksicht darauf, daß der Beklagte sich entschlossen gehabt habe, vertragsbrüchig zu werden, berechtigt gewesen sei, sich gegen den ihr drohenden Vertragsbruch desselben durch Einhaltung der für die Monate Juni und Juli 1899 tatsächlich geschuldeten Gehaltsbeträge zu schützen. Dies muß dahin verstanden werden, daß Kläger sich im voraus durch Zurückbehaltung des Gehalts die Möglichkeit habe sichern dürfen, gegen die fälligen Gehaltsforderungen des Beklagten die Gegenforderung auf Zahlung der Vertragsstrafe, die ihr infolge des zu befürchtenden Vertragsbruches des Beklagten erwachsen könne, später aufzurechnen. Ein Zurückbehaltungsrecht besteht aber wegen eines erst drohenden Vertragsbruches rechtlich nicht. Ein solches kann nach den Grundsätzen des hier in Betracht kommenden Paragraphen nur auf Grund einer bereits vorhandenen Vertragsverletzung und eines daraus bereits entstandenen Anspruchs, nicht wegen einer künftigen der Existenz nach noch ungewissen Forderung ausgeübt werden. Die Begründung, mit welcher das Oberlandesgericht die Annahme rechtfertigt, daß der § 133d Ziff. 2 der GO. nicht anwendbar sei, ist demnach rechtlich nicht haltbar. („Juristische Wochenschrift" 1902, S. 135, Nr. 49.)

**364. Konkurrenzklausel. Hat der mit dem 1. Januar 1900 in Kraft getretene § 133f GO. rückwirkende Kraft? Gehört die Höhe der Konventionalstrafe zu den bei Beurteilung des Rechtsbestandes der Konkurrenzklausel in Betracht zu ziehenden übermäßigen, verstoßenden Beschränkungen?**

Urteil des Reichsgerichts, 3. Zivilsenat, vom 16. Oktober 1900.

Die Revision des Beklagten wider das Urteil des Oberlandesgerichts zu Kassel ist zurückgewiesen.

Aus den Gründen: Die von der Revision erhobenen Angriffe gegen die rechtliche Wirksamkeit der in dem Vertrage vom 22. März 1888 enthaltenen Konkurrenzklausel können nicht als begründet angesehen werden.

Mit Recht hat zunächst das Berufungsgericht diese Klausel nach dem vor dem 1. Januar 1900 geltenden Rechte beurteilt. Die von dem Beklagten befürwortete Anwendung des erst seit diesem Zeitpunkt in Kraft getretenen § 133f der GO. erscheint unzulässig, da dieser Bestimmung aus denselben Gründen, welche vom Reichsgericht in den Entsch. Bd. 42 S. 97, Bd. 43 S. 23 für die Unanwendbarkeit des § 74 des neuen Handelsgesetzbuchs auf einen früheren Fall ausgeführt worden sind, rückwirkende Kraft nicht beigelegt werden kann. Übrigens würde auch jener § 133f zu keinem andern Ergebnisse als das frühere Recht führen.

Bei Anwendung dieses letzteren ist der Berufungsrichter im allgemeinen von zutreffenden, mit der Rechtsprechung des RG. im Einklange stehenden Grundsätzen ausgegangen. Im einzelnen lehnt er zunächst die Annahme einer übermäßigen Beschränkung der Erwerbstätigkeit des Beklagten in zeitlicher Hinsicht ab, weil demselben durch die Konkurrenzklausel nur für die Zeit unmittelbar nach seinem Austritt aus dem Geschäfte der Klägerin die Beteiligung bei einem gleichartigen Geschäfte verwehrt gewesen sei. Die Revision findet in dieser Auslegung einen Rechtsverstoß, da der Berufungsrichter hierbei die von der Klägerin selbst vorgebrachte und auf Eid gestellte Behauptung, daß bei Abschluß des Vertrags die Konkurrenzklausel ausdrücklich auf drei Jahre beschränkt worden sei, nicht berücksichtigt habe. Allein zutreffend hat die Vorinstanz bei ihrer Auslegung zunächst lediglich den ihr vorliegenden schriftlichen Vertrag zugrunde gelegt, dagegen die nicht in denselben aufgenommene mündliche Abrede, durch welche die Klägerin zur Aufrechthaltung der Rechtswirksamkeit der Klausel, also zu ihren Gunsten, eine Beschränkung der allgemeinen Fassung der Klausel in zeitlicher Hinsicht einzuschieben beabsichtigte, unbeachtet gelassen. Die Auslegung des schriftlichen Vertrags selbst aber, insbesondere der Worte: „nach seinem Austritt aus dem Geschäfte der Firma Konrad D. jun.“ ist, wenn dieselben auch in einem andern Sinne aufgefaßt werden können, doch mit deren Wortlaut nicht unvereinbar und keinesfalls rechtsirrtümlich.

Die weitere Ausführung der Vorinstanz, daß in bezug auf Ort und Gegenstand die vorliegende Klausel keine unzulässige Einschränkung enthalte, beruht auf tatsächlicher Würdigung, ist auch in jetziger Instanz nicht angefochten worden. Die Revision macht aber ferner geltend, daß der Beklagte in den Vorinstanzen die gegenüber seinem Lohne von wöchentlich 20 Mk. unverhältnismäßige Höhe der Konventionalstrafe von 3000 Mk. hervorgehoben und daraus nicht bloß den Antrag auf Herabsetzung derselben, sondern auch die Unwirksamkeit der Konkurrenzklausel, welche sonach gegen die guten Sitten verstoße, abgeleitet, der Berufungsrichter aber diesen letzteren Angriff überhaupt nicht gewürdigt habe. Das letztere ist richtig, aber unerheblich, weil dieser Angriff gegen die Wirksamkeit der Konkurrenzklausel überhaupt nicht beachtlich erscheint. Denn abgesehen davon, daß im vorliegenden Falle bei der Festsetzung der Konventionalstrafe nicht bloß der Lohn des Beklagten, sondern auch das Interesse der Klägerin an der Fernhaltung des Beklagten von Konkurrenzgeschäften in Betracht kam, gehört auch die Höhe der Konventionalstrafe nicht mit zu den bei Beurteilung des Rechtsbestandes der Konkurrenzklausel in Betracht zu ziehenden übermäßigen Beschränkungen in bezug auf „Ort, Zeit und Gegenstand“ und kann nach dem früheren Rechte, wie der erkennende Senat schon mehrfach ausgesprochen hat, für sich allein nicht zur Begründung der rechtlichen Unwirksamkeit einer Konkurrenzklausel, als einer gegen die guten Sitten verstoßenden Abmachung, herangezogen werden.

Vielmehr kann die übermäßige Höhe der Strafe nur nach dem neuen Rechte, § 343 des BGB., den Antrag auf Herabsetzung derselben rechtfertigen. Der Beklagte hat auch, indem er die Anwendbarkeit des § 343 auf den vorliegenden Fall behauptete, diesen Antrag in der Vorinstanz gestellt, ist aber damit wegen Unanwendbarkeit jenes Paragraphen zurückgewiesen worden und greift gegenwärtig auch diese Entscheidung an, jedoch ohne Grund. Denn die Anwendung des § 343 ist sicher in einem Falle, wie der vorliegende, unzulässig, wo bereits vor dem 1. Januar 1900 nicht nur das Vertragsverhältnis zwischen den Parteien beendigt, sondern auch die Vertragsstrafe verwirkt, damit aber ein wohlerworbenes Recht für die Klägerin begründet war. In diesem Sinne hat sich bereits der 1. Zivilsenat des Reichsgerichts am 11. Juli 1900 für eine gleichartige Sache (G. w. R. I. 146/1900) ausgesprochen und der jetzt erkennende Senat hat keinen Anlaß, von dieser wohlbegründeten Auffassung abzugehen. (Gruchot, Bd. 45, S. 1076.)

## 365. Wie ist der Begriff der Fabrik zu definieren?

Entscheidung des Sächsischen Oberlandesgerichts vom 18. Oktober 1900.

Aus den Gründen: Die Frage, ob ein gewerbliches Unternehmen als eiu Fabrikunternehmen anzusehen sei, gehört im wesentlichen dem der Revision nicht zugänglichen Gebiete der tatsächlichen Feststellung an. Was unter einer Fabrik im Sinne der GO. zu verstehen sei, hat im Gesetze selbst keine nähere Bestimmung gefunden. Ob eine solche betrieben werde, ist daher nur aus den besonderen Umständen des einzelnen Falles zu entnehmen. Hierbei sind nur gewisse äußere Merkmale maßgebend, die dem Fabrikbetriebe eigen sind und die, falls sie vorliegen, in ihrem Zusammenhange das gewerbliche Unternehmen als eine Fabrik erscheinen lassen können. Als solche Merkmale kommen insbesondere in Betracht die persönliche Stellung des Unternehmers im Betriebe seines Unternehmens, das Maß der angewendeten Arbeitsteilung, die Zahl der beschäftigten Arbeiter, die Größe der Betriebsräume und Einrichtungen, die Anwendung von Kraft- und Arbeitsmaschinen, sowie der Umfang der Warenerzeugung, wobei auch noch berücksichtigt werden kann, ob auf Vorrat oder auf Bestellung gearbeitet wird und ob das Lehrlingsverhältnis ausgeschlossen ist oder nicht. Sind bei einem Betriebe jene Merkmale sämtlich oder auch nur einzelne von ihnen vorhanden, so kann rechtlich das Unternehmen als eine Fabrik bezeichnet werden (vgl. § 49 der Sächs. Ausf.-V. vom 16. September 1869).

Dafür, daß bei Anwendung der Bestimmungen in §§ 134a, 147 Ziff. 5 der GO. der Begriff der Fabrik ausschließlich in einem räumlichen Sinne aufgefaßt werden müsse, fehlt es an einem zureichenden Anhalt. Denn nach dem Sprachgebrauche der GO. ist unter einer Fabrik im allgemeinen ein fabrikmäßig betriebenes Unternehmen zu verstehen, und zwar besonders auch insoweit, als das Gesetz Bestimmungen enthält, die sich auf die Beschäftigung von Arbeitern „in Fabriken" beziehen (vgl. GO. § 135 und Entscheidung des Reichsgerichts in Strafsachen Bd. 16 S. 305). Darauf aber, daß diese nicht bloß räumliche Auffassung des Begriffs einer Fabrik auch den Vorschriften in §§ 134a, 147 Ziff. 5 zugrunde liegt, deutet schon die Fassung des § 147 Ziff. 5 hin, sofern danach mit Strafe bedroht ist, wer eine Fabrik betreibt, für die eine Arbeitsordnung nicht besteht. („Annalen" Bd. 22, S. 5.)

## 366. Ist ein Damenkonfektionsgeschäft, in dem nur nach Maß gearbeitet wird, als Fabrik anzusehen?

a) Entscheidung des Reichsgerichts (Strafsenat) vom 11. März 1901.

Die Revision des Angeklagten ist zurückgewiesen.

Aus den Gründen: Der Vorderrichter hat unter eingehender Begründung für erwiesen erklärt, daß die Arbeitsteilung bei der Herstellung eines Damenkostüms in dem Geschäft des Angeklagten eine solche ist, wie sie der fabrikmäßigen Tätigkeit innewohnt, daß nämlich die einzelnen Arbeiterinnen von vornherein, schon als Lehrmädchen, nur für die Anfertigung eines bestimmten Kleiderteiles angestellt werden und daß sie in Beziehung auf das Gesamtprodukt der Arbeit unselbständig arbeiten, während die selbständige Tätigkeit den Leitern der Ateliers (Zuschneider und Zuschneiderin) obliegt. Nach dieser Feststellung ist die Arbeitsteilung in der Tat eine fabrikmäßige und die Tätigkeit der einzelnen Arbeiterin eine einseitige und unselbständige; es ist danach tatsächlich nicht richtig, daß, wie die Revision behauptet, seitens der Arbeiterin (im Gegensatze zur leitenden Person) eine den inviduellen Geschmack der Kundin berücksichtigende, den Besonderheiten des speziellen Kleidungsstückes nachgehende höhere Aufmerksamkeit und Fähigkeit zu entfalten ist. Daß es ferner der Gesamtheit der festgestellten Tatsachen gegenüber gleichgültig ist, ob nur nach Bestellung oder auf Vorrat gearbeitet wird, und daß die Anwendung elementarer Betriebskraft beim Vorhandensein sonstiger genügender Anhaltspunkte nicht als notwendige Voraussetzung des Begriffs der Fabrik erscheint, hat das Reichsgericht mehrfach ausgesprochen. („Gewerbearchiv" Bd. 1 S. 734 Nr. 1.)

**b) Urteil des Kammergerichts (Strafsenat) vom 1. Mai 1902.**

Angeklagter betreibt in B. ein Damenkonfektionsgeschäft, in welchem elegante Damenkleidungsstücke und daneben Damenwäsche aus vom Angeklagten hergegebenen Stoffen auf Bestellung nach Maß gefertigt werden. Es werden mindestens 20, in der Saison bis zu 40 durchweg über 16 Jahre alte Arbeiterinnen, von denen ein Teil ausschließlich Röcke, ein anderer ausschließlich Taillen herstellt, in acht bis neun großen Arbeitsräumen beschäftigt. Die Stepparbeit wird gewöhnlich von zwei besonderen Arbeiterinnen besorgt; nur wenn diese überlastet sind, muß auch jede andere Arbeiterin das Steppen an dem von ihr zu fertigenden Stück besorgen. Die benutzten Maschinen, vier Nähmaschinen und eine Plissiermaschine, werden durch Treten in Bewegung gesetzt. Das Maßnehmen geschieht durch einige Direktricen. In der Schneiderei werden ferner 4 bis 16 männliche über 16 Jahre alte Arbeiter beschäftigt. Die Buchführung wird von kaufmännisch gebildeten Angestellten besorgt. In der Kleiderabteilung werden jährlich durchschnittlich gegen 1000 Kostüme zum Durchschnittspreise von 400 Mk. geliefert, so daß der Jahresumsatz gegen 400000 Mk. beträgt, während die Wäscheabteilung jährlich gegen 30000 Mk. umsetzt. Der Angeklagte leitet das Geschäft kaufmännisch und technisch; er überwacht das Maßnehmen und gibt vielfach selbst die Direktiven für die Art der Anfertigung, insbesondere die Fasson.

Der Angeklagte hat für seinen Betrieb weder eine Arbeitsordnung (§ 134a RGO.) erlassen, noch bei Beschäftigung weiblicher Arbeiterinnen die in § 137 RGO. gezogenen Zeitgrenzen innegehalten, noch die in § 138 RGO. vorgeschriebenen Aushänge, betreffend die Beschäftigung von Arbeiterinnen, bewirkt oder von dem Beginn der Beschäftigung seiner Arbeiterinnen der Ortspolizeibehörde schriftlich Anzeige erstattet.

Der Vorderrichter hatte den Angeklagten wegen Verletzung der §§ 137, 138 GO. verurteilt, da er den Betrieb als Fabrik ansah.

Auf die Revision ist der Angeklagte freigesprochen.

Aus den Gründen: Bei der Beurteilung des vom Angeklagten geleiteten Betriebes muß zunächst die Verwendung von Maschinen ausgeschieden werden, da diese nicht durch elementare Kraft, sondern durch Treten in Bewegung gesetzt werden.

Im übrigen sind zwar die meisten Merkmale, welche in der Rechtsprechung und Wissenschaft regelmäßig für die Annahme eines fabrikmäßigen Gewerbebetriebes aufgeführt werden, vorhanden, namentlich die leitende, wesentlich kaufmännische Tätigkeit des Unternehmers, die große Zahl der beschäftigten Arbeiter, die Arbeitsteilung unter den Gehilfen, der große Umfang der Arbeitsräume, die Größe des Umsatzes. (Vgl. Reichsgerichts-Entscheidung in Strafsachen Bd. 14 S. 423ff.; von Landmann-Rohmer, Kommentar, 5. Auflage, Bd. 1 S. 256ff.; von Rohrscheidt, Kommentar S. 495ff., 596ff.).

Jedoch nicht immer, wenn diese Merkmale vorliegen, und selbst dann, wenn noch andere für einen Fabrikbetrieb sprechende Umstände, wie die Verwendung elementarer Kraft, hinzugekommen, ist ein solcher anzunehmen.

Allerdings ist es durchaus nicht notwendig, daß auf Vorrat (Stapel) gearbeitet wird. Wenn z. B. ein Händler bei einer Konfektionsfirma eine große Partie Kleidungsstücke bestellt, und die Firma diese anfertigt, so kann hier sehr wohl ein Fabrikbetrieb vorliegen.

Die Annahme eines solchen wird selbst dadurch nicht unbedingt ausgeschlossen, daß die Arbeit zum Gebrauch oder Verbrauch für den Bestellenden geleistet wird, dies kann in der Weise geschehen, daß die Fabrik die ihr übergegebenen Waren bearbeitet (Bleichereien, Appreturanstalten, Färbereien, Wäschereien), oder daß sie auf Bestellung Waren, z. B. chemische Fabrikate liefert.

Immer aber ist es erforderlich, daß ein Betrieb im großen (en gros) stattfindet, daß also Waren als Fabrikwaren, nicht als Individualarbeit, als Produkte handwerksmäßiger oder künstlerischer Tätigkeit hergestellt werden. Hierin liegt der wesentliche Unterschied zwischen dem Fabrikbetrieb auf der einen Seite, dem Handwerk, dem Kunsthandwerk, der Kunst auf der andern Seite. Wird also gleichzeitig oder kurz hintereinander eine große Menge gleichartiger Arbeit geleistet, gleichartige Ware hergestellt, so liegt Fabrikbetrieb auch dann vor, wenn auf Bestellung verschiedener Personen zu deren Gebrauch gearbeitet wird. Anders, wenn jede bestellte Arbeit einzeln und in einer von den anderen abweichenden Weise geleistet, also individuell, en détail gearbeitet wird. Dies ist der Fall, wenn Kleidungsstücke, Wäsche, Schuhwaren auf Bestellung und nach Maß für einzelne Personen gefertigt werden. Die Verschiedenheit zwischen einer solchen Arbeit und einer Fabrikarbeit ist nicht bloß wirtschaftlicher, sondern auch technischer Art; sie bezieht sich nicht bloß auf den Gesamtbetrieb, sondern auch auf die Arbeit des einzelnen Gehilfen. Denn die Tätigkeit eines Arbeiters, welcher eine große Anzahl gleichartiger Gegenstände herzustellen hat, ist eine wesentlich andere, als die eines Arbeiters, welcher in der gleichen Zeit nur einen Gegenstand anfertigt. Letztere ist weitaus nicht in dem Maße ermüdend, aufreibend und abstumpfend. Deshalb bedürfen diese Arbeiter weit weniger der Ruhe und des Schutzes der in Tit. 7 Abs. 4 enthaltenen Vorschriften. Vorliegend tritt dies noch besonders dadurch hervor, daß eine verhältnismäßig sehr kleine Anzahl von Kostümen im Jahre fertiggestellt wird, sodaß jedes Kleidungsstück eine große Anzahl von Arbeitsstunden erfordert. Daß Schneiderwerkstätten, in denen nur nach Maß gearbeitet wird, nicht zu den Fabriken im Sinne der GO. zählen, ergibt noch folgende Erwägung. Die Kaiserliche Verordnung vom 31. Mai 1887 („Reichsgesetzblatt" S. 459) hat die §§ 135 bis 139b RGO. auf diejenigen Werkstätten ausgedehnt, „in welchen die Anfertigung oder die Bearbeitung von Männer- und Knabenkleidern, Frauen- und Kinderkleidung im großen erfolgt". Dementsprechend sagt die Ausführungsanweisung des preußischen Handelsministers vom 16. Juli 1897 (M.Bl. S. 199), daß „Schneiderwerkstätten, in denen auf Bestellung nach Maß für den persönlichen Bedarf der Besteller gearbeitet wird, . . . von der Geltung der Verordnung ausgeschlossen" bleiben. Wenn also solche Schneiderwerkstätten nicht einmal unter diese Werkstätten der Kaiserlichen Verordnung zu rechnen sind, so können sie noch weniger als Fabriken angesehen werden. Angeklagter war daher freizusprechen. („Gewerbearchiv" Bd. 1 S. 735 Nr. 2.)

c) Urteil des Oberlandesgerichts Darmstadt vom 31. Januar 1902.

Die Frage ist verneint.

Aus den Gründen: Die Vorschriften der § 135 bis 137 der GO. sind, wenn man zunächst von der Kaiserl. Verordnung vom 31. Mai 1897 absieht, nur auf Fabriken anwendbar. Weder die Gewerbeordnung, noch die anderen Reichsgesetze, in welchen der Ausdruck „Fabrik" vorkommt, enthalten eine gesetzliche Feststellung des unter „Fabrik" zu verstehenden Begriffes. Während die Motive zur GO. (Novelle von 1878) bemerken, daß in der großen Mehrzahl gewerblicher Anlagen die Anwendung jenes Begriffes für die Praxis keine Zweifel erregen werde, heißt es in den Motiven zum Haftpflichtgesetz vom 7. Juli 1871:

> Die sonst üblichen Unterscheidungen, wonach im Handwerk die Handarbeit, in der Fabrik das mechanische Element vorherrsche, wonach beim Handwerk regelmäßig eine vollständige Herstellung durch eine und dieselbe Hand, bei der Fabrik Teilung der Arbeit unter verschiedenen Arbeitsklassen stattfinde, wonach ferner das Handwerk auf Bestellung im kleinen, die Fabrik auf Vorrat im großen arbeite, oder wonach endlich beim Handwerk der Meister mitarbeite, während in der Fabrik der Fabrikherr dirigiere, sind heutzutage nicht mehr als zutreffend anzusehen. Man wird es dem Richter überlassen müssen, in Zweifelsfällen eine Entscheidung darüber zu treffen, ob es sich um ein Fabrikunternehmen handelt oder nicht, und von dem vergeblichen Versuche abzustehen haben, im Gesetze die Feststellung des Begriffes einer Fabrik vorzunehmen.

Auch der Wissenschaft und Rechtsprechung ist es noch nicht gelungen, eine juristisch genaue Bestimmung des Begriffes „Fabrik" zu geben, sichere Unterscheidungsmerkmale zwischen „Fabrik“ und „Handwerk“ festzulegen. Sofern es sich nicht um gewerbliche Unternehmungen handelt, welche nach Vorschrift des § 154 Abs. 2 und 3 GO. wie Fabriken zu behandeln sind, ist daher die Frage, ob ein solcher Gewerbebetrieb als ein fabrik- oder handwerksmäßiger anzusehen sei, eine zunächst tatsächliche, von der konkreten Gestaltung des Einzelfalles unter Berücksichtigung aller in Betracht kommenden Verhältnisse abhängige. Sie kann vom Revisionsgerichte nur insoweit nachgeprüft werden, als zu untersuchen ist, ob solche Momente und charakteristische Merkmale vorhanden und festgestellt sind, welche in ihrem Zusammentreffen als Grundlage der einen oder anderen Annahme zu dienen vermögen. Aber nur das Zusammentreffen einer Mehrzahl der von Wissenschaft und Rechtsprechung als Merkmale des fabrikmäßigen Betriebes anerkannten Momente berechtigt im einzelnen Falle, den Begriff „Fabrik“ als erschöpft anzusehen; es genügt nicht Vorhandensein eines dieser Merkmale, während andererseits aber auch nicht der Mangel eines einzelnen den Begriff ausschließt. Als hauptsächliches Merkmal für den Fabrikbegriff kommt nach vorstehenden Entscheidungen und den reichsgerichtlichen Urteilen vom 12. März 1891 und 2. November 1893 in Betracht, daß bei der Beschaffung, Bearbeitung, Verarbeitung und Verwertung der den gewerblichen Prozeß durchlaufenden Gegenstände der Unternehmer sich im wesentlichen auf die kaufmännische und technische Oberleitung beschränkt und sich an der Herstellung der Produkte nicht oder doch nur ausnahmsweise mit eigener Hand beteiligt, diese Arbeit vielmehr im wesentlichen den Gehilfen überläßt, sowie daß die kaufmännischen Betriebshandlungen, die auf Beschaffung des Rohmaterials und Absatz der Waren gerichtet sind, von den die gewerbliche Bearbeitung und Verarbeitung bezweckenden Verrichtungen, sowohl was die Art ihrer Vornahme als das dazu verwendete Personal angeht, strenger geschieden werden. Neben dieser Trennung der Arbeit in die kaufmännische des Unternehmers und die technische der Gehilfen, sowie der Arbeitsteilung unter den Arbeitern dienen noch andere Merkmale, wie große Arbeiterzahl, ausgedehnte Räumlichkeiten, umfangreiche Verwendung von Kraft- und Arbeitsmaschinen, großer Umfang der Produktion, bezw. Herstellung der Produkte für den Handel und Ausschluß des festen Lehrlingsverhältnisses zur Unterstützung. Dagegen ist das maßgebende Merkmal für den Handwerksbetrieb die eigene Beschäftigung des Unternehmers zusammen mit seinen Gehilfen bei der Herstellung der Erzeugnisse und Nichtvorhandensein einer deutlichen Scheidung des kaufmännischen und technischen Teils des Betriebs, während nur unterstützende Merkmale sind: Verrichtung der Arbeiten in kleinen Räumen, die oft noch mit der Wohnstätte in Verbindung stehen, Qualität und Zahl der Hülfskräfte, Benutzung von Werkzeugen oder doch nur Kleinmotoren, nicht größeren, durch elementare Kraft bewegten Maschinen, Höhe des Umsatzes.

Von diesen Rechtsgrundsätzen ist die Strafkammer ausgegangen; sie hat nicht allein die angegebenen hauptsächlichen, sondern auch die unterstützenden Merkmale in bezug auf den Betrieb der Angeklagten eingehend untersucht und gewürdigt. Sie hat dabei festgestellt, daß die Angeklagte eine Damenkleiderschneiderei betreibe, zum Wohnen und Geschäftsbetrieb 5 Zimmer innehabe, daß sie während der Saison 30—40 Personen, dabei regelmäßig 8 männliche Arbeiter, sonst nur Mädchen im Alter von über und unter 16 Jahren, und hierbei stets auch Lehrmädchen behufs deren Ausbildung beschäftigte, daß aber außerhalb der Saison das Geschäft stillestehe und die Arbeiter entlassen werden. Sie hat weiter festgestellt, daß die Angeklagte die Damenkostüme, Damenmäntel, Jackets 2c., zu denen sie die Stoffe liefere, nur auf Bestellung und nach Maß, immer nur für eine bestimmte Person nach deren Bedürfnis, nicht auf Lager, nicht für den Handel anfertige, daß ein Lagerraum nicht vorhanden sei, daß die Angeklagte die Oberaufsicht über den ganzen Betrieb führe, wobei sie sich jedoch noch der Unterstützung eines Zuschneiders bezüglich der Arbeiter und einer Direktrice bezüglich der Arbeiterinnen bediene, daß die Angeklagte den ganzen

Tag und, soweit es der Betrieb verlange, auch des nachts die Arbeiterinnen nicht verlasse, fortwährend die Aufsicht führe und sich persönlich an der Herstellung der bestellten Kleider derart beteilige, daß sie den ganzen Tag und eventl. auch des nachts mitarbeite, daß sie die Seele des Betriebes sei, von ihr alle Weisungen ausgingen und ohne ihre persönliche Tätigkeit von einem gedeihlichen Geschäftsbetriebe keine Rede sein könne. Außerdem ist festgestellt, daß die Angeklagte neben ihrer erwähnten Tätigkeit in ihrer freien Zeit die nötige Korespondenz mit Lieferanten und Kunden besorge und die Bücher, diese unter zeitweiser Unterstützung ihres Ehemannes, führe, daß aber diese Buchführung auf das Notwendige beschränkt, von untergeordneter Bedeutung und keine kaufmännische im eigentlichen Sinne sei. Dem entspreche auch das Gewerbspatent der Angeklagten als „Kleidermacherin und Lieferung der Stoffe" und der Umstand, daß sie in das Handelsregister nicht eingetragen worden sei. Hinsichtlich der Arbeitsteilung unter den Gehilfen ist festgestellt, daß die männlichen Arbeiter von den weiblichen getrennt arbeiten, daß die Arbeiterinnen nach ihren Talenten und Fähigkeiten verwendet werden, die einen Röcke, die anderen Taillen, manche lediglich die Ärmel arbeiteten, keineswegs aber jedes Mädchen immer dieselbe Arbeit verrichte. Sodann ist auch noch hervorgehoben, daß in dem Betriebe 4 Nähmaschinen benutzt werden, und weitere maschinelle Einrichtungen nicht bestehen.

Auf Grund dieser Erwägungen kam die Strafkammer zu dem Ergebnisse, daß nach allen einschlagenden Verhältnissen des Falles Angeklagte ein Handwerk, keine Fabrik betreibe.

Die tatsächlichen Feststellungen und die daraus gezogenen Schlüsse enthalten keinen Rechtsirrtum. Dies um so weniger, als der Vorderrichter das oben hervorgehobene hauptsächliche Merkmal der „Fabrik", die „Arbeitsteilung zwischen der vorwiegend kaufmännischen Tätigkeit des Unternehmers und der technischen Tätigkeit der Gehilfen", verneint hat, außerdem aber auch das maßgebende Merkmal für das Handwerk, daß nämlich die Angekl. in ihrem Betriebe die gleiche oder doch wesentlich gleiche Arbeit wie ihre Gehilfen", zu denen auch der Zuschneider und die Direktrice zählen, verrichtet, als hier tatsächlich vorliegend festgestellt hat. Dem gegenüber kann die nicht unbedeutende Zahl der Arbeiter von entscheidender Bedeutung für sich allein nicht sein, um so weniger, als dieselbe auch Lehrmädchen, also kaum zu rechnende Arbeitskräfte, mitbegreift, außerdem auch sehr jugendliche Personen, also geringerwertige Arbeitskräfte darin inbegriffen sind und obendrein nur in bestimmten Perioden gearbeitet wird.

Wenn die Revisionsschrift hervorhebt, daß der Schwerpunkt der Schneiderei neben der technischen Leistung der Anfertigung der Kostüme in dem Verkauf dieser Ware, in der Anpreisung der Modelle und der anzufertigenden Kleidungsstücke an die Kunden, in den mit den Kunden zu treffenden Vereinbarungen über die herzustellenden Kostüme und deren Preis, also in dem Abschlusse von Geschäften und Lieferungsverträgen bestehe, dies aber kaufmännische Tätigkeit bilde, die allein von der Angeklagten ausgeübt werde, so erscheint diese Ausführung, soweit sie damit ein Kriterium des Fabrikbetriebes hervorzuheben bezweckt, als verfehlt; denn es ist nicht abzusehen, wie ein Handwerk ohne derartige Tätigkeit überhaupt zu bestehen vermöchte; auch der Handwerker darf verkaufen, anpreisen, Geschäfte und Lieferungsverträge abschließen, ohne dadurch der Eigenschaft als Handwerker verlustig zu werden. („Hessische Rechtsprechnng" Jg. 3, S. 9.)

## 367. Ist eine Konfektionswerkstatt von großem Umfang als Fabrik anzusehen?

Urteil des Reichsgerichts, 3. Strafsenat, vom 27. September 1894.

Der Angeklagte wird von dem Vergehen gegen § 137 GO. freigesprochen. Die dagegen eingelegte Revision der Staatsanwaltschaft ist verworfen.

Aus den Gründen: Es muß der Revision der Staatsanwaltschaft gegen das freisprechende Urteil der Strafkammer, welche in dem Geschäftsbetriebe der Angeklagten irgend welche charakteristischen Merkmale „der Fabrik" nicht gefunden hat, zugegeben werden, daß der Vorderrichter zu einer entgegengesetzten Feststellung hätte gelangen können. Wenn nämlich im vorliegenden Falle festgestellt ist, daß die Angeklagten, von denen dem einen „die technische Oberleitung des gesamten technischen Personals" also anscheinend ohne technische Mitarbeit obliegt, während der andere anscheinend lediglich mit der kaufmännischen Leitung des Geschäfts befaßt ist, die große Zahl von 180 Arbeitern, darunter 140 Arbeiterinnen in 10 verschiedenen, in ihren Geschäftsräumen eingerichteten, und mit 10 Nähmaschinen ausgerüsteten Werkstätten in der Weise beschäftigten, daß getrennte Arbeitsstellen für Mäntel, Kostüme und Kinderkonfektion vorhanden sind und jede Arbeitsstelle unter einem Zuschneider als Werkmeister steht, daß eine gewisse Arbeitsteilung, namentlich in den Abteilungen für Kostüme und Mäntel stattfindet, daß, wenn auch vorwiegend auf Bestellung, so doch auch auf Vorrat für den Handel gearbeitet wird, daß innerhalb des Jahres 1893 je weit über 1000 Damenmäntel und Kostüme und über 700 Kinderkostüme angefertigt und zum größten Teil verkauft worden und der Umsatz dementsprechend auch nach seinem Geldwerte ein sehr erheblicher sein muß, so ist darauf hinzuweisen, daß unter solchen Voraussetzungen das Reichsgericht Konfektionsgeschäften der vorliegenden Art die rechtliche Natur von Fabriken bereits ausdrücklich zuerkannt hat. Hierbei handelt es sich aber um die Prüfung der Verurteilung des betreffenden Angeklagten zugrunde liegenden und festgestellten tatsächlichen Unterlagen. Das jetzt angefochtene Urteil läßt erkennen, daß der Vorderrichter jene Voraussetzungen auch vorliegendenfalls nicht übersehen und unerörtert gelassen hat. Wenn er trotzdem zu einer freisprechenden Entscheidung gelangt ist, so beruht dies nicht ohne weiteres auf rechtsirrtümlichen Erwägungen, sondern darauf, daß er die Gesamtheit und das Zusammentreffen der hervorgehobenen tatsächlichen Voraussetzungen zu wenig beachtet hat, also auf einen Mangel in Würdigung der tatsächlichen Verhältnisse. Auf solchen Mangel kann aber die Revision nicht gestützt werden (§ 376 Strafprozeßordnung). („Juristische Wochenschrift" Jg. 1894, S. 605 Abs. 2.)

### 368. Ist eine Dampfsägerei als Fabrik anzusehen, obwohl sie nicht Sachen neuer Art durch Verarbeitung herstellt? Begriff der Fabrik.

Urteil des Reichsgerichts, 3. Strafsenat, vom 12. Mai 1892.

Der Strafsenat hat das Urteil der Strafkammer aufgehoben, durch das der Angeklagte von der Anklage den § 135 freigesprochen war.

Aus den Gründen: Der Betrieb des Angeklagten wird im Urteil der Strafkammer tatsächlich charakterisiert als eine „durch eine Dampfmaschine und verschiedene Kreissägen betriebene Dämpfsägerei", in welcher Arbeiter beschäftigt werden. Die Zweifel des Instanzrichters, ob es sich um eine Fabrik handle, stützen sich auf die „Ansicht" eines Sachverständigen, welcher „derartige Betriebe" an sich nicht für Fabriken ansehen zu wollen scheint, und auf die Einrede des Angeklagten, der Begriff der Fabrik erfordere die Herstellung von Sachen ganz neuer Art durch Verarbeitung. Das Urteil ist auf die Revision der Staatsanwaltschaft aufgehoben. — Es war Aufgabe des Gerichts, den Begriff der Fabrik selbständig, ohne Rücksicht auf die Ansicht eines Laien über diese Rechtsfrage, nach Wortlaut und Absicht der anzuwendenden Rechtsnorm zu bestimmen. Der Unterschied zwischen Fabrik und Handwerk ruht heute nicht mehr in dem qualitativ verschiedenen Maße der Verarbeitung von Rohstoffen, sondern lediglich in der äußeren Beschaffenheit des Betriebes, der Benutzung elementarer Betriebskräfte, dem Umfange der Produktion, der Zahl der beschäftigten Arbeiter, der durchgeführten Arbeitsteilung, der Größe des Etablissements u. dgl. mehr. Es kann nicht zweifelhaft sein, daß Dampfsägereien, falls sonst bei ihnen die vorerwähnten Voraussetzungen zutreffen, Fabriken im gesetzlichen Sinne der Regel nach sind, und daß auch innerlich derartigen Betrieben gegenüber die ratio legis zutrifft, welche im § 135 GO. der Ausbeutung kindlicher Arbeitskräfte Schranken setzt. („Juristische Wochenschrift" Jg. 1892, S. 360 Abs. 2.)

## 369. Ist eine Genossenschaftsmolkerei Fabrikbetrieb?

Urteil des Reichsgerichts, 3. Strafsenat vom 14. Dezember 1892.

Der Angeklagte ist beschuldigt, als Verwalter einer Molkerei gegen §§ 136 Abs. 3, 146 Nr. 2, 138 Abs. 3 und 149 Nr. 7 der RGO. verstoßen zu haben. Er ist freigesprochen, weil die gedachten Vorschriften auf den hier in Rede stehenden Molkereibetrieb keine Anwendung finden, dieser Betrieb sei nur als ein landwirtschaftliches Nebengewerbe anzusehen.

Das Urteil ist aufgehoben und die Sache in die Vorinstanz zurückgewiesen.

Aus den Gründen: Es haben sich 21 Besitzer ländlicher Grundstücke zu dem Zweck vereinigt, die in ihren Wirtschaften gewonnene Milch zu Butter zu verarbeiten und die erzeugte Butter für Rechnung der Genossen, aus deren Milch die Butter gewonnen ist, zu verkaufen; die Verarbeitung geschieht in einem von der Genossenschaft errichteten, ihr gehörenden Gebäude. Die Gründe der Strafkammer ergeben nicht, ob die Molkerei-Genossenschaft ein bloßer Personenverband, eine lediglich privatrechtliche Vereinigung mehrerer Grundbesitzer war oder ein selbständiges Rechtssubjekt bildete, wie ein solches nach dem Reichsgesetze vom 1. Mai 1889 eine eingetragene Genossenschaft ist. In letzterem Falle würde die Gesamtheit als eine Einheit die Trägerin der Rechte und Pflichten sein. Ein Gewerbe der in Rede stehenden Art wird dann von ihr — durch ihren Vertreter — als ein selbständiges, nicht von den Mitgliedern als Nebengewerbe betrieben. („Juristische Wochenschrift" Jg. 1892 S. 145 Abs. 7.)

## 370. Ist der Erbsenpflücker einer Konservenfabrik Fabrikarbeiter?

Urteil des Reichsgerichts 1. Strafsenat, vom 1. Februar 1892.

Das Reichsgericht hat die Frage verneint.

Aus den Gründen: Die Strafkammer hat den Angeklagten wegen Vergehens gegen §§ 135, 138 RGO. bestraft, indem sie den schulpflichtigen, am 24. Oktober 1878 geborenen Knaben B., welcher im Juli 1891 während 14 Tagen mit Erbsenpflücken für die Konservenfabrik des Angeklagten beschäftigt war, als einen in der Fabrik des Angeklagten beschäftigten Arbeiter erachtet hat. Das Urteil ist aufgehoben und der Angeklagte freigesprochen. — Da im vorliegenden Falle das Pflücken der Erbsen nicht in eine weitere organische Verbindung mit dem auf Herstellung von Konserven gerichteten Fabrikbetriebe gebracht ist, vielmehr nur äußerlich dadurch eine Beziehung zu der Fabrik erhalten hat, daß bei den mit Pflücken von Erbsen beschäftigten Arbeitern ein Aufseher des Angeklagten bestellt ist, auch ferner der Knabe B. nicht etwa außer dem Erbsenpflücken noch sonst in dem Fabrikbetriebe des Angeklagten beschäftigt gewesen ist, so stellt sich jene Tätigkeit zwar als die Herstellung eines landwirtschaftlichen Rohproduktes, nicht aber als die eines Fabrikerzeugnisses in der Konservenfabrik des Angeklagten dar. („Juristische Wochenschrift" Jg. 1892 S. 145 Abs. 6.)

## 371. Ist die Angestellte, welche den Heimarbeitern das Material zustellt, Fabrikarbeiterin?

Urteil des Reichsgerichts, 4. Straffenat, vom 19. Mai 1893.

Angeklagter war von der Strafkammer von der Anklage aus § 137 freigesprochen. — Das Urteil ist auf Revision der Staatsanwaltschaft aufgehoben.

Aus den Gründen: Auch derjenige ist Fabrikarbeiter, dem beispielsweise die Vertragspflicht obliegt, in den Fabrikräumen die für den Betrieb erforderlichen Vorbereitungen zu treffen, die Maschinen und die Werkzeuge im Stande zu halten und dergleichen. Dagegen fällt in den Kreis der Arbeiten eines Fabrikarbeiters diejenige Beschäftigung nicht, die entweder der Beaufsichtigung des Betriebes oder der kaufmännischen Seite desselben gewidmet ist. Daß diese Anschauung auch die des Gesetzgebers ist, folgt aus der Vorschrift des § 138a GO. (in der Fassung des Gesetzes vom 1. Juni 1891). Im Abs. 5 daselbst werden zu den den Arbeiterinnen im Sinne des § 137 obliegenden Arbeiten auch die im § 105c Abs. 1 Ziff. 2 und 3 bezeichneten gerechnet und sind in Ziff. 3 als solche unter anderen aufgeführt: die Bewachung der Betriebsanlage, die Reinigung und die Instandhaltung derselben u. s. w. Die Vorinstanz, nach deren Feststellung die Beschäftigung der Angestellten darin bestand, das Rohmaterial an die Arbeiterinnen, und zwar sowohl an die in den Fabrikräumen wie an die außerhalb derselben in der Hausindustrie tätigen auszugeben, die fertiggestellten Fabrikate abzunehmen und hierbei das Nettogewicht bei der Verausgabung und bei der Vereinnahmung festzustellen, erachtet mit Rücksicht auf diese Tätigkeit die Beklagte zu unrecht nicht als Fabrikarbeiterin, sondern als Gewerbegehülfin, und hat in Verkennung des Sinnes der § 137 GO. unterlassen zu prüfen, ob das Zuwiegen und Zuteilen von Rohmaterial in der vom Angeklagten betriebenen Putzfederfabrikation in einem wesentlichen Zusammenhange mit der Herstellung der Fabrikate steht und ob deshalb die der Beklagte obliegende Tätigkeit nicht mittelbar der Erzeugung derselben diente. („Juristische Wochenschrift" Jg. 1893 S. 336 Abs. 2.)

## 372. Ist die Materialverteilerin Fabrikarbeiterin?

Urteil des Reichsgerichts, 4. Straffenat, vom 28. November 1903.

Die Vorinstanz hat in dem freisprechenden Urteile für erwiesen erachtet, daß die Beschäftiguug der B. in der Fabrik des Angeklagten darin bestanden hat, an die Arbeiterinnen das Rohmaterial zuzuwiegen und auszuteilen, die aus denselben hergestellten Federn und den nicht verwendbaren Rest des Materials abzunehmen und nachzuwiegen und die ermittelten Gewichte zu notieren. Sie hat deshalb angenommen, daß die B. zum Aufsichtspersonal, aber nicht zu den Fabrikarbeitern gehört habe.

Auf die Revision des Staatanwalts ist das Urteil aufgehoben.

Aus den Gründen: Geht man davon aus, daß jede den Zwecken des Fabrikbetriebes dienende mechanische Arbeit zu den Arbeiten eines Fabrikarbeiters gehört, obwohl sie nicht an die Person eines bestimmten Arbeiters gebunden ist, sondern auch von anderen Arbeitern ausgeführt werden kann, so erweist sich die Annahme der Vorinstanz als rechtsirrig. Sie verkennt den Begriff der Fabrikarbeit und demgemäß auch den eines Fabrikarbeiters und irrt insbesondere darin, daß sie die Arbeit der Materialverteilung lediglich deshalb für eine Fabrikarbeit nicht ansieht, weil sie mit gleichem Erfolge wie von der Beklagten von den Arbeiterinnen selbst habe ausgeführt werden können. („Juristische Wochenschrift" Jg. 1894 S. 52 Abs. 4.)

## 373. Darf auch im Falle der Lohnverwirkung nicht mehr als ein Viertel des fälligen Lohnes einbehalten werden?[1])

Urteil des GG. Ludwigshafen a. Rh.

Kläger hat das Arbeitsverhältnis widerrechtlich gelöst. Nach der Arbeitsordnung der beklagten Firma Gebr. B. gehen Arbeiter, welche ohne Kündigung austreten, ihres stehenden Lohnes bis zur Höhe eines durchschnittlichen Wochenlohnes verlustig § 134[2] GO.). Das Lohnguthaben des Klägers betrug beim Austritte 20 Mk., und behielt die Beklagte diesen ganzen Betrag als verwirkt ein.

Das Gericht sprach der Beklagten zwar einen durch den vertragsbrüchigen Kläger zu leistenden Schadensersatz in Höhe eines durchschnittlichen Wochenlohnes (20 Mk.) zu, gestattete ihr jedoch nur eine Lohn-Einbehaltung im Viertelsbetrage und verurteilte dieselbe zur Auszahlung der restierenden 15 Mk.

Aus den Gründen: Lohneinbehaltungen, welche von Gewerbeunternehmern zur Sicherung des Ersatzes eines ihnen aus der widerrechtlichen Auflösung des Arbeitsverhältnisses erwachsenden Schadens oder einer für diesen Fall verabredeten Strafe ausbedungen werden, dürfen bei den einzelnen Lohnzahlungen ein Viertel des fälligen Lohnes, im Gesamtbetrage den Betrag eines durchschnittlichen Wochenlohnes nicht übersteigen (§ 119a GO.). Diese Vorschrift gilt für alle gewerblichen Arbeitgeber, insbesondere auch für die in § 134a GO. genannten größeren Fabriken (Landmann 2. Aufl. Bd. 2 S. 814). Ausbedungen ist nach der Arbeitsordnung nur eine einmalige nach der ersten 14tägigen Lohnperiode eintretende Lohneinbehaltung im Viertelsbetrage des innerhalb dieser Periode erreichten Gesamtlohnes. Hierüber hatte aber bereits Abrechnung stattgefunden und war deshalb nur ein Viertelabzug aus dem restfälligen Wochenlohn zuzuerkennen unter Beobachtung des Satzes, daß zu Gunsten der Arbeiter in Großbetrieben nicht bloß die Beschränkung bezüglich der Lohnverwirkung im § 134 Abs. 2 GO. sondern auch die Beschränkung bezüglich der Lohneinbehaltung im § 119a daselbst zu gelten hat. („Gewerbegericht" Jg. 5, Sp. 198.)

## 374. Kann der minderjährige Arbeiter nach Aufhebung des Arbeitsverhältnisses auf Herausgabe des Lohnzahlungsbuches klagen?

Urteil des GG. Leipzig, vom 13. Dezember 1900.

Die Frage wird verneint.

Aus den Gründen: Der Kläger verlangt das von der Beklagten gekaufte und für ihn als Lohnzahlungsbuch eingerichtete Buch nach Beendigung des Arbeitsverhältnisses, indem er sich in der Hauptsache auf § 134 RGO. Abs. 3 stützt. Er argumentiert, weil nach dem zitierten Paragraphen die Bestimmungen des § 111 Abs. 2 bis 4 GO. Anwendung auf die Lohnzahlungsbücher erleiden sollen, so folge daraus, daß die Lohnzahlungsbücher nach Beendigung des Arbeitsverhältnisses zur Fortführung bei dem neuen Arbeitgeber bestimmt seien, da sonst nicht ersichtlich sei, warum das Verbot von Merkmalen, die den Inhaber günstig oder nachteilig zu kennzeichnen bezwecken, im Gesetze ausgesprochen sei.

Mit dieser Auffassung befindet sich der Kläger im Irrtume. Weder der Wortlaut, noch die Tendenz der in § 134 Abs. 3 GO. enthaltenen Bestimmungen, noch der geschichtliche Hergang, der zum Erlasse der gesetzliche Vorschrift geführt hat, sprechen für den Kläger. Während der Beratung über den fraglichen Art. 11

---

[1]) Vgl. unten Nr. 396.

der Gewerbenovelle vom 30. Juli 1900 ist dieser Gesichtspunkt nie zum Ausdruck gebracht worden, vielmehr hat es sich hier, sowie auch bei der Motivierung der fraglichen gesetzlichen Bestimmungen ausschließlich darum gehandelt, den Eltern bezw. Vormündern der minderjährigen Arbeiter durch die neuzuschaffende Einrichtung der Lohnzahlungsbücher eine Kontrolle über die von den Minderjährigen bezogenen Löhne zu gewähren. Mehrfach ist hierbei die Befürchtung ausgesprochen worden, es möchte der minderjährige Arbeiter die Einrichtung der Lohnzahlungsbücher illusorisch machen, oder die Erreichung des beabsichtigten Zweckes in Frage stellen, durch die Vernichtung der Lohnzahlungsbücher, durch deren Verheimlichung vor Eltern und Vormündern unter Vorspiegelung des Verlustes, durch zu späte Abgabe an den Arbeitgeber behufs Eintragung des Lohnes u. dgl. Um dem, soweit tunlich, entgegenzutreten, hat man offensichtlich das Verbot der Eintragung von günstigen oder benachteiligenden Merkmalen für den Arbeiter im Gesetze beigefügt und dadurch verhüten wollen, daß der Arbeiter etwa durch tadelnde Bemerkungen, Notifikationen von Strafen und dergleichen veranlaßt würde, seine Mitwirkung zur Durchführung der neuen Einrichtung zu versagen oder diese zu hemmen. . . .

Das Gesetz selbst spricht nicht von Verpflichtung des Arbeitgebers, das Lohnzahlungsbuch nach Beendigung des Arbeitsverhältnisses herauszugeben, wie dies beispielsweise bei dem Arbeitsbuche geschehen ist. (§ 107 GO.) Hätte der Gesetzgeber die Vorschrift über das Arbeitsbuch in diesem Punkte auf das Lohnzahlungsbuch ausdehnen wollen, so hätte in § 134 Abs. 3 GO. die weitere Verweisung auf § 107 GO. zweifellos nicht fehlen dürfen. Demzufolge erscheint die vergleichsweise Heranziehung des Arbeitsbuches, welches nicht von dem Arbeitgeber angeschafft, sondern von der Behörde kostenfrei ausgestellt wird, zur Begründung des Klageanspruchs nicht als angängig.

Wollte man eine Vergleichung aufstellen, so könnte das Lohnzahlungsbuch in Beziehung auf den streitigen Punkt eher mit den Arbeitsordnungen in eine Linie gestellt werden, deren Aushändigung bei dem Antritte des Arbeitsverhältnisses in Fabriken mit regelmäßig mehr als 20 Arbeitern gleichfalls durch § 134a GO. vorgeschrieben ist, während die Rückgabe der ausgehändigten Arbeitsordnung bei Auflösung des Arbeitsverhältnisses wohl unbedenklich vom Arbeitgeber gefordert werden könnte. („Gewerbegericht" Jg. 4 Sp. 158.)

## 375. Ist die Gültigkeit der Arbeitsordnung von der Aushändigung an den Arbeiter oder von der Kenntnisnahme desselben abhängig, oder genügt der Aushang?

a) Urteil des GG. Berlin vom 2. November 1894.

Das GG. hält die Arbeitsordnung nur für verbindlich, wenn sie ausgehändigt ist.

Aus den Gründen: Wenn der § 134a Abs. 1 der GO. bestimmt, daß der Erlaß einer Arbeitsordnung durch Aushang erfolgt, so ergibt sich aus der parenthetisch hinzugefügten Verweisung auf § 134e Abs. 2 seinem gesamten Inhalt nach, daß zur Perfektion des Erlasses die Beobachtung der sämtlichen, in letzterer Norm enthaltenen Formen — a) das Aushängen der Arbeitsordnung an geeigneter, allen beteiligten Arbeitern zugänglicher Stelle, b) die Erhaltung des Aushanges in lesbarem Zustande und c) die Behändigung der Arbeitsordnung an jeden Arbeiter bei seinem Eintritt in die Beschäftigung — erforderlich ist. Hiernach bildet die Aushändigung der Arbeitsordnung an den Arbeitnehmer nach dem Gesetz eine wesentliche Voraussetzung für deren Wirksamkeit für und gegen den einzelnen Arbeitnehmer. Hätte der Gesetzgeber hierfür schon den Aushang der Arbeitsordnung für ausreichend erachtet, so hätte das in dem parenthetischen Hinweis zum Ausdruck kommen müssen. Das Gebot der Aushändigung der Arbeitsordnung an den Arbeitnehmer entspricht eben einem der Natur der Sache entsprungenen dringenden Bedürfnis desselben; dem Arbeitnehmer soll nicht zugemutet werden, zum Bestandteil seines Arbeitsvertrages eine Arbeitsordnung zu machen, deren volle Tragweite ihm bei einem flüchtigen gelegentlichen Durchlesen oder Anhören ihrer Bestimmungen unmöglich klar werden kann. („Gewerbegericht" Jg. 2, Sp. 37.)

### b) Urteil des GG. Frankfurt a. M.

Das GG. hält zwar nicht die Aushändigung, wohl aber die Kenntnisnahme des Arbeiters zur Rechtswirksamkeit der Arbeitsordnung für erforderlich.[1])

Aus den Gründen: Es bestehen hinsichtlich der Frage, wie weit eine Arbeitsordnung auf das Vertragsverhältnis zwischen dem Arbeitgeber und dem nach Erlaß der Arbeitsordnung in den Betrieb eintretenden Arbeitnehmer von Einfluß ist, drei Meinungen. Die erste hält die Arbeitsordnung nur dann für gültig, wenn sie behändigt worden ist. Die zweite begründet sich damit, daß sie verlangt, die Arbeitsordnung solle auf irgend eine Weise, sei es ausdrücklich, sei es stillschweigend, Bestandteil des mit dem Arbeiter geschlossenenen Arbeitsvertrages werden. Die dritte hält die Arbeitsordnung mit dem Erlaß für alle später eintretenden Arbeiter für rechtsverbindlich. Die zweite Ansicht, daß die Arbeitsordnung Bestandteil des mit dem Arbeiter geschlossen Vertrages werden muß, erscheint als diejenige, der der Vorzug zu geben ist. Es ist dabei von folgenden Erwägungen auszugehen: Der § 105 der GO. bestimmt: „Die Festsetzung der Verhältnisse zwischen den selbständigen Gewerbetreibenden und den gewerblichen Arbeitern ist, vorbehaltlich der durch Reichsgesetz getroffenen Beschränkungen, Gegenstand freier Übereinkunft." Eine Übereinkunft kann nur dann vorliegen, wenn beide Parteien ihren Willen kundgeben, sich über etwas, was ihnen beiden bekannt ist, zu einigen. Demnach kann bei bestehender Arbeitsordnung der Vorschrift des § 105 der GO. nur dann genügt werden, wenn dem Arbeitnehmer bekannt wird, was den Inhalt der Arbeitsordnung ausmacht. In Gegensatz zu dem § 105 der GO. würde man geraten, wenn man der dritten Ansicht folgen wollte, daß nämlich die Arbeitsordnung mit dem Eintritt des Arbeiters ohne weiteres rechtswirksam sei. Diese Ansicht stützt sich insbesondere auf zwei gesetzliche Bestimmungen, nämlich den Satz des § 134a „der Erlaß (der Arbeitsordnung) erfolgt durch Aushang", und den Satz des § 134c „der Inhalt der Arbeitsordnung ist, soweit er den Gesetzen nicht zuwiderläuft, für die Arbeitgeber und Arbeiter rechtsverbindlich". In dem ersten Satz des § 134a erblickt man einen der Gesetzgebung analogen Akt. Zuzugeben ist zweifellos, daß, wenn eine Arbeitsordnung erlassen oder abgeändert wird, diese Arbeitsordnung mit dem Tage des Aushangs erlassen, d. h. in Kraft getreten ist. Sie zwingt deshalb unbedenklich alle diejenigen Arbeiter unter ihre Bestimmungen, welche zu diesem Zeitpunkte bereits in dem Betrieb beschäftigt waren. Eine weitergehende Bedeutung aber dem Zeitpunkte des Erlasses beizumessen, erscheint nicht richtig. Denn wie sich aus den Motiven zu den §§ 134a ff. ergibt, hatte der Gesetzgeber vor Augen den damaligen tatsächlichen Zustand. Danach gab es zwar in einzelnen Fabriken Arbeitsordnungen, ein Zwang, sie einzuführen, bestand aber nicht. Indem der Gesetzgeber diesen Zwang aussprach, mußte er gleichzeitig erklären, wann die zu erlassende Arbeitsordnung, bei deren Zustandekommen mehrere Abschnitte zu unterscheiden waren (Anhörung der Arbeiter, Einreichung an die untere Verwaltungsbehörde), verbindlich sein sollte. Er mußte dies umsomehr tun, als er, wie unten weiter ausgeführt, von der Ansicht ausgehend, daß grundsätzlich der Arbeitsvertrag der

---

[1]) Ebenso GG. Gotha. GG. Jg. 2, Sp. 37.

freien Übereinkunft auch weiterhin vorbehalten bleiben sollte, bestimmen mußte, ob auf Grund der erlassenen neuen Arbeitsordnung nunmehr mit allen bereits beschäftigten Arbeitern neue Verträge abzuschließen seien, oder ob es genüge, daß nach Anhörung der betreffenden Vertreter der Arbeiterschaft die Arbeitsordnung erlassen sei. Demnach kann aus den angeführten Worten des § 134a der GO. ein zwingender Grund für die damit zu stützende Ansicht nicht zweifelsfrei hergeleitet werden.

Die Worte des § 134e der GO. „die Arbeitsordnung ꝛc. ist rechtsverbindlich", scheinen aus den gleichen Gründen ebenfalls nur Geltung für die im Betriebe zur Zeit des Erlasses der Arbeitsordnung schon beschäftigten Arbeiter zu haben. Sie könnten eine weitergehende Bedeutung lediglich dann haben, wenn es die Absicht des Gesetzgebers gewesen wäre, außer den Bestimmungen der Arbeitsordnung, inhaltlich im einzelnen Falle mit einem Arbeiter einen besonderen Vertrag nicht zuzulassen. Diese Absicht ist, wenn man zunächst die Motive heranzieht, nicht ausgesprochen, sondern es ist vielmehr von dem Gegenteil ausgegangen. Denn die Motive besagen: „Die Arbeitsordnung erleichtert den Abschluß des Arbeitsvertrages mit jedem einzelnen Arbeiter", ferner der § 134c bringt zum Ausdruck, „daß die Arbeitsordnung die Grundlage des Arbeitsvertrages ist". Demnach hat der Gesetzgeber augenscheinlich nicht gewollt, daß nach Erlaß einer Arbeitsordnung nunmehr nichts anderes gelten solle, als deren Inhalt, sondern daß sie gewissermaßen nur das Gerippe sein sollte, an das sich die besonderen Verabredungen des Arbeitgebers mit dem Arbeitnehmer anschließen können. Diese Absicht des Gesetzgebers ist im § 134c auch deutlich zum Ausdruck gekommen. Denn dort heißt es im Abs. 2: „Andere als die in der Arbeitsordnung oder in den §§ 123, 124 der GO. vorgesehenen Gründe der Entlassung und des Austritts dürfen im Arbeitsvertrage nicht vereinbart werden." Der Gesetzgeber hat sich also hier klar auf den Standpunkt gestellt, daß mit dem Erlaß einer Arbeitsordnung der Arbeitgeber nicht aller seiner Pflichten als vertragschließender Teil bei der Annahme eines Arbeiters enthoben sei, sondern er hat die aus dem Arbeitsvertrage sich ergebende Pflicht der Bekanntgabe der Arbeitsordnung dem Arbeitgeber nicht entziehen wollen. Die zu drei vertretene Ansicht geht zudem von der Voraussetzung aus, daß die Arbeitsordnung die wesentlichen Bedingungen des Arbeitsvertrages enthält. Dies ist auch die Ansicht der Motive. Sieht man aber die Bestimmungen des § 134b der GO. Nr. 1 bis 5 durch, so enthalten sie im Grunde genommen das, was den Inhalt des Arbeitsvertrages ausmacht, nicht. Denn der Arbeitsvertrag als ein zweiseitiger Vertrag muß die gegenseitigen Rechte und Pflichten enthalten. Zu dem wichtigsten Rechte des Arbeiters aus seinem Dienstvertrage gehört wohl unzweifelhaft, wie viel Lohn er zu bekommen hat, und zu seinen wichtigsten Pflichten, wie lange er täglich zu arbeiten hat, und als dritter Punkt, unter welchen Voraussetzungen das Arbeitsverhältnis gelöst werden kann. Über die ersten beiden Punkte sagt der § 134a der GO. gar nichts. Er erwähnt Arbeitszeit und Höhe des Lohnes in keiner Weise, lediglich die Einteilung der Arbeitszeit wird hervorgehoben.

Hinsichtlich des dritten Punktes sagt § 134a der GO. auch nur, daß er in die Arbeitsordnung aufgenommen werden kann. Fehlt dieser Punkt also in der Arbeitsordnung, was demnach möglich ist, so enthält sie von dem, was das Wesen des Arbeitsvertrages ausmacht, überhaupt nichts. Die Arbeitsordnung ist dann von dem Zweifachen, was mit ihrer Einführung bezweckt war, nur das eine, nämlich der Inhalt von formulierten Ordnungsvorschriften, die den Arbeitsvertrag völlig unberührt lassen. Wie sehr dem Gesetzgeber der Gesichtspunkt des Erlasses von Ordnungsvorschriften und wie wenig ihm der Gesichtspunkt eines Eingriffs in das seiner Auffassung rein privatrechtliche Arbeitsverhältnis zwischen Arbeitgebern und Arbeitnehmern vorgeschwebt hat, geht auch aus § 134b Abs. 3 der GO. hervor. Dort heißt es: „Dem Besitzer der Fabrik bleibt überlassen, neben den im Abs. 1 unter 1 bis 5 bezeichneten, noch weitere die Ordnung des Betriebes und das Verhalten der Arbeiter im Betriebe betreffende Bestimmungen in die Arbeitsordnung aufzunehmen." Ihm sind also die Arbeitsordnungen mehr Ordnungsvorschriften für den Betrieb als Vertragsvereinbarung zwischen Arbeitgeber und Arbeitnehmer. Wenn daher die Ansicht zu drei die Arbeitsordnung auch deshalb für allgemein verbindlich ansehen will, weil damit der Arbeitsvertrag der allein bisher privatrechtlichen Grundlage entzogen und unter öffentlich-rechtliche Gesichtspunkte gestellt würde, so kann ihr auf Grund des Gesetzes und auf Grund der Motive nicht zugestimmt werden.

Auch aus praktischen Erwägungen erscheint die zu drei erwähnte Ansicht nicht empfehlenswert. Praktische Erwägungen dienen nicht dazu, ein bestehendes Gesetz zu begründen oder zu entkräften, sie können aber zur Stärkung der einen oder anderen Ansicht dienen. Darf der Arbeiter über das, was die Fabrikordnung bestimmt, im unklaren gelassen werden, ist er an die Arbeitsordnung gebunden mit dem Eintritt in die Beschäftigung, so steht er als Arbeiter in einer Fabrik, wenngleich er dort schon, wie die Motive mit Recht hervorheben, für gewöhnlich zu den Bedingungen arbeiten muß, die ihm angeboten werden, ohne weitere Wahl zu haben, viel schlechter da, als der Arbeiter in jedem anderen Betriebe. Denn während jeder andere Arbeiter (nach freier Übereinkunft) mit der Überlegung dessen, was ihm geboten wird, sagen kann, ob er arbeiten will oder nicht, ist der Fabrikarbeiter völlig abhängig von dem, was der Besitzer der Fabrik, sei es auch vor einer längeren Zeit von Jahren, einmal allein gewollt hat; denn der Arbeitgeber ist in keiner Weise genötigt, auf dasjenige einzugehen, was bei Erlaß der Arbeitsordnung von seiten seiner Arbeiter ihm als Wunsch vorgetragen wird, sondern ist bei dem Erlaß völlig selbständig. Die Absicht des Gesetzgebers, durch die Arbeitsordnung Klarheit in das gegenseitige Verhältnis zwischen Arbeitgeber und Arbeitnehmer zu bringen und Streitigkeiten zu vermeiden (vgl. Motive), wird jedenfalls dadurch, daß der Arbeitnehmer vollständig im unklaren über den Inhalt der Arbeitsordnung gelassen wird, nicht gefördert. Man darf demgegenüber nicht einwenden, daß der Arbeitgeber verpflichtet ist, die Arbeitsordnung aushängen zu lassen. Denn nachträglich die Vertrags-Bedingungen lösen und dann aus dem Betrieb sich wieder entfernen, ist jedenfalls praktisch eine große Schwierigkeit. Nun kommen aber auch Fälle vor, in denen der Arbeiter tatsächlich nicht die Möglichkeit hat, die Arbeitsordnung zu lesen. Es darf nur daran gedacht werden, daß er sofort nach Eintritt, nachdem er eben in der Stadt zugereist ist, auf Außenarbeit geschickt wird. Er weiß nicht, ob in der Fabrik mehr wie 20 Arbeiter beschäftigt werden, er weiß nicht, ob eine Arbeitsordnung erlassen ist, er kennt nicht den Inhalt der etwa erlassenen Vorschriften, und ihm gegenüber muß nach der Meinung zu drei doch die Arbeitsordnung zur Anwendung kommen. Der Arbeitgeber, der ihn vielleicht weithin verschickt hat, ist möglicherweise auf Grund dieser Arbeitsordnung berechtigt, ihn dort ohne Kündigung zu entlassen. Der Einwand, der hier gemacht werden kann, die Arbeitsordnung gelte nur für den Ort, wo die Fabrik sich befinde, erscheint nach dem Wortlaut des Gesetzes nicht stichhaltig. Denn eine Fabrik ist nach der Definition der GO. lediglich ein Betrieb, in dem 20 oder mehr Arbeiter beschäftigt werden. Daß diese immer an demselben Orte tätig sein müssen, geht aus der GO. nicht hervor. Die Ansicht, daß die Fabrikordnung nur Geltung habe, wenn sie ausgehängt wird, scheint sich zu eng an den Wortlaut des Gesetzes zu klammern. („Gewerbegericht" Jg. 4, Sp. 145.)

c) Urteil des GG. Nordhausen vom 24. Juli 1901.

Das GG. hält die Arbeitsordnung nur für wirksam, wenn der Arbeiter von dem Aushang Kenntnis erlangt hat.

Aus den Gründen: Der Ausschluß der gesetzlichen Kündigungsfrist bedarf der Vereinbarung vor Beginn des Arbeitsverhältnisses (§ 122 GO.). Soll diese Vereinbarung als durch die Arbeitsordnung ersetzt gelten, so muß dem Arbeiter Gelegenheit gegeben werden, vor Abschluß des Arbeitsvertrages den Inhalt der Arbeitsordnung kennen zu lernen. Der Ausschluß der Kündigungsfrist ist eine so wichtige Abänderung des allgemein geltenden Zustandes, daß es dem Arbeiter nicht wohl zugemutet werden kann, sich davon Kenntnis zu verschaffen lediglich durch die in unbekannten Fabrikräumen ausgehängten Arbeitsordnungen, die erfahrungsgemäß nicht beachtet werden. Diesem Umstande Rechnung tragend, hat der Gesetzgeber am Schlusse des § 134e a. a. O. die — im Gesetz-Entwurf nicht enthaltene — Behändigungs-Vorschrift eingefügt, die nach der gewählten Ausdrucksform: „ist auszuhändigen" als jus strictum, nicht als jus dispositivum aufzufassen ist.

Die gegenteilige Auffassung mehrerer GG. läßt sich nur dann rechtfertigen, wenn dem Arbeiter die Kenntnis der betr. Bestimmung der Arbeitsordnung trotz des Mangels der Behändigung bekannt gewesen ist. Denn in diesem Falle muß von dem das Arbeitsverhältnis fortsetzenden Arbeiter angenommen werden, daß er sich der betr. Bestimmung unterworfen hat. („Gewerbegericht" Jg. 7, Sp. 126.)

d) Urteil des GG. Bremen vom 2. August 1900.

Das GG. nimmt an, daß die Arbeitsordnung schon mit dem Aushang rechtswirksam wird.[1])

Aus den Gründen: § 134a schreibt vor, daß der Erlaß der Arbeitsordnung durch Aushang erfolgt; und wenn das Gesetz bei dieser Vorschrift auf § 134e Abs. 2 Bezug nimmt, so kann es dabei nur diejenigen Vorschriften des § 134e Abs. 2 im Auge haben, welche sich auf den Aushang beziehen, nicht aber die weitere Vorschrift, welche sich auf die Behändigung der Arbeitsordnung an die Arbeiter bezieht; denn diese Behändigung hat mit dem Aushang nichts zu tun. (Vgl. Schenkel: Komm. z. GO., Anm. 3 Abs. 2 zu § 134c. Landmann: Komm. z. GO. Anm. 8 z. § 134e. Anderer Meinung ist Stadthagen: Arbeiterrecht 2 Aufl. S. 216.) Daß dies auch die Absicht des Gesetzgebers gewesen ist, ergibt die Entstehungsgeschichte der betreffenden Vorschriften. Die Vorschriften über die Arbeitsordnung sind durch das Reichsgesetz vom 1. Juni 1891 in die GO. eingefügt. In dem Entwurfe dieses Gesetzes lautete der § 134a genau so wie der jetzige § 134a. Er enthielt auch die Bezugnahme auf § 134e Abs. 2. Dagegen fehlte in dem Entwurfe in dem § 134e Abs. 2 die Bestimmung, daß die Arbeitsordnung den Arbeitern behändigt werden soll. Dieser Zusatz ist auf Vorschlag der Reichstagskommission vom Reichstage beschlossen worden. (Vgl. Stenogr. Berichte der Reichstagsverhandlungen. Session 1890/91. Anlageband II S. 1465 u. 1573.) Der Gesetzentwurf wollte darnach zweifellos die Arbeitsordnung schon dann für rechtsverbindlich erklären, wenn sie in lesbarem Zustande an geeigneter, allen beteiligten Arbeitern zugänglicher Stelle aushängt. Daran ist auch durch den vom Reichstag beschlossenen Zusatz nichts geändert; denn weder in dem Kommissionsbericht noch in den Verhandlungen im Plenum des Reichstags ist mit einem Wort die Rede davon gewesen, daß durch den Zusatz beabsichtigt werde, die Vorschrift des § 134a, daß der Erlaß der Arbeitsordnung durch Aushang erfolgt, irgendwie zu ändern. Man hat nicht vorhergesehen, daß die Bezugnahme des § 134a auf den § 134e Abs. 2 falsch gedeutet werden könnte; sonst würde man wahrscheinlich die Vorschrift über die Behändigung der Arbeitsordnung als besonderen Absatz dem § 135e hinzu-

[1]) Ebenso jetzt GG. Berlin, vgl. die Urteile vom 16. Januar 1901 und 13. Februar 1902, bei Schulz & Schalhorn, das GG. Berlin S. 258.

gefügt haben. Läßt sich also nicht nachweisen, daß der Reichstag die Absicht gehabt hat, die Vorschrift des Entwurfes, daß der Erlaß der Arbeitsordnung durch Aushang erfolgt, zu ändern, so steht damit fest, daß die Rechtsverbindlichkeit der Arbeitsordnung schon bei ordnungsmäßigem Aushang vorhanden ist. Die Vorschrift, daß die Arbeitsordnung jedem Arbeiter zu behändigen ist, ist somit nicht eine Formvorschrift für den Erlaß der Arbeitsordnung, deren Nichtbefolgung nach § 138 BGB. die Nichtigkeit der Arbeitsordnung zur Folge hätte, sondern nur eine Ordnungsvorschrift, deren Nichtbefolgung aber nach § 149⁷ GO. bestraft wird. Sie hat den Zweck, dem Arbeiter, der während der Arbeitszeit nicht genügend Muße hat, die ausgehängte Arbeitsordnung zu studieren, dieses Studium außerhalb der Arbeitszeit zu ermöglichen.

### 376. Wird die bereits erlassene Arbeitsordnung mit dem Eintritt des neuen Arbeiters oder erst mit der Bekanntgabe bekannt?

a) Urteil des GG. Zeitz.

Das Gericht nimmt an, daß die Arbeitsordnung bereits mit dem Eintritt wirksam wird, ohne daß es auf die Zeit der Kenntnisnahme ankommt.

Aus den Gründen: Indem § 134c ganz allgemein den Inhalt für alle Arbeiter als rechtsverbindlich erklärt, spricht er zweifellos und unzweideutig aus, daß die Rechtsverbindlichkeit in dem Augenblick eintritt, wo der Betreffende „Arbeiter" (natürlich dieses Betriebes) geworden ist.

Dasselbe folgt aus einem andern Gesichtspunkt: Die Arbeitsordnung muß nach § 134b Bestimmungen enthalten: 1. über Anfang und Ende der regelmäßigen täglichen Arbeitszeit ꝛc. Nun muß aber der Arbeiter, der in einen neuen Betrieb eintritt, schon am ersten Tage zu dem hier vorgeschriebenen Anfang der täglichen Arbeitszeit antreten, er muß also vor Aufnahme seiner Arbeit in diesem Betriebe sich Kenntnis von dem Inhalt dieser Arbeitsordnung verschaffen. Sie ist mithin für ihn rechtsverbindlich, noch bevor er die Arbeit aufgenommen hat, denn diese Aufnahme selbst regelt sich nach ihr. Wie und auf welche Weise der Arbeitnehmer sich Kenntnis von den Bestimmungen der für ihn gültigen Arbeitsordnung verschafft, ist seine Sache, ebenso wie es gleichgültig ist, wie und auf welche Weise sich ein jeder Kenntnis der an seinem Wohnsitz gültigen Straf- und polizeilichen Vorschriften verschafft. Wie aber im letzteren Falle jeder diesen Vorschriften unterliegt, vom Augenblick des Aufenthalts in ihrem Geltungsgebiete ab, so unterliegt, auch den Vorschriften einer Arbeitsordnung der Arbeitnehmer von dem Augenblick ab, wo er zum Zwecke der Arbeitsaufnahme antritt. Die Kenntnis der Bestimmungen wird in einem wie dem andern Falle kraft Gesetzes unterlegt, wenn dort wie hier der ordnungsmäßige „Erlaß" erfolgt ist. Der Erlaß einer Arbeitsordnung erfolgt nach § 134a GO. durch Aushang. Daß die N.sche Fabrikordnung in dieser Weise erlassen ist, steht außer Zweifel.

b) Urteil des Landgerichts I. Berlin vom 24. November 1896.

Das Landgericht erachtet die Bekanntgabe nicht für erforderlich.[1])

Aus den Gründen: Für die Gesamtheit der in der Fabrik des Beklagten beschäftigten Arbeiter war die Arbeitsordnung bereits rechtsverbindlich geworden zu der Zeit, als die Kläger in den Betrieb eintraten. Denn der Erlaß der Arbeitsordnung ist seitens des Beklagten gemäß § 134a der Reichsgewerbeordnung unstreitig schon lange vorher durch Aushang erfolgt. Dies ist mit Rücksicht auf die bestimmte Ausdrucksweise des Gesetzes: „Der Erlaß erfolgt

---

[1]) Ebenso: GG. Berlin vom 16. Juli 1895 und 13. August 1896 bei Unger Nr. 151. — GG. Frankfurt. — („Gewerbegericht" Jg. 2, Sp. 37.)

durch Aushang" hinreichend, um der Arbeitsordnung rechtsverbindliche Kraft für den Arbeitgeber und die Arbeiter beizulegen (vgl. v. Landmann, Die Gewerbeordnung für das Deutsche Reich, 2. Aufl., München 1895 zu § 134a S. 927 Note 5).

Einwendungen nach der Richtung hin, daß die Arbeitsordnung nicht auf legalem Wege zu stande gekommen und in Kraft getreten sei, haben die Kläger nicht erhoben; die ihrerseits geschehene Bemängelung des Aushanges bezieht sich nicht auf diejenige Zeit, wo durch den Aushang die Arbeitsordnung erlassen wurde, sondern erst auf die spätere Zeit, wo sie in das Arbeitsverhältnis bei dem Beklagten eintraten; um diese Zeit aber war die Arbeitsordnung bereits gültig.

Die Tatsache des Eintritts eines Arbeiters in die Beschäftigung beim Arbeitgeber genügt aber, um eine „bestehende" Arbeitsordnung für beide Teile verbindlich zu machen, und die Rechtsverbindlichkeit ihres Inhalts ist davon, daß der Arbeiter von dem Inhalt tatsächlich Kenntnis genommen hat, oder von einer vorausgegangenen Einhändigung der Arbeitsordnung an ihn nicht abhängig. (Vgl. v. Landmann, a. a. O. zu § 134c Abs. 1, S. 946, Note 2.) Die Bestimmung des § 134c Abs. 2 der Reichsgewerbeordnung: „Die Arbeitsordnung ist jedem Arbeiter bei seinem Eintritt in die Beschäftigung zu behändigen", ist (vgl. Landmann a. a. O. zu § 134c, Abs. 2, S. 955, Note 8) unter Berücksichtigung der vorhergegangenen Bestimmungen des Gesetzes nur als eine Ordnungsvorschrift aufzufassen, deren Nichtbeachtung auf Grund des § 149 Abs. 1 Ziff. 7 l. c. Bestrafung nach sich ziehen kann, die Gültigkeit der Arbeitsordnung aber nicht beeinträchtigt.

Die Kläger mußten daher beim Eintritt in das Arbeitsverhältnis mit dem Bestehen der Arbeitsordnung rechnen, da der Erlaß derselben obligatorisch war. Die von ihnen zur Begründung ihrer entgegengesetzten Rechtsanschauungen herangezogene Stelle im Landmann a. a. O. S. 688 Abs. 1 bezieht sich auf die Beschäftigung in einem Betriebe, welcher den im § 134a der Gewerbeordnung bezeichneten Umfang nicht hat, für den der Erlaß der Arbeitsordnung nur fakultativ ist; sie kann also hier nicht entscheidend sein.

Die Arbeitsordnung bildet die Grundlage des die Parteien bindenden Vertrages und zwar ohne Rücksicht darauf, ob der Aushang, nachdem er den § 134c der Gewerbeordnung entsprechend schon bewirkt war, während des Arbeitsverhältnisses der Kläger noch fortbestanden hat oder nicht. Die gesetzliche Fiktion, daß die Kläger beim Eintritt in das Arbeitsverhältnis sich den aus der Arbeitsordnung ersichtlichen Bedingungen des Arbeitsvertrages unterworfen haben, hat zur Folge, daß die Kläger beweispflichtig dafür sind, daß bei Abschluß des Vertrages hinsichtlich der Aufkündigung eine von dem Inhalt der Arbeitsordnung abweichende Vereinbarung getroffen worden ist.

## 377. Kann die Arbeitsordnung durch einseitige mündliche Erklärungen des Arbeitgebers abgeändert werden?

Urteil des GG. Hamburg, vom 9. Februar 1898.

Kläger verlangt Zahlung eines Arbeitslohnes für zwei Tage, an denen er auf Veranlassung des beklagten Werkführers die Arbeit habe aussetzen müssen, obwohl er zum Arbeiten bereit gewesen wäre.

Der Beklagte hat diese Behauptungen zugegeben, sich aber auf § 14 seiner Arbeitsordnung berufen, welcher lautet: „Urlaub ist persönlich von dem Vorgesetzten einzuholen, bei längerem Urlaub tags zuvor. Ohne genügende Entschuldigung darf kein Arbeiter die Arbeit versäumen. Bei wiederholtem Ausbleiben während desselben Monats kann der Ausbleibende sofort und ohne Kündigung entlassen werden. Wer ohne genügende Entschuldigung länger als drei Tage versäumt, verliert das Recht auf Weiterbeschäftigung und gilt als widerrechtlich aus dem Arbeitsverhältnis ausgeschieden." Ferner sei den

Arbeitern, auch dem Kläger, mitgeteilt worden, daß alle diejenigen Arbeiter, welche ohne hinreichende Entschuldigung an einem Montage bei der Arbeit fehlten, sich gefallen lassen müßten, bis Mittwoch Abend derselben Woche zu feiern.

Beklagter wurde nach dem Klageantrage verurteilt.

Aus den Gründen: Auf die Bestimmungen des § 14 der Arbeitsordnung konnte sich der Werkmeister zur Rechtfertigung seiner dem Kläger gegenüber getroffenen Anordnung nicht berufen. Der Abs. 1 des § 14 bestimmt nur ganz allgemein, daß Urlaub persönlich von dem Vorgesetzten einzuholen ist, bedroht aber nicht etwa die Unterlassung dieser Einholung mit einer zweitägigen Arbeitsaussetzung. Abs. 1 und 3 handeln von der Voraussetzung der sofortigen Entlassung und dem Verlust des Rechts auf Weiterbeschäftigung, greifen somit hier nicht Platz, weil Kläger weder entlassen worden ist, noch der Beklagte von einer Weiterbeschäftigung Abstand genommen hat; Beklagter hat vielmehr dem Kläger ausdrücklich mitteilen lassen, er solle bis übermorgen zu Hause bleiben, woraus hervorgeht, daß Kläger von Donnerstag ab weiterbeschäftigt werden sollte.

Fand aber die Maßnahme des Werkmeisters in den Bestimmungen der Arbeitsordnung nicht ihre Berechtigung, so fragte es sich weiter, ob eine mündliche Erklärung, daß derselbe einen am Montag ohne genügende Entschuldigung fehlenden Arbeiter bis Mittwoch feiern lassen könne, gegenüber den Bestimmungen der Arbeitsordnung genügte, um die fragliche Anordnung zu rechtfertigen. Diese Frage war zu verneinen. Die rechtlichen Beziehungen zwischen den Parteien werden durch die Bestimmungen der Arbeitsordnung geregelt, und da dieselben die Grundlagen des Arbeitsvertrages bilden, so sind die Rechte und Pflichten der Kontrahenten auch lediglich nach Maßgabe derselben zu beurteilen. Nun enthält aber die Arbeitsordnung kein Wort über die von der Beklagten einseitig ihrem Werkmeister vindizierte Berechtigung. Sollte aber eine solche als Zusatz oder Abänderung der Arbeitsordnung hinzugefügt werden, so hätte das durch Anschlag in der Fabrik bekannt gemacht werden müssen. Daß dieses geschehen sei, hat Beklagter nicht zu behaupten vermocht. Eine bloße Erklärung, wie sie Beklagter behauptet, genügte also nicht, eine Abänderung der Arbeitsordnung herbeizuführen.[1]) („Gewerbegericht" Jg. 4, Sp. 21.)

## 378. Können Abänderungen der Arbeitsordnung durch schriftliche Vereinbarung mit sämtlichen Arbeitern erfolgen?

Urteil des GG. Memel.

Kläger haben in dem maschinellen Betriebe der Beklagten in Arbeit gestanden. Nach der Fabrikordnung der Beklagten ist für die Lösung des Arbeitsverhältnisses der im maschinellen Betriebe beschäftigten Arbeitr vierzehntägige Kündigung vorgesehen. Kläger sind am 27. Oktober ohne vorherige Kündigung entlassea worden und beanspruchen infolgedessen die in § 124b GO. vorgesehene Entschädigung, welche für Memel 9 Mk. beträgt. Die Beklagte beruft sich diesem Anspruch gegenüber darauf, daß, wie unstreitig, sämtliche in der Fabrik der Beklagten beschäftigten Arbeiter ein Schriftstück unterzeichnet haben, nach dem gegenseitig die Verpflichtung zur Einhaltung einer Kündigungsfrist ausgeschlossen sein soll. Dieses Schriftstück ist unstreitig auch von den Klägern unterschrieben. Außerdem führt Beklagte aus, daß, wenn diese Vereinbarung als Nachtrag zur Arbeitsordnung anzusehen sei, sie rechtsverbindlich sei, auch wenn bei Erlaß dieses Nachtrages den gesetzlichen Bestimmungen nicht entsprochen wäre, weil in diesem Falle der Nachtrag nach § 134f auf Anordnung der Polizei abzuändern gewesen wäre, was hier unstreitig nicht geschehen ist.

Die Beklagte ist verurteilt.

Aus den Gründen: An sich steht dem nichts im Wege, daß mit einzelnen Arbeitern Vereinbarungen getroffen werden, die von den Bestimmungen der Arbeits-

---

[1]) Ebenso GG. Berlin, 10. Dezember 1896. — Unger Nr. 154.

ordnung abweichen. Die mit den Klägern getroffene Vereinbarung, daß Kündigung gegenseitig ausgeschlossen sein soll, würde hiernach beiderseitig verbindlich sein, wenn nicht diese Vereinbarung ausnahmslos mit allen anderen Arbeitern der Fabrik getroffen wäre. Eine derartige generelle Abweisung von einer Bestimmung der Arbeitsordnung stellt sich aber als eine Abänderung des Inhalts der Arbeitsordnung dar. Nach § 134a Abs. 3 GO. können jedoch Abänderungen des Inhalts einer Arbeitsordnung nur durch den Erlaß von Nachträgen oder in der Weise erfolgen, daß an Stelle der bestehenden eine neue Arbeitsordnung erlassen wird. Abänderungen der Arbeitsordnung, die in anderer Weise erfolgt sind, sind hiernach rechtsverbindlich, so daß an deren Stelle die ursprünglichen Bestimmungen der Arbeitsordnung zur Anwendung kommen. — Hieran ändert im vorliegenden Falle auch nicht die von der Beklagten in bezug genommene Bestimmung des § 134f GO., da sich § 134f nur auf den Fall bezieht, wenn ein Nachtrag — wenn auch nicht ordnungsmäßig — erlassen ist. Im vorliegenden Falle ist aber gar kein Nachtrag erlassen, vielmehr ist eine Abänderung der Arbeitsordnung erfolgt, für die ein Nachtrag gerade erforderlich gewesen wäre. („Gewerbegericht" Jg. 5 Sp. 122.)

### 379. Sind Vereinbarungen mit einzelnen Arbeitern abweichend von den Bestimmungen der Arbeitsordnung hinsichtlich der Kündigungsfrist zulässig?

**a)** Urteil des GG. Königsberg i. Pr., vom 19. August 1898.[1])

Kläger, ein Maschinenbauer, ist von der beklagten Firma am 6. August cr. ohne Kündigung entlassen worden, obwohl in der Arbeitsordnung der Beklagten eine 14tägige Kündigungsfrist festgesetzt ist. Kläger verlangt von der Beklagten Schadensersatz.

Die Klage ist abgewiesen.

Aus den Gründen: Durch die Beweisaufnahme ist festgestellt, daß mit dem Kläger bei dessen Eintritt in die Beschäftigung am 25. Juli d. J. die durch die Arbeitsordnung normierte Kündigungsfrist ausgeschlossen und vereinbart worden ist, daß das Arbeitsverhältnis jederzeit ohne vorherige Kündigung aufgelöst werden könne. Eine solche Vereinbarung ist zulässig; wenn im § 134a Abs. 3 der RGO. bestimmt ist, daß Abänderungen des Inhalts einer Arbeitsordnung nur durch den Erlaß von Nachträgen oder in der Weise erfolgen können, daß an Stelle der bestehenden eine neue Arbeitsordnung erlassen wird, so hat dieses nur denn Sinn, daß für die Gesamtheit der Arbeiter gültige Abänderungen der Arbeitsordnung nur in der vorgeschriebenen Weise erfolgen dürfen. Daß Abänderungen der Bestimmungen der Arbeitsordnung, z. B. über Anfang und Ende der täglichen Arbeitszeit, über Zeit und Art der Abrechnung und Lohnzahlung, über Kündigungsfrist u. s. w. durch besonderen Vertrag mit einzelnen Arbeitern vereinbart werden können, geht schon aus der Bestimmung des § 134c Abs. 2 hervor, worin es heißt: „Andere als die in der Arbeitsordnung oder in den §§ 123 und 124 vorgesehenen Gründe der (vorzeitigen) Entlassung und des (vorzeitigen) Austritts aus der Arbeit dürfen im Arbeitsvertrage nicht vereinbart werden". Hieraus folgt, daß andere Abänderungen der Arbeitsordnung, insbesondere also auch Abänderungen der Kündigungsbedingungen durch besonderen Arbeitsvertrag zulässig sind, denn sonst wäre es nicht erforderlich gewesen, eine solche Abänderung für bestimmte Fälle zu verbieten.

**b)** Urteil GG. Karlsruhe.

Kläger arbeitete bei den Beklagten vom 17. d. M. an als Schmied gegen einen Stundenlohn von 30 Pfg.; auf Grund einer Bestimmung der in der beklagten Fabrik

---

[1]) Ebenso GG. Berlin, 3. Mai 1895 und 3. September 1896. — Unger Nr. 152.

**angeschlagenen Arbeitsordnung, nach welcher während der ersten 14 Tage das Arbeitsverhältnis jederzeit lösbar sein soll, trat Kläger am 22. d. M. aus; er verlangt jetzt Zahlung des verdienten Lohnes mit 16,80 Mk. Beklagter gibt die Forderung des Klägers im Betrag von 16,50 Mk., abzüglich der Versicherungsgebühr, als an sich richtig zu, ebenso, daß die Fabrikordnung die erwähnte Bestimmung enthalte; Beklagter wendet aber ein, er habe ausdrücklich mit dem Kläger bei dessen Eintritt eine gegenteilige Bestimmung dahin vereinbart, daß mindestens vor Ablauf von 14 Tagen eine Kündigung nicht stattfinden dürfe.**

Der Beklagte ist verurteilt.

Aus den Gründen: Die Fabrikordnung regelt die von ihr angeordneten Fälle in durchaus bindender Weise, insolange nicht durch ausdrückliche Vereinbarung zwischen dem Arbeitgeber und einen Arbeiter eine gegenteilige Verabredung getroffen wird. Wenn daher im vorliegenden Falle Beklagter behauptet, es sei zwischen ihm und dem Kläger ausdrücklich vereinbart worden, daß vor Ablauf von 14 Tagen, vom Beginn der Arbeit an gerechnet, eine Kündigung nicht stattfinden dürfe, so wäre eine solche Vereinbarung an sich für beide Teile bindend; allein die von dem Beklagten angegebenen Tatsachen begründen eine solche Behauptung nicht. („Gewerbegericht" Jg. 4, Sp. 25)

## 380. Kann der Abzug von Geldstrafen im Sinne des § 134b Ziff. 4 GO. unter dem Gesichtspunkt der Verwirkung am verdienten Lohn stattfinden, wenn dies in der Arbeitsordnung nicht vorgesehen ist?

Urteil des GG. Stuttgart vom 2. Juni 1900.

Das GG. hat die Frage verneint.

Aus den Gründen: Nach § 134b Ziff. 4 der GO. muß die Arbeitsordnung, sofern Strafen vorgesehen werden, u. a. auch über die Art ihrer Festsetzung und, wenn sie in Geld bestehen, über deren „Einziehung" Bestimmung treffen. In § 14 der Arbeitsordnung des Beklagten ist nun ausdrücklich bestimmt, daß sämtliche Strafen von dem wöchentlichen Verdienst in Abzug gebracht werden; die gleiche Bestimmung enthält der § 3 Abs. 7 der Arbeitsordnung. Nach § 3 Abs. 5 daselbst wird ein Wochenlohn zurückbehalten und gelangt beim Austritt des Arbeiters zur Auszahlung. Bezüglich dieses Lohns ist dann weiter ausdrücklich bestimmt, daß er „für den Fall der rechtswidrigen Auflösung des Arbeitsverhältnisses durch den Arbeiter" nicht ausbezahlt, sondern in die Krankenkasse abgeführt werde.

Wenn nun auch der vom Beklagten als Kaution bezeichnete Betrag von 18,20 Mk. tatsächlich der gemäß § 3 Abs. 5 der Arbeitsordnung und unter Beobachtung der Vorschriften des § 119a der GO. einbehaltene Wochenlohn wäre, so kann doch keinem Zweifel unterliegen, daß der Beklagte im vorliegenden Fall an diesem Wochenlohn keinen Abzug machen darf. Denn die durch seine Einbehaltung dem Beklagten gestellte Sicherheit bezieht sich ausdrücklich nur auf den Fall der rechtswidrigen Auflösung des Arbeitsverhältnisses durch den Kläger. Diese Voraussetzung liegt aber unbestrittenermaßen nicht vor. So wenig der Pfandgläubiger, dessen durch Pfandrecht gesicherte Forderung nicht mehr besteht, das Pfandrecht wegen einer andern Forderung, die ihm gegen denselben Schuldner zusteht, auch weiter ausüben darf, so wenig kann der Gläubiger die Sicherheit, die er sich für eine ganz bestimmte Forderung hat stellen lassen, für andere Zwecke verwenden. Tut er dies, so setzt er sich mit den ausdrücklichen Vertragsabmachungen in Widerspruch. Ob dem Beklagten nicht ein Zurückbehaltungsrecht gemäß § 273 BGB. zustehe, konnte schon deshalb dahingestellt bleiben, weil er ein solches garnicht geltend gemacht hat. Zu all dem kommt weiter noch, daß der Beklagte die von ihm verhängte Strafe nicht eingezogen hat, wie es in seiner Arbeitsordnung vorgesehen ist. Dies kann er gar nun nicht mehr tun, da der Abzug von Geldstrafen am verfallenen Lohn ohne Einwilligung des Arbeiters gar nicht mehr zulässig ist. Es wäre deshalb Sache des Beklagten gewesen, nach Inkrafttreten des BGB. die Bestimmung seiner Arbeitsordnung über die „Einziehung" von Geldstrafen zu ändern, wenn er überhaupt noch Geldstrafen gegen seine Arbeiter verhängen will.

### 381. Ist Zuspätkommen Entlassungsgrund, wenn in der Arbeitsordnung nur Geldstrafe angedroht ist?[1])

Urteil des GG. Offenbach vom 28. Januar 1898.

Der § 2 der Fabrikordnung der Beklagten bestimmt die einzuhaltende Arbeitszeit und hat folgenden Zusatz:

„Die festgesetzte Arbeitszeit ist pünktlich einzuhalten und ein Eintritt in die Fabrik außer den dazu bestimmten Zeiten nur mit besonderer Erlaubnis statthaft. Wer mehr als 5 Minuten zu spät kommt, oder wer die Arbeitszeit ohne Erlaubnis des Werkführes verläßt, wird während der ersten Stunde mit je 5 Pfg. für 10 Minuten oder deren Teil Verspätung oder Abwesenheit durch Abzug bestraft. Beträgt die Versäumnis mehr als eine Stunde pro Woche, so wird jede weitere Stunde oder deren Teil mit 10 Pfg. bestraft. Versäumnisse an Montagen werden mit 50 Pfg. Abzug pro halben Tag bestraft.

Obige Strafen treten nur dann ein, wenn von einer sofortigen Entlassung abgesehen wird."

Auf Grund der letzteren Bestimmung hatte die Beklagte den Gußputzer W. am 17. Januar entlassen und es klagte dieser auf Entschädigung.

Die Beklagte ist verurteilt.

Aus den Gründen: Nach § 134b pos. 3 der GO. muß die Fabrikordnung, „sofern es nicht bei den gesetzlichen Bestimmungen bewenden soll (§§ 123, 124 der GO.), über die Gründe, aus welchen die Entlassung und der Austritt aus der Arbeit ohne Aufkündigung erfolgen darf", Bestimmungen treffen.

Nach Schicker, Komm., Anm. 5, Abs. 2 zu § 134b muß die Arbeitsordnung die Gründe der Entlassung und des Austritts nach § 134b erschöpfend regeln. — In Anm. 3 zu § 134c ist gesagt: Die Gründe hierfür müssen in der Arbeitsordnung erschöpfend geregelt werden, sofern es nicht nur bei den gesetzlichen Bestimmungen sein Bewenden behalten soll. Die daselbst angeführte Stelle aus den Protokollen des Reichstags (S. 2298) ergibt außerdem, daß die Fassung des Abs. 2 im § 134c „eine präzise Angabe der Entlassungsgründe" beabsichtige. Demgemäß ist es auch im allgemeinen üblich, daß ein besonderer Paragraph der Fabrikordnung bestimmt, welche Entlassungsgründe Anwendung finden, sofern nicht die gesetzlichen. — Eine solche Bestimmung fehlt in der Fabrikordnung der Beklagten und es geht daher das Gericht davon aus, daß nur die gesetzlichen Entlassungsgründe zur Anwendung kamen, auf welche jedoch die Firma sich gar nicht berufen hat.

Der § 2 der Fabrikordnung ist lediglich eine Ausführung des § 134b Nr. 1 der GO. — Bezüglich der Entlassungsgründe ist die Fabrikordnung unvollständig und nur durch Heranziehung der §§ 123, 124 der GO. zu ergänzen. Es geht nicht an, in dem letzten Absatz des § 2 des Statuts eine dem § 134b Nr. 3 der GO. genügende anderweite Regelung der Entlassungsgründe zu erblicken. Dazu kommt, daß die Firma die Geldstrafen fast gar nicht zur Anwendung bringt, ebensowenig wie die Bestimmung des letzten Absatzes, bezw. daß sie die Anwendung der Geldstrafbestimmungen illusorisch macht. Den Eintritt außer den bestimmten Zeiten „mit besonderer Erlaubnis" macht sie

[1]) Vgl. Nr. 269, 270.

völlig illusorisch dadurch, daß sie Punkt 7 Uhr das Tor schließt, so daß sie sich selbst die Möglichkeit zur Erteilung der Erlaubnis nimmt. Nach einer Stunde wird erst wieder geöffnet. Ebenso ist nach fraglicher Bestimmung ein Arbeiter straffrei, wenn er weniger als 5 Minuten zu spät kommt. Auch hier nötigt jedoch die Firma den Arbeiter, eine Stunde zu spät zu kommen, glaubt jedoch dann einen Entlassungsgrund als vorliegend erachten zu können.

Im vorliegenden Falle ist Kläger nach Zeugenaussagen 3—4 Minuten zu spät gekommen, fand jedoch das Tor geschlossen. Die Firma glaubt dem vorzubeugen dadurch, daß sie die Fabrikuhr 5 Minuten nachstelle. Abgesehen davon, daß dies nicht nachzuweisen ist, würde es auch nicht stichhaltig sein, da für den Eintritt nach ausdrücklicher Bestimmung die Fabrikuhr maßgebend ist.

Es muß daher der Fabrik überlassen bleiben, die Entlassungsgründe präzis und vollständig in der Fabrikordnung aufzuführen. („Gewerbegericht“ Jg. [illegible], Sp. 69.)

## 382. Strafe für den Fall, daß der Arbeiter die Arbeit verläßt. Ist die Strafe auch anwendbar, wenn erwiesen ist, daß er darauf ausgeht, die Entlassung herbeizuführen?

Urteil des GG. Dortmund.

Kläger hat vom 3. bis 24. März bei der Verklagten als Dreher gearbeitet. Auf Grund des § 18 der Arbeitsordnung, welcher lautet:

> „Ohne genügende Entschuldigung darf kein Arbeiter eine Schicht ausbleiben. Bei wiederholtem Ausbleiben während ein und desselben Monats kann der Ausgebliebene sofort entlassen werden. Wer ohne genügende Entschuldigung mehr als zwei Tage ausbleibt, verliert das Recht auf Weiterbeschäftigung und gilt als widerrechtlich aus dem Arbeitsverhältnis ausgeschieden. In diesem Fall, sowie überhaupt in jedem Falle der Auflösung des Arbeitsverhältnisses ohne Einhaltung der vereinbarten Kündigungsfrist verwirkt der Arbeiter den rückständigen Lohn bis zum Betrage seines durchschnittlichen Wochenlohnes zugunsten der Krankenkasse des Werkes“,

wurde dem Kläger von der Verklagten bei seiner Entlassung am 24. März der Lohn für 6 Tage abgezogen, während der Kläger behauptet, daß ihm, weil er, dem Verbot entgegen, bei der Arbeit geraucht habe, nach der Arbeitsordnung nur der Lohn für einen Tag als Strafe abgezogen werden könne. Er beansprucht daher den Lohn für 6 Tage mit 13,50 Mk. Verklagte begehrt Abweisung, indem sie den § 18 auch für anwendbar hält, wenn sie genötigt sei, einen Arbeiter zu entlassen; sie hebt hervor, daß Kläger es gewesen, der das Arbeitsverhältnis durch sein Verhalten aufgelöst habe, indem er die verweigerte sofortige Entlassung dadurch habe erzwingen wollen, daß er dem Verbot entgegen bei der Arbeit geraucht habe, wodurch die Exaktheit der Arbeit gefährdet worden sei.

Das Gericht hat den Kläger abgewiesen.

Aus den Gründen: Die Auffassung der Beklagten, daß nach der Arbeitsordnung die Verwirkung des rückständigen Lohnes bis zum Betrage des durchschnittlichen Wochenlohnes in allen denjenigen Fällen eintrete, in welchen die Auflösung des Arbeitsverhältnisses ohne Einhaltung der Kündigungsfrist erfolge, namentlich auch dann, wenn die Entlassung durch den Arbeitgeber ausgesprochen werde, ist unhaltbar. Der Gerichtshof hat aber nach Lage der Sache angenommen, daß Kläger es gewesen ist, der das Arbeitsverhältnis aufgelöst hat. Es unterliegt keinem Bedenken, daß eine „Auflösung“ im Sinne der Arbeitsordnung nicht nur durch ausdrückliche Erklärungen, wie Abforderung der Entlassungspapiere oder dergleichen, sondern auch durch konkludente Handlungen und Unterlassungen erfolgen kann. Zur Annahme, daß solche Handlungen vorliegen, bedarf es nicht einmal des Fernbleibens aus der Fabrik, auch das Benehmen des Arbeiters an der Arbeitsstelle und bei der Arbeit kann, wenn es in schroffem Widerspruch steht zu den ihm nach dem Arbeitsvertrage obliegenden Pflichten, zu der Ansicht berechtigen, daß er das Verhältnis auflösen will. Im vorliegenden Fall ist ersichtlich, daß der Kläger darauf ausgegangen ist, seine Entlassung zu erzwingen. Als ihm sofortige Entlassung unter Hinweis auf die Arbeitsordnung verweigert wurde, hat er zunächst gefeiert, dann aber sich in einer Weise an die Arbeit begeben, welche, wie er wußte, auf dem Werke der Beklagten nicht geduldet werden kann. Wenn er trotz Verbot das Rauchen nicht unterließ, so zeigte er damit, daß er die Firma zwingen wollte, ihm das Weiterarbeiten zu untersagen, daß er also vorsätzlich die sofortige Aufhebung des Arbeitsverhältnisses herbeigeführt hat. Unter diesen Umständen ist Kläger der den Vertrag Auflösende und die Aushändigung der Papiere und Verweisung des Klägers von der Arbeitsstelle nur eine Folge der Willenserklärung des Klägers. („Gewerbegericht" Jg. 2, Sp. 103.)

## 383. Gilt die Arbeitsordnung auch für Heimarbeiter?

Urteil des GG. Hamburg.

Das GG. hat die Frage verneint.

Aus den Gründen: Es fragt sich, ob auf den Kläger die Bestimmung der beklagtischen Fabrikordnung Anwendung zu finden hat, nach welcher die gegenseitige Pflicht zur Einhaltung einer Kündigungsfrist ausgeschlossen ist. Diese Frage muß verneint werden. Unbedingte Geltung kann diese Bestimmung nur beanspruchen für diejenigen Arbeiter, welche in den Fabrikräumen arbeiten, wo die Fabrikordnung ausgehängt ist. Für die Hausarbeiter würde sie nur gelten, wenn diese Arbeiter ausdrücklich auf dieselbe hingewiesen werden. Da Kläger auf die beklagtische Fabrikordnung nicht verwiesen worden und auch sonst keine Verabredungen mit ihm über Kündigung getroffen worden sind, kann er die gesetzliche 14tägige Kündigungsfrist beanspruchen. („Gewerbegericht" Jg. 6, Sp. 218.)

## 384. Ist die Arbeitsordnung für Lesensunkundige verbindlich?

Urteil des GG. Kiel.

Das GG. hat die Frage bejaht.

Aus den Gründen: Wenn Kläger sich darauf beruft, daß die Arbeitsordnung, weil er des Lesens nicht kundig sei, für ihn keine Gültigkeit habe, so ist dieser Einwand völlig verfehlt, da es seine Sache gewesen sein würde, sich dann anderweit Kenntnis von dem Inhalte derselben zu verschaffen. („Gewerbegericht" Jg. 5, Sp. 51.)

## 385. Ist eine Bestimmung der Arbeitsordnung gültig, daß mit der Annahme der Lohnzahlung in geschlossener Büchse auf Reklamation verzichtet wird?[1])

Urteil des GG. Chemnitz-Stadt vom 24. Oktober 1900.

Der Kläger hat von der Beklagten am 11. Oktober 1900 30 Mk. Lohn zu fordern gehabt. Er behauptet, daß in der ihm behändigten Lohnbüchse nur 10 Mk. enthalten gewesen seien und fordert Nachzahlung der fehlenden 20 Mk. Die Beklagte bestreitet unter detaillierter Darlegung der Art und Weise der Lohnzahlung die Möglichkeit, daß zu wenig Lohn in der Lohnbüchse enthalten gewesen sei, und beruft sich im übrigen auf eine Bestimmung der in ihren Räumen aushängenden, dem Kläger behändigten Arbeitsordnung, nach welcher Reklamationen wegen Nichtübereinstimmung des in der Lohnbüchse enthaltenen Geldbetrages mit der Lohnberechnung keinerlei Berücksichtigung finden, nach-

[1]) Vgl. Nr. 153.

dem die Büchse angenommen ist, wonach es aber jedem Arbeiter freisteht, die Annahme der geschlossenen Büchse abzulehnen und sich nach Beendigung der Verteilung der übrigen Büchsen den Betrag vorzählen zu lassen.

Das Gericht hat als erwiesen angesehen, daß die Büchse, als der Kläger sie in Empfang nahm, nur 10 Mk., statt 30 Mk. enthielt, die Klage aber trotzdem abgewiesen.

Aus den Gründen: Die Grundlage des zwischen den Parteien bestehenden Arbeitsvertrages bildet der Inhalt der bei den Akten befindlichen Arbeitsordnung, welcher sich der Kläger spätestens mit dem Augenblicke, in dem sie ihm behändigt worden ist und er hierüber quittiert hat, unterworfen hat. Wenn in Abschnitt IV Abs. 11 derselben bestimmt ist, daß Reklamationen wegen Nichtübereinstimmung des in der Lohnbüchse enthaltenen Geldbetrages mit der Lohnberechnung nach Annahme der Büchse keine Berücksichtigung finden können, so hat diese Klausel nach der Auffassung des Gerichtes die Bedeutung: daß der Arbeiter mit der Annahme der Büchse im voraus auf das Recht verzichtet, für den Fall, daß ihr Inhalt mit der Lohnberechnung nicht übereinstimmen sollte, Nachzahlung des fehlenden Lohnes zu fordern. Diese Bestimmung betrifft die Zeit und Art der Abrechnung und der Lohnzahlung, also Punkte, die nach § 134b Abs. 1 Ziffer 2 der GO. in der Arbeitsordnung geregelt werden müssen (vgl. auch von Landmann, Die Gewerbeordnung 2. Aufl., 2. Bd. Anm. 3 zu § 134b). Diese Bestimmung ist gültig, soweit sie den Gesetzen nicht zuwiderläuft (§ 134c Abs. 1 der GO.), insbesondere nicht gegen die guten Sitten verstößt (§ 138 Abs. 1 BGB.). Zu der Annahme, daß die fragliche Klausel eine unsittliche Bedrückung des Arbeiters enthalte, könnte man kommen auf Grund der Erwägung, daß dem Arbeiter, wenn er bei der Beklagten überhaupt Arbeit finden will, genötigt ist, sich der Arbeitsordnung zu unterwerfen und damit auf Ansprüche auf Nachzahlung zu wenig gezahlten Lohnes im voraus, noch ehe er die Möglichkeit gehabt hat, den Inhalt der Lohnbüchse zu prüfen, zu verzichten. Inwiefern dieser Verzicht gegenüber einem vorsätzlichen Zuwenigzahlen gültig sein würde (vgl. hierzu §§ 276 Abs. 2; 278 BGB.), braucht hier nicht untersucht zu werden, da der Kläger nicht behauptet, daß ihm vorsätzlich zu wenig gezahlt worden sei, vielmehr auf Befragen ausdrücklich angegeben hat, daß es sich nur um ein Versehen der Leute der Beklagten handeln könne. Eine Vertragsbestimmung aber, nach welcher der Arbeiter auf Ansprüche, die sich aus versehentlichem Zuwenigzahlen von Lohn ergeben, im voraus verzichtet, enthält keine unsittliche Bedrückung des Arbeiters, wenn ihm, wie im vorliegenden Falle, das Recht gewahrt bleibt, die Annahme der geschlossenen Büchse abzulehnen und sich nach Beendigung der übrigen Büchsenverteilung, also unter einem verhältnismäßig unbedeutenden Mehraufwand von Zeit, den Betrag vorzählen zu lassen. („Gewerbegericht" Jg. 6, Sp. 98.)

### 386. Bestrafung des Arbeitgebers wegen Verletzung der Sonntagsruhe. Verstößt eine Bestimmung der Arbeitsordnung wider die guten Sitten, nach der der Arbeiter die durch sein Verschulden verwirkten Geldstrafen ersetzen soll?

Urteil des GG. Frankfurt a. M. vom 18. September 1902.

Kläger stand bei dem Beklagten als Bäckerhausbursche mit 14 Mk. Lohn und freiem Logis in Arbeit. Er beantragt, Beklagten zur Zahlung von 14 Mk. rückständigem Lohn zu verurteilen. — Beklagter beantragt Klageabweisung. Die 14 Mk. seien als Kaution einbehalten und zwar täglich 1 Mk., nach der Arbeitsordnung, die Kläger unterschrieben habe, blieben 25 Mk. als Kaution stehen. Die 14 Mk. seien ferner als Schadensersatz verwirkt; Kläger habe trotz ausdrücklichen Verbotes während der Sonntagsruhezeit Brötchen ausgetragen, wofür Beklagter eine Strafverfügung über 15 Mk. erhalten habe, und nach der Arbeitsordnung habe Kläger sich verpflichtet, für alle durch seine

Schuld erwachsenden Strafen aufzukommen. Kläger erwidert, daß er die Tour nicht rechtzeitig habe beenden können, außerdem sei die Strafe nur deshalb auf 15 Mk. bemessen, weil Beklagter schon öfter wegen Übertretung der Sonntagsruhe bestraft sei. — Letzteres gibt Beklagter zu, behauptet aber, daß Kläger die zweite Tour gegen sein ausdrückliches Verbot schon um 9 ½ Uhr begonnen habe, statt erst nach der Gottesdienstpause.

Der Beklagte ist verurteilt.

Aus den Gründen: Die Schadensersatzforderung des Beklagten erscheint in jeder Beziehung unbegründet. Wegen Verletzung der Sonntagsruhebestimmungen wird nur derjenige bestraft, welcher einen Angestellten während der Ruhezeit beschäftigt; eine Beschäftigung liegt aber dann nicht vor, wenn dem Angestellten die Tätigkeit ausdrücklich untersagt und er dann verhindert wird. Hat Beklagter dies, wie er behauptet, getan, so ist die Strafverfügung gegen ihn zu Unrecht erlassen und es wäre seine Sache gewesen, die gerichtliche Entscheidung herbeizuführen. Hat aber Beklagter die Tätigkeit des Kl. indirekt geduldet, indem er ihm bereits um 7½ die Brötchen für die zweite Tour gab, sodaß der Kl. diese Tour schon von 7½ Uhr an fahren konnte, so liegt eine „Beschäftigung" im Sinne der Sonntagsruhebestimmungen vor und Beklagter ist ganz zu Recht bestraft. Diese Strafe kann aber Beklagter unter keinen Umständen auf den Kl. abwälzen, das Gesetz will gerade den Arbeitgeber treffen und nicht den Arbeiter; die Bestimmung in der Arbeitsordnung des Beklagten, wonach Kl. für alle durch ihn verursachten Bestrafungen des Beklagten aufzukommen hat, läuft deshalb gegen die guten Sitten und ist gemäß § 138 BGB. nichtig. Das Gesetz sieht den Arbeitgeber als den Schuldigen an und nicht den Arbeiter, ist der Arbeiter der allein Schuldige, so tritt eben eine Bestrafung des Arbeitgebers nicht ein; die Strafe wird nach dem Verschulden und den Vorstrafen des Arbeitgebers bemessen, ganz unabhängig von einem Verschulden des Arbeiters und schon deshalb liegt in einer Abwälzung auf den Arbeiter eine Unsittlichkeit, wie gerade der vorliegende Fall deutlich zeigt.

### 387. Was gilt, wenn die Arbeitsordnung in einer besonderen Abteilung des Betriebs nicht ausgehängt und auch deren Arbeitern nicht behändigt worden ist?

Urteil des GG. Ludwigsburg vom 16. Oktober 1900.

Der Beklagte hat neben seiner Maschinenfabrik eine Eisengießerei eingerichtet, die in einem besonderen Gebäude untergebracht ist und deren Arbeiter in den übrigen Fabrikräumen niemals arbeiten. Seeine Aeitsordnung hat er dort nicht ausgehängt, und zwar nach seiner Angabe, weil er sie für die Gießerei ändern wolle. Insbesondere wolle er den § 10, der die 14tägige Kündigung nur am Zahltag (Freitag) zuläßt, beseitigen, daneben überhaupt für die Former besondere Bestimmungen treffen. Die Arbeitsordnung ist den Formern, insbesondere dem Kläger nicht ausgehändigt worden. Dem Kläger ist nun an einem Samstag gekündigt worden, er erkennt die Kündigung nicht als gültig an und verlangt Entschädigung.

Die Klage wurde abgewiesen.

Aus den Gründen: Daß der Beklagte nach § 134a GO. verpflichtet ist, auch in der Gießerei eine Arbeitsordnung zu haben und daß die Unterlassung strafbar ist, bedarf keiner Erörterung. Andererseits ist er berechtigt, für die Gießerei eine besondere Arbeitsordnung zu erlassen. Solange das nicht geschehen, gilt dort nicht die Arbeitsordnung der Maschinenfabrik. Denn diese ist nicht an geeigneter, den Arbeitern zugänglicher Stelle ausgehängt (§ 134e GO.), sie ist auch nicht durch Behändigung zum Gegenstand eines Vertrags mit jedem einzelnen Former gemacht. Maßgebend sind vielmehr die allgemeinen Bestimmungen der GO., nach denen an jedem Tage gekündigt werden kann. („Gewerbegericht" Jg. 6, Sp. 95.)

## 388. Ist die Arbeitsordnung „behändigt", wenn sie dem Arbeiter nur zum Durchlesen übergeben und sodann zurückverlangt wird?

Urteil des Obersten Landesgerichts München, Strafsenat, vom 8. Juli 1899.

Das Oberste Landesgericht München hat die Frage verneint und die Bestrafung eines so verfahrenden Fabrikanten (§ 149[7] GO.) für gesetzlich begründet erklärt.

Aus den Gründen: Die Vorschrift im § 134e Absatz 2 Satz 3: „Die Arbeitsordnung ist jedem Arbeiter bei seinem Eintritt in die Beschäftigung zu behändigen," ist erst auf Antrag der Reichstagskommission in den Gesetzentwurf aufgenommen worden und verdankt ihre Entstehung dem in der Kommission beschlossenen und dem Reichstage zur Annahme empfohlenen Antrage: „im Gesetze ausdrücklich zu bestimmen, daß die Arbeitsordnung jedem Arbeiter eingehändigt werden soll". Aus der Anreihung an die im Absatz 2 Satz 1 des § 134e enthaltene Bestimmung: „Die Arbeitsordnung ist an geeigneter, allen beteiligten Arbeitern zugänglichen Stelle auszuhängen", läßt sich der Sinn und die Tragweite der gewollten Anordnung unschwer bestimmen. Seinem ganzen Inhalte nach bringt der Absatz 2 den Gedanken zum Ausdruck, daß die Arbeitsordnung den Arbeitern beim Eintritt in die Beschäftigung in geeigneter Weise zur Kenntnis gebracht werden muß. Dies entspricht der Wichtigkeit der Arbeitsordnung, die die Grundlage der aus dem Arbeitsverhältnisse entspringenden Rechte und Pflichten bildet. Diese Wichtigkeit ließ es gerechtfertigt erscheinen, die ursprünglich einzige, aber auch einfachste Art der Bekanntmachung nicht für ausreichend zu halten, sondern daneben noch eine andere, zur Erfüllung des Zweckes der Bekanntmachung geeignetere Art zu bestimmen.

Demnach sind in dem Absatz 2 zwei verschiedene Arten der Bekanntmachung vorgeschrieben: der Aushang der Arbeitsordnung in den Fabrikräumen und die Behändigung der Arbeitsordnung an jeden Arbeiter bei seinem Eintritte in die Beschäftigung. Der Aushang läßt sich als die gesetzliche Art der Bekanntmachung für die Gesamtheit der Arbeiter auffassen, die Behändigung aber als diejenige Bekanntmachung, welche die Kundgabe der Arbeitsordnung an den einzelnen Arbeiter bezweckt und mit der Zustellung im technischen Sinne (§ 156 ZPO.) identisch ist. Diese Art der Bekanntmachung kann nur durch Übergabe einer Abschrift des zur Bekanntmachung bestimmten Schriftstücks erfolgen.

Die bloße Hingabe zum flüchtigen Durchlesen im Arbeitsraume stünde mit dem beabsichtigten Zwecke in Widerspruch, denn dieser besteht darin, den Arbeiter nicht ausschließlich auf das Lesen der ausgehängten Arbeitsordnung zu verweisen, sondern ihm die Möglichkeit zu geben, auch außerhalb der Arbeitszeit vom Inhalte der oft umfangreichen Arbeitsordnung durch Nachlesen Kenntnis zu nehmen. Dies kann nur erreicht werden, wenn der Arbeiter ein Exemplar der ausgehängten Arbeitsordnung in einer Abschrift oder einem Abdruck auf die Dauer des Arbeitsverhältnisses zur Verfügung hat. Hätte der Gesetzgeber mit jener Anordnung nur das Hingeben der ausgehängten Arbeitsordnung zum Durchlesen bei dem Eintritt in die Beschäftigung, d. h. bei dem Betreten des Arbeitsraumes zum Beginne der Arbeit, im Auge gehabt, so hätte es ihrer nicht bedurft. In diesem Falle würde eine entsprechende andere Fassung der den Aushang betreffenden Anordnung genügt haben. Wohl aber deutet die jetzige Fassung des Absatz 2, insbesondere die Aneinanderreihung der beiden Anordnungen unter Wiederholung der Eingangsworte „die Arbeitsordnung ist" entschieden darauf hin, daß mit der zu behändigenden Arbeitsordnung nicht das Aushängeexemplar gemeint ist, sondern daß die Aushändigung eines besonderen Exemplars an jeden eintretenden Arbeiter vorgeschrieben werden sollte. Hierfür spricht auch die Erwägung, daß bei dem nicht selten vorkommenden gleichzeitigen Eintritt einer größeren Anzahl von Arbeitern die Hingabe des Aushangs zum flüchtigen Durchlesen, abgesehen von der zeitraubenden Durchführung, die Rechte der übrigen Arbeiter auf den ungestörten Bestand des Aushangs in einer dem Gesetze zuwiderlaufenden Weise beeinträchtigen würde. Auch die sprachliche Bedeutung der Worte „Einhändigen" und „Behändigen" läßt keine andere Annahme zu. Unter „einhändigen", das gleichbedeutend ist mit „behändigen", wird schon nach dem Wortsinne die Übergabe oder Ablieferung eines Gegenstandes zum Zwecke dauernden Innehabens verstanden. In diesem Sinne werden diese Worte auch gleichbedeutend mit „Zustellung" im technischen Sinne gebraucht. (Adelung, Wörterbuch, Artikel: Behändigen, Einhändigen; Schmeller, Bayer. Wörterbuch, Bd. I S. 1121; Grimm, Wörterbuch Bd. I S. 1326; Allgem. Deutsches HGB., Art. 117, 130, 167 u. a. m.) („Gewerbegericht" Jg. 5, Sp. 279.)

### 389. Welche Arbeitsordnung gilt, wenn das vom Arbeiter unterschriebene Exemplar einen andern Inhalt hat, als das ihm ausgehändigte?

Urteil des GG. Stuttgart vom 23. August 1900.

Das GG. erachtet die ausgehändigte Arbeitsordnung für maßgebend.

Aus den Gründen: Es ist selbstverständlich, daß die Beklagte für die Übereinstimmung der Arbeitsordnungen, die sie von ihren Arbeitern unterzeichnen läßt und die sie ihnen aushändigt, haftbar ist. Daß die Beklagte auch selbst diese Übereinstimmung garantieren will, geht aus § 2 hervor. Es würde nun aber mit den Grundsätzen über Treu und Glauben, nach denen gemäß § 157 BGB. Verträge auszulegen sind, nicht in Einklang zu bringen sein, wenn nach Abschluß eines Vertrags der eine Teil, der den Originalvertrag in Händen behalten und eine Abschrift desselben dem andern Teil aushändigen soll, ohne weiteres eine falsche Abschrift ausfolgen und dann nachher seinem Gegner gegenüber, der sich auf die falsche Abschrift verläßt, sich auf den Originalvertrag berufen dürfte. Wenn es sich vollends um weitläufige Vertragsbestimmungen handelt, wie z. B. bei einer Arbeitsordnung (die der Arbeiter erfahrungsgemäß bei seiner Einstellung häufig infolge Zeitmangels garnicht lesen kann), so ist der Teil, der dem andern eine Abschrift aushändigt, um so mehr verpflichtet, für die Übereinstimmung derselben mit dem Original zu sorgen. Gibt er eine falsche Abschrift her, so muß hierin ein Antrag auf Änderung des ursprünglichen Vertrages gesehen werden, und der Arbeiter, der gegen die ihm ausgehändigte Arbeitsordnung protestiert, hat durch die Annahme derselben sein Einverständnis mit dieser ihm ausgehändigten, also gegenüber der zuerst unterschriebenen abgeänderten Arbeitsordnung erklärt (§ 151 BGB.). Es ist also ganz unerheblich, was dem Kläger anläßlich der Unterschrift der Arbeitsordnung eröffnet worden ist. Denn die Beklagte hat selbst durch die Aushändigung der mit der unterschriebenen Arbeitsordnung nicht übereinstimmenden Arbeitsordnung 2 das etwa in der Unterschrift der ersteren zu erblickende Anerkenntnis des Klägers hinfällig gemacht. Auch der Umstand, daß der fragliche Passus des § 3 (wie der Vertreter des Beklagten behauptet) in der ausgehängten Arbeitsordnung gestrichen sei, ist durchaus unerheblich. Denn es ist allseitig anerkannt, daß der Arbeitgeber mit einzelnen Arbeitern Sonderverträge abschließen kann, in denen andere Bedingungen vereinbart sind, als in der allgemeinen Arbeitsordnung. Indem die Beklagte dem Kläger die Arbeitsordnung 2 aushändigte, hat sie mit ihm einen zulässigen Sondervertrag abgeschlossen. Für das Rechtsverhältnis gilt also diese Arbeitsordnung. („Gewerbegericht" Jg. 6, Sp. 96.)

## Zum Bürgerlichen Gesetzbuch.

### 390. Ist der Dienstvertrag, durch den auffällig niedriger Lohn gezahlt wird, nichtig?

Urteil des GG. Stuttgart vom 26. April 1900.

Die 23 Jahre alte Beklagte ist am 12. Februar bei dem Beklagten, der sich mit der Herstellung und Bearbeitung von Straußenfedern befaßt, als Arbeiterin im Atelier mit einem Monatslohn von 25 Mk. bei 10½ stündiger Arbeitszeit eingestellt worden. Nach der Geschäftsordnung des Klägers hat eine ohne Grund von der Arbeit wegbleibende Arbeiterin für den dadurch entstandenen Schaden aufzukommen und verliert mindestens den zweiwöchigen Arbeitsverdienst. Die Beklagte, die im Monat März d. J. 14 Tage lang wegen Krankheit nicht arbeiten konnte, hat vom Kläger im März 20 Mk. Lohn und zwar, wie die Beklagte sagt, vorschußweise bekommen. Der Kläger berechnet den ganzen Lohnanspruch der Beklagten für ihre Arbeitszeit in den Monaten März und April auf 24,50 Mk., indem er dabei einen Monatslohn von 30 Mk. zugrunde legt. Es hat in der Verhandlung der Kläger demgemäß noch 4,50 Mk. bar bezahlt, worauf die Beklagte ihre ursprünglich erhobene Widerklage auf Auszahlung ihres rückständigen Lohns zurückgenommen hat. Der Kläger verlangt nunmehr von der Beklagten Bezahlung einer Buße von 9 Mk., weil sie die Arbeit rechtswidrig verlassen habe. Er machte noch geltend, er habe die Beklagte mit 25 Mk. nur eingestellt, weil sie noch nicht eingelernt gewesen sei. Er habe ihr schon für den Monat März einen Monatslohn von 30 Mk. ausgesetzt, habe ihr allerdings hiervon nichts gesagt; er hätte sie im Lauf der Zeit noch weiter aufgebessert. Die Beklagte beantragte Klagabweisung mit dem Bemerken, daß über die Kündigungsfrist garnichts ausgemacht worden sei und daß man ihr nicht zumuten könne, um einen Monatslohn von 25 Mk. zu arbeiten, wenn sie anderwärts 60 Mk. bekommen könne; sie sei in Näharbeiten erfahren. Der Kläger behauptete hierauf, es sei bei der Einstellung der Beklagten monatliche Kündigungsfrist vereinbart worden, durch das Wegbleiben der Beklagten sei er in großen Schaden gekommen.

Die Klage ist abgewiesen.

Aus den Gründen: Es konnte dahingestellt bleiben, ob der Kläger eine Fabrik im Sinn des § 134 ff. der GO. betreibt. Wäre diese Frage zu bejahen, so wäre jedenfalls die Bestimmung seiner Arbeitsordnung, daß jede Arbeiterin bei grundlosem Verlassen der Arbeit den zweiwöchentlichen Arbeitsverdienst verwirke, gemäß § 134 Abs. 2 der GO. ungültig. Aber auch wenn der Betrieb des Klägers nicht als Fabrikbetrieb anzusehen ist, ist seine Klage unbegründet. Denn der ganze Dienstvertrag, den die Parteien miteinander abgeschlossen haben, muß im Hinblick auf § 138 Abs. 2 des BGB. als nichtig erscheinen. Der Beklagten sind bei ihrer Einstellung 25 Mk. Monatslohn (= 83 Pf. pro Tag) zugesagt worden; dabei hatte sie eine 10½stündige Arbeitszeit einzuhalten. Die Beklagte ist nicht ein junges Mädchen von 15 Jahren, sondern ist schon 23 Jahre alt und ist, wenn auch nicht gerade in der Branche des Klägers, so doch schon in anderen Geschäften, in denen weibliche Handarbeit benötigt wird, tätig gewesen. Die Behauptung des Klägers, daß er die Beklagte zuerst habe einlernen müssen, kann deshalb die Festsetzung des so ungewöhnlich niedrigen Lohns von 83 Pf. pro Tag nicht rechtfertigen. Diese Erwägungen gelten gleichermaßen für die Lohnerhöhung auf 30 Mk., von der der Kläger übrigens der Beklagten erst im Lauf des Prozesses Kenntnis gegeben hat. Der Kläger spricht selbst davon, daß ihm durch das Wegbleiben der Beklagten ein „großer" Schaden entstanden sei, und legt seiner Bußeforderung den ortsüblichen Taglohn von 1,50 Mk. pro Tag zugrunde, um nicht eine Schadensliquidation geben zu müssen. Während er also der Beklagten 83 Pf. bezw. 1 Mk. pro Tag bezahlt hat, verlangt er von ihr 1,50 Mk. pro Tag als Buße. Aus all' dem geht unzweifelhaft hervor, daß der Wert der Dienstleistungen, welche der Kläger sich von der Beklagten hat versprechen lassen, den Wert seiner Gegenleistung, nämlich der Vergütung dergestalt übersteigt, daß den Umständen nach diese beiden Leistungen in auffälligem Mißverhältnis zueinander stehen. Das Gericht ist weiter auch der Ansicht gewesen, daß der Kläger die Beklagte zur Eingehung dieses Dienstvertrags nur durch Ausbeutung ihrer Unerfahrenheit veranlassen konnte. Da somit der Dienstvertrag ungültig ist, kann auch auf seine Verletzung durch die Beklagte eine Schadensersatz- oder Bußeforderung nicht gegründet werden. („Gewerbegericht" Jg. 6, Sp. 142.)

## 391. Hat trotz des Aufrechnungsverbotes der Arbeitgeber ein Zurückbehaltungsrecht am Arbeitslohn für Schadensforderungen aus dem Arbeitsvertrag?

a) Urteil des GG. Stuttgart vom 2. Februar 1900.

Das GG. hat die Frage verneint.

Aus den Gründen: Nach § 394 BGB., das im vorliegenden Fall gemäß Art. 171 EG. zur Anwendung zu kommen hat, ist die Aufrechnung von Forderungen des Arbeitgebers gegen Lohnforderungen, sofern diese 1500 Mk. nicht übersteigen, unzulässig; es war daher das vom Beklagten anfänglich gestellte Verlangen auf Aufrechnung der beiderseitigen Forderungen nicht gerechtfertigt. Auch ein Zurückbehaltungsrecht im Sinne des § 273 BGB. steht dem Beklagten an der Lohnforderung des Klägers nicht zu. Denn wenn seine angebliche Schadensersatz-Forderung auch auf demselben rechtlichen Verhältnis wie seine Verpflichtung zur Lohnzahlung beruht und auch fällig sein sollte, so stünde der Annahme, daß er zur Verweigerung der Lohnzahlung bis zur Befriedigung seiner Schadensersatz-Forderung berechtigt sei, doch der weitere Inhalt des § 273, nämlich die Worte „sofern nicht aus dem Schuldverhältnis sich ein anderes ergibt", verglichen mit dem zit. § 394 BGB., entgegen. Aus dem Schuldverhältnis — dem Dienstvertrage — ergibt sich aber, daß der Arbeitgeber nach der Arbeitsleistung dem Arbeiter den Lohn bar auszahlen muß. Der Ausschluß der Kompensation bedeutet auch den der Retention. Denn es liegt auf der Hand, daß bei gegenseitigen Geldforderungen Retention tatsächlich nichts anderes ist als Kompensation. Der Wille des Gesetzgebers geht aber deutlich dahin, daß die Lohnforderung des Arbeiters diesem gesichert sein sollte.

Dagegen war Bekl. nach § 33 ZPO. zur Erhebung einer Widerklage befugt, insofern seine Schadensersatz-Forderung sich ebenso wie die Lohnforderung des Klägers auf den mit ihm abgeschlossenen Arbeitsvertrag stützt, also mit dieser in rechtlichem Zusammenhang steht. („Gewerbegericht" Jg. 5 Sp. 124.)

b) Urteil des Amtsgerichts Cöln vom 24. Dezember 1900.

Das Amtsgericht hat die Frage verneint.

Aus den Gründen: „§ 394 BGB. betrifft allerdings lediglich die gesetzliche Aufrechnung, während in § 4 der Arbeitsordnung der Abzug vom Lohne vertragsmäßig bedungen ist. Allein wie die gesetzliche so erscheint auch die vertragliche Aufrechnung gegen eine Lohnforderung unzulässig. Dafür spricht schon die Erwägung, daß das Aufrechnungsverbot des § 394 BGB. ebenso wie das Pfändungsverbot der ZPO. auf sozialpolitischen Gründen beruht und daher zwingenden Charakters ist. Abgesehen hiervon geht aber auch der Ausschluß der vertragsmäßigen Aufrechnung aus § 2 des Lohnbeschlagnahme-Gesetzes hervor, wonach jede rechtsgeschäftliche Verfügung über eine der Pfändung nicht unterworfene Forderung ohne rechtliche Wirkung ist. Eine derartige Verfügung stellt auch der Aufrechnungsvertrag dar. (Entsch. d. Reichsg. Bd. 41, S. 54, Staub, Kommentar zum HGB. zu § 59 Anm. 34; Meyer, Das Recht der Beschlagnahme S. 39.)

Trotzdem gelangt nun aber ein neuerlich gemachter Versuch zur Zulassung der Aufrechnung, indem er davon ausgeht, daß der Arbeitgeber an der Lohnforderung seines Arbeiters gemäß § 273 BGB. ein Zurückbehaltungsrecht habe, weil die ihm gegen den Arbeiter zustehende Schadensersatzforderung auf demselben rechtlichen Verhältnisse beruhe. Dieses Zurückhaltungsrecht, sagt man weiter, müsse sich wegen der Gleichartigkeit des Gegenstandes der beiden Forderungen von selbst in eine Aufrechnung umgestalten; letztere stehe aber trotzdem weiterhin unter den Regeln des Zurückbehaltungsrechtes, da sie in diesem Falle nur ein Surrogat desselben sei (Dernburg, Die Schuldverhältnisse, Bd. 1 § 59). Diese Erwägung kann jedoch nicht gefolgt werden. Sie enthält zwar den richtigen Gedanken, daß von der Ausübung eines Zurückbehaltungsrechtes keine Rede sein kann, wenn die einander gegenüberstehenden Ansprüche gleicher Art, insbesondere wie im vorliegenden Falle, beide auf Geld gerichtet sind. Die Geltendmachung des Zurückbehaltungsrechtes würde in diesem Falle zur Folge haben, daß der Schuldner zu einer Geldleistung verurteilt würde gegen eine Zug um Zug vom Gläubiger an ihn zu bewirkende Geldleistung. Ein solches Urteil erscheint aber schon um deswillen ausgeschlossen, weil eine Verwirklichung desselben im Wege der Zwangsvollstreckung für den Gläubiger ohne jegliche materielle Bedeutung wäre. Der Schuldner ist hiernach beim Gegenüberstehen zweier gleichartigen Ansprüche, auch wenn sie auf demselben rechtlichen Verhältnisse beruhen, lediglich auf die Aufrechnung angewiesen. (Vgl. Dernburg, Kompensation S. 371; Sintemis, Das praktische gemeine Zivilrecht Bd. 2, S. 168, Note 76; Cramer im Archiv ziv. Praxis Bd. 37 S. 423; Dernburg, Pandekten 2. Aufl., Bd. 2, S. 173.) Kann aber bei gleichartigen Forderungen überhaupt nur eine Aufrechnung in Frage kommen, so kann man auch nicht von einem Surrogat des Zurückbehaltungsrechtes in solchen Fällen sprechen und daraus Folgerungen ziehen. Die Aufrechnung kann auch aus dem Grunde niemals ein Surrogat des Zurückbehaltungsrechtes sein, weil die Wirkungen der beiden Rechtsinstitute insofern durchaus verschieden sind, als die Aufrechnung die Forderung tilgt, während das Zurückbehaltungsrecht nur eine verzögerliche Einrede gewährt. Somit entfällt der Grund, welcher zur Zulassung einer unter den Regeln des Zurückbehaltungsrechtes stehenden Aufrechnung besonderer Art geführt hat. Das Gesetz kennt nur eine Art der Aufrechnung, die in dem § 387 ff. BGB. geregelt ist. Daneben gibt es kein Rechtsinstitut, das zwar die Wirkungen der Aufrechnung, aber die Voraussetzungen des Zurückbehaltungsrechtes hat. Daß man bei Erlaß des BGB. nicht beabsichtigt hat, für den Fall der Konnexität der gegenüberstehenden Forderungen die Regeln der Aufrechnung außer Anwendung zu lassen und diese nach den Voraussetzungen des Zurückbehaltungsrechtes zu beurteilen, insbesondere also die Aufrechnung trotz des § 394 BGB. gegenüber einer unpfändbaren Forderung zuzulassen, geht daraus hervor, daß die Motive zu dem dem § 394 entsprechenden § 288 des ersten Entwurfs ausdrücklich bemerken, durch diese Paragraphen werde auch die Aufrechnung mit Gegenforderungen getroffen, welche in demselben rechtlichen Verhältnisse sich gründen.

Das BGB. würde sich ferner, wenn es von der vorgedachten, durch Dernburg vertretenen Anschauung ausgegangen wäre, einer Reihe von Bestimmungen haben enthalten können. Es wäre dann vollständig überflüssig gewesen, in Satz 2 des § 394 BGB. ausnahmsweise zu bestimmen, daß gegen die aus Krankenkassen 2c. zu beziehenden Hebungen geschuldete Beiträge aufgerechnet werden können. Es wäre ferner in diesem Falle durchaus unnötig gewesen, in Art. 81 des Einführungsgesetzes die landesgesetzlichen Vorschriften unberührt zu lassen, welche die Aufrechnung gegen Besoldung, Wartegeld, Ruhegehalt u. dgl. abweichend von der Vorschrift des § 394 BGB. zulassen; denn hierdurch sollte gerade die Aufrechnung mit Ansprüchen aus dienstlichen Verschulden, also mit Ansprüchen, die mit den gedachten Besoldungsansprüchen konnex sind, für einzelne Bundesstaaten gesichert bleiben. Es hätte sich endlich erübrigt, in Art. 14 § 1 des Preußischen Ausführungsgesetzes zum BGB. dem Dienstberechtigten ausdrücklich zu gestatten, seine Entschädigungsansprüche wegen Verletzung der dem Gesinde aus dem Dienstverhältnis obliegenden Verpflichtungen gegen dessen Lohnforderung aufzurechnen.

## c) Urteil des GG. Rostock vom 31. Januar 1901.

Der Kläger hat seit Pfingsten v. J. bis zum 17. Januar d. J. beim Beklagten in dessen Droschkenfuhrgeschäft als Kutscher fungiert. In der zweiten Woche des Januar d. J. hat ein Herr schnell zum Zentralbahnhof fahren wollen, hat eine vom Kläger geführte Droschke des Beklagten engagiert und hat dem Kläger statt der taxmäßigen 60 Pf. den Betrag von 1,50 Mk. versprochen, wenn er ihn noch rechtzeitig zu einem bestimmten Zuge an die Bahn bringe. Der Kläger ist nun losgefahren und zwar so, daß teils beide Pferde, teils wenigstens das eine Galopp gegangen sind. In der Lloydstraße ist der Reifen des einen Rades gesprungen und, da der Kutscher trotzdem weiter gefahren ist, das ganze Rad zusammengebrochen und die Droschke liegen geblieben. Beim Schmied hat sich nachher herausgestellt, daß noch der Reifen eines zweiten Rades gesprungen ist. Die Kosten der Reparatur der Droschke haben 10 Mk. betragen und hat diesen Betrag der Beklagte bei der Entlassung des Klägers von dem von letzterem verdienten Lohn einbehalten. Der Kläger hat auf Zahlung von 10 Mk. gegen den Beklagten geklagt. Der Beklagte hat um Abweisung der Klage gebeten, indem er sich darauf berufen, daß der Kläger durch sein unvernünftiges Fahren die Beschädigung der Droschke verschuldet habe.

Das GG. hat die Klage abgewiesen.

Aus den Gründen: Da es nach den Aussagen der Zeugen nicht zweifelhaft sein kann, daß der Kläger an dem fraglichen Tage in der Georgstraße, in der Carlstraße und in der Lloydstraße mit der Droschke des Beklagten unsinnig schnell gefahren ist und dadurch den Zusammenbruch des einen Rades der Droschke verschuldet hat, zumal ihm bewußt war, daß er es mit einer alten Droschke zu tun hatte, und da weiter den Kläger es auch nicht entschuldigen kann, daß er im vermeintlichen Interesse des Beklagten so schnell gefahren ist, nämlich um diesem den von dem Fahrgast gebotenen Preis von 1,50 Mk. für die Fahrt zu verdienen, so kann es sich nur fragen, ob der Weigerung des Beklagten, dem Kläger auch denjenigen Teil des verdienten Lohnes auszuzahlen, welcher der Höhe des ihm durch die Handlung des Klägers verursachten Schadens gleichkommt, nicht der § 394 des BGB. entgegensteht.

Wenngleich nun die Voraussetzungen des § 1 des Bundesgesetzes vom 21. Juni 1869, betreffend die Beschlagnahme des Arbeits- oder Dienstlohns im vorliegenden Falle zu der Folge vorhanden sind, daß der vom Kläger eingeklagte Dienstlohn nicht mit Beschlag belegt werden kann, so kann doch von einer Anwendung des § 394 BGB. keine Rede sein. Denn die Weigerung des Beklagten, dem Kläger auch den Rest seiner Forderung zu zahlen, braucht nicht notwendig als Aufrechnung mit seiner Schadensforderung von gleicher Höhe ausgelegt zu werden.

Es handelt sich um einen gegenseitigen Vertrag (Dienstmiete). Aus diesem steht dem Kläger gegen den Beklagten der Anspruch auf den vereinbarten Lohn zu, während dem Beklagten gegen den Kläger aus demselben rechtlichen Verhältnisse der fällige Anspruch auf Ersatz des Schadens zusteht, den er durch Verschulden des Klägers bei Leistung der vertragsmäßigen Dienste erlitten hat. Es liegen somit die Voraussetzungen des § 273 des BGB. vor oder mit anderen Worten, der Beklagte übt nur das ihm zustehende Zurückbehaltungsrecht aus, wenn er dem Kläger die Zahlung des eingeklagten Lohnrestes vorenthält. („Gewerbegericht“ Jg. 6, Sp. 116.)

**d) Urteil des Oberlandesgerichts Cöln vom 31. Oktober 1902.**

Das Oberlandesgericht hat das Zurückbehaltungsrecht zugebilligt.

Aus den Gründen: Der dem § 273 BGB. entsprechende § 233 des 1. Entwurfs lautete:

> „Hat der Schuldner, abgesehen von dem Falle des § 364 aus demselben rechtlichen Verhältnisse, auf welchem seine Verpflichtung beruht, gegen den Gläubiger eine fällige Forderung, — so ist er zur Zurückbehaltung der geschuldeten Leistung berechtigt.“

Dazu bestimmt § 364:

> „Wer aus einem gegenseitigen Vertrage auf die ihm obliegende Leistung in Anspruch genommen wird, bevor er die Gegenleistung empfangen hat, kann, sofern er nicht zur Vorleistung verpflichtet ist, die geforderte Leistung solange verweigern, bis die ihm gebührende Leistung bewirkt wird.“ (§ 230 BGB.)

Das Zurückbehaltungsrecht sollte hiernach dem Schuldner unter der Voraussetzung zustehen, daß er nicht zur Vorleistung verpflichtet war.

Bei der Beratung des § 233 in der Kommission Protokoll I S. 310—313 wurde diese Vorschrift als innerlich berechtigt anerkannt, jedoch im Interesse der Deutlichkeit für wünschenswert erachtet, die in § 234 des Entwurfs durch Verweisung auf den Art. 364 bezweckte Einschränkung der Regel (Motive S. 43) in Übereinstimmung mit dem gestellten Antrage durch den Zwischensatz: „sofern nicht der Inhalt des Schuldverhältnisses ein Anderes gibt“, zum Ausdruck zu bringen und damit die Verweisung auf den § 364 zu erledigen. Der Zwischensatz erhielt sodann ohne weitere Ausführung im § 273 BGB. die daraus ersichtliche, lediglich redaktionelle Fassung. Aus dieser Entstehungsgeschichte des § 273 ist zu entnehmen, daß in dem Zwischensatze: „sofern nicht aus dem Schuldverhältnis sich ein Anderes ergibt“ — nun der Fall der Vorleistung ins Auge gefaßt war; bei der allgemeinen Fassung des Gesetzes muß indessen das Zurückbehaltungsrecht auch in dem Falle für ausgeschlossen gelten, wo sich aus dem Wesen des Schuldverhältnisses ein anderes ergibt. Wesen und Inhalt des zwischen den Parteien bestandenen Dienstverhältnisses, das die Grundlage beiderseitiger Ansprüche bildet, schließen die Ausübung des Zurückbehaltungsrechtes nicht aus. Der Beklagte ist weder gesetzlich, noch vertraglich zur Vorleistung in Ansehung der klägerischen Gehaltsforderung verpflichtet. Die auf die Lohnbezahlung bezüglichen Vorschriften der GO., insbesondere § 115 kommen nach § 154 für die Gehaltsforderung des Klägers überhaupt nicht in Betracht, begründen aber an sich die Auffassung, daß der Lohnanspruch den Gegenansprüchen des Dienstherrn rechtlich vorgeht und das Zurückbehaltungsrecht für den Arbeitsvertrag prinzipiell nicht Platz greift. Aus dem Reichsgesetze vom 21. Juni 1896 mit seinen Abänderungen in dem Gesetze vom 17. Mai 1898, sowie § 850 ZPO. ergibt sich kein Anhalt dafür, daß der Prinzipal dem Handlungsgehülfen gegenüber in Ansehung des Gehalts zur Vorleistung angehalten werden konnte. Diese Vorschriften gewähren dem Lohnberechtigten gegen die Entziehung des Lohnes Schutz in dem gesetzlichen Rahmen, aber keinen darüber hinausgehenden Schutz und lassen den Charakter der Lohnforderung und das ihr zugrunde liegende Rechtsverhältnis unberührt, es ist daraus nicht abzuleiten, daß die unpfändbare Gehaltsforderung ohne Rücksicht auf die Gegenforderung des Beklagten zu befriedigen wäre.

Das gleiche gilt vom § 394 des BGB. Auch diese Vorschrift verleiht der Lohnforderung keinen besonderen Charakter und läßt das Wesen des sie begründenden Rechtsverhältnisses unbeeinflußt. Auf den Vorbehalt im § 273 des BGB. kann daher die Ausschließung des Zurückbehaltungsrechtes im vorliegenden Falle nicht gestützt werden. Die analoge Anwendung des § 394 ist gleichfalls ausgeschlossen. Die Aufrechnung und die Zurückbehaltung sind ihrem Inhalte und ihrer rechtlichen Wirkung nach wesentlich verschieden. Es genügt, darauf hinzuweisen, daß während infolge der Aufrechnungserklärung die wechselseitigen Forderungen, soweit sie sich deckten, mit den Zeitpunkte als erloschen gelten, in welchem sie zur Aufrechnung geeignet einander gegenüber getreten sind; bei der Zurückbehaltung ihr Fortbestand gewollt ist und nur durch die Befriedigung durch Leistung Zug um Zug gesichert und erreicht werden soll; daß überdies bei dem Zurückbehaltungsrecht es sich um das Verhältnis innerlich zusammenhängender Ansprüche handelt.

Die Analogie kann schon hiernach nicht Platz greifen. Zutreffend bemerkt in dieser Hinsicht Pappenheim „Deutsche Juristische Zeitung" Jg. 7 S. 89, im Anschluß an Dernburg, Bürgerliches Recht II S. 127: „Wenn das Gesetz der unpfändbaren Forderung gegenüber die Aufrechnung ausschließt, versagt es der Gegenforderung eine Wirkung, die es ihr sonst ohne Rücksicht darauf einräumt, ob sie auf demselben Rechtsverhältnis, wie die ihr gegenüberstehende, beruht oder nicht. Seine Vorschrift kann deshalb nicht dazu führen, dieser Gegenforderung eine ganz andere Wirkung zu entziehen, die ihr nur mit Rücksicht darauf eingeräumt ist, daß sie auf demselben Rechtsverhältnisse wie die ihr gegenüber stehende beruht." Durch die Vorschrift des § 394 wurde die Aufrechnung gegen die unpfändbaren Forderungen für unstatthaft erklärt, weil es an sich eine Inkonsequenz wäre, wenn, obwohl das Gesetz eine Forderung der Exekution entziehe, dem Schuldner gestattet wäre, gegen eine solche Forderung eine Gegenforderung zur Aufrechnung zu bringen, und auf diese Weise ähnlich wie im Wege der Exekution den Gläubiger zu zwingen, sich in die Nichtbefriedigung zu fügen und sich desfalls der Charakter der Aufrechnung als einer auf positiver gesetzlicher Zulassung beruhenden, dem Gläubiger aufgezwungenen Befriedigung, gewissermaßen als Selbstexekution geltend mache — Motive II S. 113 —, demgegenüber dient die Zurückbehaltung nicht als Mittel zur Befriedigung, sondern zur Sicherung. Die Ausübung des Zurückbehaltungsrechtes kann allerdings, zumal wenn sich, wie im vorliegenden Falle, Geldforderungen gegenüberstehen, wirtschaftlich zu einem Ergebnis führen, das als Folge der Aufrechnung durch § 394 verhindert werden sollte. Aus diesem Gesichtspunkte läßt sich aber nicht auch die Ausschließung des Zurückbehaltungsrechtes aus § 394 ableiten. Hätte der Gesetzgeber in konsequenter Durchführung des Lohnschutzes nicht nur die Aufrechnung, sondern auch die Zurückbehaltung untersagen wollen, so hätte er sich nicht auf die Ausnahmebestimmung des § 394 beschränkt, sondern den daraus nicht zu entnehmenden allgemeinen Rechtssatz aufgestellt, daß dem Lohnberechtigten der verdiente Lohn ohne Rücksicht auf Gegenforderungen seines Schuldners auszubezahlen sei, jedenfalls dem § 274 einen entsprechenden Vorbehalt einfügt. Sowenig das Gesetz vom 21. Juni 1869 die positive Ausschließung der Aufrechnung entbehrlich machte, ebensowenig ist aus dem Verbote der Aufrechnung die Versagung des Zurückbehaltungsrechtes zu folgern.

e) Urteil des **Kammergerichts**, 8. Zivilsenat, vom 14. März 1903.

Das Zurückbehaltungsrecht ist zugebilligt.

**Aus den Gründen:** Der § 2 des Lohnbeschlagnahmegesetzes verbietet ausdrücklich nur Verfügungen des Arbeiters über den Lohnanspruch und es ist damit allen und zweiseitigen Rechtsgeschäften des Arbeiters, gleichviel ob sie eine Umgehung des gesetzlichen Pfändungsverbots bezwecken oder nicht, die rechtliche Wirksamkeit entzogen. Wie das Reichsgericht (Entsch. 41 S. 53) ausgeführt hat, enthält die Aufrechnung nicht eine Verfügung in diesem Sinne und zwar weder des Gläubigers (Arbeiters) noch des die Forderung durch Aufrechnung tilgenden Schuldners und ist aus diesem Grunde der § 394 BGB. (Entw. 1 § 288), um auch die Aufrechnung auszuschließen, in das BGB. nicht aufgenommen worden. Das BGB. enthält aber keine Vorschrift, wodurch die Zulässigkeit des Zurückbehaltungsrechts an einer unpfändbaren Lohnforderung ausgeschlossen ist. Wenn in den Motiven zum § 288 gesagt wird, daß die Aufrechnung eine dem Gläubiger aufgezwungene Befriedigung, gewissermaßen eine Selbstexekution sei, so läßt sich dies von der Ausübung des Zurückbehaltungsrechts nicht in gleichem Sinne behaupten. Freilich kennen im wirtschaftlichen Ergebnis beide Rechte denselben Erfolg, die Vorenthaltung der Lohnforderung, haben. Hätte der Gesetzgeber die sich unter Umständen hieraus für den Gläubiger (Arbeiter) ergebende Härte vermeiden wollen, so hätte er dies wie bei der Aufrechnung auch beim Zurückbehaltungsrecht aussprechen müssen. Da es die Forderung des Gläubigers bestehen läßt und dem Schuldner nur das Recht gibt, ihre Tilgung bis zur Befriedigung wegen der eigenen Forderung zu weigern, erscheint es im Verhältnis zur Aufrechnung als das mindere, und das Verbot der letzteren umfaßt nicht das der ersteren. Es läßt sich aber weiter auch nicht aus dem Dienstvertrage selbst ein solches Verbot herleiten, denn das Lohnbeschlagnahmegesetz gestattet in den Fällen der § 4 Nr. 1, 3 unbeschränkt die Pfändung der ganzen Lohnforderung. Daß auch der Gesetzgeber die Einbehaltung des Lohnes wegen gewisser Gegenforderungen nicht schlechthin für ausgeschlossen erachtet hat, ergibt § 119a GO.

## 392. Wird durch § 394 BGB. der Einwand der mangelnden Vorleistung ausgeschlossen? Kann der Arbeiter Lohn beanspruchen, wenn er durch Fahrlässigkeit die Arbeit verdorben hat?

a) Urteil des GG. Offenbach vom 6. Dezember 1901.

Kläger war bei der Beklagten als Monteur bei einem Stundenlohn von 40 Pfg. tätig. Dieselbe hat ihm den Lohnbetrag von 11,20 Mk. einbehalten, mit der Behauptung, daß er eine Draisine für die Eisenbahndirektion Gießen aus Fahrlässigkeit fehlerhaft montiert habe und daß sie zur Einbehaltung des Betrags als Schadensersatz für den ihr erwachsenen höheren Schaden befugt sei. — Die Beweisaufnahme hat die Behauptung der Beklagten bestätigt.

Die Klage ist abgewiesen.

Aus den Gründen: Der Vertrag des Klägers ist ein Dienstvertrag gemäß § 611ff. BGB. Kraft des Vertrags ist der Arbeiter gemäß § 242 BGB. verpflichtet, die Arbeit so zu bewirken, wie Treu und Glauben mit Rücksicht auf die Verkehrssitte es erfordern. Es ist eine in dem Wesen des Dienstvertrags liegende wesentliche Bedingung, daß der vereinbarte Lohn nur liquid werde für eine Arbeit, die jenen Voraussetzungen entspricht. Der Arbeiter muß seiner Arbeitsstellung entsprechend die bei ordentlichen gleichartigen Arbeiten übliche und seinen Kräften entsprechende Sorgfalt aufwenden, sofern er will, daß der Lohn in der vereinbarten Höhe fällig wird. Unterläßt er dies, so wird der Lohn nur in dem Maß fällig, welches der geleisteten Arbeit entspricht. („Gewerbegericht" Jg. 5, Sp. 272.)

b) Urteil des GG. Berlin, Kammer 4, vom 1. März 1901.

Kläger hat eine ihm in Akkord übertragene Polstergarnitur unsauber gearbeitet und nicht fertig gestellt, auch trotz Aufforderung Änderung und Fertigstellung verweigert und dabei erklärt: „Ich bin nicht hergekommen, um eine saubere Arbeit zu machen, sondern um Geld zu verdienen." Er beansprucht 7,50 Mk. Restlohn.

Die Klage ist abgewiesen.

Aus den Gründen: Gemäß § 320 BGB. ist bei gegenseitigen Verträgen jede Partei berechtigt, die ihr obliegende Leistung solange zu verweigern, als die Gegenleistung nicht bewirkt ist. Derselbe Grundsatz gilt analog, wenn der Gegenteil seine ihm obliegende Leistung nur teilweise oder nicht gehörig erfüllt hat. In diesem letzteren Falle wird die Gegenleistung insoweit verweigert werden können, als die Verweigerung der Leistung nach den Umständen gegen Treu und Glauben verstoßen würde. (Vgl. § 320 Abs. 2 cit.) Nun hat im vorliegenden Falle Kläger nicht gehörig erfüllt, indem er seinen Akkord trotz Aufforderung weder vollendet noch sauber hergestellt hat. Beklagter ist daher für berechtigt zu erachten, die Zahlung des Restakkordlohnes zu verweigern, als dies nach Treu und Glauben angemessen erscheint. Da nun vorliegend der eingetretene Schaden den Restlohn übersteigt — ersterer beträgt nach dem Ergebnis der Beweisaufnahme 12 Mk. — so verstößt die ganze Forderung des Klägers gegen Treu und Glauben und muß also abgewiesen werden.

## 393. Ist die Aufrechnung gegen Lohnforderungen auch bei Gegenforderung wegen Diebstahls ausgeschlossen?

### a) Urteil des GG. Kiel vom 14. Februar 1900.

**Kläger stand bei der Beklagten als Arbeiter in Dienst gegen Stundenlohn von 28 Pfg. Am 7. Februar 1900 wurde er entlassen, weil er Metallteile einer hydraulischen Presse gewaltsam losgelöst und sich diebisch zugeeignet hatte. Bei der Entlassung hat die Beklagte den Lohn des Klägers mit 30,53 Mk. einbehalten. Dies alles ist unbestritten. Kläger fordert den rückständigen Lohn. Beklagte bittet um Klageabweisung und führt aus: Kläger habe an der Presse einen Schaden angerichtet, der die Höhe seiner Lohnforderung bei weitem übersteige.**

**Die Klage ist abgewiesen.**

**Aus den Gründen: Sind auch die beiden von den Parteien einander gegenübergestellten Forderungen als begründet und fällig anzusehen, so erscheint es doch fraglich, ob eine Aufrechnung gegeneinander zulässig ist. Der § 394 BGB. bestimmt, daß, insoweit als Forderungen der Pfändung nicht unterworfen sind, eine Aufrechnung gegen dieselben nicht stattfindet. Dieser Satz gilt auch für die gewerblichen Arbeitsverhältnisse. Denn nur diejenigen Bestimmungen der GO., welche hinsichtlich der Aufrechnung für diese Arbeitsverhältnisse ausdrücklich Sondervorschriften geben, sind von der allgemeinen Norm des BGB. unberührt geblieben; soweit aber die GO. freien Raum ließ, herrscht jetzt § 394 BGB. — Vorliegendenfalles handelt es sich um eine Lohnforderung, welche gemäß § 850 ZPO. und § 1 des Lohnbeschlagnahme-Gesetzes vom $\frac{\text{21. Juni 1869}}{\text{29. März 1897}}$ nur insoweit pfändbar ist, als der Tag der Lohnzahlung bereits abgelaufen ist, ohne daß der Berechtigte den Lohn eingefordert hat; mangels dieser Voraussetzung — für deren Vorliegen hier nichts behauptet ist — ist die Lohnforderung unpfändbar und daher zur Aufrechnung nicht geeignet.**

**Die aus den vorstehenden Rechtssätzen in Verbindung mit § 394 BGB. sich ergebende Nichtaufrechenbarkeit ist zwingenden Rechtes, kann also durch Parteiabreden nicht außer Kraft gesetzt werden. Deshalb ist ihr gegenüber die Bestimmung der beklagtischen Arbeitsordnung, nach welcher der Ersatz für die von den Arbeitern an Maschinen 2c. verursachten Schäden durch Einbehaltung von Arbeitslohn eingezogen werden kann, als nicht zu Recht bestehend anzusehen, wie denn § 134c Abs. 1 GO. den Inhalt der Arbeitsordnungen für die Arbeitgeber und Arbeiter nur insoweit für rechtsverbindlich erklärt, als er den Gesetzen nicht widerspricht. Die Beklagte kann sich also darauf, daß ihr durch die Arbeitsordnung die Einbehaltung des Lohnrückstandes, d. h. eine Kompensation mit der Lohnforderung des Klägers, gestattet sei, mit Erfolg nicht berufen.**

Trotz dieser zur Annahme der Nichtaufrechenbarkeit der Klageforderung führenden Erwägungen ist aber im vorliegenden Falle die Kompensation doch zuzulassen, und zwar aus folgenden Gründen: Die compensando geltend gemachte Forderung hat ihren Ursprung in einer vorsätzlich begangenen unerlaubten Handlung des Klägers. Gegen solche Forderungen aus vorsätzlichen Delikten ist gemäß § 393 BGB. die Aufrechnung nicht zulässig. Es ergibt sich somit der eigenartige Fall, daß sowohl Forderung wie Gegenforderung vom Gesetz mit Nichtaufrechenbarkeit ausgestattet sind, mit anderen Worten: das Gesetz gibt in beiden Fällen dem Gläubiger ein Anrecht auf reale Befriedigung. Ist dem so, so muß nach den Sätzen der Logik der Erfolg der sein: daß die beiderseitige Nichtaufrechenbarkeit sich gegenseitig aufhebt und eine Aufrechnung wieder stattfinden kann. Es wäre sinnlos, wollte man fordern, daß die Beklagte bar leiste, was sie sofort bar zurückverlangen kann: dolo facit, qui petit, quod redditurus est.

Die Aufrechnungseinrede des Beklagten schlägt sonach durch und beseitigt den an sich begründeten Klageanspruch. Kläger war demnach abzuweisen.

b) Urteil des GG. Breslau vom 3. Oktober 1901.

Der Beklagte wendet gegenüber der Klage auf Arbeitslohn ein, daß die Kläger ihm Holz gestohlen haben und der Wert dieses Holzes die Forderungen beider Kläger übersteige.

Es ist nach dem Klageantrag erkannt.

Aus den Gründen: Das Gericht hat sich der vom GG. Kiel in einer am 14. Februar 1900 erlassenen Entscheidung ausgesprochene Ansicht, daß Forderungen aus vorsätzlich begangenen unerlaubten Handlungen auch gegen unpfändbare Forderungen aufgerechnet werden dürfen, nicht angeschlossen. Das GG. zu Kiel hat zur Begründung seiner Ansicht angeführt, daß auch gegen Forderungen aus vorsätzlich begangenen unerlaubten Handlungen nach § 393 BGB. die Aufrechnung unzulässig sei, daß somit das Gesetz sowohl die unpfändbare Forderung wie die Forderung aus einer vorsätzlich begangenen unerlaubten Handlung mit dem Vorzug der Nichtaufrechenbarkeit, des Anspruches auf reale Befriedigung, ausgestattet habe, und daß nach den Sätzen der Logik die Folge hiervon die sein müsse, daß sich die beiderseitige Nichtaufrechenbarkeit aufhebe.

Diese Ausführungen erscheinen nicht zutreffend. Wenn das Gesetz die Aufrechnung sowohl gegen eine unpfändbare Forderung als auch gegen eine Forderung aus einer vorsätzlich begangenen unerlaubten Handlung verbietet, so folgt daraus nach den Sätzen der Logik nicht, daß beide Forderungen nun gegeneinander aufgerechnet werden dürfen, sondern vielmehr, daß beide Forderungen auch gegeneinander nicht aufgerechnet werden dürfen. Auch die übrigen Ausführungen des GG. Kiel sind nicht geeignet, die Zulässigkeit der Aufrechnung der beiden Forderungen gegeneinander zu beweisen, da man mit ihnen gemeinhin nur die Notwendigkeit der Zulassung der Aufrechnung überhaupt als Grund des Erlöschens von Schuldverhältnissen zu begründen pflegt. Der Grundsatz „dolo facit, qui petit, quod redditurus est" trifft bei allen Fällen zu, wo gegenseitige gleichartige Forderungen einander fällig gegenüberstehen. Im Falle des § 394 BGB. hat er aber dem Grundsatze, daß der Lohn des Arbeiters in erster Linie zum Lebensunterhalt des gewöhnlich von der Hand in den Mund lebenden Arbeiters dienen müsse, im Falle des § 393 BGB. dem Grundsatze weichen müssen, daß derjenige, dessen Verbindlichkeit auf einer vorsätzlichen unerlaubten Handlung beruht, den Vorteil nicht verdiene, den das Gesetz sonst durch die Möglichkeit der Aufrechnung dem Schuldner gewähre. Übrigens mußte die Ansicht des GG. zu Kiel auch schon wegen ihrer Konsequenzen abgewiesen werden. Die Folge des Grundsatzes, daß gegenseitige Nichtaufrechenbarkeit zweier Forderungen sich aufhebe, würde die sein, daß alle Forderungen, gegen die nicht aufgerechnet werden darf, also z. B. auch die Forderungen der Aktien- und Aktienkommanditgesellschaften auf rückständige Einlagen der Aktionäre (§§ 221, 320 HGB.) gegen unpfändbare Forderungen und gegeneinander aufgerechnet werden könnten. Das ist sicher nicht die Absicht der Aufrechnungsverbote. Eine weitere Folge würde die sein, daß wegen einer Forderung aus vorsätzlich begangener unerlaubter Handlung zwar Aufrechnung gegen Lohnforderungen, aber nicht Pfändung von Lohnforderungen stattfinden könnte (§ 850 ZPO.), was eine nicht zu rechtfertigende Bevorzugung des Gläubigers, der zufällig dem Schuldner selbst etwas schuldet, gegenüber andern Gläubigern sein würde.

Ob es den Grundsätzen der Billigkeit und Zweckmäßigkeit nicht besser entsprochen hätte, wenn das Gesetz in Fällen, wie der vorliegende, die Aufrechnung nicht für unzulässig erklärt hätte, muß freilich dahingestellt bleiben.

## 394. Kann durch die Arbeitsordnung dem Arbeitgeber das Recht gegeben werden, Schadensersatzforderungen gegen den Arbeitslohn aufzurechnen?

### a) Urteil des GG. Dortmund vom 6. April 1900.

Die betr. Bestimmung der Arbeitsordnung ist für nichtig erklärt.

Aus den Gründen: Gemäß § 850 Nr. 1 ZPO. in Verbindung mit dem Reichsgesetz vom 21. Juni 1869 ist der hier streitige dem Kläger gegen die Beklagte zustehende bei der Fälligkeit eingeforderte Arbeitslohn der Pfändung nicht unterworfen. Beklagte ist daher auf Grund der Vorschrift des § 394 des BGB.:

„Soweit eine Forderung der Pfändung nicht unterworfen ist, findet die Aufrechnung gegen dieselbe nicht statt"

nicht befugt, der Forderung des Klägers die von ihr geltend gemachte Schadensersatzforderung im Wege der Aufrechnung entgegenzustellen. Die Bestimmung des § 394 ist zwingendes Recht und kann daher durch entgegenstehende Vereinbarungen nicht beseitigt oder abgeändert werden. Die Bestimmungen der Arbeitsordnung der Beklagten laufen daher, insoweit sie die Aufrechnung für zulässig erklären, zwingenden Gesetzesvorschriften zuwider und sind nicht rechtsverbindlich. § 134c Abs. 1 der GO. („Gewerbegericht" Jg. 6, Sp. 97.)

### b) Urteil des GG. Stuttgart vom 1. März 1900.

Der Kläger, der vom 8. November 1899 bis 24. Februar 1900 in dem Fabrikbetrieb der Beklagten als Eisendreher und zwar meist gegen Stücklohn in Arbeit gestanden ist, verlangt von der Beklagten Bezahlung von 12 Mk. rückständigen Lohns. Der Vertreter der Beklagten beantragt kostenfällige Abweisung der Klage. Er anerkennt, daß der Kläger an sich noch 12 Mk. Lohn zu fordern habe, macht aber eine Schadensersatzgegenforderung, welche der Beklagten gegen den Kläger in Höhe von restlichen 28,75 Mk. zustehe, im Weg der Aufrechnung geltend. Zur Begründung dieser Gegenforderung führt er unter Beweisantritt aus, daß der Kläger Waren und Werkzeuge der Beklagten mehrfach, teils vorsätzlich, teils fahrlässig beschädigt habe.

Der Kläger bestreitet, den vom Vertreter der Beklagten erwähnten Schaden dieser schuldhafterweise verursacht zu haben; ist auch nicht bereit, sich freiwillig an seiner Forderung Abzüge machen zu lassen.

In der Arbeitsordnung der Beklagten heißt es:

„1. S. 9. Für verdorbene Stücke hat der Arbeiter für den Schaden aufzukommen, welcher durch das verdorbene Material entstanden ist. Im Falle böswilligen Verderbens von Material und Werkzeug kann die sofortige Entlassung oder die Kündigung ausgesprochen werden, Ersatz für böswillig oder leichtsinnig verursachten Schaden wird sich noch besonders vorbehalten."

„2. S. 11. Alle Abzüge werden am Zahltag von dem fälligen Lohn in Abrechnung gebracht und soweit sie nicht als Entschädigung für verdorbene Waren oder für leichtsinnig verursachten Schaden gelten, .... zur Krankenunterstützung u. s. w. verwendet."

Der Beklagte ist verurteilt.

Aus den Gründen: Weder der Wortlaut des § 394 BGB. noch seine Entstehungsgeschichte weisen darauf hin, daß er nur dispositiven Charakter haben solle, mit andern Worten: daß es den Parteien gestattet wäre, beim Dienstvertrag die ausgeschlossene gesetzliche Kompensation durch die Hintertüre der vertragsmäßigen Vereinbarung wieder einzuführen. Wollte man einer derartigen Vereinbarung rechtliche Gültigkeit zumessen, so wäre die Kompensation der Lohnforderung mit der Gegenforderung des Arbeitgebers stets zulässig, wenn, wie im vorliegenden Fall, in der Arbeitsordnung — die ja die Bedingungen des Arbeitsvertrags enthält — bestimmt wäre, daß der Arbeiter sich Gegenforderungen des Arbeitgebers an seiner Lohnforderung abziehen lassen müsse. Es liegt auf der Hand, daß bei Zulassung derartiger Vereinbarungen die deutlich erkennbare Tendenz des Gesetzgebers: dem Arbeiter unter allen Umständen wenigstens die Möglichkeit zu verschaffen, seinen Lohn am Zahltag bar in die Hand zu bekommen, illusorisch gemacht würde.

Es sprechen nun aber für die Annahme, daß die Kompensationsmöglichkeit bei der Lohnforderung auch nicht im Wege des Vertrags geschlossen werden kann, nicht bloß die bereits erwähnten Umstände: vielmehr erweist sich ihre Richtigkeit auch noch auf Grund folgender Erwägungen:

Nach § 2 Abs. 2 des Lohnbeschlagnahmegesetzes von 1869 ist jede Verfügung des Arbeitnehmers über seine Lohnforderung, soweit sie nicht mit Beschlag belegt werden kann, durch Zession, Anweisung, Verpfändung oder durch ein anderes Rechtsgeschäft ohne rechtliche Wirkung. Nach dem bis zum 1. Januar 1900 in Kraft gewesenen Recht mochte es zweifelhaft sein, ob die Kompensation ganz allgemein, also sowohl gesetzliche, als vertragsmäßige, unter den in dieser Gesetzesstelle erwähnten Begriff „Rechtsgeschäft" zu unterstellen sei. Die Theorie und Praxis hat übrigens diese Frage verneint, wohl im Hinblick auf die Entstehungsgeschichte dieser Gesetzesbestimmung und in der Annahme, daß der Gesetzgeber durch die Wahl seiner Beispiele und den ganzen Aufbau der §§ 1 und 2 des Gesetzes gezeigt habe, daß er nur zweiseitige Rechtsgeschäfte im Auge habe. Nunmehr ist die gesetzliche Kompensation durch § 394 BGB. im Rahmen des § 1 des Lohnbeschlagnahmegesetzes ausgeschlossen; die vertragsmäßige Kompensation ist aber durch § 2 dieses Gesetzes ausgeschlossen, denn hier ist ganz zweifellos ein zweiseitiges Rechtsgeschäft, durch das der Arbeiter über seinen erst noch zu verdienenden Lohn oder einen Teil desselben zugunsten einer dem Arbeitgeber unter Umständen erwachsenden Gegenforderung verfügt. Der Arbeiter kann aber eine Verfügung über seine Lohnforderung erst treffen, wenn der Zahltag abgelaufen ist, ohne daß er seinen Lohn eingefordert hat. Da die von der Beklagten zur Aufrechnung gebrachte Gegenforderung gesetzlich nicht aufgerechnet werden kann, war es unnötig, den von der Beklagten angebotenen Beweis für die sachliche Begründung ihrer Gegenforderung zu erheben; vielmehr war antragsgemäß zu erkennen.

## 395. Ist eine Bestimmung der Arbeitsordnung gültig, wonach Strafen vom Lohn abgezogen werden dürfen?

Urteil des GG. Frankfurt a. M. vom 2. April 1901.

Kläger stand bei der Beklagten als Eisendreher mit 40 Pfg. die Stunde in Arbeit. Bei seinem Austritt wurden ihm von seinem Lohn 2 Mk. abgezogen und zwar als Strafe wegen Beleidigung eines Vorgesetzten. Kläger beantragt, Beklagten zur Zahlung von 4 Mk. zu verurteilen, da Beklagter zum Abzug nicht berechtigt sei. Beklagter beantragt Klageabweisung; der Strafabzug sei nach der Arbeitsordnung berechtigt.

Das GG. hat den Beklagten zur Zahlung verurteilt.

Aus den Gründen: Nach § 394 BGB. findet eine Anrechnung gegen Forderungen, welche der Pfändung nicht unterworfen sind, nicht statt. Diese Bestimmung ist zwingender Natur; dies ergibt, abgesehen von dem präzisen Wortlaut der Bestimmung ein einfaches Zusammenhalten mit §§ 400, 1274 BGB., dem Lohnbeschlagnahmegesetz, und § 850 ZPO., die über den Willen des Gesetzes, jede freiwillige und vertragsmäßige Verfügung über gewisse Forderungen auszuschließen, keinen Zweifel lassen. Aber auch nach der GO. ist die fragliche Bestimmung der Arbeitsordnung nicht aufrechtzuerhalten; denn selbst wenn man die Bestimmungen der GO. auf Grund § 32 EG. als durch das BGB. unberührt ansieht, so ist doch durch § 134b Nr. 4 GO. keineswegs der Abzug von Strafen ausdrücklich zugelassen, sondern nur gesagt, daß die Art der Einziehung der Geldstrafen im voraus festgesetzt sein müsse, die materiellrechtliche Frage sonach überhaupt nicht entschieden. („Gewerbegericht" Jg. 7, Sp. 223.)[1])

## 396. Lohnverwirkung auf Grund der ordnungsmäßig erlassenen Arbeitsordnung. Ist die Bestimmung trotz des Aufrechnungsverbotes im BGB. gültig?

**a)** Urteil des Amtsgerichts Cöln vom 24. Dezember 1900.

Das Amtsgericht hält die Lohnverwirkung für rechtsgültig.

Aus den Gründen: Es beruht auf einer rechtsirrtümlichen Auffassung des Wesens des hier in Rede stehenden Lohnabzuges, wenn man ihn als eine Aufrechnung gegen die Lohnforderung des Klägers charakterisiert. Es handelt sich dabei vielmehr allein um eine sog. Lohnverwirkung im Sinne des § 134 Abs. 2 ZPO. Hiernach ist der Unternehmer einer Fabrik berechtigt, für den Fall der rechtswidrigen Auflösung des Arbeitsverhältnisses durch den Arbeiter die Verwirkung des bereits verdienten aber noch rückständigen Lohnes für den Betrags des durchschnittlichen Wochenlohnes auszubedingen. Und nach § 134b Abs. 1 Ziffer 5 GO. muß die Arbeitsordnung im Falle der Ausbedingung einer derartigen Lohnverwirkung eine Bestimmung über die Verwendung der verwirkten Beträge treffen. So liegt der Fall auch hier. Der Arbeiter muß sich nach § 4 der Arbeitsordnung bei Vertragsbruch den Abzug des in § 9 daselbst bestimmten Schadensersatzbetrages von der Lohnforderung gefallen lassen. Im § 9 Abs. 2 der Arbeitsordnung ist aber weiterhin die nach der GO. erforderliche Bestimmung getroffen, daß dieser Schadensersatzbetrag, oder, wie es richtiger heißen müßte, der dem Schadensersatzbetrage gleichkommende verwirkte Lohnbetrag der Arbeiterunterstützungskasse des Bergwerks zufließen solle. Man hat nun behauptet, auch diese Lohnverwirkung sei ihrem Wesen nach eine Aufrechnung und demnach § 134 Abs. 2 GO. durch § 394 BGB. aufgehoben. Dabei verkennt man aber, daß die Aufrechnung ein Erlöschen der beiderseitigen Forderungen zur Folge haben muß, während der sog. Lohnverwirkung eigentümlich ist, daß der Arbeitgeber von der Leistung des Lohnbetrages durchaus nicht befreit ist, sondern ihn nur zu einem andern als seinem eigentlichen Zwecke verwenden muß. Wäre die Lohnverwirkung nichts anderes als eine Aufrechnung, so würde für die Vorschrift des § 134b Abs. 1 Nr. 5 GO. kein Raum gewesen sein. Sonach kann die Lohnverwirkung nur als eine vertragsmäßige Herabsetzung des an und für sich verdienten Lohnes, als die Vereinbarung eines

---

[1]) Dagegen GG. Berlin, Kammer 6, vom 8. Februar 1902. Schulz & Schalhorn S. 203.

geringeren Lohnes für den Fall des Vertragsbruches aufgefaßt werden, darin ist aber keine Gesetzwidrigkeit zu erblicken. (Vgl. Neukamp: Verwaltungsarchiv Bd. V S. 226; derselbe: GO. § 119 A Note 2a f.; Meyer: Das Recht der Beschlagnahme S. 40a.)

b) Urteil des GG. Frankfurt a. M. vom 17. Mai 1902.

Das GG. hält die Lohnverwirkung nicht für rechtswirksam.

Aus den Gründen: Die Arbeitsordnung der Beklagten ist ordnungsmäßig erlassen und von den zuständigen Behörden genehmigt; sie gilt deshalb als Vertragsinhalt für die Parteien, soweit sie nicht zwingenden gesetzlichen Bestimmungen zuwiderläuft. Ob letzteres der Fall ist, haben aber nicht die Verwaltungsbehörden, sondern lediglich die Gerichte zu entscheiden. Diese Frage mußte deshalb geprüft werden.

Vorher war die Frage zu entscheiden, ob überhaupt unter rückständigem Lohn im Sinne des § 134 Abs. 2 der GO. der gesamte Lohn zu verstehen ist, den der Arbeiter noch zu fordern hat oder nur derjenige, der von früheren Lohnzahlungsperioden noch rückständig ist, nicht auch der beim Austritt fällig werdende, um den es sich vorliegend handelt. Letzteres ist vom Gewerbeinspektor Willner im „Gewerbegericht" Jahrgang 6, Spalte 16 ausführlich begründet und auch von Koehne, „Die Arbeitsordnungen", neuerdings behauptet worden. Zur Begründung wird darauf verwiesen, daß nach dem Sprachgebrauch als rückständig nur derjenige Lohn zu betrachten sei, der am Fälligkeitstermin nicht eingefordert sei, nicht auch der nach dem Kontraktbruch fällig werdende. Das letztere gibt es überhaupt nicht; denn mit dem Augenblicke des Kontraktbruches ist der Kontrakt beendigt, der gesamte verdiente Lohn sofort fällig und damit auch rückständig, wenn er vom Arbeiter nicht sofort eingefordert wird. Bei Kontraktbruch ist somit der gesamte Lohn, den der Arbeiter noch zu fordern hat, sofort fällig und auch nach dem Sprachgebrauch des täglichen Lebens, wenn ihn der Arbeitgeber trotz Fälligkeit verweigert, rückständig. Die gegenteilige Ansicht würde auch die ganze Bestimmung des § 134 Abs. 2 als zwecklos erscheinen lassen: der Lohn aus früheren Zahlungsperioden kann entweder als Kaution gemäß § 119a der GO. stehen geblieben sein oder weil ihn der Arbeiter nicht gefordert hat. Nun erübrigt sich aber für den ersteren Fall die Bestimmung des § 134, da auch die Kaution nur einen Wochenlohn betragen darf, und für den zweiten Fall würde sie wohl nie in Betracht kommen, da in Fabriken kaum je ein Arbeiter Lohn stehen läßt, erst recht nicht, wenn Lohnverwirkung vereinbart ist, und vor allem jeder, der den Kontrakt brechen will, sicher noch eben vorher den Lohnrückstand aus älterer Zeit abheben würde. Vernünftigen Sinn hat also § 134 Abs. 2 der GO. nur, wenn er sich auch auf den bis zum Kontraktbruch verdienten Lohn bezieht, den der Arbeiter eben nicht noch vorher abheben kann; es wäre auch wirklich kaum zu sagen, wie man die gesamte Restlohnforderung des Arbeiters kurz und richtig anders denn als rückständigen Lohn bezeichnen sollte.

War sonach der eingeklagte Wochenlohn jedenfalls der Lohnverwirkung unterworfen, so war weiter zu prüfen, ob eine solche Lohnverwirkung überhaupt noch zulässig ist. Das Gericht hat sich dabei nicht der Ansicht von Sinzheimer, „Lohn- und Aufrechnung" anschließen können, daß die Lohnverwirkung schon nach § 2 des Lohnbeschlagnahmegesetzes unzulässig gewesen sei, und zwar auf Grund seiner eigenen Darstellung. Richtig ist, daß § 2 Abs. 2 des Gesetzes vom 21. Juni 1869 jede Verfügung über den Arbeitslohn für unzulässig erklärt, sodaß auch eine solche zugunsten des Arbeitgebers darunter fallen würde, aber es heißt, „soweit nach § 1 die Beschlagnahme unzulässig ist" und im § 1 ist überhaupt nur von Beschlagnahme zugunsten eines Gläubigers die Rede. Und wenn man selbst zugibt, daß nach dem Wortlaut dieser Gläubiger auch der

Arbeitgeber sein kann, so ist doch nach Sinzheimers eigenen ausgezeichneten Ausführungen kein Zweifel darüber, daß alle bei Erlaß des Gesetzes beteiligten Faktoren nur einen Schutz des Arbeitgebers beabsichtigten, mit dem „Gläubiger“ also nur ein Dritter, nicht der Arbeitgeber, gemeint war. Daß letzterer nicht ausdrücklich ausgeschlossen ist, ist offenbar nur geschehen, weil bei der ganzen Tendenz des Gesetzes niemand daran gedacht hat, den Arbeitgeber mit hinein zu ziehen. Jedenfalls wurde und wird diese zweifellose Anschauung des Gesetzgebers jahrzehntelang und noch jetzt in Theorie und Praxis so ausnahmslos geteilt, daß hier von Gewohnheitsrecht in optima forma gesprochen werden muß und es erscheint deshalb nicht nur aussichtslos, sondern auch unzulässig, dagegen anzukämpfen.

Was nun die Konstruktion der Lohnverwirkung selbst betrifft, so hat sich das Gericht der Auffassung von Sigel („Gewerbegericht“, Jg. 6 Sp. 40) angeschlossen, daß sie eine bedingte vertragsmäßige Aufrechnung darstellt oder richtiger die vertragsmäßige Aufrechnung einer bedingten Forderung. Die Gegeneinwendungen von Sinzheimer (a. a. O. S. 110), daß ja doch keine Gegenforderung des Arbeitgebers vorliege, erscheint nicht zutreffend: § 134 Abs. 2 der GO. besagt, daß Fabrikherren, welche mehr als 20 Arbeiter beschäftigen, nicht das Recht des § 124 b haben sollen, bei Kontraktbruch des Arbeiters einen ortsüblichen Wochenlohn als Schadensersatz zu fordern, sie sollen vielmehr gezwungen sein, durch die Arbeitsordnung im voraus den Arbeiter darüber aufzuklären, daß und wieviel sie eventuell als Schadensersatz oder Konventionalstrafe verlangen. Da nun für die Arbeitgeber das einzige stets wirksame Mittel, sich diese Beträge zu sichern, die Kürzung des verdienten Lohnes ist, so hat das Gesetz angenommen, daß, wie es im Leben ausnahmslos geschieht, die Arbeitgeber stets diesen Weg wählen würden, und sich genötigt gesehen, für diesen Einziehungsmodus die Grenze eines durchschnittlichen Wochenlohns festzusetzen; alle weitergehenden in der Arbeitsordnung festgesetzten Beträge für Schadensersatz oder Konventionalstrafe muß der Arbeitgeber auf anderem Wege einzuziehen versuchen. Hiernach kann nicht zweifelhaft sein, daß eine Gegenforderung des Arbeitgebers vorliegt, was Sinzheimer bestreitet; sie ist freilich nur ihrem Maximum nach vertragsmäßig fixiert, braucht aber ebensowenig wie diejenige des § 124 b materiell begründet zu sein. Man darf sich dabei auch nicht an dem Wort „Verwirkung“ stoßen, das es so erscheinen lassen könnte, als ob nicht Aufrechnung vorliege, sondern ein völliger Wegfall der Forderung des Arbeiters; das Wort ist nicht aus der Rechtssprache, sondern dem täglichen Leben entnommen und im praktischen Leben sagt auch jeder Arbeitgeber, der Schadensersatz gemäß § 124 b der GO. fordert, der Arbeiter habe an ihn keine Ansprüche mehr. Zudem entzieht sich ja die Gegenforderung des Arbeitgebers wie gesagt der materiellen Prüfung; ist sie in der Arbeitsordnung fixiert, so tritt die Aufrechnung ohne weiteres ein, jede Prüfung ist unzulässig, wenn der Vertragsbruch feststeht, sodaß der Ausdruck (Verwirkung) sich sehr wohl rechtfertigen läßt.

Auch aus § 134 b Abs. 1 Nr. 5 der GO. ist keine andere Konstruktion der Lohnverwirkung abzuleiten, wie es das Amtsgericht Köln getan hat. Zwar sind die verwirkten Beträge für einen in der Arbeitsordnung zu bestimmenden Zweck zu verwenden. Aber einmal kann dieser Zweck, da Gegenteiliges nicht bestimmt ist, sehr wohl die Tasche des Arbeitgebers sein; vor allem ist aber die Arbeiterunterstützungskasse, der die Beträge regelmäßig zuzuwenden sind, kein Rechtssubjekt, das eine selbständige Forderung hätte und gegen das geklagt werden könnte. Sondern der Arbeitgeber ist gegenüber dem Arbeiter allein berechtigt und verpflichtet; er muß den verdienten Lohn zahlen, erhält aber im Wege der Aufrechnung seinen Schadenersatz oder einen Strafbetrag, den er lediglich zu bestimmtem Zweck verwenden muß. Zwar werden durch die Aufrechnung die beiderseitigen Forderungen getilgt, aber der Arbeitgeber erhält doch den Strafbetrag in sein Vermögen, indem er die Lohnzahlung erspart, und ist nur durch Gesetz gehalten, ihn irgendwie zu verwenden. Es liegt genau so wie bei der Einziehung von Strafen (§ 134b Abs. 1 Nr. 4) durch Aufrechnung; nicht der Lohnbetrag fließt in die Kasse, wie es das Kölner Urteil meint, sondern die Strafe, während der Arbeitgeber die Lohnzahlung durch Aufrechnung vollzieht. Liegt nun in der Lohnverwirkung die Aufrechnung einer bedingten Forderung, so erscheint diese, auch wenn sie vereinbart ist, nach § 394 des BGB., welcher nach seiner Bedeutung als Ergänzung des Lohnbeschlagnahmegesetzes und des § 850 der ZPO. unbedingt zwingendes Recht darstellt, unzulässig. § 134 Abs. 2 der GO. ist sonach durch das BGB. beseitigt; er statuiert ja keineswegs ein Recht auf Lohnverwirkung, sondern schränkt dieses, soweit es nach bürgerlichem Recht zulässig ist, lediglich der Höhe nach ein; fällt somit das allgemeine Recht auf Lohnverwirkung weg, so nach allgemeinen Rechtsgrundsätzen auch die Einschränkung des Rechts. („Gewerbegericht" Jg. 7, Sp. 206.)

## 397. Ist Aufrechnung der aus Lohnrückständen gebildeten Kaution zulässig?

Urteil des GG. Stuttgart vom 1. März 1900.

Die Frage ist bejaht.

Aus den Gründen: Nach § 9 Abs. 3 der Arbeitsordnung hat der Kläger durch seinen Vertragsbruch ²/₃ der von ihm gestellten Kaution als Konventionalstrafe verwirkt. Da aber diese Kautionssumme rückständiger Lohn ist, war die Frage zu prüfen, ob der Beklagte im Hinblick auf § 394 des BGB. berechtigt sei, seine Forderung auf Bezahlung einer Konventionalstrafe in Höhe der Kaution durch Aneignung derselben zu realisieren. Nach § 394 BGB. in Verbindung mit § 1 des Lohnbeschlagnahmegesetzes vom 21. Juli 1869 ist die Aufrechnung einer Forderung gegen die Lohnforderung zulässig, wenn die Lohnforderung am Zahltag nicht einverlangt worden ist. Indem der Arbeitnehmer einen Teil seiner Lohnforderung vertragsmäßig als Kaution seinem Arbeitgeber überläßt, fordert er diesen Teil seines Lohnes nicht ein. Damit ist dem Arbeitgeber jedenfalls die Kompensationsbefugnis gegeben. Es kann deshalb dahingestellt bleiben, in welchem Rechtsverhältnis der Arbeitgeber zu der bestellten Kaution steht (vgl. § 232 BGB. und Motive, Bd. 1, S. 389). Denn der § 394 BGB. steht seinem Verlangen, sich durch Einbehalten der Kaution für seine Forderung zu befriedigen, nicht entgegen. Die Bestimmungen des § 119 der GO. bleiben also auch nach dem Inkrafttreten des BGB. durchaus in Kraft. Hervorzuheben ist hier noch, daß die Sachlage eine andere ist, wenn keine Kaution bestellt, sondern lediglich vereinbart ist, der Arbeitgeber dürfe seine Gegenforderungen an den einzelnen Lohnforderungen des Arbeitnehmers jeweils abziehen. Denn dann hat der Arbeitnehmer nicht bereits fällig gewesenen Lohn bei seinem Arbeitgeber stehen lassen, sondern er hat im Widerspruch mit § 2 des Lohnbeschlagnahmegesetzes, also in ungültiger Weise, über seine noch nicht fälligen Lohnforderungen einen Kompensationsvertrag mit seinem Arbeitgeber abgeschlossen.

## 398. Kann ein Vorschuß an der Lohnzahlung gekürzt werden?

a) Urteil des GG. Weimar vom 15. Februar 1901.

Kläger hat um Weihnachten 1900 auf sein Ansuchen von dem Beklagten einen Lohnvorschuß von 20 Mk. erhalten, von diesem Vorschuß am 12. Januar d. J. 5 Mk., am 19. 3 Mk. und am 2. Febr. d. J. wiederum 3 Mk. zurückerstattet, sodaß er noch eine

Vorschußschuld in Höhe von 9 Mk. schuldete. Am 9. März ist Kläger nach vorausgegangener Kündigung entlassen und ihm hierbei der Restbetrag seiner Vorschußschuld, obige 9 Mk., von seinem Lohn abgezogen worden. Er verlangt Wiedererstattung dieser 9 Mk., die ihm nur nach und nach, je nach seinem Belieben und seinen Kräften, hätten abgezogen werden können. Beklagter wendet ein, daß die Termine für die Lohnabzüge bei Vorschüssen lediglich in dem Ermessen der Fabrik lägen und nicht in dem des Arbeiters. Scheide ein Arbeiter aus, so werde ihm eben jeder Vorschuß am letzten Lohne gekürzt.

Das GG. wies die Klage ab.

Aus den Gründen: Lohnvorschuß ist freiwillig vom Arbeitgeber im voraus gezahlter, also noch unverdienter Arbeitslohn. Seine stillschweigende, aber aus der Natur des Arbeitsverhältnisses unmittelbar hervorgehende Voraussetzung ist die Fortdauer des Arbeitsverhältnisses. Denn der Arbeitgeber wollte ja kein Geschenk machen, sondern eine Vorauszahlung, eine Zahlung über seine gegenwärtige Verpflichtung hinaus leisten in der Erwartung und Voraussetzung, daß er diese freiwillige Vorausleistung an den folgenden Lohnzahlungsterminen wieder zurückerstattet erhalte. Treten solche Lohnzahlungen infolge Auflösung des Arbeitsverhältnisses nicht mehr ein, so ist die dem ganzen Vorschußgeschäft zugrunde liegende Voraussetzung weggefallen, und der Arbeitgeber berechtigt, das Vorausgezahlte ganz zurückzufordern.

Diesen aus dem Begriff des Vorschusses sich ergebenden Sätzen widerspricht auch keine Bestimmung der GO., insbesondere nicht etwa § 115 der GO., welcher vorschreibt, daß die Gewerbetreibenden verpflichtet sind, „die Löhne ihrer Arbeiter bar auszuzahlen". Denn in den Fällen der Vorschußzahlung hat der Arbeitgeber überhaupt nicht erst nach Lohn „bar auszuzahlen", da er ihn ja schon im voraus in der Form des Vorschusses gezahlt. — Auch der Einwand der Unzulässigkeit der Aufrechnung nach § 394 BGB. verfängt hier nicht, weil Aufrechnung nur stattfinden kann, wo „zwei Personen einander Leistungen schulden" (BGB. 387). Wenn und soweit aber der Arbeitgeber Vorschuß geleistet hat, schuldet er überhaupt nicht mehr, da statt des zur Vorleistung verpflichteten Arbeitnehmers vielmehr er, der Arbeitgeber, vorgeleistet hat (BGB. 320, 614). („Gewerbegericht" Jg. 6, Sp. 169.)

b) Urteil des GG. Berlin, Kammer 3, vom 25. Oktober 1900.

Der Kläger fordert einen Lohnrest von 8,80 Mk., obwohl er noch einen Betrag von 45 Mk. hinter sich hat, den ihm die Beklagte nach ihrer Behauptung zur Bestreitung von Geschäftsunkosten und zur Auszahlung von Löhnen übergeben hat. Der Kläger will die Summe als einen in wöchentlichen Raten von je 5 Mk. zurückzuzahlenden Vorschuß erhalten haben.

Die Klage ist abgewiesen.

Aus den Gründen: Wenn Kläger die qu. 45 Mk. als Vorschuß erhalten hat, so standen der Deckung desselben durch Einbehaltung verdienten Lohnes bis auf Höhe der Vorschußsumme kein Bedenken entgegen. Eine angebliche Vereinbarung ratenweiser Verrechnung wäre offenbar bedingt durch das Fortbestehen des Arbeitsverhältnisses, würde also durch das freiwillige Ausscheiden des Klägers weggefallen sein.

Aber auch, wenn jene 45 Mk. dem Kläger nicht als Vorschuß auf seinen Lohn gezahlt, sondern als zur Deckung von Geschäftsunkosten (insbesondere von Löhnen) anvertraut worden wären, müßte der Klageanspruch abgewiesen werden, da Kläger die 45 Mk. unstreitig für sich verwendet hat, und mithin rechtlich die Sache so liegt, als ob Kläger aus dem zu Lohnzahlungen anvertrauten Betrage u. a. 8,80 Mk. Lohn an sich selbst ausgezahlt hat. Das Aufrechnungsverbot des § 394 BGB. kam hiernach überhaupt nicht in Frage.

### 399. Wird Lohnvorschuß, der nicht rechtzeitig auf den verdienten Lohn angerechnet, sondern auf Grund besonderer Abrede gestundet wird, zum Darlehen?

Urteil des GG. Berlin, Kammer 5, vom 14. März 1900.

Der Kläger hat im Juni 1899 vom Beklagten auf seine angefangene Akkordarbeit 20 Mk. Vorschuß erhalten. Dieser Vorschuß ist dann weder nach Fertigstellung des Akkords, noch später vom anderen Arbeitsverdienst abgezogen worden, da Kläger gebeten hatte, dies zu unterlassen. Erst, als Kläger Ende Januar 1900 aufhörte, kürzte Beklagter den Arbeitsverdienst des Klägers aus der letzten Arbeitswoche um 20 Mk.

Der Klage auf Zahlung von 20 Mk. Restlohn wurde stattgegeben.

Aus den Gründen: Die 20 Mk., welche der Beklagte in Abzug bringen will, sind dem Kläger unstreitig als Vorschuß auf einen künftigen Arbeitsverdienst gegeben worden. Es kann dahingestellt bleiben, von welchem Arbeitsverdienste der Kläger sie sich hätte abziehen lassen müssen. Ein solcher Abzug würde sich weder als Lohneinbehaltung noch als Aufrechnung darstellen und daher unzweifelhaft statthaft sein. Hier aber sind die 20 Mk. Vorschuß dadurch, daß sie nicht auf den Arbeitsverdienst des Klägers abgerechnet, sondern ihm auf sein Bitten fernerhin gestundet wurden, zu einem Darlehen geworden. Ein solches Darlehen kann der Beklagte nicht gegen die Lohnforderung des Klägers aufrechnen. (Soziale Praxis".)

### 400. Aufrechnungsverbot. Nimmt bei einem Aushilfsarbeiter das Dienstverhältnis die Erwerbstätigkeit hauptsächlich in Anspruch?

Urteil des GG. Stuttgart vom 14. August 1902.

Kläger, der einen Kleinhandel mit altem Eisen, Papier u. a. betreibt, schuldet dem Beklagten aus Kauf von Porzellanwaren den Betrag von 18,50 Mk. Um diesen Betrag abzuverdienen, ließ er sich von dem Beklagten aushilfsweise als Packer auf 5 1/2 Tage einstellen. Er erhebt eine restliche Lohnforderung und macht geltend, der Beklagte sei zur Aufrechnung mit seiner Forderung nicht berechtigt; Beklagter behauptet die Zulässigkeit der Aufrechnung.

Die Klage ist abgewiesen.

Aus den Gründen: Der Lohnforderung des Klägers, die 11,25 Mk. beträgt, steht eine Gegenforderung des Beklagten in Höhe von 18,50 Mk. aus Kauf gegenüber. Die Aufrechnung ist bezüglich dieser beiden Forderungen zulässig; denn die Voraussetzungen des § 394 BGB. treffen nicht zu. Hiernach ist die Aufrechnung gegen die Lohnforderung nicht zulässig, soweit die letztere der Pfändung nicht unterworfen ist. Nach § 850 Ziff. 1 ZPO. in Verbindung mit § 1 des Reichsgesetzes vom 21. Juni 1869 ist die Lohnforderung, abgesehen von einigen andern hier nicht in Betracht kommenden Fällen, dann pfändbar, wenn das Arbeits- oder Dienstverhältnis die Erwerbstätigkeit des Vergütungsberechtigten nicht vollständig oder hauptsächlich in Anspruch nimmt. Den Schutz dieses Gesetzes genießen also nur die Lohnforderungen derjenigen Arbeiter, welche zu ihrem Arbeitgeber in einem Vertragsverhältnis stehen, das eine gewisse Stetigkeit persönlicher und wirtschaftlicher Abhängigkeit aufweist (ebenso Gaupp-Stein, Anmerk. 2a zu § 850 ZPO. und die dort Zitierten, OLG. Stuttgart im württemb. Gerichtsblatt Bd. 21, S. 147). Hierauf ist schon bei den Verhandlungen über den Entwurf des erwähnten Reichsgesetzes hingewiesen worden. Auch die Wahl des Wortes: Arbeits**verhältnis** begründet die Annahme, daß vorübergehende, von Anfang an von den Parteien nur für kurze Zeit in Aussicht genommene Beschäftigungen von Personen, welche in der Hauptsache nicht vom Lohnerwerb in dem betreffenden Gewerbe leben, nicht unter das Gesetz fallen (ebenso Mandry-Geib, der zivilrechtliche Inhalt der Reichsgesetze S. 246, auch Entsch. des ROHG. Bd. 24, S. 362). Eine derartige Beschäftigung nimmt die Erwerbstätigkeit des Vergütungsberechtigten weder vollständig noch hauptsächlich in Anspruch; denn er hat daneben noch andere Einkommensquellen, sei es durch anderweitige Verwertung seiner Arbeitskraft oder durch die Entfaltung einer selbständigen Unternehmertätigkeit und durch den Umsatz von Kapital.

Wie der Kläger angibt, betreibt er zurzeit selbständig einen Handel mit altem Eisen, Papier u. a. und hat die Aushilfsarbeit bei dem Beklagten nur übernommen, um seine aus früherer Zeit stammende Schuld aus Kauf von Porzellan, mit dem er auch gehandelt hat, abzuverdienen. Dem Ausgeführten zufolge war die Aufrechnung der beiden sich gegenüberstehenden Forderungen der Parteien zulässig.

### 401. Ist Aufrechnung zulässig, wenn der Arbeiter (Heimarbeiter) bei mehreren Arbeitgebern beschäftigt ist?

Urteil des GG. Berlin, Kammer 1, vom 30. Oktober 1901.

Die Aufrechnung ist für zulässig erklärt.

Aus den Gründen: Die Aufrechnung war zulässig, da Klägerin geständlich gleichzeitig für eine Reihe von Geschäften gearbeitet hat, also die eine Voraussetzung des Aufrechnungsverbotes der §§ 394 des BGB. und 850[1] der ZPO.:

daß der Lohn aus einem die Erwerbstätigkeit des Arbeiters vollständig oder hauptsächlich in Anspruch nehmenden Arbeitsverhältnis herrühren müsse. (§ 1 des Lohnbeschlagnahmegesetzes vom 21. Juni 1869);

hier nicht gegeben ist. („Soziale Praxis.")

### 402. Befreit Aussetzen wegen Materialmangels von der Lohnzahlung?

Urteil des GG. Berlin, Kammer 3.

Die Frage ist verneint.

Aus den Gründen: § 615 BGB.: „Kommt der Dienstberechtigte mit der Annahme der Dienste in Verzug, so kann der Verpflichtete — also der Arbeiter — für die infolge des Verzuges nicht geleisteten Dienste die vereinbarte Vergütung — den Lohn — verlangen, ohne zur Nachleistung verpflichtet zu sein".

Da der Annahme-Verzug ein Verschulden nicht voraussetzt (§§ 293 ff. BGB.), so kommt es auf die Ursache des Materialmangels nicht an. Auch durch Streik verursachter Materialmangel läßt daher die Lohnzahlungsverpflichtung unberührt. Der Einwand, daß der Materialmangel die Leistung des Arbeiters unmöglich mache und daß daher nach § 323 BGB. der Anspruch auf die Gegenleistung, den Lohn, wegfalle, erscheint als verfehlt. Denn der Arbeiter seinerseits ist zur Weiterarbeit fähig und bereit. („Soziale Praxis.")

### 403. Muß der Arbeitgeber dem Arbeiter Lohn für die Zeit zahlen, während welcher er wegen Geldmangels die Arbeit ruhen läßt, ohne die Arbeiter zu entlassen?

Urteil des Landgerichts Stettin vom 11. Februar 1896.

Eine Anzahl Zimmergesellen hatten am Sonnabend von den beiden Arbeitgebern den fälligen Lohn nicht bekommen können, weil letztere von der Bank kein Geld erhalten hatten. Ihrer Angabe nach wurde ihnen gesagt, sie sollten sich gedulden, es werde weiter gearbeitet, sobald Geld eingehe. Die Kläger warteten zehn Tage und legten dann, da die beiden Bauunternehmer Geld nicht erhielten, die Arbeit nieder. Sie verlangten mit der am 29. Januar 1895 angebrachten Klage an rückständigem Lohn und an Entschädigung für die Wartezeit 405 Mk. Kündigungsfrist war beiderseitig ausgeschlossen.

Durch Urteile des GG. wurden die Arbeitgeber verurteilt. Die Berufung wurde zurückgewiesen.

Aus den Gründen: Die erste Entscheidung wird durch das Ergebnis der neuen Beweisaufnahme gehalten. Danach sind die Kläger, die an den Beklagten für die Herstellung der Zimmerarbeiten eines bestimmten Baues angenommen worden waren und die demgemäß, obgleich sie jederzeit ihrerseits die Arbeit niederlegen und von dem Beklagten jederzeit entlassen werden konnten, annehmen durften, daß ihre Vertragsgebundenheit so lange dauere, bis entweder der Bau fertig sei, oder sie ausdrücklich entlassen würden, niemals von dem Beklagten aus der Arbeit entlassen worden. Sie sind vielmehr von den Beklagten durch die Vertröstung, daß jeden Tag die Zahlung des rückständigen Lohnes erfolgen werde und dann die Arbeit wieder vorwärts gehe, veranlaßt worden, sich zur Verfügung ihrer Arbeitgeber zu halten, als die Arbeit am 19. Januar 1895 stockte. Die Beklagten müssen ihnen deshalb für die Zeit, wo sie feierten, den Lohn zahlen, den die Kläger verdient hätten, wenn sie die Arbeit fortgesetzt hätten. Da die Beklagten als Grund der Arbeitsstockung fortgesetzt lediglich Geldmangel bezeichnet haben, so ist damit schon ihre Behauptung, daß die Fortführung der Arbeiten wegen Frostes nicht habe stattfinden können, widerlegt. („Gewerbegericht" Jg. 1, Sp. 27.)

## 404. Ist der Stundenlohn auch für die Zeit zu zahlen, während deren keine Arbeit vorliegt?

Urteil des GG. Dresden.

Kläger hat bei der Beklagten gegen Stundenlohn als Schmied in Arbeit gestanden. Am 16. und 17. Februar 1900 hat die Beklagte den Kläger gegen dessen Willen 15 Stunden nicht arbeiten lassen. Kläger beansprucht für diese 15 Stunden, während deren er sich der Beklagten zur Verfügung gehalten hat, die vereinbarte Vergütung.

Die Beklagte beantragt Klageabweisung mit der Begründung, daß sie während der fraglichen 15 Stunden keine Arbeit für den Kläger gehabt habe. Letzteres wird vom Kläger bestritten.

Die Beklagte ist nach dem Klageantrag verurteilt worden.

Aus den Gründen: Nach § 615 BGB. kann der Arbeitnehmer, falls der Arbeitgeber mit der Annahme der Dienste in Verzug kommt, für die infolge des Verzugs nicht geleisteten Dienste die vereinbarte Vergütung verlangen. Ob der Annahmeverzug auf einem Verschulden des Arbeitgebers beruht oder nicht, ist hierbei unerheblich. („Gewerbegericht" Jg. 7 Sp. 93.)

## 405. Kann der Arbeiter Lohn für die Tage verlangen, an denen er wegen der Inventur nicht arbeiten kann?

Urteil des GG. Ludwigsburg vom 28. Juli 1902.

Der Kläger ist seit drei Monaten als Flaschner bei der beklagten Firma beschäftigt gewesen. Bei seinem Austritt wurde ihm für die drei Tage der letzten Woche, an denen die Inventur stattgefunden hatte, kein Lohn ausbezahlt.

Der Kläger hat vor der Inventur zum Meister gesagt, er wolle nicht aussetzen, andere arbeiten ja auch. Dieser erwiderte: „Er könne ihm keine Arbeit geben, es sei schon längst bestimmt, wer bei der Inventur helfe." Der Kläger stellte darauf sofort eine Klage in Aussicht. Der Kläger verlangt nun den Lohn für die drei Tage. — Die Beklagte wendet ein, die Beschäftigung des Klägers sei unmöglich gewesen. Man habe mit der Inventur, wie üblich, die Kesselrevision verbunden, um möglichst kurze Zeit aussetzen zu müssen. Somit wäre es ganz unmöglich gewesen, den Kläger als Flaschner arbeiten zu lassen, da keine Maschinen gelaufen seien, insbesondere das Löten unmöglich gewesen sei. Bei der Inventur könne man nur solche Leute brauchen, die lange im Geschäft seien und sich auskennen; außerdem seien da schwere Lasten zu tragen und dergl., was man dem — nicht sehr kräftigen — Kläger nicht hätte zumuten können. Die Inventurtage werden den Nichtarbeitenden niemals vergütet.

Die Beklagte ist verurteilt.

Aus den Gründen: Nach § 615 BGB. kann der Kläger die vereinbarte Vergütung ohne Nachleistung verlangen, wenn der Arbeitgeber mit der Annahme der Dienste in Verzug kommt. Dabei ist gemäß § 293 BGB. gleichgültig, ob der Arbeitgeber den Annahmeverzug verschuldet hat oder nicht; insbesondere ob er die Arbeit aus einem in seiner Person liegenden Grunde nicht annehmen kann, wenn nur der Arbeiter seine Dienste angeboten hat. (§ 294.)

All dies liegt hier vor und der Kläger kann deshalb seinen Lohn beanspruchen. Eine Pflicht zum Aussetzen aus irgend einem Grunde kennt auch die GO. nicht. Wenn die übrigen Arbeiter der Beklagten seither nie solchen Anspruch erhoben haben, so ist dies rechtlich unerheblich; ein Verzicht kann nur dem Verzichtenden schaden, nicht aber dem Kläger, der ja deutlich gezeigt hat, daß er mit der Unterbrechung nicht einverstanden war.

## 406. Muß der Arbeitgeber den Arbeitern für die Zeit Lohn zahlen, während deren sie durch Schuld anderer Arbeiter nicht arbeiten können?

Urteil des GG. Hamburg vom 29. November 1901.

Etwa 80 an einem Neubau beschäftigte Maurergesellen mußten drei Stunden mit ihrer Arbeit aussetzen, weil es den Steinträgern gefiel, anstatt zu arbeiten, während dieser Zeit ein Trinkgelage abzuhalten. Die Gesellen wollten ihren Lohn für die Zeit ihres unfreiwilligen Pausierens nicht einbüßen und verklagten ihren Arbeitgeber, der ihnen geraten hatte, die Bauarbeiter zu verklagen, auf je 1,95 Mk., d. i. der Lohn für drei Stunden. Die Kläger begründeten ihre Klage dahin, daß sie nur mit ihrem Arbeitgeber, nicht aber mit den Bauarbeitern etwas zu tun hätten. Der Maurermeister wandte hiergegen ein, er habe zwar von den in Akkord arbeitenden Steinträgern einen größeren Überschuß in Händen und werde sich daran eventuell schadlos halten, er bitte aber doch um Abweisung der Klage, denn er habe die Verzögerung nicht verschuldet und demnach auch nicht für den den Klägern entgangenen Lohn aufzukommen.

Beklagter ist verurteilt.

Aus den Gründen: Der § 615 BGB. bestimmt folgendes: „Kommt der Dienstberechtigte mit der Annahme der Dienste in Verzug, so kann der Verpflichtete für die infolge des Verzuges nicht geleisteten Dienste die vereinbarte Vergütung verlangen, ohne zur Nachleistung verpflichtet zu sein." Nach § 293 BGB. aber kommt der Gläubiger in Verzug, wenn er die ihm angebotene Leistung nicht annimmt. Darauf, ob ihn ein Verschulden trifft oder nicht, kommt es nach dem klaren Wortlaute des zitierten Paragraphen nicht an.

## 407. Liegt Annahmeverzug des Arbeitgebers vor, wenn er die Majorität seiner Arbeiter auf ihren Wunsch mit der Arbeit aussetzen läßt und das Arbeitsangebot der Minorität nicht annimmt, trotzdem er seinen Betrieb nicht ganz schließt?

Urteil des GG. Stuttgart vom 4. Oktober 1900.

Die beiden Kläger standen seit einiger Zeit bei der Beklagten als Posamentierer mit einem Wochenlohn von 22 Mk. bei 14tägiger Kündigungsfrist in Arbeit. Am Volksfestsamstag, den 29. September d. J., ließ die Beklagte ihre Arbeiter mit Ausnahme von zwei oder drei Leuten (die an dem Vormittag einige dringende Aufträge erledigen mußten) nicht arbeiten und zwar im Einverständnis mit der Majorität ihrer Arbeiter. Die beiden Kläger erklärten am 28. September sowohl dem Werkführer der Beklagten, als dem beklagten Teilhaber S. gegenüber, daß sie am Samstag deu 29. September nicht aussetzen wollen und bereit seien, zu arbeiten.

Der Kläger K. verlangt nun von der Beklagten Bezahlung seines Lohns. Er sei garnicht gefragt worden, ob er an diesem Tag aussetzen wolle; von einer Abstimmung sei ihm nichts gesagt worden. Zudem habe die Beklagte ja tatsächlich an diesem Tag doch einige Arbeiter arbeiten lassen, er hätte also auch beschäftigt werden können.

Der Kläger verlangt von der Beklagten Bezahlung von 4 Mk. als Lohn für den Samstag den 29. September, indem er bezüglich dieses Tages die gleiche Angabe macht wie der andere Kläger.

Der Vertreter der Beklagten bat um Klageabweisung. Er machte geltend, von den 40 Arbeitern und Arbeiterinnen, welche die Beklagte beschäftige, seien 38 dafür gewesen, daß das Geschäft am Volksfestsamstag geschlossen werde;[1]) der Werkführer habe abstimmen lassen. Man könne der Beklagten mit Rücksicht auf die Eigenart ihres Betriebes nicht zumuten, einen oder zwei Arbeiter ohne die andern arbeiten zu lassen. Die Arbeiter, welche an dem Vormittag des Volksfestsamstags trotzdem gearbeitet hätten, seien erst am Samstag Morgen, also nach dem Beschluß auf Schließung des Betriebes für diesen Tag, ersucht worden, einige dringende Kommissionen, die am Samstag Morgen eingelaufen seien, zu erledigen.

Der Zeuge Werkführer P. hat bestätigt, daß beide Kläger nicht ausdrücklich gefragt worden sind, ob sie damit einverstanden seien, am 29. September mit der Arbeit ohne Bezahlung auszusetzen; hat vielmehr nach seinen Angaben lediglich in dem Saal, in dem 21 Arbeiterinnen und 2 Arbeiter, nicht aber die Kläger, beschäftigt waren, abstimmen lassen, ob am Samstag ausgesetzt werden solle oder nicht. Da diese 23 Arbeiter, also die Majorität für Aussetzen stimmten, ordnete im Einverständnis mit der Beklagten ohne weiteres an, daß am 29. September nicht gearbeitet werde.

Der Beklagte ist verurteilt.

Aus den Gründen: Der Volksfestsamstag ist kein bürgerlicher Feiertag. Wenn also ein Arbeitgeber an diesem Tag mit der Arbeit aussetzen lassen will, so bedarf er hiezu des Einverständnisses seiner Arbeiter. Schwierig wird die Entscheidung dann, wenn die Majorität für, die Minorität gegen die Schließung des Betriebs ist. In diesem Fall kommt es darauf an, ob die Arbeitsleistung der Minorität unmöglich geworden ist, ob die Mitglieder der Minorität infolge des Ausbleibens der Majorität und der damit verbundenen Einstellung des Betriebs überhaupt eine Arbeitsleistung, wie sie in dem betreffenden Betrieb vertragsgemäß in einem Tag zu vollbringen ist, anbieten können. Es wird nicht bestritten werden können, daß ein Arbeitgeber, der z. B. in einem durchweg mit Maschinenkraft versehenen Betrieb 400 Arbeiter beschäftigt, nicht wegen zwei oder drei Arbeitern, die im Gegensatz zu ihren Kollegen an einem bestimmten Tag arbeiten wollen, arbeiten lassen kann. Wer in diesem Fall die Umstände, infolge deren die Leistungsunmöglichkeit eingetreten ist, zu vertreten habe (vgl. § 323 ff. BGB.), kann im vorliegenden Fall dahingestellt bleiben. Denn die Beklagte hat eben gerade dadurch, daß sie an dem Samstag trotz der beschlossenen Schließung einige Arbeiter arbeiten ließ, weil dies ihr Interesse an der prompten Bedienung der Kundschaft verlangte, bewiesen, daß es für sie auch nicht unmöglich gewesen wäre, das Arbeitsangebot der Kläger anzunehmen. Die erwähnte Tatsache steht einer etwa dahin gehenden Erwägung, daß die Beklagte infolge des Majoritätsbeschlusses ihrer Arbeiter den Betrieb habe vollständig schließen müssen und die Kläger garnicht habe beschäftigen können, direkt entgegen. Es waren somit die Voraussetzungen des Annahmeverzugs auf seiten der Beklagten gegeben, weshalb den Klägern der Lohn für den 29. September gemäß § 615 BGB. zuzusprechen war.

---

[1]) In Stuttgart ist es üblich, daß die Geschäfte an den Volksfesttagen 27./29. Septbr. oder doch an einem dieser Tage schließen.

## 408. Hat bei Schiffsverspätung infolge Nebels der Arbeiter, der für einen bestimmten Zeitpunkt zur Arbeit auf dem Schiffe angenommen war, Anspruch auf die Lohnzahlung, ohne zur Nachleistung verpflichtet zu sein?

Urteil des GG. Hamburg vom 3. April 1901.

**Drei Schauerleute klagen gegen einen Stauer auf Bezahlung von je 2,85 Mk. Lohn, weil sie für eine Nacht fest zur Arbeit angenommen, aber nicht beschäftigt worden sind. Der Beklagte beantragt Abweisung der Klage und macht geltend, daß das erwartete Schiff, auf welchem Kl. arbeiten sollten, infolge dichten Nebels nicht zur gemeldeten Zeit habe eintreffen können.**

Beklagter ist verurteilt.

Aus den Gründen: Durch die Zeugenaussage gilt als erwiesen, daß ein Schauermann im Auftrage des beklagtischen Vizen den Kläger bereits morgens um 11 ¼ Uhr ihre Arbeitskarten abgefordert und ihnen Auftrag erteilt hat, um 6 Uhr abends an der Ankunftsstelle des Schiffes zu sein. Hiernach lag zweifellos keine bloße Aufforderung zum „Ausgucken", sondern ein festes Engagement der Kläger vor. Ohne ihre Arbeitskarten konnten Kläger sich um keine andere Arbeit bemühen, also waren sie gezwungen, sich für die Arbeit beim Beklagten frei zu halten und sich rechtzeitig einzufinden. Folglich muß aber auch Beklagter den Klägern für die Zeit, für welche sie angenommen waren, die ihnen tarifmäßig zukommende Vergütung zahlen, obgleich das verspätete Eintreffen des Schiffes auf Nebel zurückzuführen ist. Nach § 293 des BGB. kommt der Gläubiger mit einer Leistung in Verzug, wenn er die ihm angebotene Leistung nicht annimmt, einerlei ob ihn ein Verschulden trifft oder nicht. Nach § 297 liegt nur dann ein Verzug des Gläubigers nicht vor, wenn der Schulder zur Zeit des Angebots außerstande ist, die Leistung zu bewirken. Beklagter kam also durch die Nichtannahme der von den Klägern um 6 Uhr abends angebotenen Arbeitsleistungen ohne weiteres in Verzug, denn Kläger waren ihrerseits durchaus imstande, ihre Arbeitsleistung zu bewirken. Kläger können deshalb auch in Gemäßheit § 615 BGB. vom Beklagten für die infolge seines Verzugs nicht geleisteten Dienste die vereinbarte Vergütung erlangen, ohne zur Nachleistung verpflichtet zu sein.

Zu demselben Resultat gelangt man auch, wenn man davon ausgeht, daß die den Klägern obliegende Leistung nicht allgemein im „Arbeiten", sondern speziell in dem „Löschen des erwarteten Schiffes" bestand, und man sich auf den Standpunkt stellt, daß diese Leistung durch das Nichteintreffen des Schiffes zur bestimmten Stunde unmöglich geworden sei. Der Umstand, daß das Schiff infolge Nebels nicht zu der vom Beklagten angegebenen Stunde eingetroffen ist, hat Beklagter zu vertreten. Der Eintritt von Nebel ist in der Schiffahrt kein Ereignis, welches außerhalb jeder menschlichen Voraussicht liegt. Ein Stauer muß also mit der Möglichkeit solchen Ereignisses rechnen und darf nicht im Vertrauen auf den Nichteintritt eines solchen ein Fixgeschäft eingehen, d. h. einen Vertrag, wonach die Leistung des einen Teils genau zu einer fest bestimmten Zeit bewirkt werden soll. Tut er dies aber doch, obwohl er meistenteils in der Lage ist, die nötigen Schauerleute nur zum „Ausgucken" zu bestellen, so übernimmt er damit auch die Garantie, daß das Schiff zur betreffenden Stunde eintrifft. Nun besagt aber das BGB. § 324: „Wird die aus einem gegenseitigen Vertrage dem einen Teil obliegende Leistung infolge eines Umstandes, den der andere Teil zu vertreten hat, unmöglich, so behält er den Anspruch auf die Gegenleistung." Kläger haben also ihren Anspruch auf Lohnentschädigung behalten, da das Löschen des erwarteten Schiffes nur durch den vom Beklagten zu vertretenden Umstand, daß das Schiff nicht rechtzeitig eingetroffen ist, unmöglich geworden ist.

Das Gericht ist übrigens der Meinung, daß bei den Verträgen zwischen Stauer und Schauermann, wenigstens immer dann, wenn es sich nicht um Akkord-, sondern um Zeitlohnarbeit handelt, die vom Schauermann versprochene Leistung nicht speziell in dem Löschen oder Beladen eines fehlbestimmten Schiffes besteht, sondern allgemein in „Arbeitsleistungen eines Schauermannes". Denn dem Schauermann wird es bei Zeitlohn jedenfalls regelmäßig einerlei sein, auf welchem Schiff er seine Arbeit leistet. Und diese Arbeit wird nicht unmöglich, wenn das Schiff, auf welches der Stauer wartet, nicht eintrifft, sondern sie kann auch auf einem anderen Schiffe vorgenommen werden. Die Haftung des Stauers für die Gegenleistung für die Vergütung wird daher regelmäßig schon aus den oben angeführten §§ 293, 297, 615 des BGB. herzuleiten sein.

## 409. Kommt durch Verlegung des Gewerbebetriebes nach einem anderen Ort der Arbeitgeber in Annahmeverzug gegenüber den Arbeitern? Behalten diese die Lohnansprüche, ohne zur Weiterarbeit an dem neuen Orte verpflichtet zu sein?

Urteil des GG. Berlin, Kammer 5, vom 25. Juli 1900 und des Landerichts I, Zivilkammer 8 daselbst, vom 7. Dezember 1900.

Die Kläger waren bei der Beklagten in deren Niederlassung in Berlin als Werkmeister beschäftigt. Es war eine sechswöchige Aufkündigungsfrist verabredet. Am 23. Juni 1900 stellte die Beklagte, ohne den Klägern gekündigt zu haben, ihren hiesigen Betrieb ein und forderte die Kläger auf, sich zum Zwecke ihrer weiteren Beschäftigung (zunächst unter den alten Bedingungen) sofort in Leipzig zu melden. Die Kläger, welche beide verheiratet sind, gingen hierauf nicht ein. Erst im Laufe des Rechtsstreites versprach die Beklagte den Klägern für die Übersiedelung eine Entschädigung von 1,50 Mk. täglich und einmalige freie Hin- und Rückfahrt.

Die Klage auf Weiterzahlung des Lohnes ist durchgedrungen.

Aus den Gründen des GG: Die Kläger waren für den Gewerbebetrieb der Beklagten in ihrer Niederlassung zu Berlin angenommen und darin als Meister tätig. Erfüllungsort war hiernach Berlin. Nachdem nun die Beklagte ihre Niederlassung in Berlin aufgegeben hatte, kam sie mit der Annahme der Dienste in Verzug. Dieser Verzug wird dadurch nicht geheilt, daß die Beklagte sich bereit erklärte, die Dienste der Kläger in Leipzig entgegenzunehmen, selbst nicht bei Gewährung einer besonderen Vergütung für die Übersiedelung. Denn in der Zumutung, welche die Beklagte an die Kläger stellt, ihre Dienste in Leipzig fortzusetzen, liegt das Verlangen nach Verlegung des Erfüllungsortes von Berlin nach Leipzig. Zu solcher Änderung des Arbeitsvertrages gehörte aber die Zustimmung der Kläger. Die Kläger haben diese Zustimmung unter den ihnen angebotenen Bedingungen verweigert, eine Weigerung, die um so begründeter erscheint, als die Kläger in Leipzig nicht als Meister beschäftigt werden sollten.

Ist aber die Beklagte mit der Annahme der Dienste der Kläger im Verzuge, so können die Kläger für die infolge des Verzuges nicht geleisteten Dienste die vereinbarte Vergütung verlangen (§ 615 BGB.).

Das Urteil ist in der Berufungsinstanz bestätigt worden

Aus den Gründen des Landgerichts: Es kann dahingestellt bleiben, ob ein Arbeitnehmer im Falle der nicht vorgesehenen Verlegung des Geschäfts seines Arbeitgebers an einen anderen Ort überhaupt verpflichtet ist, seine Dienste an diesem anderen Orte weiter zu leisten. Jedenfalls würde eine solche Verpflichtung immer nur dann angenommen werden können, wenn damit für den Arbeitnehmer weder seine Leistungspflicht erschwert wird, noch sonst besondere Nachteile verknüpft sind.

Im vorliegenden Falle sollten die verheirateten, mit ihren Familien in Berlin wohnhaften, als Meister engagierten Kläger in Leipzig zunächst unter den alten Bedingungen bis zum 1. Oktober 1900, später aber unter noch zu vereinbarenden Bedingungen nur als einfache Schlosser weiter beschäftigt werden. Eine derartige Erschwerung ihrer Arbeits- und Lebensbedingungen brauchten sich die Kläger keinesfalls gefallen zu lassen. Sie haben daher mit Recht eine Weiterleistung ihrer Dienste unter den angegebenen Bedingungen in Leipzig abgelehnt. Da sie aber zur Weiterleistung ihrer Dienste in Berlin bereit waren, Beklagte diese jedoch nicht angenommen hat, so ist ihr Anspruch auf die vertragsmäßige Leistung der Beklagten für die Zeit seit der Verlegung des Betriebes gemäß § 615 des BGB. begründet. („Soziale Praxis".)

## 410. Kann der Arbeiter Entschädigung wegen kündigungsloser Entlassung fordern, wenn der Arbeitgeber sich zur Weiterbeschäftigung erbietet?

a) Urteil des Kgl. GG. Solingen vom 3. Februar 1898.

Der Schlosser M., welcher bei der beklagten Firma gegen Akkordlohn in Arbeit stand, ist von dieser am 4. Januar cr. entlassen worden. Er begehrt klagend eine Entschädigung von 60 Mk.

Die beklagte Firma begehrte Abweisung der Klage und führte aus, daß sie sich dem Kläger gegenüber sofort erboten habe, ihn noch während der 14tägigen Kündigungszeit zu beschäftigen.

Die Klage wurde abgewiesen.

Aus den Gründen: Was zunächst die Entlassung des Klägers ohne Kündigung anbetrifft, so ist das Gericht der Ansicht, daß diese rechtswidrig erfolgte, umsomehr, als die beklagte Firma auch ihrerseits ihre Schuld insofern eingestand, als sie dem Kläger das Weiterarbeiten während der 14 tägigen Kündigungszeit anbot. Wenn dennoch eine Entschädigungspflicht der beklagten Firma aus diesem Grunde nicht für vorliegend erachtet wurde, so war dies dem Umstande zuzuschreiben, daß Kläger sich weigerte, die Kündigungszeit bei der beklagten Firma abzuarbeiten. Seine Arbeitslosigkeit hat er sich demnach für diesen Fall selbst zuzuschreiben und muß er daher auch ihre Folgen selber tragen. („Gewerbegericht" Jg. 3, Sp. 99.)[1])

b) Urteil des GG. Weimar vom 27. August 1900.

Am Abend des 5. August, nach Beendigung der letzten Fahrt, geriet Kläger (Pferdebahnschaffner) in einen Wortwechsel mit dem Werkmeister, seinem nächsten Vorgesetzten, zugleich Vertreter des Direktors, im Verlauf dessen der durch Widerspruch Klägers gereizte Werkmeister dem Kläger sagte, er brauche morgen nicht wiederzukommen, diese Worte aber, in denen Kläger die Willensmeinung der Entlassung findet, nach einer Gegenbemerkung des Klägers widerrief, indem er Kläger aufforderte, das für die Fahrten bestimmte Wechselgeld, 15 Mk. in Düten, an sich zu nehmen, bezüglich, soweit er es noch nicht abgeliefert hatte, zu behalten, morgen wiederzukommen und zu fahren; das weitere werde sich dann finden.

Kläger ist der Aufforderung des Werkmeisters nicht gefolgt, ist nicht wieder zum Dienst erschienen und verlangt jetzt Entschädigung wegen Entlassung ohne Einhaltung der Kündigungsfrist.

Die Klage ist abgewiesen.

Aus den Gründen: In den Worten des einen Teils: „Sie brauchen morgen nicht wiederzukommen", konnte der andere Teil allerdings seine Entlassung finden und hat sie nach seiner Behauptung gefunden. Wenn nun aber der eine Teil jene entlassenden Worte nach wenigen Augenblicken, noch im Verlauf derselben Unterhaltung, widerruft und wenn durch jene ersten entlassenden

---

[1]) Ebenso GG. Berlin 29. April 1896 und 24. März 1897. Unger Nr. 78. GG. Königsberg „Gewerbegericht" Jg. 1, Sp. 42 und Jg. 2, Sp. 71.

Worte dem andern Teil ein Schaden nicht erwachsen, insbesondere auch nicht etwa eine Beleidigung zugefügt ist, vielmehr alle sonstigen Beziehungen des Arbeitsverhältnisses dieselben geblieben sind, würde es dem Gericht als ein öder Formalismus erscheinen, wenn es annehmen wollte, daß durch jene Worte und deren Annahme ein bindender zweiseitiger Vertrag über die Auflösung des Arbeitsverhältnisses zustande gekommen wäre. Dem Kläger wurde vielmehr wenige Augenblicke nach jenen Worten die Fortsetzung des Arbeitsverhältnisses wieder angeboten, und es wäre daher seine soziale Pflicht gewesen, diesem Ruf zu folgen. Dadurch, daß er es nicht tat, geriet er ins Verschulden und verlor den Anspruch auf Entschädigung.

c) Urteil des GG. Stuttgart vom 5. März 1901.

Der Kläger ist seit August 1899 bei dem Beklagten als Stallaufseher mit einem Monatslohn von 130 Mk. in Stellung gewesen. Es war eine Kündigungsfrist von einem Monat, je auf Schluß des Kalendermonats festgesetzt. Am 19. Januar 1901 erkrankte der Kläger infolge eines Schlaganfalls; am 25. Januar sandte der Beklagte an den Kläger die Entlassung ab. Am gleichen Tag war der Kläger wieder im Geschäft des Beklagten und teilte dort seinem Oberaufseher mit, daß er wieder genesen sei und am Montag den 28. Januar 1901 wieder arbeiten könne. Dieser wandte hiergegen nichts ein. Nachdem der Kläger die Entlassung am 26. Januar erhalten hatte, erschien er wieder am Sonntag den 27. Januar im Geschäft des Beklagten. Dieser erklärte ihm sofort, wenn er wieder gesund sei, könne er morgen auch wieder mit der Arbeit anfangen, es sei ihm aber hiermit auf 1. März gekündigt. Hierauf erwiderte der Kläger, es falle ihm nicht ein, morgen wieder zur Arbeit zu kommen, er habe seine Entlassung schon im Sack. Hierauf erwiderte der Beklagte, dann solle er eben tun, was er nicht lassen könne.

Am 30. Januar 1901 erhielt der Kläger vom Beklagten 95,79 Mk. ausbezahlt. Er klagt auf Lohn für März (nach Abzug von anderweit verdienten 50,80 Mk.) mit 79,20 Mk., sowie ferner Lohn für die 6 Krankheitstage mit 25,98 Mk.

Die Klage wurde abgewiesen.

Aus den Gründen: Der Arbeitgeber, der den Arbeitnehmer zu Unrecht entläßt, kommt mit der Annahme der Dienste in Verzug und muß nach § 615 BGB. für die infolge des Verzugs nicht geleisteten Dienste die vereinbarte Vergütung, d. h. die Vergütung bis zum nächsten Kündigungstermin, dem Arbeitnehmer, der zur Nachleistung der Dienste nicht verpflichtet ist, bezahlen. Der Arbeitnehmer ist nur zur Nachleistung der Dienste nicht verpflichtet. Denn diese Dienste kann er wegen Zeitablaufs gar nicht mehr leisten (vgl. § 324 BGB.). Dagegen muß er die Dienste, für welche die Leistungszeit noch in der Zukunft liegt, auf Anfordern des Arbeitgebers leisten (sofern sich dieser nicht ein vertragswidriges Verhalten hat zu schulden kommen lassen, das den Arbeitnehmer gemäß § 124 GO. zur Lösung des Arbeitsverhältnisses und gemäß § 628 Absatz 2 BGB. zur Geltendmachung eines Schadensersatzanspruches berechtigt). Denn der Arbeitgeber hat wie jeder andere im Annahmeverzug befindliche Gläubiger das Recht der purgatio morae (sofern nicht Umstände vorliegen, die den Arbeitnehmer auch ohne vorangegangene Entlassung zur Ablehnung eines Arbeitsangebots berechtigen). Daß der Arbeitgeber dieses Recht hat, geht aus dem § 615 Satz 2 BGB. hervor. Der Arbeitnehmer, der ohne jeden Grund ein von seinem bisherigen Arbeitgeber ihm erneut gestelltes Arbeitsangebot ablehnt, handelt gewiß ebenso böswillig wie derjenige, welcher es absichtlich unterläßt, etwas durch anderweitige Verwendung seiner Dienste zu erwerben. Der Arbeitnehmer muß also bis zum Ablauf der Kündigungsfrist seine Arbeitskraft zur Verfügung des Arbeitgebers halten, sofern er nicht anderweitige Arbeit gefunden hat oder gemäß § 124 GO. zur Ablehnung eines Arbeitsangebots berechtigt ist. Dies gilt selbstverständlich nicht, wenn der Arbeitnehmer keinen Lohnanspruch mehr an den Arbeitgeber erheben will. (Vgl. hierzu „Das Gewerbegericht", Jg. 6, außerordentliche Beilage zu Nr. 2 S. 5; Unger, Entscheidungen Nr. 116; Staub, Anm. 8 zu § 70 HGB.; auch Cosack, Lehrbuch des bürgerlichen Rechts Bd. 1 Anm. 19 und 20 zu § 144; und v. Schulz im Archiv für soziale Gesetzgebung Bd. 13 S. 398; Stadthagen, Arbeiterrecht S. 113.) Was die Forderung des Klägers für die sechs Krankheitstage betrifft, so ist dieselbe schon deshalb unbegründet, weil in der von ihm unterzeichneten Urkunde ein Verzicht auf die weiteren, während der Dauer des Arbeitsverhältnisses entstandenen Lohnansprüche zu erblicken ist. („Gewerbegericht" Jg. 7, Sp. 157.)

d) Urteil des GG. Offenbach vom 15. April 1902.

Kläger wurde am 5. April von der Beklagten als Eisenhobler engagiert mit der Weisung, am 7. April früh das Arbeitsverhältnis anzutreten. Er erschien an diesem Tag, jedoch eine halbe Stunde nach Beginn der Arbeitszeit und wurde deshalb alsbald entlassen, da die Firma bereits einen anderen Arbeiter eingestellt hatte. Am 8. April vormittags erklärte die Firma infolge der durch den Gerichtsschreiber des GG. ihr gewordenen Belehrung sich überzeugt, daß die Entlassung oder Nichtannahme infolge dieses einen Falles der Verspätung unberechtigt gewesen sei, und offerierte dem Kläger die Arbeit vom Nachmittag des 8. April ab. Kläger lehnte es jedoch ab, zur Arbeit zu erscheinen, und klagte beim GG. auf Zahlung eines Wochenlohns (die in der Fabrik geltende Kündigungsfrist ist eine Woche).

Dem Kläger sind 4,20 Mk. Lohnentschädigung für den 7. April zugesprochen. Im übrigen ist die Klage abgewiesen.

Aus den Gründen: Für die Entlassung ohne Einhaltung einer Kündigungsfrist sind bei gewerblichen Arbeitern die Vorschriften des § 123 GO. maßgebend. Im vorliegenden Fall hat die Beklagte als Arbeitgeber ohne Vorliegen einer der zulässigen Entlassungsgründe die Entlassung vollzogen, wie er selbst zugibt. War sonach die Kündigung bezw. Entlassung unzulässig, so war die Beklagte § 628 Abs. 2 BGB. schadensersatzpflichtig.

Die hiernach obliegende Entschädigungspflicht hat die Beklagte anerkannt; es fragt sich sonach nur noch, ob die Entschädigungspflicht über den Zeitpunkt hinaus fortdauert, an welchem sie, ihren Rechtsirrtum erkennend, die Arbeit wieder offeriert hat.

Diese Frage ist zu verneinen auf Grund des § 615 BGB., welcher lautet:

> „Kommt der Dienstberechtigte mit der Annahme der Dienste in Verzug, so kann der Verpflichtete für die infolge des Verzugs nicht geleisteten Dienste die vereinbarte Vergütung verlangen, ohne zur Nachleistung verpflichtet zu sein ꝛc."

Hieraus ergibt sich, daß der Anspruch auf die Vergütung aufhört in dem Augenblick, in welchem der Arbeitgeber nicht mehr in Verzug mit der Annahme der Dienste ist, d. h. in dem Augenblick, in dem er die Arbeit wieder offeriert. — Eine Ausnahme hiervon kann nur zugestanden werden, wenn das den Grund der Entlassung bildende Verhalten wider die guten Sitten verstößt, z. B. wenn der Arbeitgeber den Arbeiter mißhandelt, bedroht oder gröblich beschimpft hat, sodaß demselben die Fortsetzung des Arbeitsverhältnisses oder Wiedereintritt nicht zugemutet werden kann.

## 411. Muß der Arbeiter, der aus einem der Gründe des § 124 GO. die Arbeit niederlegt, auf eine innerhalb der Kündigungsfrist ergangene Aufforderung die Arbeit wieder aufnehmen?

Urteil des GG. Frankfurt a. M. vom 21. September 1893.

Kläger ist von dem Beklagten, seinem Arbeitgeber, geohrfeigt, mit Hinausweisung durch die Polizei bedroht worden und hat demnächst die Arbeit ohne vorherige Aufkündigung verlassen. Er verlangt eine 14tägige Lohnentschädigung. Beklagter wendet ein, daß er dem Kläger freigestellt habe, bis zum Ablauf der Kündigungsfrist unter den alten Bedingungen weiter zu arbeiten. Kläger habe dies abgelehnt und somit den ihm erwachsenen Schaden selbst verschuldet.

Beklagter ist verurteilt.

Aus den Gründen: Beklagter kann sich zur Vermeidung der Schadensersatzpflicht nicht darauf berufen, daß er dem Kläger freigestellt habe, bis zum Ablaufe der Kündigungsfrist unter den alten Bedingungen zu arbeiten. Der Arbeiter, dem rechtswidrig gekündigt wird, kann allerdings Schadensersatz nur dann verlangen, wenn er Schaden erlitten hat, und er hat keinen Schaden erlitten, wenn sich ihm unmittelbar nach Auflösung des früheren Arbeitsverhältnisses die Gelegenheit bot, ein neues unter völlig gleichartigen Bedingungen einzugehen. Auch steht prinzipiell nichts im Wege, daß das Anerbieten zu diesem neuen Arbeitsverhältnis von demselben Arbeitgeber ausgeht, der die unrechtmäßige Entlassung vorgenommen hat. Dies ändert sich jedoch, wenn, wie im vorliegenden Fall, nicht etwa lediglich eine unrichtige Auffassung des Arbeitgebers über sein Recht zur sofortigen Entlassung oder eine in augenblicklicher Erregtheit hingeworfene und vom Beklagten sofort aufgenommene Kündigungserklärung vorliegt, sondern wenn der Arbeitgeber, der die Entlassung aussprach, bei der Entlassung oder vorher den Arbeiter in einer Art behandelt hat, daß diesem die Fortsetzung des Arbeitsverhältnisses bezw. der Wiedereintritt bei dem Arbeitgeber billigerweise nicht zugemutet werden kann. Im vorliegenden Fall hat der Beklagte den Kläger geohrfeigt und mit Hinausweisung durch die Polizei bedroht. Eine derart schimpfliche Behandlung enthält an sich einen gesetzlichen Grund zur sofortigen Auflösung des Arbeitsverhältnisses seitens des Arbeiters, und hieraus ergibt sich ohne weiteres, daß der Beklagte nicht lediglich, um einer an sich begründeten Schadensersatzforderung zu entgehen, dem Kläger zumuten kann, bei ihm wieder einzutreten. („Bl. f. soz. Praxis" vom 4. Oktober 1893.)

## 412. Muß der unrechtmäßig entlassene Arbeiter sich die als Mitglied des Reichsversicherungsamtes bezogene Vergütung auf die Lohnentschädigung anrechnen lassen?

Urteil des GG. Solingen vom 28. November 1901.

Das GG. hat die Frage verneint.

Aus den Gründen: In den Fällen der §§ 324 und 615 BGB. hat der Dienstverpflichtete sich dasjenige anrechnen zu lassen, was er infolge der Befreiung von der Dienstleistung erspart oder durch anderweitige Verwendung seiner Arbeitskraft erwirbt. Erspart hat Kläger vorliegend durch die Befreiung nichts, da er für den vereinbarten Lohn nur zur Hergabe seiner Arbeitskraft verpflichtet war. Aber auch die für die Teilnahme des Klägers am Reichsversicherungsamt bezogene Vergütung kann einen Erwerb durch Verwendung der freigewordenen Arbeitskraft nicht darstellen. Der § 91 des UVG. gewährt den nichtständigen Mitgliedern für die Teilnahme an den Arbeiten und Sitzungen des Reichsversicherungsamtes eine festzusetzende Vergütung und den außerhalb Berlin Wohnenden Reisekosten nach den für die vortragenden Räte der obersten Reichsbehörden geltenden Sätzen. Diese für Wahrnehmung der ehrenamtlichen Tätigkeit gewährte Vergütung ist kein Arbeitsverdienst. Nun hat weiter die beklagte Firma am Entlassungstage sich bei Auszahlung des Lohnes vorbehalten, event. den Betrag zurückzufordern, welchen Kläger durch anderweitige Beschäftigung während der Kündigungszeit verdienen würde. Auch im Sinne dieses Vorbehaltes ist die am Reichsversicherungsamt erhaltene Vergütung kein Verdienst, und die Tätigkeit des Klägers daselbst keine gewerbliche Beschäftigung, wie sie die beklagte Firma nur gemeint haben kann. Wollte die beklagte Firma dem Kläger auch diese Vergütung auf seinen Lohn in Anrechnung bringen, so hätte sie bei der Entlassung sich solches gleichfalls ausbedingen müssen, umsomehr, als sie wußte, daß Kläger Mitglied des Reichsversicherungsamts war und auch tatsächlich schon Funktionen daselbst ausgeübt hatte während der Zeit, als er noch bei der beklagten Firma in Beschäftigung stand.

### 413. Kann der zu Unrecht entlassene Arbeiter auch dann für 14 Tage Vergütung verlangen, wenn er nach der Entlassung arbeitsunfähig wird?

Urteil des GG. Stuttgart vom 31. Dezember 1900.

Das GG. hat die Frage verneint.

Aus den Gründen: Es ist in der Rechtsprechung anerkannt, daß eine Entlassung des Arbeiters wegen durch Krankheit hervorgerufener Arbeitsunfähigkeit gemäß § 123, 8 GO. nur während der Krankheit, nicht mehr aber nach der Wiederherstellung des Arbeiters erfolgen kann. Da der Kläger am 27. November d. J., an dem er sich nach seiner Genesung bei der Beklagten wieder gestellt hat, unbestrittenermaßen arbeitsfähig war, so konnte er an diesem Tag wegen der vorangegangenen Krankheit nicht entlassen werden. Die Beklagte kam also durch Nichtannahme des Arbeitsangebots des Klägers gemäß § 615 BGB. in Annahmeverzug und muß somit dem Kläger seine Vergütung für diesen Tag mit 3,50 Mk. bezahlen. Es ist weiterhin in der Rechtsprechung anerkannt, daß der gesetzlich nicht begründeten Entlassung wenigstens die Bedeutung der ordnungsmäßigen Kündigung zukommt. Der Arbeiter hat also, falls bei seiner Entlassung die Voraussetzungen des § 615 BGB. während der Dauer der Kündigungszeit vorliegen, Anspruch auf seine Vergütung für diese Zeit. Im vorliegenden Fall ist der Kläger bereits am 28. November wiederum erkrankt und bis zum 15. Dezember, also bis nach Ablauf der Kündigungsfrist, arbeitsunfähig gewesen. Die Forderung auf Leistung der Vergütung ist aber gemäß §§ 615 BGB. an die Voraussetzung gebunden, daß der Arbeiter seine Arbeitskraft zur Verfügung stellen kann mit der in § 616 BGB. vorgesehenen, im vorliegenden Fall aber nicht in Betracht kommenden Ausnahme. Annahmeverzug des Arbeitgebers setzt sinngemäß ein Arbeitsangebot des Arbeiters voraus. Durch § 615 soll für den Arbeiter bezüglich seiner Vergütung der Zustand hergestellt werden, der bei ordnungsmäßiger Kündigung eingetreten wäre. Da der Kläger vom 28. November an nicht arbeiten konnte, so hätte er während des Laufs der Kündigungszeit auch bei ordnungsmäßiger Kündigung nichts verdienen können. Er kann somit nur für den 27. November seine Vergütung verlangen. Sein Verlangen auf Auszahlung seiner Vergütung für die Zeit vom 15. bis 28. Dezember ist durchaus unbegründet. Denn wenn er sich auch am 15. Dezember nach seiner neuerlichen Wiederherstellung wieder bei der Beklagten zur Arbeit gestellt hat, so war diese doch nicht mehr zu seiner Annahme verpflichtet.[1])

### 414. Muß der entlassene Arbeiter beweisen, daß er während der Kündigungsfrist keine andere Arbeit gefunden hat, oder ist der Arbeitgeber für das Gegenteil beweispflichtig?

Urteil des Landgerichts München vom 1. März 1894.

Die Kläger beanspruchen wegen angeblich grundloser Entlassung eine 14tägige Lohnentschädigung. Die beklagte Partei behauptet u. a., daß die Kläger während der in Frage kommenden Zeit anderweiten Verdienst gefunden hätten. Ein Beweis hierfür wurde nicht angetreten, sondern geltend gemacht, daß der Beweis über die Negative dieser Behauptung den Klägern obliege.

---

[1]) Vgl. Nr. 290.

Das Gericht hält die Beklagte für beweispflichtig!

Aus den Gründen: Es ist richtig, daß die Kläger, wenn sie durch anderweitige Verwertung der Arbeitszeit, welche sie infolge ihres Dienstverhältnisses der beklagten Partei hätten widmen sollen, sich Verdienst verschafft haben, diesen Verdienst der beklagten Partei als ihrer Arbeitgeberin zu gute rechnen müssen. Allein die Kläger bestreiten, daß sie während der in Frage kommenden Zeit Verdienst aus ihrer Arbeit gehabt hätten. Die beklagtische Behauptung, die Beweislast treffe in dieser Beziehung die Kläger, ist nicht richtig. Die letzteren stützen ihre Ansprüche auf die richtige Behauptung, daß ihr Arbeitsverhältnis zur beklagten Partei mangels erfolgter statthafter Kündigung 14 Tage lang nach der Entlassung noch fortgedauert habe. Durch diese Behauptung erscheinen die Klageansprüche rechtlich begründet. Die beklagte Partei bestreitet nun diese Behauptung nicht, ihr Vorbringen ist daher keine Negation des Klagegrundes, sondern eine selbständige reine Einredebehauptung, deren Beweis beim vorhandenen Widerspruch demjenigen obliegt, welcher sich auf diese Behauptung stützt. („Bl. f. soz. Praxis" Jg. 2, Nr. 19.)

## 415. Kann der unrechtmäßig entlassene Arbeiter Lohnzahlung für Feiertage verlangen, die in die Kündigungsfrist fallen?

Urteil des GG. Berlin vom 29. Juni 1896.

Kläger (Putzer) ist am 15. Mai 1896 vom Beklagten entlassen worden und verlangt, da er diese Entlassung für ungerechtfertigt hält, für 10 Wochentage (15. bis 27. Mai 1896 einschl.), während welcher er ohne Arbeit gewesen, eine Lohnentschädigung von 7 Mk. pro Tag. Der Beklagte wendet ein, Kläger sei zu Recht entlassen. Dies wird durch die Beweisaufnahme nicht erwiesen.

Das GG. hat die Lohnentschädigung für den 26. Mai abgesprochen. Im übrigen ist der Klage stattgegeben.

Aus den Gründen: Es rechtfertigt sich der Anspruch des Klägers auf 14tägige Kündigung und, da ihm diese nicht gewährt ist, auf Lohnentschädigung für die Zeit, während welcher er innerhalb der 14tägigen Frist unfreiwillig Einbuße am Arbeitsverdienst erlitten hat. Diese Zeit umfaßt die neun Arbeitstage vom 15. bis einschließlich 27. Mai 1896 mit Ausnahme des 26. Mai 1896. Der Kläger verlangt zwar auch für diesen Tag Entschädigung; doch konnte ihm dieselbe nicht zugebilligt werden. Der 26. Mai 1896 fällt auf den sog. dritten Pfingstfeiertag. Notorisch wird an den dritten Feiertagen des Oster-, Pfingst- und Weihnachtsfestes im Berliner Baugewerbe mit völligem Einverständnis der Arbeiter nicht gearbeitet. Unbestritten ist auch bei dem Beklagten am 26. Mai 1896 nicht gearbeitet worden. Der Kläger hätte demnach, selbst wenn er am 26. Mai noch in Diensten des Beklagten gestanden hätte, für diesen Tag einen Arbeitsverdienst nicht erzielen können. Daß der sog. „dritte Feiertag" kein gesetzlicher Feiertag ist, konnte demgegenüber nicht in Betracht kommen. Zum Fundament der vom Kläger erhobenen Schadensersatzklage gehört der Nachweis eines wirklich entstandenen Schadens. Wenn aber Kläger selbst zugibt, daß er, wäre er nicht entlassen worden, am 26. Mai bei dem Beklagten doch nicht gegen Lohn beschäftigt worden wäre, und wenn ferner notorisch ist, daß er auch bei keinem andern Arbeitgeber im Baugewerbe an diesem Tage hätte Arbeit finden können, so ist vom Kläger ein Beweis, daß er für diesen 26. Mai einen Schaden in irgend welcher Höhe erlitten habe, nicht erbracht. Soweit er für einen solchen Ersatz fordert, mußte er daher mit seiner Klage abgewiesen werden. (Unger Nr. 79.)[1]

---

[1] Vgl. Nr. 142.

## 416. Hat der Arbeiter Anspruch auf Lohn für die Urlaubszeit?

Urteil des GG. Hamburg vom 22. Mai 1901.

Ein Kutscher erhielt im April d. J. auf sein Ansuchen von seinem Prinzipale 7 Tage Urlaub. Der bei einem Monatslohn von 26 Mk. auf diese Urlaubszeit entfallende Betrag von 7 Mk wurde ihm bei seiner nächsten Lohnauszahlung gekürzt; er klagt deshalb auf Auszahlung, indem er behauptet, daß der Beklagte schon nach § 616 des BGB. verpflichtet sei, ihm die „verhältnismäßig nicht erhebliche" Urlaubszeit zu bezahlen.

Die Klage ist abgewiesen.

Aus den Gründen: Daß der § 616 des BGB. auf den vorliegenden Fall keine Anwendung findet, bedarf keiner weiteren Ausführung, da eine Verhinderung des Klägers, seine Dienste zu verrichten, nicht vorlag. An sich aber hat der Arbeitnehmer selbstverständlich keinen Anspruch auf Lohn, wenn er nicht arbeitet.

## 417. Wie verhält sich der Anspruch an die Staatskasse auf Zeugengebühren zu dem Anspruch an den Arbeitgeber auf unverkürzten Lohn gemäß § 616 BGB.?

Beschluß des Landgerichts Düsseldorf, Strafkammer 3, vom 15. Februar 1900.

Zwei Arbeiter waren als Zeugen in Strafsachen vor das Amtsgericht in D. geladen worden und erschienen. Sie beanspruchten Entschädigung für gehabte Zeitversäumnis, die ihnen aber verweigert wurde, weil sie einen Erwerb nicht versäumt hätten, da ihre Dienstherren nach § 616 BGB. verpflichtet seien, ihnen auch für diejenige Zeit den Tagelohn auszubezahlen, während deren sie infolge Erfüllung ihrer Zeugenpflicht verhindert waren, ihre Dienste zu leisten. Die Beschwerdeführer wandten sich demgemäß an ihre Dienstherren. Diese weigerten sich aber, ihnen den Tagelohn oder überhaupt nur irgendwelche Vergütung für die versäumte Zeit zu zahlen, indem sie ausführten, daß ihre Arbeiter jederzeit ohne Kündigung austreten und entlassen werden könnten und deswegen in keinem Dienstverhältnisse im Sinne des § 616 BGB. zu ihnen ständen. Dem Beschwerdeführer K. wurde sogar von seiner Arbeitgeberin mitgeteilt, daß sie ihn erst dann wieder beschäftigen könne, wenn er von einer Vergütung ihrerseits Abstand nehme. Darauf haben dann die Betreffenden gegen die Gebührenfestsetzungen das Rechtsmittel der Beschwerde in gesetzlicher Form eingelegt.

Das Landgericht erklärte die Beschwerden für gerechtfertigt.

Aus den Gründen: Was zunächst die Frage angeht, ob die Beschwerdeführer zu ihren Arbeitgebern in einem unter § 616 BGB. fallenden Dienstverhältnisse stehen, so würde dieselbe erst dann zu beantworten sein, wenn sich ergäbe, daß der Dienstberechtigte überhaupt gehalten ist, den Lohn auch für diejenige Zeit zu bezahlen, während deren der Dienstpflichtige infolge Erfüllung seiner Zeugnispflicht an der Dienstleistung verhindert war. Das ist aber zu verneinen.

Die Gebührenordnung für Zeugen und Sachverständige vom 30. Juni 1878 steht nicht auf dem Standpunkte, daß der Staatsbürger seiner Zeugnispflicht zu genügen habe, ohne irgendwelche Entschädigung für den dadurch versäumten Erwerb beanspruchen zu dürfen — in diesem Falle könnte allenfalls § 616 BGB. zur Anwendung kommen —, sondern sie gibt ihm in den §§ 2 und 5 ausdrücklich einen solchen Entschädigungsanspruch. Indem aber der Staat diesen Anspruch anerkennt, übernimmt er folgerichtig auch dem Zeugen gegenüber die Verpflichlung, ihn zu erfüllen, d. h. die Entschädigung aus der Staatskasse zu zahlen, wobei ihm natürlich unbenommen bleibt, seinen Rückgriff gegen diejenigen zu nehmen, die den Schaden verursachten. Es hieße nun offenbar diese Verpflichtung, welche der Staat im Interesse der Rechtspflege auf sich genommen hat, auf private Schultern abwälzen und die Dienstherren gleichsam die Zeugengebühren in den Prozessen bezahlen lassen, wenn man der vom Kgl. Amtsgericht in D und der Kgl. Staatsanwaltschaft vertretenen Ansicht zustimmen wollte, daß die Dienstherren verpflichtet seien, ihren Bediensteten den Lohn auch für diejenige Zeit auszubezahlen, während deren dieselben vom Staate zur Erfüllung ihrer Zeugnispflicht in Anspruch genommen wurden und ihre Dienstherren also keine Dienste leisten konnten. Eine solche Auslegung des § 616 BGB. widerspricht ganz und gar den Absichten des Gesetzgebers, die doch darauf hinauslaufen, die Lage des wirtschaftlich Schwächeren zu verbessern und nicht, wie es hier geschähe, zu verschlechtern. Man muß eben bedenken, daß nicht nur kapitalkräftige Arbeitgeber getroffen werden, sondern viel häufiger kleine Unternehmer und Dienstherren. Diese erleiden in der Regel schon durch die bloße zeitweise Entziehung der Arbeitskraft ihres Bediensteten mehr oder weniger Schaden und würden es gewiß hart empfinden, wenn sie nun überdies noch ihre Bediensteten für eine Zeit auslöhnen müßten, während deren sie keine Dienste von denselben hatten. Daß die Dienstherren in anderen Fällen nach § 616 BGB. gleichwohl dazu verpflichtet sind, kommt natürlich hier nicht in Betracht, denn hier handelt es sich nur um die Frage, wer verpflichtet sei, den Ersatz für Zeit und Dienste zu leisten, die der Zeuge im öffentlichen Interesse verwendet hat. Das ist unzweifelhaft der Staat.

Eine richtige Auffassung der Absichten, welche den Gesetzgeber bei Erlassung der Gebührenordnung einerseits und des BGB. andererseits geleitet haben, muß also dahin führen, den § 616 BGB. in dem Falle für unanwendbar zu erklären, wo der zur Dienstleistung Verpflichtete infolge der Erfüllung seiner Zeugnispflicht vor den ordentlichen Gerichten gemäß § 1 der Gebührenordnung an der Dienstleistung verhindert war. Hier bleiben die Vorschriften der Gebührenordnung allein maßgebend, wonach der Dienstpflichtige die Vergütung aus der Staatskasse zu beanspruchen hat. („Gewerbegericht" Jg. 5, Sp. 202.)[1]

## 418. Kann der Kläger Versäumniskosten beanspruchen, wenn er unter Kündigungsausschluß im Akkord arbeitet?

Beschlüsse des GG. Stettin vom 13. Mai 1902 und des Landgerichts Stettin vom 17. Juni 1902.[2]

**Kläger verlangt für Wahrnehmung eines Termins Versäumniskosten. Er wird im Gruppenakkord beschäftigt, erhält Stundenlohn und nach Vollendung der Akkorde den anteiligen Überschuß. Kündigung ist ausgeschlossen. Ausschluß des § 616 BGB. ist durch die Arbeitsordnung nicht vereinbart.**

Das GG. hat den Antrag zurückgewiesen.

Aus den Gründen: Nach § 616 BGB. darf einem Arbeiter ein Abzug für geringfügige, in seiner Person liegende Arbeitsversäumnis nicht gemacht werden, wenn dieser Paragraph durch den Arbeitsvertrag nicht ausgeschlossen ist. Die Zeugengebühren belasten den Arbeitgeber. Entscheidung des Reichsgerichts vom 25. Januar 1902. „Juristische Wochenschrift" 1902 Seite 169. § 616 gilt aber sowohl bei Zeit- als auch bei Akkord-Lohn. Von der Reichstagkommission ist dies direkt ausgesprochen und absichtlich deshalb der § 609 des Entwurfs entsprechend geändert worden. Siehe Bericht der Reichstagskommission (Guttentagsche Ausgabe) Seite 78. Der Arbeitgeber des Klägers hat den § 616 BGB. nicht ausgeschlossen. Er ist deshalb nicht befugt, dem Kläger einen Abzug zu machen. Kläger hat also auch keinen Schaden gehabt.

Die Beschwerde führt aus: Da stundenweise Bezahlung erfolge und Kündigung ausgeschlossen sei, gehe das Recht auf Arbeit und Lohn auf beiden Seiten nicht über eine Stunde hinaus und werde von Stunde zu Stunde erneuert. Es liege also gar

---

[1] Vgl. Nr. 83.

[2] Abweichend von Nr. 417 und Nr. 419.

kein Dienstverhältnis im Sinne des § 616 BGB. vor. Der Arbeitgeber könne § 616 BGB. nicht ausschließen, weil er Arbeitsverträge über die Dauer einer Stunde hinaus nicht abschließe.

Die Beschwerde ist zurückgewiesen.

Aus den Gründen: Das Beschwerdegericht hat zur Prüfung der Art des Arbeitsverhältnisses von der Direktion der Arbeitgeberin die Arbeitsordnung für die Werkstätten der Gesellschaft eingefordert. Ihr sind alle in dem Betrieb des Werkes mit mechanischen Dienstleistungen beschäftigten Personen unterworfen. Sie trifft eingehende Bestimmungen über die Rechte und Pflichten der Arbeiter für die Dauer „des durch die Annahme begründeten Dienstverhältnisses". Nach § 3 erhält der Arbeiter den bei seiner Annahme oder später festgesetzten Tagelohn und im Falle der Übertragung von Akkordarbeit den bei Festsetzung des Akkordes vereinbarten Akkordlohn. Nach § 4 kann das durch die Annahme begründete Dienstverhältnis jederzeit von beiden Seiten ohne vorherige Kündigung gelöst werden. § 8 bestimmt Beginn, Dauer und Ende der regelmäßigen täglichen Arbeitszeit. Nach § 9 wird dem Arbeiter, der zu spät kommt, ein nach Stundenzeit berechneter Abzug vom Lohn gemacht; steht der Arbeiter im Akkord, so wird der Abzug nach Verhältnis seines wöchentlichen Lohnsatzes berechnet. Nach § 21 muß der Arbeiter, der wegen Krankheit oder sonstiger unabwendbarer Hindernisse nicht zur Arbeit kommen kann, dies bei dem Portier vorschriftsmäßig melden lassen; wer mehr als 3 Tage ohne genügende Entschuldigung von der Arbeit wegbleibt, wird aus der Arbeitsliste gestrichen. Nach § 30 erhält jeder Arbeiter seinen Lohn in halbmonatigen Fristen baar ausgezahlt. Soweit Akkordarbeiten zur Zeit der Aufstellung der Lohnlisten noch nicht erledigt oder abgerechnet sind, wird das festgesetzte Tagelohn der Lohnzahlung zugrunde gelegt und vorbehaltlich der späteren Abrechnung nach Erledigung und Abrechnung der Akkordarbeiten ausgezahlt. Tritt ein Arbeiter freiwillig aus seiner Beschäftigung aus oder wird derselbe wegen Zuwiderhandlung gegen die Arbeitsordnung entlassen, so verliert derselbe sein Anrecht an dem Überverdienst für die noch nicht beendigten Akkordarbeiten.

Aus allen diesen und anderen Bestimmungen der Arbeitsordnung geht hervor, daß es sich um feste, auf unbestimmte längere Zeit geschlossene Dienstverträge handelt, die dadurch beendet werden, daß entweder der Arbeiter austritt, d. h. seinen Willen kundgibt, das Dienstverhältnis nicht weiter fortzusetzen, oder dadurch, daß die Gesellschaft ihn durch ausdrückliche Erklärung entläßt. Daraus folgt, daß der Kläger nach § 616 BGB. des Anspruchs auf die Vergütung dadurch, daß er durch die Wahrnehmung der Termine vor dem GG. auf kurze Zeit an der Dienstleistung verhindert wurde, nicht verlustig geworden ist.

## 419. Hat der Akkordarbeiter Anspruch auf Zeugengebühren?

### Beschluß des Amtsgerichts Stettin vom 25. Februar 1902.

Am 11. Januar 1902 sind der Eisenschiffsbauer X. und der Former Y. in der Prozeßsache A. wider A. zu 10 1/2 Uhr vormittags vor das Amtsgericht als Zeugen geladen worden und um 11 1/4 Uhr aus dem Gerichtszimmer entlassen worden. Die Kasse billigte jedem Reisegebühren in Höhe von 0,50 Mk. zu, lehnte aber unter Hinweis auf § 616 BGB. eine Entschädigung für Zeitversäumnis ab. Darauf holten sich die Zeugen Rat in der Gerichtsschreiberei, gingen zur Kasse zurück, um ihren vermeintlichen Anspruch auf Zeitversäumnis Gehör zu schaffen und verließen so erst gegen 12 1/2 Uhr das Gerichtsgebäude. Beide Zeugen sind in der N.schen Fabrik beschäftigt, X als Eisenschiffsbauer, Y. als Former. Zu der in Rede stehenden Zeit arbeiteten beide im Akkord und verdienten durchschnittlich X. die Stunde 55 Pf. und Y. 61 Pf. Die Arbeitszeiten sind gegenwärtig im Schiffsbau von 7 1/2 bis 12 Uhr vormittags und von 1 1/2 bis 4 Uhr nachmittags = 7 Stunden und in der Eisengießerei von vormittags 8 bis 2 Uhr nachmittags = 7 Stunden festgesetzt.

Die Zeugengebühr ist zugebilligt.

Aus den Gründen: Wären die Zeugen berechtigt, für Zeitversäumnis Anspruch zu erheben, so würde zunächst festzustellen sein, daß beide Zeugen vor dem Termin nicht arbeiten konnten und daß nur X. am Nachmittage die Arbeit wieder aufnehmen konnte, wenn er das wollte. Hiernach hätte X. Anspruch auf Vergütung für die Zeit von 7 ½ bis 12 = 4 ½ Stunden à 0,55 Mk. = 2,47 Mk., Y. aber für 6 Stunden à 0,61 Mk. = 3,66 Mk.

Der Anspruch der Zeugen hängt nun davon ab, ob auch hier die Bestimmungen des § 616 BGB. Anwendung finden oder nicht. Die Bestimmung hat Verhältnisse im Auge, bei welchen der Dienstverpflichtete dem Berechtigten seine Dienste für bestimmte Zeit zur Verfügung hält, das Entgelt hierfür nach bestimmten Zeitabschnitten bemessen wird und nicht davon abhängig ist, ob von der Bereitwilligkeit des Verpflichteten, Dienste zu leisten, Gebrauch gemacht wird oder nicht (Dienstboten, Handlungsgehilfen). Solche Verhältnisse liegen hier nicht vor. Die Zeugen sind Akkordarbeiter. Sie erhalten Lohn nicht dafür, daß sie während bestimmter Zeit ihre Dienste der Fabrik zur Verfügung halten, sondern für eine bestimmte fertiggestellte Arbeit. Ihre Entziehung von der Arbeit durch ihre Inanspruchnahme als Zeugen schädigt demnach unmittelbar sie und sie sind deshalb berechtigt, eine Vergütung für Zeitversäumnis zu beanspruchen.

## 420. Arbeitsversäumnis wegen Wahrnehmung eines Termins als Angeklagter. Kann der Arbeitgeber die Lohnzahlung für den Terminstag wegen Betruges anfechten, weil der Arbeiter ihm vorgespiegelt hat, er sei in einer Vormundssache vorgeladen?

Urteil des GG. Stettin vom 11. November 1902.

Beklagter macht gegenüber der Klage auf Lohnzahlung geltend, Kläger habe in einer der Vorwochen 2,06 Mk. Lohn zuviel erhalten. Kläger habe einen Termin wahrgenommen und für die versäumte Arbeitszeit 2,06 Mk. Lohn ausgezahlt erhalten, weil er erklärt habe, der Termin habe in einer Vormundschaftssache stattgefunden. Tatsächlich aber sei der Kläger in einer Schöffengerichtssache als Angeklagter wegen Beleidigung aufgetreten und zu 20 Mk. Geldstrafe verurteilt worden. Er habe deshalb die Zahlung von 2,06 Mk. wegen Irrtums angefochten, sobald er von dem wahren Sachverhalt Kenntnis erhalten habe. Er habe mit diesem Betrage deshalb ein gleiches Arbeitsquantum der letzten Woche vergütet.

Die Klage ist abgewiesen.

Aus den Gründen: Aus den herbeigezogenen Akten des Königl. Amtsgerichts ist ersichtlich, daß Kläger wegen grober Beleidigung der Beamten und des Krankenkassenkontrolleurs einer hiesigen Krankenkasse mit 20 Mk. Geldstrafe rechtskräftig bestraft ist. Kläger hatte nach § 616 des BGB. keinen Anspruch auf Bezahlung der für die Wahrnehmung dieses Termins erforderlichen Zeit seines Arbeitgebers; denn der Kläger war nicht ohne sein Verschulden an der Dienstleistung gehindert. Er brauchte die groben Schimpfworte nicht auszustoßen und sich in die Lage zu bringen, sich dieserhalb vor Gericht verantworten zu müssen. Beklagter war somit zur Anfechtung wegen Irrtums wohl befugt. Vgl. §§ 119, 121 BGB.

## 421. Kann der Arbeiter während einer vierzehntägigen militärischen Übung die Fortzahlung des Lohnes beanspruchen? Muß er sich Sold und Naturalverpflegung anrechnen lassen?

Urteil des GG. Offenbach a. M. vom 28. Juni 1901.

Der Kläger war seit dem 15. März 1900 bei dem Beklagten als Fensteranschläger gegen einen Wochenlohn von 27 Mk. engagiert. Vom 30. Mai bis 13. Juni war er zu einer Reserveübung in Darmstadt eingezogen und hat dortselbst für Löhnung und Naturalverpflegung den Betrag von 18,02 Mk. und außerdem Brot im Werte von 12 Pf. pro Tag erhalten. Das Arbeitsverhältnis war während der Zeit der militärischen Übung nicht aufgehoben, auch war die Aufhebung der Vorschriften des § 616 BGB. nicht vereinbart. Kläger verlangt daher unter Bezugnahme auf § 616 BGB. den üblichen Lohn für 13 Arbeitstage abzüglich 18,02 Mk. und 1,68 Mk.

Der Beklagte ist verurteilt.

Aus den Gründen: In den Motiven zu § 616 BGB. (§ 562 des 1. Entwurfs, amtl. Ausgabe S. 463) ist ausgeführt:

„Die eine Abweichung von den allgemeinen Grundsätzen (§§ 275, 279) enthaltene Bestimmung des § 616 beruht auf sozialpolitischen Rücksichten und auf Gründen der Humanität. Sie kommt insbesondere auch in angemessener Weise den Wehrpflichtigen zustatten, die vorübergehend und nur auf kurze Zeit zum Militärdienst eingezogen sind. Sie hat einen Vorgang in Art. 60 HGB. und Art. 341 der schweiz. Bd.G. und auch gemeinrechtlich wird (arg. l. 27 pr. l. 24 § 4 i. f. D. loc. 19. 2) vielfach angenommen, daß eine unbedeutende Verhinderung der Unterbrechung der Dienstleistung infolge eines in der Person des Dienstverpflichteten eingetretenen Zufalls nicht zu einem Abzug berechtigt."

In welchem Umfang jene Sicherung des § 616 beabsichtigt ist, darüber gehen die Ansichten auseinander.

Aus der Fassung des § 616, den erwähnten Ausführungen der Motive, den Kommissionsverhandlungen (s. Stenographische Berichte über die Verhandlungen des Reichstags, 9. Legislaturperiode, 4. Session 1895/97, Aktenstück 440, S. 1975) und den Prot. d. Komm. für die 2. Lesung (vgl. die Bearbeitung von Achilles, Dr. Gebhard und Dr. Spahn Bd. 2, S. 282) geht jedoch hervor, daß diese Vorschrift bezweckt, auf den Dienstvertrag überhaupt Grundsätze zu übertragen, die außer in dem gemeinen Recht bereits in Spezialgesetzen zum Ausdruck gekommen sind. So bestimmt der erwähnte § 60 des (alten) Handelsgesetzbuches vom 5. Juni 1869:

„Ein Handlungsgehilfe, welcher durch unverschuldetes Unglück an der Leistung seines Dienstes zeitweise verhindert wird, geht dadurch seiner Ansprüche auf Gehalt und Unterhalt nicht verlustig. Jedoch hat er auf diese Vergünstigung nur für die Dauer von 6 Wochen Anspruch."

Die hier in Betracht gezogene Frist von 6 Wochen ist aber der Zeitraum, der in § 61 als die übliche Kündigungsfrist bestimmt ist. Diese Vorschrift ist mit geringer Veränderung in das Handelsgesetzbuch vom 10. Mai 1897 übergegangen, dessen § 63 bistimmt:

„Wird ein Handlungsgehilfe durch unverschuldetes Unglück an der Leistung der Dienste verhindert, so behält er seinen Anspruch auf Gehalt und Unterhalt, jedoch nicht über die Dauer von 6 Wochen. — Der Handlungsgehilfe ist nicht verpflichtet, sich den Betrag anrechnen zu lassen, der ihm für die Zeit der Verhinderung aus einer Kranken- oder Unfallversicherung zukommt. Eine Vereinbarung, welche dieser Vorschrift zuwiderläuft, ist nichtig."

Bei den Kommissionsverhandlungen des Reichstags über den § 616 (a. a. O.) wurde ferner direkt darauf verwiesen, daß der Entwurf dem § 133c Abs. 2 der GO. entspreche (vgl. auch Achilles a. a. O. S. 282). Die fragliche Bestimmung beruht auf der Novelle zur GO. vom 1. Juni 1893 und lautet:

„Gegenüber den in § 133a bezeichneten Personen (Werkmeister, Techniker und dergl.) kann die Aufhebung des Dienstverhältnisses verlangt werden, wenn sie durch anhaltende Krankheit oder durch eine längere Freiheitsstrafe oder Abwesenheit an der Verrichtung ihrer Dienste verhindert werden. In diesem Fall bleibt der Anspruch auf die vertragsmäßigen Leistungen des Arbeitgebers für die Dauer von 6 Wochen in

Kraft, wenn die Verrichtung durch unverschuldetes Unglück verhindert worden ist. Jedoch mindern sich die Ansprüche in diesem Fall um denjenigen Betrag, welcher dem Berechtigten aus einer auf Grund gesetzlicher Verpflichtung bestehenden Krankenversicherung oder Unfallversicherung zukommt."

Auch hier ist als Frist die Dauer von 6 Wochen, d. i. die zulässige kürzeste Kündigungsfrist des § 133c GO. bestimmt. Schließlich ist noch auf den § 617 BGB. zu verweisen, der im Entwurf zum Gesetz überhaupt nicht vorhanden war und durch den Reichstag erst eingeführt wurde. Auch hierin ist bei dauerndem Dienstverhältnis, welches die Erwerbstätigkeit des Verpflichteten vollständig oder hauptsächlich in Anspruch nimmt, diesem auf Kosten des Dienstberechtigten bei Erkrankung Verpflegung und ärztliche Behandlung auf die Dauer von 6 Wochen gewährleistet. Hiernach ist der § 616 BGB. dahin zu verstehen, daß derselbe beabsichtige, auf jeden Dienstvertrag den Grundsatz auszudehnen, welcher in dem § 63 HGB. und § 133c GO. bereits zum Ausdruck gekommen ist, jedoch in der Erweiterung auf andere als durch „unverschuldetes Unglück" veranlaßte, durch den Dienstverpflichteten nicht verschuldete, Hinderungsgründe.

. . . . Das GG. ist der Ansicht, daß bei auf unbestimmte Zeit abgeschlossenen dauernden Arbeits- oder Dienstverträgen, welche die Erwerbstätigkeit des Verpflichteten vollständig oder hauptsächlich in Anspruch nehmen, die vereinbarte oder gesetzliche Kündigungsfrist im allgemeinen als eine nach dem Willen des Gesetzgebers „nicht erhebliche Zeit" aufzufassen sei, für welche dem Verpflichteten ein Unterhalt gewährleistet sein soll, sofern er nicht durch sein Verschulden den Anspruch verscherzt. Im vorliegenden Fall kann sonach die 14tägige militärische Übungszeit als eine erhebliche, die Anwendbarkeit des § 616 BGB. ausschließende, nicht betrachtet werden. Zu beachten ist aber ferner, daß gerade die hier vorliegende 14tägige Übung die übliche kürzeste Übung ist, und ist anzunehmen, daß gerade dieser Fall dem Gesetzgeber vorgeschwebt hat.

Die weitere Frage, ob die Ableistung einer militärischen Übung als „ein in der Person des Verpflichteten liegender Grund" zu betrachten sei, der denselben „ohne sein Verschulden" an der Dienstleistung verhindert, war zu bejahen. Die Vorschrift des § 616 BGB. ist als eine Erweiterung der im § 63 HGB. und § 133c GO. zum Ausdruck gebrachten Grundsätze zu betrachten. Der § 63 HGB. hat die „Verhinderung durch unverschuldetes Unglück" im Auge; desgl. der § 133c GO., welcher neben der anhaltenden Krankheit bereits die Abwesenheit als Hinderungsgrund aufführt. — Der § 616 BGB. erweitert diese Grundsätze dahin, daß jeder in der Person liegende Grund, einerlei ob er durch unverschuldetes Unglück oder sonstige Umstände veranlaßt ist, geeignet scheint, den Anspruch zu erhalten. — Im vorliegenden Fall handelt es sich um die Erfüllung einer gesetzlichen Verpflichtung, die den Kläger an der Erfüllung seiner aus dem Dienstvertrag resultierenden Pflichten gegenüber dem Arbeitgeber hindert, und hat sonach der § 616 BGB. auch in dieser Hinsicht Anwendung zu finden, zumal in Hinblick auf die Ausführungen der Motive, die gerade die militärische Übung treffen wollten. (Dieser Ansicht ist auch Scheerer, Komm. z. BGB. Anm. 1 zu § 616; Gareis, Komm. z. HGB. Anm. 2 zu § 63; Landmann, Komm. zur GO. Anm. 8c zu § 133c; Schicker, GO. 4. Aufl., Anm. 5 und 8 zu § 133c).

Schließlich ist noch die Frage zu behandeln, ob die während der Dienstzeit erhaltenen militärischen Bezüge auf den Lohn anzurechnen seien. Die Frage war gleichfalls zu bejahen. Der § 616 BGB. erwähnt allerdings nur die aus einer auf Grund gesetzlicher Verpflichtung bestehenden Kranken- oder Unfallversicherung dem Verpflichteten zukommenden Beträge. Eine Ausdehnung auf alle ähnlichen Bezüge vonseiten dritter Verpflichteter und auf sonstige Ersparnisse erachtet das GG. jedoch als im Sinn des Gesetzgebers liegend. Der erste

Entwurf des späteren § 616 (im ersten Entwurf § 562) hatte einen auf diese Anrechnung bezüglichen Satz überhaupt nicht. Die Kommissionsberatungen (vgl. a. a. O. S. 1975), die sich mit der Angelegenheit befaßten, hatten jedoch in erster Linie die Fälle des § 133c GO. und § 63 HGB. im Auge, die gleichfalls nur jene beiden Versicherungsfälle erwähnten; eine Beschränkung, die daraus zu erklären ist, als es sich dort nur um Verhinderungen infolge „Unglücks" handelt. — Zwei Abänderungsanträge hierzu wurden in der Kommission abgelehnt und die Beibehaltung der Anrechnung in der vorliegenden Fassung beschlossen, nachdem auf den § 133c GO. verwiesen und betont war: ihm (dem Dienstverpflichteten) einen Vorteil zu gewähren, dürfte keineswegs in der Absicht des Gesetzes liegen"; es solle verhütet werden, daß der Verpflichtete „unter Umständen höhere Einnahmen habe". Auch der unmittelbar vorhergehende § 615 des BGB., der den Dienstberechtigten zur Gewährung der Vergütung verpflichtet, wenn er mit der Annahme der Dienste in Verzug kommt, bestimmt, daß der Verpflichtete „sich den Wert desjenigen anrechnen lassen muß, was er infolge des Unterbleibens der Dienstleistung erspart oder durch anderweite Verwendung seiner Dienste erwirbt oder zu erwerben böswillig unterläßt". Es ist nicht anzunehmen, daß der Gesetzgeber den Dienstberechtigten in dem Falle § 616, bei welchem der Grund der Verhinderung in der Person des Verpflichteten liegt, habe schlechter stellen wollen als in dem Fall des § 615, bei dem der Grund der Verhinderung in der Person des Dienstberechtigten liegt. („Gewerbegericht" Jg. 6, Sp. 215.)

## 422. Kann der Gehilfe einer kleineren Druckerei für eine 12tägige Übung Weiterzahlung des Lohnes beanspruchen?

Urteil des GG. Königsberg i. Pr. vom 25. Juli 1901.

Kläger, welcher seit 1½ Jahren in einer kleineren Druckerei als Gehilfe mit zweiwöchiger Kündigung beschäftigt war, wurde zu einer zwölftägigen Übung eingezogen. An seiner Stelle mußte zur Aufrechterhaltung des Betriebs ein anderer Gehilfe eingestellt werden. Kläger verlangt, indem er sich die während der Übung empfangenen militärischen Löhnungs- und Verpflegungsgelder im Betrage von zusammen 9,57 Mk. abziehen läßt, seinem vertragsmäßigen Wochenlohne von 25 Mk. entsprechend 36,26 Mk.

Die Klage ist abgewiesen.

Aus den Gründen: § 616 will dem Arbeitnehmer den Anspruch auf den vertragsmäßigen Lohn erhalten, wenn derselbe „für eine verhältnismäßig nicht erhebliche Zeit durch einen in seiner Person liegenden Grund ohne sein Verschulden an der Dienstleistung verhindert wird". Vor und zur Prüfung der Frage, ob eine Zeit verhältnismäßig erheblich ist oder nicht, muß festgestellt werden, welches der Vergleichsfaktor ist, mit welchem die fragliche Zeit im Verhältnis stehen soll. In den Protokollen der Kommission für die zweite Lesung des Entwurfs des BGB. heißt es zwar zu § 562 daselbst kurzweg: „. . ., eine Verhinderung von verhältnismäßig, d. h. im Verhältnisse zu der vertragsmäßigen Dauer des Dienstvertrages nicht erheblicher Dauer", und hiernach müßte der vorliegende Klageanspruch begründet erscheinen, denn die vertragsmäßige Dauer des Dienstvertrages zwischen Parteien betrug zur Zeit der Übung bereits 1½ Jahre und im Verhältnis zu dieser Zeit erscheint die Zeit von 12 Tagen allerdings als nicht erheblich.

Der in den Protokollen zum Ausdruck gekommenen Ansicht kann jedoch nicht beigetreten werden. Das Gesetz hätte ja aussprechen können, daß unter dem Worte „verhältnismäßig" lediglich das Verhältnis zwischen der Vertragsdauer und der Zeit der Verhinderung zu verstehen sei. Da das Gesetz diese Einschränkung jedoch nicht gemacht, vielmehr völlig unausgesprochen gelassen hat, womit die Verhinderungszeit im Verhältnis stehen soll, muß angenommen werden, daß es die Zahl der Vergleichsfaktoren nicht hat beschränken wollen, und es somit dem Ermessen des Richters überlassen geblieben ist, sämtliche für die Erheblichkeit der Verhinderungsdauer irgendwo in Betracht kommenden Faktoren zu berücksichtigen. Wie unbillig es übrigens gewesen wäre, wenn das Gesetz die Frage nach der Erheblichkeit nur nach dem Verhältnisse zwischen der Verhinderungszeit und der Vertragsdauer hätte entscheiden lassen, geht schon aus der Erwägung hervor, daß bei einer derartigen Einschränkung z. B. ein Arbeiter, der Arbeiten in Akkord übernimmt, und diese Arbeiten mit einem ihm wirtschaftlich völlig gleichstehenden Arbeiter ausführt, diesem Arbeiter unter Umständen den Lohn für dessen Militärübungszeit zahlen müßte, wenn er mit dem Mitarbeiter bereits eine Zeit hindurch zusammengearbeitet hat, im Verhältnis zu welcher die Übungszeit wie im vorliegenden Falle nicht erheblich ist. Zur Prüfung der Erheblichkeit der Behinderungszeit sind deshalb sämtliche Faktoren heranzuziehen, die hierfür überhaupt in Betracht kommen können. Diese sind z. B. die Kündigungsfrist, die Art des Dienstvertrages, der Umfang des Geschäftsbetriebes des Arbeitgebers. Die Kündigungszeit ist zum Vergleich heranzuziehen, weil mit kurzen Kündigungsfristen — zu denen auch die vierzehntägige gehört — gewöhnlich leichter ersetzbare, mehr mechanisch arbeitende Arbeiter angestellt werden, die man schon dann nicht länger im Dienste behalten wird, wenn ihre Arbeitskraft voraussichtlich auf eine nur im Verhältnis zur Kündigungsfrist erhebliche Dauer nicht ausgenutzt werden kann, im Gegensatz zu solchen Bediensteten, die mit längeren Kündigungsfristen angestellt sind und bei denen es mehr auf geistige Fähigkeiten oder auf Charaktereigenschaften ankommt, Eigenschaften, die in der Regel erst mit der Länge der Zeit dem Arbeitgeber von Nutzen sein werden. Der Umfang des Geschäfts wird für die Frage nach der Erheblichkeit der Zeit zu berücksichtigen sein, weil bei einem Geschäftsbetriebe, in welchem mit geringem Kapital gearbeitet wird, Arbeitskräfte nur werden angenommen werden, wenn wirklich Arbeiten zu liefern sind, und auch nur bezahlt werden können, wenn sie verwertet worden sind, während große Betriebe die Zahl ihrer Bediensteten nicht immer sofort auf die zum augenblicklichen Bedarf erforderliche Anzahl einschränken werden, sodaß die Zeit der Verhinderung eines in einem großen Betriebe Angestellten unter Umständen nicht erheblich zu sein braucht, während dieselbe Zeit unter sonst gleichen Voraussetzungen bei einem kleinen Betriebe schon erheblich genannt werden muß. Nach alledem ist in dem vorliegenden Falle die Zeit der Verhinderung als eine „nicht erhebliche" nicht anzusehen, schon deshalb, weil die Kündigungsfrist hier vierzehn Tage betrug, die 12tägige Übung im Verhältnis zu dieser Zeit jedoch zweifellos erheblich ist. Aber auch mit Rücksicht auf den Geschäftsbetrieb des Beklagten muß die 12tägige Übungszeit als erheblich angesehen werden, denn der Beklagte hätte bei seinem keineswegs großen Betriebe eine 12tägige Lohnzahlung unter Fortfall der vertragsmäßigen Gegenleistung schwer empfunden. („Gewerbegericht" Jg. 7, Sp. 30.)

**423. Ist eine vierzehntägige Übung eine „verhältnismäßig nicht erhebliche Zeit", wenn es sich um den Gesellen in einer kleinen Bäckerei handelt, für den eine Aushilfe gestellt werden muß?**

Urteil des GG. Frankfurt a. M. vom 21. Mai 1902.

Kläger stand beim Beklagten seit dem 5. Juli 1901 als Bäckergeselle mit 25 Mk. Lohn die Woche in Arbeit. Es war eine dreitägige Kündigungsfrist vereinbart. Am 28. April mußte Kläger eine 14tägige militärische Übung absolvieren, für welche Zeit eine Aushilfe gestellt wurde. Er beantragt, Beklagten zur Zahlung des Lohnes für die 14 Tage mit 42,80 Mk. zu verurteilen.

Die Klage ist abgewiesen.

Aus den Gründen: Daß der Kläger durch einen in seiner Person liegenden Grund an der Dienstleistung verhindert war, kann nicht zweifelhaft sein; fraglich ist nur, ob die 14 Tage eine verhältnismäßig nicht erhebliche Zeit darstellten. Das Gericht hat dieses verneint. Die Frage ist in der Praxis bisher streitig, aber hauptsächlich deshalb, weil, wie in der Zeitschrift „Das Gewerbegericht", Jg. 6, Sp. 356 mit Recht hervorgehoben wird, größtenteils das Wort „verhältnismäßig" nicht genügend beachtet ist. Soll die Zeit der Verhinderung „Verhältnismäßig" nicht erheblich sein, so müssen in jedem Falle die „Verhältnisse" geprüft werden und es erscheint ausgeschlossen, die Frage, ob eine 14 tägige militärische Übung unter den § 616 des BGB. fällt, einheitlich entscheiden zu wollen. Es sind aber bei dieser Prüfung die gesamten Verhältnisse zu berücksichtigen, nicht nur die Kündigungsfrist, wie es verschiedentlich geschehen ist (vgl. „Gewerbegericht" Jg. 6, S. 66 und 216). Im vorliegenden Falle bestand das Arbeitsverhältnis 9 ½ Monate, die Kündigungsfrist war auf 3 Tage vereinbart und es handelt sich um einen kleinen Betrieb, in dem für den Kläger unbedingt ein Aushelfer eingestellt werden mußte. Bei dieser bisher erst ziemlich kurzen Dauer des Arbeitsverhältnisses und der kurzen Kündigungsfrist, ferner bei der andernfalls durch die Bezahlung des Klägers und des Aushelfers eintretenden schweren Belastung des Arbeitgebers erscheint die Zeit von 14 Tagen als eine verhältnismäßig sehr erhebliche.

### 424. Kann ein mit täglicher Kündigung engagierter Brauereiarbeiter während der Dauer einer vierzehntägigen militärischen Übung die Weiterzahlung seines Lohnes beanspruchen?

Urteil des GG. Hamburg vom 17. August 1901.

Ein Arbeiter fordert von einer Bierbrauerei für die Zeit vom 4.—17. Juli, während welcher er zu einer militärischen Übung eingezogen war, 46 Mk. Arbeitslohn abzüglich der an Löhnung und Menage beim Militär erhaltenen 10,78 Mk., also 35,22 Mk. Die Beklagte macht geltend, daß zwei Wochen nicht als eine „verhältnismäßig nicht erhebliche Zeit" im Sinne des § 616 anzusehen sein dürften, zumal nach einer in ihrem Betriebe geltenden Arbeitsordnung das Arbeitsverhältnis beiderseits jederzeit ohne vorherige Kündigung hätte gelöst werden können.

Die Beklagte ist verurteilt.

Aus den Gründen: Der vereinbarte Ausschluß der gesetzlichen Kündigungsfrist ist nicht ausschlaggebend für die Frage, ob die Zeit der Verhinderung eines Arbeiters als eine verhältnismäßig nicht erhebliche im Sinne des § 616 des BGB. anzusehen ist. Wenn auch auf dem Papier die Möglichkeit jederzeitiger Lösung eines gewerblichen Arbeitsverhältnisses vorbehalten ist, geht die Absicht der Kontrahenten doch in der Mehrzahl der Fälle dahin, möglichst lange zusammenzubleiben, solange nicht besondere Umstände eintreten. Der Arbeitsvertrag muß in solchen Fällen als auf unbestimmte Dauer geschlossen gelten. Ein derartiger Arbeitsvertrag liegt offenbar auch hier vor.

Es war aber zunächst in Erwägung zu ziehen, ob nicht etwa eine zweiwöchige Verhinderung eines gewerblichen Arbeiters unter allen Umständen, also ohne Rücksicht auf die Vertragsdauer, als eine zu große Zeit angesehen werden müsse, als daß dem Arbeitgeber die Lohnzahlung hierfür ohne erhaltene Arbeitsleistung zugemutet werden könne. In Rücksicht jedoch darauf, daß in den Motiven zum Entwurf des BGB. ausdrücklich hervorgehoben ist, daß die fragliche Bestimmung des jetzigen § 616 insbesondere auch in angemessener Weise den Wehrpflichtigen zustatten kommen, die vorübergehend und nur auf kurze Zeit zum Militärdienst eingezogen werden, glaubte das Gericht die Maximalgrenze für die Bestimmung der unerheblichen Zeit im Sinne des Gesetzes nicht unter die Dauer der kürzesten militärischen Übungen, d. i. 2 Wochen, verlegen zu dürfen.

Daher fragte es sich, ob nun im vorliegenden Falle, wo der Arbeiter bei Antritt der militärischen Übung seit ca. 8 Monaten bei der Beklagten in Beschäftigung stand und derselbe seit Beendigung seiner Übung diese Beschäftigung bisher fortsetzt, es bereits angemessen erscheint, ihm der Maximalzeit der Wohltat des § 616 teilhaftig werden zu lassen und der Beklagten die daraus erwachsende Last aufzubürden. Das Gericht hat die Frage bejaht. Entscheidend war die Betrachtung, daß der § 616 nach den Gesetzesmotiven auf sozialpolitischen Rücksichten und auf Gründen der Humanität beruht, und daß bei derartigen Gesetzesbestimmungen eine größere Belastung des Arbeitgebers selbstverständlich ist und im Willen des Gesetzgebers liegt. Auch blieb nicht außer Betrachtung, daß es sich hier um einen Großbetrieb handelt, bei welchem infolge seiner größeren Leistungsfähigkeit die Grenzen für die Anwendung des § 616 naturgemäß weiter gezogen werden können als bei einem kleinen Handwerksbetrieb. („Gewerbegericht" Jg. 7, Sp. 31.)

## 425. Ist der Arbeitgeber verpflichtet, seinem Gehilfen während einer zwölftägigen militärischen Übung den Lohn weiterzuzahlen, auch wenn dieser erst einen Tag vor der Einberufung Mitteilung gemacht hat?

Urteil des GG. Wiesbaden vom 11. Juni 1901.

Der Kläger steht seit dem 16. Dezember 1900 beim Beklagten gegen einen Taglohn von 3 Mk. in Arbeit. Am 9. Mai 1901 machte er dem Beklagten die Mitteilung, daß er zur Ableistung einer militärischen Übung in der Zeit vom 10. bis 23. Mai befohlen sei und trat am 10. Mai cr. die Übung an. Seit 23. Mai arbeitet er wieder bei dem Beklagten. Kläger verlangt für die Zeit der Übung nach Abzug des Soldes und des Werts der freien Station beim Militär noch 18,92 Mk.

Beklagter beantragt Klageabweisung. Zur Zahlung der klägerischen Forderung halte er sich überhaupt nicht für verpflichtet. Zudem habe der Kläger ihm erst einen Tag vor der Übung Mitteilung von seiner Einberufung gemacht. Mit seinen Arbeiten sei er deshalb in Verzug geraten, wodurch ihm ein Schaden entstanden sei, der die Forderung des Klägers mindestens erreiche.

Beklagter ist verurteilt.

Aus den Gründen: Nach § 616 BGB. wird der zur Dienstleistung Verpflichtete des Anspruchs auf die Vergütung nicht dadurch verlustig, daß er für eine verhältnismäßig nicht erhebliche Zeit durch einen in seiner Person liegenden Grund ohne sein Verschulden an der Dienstleistung verhindert wird. Durch die militärische Übung war Kläger ohne sein Verschulden an der Dienstleistung beim Beklagten verhindert. Die Dauer der Übung (12 Tage) ist aber deshalb als eine verhältnismäßig nicht erhebliche Zeit anzusehen, weil Kläger bereits seit nahezu einem halben Jahre beim Beklagten im Dienstverhältnisse gestanden hat und auch jetzt noch in demselben steht. Die genannte Bestimmung hat daher beim Kläger in vorliegendem Falle Anwendung zu finden. Es fragt sich nur noch, ob Beklagter mit seiner Entschädigungsforderung gegen die Klageforderung aufrechnen darf. Zunächst kann es nicht zweifelhaft sein, daß die Weiterzahlung der Vergütung in den Fällen § 616 a. a. O. den Charakter der Lohnzahlung trägt. Nach § 394 eod. findet, soweit eine Forderung der Pfändung nicht unterliegt, die Aufrechnung gegen die Forderung nicht statt. Die Lohnforderung aber kann wegen eines Schadensersatzanspruchs nicht gepfändet werden. („Gewerbegericht" Jg. 7, Sp. 29.)

## 426. Findet § 616 BGB. auch Anwendung, wenn Kündigung ausgeschlossen war? Was ist eine „verhältnismäßig nicht erhebliche Zeit" bei Stundenlohn-Vereinbarung?

Urteil des GG. Hamburg.

Kläger hat vom Beklagten 1,20 Mk. Lohn für diejenige Zeit (ca. 1½ Stunden) gefordert, während welcher er deshalb an der Arbeitsleistung verhindert gewesen sei, weil er sich zur Kontrollversammlung stellen mußte. Beklagter hat Abweisung der Klage beantragt, da das Arbeitsverhältnis zwischen den Parteien zu jeder Zeit und Stunde habe gelöst werden können und der Lohn nach den geleisteten Arbeitsstunden berechnet und bezahlt worden sei.

Der Beklagte ist verurteilt.

Aus den Gründen: Nach § 616 BGB. wird der zur Dienstleistung Verpflichtete seines Anspruchs auf die Vergütung nicht dadurch verlustig, daß er für eine verhältnismäßig nicht erhebliche Zeit durch einen in seiner Person liegenden Grund ohne sein Verschulden an der Dienstleistung verhindert wird. Es kann zunächst keinem Zweifel unterliegen, daß, wenn ein Arbeiter sich zur Kontrollversammlung einstellen muß, der Grund seiner Verhinderung an der Arbeit ein in seiner Person liegender ist, sowie daß die Verhinderung ohne sein Verschulden eintritt. Fraglich kann nur erscheinen, wann und unter welchen Umständen die auf die Gestellung zur Kontrollversammlung verwandte Zeit als eine verhältnismäßig nicht erhebliche im Sinne des Gesetzes zu bezeichnen ist. Dies wird von Fall zu Fall zu prüfen sein. Es wird stets ankommen auf das Verhältnis zwischen der versäumten Arbeitszeit und der vertragsmäßigen oder tatsächlichen Zeitdauer des Arbeitsvertrages. Im vorliegenden Falle steht nun zwar fest, daß die gesetzliche Kündigungsfrist von 14 Tagen durch Vereinbarung der Parteien ausgeschlossen war, und daß der Arbeitsvertrag zu jeder Zeit und Stunde durch einseitige Erklärung einer Partei aufgehoben werden konnte. Der Arbeitsvertrag ist aber hier tatsächlich nicht aufgehoben worden, und das Gericht ist der Überzeugung, daß bei derartigen Vereinbarungen, insbesondere im Maurergewerbe, die Absicht der Parteien auch gar nicht dahin geht, ohne begründete Veranlassung baldigst wieder auseinander zu laufen, sondern daß es im Interesse und im Willen des Arbeitgebers und des Arbeitnehmers liegt, solange wie möglich und erforderlich zusammen zu bleiben. Andernfalls ließe sich ein gedeihlicher Fortgang der Arbeit gar nicht denken. Mit dem Ausschluß der gesetzlichen Kündigungsfrist wird nur bezweckt, bei etwa eintretenden Differenzen die Auseinandersetzung zu erleichtern und Weitläufigkeiten zu vermeiden. Man kann also nicht sagen, daß die vertragsmäßige Dauer des Arbeitsverhältnisses immer nur eine Stunde beträgt und fortwährend prolongiert wird, sondern der Arbeitsvertrag gilt als auf unbestimmte Zeitdauer geschlossen. Man muß solchenfalls das Verhältnis der versäumten Zeit zur tatsächlichen Dauer des Arbeitsvertrages ermessen, und bei Anwendung dieses Maßstabes erscheinen hier die versäumten 1½ Stunden ganz zweifellos als eine nicht erhebliche Zeit, da Kläger mit einigen Unterbrechungen im ganzen ungefähr 2 Jahre und nach der letzten Unterbrechung wieder ca. 2 Monate beim Beklagten in Arbeit gestanden hat.

Der Einwand des Beklagten, daß der Lohn des Klägers nach Stunden festgesetzt und berechnet wurde, ist ohne Bedeutung und zwar aus folgenden Gründen: Die Kommission für die zweite Lesung des Entwurfs des BGB. hatte den Eingang des damaligen § 562 dahin gefaßt: „Ist die Vergütung nach Zeitabschnitten bestimmt, so wird der Dienstleistende seines Anspruchs usw.", mit der Begründung, daß, soweit die Vergütung als Stücklohn bestimmt sei, der Dienstverpflichtete auch die Gefahr verhältnismäßig geringfügiger Verhinderungen tragen müsse. Die Reichstags-Kommission hat dann aber mit großer Mehrheit beschlossen, den Eingang des Paragraphen (609 der Reichstagsvorlage) so zu fassen, wie es nachher Gesetz geworden ist, mit der Begründung, es solle dadurch zum Ausdruck gebracht werden, daß die fragliche Bestimmung auch dann zur Anwendung komme, wenn die Vergütung nicht nach Zeitabschnitten, sondern in Form des Stücklohnes bemessen sei. Hieraus geht wohl unzweifelhaft hervor, daß es auf die Art der Berechnung des Lohnes gar nicht ankommt. („Gewerbegericht" Jg. 5, Sp. 217.)

## 427. Kündigungsausschluß bei Stundenlohn. Kann der Arbeiter innerhalb eines Arbeitstages zu jeder Zeit die Arbeit verlassen?

Urteil des GG. Charlottenburg vom 6. September 1901.[1])

Beklagter ist vom 23. Juli bis 13. August d. J. beim Kläger gegen 58 Pf. Stundenlohn als Fräser beschäftigt gewesen. Einhaltung der gesetzlichen Kündigungsfrist war durch ausdrückliche Abrede ausgeschlossen. Am 13. August gab er am frühen Nachmittag die Arbeit auf. Kläger klagt auf Ersatz des Schadens, der ihm durch das unberechtigte Aufgeben der Arbeit erwachsen sei. Er verlangt 2,50 Mk. als den Betrag des ortsüblichen Tagelohnes. Der Beklagte wendet ein, daß er zu jederzeitiger Aufhebung des Arbeitsverhältnisses infolge des Ausschlusses der Kündigungsfrist und der Abrede von Stundenlohn berechtigt gewesen sei.

Der Beklagte ist verurteilt.

Aus den Gründen: Gemäß § 105 und 122 GO. kann die Einhaltung der gesetzlichen Kündigungsfrist zwischen Arbeitgebern und Arbeitern durch freie Übereinkunft ausgeschlossen und eine andere Kündigungsfrist verabredet werden. Nun unterliegt es keinem Zweifel, daß, wenn nur Ausschluß der Kündigung verabredet ist, mit dieser Abrede nicht die Möglichkeit zur Lösung des Arbeitsverhältnisses in jedem Augenblick gegeben sein soll; vielmehr ist der Arbeitstag als Einheit anzusehen, und der Arbeiter sowie der Arbeitgeber müssen den vollen Tag als Arbeitszeit gelten lassen.

Es entspricht dies durchaus dem mutmaßlichen Willen der Parteien und hat auch gesetzliche Anerkennung gefunden. Im § 122 GO. ist zwar nur bestimmt, daß „andere Aufkündigungsfristen" als die 14tägige vereinbart werden können, ohne daß angegeben wird, welches die kürzeste Frist sein darf. Dagegen findet sich im BGB. im § 621 die ausdrückliche Vorschrift, daß, wenn bei einem Dienstverhältnis von unbestimmter Dauer die Vergütung nach Tagen bemessen ist, die Kündigung an jedem Tage für den folgenden Tag zulässig ist. Hierbei hat der Gesetzgeber den tatsächlichen Verhältnissen Rechnung tragen wollen. Sowohl für den Arbeitgeber wie für den Arbeitnehmer wird es in der Regel zu großen Unzuträglichkeiten führen, wenn jederzeit im Laufe des Tages, also z. B. auch morgens sofort nach Beginn der Arbeit, das Arbeitsverhältnis gelöst werden darf. Für beide Teile wird es schwierig und oft ohne Verluste unmöglich sein, sofort einen anderen Arbeiter bezw. eine andere Arbeits-Gelegenheit zu finden. Dieser Umstand hat ja auch dazu geführt, daß im § 122 GO. sogar eine 14tägige Kündigungsfrist als Regel vorgesehen ist. Somit muß bei Arbeitsverträgen, die auf länger als einen Tag bezw. auf unbestimmte Zeit geschlossen werden, die Vereinbarung, daß die Lösung des Arbeitsverhältnisses in kürzerer Zeit als von einem Tage zum anderen zulässig sein soll, unzweideutig Ausdruck finden.

Es fragt sich nun, ob die Vereinbarung von Stundenlohn als derartige Vereinbarung anzusehen ist. Diese Frage muß unbedenklich verneint werden. Es stellt sich die Vereinbarung von Stundenlohn nur als eine Art der Berechnung für die Arbeitsvergütung dar, aber nicht etwa als Vereinbarung einer Kündigungsfrist von einer Stunde oder gar als Abrede, daß die Lösung des Arbeitsverhältnisses jeden Augenblick zulässig sein soll. Denn die Frage der Kündigungsfrist wird durch die Art der Lohnfestsetzung als Stunden-, Tage-, Wochen-, Monats-, Akkord- 2c. Lohn nicht beeinflußt. („Gewerbegericht" Jg. 7, Sp. 94.)

---

[1]) Vgl. Nr. 231.

## 428. Kann ein wegen Arbeitsversäumnis am 1. Mai entlassener Arbeiter den Lohn für den 2. Mai fordern, wenn er an diesem Tage bis 11 Uhr vormittags auf Ablohnung warten mußte?

Urteil des GG. Hamburg vom 1. Juni 1901.

21 Schiffszimmerleute klagen gegen eine Schiffswerft und Maschinenfabrik auf Lohn für den 2. Mai. Sie behaupten: sie hätten an diesem Tage bei ihrem Eintreffen um 6 Uhr morgens ihre Arbeitszeichen nicht vorgefunden und infolgedessen nicht mit der Arbeit beginnen können. Um 6 Uhr 20 Minuten sei ihnen dann erst ihre Entlassung mitgeteilt worden und erst gegen 11 Uhr sei ihre Ablohnung beendigt gewesen.

Die Beklagte macht geltend, daß sie, nachdem Kläger am 1. Mai ohne vorherige Kündigung und ohne Erlaubnis gänzlich von der Arbeit fortgeblieben seien, nicht verpflichtet gewesen sei, den Klägen für den Fall ihres Wiedererscheinens am 2. Mai morgens um 6 Uhr sofort ihren Lohn bereitzuhalten.

Die Klage ist abgewiesen.

Aus den Gründen: Kläger haben durch ihr unbefugtes Fernbleiben von der Arbeit am 1. Mai die Beklagten aus § 123 GO. berechtigt und somit veranlaßt, das Arbeitsverhältnis ohne Einhaltung der in der Arbeitsordnung vorgesehenen Kündigungsfrist aufzuheben, sie gehen daher ihres Lohnes verlustig für diejenige Zeit ihrer Dienstleistungen bezw. ihrer Dienstbereitschaft, welche für die Beklagte ohne Interesse war. Daß die Dienstbereitschaft der Kläger am 2. Mai morgens von 6—11 Uhr für die Beklagte von irgend einem Interesse gewesen wäre, läßt sich sicherlich nicht behaupten, und selbst wenn Kläger in dieser Zeit wirklich Dienste geleistet hätten, so würde der Nutzen derselben für die Beklagte kaum so hoch einzuschätzen gewesen sein wie der ihr durch das unbefugte Fortbleiben der Kläger am 1. Mai zugefügte Schaden. Hiernach haben Kläger Anspruch auf Lohnzahlung nicht einmal für die Zeit von 6 bis 11 Uhr am 2. Mai, geschweige denn für den ganzen Tag, wie sie es verlangen. Anders läge zwar die Sache, wenn die Beklagte vorsätzlicher- oder fahrlässigerweise die Lohnzahlung unnötig verzögert hätte. Daß dies aber der Fall gewesen, davon hat sich das Gericht nicht überzeugen können. Daß ein Vorsatz nicht bestand, geht schon daraus hervor, daß der Lohn, wie von den Klägern nicht wohl bestritten werden konnte, bereits am Abend des 1. Mai bereit gelegen hat. Und eine Fahrlässigkeit kann darin, daß der beklagte Kassierer am Morgen des 2. Mai, wie gewöhnlich, erst gegen 10 Uhr ins Komptoir kam, nicht gefunden werden. Eine Verpflichtung der Beklagten, weil Kläger am 1. Mai kontraktwidrig gehandelt, am 2. Mai morgens den gewöhnlichen Geschäftsgang im beklagten Betriebe in Rücksicht auf die Kläger zu ändern und etwa den Kassierer um 6 Uhr mit dem Gelde für die Kläger parat zu stellen, kann nicht konstruiert werden, ebensowenig wie in dem Falle, wenn Kläger etwa infolge kontraktwidrigen Verhaltens der Beklagten veranlaßt worden wären, plötzlich ihre Arbeit niederzulegen, Beklagte auf eine besondere Rücksichtnahme seitens der Kläger Anspruch gehabt haben würde. Zu einer Bereithaltung des Lohnes für die Kläger schon um 6 Uhr morgens erschien Beklagte schon deshalb nicht verpflichtet, weil sie ja garnicht wissen konnte, ob Kläger sich um diese Zeit überhaupt einfinden würden. Wenn Beklagte auch vermuten konnte, daß Kläger nur der sogenannten „Maifeier" wegen am 1. Mai fortblieben, so brauchte sie deshalb noch nicht anzunehmen, daß Kläger am 2. Mai wieder erscheinen würden. Ganz abgesehen von der kurz vor dem 1. Mai in den Tagesblättern erlassenen Bekanntmachung hiesiger Arbeitgeber-Vereine, in der den am 1. Mai von der Arbeit fortbleibenden Arbeitern die Entlassung angedroht worden, welche Bekanntmachung die Kläger vielleicht nicht gelesen haben mögen, konnte Beklagte doch bei der heutzutage unter den Arbeitern herrschenden Kenntnis der sie angehenden Bestimmungen der GO. ebensowohl vermuten, daß Kläger die ihnen bevorstehende Entlassung vorhersehen und garnicht erst den Versuch machen würden, am 2. Mai wieder mit der Arbeit zu beginnen, sondern frühestens bei Eröffnung des Komptoirs zur Abholung ihres Lohnes erscheinen würden.

## 429. Darf der Arbeiter gegen das Verbot des Arbeitgebers die Arbeit zwecks Aufsuchen einer neuen Stellung verlassen? Kann er deshalb sofort entlassen werden?

Urteil des GG. Frankfurt a. M. vom 22. August 1901.

Dem Kläger war am 10. August gekündigt worden. Am 12. August erschien er gegen 10 Uhr im Ausgehanzug auf dem Bureau und erklärte, er wolle weggehen, um sich um eine andere Stelle zu bewerben. Beklagter erwiderte, das gehe jetzt nicht, das hätte er ihm früher sagen sollen. Kläger entgegnete darauf, er müsse gehen und ging auch weg, nachdem Beklagter erklärt hatte, wenn er jetzt gehe, werde er entlassen. Er verlangt Lohnentschädigung für die zweiwöchige Kündigungsfrist.

Die Klage ist abgewiesen.

Aus den Gründen: Nach § 629 BGB. konnte Kläger vom Beklagten verlangen, daß dieser ihm angemessene Zeit zur Aufsuchung eines neuen Arbeitsverhältnisses gewähre, er durfte sie sich aber, wenn sie ihm nicht gewährt wurde, nicht selbst nehmen, sondern mußte auf Gewährung derselben klagen bezw. Schadensersatz wegen der Verweigerung verlangen; nach der Ausdrucksweise des § 629 „auf Verlangen gewähren" kann es nicht wohl zweifelhaft sein, daß es, wie auch in der Natur der Sache liegt, dem Arbeitgeber überlassen bleiben muß, den Zeitpunkt der Entfernung aus der Arbeit zu bestimmen, wenn auch so, daß sie dem Arbeiter für den fraglichen Zweck dienlich ist. Will der Arbeiter aus nachweisbarer Veranlassung eine bestimmte Stunde frei haben, so muß er jedenfalls den Arbeitgeber vorher davon in Kenntnis setzen, damit sich dieser danach einrichten kann. War sonach Kläger nicht berechtigt, ohne Genehmigung des Beklagten die Arbeit zu verlassen, so liegt in seinem Weggang ein unbefugtes Verlassen der Arbeit, da ihm die Genehmigung ausdrücklich und unter Folgenandrohung verweigert ist. Die Entlassung des Klägers war deshalb gemäß § 123 Nr. 3 GO. gerechtfertigt.

## 430. Muß dem Arbeiter nach der Kündigung gerade diejenige Zeit zum Aufsuchen eines anderen Dienstverhältnisses freigegeben werden, die er wünscht?

Urteil des GG. Stuttgart vom 29. September 1900.

Der Kläger — ein Eisendreher — ist vom 5. bis 24. September d. J. bei dem Beklagten in Arbeit gestanden. Bei seinem Eintritt haben die Parteien weder über die Höhe der für den Kläger bestimmten Vergütung, noch über die Dauer der Kündigungsfrist eine besondere Vereinbarung getroffen. Am 24. September d. J. zwischen 4 und 5 Uhr teilte der Beklagte dem Kläger mit, daß er ihm 40 Pfg. pro Stunde Werkstattlohn und 45 Pfg. pro Stunde bei auswärtigen Arbeiten bezahlen wolle. Der Beklagte bemerkte darauf, daß dieser Lohnsatz ihm zu gering sei, weshalb er sich nach einer andern Stelle umsehen müsse. Der Beklagte erwiderte, er habe hierzu 14 Tage Zeit, er lasse ihn aber jetzt zum Aufsuchen einer Stelle nicht fort, da er, wie er wisse, eine dringende Arbeit für ihn habe. Der Kläger ist trotzdem weggegangen und an diesem Tag nicht mehr zur Arbeit erschienen. Als er am 25. Sept. d. J. morgens zur Arbeit kam, entließ ihn der Beklagte sofort.

Der Kläger verlangt Lohn für 25. und 26. September mit 8 Mk., mit dem Bemerken, daß er vom 27. an wieder anderweitige Arbeitsgelegenheit gefunden habe. Der Kläger trug noch vor, er habe am 24. September bereits eine Stelle bei dem Fabrikanten L. in Aussicht gehabt, er habe darum am 25. September sofort weggehen müssen, weil die Stelle unter Umständen sonst besetzt worden wäre; er habe für den Beklagten öfters auch auswärts zu tun, sodaß er in der Kündigungszeit auch nicht immer Gelegenheit gehabt hätte, sich nach anderer Arbeit umzusehen. Richtig sei, daß der Beklagte an dem Montag, den 24. September eine dringende Arbeit zu machen gehabt habe und daß er jenem schon am Samstag vorher versprochen habe, er werde deshalb am Montag über die Zeit arbeiten. Von L. sei er am 24. September etwa um 7 Uhr Abends wieder weggegangen.

Der Beklagte wendet ein, er sei nicht verpflichtet, einem Arbeiter, der gekündigt habe, gerade diejenigen Stunden zum Aufsuchen einer andern Arbeitsgelegenheit frei zu geben, die der Arbeiter verlange, zumal wenn es sich, wie hier, um die Fertigstellung einer dringenden Arbeit handle. Er habe infolge des Weggehens des Klägers diese Arbeit mit Mehrkosten anderweitig machen lassen müssen.

Aus den Gründen: Die Entlassung ist nach § 123 Ziff. 3 GO. gerechtfertigt. Der Beklagte war zwar nach § 629 BGB. verpflichtet, dem Kläger auf sein Verlangen angemessene Zeit zum Aufsuchen eines andern Dienstverhältnisses zu gewähren. Allein die Worte: „auf Verlangen" können nicht dahin ausgelegt werden, daß das Recht der Zeitbestimmung lediglich dem Arbeiter zustünde, daß also der Arbeitgeber ihn weggehen lassen müßte, wenn dieser es verlangt. Eine solche Auslegung würde zu Rigorositäten gegen den Arbeitgeber führen, die der Gesetzgeber sicher nicht gewollt hat. Die ganze Fassung des § 629 (vgl. die Worte „angemessene Zeit") weist darauf hin, daß die Sachlage jeweils nach billigem Ermessen zu berücksichtigen ist. Wenn nun — wie im vorliegenden Fall — der Arbeiter weiß, daß eine dringende Arbeit zu machen ist, für deren Vornahme der Arbeitgeber niemand anders an der Hand hat als ihn, und wenn er vollends dem Arbeitgeber versprochen hat, wegen der Dringlichkeit der Arbeit Überstunden zu machen, so ist es sicher ein unbilliges und gegen Treu und Glauben verstoßendes Verlangen, wenn der Arbeiter gerade in denjenigen Stunden weggeht, in denen sehr dringende Arbeit zu machen ist. Nicht bloß bei der Bestimmung der Zahl der Stunden, die der Arbeiter im ganzen frei bekommen soll, sondern auch bei der Bestimmung der einzelnen Tageszeiten soll für den Arbeitgeber der nach Treu und Glauben zu beurteilende Gesichtspunkt der Angemessenheit maßgebend sein. Da somit der Kläger nicht berechtigt war, am 24. September nachmittags zwischen 4 und 5 Uhr die Arbeit gegen den ausdrücklichen Widerspruch des Beklagten zu verlassen, so war seine Entlassung nach § 123 Ziff. 3 GO. gerechtfertigt.

Bei dieser Sachlage konnte die Frage: ob der Arbeiter ohne weiteres berechtigt sei, wegzugehen, wenn der Arbeitgeber z. B. grundlos seinem, gemäß § 629 BGB. gestellten Verlangen nicht nachkommt, oder ob er besondere Klage auf Freigabe einer angemessenen Zeit erheben müsse —, dahingestellt bleiben.

## 431. Dauerndes Dienstverhältnis im Sinne von § 629 BGB. Ist die Kündigungsfrist oder die tatsächliche Dauer entscheidend?

Urteil des GG. Ludwigshafen a. Rh. am 13. Dezember 1901.

Kläger war bei der Beklagten 28 Wochen ununterbrochen als Schreinergehilfe tätig. Für die Auflösung des Arbeitsverhältnisses war eine einwöchige Kündigungsfrist verabredet. Die Beklagte hat von diesem Kündigungsrechte Gebrauch gemacht. Während der Kündigungsfrist an einem Werktage blieb Kläger von der Arbeit fern; tags zuvor gab er der Beklagten Kenntnis mit dem Bemerken, daß sein Fernbleiben zum Zwecke des Aufsuchens eines anderen Dienstverhältnisses geschehe; seitens der Beklagten wurde dem nicht widersprochen. Kläger beansprucht Lohnzahlung für diesen Tag.

Die Klage ist abgewiesen.

Aus den Gründen: Nach § 629 BGB. hat nach der Kündigung eines dauernden Dienstverhältnisses der Dienstberechtigte dem Verpflichteten auf Verlangen angemessene Zeit zum Aufsuchen eines anderen Dienstverhältnisses zu gewähren. Hiernach ist gesetzliche Voraussetzung für die Rechtsfolge dieses Paragraphen das Vorhandensein eines dauernden Dienstverhältnisses. Der Kläger behauptet, diese Voraussetzung sei erfüllt durch die Tatsache, daß er 28 Wochen ununterbrochen als Schreinergehilfe bei der Beklagten beschäftigt gewesen sei. — Dieser Anschauung kann nicht beigetreten werden. Zwar bestimmt das Gesetz den Begriff des dauernden Dienstverhältnisses nicht und auch die

Protokolle über die Beratungen der Reichstags-Kommission, welche den fraglichen Paragraphen in den Gesetz-Entwurf eingefügt hat, geben keinen Aufschluß darüber, was dieselbe unter einem dauernden Dienstverhältnisse verstanden hat. Das Gericht erachtet es jedoch außer Zweifel, daß in der effektiven Dauer der Arbeitstätigkeit das entscheidende Merkmal nicht gefunden werden kann, daß vielmehr nur ein solches Dienstverhältnis als dauerndes im Sinne des Gesetzes betrachtet werden darf, welchem die Gewähr einer gewissen Stabilität innewohnt, sei es, daß der Dienstvertrag auf einen längeren Zeitraum von bestimmter Dauer festgelegt, oder daß bei unbestimmter Dauer eine Kündigungsfrist vorgesehen ist, welche den Dienstverpflichteten gegen die Gefahr eines plötzlichen Verlustes seiner Stellung schützt. Hieraus folgt, daß bei Dienstverträgen, welche nicht auf bestimmte Zeit abgeschlossen sind, die Dauer der Kündigungsfrist das ausschlaggebende Merkmal für den Begriff des dauernden Dienstverhältnisses bilden muß. In welcher Weise hiernach die Abgrenzung des Begriffes „dauerndes Dienstverhältnis" zeitlich vorzunehmen ist, kann hier unerörtert bleiben. Denn das Gericht erachtet es als feststehend, daß ein mit achttägiger Kündigungsfrist jederzeit kündbarer Dienstvertrag, wie solcher der gegenwärtigen Klage zugrunde liegt, als ein dauerndes Dienstverhältnis im Sinne von § 629 BGB. jedenfalls nicht angesehen werden kann.

## 432. Hat der Arbeiter Anspruch auf Vergütung für die zum Aufsuchen eines anderen Dienstes gewährte Zeit?

a) Urteil des Kgl. GG. Solingen vom 9. Mai 1901.

Der Klage ist stattgegeben.

Aus den Gründen: Nach § 629 des BGB. hatte der Kläger das Recht, während der Kündigungszeit angemessene Zeit zum Aufsuchen eines anderen Dienstverhältnisses zu verlangen. Diese Zeit hat die beklagte Firma dem Kläger auch anstandslos für einen halben Tag gewährt. Nun wird aber nach § 616 des BGB. der zur Dienstleistung Verpflichtete, hier also der Kläger, des Anspruchs auf die Vergütung (Lohn) nicht dadurch verlustig, daß er für eine verhältnismäßig nicht erhebliche Zeit durch einen in seiner Person liegenden Grund ohne sein Verschulden an der Dienstleistung verhindert wird. Der dem Kläger gewährte Urlaub von einem halben Tage ist vorliegend unzweifelhaft als eine verhältnismäßig nicht erhebliche Zeit im Sinne des § 616 BGB. anzusehen, der den Urlaub bedingende Grund lag auch in der Person des Klägers und trug Kläger an der Verhinderung der Dienstleistung kein Verschulden. Denn abgesehen davon, daß dem Dienstverpflichteten, hier dem Kläger, ein gesetzliches Recht auf Urlaub zwecks Aufsuchung anderer Arbeit gewährleistet ist, und zwar ohne Rücksicht darauf, von welcher Seite die Kündigung ausgesprochen ist, hat vorliegend die beklagte Firma den Kläger durch die von ihr ausgesprochene Kündigung in die Notwendigkeit versetzt, von seinem gesetzlichen Urlaubsrechte im Sinne des § 629 BGB. Gebrauch zu machen, wenn er sich nicht der Gefahr der Arbeitslosigkeit aussetzen wollte. („Gewerbegericht" Jg. 7, Sp. 142.)

b) Urteil des GG. Frankfurt a. M. vom 14. August 1902.

Kläger war beim Beklagten als Steindrucker gegen einen Wochenlohn von 32 Mk. in Dienst. Beklagter hatte eine Verlängerung der Arbeitszeit vor und hatte erklärt, wenn Kläger sich dieselbe nicht gefallen lassen wolle, könne er nach 14 Tagen gehen. Kläger, welcher daraufhin nicht länger bleiben wollte, versäumte innerhalb der Kündigungszeit 3 Stunden, einmal 2 Stunden und einmal 1 Stunde, um sich eine andere Stelle zu suchen. Beklagter hat ihm hierfür den entsprechenden Teil des Wochenlohnes mit 1,84 Mk. abgezogen. Kläger verlangt Zahlung dieses Betrages.

Die Klage ist abgewiesen.

Aus den Gründen: Nach § 629 des BGB. hatte Beklagte dem Kläger nach erfolgter Kündigung auf Verlangen angemessene Zeit zum Aufsuchen eines anderen Dienstverhältnisses zu gewähren. Die Beklagte bestreitet nicht, daß die Zeit von 3 Stunden bezw. die beiden Ausgänge des Klägers von zusammen dieser Dauer an sich als angemessene Zeit betrachtet werden könnten. Sie bestreitet lediglich, daß sie zur Zahlung von Lohn für diese Zeit, während Kläger nicht gearbeitet habe, verpflichtet sei. Richtig ist auch, daß der § 629 eine ausdrückliche Vorschrift hierüber nicht enthält. Fraglich ist nur, ob die Zahlungspflicht nicht entweder aus allgemeinen Rechtsgrundsätzen folge oder vielleicht nach der Analogie bezw. unter Anwendung des § 616 des BGB. anzunehmen sei. Indessen gibt es zunächst keinen allgemeinen Rechtsgrundsatz und keine Gesetzesvorschrift, nach welcher bei einem zweiseitigen Vertrage jemand, der freiwillig seine Verpflichtungen zu erfüllen unterläßt, die Gegenleistung verlangen kann; im Gegenteil verordnet § 325 des BGB. ausdrücklich, daß wenn die aus einem gegenseitigen Vertrag dem einen Teil obliegende Leistung „infolge eines Umstandes, den er zu verantworten hat", unmöglich wird, der andere Teil Schadensersatz verlangen kann. Es bleibt hiernach nur zu untersuchen, ob nicht etwa, wie mehrfach angenommen wird, der § 616 auch im Falle des § 629 zur Anwendung kommt. In dieser Beziehung ist zu bemerken: § 616 und § 629 sind vom Reichstage als getrennte Bestimmungen in dem ihm vorgelegten Entwurf des BGB. eingefügt worden; schon die völlige Trennung beider Bestimmungen scheint darauf hinzudeuten, daß man nicht der Ansicht war, daß die Entfernung aus der Arbeitsstelle zwecks Aufsuchung eines anderen Arbeitsverhältnisses ohne weiteres als ein „in der Person des Austretenden liegender" Grund der Verhinderung an der ihm obliegenden Dienstleistung betrachtet werde. Auch ist offensichtlich, daß beide Paragraphen verschiedene Tatbestände behandeln, § 616 den, daß jemand ohne Verschulden an der Dienstleistung verhindert wird, also nicht arbeiten kann, § 629 den anderen, daß jemand Zeit verlangt, um eine andere Dienststelle aufzusuchen, also nicht für Rechnung des Arbeitgebers arbeiten will. Der Arbeitgeber darf das Letztere nicht verhindern, er muß eine angemessene Zeit hierfür gewähren; und es kann selbstverständlich der mit Aufsuchen einer anderen Stelle beschäftigte Arbeiter die ihm obliegende Leistung nicht machen. Da er aber diese Unmöglichkeit selbst herbeigeführt hat, tritt zu seinen Ungunsten der § 325, bezw. (vgl. § 325 Abs. 1, letzter Satz) der § 323 ein, ebenso wie zuungunsten des unverschuldet an der Arbeit Verhinderten der § 323 direkt einträte und den Verhinderten den Anspruch auf Gegenleistung verlieren lassen würde, wenn nicht für diesen Fall der § 616 etwas anderes statuierte. Es wird hiernach bei einer, nicht erheblichen Zeit währenden, durch einen in der Person des Arbeiters liegenden Grund veranlaßten unverschuldeten Verhinderung des Arbeiters der Lohn weitergezahlt auf Grund einer Spezialvorschrift, die eine Ausnahme von der Regel des § 323 darstellt. Hieraus folgt nicht ohne weiteres, daß auch bei einer vom Arbeiter selbst verlangten Unterbrechung des Arbeitsverhältnisses auf angemessene Zeit die gleiche Ausnahme von der an sich zur Anwendung kommenden Vorschrift des § 325 stattfindet. Es liegt nahe, hiergegen einzuwenden, daß nach der Kündigung eines dauernden Dienstverhältnisses jeder Arbeiter Zeit haben muß, um eine andere Stelle zu suchen, daß also die Arbeitsversäumnis auch im Falle des § 629 durch einen in der Person des zu Entlassenen liegenden Grund und ohne sein Verschulden herbeigeführt werde. Es ist auch zuzugeben, daß unter Umständen die Heranziehung des § 616 denkbar ist, auch wenn tatsächlich die Verhinderung darin besteht, daß ein gekündigter Arbeiter sich um eine andere Stelle bemüht (Beispiel: Der Arbeiter, dem wegen plötzlicher Zahlungsstockung des Arbeitgebers eine auf lange Dauer beabsichtigte Arbeitsstelle gekündigt wird, muß einen auswärtigen Arbeitgeber aufsuchen, der sich nur während einer bestimmten Stunde am Orte aufhält), aber es geht nicht an, generell jeden Unterschied zwischen § 616 und § 629 dadurch zu beseitigen, daß man den Tatbestand des letzteren in den des ersteren hineinzwängt und so die Frage hervorruft, zu welchem Zwecke überhaupt der Gesetzgeber eine einzelne Eventualität des generell bereits im § 616 behandelten Falles nochmals hervorhebt.

## 433. Kann Lohnentschädigung für die Zeit zum Aufsuchen neuer Arbeit verlangt werden, wenn nach der Arbeitsordnung für versäumte Arbeit ein Lohnabzug stattfindet?

Urteil des GG. Hamburg vom 21. August 1902.

Klägerin (Anlegerin) hat von der Beklagten Arbeitslohn für je eine Stunde am 5., 6. und 8. August, an welchen Tagen sie sich nach anderweitiger Arbeit umgesehen habe, mit 72 Pfg. gefordert. Beklagte hat Abweisung der Klage beantragt. Das Fortbleiben, um sich andere Arbeit zu suchen, sei der Klägerin in den fraglichen 3 Stunden erlaubt worden. Des für diese Zeit validierenden Lohnes gehe die Klägerin aber verlustig, sowohl nach den Bestimmungen des deutschen Buchdrucker-Tarifs, wie nach der Arbeitsordnung.

Die Klage ist abgewiesen.

Aus den Gründen: Die Berufung der Beklagten auf den deutschen Buchdrucker-Tarif erscheint verfehlt; derselbe bezieht sich offenbar lediglich auf Drucker und Setzer, nicht aber auch auf Anleger. Dagegen läßt die Bestimmung des § 8, Abs. 7, der Arbeitsordnung

„für versäumte Arbeitszeit wird den in Wochenlohn stehenden Arbeitern und Arbeiterinnen das entfallende Gehalt in Abzug gebracht"

den Klageanspruch als unbegründet erscheinen. Die Arbeitsordnung ist unbestrittenermaßen im beklagtischen Betriebe ausgehängt und bildet deshalb den Inhalt des zwischen den Parteien bestehenden Arbeitsvertrages, einerlei ob Beklagte ihrer Pflicht, ein Exemplar der Arbeitsordnung der Klägerin auszuliefern, nachgekommen ist oder nicht. Die fragliche Bestimmung ist auch gesetzlich zulässig. Der § 629 BGB. legt dem Arbeitgeber nur die Pflicht auf, seinem Arbeitnehmer nach erfolgter Kündigung auf Verlangen angemessene Zeit zum Aufsuchen anderer Arbeit zu gewähren bestimmt aber nichts darüber, ob der Arbeitgeber überdies auch noch verpflichtet sei, während des Fortbleibens des Arbeiters von der Arbeit den Lohn weiterzuzahlen. Über diese Frage könnte lediglich der § 616 BGB. Aufschluß geben. Die Bestimmungen dieses Paragraphen sind aber nur dispositiver Natur und können durch Vertrag oder Arbeitsordnung abgeändert werden.

## 434. Dienstvertrag mit Geschäftsbesorgung. Ist der Milchausträger zur Rechnungslegung und zur namentlichen Angabe der Kunden ꝛc. verpflichtet?

Urteil des GG. Frankfurt a. M. vom 4. Januar 1900.

Kläger war bei dem Beklagten seit 26. April 1886 als Haus- und Milchbursche in Stellung und erhielt an Lohn den Betrag von 43 Mk. pro Monat sowie als weitere Vergütung von jedem durch ihn abgesetzten Liter Milch 1 Pfg. und außerdem 1 % der durch ihn abgelieferten Tageseinnahme im beklagtischen Geschäfte. Am 1. Januar l. J. erschien Beklagter nicht in gewohnter Weise zur Dienstleistung. Auf die Anfrage des Beklagten über den Grund des Fernbleibens erwiderte er, daß er mit dem heutigen Tage begonnen habe, ein eigenes Milchgeschäft zu betreiben und kam der Aufforderung zur Einhaltung der gesetzlichen Kündigungsfrist nicht nach. Ebenso weigerte Beklagter auch, dem Kläger, welchem der von ersterem bediente Kundenkreis unbekannt war, hierüber erforderlichen Aufschluß zu geben. Bei dieser Sachlage erhob Kläger Klage mit dem Antrage, den Beklagten kostenpflichtig zur Angabe sämtlicher von ihm bedienten Kunden mit genauer Bezeichnung des Namens und der Adresse.

Das GG. entschied wie folgt: „Beklagter wird verurteilt, dem Kläger binnen 24stündiger mit Rechtskraft des Urteils beginnender Frist das vollständige Verzeichnis der Kunden, an welche er in dem letzten Monat Milch und sonstige Lebensmittel geliefert hat, unter genauer Angabe des den einzelnen Kunden gelieferten Durchschnittsquantums zu übergeben. Als vollständig hat die Aufstellung nur dann zu gelten, wenn das für den letzten Monat sich ergebende Gesamtquantum des durchschnittlichen Tagesverbrauchs in ungefährer Übereinstimmung mit dem entsprechenden vom Kläger zum Verkauf erhaltenen Quantum steht. Kommt Beklagter dieser Verpflichtung in der festgesetzten Frist überhaupt nicht nach, so wird derselbe zu einer Haftstrafe von 1 Monat verurteilt. Entsteht dagegen über die Vollständigkeit eines übergebenen Verzeichnisses Streit, so bleibt weitere Entscheidung vorbehalten."

Aus den Gründen: Nach den Bestimmungen des Gemeinen Rechts ist nun der Schuldner von Dienstleistungen nicht nur zur Ausführung der ihm übertragenen Arbeit verpflichtet, sondern auch gehalten, über die Ausführung und das Ergebnis der Arbeiten Bericht erstatten, indem hier die Analogie des Mandats Platz greift (vgl. Dankwardt, der Arbeiter-Vertrag in Iherings Jahrbücher für Dogmatik Bd. 14 Seite 251 § 34). In ganz besonderem Maße besteht diese Verpflichtung, wenn, wie vorliegend, der Dienstschuldner nicht nur zur Leistung tatsächlicher gewerblicher oder anderweitiger Arbeiten verwendet, sondern auch mit der Besorgung von Geschäften, insbesondere rechtlicher Art, betraut wird. Darum bestimmt auch das BGB., welches sich in dieser Frage im wesentlichen die bisherigen Rechtsgrundsätze aneignet, im § 675, daß auf einen Dienstvertrag, der eine Geschäftsbesorgung zum Gegenstand hat, neben den sonstigen wesentlichen Vorschriften über den „Auftrag", auch der § 666 daselbst Anwendung findet, nach welchem der Beauftragte verpflichtet ist, „dem Auftraggeber die erforderlichen Nachrichten zu geben und auf Verlangen über den Stand des Geschäftes Auskunft zu erteilen". Danach muß der Beklagte nach bisherigem Recht, wie nach dem Bürgerlichen Gesetzbuch für verpflichtet erachtet werden, dem Kläger über das Ergebnis seiner Geschäftsbesorgungen, zu dem auch die Erwerbung des Kundenkreises gehört, genau zu unterrichten. Da es sich nun hierbei darum handelt, über den Bestand eines Inbegriffs von Gegenständen Bericht zu erstatten, so muß die fragliche Verpflichtung nach § 260 des BGB., das auch in dieser Richtung mit den bisher herrschenden Rechtsanschauungen völlig übereinstimmt, näher dahin bestimmt werden, daß ein schriftliches Verzeichnis vorzulegen ist.

Demgemäß ist der Beklagte zur Übergabe eines Verzeichnisses der von ihm im Auftrage und Namen des Klägers bedienten Kunden unter genauer Angabe der Adresse und das an jeden von diesen gelieferten durchschnittlichen Tagesquantums verpflichtet und auch, wie ohne weiteres anzunehmen ist, bei Aufwendung der nötigen Sorgfalt hierzu imstande. Als Maßstab für die Beurteilung der Vollständigkeit der zu überreichenden Liste konnte darum jetzt das Erfordernis aufgestellt werden, daß die Summe der sich aus derselben für die einzelnen Kunden ergebenden durchschnittlichen Tagesquanta im ungefähr ausgleichenden Verhältnis zu dem gesamten Durchschnittsquantum stehen muß, das Beklagter tatsächlich von Kläger zum Verkauf erhalten hatte. Zur Ausmittelung des Durchschnittsquantums erschien es aber angemessen, den Zeitraum des letztverflossenen Monats als Unterlage vorzusehen.

Da hiernach Beklagter zu einer Handlung zu verurteilen war, die durch einen Dritten nicht vorgenommen werden kann und andererseits ausschließlich von dem Willen des Beklagten abhängt, so war auf Antrag des Klägers zum Zwecke der Vollstreckung der vorbezeichneten, sofort mit Verkündigung rechtskräftig werdenden Verurteilung zu erkennen, daß der Schuldner zur Vornahme der Handlung durch eine Strafe anzuhalten sei. In Anbetracht des gesamten Verhaltens des Beklagten, welches einerseits eine rücksichtslose und geradezu arglistige Vertragsuntreue erkennen und andrerseits darauf schließen läßt, daß der Verurteilte der Durchführung der Entscheidung nach Kräften Widerstand entgegensetzen wird, war eine erheblichere Haftstrafe auszusprechen. („Gewerbegericht" Jg. 5, Sp. 274.)

## 435. Verpflichtet das Aufstellen von Streikposten zum Schadensersatz?

Die Kläger sind bei dem Beklagten von Mitte Mai bis 6. Juni d. J. gegen Akkordlohn als Steinträger beschäftigt gewesen. Am 2. Juni legten die Kläger wegen Lohndifferenzen die Arbeit nieder und nahmen dieselbe erst am 5. Juni wieder auf. Am 7. Juni, dem Tage der Lohnzahlung, blieb ihnen der Beklagte den Lohn mit 49,63 Mk. schuldig. Sie beanspruchen, den Beklagten zur Zahlung dieses Betrages zu verurteilen.

Der Beklagte führt aus, die Kläger hätten die Arbeit niedergelegt, trotzdem sie nach dem mit ihnen geschlossenen Vertrage vom 15. April d. J. verpflichtet gewesen wären, die Steine und den Kalk für den Bau bis zu dessen Fertigstellung zu tragen. Dadurch, daß er an Stelle der Kläger eine andere Steinträgerkolonne nicht habe bilden können, weil die Kläger arbeitswillige Träger, die die Arbeit hätten aufnehmen wollen, davon abgehalten hätten und er infolgedessen während der fraglichen 3 ½ Tage die Steine von gewöhnlichen Arbeitern im Lohn habe tragen lassen müssen, sei ihm ein erheblicher Schaden entstanden. Er macht denselben in Höhe der Forderung der Kläger geltend und beantragt widerklagend, die Kläger zur Zahlung von 49,63 Mk. zu verurteilen.

Die Kläger geben zu, daß sie während des Streiks in einiger Entfernung von dem Bau Streikposten aufgestellt hätten, und daß diese den arbeitswilligen Steinträgern, welche die Arbeit bei dem Beklagten aufzunehmen beabsichtigten, gesagt hätten, der Bau sei gesperrt. Sie geben ferner zu, dies in der Absicht getan zu haben, damit dem Beklagten ein Schaden entstehen und er dadurch gezwungen werden sollte, in dem Lohnstreit mit ihnen nachzugeben. Dabei führen sie jedoch aus, daß sie durch diese Handlungsweise zur Leistung eines Schadenersatzes nicht verpflichtet sein könnten, weil das Ausstellen von Streikposten gesetzlich erlaubt sei. Im übrigen machen sie geltend, daß der Beklagte selbst den Schaden hätte abwenden können, wenn er die ja mit täglicher Kündigung eingestellten Maurer sofort nach Ausbruch des Streiks entlassen hätte.

Es ist nach dem Antrage der Klage und Widerklage erkannt.

Aus den Gründen: Da der Beklagte anerkennt, den Kläger noch an rückständigem Lohn 49,63 Mk. zu verschulden, so mußte er zur Zahlung dieses Betrages verurteilt werden. Was die Widerklage betrifft, so haben die Kläger selbst zugegeben, daß sie Arbeitswillige durch die Mitteilung, der Bau sei gesperrt, von der Aufnahme der Arbeit abgehalten und dabei beabsichtigt haben, den Beklagten durch den entstehenden Schaden zum Nachgeben in dem ausgebrochenen Streik zu veranlassen. Sie haben somit das Entstehen des Schadens nicht nur vorausgesehen, sondern beabsichtigt. Dies ist ein Eingriff in den Rechtskreis des Beklagten, zu dem die Kläger nicht berechtigt waren, der sich also als ein widerrechtlicher im Sinne des § 823 BGB. darstellt. Die Annahme der Kläger, daß sie zum Ausstellen von Streikposten berechtigt seien, ist unzutreffend, denn wenn auch das Ausstellen dieser Posten vom Gesetz nicht mit Strafe bedroht ist und wenn auch die Tätigkeit der ausgestellten Posten der Polizei keinen Anlaß zum Einschreiten gegeben hat, so ist damit die zivilrechtliche Frage, ob die Kläger aus ihrer Handlungsweise zum Schadensersatz verpflichtet werden, nicht berührt. Vielmehr richtet sich dies stets nach den Umständen des einzelnen Falles, und vorliegend mußte aus den oben angegebenen Gründen die Ersatzpflicht der Kläger bejaht werden.

## 436. Ist der Arbeitgeber, welcher auf der Invalidenkarte einen unzulässigen Vermerk macht, für Schaden haftbar? Liegt eigenes Verschulden des Arbeitnehmers vor, wenn er nicht Beseitigung des Vermerks verlangt, sondern die Beschlagnahme der Karte durch die Polizeibehörde veranlaßt?

Urteil des GG. Frankfurt a. M. vom 28. Juli 1901.

Kläger stand bei der Beklagten als Hilfsarbeiter mit 32 Pfg. pro Stunde in Arbeit. Am 15. Juli verließ er das Arbeitsverhältnis ordnungsmäßig und erhielt dabei seine Invaliditätsversicherungskarte, in welcher auf einem der Markenfelder der Vermerk

„Gestreikt“ stand. Als dies abends in einer öffentlichen Versammlung mitgeteilt wurde, beschlagnahmte der überwachende Polizeikommissar die Karte und stellte dem Kläger darüber eine schriftliche Bescheinigung aus. Am 24. Juli erhielt Kläger dann von der Polizei eine Interimskarte ausgehändigt. Kläger behauptet nun, daß er in der Zeit vom 16. bis 24. Juli, mangels seiner Invalidenkarte, keine Arbeit habe erhalten können, speziell ein Althändler habe ihn deshalb nicht genommen, und beantragt, Beklagten zur Zahlung von 24 Mk. zu verurteilen, da ihm durch die ungesetzliche Handlungsweise der Beklagte ein Erwerbsverlust von 3 Mk. täglich entstanden sei. Die Haftbarkeit der Beklagten ergebe sich aus § 139 JVG. und § 823 BGB.; zudem liege offenbar eine vorsätzliche Schädigung vor, da Beklagter den Vermerk auch bei den anderen Arbeitern, welche bei ihr gearbeitet hatten, gemacht, und außerdem den Frankfurter Metallindustriellen eine schwarze Liste der Streikenden gesandt habe.

Beklagte behauptet, der Vermerk sei lediglich zur Erleichterung der Abrechnung in der Versicherungskarte gemacht, indem die Woche, in der Kläger und die anderen Arbeiter nicht gearbeitet hätten und deshalb keine Marke zu kleben war, durch die Bemerkung gekennzeichnet werden sollte; lediglich aus Versehen sei in einigen Karten der Bleistiftvermerk nicht wegradiert worden, jede böse Absicht habe der Beklagten ferngelegen, da ihr die gesetzlichen Bestimmungen ja auch bekannt seien. Beklagter würde den Vermerk auf Verlangen auch sofort beseitigt haben; sie sei überhaupt nicht darauf aufmerksam gemacht, sodaß Kläger sich den Schaden selbst zuzuschreiben habe.

Die Beklagte ist verurteilt.

Aus den Gründen: Nach § 139 JVG. ist jeder Vermerk in der Versicherungskarte unzulässig und nach § 184 Abs. 1 JVG. auch strafbar, selbst wenn nicht die Absicht vorliegt, den Inhaber zu kennzeichnen. Diese Bestimmung ist offenbar getroffen, um den Arbeiter davor zu schützen, daß eines seiner notwendigen Legitimationspapiere zu einer Schädigung in seinem Fortkommen dient. Auf die Absicht und den Zweck der Eintragung kommt es sonach für die Unzulässigkeit der Eintragung nicht an, es genügt vielmehr der objektive Verstoß gegen diese zum Schutze der Arbeiter getroffenen Bestimmung. Für die zivilrechtliche Schadensersatzpflicht bei einem solchen Verstoß muß nach § 823 Abs. 2 BGB. allerdings ein Verschulden hinzutreten; letzteres liegt aber auch seitens der Beklagten vor, da zu diesem nicht ein Voraussehen des Erfolges notwendig ist, sondern einfache schuldhafte Nichtachtung der Vorschrift, bei der es auch ohne Einfluß ist, ob die im Verkehr erforderliche Sorgfalt außer acht gelassen ist oder nicht (vgl. Planck, Komm. zum § 823 Nr. 2 a. S. 611). Die Haftbarkeit der Beklagten ist sonach durch § 139 JVG. und § 823 Abs. 2 BGB. begründet, und zwar selbst nach ihrer Darstellung, es kann ganz dahingestellt bleiben, ob bei ihr eine böswillige Absicht vorlag, selbst, wenn aus Bequemlichkeit der Vermerk gemacht und aus reinem Versehen die Beseitigung vergessen ist, so liegt hierin doch ein schuldhafter Verstoß gegen § 139 JVG., da jeder Vermerk, wie der Beklagten bekannt war und auf jeder Karte steht, absolut unzulässig ist.

Es könnte sich fragen, ob Kläger sich seinen Schaden nicht dadurch selbst zugezogen hat, daß er nicht einfach von der Beklagten Beseitigung des Vermerks verlangte. Demgegenüber ist aber zu beobachten, daß Kläger selbst gar nicht die Einziehung der Karte beabsichtigte, der Schaden somit ohne sein Zutun entstanden ist, daß er aber andererseits ein gutes Recht darauf hatte, die Sache zur Anzeige zu bringen, da er sehr wohl annehmen konnte, daß der Vermerk „Gestreikt“ zu seiner Kennzeichnung dienen sollte, ganz abgesehen davon, ob Beklagter bei dieser Sachlage überhaupt noch zur Beseitigung des Vermerks berechtigt war, und Kl. ihr dazu verhelfen durfte.

Was schließlich die Frage betrifft, ob dem Kläger durch den Mangel der Karte tatsächlich ein Schaden entstanden ist, so ist dem Gericht genau bekannt, daß es die meisten Arbeitgeber ohne weiteres ablehnen, Leute einzustellen, deren Karte nicht in Ordnung ist, um Scherereien zu vermeiden; umsomehr, falls wie jetzt in der Metallbranche, ein großes Angebot tüchtiger Arbeitskräfte besteht. Das Gericht hat deshalb auch ohne Beweisaufnahme als zweifellos angenommen, daß Kläger trotz der polizeilichen Bescheinigung in Ermangelung der Karte keine Arbeit finden konnte und deshalb den von ihm angegebenen Schaden erlitten hat.

## 437. Gibt die Verabredung, bestimmte mißliebige Arbeiter nicht zu beschäftigen, Anspruch auf Schadensersatz?

a) Urteile des Landgerichts I Berlin, Zivilkammer 7, vom 26. Oktober 1899 und des Kammergerichts, 8. Zivilsenat, vom 10. Februar 1900.

Die Schadensklage ist abgewiesen.

Aus den Gründen des Landgerichts: Die Satzungen des Verbandes der Wollfilzhut-Fabrikanten ergeben, daß derselbe geschlossen ist, um ungerechtfertigten Maßnahmen der in den hiesigen Fabriken beschäftigten Arbeiter, namentlich Arbeitseinstellungen im ganzen oder im einzelnen, entgegenzutreten; der Verband ist darnach ein nach § 152 GO. erlaubter. Der zitierte Paragraph erlaubt insbesondere als Mittel, welches Vereinigungen zum Behufe der Erlangung günstiger Arbeitsbedingungen straffrei anwenden dürfen, die Entlassung der Arbeiter. Wenn dem Verbande dies freisteht, so ist ihm natürlich auch gestattet, die Entlassung bestimmter Arbeiter und ebenso die Verweigerung der Annahme solcher Personen. Die Mitglieder des Verbandes waren daher berechtigt, die Abrede zu treffen, keinen bei einem früheren Streik beteiligten Arbeiter wieder anzustellen und die Innehaltung dieser Verabredung durch Konventionalstrafe zu sichern (vgl. Landmann, GO. § 152 Anm. 3 e); sie hattem demnach auch das Recht, von demjenigen, der diese Verabredung brach, die Konventionalstrafe zu fordern. Wenn daher die Beklagten von B. die Konventionalstrafe forderten für den Fall, daß er den Kläger in Arbeit behielt, so übten sie dabei ein ihnen gesetzlich zustehendes Recht aus; zum Ersatze des bei dieser Gelegenheit entstandenen Schadens sind sie daher nicht verpflichtet.

Im übrigen ist auch nicht dargetan, daß Kläger durch die Entlassung von B., die durch die Beklagten veranlaßt sein mag, wirklich den geforderten Schaden erlitten hat; er hat im Jahre 1896 ohne weiteres Arbeit in der Strohhutbranche gefunden; er hat so lange in derselben gearbeitet, daß sie ihm nicht mehr fremd sein konnte; daß er die Möglichkeit, Arbeit in dieser Beschäftigung nach dem 5. November zu finden, nicht gehabt hat, hat er nicht behauptet; ebensowenig ist dem Kläger eine Beschäftigung außerhalb Berlins unmöglich gewesen; ein Recht darauf, lediglich in Berlin beschäftigt zu werden, steht ihm nicht zu.

Die vom Kläger eingelegte Berufung ist zurückgewiesen.

Aus den Gründen des Kammergerichts: Den Entschädigungsanspruch hat der Vorderrichter deshalb abgewiesen, weil die Beklagten lediglich ein ihnen gesetzlich zustehendes Recht ausgeübt haben, wenn sie die Entlassung aus der B.schen Fabrik durch den Hinweis auf die Vereinssatzungen und die Androhung der Forderung einer Konventionalstrafe veranlaßt haben, hiernach aber eine zum Schadensersatz verpflichtende widerrechtliche Handlung nicht vorliege. In Übereinstimmung hiermit ist auch das Berufungsgericht zu der Auffassung gelangt, daß den Beklagten eine sie zur Schadloshaltung verpflichtende vorsätzliche oder schuldhafte Handlungsweise nicht zum Vorwurf gemacht werden kann. Ob diese Handlungsweise, wie Kläger behauptet, gegen die „guten Sitten" verstößt, kann dahingestellt bleiben, da die in bezug genommene Vorschrift des BGB. § 826 auf den hier zu beurteilenden, vor dem Inkrafttreten des letzteren liegenden Fall nicht anzuwenden ist, sondern die auf gute Sitte nicht Rücksicht nehmende Vorschrift des vom Vorderrichter angezogenen § 94, Einl. zum ALR. Eine andere Frage wäre, ob etwa Beklagte gegen § 153 GO. verstoßen haben und aus einer der dort vorgesehenen unlauteren Handlungen schadensersatzpflichtig sind. Allein auch dies ist zu verneinen gewesen. Jener § 153 bedroht unter anderen denjenigen mit Strafe, welcher andere durch Drohungen oder durch Verrufserklärung bestimmt oder zu bestimmen versucht, Verabredungen der im § 152 bestimmten Art folgezuleisten; und die Beklagten sollen nach klägerischer Behauptung gegen dieses Verbot insofern verstoßen haben, als sie der Firma mitgeteilt haben, daß Kläger auf der schwarzen Liste stehe, und dieselbe mit der Forderung einer Konventionalstrafe bedroht haben, falls sie den Kläger nicht entlasse. Die hier in Frage kommende Verabredung der Mitglieder des Vereins der Berliner Wollfilzhutfabrikanten soll nun nach Behauptung des Klägers dahin gegangen sein, die einem Vereinsmitgliede mißliebig gewordenen Arbeiter in eine sogenannte schwarze Liste eintragen zu lassen und keinem Arbeiter Beschäftigung zu geben, der nicht einen „Nachweisschein" der Arbeitsnachweisstelle des Vereins vorlege, also einen ähnlichen Nachweis für seine Tüchtigkeit und Zuverlässigkeit beibringe, wie er bei Beratung der Fassung des § 113 nach den obigen Ausführungen vom Reichstage als zulässiges Prüfungsmittel erachtet ist. Diese Verabredung würde aber, auch wenn die Erteilung des Nachweisscheins von einer Bescheinigung des früheren Arbeitgebers abhängig war, daß der Beschäftigung des Arbeitnehmers bei einem anderen Vereinsmitgliede keine Hindernisse entgegenständen — wie Kläger ferner behauptet hat —, sich nicht als eine Verabredung zum Behufe der Erlangung günstiger Lohn- und Arbeitsbedingungen charakterisieren, sondern als eine Verabredung, welche den Zweck hätte, die Arbeitgeber vor der Einstellung von Arbeitern in ihr Fabrikpersonal zu sichern, welche bezüglich ihrer Tüchtigkeit und Zuverlässigkeit keine genügende Garantie bieten. Da nun derartige Verabredungen nicht unter das Verbot des § 153 zit. fallen, so können die §§ 152, 153 zit. überhaupt zur Stützung des klägerischen Entschädigungsanspruches nicht herangezogen werden. Derselbe ist hiernach schon deshalb hinfällig, weil dem Kläger nicht gelungen ist, ein vorsätzliches oder schuldhaftes rechtswidriges Verhalten der Beklagten darzutun, so daß eine Prüfung des ursächlichen Zusammenhanges zwischen dem Verhalten der Beklagten und dem Schaden des Klägers entbehrlich ist. („Gewerbegericht" Jg. 5, Sp. 220.)

**b)** Urteil des Reichsgerichts vom 26. März 1903.

Die Schadensersatzklage der ausgesperrten Werftarbeiter ist in dritter Instanz abgewiesen.

Aus den Gründen: Das Berufungsgericht hat mit eingehender Begründung festgestellt, die Werftbesitzer seien bei ihrem Vorgehen der umfangreichen Arbeiterentlassungen davon ausgegangen, daß der Streik der Nieter auf der Reiherstieg-Werft nur das erste Glied eine Reihe von Maßnahmen sei, die von den Leitern der Arbeiterbewegung zur Erzwingung des von ihnen angekündigten Verlangens nach Änderung der allgemeinen Arbeitsbedingungen für die Werftarbeiter in Aussicht genommen worden seien. Sie seien der Überzeugung gewesen, daß ein allgemeiner Streik der Werftarbeiter bevorstehe, sie hätten deshalb dem von ihnen erwarteten Angriff durch einen Gegenangriff zuvorzukommen beabsichtigt.

Nach dieser Feststellung ist die Behauptung der Klage, wonach die Beklagten bei ihren Arbeiterentlassungen lediglich den Zweck verfolgt haben sollen, die Nieter der Reiherstieg-Werft zur Wiederaufnahme der Arbeit unter den früheren Bedingungen zu nötigen, hinfällig.

Mit Recht hat aber auch die Vorinstanz angenommen, selbst wenn diese Behauptung zutreffend wäre, auf Schadensersatz wegen der Sperre die erhobene Klage nicht begründet sein würde.

Durch § 152 RGO. sind die Verbote und Strafbestimmungen beseitigt worden, durch welche früher vielfach partikularrechtlich den Gewerbetreibenden oder den gewerblichen Gehilfen und Arbeitern untersagt war, sich behufs Erlangung günstigerer Lohn- und Arbeitsbedingungen zu gemeinsamem Vorgehen zu vereinigen. Das Gesetz stellt hierbei die Arbeitnehmer und Arbeitgeber vollständig gleich und hebt als Maßnahmen, die fortan unverwehrt bleiben sollten, ausdrücklich für die Arbeitnehmer die gemeinsame Arbeiteinstellung, für die Arbeitgeber die Arbeiterentlassung hervor. Nach diesen gesetzlichen Vorschriften würde es ausgeschlossen erscheinen, die in Frage stehenden Arbeiterentlassungen allein deshalb als unrechtmäßig im Sinne von § 826 BGB. zu bezeichnen, weil die Beklagten dabei lediglich beabsichtigt hätten, der Reiherstieg-Werft in dem Streite mit ihren ausständigen Nietern zum Siege zu verhelfen.

Das gleiche Recht wie für die Arbeitnehmer gilt für die Arbeitgeber, es würde direkt gegen die Tendenz des § 152 GO. verstoßen, wenn man das, was bei den Arbeitnehmern für rechtlich und sittlich erlaubt anzusehen ist, bei den Arbeitgebern als gegen die guten Sitten verstoßend erachten wollte. Ob bei einem Kampfe zwischen Arbeitgebern und Arbeitnehmern über Lohn- und Arbeitsbedingungen eine Sachgestaltung denkbar ist, die den Richter berechtigen würde, von den Arbeitgebern als Kampfmittel gebrauchte Arbeiterentlassungen oder die damit verfolgten Zwecke als unsittlich im Sinne von § 826 BGB. zu behandeln, kann dahingestellt bleiben, denn jedenfalls sind im gegebenen Falle Umstände, welche eine solche Beurteilung rechtfertigen könnten, in keiner Weise behauptet worden.

## 438. Ist der Arbeitgeber schadensersatzpflichtig, der durch Rundschreiben seine Berufsgenossen auffordert, bestimmte ausständige Arbeiter nicht einzustellen?

Urteil des Reichsgerichts, 6. Zivilsenat, vom 29. Mai 1902.

Im Oktober 1899 war es in der Fabrik der Beklagten in Anlaß der Einführung eines neuen Lohntarifes zwischen dem Inhaber der verklagten Firma, Dr. E., und den Arbeitern zu Mißhelligkeiten gekommen, in deren Verlauf die sämtlichen Arbeiter kündigten, nachdem Dr. E. seinerseits zweien derselben gekündigt hatte. Nachdem indes eine Einigung zwischen den Arbeitern und der Firma zustande gekommen, und eine probeweise Einführung des neuen Lohntarifes unter Garantie des Durchschnittslohnes der letzten sechs Monate vereinbart worden war, nahmen die Arbeiter die Arbeit wieder auf. Als jedoch kurz nachher Dr. E. sich weigerte, dem Planierer M. dessen Lohndifferenz auszuzahlen, legten die Planierer die Arbeit ohne Kündigung nieder, und am 6. Januar 1900 kündigten in großer Anzahl die anderen Arbeiter. Einige Tage darauf versandte Dr. E. ein Rundschreiben an zahlreiche Firmen der Emaillierbranche in Deutschland, in welchem er von seinem Standpunkte aus eine Darstellung der in seiner Fabrik entstandenen Streitigkeiten gab und an die Adressaten die Bitte richtete, seiner Firma dadurch ihre indirekte Unterstützung zuteil werden zu lassen, daß sie von den am Schlusse genannten 88 Arbeitern, unter denen sich die Kläger befanden, keinen in ihren Dienst aufnähmen. In der aus Anlaß dieses Rundschreibens erhobenen Klage beantragten die Kläger, die Beklagte zur Abgabe einer Erklärung der Unrichtigkeit ihrer Behauptungen, zur Zurücknahme ihrer Bitte um Nichteinstellung der Arbeiter gegenüber den Empfängern des Schreibens, zur Veröffentlichung der betreffenden Erklärungen und endlich zum Ersatz des den Klägern durch das Rundschreiben verursachten Geldschaden zu verurteilen.

Die Klage wurde von dem Landgericht abgewiesen, und die Berufung zurückgewiesen. Auch die Revision der Kläger ist zurückgewiesen worden.

Aus den Gründen: I. Die Klageansprüche sind gestützt auf die Bestimmungen in § 823 Abs. 1 und 2 BGB. in Verbindung mit §§ 185—187 StGB., weiter auf § 824 und § 826 BGB. Die Kläger machen geltend, daß die über sie in dem Zirkular vom 8. Januar 1900 von der Beklagten aufgestellten Behauptungen unwahr, beleidigend und geeignet seien, den Erwerb und das Fortkommen der Kläger zu schädigen, daß das von der Beklagten an die Empfänger des Rundschreibens gerichtete Ersuchen, keinen der Arbeiter mehr in Dienst zu nehmen, einen Verstoß gegen die guten Sitten enthalte, daß dieses rechtswidrige Verhalten der Beklagten die Verpflichtung derselben zum Schadensersatze, zunächst die Pflicht der Wiederherstellung des verletzten Rechtsgutes, also zur Berichtigung der unwahren Darstellung und Veröffentlichung des Widerrufes, dann aber zum Ersatze des den Klägern erwachsenen Vermögensschadens, begründe.

Das Berufungsgericht erachtet den Klageanspruch aus keinem der angeführten Rechtsgründe für berechtigt. Dasselbe geht zunächst davon aus, daß die Ehre nicht zu den durch § 823 Abs. 1 BGB. geschützten Rechtsgütern gehöre. Anlangend die Bestimmung in Abs. 2 des § 823 wird anerkannt, daß als hierunter fallende Schutzgesetze auch die Vorschriften des StGB. anzusehen seien, welche die Beleidigung mit Strafe bedrohen. Es wird der Beklagten der Schutz des § 193 StGB. zugestanden. Das fragliche Rundschreiben sei dazu bestimmt gewesen, die berechtigten Interessen sowohl der Beklagten selbst als auch der Empfänger desselben, ihrer Standes- und Berufsgenossen, zu wahren. Verneint wird, daß im vorliegenden Falle das Vorhandensein einer Beleidigung — die Absicht, zu beleidigen — aus der Form der Äußerung oder aus den Umständen, unter welchen sie geschah, hervorgehe. In dieser Richtung wird dargelegt, daß die Weigerung der Beklagten, dem Planierer M. die Lohndifferenz von 15—16 Mk. auszuzahlen, durch das Verhalten des M. — widerwilliges und nachlässiges Arbeiten während der für den geplanten neuen Tarif bestimmten Probezeit — gerechtfertigt, die nur wegen jener Weigerung der Beklagten erfolgte Arbeitseinstellung von seiten der Planierer also ungerechtfertigt gewesen sei, daß die erst drei Monate später im Januar 1900 geschehene Massenkündigung der übrigen Arbeiter gleichfalls nicht wegen des neuen Lohntarifes, sondern aus dem Grunde geschehen sei, weil die Beklagte sich geweigert habe, auf die ihr von den Arbeitern gestellten Forderungen, insbesondere die Bedingung, die ausständigen Planierer zum alten Akkordtarif (unter Entlassung der neu eingetretenen Arbeiter) wieder einzustellen, einzugehen, daß unter solchen Umständen die Beklagte zu der Annahme habe kommen können, es handle sich nur um eine Kraftprobe, eine Machtfrage, einen Versuch der Arbeiter, sich an der Beklagten Stelle zum Herrn der Fabrik zu machen, daß deshalb, wenn die Beklagte in dem Rundschreiben die Handlungsweise der Arbeiter mit scharfen Worten gekennzeichnet habe, dies ihrer begreiflichen Erregung und dem Bestreben, ihrem Wunsche nach einer Koalition der Arbeitgeber größeren Nachdruck zu geben, zuzuschreiben sei, aber noch nicht zu dem Schlusse auf eine bei ihr vorhandene Absicht der Beleidigung genüge. Demnächst wird im Berufungsurteil die Frage, ob die Beklagte wider besseres Wissen unwahre ehrenrührige Tatsachen bezüglich der Kläger behauptet habe, verneinend beantwortet. Vielmehr seien im Gegenteil die von ihr aufgestellten Behauptungen im wesentlichen als wahr erwiesen; keinesfalls könne eine bewußte Unwahrheit angenommen werden. Eben deshalb, weil die fraglichen Tatsachen von der Beklagten nicht wider besseres Wissen behauptet seien, und weil an der Mitteilung sowohl die Beklagte als die Empfänger ein berechtigtes Interesse gehabt hätten, wird sodann den Klägern die Berufung auf § 824 BGB. gleichfalls versagt. In betreff des § 826 BGB. wird, unter Bezugnahme auf die Ausführungen des ersten Richters, ausgesprochen, daß es an der Voraussetzung fehle, wonach die Schadenszufügung in einer gegen die guten Sitten verstoßenden Weise geschehen müsse; der Beklagten, welche in Ausübung des durch § 152 GO. auch den Arbeitgebern eingeräumten Rechtes auf Koalition gehandelt habe, falle eine illoyale Handlungsweise nicht zur Last. Schließlich wird auch für den Fall, wenn die Ehre oder auch das Recht der Person auf ungestörte Ausnutzung ihrer Arbeitskraft zu den durch § 823 Abs. 1 BGB. geschützten Rechtsgütern zu rechnen wäre, eine Verantwortlichkeit der Beklagten aus diesem Gesichtspunkte wegen Mangels der Widerrechtlichkeit ihrer Handlungsweise verneint.

II. Die Revision bezeichnet als verletzt die §§ 823, 824, 826 BGB., § 193 StGB. und § 286 ZPO. 1. Was zunächst die Anwendung des § 823, ersten Absatzes BGB. betrifft, so will die Revision zu den „sonstigen Rechten“, deren vorsätzliche oder fahrlässige widerrechtliche Verletzung schadensersatzpflichtig macht, auch die Ehre, überhaupt alle persönlichen und absoluten Rechte gerechnet wissen. Gewiß gehöre hierzu auch das Recht der Person auf freie und ungestörte Ausnutzung ihrer Arbeitskraft und ihrer persönlichen Fähigkeiten. Allein eine so weite Ausdehnung kann dem Begriff der „sonstigen Rechte“ nicht gegeben werden. Der letztere Ausdruck muß, solange nicht ein Anderes aus dem Gesetze selbst zu entnehmen ist, in der juristischen Bedeutung von wirklichen subjektiven Rechten verstanden werden. Ob diese Bedeutung, wie mehrfach angenommen wird, schon aus der Wortverbindung „das Eigentum oder ein sonstiges Recht eines anderen“ gefolgert werden müßte, kann dahingestellt bleiben. Keinesfalls ist aus dem Gesetzestexte das Gegenteil herzuleiten. Es sind in Abs. 1 des § 823 zuvörderst bestimmte Lebensgüter: Leben, Körper, Gesundheit, Freiheit, aufgeführt. Dafür aber, daß diese Lebensgüter damit als wirkliche Rechte anerkannt, als bloße Beispiele von Rechten genannt seien, und daß dementsprechend die Worte „oder ein sonstiges Recht“ in einem allgemeineren, auch andere als die ausdrücklich genannten Lebensgüter umfassenden Sinne gebraucht wären, spricht weder die Fassung noch die Entstehungsgeschichte der Gesetzesstelle. — Nun werden allerdings von einer mehrfach vertretenen Theorie eine (nicht abgeschlossene) Reihe sogenannter Persönlichkeits- oder Individualrechte aufgestellt und für Privatrechte erklärt, darunter auch ein Recht auf freie Erwerbstätigkeit. Aber diese, bisher noch nicht zur Abklärung und Anerkennung gelangte Auffassung erscheint für die Anwendung des § 823 Abs. 1 BGB., dessen Begrenzung damit eine völlig unsichere würde, nicht als verwertbar. — Ist also der Begriff der „sonstigen Rechte“ auf die bestimmten von der Rechtsordnung als solche ausgestalteten und umgeschriebenen subjektiven Rechte zu beschränken, so fallen hierunter nicht die einer solchen Rechtsnatur ermangelnden Befugnisse oder Fähigkeiten, welche zufolge der allgemeinen Freiheit des Handelns jedermann zukommen, nicht also schon an sich die Befugnis zu ungehinderter Verwertung der Arbeitskraft, nicht eine bloße Erwerbsaussicht. Die Revision beruft sich für ihre Auffassung auf ein Urteil des Reichsgerichtes, IV. Zivilsenates, vom 6. März 1902 i. S. Dr. R. v. Verein der K.'er Ärzte, Rep. IV. 393/011, worin ausgesprochen ist, daß durch § 823 Abs. 1 BGB. auch das Recht auf Ausübung des Gewerbebetriebes geschützt werden solle. Allein mit dieser Entscheidung steht das vorstehend Ausgeführte nicht im Widerspruch. Die Ausübung eines selbständig betriebenen Gewerbes (wie in jenem Falle der Betrieb einer Privatkrankenanstalt) mag, namentlich insoweit dieselbe gegen gewisse Eingriffe Dritter durch die Vorschriften des Gesetzes zur Bekämpfung des unlauteren Wettbewerbes vom 27. Mai 1896 besonders geschützt wird, als ein wohlerworbenes Recht anzusehen sein. Im vorliegenden Falle handelt es sich jedoch nicht um einen bestehenden und selbständigen Gewerbebetrieb, sondern um die freie Betätigung der Arbeitskraft von seiten gewerblicher Arbeiter zu künftigem Erwerbe, die an sich jedem offen steht. Anlangend die weitere Frage, ob unter den § 823 Abs. 1 auch die Verletzung der Ehre zu stellen sei, so ergibt sich deren Verneinung im wesentlichen schon aus dem über die Bedeutung des Ausdruckes „sonstiges Recht“ Gesagten. Die Ehre ist nicht ein Privatrecht im eigentlichen Sinne, vielmehr ein Rechtsgut. Sie ist unter den in § 823 Abs. 1 aufgeführten Gütern nicht genannt. Daß der Gesetzgeber die Ehre nicht der Vorschrift des Abs. 1 hat unterstellen wollen, ergibt sich mit Sicherheit aus den übrigen Bestimmungen dieses Gesetzestitels und der Entstehungsgeschichte derselben. Im ersten Entwurfe sollte durch § 704 Abs. 2, letzten Satz, unter anderem auch die Verletzung der Ehre der Verletzung eines Rechtes gleichgestellt werden. Aus dem zweiten Entwurf (§ 746) war jener Satz weggeblieben. In der Beratung der II. Kommission, vgl. Protokolle S. 2724; Mugdan, Materialien, Bd. 2, S. 1077, wurde von der Mehrheit erwogen: Die fahrlässige Verletzung von Freiheit und Ehre unter besonderen privatrechtlichen Schutz zu stellen, sei sachlich großen Bedenken unterworfen; man gehe damit über die im StGB. aufgestellten Grundsätze hinaus; jedenfalls passe die Vorschrift nicht an diese Stelle, es wurde auf die Regelung durch Spezialvorschriften, wie sie in Aussicht genommen, bezw. neu vorgeschlagen waren, insbesondere hinsichtlich der Ehre, hingewiesen. Solche Sonderbestimmungen, zum Schutze der Geschäftsehre und der Geschlechtsehre, sind dann späterhin erörtert (vgl. Protokolle S. 2846 flg. 6327 flg.; Mugdan S. 1116 flg. 1119 flg.) und in den §§ 824, 825 vom Gesetz auch getroffen worden, nachdem ein schließlich noch in der Reichstagskommission gestellter Antrag, welcher die Verletzung der Arbeiterkraft, der Ehre und der Sittlichkeit den Körper- und Eigentumsverletzungen gleichstellen wollte, abgelehnt worden war. (Vgl. Protokolle der Reichstagskommission S. 103; Mugdan S. 1297.) Es wäre kaum verständlich, wenn neben den sonst im Gesetze gegenüber der Ehrverletzung getroffenen Bestimmungen die Ehre als solche bereits durch § 823 Abs. 1 geschützt sein sollte. Sicherlich wäre dann in Abs. 1 die Ehre besonders genannt worden. Der vom Gesetze vorgesehene Schutz gegen Ehrverletzung mochte aber füglich auch als ausreichend angesehen werden. Denn ein solcher Schutz ist hauptsächlich durch den zweiten Absatz des § 823 gegeben. Der Ansicht, daß für die Ehrverletzung auf dem Gebiet des BGB. die Schadensersatzpflicht ausschließend nur durch § 824 geregelt sei (vgl. v. Liszt, Deliktsobligationen S. 22. 38), ist nicht beizupflichten. Als Gesetze, welche im Sinne von § 823 Abs. 2 BGB. den Schutz eines anderen bezwecken, sind die §§ 185—187 StGB. zweifellos anzusehen. Der Wortlaut des § 824 gibt keinerlei Anhalt dafür, daß bei dem Vorliegen des Tatbestandes jener Strafrechtsnormen der § 823 Abs. 2 BGB. ausgeschlossen sein soll; die Anwendbarkeit des § 187 StGB. folgt schon aus dem § 824 selbst. Durch den § 824 wollte man eine Sonderbestimmung gegen die üble Nachrede gerade für die Fälle treffen, wenn der Tatbestand des § 186 StGB. nicht vorliegen, und daher der Schutz des § 823 Abs. 2 BGB. nicht gegeben sein würde; wobei man also von der Voraussetzung ausging, daß die letztere Gesetzesvorschrift im Rahmen der Bestimmungen des StGB. eine Ersatzpflicht wegen Ehrverletzung statuiere.

2. Für die Beurteilung des Falles aus dem Gesichtspunkte des § 823 Abs. 2 BGB. nimmt der Berufungsrichter als zweifellos an, daß in dem Rundschreiben der Beklagten in Beziehung auf die Kläger Tatsachen behauptet seien, welche dieselben verächtlich zu machen und in der öffentlichen Meinung herabzuwürdigen geeignet seien. Von den Behauptungen erachtet der Berufungsrichter indes, soweit überhaupt ehrenrührige Tatsachen in Frage kommen, die meisten und wesentlichsten für wahr. Nur die Behauptung, die Organisationen seien von den Arbeiter „belogen" worden, wird als unerwiesen bezeichnet, als erwiesen jedoch, daß den Organisationen objektiv unwahre Angaben über den Grund, weshalb der Arbeiter M. die 15 Mk. nicht erhalten habe, gemacht worden seien. Es handelt sich insoweit um tatsächliche Feststellungen, welche in der Revisionsinstanz nicht nachzuprüfen sind. Das gleiche gilt von der Annahme der Vorinstanz, daß die Beklagte die fraglichen Behauptungen keinesfalls wider besseres Wissen aufgestellt habe. Das Berufungsgericht geht aber von der Ansicht aus, daß bei dem Zutreffen des § 193 StGB. die Schadensersatzpflicht aus § 823 Abs. 2 BGB. entfalle. Diese Auffassung wird von der Revision als rechtsirrtümlich bekämpft; das Hereintragen des rein strafrechtlichen Gesichtspunktes aus § 193 a. a. O. in das zivilrechtliche Gebiet sei verfehlt. Dadurch, daß den Interessen, zu deren Wahrung die Handlung vorgenommen sei, berechtigte oder vermeintliche berechtigte seien, werde die an sich widerrechtliche Handlung noch nicht zu einer berechtigten. Über das rein strafrechtliche Moment

(Straflosigkeit des Tatbestandes der §§ 185—187) hinaus wolle der § 193 keine Bestimmung treffen, namentlich nicht entscheiden, ob die Handlung nun eine berechtigte oder unberechtigte sei. Zivilrechtlich sei jeder verpflichtet, in betreff eines anderen keine benachteiligenden und nicht erweislich wahren Tatsachen zu behaupten; die Aufstellung solcher Behauptungen sei an sich widerrechtlich, wenn nicht ein zivilrechtlicher Entlassungsgrund, etwa nach Analogie der §§ 227, 228 BGB., vorliege. Ein dem § 193 entsprechender Entlastungsgrund sei aber vom BG. nicht anerkannt weder in seinen allgemeinen Grundsätzen, noch außer in § 824 zu einer Spezialbestimmung. Die Ansicht der Revision kann für die, hier allein in Frage stehende Anwendung des § 823 Abs. 2 BGB. nicht als zutreffend anerkannt werden. Nach dieser Gesetzesvorschrift trifft die Schadensersatzpflicht denjenigen, der — schuldhaft — gegen ein den Schutz eines anderen bezweckendes Gesetz verstößt. Sind, wie erwähnt, als solche Schutzgesetze die Bestimmungen des Strafgesetzbuches über Beleidigung anzusehen, so fragt sich, ob gegen diese Gesetze verstoßen sei, wenn dem Täter (nach strafrechtlicher Vorschrift) der § 193 StGB. zur Seite steht. Dies ist zu verneinen. Der Revision ist zuzugeben, daß der § 193 eine Norm nur für das Strafrechtsgebiet, nicht darüber hinaus, hat geben wollen, weiter auch, daß für die Anwendung des § 823 Abs. 2 BGB. nicht entscheidend ist, ob im gegebenen Fall eine Bestrafung erfolgt bezw. wegen eines besonderen Ausschließungsgrundes nicht erfolgen kann. So bleibt der privatrechtliche Anspruch bestehen, auch wenn die Bestrafung etwa wegen Mangels eines Strafantrages oder wegen Verjährung unterbleibt. Allein die Voraussetzung besteht für § 823 Abs. 2 BGB. jedenfalls, daß der objektive und subjektive Tatbestand der Verletzung des Schutzgesetzes, speziell des betreffenden Strafgesetzes, vollständig gegeben ist. Insofern muß also gegebenenfalls allerdings eine strafbare Beleidigung vorliegen, namentlich eine Beleidigung, welche auch nach der strafrechtlichen Auffassung widerrechtlich ist; und auf das letztere Moment bezieht sich der § 193 StGB. Derselbe statuiert nicht einen bloßen Strafausschließungsgrund, betrifft vielmehr den Tatbestand der strafbaren Beleidigung selbst. Eine Kundgebung von an sich ehrenkränkendem Charakter enthält gleichwohl eine Beleidigung nur dann, wenn ihr das Merkmal der Rechtswidrigkeit beiwohnt. Für die Beurteilung, ob letzteres der Fall sei, hat das Strafgesetzbuch in § 193 gewisse positive Normen aufgestellt, indem es die daselbst angeführten Kundgebungen nur insofern für strafbar erklärt, als das Vorhandensein einer Beleidigung aus der Form der Äußerung oder aus den Umständen, unter welchen sie geschah, hervorgeht. Andernfalls ist eben, wie das Gesetz selbst besagt, eine Beleidigung „nicht vorhanden", weil die Handlung nicht rechtswidrig ist. Es erscheint daher nicht angängig, für die Anwendung des § 823 Abs. 2 BGB. den Tatbestand des § 185 oder des § 186 StGB. von der Bestimmung des § 193 abzutrennen und dahin zu argumentieren, ein Verstoß gegen jene Schutzgesetze liege vor, sofern sämtliche zu § 185, bezw. § 186 an sich gehörige Tatbestandsmerkmale gegeben seien; darüber, ob dieser Verstoß schuldhaft widerrechtlich sei, habe im weiteren das Zivilrecht zu entscheiden. Bei der von der Revision hiergegen angeführten Beurteilung von Beleidigungen in Ehestreitsachen verhält es sich nur in dem Falle anders, wenn die Ehrverletzung nach dem maßgebenden Eherecht nicht gerade nur als unerlaubte Handlung nach der strafrechtlichen Seite, sondern als Pflichtverletzung im Hinblick auf das sittliche Verhältnis der Ehegatten in Betracht kommt. Gegenüber den in dem BGB. positiv bestimmten Grenzen der privatrechtlichen Schadensersatzpflicht läßt sich aus dem nach Ansicht der Revision über das Gebiet der Strafbarkeit hinausgehenden Schutzzwecke keine Folgerung ziehen, und es kann hier unentschieden bleiben, ob der zivilrechtliche Begriff der Rechtswidrigkeit sich mit dem strafrechtlichen nicht wenigstens insoweit decke, als der letztere für die Beleidigung durch § 193 StGB. zum Ausdruck gebracht hat.

3. Der Bestimmung in § 193 StGB. entspricht im wesentlichen diejenige in § 824 Abs. 2 BGB., welche für den Fall der Kreditgefährdung 2c. durch

eine Mitteilung, deren Unwahrheit dem Mitteilenden unbekannt ist, die Schadensersatzpflicht ausschließt, wenn jener oder der Empfänger der Mitteilung an ihr ein berechtigtes Interesse hat. Berechtigte Interessen sind hier wie dort diejenigen, deren Wahrnehmung rechtlich erlaubt ist, welche nicht dem Recht oder den guten Sitten zuwiderlaufen. Auch die Wahrnehmung fremder Interessen ist gestattet, nach § 193 StGB. wenigstens dann, wenn der Handelnde zu deren Wahrnehmung berufen war, oder die Angelegenheit ihn auch selber nahe angeht, nach § 824 BGB. in der hier gesetzlich bestimmten Grenze.

Das eigene Interesse der Beklagten bei der fraglichen Kundgebung bestand nach Annahme des Berufungsgerichts darin, die ausgetretenen Arbeiter zur Wiederaufnahme der Arbeit bei ihr gefügiger zu machen und die ihr treugebliebenen oder von ihr neu angenommenen Arbeiter durch Furcht vor Arbeitslosigkeit von einer Handlungsweise wie derjenigen der Kläger abzuhalten.

Übrigens würde die Entscheidung zu diesem Punkte schon dadurch getragen, daß eine von der Beklagten bezweckte Wahrnehmung von Interessen anderer — der Empfänger der Mitteilung — einwandsfrei angenommen ist. Zur Wahrnehmung des Interesses ihrer Berufsgenossen hat nach der Feststellung des Berufsurteiles die Beklagte gehandelt, indem sie diese durch eine Schilderung des Vorgehens der Kläger und durch Namhaftmachung derselben in den Stand gesetzt habe, ihre Betriebe von solchen Arbeitern frei zu halten. Auch diese Feststellung zwar wird von der Revision, wenigstens soweit es den § 824 BGB. betrifft, angegriffen. Während für den § 193 StGB. ein auch nur vermeintliches Interesse genüge, verlange der § 824 BGB. ein objektiv berechtigtes Interesse; zum Ausschlusse der Schadensersatzpflicht genüge nicht die subjektive irrige Annahme einer solchen. Das ist der Revision als rechtlich zutreffend zuzugeben. Aber nicht berechtigt ist der von der Revision erhobene Vorwurf, es sei hier ein objektiv berechtigtes Interesse nicht einwandsfrei festgestellt, und es stehe, was die fremden Interessen anlangt, die Annahme eines Interesses der Empfänger des Zirkulars, „solche" Arbeiter nicht in Arbeit zu nehmen, in Widerspruch mit der anderen Annahme, daß die Arbeiter bona fide gehandelt hätten. Dieser Widerspruch besteht nach Ansicht der Revision deshalb, weil ein objektiv berechtigtes Interesse der Arbeitgeber, daß Arbeiter sich jeden Lohndruck und selbst vermeintlichen Wortbruch gefallen lassen sollen, nicht anerkannt werden könne. Allein wenn auch die bei der Beklagten ausständig gewordenen Arbeiter sich in dem guten Glauben an ihr Recht befanden, so konnte doch ein berechtigtes Interesse der Arbeitgeber objektiv daran bestehen, von ihren Betrieben Arbeiter fernzuhalten, welche nur, weil sie des (nach Annahme des Berufungsgerichtes hier tatsächlich unbegründeten) Glaubens sind, der Arbeitgeber habe ihnen gegenüber sein Wort gebrochen, ohne weiteres zu Ausständen schreiten, um ihr vermeintliches Recht durchzusetzen.

Die Frage, ob der von der Beklagten verfolgte, an sich berechtigte wirtschaftliche Zweck etwa wegen eines Verstoßes gegen die guten Sitten bei der Wahl des hierzu angewandten Mittels ungeeignet sei, die Interessenwahrung als berechtigt erscheinen zu lassen, berührt sich mit dem weiterhin noch zu erörternden Gesichtspunkte des § 826 BGB.

4. Auf dem Gebiete des § 823 Abs. 2 BGB. und des § 193 StGB. rügt die Revision ferner, daß das Berufungsurteil den Begriff „Absicht zu beleidigen" verkannt habe. Wenn das Zirkular eine Reihe von an sich beleidigenden Ausdrücken („grenzenloser Übermut", „frivol", „abschlachten", „belügen", „rohe Gewalt" ꝛc.) gebraucht habe, welche zu der für die Wahrung des vermeintlichen Interessen zweckdienlichen Sachdarstellung nicht notwendig gewesen seien, und wenn das Berufungsgericht den Gebrauch dieser Ausdrücke auf die „Erregung" der Beklagten zurückführe, ohne dabei festzustellen, daß die Erregung die Beklagte gehindert hätte, den beleidigenden Charakter der Ausdrücke zu erkennen, so habe das Berufungsgericht ja alle Kriterien für eine Absicht, zu beleidigen,

festgestellt, und hätte es solche Absicht nicht verneinen dürfen. Auch dieser Angriff mußte erfolglos bleiben. . . .

5. Anlangend schließlich den § 826 BGB. wird zwar von dem Berufungsgerichte nicht bezweifelt, daß die Beklagte durch ihr Rundschreiben den Klägern Schaden zugefügt habe, und ebensowenig, daß sie diesen Schaden vorausgesehen und ihn also vorsätzlich zugefügt habe. Aber der Berufungsrichter verneint, daß die Schadenszufügung in einer gegen die guten Sitten verstoßenden Weise geschehen sei, und bezieht sich deswegen auf die Entscheidungsgründe des ersten Richters. Dieselben gehen zu diesem Punkte im wesentlichen dahin: ein Verstoß gegen die guten Sitten sei in der Regel dann nicht anzunehmen, wenn durch die schadenzufügende Handlung berechtigte wirtschaftliche Interessen gewahrt werden sollen. Der für das Erwerbsleben als Regel anerkannte Grundsatz der freien Konkurrenz bedeute einen Kampf widerstreitender, leichtberechtigter Interessen, die einander gegenseitig Abbruch zu tun suchen. Soweit bei diesem Kampfe nicht direkt unerlaubte oder illoyale Mittel angewandt werden, könne prinzipiell von einer Ersatzpflicht nicht die Rede sein. Das gelte in gleicher Weise von dem wirtschaftlichen Lohn- und Klassenkampfe zwischen Arbeitgebern und Arbeitnehmern. Auch hier stehe das Recht prinzipiell auf dem Standpunkte, daß jede Partei befugt sei, mit allen erlaubten Mitteln ihr Interesse auf Schaffung günstiger Arbeits- und Lohnbedingungen zu wahren. So wenig es daher den Arbeitnehmern verwehrt sei, zu jenem Zwecke die Arbeit einzustellen, ihre Berufsgenossen zur Arbeitseinstellung zu veranlassen und dadurch den Arbeitgeber vorsätzlich zu schädigen, so wenig könne es den Arbeitgeber ersatzpflichtig machen, wenn er in einem bestehenden Lohnkampfe zur Wahrung seiner wirtschaftlichen Interessen und derjenigen seiner Berufsgenossen, die mit den seinigen in diesem Falle solidarisch seien, den ihm gegenüberstehenden Arbeitern durch Entziehung oder Erschwerung der Arbeitsgelegenheit Schaden zufüge. Das treffe vorliegend zu. Die Beklagte habe unter Darlegung ihrer Gründe die Berufsgenossen ersucht, die Kläger nicht einzustellen, weil dieselben ihr in ihrem Gewerbebetriebe durch sachlich nicht gerechtfertigte Arbeitseinstellung Schaden zugefügt hätten und das Ziel verfolgten, mit Hilfe der Organisationen die Arbeitgeber rücksichtslos ihrem Willen zu unterwerfen. Sei diese Darstellung der Beklagten richtig gewesen, so erscheine auch ihre Warnung und ihr Verlangen dem Berufsgenossen gegenüber gerechtfertigt, und habe es keineswegs gegen die guten Sitten verstoßen. Aber auch schon der gute Glaube der Beklagten an die Richtigkeit ihrer Darstellung schließe den Widerstreit gegen die guten Sitten aus, da ein Verstoß gegen diese notwendig das Bewußtsein der Zuwiderhandlung voraussetze. Das Berufsgericht bemerkt zusetzlich, in § 152 GO. sei das gleiche, den Arbeitern gewährte Koalitionsrecht auch den Gewerbetreibenden, den Arbeitgebern, eingeräumt. Die Beklagte habe daher, indem sie mit dem Rundschreiben ihre Berufsgenossen zu einer Koalition aufforderte, nicht bloß in Ausübung eines ihr nur kraft der allgemeinen Freiheit zustehenden, sondern auch eines ihr verliehenen besonderen Rechtes gehandelt. Nun sei zwar § 826 BGB. dahin auszulegen, daß auch derjenige, der in Ausübung eines solchen Rechtes einen anderen vorsätzlich schädige, für den entstehenden Schaden haftbar sei, wenn ihm eine illoyale, gegen die guten Sitten verstoßende Handlungsweise zur Last falle. Von einer solchen könne aber bei der Beklagten, die, um eine Koalition ihrer Berufsgenossen zu erzielen, ihnen eine in allen wesentlichen Punkten der Wahrheit entsprechende Schilderung des Vorgehens ihrer Arbeiter gegeben und sie um Nichteinstellung der letzteren gebeten habe, zweifellos nicht die Rede sein.

Die Revision rügt Verletzung des § 826 BGB. und des § 152 GO. Daß der Vorsatz der Beklagten auf die Unterbindung der Erwerbsmöglichkeit der Kläger gerichtet gewesen sei, werde vom Berufungsgericht anerkannt. Wenn dies, wie das genannte Gericht annehme, geschehen sei, um die Kläger gefügiger zu machen, d. h. sie durch Entziehung der Erwerbsmöglichkeit zur Unterwerfung, Lohnherabsetzung und nicht gewollte Arbeitsbedingungen zu zwingen, so sei das offensichtlich gegen die guten Sitten verstoßen. Die Verneinung beruhe auf Verkennen dieses Begriffes und unrichtiger Anwendung des § 152 GO. Die letztere Vorschrift habe nur die strafrechtlichen Schranken der Koalitionsfreiheit beseitigt, nicht auf privatrechtlichem Gebiete irgend welche sonst nicht bestehende Befugnisse verliehen.

Daran, daß den Bestimmungen in § 152 GO. auf dem Gebiete des Privatrechtes eine Bedeutung für die Frage nach dem Vorliegen einer unerlaubten Handlung zukommt, ist nicht zu zweifeln. Ob aber daraus mit dem Berufungsrichter ein besonderes subjektives Recht der Arbeiter bezw. Arbeitgeber in betreff der von jenem Gesetze freigegebenen Vereinigungen und Verabredungen herzuleiten sei, kann dahingestellt bleiben. Durch den Schutz des § 152 GO. würde eine Handlung keinesfalls gedeckt, welche, obschon in Ausübung eines formalen Rechtes, in einer den guten Sitten zuwiderlaufenden Weise auf vorsätzliche Schädigung des anderen gerichtet ist. Das hat jedoch das Berufungsgericht auch gar nicht verkannt.

Die Frage, ob eine bestimmte Handlung einen Verstoß gegen die guten Sitten enthält, ist eine der Nachprüfung des Revisionsgerichts unterstehende Rechtsfrage. In der dieselbe für den vorliegenden Fall verneinenden Entscheidung der Vorinstanz und der hierzu gegebenen Begründung konnte aber ein Rechtsirrtum nicht gefunden werden. Die von der Beklagten an ihre Berufsgenossen gerichtete Mitteilung enthält insoweit, als darin eine (wahre oder wenigstens von der Beklagten in gutem Glauben für wahr gehaltene) Darstellung der betreffenden Vorgänge gegeben wird, durchaus nichts, was den guten Sitten zuwiderliefe. Der Schwerpunkt bei dem Rundschreiben liegt aber in der damit bezweckten Maßregel gegenüber den ausständigen Arbeitern, in der an die Adressaten gerichteten Bitte, diese Arbeiter nicht einzustellen. Erlaubt und an sich nicht unsittlich war auch hierbei der von der Beklagten verfolgte wirtschaftliche Zweck, in dem ausgebrochenen, nach Ansicht der Beklagten ihr grundloserweise aufgedrängten Lohnkampfe ihre Lohnbedingungen durchzusetzen und den Widerstand der Arbeiter zu brechen. Nicht jedes Mittel ist freilich rechtlich und sittlich erlaubt, um jenen Zweck zu erreichen; auch der Ausübung des Koalitionsrechtes sind insofern gewisse Schranken gesetzt. Das zeigt schon der gegen Mißbrauch jenes Rechtes durch bestimmte Zwangsmittel gerichtete § 153 GO., dessen Vorschriften übrigens im gegenwärtigen Falle nicht in Betracht kommen. Die in den heutigen gewerblichen Lohnkämpfen von der einen wie von der anderen Seite zur Anwendung gebrachten Maßregeln, wie Streik und Aussperrung, werden gewöhnlich die Bedeutung eines auf den anderen Teil geübten Druckes oder Willenszwanges haben und auf die materielle Schädigung des Gegners, soweit solche mit der zeitweiligen Beeinträchtigung seiner Erwerbslage verknüpft ist, abzielen, ohne daß man deshalb solchen Maßregeln immer den Charakter einer sittlich verwerflichen Handlung beilegen dürfte. Es wird auch hier von der Rechtsordnung wie von der herrschenden sittlichen Anschauung in weitem Maße dem Selbstschutz und den gewerblichen Bestrebungen, das „freie Spiel wirtschaftlicher Kräfte" und ihre Betätigung durch genossenschaftliche Selbsthilfe zu regeln, Rechnung getragen, wie dies auf der anderen Seite gegenüber Organisationen geschieht, welche die eigenen Gewerbsgenossen einer Beschränkung der Erwerbsfreiheit im Interesse gemeinschaftlichen Vorgehens mittels gewerblicher Kartelle u. dergl. unterwerfen wollen. Hier wie dort allerdings bietet auch der § 826 BGB. ein Mittel, um Ausschreitungen und Auswüchsen des gewerblichen Wett- oder Lohnkampfes entgegenzutreten, wo sonst hierzu die straf- und zivilrechtlichen Vorschriften über unerlaubte Handlungen nicht ausreichen würden. Maßregeln, wie Geschäftssperre oder Boykott, können nach Umständen in das Gebiet des § 826 BGB. fallen, insbesondere wenn damit eine Verrufserklärung (wodurch jemand als des Verkehrs in einem bestimmten Kreise persönlich unwürdig gekennzeichnet wird) verknüpft ist. Das Aufstellen einer sog. schwarzen Liste, wodurch die Annahme bestimmter Arbeiter widerraten wird, enthält eine solche Verrufserklärung nicht immer und notwendig. Überhaupt wird es für die Anwendung des § 826 BGB. gegenüber derartigen Maßregeln stets auf die Umstände des konkreten Falles, auf die Art und Weise der Einwirkung auf die Willensfreiheit des Gegners und der über denselben verhängten Nachteile ankommen. Eine Handlung, welche zum Zweck oder Erfolg hat, die gewerbliche Existenz des Gegners im Lohnkampfe völlig zu untergraben, ihn dauernd erwerbs- und brotlos zu machen, wird anders zu beurteilen sein, als eine Maßregel, die nur darauf abzielt, dem Gegner vorübergehend, für die Dauer des Lohnkampfes, die Erwerbsmöglichkeit in dem betreffenden Geschäftszweig abzuschneiden, ihn hierdurch znm Nachgeben und zur Unterwerfung unter die gestellten Bedingungen zu nötigen. Ein Fall der letzteren, nicht der ersterwähnten Art, liegt aber hier nach der Annahme des Berufungsgerichts vor. Hiernach wollte — wie schon oben angeführt — die Beklagte in erster Linie durch die fragliche Maßregel und im Wege einer Koalition der Arbeitgeber die ausgetretenen Arbeiter zur Wiederaufnahme der Arbeit bei ihr gefügiger machen; sie bittet in dem Rundschreiben die anderen Fabrikanten, ihr in dem von den Arbeitern gegen sie eröffneten Lohnkampfe dadurch ihre „indirekte Unterstützung" zuteil werden zu lassen, daß sie von den namhaft gemachten Arbeitern, die in frivoler Weise ein gutes und gesichertes Brot verlassen, keinen in ihren Dienst aufnehmen. Bei der von den Vorinstanzen in prozessual nicht anfechtbarer Weise festgestellten Bedeutung jener an die Berufsgenossen gerichteten Bitte als einer Kampfmaßregel gegen die für sachlich unberechtigt erachtete — Lohnbewegung der Arbeiter ist das Zutreffen des § 826 BGB. ohne Verletzung dieses Gesetzes verneint worden.

## 439. Ist der Werftbesitzer schadensersatzpflichtig, der einen früheren Arbeiter grundlos auf eine schwarze Liste setzt?

Urteil des Landgerichts Bremen vom 22. Januar 1902.

Der Kläger war auf der Schiffswerft der Beklagten beschäftigt. Für alle Arbeiter der Werft bestand eine Arbeitsordnung. § 4 Abs. 3 lautet: „Die Arbeit wird im allgemeinen und zwar in allen Betrieben um 6 Uhr morgens aufgenommen und um 6 Uhr abends beendet." In Abs. 6 heißt es: Treten Änderungen in der regelmäßigen Arbeitszeit . . . ein, so werden dieselben durch Anschlag . . . bekannt gegeben." § 19 lautet: „Ein Nachtrag oder eine Arbeitsordnung tritt frühestens zwei Wochen nach ihrem Erlasse in Geltung."

Frühestens am 10. Dezember 1900 gab die Beklagte durch Anschlag bekannt, daß fortan von 7 Uhr morgens bis 6 1/2 Uhr abends gearbeitet werden solle. Am 13. hat eine große Anzahl Maschinenbauer um 6 Uhr aufgehört zu arbeiten. Am nächsten Morgen sind diese Arbeiter sämtlich entlassen. Ihnen wurde eine Bescheinigung über die Zeit, die sie bei Beklagten gearbeitet hatten, erteilt mit dem Zusatze: „Derselbe wurde wegen komplotmäßiger Arbeitsverweigerung entlassen." Der Kläger war am 13. Dezember an einer andern Arbeitsstelle beschäftigt gewesen und hatte nicht um 6 Uhr die Arbeit niedergelegt. Am Mittag des 14. Dezember hat er sein Arbeitsverhältnis gelöst und das übliche Abgangsattest nach Formular über die Dauer seiner Arbeitszeit erhalten, worin es heißt: „und ist ordnungsmäßig entlassen".

Am 14. Dezember sandte die Beklagte an die übrigen Werften in Bremerhaven und den Nachbarorten folgendes Schreiben:

„Hiermit erlauben wir uns Ihnen einliegend eine Liste der Arbeiter unserer Maschinenfabrik zu behändigen, welche wir heute wegen Arbeitsverweigerung entlassen haben.

Wir haben in Übereinstimmung mit unseren Nachbarbetrieben wie alljährlich in dieser Zeit den Beginn der Arbeitszeit auf 7 Uhr des Morgens angesetzt und weigerten sich die auf der Liste verzeichneten Leute eine zehnstündige Arbeitsschicht, also bis 6 1/2 Uhr des Abends einzuhalten, sie versuchten sich eine genehmere Arbeitszeit zu erzwingen.

Nach vorheriger Androhung haben wir die Arbeitsunlustigen sofort entlassen, und bitten wir Sie freundlich, uns dadurch zu unterstützen, daß Sie von den Arbeitern keine einstellen."

Auf der mit diesem Schreiben gesandten Liste findet sich auch der Name des Klägers.

Der Kläger behauptet, er sei durch das Vorgehen der Beklagten erheblich geschädigt; insbesondere habe ihm der Norddeutsche Lloyd eine Stelle als Maschinenassistent deshalb verweigert, weil er auf dieser sogen. schwarzen Liste gestanden habe. Die Folge seiner Eintragung auf die Liste sei gewesen, daß er bis zum 20. Februar 1901 ohne Arbeit gewesen sei.

Die Beklagte hat Abweisung der Klage beantragt; sie habe es als selbstverständlich annehmen müssen, daß der Kläger mit den Entlassenen gemeinsame Sache machen wolle.

Der Kläger will dem Streit zwischen der Beklagten und den Arbeitern ganz fern gestanden und nur die Arbeit niedergelegt haben, weil er, wie schon früher, wieder habe zur See fahren wollen.

Das Amtsgericht zu Bremerhaven hat die Klage abgewiesen. Auf die Berufung des Klägers ist die Schadensersatzpflicht der Beklagten dem Grunde nach festgestellt.

Aus den Gründen: Die Arbeitsordnung entspricht den Bestimmungen der §§ 134a—134h der GO. Der Erlaß einer Arbeitsordnung war gesetzliche Pflicht der Beklagten. Die Arbeitsordnung muß Bestimmungen enthalten über Anfang und Ende der regelmäßigen täglichen Arbeitszeit. Abänderungen der Arbeitsordnung können nur durch Erlaß von Nachträgen erfolgen oder durch Erlaß einer neuen Arbeitsordnung. Vor dem Erlasse der Arbeitsordnung oder eines Nachtrags sind die Arbeiter zu hören. Der Nachtrag ist drei Tage nach dem Erlaß unter Mitteilung der von den Arbeitern erhobenen Bedenken bei der Behörde einzureichen, und zwar bei Vermeidung von Strafe. Die gesetzlichen Erfordernisse wegen Abänderung der Arbeitsordnung hat die Beklagte nicht erfüllt. Sie vertritt noch jetzt den Standpunkt, daß es sich um einen Nachtrag zur Arbeitsordnung nicht handle, sondern daß sie einseitig beliebig die Arbeitszeit verschieben könne. Eine Bestimmung, welche die Arbeitsordnung enthalten muß, kann aber nach der angeführten gesetzlichen Vorschrift nicht einseitig vom Arbeitgeber geändert werden.

Die Rechtslage der Beklagten gegenüber ihrer Arbeiterschaft war daher am 13. Dezember 1900 die folgende: Die Arbeiter waren am Morgen dieses Tages zur Arbeit gekommen nach Maßgabe der bestehenden Arbeitsordnung, allerdings im Einverständnis mit der Beklagten statt um 6 um 7 Uhr. Sie waren rechtlich nicht verpflichtet, länger als bis 6 Uhr zu arbeiten. Sie waren zwar bereit, länger, nämlich bis 6 1/2 Uhr, zu arbeiten, aber nur gegen höheren sogen. Überstundenlohn für diese letzte halbe Stunde. Da die Beklagte diesen höheren Lohn nicht bewilligen wollte, weil die Arbeitszeit von 7 bis 6 1/2 Uhr 10 Arbeitsstunden nicht überschritt, verließen sie um 6 Uhr die Arbeit. Sie übten damit nur ihr ihnen nach dem Gesetze und der Arbeitsordnung zustehendes Recht aus. — Die Beklagte entließ am Morgen des 14. diejenigen zur Arbeit erschienenen Arbeiter sofort, die am Abend vorher um 6 Uhr die Arbeit verlassen hatten. Es kann dahingestellt bleiben, ob die Entlassung am Morgen des 14. nach geschehener Meldung zur Arbeit berechtigt war. Unrichtig war jedenfalls die Darstellung der Beklagten in ihrer Mitteilung an die anderen Werften, daß die Arbeiter wegen Arbeitsweigerung, worunter sie verstanden wissen wollte rechtswidrige Arbeitsweigerung, entlassen seien. Vollends unrichtig war, daß diese Mitteilung auch auf den Kläger bezogen wurde, der überhaupt nicht gegen seinen Willen entlassen war, sondern die Arbeit freiwillig aufgegeben hatte. Die Behauptung des Klägers, daß er infolge der Mitteilung an die anderen Werften, seiner Aufnahme in die sogen. schwarze Liste, längere Zeit keine Arbeit habe finden können, ist nicht bestritten. Es ist daher festzustellen, daß die Beklagte der Wahrheit zuwider die Tatsache behauptet hat, daß der Kläger wegen Arbeitsweigerung, d. h. wegen Weigerung einer Arbeit, zu der er nach dem Arbeitsvertrage verpflichtet war, entlassen sei. Daß die Vertragswidrigkeit behauptet werden sollte, kann in Verbindung mit dem Ausdruck „komplottmäßige Arbeitsweigerung" in der den Arbeitern erteilten Bescheinigung keinem Zweifel unterliegen. Ferner ist festzustellen, daß diese Behauptung geeignet war, dem Kläger Nachteile für seinen Erwerb herbeizuführen, daß die Beklagte die Unwahrheit ihrer Behauptung kennen mußte, und daß dem Kläger Schaden entstanden ist. Die Voraussetzungen des § 824 Abs. 1 des BGB. für die Schadensersatzpflicht der Beklagten liegen daher vor.

Zu prüfen ist, ob der Ausnahmefall des § 824 Abs. 2 vorliegt, welcher bestimmt: „Durch eine Mitteilung, deren Unwahrheit dem Mitteilenden unbekannt ist, wird dieser nicht zum Schadensersatze verpflichtet, wenn er oder der Empfänger der Mitteilung an ihr ein berechtigtes Interesse hat." Diie Rechtslage bezüglich des Klägers war nun eine andere als bezüglich der übrigen Arbeiter. Es ist anzunehmen, daß bezüglich der letzteren die Beklagte, wenn auch auf Grund eines sie schützenden Rechtsirrtums, der Überzeugung war, daß sie unter Vertragsbruch die Arbeit verlassen hätten. Bezüglich des Klägers gibt die Beklagte zu, als dieser Ende Januar 1901 um die Streichung seines Namens von der den übrigen Werften mitgeteilten sogen. schwarzen Liste gebeten habe, habe sie die Streichung deshalb geweigert, weil sie der festen Meinung war und auch sein durfte, daß der Kläger mit den übrigen Arbeitern gemeinschaftliche Sache gemacht habe. Sie hat offenbar die Behauptung nicht aufstellen wollen, daß ursprünglich der Name des Klägers auf Grund eines Versehens auf die Liste gesetzt sei. Nach dem Tatbestande des amtsgerichtlichen Urteils hat sie sich vielmehr dahin erklärt: wenn nun auch der Kläger nicht entlassen worden sei, sondern selbst seine Entlassung genommen habe, so sei doch zu bedenken, daß das allein Wesentliche seine Anschließung an die Entlassung sei. Sie gibt also zu, gewußt zu haben, daß die Mitteilung an die anderen Werften bezüglich des Klägers rücksichtlich seiner Entlassung zwar unrichtig sei, hält dies aber offenbar in gutem Glauben für etwas so Unwesentliches, daß darum in bezug auf ihn eine besondere von dem Schreiben abweichende Mitteilung nicht erforderlich gewesen sei. Unter diesen Umständen kann aber der Beklagten der Schutz des § 824 Abs. 2 des BGB. nicht zugute kommen. Sie wußte, daß der Kläger nicht entlassen sei, und durfte daher eine derartige Mitteilung nicht machen. Sie wußte auch nicht, daß der Kläger deshalb am 14. Dezember freiwillig die Arbeit aufgab, weil er mit den am Morgen dieses Tages entlassenen Arbeitern gemeinsam sich gegen die Verlängerung der Arbeitszeit von 6—6½ Uhr abends wehren wollte. Mochte sie auch noch so erhebliche Gründe zu haben glanben, dies anzunehmen, ihre Vermutung, daß der Kläger, wenn er am 13. Dezember auf der Werft selbst gearbeitet haben würde, ebenso wie die anderen Arbeiter um 6 Uhr die Arbeit verlassen haben würde, durfte sie nicht dahin führen, von ihm ebenso wie von den anderen Arbeitern zu sagen, daß er am Abend des 13. die Arbeit verweigert habe und deshalb am Morgen des 14. entlassen sei.

# Dritter Teil.

# Formulare.

## 1. Vereidigung eines Beisitzers.

**Verhandelt**

Charlottenburg, den 10. Mai 1903.

Anwesend:
als Vorsitzender:
Spruch,
Gewerberichter.
als Gerichtsschreiber:
Schriftmann,
Gewerbegerichtsschreiber.

In der heutigen öffentlichen Sitzung des Gewerbegerichts zu Charlottenburg wurden die zum Beisitzer erwählten Arbeitnehmer Fabrikarbeiter Wilhelm Eifrig und Schlossergeselle Max Prompt, sowie die Arbeitgeber Fabrikbesitzer Georg Recht und Töpfermeister Emil Billig, sämtlich von hier durch den unterzeichneten Vorsitzenden, wie folgt, vereidigt: GGG. § 21.

Der Vorsitzende wies sie auf die mit seinem Amte verbundenen Obliegenheiten hin und sprach ihnen die Eidesformel wie folgt vor:

„Sie schwören bei Gott dem Allmächtigen und Allwissenden, die Pflichten eines Beisitzers des Gewerbegerichts getreulich zu erfüllen und Ihre Stimme nach bestem Wissen und Gewissen abzugeben."

Preußische Bekanntmachung der Minister für Handel und Gewerbe und des Innern v. 17/8. 91, M.-Bl. S. 26.

Sie sprachen hierauf unter Erhebung der rechten Hand die Worte:

„Ich schwöre es, so wahr mir Gott helfe!"

v. w. o.

Spruch. Schriftmann.

## 2. Klage wegen kündigungsloser Entlassung.

**V.**
1. Verhandlungstermin 19. Mai 1903 vormittags 11 Uhr.
2. Beklagter ist zu laden.

Charl., 16./5. 1903.
Spruch, Gewerberichter.[1])

**Reg.**
Dem Kläger ist der Termin sogleich verkündet.[2])
Charl., 16./5. 1903.
Schriftmann,
Gerichtsschreiber.

**Verhandelt**

Charlottenburg, den 16. Mai 1903.

Es erscheint GGG. §§ 26, 32, 36. ZPO. §§ 253, 496.

der Schuhmachergeselle Michael Leisten aus Berlin, Mulackstraße 13,

und klagt wider

den Schuhmachermeister Gustav Pfriem zu Charlottenburg, Bleibtreustraße 100, wie folgt:

Bei dem Beklagten bin ich seit dem 10. März 1903 in seiner zu Charlottenburg belegenen Werkstatt als GO. § 105. BGB. §611ff.

---

[1]) GGG. § 36. [2]) GGG. § 35, Abs. 3.

Geselle gegen einen verabredeten Zeitlohn von 10 Mark wöchentlich sowie freie Kost und Wohnung beschäftigt gewesen.

Beweis: vorbehaltlich weiterer Beweismittel: Eid.

GO. § 122. Am 10. Mai 1903 bin ich ohne gesetzlichen Grund und ohne Kündigung entlassen worden, die Kündigung war aber nicht durch Vertrag ausgeschlossen.

Beweis: Zeugnis des Gesellen Ahl bei dem Beklagten.

Ich habe bis heut keinen anderen Erwerb finden können.[1])

GO. § 122. Ich beanspruche Lohn auf 2 Wochen = 20 Mark, Kost und Wohnung 14 Tage à 1,50 Mark = 21 Mark, zusammen 41 Mark. Ich werde beantragen:

GGG. § 57, ZPO. § 709. den Beklagten kostenpflichtig zu verurteilen, an mich 41 Mark zu zahlen und das Urteil für vorläufig vollstreckbar zu erklären.

v. g. u.

Michael Leisten.

v. w. o.

Schriftmann,
Gewerbegerichtsschreiber.

## 3. Säumnis des Beklagten.

GGG. § 38. GGG. § 47. GVG. §§ 159, 160.

Öffentliche Sitzung des Gewerbegerichts zu Charlottenburg.

Anwesend:
als Vorsitzender:
Spruch,
Gewerberichter.
als Gerichtsschreiber:
Schriftmann,
Gewerbegerichtsschreiber.[2])

V.
1. Urteil ausfertigen,
2. Zustellen,
3. Kosten einziehen.
Ch., 19./5. 03.
Spruch.

**Verhandelt**

Charlottenburg, den 19. Mai 1903.

In Sachen
des Schuhmachergesellen Michael Leisten zu Berlin, Klägers,
gegen
den Schuhmachermeister Gustav Pfriem zu Charlottenburg, Beklagten,
steht heute Termin zur mündlichen Verhandlung an.

Beim Aufruf der Sache erschien:
1. der Kläger in Person,
2. für den Beklagten niemand.

---

[1]) Es ist zwar Sache des Beklagten, einzuwenden, daß der Arbeiter anderweiten Erwerb gefunden habe. Doch wird es zur Klarstellung der Sachlage dienen, wenn der Kläger bereits bei Aufnahme der Klage veranlaßt wird, über diesen Punkt Information zu erteilen.

[2]) Zuziehung der Beisitzer unterbleibt gemäß § 54 GGG.

Der Kläger beantragte, den Beklagten durch Versäumnisurteil nach dem Klageantrage zu verurteilen. GGG. § 39, Abs. 2.

Es wurde festgestellt, daß dem Beklagten die Klage am 17. Mai 1903 zugestellt ist. GGG. § 35, Abs. 2.

Anliegendes Urteil wurde verkündet. GGG. § 48.

Kläger beantragte Erteilung einer vollstreckbaren Ausfertigung. GGG. §§ 32, Abs. 2, 57, Abs. 4. ZPO. §§ 724, 725.

v. w. o.

Spruch. Schriftmann. GGG. § 47.

## 4. Versäumnisurteil gegen Beklagten.[1])

Verkündet am 19. Mai 1903.
Schriftmann, Gerichtsschreiber.

In Sachen

des Schuhmachergesellen Michael Leisten zu Berlin, Mulackstraße 13, Klägers,
gegen
den Schuhmachermeister Gustav Pfriem zu Charlottenburg, Bleibtreustraße 100, Beklagten, wegen Lohnentschädigung,

hat das Gewerbegericht zu Charlottenburg, Kammer 2, in der öffentlichen Sitzung vom 19. Mai 1903 durch seinen Vorsitzenden, den Gewerberichter Spruch,

nachdem Kläger wegen kündigungsloser Entlassung auf Zahlung von 41 Mark Lohn und Ersatz für Kost und Wohnung auf zwei Wochen geklagt und beim Nichterscheinen des Beklagten in dem zur mündlichen Verhandlung auf den 19. Mai 1903 anberaumten Termine den Erlaß des Versäumnisurteils beantragt hat, auch durch die bei den Akten befindliche Zustellungsurkunde die gehörig erfolgte Ladung nachgewiesen hat,

in Erwägung, daß hiernach das den Klageantrag rechtfertigende, tatsächliche, mündliche Vorbringen des Klägers als zugestanden anzunehmen ist,

in Gemäßheit des § 39 Gewerbegerichtsgesetzes und des § 91 der Zivilprozeßordnung für Recht erkannt:

Der Beklagte wird verurteilt, an den Kläger 41 Mark zu zahlen und die Kosten des Rechtsstreits mit 75 Pfennig zu tragen. GGG. §§ 49, Abs. 4. 58.

Dieses Urteil ist vorläufig vollstreckbar. GGG. § 57.

Der Beklagte kann binnen einer Notfrist von drei Tagen seit der an ihn bewirkten Zustellung dieses Urteils die Erklärung abgeben, daß er gegen dasselbe Einspruch einlege. Die Einlegung gilt mit der Einreichung der Erklärung beim Gewerbegericht oder mit der Abgabe derselben zum Protokolle des Gerichtsschreibers als bewirkt. ZPO. § 709. GGG. § 40.

Von — Rechts — Wegen.

Charlottenburg, den 19. Mai 1903.

**Das Gewerbegericht.**

Spruch.

---

[1]) GGG. § 49.

## 5. Einspruch gegen Versäumnisurteil.

**V.**
1. Termin wird auf den 23. Mai 1903, vormittags 11 Uhr, bestimmt.[1])
2. Zu laden der Kläger.[2])

Charl., den 21./5. 1903.
Spruch.

**Reg.**
Dem Beklagten ist der Termin sogleich verkündet.[3])
Charl., 23./5. 1903.
Schriftmann,
Gerichtsschreiber.

**Verhandelt**

Charlottenburg, den 21. Mai 1903.

In Sachen
des Schuhmachergesellen Michael Leisten zu Berlin, Klägers,
gegen
den Schuhmachermeister Gustav Pfriem zu Charlottenburg, Beklagten, erschien der Beklagte und erklärte:

GGG. § 32.

GGG. § 40.

GGG. § 32, Abs. 2.

Gegen das Versäumnisurteil vom 19. Mai 1903 lege ich Einspruch ein und bitte um Anberaumung eines neuen Verhandlungstermins.
(Auf Zustellung des Versäumnisurteils verzichte ich.)

v. g. u.
Gustav Pfriem.

g. v. o.
Schriftmann,
Gewerbegerichtsschreiber.

## 6. Zurückweisung eines Vertreters. Säumnis des Klägers.

Öffentliche Sitzung des Gewerbegerichts zu Charlottenburg

**Verhandelt**
Charlottenburg, den 25. Mai 1903.

Anwesend:
als Vorsitzender:
Spruch,
Gewerberichter.
als Gerichtsschreiber:
Schriftmann,
Gewerbegerichtsschreiber.

**V.**
1. Urteil ausfertigen.
2. Zustellen an Kläger.
3. Kosten einziehen.

Charl., 25./5. 1903.

In Sachen des Schuhmachergesellen Michael Leisten zu Berlin, Klägers,
gegen
den Schuhmachermeister Gustav Pfriem zu Charlottenburg, Beklagten, steht heute Termin zur mündlichen Verhandlung an.

Beim Aufruf der Sache erschienen:
1. für Kläger der Kommissionär Richard Dreher von hier mit anliegender Vollmacht.
2. Beklagter in Person.

Der Vertreter des Klägers mußte auf Befragen zugeben, daß er ein Rechtsbureau betreibe und vom Kläger für die Wahrnehmung des Termins 1 Mark

---

[1]) GGG. § 40, Abs. 3. [2]) GGG. § 32. [3]) GGG. § 35, Abs. 3.

erhalten habe. Daß ihm auch schon einmal das Auftreten vor dem Gewerbegericht untersagt sei.

Beschlossen und verkündet:

Der Agent Richard Dreher wird als Prozeßbevollmächtigter nicht zugelassen, da er das Verhandeln vor Gericht geschäftsmäßig betreibt. GGG. § 31.

Der Beklagte beantragte die Klage unter Aufhebung des Versäumnisurteils vom 11. Mai 1903 durch Versäumnisurteil abzuweisen. GGG. § 39, Abs. 1.

Es wurde festgestellt, daß dem Kläger der Einspruch am 27. Mai 1903 zugestellt ist. GGG. § 35, Abs. 2.

Anliegendes Versäumnisurteil wurde verkündet. GGG. § 48.

Beklagter beantragte Erteilung einer vollstreckbaren Ausfertigung. GGG. § 32. Abs. 2, CPO. §§ 724, 725.

v. w. o.

Spruch. Schriftmann. GGG. § 47.

## 7. Versäumnisurteil gegen Kläger.

Verkündet am 25. Mai 1903.
Schriftmann, Gerichtsschreiber.

In Sachen

des Schuhmachergesellen Michael Leisten zu Berlin, Mulackstraße 13, Klägers,

gegen

den Schuhmachermeister Gustav Pfriem zu Charlottenburg, Bleibtreustraße 100, Beklagten,

hat das Gewerbegericht zu Charlottenburg Kammer 2 in der öffentlichen Sitzung vom 25. Mai 1903 durch seinen Vorsitzenden, Gewerberichter Spruch,

nachdem Kläger wegen ungerechtfertigter Entlassung auf Zahlung von 41 Mark geklagt hat,

nachdem Beklagter gegen das Versäumnisurteil vom 11. Mai 1903 form- und fristgemäß Einspruch eingelegt hat,

nachdem der Kläger in dem zur mündlichen Verhandlung auf den 25. Mai 1903 anberaumten Termine weder erschienen noch gehörig vertreten war,

nachdem ferner der Beklagte den Erlaß des Versäumnisurteils beantragt hat, auch die gehörig erfolgte Ladung des Klägers durch die bei den Akten befindliche Zustellungsurkunde nachgewiesen hat, in Gemäßheit des § 39 des Gewerbegerichtsgesetzes und des § 91 der Deutschen Zivilprozeßordnung für Recht erkannt:

Kläger wird unter Aufhebung des Versäumnisurteils vom 11. Mai 1903 mit seiner Klage kostenpflichtig abgewiesen und verurteilt, die Kosten des Rechtsstreites mit 75 Pfennig zu tragen.

Dieses Urteil ist vorläufig vollstreckbar. GGG. § 57, ZPO. § 709.

Kläger kann binnen einer Notfrist von drei Tagen seit der an ihn bewirkten Zustellung dieses Urteils die Erklärung abgeben, daß er gegen dasselbe Einspruch einlege. Die Einlegung gilt mit der Einreichung der Erklärung oder mit der Abgabe derselben zum Protokoll des Gerichtsschreibers als bewirkt. GGG. § 40.

Von — Rechts — Wegen.

**Das Gewerbegericht.**

Spruch.

## 8. Einspruch und Wiedereinsetzungsgesuch.

**Verhandelt**

Charlottenburg, den 10. Juni 1903.

**V.**

1. Termin wird auf den 15. Juni 1903, nachmittags 1 Uhr, bestimmt.[1])
2. Zuladen der Beklagte.[2])

Charl., den 10./6. 1903.
Spruch.

GGG § 32.

GGG. § 40.

**Reg.**

Dem Kläger ist der Termin[3]) sogleich verkündet.
Charl., den 10./6. 1903.
Schriftmann,
Gerichtsschreiber.

In Sachen
des Schuhmachergesellen Michael Leisten zu Berlin, Klägers,
gegen
den Schuhmachermeister Gustav Pfriem zu Charlottenburg, Beklagten,
erschien der Kläger und erklärte:

Gegen das Versäumnisurteil vom 25. Mai 1903 lege ich Einspruch ein und bitte um Anberaumung eines neuen Verhandlungstermins.

Das Urteil ist bereits am 27. Mai zugestellt und zwar wie die Zustellungsurkunde ergibt, an meine Ehefrau in meiner Wohnung.

Ich habe jedoch in der Zeit vom 25. Mai bis zum 8. Juni im Städtischen Krankenhaus Friedrichshain zu Berlin am Nervenfieber krank gelegen.

Beweis: anl. Attest des prakt. Arztes Dr. Wundt.

Meine Ehefrau hat mir erst am 9. Juni, als ich wieder nach Hause kam, von der Zustellung des Versäumnisurteils Mitteilung gemacht.

Beweis: anl. eidesstattliche Versicherung meiner Ehefrau.

§§ 233, 236. ZPO.

Ich werde beantragen, mir gegen die Versäumung der Einspruchsfrist die Wiedereinsetzung in den vorigen Stand zu gewähren.

v. g. u.
Michael Leisten.

g. w. o.
Schriftmann.

## 9. Erste Verhandlung ohne Beisitzer.[4])

Öffentliche Sitzung des Gewerbegerichts.
zu Charlottenburg.

Anwesend sind:
1. als Vorsitzender:
Spruch,
Gewerberichter.
2. als Gerichtsschreiber
Schriftmann,
Gewerbegerichtsschreiber.

**Verhandelt**

Charlottenburg, den 15. Juni 1903.

GGG. § 47.
GVG. §§ 159, 160.

In Sachen
des Schuhmachergesellen Michael Leisten zu Berlin, Klägers,

---

[1]) GGG. § 40, Abs. 3. [2]) GGG. § 32. [3]) GGG. § 35, Abs. 3. [4]) GGG. § 54.

gegen

den Schuhmachermeister Gustav Priem zu Charlottenburg, Beklagten,

steht heute Termin zur mündlichen Verhandlung an:

Beim Aufruf der Sache erschienen:

1. Kläger in Person.
2. Beklagter in Person.

Aus der mündlichen Verhandlung war folgendes festzustellen.

Kläger stellte den Antrag aus der Klageschrift und den Antrag auf Wiedereinsetzung in den vorigen Stand wegen Versäumung der Einspruchsfrist.

Beklagter beantragte Abweisung der Klage unter Aufrechterhaltung des Versäumnisurteils und des Wiedereinsetzungsgesuchs.

Kläger trug den Inhalt der Klage und des Wiedereinsetzungsantrages vor.

Beklagter behauptet, die Ehefrau des Klägers habe diesem bereits am 29. Mai von der Zustellung des Versäumnisurteils Mitteilung gemacht. (Beweis: Zeugnis der Krankenwärterin Emma Achtung.) ZPO. § 373

In der Sache selbst wendet er ein, es sei Kündigungsausschluß ausdrücklich vereinbart. (Beweis: ZPO. § 373. Zeugnis des Gesellen Ahl.) Auch befinde sich in seiner Werkstatt ein Plakat: „Kündigung findet nicht statt", das Kläger, wie er eidlich nicht leugnen werde, bei seinem Eintritt gelesen habe. — Eventuell sei er zur sofortigen Entlassung berechtigt gewesen. Kläger habe in der Werkstatt mit dem Dienstmädchen des Beklagten wiederholt Unzucht getrieben. (Beweis: Zeugnis des Dienstmädchens Martha Meyer bei ZPO. § 373. den Beklagten und des früheren Schuhmachergesellen, jetzigen Kanoniers im 1. Garde-Feldartillerieregiment, Friedrich Stich.) Auch habe er sich durch liederlichen Lebenswandel eine Krankheit zugezogen, die ihn arbeitsunfähig mache. (Beweis: Sachverständigengutachten.) ZPO. § 403. Beklagter bestreitet ferner, daß mit dem Kläger die Gewährung freier Wohnung vereinbart sei.

Kläger bleibt bei seinen Behauptungen stehen, bestreitet das entgegenstehende Vorbringen des Beklagten und verlangt unter Eideszwang Vorlegung des von den Parteien geschlossenen schriftlichen Vertrages vom 10. März 1903 zum Beweise, daß Gewährung freier Wohnung vereinbart sei.

Der angestellte Sühneversuch blieb erfolglos.

Beschlossen und verkündet.

I. Neuer Termin unter Zuziehung der Beisitzer wird auf den 20. Juni 1903, vormittags 9 Uhr, anberaumt. GGG. § 54, Abs. 3.

II. Zu diesem Termin sollen als Zeugen vorgeladen werden: Krankenwärterin Emma Achtung, Dienstmädchen Martha Meyer, Geselle Fritz Ahl, Kanonier Ferdinand Stich. GGG. § 35, Abs. 3.

III. Von Gerichtsphysikus Sanitätsrat Dr. Patzig zu Berlin, soll ein schriftliches Gutachten über den Gesundheitszustand und die Arbeitsfähigkeit des GGG. § 47, Abs. 1 ZPO. §§ 404, 411

Klägers erfordert werden. Kläger hat sich auf Erfordern dem Sachverständigen zur Untersuchung zu stellen. Dem Sachverständigen wird aufgegeben das Gutachten bis zum 14. Juni zu den Gerichtsakten einzureichen.

ZPO § 425. IV. Der Beklagter soll im Termin den zwischen den Parteien geschlossenen schriftlichen Arbeitsvertrag vom 10. März 1903 vorlegen.

g. w. o.

Spruch. Schriftmann.

V.

1. Zu laden 20./6. 9 Uhr.

ZPO. § 377. a) Krankenwärterin Emma Achtung, Berlin, Krankenhaus Friedrichshain.

b) Dienstmädchen Martha Meyer zu Charlottenburg, Bleibtreustraße 100.

c) Geselle Fritz Ahl, ebenda.

ZPO. § 378. d) Kanonier Ferdinand Stich im 1. Garde-Feldartillerieregiment, zweite Batterie, durch Ersuchen des Batteriechefs.

2. Zu schreiben an Herrn Gerichtsphysikus Sanitätsrat Dr. Patzig zu Berlin.

In pp. behauptet der Beklagte, daß der Kläger, welcher bei ihm als Schuhmachergeselle arbeitete, sich durch liederlichen Lebenswandel eine Krankheit zugezogen habe, die ihn arbeitsunfähig mache. Es ist beschlossen worden, von Ihnen ein schriftliches Gutachten hierüber zu erfordern, das Sie zum 14. Juni zu den Akten einreichen wollen. Dem Kläger ist aufgegeben, sich auf Erfordern bei Ihnen zur Untersuchung zu stellen.

Charlottenburg, 15./6. 1903.

Spruch.

## 10. Streitige Verhandlung. Beweisaufnahme. Beweisbeschluß.

Öffentliche Sitzung des Gewerbegerichts zu Charlottenburg.

Charlottenburg, den 20. Juni 1903.

Anwesend:
1. als Vorsitzender: Spruch, Gewerberichter.
2. als Beisitzer:
   a) aus der Zahl der Arbeitgeber: Recht, Fabrikbesitzer, Billig, Töpfermeister,
   b) aus der Zahl der Arbeitnehmer: Prompt, Schlossergehilfe, Eifrig, Fabrikarbeiter,
3. als Gerichtsschreiber: Schriftmann, Gewerbegerichtsschreiber.

In Sachen
des Schuhmachergesellen Michael Leisten zu Berlin, Klägers,
gegen
den Schuhmachermeister Gustav Pfriem zu Charlottenburg, Beklagten,
erschienen bei Aufruf der Sache:
I. seitens der Parteien:
1. Kläger in Person.
2. Beklagter in Person.

Parteien verhandeln mündlich zur Sache. Aus der Verhandlung war folgendes festzustellen: GGG. §§ 159, 160.

Kläger wiederholte den Antrag der Klage und den Antrag auf Wiedereinsetzung in den vorigen Stand, ZPO. § 137.

Beklagter den Antrag auf Aufrechterhaltung des Versäumnisurteils und Zurückweisung des Wiedereinsetzungsantrags. ZPO. §§ 146, 238.

Beschlossen und verkündet:

Die Verhandlung wird zunächst auf das Wiedereinsetzungsgesuch beschränkt.

Der Kläger erklärt, daß er seine Ehefrau als Zeugin für die in seinem Wiedereinsetzungsantrag in ihr Wissen gestellten Behauptungen mit zur Stelle gebracht habe. GGG. § 44, Satz 1.

II. Hierauf wurden die nachbenannten als Zeugen Erschienenen auf die Bedeutung des Eides hingewiesen und einzeln, in Abwesenheit der übrigen, wie folgt vernommen: ZPO. §§ 344 ff.

1. Zeugin Achtung.
   a) Zur Person: Ich heiße Emma, bin 36 Jahre alt, evangelischer Religion, mit den Parteien nicht verwandt oder verschwägert, wegen Meineides nicht bestraft, ohne Interesse zur Sache. ZPO § 395.
   b) Zur Sache: Ich bin Krankenpflegerin im Krankenhaus Friedrichshain auf der Station, auf der der Kläger bis zum 8. Juni krank gelegen hat. Ein Gespräch zwischen dem Kläger und seiner Ehefrau habe ich nicht angehört. Ich weiß auch nicht, ob die Ehefrau des Klägers diesem Mitteilung von der Zustellung eines Versäumnisurteils gemacht hat.[1]) ZPO. § 396.

   Vorgelesen, genehmigt.[2])

2. Zeugin Leisten.
   a) Zur Person: Ich heiße Sidonie geborene Strumpf, bin 20 Jahre alt, katholischer Religion, wegen Meineides nicht bestraft. Ich bin die Ehefrau des Klägers, sonst ohne Interesse zur Sache. ZPO. § 395.

V.
1. Urschriftlich mit Akten an das Königliche Amtsgericht zu Greifswald, mit dem ergebenen Ersuchen um Vernehmung des Zeugen Zweck.
   Charl., den 20. Juni 1903.
   Das Gewerbegericht.
   Spruch.
2. Beschluß und Urteil besonders!
3. Zeuge Ahl ist auf den 5. Juli 10 Uhr zu laden.
4. Retentum ev. zum Termin wiedervorlegen.
   Charl., 20./6. 03.
   Spruch.

---

[1]) Die Protokollierung der Zeugenaussagen kann bei Sachen unter 100 Mk. unterbleiben (GGG. § 161).

[2]) Bezgl. der Vereidigung siehe GGG. § 44, Abs. 2.

ZPO. § 383, Abs. 1—2. Mit meinem Zeugnisverweigerungsrecht bin ich bekannt gemacht, will aber aussagen.

ZPO. § 396. b) Zur Sache: Ich habe meinem Ehemanne erst am 9. Juni, als er aus dem Krankenhause zurückkam, Mitteilung von der Zustellung des Versäumnisurteils gemacht.

Vorgelesen, genehmigt.

ZPO. § 393. Zeugin erklärte sich bereit, ihre Aussage zu beschwören.

Kläger beantragte die Beeidigung. Beklagter widersprach nicht.

Beschlossen und verkündet:

GVG. § 44, Abs. 2. ZPO. § 393. die Zeugin wegen ihres nahen Verwandtschaftsverhältnisses zum Kläger nicht zu vereidigen.

ZPO. § 420. Das Attest des Dr. Wundt (Bl. 10 d. A.) wurde verlesen.

ZPO. § 303. Es wurde das Zwischenurteil dahin verkündet:

Dem Kläger wird gegen die Versäumnis der Einspruchsfrist gegen das Urteil vom 25. Mai 1903 die Wiedereinsetzung in den vorigen Stand gewährt.

Hierauf wurde zur Hauptsache verhandelt.

Beklagter erklärt, daß er den Vertrag zwischen den Parteien, dessen Vorlegung ihm aufgegeben ist, nicht besitze, Kläger verlangt den Editionseid.

Beschlossen und verkündet:

Beklagter soll folgenden Eid leisten:

ZPO. § 426. Ich pp. schwöre pp., daß ich nach sorgfältiger Nachforschung die Überzeugung erlangt habe, daß der Vertrag vom 10. März 1903 in meinem Besitze sich nicht befindet, daß ich die Urkunde nicht in der Absicht abhanden gebracht habe, deren Benutzung dem Kläger zu entziehen, daß ich auch nicht weiß, wo die Urkunde sich befindet. So wahr mir Gott helfe.

ZPO. §§ 480 ff. Beklagter wurde auf die Bedeutung des Eides hingewiesen und leistete diesen Eid, nachdem er erklärt hatte, daß er Gustav heiße, 50 Jahre alt und konfessionslos sei.

ZPO. § 394 ff. Es wurden sodann die weiteren nachbenannten als Zeugen erschienenen Personen auf die Bedeutung des Eides hingewiesen und einzeln in Abwesenheit der übrigen wie folgt vernommen:

ZPO. § 395 1. Zeugin Meyer:

Ich heiße Martha, bin 17 Jahre alt, evangelisch, mit den Parteien nicht verwandt und nicht verschwägert, ohne Interesse zur Sache.

GVG. § 173 ff. Vor Vernehmung zur Sache beantragte der Beklagte die Öffentlichkeit während der Vernehmung der Zeugen Meyer und Stich auszuschließen.

Kläger widersprach.

Beschlossen und verkündet:

Über den Ausschluß der Öffentlichkeit soll in nicht öffentlicher Sitzung verhandelt werden.

GVG. § 175 Nach Verhandlung wurde nach Wiederherstellung der Öffentlichkeit der Beschluß verkündet:

GVG. § 176, Abs. 2. Während der Vernehmung der Zeugen Meyer und Stich wird die Öffentlichkeit wegen Gefährdung der Sittlichkeit ausgeschlossen. Der Frau Leisten wird jedoch der Zutritt gestattet.

Der Zuhörerraum wurde geräumt.[1])

Die Zeugin wurde darüber belehrt, daß sie auf Fragen, deren Beantwortung ihr die Gefahr einer strafgerichtlichen Verfolgung wegen Ehebruchs zuziehen könnte, das Zeugnis verweigern dürfe: ZPO. § 384, Abs. 2.

Sie erklärte hierauf zur Sache:

Der Kläger hat niemals mit mir unzüchtige Handlungen vorgenommen.

Der Beklagte richtete an die Zeugin die Frage, ob der Kläger sie geküßt habe. ZPO. § 397, Abs. 1.

Die Zeugin bezweifelte die Zulässigkeit der Frage.

Beschlossen und verkündet:

Die Frage wird für zulässig erklärt: ZPO. § 397, Abs. 3.

Zeugin erklärt.

Der Kläger hat mich auch niemals geküßt.

Auf verkündeten Gerichtsbeschluß wurde die Zeugin zwecks Herbeiführung einer wahrheitsgemäßen Aussage vereidigt. GGG. § 44. ZPO § 392.

2. Zeuge Stich.

a) Zur Person: Ich heiße Ferdinand, bin 19 Jahre alt, katholisch, mit den Parteien nicht verwandt oder verschwägert, ohne Interesse zur Sache, wegen Meineids nicht bestraft. ZPO. § 395.

b) Zur Sache: Ich weiß nichts davon, daß der Kläger mit der Zeugin Meyer unzüchtige Handlungen vorgenommen hat. ZPO § 396.

Der Zeuge wurde auf Antrag des Beklagten vereidigt. GGG. § 44. ZPO. § 392.

Hierauf wurde die Öffentlichkeit wiederhergestellt.

Das Attest des Sanitätsrats Dr. Patzig (Bl. 15 der Akten) wurde verlesen. ZPO. § 420.

Es wurde festgestellt, daß der Zeuge Geselle Ahl trotz ordnungsmäßiger Ladung nicht erschienen ist. — Die Beschlußfassung über die Bestrafung des Zeugen bleibt vorbehalten. ZPO. § 380.

Kläger schiebt dem Beklagten den Eid darüber zu, daß Gewährung freier Kost vereinbart sei. Beklagter schiebt den Eid zurück. ZPO. §§ 445 ff. ZPO. § 448.

Beschlossen und verkündet: GGG. § 45.

Vom Kläger folgenden ihm zurückgeschobenen Eid zu erfordern:

Ich pp. schwöre pp., es ist zwischen mir und dem Beklagten bei meiner Anstellung die Gewährung freier Kost vereinbart. So wahr pp. ZPO. § 459.

Kläger leistete diesen Eid, nachdem erklärt hatte, daß er Michael heiße, 27 Jahre alt, katholisch sei. ZPO § 488 ff.

Beklagter bezieht sich zum Beweise dafür, daß Kündigungsausschluß vereinbart sei, noch auf den Gesellen Ernst Zweck in Greifswald.

Beschlossen und verkündet:

I. Beweis zu erheben über die Behauptung, daß zwischen den Parteien Kündigungsausschluß vereinbart sei, ZPO. § 358, 359.
durch Vernehmung
1. des Gesellen Ernst Zweck zu Greifswald,

[1]) Die Öffentlichkeit kann auch von Amtswegen in den gesetzlich zulässigen Fällen ausgeschlossen werden.

2. des Gesellen Fritz Ahl zu Charlottenburg, Bleibtreustraße 100, als Zeuge des Beklagten.

GGG. §§ 43, 61,

II. Um Vernehmung des Zeugen Zweck soll das Kgl. Amtsgericht in Greifswald ersucht werden.

III. Termin zur Vernehmung des Ahl und weitere mündliche Verhandlung wird auf den 5. Juli 1903, 10 Uhr vormittags, anberaumt.

Spruch. Schriftmann.

## 11. Zwischenurteil auf Gewährung der Wiedereinsetzung.[1])

### Zwischenurteil.

Verkündet am 20. Juni 1903.
Schriftmann,
Gewerbegerichtsschreiber.

In Sachen des Schuhmachergesellen Michael Leisten zu Berlin, Mulackstraße 13, Klägers, gegen den Schuhmachermeister Gustav Pfriem zu Charlottenburg, Beklagten, hat das Gewerbegericht zu Charlottenburg, Kammer 2, in der öffentlichen Sitzung vom 20. Juni 1903, an welcher teilgenommen haben:

A. als Vorsitzender:
Gewerberichter Spruch.

B. als Beisitzer:
1. aus der Zahl der Arbeitgeber:
der Fabrikbesitzer Recht,
der Töpfermeister Billig,
2. aus der Zahl der Arbeitnehmer:
der Schlossergehülfe Prompt,
der Fabrikarbeiter Eifrig,

dahin entschieden:

Dem Kläger wird gegen die Versäumung der Einspruchsfrist gegen das Urteil vom 25. Mai 1903 die Wiedereinsetzung in den vorigen Stand gewährt.

Tatbestand.

Kläger hat gegen den Beklagten auf Zahlung von 41 Mark Lohn und Ersatz für Kost und Wohnung geklagt. Durch Versäumnisurteil vom 25. Mai 1903 ist die Klage abgewiesen.

Das Urteil ist am 27. Mai 1903 dem Kläger zu Händen seiner Ehefrau in seiner Wohnung zugestellt.

In der Zeit vom 25. Mai bis 8. Juni hat Kläger wegen Nervenfiebers im Krankenhause gelegen. Kläger hat am 10. Juni 1903 Einspruch eingelegt und beantragt

ihm gegen die Versäumung der Einspruchsfrist die Widereinsetzung in den vorigen Stand zu gewähren.

Er behauptet, erst nach seiner Entlassung am 9. Juni von der Zustellung des Versäumnisurteils Kenntnis erhalten zu haben.

---

[1]) GGG. § 49. ZPO. §§ 303, 313.

Beklagter beantragt
Zurückweisung des Wiedereinsetzungsgesuchs.
Er behauptet, Kläger hat nicht am 9. Juni, sondern schon am 29. Mai von der Zustellung des Versäumnisurteils Kenntnis erhalten.
Über die streitigen Parteibehauptungen sind die Krankenpflegerin Emma Achtung und die Ehefrau des Klägers als Zeugen vernommen.
Auf ihre im Protokoll vom 20. Juni 1903 enthaltenen Aussagen wird verwiesen.

Entscheidungsgründe.

Durch die Aussage der Zeugin Leisten, welcher das Gewerbegericht trotz ihrer Verwandtschaft mit dem Kläger vollen Glauben geschenkt hat, ist erwiesen, daß der Kläger erst am 9. Juni von der Zustellung des Versäumnisurteils Kenntnis erlangt hat. Die entgegenstehende Behauptung des Beklagten ist widerlegt.
Da Kläger unstreitig bis zum 8. Juni am Nervenfieber im Krankenhaus gelegen hat, so ist als festgestellt anzusehen, daß er während der Einspruchsfrist von der Zustellung des Versäumnisurteils keine Kenntnis erlangt hat.
Der Wiedereinsetzungsantrag ist innerhalb zwei Wochen nach Kenntnis der Zustellung des Urteils gestellt.
Der Wiedereinsetzungsantrag erschien daher gemäß §§ 233 Abs. 2, 234 CPO. begründet.

Charlottenburg, den 20. Juni 1903.

Das Gewerbegericht.

Spruch.

## 12. Strafbeschluß gegen Zeugen.

B.

1. Beschluß.

In Sachen des Schuhmachergesellen Michael Leisten zu Berlin, Mulackstraße 13, gegen den Schuhmachermeister Gustav Pfriem zu Charlottenburg, Bleibtreustraße 100, wegen 41 Mark Lohnentschädigung wird der Zeuge Geselle Fritz Ahl zu Charlottenburg, wegen unentschuldigten Ausbleibens im Termin am 20. Juni 1903 zu einer Ordnungsstrafe von 6 Mark ev. 2 Tagen Haft verurteilt. CPO. § 380.

Charlottenburg, den 20. Juni 1903.

Das Gewerbegericht.

Spruch.

3. Ausfertigung des Beschlusses an Ahl zustellen, mit der Aufforderung, binnen 8 Tagen die Strafe unter Vorzeigung des Beschlusses zur Kasse des Gewerbegerichts zu zahlen.
3. Zum Termin am 25. cr.

Charlottenburg, den 20. Juni 1903.

Spruch.

## 13. Fortsetzung der Beweisaufnahme. Weitere mündliche Verhandlung.

Öffentliche Sitzung des Gewerbegerichts. zu Charlottenburg.

Charlottenburg, den 5. Juli 1903.

Anwesend:

1. als Vorsitzender:
   Spruch, Gewerberichter.
2. als Beisitzer:
   a) aus der Zahl der Arbeitgeber:
      Recht, Fabrikbesitzer,
      Billig, Töpfermeister.
   b) aus der Zahl der Arbeitnehmer:
      Prompt, Schlossergehülfe,
      Eifrig, Fabrikarbeiter.
3. als Gerichtsschreiber:
   Schriftmann, Gewerbegerichtsschreiber.

In Sachen des Schuhmachergesellen Michael Leisten zu Berlin, Klägers, gegen den Schuhmachermeister Gustav Pfriem zu Charlottenburg, Beklagten, erschien bei Aufruf der Sache

ZPO. §§ 79. 80.

I. seitens der Parteien
   1. für Kläger dessen Ehefrau mit anl. Vollmacht,
   2. für Beklagten niemand.

II. Hierauf wurde der nachbenannte als Zeuge Erschienene auf die Bedeutung des Eides hingewiesen und wie folgt vernommen:
   1. Zeuge Ahl.[1])
   a) Zur Person: Ich heiße Fritz, bin 20 Jahre alt, evangelischer Religion, mit den Parteien nicht verwandt oder verschwägert, ohne Interesse zur Sache, wegen Meineides nicht bestraft.
   b) Zur Sache: In der Werkstatt des Beklagten hängt ein Plakat mit der Inschrift „Kündigung findet nicht statt". Ob der Kläger beim Eintritt auf das Plakat hingewiesen ist, weiß ich nicht. Ich weiß auch nicht, was die Parteien sonst über die Kündigung vereinbart haben.

Der Zeuge erklärte ferner:

Ich war vom 19. Juni bis 1. Juli verreist und habe die Ladung zum Termin am 20. Juni erst nach meiner Rückkehr erhalten. Ich bitte die über mich verhängte Ordnungsstrafe aufzuheben.

Beschlossen und verkündet:

ZPO. § 381. Die über den Zeugen Ahl durch Beschluß vom 20. Juni 1903 verhängte Ordnungsstrafe wird aufgehoben, da der Zeuge sein Ausbleiben im Termin nachträglich genügend entschuldigt hat.

Während der Vernehmung des Zeugen erschien der Beklagte.

Kläger stellte den Klageantrag, Beklagter den Antrag auf Klageabweisung.

Das Protokoll des Amtsgerichts Greifswald vom 2. Juli über die Vernehmung des Zeugen Zweck wurde verlesen.

PZO. §§ 139, 503. Der Beklagte erklärte auf richterliches Befragen, daß er keinen Beweis dafür antreten könne, daß der Kläger bei seinem Dienstantritt auf das den Kündigungsausschluß bestimmende Werkstättenplakat hingewiesen sei.

Kläger beantragt eine Versäumnisentschädigung von 5 Mark.

GGG. § 41. Ein nochmaliger Sühneversuch blieb erfolglos.

Beschlossen und verkündet:

GGG. § 48. Die Entscheidung soll am 8. Juli, 9 Uhr vormittags, verkündet werden.

G. w. o.

Spruch. Schriftmann.

---

[1]) Der Zeuge ist trotz des Nichterscheinens des Bekl. zu vernehmen (GGG. § 43).

## 14. Publikationstermin.[1])

Gewerbegericht
Charlottenburg.

**Verhandelt**

Charlottenburg, 8. Juli 1903.

Anwesend:
Spruch,
Gewerberichter,
Schriftmann,[2])
Gewerbegerichtsschreiber.

In Sachen des Schuhmachergesellen Michael Leisten zu Berlin, Klägers, gegen den Schuhmachermeister Gustav Pfriem zu Charlottenburg, Beklagten, erschienen bei Aufruf der Sache;
Für Kläger und Beklagten niemand. GGG. § 48.
Anliegendes Urteil wurde verkündet.

v. w. o.
Spruch. Schriftmann.

**V.**
1. Urteil ausfolgen.
2. Zustellen.
3. Kosten einziehen.

Ch., 8./7. 03.
Spruch.

## 15. Endurteil.

**Urteil.**[3])

Verkündet am 8. Juli 1903.
Schriftmann,
Gewerbegerichtsschreiber.

In Sachen des Schuhmachergesellen Michael Leisten zu Berlin, Mulackstraße 13,
Klägers,
gegen den Schuhmachermeister Gustav Pfriem zu Charlottenburg, Bleibtreustraße 100,
Beklagten,
hat das Gewerbegericht zu Charlottenburg, Kammer 2.
auf die mündliche Verhandlung vom 5. Juli 1903,
an welcher teilgenommen haben:
A. als **Vorsitzender:**
**Gewerberichter Spruch,**
B. als **Beisitzer:**
1. **aus der Zahl der Arbeitgeber:**
**der Fabrikbesitzer Recht,**
**der Töpfermeister Billig,**
2. **aus der Zahl der Arbeitnehmer:**
**der Schlossergehülfe Prompt,**
**der Fabrikarbeiter Eifrig,**

**dahin entschieden:**

**Der Beklagte wird unter Aufhebung des Versäumnisurteils vom 25. Mai 1903 verurteilt, an den Kläger 41 Mark, sowie 5 Mark Versäumnisentschädigung zu zahlen und die Kosten des Rechtsstreites mit 12 Mark zu tragen.**

---

[1]) Publikationstermine sind nach dem GGG. zwar vorgesehen. Im Interesse der Beschleunigung des Verfahrens ist es jedoch empfehlenswert, von dieser Einrichtung möglichst wenig Gebrauch zu machen.
[2]) Zuziehung der Beisitzer ist nicht erforderlich. GGG. § 48.
[3]) GGG. § 49.

### Tatbestand.

Der Kläger war bei dem Beklagten seit dem 10. März 1903 als Schuhmachergeselle in Stellung. Am 10. Mai 1903 ist er ohne Kündigung entlassen worden.

Unstreitig war ein Wochenlohn von 10 Mark und freie Wohnung vereinbart.

Kläger behauptet, daß außerdem noch freie Kost vereinbart worden sei. Er verlangt Lohn auf zwei Wochen mit 20 Mark und täglich 1,50 Mark Entschädigung für Kost und Wohnung.

Er beantragt

den Beklagten kostenpflichtig zur Zahlung von 41 Mark zu verurteilen und das Urteil für vorläufig vollstreckbar zu erklären.

Der Beklagte beantragt

Klageabweisung.

Er bestreitet, daß mit dem Kläger Gewährung freier Beköstigung vereinbart sei. Er wendet ein, daß Kündigungsausschluß vereinbart, daß er aber eventuell auch zur kündigungslosen Entlassung berechtigt gewesen sei, weil Kläger mit dem Dienstmädchen in der Werkstatt Unzucht getrieben und sich durch lüderlichen Lebenswandel eine Krankheit zugezogen habe, die ihn arbeitsunfähig mache.

Der Kläger hat diese Behauptungen bestritten.

Über die streitigen Parteibehauptungen sind das Dienstmädchen Martha Meyer und die Gesellen Ferdinand Stich, Ernst Zweck und Fritz Ahl vernommen. Bezüglich ihrer Aussagen wird auf die Protokolle vom 20. Juni 2. und 5. Juli cr. verwiesen.

Es ist ferner über die Arbeitsfähigkeit des Klägers ein schriftliches Gutachten des Kreisphysikus Sanitätsrats Dr. Patzig erfordert. Dasselbe befindet sich Bl. 15 d. A. und wird gleichfalls in bezug genommen.

Endlich hat der Kläger den ihm zurückgeschobenen Eid dahin abgeleistet:

Ich pp. schwöre pp., daß zwischen mir und dem Beklagten bei meiner Anstellung die Gewährung freier Kost vereinbart ist.

Wiederholt angestellte Sühneversuche waren erfolglos.

Gegen den Beklagten war zunächst unter dem 19. Mai cr. Versäumnisurteil ergangen. Beklagter hat dagegen form- und fristgemäß Einspruch eingelegt. Hierauf erging unter dem 25. Mai cr. Veersäumnisurteil gegen den Kläger. Kläger hat Einspruch eingelegt und ist ihm durch Zwischenurteil vom 20. Juni cr. die Wiedereinsetzung in den vorigen Stand gewährt.

### Gründe.

Gegenüber dem an sich schlüssigen Klagevorbringen muß Beklagter beweisen, daß er entweder zur sofortigen Entlassung berechtigt oder daß Kündigungsausschluß vereinbart war.

Beide Beweise sind ihm mißlungen.

Die Zeugen Meyer und Stich haben über ein unsittliches Verhalten des Klägers nichts bekunden können. — Nach dem Gutachten des Sachverständigen ist Kläger auch nicht arbeitsunfähig, sondern er war nur vorübergehend an einem ohne sein Verschulden entstandenen Nervenfieber erkrankt gewesen. Die Krankheit fällt überdies auch in die Zeit nach Ablauf der zweiwöchigen Kündigungsfrist. — Es liegt somit weder ein Entlassungsgrund aus § $123^{3}$ noch aus § $123^{7}$ oder $^{8}$ vor.

Was die Behauptung des Kündigungsausschlusses betrifft, so hat sich allerdings nach der Bekundung des Zeugen Ahl in der Werkstatt ein Plakat befunden, das die Aufschrift trägt „Kündigung findet nicht statt". — Beklagter hat aber trotz richterlichen Befragens keinen Beweis dafür antreten können, daß der Kläger auf dieses Plakat bei seiner Anstellung hingewiesen ist. — Nur wenn das geschehen wäre, könnte von einem wirksamen Kündigungsausschluß die Rede sein. Die bloße Anbringung des Plakats ersetzt die nach § 122 GO. erforderliche Verabredung einer andern als der gesetzlichen Kündigungsfrist nicht. (Vgl. Urteil des GG. Stuttgart Baum, Handburch für Gewerbegerichte Nr. 217. Gewerbegericht Jg. 5 Sp. 73).

Der Beklagte hat daher dem Kläger den durch die kündigungslose Entlassung entstandenen Schaden zu ersetzen. — Hinsichtlich der Höhe des Anspruchs ist unstreitig, daß 10 Mark Wochenlohn und freie Wohnung vereinbart war. Daß auch Gewährung von freier Kost vereinbart war, ist durch den vom Kläger geleisteten

Eid erwiesen. — Die Angemessenheit der geforderten Entschädigung für Kost und Wohnung ist nicht bestritten.

Die Klage erschien somit begründet.

Die Kostenentscheidung beruht auf § 91 ZPO. und § 58 GGG. Die gerichtlichen Kosten betragen 1,50 Mark. Die vom Kläger beanspruchte Versäumnisentschädigung erschien angemessen.

Charlottenburg, den 8. Juli 1903.

Das Gewerbegericht.

Spruch.

## 16. Klage auf Lohn, Zeugnis und Papiere.

**Verhandelt**

Krotoschin, den 6. Februar 1903.

**V.**

1. Verhandlungstermin 8. Februar 1903, vormittags 10 Uhr.
2. Zu laden der Beklagte.

K., 6. 2. 1903.[1]

Justus.

**Reg.**

Dem Kläger ist der Termin sogleich verkündet.

K., 6. 2. 1903.

Scriba,[2]
Gerichtsschreiber.

Es erscheint
der Tischlergeselle Stanislaus Kaczmarek von hier und klagt
wider
den Möbelfabrikanten Emil Zahlungsfähig hierselbst
wie folgt:

Bei dem Beklagten bin ich seit dem 15. Januar 1903 auf Zeitlohn gegen ein verabredetes Lohn von 20 Mark wöchentlich beschäftigt gewesen.

Die Lohnzahlung erfolgte wöchentlich.

Bei meinem Weggange blieb mir der Beklagte den Lohn für die Zeit vom 21.—28. Februar mit 20 Mark schuldig, verweigerte mir auch die Herausgabe des Arbeitsbuches, des Krankenkassenbuches und die Ausstellung eines ordnungsmäßigen Zeugnisses.

Beweis: vorbehaltlich weiterer Beweismittel: Eid.

Befriedigung meiner Ansprüche kann ich in Güte nicht erlangen und beantrage deshalb:

den Beklagten zu verurteilen
1. an mich 20 Mark zu zahlen,
2. das Arbeitsbuch und das Krankenkassenbuch herauszugeben,
3. mir ein ordnungsmäßiges Zeugnis auszustellen, und falls er das Zeugnis nicht binnen 3 Tagen nach Verkündung der Entscheidung ausstellt, an mich eine nach dem Ermessen des Gerichts festzusetzende Entschädigung zu zahlen. GGG. § 51.

v. g. u.

× × ×

Handzeichen des schreibensunkundigen Tischlergesellen Stanislaus Kaczmarek von hier attestiert

Scriba, Gewerbegerichtsschreiber.

v. w. o.

Scriba.

---

[1]) GGG. § 36. [2]) GGG. § 35 Abs. 3.

## 17. Teilweises Anerkenntnis. Verhandlung mit Personen, welche der deutschen Sprache unkundig sind.

Öffentliche Sitzung des Gewerbegerichts zu Krotoschin.

Anwesend:
Dr. Justus, Beigeordneter, als Richter,
Scriba, Bureaugehülfe, als Gerichtsschreiber.

**Verhandelt**

Krotoschin, 8. Februar 1903.

V.
Vollstreckbare Ausfertigung des Urteils ist dem Kläger zu erteilen.
K., 8./2. 03.
Dr. Justus.

In Sachen
des Tischlergesellen Stanislaus Kaczmarek von hier, Klägers,
gegen
den Möbelfabrikanten Emil Zahlungsfähig hierselbst, Beklagten,
erschienen bei Aufruf der Sache:
1. Kläger in Person,
2. Beklagter in Person.

GVG. § 187, Abs. 2.

Es ergab sich, daß der Kläger nicht der deutschen, sondern nur der polnischen Sprache mächtig ist. Von der Zuziehung eines Dolmetschers wurde jedoch Abstand genommen, da Richter, Gerichtsschreiber und Beklagter polnisch verstehen.

ZPO. § 307.

Nach Eröffnung der mündlichen Verhandlung erkannte der Beklagte den in der Klageschrift gegen ihn geltend gemachten Anspruch auf Herausgabe des Krankenkassenbuchs und des Arbeitsbuchs sowie auf Ausstellung eines Zeugnisses an.

Kläger beantragte, den Beklagten dem Anerkenntnisse gemäß zu verurteilen.

ZPO. §§ 160, 162.

Vorgelesen, genehmigt.

ZPO. § 301.

Anliegendes Teilurteil wurde verkündet.

Kläger beantragte Erteilung einer vollstreckbaren Urteilsausfertigung. Parteien verzichten auf Zustellung des Urteils.

Beschlossen und verkündet:

Der Wert des Streitgegenstandes für das Teilurteil wird auf 150 Mk. festgesetzt.

Der Beklagte beantragte, die Klage, soweit sie auf Lohnzahlung gerichtet ist, abzuweisen. Er behauptet, daß er in Zahlungsschwierigkeiten sei, und daß deshalb seine sämtlichen Angestellten ihre Lohnforderung auf die Hälfte ermäßigt und ihm bis zum 1. April gestundet hätten.

Kläger bestritt diese Behauptung.

GGG. § 41.

Sühneversuch blieb erfolglos.

Beschlossen und verkündet:

GGG. § 54.

Neuer Verhandlungstermin unter Zuziehung der Beisitzer wird auf den 12. Februar 1903, 10 Uhr vormittags, anberaumt.

V. w. o.

Justus. Scriba.

## 18. Anerkenntnisurteil.

Verkündet: am 8. Februar 1903.
Scriba, Gerichtsschreiber.

Vollstreckbare Ausfertigung ist dem Kläger erteilt.

In Sachen
des Tischlergesellen Stanislaus Kaczmarek zu Krotoschin, Klägers,
gegen
den Möbelfabrikanten Emil Zahlungsfähig zu Krotoschin, Beklagten,
erkennt das Gewerbegericht zu Krotoschin durch den Vorsitzenden, Beigeordneten Dr. Justus,

nachdem der Beklagte den eingeklagten Anspruch des Klägers auf Aushändigung des Krankenkassenbuchs und Arbeitsbuchs sowie auf Ausstellung eines Zeugnisses anerkannt hat, und der Kläger beantragt hat, den Beklagten dem Anerkenntnisse gemäß zu verurteilen,

in Gemäßheit der §§ 307, 91, 92 der Zivilprozeßordnung für Recht:

Der Beklagte wird verurteilt,

1. dem Kläger das Arbeitsbuch und Krankenkassenbuch herauszugeben,
2. dem Kläger ein Zeugnis über Art und Dauer seiner Beschäftigung binnen 3 Tagen (von heute ab gerechnet) auszustellen,
3. im Falle der nicht rechtzeitigen Ausstellung des Zeugnisses an den Kläger eine Entschädigung von 50 Mark zu zahlen,

und die Kosten des Rechtsstreits mit 2 Mark zu tragen.

Das Urteil ist vorläufig vollstreckbar.

Krotoschin, den 8. Februar 1903.

Das Gewerbegericht.
Justus.

## 19. Verhandlung mit Dolmetscher. Parteieid. Vergleich.

Öffentliche Sitzung des Gewerbegerichts zu Krotoschin.

Anwesend sind:
1. als Vorsitzender:
Gewerberichter Dr. Justus.
2. als Beisitzer:
a) aus der Zahl der Arbeitgeber:
Gastwirt Deutsch,
Baumeister Pohl.
b) aus der Zahl der Arbeiter:
Fabrikarbeiter Gründlich,
Buchdruckergehülfe Klug.
3. als Gerichtsschreiber:
Bureaugehilfe Scriba.

V.
Vollstreckbare Ausfertigung des Vergleichs ist dem Kläger zu erteilen.
K., 12./2. 03.
Dr. Justus.

**Verhandelt**

Krotoschin, den 12. Februar 1903.

In Sachen
des Tischlergesellen Stanislaus Kaczmarek von hier, Klägers,
gegen
den Möbelfabrikanten Emil Zahlungsfähig hier, Beklagten,
erschienen bei Aufruf der Sache:
1. Kläger in Person,
2. Beklagter in Person.

Kläger ist nur der polnischen Sprache mächtig. Es wurde deshalb der Sekretär Radebruch von hier als Dolmetscher zugezogen. Derselbe leistete folgenden Eid:

Ich pp. schwöre pp., daß ich die mir anvertrauten Übertragungen aus der polnischen Sprache und in diese Sprache gewissenhaft ausführen werde. So wahr pp. GVG. § 191

Kläger beantragt, den Beklagten zur Zahlung von 20 Mark Lohn zu verurteilen.

Beklagter hält den Stundungseinwand aufrecht und schiebt dem Kläger den Eid hierüber zu.

Kläger schiebt den Eid zurück.

Beschlossen und verkündet:

GGG. § 45. Vom Beklagten folgenden ihm zurückgeschobenen Eid zu erfordern:

Ich pp. schwöre pp., ich habe mit dem Kläger vereinbart, daß er die Lohnforderung auf die Hälfte ermäßige und bis zum 1. April stunde. So wahr pp.

Der Beklagte erklärte sich bereit, den Eid zu leisten.

GGG. § 41. Hierauf schlossen beide Teile folgenden Vergleich:

1. Kläger ermäßigt die Klageforderung auf 15 Mark. Der Beklagte erkennt die Forderung in dieser Höhe an und verpflichtet sich zur Zahlung dieses Betrages an den Kläger bis zum 15. März 1903.
2. Parteien begeben sich wohlüberlegt aller weiteren Ansprüche an einander, welche aus dem zwischen ihnen bisher bestandenen Arbeitsverhältnisse irgendwie hergeleitet werden könnten.

GGG. § 41. Vorgelesen, genehmigt.

GGG. § 57. ZPO. § 794. Kläger beantragt Erteilung einer vollstreckbaren Ausfertigung dieses Vergleichs.

v. w. o.

Justus. Scriba.

## 20. Klage eines Arbeitgebers.

**Verhandelt**

Bremen, den 1. August 1903.

Es erscheint
der Theaterdirektor Fridolin Schmierinsky von hier,
und klagt wider
die Schauspielerin Ida Luftig, hierselbst
wie folgt:

Die Beklagte ist bei mir seit dem 1. Juni 1903 gegen eine Monatsgage von 30 Mark als Schauspielerin engagiert gewesen. In § 3 des Engagementsvertrages ist für sie eine Kündigungsfrist von 4 Wochen ausbedungen.

Beweis: Der Engagementsvertrag.

Die Beklagte hat gestern ohne Grund und ohne Kündigung die Stellung verlassen.

Durch diesen Kontraktbruch ist mir ein Schaden von mindestens 400 Mark entstanden, da ohne die Beklagte mein Ensemble unvollständig war und ich infolgedessen gestern und heute mein Theater schließen mußte.

Beweis: Meine Geschäftsbücher ev. Sachverständigengutachten.

Ich werde beantragen:

Die Beklagte kostenpflichtig zur Zahlung von 400 Mark zu verurteilen und das Urteil für vorläufig vollstreckbar zu erklären.

V. g. u.
Fridolin Schmierinsky.
Geschlossen
Müller,
Gewerbegerichtsschreiber.

**V.**
1. Verhandlungstermin 4. August 1903, vormittags 9 Uhr.
2. Beklagte laden.

Bremen, 1./8. 1903.
Schulz.

**Reg.**
Dem Kläger ist der Termin sogleich verkündet.
Bremen, 1./8. 1903.
Müller,
Gerichtsschreiber.

## 21. Bestellung eines Prozeßvertreters.

**Verhandelt**

Bremen, den 4. August 1903.

Öffentliche Sitzung des Gewerbegerichts zu Bremen.

Anwesend:
Schulz, Gewerberichter.
Müller, Gewerbegerichtsschreiber.

In Sachen
des Theaterdirektors Fridolin Schmierinsky, hierselbst, Klägers
gegen
die Schauspielerin Ida Luftig, hierselbst, Beklagte
erschienen bei Aufruf der Sache:
1. Kläger in Person,
2. Beklagte in Person.

Kläger stellte den Klageantrag.

Die Beklagte erklärte, sie sei 18 Jahre alt und habe das Engagement ohne Wissen und Zustimmung ihres Vaters angenommen, ihr Vater wohne in Pasewalk. Beklagte beantragt ihr einen Vertreter zu bestellen.

Beschlossen und verkündet: GGG. § 30.

Der Beklagten wird der Sekretär Sorglich von hier zum Vertreter für den Prozeß bestellt, da der Aufenthaltsort ihres Vaters erheblich entfernt ist.

Ein Sühneversuch blieb erfolglos.

Beschlossen und verkündet:

Termin unter Zuziehung der Beisitzer wird auf den 6. August, vormittags 9 Uhr anberaumt.

Geschlossen.

Schulz. Müller.

## 22. Ablehnung einer Gerichtsperson. Ordnungsstrafe gegen Beisitzer. Ungebührstrafe. Klagerücknahme.

Bremen, den 6. August 1903.

Öffentliche Sitzung des Gewerbegerichts zu Bremen.

Anwesend:
1. als Vorsitzender:
Schulz, Gewerberichter.
2. als Beisitzer:
a) aus der Zahl der Arbeitgeber:
Meier, Tischlermeister,
Lehmann, Fabrikant.
b) aus der Zahl der Arbeitnehmer:
Schneider, Bäckergeselle,
Nitschke, Hausdiener.
3. als Gerichtsschreiber:
Schultz, Gewerbegerichtsschreiber.

In Sachen
des Theaterdirektors Fridolin Schmierinsky, hierselbst, Klägers,
gegen
die Schauspielerin Ida Luftig, hierselbst, Beklagte,
erschienen bei Aufruf der Sache:
1. der Kläger in Person,
2. die Beklagte im Beistande des Sekretärs Sorglich von hier.

Vor Eintritt in die Verhandlung verkündet der Vorsitzende folgenden Beschluß:

Der Beisitzer Lehmann wird in eine Ordnungsstrafe von 20 Mark genommen, weil er ohne genügende Entschuldigung eine Stunde zu spät zur Sitzung erschienen ist. GGG. § 23.

Der Kläger erklärte, daß er den Beisitzer Tischlermeister Meier wegen Befangenheit ablehne, weil die Beklagte einmal bei ihm gewohnt habe. Kläger nimmt hierfür auf das Zeugnis des Meier Bezug. GGG. § 29. ZPO. §§ 42, 44.

Es wurde der Beschluß dahin verkündet:
Das Ablehnungsgesuch wird zurückgewiesen, weil die vorgebrachte Tatsache die Besorgnis der Befangenheit nicht rechtfertigt, der Beisitzer Meier auch selbst erklärt hat, daß er sich nicht befangen fühle.

Bei der Verkündung des Beschlusses rief der Kläger:
Ich habe ja gewußt, daß ich hier nicht Recht bekomme.

Es wurde beschlossen und verkündet:
GVG. § 179. Den Kläger wegen Ungebühr vor Gericht in eine Ordnungsstrafe von 10 Mark, an deren Stelle im Falle der Nichtbeitreibung eine Haftstrafe von 3 Tagen tritt, zu nehmen.

Kläger stellte den Klageantrag.

Der Vertreter der Beklagten beantragte Klageabweisung.

Die Parteien verhandelten hierauf zur Sache.

GGG. § 30. Die Beklagte wurde gehört.

Der Vertreter der Beklagten legte den Brief des Vaters der Beklagten vom 5. August 1903 vor, in welcher der Vater schreibt, daß die Beklagte wider seinen Willen das Engagement angenommen habe und daß er auch das Engagement nicht genehmige. Kläger bestritt die Echtheit des Briefes nicht.

ZPO. § 271. Nachdem der Vorsitzende den Kläger darauf hingewiesen hatte, daß er unter diesen Umständen mit der Klage abgewiesen werden müsse, nahm der Kläger die Klage zurück.

Der Vertreter der Beklagten beantragte die Folge der Klagerücknahme durch Urteil auszusprechen.

Es wurde anliegendes Urteil verkündet.

Geschlossen.

Schulz. Müller.

## 23. Kostenurteil nach Klagerücknahme.

In Sachen

des Theaterdirektors Fridolin Schmierinsky zu Bremen, Kläger,
gegen
die Schauspielerin Ida Luftig zu Bremen, Beklagte, vertreten durch den Sekretär Ernst Sorglich ebenda,
hat das Gewerbegericht zu Bremen in der öffentlichen Sitzung vom 6. August 1903, an welcher teilgenommen haben

1. als Vorsitzender:
   Gewerberichter Schulz,
2. als Beisitzer:
   a) aus der Zahl der Arbeitgeber:
      Tischlermeister Meier,
      Fabrikant Lehmann,
   b) aus der Zahl der Arbeitnehmer:
      Bäckergeselle Schneider,
      Hausdiener Nitschke,
3. als Gerichtsschreiber:
   Gewerbegerichtsschreiber Müller,

dahin erkannt:
Kläger hat die Kosten des Rechtsstreits mit 6 Mark zu tragen.

Tatbestand und Gründe:

Kläger hat gegen die Beklagte auf Zahlung einer Entschädigung von 400 Mark wegen Kontraktbruchs geklagt, die Klage jedoch nach streitiger Verhandlung zurückgenommen. Seine Verpflichtung, die Kosten des Rechtsstreits zu tragen, ergibt sich aus § 271 CPO. und § 58 GGG.

Bremen, den 6. August 1903.

Das Gewerbegericht.

Müller.

## 24. Anrufung des Gewerbegerichts als Einigungsamt.

**Verhandelt**

Nürnberg, den 1. Juni 1903.

Es erscheint

der Metzgergeselle Ignaz Hacker von hier

und erklärt:

Die hiesigen Metzgergesellen sind in eine Lohnbewegung eingetreten. Sie beanspruchen Erhöhung des Mindestwochenlohnes für Gehilfen unter 21 Jahren von 21 Mark auf 24 Mark und für ältere Gehilfen von 25 Mark auf 28 Mark, sowie Festsetzung eines Normalarbeitstages von 9 Stunden. — Die Prinzipale haben die Bewilligung der Forderung abgelehnt. — Zur Vermeidung einer Arbeitseinstellung haben die Gesellen in einer vorgestern im „Elysium“ abgehaltenen Versammlung beschlossen, das Einigungsamt des Gewerbegerichts anzurufen. GGG. § 62.

Zu Vertretern sind außer mir noch die Altgesellen Josef Schmalz und Gottlieb Speck gewählt worden. GGG. § 63.

Zur Glaubhaftmachung überreiche ich anliegend den Bericht der „Nürnberger Tagespost“ über die Versammlung. — Vollmacht von Schmalz und Speck auf mich überreiche ich gleichfalls. GGG. § 63, Abs. 5.

Als Vertrauensmänner für das Einigungsamt bezeichnen wir

1. Redakteur Scherer, GGG. § 67.
2. Gewerkschaftskassierer Roth, beide hierselbst.

Beide gehören nicht zu den an der Lohnbewegung beteiligten Personen.

Wir bitten die Arbeitgeber gleichfalls zur Anrufung des Einigungsamtes zu veranlassen.

V. g. u.

Ignaz Hacker.

Geschlossen.

Pünktlich, Gewerbegerichtsschreiber.

**B.**

Abschrift des Protokolls erhält Obermeister Martin Klotz von der Metzgerinnung mit der Aufforderung, sich am 4. Juni 1903, 10 Uhr an Gerichtsstelle zur Rücksprache einzufinden. GGG. § 64. Es wird ersucht, bis dahin einen Beschluß der Innung darüber herbeizuführen, ob das Einigungsamt gleichfalls angerufen wird und eventuell auch die Wahl von drei Vertretern und zwei Vertrauensmännern zu veranlassen. Es wird darauf hingewiesen, daß im Fall des Nichterscheinens eine Geldstrafe bis zu 100 Mark verhängt werden kann. GGG. § 66.

Nürnberg, den 1. Juni 1903.

Dr. Praktisch.

Nürnberg, den 4. Juni 1903.

In Sachen der Lohnbewegung im Metzgergewerbe erscheint auf Vorladung

der Obermeister Martin Klotz von hier

und erklärt:

In der Sitzung vom 3. Juli hat die hiesige Metzgerinnung beschlossen, sich der Anrufung des Gewerbegerichts anzuschließen. Als Vertreter wurden gewählt:

1. ich, der Obermeister Martin Klotz,
2. Altmeister Ludwig Futter,
3. Metzgermeister Adam Huber.

GGG. § 67. Die Auswahl der Vertrauensmänner soll dem Ermessen des GG.-Vorsitzenden überlassen werden.

V. g. u.

Klotz.

Geschlossen.

Dr. Praktisch.

B.

1. Als Vertrauensmänner der Arbeitgeber werden ernannt:
   a) Bäckermeister Mehl,
   b) Handwerkskammersyndikus Dr. Schlaumann.
2. Verhandlungstermin vor dem Einigungsamt wird auf den 8. Juli, 10 Uhr vormittags anberaumt.
3. Zu laden:
   a) die Vertreter der Parteien,
   b) die Vertrauensmänner.

Nürnberg, den 5. Juni 1903.

Dr. Praktisch.

## 25. Sitzung des Einigungsamts.[1])

Öffentliche Sitzung[2])
des Gewerbegerichts
zu Nürnberg.

Anwesend:

als Vorsitzender:
Dr. Praktisch,
Gewerberichter.

als Vertrauensmänner der Arbeitgeber:
Mehl,
Bäckerobermeister.
Dr. Schlaumann,
Handwerkskammersyndikus.

als Vertrauensleute der Arbeiter:
Roth,
Gewerkschaftskassierer.
Scheerer,
Redakteur.

als Gerichtsschreiber:
Pünktlich,
Gewerbegerichtsschreiber.

Nürnberg, den 8. Juni 1903.)

In Sachen der Lohnbewegung im Metzgergewerbe steht heute vor dem Gewerbegericht als Einigungsamt Termin an.

Bei Aufruf erschienen:

1. Obermeister Martin Klotz,
2. Altmeister Ludwig Futter,
3. Metzgermeister Ludwig Huber,
4. Altgeselle Josef Schmalz,
5. Altgeselle Gottlieb Speck,
6. Metzgergeselle Ignaz Hacker,

sämtlich von hier, zu 1—3 als Vertreter der Arbeitgeber, zu 4—6 als Vertreter der Arbeiter.

---

[1]) Die Führung eines Protokolls ist nicht gesetzlich vorgeschrieben, aber empfehlenswert.

[2]) Die Öffentlichkeit ist gesetzlich nicht vorgeschrieben. Die Bestimmung hierüber ist Sache des Ortsstatuts.

Der Vorsitzende schlug vor noch den Schlachthausdirektor Dr. Wisser von hier als Beisitzer mit beratender Stimme zuzuziehen. Der Vorschlag wurde ausgeführt, nachdem die sämtlichen anwesenden Vertreter zugestimmt hatten. GGG. § 67.

Namens der Metzgergesellen erklärte hierauf der Altgeselle Schmalz GGG. § 68.

pp.

Auf Befragen des Beisitzers Mehl erklärte derselbe weiter: GGG. § 68.

pp.

Hierauf erklärte der Obermeister Klotz als Vertrauensmann der Metzgermeister.

pp.

Auf Befragen des Beisitzers Dr. Wisser erklärte er weiter: GGG. § 68.

pp.

Es wurde beschlossen und verkündet:
über die von den Vertretern der Arbeitgeber bestrittene Behauptung der Vertreter der Arbeitnehmer, daß ein Metzgergeselle unter 21 Jahren für Nahrung wöchentlich mindestens 15 Mark aufwenden müsse.
als Auskunftspersonen
die Gesellen Christian Neu
und Josef Jung
zu vernehmen.

Dieselben wurden herbeigeholt und erklärten übereinstimmend.[1])

pp.

Hierauf äußerten sich die Parteien über das Vorbringen der Gegenpartei und über die Aussage der Auskunftspersonen wie folgt. GGG. § 69.

pp.

Es kam darauf die Vereinbarung zu stande, daß die tägliche Maximalarbeitszeit im Sommer auf 10 und im Winter auf 9 Stunden festgesetzt werde. GGG § 70.

Die Mitglieder des Einigungsamts und die Vertreter unterzeichneten die anliegende Bekanntmachung.

In der Lohnfrage wurde eine Einigung nicht erzielt.

Es wurde der Schiedsspruch dahin verkündet:
Der Mindestwochenlohn für Gehilfen über 21 Jahre ist auf 27 Mark festzusetzen. Eine Erhöhung des Mindestwochenlohns für jüngere Gehilfen erscheint nicht angemessen. Maßregelungen sollen infolge der Lohnbewegung nicht stattfinden. Die Gesellen haben die Sperre über das Geschäft des Obermeisters Klotz sofort aufzuheben. GGG. § 71.

Die Vertreter der Arbeitgeber erklärten, sich dem Schiedsspruch unterwerfen zu wollen.

Die Vertreter der Arbeitnehmer konnten keine bindende Erklärung abgeben. Es wurde eröffnet, daß falls binnen einer Woche eine Erklärung der Arbeitnehmer über den Schiedsspruch nicht eingehe, die Unterwerfung als abgelehnt zu erachten sei. GGG. § 72.

g. w. o.

Dr. Praktisch. Pünktlich.

---

[1]) Für die Auskunftspersonen besteht nur soweit Erscheinungszwang als sie „Beteiligte" bei der Streitigkeit sind (§§ 66, 68 GGG.). Eidliche Vernehmmng ist nicht zulässig.

Anlage zum Protokoll.

Bekanntmachung.

In der Sitzung des Einigungsamts beim Gewerbegericht Nürnberg vom 8. Juni 1903 ist in Sachen der Lohnbewegung im Metzgergewerbe folgende Vereinbarung getroffen worden.

„Die tägliche Maximalarbeitszeit wird im Sommer auf 10, im Winter auf 9 Stunden festgesetzt".

Nürnberg, den 8. Juni 1903.

Das Einigungsamt: Dr. Praktisch, Dr. Wisser, Dr. Schlaumann, Mehl, Roth, Scheerer.

Die Vertreter der Arbeitgeber: Klotz, Futter, Huber.

Die Vertreter der Arbeitnehmer: Schmalz, Speck, Hacker.

B.

1. Vorstehende Bekanntmachung ist in der „Nürnberger Tagespost" und im „Nürnberger Anzeiger" zu veröffentlichen.
2. Nach 1 Woche.

Nürnberg, 8./7. 1903.

Dr. Praktisch.

## 26. Publikation des Schiedsspruchs.

B.

1. Zu veröffentlichen in der „Nürnberger Tagespost" und im „Nürnberger Anzeiger".

Bekanntmachung.

In Sachen der Lohnbewegung im hiesigen Metzgergewerbe ist in der Sitzung des Einigungsamtes vom 8. Juni 1903 folgender Schiedsspruch gefällt:

Der Mindestwochenlohn für Gehilfen über 21 Jahre ist auf 27 Mark festzusetzen. Eine Erhöhung des Mindestwochenlohns für jüngere Gehilfen erscheint nicht angemessen. Maßregelungen sollen infolge der Lohnbewegung nicht stattfinden. Die Gesellen haben die Sperre über das Geschäft des Obermeisters Klotz sofort aufzuheben.

Die Arbeitgeber haben sich dem Schiedsspruch unterworfen. Die Arbeitnehmer haben binnen der ihnen gestellten Frist von einer Woche keine Erklärung abgegeben. Die Unterwerfung gilt daher gemäß § 72 des Gewerbegerichtsgesetzes als abgelehnt.

Nürnberg, den 15. Juni 1903.

Das Gewerbegericht.

2. Die Akten sind wegzulegen.

Nürnberg, den 15. Juni 1903.

Dr. Praktisch.

# Alphabetisches Verzeichnis der in Deutschland bestehenden Gewerbegerichte.

(Nach den Ermittlungen des Verbandes Deutscher Gewerbegerichte, abgeschlossen am 1. November 1903.)

---

Aachen
— (Kreis).
— (Berg).
Aalen i. Wrttbg.
Allenstein O.-Pr.
Altena (Kreis).
Altenburg S.-A.
Altona.
Alzey i. Hess.
Amberg.
Anklam.
Ansbach.
Apolda.
Aschaffenburg.
Aschersleben.
Augsburg.

Bamberg.
Barmen (Kgl.).
Bautzen.
Bayreuth.
Beeck b. Ruhrort.
Bergedorf.
Bergen, Bez. Kassel.
Berlin.
Bernburg.
Beuthen, O.-S.
— (Kreis).
— (Berg).
Biberach in Wttbg.
Biebrich a. Rh.
Bielefeld.
Blankenburg a. H.
Bocholt.
Bochum.
Bolkenhain.
Bonn a. Rh.
Bottrop.
Brandenburg a. H.
Braunschweig.
Bremen.
Bremerhaven.
Breslau.
Brieg, Bez. Breslau.
Bromberg.
Büdelsdorf, Post Rendsburg.
Buer i. W.
Bunzlau.
Burg b. Magdeburg.
Burgsteinfurt (Kreis Steinfurt).

Cannstatt i. Wttbg.
Cassel.
Celle.
Charlottenburg.
Chemnitz.
— (Amtshauptmsch.).
Coblenz.
— (Kreis).
Coburg.
Colmar i. Els. (Kais.).
Cöln a. Rh. (Kgl.).
Cöpenick.
Crimmitschau.
Cronenberg, Kreis Mettmann.

Danzig,
— (Kreis Danziger Höhe).
Darmstadt.
Delmenhorst, Oldbg.
Dessau.
Dirschau.
Döbeln.
Dortmund
— (Kreis).
— (Berg).
Dresden
— (Amtshauptmsch.).
Duisburg.
Düren.
Durlach i. B.
Düsseldorf (Kgl.).

Eberbach i. B.
Eberswalde.
Ebingen.
Eisenach.
Eisenberg, S.-A.
Eisleben.
Elberfeld (Kgl.).
Elbing.
Elmshorn.
Elsterberg.
Erfenbach, Pfalz.
Erfurt.
Erlangen.
Essen a. R.
— (Kreis).
Eßlingen.

Farge.
Fechenheim.
Finsterwalde.
Flensburg.
Forst i. L.
Frankenthal (Pfalz).
Frankfurt a. M.
Frankfurt a. O.
Freiberg i. S.
— Bergschiedsger.
Freiburg i. B.
Freiburg i. Schl.
Friedland, Bez. Breslau.
Fulda.
Fürth i. B.

Geestemünde.
Geislingen.
Geldern.
Gelnhausen.
Gelsenkirchen.
Gera, R. j. L.
Gießen.
Glauchau
— (Amtshauptmsch.).
Gleiwitz.
Glogau.
Gmünd, Schwäb.
Göppingen.
Görlitz.
Gößnitz) S.-A.).
Gotha.
Gottesberg.
Göttingen.
Graudenz.
Greifswald.
Greiz.
Gr.-Lichterfelde.
Grünberg i. Schl.
Guben.

Hagen i. W.
Halberstadt.
Hall, Schwäb.
Halle a. S.
Hamborn.
Hamburg.
Hamm i. W.
Hanau a. M.
Hannover
— (Kreis).
Harburg.
Hartmannsdorf, Bez. Leipzig.
Haspe i. W.
Hattingen a. Ruhr.
Haynau i. Schl.
Heddesdorf (Rhld.).
Heide i. Schleswg.
Heidelberg.
Heidenheim, Wttbg.
Heilbronn a. N.
Helmstedt.
— (Berg.)
Heppenheim a. B.
Herford.
Herne.
Herzfeld.
Hildesheim.
Hirschberg (Kreis).
Höchst a. M.
Hof i. B.
Hohenstein-Ernstthal.
Hönningen.

Hörde.
Hoyerswerda (Kreis).

Jastrow.
Jena.
Ilversgehofen.
Ingolstadt.
Inowrazlaw (Kreis).
Insterburg.
Iserlohn.

Kaiserslautern.
Karlsruhe i. B.
Kastel a. Rh.
Kattowitz
— (Kreis).
Kesselstadt.
Ketzin a. H.
Kiel.
Kirchheim-Teck.
Kolberg.
Königsberg i. Pr.
Königshütte, O.-Schl.
Konstanz.
Köslin.
Kostheim b. Mainz.
Köthen.
Kottbus.
Krefeld (Kgl.)
Kreuznach.
Krotoschin (Kreis).
Kulmbach i. B.
Küstrin.

Lage.
Lägerdorf.
Lahr i. B.
Lambrecht, Pfalz.
Landsberg a. W.
Landshut i. B.
Lauenburg a. E.
Laupheim.
Lehe i. H.
Leipzig
— (Amtshauptmsch.).
— (Bergschiedsger.).
Lemgo.
Lennep (Kgl.).
Leobschütz.
Lichtenberg b. Berlin.
Liegnitz.
Limmer i. Hann.
Linden v. Hann.
Lübeck.
Luckenwalde.
Ludwigsburg i. Wttbg.
Ludwigshafen a. Rh.
Lüneburg.

Magdeburg.
Mainz.
Malstatt-Burbach.
Mannheim.
Marienburg W.-Pr.
— (Kreis).
Markirch i. Elf. (Kais.).
Meerane i. S.
Meiderich.
Meißen.
Melsungen.
Memel.
Metz (Kais.).
Minden.
Mittweida.
Mombach b. Mainz.
Moers.
Mühlhausen i. Th.
Mülhausen i. Elf. (Kais.).
Mülheim a. Rh. (Kgl.).
Mülheim a. Ruhr.
München
— (Berg).
M.-Gladbach (Kgl.).
Münster i. W.
Mylau.
Myslowitz.

Naumburg a. S.
Neiße.
Neumünster.
Neunkirchen.
Neusalz a. O.
(Kreis Freystadt).
Neustadt a. H.
Neustadt O.-Schl.
Neustadt S.-C.-G.
Neu-Ulm.
Neu-Weißensee.
Neuwied.
Nordhausen.
Nürnberg.

Oberhausen, Rhld.
Oberlahnstein.
Offenbach a. M.
— (Kreis).
Offenburg i. Baden.
Oggersheim.
Ohlau.
Olbernhau, Kgr. Sa.
Oldenburg i. Grh.
Oelsnitz i. Erzg.
(Bergschiedsgericht).
Opladen.
Oppeln.
Ortelsburg O.-Pr.
Oschersleben.

Oeslau.
Osnabrück.
Osterholz.
Ostrowo i. Posen.

Paderborn.
Pankow b. Berlin.
Passau.
Peine.
Penig i. S.
Pfersee i. Bayern.
Pforzheim.
Pinneberg.
Pirmasens.
Plauen i. V.
Posen.
Pößneck.
Potsdam.
Prenzlau.

Quedlinburg.

Radeberg.
Rathenow.
Ratibor.
Ravensburg.
Rawitsch.
Recklinghausen.
Regensburg.
Reichenbach i. Schl. (Kreis).
Reichenbach i. V.
Reinickendorf b. Berlin.
Remscheid (Kgl.).
Rendsburg.
Reutlingen.
Rixdorf b. Berl.
Ricklingen i. H.
Roßlau a. E.
Rostock.
Roth a. S.
Rudolstadt.
Ruhla.
Rummelsburg b. Berlin.

Saalfeld.
Saarbrücken.
— (Berg.).
St. Johann a. Saar.
Schmölln (S.-A.).
Schöneberg b. Berlin.
Schöningen.
Schramberg.
Schroda.
Schwabach i. Bayern.
Schweidnitz.
Schweinfurt.
Schwelm (Kreis).
Schwenningen a. N.
Schwerin i. M.
Schwiebus.
Siegen.
Solingen (Kgl.).
Sonneberg (S.-M.).
Spandau.
Speyer.
Spremberg.
Stargard.
Staßfurt.
Steglitz b. Berlin.
Stendal.
Stettin.
— (Kreis Randow).
Stolp i. P.
Stralsund.
Straßburg i. Elf. (Kais.).
Stuttgart.

Tarnowitz (Kreis).
Tegel b. Berlin.
Teuchern (Kreis Weißenfels).
Thann i. Elf. (Kais.).
Thorn.
Tilsit.
Trier.
Tübingen.
Tuttlingen.

Ueckermünde.
Ulm a. D.
Uelzen.

Velbert.
Villingen i. B.
Vohwinkel.

Waldenburg i. Schl.
— (Berg.).
Waltershausen, S.-C.-G.
Wandsbek.
Wanne.
Wansen.
Wattenscheid.
Weimar.
Weißenburg a. S.
Weißenfels a. S.
Wenigenjena.
Wesel.
Wetzlar.
Wiesbaden.
Wilhelmshaven.
Wilmersdorf b. Berlin.
Wismar.
Witten a. R.
Wittstock.
Wolfenbüttel.
Worbis.
Worms.
Würzburg.

Zabrze.
Zeitz.
Zerbst.
Zeulenroda.
Zittau
— (Bergschiedsgericht).
Zuffenhausen.
Zweibrücken.
Zwickau
— (Bergschiedsgericht).

# Alphabetisches Register.

(Die Zahlen ohne Paragraphenangabe bezeichnen die Seiten.)

## A.

## B.

## C.



## D.

## E.



## F.

## G.

## H.

## J.



## K.

## M.

## W.



## Z.

FSC
www.fsc.org
MIX
Papier | Fördert
gute Waldnutzung
FSC® C083411

Kolibri 360 GmbH
Ferdinand-Jühlke-Straße 7
99095 Erfurt, Deutschland
produktsicherheit@kolibri360.de